U0920780

安徽财政年鉴

（2013）

安徽省财政厅 编

全 国 百 佳 图 书 出 版 单 位
APGTIME 时 代 出 版
时代出版传媒股份有限公司
安 徽 人 民 出 版 社

图书在版编目(CIP)数据

安徽财政年鉴(2013)/安徽省财政厅编.—合肥:安徽人民出版社,2013.9
ISBN 978-7-212-03593-8
Ⅰ.①安… Ⅱ.①安… Ⅲ.①地方财政-安徽省-2013-年鉴
Ⅳ.①F812.754-54
中国版本图书馆CIP数据核字(2013)第214708号

安徽财政年鉴(2013)

安徽省财政厅 编

出 版 人:胡正义
责任编辑:汪双琴　　　　装帧设计:万 勇 林丽君 李晓婷

出版发行:时代出版传媒股份有限公司　　http://www.press-mart.com
安徽人民出版社　　http://www.ahpeople.com
合肥市政务文化新区翡翠路1118号出版传媒广场八楼
邮编:230071
营销部电话:0551-63533258　　0551-63533292(传真)
制　　版:安徽省财政厅印刷厂
印　　制:安徽省财政厅印刷厂
(如发现印装质量问题,影响阅读,请与印刷厂商联系调换)

开本:889×1194　1/16　印张:38.5　彩插:4　字数:1138千
版次:2013年9月第1版　2013年9月第1次印刷

标准书号:ISBN978-7-212-03593-8　　定价:260.00元

编辑说明

一、《安徽财政年鉴》由安徽省财政厅主办，是全面记载全省财政发展轨迹，系统反映财政改革情况，全面展示财政精神风貌，大力弘扬财政文化的综合性文献资料年刊。

二、《安徽财政年鉴(2013)》以党的十八大精神为指导，详实记载了2012年全省各级财政部门积极发挥财政职能作用，大力保障和改善民生，不断推动经济社会协调发展，全面推进“美好安徽”建设的工作概况和业绩。

三、本卷采取分类编辑法，全书主体内容按篇目、栏目、条目三个层次编排。篇目排在内扉页；栏目名称通栏排；条目标题加【 】，为黑体字。部分内容为文章体或资料体，未按三个层次编排。

四、本卷共9个篇目，依次为：财经文献篇、民生工程和居民收入倍增篇、全省财政工作篇、市县(区)财政工作篇、财政部门大事篇、财经规章篇、财经调研篇、财经统计篇、财政机构人员篇。

五、本卷主体资料时限为2012年1月1日至12月31日，部分篇目资料时间适当上溯或下延。

六、《安徽财政年鉴(2013)》力求图文并茂，用文字和图片客观记载财政事业发展。全书共113.8万字，选登近300张图片。

七、本书在编纂过程中，受到了省财政厅党组的高度重视和精心指导，得到了省财政厅各处室单位、各市县(区)财政部门的大力支持和广大联络员的热忱帮助，在此一并表示感谢。

八、由于时间紧迫、编纂水平有限，疏漏和不妥之处在所难免，敬请广大读者批评指正。

《安徽财政年鉴》编辑部

二〇一三年九月一日

安徽财政年鉴编辑委员会

安徽财政年鉴编辑部

安徽财政年鉴联络员

尹立祥（厅办公室）
李　燕（厅综合处）
杨玉林（厅税政条法处）
黄栋栋（厅预算处）
马　锐（厅国库处）
卓　帅（厅行政处）
陈　晋（厅政法处）
侯振华（厅教科文处）
贾振东（厅经济建设处）
刘建军（厅农业处）
吴昌好（厅社会保障处）
关　勇（厅企业处）
李红波（厅金融处）
余　禹（厅国际债务处）
姚　瑶（厅农村财政管理局）
牛　劲（厅会计处）
谢　勇（厅行政事业资产管理处）
汪永飞（厅监督检查局）
侯洪玮（厅政府采购处）
杨作华（厅农村综合改革处）
谢　峰（厅民生工程办公室）
张　飞（厅人事教育处）
刘　恒（厅机关党委）
苏照存（厅纪检监察室）
王亚栋（厅离退休工作处）
李志红（省信用担保集团）
陈　杰（省农业综合开发局）
徐进超（省非税收入征收管理局）
汪新平（厅国库支付中心）
田　飞（省财政信息中心）
李昌鹏（省财政投资评审中心）
李成名（省政府采购中心）
万　勇（省财政科学研究所）
王克法（省注册会计师管理处）
叶伐朋（省财政干部教育中心）
张家夺（省行政事业单位资产管理中心）
李　静（合肥市财政局）
乔　林（淮北市财政局）
邓　昊（亳州市财政局）
寇　智（宿州市财政局）
蒋忠东（蚌埠市财政局）
孙立宏（阜阳市财政局）
吴　波（淮南市财政局）
魏震生（滁州市财政局）
丁明虎（六安市财政局）
尹昌元（马鞍山市财政局）
尹　翔（芜湖市财政局）
李　娟（宣城市财政局）
王玉红（铜陵市财政局）
汪申成（池州市财政局）
叶武乐（安庆市财政局）
凌巍然（黄山市财政局）
郭远成（广德县财政局）
王烨红（宿松县财政局）

省领导充分肯定全省财政工作

2012年，在省委、省政府的坚强领导下，全省各级财政部门深入贯彻落实科学发展观，牢牢把握稳中求进的工作总基调，认真实施积极的财政政策，财政工作取得了令人鼓舞的成绩。财政厅在省直机关效能建设和省政府目标考核中名列前茅，先后荣获“全国创先争优先进基层党组织”等省部以上表彰30余项，省领导、财政部领导先后批示肯定财政工作20余次。

省委书记张宝顺在《省财政厅积极推进城乡基层党组织结对共建向处室单位延伸》(《财政信息专报》第150期)上作出重要批示：“这是机关服务基层、加强自身建设的有效举措，注意总结。”

省长李斌批示：“今年以来，全省各级财政部门认真贯彻落实省委、省政府决策部署，在财政部精心指导和支持下，全力服务大局，在稳增长、调结构、惠民生、促和谐等方面积极作为，财政运行平稳有序，财政职能得到了充分发挥。深化财税体制、机制改革，全面加强制度建设，深入推进财政科学化精细化管理，不断改进工作作风，加强干部队伍建设，各方面工作取得了新的成绩。省政府对财政工作给予充分肯定……”

省委常委、常务副省长詹夏来批示：“今年以来，全省财政工作卓有成效。特别是面对十分突出的财政收支矛盾，主动当家理财，以制度建设为抓手，全面规范预算编制、执行、监督等各方面管理，出台的措施实，实施的效果好。全省各级财政收支运行扎实有序，今年的预算执行比较顺畅，明年的预算编制比较合理，‘营改增’试点成功运行，33项民生工程稳步推进，财政干部队伍建设也取得了新的成绩，为稳增长、调结构、惠民生、促和谐作出了重要贡献……”

财政部领导来皖视察调研

8月8日至10日，财政部部长谢旭人来皖围绕财政经济形势、积极财政政策落实情况、财政科学化精细化管理、新安江流域生态补偿机制试点等进行视察调研。

省委书记张宝顺亲切会见谢旭人部长。

谢旭人部长在黄山市考察基层财政工作。

王军副部长深入企业实地考察。

9月27日，财政部党组副书记、副部长王军在合肥调研营业税改征增值税试点工作。

王军副部长在国税基层办税大厅调研。

2月11日，安徽省第十一届人民代表大会第五次会议在合肥隆重开幕，审议并通过《关于安徽省2011年预算执行情况和2012年预算的决议》。

省人大会议听取审议财政有关报告

6月13日，安徽省十一届人大常委会第三十四次会议在省人大会议中心召开。

8月14日，安徽省十一届人大常委会第三十五次会议在省人大会议中心召开。

受省政府委托，省财政厅厅长罗建国在两次会上分别作财政报告和关于安徽省2012年上半年预算执行情况及下半年工作意见的报告。

深入学习贯彻党的十八大精神

召开学习贯彻党的十八大精神会议。

动员开展"保持党的纯洁性,迎接党的十八大"主题教育实践活动。

12月7日–8日,举办党的十八大精神学习培训班。图为省直机关十八大精神宣讲团成员、省委党校高淮成教授应邀作宣讲报告。

在学习贯彻党的十八大精神会议上,党的十八大代表、厅监督检查局副局长、凤阳县委常委、小岗村党委第一书记丁俊同志介绍十八大会议盛况。

省财政厅党的十八大精神学习培训班期间,厅党组书记、厅长罗建国与厅预算处、人教处干部职工进行学习研讨。

切实抓好财政收支工作

召开全省财政工作视频会，部署新形势下的财政工作。

2012年，全省财政总收入3026亿元，增长14.9%。其中地方财政收入1792.7亿元，增长22.5%，高于全国平均水平6.3个百分点。全省财政支出3958.6亿元，增长19.8%。

召开全省财政工作座谈会，研讨财政经济运行情况。

召开预算情况分析会，分析座谈财政收支情况。

召开财政增收节支工作座谈会，部署财政增收节支工作。

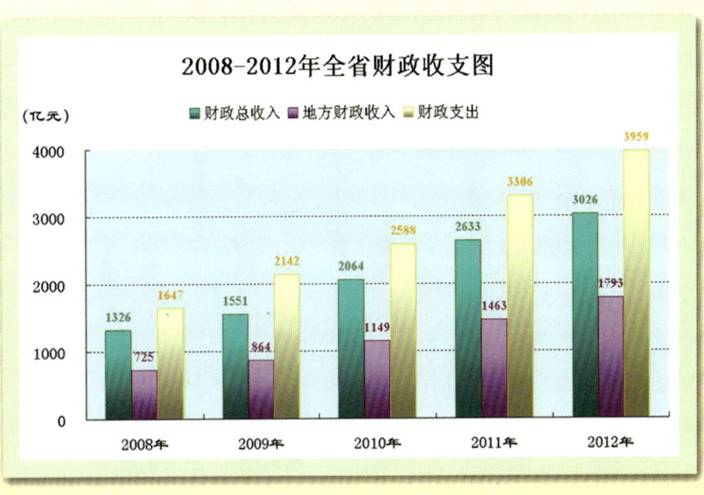

支持经济平稳较快发展显成效

2012年，省财政厅认真贯彻落实省委、省政府促进经济平稳较快发展30条意见等各项决策部署，及时出台《关于做好当前财政工作的指导意见》，大力支持实体经济发展，为促进全省经济社会平稳健康较快发展做出了积极贡献。

召开厅长办公会，研究部署帮扶金寨发展工作。

支持皖北加快发展。图为建设中的利辛工业园。

支持基础设施建设。图为徐明高速公路项目跨宿淮铁路顺利完成主跨架设。

积极争取世行贷款。图为世界银行主管东亚与太平洋地区业务的副行长柯珊玲一行来皖考察。

大力支持实体经济发展。

全力实施民生工程和居民收入倍增

省委省政府召开全省会议，部署民生工程和居民收入倍增规划实施工作。

1. 10月16日，召开民生工程项目公开征集活动新闻发布会，在全国率先公开征集民生工程项目。
2. 省财政厅厅长罗建国带队参加省广播电台《政风行风热线》栏目，与广大听众朋友沟通交流。
3. 检查阜阳市颍州区振兴桥农村危桥加固改造工程。
4. 邀请专家学者，为民生工程和居民收入倍增工作出谋划策。

大力支持美好乡村建设

部署财政系统支持美好乡村建设工作。

牵头整合美好乡村建设资金。

支持黄山耿城示范区高标准农田项目。

支持马鞍山当涂示范区新农村建设。

实施一事一议财政奖补项目。

支持乡村水利设施项目建设。

稳步推进财政改革创新

召开营改增试点业务培训会议，介绍营改增试点相关政策内容和推进工作步骤。

调研歙县新安江综合治理情况，推进新安江流域生态补偿试点改革。

召开县级公立医院综合改革动员部署暨政策培训会。

指导推动合肥、芜湖、蚌埠三市开展企业股权和分红激励试点工作。图为蚌埠市召开试点工作动员暨培训大会。

全面实施预算绩效管理改革。图为全省预算支出绩效评价工作座谈会。

全面建立会商机制

在省政务中心进行会商。

2012年，为加强政风行风建设，切实转变工作作风，密切联系群众，提高财政服务工作水平，推动财政科学化、精细化管理，省财政厅党组全面建立会商工作机制，全年全厅累计会商639次，取得良好效果。

召开收入形势会商会。

处室单位积极与联系部门进行会商。

扎实推进城乡基层党组织结对共建

调研“结对共建”工作。

2012年，省财政厅37个党支部与省内贫困地区共计40个村级党组织进行结对共建。召开联席会议147次，共同过组织生活94次，开展走访活动201次，宣讲财政惠民政策151次，征求意见建议269条，开展各类志愿服务活动67次，慰问帮扶困难党员群众603人，支付慰问金或物品价值22.71万元，为共建村群众办实事104件(项)。

处室单位积极开展结对共建，帮助结对村解决困难加快发展。

省财政厅结对共建
水利灌溉渠道工程

过结对共建活动建成的部分项目。

不断加强财政机关建设

召开效能建设推进会，部署效能建设工作。

召开财政廉政风险防控专题报告会。

开展青年干部拓展训练。

参加植树活动。

1.举办市县财政局长财政业务专题培训班。
2.对领导岗位竞争入围的人员进行民主打分。
3.省政务中心财政窗口多措并举加强窗口建设。

（年鉴编辑部供

合肥市财政

全力服务“大湖名城、创新高地”建设

2012年，合肥市财政局紧紧围绕打造“大湖名城、创新高地”和实现“新跨越、进十强”的奋斗目标，积极进取、开拓创新，全市公共财政收入完成694.4亿元，比上年增加70.6亿元，增长11.3%。其中：地方财政收入完成389.5亿元，为预算的107.4%，增长15.1%，在全国省会城市中排名第10位。

9月27日，财政部党组副书记、副部长王军来合肥市调研“营改增”试点工作。

1月3日，全市财税金融工作通报会在市财政局召开。省委常委、市委书记吴存荣听取财政工作汇报。

9月11日，省财政厅来肥开展“营改增”试点及财政工作专题调研。

3月29日，全市财税金融投融资暨民生工程工作会议召开，总结2011年财政、税务、投融资和民生工程工作，部署2012年工作。

6月19日，市财政局召开企业股权和分红激励试点工作推进会。

合肥市财政

惠民生、稳增长、促转型、强管理成效显著

2012年，在财政实力稳步增长的同时，合肥市财政局牢牢把握惠民生、稳增长、促转型、强管理工作重心，各项工作均取得了优异的成绩。

召开全市财政系统工作务虚会，明确财政工作思路。

积极做好投融资工作，全年全市累计实现融资350亿元。图为市财政局班子成员调研巢湖市大建设。

加强机关建设，提高制度执行力。图为市财政局党风廉政教育专题学习活动。

2012年，在继续深入实施省定33项民生工程的基础上，创新增加实施市级7项民生工程。全年共投入省定33项民生工程75亿元，市级7项民生工程1亿元。图为包河区开展民生工程宣传活动。

合肥市财政 文明机关建设有声有色

2012年，合肥市财政局继续把文明创建作为一项重要工作来抓，营造了心齐、气顺、风正、劲足的良好工作环境和浓厚机关文化氛围。

组织干部职工参加市直机关登山比赛。

3月5日，机关干部职工自发开展学雷锋活动。

干部职工踊跃参加市直机关无偿献血活动。

派队参加市直机关广播体操比赛。

组织干部职工参加拓展训练，增强机关凝聚力。

实施民生工程　构建和谐庐江

自2007年以来，庐江县在全面组织实施好省市民生工程项目基础上，主动拓展民生工程建设领域，先后自主实施了农田水利建设、特殊大病救助、鸡蛋助学育才工程等民生工程，累计投入民生工程资金32亿元，实施项目从2007年的21项增加到2012的39项，惠及100多万城乡居民。2012年，全县民生工程投入资金9.57亿元，其中县财政配套资金1.7亿元。

开展多种形式的新型农民培训工程，全年共培训5640人。图为“农民专业技术培训班”培训现场。

积极改善教学环境和教学条件。图为实施校安工程加固后的黄道中学教学楼。

投入400多万元用于乡镇公办中心幼儿园建设，全年共建设7所公办幼儿园。图为乐桥镇檀巷幼儿园施工现场。

校外留守儿童之家民生工程为留守儿童暑期生活增添色彩。图为留守儿童暑期活动剪影。

投入近2000万元用于农村“五保户”供养。图为政府向敬老院集中供养老人送温暖。

从2010年秋季学期起，设立普通高中国家助学金，用于资助普通高中在校生中的家庭经济困难学生。图为乐桥中学发放普通高中国家助学金现场。

推动长丰县财政快速发展

召开全县财政系统务虚会，明确工作思路。

深入基层调研群众生产生活情况。

加快实施民生工程。图为敬老院设施完善，老年人老有所乐。

服务企业，举办小企业会计准则讲座。

开展“3·12植树节”活动。

组织干部职工参加全县健步走活动。

巢湖市财政：

把民生工程建在群众的心坎上

举办民生宣传文艺演出。

促进“学有所教”。

建成的坝镇留守儿童活动室。

开展家电下乡政策及会计从业资格咨询活动。

民生宣传进企业。

肥东县财政全力促发展惠民生

白龙镇新农村建设全景图。

加快农村基础设施建设，图为新落成的文化广场。

积极支持文化建设。

经过环境整治后的乡村风景如画。

支持特色农业发展，带动群众就业致富。

开展午收助困活动。

肥西财政：
在强农惠农中改善民生

大力推进美好乡村建设。图为木兰新村一角。

农业综合开发项目迎接上级检查验收。

建成的三河镇茶棚社区一事一议财政奖补项目工程。

加快农村水利基础设施建设。图为硬化后的童大井支渠。

支持农村产业结构调整。图为安徽海纳百川水参产业示范园养殖场区。

（合肥市财政局供稿

淮北财政：聚财辟源谋发展 理财惠民促和谐

支持实体经济发展。图为安徽省矿业机电装备公司。

2012年，淮北市各级财政部门坚持以科学发展为统领，以城市转型为主线，抢抓政策机遇，积极发挥财政支撑引导作用，加快工业化、城镇化、城乡一体化进程，大力加强民生领域建设，为推进全市经济社会发展做出了积极贡献。

百善农业综合示范区。

凤凰山工业园区鸟瞰。

建成后的烈山区实验中学教学楼。

烈山区新农村建设示范村——榴园新村。

一事一议财政奖补农民活动广场。

（淮北市财政局供稿）

宿州市财政工作迈上新台阶

2012年，宿州市财政局依法加强收入征管，不断优化支出结构，继续深化财政改革，财政收入实现平稳较快增长，重点支出得到切实有效保障，财政运行态势良好。

市委、市政府召开全市民生工程、惠民实事暨居民收入倍增大会。

举办全市现代农业"两区"建设培训班。

1. 举行2012年度市直单位会计人员继续教育培训班。

2. 市财政局下属单位科级领导职位竞争上岗笔试考场。

3. 市财政局开展迎国庆猜谜活动。

4. 六一儿童节到泗县瓦坊村留守流动儿童活动室开展结对帮扶活动。

民生工程助力和谐埇桥建设

2012年，埇桥区上下凝心聚力、自我加压，进一步健全民生工程协调推进机制，强化工作落实，加强监督检查，圆满完成了2012年度民生工程目标任务，进一步解决了人民群众最关心、最直接、最现实的利益问题，推动了埇桥区经济社会事业快速发展，促进了和谐埇桥、幸福埇桥建设。

改建后的顺河乡后湖幼儿园新貌。

埇桥区廉租房实物配租电脑摇号仪式。

环境优美的廉租房小区——东城康居苑二期实景。

新建的夹沟小学教学楼。

徽派风格的西二铺乡综合文化站。

灵璧县财政工作扎实推进

2012年，灵璧县财政局认真践行科学发展观，大力实施县委提出的“1356”行动计划，实现了各项财政工作的新跨越，被市委、市政府授予第七届“宿州市文明单位”荣誉称号；被省人力资源和社会保障厅、省财政厅授予全省财政系统先进集体荣誉称号。

省财政厅督察组到灵璧县调研财政重点工作落实情况。

县财政局深入开展“书记带头大走访”活动。

全县财政系统扎实开展机关效能建设。

灵璧县家电下乡工作取得显著成效。

美好乡村建设快速启动，图为渔沟镇卓庄村农民公园。

泗县财政展风采

举办农村财会人员财政支农政策培训班。

2012年，泗县财政系统全面贯彻落实科学发展观，充分发挥职能作用，按照保增长、保民生、保稳定、促发展的总体要求，认真落实财税政策，坚持依法理财，深化财政体制改革，财政科学化精细化管理进一步加强，财政保障能力显著增强，财政各项工作不断迈出新步伐，有力支持了全县经济和社会事业健康发展。

乡镇财政所便民服务大厅。

建成后的一事一议财政奖补项目——农村道路。

在城区设置咨询台宣传民生工程政策。

依法实施政府采购，规范项目开标程序。

开展农作物灾情查勘定损工作。

民生工程项目校舍加固改造工程。

萧县财政强队伍惠民生

举办十八大报告专题讲座。

组织职工观看警示教育片。

开展普法宣传活动。

赴结对村慰问困难群众。

弘扬财政文化,举办新春联欢会。

朝气蓬勃的砀山财政

开展民生工程暨城乡居民收入倍增集中宣传活动。

举办迎新春文艺联欢会。

建设后的农业综合开发项目文家河护坡工程。

支持黄河故道现代农业综合开发示范区建设。

支持砀山酥梨标准化示范园建设。

（宿州市财政局供稿）

蚌埠财政工作风貌

9月8日，省财政厅厅长罗建国调研指导蚌埠财政工作，视察营改增试点模拟运行现场。

12月31日，市委书记周春雨、代市长白金明等市领导视察指导财政工作，听取财政收支情况汇报。

召开全市财政暨民生工程和居民收入倍增工作会议，确定新目标，提出新要求。

首次实施“贫困大学生救助”等7项市级民生工程。全市654名贫困大学生成为救助政策首批受益者。

蚌埠财政工作风貌

市财政局定期召开县区财政局长座谈会,增强系统合力。

7月5日,召开市级预算单位公务卡制度改革动员大会,全面实施公务卡制度改革。

11月15-16日,市财政局在市委党校举办农村财会人员财政支农政策培训班。

发挥财政职能,支持重点产业发展和重大项目建设。

蚌埠财政工作风貌

开展保持党的纯洁性教育活动。

1. 积极开展结对帮扶活动。图为局领导班子深入基层开展调研。

2. 落实工作会商制度，积极主动与预算单位工作对接。

3. 组织干部职工参观市法院廉政教育基地。

4. 举办财政系统第五届职工运动会。

2008-2012年全省财政系统

先进集体

安徽省人力资源和社会保障厅
安徽省财政厅
二〇一三年元月

荣获 2008-2012 全省财政系统先进集体。

（蚌埠市财政局供

阜阳市财政

立足新起点 实现新跨越

省财政厅厅长罗建国一行来阜阳市开展财政工作调研活动。

2012年度注册会计师全国统一考试阜阳考区圆满结束。图为市财政局有关领导在考场巡视。

市财政局市直卫生系统资产管理工作进行督查。

开展公共机构宣传周主题日活动。

举办道德讲堂活动。

颍州区财政稳步发展

2012年，颍州区财政部门围绕“涉农资金整合，支农项目管理，惠农政策落实”等重点工作，多措并举，不断推进强农惠农工作，实现了农业稳定增效，农民持续增收和农村和谐发展的良好局面。

探访种粮大户征求意见。

全市现代农业生产发展资金项目推进会在颍州区召开。

区财政局志愿者服务活动。

希望工程爱心圆梦大学。

（阜阳市财政局供稿

淮南市财政工作谱新曲

——为民理财 促进发展

开展全市财政系统绩效创新年促进活动。

召开参与式预算网民座谈会。

财政干部赴企业会商。

财政干部深入田间查看小麦病虫害情况。

淮南市财政工作谱新曲

——机关党建工作迈上新台阶

推动开展“保持党的纯洁性教育实践活动”。

积极创建“党建工作示范点”。

组织收看十八大盛况。

组织收看教育培片。

支部学习党章。

淮南市财政工作谱新曲

——文明创建活动丰富多彩

召开“读经典、强信念”读书交流会。

积极开展道德讲堂活动。

市财政文学会组织会员赴尹氏宗祠采风。

举办全市财政系统演讲比赛。

文体活动促团结。

淮南市财政工作谱新曲

——帮扶困难群众活动扎实有效

赴杨公敬老院慰问。

组织留守儿童参观城区。

春节走访慰问贫困家庭学生。

市财政局志愿者队伍为贫困女生捐赠。

淮南市融资担保公司工作剪影

反腐倡廉工作常抓不懈。

深入企业提供服务。

开展“送政策、解企困、促发展”活动。

与拟上市企业签订投资协议。

职工文化生活丰富多彩。

潘集区财政工作成效显著

扎实开展党风廉政建设。

检查新农保工作。

开展民生工程集中宣传活动。

架河镇苏涂村马洼桥危桥改造工程。

潘东新城采煤沉陷区居民的新家。

泥河镇后湖生态园。

凤台县积极打造民生财政

惠民直达培训现场。

农发项目见成效。

农民用曲艺歌颂民生好政策。

支持三农为民解忧。

举办“民生之夜”专场联欢会。

（淮南市财政局供稿）

六安市全力打造高素质财政队伍

省主题教育活动督查组来局指导工作。

市财政局和金寨县万冲村联合党委揭牌仪式。

组织优秀党员、优秀党务工作者赴淮海战役纪念馆等地接受教育。

召开专题组织生活会。

开展党建创建活动。

六安市积极推进农业综合开发工作

省人大领导在木南现代农业综合开发示范区调研。

市领导在金安木南示范区调研。

全市农发工作推进会在叶集召开。

在金安区查看项目建设情况。

对示范区内的小麦进行机械化收割。

建设中的生态示范区。

（六安市财政局供稿）

跨越发展中的马鞍山财政

省领导调研市财政局廉政风险防控工作。

省财政厅领导深入武警马鞍山支队调研财政财务管理工作。

国务院综改办调研和县"一事一议"工作。

省考核组验收和县一事一议项目档案。

汇报全市营改增试点工作。

马鞍山财政工作风貌

含山县财政所档案管理达标考评现场。

含山县财政局在县看守所开展现场警示教育。

和县民生工程演讲比赛颁奖。

改造后的新农村新貌。

现代农业示范区道路建设。

（马鞍山市财政局供稿）

坚持为民理财 构建幸福芜湖

——芜湖市财政局工作剪影

走上“中江大讲堂”解读民生工程。

举办全市营业税改增值税业务知识培训会。

开展《政风行风热线》进社区活动。

举办芜湖市财政会计法规和民生工程知识竞赛。

新建的芜湖市三山长寿中心。

实施民生工程，购置更新的公交车。

无为财政稳步向前

财政干部在“民生工程集中宣传日”走上街头宣传民生政策。

积极创建规范化财政所。图为新建的开城镇财政所办公楼。

全力实施一事一议财政奖补项目。

财政所温馨和谐高效的为民服务大厅。

县财政局参加“徽银杯”乒乓球邀请赛，并荣获团体冠军。

（芜湖市财政局供稿）

打造宁国财政新形象

接收市电视台“民生工程”专访。

到联系村调研帮扶。

骑行宣传《小企业会计准则》活动——走进工业园区。

竞争性选拔竞职演讲现场。

深入政策性农业保险现场勘察。

新建成的仙霞镇敬老院。

泾县规范化财政所建设卓有成效

召开民生工程项目评审会。

为偏远山区农户上门服务。

财政所干部入农户帮困解难。

融政务服务、三资代理、惠农补贴为一体的财政所综合服务窗口。

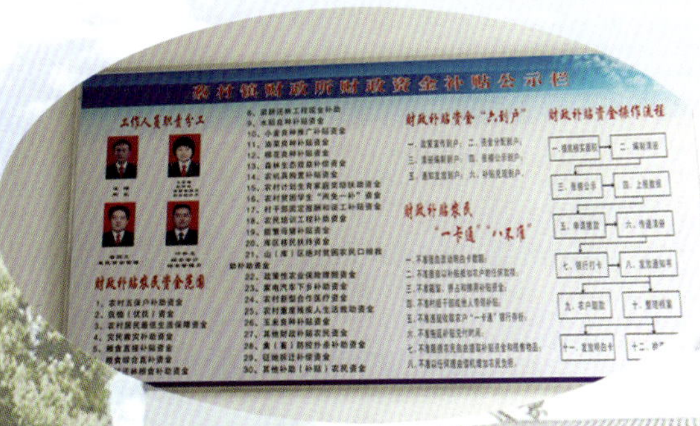

惠民政策宣传、资金发放公开公示及时。

惠农补贴资金发放核实延伸服务。

（宣城市财政局供稿）

铜陵市财政工作剪影

举办全市财政工作暨财政系统春训会议,全面总结2011年财政工作,部署2012年工作任务。

2012年,铜陵市财政部门围绕中心,服务大局,坚持科学理财,积极落实国家结构性减税政策,加强收入预测、分析、协调,坚持依法征收,应收尽收,不收过头税,在遏制收入下滑的同时,努力优化收入结构,圆满完成各项工作任务。

财政部检查组来铜陵市检查督查财政国库管理改革工作。

省财政厅督察组来铜陵市督查2012年财政工作。

组织学习十八大精神,提升干部队伍素质。

举办迎新春联欢会,丰富干部职工文化生活。

铜陵市

扎实推进民生工程和居民收入倍增工作

召开全市民生工程和收入倍增工作会议总结部署工作。

举行“民生工程面对面”活动，探索建立政府部门与市民互动机制。

民生工程扎实推进，人民群众幸福指数不断提高。

省财政厅民生办来铜调研民生工程和收入倍增工作。

创新宣传方式，拍摄民生动画宣传片《铜娃民生游》。

（铜陵市财政局供稿）

开创池州财政工作新局面

市委书记陈强调研指导财政工作。

省财政厅厅长罗建国在石台县调研。

做客市政府网站“在线访谈”栏目。

召开“保持党的纯洁性、迎接党的十八大”动员会。

赴安庆监狱开展警示教育。

农村安全饮水工程惠民生。

（池州市财政局供稿

奋进中的安庆财政

深入田间地头宣传政策性农业保险政策。

组织职工接受爱国主义教育。

做好城市低收入家庭与公共租赁住房保障。

开展一事一议财政奖补试点。

参加市直喜迎十八大文艺汇演。

枞阳财政支持经济社会快速发展

农村危房改造改出美好生活。

家电下乡让现代生活走进农家。

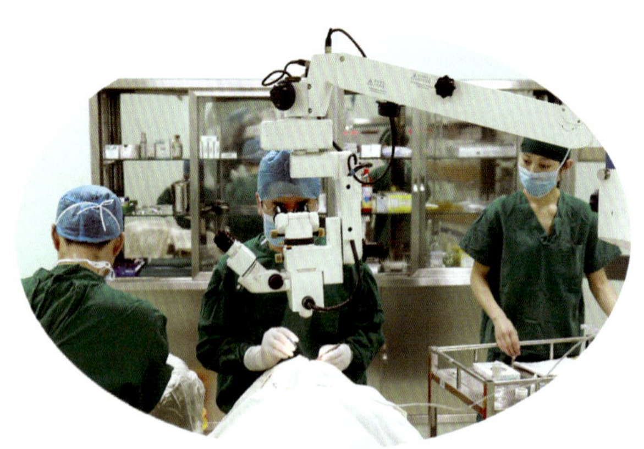

为贫困白内障患者送“光明”。

农民工由苦力向技能型转变。

留守儿童之家，温暖农村留守儿童。

政策性农业保险为农业撑起“保护伞”。

怀宁县财政工作稳步向前

省财政厅领导视察农业综合开发产业化龙头企业。

建设中的平山现代农业综合开发示范区。

文明创建成果显著。

举办财政系统羽毛球比赛。

举办“喝彩十年发展、放歌财政腾飞”晚会。

（安庆市财政局供稿）

徽州区财政工作绘新图

召开全区财政系统春训会议。

召开"强作风、重统筹、促发展"座谈会。

组织干部职工参加无偿献血活动。

财税干部职工参加区庆"五一"万人健身长跑活动。

阔步向前的歙县财政

财政部领导赴歙县雄村乡财政所调研基层财政建设。

县领导督查民生工程建设。

组织开展道德讲堂活动。

组织开展乡镇财政业务互查互审，规范乡镇财务管理。

组织召开新招录人员座谈会，加强干部队伍建设。

（黄山市财政局供稿）

广德县财政：
强化资金保障 建设美丽乡村

农业综合开发项目迎接上级检查。

县领导实地查看。

建设中的安徽广德现代农业综合开发示范区。

三八节带领机关妇女干部参观美丽乡村建设。

（广德县财政局供

宿松县财政保障改善民生显成效

佐坝乡杨塘水库加固工程。

建成的许屋垅廉租房。

宿松县洲头乡种植的葡萄。

宿松县凉亭镇危房改造项目。

北浴乡滑石村村村通工程。

凉亭镇改造后的祝湾大桥。

（宿松县财政局供稿）

目　录

财经文献篇

省委省政府重要财经文件

省人大重要财经文件

全省财政工作重要文件

民生工程和居民收入倍增篇

重要文件

领导讲话

工作纪实

全省财政工作篇

全省财政工作综述

财政专项工作概述

财政分项工作概述

财政学会和研究会工作概述

市县（区）财政工作篇

合肥市财政工作概况

淮北市财政工作概况

亳州市财政工作概况

宿州市财政工作概况

蚌埠市财政工作概况

阜阳市财政工作概况

淮南市财政工作概况

滁州市财政工作概况

六安市财政工作概况

马鞍山市财政工作概况

芜湖市财政工作概况

宣城市财政工作概况

财政部门大事篇

各市财政工作大事记

财经规章篇

省财政厅规范性文件

财经调研篇

财经论文及调研报告

财经统计篇

全省财经统计资料

各市县(区)财经统计资料

财政机构人员篇

省财政厅机构人员

各市财政系统机构人员

全省财政系统职工统计表

财经文献篇

省委省政府重要财经文件

中共安徽省委 安徽省人民政府 关于印发《经济强省建设实施纲要》的通知

皖发〔2012〕12号

各市、县委，各市、县人民政府，省直各单位，各大学：

现将《经济强省建设实施纲要》（以下简称《纲要》）印发给你们，请结合实际认真贯彻执行。

建设经济强省是全面实施"十二五"规划纲要、落实省第九次党代会精神、建设美好安徽的具体行动和重要抓手。各地各部门要充分认识实施《纲要》的重大意义，切实增强自觉性、主动性和创造性，把思想和行动统一到省委、省政府的战略部署上来，把智慧和力量凝聚到经济强省建设的奋斗目标上来，把《纲要》确定的目标、行动、工程落实到各项具体工作中，认真研究制定切实可行的实施方案，重点推进十大专项行动，强力实施十项重大工程，力争经过10年左右的努力，初步建成总量大、结构优、竞争力强、生态良好、人民生活水平高的经济强省，不断开创推进科学发展、建设美好安徽的新局面。

经济强省建设实施纲要

为贯彻落实省第九次党代会关于建设经济强省的战略决策，进一步明确经济强省建设的目标、路径和举措，凝聚全省力量，加快建设步伐，特制定本《纲要》。

一、指导思想和建设目标

当前，我国区域经济格局正在发生新的变化，中部地区增长潜力进一步释放，发展步伐不断加快。我省必须牢牢抓住这一历史机遇，深入贯彻落实科学发展观，紧紧围绕科学发展主题和全面转型、加速崛起、兴皖富民主线，按照走出"六条新路"的要求，重点推进十大专项行动，强力实施十项重大工程，全面提升经济综合实力和竞争力，奋力走在中部崛起前列，力争经过10年左右的努力，初步建成总量大、结构优、竞争力强、生态良好、人民生活水平高的经济强省，为建设美好安徽、实现全面建设小康社会目标奠定坚实物质基础。

——速度、总量和收入水平赶超进位。经济增长速度全国争先、中部领先，力争经济总量比2010年翻两番、城乡居民人均收入达到或超过全国平均水平，收入分配格局更加合理。

——结构、质量和效益显著提升。产业结构、城乡结构、区域结构进一步优化，科技进步贡献率、能源资源利用效率和生态竞争力显著提高，战略性新兴产业增加值、服务业增加值占地区生产总值的比重明显上升，新型城镇化步伐快速推进，区域发展协调性进一步增强。

——涌现一批国内外具有重要影响力的产业、

企业和品牌。主导产业培育壮大,形成一批产值超万亿大产业,基本建成全国重要的先进制造业、战略性新兴产业和现代服务业基地。打造一批具有国际竞争力的骨干企业,规模以上工业企业、限额以上商业企业、资质内建筑企业数居全国前列。培育一批在国内外有较大影响力的品牌。

——崛起一批跻身全国前列的经济强市、强县和园(新)区。力争有更多的城市进入全国城市GDP百强,合肥市经济总量进入省会城市十强,芜湖市成为长江沿岸具有重要影响的区域性中心城市。若干县经济实力进入全国前列。形成若干在全国有较高知名度的园(新)区。

——形成一批加速要素集聚的改革先行区、创新示范区和开放新高地。有利于科学发展的体制机制基本形成。非公经济比重明显提高。合芜蚌自主创新综合试验区成为全国有影响的区域创新品牌,研究与试验发展经费支出占地区生产总值比重、国家级高新技术企业数居全国前列。利用外资、对外投资、进出口总额居中部前列,基本形成与长三角一体化发展格局。

二、十大专项行动

(一)主导产业壮大行动。按照"龙头引领、创新驱动、融合发展、错位发展、集聚发展"的原则,重点围绕电子信息和家用电器、汽车和装备制造、材料和新材料、能源和新能源、食品医药、轻工纺织、现代服务业和文化产业等八大主导产业,整合各种资源,优化产业布局,提升产业素质,加快构建更具竞争力的现代产业体系。

1.加快工业转型升级。坚持传统产业新兴化和新兴产业规模化,加速传统产业和战略性新兴产业融合发展。围绕主导产业,科学确定各市首位产业,省市联手,重点突破,形成特色优势,促进错位发展。围绕龙头企业和核心产品,推动产业集聚,完善配套体系,培育一批专业特色鲜明、品牌形象突出、服务体系完备的产业集群。形成一批在国内外具有重要影响的国家级产业基地和省级主导产业核心基地。(省发改委、省经济和信息化委牵头,省科技厅、省财政厅、省农委、省国资委等参与)

2. 推动服务业大发展。大力发展生产性服务业,提升发展生活性服务业,构建功能完备、布局合理、服务高效、供给良好的现代服务业体系。积极发展金融服务业,做大做强现代物流业、科技服务业、信息服务业和商贸服务业,促进房地产业健康有序发展,提升文化旅游业水平,全面发展商务会展业、社区服务业和家庭服务业。服务业增加值占地区生产总值的比重稳步提升。(省发改委牵头,省科技厅、省经济和信息化委、省财政厅、省人力资源和社会保障厅、省商务厅、省文化厅、省国资委、省体育局、省旅游局、省政府金融办等参与)

3. 促进文化产业新跨越。进一步壮大出版发行、影视制作、印刷、广告、演艺、娱乐、会展等传统文化产业,加快发展文化创意、数字出版、移动多媒体、动漫游戏、科普等新兴文化产业。积极推进文化科技融合发展,重点建设国家级文化和科技融合示范基地、国家级动漫产业基地,争创国家级数字出版基地、发行基地。积极构建现代文化市场体系,大力发展连锁经营、物流配送、电子商务等现代流通组织和流通形式,重点打造国家级演出院线、电影院线,加快建设全国区域性包装印刷中心、出版物发行中心。文化产业增加值占地区生产总值比重超过5%。(省委宣传部牵头,省发改委、省教育厅、省科技厅、省经济和信息化委、省财政厅、省文化厅、省广电局、省新闻出版局、省政府金融办等参与)

(二)新型城镇化推进行动。优化城镇体系,完善城镇功能,彰显文化品位,提升城市能级,打造宜居宜业宜游的新型城镇,全面提升城镇化质量和水平。

1.进一步优化城镇体系。按照构建"一带一圈一群"城镇化战略格局总体要求,重点推进皖江城市带、合肥经济圈、皖北城镇群发展,建立城市互动合作机制,形成各具特色的城市群发展态势。加快城市集群发展,重点支持芜马、铜池、淮(北)宿(州)经济一体化。壮大合肥、芜湖、安庆、蚌埠、阜阳、黄山区域中心城市,支持其他城市尽快发展成为各具特色的大中城市,鼓励县城按城市架构加快建设。形成和完善以区域中心城市为核心、其他设区市为节点、县城和中心镇为基础的现代城镇体系,城镇化率超过全国平均水平。(省住房和城乡建设厅牵头,省发改委、省财政厅、省国土资源厅、省环保厅等参与)

2.强化城市综合承载力。按照高起点规划、高水平建设、先地下后地上、功能配套完善的要求,强化市政基础设施建设,提升现代化水平。强化城市金融、物流、信息、休闲等综合服务功能,构建主导功能突出、要素节约集约、相互协调促进的城市空间格局。坚持产城融合、一体发展,高水平打造一批城市新区。稳步推进农业转移人口市民化,形成有利于农民进城的就业、住房和社会保障等制度,逐步使进城农民享受与城市居民同等的基本公共服务。形成与城市能级、规模相适应的综合承载力。(省住房和城乡建设厅、省公安厅牵头,省发改委、省教育厅、省财政厅、省人力资源和社会保障厅、省交通运输厅、省民政厅、省水利厅、省卫生厅等参与)

3.提升城市软实力。加强城市文化建设,有效保护、合理利用历史文化遗产,塑造特色鲜明、引领发展的城市精神。大力提升市民素质,加强人文关怀和心理疏导,培育自尊自信、理性平和、诚实守信、开放包容的社会心态。进一步提高城市管理水平,培育和发展社会组织、社区服务组织,形成法治、安全、高效、文明的社会环境。大力实施净化、绿化、亮化、美化,保护城市生态环境。努力打造若干在全国有较高知名度和美誉度、人与自然和谐共生的现代城市。(省委宣传部牵头,省民政厅、省环保厅、省住房和城乡建设厅、省文化厅等参与)

(三)农业现代化行动。大力推进农业规模化、组织化、现代化,着力提高农业劳动生产率、土地产出率、农产品商品化率和科技贡献率,打造区域特色产业基地与产业带。

1.提高农业综合生产能力。深入实施新增粮食生产能力规划,大力开展小麦高产攻关、水稻产业提升、玉米振兴计划和整建制高产创建活动。大力实施新一轮优势农产品区域布局规划,积极推进畜牧业升级、水产跨越、蔬菜产业提升、林产品加工和茶产业振兴等计划的实施,以新一轮"菜篮子"工程为重点,集中建设一批畜禽规模化养殖基地、特色森林食品种植基地、名优水产品养殖基地和设施蔬菜生产基地;以创立区域性公共品牌为重点,加强茶叶品牌建设,发展水果、蚕桑等特色农业。粮食综合生产能力突破700亿斤。(省农委牵头,省发改委、省科技厅、省财政厅、省国土资源厅、省林业厅、省国资委、省粮食局、省农科院、省农垦事业管理局等参与)

2.构建现代农业产业体系。大力实施农业产业化"671"转型倍增计划,制定并实施农业产业化集中区布局规划,着力培育一批"国字号"农产品品牌和领军企业。促进龙头企业集聚发展,打造一批产业集群。引导龙头企业与农民建立风险共担、利益共享的合作共赢机制。突出区域优势和特色产业,整合现有各类农业项目和资金,高起点、高标准、高水平建设一批国家级和省级现代农业示范区,成为全省区域现代农业的样板区、农民增收的先行区,引领全省加快实现农业现代化。(省农委牵头,省发改委、省财政厅、省国土资源厅、省国资委、省农科院等参与)

3.推进农业规模化集约化经营。完成农村集体土地所有权、农村土地承包经营权确权登记颁证,进一步明晰农民土地承包经营权。加强农村土地承包纠纷仲裁,建立健全市、县农村土地流转服务体系。推进土地流转和规模经营,重点培育农业规模经营主体,按照依法、自愿、有偿原则,引导土地向种田能手、专业大户、家庭农场和农民专业合作社集中。制定促进规模经营发展的金融、保险优惠政策,开展农用地经营权抵押试点。农业经营组织化程度、农村土地适度规模经营比重明显提高。实施良田、良种、良法、良制综合配套,大力开展高标准农田建设,积极发展农业种业,加快发展设施农业,实施耕地质量提升、农业机械化推进工程,依靠科技提高单产,力争粮食等主要农作物单产超过全国平均水平。(省农委牵头,省科技厅、省国土资源厅、省政府金融办等参与)

(四)自主创新支撑行动。加快推进合芜蚌自主创新综合试验区和国家技术创新工程试点省建设,充分利用国内外创新资源,培育企业创新主体,完善企业为主体、市场为导向、产学研相结合的技术创新体系,不断提高自主创新对经济强省建设支撑力。

1.培育创新主体。实施技术创新"十区提升、百企示范、千企培育"计划,加强分类指导,加快培育创新型企业、高新技术企业和民营科技企业群体。推动企业与科研院所、高校开展合作,进一步提升创新能力。积极支持科研人员、高校师生、留学回国人员等创办科技型企业。高新技术企业数占规模以上工业企业比重达到20%。(省科技厅牵头,省发改委、省教育厅、省经济和信息化委、省人力资源和社会保障厅、省商务厅、省国资委等参与)

2.加速科技成果转化。放大企业股权和分红激励政策效应,鼓励高校、科研院所以科技成果作价入股,吸引国内外科技成果在我省转化,引进跨国公司、国家和省外科研院所、大型企业在我省设立研发机构和成果转化中心。加快完善多元化科技投融资体系,进一步增强综合服务功能,科技成果转化率明显提高。(省科技厅牵头,省发改委、省教育厅、省财政厅、省国资委等参与)

3. 完善科技创新体制机制。以促进科技与经济社会发展紧密结合为重点,强化企业技术创新主体地位,加快建立企业主导产业技术研发创新的体制机制。提高科研院所和高等学校创新服务能力,加强统筹协调,优化结构布局,强化协同创新能力,促进科技资源开放共享,提高区域创新体系整体效能。统筹发挥政府调控作用和市场在资源配置中的基础性作用,完善科技项目、经费管理制度和科技评价、奖励制度,形成激励创新正确导向。建立健全科学合理的人才评价标准,加强科研诚信建设,营造科学民主、宽松包容的学术氛围,进一步激发广大科技人员积极性和创造性。(省科技厅牵头,省委组织部、省发改委、省教育厅、省经济和信息化委、省财政厅、省人力资源和社会保障厅、省商务厅、省国资委等参与)

(五)区域协调发展行动。坚持主体功能导向,因地制宜、分类指导,加快构筑良性互动、多极支撑的区域经济增长格局。

1. 进一步增强皖江示范区的龙头带动作用。坚持科学承接、绿色承接、创新承接,重点围绕主导产业和领军企业,加强与境内外行业龙头企业合作对接。积极推进集中示范园区等各类园区建设,加快建设江北、江南集中区,形成一批总量大、竞争力强的开发园区。支持城市跨江发展、联动发展。基本达到长三角地区中等发展水平。(省推进皖江城市带承接产业转移示范区建设领导小组办公室牵头,相关成员单位参与)

2. 加快皖北振兴步伐。坚持工业引领,加强资源深度开发和高效利用,积极承接产业转移,加速构建结构合理、特色鲜明、竞争力强的现代产业体系。强化城镇带动,科学规划,合理布局,引导经济和人口向重点城市化地区集聚,着力提高城镇化水平。加快农业现代化进程,持续加大投入,加强科技支撑,建立健全农业稳定增长的长效机制。完善皖北发展支持政策,优化发展环境,深入推进南北合作,重点构建产城一体化发展的现代产业园区。实现皖北经济增速高于全省平均水平,成为经济强省建设新的增长极。(省加快皖北地区发展领导小组办公室牵头,相关成员单位参与)

3. 促进皖南和大别山区“三位一体”发展。坚持绿色发展、生态保护、扶贫开发“三位一体”协调推进,积极发展绿色经济,深入推进皖南国际旅游文化示范区建设,提升黄山、九华山等名山和徽文化品牌影响力与综合竞争力,加快打造世界级文化旅游胜地。落实大别山革命老区扶持政策,实施大别山片区区域发展与扶贫攻坚规划,推进大别山区国家生态文明试点建设。努力将皖南及大别山区建成绿色发展、环境优美、人民幸福的生态经济强区。(省发改委牵头,省环保厅、省林业厅、省文化厅、省体育局、省旅游局、省扶贫办等参与)

4. 加快县域经济发展。着力做大、做强、做精县域省级工业园区,加快培育主导产业,推进集群化发展。以县城和有条件的中心镇为重点,进一步提升规划、建设和管理水平,着力打造一批各具特色的新型中小城市。深化省直管县体制改革试点,进一步扩大县级经济社会管理权限,完善县域分类考核,引导各地走各具特色的科学发展道路。培育一批总量超500亿元的经济强县。(省发改委、省编办牵头,省经济和信息化委、省财政厅、省住房和城乡建设厅、省统计局等参与)

(六)基础设施体系完善行动。以交通、水利、能源、信息化为重点,进一步完善基础设施体系,强化对经济强省的基础支撑能力。

1. 构建现代综合交通运输体系。完善网络布局,提升技术水平,加快综合交通通道和枢纽建设。推进铁路客运专线、城际铁路、能源运输通道建设。完善高速公路网络,实施干线公路和农村公路升级改造。整治长江、淮河干支流航道,提升港口专业化水平,发展皖江、沿淮港口群。加快新机场建设,加大机场改造力度。优先发展城市公共交通,加强城市交通能力建设。提高交通安全水平,提升应急保障能力。形成“两纵、五横、三联”综合交通通道,建成以合肥为中心,芜湖、蚌埠、阜阳、安庆、黄山、六安为支撑,其他各市为节点的综合交通枢纽体系。(省发改委、省交通运输厅牵头,省财政厅、省国土资源厅、省环保厅、省住房和城乡建设厅、省国资委等参与)

2. 推进“水利安徽”建设。扎实推进淮河流域防洪防旱防污供水综合治理，加大巢湖流域水环境综合治理力度，加快长江干流河道整治、重要支流治理、病险水库和水闸加固以及中小河流治理，大力开展城市河湖水系改造，加快水土流失治理和山洪灾害防治。推进跨流域跨区域水资源配置工程建设，加快抗旱应急备用水源建设，新建一批大中型水库及灌区。力争完成大型灌区、重点中型灌区续建配套与节水改造，全面改善水资源保障供给能力。构建与经济强省建设基本适应的现代水利支撑体系。（省水利厅、省发改委牵头，省财政厅、省国土资源厅、省环保厅、省国资委、省气象局等参与）

3. 增强能源供应保障能力。稳步推进两淮大型煤炭基地建设，完善煤炭运输储配体系，提升省外煤炭调入能力，有序推进电源点建设，支持新上一批大容量高参数低能耗燃煤机组，着力构建现代电网体系，积极发展水电、风电、生物质能、可再生能源，扩大天然气和成品油使用规模，为经济强省建设提供安全、可靠、高效、清洁的能源支持。（省能源局牵头，省经济和信息化委、省商务厅、省国资委、省电力公司等参与）

4. 提升信息化水平。推动信息化和工业化深度融合，以信息化带动经济社会全面发展。完善信息化基础设施、综合应用和支撑保障三大体系，加强两化融合、电子政务、电子商务、农业农村信息化和智慧城市建设五大应用，规范建设软件服务业基地，强化软件服务业支撑作用，努力形成以信息技术应用为重点、网络设施建设为基础、信息资源综合利用和信息安全为保障的“智能、融合、惠民、安全、绿色”的信息化体系。加快城市家庭20兆以上固定宽带接入能力建设，3G网络覆盖县级以上城市和大部分乡镇，建成覆盖全省的四级电子政务网络平台，政务和社会事业信息化水平显著提高。（省经济和信息化委牵头，省政府办公厅、省发改委、省教育厅、省科技厅、省人力资源和社会保障厅、省农委、省商务厅、省广电局、省通信管理局、省经济信息中心等参与）

（七）生态经济培育行动。以保护生态环境为目的，以发展循环经济和绿色生态产品为抓手，构建高效低耗的生态经济体系，提高资源综合利用效率，不断增强可持续发展能力。

1. 大力发展循环经济。积极发展城市、园区和企业循环经济，深入推进企业间资源共享、副产品互用和企业内部节约利废，构建循环型产业体系，打造全国循环经济发展示范区。实施园区循环化改造，做大做强循环经济产业集群。加快废旧汽车零部件、工程机械等再制造产业发展，鼓励废旧家电、废杂金属、废弃电子产品等再生资源回收利用，建设“再生资源回收体系”试点城市、“城市矿产”示范基地。加快循环经济“百千万”示范工程建设。推进农业循环经济发展。加快建设循环经济示范单位，实施循环经济重点项目，循环经济产业形成较大规模。（省发改委牵头，省经济和信息化委、省财政厅、省国土资源厅、省环保厅、省住房和城乡建设厅、省农委、省林业厅、省商务厅、省国资委等参与）

2. 完善绿色生态产品体系。健全农林产品质量安全体系，实现农林产品产地环境清洁化、生产过程标准化、质量监管制度化、产品营销品牌化，大力发展有机、绿色、无公害农产品，建设一批生态农业生产基地。规范食品加工程序和添加剂使用，加强食品质量控制和安全监管，保障食品安全，推进绿色食品基地建设。加快发展节约、清洁、低碳、安全的绿色工业产品，大力发展绿色建筑，加大绿色建材推广力度，鼓励企业开展绿色认证，形成一批具有较强竞争力的绿色品牌。（省农委牵头，省经济和信息化委、省财政厅、省住房和城乡建设厅、省环保厅、省林业厅、省商务厅、省卫生厅、省国资委、省质监局、省食品药品监管局、省物价局等参与）

（八）开放合作深化行动。实施更加积极主动的开放战略，全面提升对内对外开放层次，构建内外联动、互利共赢、安全高效的开放型经济体系，提升在全国开放格局中的战略地位。

1. 深度融入长三角。以产业转移、基础设施、市场体系和公共服务为重点，进一步深化长三角区域分工合作。积极推进交通、能源、科技、教育、信用、环保、规划建设、信息、金融、人力资源和社会保障、涉外、质监、工商、旅游等重点专题合作，协同推进区域基础设施网络化建设，着力推动大通关等公共服务领域对接。继续推动我省重点城市加入长三角城市经济协调会，促进皖江城市带与长三角城市群融合。尽快实现重大基础设施、市场体系和公共服务一体化，形成三省一市优势互补、合作共赢的发展格局。（省发改委牵头，省教育厅、省科技厅、省经济和信息化委、省人力资源和社会保障厅、省环保厅、省住房和城乡建设厅、省交通运输厅、省商务

厅、省国资委、省工商局、省质监局、省旅游局、省政府金融办、安徽出入境检验检疫局、合肥海关等参与)

2.拓展区域合作空间。推动与珠三角、环渤海、京津冀,特别是香港、澳门和台湾的经济合作。深入推进与央企、知名民企战略合作。推动中部地区联动发展,加强皖江城市带与武汉城市圈、中原经济区、长株潭城市群等区域合作。鼓励企业参与西部大开发,优先支持皖企在对口支援新疆西藏建设中拓展更为广阔的市场空间。进一步健全区域合作机制,发挥行业协会、商会等区域性中介组织的作用。形成政府、企业、社会团体等共同参与、相互协作的多层次区域合作体系。(省发改委牵头,省经济和信息化委、省民政厅、省人力资源和社会保障厅、省环保厅、省住房和城乡建设厅、省交通运输厅、省商务厅、省国资委、省旅游局等参与)

3. 努力提高经济国际化水平。推进产业国际化,积极参与国际产业分工,支持企业创国际品牌,增强国际竞争力。推进市场国际化,巩固传统市场,培育新兴市场,全方位拓展国际市场空间。推进技术国际化,支持我省企业加强与国外企业、研发中心、高校、科研机构合作,共建创新合作体系,引进世界一流技术,提升我省技术研发水平。推进资源国际化,加快培育本土跨国公司,建设海外资源生产经营网络,鼓励有条件的企业跨国并购,在全球范围内整合资源,提高对原材料、技术、品牌、市场的掌控能力。推进人才国际化,加快引进一批我省急需的国际化、复合型技术和管理人才。力争在对外开放的广度和深度上取得新的重大突破。(省商务厅牵头,省委组织部、省发改委、省教育厅、省科技厅、省人力资源和社会保障厅、省外办、省国资委、省工商局、合肥海关等参与)

(九)内需扩大行动。坚持扩大内需方针,进一步优化投资结构,努力扩大有效投入,积极构建扩大消费需求的长效机制,促进消费需求持续增长,提升投资消费对经济增长的协同拉动力。

1.提升“861”行动计划。充分发挥扩大有效投入对经济增长的拉动作用,强化重大项目带动,围绕主导产业、城镇化、基础设施、生态环保、人才、民生工程等重点领域,抓紧谋划并实施一批重大项目,特别是总投资100亿元以上的重大项目。完善项目联动管理机制,分层推进,动态管理。形成投产一批、续建一批、开工一批、储备一批的梯次推动格局。(省发改委牵头,省教育厅、省经济和信息化委、省财政厅、省人力资源和社会保障厅、省住房和城乡建设厅、省交通运输厅、省水利厅、省卫生厅、省国资委等参与)

2.积极扩大民间投资。坚持“非禁即入”,全面开放法律法规未禁止的投资领域,确立民间投资平等的市场主体地位。进一步拓宽民间融资渠道,继续加大信贷支持,加快完善融资担保体系,实行平等的财税支持政策。进一步改善民间投资服务,健全投资政策、信息发布制度,完善中介服务体系,努力营造加快民间投资发展的良好环境。民间投资比重达到70%以上。(省发改委牵头,省财政厅、省政府金融办、人行合肥中心支行等参与)

3.加快消费升级步伐。优化消费环境,规范市场经济秩序,加强价格收费、食品质量安全监管,促进放心消费。积极推动省内名牌、著名商标产品扩大销售,促进品牌消费。积极引导和培育消费热点,鼓励扩大汽车、家电等重点商品消费,积极拓展文化娱乐消费,大力拓展交通通讯、体育健身、教育培训等服务性消费。挖掘旅游消费潜力,提升旅游消费水平。提高农村和农民消费水平,积极拓展省外市场,提高皖货在全国的知名度和市场占有率。不断提高消费对经济增长的带动作用。(省商务厅牵头,省发改委、省教育厅、省财政厅、省农委、省文化厅、省体育局、省工商局、省食品药品监管局、省旅游局、省供销社、省物价局等参与)

(十)城乡居民收入倍增行动。围绕“提低、扩中、调高”的政策导向,充分发挥市场机制的基础性作用,加大政府调控力度,稳步增加工资性收入和转移性收入,大幅提高经营性收入和财产性收入,显著提升城乡居民幸福指数。

1.积极促进就业。实施更加积极的就业政策,扩大就业容量。加快建立和完善城乡一体的人力资源市场、基层公共就业服务平台和农民工城市服务中心,促进农村劳动力转移就业和高校毕业生充分就业。整合培训资源,创新培训机制,提高劳动者职业技能和就业能力。加快形成反映劳动力市场供求关系和企业经济效益的工资决定机制和增长机制。促进城乡劳动者充分就业。(省人力资源和社会保障厅牵头,省委组织部、省发改委、省教育厅、省经济和信息化委、省公安厅、省商务厅、省政府金融办

等参与）

2. 切实改善民生。建立完善覆盖城乡的社会保障体系，继续扩大社会保险覆盖面，提高社会保险统筹层次。积极发展学前教育，努力提高义务教育保障水平，大力推进义务教育均衡发展。深化医药卫生体制改革，健全公共卫生和基本医疗服务体系。深入实施文化惠民工程，加快建成覆盖城乡、惠及全民的公共文化服务体系。加快城镇保障性安居工程建设，完善住房保障体系。推进城乡社会救助体系、救灾应急救援体系、社会福利体系、社会养老服务体系建设，大力发展慈善事业。推进开发式扶贫。与全面小康社会相适应、覆盖城乡居民的社会保障体系全面建立，实现社会保障"一卡通"，基本公共卫生服务覆盖城乡居民的目标全面实现。（省财政厅牵头，省编办、省发改委、省教育厅、省民政厅、省人力资源和社会保障厅、省住房和城乡建设厅、省农委、省卫生厅、省文化厅、省扶贫办等参与）

3. 努力实现财富增值。拓宽居民投资理财渠道，加快发展专业理财服务，引导居民逐步从存款保值向投资增值转变。积极推进农村产权制度改革，加快建立城乡统一的建设用地市场，探索建立宅基地抵押、有偿流转和有偿退出机制，推进农房登记发证，探索农房有序流转，切实盘活农民资产。加大城乡居民财产权益保护力度。使财产性收入成为提高居民收入的重要途径。（省财政厅牵头，省国土资源厅、省住房和城乡建设厅、省农委、省林业厅等参与）

三、十项重大工程

（一）强企工程。着力营造服务环境优、要素成本低、尊重企业家的良好氛围，完善政策体系，壮大企业主体。通过培育、引进、重组、转型、上市等方式，打造一批"顶天立地"的龙头骨干企业。实施中小企业成长工程，培育一大批"铺天盖地"的中小企业。促进中小企业与大企业配套发展，形成以骨干企业为龙头、中小微企业专业化配套的分工协作体系，提升企业整体竞争力。力争到2016年，打造15个以上进入全国500强的工业企业，5家以上进入全国百强行列的服务业企业，3—5家跨入百亿级的文化产业企业，新增上市企业50家，100个以上具有行业竞争优势的"单项冠军"，规模以上工业企业、限额以上商业企业、资质内建筑企业数翻一番以上。（省经济和信息化委、省发改委牵头，省委宣传部、省科技厅、省财政厅、省住房和城乡建设厅、省农委、省商务厅、省国资委等参与）

（二）品牌培育工程。深入实施品牌战略，增强全社会品牌意识，提质量、抓名牌、定标准，推动企业走品牌经营之路。完善质量考核评价体系，推动产品质量、工程质量、服务质量大提升。开展省著名商标认定、地理标志注册和省级名牌产品评价，加快商标品牌国际化，培育和创建一批驰名商标、名牌产品和知名原产地，推动省级著名商标、名牌产品区域性互认。支持企业主导或参与国际标准、国家标准和行业标准制订，以标准化助推产业发展。到2016年，力争驰名商标超过160个、省著名商标达到2000个以上、省级名牌产品达到500个，名牌产品在国内外市场占有率明显提高，主导或参与制修订国际标准、国家标准和行业标准500项以上。（省工商局、省质监局牵头，省经济和信息化委、省科技厅、省财政厅、省商务厅、省国资委等参与）

（三）现代服务业提升工程。加快推进服务业综合改革试点、现代服务业集聚区、服务业重点企业、服务业重大项目、服务业品牌等五大载体建设，形成6个超千亿元的大产业，建成100个省级服务业集聚区，形成100个服务业大企业大集团。整合区域旅游资源，扩大旅游对外开放，促进旅游文化科技融合，打造10条精品旅游线路、10大旅游名牌产品。力争到2016年，旅游总收入超过3500亿元，现代服务业增加值占服务业比重达到55%。（省发改委、省旅游局牵头，省科技厅、省经济和信息化委、省财政厅、省商务厅、省文化厅、省国资委、省政府金融办等参与）

（四）城市经济壮大工程。加速发展工业经济，做大做强首位产业，培育若干支柱产业，构筑城市经济的核心支撑。大力发展服务经济，加快物流、商贸、金融、养老等现代服务体系建设，科学规划新型商业街区和大型城市综合体，积极发展总部经济、楼宇经济，打造以现代服务业为主的综合性城区。有序推进开发园区和城市新区建设，促进产业向园区新区集中，形成城市经济新的增长点。到2016年，合肥市经济总量突破7000亿元，芜（湖）马（鞍山）组团突破5000亿元，绝大多数设区市超过1000亿元，市区地区生产总值占全市地区生产总值比重超过30%，形成一批经济总量达百亿元级的县级中小城市和一批经济强镇。到2020年前后，合肥市和芜(湖)马(鞍山)组团经济总量双双突破万亿元。(省发改委、省住房和城乡建设厅牵头,省经济和信息化委、省民政厅、省财政厅、省国土资源厅、省商务厅等参与)

(五)开发园区转型升级工程。优化开发园区布局,控制新增,适度整合,支持具备条件的开发园区扩区升格。强化土地节约集约利用,提高园区投资强度和土地产出率。突出重点产业,推动结构升级,建设产业集聚区,实现集群发展。推进管理体制创新,在区域合作、体制改革等方面先行先试。推动开发园区从数量扩张向质量提升转变。加快皖北三市四县现代产业园合作共建,打造皖北地区“三化”协调发展先导区和以新型工业化为主的现代化新区。力争到2016年,全省开发园区经营收入超过3.5万亿元,经营收入超千亿的园区超过15个,市管省级开发园区土地投资强度不低于200万元/亩,县管省级开发园区土地投资强度不低于150万元/亩。(省发改委牵头,省科技厅、省经济和信息化委、省财政厅、省国土资源厅、省环保厅、省住房和城乡建设厅、省商务厅、省政府金融办等参与)

(六)现代农业主体培育工程。大力培育一批国家级和省级农业产业化龙头企业。积极发展农民专业合作社,鼓励和支持多主体创办、多形式合作、多类型发展。积极培育农民创业带头人和职业农民。到2016年,力争培育3—5个年销售收入超50亿元的龙头企业和20个以上年销售收入超100亿元的产业集群,各类农民专业合作社发展到30000个,入户成员占总农户的50%以上。(省农委牵头,省发改委、省财政厅、省商务厅、省国资委、省供销社等参与)

(七)美好乡村建设工程。加强规划引领,整合涉农资金,统筹农村生产、生活和生态建设。加强农田水利、农村电网、农村小水电、安全饮水、道路、垃圾处理设施等建设,实施农村清洁工程,切实改善农村生产生活环境。加强土地和村庄整治,建设农民集中居住区。加快公共服务设施建设,提高农村基本公共服务水平,逐步缩小城乡基本公共服务差距。积极推进农村社区建设,完善乡村治理机制,推动农村社区网格化管理。到2016年,建成200个新型农村示范社区、15000个美好乡村,全省农村生活垃圾无害化处理率力争达到45%。(省住房和城乡建设厅牵头,省发改委、省民政厅、省人力资源和社会保障厅、省国土资源厅、省环保厅、省农委、省水利厅等参与)

(八)创新能力增强工程。深化与中科院合作,加快中国科技大学先进技术研究院等重大创新平台建设。围绕主导产业和各市首位产业,以企业为主体,加快建设工程(技术)研究中心、工程实验室、企业技术中心、博士后科研工作站、技能大师工作室和产业技术创新战略联盟,加大研发投入,增强企业创新能力。鼓励企业和科研院所在省外、境外设立技术研发中心,与国内外企业、科研院所合作共建实验室及研发中心,提升创新水平。加强产学研合作,瞄准重大关键共性技术,每年组织10项重大技术攻关,突破技术瓶颈。着力推动高校协同创新,全面提升高等学校创新能力。到2016年,每个市围绕首位产业形成1个公共创新平台,80%左右规模以上工业企业建立技术中心,研究与试验发展经费支出占地区生产总值的比重达到2.1%。(省科技厅、省发改委牵头,省教育厅、省经济和信息化委、省财政厅、省人力资源和社会保障厅、省国资委等参与)

(九)外向型经济拓展工程。坚定不移抓好招商引资,大力推广精准招商,提高引资质量和水平,把境外招商摆在更加突出位置,每年组织一批专业小分队境外招商,大幅提高利用外资规模。培育具有较强竞争力的外贸企业主体,扩大外贸规模,优化外贸结构,积极扩大进口,鼓励进口稀缺资源、关键设备装备和技术,加快转变外贸发展方式。支持有条件的企业“走出去”。力争到2016年,利用外资超过100亿美元,境外世界500强来皖投资企业突破100家,进出口总额突破500亿美元,建成一批境外资源开发基地、加工生产基地和综合性国际营销中心。(省商务厅牵头,省发改委、省科技厅、省经济和信息化委、省财政厅、省农委、省国资委等参与)

(十)全民创业促进工程。加强创业宣传,每年表彰一批在全民创业行动中作出突出贡献的企业或企业家,形成全民创业的良好氛围。大力培育创业载体,兴办一批创业园区、示范街道,建设一批创业孵化示范基地,重点支持农民工、大学生、留学归国人员、科技人员和机关事业单位人员创业。优化创业环境,加大财税扶持力度,扩大创业信贷规模,推进中小企业担保体系和公共服务平台建设,完善创业服务体系,实现创业企业零社会负担。到2016

年，非公经济比重达到65%左右，建成各类创业基地400个，每年新增私营企业4万户以上。（省经济和信息化委、省人力资源和社会保障厅牵头，省发改委、省教育厅、省科技厅、省财政厅、省政府金融办、团省委、人行合肥中心支行等参与）

四、保障措施

（一）推动思想大解放。经济强省建设是时代赋予的历史使命，任务艰巨而光荣。全省上下必须以时不我待的精神，进一步增强责任感和紧迫感，统一认识，主动作为。要树立雄心壮志，坚定做大做强的信心和决心，拉高标杆，争先进位，市要争当经济强市，县要争当经济强县，企业要争当全国500强和“单项冠军”，以更大的气魄开创工作新局面。要增强创新意识，把创新作为工作的主旋律，敢为人先，敢想敢干，积极探索管理新体制与工作新机制，破解发展中各种矛盾和问题。要充分尊重基层和群众的首创精神，建立改革创新、先行先试的激励机制，营造鼓励创新、宽容失败的良好氛围。（省委宣传部牵头，省发改委、省经济和信息化委等参与）

（二）深化体制改革。建设经济强省、实现赶超进位，必须构建充满活力的体制机制。继续深化国有企业改革，促进产权多元化，大力推进国有经济战略性调整，健全国有资本有进有退、合理流动机制。进一步完善省直管县财政体制，增强县域经济发展能力，积极创新财税激励约束机制，减轻企业负担。深化地方金融机构改革，强化地方金融体系建设，引导地方法人金融机构完善现代企业制度；充分利用国家赋予的先行先试政策，推进银行、证券、保险及其他金融机构之间开展同业合作，支持引导民间资本进入金融领域；稳妥推进金融业综合经营试点，加快多层次金融市场体系建设；加强金融管理、服务、产品、业态以及机制创新。创新户籍管理制度，全面推行居住证制度，逐步实现流动人口“一卡通”，引导农村人口向城镇有序转移。（省发改委牵头，省公安厅、省财政厅、省人力资源和社会保障厅、省国土资源厅、省国资委、省政府金融办等参与）

（三）优化发展环境。大幅度精简审批项目，减少审批环节，缩短审批时间，提高审批效率。加大政务公开力度，继续扩大省级行政审批权相对集中改革试点，全面推进市县审批权相对集中改革。严格涉企收费项目的审批，规范涉企收费行为。大力整顿和规范市场经济秩序。健全社会信用体系，加快完善地方公共信息和金融信息合作共享联合征信机制，建立覆盖全社会的征信系统，推进信用奖惩制度建设，营造“守信受益、失信惩戒”的社会环境。推进依法行政，组织开展依法行政示范单位创建活动，通过省市县乡“四级联创”，进一步加快法治政府建设进程。把安徽打造成为全国行政效能最高、信用环境最优、信息公开最好、收费最少的省份之一。（省直工委牵头，省纪委、省编办、省发改委、省财政厅、省审计厅、省工商局、省质监局、省政府法制办、省政务公开办、省物价局、人行合肥中心支行等参与）

（四）强化要素支撑。千方百计解决资金、土地、人才等要素制约，保障经济强省建设需要。统筹利用现有财政专项资金，集中力量办大事。引导金融机构加大对实体经济支持力度，努力扩大信贷规模，力争信贷增速高于全国平均水平。进一步扩大上市、债券等直接融资规模，有效降低融资成本。稳妥开展城乡建设用地增减挂钩试点和工矿废弃地开发利用试点，积极争取符合条件的重点建设项目使用国家直管计划指标，省下达新增建设用地计划指标向主导产业项目倾斜；推进节约集约利用土地，提高建设用地容积率。坚持人才优先、以用为本，加快实施省级层面重点人才计划，培养一大批优秀企业家，着力培养引进高层次创新型科技人才、经济发展重点领域急需紧缺专门人才和高技能人才；大力开发农村劳动力资源，加快公共职业训练基地建设，提升职业培训公共服务能力；推进人才政策创新，建设合芜蚌自主创新综合试验区人才特区。（省委组织部、省教育厅、省财政厅、省人力资源和社会保障厅、省国土资源厅、省政府金融办牵头，省编办、省发改委、省科技厅、省国资委、人行合肥中心支行、安徽银监局、安徽证监局、安徽保监局等参与）

（五）落实责任。各地各部门要根据分工研究制定具体落实方案和政策措施，各负其责，密切合作，确保各项目标任务落到实处。省发改委会同有关部门每年对各地各部门上年度经济强省建设情况进行督查评估，提出评估报告报省委、省政府决策参考。（省发改委牵头，省直工委、省统计局、省政府政研室、国家统计局安徽调查总队等参与）

各地各部门要根据本《纲要》，结合实际认真组织实施,确保如期实现经济强省建设目标,为建设美好安徽奠定坚实基础。

中共安徽省委 安徽省人民政府关于全面推进美好乡村建设的决定

皖发〔2012〕18号

为贯彻落实省第九次党代会的重大部署,扎实推进美好安徽建设,不断提升社会主义新农村建设水平,进一步加快全面小康社会建设进程,特就全面推进美好乡村建设作如下决定。

一、总体要求

1.指导思想。以邓小平理论和“三个代表”重要思想为指导,深入贯彻落实科学发展观,按照中央提出的“生产发展、生活宽裕、乡风文明、村容整洁、管理民主”的总要求,推动工业化、信息化、城镇化、农业现代化同步发展,以统筹城乡经济社会发展为方略,以增加农民收入、提升农民生活品质为核心,以村庄建设、环境整治和农田整理为突破口,协调推进产业发展和社会管理,加快建设资源节约型、环境友好型乡村,努力打造宜居宜业宜游的农民幸福生活美好家园。

2.主要目标。在做好县域城镇体系规划和村庄布点规划修编的基础上,按照“培育中心村、整治自然村、提升特色村”的要求,全面推进美好乡村建设。从2013年开始,每年重点培育建设1500个左右中心村,全面推进环境整治、基础设施建设和公共服务配套,建设周期2年;每年治理改造10000个左右自然村,以村庄环境综合整治为重点,建设周期1年。到2016年,力争全省40%以上的中心村达到美好乡村建设要求;到2020年,力争全省80%以上的中心村达到美好乡村建设要求。总体实现以下目标:

——生态宜居村庄美。村庄规划科学合理,农民住房实用美观,中心村道路、电力、供排水、信息网络等基础设施配套完善,垃圾污水得到有效处理,村容村貌整洁有序,自然生态保护良好,人居环境明显优化。

——兴业富民生活美。现代农业产业体系基本形成,农业产业化水平大幅提升,农民就业创业空间不断拓展,收入水平大幅提高,农村公共事业加快发展,初步实现城乡基本公共服务均等化。

——文明和谐乡风美。村民自治机制不断完善,村规民约基本健全,乡村特色文化得到传承发展,农民精神风貌积极向上,生活方式文明健康,社会保持和谐稳定。

3.基本原则。

——坚持以人为本,农民主体。始终把维护农民切身利益放在首位,充分尊重农民意愿,把群众认同、群众参与、群众满意作为根本要求,切实做好新形势下群众工作,依靠群众的智慧和力量建设美好家园。

——坚持城乡一体,统筹发展。建立以工促农、以城带乡的长效机制,统筹推进新型城镇化和美好乡村建设,深化户籍制度改革,加快农民市民化步伐,加快城镇基础设施和公共服务向农村延伸覆盖,着力构建城乡经济社会发展一体化新格局。

——坚持规划引领,示范带动。强化规划的引领和指导作用,科学编制美好乡村建设规划,切实做到先规划后建设、不规划不建设。按照统一规划、集中投入、分批实施的思路,坚持试点先行、量力而为,逐村整体推进,逐步配套完善,确保建一个成一个,防止一哄而上、盲目推进。

——坚持生态优先,彰显特色。把农村生态建设作为生态强省建设的重点,大力开展农村植树造林,加强以森林和湿地为主的农村生态屏障的保护和修复,实现人与自然和谐相处。规划建设要适应农民生产生活方式,突出乡村特色,保持田园风貌,体现地域文化风格,注重农村文化传承,不能照搬城市建设模式,防止“千村一面”。

——坚持因地制宜,分类指导。针对各地发展基础、人口规模、资源禀赋、民俗文化等方面的差异,切实加强分类指导,注重因地制宜、因村施策,现阶段应以旧村改造和环境整治为主,不搞大拆大建,实行最严格的耕地保护制度,防止中心村建设占用基本农田。

——坚持以县为主,合力推进。县(市、区)党委、政府在美好乡村建设中承担主要职责,以县(市、区)为单位整体谋划、整合资源、统筹推进。省市两级加强政策扶持和指导督查,形成上下联动、分工负责的工作格局。

二、重点任务

(一)实施村庄建设工程

4. 修编村庄布点规划。按照全域理念，着眼长远发展，采取以县为主、省市相关部门指导、专业机构支持的方式，修编完善村庄布点规划，科学确定中心村和需要保留的自然村，并与农村产业发展、基础设施、公共事业和土地整治等专项规划相衔接，与城镇规划体系相衔接。每个行政村原则上规划建设1个中心村。完善规划审定、督查制度，村庄布点规划必须经县级人大审议通过。按照尊重自然美、注重个性美、构建整体美要求，制定中心村建设规划，充分考虑人口变动、产业发展等因素，预留建设发展空间。严格执行耕地保护制度，严禁在村庄规划点外新建住房，引导农民到中心村集中居住。在规划修编和制定过程中，要让农民群众充分参与，确保规划符合当地实际和农民意愿。对于每年确定重点建设的中心村，市县均要安排专项规划编制经费，省财政专项资金予以补助。

5. 重点建设中心村。以村庄布点规划为依据，按照"人口集中、产业集聚、要素集约、功能集成"的要求，以农村社区化为方向，培育和新建中心村。选择区位条件好、经济基础强、带动作用明显的较大自然村，优先考虑乡镇政府驻地村、特色产业村、交通干道沿线村、重点景区周边村、历史文化名村、城市规划区外的远郊村等有条件的村，以改建、扩建为主，培育一批中心村；依托土地整治整村推进、塌陷区治理、行蓄洪区搬迁、库区移民、灾后重建、扶贫迁建、重大项目征地拆迁、矿山地质环境治理和避让等项目的实施，新建一批中心村。整合相关项目和资金，整体推进中心村水、电、路、气、房、通信等基础设施建设，全面解决饮水安全问题，垃圾污水处理设施覆盖全体村民，扎实推进村内主干道路硬化和公共场所亮化，广电网、电信网、互联网通村到户。按照安全、实用、美观的原则，引导中心村房屋改造建设，促进村庄整体风貌协调和土地集约利用。坚持建管并重，切实建立农村公共设施的长效管护机制。

(二)实施环境整治工程

6. 整治农村生活环境。加快实施农村清洁工程，逐步建立"户分类、村收集、镇运转、县处理"等多种垃圾处理模式。采用纳管处理、集中处理、分散处理等多种农村污水处理方式，优先推进水源涵养区、饮用水源地等环境敏感地区，肠道病、血吸虫病等疾病流行地区，以及重点景区周边村庄开展污水处理。积极推进农村卫生改厕，改厕重点向整治村倾斜。结合实施农村危房改造和村庄整治工程，全面清理村庄内乱堆乱放、乱搭乱建。实行环卫设备购置补贴制度，支持经济适用的环境卫生设备的研发、推广、配备。探索建立政府补助、以村集体和群众为主的筹资方式，确保垃圾污水处理设施正常运行。

7. 改善农村生产环境。结合农业综合开发、农田水利建设、土地整治、水土流失综合治理等项目实施，推进田、水、路、渠综合配套建设，改善农业生产条件。加大河道沟塘整治疏浚力度，到2016年，全省农村河道沟塘基本疏浚一遍，努力打造"水清、流畅、岸绿"的村庄水环境。加强农业面源污染治理，实施畜禽及水产养殖污染治理、化肥农药精准使用、秸秆等农林废弃物综合利用等项目，加强以农村沼气为重点的清洁能源建设，加快发展有机农业、循环农业、生态农业。

8. 提升农村生态环境。以生态乡镇和生态村建设为载体，大力实施"村村绿"和绿色家园示范建设活动，推进村庄园林化、庭院花园化、道路林荫化建设，到2016年，开展整治的村庄绿化覆盖率达到50%以上。结合国家农村环境连片整治等项目的实施，整体推进沿路、沿河、沿景区的环境综合整治和景观带打造，推进湿地修复保护、地质灾害防治、清洁小流域建设、矿山环境恢复治理等工作，全面提高农村生态涵养功能。

(三)实施兴业富民工程

9. 发展特色产业。在稳定发展粮食生产的前提下，积极推进农业结构调整，深入实施"一村一品"工程，到2016年，全省"一村一品"专业村(乡镇)比例达到50%以上。充分利用我省丰富的乡村旅游资源，大力发展城郊休闲度假、生态农业观光、民俗风情体验等不同类型的乡村旅游业，形成特色旅游小城镇、乡村休闲度假区、旅游特色村、星级农家乐互动协调的乡村旅游发展格局。

10. 加快农业产业化进程。深入实施农业产业化"671"转型倍增计划，加大国家级和省级农业产业化示范区创建力度。调整优化农业产业化资金投向，重点支持对农民就业增收带动力强的龙头企业和专业合作组织。按照依法、自愿、有偿原则,鼓励和支持农村土地承包经营权流转,发展多种形式的适度规模经营。加快发展农产品产地初加工,推动农产品加工业向园区和城镇集聚,严格控制污染企业向农村转移。

11. 发展农村服务业。适应农村经济发展需要,大力发展农村金融、信息、科技等生产性服务业,深入实施万村千乡市场工程,加强农村商品配送中心和连锁店建设,推进农批对接、农超对接、直采配送等多种形式的农产品营销模式。面向农村居民生活需要,积极发展通讯、文化、餐饮、旅游、娱乐等生活性服务业。加强农村市场监管和服务,让农村居民安全、便利消费。

12. 扶持农民就业创业。实施新型农民培训工程和农村实用人才带头人培养工程,积极开展农村实用人才、农民职业技能和新型农民科技培训。优化创业环境,完善和落实农村青年信用示范户评定、小额贷款担保、财政贴息等鼓励自主创业政策,提升农民工创业园建设管理水平,鼓励农民工返乡创业,扶持农民以创业带动就业。

13. 壮大村级集体经济。制定发展农村集体经济的扶持政策,加强农村集体资金资产资源管理,支持引导各地开发集体资源、盘活集体资产、经营集体资金,探索以入股、租赁等形式发展符合农村实际的产业,壮大集体经济。鼓励有条件的村建立现代公司组织,探索推进村企一体化建设。在村民自愿的前提下,通过土地整理、土地整治等新增的耕地可用于发展村级集体经济。村集体资产为全体村民集体所有、统一经营、民主管理、收益共享。

(四)实施土地整治工程

14. 全面开展农村土地综合整治。在确保耕地质量不下降、数量不减少、农民自愿的前提下,以单个或多个自然村为单元,对田水路林村矿实行综合治理,采取集中连片整治的方法,整村推进,全面开展农村土地整治。依据土地整治规划,设置建新拆旧项目区,对村庄土地进行整治,提高农村建设用地利用效率。农村宅基地和村庄整理出的农村建设用地,首先要复垦为耕地,规划继续作为建设用地的优先用于农民建房、基础设施和公共服务设施建设,经批准调剂给城镇使用的,其土地增值收益必须全部用于美好乡村建设。

15. 建设高标准基本农田。按照因地制宜、改善条件、提高质量的要求,以提高高产稳产基本农田比重为目标,大力开展土地平整、田间道路和农田水利建设,力争到2016年高标准基本农田达到3000万亩。

16. 维护农民土地合法权益。城乡建设用地增减挂钩试点应缴纳而留给地方的新增建设用地土地有偿使用费、耕地开垦费和耕地占用税全额用于挂钩试点和农村土地整治。探索建立土地出让金纯收益城乡统筹使用和分享机制。

(五)实施管理创新工程

17. 健全村民自治机制。结合村庄撤并,探索中心村和新型农村社区村民自治组织设置模式。健全村民会议和村民代表会议、村务公开、村民议事、村级财务管理等自治制度,加强农民理事会、村务监督委员会等组织建设,依法保障农民在美好乡村建设中的知情权、参与权、管理权和监督权。

18. 提升农村基本公共服务水平。扩大公共财政覆盖农村范围,加快发展农村教育、文化、卫生、体育等公共事业,引导小学、幼儿园、卫生室、文化站、金融服务网点等向中心村布点,加快健全农村居民养老和医疗保险、被征地农民社会保障、农村最低生活保障、农村社会救助等社会保障体系。统筹建设中心村社区综合服务中心,与为民服务全程代理相结合,建立网格化服务管理机制,进一步整合资源、拓展功能,实行“一站式”服务模式,有条件的可配备警务室等公共服务设施。

19. 培育乡村文明新风。深入开展文明村镇、文明集市和文明家庭评选活动,引导农民破除陈规陋习,培育科学、健康、文明的生活方式。广泛开展农村志愿服务活动,关爱农村空巢老人、留守妇女、留守儿童,建好用好乡村学校少年宫。加强对古村落、古民居、古建筑的保护,发掘、保护、开发农村优秀民间文化资源,传承弘扬具有安徽特色的传统农耕文化、山水文化和民俗文化。实施文化信息资源共享、乡镇综合文化站(中心)、村文体活动室、农家书屋、农村数字电影放映、体育健身路径等重点文化惠民工程。扎实开展平安创建活动,加强农村社会治安综合治理。

三、保障措施

20. 加大多元投入力度。将省级新农村建设专项资金改为美好乡村建设专项资金,由省政府统筹安排,从每年2.65亿元增加到10亿元,2013年开始连续投入5年,并逐年增加,主要采取以奖代补方式,重点支持中心村规划建设;根据各县(市、区)经济发展水平和财力差异,省里实行有差别的以奖代补政策。各市、县(市、区)都要设立美好乡村建设专项资金,原则上每年每个市不少于5000万元,每个县(市、区)不少于1000万元,主要用于中心村建设和自然村治理。坚持以县为主,按照"渠道不乱、用途不变、各记其功、形成合力"的原则,大力整合土地整治整村推进、农业综合开发、危房改造和农村清洁工程等相关涉农项目资金,集中建设中心村,兼顾治理自然村。完善村民"一事一议"制度,加大财政奖补力度,扩大农村公共基础设施村民自建试点。加快发展村镇银行,规范发展小额贷款公司、融资性担保公司、农村资金互助组织等新型农村金融机构,引导金融机构创新金融产品和服务,扩大集体建设用地使用权、土地承包经营权、农房等抵押贷款试点,支持各地探索建立美好乡村建设投融资服务机构。鼓励社会资本通过投资、捐助、认建等多种方式参与支持美好乡村建设。

21.推进土地使用制度改革。省每年安排到市的新增建设用地指标,确保有不少于5%用于美好乡村建设。省下达的增减挂钩指标要优先安排被拆迁农户安置和农村基础设施建设,并为农村预留不少于10%的非农产业发展建设用地指标。对于各地符合村庄规划但没有建设用地指标的,允许借贷增减挂钩周转指标,实行先建后补。探索建立建设用地指标市场交易平台,允许建设用地指标有偿调剂使用。以农村土地产权制度改革为核心,大力发展农村土地股份合作社,鼓励农村土地股份合作社将耕地、山林、水面以使用权入股、租赁等形式参与企业经营,将符合规划、依法取得的建设用地,通过招商引资、作价入股等形式,发展二、三产业。加快农村土地、住房确权登记,建立农村宅基地退出补偿机制,加快农民市民化进程。

22.加强基层组织建设。创新农村党的基层组织设置形式,推广在农村社区、农民专业合作社、专业协会建立党组织的做法。选优配强村"两委"班子,特别是村党组织书记。加大选派选聘力度,逐步做到一村一名选派干部或大学生村官。注重在美好乡村建设一线选拔村干部,选拔一些长期在村任职并在美好乡村建设中成绩突出的优秀村党组织书记、村委会主任进入乡镇党政班子。采取专题培训、现场观摩等方式,不断提高乡村干部推进美好乡村建设的能力和本领。通过加大财政转移支付和党费补助等途径,形成村级组织运转、村干部报酬、党员干部培训资金保障机制。大力加强农村党风廉政建设,巩固和扩大"阳光村务工程"成果,切实纠正损害农民利益的突出问题,严肃查处涉农违纪违法案件。

23.健全工作推进机制。成立省美好乡村建设工作领导小组,由省委书记、省长任组长,省委副书记任常务副组长,省委、省政府相关领导任副组长,省直相关单位主要负责同志为成员。领导小组下设办公室和规划建设、资金整合、产业发展、土地整治、公共事业发展、基层组织和乡风文明建设等6个指导组。各指导组及相关成员单位要结合各自职责,制定具体工作方案和实施细则。市、县(市、区)成立由党政主要负责同志任组长的领导小组,健全工作机制。建立美好乡村建设考核评价体系,将美好乡村建设纳入各级党政干部综合考核,作为评价党政领导班子政绩和干部选拔任用的重要依据,作为拨付以奖代补资金的主要依据。建立各级党政部门、事业单位、国有企业与村结对共建机制。充分发挥共青团、妇联、工商联等组织在美好乡村建设中的重要作用。切实加强宣传工作和舆论引导,形成全社会关心、支持、参与美好乡村建设的良好氛围。

注:全面推进美好乡村建设重点事项分解表(略)

安徽省人民政府关于促进经济平稳较快发展的若干意见

皖政〔2012〕50号

各市、县人民政府,省政府各部门、各直属机构:

今年是"十二五"时期承前启后的重要一年,做好经济社会发展各项工作意义重大。当前,国内外经济形势复杂多变,实现今年经济社会发展目标难度加大。各级各部门要深入贯彻落实科学发展观,坚持稳中求进的工作总基调,以保持经济平稳较快发展为首要任务,努力缓解当前制约经济发展的突出问题,着力增加有效投入,着力扩大消费需求,着力推进经济结构调整,着力优化发展环境,确保全年目标任务全

面完成。为此,特提出如下意见:

一、切实帮助企业解决困难

1.各地、各有关部门和领导干部要深入企业开展调查研究,千方百计帮助企业排忧解难。对困难较多的骨干企业,采取一企一策的办法,实行有针对性的扶持政策。

2.各级财政支持企业发展的各类专项资金要尽快落实到企业,充分发挥引导和放大作用。

3.认真落实国家结构性减税政策,切实减轻企业负担。2012年,暂缓调整土地使用税适用税额标准,纳税人缴纳土地使用税确有困难的,按权限报批后予以减免。清理行政事业性收费,凡收费标准有上下限的,一律按下限标准收取。对于法律法规明文规定的涉企行政事业性收费,研究逐步由地税部门征收,严格实行“收支两条线”。2012年,暂缓征收河道滩地临时占用补偿费、铁路护路联防费,由省市县财政分担。加大行政事业性收费监督查处力度。

4.2012年,允许困难企业缓缴养老、医疗、失业、工伤、生育保险费,缓缴期限暂定6个月;可适当降低参保企业医疗、失业、工伤、生育保险费率,一般降幅不低于30%;可使用失业保险结余基金支付困难企业稳定就业岗位补贴,补贴额不低于上年度结余额的30%;参保企业人均工资低于上年度全省在岗职工平均工资60%的,单位缴纳社会保险费基数可按企业实际工资总额核定。

5.2012年,对各类职业院校和技工院校组织当年毕业生在当地就业达到一定比例,并签订1年以上期限劳动合同的,经审核确认,由当地政府给予一次性补贴;对各类公共服务机构和民办职业中介机构介绍技能型人才和职业院校、技工院校、高校毕业生到省内工业企业就业,并签订1年以上期限劳动合同的,按每人120—250元给予职业介绍补贴。

6.2012年,劳动者参加就业技能培训,给予200—1200元培训补贴;企业新录用人员并与其签订6个月以上劳动合同,进行上岗前技能培训的,由当地政府给予不低于人均300元补贴;企业开展岗位技能提升培训,按职工培训后取得国家职业资格证书的人数,分别给予相应补贴。

7.同等条件下优先采购地产品。鼓励购买省产汽车、农机设备、重大装备等产品,具体办法由省财政厅会同有关部门研定。

8.在省内外和境外开展省产品促销活动,组织参加各类产销对接会,搭建销售平台,扩大产品销售。

9.加快推进连锁经营、物流配送、特许经营、电子商务、网络购物等现代流通方式。加大市场监管力度,深入开展打击侵犯知识产权和制售假冒伪劣商品行动,维护公平公正的市场秩序,营造良好消费环境。

10.加强煤电油气运调度,建立煤电供需奖惩制度,落实省内煤电供需合同,确保不出现无计划拉闸限电,确保重要物资及时供应。

二、大力推进结构调整

11.重点围绕电子信息、汽车和装备制造、材料和新材料、新能源、食品医药、纺织服装、现代服务业等主导产业,打造若干个具有核心竞争力的5000亿元级以上大产业。在不改变现有管理权限和管理渠道的前提下,统筹利用省战略性新兴产业、自主创新、技改等各类产业发展专项资金,集中用于培育和发展主导产业。在集约节约用地的前提下,省里安排年度新增建设用地计划、年度供地计划时,对主导产业发展用地给予优先保障,对符合单独选址用地条件的主导产业重大项目优先安排用地计划指标。

12.按照转型发展的要求,重点围绕主导产业,抓紧谋划一批新的重大项目,2012年全省新增“861”项目储备规模5200亿元以上。加快推进在建续建项目。加快推进重大项目前期工作,加强与国家部委的对接,争取更多支持。完善重点项目推进工作机制,确保新开工亿元以上项目超过1300个,年度投资2000亿元以上。各地要优化投资结构,谋划和推进一批大项目、好项目。

13.落实促进民间投资政策,重点围绕市政设施、高速公路、保障性住房、社会事业等领域,推出一批项目吸引民间资金进入。鼓励全民创业,高校毕业生、登记失业人员、退役士兵和残疾人设立50万元以下有限责任公司的,实行创业注册资本“零首付”,但须在2年内缴足注册资本。对注册资本50万元以下的有限责任公司,免收注册登记费。

14.大力推进城镇化“11221”工程,加大城市、县城和小城镇基础设施建设力度,加快农村危房改造和村庄整治步伐,加快大中城市老旧小区整治和城中村改造。

15.进一步加快保障性住房建设进度,确保10月底前新增40万套保障性住房全部开工建设,年内基本建成25万套。各级政府要按规定从土地出让收入中安排资金统筹用于保障性住房建设,2012年省财政支持保障性住房建设的资金不低于上年。中央政府代发的地方政府债券资金优先用于保障性住房建设。积极争取扩大利用住房公积金贷款支持保障性住房建设的试点城市范围。落实首套住房信贷政策，按国家规定对居民家庭购买首套普通自住房的首付比例和贷款利率适当予以优惠。

16.对供而未建闲置2年以上的项目用地进行清理，依法收回土地使用权；对协议规定期限内建而未满和未达到规定投资强度标准的项目用地进行清理，依法进行处置。清理出的土地优先保证急需用地的重点项目需求。

17.组织农技人员深入田间地头，广泛开展农业科技服务活动。加强在地作物田间管理，强化抗灾减灾措施，保障农资供应，千方百计夺取夏季粮油丰收。加强农田水利建设，进一步开展塘坝扩挖、沟河清淤和小型泵站更新改造。引导农民调整种植结构，着力推进高产创建，促进农业增产增效和农民增收。

18.深入推进农村综合改革，加大一事一议财政奖补资金投入，改善农村生产生活条件，促进农村公益事业发展，拉动农村消费需求。开展农村综合改革示范试点。

19.省财政安排专项资金，设立文化产业创业投资基金，引导社会资本投资文化产业，扶持中小文化企业和新兴文化产业发展。

20.加强市场物价调控，及时监测价格动态，保障市场供应，加强市场监管，保持物价总水平基本稳定。落实完善社会救助和保障标准与物价上涨挂钩的联动机制。

三、努力扩大外贸进出口

21.省财政统筹安排有关专项资金，对企业出口信用保险保费给予50%补贴，对中小企业申请国际认证、专利、商标等发生的费用给予30%奖励。对2012年扩大出口加大政策支持力度，支持企业进口先进设备促进技术改造，对机电设备及关键零部件进口每美元奖励2分钱。

22.鼓励具备条件的企业“走出去”，以投资合作带动贸易、技术、资源等合作。鼓励建立和并购研发机构、营销网络。支持组建“走出去”企业联盟，提高“走出去”组织化水平。

四、着力抓好招商引资

23.鼓励各地围绕主导产业、特色产业招商，锁定重点目标企业开展“一对一、点对点”精准招商。对将总部迁至我省境内的大中型企业，按一事一议原则给予优惠政策。

24.深入挖掘与央企、知名民企和境外企业合作潜力，加强跟踪调度，确保已签订的合同类项目尽快落地，意向和协议类项目尽快转化为合同类项目。

25.支持具备条件的省级开发区扩区升级。鼓励在省级以上开发区设立合作园区，吸引海内外地区政府、开发园区，以及跨国公司、央企、战略投资者对其进行整体开发。鼓励发展“飞地经济”，积极探索不同的管理模式和利益分享机制，开展国际、省际之间的广泛合作。

五、扎实做好金融服务工作

26.引导银行业金融机构用足用好已有信贷规模，支持实体经济发展。积极协调落实与国家开发银行、农业发展银行以及大型商业银行等合作协议确定的信贷资金。鼓励银行业金融机构对符合条件的企业实行贷款展期。加大对银行业金融机构考核力度，对新增存贷比超过上年和全省平均水平的金融机构给予一定奖励。

27.进一步加强银企对接，重点向金融机构推介符合国家产业政策和我省转型发展导向的项目，推介中小微企业融资项目，定期调度和通报银企对接情况。积极推动符合条件的融资平台退出，引导银行业金融机构加大对“支持类、维持类”管理的融资平台的信贷投放。支持具备条件的市级政府融资平台与信托公司开展合作，通过信托贷款等方式扩大融资。

28.加大资本市场筹资工作力度，加快推动企业上市，力争今年进入上市发审程序的企业超过20家，积极支持已上市企业再融资。鼓励企业发行债券和票据，2012年成功发行集合债券和集合票据的中小企业，省财政按发行费用的20%给予补贴，最高不超过20万元。

29.严格控制银行业金融机构贷款利率上浮幅度，对企业贷款不得与其存款挂钩，不得变相收取手续费、承诺费、资金管理费和推销其他金融产品。融资性担保公司除担保费外，不得超过国家规定收取保证金，不得以收取咨询费等名义变相提高保费。政府性担保公司要在2011年基础上继续下调担保费率。

30.进一步深化农村金融机构改革，大力发展地方法人金融机构；积极引进国内外金融机构来皖设立分支机构，争取信贷增量资源；积极引导金融机构在皖北地区和大别山区设立分支机构，延伸营业网点；加大村镇银行组建力度，规范发展小额贷款公司、融资性担保公司和典当行。

各地和省有关部门对本《意见》要进一步细化落实，加强督促检查，确保各项政策措施不折不扣落到实处。

安徽省人民政府关于印发安徽省营业税改征增值税改革试点方案的通知

皖政〔2012〕95号

各市、县人民政府,省政府各部门、各直属机构:

现将《安徽省营业税改征增值税改革试点方案》印发给你们,请认真贯彻执行。

安徽省营业税改征增值税改革试点方案

根据财政部、国家税务总局制定的《营业税改征增值税试点方案》及相关文件规定,结合我省实际,制定本方案。

一、指导思想和基本原则

(一)指导思想

认真贯彻国家关于建立健全有利于科学发展的税收制度要求,促进全省经济结构调整和发展方式转变,支持现代服务业发展。

(二)基本原则

1.统筹设计,分步实施。正确处理改革、发展、稳定的关系,统筹兼顾经济社会发展要求,结合我省改革发展实际,科学设计,稳步推进。

2.规范税制,合理负担。在保证增值税规范运行的前提下,根据财政承受能力和不同行业发展特点,合理设置税制要素,改革试点行业总体税负不增加或略有下降,基本消除重复征税。

3.全面协调,平稳过渡。妥善处理试点前后增值税与营业税政策的衔接、试点纳税人与非试点纳税人税制的协调,建立健全适应第三产业发展的增值税管理体系。

二、主要内容

(一)试点范围和时间

在全省交通运输业和部分现代服务业(指研发和技术、信息技术、文化创意、物流辅助、有形动产租赁、鉴证咨询服务)开展试点,条件成熟时,逐步推广至全行业。自2012年8月1日开始面向社会组织实施试点工作,2012年10月1日完成新旧税制转换。

(二)主要税制安排

1.税率和征收率。在现行增值税17%标准税率和13%低税率基础上,新增11%和6%两档低税率。其中,有形动产租赁服务适用17%税率,交通运输业服务适用11%税率,其他部分现代服务业(有形动产租赁服务除外)适用6%税率。

小规模纳税人应税服务适用简易计税方法计税,按照销售额和3%的征收率计算征收增值税,不得抵扣进项税额。

2.计税方式。先行试点的交通运输业、部分现代服务业原则上适用增值税一般计税方法。

3.计税依据。纳税人计税依据原则上为发生应税交易取得的全部收入。对一些存在大量代收转付或代垫资金的行业,其代收代垫金额可予以合理扣除。

4.服务贸易进出口。服务贸易进口在国内环节征收增值税,出口实行零税率或免税制度。

5.优惠政策。试点企业享受国家给予试点地区试点企业的配套优惠政策。

(三)改革试点期间过渡性政策

1.税收收入归属。试点期间保持现行财政体制基本稳定,原归属试点地区的营业税收入,改征增值税后收入仍归属试点地区,税款分别入库。因试点产生的财政减收,按现行财政体制分别负担。

2.税收优惠政策过渡。国家给予试点行业的原营业税优惠政策可以延续,但对于通过改革能够解决重复征税问题的,予以取消。试点期间针对具体情况采取适当的过渡政策。

3.跨地区税种协调。试点纳税人以机构所在地作为增值税纳税地点,其在异地缴纳的营业税,允许在计算缴纳增值税时抵减。非试点纳税人在试点地区从事经营活动的,继续按照现行营业税有关规定申报缴纳营业税。

4.增值税抵扣政策的衔接。现有增值税纳税人向试点纳税人购买服务取得的增值税专用发票,可按现行规定抵扣进项税额。

三、进度安排

(一)准备阶段(2012年9月1日以前)

建立组织协调机制,研究相关政策,开展税源调查和测算,制定相关工作方案,搞好业务培训,加强改革宣传。地税部门组织对试点范围纳税人进行登记造册,办理纳税信息传递移交工作。

(二)模拟阶段(2012 年 9 月 1 日—9 月 30 日)

国税部门对征管信息系统进行升级,对试点范围纳税人进行重新登记,组织增值税征收模拟运行。人民银行国库部门模拟税款入库。

(三)实施阶段(2012 年 10 月 1 日开始)

按照财政部、国家税务总局下发的改革试点实施办法,正式组织实施新旧税制转换。跟踪分析改革的影响,及时总结改革成效,对出现的问题及时向财政部、国家税务总局提出相关建议。做好适时扩大试点的研究和准备工作。

四、工作要求

(一)加强组织领导

各级政府要加强营业税改征增值税改革试点工作的领导。省政府建立营业税改征增值税试点工作联席会议制度,下设办公室(设在省财政厅),抽调精干人员集中办公。各市、县政府也要相应成立协调服务小组,建立统一领导协调机制。做好各项工作方案、预案,确保改革试点的平稳有序进行。

(二)明确工作责任

各级财政部门负责组织协调、宣传发动、制订方案、税收收入和入库情况变动的协调等,国税部门负责营业税改征增值税试点范围的增值税征收实施,地税部门负责对试点范围纳税资料的登记移交,人民银行国库部门负责改征的增值税税款入库,宣传部门负责组织对改革试点的宣传报道,各行业主管部门负责调研改革试点对行业的影响并提出相应意见。

(三)放大政策效应

各市、县要抓住开展营业税改征增值税改革试点的机遇,用好用活用足政策,加大招商引资力度,吸引更多的企业到安徽投资兴业,促进我省经济社会又好又快发展。

安徽省人民政府关于印发安徽省美好乡村建设规划(2012—2020 年)的通知

皖政〔2012〕97 号

各市、县人民政府,省政府各部门、各直属机构:

现将《安徽省美好乡村建设规划(2012—2020 年)》印发给你们,请认真组织实施。

安徽省美好乡村建设规划(2012—2020 年)

为指导美好乡村建设,构筑分区、分类、分步骤的美好乡村建设路径,实现“生态宜居村庄美、兴业富民生活美、文明和谐乡风美”的总体目标,特制定本规划。

规划范围为安徽省行政辖区,国土面积 14.01 万平方公里。规划期限为 2012—2020 年,规划近期至 2016 年,远期至 2020 年,重大问题展望至 2030 年。

一、背景和意义

(一)现实基础

安徽省是农业大省,也是农村改革的发源地,农业资源丰富,区位条件优越。经过多年的努力,农业和农村经济发展积累了丰富经验,潜力和优势正逐步显现,农业综合生产能力不断提高,农业发展方式加快转变,农民收入构成由单一化向多元化转变,农村改革由单项改革向综合配套改革转变,传统农业正向现代农业加速演进,为安徽省美好乡村建设奠定了较为坚实的基础。

2011 年,安徽省户籍人口 6675.9 万人,常住人口 5968 万人,城镇化率 44.8%;乡村常住人口 3294 万人,占总人口比重为 55.2%;农村居民人均纯收入 6232 元。全省共有行政村 15539 个,比 2000 年减少 14206 个;自然村 228763 个,比 2000 年减少 63407 个。全省村庄建设用地面积 1.14 万平方公里,占城乡建设用地总量的 72%。

安徽省村庄空间布局、乡村人口、经济状况分布不均衡。皖北地区村庄规模较大,分布密度高,农民人均纯收入低于全省平均水平;皖中、沿江地区村庄规模中等,分布密度较高,农民人均纯收入高于全省平均水平;皖西地区村庄规模较小,分布密度中等,农民人均纯收入低于全省平均水平;皖南地区村庄规模较小,分布密度低,农民人均纯收入高于全省平均水平。

安徽省处于工业化、城镇化加速推进阶段,乡村人口逐年减少,以工补农、以城带乡的能力不断增强,但乡村发展分区差异明显,还存在村庄体系不够稳定、基础设施配套不完善、可持续发展能力较弱等问题。同时,村庄建设缺乏规划指引,风貌特色彰显不足。

(二)重大意义

建设美好乡村,是加快建设经济繁荣、生态良好、人民幸福、社会和谐美好安徽的基础性工作,是打造"三个强省"的具体行动。通过美好乡村建设,有利于推进乡村产业与经济发展,促进农民致富增收,构建安徽城乡统筹发展的新途径;有利于挖掘乡村文化资源,传承优秀民俗文化以及非物质文化,拓展安徽文化展示和传承的新空间;有利于保护乡村山水生态资源的完整性和连续性,构建绿色乡村体系,打造生态强省的新亮点。

二、目标与原则

(一)指导思想

以邓小平理论和"三个代表"重要思想为指导,深入贯彻落实科学发展观,推动工业化、信息化、城镇化、农业现代化同步发展,以统筹城乡经济社会发展为方略,以增加农民收入、提升农民生活品质为核心,以村庄建设、环境整治和农田整理为突破口,同步推进产业发展和社会管理,加快建设资源节约型、环境友好型乡村,努力打造宜居宜业宜游的农民幸福生活美好家园。

(二)总体目标

总体目标是建设"生态宜居村庄美、兴业富民生活美、文明和谐乡风美"的美好乡村。

生态宜居村庄美是指:村庄规划科学合理,农民住房实用美观,中心村道路、电力、供排水、信息网络等基础设施配套完善,垃圾污水得到有效处理,村容村貌整洁有序,自然生态保护良好,人居环境明显优化。

兴业富民生活美是指:现代农业产业体系基本形成,农业产业水平大幅提升,农民就业创业空间不断拓展,收入水平大幅提高,农村公共事业加快发展,初步实现城乡基本公共服务均等化。

文明和谐乡风美是指:村民自治机制不断完善,村规民约基本健全,乡村特色文化得到传承发展,农民精神风貌积极向上,生活方式文明健康,社会保持和谐稳定。

到2016年,力争全省40%以上的中心村达到美好乡村建设要求。到2020年,力争全省80%以上的中心村达到美好乡村建设要求。到2030年,全省中心村全面达到美好乡村建设要求。

(三)基本原则

1. 坚持以人为本,农民主体。始终把维护农民切身利益放在首位,充分尊重农民意愿,把群众认同、群众参与、群众满意作为根本要求,切实做好新形势下群众工作,依靠群众的智慧和力量建设美好家园。

2. 坚持城乡一体,统筹发展。建立以工促农、以城带乡的长效机制,统筹推进新型城镇化和美好乡村建设,深化户籍制度改革,加快农民市民化步伐,加快城镇基础设施和公共服务向农村延伸覆盖,着力构建城乡经济社会发展一体化新格局。

3. 坚持规划引领,示范带动。强化规划的引领和指导作用,科学编制美好乡村建设规划,切实做到先规划后建设、不规划不建设。按照统一规划、集中投入、分批实施的思路,坚持试点先行、量力而为,逐村整体推进,逐步配套完善,确保建一个成一个,防止一哄而上、盲目推进。

4. 坚持生态优先,彰显特色。把农村生态建设作为生态强省建设的重点,大力开展农村植树造林,加强以森林和湿地为主的农村生态屏障的保护和修复,实现人与自然和谐相处。规划建设要适应农民生产生活方式,突出乡村特色,保持田园风貌,体现地域文化风格,注重农村文化传承,不能照搬城市建设模式,防止"千村一面"。

5. 坚持因地制宜,分类指导。针对各地发展基础、人口规模、资源禀赋、民俗文化等方面的差异,切实加强分类指导,注重因地制宜、因村施策,现阶段应以旧村改造和环境整治为主,不搞大拆大建,实行最严格的耕地保护制度,防止中心村建设占用基本农田。

6. 坚持以县为主,合力推进。县级党委、政府在美好乡村建设中承担主要职责,以县为单位整体谋划、整合资源、统筹推进。省市两级加强政策扶持和指导督察,形成上下联动、分工负责的工作格局。

三、空间布局

(一)村庄体系

中心村为乡村基本服务单元,主要建设任务是完善基本乡村公共服务及支农服务功能。选择人口较多,经济基础较好,公共设施和基础设施较完善,交通较便捷,用地条件较好或耕地资源较丰富,有利于生态保育和环境保护的村庄,将其培育成为中心村。中心村应与城镇和其他村庄有一定间距,在合理半径内可利用现有设施服务周边村庄。中心村应规划为村“两委”驻地,按标准建设服务设施,吸引人口向中心村集聚。

自然村为乡村基层单元,主要建设任务是保留乡村特色,改善人居环境。

中心村、自然村分别配套不同标准的基本公共服务设施和基础设施。

(二)空间分区

根据省内区域差异明显的特征,综合考虑地理、文化、经济发展水平和城乡关系等因素,将全省分为皖北片区、皖中片区、沿江片区、皖西片区、皖南片区,实行差别化的美好乡村建设路径。

1.皖北片区,包括亳州市、淮北市、宿州市、蚌埠市、阜阳市。该片区美好乡村建设以推进现代农业发展、舒适人居建设与生态环境保护为重点;按照城镇化和农业现代化的要求,加强村庄整合和人居环境整治,大力推进土地整治,注重生态环境保护,加快建设新型农村社区。

2.皖中片区,包括合肥市、六安市(不包括霍山县、金寨县)、淮南市,以及安庆市的桐城市。该片区美好乡村建设以推进乡村环境整治、土地集约利用和乡村产业发展为重点;有序引导农民向城镇转移,加强村庄整治和土地整治,加快都市农业和现代设施农业发展,加快建设优质特色农副产品生产基地。

3.沿江片区,包括芜湖市、马鞍山市、铜陵市、池州市(不包括石台县、青阳县)、滁州市、宣城市(不包括旌德县、绩溪县)、安庆市(不包括岳西县、潜山县、太湖县、桐城市)。该片区美好乡村建设以优化人居环境、加快产业发展和加强社会建设为重点;突出土地整治、新型农村社区建设、产业提升、风貌塑造和文化保护等内容,加快建设宜居宜业的都市城郊型乡村。

4.皖西片区,包括六安市的金寨县、霍山县,安庆市的岳西县、潜山县、太湖县。该片区美好乡村建设以加强生态保护、推进舒适人居建设与发展乡村特色旅游为重点;突出生态保育,适度发展林木业和果品产业,在保持山村空间特色及肌理的基础上,加强风貌整治、村庄治理,提高基础设施配套水平,适度开发乡村旅游,打造中国原生态乡村品牌。

5.皖南片区,包括黄山市,宣城市的旌德县、绩溪县,池州市的石台县、青阳县。该片区美好乡村建设以保护乡村自然资源、文化遗产、民风民俗为重点;加强综合配套与人居环境建设,突出山村空间肌理,彰显传统风貌特色,大力发展乡村旅游,打造世界文化乡村品牌。

(三)村庄布点

1.统筹乡村人口分布。根据《安徽省城镇体系规划(2012—2030年)》,到2016年,全省城镇化率为53%,乡村常住人口规模为3040万人;到2020年,全省城镇化率为58%,乡村常住人口规模2800万人;到2030年,全省城镇化率为70%,乡村常住人口规模2200万人。规划到2016年,全省中心村1.5万个左右,自然村17万个;到2020年,全省中心村1.3万个左右,自然村12万个;到2030年,全省中心村1万个左右,自然村7万个。

优化村庄空间布局,完善配套基础设施,促进乡村人口向中心村集聚。规划到2016年,中心村人口占乡村人口比重达到30%以上,2020年达到35%以上,2030年达到50%以上。

2.分区村庄规模。依据现状,逐步引导皖北片区中心村实现平均服务常住人口规模3000人左右,皖中、沿江片区2000人左右,皖西片区1500人左右,皖南片区1000人左右。皖北片区中心村集聚人口规模不少于1000人,皖中、沿江片区不少于500人,皖西、皖南片区不少于200人。皖北片区保留自然村人口规模不少于400人,皖中、沿江片区不少于200人,皖西、皖南片区不少于100人。

(四)分类引导

1.依托资源,引导村庄特色发展。村庄按照地理位置可分为城郊型村庄和乡村型村庄。

(1)城郊型村庄是指城市、镇规划控制范围内,城镇建设用地以外的村庄。城郊型村庄应综合考虑工业化、城镇化和村庄自身发展影响,合理控制村庄规模,注重与城镇基础设施、公共服务设施衔接,不断改善村庄居住环境。

(2)乡村型村庄是指城市、镇规划控制范围外的村庄。乡村型村庄应充分考虑丘陵、平原、水网等不同自然地理条件和产业发展需求,注重与环境协调,合理建设基础设施和公共服务设施,避免空间布局过度分散,营造清新优美环境和浓郁乡土风情。

乡村型村庄按产业及资源条件,可分为种植型、养殖型、林业型、旅游型、保护型等。

种植型村庄应结合种植类型,推进规模化、绿色化生产,促进村庄环境与田园风貌相结合。

养殖型村庄应注重污染治理,严格保护环境。具有一定规模的村庄养殖产业应相对集中布置,并配套建设安全防护设施,满足卫生防疫要求。

林业型村庄应结合林特产品生产和生态保护需要,适度集中布局,促进村庄环境与林业生态建设相结合。

旅游型村庄应根据旅游资源特点,统筹配套设施建设,合理安排旅游服务功能,注重对旅游资源和生态环境的保护。

对具有重要历史文化保护价值的村庄,应按照有关法律法规规定,编制专项保护规划,严格保护传统村落和特色村落,整治影响或破坏传统特色风貌的建筑物、构筑物,妥善处理新建住宅与传统村落之间的关系。

2. 因地制宜,采用不同建设模式。美好乡村村庄建设主要采用改造提升、拆迁新建、旧村整治、特色保护4种模式。其中,中心村一般宜采用改造提升或拆迁新建模式,保留的自然村一般宜采用旧村整治或特色保护模式。

(1)改造提升型村庄。主要指具有较好的经济基础和对外交通条件,已有一定的建设规模和基础设施配套,周边用地能满足改扩建需求的村庄。规划在原有规模基础上进行改扩建,逐步完善基础设施,美化村庄环境,引导周边散落的居民点向村庄集中,有序推进改造提升。

(2)拆迁新建型村庄。主要指因城镇建设、重点项目建设(如重大基础设施建设项目、土地整治项目、采煤塌陷区和矿山地质环境恢复治理项目等)和村庄安全需要,必须进行整体拆迁的村庄。新建村庄应做到选址安全、布局合理,并按新型社区标准进行建设。其中,规划将被纳入城镇建设用地的村庄,应按城镇标准建设新社区。

(3)旧村整治型村庄。主要指配套设施不完善但近期需要保留的村庄,规划重点是有步骤地开展危旧房改造,改善村庄环境和生产、生活条件。

(4)特色保护型村庄。主要指具有特殊人文景观(古村落、古建筑、古民居)和自然景观等,需要保护的村庄。规划在保持村庄基础格局、布局形态、建筑风貌的前提下,对现有建筑进行保护、修缮和改造,美化村庄环境。

四、建设要求

(一)总体原则

在村庄建设和整治中,要坚持不破坏自然环境、不破坏自然水系、不破坏村庄肌理、不破坏传统风貌,做到尊重自然、注重安全、远近结合、因地制宜。

(二)选址布局

1. 选址要求。新建村庄的选址,应遵循"科学安全、有利生产、方便生活、顺应自然、体现特色、保护文化、传承文明"的原则,便于基础设施配套建设,尽量不占或少占耕地,尊重群众意愿,提倡相对集中。乡村居民点和乡村住房选址,应避让自然保护区、风景名胜区及历史文化保护区核心区域。

2. 村庄布局。按照融入自然、彰显特色的原则,保护生态环境和生态空间,保持绿色山野空间和自然景观,充分尊重当地生活习俗及传统村落布局模式,结合地形、植被、水体等自然因素,形成地域性的乡村风貌。

规模较大的村落,宜结合自然条件分为多个院落布局,院落规模不宜超过30户。院落布局和组合方式应注重相融性与多样性结合,顺应地形,显山露水,宜聚则聚、宜散则散,同时满足农民生产生活需要、符合乡村生活习惯。

单体布局可采用独门独户与多户组合等方式,处理好每户出入口与公共空间之间的关系。

(三)建筑风貌

1. 一般要求。乡村住房建筑设计应针对乡村生产生活特点,体现"经济、适用、安全",避免照搬城市住宅设计方法。建筑外观应充分考虑地方历史文化和地域特色,在整体协调的基础上体现多样性。建筑立面力求高低错落,进退变化,层次丰富,与周边环境相呼应,形成优美的天际线。乡村住房一般不宜超过三层,对于人均宅基地较少或建设用地较局促的乡村居民点,可结合实际确定建筑层数。公共配套建筑外观应尽量体现地方特色,使之成为村落的标志性建筑。

平面布局应充分考虑农民生产生活需要,满足面积、通风、采光和朝向等要求。平面设计应提供灵活、可变的功能设计方案,在适宜发展旅游业的区域,为农户经营"农家乐"或"乡村酒店"预留条件。

2. 建筑风格。强化皖北、皖中、沿江、皖西、皖南片区的建筑风格特色。

(1)皖北片区总体建筑风格宜采用中原地区风格。建筑形式敦实、厚重、质朴、方整、规则,前后庭院开敞,围合度较高。墙体色彩深厚;屋顶坡度平缓,以偏青冷色调为主,部分区域可考虑红色。

(2)皖中片区总体建筑风格宜融合皖南民居和皖北民居的特点。建筑形式多样,组合自由。墙体色彩以白色为主;屋顶采用坡屋顶,以青冷色调为主。

(3)沿江片区总体建筑风格宜融合江南水乡和皖南民居特点。建筑形式较多样,前门开阔,后院紧凑。墙体色彩以白色为主;屋顶坡度较大,以灰色为主,注重与圩区地形地貌融合。

(4)皖西片区总体建筑风格宜带有部分徽派元素,建筑形式简洁流畅。墙体色彩以白色为主;屋顶坡度较大,檐口挑檐较宽,以灰色为主,部分可采用红色等饱和度较高的颜色,注重与山区自然风貌融合。

(5)皖南片区总体建筑风格为徽派建筑风格。保护型村庄应注重保护以祠堂为中心、布局紧凑的村落格局和传统建筑,做到修旧如旧。新建村庄应在保持粉墙黛瓦整体风格的基础上,尽量采用传统徽派建筑元素,注重与整体地理人文环境相融合。

(四)环境美化

乡村环境应合理利用地形,保持田园风光,结合民俗民风,体现乡土气息。

1.村口景观。景观营造应自然、亲切、宜人,通过小品配置、植物造景、活动场地与建筑空间建设等,突出景观效果,体现村庄特色与标志性风貌。

2.水体景观。整治疏通河道水系,改善水质环境。河道坡岸尽量随岸线自然走向,采用自然斜坡形式。滨水驳岸以生态驳岸形式为主,采用硬质驳岸的不宜过长,断面形式宜采用台阶式。滨水绿化以亲水型植物为主,丰富河岸景观。

3.绿化景观。以村口、道路两侧、宅院周边、滨水地区以及不宜建设地段为绿化重点。道路两侧绿化以种植乔木为主、灌木为辅,宅院周边绿化景观应品种适应、尺度适宜。滨水地区以及不宜建设地段应做到见缝插绿。绿化景观材料以本地品种、乡土材料为主,不宜采用维护成本高的绿化树种。注重保护古树名木。

4.村庄活动空间。结合乡村居民生产生活习惯和民风民俗,适当布置休息、健身和文化设施。注重营造和谐宜居的邻里交往空间,丰富群众文化生活。在适宜发展旅游业的村庄,合理设置游客休闲设施。

5.庭院环境。庭院环境应注重对围墙、绿篱等围合构筑物和庭院出入口的美化处理,不宜采用大面积的硬质铺装;植物配植采用乔、灌、草结合方式。鼓励村民积极美化庭院,营造户户皆美景的环境效果。

(五)公共服务

中心村配置“11+4”基本公共服务和基础设施。11项公共服务包括小学、幼儿园、卫生所、文化站、图书室、乡村金融服务网点、邮政所、农资店、便民超市、农贸市场、公共服务中心(村“两委”及科技、就业、警务等便民服务场所)。4项基础设施即公交站、垃圾收集点、污水处理设施、公厕。

自然村配置“2+1”基本公共服务和基础设施。2项公共服务包括健身活动场地、便民超市,1项基础设施即垃圾收集点。

村内服务设施应尽量布置在村庄几何中心附近,方便居民使用。兼有对外服务功能的设施,宜布置在交通便利的路旁或村口。

(六)设施建设

道路交通工程。道路选线应顺应地形,尽量利用原有乡村道路,避让地质灾害隐患点等不良工程地质条件,按交通需求合理确定道路宽度。主要道路路面采用水泥或其他硬质材料,次要道路路面采用石板、碎石、鹅卵石等乡土材料,具有历史文化特色的街巷路面应采用传统建筑材料。结合邻里交往和休闲健身需求,合理布置村庄步行道。机耕道、巷、梯、坎、径、埂与主次道路连接处,应设置简易警示柱。

给水工程。在城镇供水服务半径内的村庄,应优先采用管网延伸供水。不在城镇供水服务半径内且具备水源条件的大、中型村庄,应采用独立集中供水。小型村庄和相邻村庄可结合实际采用区域集中供水,散户宜采用简易独立供水。选择水源时必须开展水资源勘查,保证水质良好、水量充沛。对村庄生活饮用水水源地,应建立水源保护区实施保护。

排水工程。在确保既有农田排灌水系不受影响及防洪排涝安全的前提下,雨水排放宜采用明沟方式,特殊区段(如人口密集区段等)可用管道或暗沟。生产生活污水应由管沟收集,经污水处理系统处理后排放。新建村庄应采用雨污分流排水系统。

燃料。在城镇供气服务半径内的村庄,应同步敷设天然气管网。不具备生活供气条件的村庄,应优先推广使用新型燃具、灶具,倡导使用沼气、秸秆、农作物残弃物等燃料,鼓励使用太阳能等清洁能源。积极探索秸秆发酵沼气、大中型畜禽粪便处理沼气等集中供气试点和推广工作。

环卫工程。按照“村收集、乡镇运、县处理”的模式,逐步实现村庄垃圾分类收集、封闭运输、无害化处理和资源化利用。对乡村地区医疗废弃物、突发性死亡畜禽、病害农作物等特别废弃物,应预留专门场地进行收集处理。中心村及旅游型村庄应设置水冲式公共厕所。

电气工程。村庄供电线路宜采用架空线方式,沿道路架设,特殊地段可结合地形合理确定路径。低压架空线与建筑物的安全距离、变压器及电气装置应满足相关安全要求。

通信。中心村应设置有线电视节点,按光纤/同轴电缆混合有线电视网方式组网。中心村实现光纤到村,村村通电话。

防灾减灾。应采取主动防灾方式,规划建设生命线工程及重要基础设施。大中型村庄道路应设置两个以上出入口,并在较为开阔的安全地带设置避难场所。集中供水的村庄应布设消防栓等设施,不具备集中供水条件的,可利用既有水系或建设人工消防水池满足消防要求。生产或储存易燃易爆物品的工厂、仓库、堆场等,应设置在相对独立的安全地带。村庄防洪应达到当地和流域防洪标准,易涝地段应规划建设排涝设施。

(七)产业发展

1. 因地制宜发展农产品生产。依据全省农业发展现状及资源条件,规划构建5个农产品生产集聚区。

(1)淮北平原地区粮食生产集聚区,包括阜阳市、亳州市、淮南市、宿州市、淮北市、蚌埠市。规划形成以小麦、玉米、棉花、大豆生产为主导,以中药材种植和桑果种植为特色,以农产品生产加工、流通为配套的农业生产集聚区。

(2)江淮丘陵区农业生产集聚区,包括六安市、滁州市、合肥市。规划形成以双低优质油菜生产、畜禽养殖为主导,以农产品生产加工、流通为配套的农业生产集聚区。

(3)沿江平原区农业生产集聚区,包括马鞍山市、芜湖市、铜陵市、池州市以及安庆市的沿江平原地区。规划形成以水稻、小麦、棉花、油菜生产,及水产品、畜禽养殖主导,以农产品加工、流通为配套,以观光农业、休闲农业为特色的农业生产加工产业集聚区。

(4)皖南特色农业生产集聚区,包括黄山市,宣城市的旌德县、绩溪县,池州市的石台县、青阳县。规划形成以茶叶、桑果种植和加工为主导,以观光休闲农业为配套的特色农业生产基地。

(5)皖西大别山区特色农业生产集聚区,包括六安市的金寨县、霍山县,安庆市的岳西县、潜山县、太湖县。规划形成以油茶、茶叶、竹、林木和苗木花卉生产为主导,以生态休闲农业和农业加工为配套的农业产业集聚区。

2. 保障传统产业发展。发展高产、优质、高效、生态、安全农业,加快完善现代农业产业体系。严格保护耕地,加强农田水利设施建设,改造中低产田,大规模建设旱涝保收高标准农田。 3. 积极发展特色产业。以自然资源为基础,依托传统产业,因地制宜发展农副产品加工、畜牧水产养殖、观光农业、乡村物流等产业。

(八)文化保护

保护乡村历史文化。以"西递、宏村皖南古村落"世界文化遗产为核心,以旌德县江村、绩溪县龙川村、凤阳县小岗村等历史文化名村为重点,系统保护乡村历史文化遗产、景观风貌和人文资源。

发展特色文化。适度保留乡村地区传统节庆活动与文化艺术活动等非物质文化遗产的空间载体,传承乡土文化形式和内涵。强化徽州文化生态保护实验区和中国花鼓灯原生态保护区的建设与管理,促进黄梅戏等地方戏的保护与传承。

五、行动建议

(一)分步实施

从2013年开始,每年重点培育建设1500个左右中心村,全面推进环境整治、基础设施建设和公共服务配套,建设周期2年;每年治理改造10000个左右自然村,以村庄环境综合整治为重点,建设周期1年。

(二)规划引导

1. 建立规划体系。以县(市、区)为单位修编完善村庄布点规划,科学确定中心村布点,明确需要保留的自然村数量,并具体分解到镇(乡)。以镇(乡)为单位编制村庄体系规划,明确中心村规模,落实自然村布点。以中心村、自然村为单位编制村庄规划,明确村庄、宅基地和房屋布局及建设要求。

2. 强化技术和经费支持。大力开展村镇干部村庄规划建设专项培训,推进建设干部下基层担任村镇规划建设指导员。设立省级美好乡村建设专项资金,采取以奖代补方式,重点支持中心村规划建设。各市、县(市、区)设立美好乡村建设专项资金,主要用于中心村建设和自然村治理。

安徽省人民政府关于县级公立医院综合改革的意见

皖政〔2012〕98号

各市、县人民政府，省政府各部门、各直属机构：

根据《中共中央　国务院关于深化医药卫生体制改革的意见》（中发〔2009〕6号）、《中共中央　国务院关于分类推进事业单位改革的指导意见》（中发〔2011〕5号）、《国务院关于印发“十二五”期间深化医药卫生体制改革规划暨实施方案的通知》（国发〔2012〕11号）和《国务院办公厅印发关于县级公立医院综合改革试点意见的通知》（国办发〔2012〕33号），省政府决定在全省74个县（含市、区，下同，名单附后）全面开展县级公立医院（包括县级综合医院和中医医院，以下简称县级医院）综合改革，现提出如下意见：

一、总体要求和主要目标

1.总体要求。按照管办分开、政事分开、医药分开、营利性和非营利性分开的要求，坚持保基本、强基层、建机制的原则，以破除“以药补医”机制为关键环节，以改革补偿机制和落实医院自主经营管理权为切入点，统筹推进管理体制、补偿机制、人事分配、价格机制、医保支付制度、采购机制、监管机制等综合改革，建立维护公益性、调动积极性、保障可持续的县级医院运行机制。坚持以改革促发展，加强以人才、技术、重点专科为核心的县级医院能力建设，统筹推进县域医疗卫生体系发展。

2.主要目标。推进综合改革，完善县级医院管理体制、法人治理机制、药品采购机制和运行补偿机制，建立权责明确、管理科学、激励约束有效的现代医院管理制度；通过加强能力建设，构建布局合理、规模适当、功能完善、富有效率的县域医疗服务体系。力争到2015年县域内就诊率提高到90%左右，基本实现大病不出县，住院患者实际报销比例达到70%左右，切实减轻群众看病负担。

3.功能定位。县级医院是县域内的医疗卫生中心和农村三级医疗卫生服务网络的龙头，并与城市大医院分工协作，主要为县域居民提供基本医疗服务，包括运用适宜医疗技术和药物，开展常见病、多发病诊疗，危急重症病人救治，重大疑难疾病接治转诊；推广应用适宜医疗技术，为农村基层医疗卫生机构人员提供培训和技术指导；承担部分公共卫生服务，以及自然灾害和突发公共卫生事件医疗救治等工作。

二、推进管办分开，深化管理体制改革

4.完善县级医院管理体制。成立县级医院管理委员会（简称“医管会”），作为县级医院管理的决策机构，负责推进县级医院管理体制、运行机制改革和现代医院管理制度建设，决定县级医院发展规划、章程拟订和修订、财务预决算、重大业务、院长选聘与薪酬制度等重大事项，审定县级医院绩效考核、资产运营和年度工作报告。医管会主任由县级人民政府主要负责同志担任，成员由组织、编制、发展改革、卫生、财政、人力资源社会保障、价格、药监等部门和县级医院负责人，以及部分人大代表、政协委员等组成。在县级卫生行政部门设立相对独立的县级医院管理办公室（简称“医管办”），承担医管会日常工作，监督县级医院运行，制定考核方案报医管会同意后对县级医院组织实施绩效考核。县级财政部门负责县级医院的资产管理、财务监管，落实财政补助政策。

5.加强卫生行政部门行业管理职责。县级卫生行政部门履行县域医疗卫生机构的统一规划、统一准入和统一监管等行业管理职能，负责建立完善县级医疗机构、人员、技术、设备的准入和退出机制，健全医疗服务标准、规范和质量评价体系，加强医疗服务行为、质量安全和医疗卫生机构运行监测监管。县级卫生行政部门负责人不得兼任县级医院领导职务。

三、推进政事分开，健全法人治理机制

6.落实自主经营管理权。县级医院执行医管会的决策，具有独立法人地位和人事管理权、内部机构设置权、副职推荐权、中层干部聘任权、收入分配权、年度预算执行权等自主经营管理权。实行院长负责制，强化经营管理责任，重大决策须经医院领导班子集体研究。

7.建立院长选聘制度。县级医院院长由医管会聘任；副院长由院长推荐提名，医管会聘任。建立院长收入分配激励机制和任期目标责任制，院长年收

入原则上不超过医院职工年平均收入的4倍。加快推进院长职业化建设。

8.完善绩效考核制度。建立以公益性质和运行效率为核心的县级医院绩效考核体系。由医管会与县级医院院长签署绩效管理合同,把医疗质量和服务效率、医疗费用控制、社会满意度和资产运营效果等作为主要量化考核指标。县级财政部门对县级医院资产运营效果进行考核,医管办负责组织对县级医院医疗服务质量和效率、医疗费用控制、社会满意度等进行考核,考核结果与医院财政补助、院长收入、奖惩和医院总体工资水平等挂钩。

9.优化内部运行管理。探索建立医疗、行政分工协作的运行管理机制,建立健全以成本和质量控制为中心的管理模式。严格执行医院财务会计制度,探索实行总会计师制,建立健全内部控制制度,实施内部和外部审计。

四、推进人事分配制度改革,充分调动医务人员积极性

10.创新编制和岗位管理。根据县级医院功能、工作量和现有编制使用等情况,科学合理确定县级医院床位和人员编制,建立动态调整机制。县级医院按国家确定的事业单位通用岗位类别、等级和结构比例,在编制规模内按照有关规定自主确定岗位,实现身份管理向岗位管理的转变。实行卫生专业技术人员资格准入制度,确保专业技术岗位不低于单位岗位总量的80%。

11.深化用人机制改革。坚持德才兼备、群众公认的原则,突出专业管理能力,选聘县级医院院长。落实县级医院用人自主权,全面实行聘用制度,坚持民主、公开、竞争、择优的原则,实行按需设岗、竞聘上岗、按岗聘用、合同管理,建立能进能出、能上能下的灵活用人机制。新进人员实行公开招聘,择优聘用。结合实际妥善安置未聘人员。完善县级医院卫生人才职称评定标准,突出临床技能考核。鼓励县级医院工作人员养老等社会保障服务社会化。

12.完善收入分配激励机制。建立健全符合医疗行业特点、体现岗位绩效和医务人员技术服务价值的收入分配制度。完善工资收入水平正常增长调整机制。提高人员经费支出占业务支出的比例,逐步提高医务人员待遇。加强绩效考核,健全以服务质量、数量和患者满意度为核心的内部分配机制,多劳多得、优绩优酬,体现医务人员技术服务价值。收入分配向临床一线、关键岗位、业务骨干、做出突出贡献等人员倾斜,适当拉开差距。严禁将医务人员个人收入与医院的药品、检查收入挂钩。

13.改善执业环境。加强县级医院医务人员执业保险制度和风险防范机制建设,利用保险机制化解医疗风险,运用医疗风险基金积极发展完善医疗意外伤害保险、执业医师责任保险、医疗机构责任保险等多种医疗执业保险,提高县级医院风险防范化解能力。县级医院累计提取医疗风险基金不超过当年业务收入2‰。完善医患纠纷第三方调解机制和患者投诉机制,加强医患沟通,构建和谐的医患关系,维护正常的医疗服务秩序,保护患者和医务人员的合法权益。加强正面宣传引导,在全社会形成尊重医学科学、尊重医务人员的社会氛围。

五、推进医药分开,建立健全运行补偿机制

14.改革运行补偿机制。县级医院使用的所有药品实行零差率销售,由此减少的收入,通过收取诊察费(含挂号费)和增加政府投入予以补偿,努力实现患者负担能下降,医院收入不减少,医保基金可承受。其中,收取的诊察费约占补偿额的75%(诊察费按一定比例纳入医保支付政策范围),政府增加的投入约占补偿额的25%,由省级财政按县级医院诊疗人次予以补助。诊察费的定价方式和标准由省级价格部门会同有关部门提出,财政补助办法由省级财政部门会同有关部门另行制定。降低大型医用设备检查、治疗价格,政府出资购置的大型设备,按不含设备折旧的合理成本制定检查治疗价格,已贷款或集资购买的大型设备由政府回购,回购有困难的限期降低检查价格。省级价格部门按照总量控制、结构调整的原则,合理调整护理费、手术费、床位费等项目价格,使医疗机构降低检查、治疗价格减少的收入得到合理补偿。通过上述改革措施,引导患者分级就医,促进合理诊疗、合理用药,规范诊疗行为,提高医疗服务水平,形成以技养医长效机制,推动医疗卫生事业持续健康发展。

15.完善药品招标采购机制。以省医保目录(包括新农合和城镇医保目录)为依据,确定《安徽省县级医院药品集中采购目录》(以下简称《集中采购目录》)。按照“量价挂钩、招采合一”的招标采购办法,全省统一网上集中招标采购。中标药品由中标生产企业直接配送或委托药品经营批发企业配送,确保药品质量安全、价格合理和供应及时。全程监督招标采购，严格处罚违规行为。因临床特需使用《集中采购目录》外的药品，须报经省药品招标领导小组办公室同意，实行备案采购。县级医院高值医用耗材招标采购，比照药品招标采购办法执行。

16. 规范药品使用。在《集中采购目录》中遴选制定《县级医院基本用药目录》（以下简称《基本用药目录》），品种数应基本满足县级医院用药需求。县级医院使用药品以《基本用药目录》为主，优先配备使用国家基本药物。使用《基本用药目录》内药品采购金额占每月总采购金额比例不得低于 70%，其他药品的使用原则上从《集中采购目录》中选择。

17. 加强药品质量监管。定期开展对中标药品、耗材生产企业处方工艺的核查，严格执行 GMP（药品生产质量管理规范）的有关规定；加强对药品、耗材配送企业的监管，严格执行 GSP（药品经营质量管理规范）的有关规定。完善定期抽验和通报制度，建立核查档案，对药品、耗材生产企业、配送企业和使用单位实行电子监管。对基本药物和高风险品种实施全品种覆盖抽验，定期发布药品质量公告，加强药品不良反应监测工作。

18. 落实政府投入政策。全面落实各级政府对县级医院基本建设及大型设备购置、重点学科发展、人才培养、符合国家规定的离退休人员费用、政策性亏损补贴、承担公共卫生任务和紧急救治、支边、支农等公共服务的政府投入政策。县级政府对县级医院履行出资责任，负责落实县级医院建设发展投入，省、市财政按规定程序和渠道给予专项补助。县级医院已经形成的历史债务，根据国家和省统一部署，由县级政府负责清理、认定，逐步化解。

六、推进基本医保支付方式改革，提高保障水平

19. 改革医保支付方式。落实医保基金收支预算管理，健全医保对统筹区域内医疗费用增长的控制机制。县级政府确定医保基金支出总体控费目标并分解到定点医疗机构，将医疗机构次均（病种）医疗费用增长控制和个人负担定额控制情况列入分级评价体系，推行总额预付，按病种、按人头、按服务单元支付等付费方式，加强总额控制，争取到 2015 年覆盖到所有县级医院。将按病种付费与当地实际、参保患者基本医疗需求及采用适宜技术的临床路径结合起来，规范诊疗行为，保证医疗质量。鼓励使用中医药服务，提高医保基金使用效益。

20. 建立分级诊疗机制。县级医保经办机构会同县级财政部门对不同等级的医疗机构设置不同的起付标准，进一步拉开差距，引导常见疾病在县内就诊。引导省内分级定点救治，根据疾病诊治技术的复杂程度和医疗机构的收治能力，分别确定不同病种在不同级别医疗机构的报销比例，引导参保患者根据病情分级就医、双向转诊。

21. 提高基本医保保障水平。县级医院要提供与基本医疗保险保障范围相适应的适宜技术服务，控制基本医疗保障范围外的医药服务。医保基金通过购买服务、商业大病保险或建立补充保险等方式，有效提高基本医疗保障水平。逐步提高实际报销比例，争取到 2015 年达到 70%左右。加强基金使用监管，建立医保个人账户诚信档案，依法严厉查处套取骗取医保基金等行为，提高医保基金管理水平。

22. 加强医保控费监管。建立医保对医疗机构的激励与惩戒并重的约束机制。充分发挥医保机构对医疗服务行为、医疗费用的调控引导和监督制约作用，逐步将医保对医疗机构医疗服务的监管延伸到对医务人员医疗服务行为的监管。采用《基本用药目录》药品使用率及自费药品控制率、药占比、耗材占比、次均费用、住院率、平均住院日等指标考核，加强实时监控，考核结果与医保基金支付等挂钩。完善定点医疗机构管理办法，实行分级管理，促进诚信服务。加强医疗服务收费和药品价格监督检查。县级卫生、人力资源社会保障等部门对县级医院医药费用增长情况实施监测与管理，及时查处为追求经济利益的不合理用药、用材和检查等行为。商业保险机构要充分发挥医疗保险机制的作用，与卫生、人力资源社会保障、价格等部门密切配合，加强对相关医疗服务和医疗费用的监控。

23. 开展城乡居民大病保险。按照国家发展改革委等六部委《关于开展城乡居民大病保险工作的指导意见》（发改社会〔2012〕2605 号）要求，各地要从城镇居民医保基金、新农合基金中划出一定比例或额度作为大病保险资金。城镇居民医保和新农合基金有结余的地区，利用结余筹集大病保险资金；结余不足或没有结余的地区，在城镇居民医保、新农合年度提高筹资时统筹解决资金来源。

七、推进营利性与非营利性分开，构建公平竞争机制

24. 建立医疗机构分类管理制度。建立健全不同经营性质医疗机构管理制度，完善非营利性医疗机构的资产管理制度、财务与会计制度、治理机制和监督管理制度。严格界定社会资本举办医疗机构的经营性质,规范管理。社会资本举办的非营利性医疗机构不得转变为营利性医疗机构。政府不得举办营利性医疗机构。

25.积极鼓励和引导多元办医。认真落实国家鼓励和引导社会资本举办医疗机构的政策措施。各地在制定和调整本地区区域卫生规划、医疗机构设置规划时,要明确非公立医疗机构卫生人员、床位和资产总量的比例等发展指标,新增医疗机构应优先考虑社会资本。支持人口大县举办非公立综合性医院。鼓励有条件的地区探索对医疗资源进行整合、重组和改制,优化资源配置。引导非公立医疗机构依法规范执业。

八、加强服务能力建设,提高县域基本医疗服务水平

26.合理配置医疗资源。针对县域群众主要健康问题,根据人口数量和分布、地理交通等因素,制订县域卫生规划和医疗机构设置规划,合理确定县域内医院的数量、布局、功能、规模和标准。县级政府重点办好1—2所县级医院(含中医医院)。按照“填平补齐”原则完成县级医院标准化建设,30万人口以上的县至少有1所医院达到二级甲等水平。以县级医院为中心完善县域急救服务体系,建立县域院前急救体系。综合利用现有设备,探索整合成立县级检查检验中心,推行检查检验结果医疗机构互认,以及后勤服务外包等。

27.提高技术服务水平。县级卫生行政部门编制县级医院重点专科发展规划,按规划支持县级医院专科建设,近期重点加强重症监护、血液透析、新生儿、病理、传染、急救、职业病防治、精神卫生和中医药特色专科,以及近3年县外转诊率排名前4位的病种所在临床专业科室的建设。开展好宫颈癌、乳腺癌、终末期肾病血液透析等重大疾病的救治和儿童白血病、先天性心脏病等复杂疑难疾病的筛查转诊工作。推广应用适宜医疗技术,适当放宽二、三类相对成熟技术的机构准入条件。配合按病种付费改革,省卫生、人力资源社会保障部门负责制订实施适应基本医疗需求、符合县级医院实际、采用适宜技术的临床路径,规范医疗行为。

28.提升中医药服务能力。坚持中西医并重的方针,加强县级医院中医药服务能力建设,落实对中医医院的投入倾斜政策。开展中医药特色专科建设和特设岗位人才引进工作,建立中医住院医师、全科医师培训制度,大力推广中医药适宜技术,促进中医药继承和创新。在县级综合医院开展中医科标准化建设工作,发挥县中医医院龙头作用,推行农村中医药服务县乡村一体化管理,实施“基层中医药服务能力提升工程”。推进中医药“三名”和“三进”,促进中医药进乡村、进社区、进家庭,为人民群众提供质优价廉的中医药服务。

29.加强人才队伍建设。强化住院医师规范化培训,引导经过住院医师规范化培训的医生到县级医院工作,并为其在县级医院长期工作创造条件。健全继续教育制度,落实县级医院医生到城市大医院进修学习制度。加大中医药师传承教育力度。大力培养和引进业务骨干、县域学科带头人,经批准可在县级医院设立特设岗位引进急需高层次人才。建立城市三级医院向县级医院轮换派驻医师和管理人员制度。放宽多点执业规定,鼓励和引导城市大医院在职或退休的骨干医师到县级医院执业。通过政策支持、职称晋升等措施,吸引优秀人才到县级医院长期执业。加强护理队伍建设,健全护士准入制度,到2015年县级医院医护比力争达到1∶2。

30.加强信息化建设。按照统一标准、互联互通的原则,由省统一开发县级医院管理信息系统软件,免费发放县级医院安装使用。建设功能涵盖电子病历、临床路径、诊疗规范、药品管理、医药价格管理、绩效考核、综合业务管理等内容,以电子病历和医院管理为重点的县级医院信息系统,与医疗保障、基层医疗卫生机构信息系统相衔接,与卫生、财政、人力资源社会保障、价格、药监等部门实现互联互通、信息共享,并向经办医保业务的商业保险机构开放与经办业务相关的信息内容。以信息化推动县级医院转变管理服务模式,优化业务流程,规范服务行为,量化绩效考核,并为多方监督提供技术平台。

31.加强信息公开制度建设。推进县级医院信息公开,建立面向社会开放的县级医院公用信息平台,及时向社会公开县级医院年度财务报告以及质量安全、服务流程、费用、效率等信息,充分发挥各方面对县级医院的监督作用。加强行业自律和监督,建立县级医院诚信档案和医务人员考核档案,定期向社会公布。

32.开展便民惠民服务。建立以病人为中心的服务模式，在县级医院普遍开展预约诊疗服务,缩短群众候诊时间。简化挂号、就诊、检查、收费、取药等流程,优化医院门急诊环境和服务流程,广泛开展便民门诊服务,改善服务态度和质量。加强临床护理规范化管理,推广优质护理服务。实行基本医保费用即时结算。

33.加强医德医风建设。以创建和谐医院为核心,切实加强县级医院医德医风建设和思想政治工作;重视医务人员人文素质培养和职业素质教育,大力弘扬救死扶伤的人道主义精神，树立廉洁高效、优质文明的行业作风,努力营造钻研技术、诚信守诺、爱岗敬业的良好氛围,大力提高医疗服务质量和服务水平,积极打造良好的社会形象。

34.加强上下联动。加快建立县级医院与基层医疗卫生机构、城市大医院长期稳定的分工协作机制。加强县级医院对基层医疗卫生机构的技术帮扶指导和人员培训,通过纵向技术合作、人才流动、管理支持等多种形式,逐步建立县、乡镇(街道)、村(社区)三级医疗机构一体化管理的新机制,加快形成基层首诊、分级医疗、双向转诊的医疗服务模式。落实对口转诊和对口支援政策,建立县级医院与城市三级医院危重病例远程会诊、重大疑难病例转诊的工作机制。

九、加强组织领导,保障县级医院综合改革顺利实施

35.加强组织领导。县级医院综合改革涉及面广、政策性强、任务重、难度大,省医改领导小组各成员单位,各市、县政府必须从讲政治的高度,从大局出发,充分认识这项改革的重大意义,切实加强领导,周密部署安排,精心组织实施,确保改革顺利进行,确保各项政策落实到位,确保社会大局稳定。县级医院综合改革工作由省医改领导小组统筹组织、协调推进。各市和74个县党委、政府要将县级医院改革作为一项全局性工作和重大民生工程,摆上重要议事日程。县级政府要按照国家、省、市有关县级医院改革的总体部署和要求,结合实际制定本地区的实施方案，负责推进县级医院改革工作,确保体制机制顺利转轨，确保医院运行效率得到提高,确保人民群众得到实惠。74个县实施方案由所属市政府审定,报省医改领导小组备案;省直管县实施方案报省医改办审定。

36.明确责任分工。县级政府是改革实施主体,政府主要负责人是第一责任人。各市和74个县政府要建立健全包保责任制、定期督导制和责任追究制,形成政府主要领导负总责,分管常务工作和卫生工作的领导具体抓,各有关部门分工协作、密切配合、合力推进的工作机制。各市政府要切实加强对县级医院改革工作的指导和督查。推进改革中出现的重大问题,要及时向省医改领导小组报告。省发展改革(医改办)、编制、卫生、财政、人力资源社会保障、价格、药监等部门要按照职责分工,密切配合,加强督导。要加强对改革进展情况和效果的监测评估、考核,及时协调解决改革推进中遇到的问题。

37.加大支持保障。各级政府要加大卫生投入力度,积极调整财政支出结构,落实投入和补偿政策,支持县级医院综合改革。县级政府要将改革所需政府投入纳入预算和基本建设规划,并及时拨付到位,保证县级医院正常运转。省、市财政部门要切实负起责任,加大对改革的支持力度,确保规定的政府投入落实到位。

38.做好宣传引导。县级医院改革关系广大人民群众和医务人员的切身利益，关系社会和谐稳定。各级、各部门要采取多种形式,加强政策解读,广泛宣传改革的重大意义和主要政策措施,积极引导社会预期,使这项惠及全体人民群众的重大改革深入人心,使广大医务人员拥护支持、积极参与改革,发挥改革主力军作用,使全社会理解、配合和支持改革,为县级医院改革营造良好的舆论环境。

安徽省县级公立医院综合改革县(市、区)名单

合肥市:肥东县、肥西县、长丰县、巢湖市、庐江县
淮北市:濉溪县
亳州市:蒙城县、谯城区、利辛县、涡阳县
宿州市:埇桥区、砀山县、萧县、灵璧县、泗县
蚌埠市:怀远县、固镇县、五河县
阜阳市:颍上县、颍州区、颍东区、颍泉区、太和县、临泉县、阜南县、界首市

淮南市:凤台县
滁州市:天长市*、定远县*、南谯区、明光市、全椒县、来安县、凤阳县
六安市:霍山县*、金安区、裕安区、舒城县、霍邱县、金寨县、寿县
马鞍山市:当涂县*、和县*、含山县*
芜湖市:南陵县*、芜湖县*、繁昌县*、无为县*
宣城市:广德县*、宣州区、郎溪县、泾县、旌德县、绩溪县、宁国市
铜陵市:铜陵县*
池州市:东至县*、贵池区、青阳县、石台县
安庆市:望江县*、怀宁县、枞阳县、潜山县、太湖县、宿松县、岳西县、桐城市
黄山市:休宁县*、徽州区、黄山区、歙县、祁门县、黟县

注:标"*"为全国县级公立医院改革试点县,共21个。

安徽省人民政府办公厅关于印发安徽省省级预算管理办法的通知

皖政办〔2012〕4号

省政府各部门、各直属机构:

经省政府同意,现将修订后的《安徽省省级预算管理办法》印发给你们,请认真贯彻执行。

安徽省省级预算管理办法

第一条　为规范省级预算编制、执行和监督,强化省级预算管理,根据《中华人民共和国预算法》、《安徽省预算审查监督条例》等法律法规,结合本省实际,制定本办法。

第二条　省级预算由省直各部门(含直属单位,下同)的预算组成。各部门预算由本部门所属各单位预算组成。

第三条　省财政厅在省政府领导下,具体负责省级预算管理工作,要认真落实《安徽省人民政府关于加强财政科学化精细化管理的指导意见》(皖政〔2009〕93号)等要求,不断提高预算管理水平。

第四条　省级预算编制要坚持"量入为出、收支平衡"的原则,既要保证政府公共支出的合理需要,又要厉行节约、勤俭办事,并体现公开、公平、公正和高效的要求。

第五条　省级预算实行综合财政预算管理方式,对政府税收收入和非税收入实行统一编制、统一管理、统筹安排。

第六条　省级预算收入要统筹安排使用,除国家和省另有规定外,不得硬性规定用途,也不得擅自设立专项资金。确需设立专项资金的,必须经省财政厅审核后报省政府批准。

第七条　省级部门预算的编制,要遵照《安徽省省级部门预算编制管理办法》(皖政办〔2007〕77号)的规定办理。

第八条　省直各部门、各单位要根据历年组织收入情况和预算年度收入增减变化因素,认真测算各项收入,合理编制收入预算。

第九条　省级支出预算采用零基预算、绩效预算等方法编制,各项预算支出按照下列方法核定:

(一)基本支出预算。人员支出预算根据国家、省统一规定的人员工资、津补贴政策和预算供给政策据实编制。公用支出预算按照定员定额的办法核定,省财政厅逐步建立健全定员定额与实物费用定额相结合的公用支出定额标准体系。

(二)项目支出预算。实行评审论证制度和绩效考评制度,采取项目库管理方式,根据实际需要和财力可能,按照统筹兼顾、保证重点、优化结构、讲求效益的原则,一年一定,滚动编制。

第十条　预算年度使用财政性资金采购符合省级政府采购目录和限额标准的货物、工程和服务的支出项目,要按规定编制政府采购预算。

第十一条　省级预算经省人民代表大会批准,即具法律效力,非经法定程序不得调整。

第十二条　省财政厅要在省人民代表大会批准省级预算之日起30日内,批复省直各部门预算。省直各部门要自省财政厅批复本部门预算之日起15日内,批复所属各单位预算。

第十三条　对省级预算中暂无法明确到部门的项目,预算执行中,由省财政厅按照有关规定细化安排。

第十四条　对部门预算中明确待细化的项目,各部门要在财政部门规定的时间内报送细化方案,

省财政厅审核后要及时批复。对没有按规定时间细化的项目，按法定程序重新安排。

第十五条 省直各部门、各单位必须坚持先有预算后有支出、严格按预算支出的原则，认真执行预算。预算执行中确需调整预算的，要按规定程序报批。

第十六条 省各执收部门和单位要依照有关法律法规的规定，及时、足额征收应缴的预算收入，并按照规定的预算科目、级次、解缴方式和期限上缴省级国库和省级非税收入汇缴结算账户，不得违反规定擅自减征、免征或者缓征应缴的预算收入，不得截留、占用或者挪用预算收入。

安徽省人民政府办公厅转发省人力资源社会保障厅省财政厅关于其他事业单位绩效工资实施意见的通知

皖政办〔2012〕7号

各市、县人民政府，省政府各部门、各直属机构：

经省政府同意，现将省人力资源社会保障厅、省财政厅《关于其他事业单位绩效工资的实施意见》转发给你们，请结合实际，认真贯彻落实。

关于其他事业单位绩效工资的实施意见

根据《中共中央、国务院关于分类推进事业单位改革的指导意见》(中发〔2011〕5号)和《国务院办公厅关于深化事业单位工作人员收入分配制度改革的意见》(国办发〔2011〕37号)精神，按照“分类指导、分步实施、因地制宜、稳慎推进”的原则，决定在我省除已经实施绩效工资的义务教育学校、公共卫生与基层医疗卫生事业单位以外的事业单位(以下简称“其他事业单位”)实施绩效工资，现提出如下实施意见：

一、指导思想和基本原则

(一)指导思想

适应分类推进事业单位改革的总体要求，健全符合事业单位特点、体现岗位绩效和分级分类管理的工作人员收入分配制度，逐步建立起机制健全、关系合理、调控有力、秩序规范的管理运行体系，促进事业单位发展和体制机制创新，逐步实现事业单位工作人员收入分配的科学化和规范化。

(二)基本原则

坚持按劳分配与按生产要素分配相结合，探索事业单位知识、技术、管理等生产要素参与分配的有效途径，使工作人员收入与岗位职责、工作业绩、实际贡献紧密联系，鼓励人才创新创造；坚持改革工作人员收入分配制度与规范收入分配秩序相结合，严肃分配纪律，逐步建立公平公正、合理有序的收入分配格局；进一步明确地方和部门的工资管理职责，对不同类型的事业单位实行不同的工资管理办法，实行分级分类管理，促进形成不同地区、不同类型事业单位之间合理的工资分配关系；着眼社会收入分配全局，与深化事业单位改革进程相适应，统筹兼顾，妥善处理与相关群体的利益关系，稳慎推进改革。

二、实施范围和时间

实施范围：按国家规定执行事业单位岗位绩效工资制度的其他事业单位正式工作人员。

实施时间：从2010年1月1日起执行，其中2010年执行《关于在其他事业单位预发工资(生活)性补贴的通知》(皖人社发〔2010〕61号)，补发2010年1—6月份的工资(生活)性补贴。

三、清理核查津贴补贴

其他事业单位实施绩效工资与清理规范津贴补贴结合进行。全面清理核查国家统一规定的津贴补贴项目外自行发放的津贴补贴和奖金，摸清收入来源、支出去向、账户情况和实际发放水平，坚决取消不合法、不合规的项目。对清理核查后确认的津贴补贴进行适当归并，作为规范后的津贴补贴纳入绩效工资。清理核查工作按照省纪委、省委组织部、省监察厅、省人力资源社会保障厅、省财政厅、省审计厅《关于开展其他事业单位工作人员工资收入分配情况清理核查工作的通知》(皖人社秘〔2011〕152号)规定实施。

四、绩效工资总量和水平的核定

(一)其他事业单位绩效工资总量由相当于单位工作人员上年度12月份基本工资的额度和规范后的津贴补贴构成。

县级以上人民政府人力资源社会保障、财政部门在综合考虑当地经济发展、财力状况、物价消费水平、所在地城镇单位在岗职工年平均工资水平、公务员规范后的津贴补贴水平等因素的基础上，按照与当地事业单位工作人员平均工资水平相衔接的原则，合理确定当地绩效工资水平。

(二)根据合理调控事业单位收入水平差距的需要,各地应结合实际,合理确定当地其他事业单位本年度绩效工资水平。

其中,承担行政职能和公益一类的其他事业单位绩效工资水平,按照不高于当地公务员津贴补贴平均水平确定;公益二类的其他事业单位绩效工资水平,原则上按照不高于当地公务员津贴补贴平均水平的1倍确定;经营类的其他事业单位绩效工资水平,原则上按规范后上年度津贴补贴总量为基数确定。

(三)县级以上人民政府人力资源社会保障、财政部门在综合考虑单位类别、人员结构、清理核查确定的津贴补贴水平、岗位设置、事业发展、经费来源等因素基础上,核定本级政府直属及各部门所属其他事业单位的绩效工资总量,对不同类型事业单位实行不同的绩效工资总量管理办法。

在人力资源社会保障、财政部门核定的绩效工资总量内,单位主管部门核定所属各其他事业单位的绩效工资总量。

单位主管部门按上述原则,在核定所属其他事业单位绩效工资总量时,可结合单位公益目标任务完成情况和绩效考核结果等综合因素,在"本地其他事业单位绩效工资水平控制线"范围内适当调控。对公益目标任务完成好、考核优秀、知识技术密集、高层次人才集中、国家战略发展需要重点支持的其他事业单位,可适当增加绩效工资总量。对公益目标任务完成不好、考核较差的其他事业单位,应相应核减绩效工资总量。主管部门核定的所属各其他事业单位绩效工资总量,在下达前须报同级政府人力资源社会保障、财政部门审核备案。

(四)实行绩效工资总量审批管理制度。

其他事业单位年度绩效工资总量每年3月底前核定一次(省直单位核定表另发)。绩效工资总量按年度核定后,原则上当年不作调整。确因机构、人员和工作任务发生重大变化等特殊情况需要调整的,须报同级政府人力资源社会保障、财政部门批准。

五、绩效工资分配

(一)其他事业单位绩效工资分为基础性绩效工资和奖励性绩效工资两部分。

基础性绩效工资主要体现地区经济发展水平、物价水平、岗位职责和社会公益目标任务完成情况等因素,基础性绩效工资可设立基础津贴等项目,一般按月发放。公益一类的其他事业单位和公益二类的其他事业单位,基础性绩效工资在绩效工资中所占的比例一般为50%—70%,其中公益一类的其他事业单位基础性绩效工资所占比重要相对大一些,具体标准由县级以上人民政府人力资源社会保障、财政部门确定。经营类的其他事业单位,基础性绩效工资在绩效工资中所占的具体比例和标准原则上由单位主管部门自主确定,按规定程序报批后执行。

奖励性绩效工资主要体现工作量的实际贡献等因素,根据考核结果发放,可采取灵活多样的分配方式和办法。奖励性绩效工资的具体项目、标准和分配方式由各其他事业单位自主确定,按规定程序报批后执行。

(二)充分发挥绩效工资分配的激励导向作用。

各主管部门要结合本行业特点制定切实可行的绩效考核办法,加强对其他事业单位内部考核和分配的指导,引导其他事业单位不断提高社会公益服务水平。各其他事业单位要完善内部考核制度,根据专业技术、管理、工勤等岗位的不同特点,实行分类考核。要把考核与分配有机地结合起来,发挥绩效工资分配的激励导向作用。根据考核结果,在分配中坚持多劳多得、优绩优酬,重点向关键岗位、业务骨干和做出突出成绩的工作人员倾斜。

(三)其他事业单位制定绩效工资分配办法要充分发扬民主,广泛征求职工意见。

分配办法由单位领导班子集体研究,经职工代表大会通过后,在本单位公开,报单位主管部门批准后实施。

(四)其他事业单位主要领导的绩效工资,在人力资源社会保障、财政部门核定的绩效工资总量范围内,由主管部门根据对单位主要领导的考核结果统筹考虑确定。单位主要领导与本单位工作人员的绩效工资水平,要保持合理的比例关系。各地、各主管部门可根据实际情况,合理确定单位主要领导绩效工资水平与本单位工作人员平均绩效工资水平的比例关系。其中,公益一类的其他事业单位应控制在1.5倍的幅度内;公益二类的其他事业单位应控制在2倍的幅度内;经营类的其他事业单位应控制在3倍的幅度内。

六、相关政策

(一)《中共中央办公厅国务院办公厅转发〈中央纪委、中央组织部、监察部、财政部、人事部、审计署关于严肃纪律加强公务员工资管理的通知〉的通知》(厅字〔2005〕10号)下发前,其他事业单位发放的改革性补贴,除超过规定标准和范围发放的之外,暂时保留,不纳入绩效工资,另行规范。在规范办法出台前,一律不得出台新的改革性补贴项目、提高现有改革性补贴项目的标准和扩大发放范围。

(二)实施绩效工资后,国家规定的特殊岗位津贴补贴仍按国家现行政策继续执行,不纳入绩效工资总量管理。

(三)按规定由政府投入的人才基金、创业基金(与财政拨款无关)和引进高层次人才的特殊报酬,以及临时性科研课题(项目)报酬,不纳入绩效工资总量管理。

(四)实施绩效工资后,其他事业单位原工资构成中津贴比例按国家规定高出30%部分(不含特殊岗位原工资构成比例提高部分)、国家原规定的年终一次性奖金和原省及省以下各级政府以及单位自行设定发放的各种津贴补贴,纳入单位绩效工资总量,按本单位绩效工资分配办法执行,不再另行发放。

(五)绩效工资不作为计发离退休费的基数。在实施绩效工资的同时,对其他事业单位离退休人员发放补贴。离退休人员补贴要在清理规范现有津贴补贴的基础上发放。其中,离休人员的补贴水平按中央纪委、中央组织部、监察部、财政部、人力资源社会保障部、审计署《关于解决离休人员待遇有关问题的通知》(中纪发〔2008〕40号)精神执行;退休人员的补贴标准由县级以上人民政府人力资源社会保障、财政部门参照当地公共卫生与基层医疗卫生事业单位退休人员补贴标准确定。按国发〔1978〕104号文件规定的退职人员补贴标准,按照同职级退休人员补贴标准的70%确定。

退休(职)人员执行上述退休(职)人员补贴后,除国家统一规定的津贴补贴外,原省及省以下各级政府以及单位自行设定发放的各种津贴补贴项目(含2006年工改后退休人员,原事业单位津贴比例高出30%,退休时按照皖人办发〔2007〕123号文件打折后暂作保留部分)停止执行,不再另行发放。

(六)经批准受聘到两类岗位上工作的人员,基础性绩效工资按执行岗位工资所对应的岗位确定。

(七)新参加工作的人员,见习期、学徒期、熟练期基础性绩效工资执行最低岗位的标准。获得硕士学位的研究生和获得博士学位的研究生,在明确岗位前,初期基础性绩效工资执行最低岗位的标准;明确岗位后,基础性绩效工资按所明确的岗位执行相应的标准。奖励性绩效工资由单位确定。

(八)其他新进入单位人员,按所聘任的岗位执行相应的基础性绩效工资标准。

(九)经组织批准挂职锻炼、派出学习、培训、支医、援外等工作人员,绩效工资按照单位同等条件人员执行。

七、经费保障、财务管理与严肃分配纪律

(一)其他事业单位实施绩效工资所需经费,按单位性质和现行经费供给渠道,分别由财政和事业单位负担。其中,对承担行政职能和公益一类的其他事业单位,以当地公务员津贴补贴平均水平为上限,由各级财政按现行预算供给政策解决。对公益二类的其他事业单位,在当地公务员津贴补贴平均水平内部分,由各级财政按现行预算供给政策解决,其余部分由单位自行负担。对经营类的其他事业单位,由单位自筹解决。单位自行负担部分,其经费来源渠道和支出要符合国家有关规定。

(二)对津贴补贴实际发放水平超过当地公务员津贴补贴平均水平的公益二类的其他事业单位,实施绩效工资时,补发2010年1—6月份的工资性(生活)补贴和2011年的绩效工资所需经费,由单位自筹解决。

(三)规范其他事业单位财务管理和国有资产管理,按规定取得的收入,应上缴财政的要全部按照国库集中收缴制度规定及时足额上缴国库或财政专户。

(四)其他事业单位要按照《财政部关于印发〈行政事业单位工资和津贴补贴有关会计核算办法〉的通知》(财库〔2006〕48号)规定,加强会计核算管理。绩效工资应以银行卡的形式发放,原则上不得发放现金。单位工会经费、集体福利费和其他专项经费要严格按照现行财务会计制度规定的开支范围使用和核算。

(五)实施绩效工资后,其他事业单位不得在核定的绩效工资总量外自行发放任何津贴补贴或奖金,不得突破核定的绩效工资总量,不得违反规定的程序和办法进行分配。对违反政策规定的,坚决予以纠正,并进行严肃处理。

(六)根据合理调控事业单位收入水平差距的需要,建立清理结算制度。县级以上人民政府人力资源社会保障、财政部门在核定下年度绩效工资总量前,对本级政府直属及各部门所属其他事业单位上年度绩效工资总量执行情况进行核查结算。对超过各级人力资源社会保障、财政部门核定的绩效工资总量发放的单位,要予以纠正,并追究主要领导和相关人员的责任,相应核减其下一年度的绩效工资总量;属于财政支持的单位,相应核减其下一年度的财政拨款。

八、组织实施

(一)各县级以上人民政府人力资源社会保障、财政部门按照本实施意见制定本行政区域其他事业单位绩效工资的具体实施办法,并报上级政府人力资源社会保障、财政部门备案后实施。省直主管部门根据本实施意见制定本部门所属其他事业单位绩效工资具体实施办法,报省人力资源社会保障厅、省财政厅审批后实施。

(二)各地区、各有关部门要统筹其他事业单位实施绩效工资与事业单位人事制度改革、财政体制改革和加强人才队伍建设等各项工作。要及时研究和妥善处理实施中出现的问题,确保其他事业单位绩效工资平稳实施。

(三)有关部门要密切配合,加强工作指导,建立健全有效的监督检查工作机制,严格把握政策和程序,指导和督促其他事业单位严格执行绩效工资的有关政策。要密切关注各方面的反应,有针对性地做好宣传解释和思想政治工作,形成良好的舆论氛围,确保其他事业单位队伍稳定。

(四)本意见由省人力资源社会保障厅、省财政厅负责解释。

安徽省人民政府办公厅转发省财政厅等部门关于整合财政支农资金支持省级现代农业示范区建设意见的通知

皖政办〔2012〕18号

各市、县人民政府,省政府各部门,各直属机构:

省财政厅、省农委、省水利厅、省林业厅《关于整合财政支农资金支持省级现代农业示范区建设的意见》业经省政府同意,现转发给你们,请认真组织实施。

关于整合财政支农资金支持省级现代农业示范区建设的意见

省农委 省水利厅 省林业厅

为贯彻落实《中共安徽省委安徽省人民政府关于加大农业科技创新力度加快推进农业现代化的意见》(皖发〔2012〕1号)和《安徽省人民政府办公厅转发省农委等部门关于进一步推进省级现代农业示范区建设意见的通知》(皖政办〔2011〕89号)要求,进一步发挥财政支农资金效益,现就整合财政支农资金支持省级现代农业示范区建设提出如下意见:

一、指导思想

围绕省级现代农业示范区建设的总体要求,以促进基础设施建设和主导产业发展为首要任务,以统筹使用支农资金为手段,以提高支农资金使用效益为目的,以主导产业和重点项目为平台,进一步创新整合机制,加大整合力度,巩固县级整合,深化省级整合,推进部门整合,建立政府主导、部门配合、上下联动的协调机制,进一步促进财政支农资金规范管理、高效使用和安全运行。

二、基本原则

(一)坚持以规划为引领

以省级现代农业示范区建设规划为统领,按照"统一规划、集中投入、渠道不乱、用途不变、各负其责、各记其功、优势互补、形成合力"要求,以规划引导和带动各类支农资金的投入,促进支农资金整合和统筹安排使用。

(二)坚持以产业为平台

积极打造省级现代农业示范区的主导产业和重点项目整合平台,引导性质相同、用途相近、来源不同的各项支农资金集中投入,做到"多个渠道进水、一个池子蓄水、一个龙头放水",集中财力解决制约主导产业发展的瓶颈问题。

(三)坚持以县级为主体

县级政府是省级现代农业示范区建设的责任主体。坚持县级自主整合和统筹安排支农资金的模式,支持和鼓励县级不断创新整合和统筹资金方式,进一步推动更多的县开展支农资金整合。

三、资金整合范围和方式

(一)资金整合的范围

中央、省、市、县各级财政安排下达的相关支农资金均可纳入整合范围,集中支持省级现代农业示范区建设。主要包括现代农业生产发展、小型农田水利建设、农业综合开发、新农村建设“千村百镇示范工程”、农村道路建设、农村沼气工程、林业和农业科技示范与推广、农民专业合作组织、农业产业化贷款贴息、新型农民民生工程培训等相关支农专项资金。进一步完善支农资金投入引导机制,吸引更多的社会资金投入省级现代农业示范区建设。

(二)资金整合的方式

1.以县为主推进相关支农资金整合。县级政府要充分发挥相关资金整合的主体作用,统筹项目布局、项目建设内容和资金安排,加大投入力度,支持省级现代农业示范区建设,充分发挥资金集聚和示范效益。

2.省有关部门协调配合支持资金整合。省级统筹安排现代农业生产发展资金、小型农田水利建设资金、农业综合开发资金等相关资金支持示范区建设,为各地整合支农资金创造条件。鼓励省有关部门推行“省统一调控,切块下达资金,县级自主选项”的管理模式,增强县级统筹安排支农资金的能力。

3.从预算编制环节入手推进资金整合。各级财政要从预算编制环节入手,在全面清理的基础上,对性质相近、用途相同、使用分散的支农专项资金进行归并,通过存量调整、增量集中等方式,将农林水等支出的增量资金、农口部门管理使用的存量支农资金、财政部门管理的相关支农资金等进行整合,集中力量支持省级现代农业示范区建设。

四、保障措施

(一)强化组织保障

鉴于支农资金整合和统筹安排涉及的部门较多,县级要建立完善沟通协调和工作推进机制,为支农资金整合和统筹工作开展提供组织保障。

(二)建立激励机制

建立省级现代农业示范区建设资金整合和统筹安排绩效考评制度,对整合工作力度大、整合成效突出的县级政府,由省财政安排资金给予奖励。

(三)统筹项目管理

在县级政府的领导下,坚持项目管理“八统一”原则,即统一领导多部门协作、统一审查按渠道申报、统一整合按规划实施、统一安排按项目支出、统一要求按类型招标、统一制度按程序管理、统一实施分部门负责、统一组织按标准验收,确保项目布局科学合理、建设规范高效、管理严格有序。

(四)加强制度建设

各级财政部门要会同农业、水利、林业等相关部门,按照“资金分配规范、适用范围明晰、管理监督严格、职责效能统一”的要求,对安排用于省级现代农业示范区建设的相关资金使用管理制度进行清理、修改和完善,同时,做好各项制度的衔接,为整合和统筹安排相关资金提供制度支撑。

(五)严格资金监管

对统筹安排用于省级现代农业示范区建设的项目资金实行“阳光操作”。继续推行和完善项目公告公示制、专家评审制、工程招投标制、工程监理制、政府采购制和资金奖补制等行之有效的办法、制度,使项目安排和资金分配做到依据科学、办法公开、程序规范、结果公正。建立健全项目民主决策机制和群众参与机制,进一步提高资金管理的公平性、公正性和透明度。

省人大重要财经文件

在省十二届人大一次会议闭幕会上的讲话

安徽省省委书记 张宝顺

(2013年1月28日)

各位代表、同志们:

省十二届人大一次会议,经过全体代表和与会人员的共同努力,圆满完成了各项议程,即将胜利闭幕。这是一次民主团结、务实创新的大会,是一次继往开来、催人奋进的大会。

会议期间,各位代表以饱满的政治热情,认真履行职责,依法行使权力,体现了严谨的工作态度,展示了良好的精神风貌。会议审议通过的各项报告尤其是政府工作报告,凝聚着全体代表的智慧,代表了全省人民的意愿,是指导我省今后工作的重要文件。会议选举产生了出席十二届全国人民代表大会的代表,选举产生了新一届省人大常委会、省人民政府领导班子和省高级人民法院院长、省人民检察院检察长,为推进我省各项工作提供了坚强组织保证。会议的圆满成功,必将极大地鼓舞全省人民以更加坚定的信心、更加昂扬的斗志,投身全面建成小康社会的伟大实践!

会议选举产生了省十二届人大常委会组成人员,选举我担任省人大常委会主任。这是各位代表和全省人民对我们的信任和重托。我们一定不辱使命,不负众望,恪尽职守,勤奋工作,为建设美好安徽贡献全部智慧和力量。由于年龄原因和工作需要,一些同志不再担任新一届省人大、省政府和省法检两院的领导职务。多年来,他们勤勤恳恳,尽职尽责,为推进我省改革开放和现代化建设,倾注了大量心血,作出了重要贡献。在此,让我们以热烈的掌声向他们表示衷心的感谢并致以崇高的敬意!

各位代表、同志们,过去的五年是安徽发展史上极不平凡、浓墨重彩的五年。在党中央、国务院的坚强领导下,全省人民坚持以科学发展观为指导,积极抢抓战略机遇,有效应对困难挑战,圆满完成了"十一五"目标任务,实现和巩固了"十二五"良好开局。今天的安徽,发展条件进一步改善,综合优势进一步彰显,在全国发展大格局中的地位进一步提升,已经迈入发展快车道,跨上了崭新台阶,一个加速崛起的安徽正展现在世人面前!

党的十八大确定了全面建成小康社会和全面深化改革开放的宏伟目标,吹响了推进中国特色社会主义伟大事业、实现中华民族伟大复兴强国梦的前进号角。根据十八大精神和省委的决策部署,这次会议提出了"经济总量争先进位、人均水平进入中等、居民收入赶上全国、各项工作全面提升,确保到2020年与全国同步全面建成小康社会"的奋斗目标,描绘了未来五年的发展蓝图,部署了今年工作的主要任务。蓝图鼓舞人心,目标催人奋进。我们一定要提振精气神、凝聚正能量,抓紧每一天、干好每一年,坚定不移地朝着全面建成小康社会目标奋勇前进。

我们要认清宏观形势,牢牢把握发展主动权。经过多年建设积累,我省长期蓄积的势能加速释放,仍处于大有可为的黄金发展期。但当前的宏观经济形势总体复杂严峻,不确定不稳定因素还比较多。我们既要坚定必胜信心,积极抢抓机遇,把各种有利条件转化为发展优势，又要增强忧患意识，树立“底线思维”，做好充分的思想准备、工作准备，在应对风险挑战中赢得主动、赢得未来。

我们要坚持稳中求进，推动经济社会持续健康较快发展。稳中求进是当前经济工作的总基调。坚持稳中求进，就要把加快转变发展方式和巩固良好发展势头有机统一起来，真正实现好中求快、又好又快。要积极扩大有效需求，着力壮大实体经济，千方百计稳定增长，在提档加速中争先进位，在跨越发展中实现赶超，努力走在中部崛起的前列。要坚持新型工业化、信息化、城镇化、农业现代化“四化同步”，推进经济结构战略性调整，着力打造经济强省、文化强省、生态强省，为全面建成小康社会打下具有决定性意义的基础。

我们要深化改革开放，着力增强发展的动力和活力。改革开放是推动工作的最大动力。要以解放思想为先导，坚决冲破一切妨碍发展的思想观念，坚决革除一切束缚发展的体制弊端，真正以思想的与时俱进引领安徽的跨越崛起。要注重顶层设计，加强整体谋划，统筹各方利益，大力推进重点领域和关键环节改革，充分激发各方面的创造活力。要树立世界眼光，科学承接产业转移，全面提高对外开放水平，努力打造内陆开放新高地，进一步增创发展新优势。

我们要加强民生保障，不断提高人民群众幸福指数。为民造福是我们的崇高使命，是一切工作的根本目的。要始终把人民放在心中最高位置，多谋民生之利，多解民生之忧，多造民生之福，使广大群众共享改革发展成果。要紧紧围绕“五有”目标，进一步找准民生工作与群众需求的结合点，深入推进民生工程，扎实开展美好乡村建设，大力实施居民收入倍增规划，加快完善基本公共服务体系，努力让全省人民过上更好生活。要切实加强社会管理创新，深入推进“平安安徽”建设，努力把安徽建设成为全国最和谐稳定的省份之一。只要始终坚持一切为了群众、一切依靠群众，我们的事业就会无往而不胜！

我们要改进工作作风，始终保持奋发有为的精神状态。作风建设关系人心向背，关系党和国家生死存亡。要认真落实中央政治局和省委省政府关于改进工作作风、密切联系群众的各项规定，全面贯彻习近平总书记一系列重要讲话和批示精神，下大气力改进作风，进一步优化政治生态。要大力弘扬求真务实之风，始终牢记“空谈误国、实干兴邦”的道理，坚决反对官僚主义、形式主义，坚持重实际、办实事、求实效，努力创造经得起实践、人民和历史检验的业绩。要始终保持艰苦奋斗精神，坚决反对铺张浪费、庸懒散奢，视事业重如山，看名利淡如水，夙夜在公，廉洁从政，真正做到干部清正、政府清廉、政治清明，为推进兴皖富民大业提供坚强政治保证。

各位代表、同志们，人民民主是我们党始终高扬的光辉旗帜，人民代表大会制度是我国的根本政治制度。我们要坚持人民主体地位，扩大人民民主，完善基层民主，保障人民享有更多更切实的民主权利。要加快法治安徽建设，增强法治观念，坚持依法行政，不断提高各项工作的科学化法制化水平。要加强党的领导，支持人大及其常委会依法行使职权，实现党的领导、人民当家作主、依法治国的有机统一，坚定不移走中国特色社会主义政治发展道路。

人民代表作为国家权力机关的组成人员，是一种荣誉，更是一种责任。要增强政治意识、代表意识、法律意识，珍惜党和人民的信任，担负起宪法和法律赋予的职责。要立足本职工作，带头学习好、宣传好、贯彻好这次会议精神，带头做人民群众的贴心人、干事创业的带头人、党和人民的联系人，不断创造新业绩、做出新贡献。

各位代表，同志们，推进兴皖富民大业、全面建成小康社会，是全省人民的殷切期望，是时代赋予的神圣使命。让我们紧密团结在以习近平同志为总书记的党中央周围，高举中国特色社会主义伟大旗帜，以邓小平理论、“三个代表”重要思想、科学发展观为指导，万众一心，团结拼搏，加快建设经济繁荣、生态良好、社会和谐、人民幸福的美好安徽，共同开创我省改革开放和现代化建设的崭新局面！

2013年安徽省人民政府工作报告

安徽省人民政府省长　李　斌

各位代表：

现在，我代表省人民政府，向大会报告政府工作，请予审议，并请省政协委员和其他列席人员提出意见。

一、2012年和过去五年工作回顾

2012年，在党中央、国务院和中共安徽省委坚强领导下，我们紧紧依靠全省各族人民，深入贯彻落实党的十七大、十八大及省第九次党代会精神，围绕科学发展主题和全面转型、加速崛起、兴皖富民主线，稳中求进，开拓创新，全面推进经济强省、文化强省和生态强省建设，胜利完成省十一届人大五次会议确定的主要目标任务。全省生产总值17212.1亿元，增长12.1%，增幅居中部第1位；财政收入3026亿元，增长14.9%，其中地方财政收入1792.7亿元，增长22.5%；城镇居民人均可支配收入21024.2元，增长13%，农民人均纯收入7160.5元，增长14.9%；居民消费价格涨幅2.3%；城镇新增就业65.9万人，城镇登记失业率3.7%。经济社会发展呈现稳中有进、结构优化、民生改善、社会和谐的良好态势。

一年来，主要做了以下工作：

（一）全力支持实体经济，确保经济持续健康较快发展

及时出台促进经济平稳较快发展的30条政策，多措并举解决企业发展难题，规模以上工业增加值增长16.2%。超额完成“861”计划项目建设任务，全年固定资产投资15055亿元，增长24.2%。落实促进消费和稳定外贸增长政策，开展系列经贸交流活动，社会消费品零售总额5685.6亿元，增长16%，进出口总额393.3亿美元，增长25.6%，其中出口267.5亿美元，增长56.6%。加强银企对接，深化与金融机构战略合作，拓宽融资渠道，新增本外币贷款2649.6亿元，直接融资929.3亿元，分别增长18.7%和23.1%。

（二）加快转变经济发展方式，培育壮大主导产业

大力促进战略性新兴产业发展，加快改造提升传统产业，谋划实施“增长源工程”，制定促进钢铁、建材、化工等产业升级政策，实施997项亿元以上重点技改项目。现代服务业、文化产业发展提速。强化创新驱动，开展合芜蚌试验区企业股权和分红激励政策试点，实施151项科技攻关和89项自主创新项目，启动建设中科大先进技术研究院等协同创新平台，加强试验区人才特区建设。新认定高新技术企业517家，高新技术产业产值突破1万亿元。新增授权发明专利3066件。大力实施品牌战略，3家企业获首届省政府质量奖。积极推进节能减排，落实国家能源消费强度和总量双控制要求，淘汰小煤炭、小钢铁、小水泥产能174万吨、25万吨和260万吨。积极发展循环经济，开展新安江流域生态补偿试点，完成全年单位生产总值能耗下降和主要污染物减排任务。

（三）积极承接产业转移，提高开放合作水平

完成皖江示范区“三年见成效”主要目标任务，江北江南集中区、中新苏滁现代产业园等建设加速，合肥出口加工区封关运行，马鞍山慈湖高新区晋为国家级。深化与央企、全国知名民企合作。与长三角在交通、能源、科技、金融等领域合作取得新进展。与珠三角、环渤海、中西部、港澳台及国际合作取得新成效。亿元以上省外投资项目实际到位资金增长26.4%，实际利用外商直接投资增长30.3%。

（四）持续加大统筹力度，促进区域协调互动发展

全省实现了国家战略规划全覆盖。推进皖江城市带与合肥经济圈聚合发展，支持合肥建设“大湖名城、创新高地”，加快芜湖、马鞍山跨江联动发展。加大支持皖北发展力度，推进南北“3+5”合作共建现代产业园，皖北地区纳入国家中原经济区规划。出台新一轮扶贫开发政策，加快大别山片区扶贫攻坚，抓金寨促全省扶贫开发扎实推进。深化国家服务业综合改革试点，皖南国际文化旅游示范区上升为国家战略规划。加快新型城镇化步伐，启动新一轮城镇体系规划、城市总体规划修编。加快发展县域经济，19个县(市、区)财政收入突破20亿元，比上年增加5个。

（五）大力发展现代农业，全面启动美好乡村建设

落实强农惠农富农政策，加强农业科技创新，深入推进粮食生产“三大行动”，粮食总产657.8亿斤，增产30.7亿斤，为近年来增产最多的一年。继续实施畜牧业升级计划和水产跨越工程，规模养殖比重

达61%。茶叶、油茶等特色农产品加快发展。建设26个省级现代农业示范区,农业机械化率达64.6%,成为全国农业物联网试点省。培育壮大农业产业化龙头企业,新增8862个农民专业合作社。启动建设美好乡村。开展2300个村庄整治试点,完成20万户农村危房改造。扎实推进农村土地整治示范省建设。启动千万亩森林增长工程,完成人工造林144万亩。开工淮水北调工程,完成78个中小河流治理项目,除险加固647座中小型水库。

(六)扎实推进文化建设,促进文化繁荣发展

大力实施文化惠民工程,综合文化站、农家书屋覆盖所有乡镇和行政村。推进精神文明创建常态化、机制化。《永远的忠诚》等6部作品获全国"五个一工程"奖,首届非遗传统技艺大展、黄梅戏艺术节等活动精彩纷呈。完成首批61家非时政类报刊转制和广电网络整合。广播影视、新闻出版、文学艺术、哲学社会科学进一步繁荣。

(七)深化重点领域改革,增强发展动力活力

加快国有企业改制重组步伐,支持非公有制经济加快发展,净增规模以上工业企业2105家。落实国家结构性减税政策,顺利启动实施"营改增"试点。推进农村金融机构改革,新组建15家农村商业银行。启动建设宿州等国家级农村改革试验区,实施20个县(区)农村综合改革示范试点。尊重农民意愿,稳步推进土地规模经营。省直管县试点、事业单位分类改革有序推进。实施省级政府教育统筹综合改革试点。全面推开148家县级公立医院综合改革,基本药物制度和基层运行新机制不断巩固。

(八)突出保障改善民生,加快发展各项社会事业

全年民生支出3161.2亿元,占全省财政支出79.9%,完成33项民生工程建设任务。做好重点群体就业工作。实现城乡居民社会养老保险制度全覆盖,五项社会保险完成年度任务。企业退休人员养老金人均月增加175元,农村居民最低生活保障、农村五保户供养补助和重度残疾人生活救助标准均提高10%以上。

政策范围内新农合、城镇职工医保住院费用报销比例进一步提高。开工建设各类保障性住房43.8万套,基本建成34.4万套,超额完成国家任务。新建、改扩建公办幼儿园800所,完成2314所城乡义务教育标准化学校建设。推进皖北职教园区和安徽金寨职业学校建设。注重高等教育内涵式发展,基本完成高校提标化债任务,高考录取率首次超过80%,合肥工业大学宣城校区建成招生。财政教育支出占公共财政支出比例达到国家要求。成功举办世界传统武术锦标赛,我省运动员在伦敦奥运会和残奥会上取得好成绩。人口自然增长率6.84‰,统筹解决人口问题取得新进展。民族宗教、外事、侨务、港澳台、科普、参事文史、档案、地方志、文物工作不断加强,气象、地质、测绘、地震、防灾减灾救灾工作扎实推进,妇女、儿童、老龄、残疾人和红十字事业迈出新步伐。

(九)加强和创新社会管理,促进社会和谐稳定

推进社区综合管理体制改革,建立健全实有人口动态服务管理机制,省辖市基本实现社区网格化管理。深入开展领导干部大走访,妥善化解一批信访积案,信访总量下降,信访秩序好转。加快数字化社会治安防控体系建设,严密防范、严厉打击各种违法犯罪活动,治安形势平稳。加大食品药品安全监管力度。安全生产形势基本稳定。扎实做好援疆援藏工作。全民国防教育、国防动员、人民防空和双拥优抚工作进一步加强,驻皖部队和民兵预备役人员在地方经济社会发展中作出了重要贡献。

(十)切实加强政府自身建设,提高推动科学发展的能力

开展"保持党的纯洁性、迎接党的十八大"主题教育实践活动。自觉接受人大法律监督和工作监督,依法执行人大决议决定,办理人大代表建议698件。主动接受政协民主监督,积极吸纳委员调研成果,办理政协提案876件。密切与工会、共青团、妇联等人民团体的联系。坚持依法行政,加强立法工作,扎实开展"六五"普法。完善政府议事制度和决策咨询机制。加强机关效能建设,推进招投标、公共资源交易等规范化管理,省级行政审批事项减少387项,精简54.7%,保留事项办理时限压缩51.2%。回复并办理网友留言1330条。强化重点领域、关键环节的行政监察和审计监督,全面推进廉政风险防控,严格控制"三公"经费支出,政风建设取得新成效。

各位代表!

2012年的发展成绩是在过去工作基础上取得的。五年来,我们有效应对国际金融危机的严重冲击,经受住复杂变化宏观环境的严峻考验,紧紧抓住国家扩大内需和促进中部崛起战略机遇,团结拼搏,

砥砺奋进,开创了建设美好安徽的新局面。

这五年，综合实力大幅提升。全省生产总值由7360.9亿元增加到17212.1亿元,年均增长13.2%,人均生产总值由1583美元提高到4561美元。财政收入由1034.7亿元增加到3026亿元，年均增长23.9%。城镇化率由38.7%提高到46.5%，年均提高1.56个百分点。主要经济指标增幅高于全国、领先中部,经济发展的稳定性、协调性和抗风险能力明显增强。

这五年,改革开放取得重大进展。国有企业改革向纵深推进，非公有制经济健康发展。农村改革不断深化，集体林权制度主体改革全面完成。地方金融体系进一步健全,组建农村商业银行和合作银行59家,14家总部级金融机构后台中心入驻合肥。文化体制改革和基层医药卫生体制综合改革走在全国前列。法治政府建设加快，提请省人大常委会审议地方性法规44件,制定、发布省政府规章33件。巢湖行政区划调整综合效应日益凸显。实际利用外商直接投资、进出口总额年均分别增长23.6%和19.8%,在皖的境外世界500强企业达63家。

这五年,转型发展步伐不断加快。合芜蚌试验区和技术创新工程试点省建设成效显著,区域创新能力由全国第15位跃升至第9位,居中部第1位。研究与试验发展经费增长2.9倍，发明专利授权量增长8.7倍,高新技术产业增加值增长2.8倍,量子通信、语音技术等处于国际领先水平。现代产业体系初步形成，产业结构不断优化。生态文明建设深入推进,节能减排任务全面完成。

这五年,“三农”工作和区域发展迈上新台阶。粮食连年增产,农产品加工业产值增长3.1倍。新农村建设成果丰硕，农民生产生活条件明显改善。14项治淮骨干工程全面建成,新一轮治淮和长江干支流治理扎实推进,完成大中型病险水库除险加固任务,防灾减灾能力明显提高。区域发展日趋协调,皖江示范区、皖北、皖南、大别山区呈现出科学发展、加快发展的新格局。

这五年,基础设施条件明显改善。累计投资5.5万亿元以上,建成一大批打基础、利长远、惠民生的重大项目。新增发电装机容量1628万千瓦。铁路营运里程新增888公里,高速公路通车里程新增1004公里,新建改建国省干道5900公里、农村公路4.6万公里,基本实现乡镇、行政村通水泥路(油路),新建扩建合肥新桥等6个机场，港口吞吐能力新增2.1亿吨。市县全部建有污水处理厂。光缆通信网、宽带数据网覆盖全部行政村，广播电视网基本实现“村村通”。

这五年,人民生活水平显著提高。城镇居民人均可支配收入增加9550.6元,年均增长12.9%,农民人均纯收入翻一番，年均增长15%。民生工程由12项增加到33项，累计投入1808.6亿元,6000多万城乡居民受益。城镇新增就业283.7万人,新增农村劳动力转移就业342万人。社会保障制度体系基本建立。建设各类保障性住房136.8万套,改造农村危房38万户，采煤塌陷区搬迁安置群众31万人。1602万农村人口饮水安全问题得到解决。城乡免费义务教育全面实现,建设改造中小学校舍3350万平方米,全面完成校舍安全工程。职业教育、高等教育发展成效突出。基本建立家庭经济困难学生资助体系。全民医保基本实现,城乡居民免费享受41项基本公共卫生服务,人均预期寿命75.08岁。5项文化惠民工程实现全覆盖,“三馆一站”免费开放。成功举办第四届全国体育大会,体育事业取得新成绩。社会和谐稳定,人民群众安全感和满意度不断提升。公民素质日益提高,荣登“中国好人榜”人数连续5年居全国首位,这是全省人民的荣耀。

这五年，是我省改革开放和现代化建设取得重大进展的五年，是综合竞争力和对外影响力明显提高的五年,是发展速度快、质量效益好、城乡面貌变化大、人民群众得实惠最多的时期之一。

同时,必须清醒看到,我们工作中还存在许多不足,前进道路上还有不少困难和问题。主要是:发展不足、发展不优、发展不平衡问题仍然突出,产业结构不合理,农业基础薄弱,民营经济发展相对滞后,城镇化水平较低，资源环境约束加剧；社会矛盾增多,生态环境、食品药品安全等关系群众切身利益的问题较多,部分群众生活还比较困难;少数干部领导科学发展能力不强,抓落实力度不够,安于现状、不思进取,政府效能建设和绩效管理水平不高;形式主义、官僚主义、庸懒散奢现象还不同程度存在,反腐败斗争形势依然严峻。对此,我们一定高度重视,采取更加有力措施加以解决。

总结五年奋斗历程,我们深切体会到:办好安徽的事情,必须坚持走中国特色社会主义道路,始终把发展作为解决所有问题的关键,以经济建设为中心,千方百计保持经济持续健康较快发展；必须坚持以科学发展为主题，以加快转变经济发展方式为主线，始终强化创新驱动，壮大实体经济，筑牢安徽加速崛起的基石；必须坚持深化改革开放，始终把解放思想、勇于改革作为动力之源，破除一切妨碍科学发展的体制机制弊端，充分激发创新创造创业活力；必须坚持以人为本，始终把人民对美好生活的向往作为奋斗目标，大力保障和改善民生，维护社会公平正义，促进共同富裕；必须坚持加强政府自身建设，始终把为民务实清廉作为基本要求，不断提高施政能力和服务水平，以风清气正的良好政治生态凝聚力量、服务人民。

过去五年的成绩来之不易，这是党中央、国务院和中共安徽省委正确领导的结果，是全省各族人民团结奋斗、开拓进取的结果，是历届班子坚持不懈、奋力拼搏的结果。在此，我代表省人民政府，向广大工人、农民、知识分子、干部、离退休老同志，向驻皖人民解放军、武警官兵和政法干警，向各民主党派、各人民团体和各界人士，向关心、支持和参与安徽发展的中央各部门、兄弟省市区和香港同胞、澳门同胞、台湾同胞、海外侨胞和国际友人，表示衷心的感谢！

二、今后五年的奋斗目标和主要任务

今后五年，是打造三个强省、建设美好安徽、全面建成小康社会的关键时期。综合判断，我省仍处于可以大有作为的黄金发展期。工业化、信息化、城镇化和农业现代化快速推进的阶段性特征更加鲜明，良好的生态环境和区位优势更加突出，比较完整的现代产业体系和丰富的生产要素支撑更加有力，国家战略规划全覆盖形成的政策叠加效应更加凸显，改革开放推动经济社会持续健康较快发展的空间更加广阔。同时要看到，外部环境不确定不稳定因素仍然很多，前进道路上还面临不少风险与挑战。我们一定要全面贯彻落实党的十八大和省第九次党代会精神，保持清醒头脑，进一步增强机遇意识、责任意识、忧患意识，树立“底线思维”，认真扎实工作，奋力谱写美好安徽的崭新篇章。

根据党的十八大新部署、新要求，结合安徽实际，到2020年，努力实现经济总量争先进位，人均水平进入中等，居民收入赶上全国，各项工作全面提升，确保与全国同步全面建成小康社会。

把宏伟蓝图变成美好现实，今后五年至关重要，要全面深化改革开放，加快推进经济建设、政治建设、文化建设、社会建设和生态文明建设，努力实现以下目标：

——经济强省建设实现重大跨越。生产总值比2012年翻一番，战略性新兴产业增加值和服务业增加值翻一番以上。企业创新能力和科技进步贡献率显著提升，涌现一批具有重要影响力的产业、企业和品牌，崛起一批经济强市和强县。信息化水平明显提升。城镇化率力争达到55%。现代化综合交通运输体系基本建成。农业现代化水平显著提高，50%以上的中心村建成美好乡村。

——文化强省建设迈出坚实步伐。社会主义核心价值体系深入人心，良好思想道德风尚进一步弘扬，全省人民文明素质、科学素质显著提高。公共文化服务体系建设走在中西部前列，文化事业更加繁荣，文化产业成为重要支柱产业。

——生态强省建设取得重要进展。节约资源和保护环境的空间格局、产业结构、生产方式、生活方式加快形成。资源能源综合利用效率和单位建设用地产出率大幅提升。城乡污水和生活垃圾无害化处理率显著提高。森林覆盖率达33%以上。生态环境质量明显改善。

——民主法制和社会建设全面进步。贯彻实施宪法和法律法规，法治安徽建设深入推进，民主制度更加完善，民主形式更加丰富，公平正义更加彰显，基层民主政治建设更加巩固。社会事业全面发展，社会管理科学化水平不断提高，社会安定和谐。

——人民生活水平全面提高。城乡居民人均收入比2012年翻一番，收入分配差距缩小，共同富裕进程加快，基本公共服务均等化基本实现，全民受教育程度明显提高，就业更加充分，社会保障更加完善，人人享有基本医疗卫生服务，住房保障体系更加健全，社会救助体系更加完备，人民群众安居乐业。

今后五年的主要任务是：

进一步加快转变经济发展方式。牢牢把握扩大内需这一战略基点，发挥投资的关键作用，选准方向，优化结构，注重效益，增强经济发展后劲。改善消费环境，释放居民消费潜力，提升消费对经济增长的贡献。牢牢把握创新驱动发展这一中心环节，推进区域创新体系建设，加快科技创新，加强产品创新、品牌创新、产业组织和商业模式创新、产学研用协同创新，以人才优先引领科技创新，以科技创新引领经济转型。牢牢把握发展实体经济这一坚实基础，加快结构调整,推进战略性新兴产业和传统优势产业融合发展,打造电子信息和家电、汽车和装备制造、材料和新材料、能源和新能源、农产品加工业等若干个万亿元大产业,纺织鞋服、食品医药等若干个5千亿元以上产业,加快培育新型显示、智能制造、公共安全等若干个千亿元以上"增长源"。大力发展现代服务业,加快发展电子商务等新型业态,把旅游业打造成重要的支柱产业。建设快速铁路900公里,新建成高速公路、一级公路1400公里和2700公里,加快机场、港口、航道、管网等建设。开工建设引江济淮(巢)工程。建设"智慧城市"。

进一步推动新型城镇化和城乡区域协调发展。以提高质量为中心推进新型城镇化,是现代化进程中不可逾越的阶段,是全面建成小康社会的重要抓手。坚持产城一体、宜业宜居、功能齐全、生态优美原则,加强规划建设和管理;发挥产业发展、公共服务、吸纳就业、聚集人口功能,有序促进农业转移人口市民化,促进"四化"同步发展。把培育壮大中心城市作为首要任务,进一步增强集聚力和辐射力。大力发展中小城市,加快形成一批综合实力强的县城。打造一批人口聚集型、交通枢纽型、历史文化型和特色产业型的中心镇。把推动城乡一体化、统筹解决"三农"问题作为重中之重,加快美好乡村建设,全面改善农村生产生活条件,加强水利建设,大力发展现代农业,确保粮食稳定增产,提升农业产业化水平。深化农村综合改革,培育新型农业经营主体。全面落实新一轮扶贫开发纲要,基本实现扶贫对象"两不愁、三保障"。加快实施主体功能区和国家城镇体系规划,加快合肥经济圈一体化、芜马同城化进程,推动皖江示范区率先全面建成小康社会。推进大别山片区扶贫攻坚和绿色发展,促进老区面貌明显改变。把皖南国际文化旅游示范区打造成"美丽中国"建设先行区和世界著名文化旅游目的地。加快皖北"四化"协调发展先行区和沿淮经济带建设,努力提高皖北在全省经济中的比重,力争实现"走千走万,还是淮河两岸"。

进一步促进文化大发展大繁荣。文化是民族的血脉和人民的精神家园。扎实推进社会主义核心价值体系建设,深化公民道德实践和精神文明创建活动,形成知荣辱、讲正气、作奉献、促和谐的良好风尚。加快信用安徽建设。繁荣文化事业,完善公共文化服务体系,打造一批群众喜闻乐见的精品力作。加快发展文化产业,培育5家左右百亿元文化企业和100家以上骨干文化企业。

进一步提升生态文明水平。建设生态文明,关系人民福祉,关乎民族未来。坚持绿色发展、循环发展、低碳发展,建立体现生态文明要求的目标体系、考核办法和奖惩机制,加大节约资源、保护环境力度,扎实推进节能减排。构建覆盖全社会的资源循环利用体系,加快发展节能环保产业。深入推进淮北、淮南、马鞍山、铜陵等资源型城市转型发展。加快推进巢湖和淮河治污工程。大力开展植树造林,基本形成城市绿道框架,建立水土流失综合防治体系,完善生态补偿机制,让江淮大地天更蓝、山更青、水更净。

进一步深化改革开放。改革开放是发展进步的活力之源,是兴皖富民的必由之路。充分发挥市场在资源配置中的基础性作用,毫不动摇巩固和发展公有制经济,毫不动摇鼓励支持引导非公有制经济发展。完善地方金融体系,推进金融创新。继续推动财税、要素价格、文化、医药卫生、住房保障、收入分配等重点领域改革。深入推进行政、事业单位改革。优化行政区划,构建科学合理的空间布局。全面深化对外开放合作,更大规模、更高质量地承接产业转移。积极鼓励企业"走出去",提升国际化水平,加快打造内陆开放新高地。

进一步改善民生和加强社会建设。深入实施居民收入倍增规划。拓展提升民生工程,让发展成果更多更公平惠及全省人民。实现更高质量的就业,提高社会保障统筹层次和标准。健全保障性安居工程建设与管理长效机制。办好人民满意的教育,发展均衡的基础教育、特色鲜明的职业教育和更高质量的高等教育。加强医疗卫生服务体系建设,为群众提供安全有效方便价廉的公共卫生和基本医疗服务。加强和创新社会管理,增强城乡社区服务功能,引导社会组织健康有序发展。牢固树立安全发展理念,强化安全生产监管,健全完善食品药品安全监管机制,深化平安安徽建设,加强社会治安综合治理,努力把安徽建设成为全国最和谐稳定的省份之一。

三、2013年的主要工作

今年是深入贯彻落实党的十八大精神的开局之年。我们要全面贯彻落实党的十八大和中央经济工作会议精神,坚持以邓小平理论、"三个代表"重要思想、科学发展观为指导,紧紧围绕主题主线,以提高经济增长质量和效益为中心,稳中求进,开拓创新,进一步深化改革开放,进一步强化创新驱动,积极扩大有效需求,着力调整经济结构,切实保障和改善民生,实现经济持续健康较快发展和社会和谐稳定,在打造三个强省、建设美好安徽上迈出新的步伐。

今年经济社会发展的主要预期目标是：全省生产总值增长10%以上,财政收入增长10%以上,固定资产投资增长20%以上，社会消费品零售总额增长14%,进出口总额增长15%,城镇新增就业60万人,城镇登记失业率控制在4.5%以内,城镇居民人均可支配收入增长12.5%以上,农民人均纯收入增长13%以上,居民消费价格涨幅控制在3.5%左右,节能减排完成年度目标任务。

重点做好十个方面工作：

(一)着力保持经济健康较快发展

持续扩大有效投入。在重大基础设施、主导产业、节能环保、民生和社会事业等领域,新开工建设1300个以上超亿元项目,加快在建项目建设,确保阜阳—六安等铁路投入运营。支持省辖市和有条件的县(市、区)做大做强基础设施建设投融资平台。引导金融机构扩大信贷投放,推动企业更多利用直接融资手段。

大力促进消费和进出口。做好节能产品惠民工程等政策接续工作,促进汽车、农机、家电等地产品销售。开展全国品牌促进试点,提升"万村千乡"市场工程,拓展文化体育、旅游休闲等消费领域,提升安徽旅游品牌竞争力。深入开展打击侵犯知识产权和制售假冒伪劣商品专项行动。落实稳定外贸增长政策,巩固传统市场,开拓新兴市场,扩大机电、高新技术等产品出口，鼓励先进技术装备等进口。强化煤电油气运保障。稳控市场物价。

促进民营经济大发展。全方位优化发展环境,出台强有力支持政策,建立专项扶持资金,重点用于项目贴息和融资担保,强化工作推进和绩效考核,迅速掀起民企招商潮,激发全民创业潮,推动徽商"凤还巢"。

(二)着力创新驱动做大做强主导产业

不断提高自主创新能力。巩固扩大合芜蚌试验区企业股权和分红激励政策试点，加快推进3项国家拓展中关村政策试点，加强人才特区建设。加快企业技术中心、工程(技术)研究中心等平台建设,完成中科大先进技术研究院一期工程,鼓励企业和高校科研机构组建新型产学研用实体和创新联盟,建立健全科技成果转化机制。实施"611人才行动"和"外专百人计划"。

做大做强主导产业。引导生产要素向主导产业集聚,制定分行业的产业发展、技术升级和品牌培育路线图。实施100项重大科技攻关和1100项亿元以上重点技改项目。加快新型显示、硅基功能材料、智能装备等战略性新兴产业集聚发展,培育实施"增长源工程"。大力发展服务业,加快现代物流、工业设计、信息等生产性服务业发展,推进商贸、家政、养老等生活性服务业发展，创新发展电子商务等新型商业业态,培育一批特色鲜明、竞争力强的现代服务业集聚区。

(三)着力推进农业现代化

加快构建现代农业产业体系。加大农技推广力度,推进农业机械化,力争粮食稳定增产,确保重要农产品有效供给。加快发展生态健康养殖,统筹推进新一轮"菜篮子"工程,加强特色农产品基地和品牌建设,支持亳州发展现代中药产业基地。新建一批省级现代农业示范区。加快农业物联网试点省建设,打造国内重要的农产品网购平台。深入实施农业产业化转型倍增计划,力争农产品加工业产值达6500亿元。

扎实推进美好乡村建设。重点建设1500个以上中心村,治理10000个左右自然村。推进新一轮农村电网改造升级,加快县乡道路和村路提标延伸,完成20万户以上农村危房改造。开展"三清、四修、五化",完善垃圾污水处理设施,完成240个乡镇农村清洁工程。

加快实施水利安徽战略。推进新一轮治淮和淮水北调工程建设,加强长江干流河道及青弋江、水阳江、滁河等治理,加快引江济淮(巢)前期工作。推进大中型灌区续建改造,抓好塘坝沟渠扩挖清淤。新实施300座小型水库除险加固。抓好防汛抗旱工作。再解决400万农村人口饮水安全问题。

(四)着力提升承接产业转移和开放水平

加快开发区转型升级。完善各类开发区规划,优化产业和空间布局,提升产业集中度和投资强度,加快打造一批特色园区和产业集群。鼓励开展园区整合重组、合作共建，支持符合条件的开发区扩容晋级。加快重点园区建设。

深化对外开放合作。进一步拓展与央企、全国知名民企合作,深化与长三角地区融合发展,加强与长江中游城市群和中原经济区协同发展,密切与珠三角、环渤海、中西部、港澳台等区域及国际合作发展。加大招商引资、招才引智力度。办好中国国际徽商大会等活动。加快海关特殊监管区和口岸建设,支持申创综合保税区,提升贸易便利化水平。大力支持企业"走出去"。

(五)着力推进新型城镇化建设

推动城镇化提质提速。开展新型城镇化建设综合试点。统筹基础设施、交通体系和公共服务布局,提升中心城市综合承载力。安排专项资金,支持市县制定完善城乡规划,科学确定城市规模、能级、建设标准和管理方式。深化城乡建设用地增减挂钩改革试点。

全面实施国家区域战略规划。加快皖江示范区沿江通道建设。用足用好中原经济区规划政策机遇,抓紧制定皖北"四化"协调发展先行先试实施意见,谋划沿淮经济带发展的战略定位、目标任务和重大举措。深入推进六安、安庆等大别山片区区域扶贫攻坚,扎实开展抓金寨促全省扶贫开发工作,实施"千村整推工程"。高水平编制实施皖南国际文化旅游示范区规划,启动实施一批重点项目。扩大县域经济社会管理权限,支持各地建设科学发展示范县。加大对深山区、库区、沿淮行蓄洪区和少数民族聚居区支持力度,加强江淮分水岭地区综合治理开发。

(六)着力深化重点领域和关键环节改革

深化农村综合改革。深入实施国家农村综合改革示范试点,推进农业生产经营制度、农村公共服务供给机制等改革。深化农村土地制度和集体产权制度改革,充分保障农民土地承包经营权,不限制、不强制农民流转承包土地,合理引导土地承包经营权流转。实施农民专业合作社示范县和示范社建设工程。推进集体林权制度配套改革。

加快国企和财税金融改革。鼓励引导国有企业兼并重组,推动省属企业做大做强。深入推进国家服务业综合改革试点。巩固完善"营改增"试点,做好扩大范围准备。增加和规范财政转移支付,健全县级基本财力保障机制。深化预算管理制度改革,提高预算编制的完整性和执行的规范性,加强全口径预决算管理和财政资金绩效管理。深入推进农村金融改革,积极发展民营金融机构,优化金融生态,防范金融风险。

深入推进各项重点改革。加快省级政府教育统筹综合改革试点。巩固扩大文化体制改革和县级公立医院综合改革成果。积极推进住房保障制度改革,健全保障房运营管理机制。推进收入分配制度改革。落实行政审批改革措施。推进事业单位分类改革。

(七)着力提高文化软实力

促进文化事业全面繁荣。深入推进文化惠民工程,加快国家公共文化服务示范区、示范项目建设。加强重点历史文化名城(镇、村)保护,加大文物和非物质文化遗产保护传承力度。办好中国农民歌会和省艺术节。推动哲学社会科学、新闻出版、广播影视、文学艺术事业繁荣发展。

推动文化产业跨越发展。深入实施重大项目带动战略,重点扶持文化产业示范园区(基地)建设,做大做强文化企业集团,着力打造演艺、影视品牌。开展多种形式的对外文化交流和贸易。

(八)着力推进节能减排和环境保护

狠抓节能减排和资源集约节约利用。严格落实节能减排目标责任制,强化重点领域节能监管,开展千家企业节能低碳行动。加强脱硫脱硝设施建设和运行管理,推进机动车环保标志管理,新增城市污水处理配套管网1100公里以上,新增城市生活垃圾无害化日处理能力1200吨。推进池州、铜陵、淮北等循环经济和低碳试点示范城市建设。实行最严格的耕地保护制度和水资源管理制度,坚决遏制土地违法违规行为。开展找矿突破战略行动。

加强生态建设和环境保护。全面实施千万亩森林增长工程和城市绿道建设,提高生态公益林补偿标准,完成人工造林286万亩,建设城市绿道300公里,创建生态市(县、乡镇、村)。建立健全空气质量监测预警机制。强化大气、水体、固体废弃物、农业面源等污染防治,加强重点区域、流域污染防治,推进环巢湖生态示范区建设,加强饮用水源地保护,推进湿地、湖泊生态保护和新安江流域生态补偿试点。

(九)着力保障和改善民生

优先发展教育事业。全面完成学前教育三年行动计划。完成2365所城乡义务教育学校标准化建设任务,统筹推进教育信息化,加大优质教育资源向农村倾斜力度,推进关爱农村留守儿童、进城务工人员随迁子女升学考试等工作,加强校园和校车安全管理。大力发展现代职业教育。实施高等教育质量提升工程。促进民办教育健康发展。

加强就业和社会保障工作。深入开展技能培训、信息服务和就业帮扶,做好以高校毕业生为重点的青年就业和农民工、城镇困难人员、退役军人就业工作。保障劳动者合法权益,构建和谐劳动关系。统筹推进城乡社保体系建设,实现城镇基本医保省内异地结算,巩固扩大城乡居民社会养老保险制度全覆盖成果,企业退休人员基本养老金提高10%。完善以孤老病残困为主要对象的社会救助机制,加强孤儿学校和救助站建设,发展慈善事业,切实保障妇女儿童合法权益,健全残疾人社会保障和服务体系。

巩固提升民生工程。投入605亿元,实施动态调整后的33项民生工程,建立民生工程绩效评估机制,完善民主决策、管理和监督制度。新开工建设各类保障性住房40万套。

统筹发展各项社会事业。加强基层医疗卫生服务能力建设,健全重大疾病防控和突发公共卫生事件应急机制。城镇居民医保、新农合补助标准提高到每人每年280元,扩展大病保障范围。支持中医药事业发展。深入实施全民健身计划,积极备战全运会和筹办亚洲赛艇锦标赛。加强人口和计划生育工作。加强民族宗教工作。充分发挥工会、共青团、妇联等人民团体的重要作用,推进科普、参事文史、档案、地方志等事业发展,加强外事、侨务、港澳台、气象、地质、地震、红十字会等工作。继续做好援疆援藏工作。精心组织第三次全国经济普查。

(十)着力促进社会和谐稳定

加强和创新社会管理。加快社区综合管理体制改革。深入开展领导干部接访下访活动,畅通和规范群众诉求表达、利益协调、权益保障渠道,切实维护群众合法权益,扎实开展矛盾纠纷排查化解,健全社会稳定风险评估机制。引导社会组织健康有序发展。做好困难群体法律援助工作。全面实行居住证制度,完善流动人口和特殊人群管理服务。增强新媒体时代社会沟通能力,支持网络问政。

加强公共安全体系建设。强化安全生产监管,深入开展"打非治违"专项行动,有效遏制重特大安全事故。大力提升产品、工程和服务质量,加强食品药品安全监管。提高防灾减灾救灾和应对突发事件能力。推进"六五"普法。完善立体化、数字化社会治安防控体系和公共安全体系,依法防范和惩治违法犯罪活动。大力支持驻皖部队和武警现代化建设,加强国防教育、国防动员、民兵预备役和人民防空工作,提升双拥优抚安置水平,巩固发展军政军民团结。

各位代表!

站在新起点,面对新期待,我们要进一步加强政府自身建设,认真落实中央和省委关于改进工作作风、密切联系群众的各项规定,求真务实,奋发有为,开创各项工作新局面。

始终坚持为民执政。坚持把实现好、维护好、发展好人民群众的根本利益,作为全部工作的出发点和落脚点。把人民放在心中最高位置,拜人民为师,问政于民、问需于民、问计于民,坚决克服形式主义、官僚主义,做好群众满意的事,不做群众反感的事。始终坚持依法行政。改进政府立法,努力做到严格规范公正文明执法,推动政务公开。自觉接受人大监督,推进法治政府建设,主动接受政协民主监督,认真听取人大代表、政协委员的意见和建议,认真听取各民主党派、工商联、无党派人士和各人民团体的意见和建议,接受社会公众和新闻舆论监督。始终坚持科学理政。按规律办事,不断提高推动科学发展的能力和水平,健全重大决策专家论证、集体审定、风险评估、社会公示和问责纠错制度,切实改进会风文风,大兴调查研究之风,扎实推进政府效能建设。始终坚持务实勤政。牢记"空谈误国,实干兴邦",做到知实情、讲实话、干实事、求实效,不怕困难,不惧风险,不图安逸,敢于啃硬骨头,勇于打攻坚战,全力推动各项工作落实。始终坚持廉洁从政。严格落实党风廉政建设责任制,全面推进廉政风险防控,强化审计监督和行政监察,厉行勤俭节约,力戒奢靡之风,坚决纠正损害群众利益的不正之风,严肃查办违纪违法案件,坚持不懈地深入推进反腐倡廉建设。

各位代表!

幸福不会从天降,美好安徽等不来。让我们高举中国特色社会主义伟大旗帜,紧密团结在以习近平同志为总书记的党中央周围,在中共安徽省委的坚强领导下,解放思想,同心同德,埋头苦干,顽强拼搏,为打造三个强省、建设美好安徽、全面建成小康社会而努力奋斗!

安徽省2012年上半年预算执行情况及下半年工作意见的报告

——在安徽省第十一届人民代表大会常务委员会第三十五次会议上

省财政厅厅长　罗建国

(2012年8月15日)

主任、副主任、秘书长、各位委员：

我受省人民政府委托，向省第十一届人大常委会第三十五次会议作2012年上半年预算执行情况及下半年工作意见的报告，请予审议。

一、上半年全省财政收支情况

今年以来，在省委、省政府的正确领导下，全省各级财政部门以科学发展观为统领，贯彻实施积极财政政策，充分发挥财政职能作用，财政运行继续保持良好发展势头，有力促进了全省经济社会平稳较快发展。

(一)收入情况

上半年，全省财政总收入完成1588.6亿元，同比增长14.8%(下同)，其中，全省地方财政收入完成922.3亿元，增长22.5%。

分收入级次看，省级财政总收入完成96.6亿元，增长16.8%。16个市财政总收入完成1492亿元，增长14.7%，其中，76个县(区)财政总收入完成579.4亿元，增长19.7%。

分收入项目看，税收收入完成1340.5亿元，增长9.5%，其中，增值税391.3亿元，下降1.5%；消费税119.3亿元，增长8.9%；营业税230.6亿元，增长12.8%；企业所得税289.5亿元，增长27.4%；个人所得税50.8亿元，下降10.8%。非税收入完成248.1亿元，增长55.3%。

(二)支出情况

上半年，全省财政支出完成1758.5亿元，增长28.6%。

分支出级次看，省级财政支出完成309亿元，增长0.1%。16个市财政支出完成1449.5亿元，增长37%，其中，76个县(区)财政支出完成854.3亿元，增长37.6%。

分支出科目看，全省22个支出大类中，有14个支出大类实现较快增长，其中，一般公共服务支出178.3亿元，增长29.6%；公共安全支出57.9亿元，增长15.3%；教育支出261.6亿元，增长36.7%；科学技术支出33.4亿元，增长49.1%；社会保障和就业支出245.1亿元，增长14.3%；医疗卫生支出121.6亿元，增长29.2%；节能环保支出32.7亿元，增长52.3%；城乡社区事务支出208.2亿元，增长54.7%；农林水事务支出186.1亿元，增长17.6%；交通运输支出130.6亿元，增长73.3%；商业服务业等事务支出24.6亿元，增长34.5%；国土资源气象等事务支出13亿元，增长27.7%；住房保障支出98.5亿元，增长63.7%；粮油物资储备事务支出22.5亿元，增长13.6%。“三农”、教育、科学技术、医疗卫生、住房保障等重点支出保障有力。

二、上半年全省财政预算执行情况

(一)依法理财治税，财政收入继续保持较快增长

按照省十一届人大五次会议批准的预算计划，分解落实收入任务，加强财税协调沟通，依法规范收入征管。收入进度完成较好，实现时间过半任务过半。上半年，全省财政总收入完成年度预算任务53.1%，超序时进度3.1个百分点，其中，地方财政收入完成年度预算任务57.3%，超序时进度7.3个百分点，全省财政总收入和地方财政收入实现“双过半”，为完成全年收入目标任务奠定了良好基础。收入增幅有所回落，增速仍处较快区间。受经济增长趋缓、价格涨幅回落、房地产调控以及结构性减税等因素影响，上半年，全省财政总收入、地方财政收入增幅分别比上年同期回落21.1和13.3个百分点，但回落幅度不断收窄，6月份初步呈现企稳回升态势。与全国相比，全省地方财政收入增幅高于全国平均水平8.1个百分点，位居全国第6位、中部第3位，仍然处于较快增长区间。区域财政协调发展，皖北地区增势突出。上半年，全省16个市中，有11个市财政总收入超过60亿元。全省76个县(区)中，有35个县(区)财政总收入超过6亿元。皖北三市七县财政总收入增长25.3%，高于全省平均增幅10.5个百分点，支持皖北发展政策效应日益显现。

(二)创新工作举措，财政支出进度进一步加快

坚持主动理财，健全机制，科学调度，强化督导。上半年，全省财政支出进度46.4%，高于全国平

均水平3.6个百分点,位居全国第1位。扩大提前通知资金范围。在做好提前通知中央转移支付工作的同时,省财政将数额相对固定的省级转移支付提前通知市县,各级据此全额编入年度预算,不断增强预算编制的完整性和准确性,为加快财政支出进度奠定了基础。加强财政资金拨付管理。严格国库集中支付,实行限时办理、超时默认。对于应急性、突发性资金,开启绿色通道,实行特事特办、随到随办。落实财政结转结余资金管理制度,将支出进度与下年度项目资金预算安排相挂钩,避免年底集中列支,提高了预算执行的均衡性。建立部门会商沟通机制。坚持"请进来"与"走出去"相结合、例行会商与临时会商相结合等方式,不断加大政策制定、资金分配、预算执行和监督管理等事项的会商力度,累计会商部门单位88家,累计会商168次,进一步增进了沟通交流,加强了政策衔接,促进了统筹协调,为加快财政支出进度创造了条件。

(三)服务发展大局,促进经济平稳较快增长

面对复杂多变的宏观经济形势,深入开展分析研判,及时采取有效措施,着力破解发展难题。积极拉动有效需求。继续增加政府公共投资,争取财政部代理发行地方政府债券111亿元,协议利用国际金融组织和外国政府贷款29.5亿美元,累计争取中央财政各类补助资金1562亿元,有力保障全省重大投资项目顺利推进。加大刺激消费政策实施力度,推进现代流通业和农村市场体系建设;认真落实家电下乡政策,兑付财政补贴资金12.2亿元,拉动市场销售109亿元。统筹安排促进外经贸发展资金4.2亿元,支持外贸进出口平稳较快增长。大力扶持企业发展。认真实施促进经济平稳较快发展30条意见,统筹安排203.8亿元,支持企业技术改造、转型升级、开拓市场、降本增效。实施新一轮"五缓四降三补贴"政策,全省累计认定困难企业4415户,累计减轻企业负担5.4亿元。着力发挥财政资金杠杆撬动作用,创新方式整合财政资金3亿元,建立中小企业专项贷款风险准备金;省信用担保集团累计完成担保再担保272.9亿元,有效缓解中小企业融资难。全力促进结构调整。安排7亿元,支持合芜蚌综合试验区和国家技术创新工程试点省建设;深入推进合芜蚌综合试验区企业股权和分红激励试点及人才特区建设,进一步激发创新活力。加强省级创业风险投资引导基金运作管理,累计引导设立19只创投基金,资金总规模达63亿元,促进创业投资发展。安排5亿元,培育壮大战略性新兴产业,推进产业转型升级。统筹安排27.8亿元,推进新安江流域生态补偿试点、采煤塌陷区搬迁治理和资源枯竭城市转型,增强经济发展的可持续性。统筹推进区域发展。认真落实支持皖江示范区、皖北和大别山革命老区加快发展的各项政策措施。安排专项资金10亿元,支持皖江示范区建设;安排专项资金12.7亿元,支持皖北三市七县工业园区和皖北现代产业园区建设;安排专项资金2.2亿元,支持大别山革命老区11县(区)基础设施、现代农业、生态保护和库区移民等建设。

(四)保障改善民生,推进和谐社会建设

上半年,全省民生支出1404.8亿元,增长34.2%,占全省财政支出79.9%,其中,拨付33项民生工程资金407.1亿元,完成拨付进度75.3%。调整收入分配结构。认真落实收入倍增规划,细化分解目标任务,完善监测考评体系,着力促进城乡居民收入持续较快增长。进一步规范公务员津贴补贴,积极推进事业单位绩效工资改革。深入实施积极就业政策,统筹安排17.1亿元,支持解决高校毕业生、农民工和城乡困难群体就业,全省城镇新增就业32.3万人,完成全年目标53.8%。保障教育优先发展。认真落实国家核定我省教育支出占比目标任务,统筹安排教育经费261.6亿元,增长36.7%,推进义务教育保障机制改革,保障校舍安全工程资金需求,完善家庭经济困难学生资助体系,将普通高校生均拨款水平提高至12000元,引导高校积极化解债务,加快推进职教大省和高教强省建设。健全社会保障体系。稳步提高医疗、失业、工伤、生育等社会保险保障水平,企业职工基本养老金月人均标准超过1500元。统筹安排33.6亿元,加快推进城乡居民社会养老保险制度全覆盖,全省2391万人参保,参保率87%。继续深化医药卫生体制改革,进一步健全县级公立医院改革政策体系,支持推进县级公立医院改革全覆盖。安排46.5亿元,继续完善新型农村合作医疗和城镇居民医疗保险制度,支持建立覆盖全面的医疗保障体系。促进文化繁荣发展。认真贯彻落实省委关于进一步加快文化强省建设的实施意见,建立健全财政文化投入稳定增长机制,统筹安排31.3亿元,大力支持公益性文化事业发展,加速推进文化产业跨越发展,继续深化文化

体制改革,有力促进全省文化大发展大繁荣。加快保障性住房建设。落实税收优惠政策,完善政府投入机制,统筹安排116.2亿元,支持保障性住房建设。2012年全省新增保障房建设任务40万套,上半年已新开工31.3万套、开工率80.2%、开工量居全国第2位,基本建成19.4万套,完成全年目标任务75.4%。全力维护社会稳定。继续加大应急资金保障力度,全力支持防汛抗旱、安全生产等工作开展。统筹安排11.1亿元,支持政法经费保障体制改革,着力营造和谐稳定的社会环境。

(五)狠抓政策落实,统筹城乡协调发展

全面落实强农惠农富农政策,不断增加财政投入,着力提升新农村建设水平。促进农业加快发展。统筹安排31亿元,用于农田水利、中小河流治理、病险水库除险加固等水利基础设施建设,巩固农业发展基础。统筹安排农资综合补贴、农作物良种补贴、农机购置补贴等各类补贴资金91.5亿元,继续支持农业生产。统筹安排4.3亿元,支持春耕生产、夏粮抢收。安排5.5亿元,推进粮食生产"三大行动",保障主要农产品供给。安排产粮、产油大县奖励资金21.7亿元,促进全省粮油生产。安排6.1亿元,支持28个省级现代农业示范区建设。安排12.4亿元,推进44个现代农业综合开发示范区建设。统筹安排5.6亿元,支持林业生态建设。夯实农村发展基础。安排奖励资金1.1亿元,引导全省县域金融机构增加涉农贷款投放,为农村发展提供金融支撑。统筹安排15亿元,推进村级公益事业建设一事一议财政奖补工作深入开展。投入19.7亿元,计划解决409万农村人口饮水安全问题,着力改善农村生产生活条件。积极推进农村综合改革示范试点工作开展。统筹安排26.5亿元,协调推进农村危房改造、村庄治理工作、农村清洁工程和农村环境连片整治建设。统筹安排18亿元,推进农村土地整治示范建设。提高农民收入水平。通过"一卡通"发放27项涉农补贴资金124.8亿元,增长28.7%,人均收益322元。统筹安排扶贫资金8亿元,推进产业化扶贫,实施"千村整推工程"和"雨露计划",促进贫困地区脱贫致富。安排1.3亿元,支持新型农民培训,增强农民就业创业能力。全省政策性农业保险提标扩面,全省累计为581.8万次农户提供90.5亿元的风险保障,累计赔款2.1亿元,155.6万次农户从中受益。

(六)强化制度建设,提升科学理财水平

立足新形势新要求,全省财政系统深入开展"制度绩效创新年"活动,坚持把制度建设贯穿于财政工作全过程,已制定完善50余项管理制度,全面推进财政科学化精细化管理。健全预算管理制度。出台进一步提高财政收入质量促进财政持续平稳增长等制度办法,继续强化收入征管,坚决纠正不规范的收入行为。及时调整江北和江南产业集中区财政管理体制。修订省级预算管理办法,规范省级预算追加办理程序,严格控制预算追加,强化预算刚性约束。完善预算信息公开制度,稳步推进部门预算、决算和"三公"经费支出公开,提高财政工作透明度。健全国库管理制度。进一步推进国库管理制度改革,出台省级国库集中支付现金管理、动态监控管理、资金归垫管理、银行代理业务综合考评等制度,在省级预算部门单位和全省财政系统推行公务卡制度,堵塞财务管理漏洞。健全绩效管理制度。完善绩效管理运行机制,加强评价指标体系建设,继续扩大省级预算绩效管理实施范围,省级评价项目增至150个,覆盖省直所有部门,涉及省级与市县财政资金721.9亿元。建立省对下财政专项资金分配管理新机制,对战略性新兴产业发展资金、环境保护专项资金、企业技改资金等28项专项资金实行竞争性分配,涉及财政资金30.8亿元。健全财政监督制度。按照《财政部门内部监督办法》(财政部令第58号)和《财政部门监督办法》(财政部令第69号)的要求,加快制定我省财政监督条例,进一步构建覆盖所有政府性资金和财政运行全过程的监督机制。

三、下半年全省财政工作重点

综合分析,当前经济社会发展面临的内外环境依然复杂严峻,经济趋稳的基础还比较脆弱。但与此同时,全省经济发展的基本面仍然向好,保持经济平稳较快发展、实现年初确定的目标具有不少有利条件。下半年,全省各级财政部门将继续牢牢把握工作主动权,坚持稳中求进、促进转型、改善民生、保持稳定,不断巩固扩大经济社会发展良好势头,重点做好六个方面工作:

(一)坚持抓征管,确保完成全年目标任务

当前,经济下行压力仍然较大,经济困难形势仍将持续,沿海地区经济回落对中西部地区的传导效应逐步显现,企业生产经营困难加大。针对当前经济运行态势，我们将认真落实积极财政政策的各项措施，切实做好形势分析预测，深入开展调查研究，积极做好应对工作。正确把握组织收入原则，加强税收收入征管，挖掘税收征管潜力，依法合规征收，保证财政收入质量。加强收入征管均衡化管理，按周按旬按月加强财政收入调度，努力做到“以月保季，以季保年”，确保全年收入任务圆满完成。

（二）坚持稳增长，充分发挥财政调控作用

不断扩大有效投入，努力优化投资结构，吸引带动民间投资。持续抓好扩大消费政策落实，支持城乡流通体系建设，发展新兴消费业态，促进消费较快增长。全面落实结构性减税政策，认真清理行政事业性收费，为企业发展营造良好财税环境。充分利用政府采购政策，促进省产品特别是自主品牌产品销售。不断加大农业生产扶持力度，做好夏粮收购，保障秋粮生产，增加主要农副产品供应，保持物价水平基本稳定。加快推进江北和江南产业集中区、中新苏滁产业园、郑蒲港新区和皖北现代产业园建设，扎实做好抓金寨促全省扶贫开发工作，大力支持大别山革命老区扶贫攻坚，进一步促进区域协调发展。

（三）坚持调结构，加快推动经济转型发展

抓紧制定扶持主导产业相关财政政策，引导各地主导产业错位发展、做大做强。以培育发展战略性新兴产业为突破口，更多运用贴息、担保等市场化手段，支持重点技术改造和技术创新项目，促进传统产业新型化、新兴产业规模化。进一步放大合芜蚌综合试验区企业股权和分红激励试点政策效应，积极探索人才激励新机制。支持中科大先进技术研究院加快建设。启动实施省产出租车补贴工作，扎实开展节能家电推广。充分发挥财政资金的引导作用，有效整合金融资源，引导各类金融机构提升对中小企业、“三农”等环节的金融服务，支持企业上市融资和再融资，为产业转型升级提供金融支持。

（四）坚持惠民生，积极促进社会和谐稳定

进一步优化财政支出结构，集中更多财力用于保障民生。精心组织实施33项民生工程和城乡居民收入倍增规划，有效配置公共资源，保障低收入群体的基本生活。进一步加强就业和社会保障工作，重点抓好大学生和就业困难群体就业创业工作，实现城乡居民社会养老保险制度全覆盖。继续拓宽筹资渠道，强化资金监管，突出抓好保障性安居工程建设，促进房地产市场平稳健康发展。深入实施国家中长期教育改革和发展规划纲要，支持教育优先发展。按照我省“十二五”时期文化改革发展规划要求，继续加大财政文化投入，进一步支持文化强省建设。大力支持城乡一体化示范区建设，积极推进农村综合改革示范试点，支持推进农村金融改革，加快推进新型城镇化和美好乡村建设。加大食品、药品安全监管支持力度，重视安全生产投入，支持社区管理建设，维护信访和公共秩序，推进“平安安徽”建设。

（五）坚持促改革，着力激发体制机制活力

继续完善省以下财政管理体制，按照财力与事权相匹配的原则，统筹省与市县分配关系，加大省对下转移支付力度，健全县级基本财力保障机制，增强基层政府提供基本公共服务的能力。抢抓国家税制改革试点机遇，认真组织开展营业税改征增值税试点工作。继续深化部门预算改革，全面完善政府四大预算体系，科学编制2013年预算。继续推进政府采购制度改革，规范政府采购行为。进一步加强地方政府性债务管理，规范政府融资平台公司管理，在防范和控制财政金融风险的前提下，有效发挥融资平台的融资功能。统筹推进基层医药卫生体制改革、事业单位分类改革等各项重点领域改革，不断满足人民群众对社会公共服务的需求。

（六）坚持强管理，全面提升财政工作效能

今年以来，相当一部分市县出现财政收入回落、土地收入减少、融资平台收紧、政府偿债压力较大的严峻形势，必须充分认识财政收支面临的突出矛盾和困难，牢固树立过“紧日子”思想，继续从严控制预算追加。认真执行国务院《机关事务管理条例》，严格控制“三公”经费等一般性支出，集中财力保障重点支出。进一步规范财政专户管理，改革创新省级财政专户资金存放商业银行管理模式，推动商业银行加大对地方经济发展支持力度。深入推进预算绩效管理，健全完善“预算编制有目标、预算执行有监控、项目完成有评价、评价结果有反馈、反馈结果要运用”的预算绩效管理模式。扎实做好县乡财政一体化建设工作，推进乡镇财政规范化管理示范县建设，充分发挥乡镇财政就近就地实施监管优势。

主任、各位副主任,秘书长,各位委员:

年内财政工作任务艰巨而繁重。我们将在省委的正确领导下,在省人大的依法监督下,认真落实本次会议要求,坚定信心,开拓进取,真抓实干,为加快建设经济繁荣、生态良好、社会和谐、人民幸福的美好安徽作出积极贡献,以优异成绩迎接党的十八大胜利召开。

安徽省2012年预算执行情况和2013年预算草案报告

——在安徽省第十二届人民代表大会第一次会议上

省财政厅厅长 罗建国

(2013年1月22日)

各位代表:

受省人民政府委托,现将安徽省2012年预算执行情况和2013年预算草案提请大会审议,并请省政协委员和其他列席人员提出意见。

一、2012年预算执行情况

2012年,全省上下深入贯彻落实科学发展观,牢牢把握稳中求进的工作总基调,认真落实积极财政政策,全力促进经济社会持续健康较快发展,圆满完成省十一届人大五次会议批准的年度预算。

*一是攻坚克难,财政收支实现平稳增长。*面对经济下行压力,一方面积极落实结构性减税政策,切实减轻企业负担;一方面依法加强收入征管,切实加强支出管理,全省财政收支持续稳定增长。圆满完成预算任务。2012年,全省财政收入3026亿元,比上年(下同)增加393亿元,增长14.9%。地方财政收入1792.7亿元,增加329.2亿元,增长22.5%,完成预算的111.3%。全省财政支出3958.6亿元,比上年增加655.6亿元,增长19.8%。财政支出中2166亿元来自于中央转移支付,中央对我省支持力度继续加大。省级地方财政收入186.3亿元,完成预算的102.1%。省级财政支出588.6亿元,完成预算的120.7%。重点支出保障有力。全省教育、医疗卫生、住房保障、社会保障和就业等与民生直接相关支出大幅增长,经济强省、文化强省和生态强省建设得到持续加强。支出进度保持全国前列,预算执行的及时性、均衡性和有效性继续提高。区域财政协调发展。16个市财政收入增长15.8%,其中76个县(市、区)财政收入增长23.8%,新增5个财政收入超20亿元县(市、区),县级财政活力继续增强。皖江示范区、合芜蚌综合试验区和皖北三市七县财政收入分别增长13.9%、14.3%和25.4%,皖北地区增势强劲。

*二是真抓实干,各项促进发展决策落到实处。*紧紧围绕一系列稳增长决策部署,运用财税政策工具,强化经济运行调节,推动经济持续健康较快发展。促进实体经济发展。认真落实促进经济平稳较快发展30条意见,对近7000户困难企业实行社保费用缓缴和就业补助,缓解企业经营困难。全面落实结构性减税政策,全省减免缓抵各项税费350亿元。10月1日顺利启动营业税改征增值税试点,全省减轻企业税负6.5亿元。拉动有效需求增长。争取财政部代理发行地方政府债券111亿元,协议利用国际金融组织和外国政府贷款3.9亿美元,省级拨付基本建设投资262.8亿元,有力保障全省重大投资项目顺利推进。省级统筹安排流通和市场体系建设资金3.8亿元,兑付家电摩托车下乡财政补贴资金32.1亿元,统筹安排促进外经贸发展资金5.6亿元,拉动内外需求平稳增长。转变经济发展方式。省级安排5亿元专项资金支持战略性新兴产业、省主导产业和各市首位产业发展,安排7亿元专项资金支持合芜蚌综合试验区和国家技术创新工程试点省建设,实施股权和分红激励试点企业达18家,新增认定高新技术企业517家,安排27.4亿元支持企业技术改造和开发区转型升级,安排1亿元专项资金支持现代服务业加快发展。加大中小企业扶持力度。省级整合资金3亿元建立中小企业专项贷款风险准备金,省信用担保集团完成担保再担保562亿元,安排专项资金引导金融机构新增小微企业贷款547.7亿元。推进生态强省建设。省级统筹安排18.3亿元开展造林绿化、森林生态效益补偿和退耕还林补助。建立跨流域生态补偿机制,新安江流域水环境补偿资金达5亿元。省级拨付生态功能区转移支付和资源枯竭城市转移支付24.8亿元,首次使用国家清洁发展机制基金1.9亿元,统筹安排节能减排和污染治理资金27.9亿元,一批国家示范试点的可再生能源城市、绿色能源县等项

目加快实施。促进区域协调发展。全面落实区域发展政策，加大财政支持力度，推动皖江示范区、合肥经济圈、皖北三市七县、大别山革命老区、皖南国际文化旅游示范区协调发展。创新财政支持方式，放大资金杠杆效应，江北江南产业集中区、中新苏滁现代产业园、郑蒲港新区、南北“3+5”合作共建现代产业园等相关园区加速发展。新增省对下均衡性转移支付30亿元，健全县级基本财力保障机制，提高市县基本公共服务保障能力。

三是改善民生，让群众过上更好生活。围绕解决群众身边事、关心事，进一步加大民生投入力度，使发展成果更多更公平惠及广大群众。2012年，全省民生支出3161.2亿元，增加553.8亿元，增长21.2%，占全省财政支出79.9%。33项民生工程顺利实施。全省拨付民生工程资金565.2亿元，增长20.8%，中央和省级达464.2亿元，占82.1%。创新民生工程工作机制，在全省开展“民生工程、民主决策、民主管理、民主监督”项目公开征集活动，5.8万人参与意见征集，民生工程项目选择更加贴近基层实际，更加符合群众意愿。加大管养经费投入，实现工程类项目建后管养制度全覆盖。收入倍增规划稳步推进。分解落实收入倍增目标任务，加强指标监测评估。全省投入26.6亿元，落实小额担保贷款财政补贴政策，支持农民工、高校毕业生、困难群体就业创业，全年新增就业65.8万人。通过“一卡通”全省发放27项惠农补贴资金195.5亿元，增长22.3%，人均受益515元。进一步规范公务员津贴补贴，推进事业单位绩效工资改革。一系列兴皖富民政策的实施，有力地推动全省城乡居民收入实现较快增长。支持各项社会事业加快发展。全面完成国家下达教育支出占公共财政支出达到15%的任务，推动教育优先发展。支持文化惠民工程和文化产业发展，推动文化建设取得新进展。社会保障体系更加完善，保障标准稳步提高。支持全面启动县级公立医院综合改革，医药卫生体制改革继续深化。加大保障性安居工程建设力度，超额完成建设任务。支持社会管理创新，促进社会和谐稳定。

四是支持“三农”，促进城乡发展加快融合。认真落实强农惠农富农各项政策，加大对农村农业支持保护力度，不断推进城乡一体化发展。继续加大“三农”投入。全省“三农”支出1497.7亿元，增长20.8%。创新财政支农方式，确定31个县为省级支农资金整合试点县。积极争取中央支持，全省农业综合开发总规模达20亿元。省级统筹安排18.5亿元支持农田水利建设。推进农业科技创新。省级安排5.5亿元推进粮食生产“三大行动”，统筹安排42亿元改造中低产田84万亩、完成721万亩土地整治和高标准农田建设任务，安排产粮产油大县奖励资金21.7亿元，拨付农机购置补贴资金9.6亿元，实现全省粮食总产量“七连增、九连丰”。省级统筹安排7.4亿元，推进农业产业化转型倍增计划，加快44个现代农业综合开发示范区建设，支持农业物联网试点省顺利启动。改善农村生产生活条件。构建资金筹集长效机制，全省整合77.5亿元支持美好乡村建设。省级统筹安排32.6亿元，协调推进农村危房改造、村庄治理、农村清洁工程和农村环境连片整治；统筹安排28.4亿元，加快中小河流治理、病险水库除险加固等水利基础设施建设。全省投入19.7亿元，解决409万农村人口饮水安全问题。省级统筹安排一事一议财政奖补资金19.1亿元，支持村级公益事业发展。省级设立奖励资金，引导全省县域金融机构新增涉农贷款988亿元。省级统筹安排13.6亿元，大力推进产业化扶贫，支持开展抓金寨促全省扶贫开发工作。深化农村综合改革。实施国家新一轮农村综合改革示范试点，把农村土地流转服务、农村公共服务设施运行维护等列入示范试点重点项目。推进国有林场改革试点。省级安排9.3亿元完善村级组织运转经费保障机制。全省投入11.2亿元开展政策性农业保险试点，农户累计投保2013万次，提供农业生产风险保障达310亿元。

五是提升管理，科学理财取得实效。牢固树立过紧日子思想，加强法规制度建设，构建会商共建机制，不断提高理财水平和绩效。认真落实人大决议。按照省第十一届人大五次会议及省人大常委会有关决议要求，依法加强财政收支管理，强化财政运行督查，进一步发挥财政职能作用。自觉接受人大和审计监督，主动征求人大代表意见和建议。采取上门走访、调研座谈等多种形式，认真办理建议提案，全年办结302件。全面加强制度建设。在全省财政系统开展“制度绩效创新年”活动，省级制订出台175项管理制度，财政科学化精细化管理体系更加完备、程序更加严密、效果更加明显。修订省级预算管理办法，严格控制预算追加。完善国库集中支付制度,在全省推行公务卡改革。规范省级行政单位财务管理,严格控制“三公”经费等一般性支出。完善财政财务一体化和县乡财政一体化管理工作机制,提高财政财务管理水平。着力强化绩效管理。编制预算绩效目标,推进项目绩效评价,注重评价结果运用,绩效管理进一步加强。省级绩效评价项目达150个,涉及财政资金721.9亿元;对28项专项资金实行竞争性分配,涉及财政资金30.8亿元;实施财政投资评审预决算项目24个,核减资金1.8亿元;突出绩效监督,对616户行政企事业单位和50家会计师事务所财务开展监督检查。积极推进民主理财。全面建立会商机制,把财政政策制度送到单位、把财政管理监督送到单位、把财政支持服务送到单位,省级累计会商639次,在重大政策出台、重点改革推进、重点资金分配等方面效果明显;全面贯彻省委“深化五级书记大走访”活动要求,扎实推进城乡基层党组织结对共建向处室单位延伸,联系40个贫困村,调研走访201次,办成实事104件,有力推动财政部门深入基层、服务群众常态化制度化。

上述成绩的取得,是省委统揽全局、正确领导的结果,是人大依法监督、关心支持的结果,是各地区各部门辛勤工作、共同努力的结果。同时,我们也清醒地认识到,财政运行和管理中还存在一些问题。财政收支矛盾比较突出,财政资金使用效益有待提高;财力与事权相匹配的财政体制尚需完善,基本公共服务均等化程度有待提高;预算信息公开工作有待加强,预算编制的科学性有待提高;财政推进经济发展方式转变职能作用还没有充分发挥,财政自身建设有待进一步加强,等等。我们将高度重视这些问题,继续采取有效措施,努力加以解决。

二、2013年省级财政预算安排

2013年省级预算编制的指导思想是:全面贯彻落实党的十八大精神,以邓小平理论、“三个代表”重要思想、科学发展观为指导,紧紧围绕主题主线,坚持稳中求进的工作总基调,继续实施积极的财政政策,深化财税制度改革,推动国民收入分配格局调整,进一步优化财政支出结构,切实保障和改善民生,厉行节约,严格控制一般性支出,加强政府全口径预算管理,提升财政科学管理水平,提高财政资金使用效益,促进经济持续健康较快发展和社会和谐稳定。

2013年省级预算安排的基本原则:

统筹兼顾求平衡。积极化解财政收支矛盾,努力防范财政风险,统筹省与市县财政分配关系,统筹年度之间财力平衡,统筹政府四项预算之间财力配置,确保省级财政收支的动态平衡。

规范管理保基本。严格机构、编制、人员和工资供给管理,完善公用支出标准体系,公平合理安排基本支出,保障部门依法履行职责所必需的工作经费。

集中财力办大事。坚持有保有压、突出重点,确保省委省政府的决策部署有效落实,把更多财力资源用于提高经济增长质量和效益,用于改善民生和发展社会事业。

精打细算重绩效。牢固树立过紧日子思想,坚持勤俭办一切事业,统筹使用政府各项资金,合理配置政府财力资源,进一步优化支出结构,不断提高资金使用效益。

(一)公共财政预算

根据市县预算汇编及经济增长和财税政策变化情况,全省财政收入计划增长10%以上,超过3328.6亿元。其中:地方财政收入增长15%以上,超过2061.6亿元。

省级地方收入预算安排情况。省级地方预算收入203.1亿元,增长9%。其中:增值税0.1亿元;营业税13.9亿元,增长12%,加上铁道部集中缴纳的铁路运输企业下划收入基数4.4亿元,合计18.3亿元;企业所得税88.9亿元,增长10%;个人所得税14.6亿元,增长5%;耕地占用税12亿元,城市维护建设等地方小税1.2亿元,按现行税制政策测算安排;国有资源(资产)有偿使用收入3.6亿元,行政事业性收费收入20.2亿元,罚没收入3.5亿元,专项收入39.7亿元,其他收入1亿元,按部门预算编报数安排。

省级支出预算安排情况。根据现行财政体制,省级可用财力451.6亿元,支出相应安排451.6亿元。为进一步明晰预算支出责任、提高预算执行效率,在2013年省级预算编制中,对属于补助市县的项目85.9亿元,不在省级预算支出中反映,改列省对下转移支付管理。与上年相比,省级预算支出同比增长10.9%。其中:基本支出预算137亿元,增加14.8亿元,增长12.1%。主要增加了事业单位绩效工资改革、调整部分行政单位公用经费定额标准等经费。项目支出预算 314.6 亿元,增加 37.9 亿元,增长 10.5%。其中:经济强省类支出 113 亿元,占 35.9%;文化强省类支出 66.1 亿元,占 21%;生态强省类支出 33.9 亿元,占 10.8%;民生工程类支出 39.2 亿元,占 12.5%;其他类支出 62.4 亿元,占 19.8%。

省级地方预算收入 203.1 亿元,加转移性收入 1646.6 亿元,省级预算总收入 1849.7 亿元。省级预算支出 451.6 亿元,减省级预算提前下达市县转移支付 14.3 亿元,加中央提前下达转移支付列入省级预算 179.1 亿元,省级预算支出合计 616.4 亿元。加转移性支出 1233.3 亿元,省级预算总支出 1849.7 亿元。

(二)政府性基金预算

2013 年,省级政府性基金本年收入预算安排 46.9 亿元,与上年执行数相比,减少 3.5 亿元,下降 6.9%,主要是体育彩票公益金、福利彩票公益金和新增建设用地土地有偿使用费预算收入下降。加上年结余 37.7 亿元,收入合计安排 84.6 亿元。

支出安排 84.6 亿元。其中,本年支出 52.2 亿元,滚存结余 32.4 亿元。

(三)国有资本经营预算

2013 年,省级国有资本经营预算收入安排 4.9 亿元,减少 0.4 亿元,下降 7.5%。其中,应交利润收入 2.7 亿元,增加 0.9 亿元;股利股息收入 2.1 亿元,减少 1.4 亿元,主要是上年收入中有一次性因素;上年结转 0.1 亿元。

支出预算安排 4.9 亿元。其中,资本性支出安排 3.6 亿元,主要用于补充企业国有资本金;费用性支出安排 1.2 亿元,主要用于企业分离办社会和社会保障相关费用。

(四)社会保险基金预算

2013 年,省级社会保险基金本年收入预算安排 101.4 亿元,与上年执行数相比,增加 20.3 亿元,增长 25%。加上年结余 81.8 亿元,收入合计安排 183.3 亿元。

支出安排 183.3 亿元,其中,本年支出 90.3 亿元,滚存结余 93 亿元。

三、2013 年财政主要工作

为圆满完成全年预算,将重点抓好五个方面工作:

(一)促进经济持续健康较快发展

继续实施积极的财政政策,认真落实新的支持经济发展的政策措施,把推动发展的立足点转到提高质量和效益上来,不断增强经济持续发展后劲和活力。扩大有效需求。加大政府公共投资规模,积极利用外国政府和国际金融组织贷款,鼓励扩大民间投资,支持重大基础设施、主导产业、节能环保、民生和社会事业等领域重点项目建设;促进汽车、农机、家电等地产品销售,培育壮大新兴消费市场,加快形成扩大消费长效机制;落实好稳定外贸增长政策,扩大进出口规模。调整经济结构。出台政策推进投融资改革,加大对实体经济支持力度。支持主导产业集聚发展和实施“增长源工程”。大幅增加专项扶持资金,培育壮大民营经济。支持传统产业转型,推动现代服务业加快发展,支持骨干文化企业、旅游企业做大做强。引导支持国有企业兼并重组,促进产权多元化改革。健全信用担保体系,缓解中小企业融资难。推进创新驱动。深入推进合芜蚌综合试验区和国家技术创新工程试点省建设,扩大企业股权和分红激励政策效应。围绕重大项目和产业基地,支持企业技术创新改造,加快推进国家战略性新兴产业区域集聚发展试点。加快合芜蚌人才特区建设,推进实施“人才行动”和“外专百人计划”,支持中科大先进技术研究院工程建设。加快新型城镇化进程。支持新型城镇化建设综合试点,加大对城镇规划引导的支持力度,加快形成科学合理的现代城镇体系。继续加大对皖江示范区、皖北“四化”协调先行区、大别山革命老区和皖南国际旅游文化示范区的扶持力度,不断增强区域发展的协调性。加强生态文明建设。落实污水处理和配套管网补助政策,支持重点行业和重点企业节能降耗管理。强化财政政策和资金引导,积极构建循环型工业、农业和服务业体系,促进绿色、低碳和循环经济加快发展。推进千万亩森林增长工程,继续完善新安江流域生态补偿机制,探索启动省内生态补偿试点,增强禁止开发与限制开发区域政府公共服务保障能力。

(二)推进农业现代化建设

坚持工业反哺农业、城市支持农村和多予少取放活方针,不断巩固农业基础地位,促进城乡共同繁荣。支持加快发展现代农业。支持粮食生产“三大行动”和高产创建,提升农业综合生产能力。大力实施农业产业化和机械化,支持农民专业合作社示范县和示范社建设工程,支持名优特农产品基地和品牌建设,推进现代农业综合开发示范区建设。支持实施水利安徽战略,推进新一轮治淮、淮水北调等重点水利工程和小型农田水利重点县建设。支持拓宽农民增收渠道。健全农业社会化服务体系,加大对新型农民和农村实用人才带头人培训、培养力度,在“收入倍增”中着力促进农民增收。深入推进扶贫开发攻坚,扎实做好抓金寨促全省扶贫开发工作,促进贫困农民增收。健全主要农产品补贴和收储制度,切实保护农民权益。稳妥推进政策性农业保险试点,不断增加农业生产风险保障。支持加快建设美好乡村。支持实施村庄建设、环境整治、兴业富民、土地整治、管理创新等五大工程,重点支持推进中心村建设。开展农村综合改革示范试点,重点改革农业生产经营制度、农村金融服务机制和农村公共服务供给机制。扎实推进村级公益事业建设一事一议财政奖补,加快乡村公共事业发展。

(三)以保障和改善民生为重点加强社会建设

坚持民生财政导向,充分发挥政府引导和群众主体作用,按照守住底线、突出重点、完善制度、引导舆论的思路,继续实施33项民生工程,加快完善基本公共服务体系,调动群众勤劳致富积极性,使全省人民生活得更加幸福。增加居民人均收入。深入实施城乡居民收入倍增规划,完善就业提升、创业富民、民生普惠、财富增值四大工程推进机制。发挥再分配调节机制作用,推进收入分配制度改革,落实对低收入人群的财政补助政策,优化收入分配格局,加快城乡居民收入赶上全国的步伐。促进教育优先发展。严格落实财政教育经费法定增长要求,支持农村学前教育加快发展,推进义务教育均衡发展,改善普通高中办学条件,建立中等职业学校经费多元化投入机制,推进高等教育内涵式发展,落实国家资助经济困难学生政策。完善社会保障体系。健全财税扶持政策,支持以高校毕业生为重点的青年就业和农村转移劳动力、城镇困难人员、退役军人就业工作,建立健全公共就业服务体系,鼓励创业带动就业。巩固城乡居民社会养老保险制度全覆盖成果,适当提高城乡居民最低生活保障标准,适时调整优抚对象等人员抚恤和生活补助标准。加大保障性安居工程建设力度,逐步解决困难家庭基本住房需求。提升医疗卫生服务水平。深入推进以县级公立医院综合改革为重点的医药卫生体制改革,提高新农合、城镇居民医保财政补助标准,提高人均基本公共卫生服务财政补助标准并扩大免费范围,完善突发公共卫生事件、重大疾病保障和救助机制。支持文化强省建设。健全公共文化服务体系,推进文化惠民工程,加强重点历史文化名城名镇名村、文化遗产和大遗址保护,加快公共文化服务基础设施建设,推动文化大发展大繁荣。加强和创新社会管理。鼓励政府花钱购买服务,创新方式支持社区综合管理体制改革,促进社会办学办医养老等社会事业发展。加大财政投入,强化公共安全体系和企业安全生产,加强食品和药品安全管理,深化政法经费保障体制改革,推进平安安徽建设。

(四)加快财税体制改革

抓住新一轮财税体制改革机遇,积极构建有利于转变经济发展方式的财税体制、运行机制和管理制度,支持其他重点领域和关键环节改革。深化财政体制改革。推进省以下财政体制改革,进一步理顺政府间财政分配关系。继续优化转移支付结构,着力增加一般性转移支付,清理规范专项转移支付,合理发挥一般性转移支付和专项转移支付各自的功能作用。健全县级基本财力保障机制,进一步增强县级政府提供基本公共服务的保障能力。加强政府全口径预决算管理,加大政府预算各体系财力统筹力度。推进税收制度改革。巩固营业税改征增值税试点成果,按照中央统一部署,适时扩大行业范围。密切关注改革动向,及时跟进落实消费税、房产税、资源税等税收改革政策。积极完善地方税体系,培育地方支柱税源。加强政府性债务管理。建立健全政府债务管理制度,逐步形成规范的地方政府举债融资机制。积极推进将地方政府债务收支纳入预算管理,切实管好用好地方政府债务资金。完善统计报告制度,建立债务统计信息系统,全面掌握政府债务情况。加强政府融资平台公司管理,有效防范财政金融风险。

(五)提升财政管理绩效

按照财政科学化精细化管理要求,挖掘财政管理潜力,不断提高财政管理水平。强化财政宏观调控作用。按照国家和省里决策部署,充分发挥财政宏观调控优势,强化与货币政策、产业政策、融资担保等协调配合,不断加强经济运行调节。建立联系人大代表常态化制度化工作机制,主动听取人大代表对财政工作的意见和建议,进一步推进财政民主决策和科学决策。依法加强税收收入征管，规范非税收入管理，提高财政收入质量。进一步加强财政法制建设，加大财政监督力度，切实维护财经秩序。提高财政资金使用绩效。按照“花钱必有效，用钱必问责”的原则，深入推进预算绩效管理，进一步强化支出责任，严格预算刚性约束，加强结转结余资金管理和政府采购预算执行管理，加大财政资金整合统筹力度，加强财政投资项目绩效管理，逐步建立预算编制有目标、预算执行有监控、预算完成有评价、评价结果有反馈、反馈结果有应用的全过程预算绩效管理机制。建设节约型政府。牢固树立过紧日子思想，以落实中央八项规定和省委30条要求为契机，进一步加强财政制度建设，规范财政财务管理，从严控制一般性支出，坚决制止奢侈浪费。按照“建一撤一、内部调剂、确有需要、购买服务”16字方针，加强机构人员、编制和经费供给管理，切实降低行政成本。完善预算信息公开制度，规范预决算公开内容，做好部门预算、部门决算和“三公”经费公开工作。加强财政作风建设。扎实推进财政系统一体化、财政财务一体化，进一步完善会商机制，深入开展结对共建工作，结对到中心村、帮扶到困难户、联系到财政所，不断改进工作作风，努力造就一支高素质的财政干部队伍，为做好新形势下的财政工作提供智力支持和组织保障。

各位代表，今年全省财政工作任务艰巨而繁重。我们将在省委的正确领导和省人大依法监督下，紧紧围绕主题主线，开拓创新，深化改革，勤勉工作，圆满完成各项财政目标任务，为建设美好安徽、全面建成小康社会贡献力量！

全省财政工作重要文件

在全省财政工作视频会议上的讲话

省财政厅厅长 罗建国

(2012年12月30日 根据录音整理)

同志们:

刚才，我们共同学习了全国财政工作会议精神。现在,我传达国务院和省委、省政府领导对财政工作的重要批示和指示精神。12月19日,全国财政工作会议召开前夕，李克强副总理作出重要批示:近年来,财政系统按照党中央、国务院决策部署,全面贯彻落实科学发展观,在稳增长、转方式、促改革、惠民生等方面积极作为,尽了职,出了力,财税体制改革和财政科学化精细化管理也不断推进,各方面工作取得了突出成绩,在国家宏观调控中发挥了重要作用。特别是在应对国际金融危机冲击过程中,主动谋划,狠抓落实,实施了一系列针对性强、成效明显的政策措施,既有力促进了经济社会发展,也较好地控制了风险,保持了财政稳健运行和可持续性,为下一步宏观调控提供了空间和回旋余地。当前和今后一个时期,做好财政工作任务艰巨,希望大家紧紧围绕主题主线,坚持为国理财,为民服务,进一步创新机制,开拓思路,发挥好财政的重要综合作用,为实现全面建成小康社会宏伟目标作出更大贡献。10月26日,省委书记张宝顺在听取财政厅工作汇报后，充分肯定财政工作成绩，寄予殷切希望:一是财政要实事求是。财政厅无论是数据发布,还是工作进度的把握,都要做到实事求是。当前,正处于经济下行的敏感时期,各项工作必须坚持实事求是,经得起检查,要注重舆论引导,用数据和实绩说话。二是财政工作抓得紧。财政厅围绕中心,各项工作进度不错,保障工作做得好。精打细算,保重点、保全局、保民生,工作卓有成效。与财政部关系密切、工作顺畅,主动关注国家政策,争取支持,成效显著。三是财政服务抓得好。财政厅讲政治、讲大局,服务地方、服务基层、服务机关,对上对下责任都落实到位,为全省科学发展创造了良好环境。四是财政作风抓得实。财政厅学沈浩,扶小岗,抓效能提升,全面加强队伍建设,继续保持了财政部门良好形象。总之,希望财政部门进一步发扬成绩，继续努力，扎实做各项财政工作。12月24日,李斌省长在听取预算报告起草情况后作出重要批示:今年以来,全省各级财政部门认真贯彻落实省委、省政府决策部署,在财政部精心指导和支持下,全力服务大局,在稳增长、调结构、惠民生、促和谐等方面积极作为,财政运行平稳有序,财政职能得到了充分发挥。深化财税体制、机制改革,全面加强制度建设，深入推进财政科学化精细化管理,不断改进工作作风,加强干部队伍建设,各方面工作取得了新的成绩。省政府对财政工作给予充分肯定。当前和今后一个时期,财政工作任务艰巨而光荣,希望深入贯彻落实十八大精神,牢固树立过紧日子的思想,进一步开拓创新、完善机制、强化管理,预算审核要越来越严格,预算管理要越来越规范,预算内容要越来越公开,不断加强财政资金绩效评价,改进作风,为民理财,为打造“三个强省”、建设美好安徽作出新的更大贡献！12月26日,詹夏来常务副省长作出重要批示:今年以来,全省财政工作卓有成效。特别是面对十分突出的财政收支矛盾,主动当家理财,以制度建设为抓手,全面规范预算编制、执行、监督等各方面管理，出台的措施实，实施的效果好。全省各级财政收支运行扎实有序，今年的预算执行比较顺畅，明年的预算编制比较合理，“营改增”试点成功运行，33 项民生工程稳步推进，财政干部队伍建设也取得了新的成绩，为稳增长、调结构、惠民生、促和谐作出了重要贡献。当前，宏观经济形势仍然复杂严峻，财政工作任务更加艰巨，希望大家深入贯彻落实十八大精神，全面加强制度建设，推进改革创新，厉行勤俭节约，集中财力办大事，不断提升财政科学化精细化管理水平，进一步开创财政事业发展新局面！中央领导和省领导的重要批示和指示精神，既是鼓舞，更是鞭策和标杆。我们一定要认真学习领会，全面贯彻落实，进一步推动科学理财、为民理财、服务发展。

今天会议的主要任务是：深入贯彻党的十八大和中央经济工作会议精神，认真落实全国财政工作会议和全省经济工作会议要求，总结 2012 年财政工作，分析当前面临形势，部署 2013 年工作任务。省委、省政府对这次会议十分重视，会前，李斌省长和詹夏来常务副省长指示我们要把会议开好，并向财政财务战线上的同志们表示慰问！今天，我们换一种形式，关于今年的工作总结和明年的工作安排，请办公室会后整理印发，会上就不再具体讲了。这里，我从工作推进的角度，讲点情况，谈点认识，说点意见，供同志们在工作中参考。

一、肯定成绩，坚定信心

2012 年是不平凡的一年。财政部门作为政府综合经济管理部门，作为社会各界关注的部门，既面对政策的宏观调控和具体的业务管理，也面对众多的矛盾化解，既有数据工作也有政策分析工作。一年来，全省各级财政部门和省直部门财务人员，团结奋进，开拓进取，无论是落实中央政策规定，还是落实省委省政府决策部署，还是将财政职能、财政服务送到基层一线，都作出了重要贡献，财政工作取得了令人鼓舞的成绩。

一是千方百计保目标。年初开始，我们采取一系列财政、经济、财务等方方面面的政策措施，多措并举保障年度预算收支任务的实现。在国税、地税系统的大力支持下，依法加强收入征管，保持均衡入库。为保障收入质量，专门下发《关于进一步提高财政收入质量促进财政持续平稳增长的通知》和《关于进一步加强非税收入管理的通知》，明确要求实事求是、依法征收、不收过头税、不能有“水分”。修订省级预算管理办法，省政府明确要求省财政上半年不追加预算，省直部门党组和财务部门积极响应、自觉执行，执行效果很好，为财政部门营造了更加宽松的理财环境。建立预算执行分析制度，按旬、按月、按季调度资金，财政收支每个月都超出序时进度，实现平稳较快增长。预计全年全省财政总收入突破 3000 亿元，增长 14%左右，全省财政支出可望达到 3800 亿元，增长 15%左右。在宏观经济环境复杂多变的情况下，圆满完成全年财政收支预算任务，成绩来之不易。这看起来是财政的成绩，实际上是经济社会发展的成绩；看起来是财政厅的成绩，实际上是各级党委政府、财政部门和乡镇财政所的成绩，是财政财务的成绩。大家有的直接从事收支的调度、安排和督查，有的默默无闻，都为预算任务完成付出了辛勤努力。

二是集中财力办大事。努力完成财政收入任务，保证自身财力增长。同时，积极争取中央财政支持。作为净补助省份，我省财力 60%左右来自中央转移支付，中央财政收入形势直接影响我省财政支出。受宏观经济环境影响，今年中央财政收入形势比较严峻，转移支付相对去年大幅下降，但我省支出安排并未因此受到太大影响，主要得益于年初预算安排准备得较充分。特别是省政府决定上半年不追加预算，把一般性支出和非重点性支出纳入下年预算安排，让我们集中更多的精力、更多的财力支持科学发展。省财政集中支持皖江示范区、合芜蚌综合试验区、国家科技创新工程试点省、皖北“四化”同步、南北共建工业园、大别山片区、皖南旅游示范区等重大战略平台建设，交通等基础设施建设、“三农”发展、城乡统筹发展、新安江流域生态治理等重点领域，实现了较好地保障，充分发挥了财政资金的使用效益，有力推进了经济转型升级，促进了“五位一体”发展。

三是优化支出保民生。公共财政必须保障公益性、普惠性、常态性支出，保障基本民生是我们最根本的任务，必须按照中央“五有”要求，覆盖到社会方方面面，覆盖到广大社会群体。2007 年以来，省委省政府大力实施民生工程，财政投入从 2007 年的 78 亿元增加到今年的预计 565 亿元，项目由 12 项增加到 33 项。今年省里实施的 33 项民生工程提前圆满完成，中央确定实施的社保、医保以及强农惠农富农等各项民生政策在安徽全面贯彻落实,民生工程已经实现制度化、常态化。党委、政府、人大、政协高度重视和全力支持,省人大、省政协领导专门赴部分市县视察民生工程项目进展和政策落实情况,推动民生工程实施。各级各部门协同推进,财政财务人员密切合作,把民生工程落实到项目、落实到群众身上,进一步创新工作机制,相继开展民生工程“访代表委员、答建议提案、汇民智民声”活动和“民生工程、民主决策、民主管理、民主监督”项目公开征集活动,注重项目建后管养,注重分类整合,促进资金打捆使用,发挥更大效益。按照张宝顺书记建设美好乡村是最大民生工程的指示要求,各级财政财务部门迅速行动,加强政策接续和资金衔接,全力做好财政财务保障工作。关于2013年民生工程工作,李斌省长、詹夏来常务副省长明确要求各级财政部门会同各级有关部门,进一步抓紧抓好抓出成效。工作会议虽然不开了,但责任书还要签,重视和要求丝毫不能放松。财政部门作为牵头单位,必须一如既往地加强与部门单位的密切配合,更加高效地推进民生工程,确保人民群众得到更大的实惠。

*四是锐意改革求突破。*今年以来,各级财政部门积极会同预算单位,坚持以改革为动力、以改革激发活力,推动财政财务工作不断前进。精心组织实施“营改增”改革试点,这是继农村税费改革以后,财政部门牵头又一项重要的税制改革。省里专门召开视频会议,李斌省长亲自动员,财政部门主动加强与国税、地税、人行等部门的密切配合,及时制定“1+10”工作方案,分解落实129项工作任务,改革试点稳步有序推进,得到了财政部的充分肯定。进一步完善县级基本财力保障机制改革。不管是经济管理部门,还是社会事业部门,县级都是保障工作的重要基础,保障县级有效运转,至关重要。今年以来,尽管中央下达我省转移支付数额减少,但我们按照财政部和省委省政府的要求,坚持财力下移,进一步加强县级财力保障机制建设,对各市财政转移支付不低于去年,特别是对皖北地区、生态修复地区、贫困地区、主体功能区的县(区)倾斜,全力保基层、保运转、保困难地区。积极推进县级公立医院综合改革,加强资金、资产、资源、财务管理,保证了资金筹集,保证了政策衔接,保证了财务有序,74个县(区)改革顺利推进。积极推进财政管理制度改革和财务制度改革。按照国务院廉政工作会议部署和财政部的要求,公务卡制度改革迅速推进,省直部门充分理解、快速响应和坚决贯彻。继续清理财政专户,财政厅共撤销财政专户50个,对间隙存款全部实行竞争性分配管理。适应财政管理信息化、规范化、科学化、精细化的要求,深入推进国库集中支付制度改革。积极推进预算编制、预算执行管理改革,切实加强结转结余资金管理,明确规定当年结余资金收回财政,其中政府采购结余也要收回,待下年再安排使用。积极推进财政制度建设,认真落实张宝顺书记、李斌省长和詹夏来常务副省长关于财政厅努力做到门可罗雀的指示精神,把制度建设放在更加突出的位置,在全系统开展“制度绩效创新年”活动,全年制定178项规章制度,涵盖财政管理方方面面,推动用制度管人、按制度办事、靠制度管权。

*五是主动服务转作风。*财政财务作为党委政府的理财部门,没有私利可言,只有诚心诚意、真心真意的做好服务,财政财务的职能作用才能得到有效地发挥。特别是作为财政部门,一定要服务好基层、服务好财务,用情用意赢得各级各部门的理解支持。今年以来,财政厅各支出处室全面建立会商机制,把会商交流作为改进政风行风和工作作风的重要抓手,实行每月汇总、每月通报,累计会商639次,实现省直预算部门单位全覆盖,切实把财政的政策制度送到部门、把财政的管理监督送到部门、把财政的支持服务送到部门,切实在会商中了解鲜活的情况、体会部门的难处、提升服务的水平、争取部门的理解、推动工作的落实。同时,我们深入开展城乡基层党组织结对共建工作,大力推动作风共建、管理共建、思路共建和服务共建。处室单位联系40个贫困村,厅班子成员分别选择基层联系点,严明工作纪律,轻车简从,带头利用节假休息日进村带乡挂县,累计走访调研166次、宣讲政策151次、征集建议269条、办实事104件。广大财政干部深入农村,接触淳朴群众,感受清明风气,思想境界得到升华,工作作风不断改进。

以上成绩的取得,是省委、省政府统揽全局、正确领导的结果,是财政部精心指导、大力支持的结果,得益于各级党委政府对财政工作的领导、重视和关心,得益于省直部门党组特别是主要领导和分管财务的领导对财政财务工作的支持、关心、理解和帮助，得益于财政厅党组的团结奋进和共谋发展，得益于广大财政干部的共同奋斗和辛勤努力，也得益于社会方方面面的理解支持。各级财政部门必须倍加珍惜取得的工作成绩，倍加珍惜现有的理财环境，进一步坚定信心、迎难而上、扎实工作，努力争取新的更大作为。

二、正视形势，把握重点

即将到来的2013年，对财政财务工作来说，机遇与挑战并存。从宏观层面看，党的十八大提出“五位一体”的要求，提出“四化同步”的要求，对财政财务工作提出了新课题，也指明了新方向。中央和省委省政府相继出台改进工作作风、密切联系群众的8项规定和30条具体要求，无一不与财政、财务、资金密切相关，进一步推动了理财环境的改善，为财政财务工作赢得了更大空间。从中观层面看，2012年各项工作平稳有序推进，各项任务圆满完成，为2013年财政财务工作奠定了坚实基础。但当前经济形势依然复杂严峻，必然导致财政收支和财政形势的不稳定；民生需求越来越多，标准越来越高，推进公共服务均等化的任务繁重；改革的深层次性越来越深，既有财政自身的改革，也有与财政密切相关的重点领域改革，都需要财政持续跟进；财政政策、财政项目、财政资金、财政债务风险的安全性仍面临严峻考验，财政支出质量效益还面临许多压力。从微观层面看，财政“两基”建设的深入推进，财政制度体系的不断健全，财政财务管理科学化精细化程度的不断提高，为财政财务事业持续健康发展积蓄了正能量。但财政财务管理的方式方法仍有待改进，特别是乡镇财政管理和基层财务管理还需要进一步加强，在干部队伍建设、基础能力建设、信息化建设等方面仍须进一步强化。面对新形势新任务新要求，我们一定要居安思危，增强责任，开拓进取，重点把握好以下五个方面。

一要把握方向和目标。财政财务工作的大方向就是服务打造“三个强省”、建设美好安徽、建成小康社会，做到依法理财、科学理财、民主理财。各级财政财务部门要在把握大方向的基础上，结合市县实际、结合部门实际，制定工作目标、工作计划，扎实推进，逐项落实。刚才传达了2013年全国的财政收支目标，省委省政府按照与经济发展同步的原则，对2013年全省收支目标进行了研究部署，各级财政部门要抓好分解，保障全省财政收支目标完成。省直各部门和全省财政系统要及早谋划、制定2013年的财政财务目标，包括资金管理、工作推进、财务制度，明确财政财务工作方向和着力点，加强部门单位内部协调和财政财务互动，加强系统指导，提高工作的针对性、指导性，提高财政财务的话语权，做到工作有力有序有效。

二要把握发展和民生。坚持发展是第一要务，统筹处理好支持发展与保障民生的关系。支持民营经济发展。按照省委省政府要求，2013年省级设立11个亿的民营经济专项扶持资金，已经列入预算安排，各市县要相应加大投入，用于固定资产投资、固定资产投资贴息技术创新和担保放大等方面，支持壮大民营经济总量，为稳增长提供最富活力、最具潜力、最有创造力的市场主体。支持美好乡村建设。今年制定了22项整合资金办法，省级加大专项资金支持，县级要加大资金整合力度，推动实施村庄建设、环境整治、兴业富民、土地整治和管理创新五大工程。支持城镇化建设。前不久，省政府专门在颍上县召开现场会，明年各级财政要把城镇化作为战略重点，加大资金投入力度，通过市场化运作，结合担保、土地进行融资，放大资金效益。以人为本关注民生。按照“突出重点、完善制度、守住底线、舆论引导”的要求，兼顾当前和长远，合理把握预期，加强资金调度安排，健全民生工作机制，进一步厘清民生工程责任，进一步加强民生工程创新，尊重基层实际，尊重群众愿望，调动群众的积极性。

三要把握改革和创新。财政部门工作涉及经济社会发展、政策资金落实、干部队伍管理等方方面面，坚持党的思想路线，解放思想、实事求是、与时俱进至关重要。各级财政部门要把改革创新作为财政事业发展的动力和活力，进一步创新体制机制，注重内部协调管理，强化相互监督制约，确保财政各项工作任务落实到部门、明确到个人。按照“服务、快捷、规范、安全”的要求，深化国库集中支付制度改革，确保财政资金支付安全、队伍安全、干部安全。财务部门要明晰责任，厘清分工，积极会同财政部门做细做实预算执行、资金分配、财务审计等工作，切实避免财务违规、项目不实、结余结转大、预决算差别较大等问题，确保每项财政资金都有制度安排、制度跟进、责任落实，做到“花钱要有效、用钱要负责”。财政财务部门彼此要深化沟通理解，强化思考谋划，做到协力推进。要着力在财政与金融、资

金与资本、资产与资源,特别是预算编制上加强改革创新,2013年初就要启动2014年预算编制工作。同时,要按照省政府“建一撤一、内部调剂、确有需要、购买服务”的16字方针,灵活采取财政补贴、政府采购、政策扶持等手段,充分支持鼓励和调动社会力量来发展医疗、住房、教育、养老等社会事业。

四要把握质量和效益。财政工作是经济工作重要方面,更要追求质量和效益。注重财政收入质量和效益。各级财政部门要进一步巩固提升财政收入质量,保证财政财力的质量、结构、增长方式健康可持续发展。注重预算编制质量和效益。进一步规范预算编制程序,细化预算编制内容,完善支出标准体系,加强项目库建设,强化基本支出管理,推动项目滚动预算编制,积极广泛征求社会各界意见,确保财政预算编制管用有效。注重预算支出质量和效益。尽早将预算安排的财政资金落实到具体项目和单位,加快本级各部门单位预算批复进度和转移支付资金下达进度,提高预算支出的及时性、均衡性、有效性和安全性。注重财政管理质量和效益。坚持将绩效理念贯穿到财政管理的各个环节和财政工作的方方面面,加快建立“预算编制有目标、预算执行有监控、预算完成有评价、评价结果有反馈、反馈结果有应用”的全过程预算绩效管理机制。注重财政财务监督质量和效益。加强预算监督管理,加大财政监督检查力度,创新财政监督方式,努力构建覆盖所有政府性资金和财政运行全过程的监督运行机制。加强财务会计监督,严肃财经法纪,规范财务收支行为。

五要把握宣传和舆论。财政工作社会性强、政策性强、经济性强,百姓关注、社会关注、舆论关注,把握好财政宣传舆论是做好财政工作的重要手段和支撑。要高度重视宣传舆论。及时关注社情民意、社会各界对财政部门的反映,财政财务部门的干部要善于借助报纸杂志、网络等媒介,及时获悉与财政工作密切相关的新闻动态和社情舆情。要重视宣传工作谋划。财政财务部门要加强领导和加强谋划,切实将宣传融入各项业务工作中,做好解惑员、宣传员、推介员,做到正面宣传、全面宣传、深入宣传、重点宣传,营造良好的理财氛围和工作环境。要重视宣传舆论形式。善于创新宣传方式,积极妥善回应舆论关切,善待尊重宣传部门和各类媒体,强化交流沟通,引导宣传舆论,准确反映社会热点和财政重点。要把握宣传舆论预期。及时把财政政策措施传递到基层一线,把财政改革成效宣传到群众当中,让人民群众更好地了解财政、理解财政、支持财政。要把握宣传安全性。加强门户网站、文件、简报、信息等宣传载体安全管理,特别是各级财政部门要高度重视网站安全防护,加强网站的建设、管理和使用,及时反映上级财政部门的声音动态,主动宣传党委政府的决策部署,重视宣传基层财政和财务工作的创新举措,切实将财政门户网站办成民生的网站、服务人民群众的网站、财政政策制度宣传的网站。进一步加强信息化建设,扎实推进“金财工程”,加快构建软件统一、便捷高效、运行平稳的网上办公平台。

三、改进作风,实干进取

各级财政部门要严格遵守中央政治局改进工作作风、密切联系群众的八项规定和省委的30项规定,切实把加强作风建设放在更加突出的位置,在实干进取中转变作风,在转变作风中实干进取,做到“为民、务实、清廉”。

一要强化宗旨使命观。牢固树立全心全意为人民服务的宗旨意识,为基层群众服务、为事业发展服务、为预算单位服务。要始终坚持群众路线,深入基层群众实际,重视调查研究,扎实开展结对共建工作,不断加强和改进新形势下财政深入实际、密切联系群众工作,推进机关工作重心下移,进一步增强责任意识、增进群众感情、改进工作作风、提升综合素质。要始终坚持勤事为民,时刻牢记“情为民所系、权为民所用、利为民所谋”的使命观,把为民服务、为民理财作为财政工作的根本出发点和落脚点,切实做到财政资金取之于民、用之于民,努力在保障改善民生上有更大作为。只有这样,财政工作才能把握方向、明确目标,财政干部才能在大是大非面前坚定立场,才不会有本位主义、私心杂念,才能对人民忠诚、对事业忠诚、对组织忠诚、对自己负责。

二要强化忧患责任观。我们党面临的“四大考验”和“四大危险”,在财政财务部门和财政财务干部中也是长期、普遍存在的。当前,我们还存在思路不宽、理念不新、办法不多、担当不够、责任心不强、落实不到位等问题,面对财政收支矛盾压力大、财政管理风险高、财政工作任务更加繁重而紧迫的形势,必须进一步强化忧患意识和责任意识。要始终

崇尚廉洁，把崇尚廉洁作为头等大事，作为自觉行动，形成廉政文化，进一步筑牢防线，警钟长鸣，始终保持健康向上、奋发有为的精神状态。要加强风险防控，积极推行“制度+科技”模式，深化廉政风险防控工作，规范财政权力运行，真正实现常态化、制度化。要敢于坚持原则，敢于担当，不做“老好人”，不怕得罪人，审慎对待社会交往，严格把关，讲规矩、讲程序，不徇私情、不谋私利，公平、公正、公开地对待每一笔资金、对待每一个项目，严格把好财政资金的分配关、运用关、监督关和绩效关，努力为政府当好家、为人民理好财。

三要强化大局统筹观。要处理好财政与党政的关系。财政始终是在党委政府的领导下开展工作，必须坚定不移地围绕党委政府中心工作做好服务，坚持集中财力办大事，支持事关经济社会发展全局的重大战略实施，做好各项资产、资金、资源配置工作。要处理好机关与基层的关系，机关要向基层学习、为基层服务。加强县乡财政一体化管理，充分发挥乡镇财政“一线执行与落实”、“一线服务与监管”、“一线探索与总结”的优势，确保财政工作根基牢固、资金管理规范。要处理好财政与财务的关系。大力推动财政财务一体化。财政要继续抓好会商机制和上门服务工作，依靠财务、管理财务、服务财务、支持财务。财务要强化财政观念，宣传财政、理解财政，按照财政的规章制度要求开展工作，促进本单位预决算、收支管理、开支标准、资产管理、财务分析和会计监督等财务活动科学、合理、规范、有序，更好地发挥财政财务工作综合效应。要处理好民主与集中的关系。牢固树立财政系统和财政财务“一盘棋”思想，叠加力量，统筹推进。加强民主管理和制度管理，工作中多提意见和要求，倡导当面多批评、背后多表扬，公派正道地对待工作、对待事业、对待干部。

四要强化厉行节约观。厉行节约是党的优良传统、中华民族的传统美德和善良之举。习近平总书记强调“从善如登，从恶如崩”、中央八项规定和省委省政府30条意见，都为我们树立了榜样，提供了遵循。要牢固树立过紧日子思想。勤俭办一切事业，压缩“三公”经费和一切不必要的开支，落实省领导提出的“非重要项目要压缩，实现负增长；一般项目要控制，实现零增长；重要项目要突出，实现大幅增长”的要求，集中财力办大事，将更多的财力用于民生。要带头厉行节约。财政财务部门要带头贯彻落实，从自身做起，从部门做起，从小事做起，细化节支措施，把有关要求落实到预算编制、执行、审批工作中，落实到监督检查工作中。今天采用视频会议形式召开全省财政工作视频会议，就是以实际行动贯彻落实厉行节约，这种做法要长期坚持下去，并在财政工作中发扬光大。

五要强化实干实效观。实干是成事立业的基础，既是党性责任，也是作风要求。只有实干才能出实效，有实效才能彰显实干。财政财务部门一定要倡导实干、追求实效，这是讲党性的要求，是贯彻落实科学发展观和十八大精神的体现，也是贯彻习近平总书记“实干兴邦、空谈误国”的直接表现。要重实干。在财政财务工作中，做到组织领导要实、计划安排要实、任务目标要实、措施办法要实、执行落实要实、经验情况要实、督查要求要实、结果效果要实。财政工作不能华而不实，不能花拳绣腿，不能只讲成绩不讲问题，必须真正扑下身子、放下架子，亲历亲为、身体力行，实事求是、开拓进取，以扎扎实实的举措、实实在在的业绩回报省委省政府的信任和人民群众的期盼。要在财政宏观调控上求实效，全力支持实体经济、民营经济发展，为经济发展提供坚实支撑；在保障改善民生上求实效，不断加大投入力度，把钱花在刀刃上，精心实施好一系列惠民政策；在财政管理上求实效，狠抓财政管理基础工作和基层建设，不断提升财政科学化精细化管理水平；在财政队伍建设上求实效，努力打造一支业务精、作风硬、效率高的财政干部队伍。

同志们，2013年财政工作任务艰巨，我们一定要在省委省政府坚强领导下，全面贯彻落实科学发展观，开拓进取、团结奋进，为打造“三个强省”、建设美好安徽作出新的更大贡献。新年将至，在此，我代表省财政厅党组，向参加会议的全体代表，并通过你们，向战斗在各级财政财务战线上的广大干部道一声辛苦了！衷心祝愿广大财政财务干部新年快乐、工作进步、阖家幸福！

民生工程和居民收入倍增篇

重要文件

安徽省人民政府关于2012年实施33项民生工程的通知

皖政〔2012〕1号

各市、县人民政府,省政府各部门、各直属机构:

为贯彻落实党的十七届六中全会和省第九次党代会精神,着力保障和改善民生,省政府决定,2012年实施33项民生工程。现就有关事项通知如下:

一、新增3项民生工程

(一)乡镇公办中心幼儿园建设。在全省开展乡镇公办中心幼儿园建设工作,大力发展农村学前教育,基本满足有园上、上得起的要求,力争2015年全省学前3年毛入园率达到65%。2012年投入资金3亿元,改扩建公办幼儿园318所。

(二)城乡居民养老保险。全面实施城乡居民养老保险制度,进一步健全社会保障体系,政府对符合条件的参保人全额支付基础养老金,其中中央财政按基础养老金标准给予补助,省和试点县为参保人员缴费给予补贴。2012年投入资金60亿元,实现制度全覆盖。

(三)公共文化服务信息化建设。在全省开展乡镇、社区、街道公共电子阅览室建设,向社会提供多层次、多样化的文化数字信息化服务,逐步形成覆盖城乡的公共文化服务数字信息化网络。2012年投入资金3670万元。

二、提高6项民生工程标准

(一)提高农村居民最低生活保障补助标准

2012年,将农村居民最低生活保障人均补差水平提高10%。

(二)提高农村五保供养补助标准

2012年,将农村五保供养补助标准提高10%,由1400元/年增加到1540元/年,提标所需资金按省与市县8∶2分担。

(三)提高重度残疾人生活救助标准

2012年,将重度残疾人生活救助标准提高10%,由600元/年增加到660元/年,所需资金按现有渠道和比例分担。

(四)落实城乡义务教育经费保障政策

2012年,将农村义务教育阶段中小学生均公用经费补助标准由2011年的小学425元、初中625元,提高到小学525元、初中725元。

(五)提高新型农村合作医疗参合补助标准

2012年,将参加新型农村合作医疗财政补助标准由200元/人提高到240元/人。

(六)提高城镇居民医保参保补助标准

2012年,将参加城镇居民医保财政补助标准由200元/人提高到240元/人。

三、调整5项民生工程内容

(一)调整农民工技能培训政策

2012年,将原农民工技能培训项目调整为就业技能培训,补贴标准从500元/人提高到600元/人。

(二)合并增加贫困残疾人康复工程

2012年,将原贫困白内障患者免费复明、重度残疾人生活救助中的精神病患者药费补助合并为贫困残疾人康复工程,增加0-6岁聋儿、肢体残疾、脑瘫、智障、孤独症等贫困残疾儿童抢救性康复内容。

(三)调整计划生育家庭奖励扶助项目政策

2012 年,将符合奖励扶助政策的"半边户"(一方为农村居民、一方为城镇居民的夫妇)的农村户口一方纳入奖扶对象,按现有标准给予补助,将计划生育手术并发症人员(三级以上)纳入特扶对象,分别给予一级、二级、三级人员每人每月 300 元、200 元、100 元补助。按照国家政策,提高计生奖扶和特扶标准。

(四)调整家电下乡和以旧换新政策

按照国家规定,以旧换新政策于 2011 年 12 月 31 日执行到期, 相关内容不再列入 2012 年实施范围。

(五)调整重大传染病医疗救治和生活救助政策

2012 年, 艾滋病人生活救助转入部门正常工作,原重大传染病医疗救治和生活救助项目调整为重大传染病医疗救治。

四、退出 3 个民生工程项目

城乡卫生服务体系建设、光荣院建设工程已按期完成目标任务,自 2012 年起退出民生工程;大中型水库移民后期扶持, 自 2012 年起转入部门正常工作。

五、继续实施 19 个民生工程项目

高校、中职、普通高中家庭经济困难学生资助,农村五保供养服务机构建设,社会(儿童)福利院建设,校舍安全工程,农村留守儿童之家建设,新型农民培训工程,城乡医疗救助,提高妇女儿童健康水平,城市低收入家庭和公租房保障,农村危房改造和清洁工程,广播电视"村村通"工程,农家书屋工程,乡镇综合文化站建设,政策性农业保险,农村沼气建设工程,农村饮水安全工程,病险水库除险加固工程,农村公路危桥改造,一事一议财政奖补等 19 项民生工程,继续按《安徽省人民政府关于 2011 年实施 33 项民生工程的通知》(皖政〔2011〕1 号)规定执行。

六、工作要求

2012 年是实施"十二五"规划承上启下的重要一年。各级各部门要围绕科学发展的主题和全面转型、加速崛起、兴皖富民的主线,把握稳中求进的工作总基调,进一步拓展和提升民生工程,努力让发展成果更好地惠及广大人民群众。

(一)强化政策落实

各级各有关部门要严格落实目标责任制,健全协调推进机制,上下联动,密切配合,一级抓一级,层层抓落实,形成齐抓共管的工作格局,确保各项惠民政策落到实处。

(二)加强资金保障

各级政府要牢固树立民生财政理念,积极调整和优化财政支出结构, 全力以赴保障民生工程资金,确保补助类项目资金及时发放到人,工程类项目资金按进度拨付到位。要加大各类民生资金的整合力度,统筹安排,合理使用。要严格民生工程资金监督管理,加强跟踪问效,进一步提高资金使用效益。

(三)创新建后管养机制

工程类项目所在地政府是后续管理养护的责任主体, 当地工程类项目主管部门是具体责任单位。各级各有关部门要不折不扣落实民生工程管护要求,明确管养主体,安排必要的经费,注重发挥市场和社会的力量,创新已建成项目运行管理机制。

(四)健全绩效评价体系

省政府将继续对民生工程年度实施情况进行考核评比。各级各有关部门要对照省、市政府签订的民生工程责任书要求, 进一步健全绩效评价体系,始终做到从民所愿、为民谋利、由民监督,真正让民生工程深入人心、温暖人心。

关于 2012 年民生工程资金筹措有关问题的通知

安徽省财政厅

根据《安徽省人民政府关于 2012 年实施 33 项民生工程的通知》(皖政〔2012〕1 号)精神,为统筹落实资金,保证民生工程顺利实施,现就 2012 年民生工程资金筹措有关事项通知如下:

一、农村居民最低生活保障

2012 年,农村居民最低生活保障人均补差水平按不低于 10%增长,具体标准由县级民政、财政部门会同物价、人力资源和社会保障、统计等部门按规定程序合理确定。市、县(市、区)人民政府应根据核定的农村低保对象人数、实际补差水平、保障标准和一次性补助发放计划等因素，编制年度农村低保资金预算。预算总额扣除上级财政补助基数的差额部分，应全额列入市、县(市、区)财政预算。

二、农村五保供养制度

农村五保供养标准，按照不低于当地村民的平均生活水平确定并实时调整。我省农村五保供养标准由各县人民政府确定并逐级上报备案。2012年，农村五保供养补助标准提高到每人每年1540元，其中:62个县(市)和14个县改区，省财政按照年人均1122元补助，县(市、区)财政按年人均不低于418元补助；其他市辖区，省财政按照年人均772元补助，市区财政按年人均不低于768元补助。上述标准不含临时价格补贴等政策性补贴。

三、计划生育家庭奖励扶助制度

奖励扶助资金：国家规定的每人每年960元部分，62个县(市)和14个县改区，由中央、省与县(市、区)按5∶4∶1的比例分担；其他市辖区，由中央、省与市(区)按5∶3∶2的比例分担。省提标部分，由省财政承担。

特别扶助资金:按照国家统一标准发放的资金，由中央与省按5∶5的比例分担。省提标部分，由省财政承担。

四、城市低收入家庭与公共租赁住房保障

根据《安徽省人民政府关于加快实施廉租住房保障制度的通知》(皖政〔2009〕61号)、《安徽省人民政府办公厅关于加快发展公共租赁住房的实施意见》(皖政办〔2011〕13号)和《财政部 住房城乡建设部关于切实落实保障性安居工程资金加快预算执行进度的通知》(财综〔2011〕41号)规定，城市低收入住房困难家庭廉租住房和城镇中低收入住房困难家庭公共租赁住房，按以下方式筹集：

(一)廉租住房

租赁补贴所需资金，主要由中央和省级财政廉租住房保障专项补助资金解决，其中省级财政预算安排的专项资金通过“以奖代补”的方式补助市、县(市、区)，同时省财政继续将此因素纳入一般转移支付范围，对困难市县给予支持。

实物配租所需资金筹集渠道:1.住房公积金增值收益扣除计提贷款风险准备金和管理费用后的余额。2.从土地出让收益中按照不低于10%的比例统筹用于保障性安居工程资金。3.市、县(市、区)公共财政预算安排用于廉租住房保障的资金。4.中央和省级补助资金。5.地方政府债券资金。6.社会捐赠的廉租住房保障资金。7.其他资金。

(二)公共租赁住房

公共租赁住房所需资金筹集渠道:1.住房公积金增值收益扣除计提贷款风险准备金和管理费用后的余额。2.从土地出让收益中按照不低于10%的比例统筹用于保障性安居工程资金。3.市、县(市、区)公共财政预算安排用于公共租赁住房建设的资金。4.中央和省级补助资金。5.地方政府债券资金。6.企业、个人自筹资金。7.社会融资。8.其他资金。

五、贫困重度残疾人生活特别救助

2012年，贫困重度残疾人生活救助标准每人每年660元。所需经费，省与市、县(市、区)按8∶2的比例分担。市、县(市、区)承担部分，市级对62个县(市)和14个县改区不承担配套资金。

六、义务教育经费保障机制

向农村义务教育阶段学生免费提供国家课程教科书，所需资金由中央财政承担。

农村义务教育阶段中小学公用经费，由中央、省、县(市、区)三级分担，省与县(市、区)分担比例具体为：比照实施西部大开发政策和加快皖北地区发展政策范围内的40个县(市、区)为8∶2，其他县(市、区)为6∶4。

补助农村贫困寄宿生生活费所需资金，中央按照落实基本标准所需经费总额的50%给予奖励性补助，地方财政应承担的50%部分由市、县(市、区)承担，市级对62个县(市)和14个县改区不承担配套资金。

城市义务教育免学杂费和公用经费，8个地改市(含14个县改区)和6个县级市，省与市(县)按8∶2的比例分担，其余8市(含市辖区)，省与市按6∶4的比例分担。

中小学校舍维修经费，根据现保障标准和学生数测算所需资金，中央和省财政各分担50%。

七、高校、中职学校和普通高中家庭经济困难学生资助

高校(高职)国家奖学金由中央财政全额承担。

高校(高职)国家励志奖学金和国家助学金，中央和地方按6∶4的比例分担。地方承担部分，根据财政供给渠道实行分级分担，即省级财政供给的学校由省财政承担，市级财政供给的学校由市级财政承担，民办高校、高职(含独立学院)由省财政承担。

中等职业学校国家助学金、普通高中国家助学金、城乡家庭经济困难学生和涉农专业学生免费资金,中央和地方按6∶4比例分担。地方承担部分,根据财政供给渠道实行分级分担,即省级财政供给的学校由省财政承担,市级财政供给的学校由市级财政承担,县(市、区)级财政供给的学校由省级与县(市、区)财政按8∶2的比例分担,民办中等职业学校由省级与所在市、县(市、区)财政按7∶3的比例分担。

八、新型农民培训

农村劳动力培训阳光工程:中央按下达培训任务和人均补助标准安排,省级在中央安排补助标准基础上按人均428元标准安排,市、县(市、区)按培训任务和人均50元标准安排。市、县(市、区)承担部分,市级对62个县(市)和14个县改区不承担配套资金。

农民科技示范培训:实施基层农技推广体系改革和建设示范县项目,在争取中央补助的基础上,省级预算安排300万元。

农业专业技术和农民创业培训:农业专业技术培训,普及性培训省级按人均115元补助,提升性培训省级按人均500元补助;农民创业培训,省级按人均1100元补助,市、县(市、区)按人均100元安排。市、县(市、区)承担部分,市级对62个县(市)和14个县改区不承担配套资金。

九、就业技能培训

2012年,将原农民工技能培训项目调整为就业技能培训,对市县补助标准从500元/人提高到600元/人。所需资金,从中央财政补助资金中统筹安排。

十、新型农村合作医疗制度

2012年,新农合筹资标准为每人每年290元,其中:中央财政补助132元,省财政补助81元,市、县级财政补助27元,农民个人缴费50元。

十一、城镇居民基本医疗保险

实行以个人和家庭缴费为主、政府支持和社会捐助相结合的筹资机制。个人缴费比例由各统筹地区根据当地经济发展水平、居民人均收入水平以及不同人群的医疗消费需求等合理确定,原则上人均缴费不低于每人每年50元。2012年,各级财政补助标准为每人每年240元,其中:中央财政补助132元;对市级参保人员,省财政补助54元,市级财政配套不低于54元;对县级参保人员,省财政每补助81元,县(市、区)级财政配套不低于27元。

十二、城乡医疗救助

进一步完善城乡医疗救助制度,对白血病、尿毒症、艾滋病患者等有特殊困难的重点救助对象实施重点救助。所需资金通过公共财政安排、彩票公益金安排、社会捐助等渠道筹集。在争取中央财政补助的基础上,省级公共财政预算安排8000万元,省级福利彩票公益金安排1200万元。市级财政按不低于上年省财政专项补助资金总量(含中央补助部分)20%的比例安排本级资金;县级财政按不低于上年省财政专项补助资金总量(含中央补助部分)10%的比例安排本级资金。

十三、重大传染病病人医疗救治

所需资金由中央、省与市、县(市、区)财政共同分担。

艾滋病:对艾滋病病人,抗病毒治疗经费由中央财政承担,机会性感染治疗经费由省财政定额补助。

结核病:对结核病及并发症患者,化疗费用由中央财政承担,治疗费用由省财政定额补助。

血吸虫病:晚期血吸虫病病人救治费用由中央和省财政分担,急性血吸虫病病人救治费用由市、县(市、区)财政定额补助。

血吸虫病传染源控制和血防机构能力建设:血防区无害化厕所建设所需资金,仍按现行渠道由中央和地方财政按6∶4的比例分担,其中地方承担部分由省与市、县(市、区)财政按1∶1的比例分担;传染源控制,省与市、县(市、区)财政按7∶3的比例分担;省血防所装备建设资金,由省财政承担。

十四、贫困残疾人康复

贫困白内障患者复明手术经费,每例补助1000元,其中:省公共财政预算每例补助500元,省级残疾人就业保障金每例补助500元。

贫困重症精神病患者药费,每人每年补助500元,所需经费由省财政承担。

0—6岁聋儿、肢体残疾、脑瘫、智障、孤独症等贫困残疾儿童抢救性康复,所需资金7219万元,其中:中央财政补助4046万元,省级财政补助3173万元。

十五、提高妇女儿童健康水平

农村孕产妇住院分娩补助,每名补助300元,所需经费由中央财政承担。婚前健康检查经费,每对财政补助180元,所需经费由省与市、县(市、区)按1∶1比例分担。县级妇幼保健机构能力建设,每个补助100万元,所需经费由省财政承担。儿童计划免疫接种补助经费由中央财政和省财政承担。

十六、广播电视"村村通"工程

2012年,完成8500个20户以下自然村广播电视"村村通"建设工程和10座高山无线发射台站基础设施改造。"村村通"建设工程,每个村补助0.6万元,共需工程建设资金5100万元,其中:中央财政补助1000万元,省级财政补助4100万元。10座高山无线发射台站基础设施改造2000万元,其中:中央财政补助1100万元,省级财政补助900万元。

十七、农家书屋工程

2012年农家书屋建设2923个,每家书屋2万元,总投资5846万元,其中:中央财政补助2923万元,地方财政承担2923万元。地方财政承担部分,由省与市、县(市、区)按7∶3的比例分担。市、县(市、区)承担部分,市级对62个县(市)和14个县改区不承担配套资金。

十八、乡镇综合文化站建设

2012年,实施乡镇综合文化站建设项目65个,每个乡镇综合文化站投资40万元,其中建设资金30万元,配套设施设备资金10万元,所需资金由省与市、县(市、区)按7∶3比例分担。市、县(市、区)承担部分,市级对62个县(市)和14个县改区不承担配套资金。

十九、政策性农业保险

种植业保险保费中央财政补贴40%、省财政补贴25%、市县财政补贴15%、种植场(户)承担20%(其中:皖北三市七县,省财政补贴30%、市县财政补贴10%)。能繁母猪保险保费中央财政补贴50%、省财政补贴25%、市县财政补贴5%、养殖场(户)承担20%;奶牛保险保费中央财政补贴50%、省财政补贴20%、市县财政补贴10%、养殖场(户)承担20%。

有条件的市、县可适当提高农户特别是"五保户"、特困户的保费补贴比例,减轻农户保费负担。鼓励龙头企业、农村经济合作组织替农户承担一部分保费。市、县保费补贴不到位的,中央和省财政不予补贴。

二十、农村饮水安全工程

每解决1户农村饮水安全工程,中央核定农村居民人均投资标准为496元(农村学校师生标准为298元)。比照实施西部大开发政策的县中央承担80%,其他县中央承担60%。地方承担的部分,省级分担50%,其余投资由项目所在市县政府承担。受益农户不承担主体工程配套投资,仅承担入户材料(入户水表及以下部分材料)等费用。

二十一、农村五保供养服务机构建设

2012年新增农村五保供养床位20000张,省财政补助标准每张4160元,市、县(市、区)财政每张配套1680元,省福彩公益金每张安排430元,市、县(市、区)福彩公益金每张安排2130元。市、县(市、区)承担部分,市级对62个县(市)和14个县改区不承担配套资金。

二十二、农村沼气建设工程

新建农村户用沼气,每户中央补助1600元(其中,比照实施西部大开发政策的县2000元),省财政补助640元,县(市、区)财政补助160元,其余资金由建池农户自筹,受益农户承担不超过500元。乡村沼气服务网点建设,每个网点中央补助3.5万元(比照实施西部大开发政策的县中央补助4.5万元),省财政补助4000元,其余资金由服务实体或项目村自筹。大中型沼气工程争取中央补助资金占项目资金的40%左右,省财政每处补助15万元,其余资金由项目建设单位承担。市、县(市、区)承担部分,市级对62个县(市)和14个县改区不承担配套资金。

二十三、病险水库除险加固工程

中型水库除险加固工程,比照实施西部大开发政策的县,中央承担总投资80%;其他县中央承担总投资60%。省级承担总投资的20%。中央和省级资金由市级财政统筹,不足部分由所在地市级承担。

重点小二型病险水库,中央平均每座补助240万元,根据项目规划安排80%的补助资金,其他20%的补助资金根据绩效考核结果安排。

省规划一般小二型病险水库,2012年计划新开工300座,省级每座补助启动资金7.5万元;2011年已开工建设的159座,竣工验收后省级每座补助结算资金42.5万元。

二十四、中小学校舍安全工程

2012年计划投入资金11亿元,其中:中央财政补助1.76亿元,省级财政安排7.04亿元,市县配套2.2亿元,按工程项目实施。

二十五、农村留守儿童之家建设

每个留守流动儿童活动室投资标准2万元,每个留守儿童之家投资标准3000元。所需资金全部由省财政承担。

二十六、社会(儿童)福利中心建设

社会(儿童)福利中心建设床均综合投资标准为6万元,省和县(市、区)按7∶3的比例分担。

二十七、农村危房改造及清洁工程

农村危房改造资金以农户自筹为主，政府补助为辅。政府分类补助标准为:1.五保户、农村低保户重建房屋户均2万元;五保户、农村低保户修缮加固户均0.6万元。2.贫困残疾人家庭(非低保户)、其他困难户重建房屋户均1万元;贫困残疾人家庭(非低保户)、其他困难户修缮加固户均0.4万元。政府补助部分,中央和省每户综合补助市县8000元(比照实施西部大开发政策的县9000元),其余由市县承担。除政府补助外,其余由受益农户自筹。

继续实施240个左右乡镇农村清洁工程项目。1万人以下规模的乡镇每个乡镇投资120万元,1—3万人规模的乡镇每个乡镇投资130万元,3万人以上规模的乡镇每个乡镇投资160万元。所需资金,省与市、县(市、区)按7∶3比例分担。市、县(市、区)承担部分,市级对62个县(市)和14个县改区不承担配套资金。

二十八、村级公益事业建设一事一议财政奖补

中央和地方各级政府对农民通过一事一议筹资筹劳开展村级公益事业建设给予奖补。中央财政一事一议奖补资金主要依据农业人口、地方财政困难程度等因素分配,并考虑对各省一事一议财政奖补工作开展情况的工作考核和监督检查结果予以奖补,具体分配和清算办法按照中央有关规定执行。

省财政按农业人口人均10元的标准安排奖补资金。

1.补助。补助范围为62个县(市)及14个县改区。对农民人均筹资10元以上,且人均市县财政奖补资金5元以上的县(市、区),省财政按照开展一事一议财政奖补项目建设的农业人口和人均8元标准予以补助。

2.奖励。奖励范围为全省所有开展一事一议财政奖补工作的县(市、区)。省财政按照农业人口人均2元的标准安排奖励资金，奖励资金按照人均筹资筹劳数额、人均市县财政奖补数额、开展一事一议建设的覆盖面等指标综合评分,统一规范分配,并适当向山区、库区、贫困地区倾斜。

人均筹资数额、人均筹劳数额、人均市县财政奖补数额,以各县(市、区)开展一事一议建设的村为单位汇总计算。

二十九、农村公路危桥加固改造

“十二五”期间,计划投资40亿元。其中:中央投资25亿元,省市县补助15亿元,省与市县按7∶3分担。2012年计划投入8亿元,其中:中央投入5亿元,省财政承担2.1亿元,市县承担9000万元。

三十、家电下乡

财政按下乡家电产品销售价格在限额内补助13%,财政补助部分,中央和省财政分别按80%和20%分担。

三十一、乡镇公办中心幼儿园建设

2012年建设318个乡镇公办中心幼儿园,每平方米补助500元,其中:中央补助300元,其余部分由省、市县按1∶1比例分担。

三十二、公共文化服务信息化建设

在全省开展乡镇、社区、街道公共电子阅览室建设,向社会提供多层次、多样化的文化数字信息化服务，逐步形成覆盖城乡的公共文化服务数字信息化网络。2012年建设734个,每个服务点补助5万元,其中:中央补助每个乡镇、社区服务点1万元,每个街道服务点0.75万元;其余部分,由省、市县按7∶3比例分担。

三十三、城乡居民养老保险

全面实施城乡居民养老保险制度，进一步健全社会保障体系,政府对符合条件的参保人全额支付基础养老金。中央财政按基础养老金标准给予补助,补助标准每人每年660元；省和市县为参保人员缴费给予补贴,省级财政每人每年补助20元,市县财政每人每年补助不低于10元。

上述三十三项民生工程,按照省政府原定政策,淮南市潘集区、毛集实验区和六安市叶集实验区省财政资金补助比照14个县改区执行。

各级财政部门要主动加强与相关部门联系,明确计划任务,认真测算民生工程财政投入,落实资金筹集安排渠道，确保不留硬缺口。市级财政要本着照顾所辖县(市、区)的原则,尽可能地增加对县(市、区)的资金支持。要及时拨付民生工程资金,确保工程实施的需要。凡应直接发放或补助到人的资金，要实行“政策公开、程序透明、支付到人、打卡发放”

的社会化发放办法，及时足额发放到人到户；凡是按人数补助到学校、医院等单位的，要严格审批程序，核实补助对象，及时足额拨付到项目实施单位，确保专款专用；凡涉及工程建设的资金，要实行专户管理，严格按照工程进度和资金管理办法拨付资金，确保工程建设资金、工程建设进度、工程建设标准、工程建设质量全面落实。要加强民生工程资金监管，完善资金管理制度，加强审计监督，严禁截留、挤占、挪用、拖欠民生工程资金，切实提高资金使用效益。

关于进一步做好民生工程实施情况监督检查工作的意见

省监察厅

为深入贯彻落实党的十七大精神，服务科学发展观大局，维护社会和谐稳定，着力保障和改善民生，确保中央和省委、省政府各项惠民政策措施落到实处，进一步做好民生工程实施情况监督检查工作，现提出如下意见：

一、提高认识，增强做好民生工程监督检查工作的责任感和使命感

实施民生工程，是省委、省政府深入贯彻党的十七大精神，坚持科学发展观、构建和谐安徽的重大举措。继续加强对民生工程实施情况的监督检查，是各级监察机关义不容辞的责任。各级监察机关要组织广大干部认真学习省委、省政府的有关文件精神，深刻领会省委、省政府和省纪委关注民生、重视民生、保障民生、改善民生的坚强决心，充分认识实施民生工程的重大意义，进一步把思想和行动统一到省委、省政府的决策部署上来，不断增强做好监督检查工作的责任感、使命感，以对党和人民高度负责的态度，把对民生工程实施情况的监督检查，作为执法监察和效能监察的重中之重，摆上突出位置，切实抓紧抓好，抓出成效。

二、突出重点，加强督查，确保各项惠民政策落到实处

民生工程涉及面广、政策性强、工作环节多。各级监察机关要按照省政府和省纪委的部署要求，理清思路，突出重点，切实加强工程实施全过程的监督检查，确保各项惠民政策落到实处。重点抓好以下四个方面的监督检查：

一是加强对民生工程政策措施贯彻执行情况的监督检查。重点检查：是否按规定的标准，发放“五保户”供养费和医疗保险费；是否按规定的范围，对农村低保对象、农村“五保户”、农村重点优抚对象、农村计划生育家庭，分别给予相应的生活保障、医疗救助和奖励扶助；是否按规定的要求，落实农村饮水安全工程、农村广播电视村村通工程、白内障患者复明工程等建设任务；是否建立高校、中职和普通高中家庭经济困难学生资助制度；是否建立政策性农业保险制度，农村新型合作医疗制度是否覆盖到全省所有农村居民，城乡义务教育经费保障机制改革是否全面实施；病险水库除险加固工程开工建设情况等。

二是加强对地方政府和有关主管部门履行职责情况的监督检查。重点检查：各级地方政府和省财政、发展改革、教育、民政、劳动保障、水利、卫生、计生等有关职能部门，是否制定并实行了领导责任制、工作责任制和责任追究制，以及制度的落实情况如何，是否建立了计算机工作程序库，是否按规定建立了政务公开制度，是否认真履行应尽的工作责任，有无失职渎职行为。

三是加强对民生工程资金保障及管理使用情况的监督检查。重点检查：项目资金的拨付是否及时，由各级财政分担的资金是否及时到位；项目资金是否被挤占、挪用、拖欠，有无降低标准发放和克扣截留项目资金问题；有无虚报冒领、弄虚作假骗取财政资金的问题；项目资金在管理使用中是否存在损失浪费，以及应发放或补助到人的项目资金，是否实行“张榜公布、打卡发放、直接到人”的社会化发放办法等，有无贪污挪用等违纪违法行为。

四是加强对工程进展和效能情况的监督检查。重点检查：地方政府和有关主管部门工程进展的经济性、效果性、效能性，以及工作是否细致、作风是否扎实，任务是否按期完成等情况，有无效能低下、推诿扯皮，不作为和乱作为等行为。同时，对民生工程中涉及具体工程建设的，如农村饮水安全工程、广播电视“村村通”工程等建设和农村卫生服务体系建设，还要加强对工程建设规划、程序和制度执行等情况的监督检查。重点检查是否建立并落实工程建设项目法人责任制、招标投标制、工程监理制和竣工验收制等。

三、严肃纪律,严格责任追究,坚决纠正和查处民生工程实施中的违法违纪行为

坚决纠正民生工程实施过程中存在的问题,从严查处违法违纪案件,既是监察机关的重要职责,也是严肃工作纪律的具体体现。各级监察机关要公布和设立专项举报电话,认真受理人民群众对实施民生工程的举报和投诉,并注意发现和查处违纪违法案件。对下列违法违纪行为,一经发现,要依照法律法规和政策严肃处理,绝不姑息迁就。触犯刑律的要及时移送司法机关依法处理。后果严重、影响恶劣的典型案件要公开曝光。一是擅自降低补助和发放标准,应公开未公开,搞暗箱操作的;二是有令不行、有禁不止,不认真落实民生工程政策措施,搞变通、打折扣的;三是工作不负责,推诿扯皮、玩忽职守,严重影响民生工程顺利实施的;四是虚报冒领、弄虚作假骗取财政资金的;五是克扣、截留、挤占、挪用、拖欠、贪污项目资金的;六是领导干部违规插手建设工程招标投标活动,搞以权谋私的。在坚决纠正民生工程实施中存在的问题、严肃查处违法违纪行为的同时,还要注意剖析问题产生的原因,责成有关地方和部门举一反三,认真整改。管理制度不健全的,要责成其限期制定和完善;管理不到位、不落实的,要责成其立即改进。

四、加强领导,严密组织,全面推进民生工程监督检查工作

做好民生工程实施情况的监督检查工作,意义重大,任务艰巨。各级监察机关要加强领导、严密组织,强化措施、狠抓落实,确保民生工程监督检查工作取得实效。

一要加强组织领导。要切实加强对民生工程监督检查工作的组织领导,层层落实目标任务和工作责任,精心谋划,扎实工作 ,稳步推进民生工程顺利实施。省监察厅建立了由厅长负总责、分管厅长具体抓,执法监察一室牵头、纠风室和执法监察二室协办的领导机制和工作机制。各级监察机关要根据本地区本部门实际,在建立健全民生工程监督检查的领导机制和工作机制基础上,层层分解目标任务,明确工作责任,并落实具体承办人员抓好此项工作。要加强作风建设,不断改进工作方法,深入基层了解民生工程具体实施情况,善于发现问题,纠正并解决问题,确保民生工程中的每项工作都能落到实处。

二要加强协调配合。各级监察机关要在政府的统一领导下,按照协调小组办公室的统一安排部署,加强与有关业务主管部门的沟通和联系。既要督促业务主管部门严格落实相关政策,又要支持业务主管部门开展工作;既要注意在监督检查过程中发现问题、纠正问题,也要注意针对管理中的薄弱环节,及时提出改进工作的意见和建议;既要坚决纠正、严肃查处违规违纪违法行为,也要注意发现和总结成功的经验和做法,充分发挥监察机关应有的职能作用。

三要精心组织实施。各级监察机关要结合本地区本部门实际,进一步明确开展民生工程监督检查的内容、重点、措施和要求,并在此基础上制定落实本意见的具体实施方案。要对监督检查工作进行周密的部署和安排,一是积极配合当地民生工程协调小组认真开展综合督查,讲究督查方法,注重提高督查效果,积极帮助基层解决实际问题。二是各地根据民生工程的项目安排,每年确定二到三个重点项目,会同工程实施主管部门,适时开展专项督查,对在监督检查过程中遇到的重大问题要及时上报。每年年底前,各市监察局要将开展民生工程监督检查的工作情况专题报省监察厅。

关于进一步加强民生工程审计监督的意见

省审计厅

为充分发挥审计监督作用,切实保障民生工程顺利实施,根据安徽省人民政府《关于印发安徽省民生工程"十二五"规划的通知》(皖政〔2011〕83号)和《关于2012年实施33项民生工程的通知》(皖政〔2012〕1号)精神,现就进一步加强民生工程审计监督,提出如下意见:

一、认清形势,充分认识深入实施民生工程的重大意义

深入实施民生工程是省委、省政府加速安徽科学发展,实现兴皖富民的重大举措。各级审计机关要深刻认识、全面把握实施民生工程的重大意义,进一步增强责任感和使命感,着力加强审计监督,保障民生工程各项政策落到实处。

(一) 深入实施民生工程是建设美好安徽宏伟蓝图的现实需要

未来五年,安徽经济社会发展将呈现新的阶段性特征,工业化、城镇化、农业现代化加速推进,综合实力和核心竞争力显著增强,人民生活水平同步提高,既是大有可为的黄金发展期,也是错综复杂的矛盾凸显期。面对新形势,省委、省政府科学把握发展规律,提出了打造经济强省、文化强省、生态强省,建设经济繁荣、生态良好、社会和谐、人民幸福的美好安徽的宏伟蓝图。深入实施民生工程,着力保障和改善民生,不断增加人民福祉,是全面建设美好安徽宏伟蓝图的重要内容,需要全省上下强力推进,持续完善。

(二) 深入实施民生工程是保障广大群众共享发展成果的重要途径

当前,发展不平衡问题较为突出,困难地区人口众多,农村基础设施薄弱,城乡收入分配差距较大,推进基本公共服务均等化和城乡区域协调统筹发展的任务艰巨,社会事业和民生领域欠账较多,人民群众改善民生的要求越来越强烈。深入实施民生工程,努力扩大社会保障、住房保障和就业服务覆盖范围,不断提高人民生活质量和水平,促进公共教育、医疗卫生、文化等事业均衡发展,着力缩小城乡之间、区域之间、群体之间的基本公共服务差距,加快农村基础设施建设,努力使全省人民学有所教、劳有所得、病有所医、老有所养、住有所居,才能保障改革发展的成果真正惠及全体人民。

(三) 深入实施民生工程是推进构建社会主义和谐社会的根本目的

构建和谐社会是科学发展的重要任务,是全面转型的内在要求。当前,我省正处在经济社会加速转型的关键时期,社会建设面临的形势更加复杂,任务更加繁重,只有把社会建设摆在更加突出的位置,才能实现经济发展与社会进步的协调推进。深入实施民生工程,努力解决教育、就业、医疗、卫生、社会保障等人民群众最关心、最直接、最现实的切身利益问题,有利于舒缓社会压力,化解人民内部矛盾,不断增加和谐因素,推进社会主义和谐社会建设进程。

二、突出重点,不断加大民生工程审计监督力度

(一)加强宏观政策执行情况审计

围绕我省社会建设的主要任务,高度关注公共教育、就业服务、社会保障、医疗卫生、住房保障、文化惠民、基础设施、提高生活质量等8大类民生工程的实施情况和民生政策执行情况。通过审计和专项审计调查,积极推动我省"十二五"发展规划和民生工程"十二五"规划的贯彻落实,加强和创新社会管理,提高人民幸福指数,促进实现省第九次党代会建设美好安徽的战略目标。

(二)加强民生资金使用情况审计

围绕民生工程资金的筹集、管理和使用情况,根据民生工程的不同特点和要求,密切关注各级财政分担的配套资金是否到位,项目资金的拨付是否及时,补助资金的发放是否公开透明,项目资金是否被挤占挪用,有无降低标准发放或克扣截留项目资金,有无虚报冒领、弄虚作假骗取财政资金,是否存在损失浪费,有无借民生工程之名变相增加群众负担,资金使用综合效益是否达到预期目标等,切实保障民生工程政策真正惠及广大群众。

(三)加强工程项目建设情况审计

围绕建设项目的投资、工期、质量和效益四重目标,加强对水利、公路、桥梁、保障性住房和农村基础设施等建设项目的审计,必要时延伸审计建设、设计、施工、监理、采购等单位的有关事项,重点关注项目审批是否合规、是否及时,招投标是否符合有关规定、是否存在舞弊和转包及违法分包行为,工程合同是否合法、有效、完整、可行,工程监理是否有效,工程造价是否真实,投资的经济效益与社会效益是否良好,项目的后期管理是否科学并达到预期目的等,着力保障工程建设质量,维护群众利益。

三、科学谋划,着力提升民生工程审计监督水平

(一)科学制定审计计划

要继续坚持"全面审计、突出重点"的原则,准确把握经济社会发展形势,按照"十二五"审计工作发展规划的要求,结合安徽省民生工程"十二五"规划的总体安排和各年度实施重点,充实和完善民生工程审计项目库,科学制定中长期总体规划,合理安排年度审计项目计划,提高民生工程审计的针对性、宏观性和科学性。

(二)积极探索审计方式

要深刻把握民生工程审计政策性强、涉及面广的特点,积极探索有效的审计方式,实现预算执行

审计、经济责任审计和专项资金审计等不同类型审计的有机结合,同时更加注重充分发挥专项审计调查的作用,努力从宏观的层面、全局的高度发现、研究并解决问题。要积极探索在现行审计管理体制下的具体审计项目的组织与运行方式, 摸清情况,防范风险,提高质量,增强审计监督效果。

(三)注重提升审计成果

要着力加强对民生工程审计结果的综合分析和深度挖掘,坚持在揭露问题、查处问题的同时,更加注重发挥审计建设性作用,密切关注民生工程在制度建设、机制运行、数据库管理等方面的情况,针对审计过程中发现的普遍性、倾向性和苗头性问题,强化分析研究,提出有针对性的意见和建议,为宏观决策提供重要参考,促进政策制度的进一步完善和管理水平的进一步提高。

四、优化措施,切实强化民生工程审计工作保障

(一)加强组织领导

各级审计机关要进一步完善主要负责人为第一责任人的民生工程审计领导机构和办事机构,健全科学有效的工作机制,明确审计职责分工,加强民生工程审计工作组织保障。要进一步完善全省审计系统联络机制,建立审计情况报告制度,加强上下级审计机关联动互动,充分发挥全省审计机关整体效能。要进一步完善与民生工程领导小组各成员单位的协作配合机制和横向推进机制,全面掌握民生工程实施进展和动态, 及时通报有关审计情况,努力做到信息畅通、资源共享。

(二)加强审计整改

全省审计机关要认真落实省政府关于加强审计整改的有关规定,进一步加强与民生工程各牵头责任部门的沟通,建立健全审计整改工作机制和责任制度,加大审计整改力度。要根据审计结果公告的有关规定,及时向社会公告民生工程审计结果及其审计整改情况,推进审计监督与社会监督、舆论监督的有机结合, 促进及时纠正审计发现问题,保障民生工程顺利实施。

(三)加强责任追究

各级审计机关要进一步加强与相关执法执纪部门的协作配合,健全和完善责任追究制度,严肃处理处罚审计发现问题。对在审计过程中发现的各种侵害人民群众切身利益的违法违纪行为,要依据审计法及其实施条例、《财政违法行为处罚处分条例》等法律法规严肃处理,并追究相关责任人的责任;涉嫌构成犯罪的,依法移送相关部门追究刑事责任。

安徽省推进城乡居民收入倍增规划实施领导小组办公室关于印发《2012 年安徽省居民收入倍增规划实施监测评估办法》的通知

倍增办〔2012〕13 号

省推进城乡居民收入倍增规划实施领导小组各成员单位,各市财政局,广德、宿松县财政局:

为进一步完善收入倍增规划测评体系,加强监测评估工作的针对性和实效性,经研究,现将《2012 年安徽省居民收入倍增规划实施监测评估办法》印发给你们,请遵照执行。

2012 年安徽省居民收入倍增规划实施监测评估办法

按照省委、省政府《关于实施“十二五”居民收入倍增规划的指导意见》(皖发〔2011〕14 号)精神,为进一步完善居民收入倍增规划监测评估工作,特制定本办法。

第一条 测评组织。在省推进城乡居民收入倍增规划实施领导小组(以下简称省领导小组)统一领导下,由省推进城乡居民收入倍增规划实施领导小组办公室(以下简称省倍增办)会同有关部门组织实施。

第二条 测评指标。结合居民收入倍增规划实施情况,适当调整完善监测评估指标,确定 2012 年评估指标 21 项。其中:核心指标 2 项,包括城镇居民人均可支配收入和农民人均纯收入;发展指标 2 项;增收性指标 15 项;工作评估指标 2 项。监测指标 4 项, 主要监测分析城乡居民人均收入分项结构、城镇职工年平均工资和城乡居民储蓄存款变化情况。

第三条 数据提供。城乡居民人均收入数据。由国家统计局安徽调查总队原则上于4月、7月、10月、次年1月的15日，将全国、中东部、全省的季(年)度城乡居民收入统计数据及各市城镇居民人均可支配收入统计数据报省倍增办。省统计局原则上于4月、7月、10月、次年1月的15日，将各市及2个省直管县农民人均收入统计数据报省倍增办。城乡居民人均收入数据以国家统计局正式发布为准。

监测指标数据。由国家统计局安徽调查总队和省统计局根据各自工作职责，原则上在7月和次年1月的20日，将半年和全年相关指标完成情况报省倍增办。

其他评估指标数据。由省直相关单位在7月和次年1月的15日，将半年和全年相关测评指标完成情况报省倍增办。

第四条 实施情况分析。各市、省直管县和省直各成员单位于4月、7月、10月、次年1月的20日，将居民收入倍增规划季(年)度实施情况书面报送省倍增办，其中半年为实施监测报告，全年为实施评估报告(各市、省直管县为自评报告)。

建立实施情况分析会制度，每半年召开全省居民收入倍增规划实施情况分析会，加强对全省居民收入的分析研究和监测评估。

第五条 报告发布。全省居民收入倍增规划实施情况实行半年监测、全年评估。评估总权重为120%，指标评估占100%，其中核心指标权重占50%，发展指标占10%，增收性指标占40%。工作评估占20%，其中工作创新占15%，主要对居民收入倍增工作影响大、有推广价值的工作成果进行评估；工作落实占5%，主要对省倍增办布置的各项工作、各市监测评估工作等完成情况进行评估。

省倍增办将组织测评小组对各地实施情况进行分析研究，提出监测评估意见，及时发布《安徽省居民收入倍增规划实施(半年)监测报告》、《安徽省居民收入倍增规划实施(年度)评估报告》。

第六条 相关要求。各级各部门要高度重视统计测评在居民收入倍增工作中的基础性作用，切实加强协作，认真做好数据统计、情况分析等各项测评工作。

建立健全统计报表体系和报告制度，确定专人负责，及时报送数据。

加强调查研究，及时掌握动态情况，分析存在困难和问题，提出对策建议。

如实提供统计资料和测评报告，客观评价各地目标完成情况，不得虚报、瞒报、拒报、迟报。

省倍增办将各市和省直管县的测评工作完成情况纳入全年倍增工作测评范围。对省直各部门的测评工作完成情况由省倍增办统一汇总并报省领导小组。

第七条 各县(市、区)居民收入倍增规划完成情况由所属市进行测评，测评结果报省倍增办。

第八条 本办法由省倍增办负责解释。

安徽省民生工程协调小组办公室关于进一步加强民生工程建后管养工作的通知

省民生工程协调小组各成员单位，各市、县(市、区)民生办：

为进一步健全完善工程类项目建后管养长效机制，提升民生工程工作科学化水平，确保民生工程持久发挥效益，现就进一步加强民生工程建后管养工作通知如下。

一、明确管养职责

省直各工程类项目主管部门要把民生工程建后管养作为一项重大任务，列入重要议事日程，切实承担起统筹调度、建章立制、工作指导、监督检查等职责，推进民生工程长久发挥功效。市、县(市、区)政府是各工程类项目后续管理养护的责任主体，要履行好管养工作主体职责，不断加大财政投入，落实建后管养资金，探索市场化管养模式。市、县(市、区)工程类项目主管部门是具体责任单位，要结合实际，加大管养力度，完善政策措施，推进制度创新，提升服务能力，健全长效机制，确保民生工程始终惠民便民、发挥功效。

二、健全制度办法

省直各工程类项目主管部门要结合实际，对

2011年已经出台的20个民生工程建后管养办法进行修订,进一步完善政策,细化措施,明确要求;对乡镇公办幼儿园建设、公共文化信息化服务、农村危桥加固改造、农村危房改造等4项暂未出台建后管养办法的项目,要精心细致研究,抓紧出台办法。各市、县(市、区)工程类项目主管部门要根据工程项目实际情况,建立健全工作职责、人员管理、设备管护、信息公开、监督检查等具体制度办法,形成一套行之有效的规章制度。

三、总结推广经验

省直各工程类项目主管部门要认真归纳总结各地工程类项目建后管养情况,及时发现、积极梳理基层创造的好经验、好做法。加强调查研究,对建后管养经验成果进行系统的分析评估,强化结果运用,使成功经验持续发挥作用。今年年底前,采取现场会、推进会等多种形式,交流经验做法,推广先进典型,推进民生工程持久发挥功效。

四、开展督促检查

省直各工程类项目主管部门要增强工作的主动性,通过座谈交流、阶段总结等方式,全面掌握各地管养工作落实情况。强化分类指导,严格跟踪问效,坚持抽样调查、暗访、互查等做法,严格开展监督检查,查找问题不足,实行定期通报,认真整改落实。结合日常工作和监督检查情况,年底对各市和省直管县民生工程建后管养情况进行评价。

五、接受社会监督

今年,我们向社会公开征集民生工程形象化标识,树立民生工程品牌形象。标识评选审定后,将通过新闻媒体、网站向社会公布。各市、县(市、区)工程类项目主管部门要在统一制作的民生工程标识基础上,设立工程类项目管养责任公示牌,公布管理养护主管单位、责任人和监督举报电话,广泛接受社会监督。

建后管养是民生工程的生命线。各级各部门要把握工作重点,建立健全民生工程建后管养长效机制。省直各工程类项目主管部门要督促市县不断提高工程类项目的使用率和惠民效益,认真总结建后管养责任落实、办法制定、经验推广、监督检查等情况,在年度项目实施总结中专项报告。各市、县(市、区)民生办要协调项目主管部门落实建后管养政策,加强督促检查,总结经验提出建议,确保建成民生工程持久发挥效益。省民生办将定期通报各级各部门民生工程建后管养工作情况,并适时向省民生工程协调小组报告。

安徽省民生工程协调小组办公室关于建立民生工程月报告季调度年评价制度的通知

省民生工程协调小组各成员单位,各市、县(市、区)民生办:

根据省政府《关于印发〈安徽省民生工程“十二五”规划〉的通知》(皖政〔2011〕83号),以及今年全省民生工程暨居民收入倍增工作会议精神,为进一步健全民生工程协调推进机制,经认真研究,决定建立民生工程月报告季调度年评价制度,现将《民生工程月报告季调度年评价制度》印发给你们,请遵照执行。

民生工程月报告季调度年评价制度

为进一步健全完善协调推进机制,不断形成推进民生工程的整体合力,决定建立民生工程月报告季调度年评价制度。

一、月度报告

省直各有关部门每月梳理牵头项目实施情况,填报各地实施情况表,并附简要文字说明。实施情况表主要对各地工程类项目的开工率、投资完成率进行量化填报,对补助类项目的补助人数、补助标准和发放金额进行量化填报。文字部分主要对省直部门出台的政策文件、采取的工作措施、项目的总体进展进行说明,对基层的先进经验、典型做法进行提炼,对存在的突出问题、改进的意见建议进行归纳。实施情况表和文字说明每月10日前报省民生办。省民生办汇总形成全省民生工程实施情况报告。

二、季度调度

省民生办一般于每季首月的中旬,召开一次省直联络员会议,密切跟踪阶段重点工作,切实加大调度推进力度。调度计划下达,推动工程早开工、早建设;调度资金拨付,推动资金及时补助到人、覆盖到工程;调度项目进度,推动补助类资金按时足额发放，工程类项目加快施工进度；调度建设质量，推动工程项目高标准建设；调度管理养护，推动建成项目持久高效运行。通过协调调度，研究分析实施进展中存在的困难和问题，推进下一阶段工作开展，必要时提请省民生工程协调小组协调解决。

三、年终评价

省直各有关部门对照省政府与各市政府签订的民生工程目标责任书，以及相关政策要求，每年年终对牵头项目的各市和省直管县的实施情况进行定性和定量评价，形成16个市和2个省直管县的评价报告。评价报告主要内容应包括目标任务完成、工作开展、实施效果等情况，并综合各市一年来的实施情况进行排序，于12月20日前报省民生办。在此基础上，省民生办汇总形成全省民生工程实施情况总体报告。

省直各有关部门要切实加强工作力量，按时报送进展，参加调度会议，提出政策建议，整体推进项目实施工作扎实有序进展。省民生办将适时通报各单位报送进展、统计报表、参加会议情况，确保月报告季调度年评价制度严格执行，取得实效。

安徽省民生工程协调小组办公室关于建立民生工程会商督促通报制度的通知

省民生工程协调小组各成员单位，各市、县（市、区）民生办：

根据省政府《关于印发〈安徽省民生工程“十二五”规划〉的通知》（皖政〔2011〕83号），以及今年全省民生工程暨居民收入倍增工作会议精神，为进一步健全民生工程协调推进机制，经认真研究，决定建立民生工程会商督促通报制度，现将《民生工程会商督促通报制度》印发给你们，请遵照执行。

民生工程会商督促通报制度

为进一步健全完善协调推进机制，不断形成推进民生工程的整体合力，决定建立民生工程会商督促通报制度。

一、会商沟通

省民生办与省直有关部门适时开展会商交流。会商年度实施项目，提出项目选择建议，提请协调小组研究，报省委、省政府审定；会商政策措施，制定民生工程实施办法、资金筹措办法以及相关配套文件；会商任务分解和计划下达，将目标责任和实施任务层层落实到各市和省直管县；会商资金安排和使用管理，切实提高各环节资金运行效率，等等。根据工作需要，采取两家会商与多方会商、例行会商与临时会商、集中会商与分类会商相结合等方法，直面交流、及时沟通、共商对策，并及时将会商结果报各方的负责同志和相关处室，共同推进工作落实。

二、督促检查

省民生办配合省直有关部门年中适时开展督促检查。通过检查工作机制情况，督促各地强化协调推进力度；通过检查计划下达情况，督促工程项目早日开工建设；通过检查资金拨付情况，督促资金及时拨付到个人或用款单位；通过检查项目进展，督促各地有序高效推动项目实施；通过检查工程质量，督促各地打造经得起历史检验的精品工程；通过检查建后管养，督促民生工程发挥最大惠民功效，等等。根据工作需要，采取重点抽查与专项检查相结合，个别检查与联合检查相结合，自查自纠和监察审计检查相结合等方法，对各地民生工程实施各环节进行全程跟踪、严格问效。

三、通报整改

省民生办每季通报一次民生工程实施进展情况。主要对16个市和2个省直管县民生工程的进展情况、全省各项民生工程的总体进展、创新做法、存在问题等情况进行通报。根据工作需要，采取及时督办与季度通报相结合，推动政策措施完善和实施工作改进。对于日常调研、督促检查、监察审计中发现的突出问题，以及重大媒体曝光或举报投诉经核实的问题，书面通知相关责任部门，在15个工作日内限时整改。

省直各有关部门务必高度重视，结合牵头项目特点，统筹安排好阶段工作重点，积极对接会商议题，部署安排督促措施，及时整改通报问题，确保会商有成果，督促有计划，通报有落实。对一些综合性的、具有全局意义的和难度较大的问题，要认真分析情况，加强协调沟通，提出解决建议，及时向省民生工程协调小组报告。

安徽省民生工程协调小组办公室关于建立民生工程和收入倍增工作一线联系点制度的通知

有关市、县(市、区)财政局,各联系点单位:

为贯彻落实《安徽省人民政府关于2012年实施33项民生工程的通知》(皖政〔2012〕1号)和《关于实施"十二五"居民收入倍增规划的指导意见》(皖发〔2011〕14号)精神,按照全省财政系统绩效创新年活动的部署要求,为了更好更快地了解基层工作情况,经研究决定,建立民生工程和收入倍增工作一线联系点制度。现就有关事宜通知如下:

一、工作内容

掌握民生工程和收入倍增工作各项政策安排、计划下达、实施进度和资金拨付情况,发现政策执行过程中出现的困难和问题,听取基层对民生工程实施工作和收入倍增工作的意见、建议与要求,及时总结推广基层创造的好经验、好做法。

二、工作形式

(一)信息直报

各联系点请结合自身工作,在上报上一级主管部门工作进展情况时,将有关文字、数据等直接报送省财政厅民生办,原则上于每月10号之前报送。

(二)反馈及时

通过直通电话、直报信息、网络邮件等形式,及时梳理反馈民生工程和收入倍增实施推进工作中出现的新情况、新问题,实行联系直接化、常态化。联系点上发现的问题不影响所在市的考核得分。

(三)调研直达

为减轻基层接待负担,省民生办(倍增办)根据工作需要,直接赴联系点开展走访调研工作。

三、工作要求

(一)加强协调沟通

建立一线联系点制度具有重要的现实意义,省民生办要积极主动加强与各联系点单位的沟通联系,确保联系点制度取得实实在在的成效。

(二)健全工作制度

联系双方分别确定1名人员担任联络员,具体负责工作、信息对接。建立联系点工作档案,详细记录每次到联系点开展调查研究、征求意见、指导工作情况。

(三)严明工作纪律

坚持轻车简从,力戒形式主义,尽量不干扰基层的正常生产和工作,自行解决食宿。严格遵守各项廉政纪律和规定,以务实的作风、良好的形象,扎实推进联系点工作有序开展。

(附件略)

安徽省民生工程协调小组办公室关于开展全省民生工程"访代表委员、答建议提案、汇民智民声"活动的通知

各市、县(区)财政局、民生办:

为贯彻落实《关于深化"五级书记带头大走访"活动促进党员干部深入基层服务群众的若干规定》(皖办发〔2012〕16号)精神,根据《关于以"讲责任、重感情、转作风、强素质"为主题深化全省各级机关创先争优活动的通知》(厅〔2012〕6号)要求,按照全省财政系统"绩效创新年"活动总体安排,进一步推动财政干部改进作风、服务民生,经研究决定,自4月下旬至5月上旬,围绕今年各地"两会"期间各级人大代表、政协委员提出的有关民生工程的议案、建议和提案,在全省开展"访代表委员、答建议提案、汇民智民声"活动。现就有关事项通知如下:

一、活动目的

紧紧围绕科学发展主题和全面转型、加速崛起、兴皖富民主线,回应社会关切,把握民生诉求,组织财政干部认真办理有关民生工程的议案、建议和提案,加强与人大代表及政协委员的联系和沟通,主动上门走访,听取对民生工作的意见和建议,及时宣传介绍民生工程政策措施,主动接受人大依法监督和政协民主监督,把落实人大建议、政协提案工作作为听取民声、了解民意的重要抓手和平台,把加强与代表、委员的沟通联系作为汇集民智、改进作风的桥梁与纽带,努力提升民生工作科学化、民主化水平,营造全社会关心、重视和支持民生

工程的良好氛围，进一步提高民生工程的关注度、知晓度和满意度，推进社会和谐、人民幸福的美好安徽建设。

二、活动内容

1. 认真梳理议案、建议和提案。对今年各地“两会”交由财政部门承办的有关民生工程议案、建议和提案，进行认真整理分类，分析梳理人大代表、政协委员关心的热点难点问题，研究提出有针对性的办复意见。

2. 上门办理议案、建议和提案。在办理每一件涉及民生工程的议案、建议和提案时，都要精心准备办复意见，与提出建议、提案的代表和委员，特别是领衔建议、提案的代表和委员，面对面沟通，深入全面交流，确保每件议案、建议和提案都做登门办理、当面交流。

3. 切实提高办复满意率。对于已经办复的议案、建议和提案，也要登门走访代表、委员，了解代表、委员是否满意，反馈办理意见落实情况。对于政策规定或条件限制不能解决的，要如实解释政策，说明情况，争取代表、委员的理解和支持。

4. 进一步听取代表、委员意见。在走访过程中，要进一步听取人大代表、政协委员对于民生工程工作的意见和建议，不断完善政策，改进工作，巩固提升民生工程。

三、活动安排

1. 时间安排：4 月 16 日前梳理筛选议案、建议和提案，报送《人大代表建议和政协委员提案基本情况表》；4 月 17 日至 5 月 17 日开展走访活动；5 月 20 日前报送活动总结和《人大代表建议和政协委员提案办理结果一览表》。

2. 活动形式：分级开展人大代表、政协委员议案、建议和提案走访工作。对于今年“两会”提出的有关民生工程的议案、建议和提案，各级财政部门要件件有落实，事事有回音，逐个登门走访建议人和提案人。

3. 参加人员：省财政厅领导、省财政厅民生办及有关处室工作人员；各市、县(区)财政局领导、民生办及有关(股、室、局)工作人员。

四、活动要求

1. 加强组织领导。各市、县财政局要高度重视，切实加强组织领导，扎实有效开展活动，把议案、建议和提案办理工作列入内部目标管理和效能考核的重要内容。领导班子成员要深入一线，带头领办，走访代表、委员，发挥表率作用。

2. “面对面”沟通交流。通过上门走访、沟通交流，全面了解代表、委员所提问题的背景和意图，与代表、委员共商解决民生工程问题的办法和措施。向代表、委员详细介绍民生工程政策措施、资金投入、建后管养等实施工作，加强释疑解惑，最大限度争取对民生工程的理解和支持。

3. 增强走访实效。对议案、建议和提案反映比较集中的热点难点问题，要高度重视，列入重要议事日程，会同有关部门采取措施加以解决。巩固民生工程人大代表、政协委员巡视评估活动成果，加强与人大、政协机关的协调配合，邀请人大代表、政协委员参与民生工程督查、考核等活动，引导代表、委员参与、支持和监督民生工程。

4. 强化政策宣传。各地在开展走访活动的同时，要进一步加强民生工程政策宣传，采取灵活多样的形式，面向基层、面向群众，宣传介绍民生工程政策措施，不断提高群众知晓度、满意度，扩大民生工程社会影响。

(附件略)

领导讲话

在"民生工程、民主决策、民主管理、民主监督"安徽省2013年民生工程项目公开征集活动新闻发布会上的讲话

省财政厅厅长　罗建国

(2012年10月16日)

各位媒体朋友：

大家好！欢迎各位出席今天的新闻发布会！大家知道，从2007年开始，安徽省委、省政府立足推动科学发展、建设美好安徽大局，在全国率先组织实施民生工程。到2012年9月底，全省累计投入1850亿元，惠及6000多万人民群众，人均受益近3000元，解决了一大批群众最关心、最直接、最现实的利益问题，探索出一条以工程化措施、项目化手段加强民生建设的新路，打造了一项保障改善民生、建设美好安徽的亮点品牌，得到了胡锦涛总书记、习近平副主席等中央领导的充分肯定，受到了人民群众的积极拥护。

为进一步扩大政务公开，推进民主理财，省委、省政府决定开展"民生工程、民主决策、民主管理、民主监督"安徽省2013年民生工程项目公开征集活动。下面，我介绍一下有关情况。

一、项目公开征集活动目的

省委、省政府历来高度重视科学民主决策，坚持走群众路线，作出了一系列顺民心、合民意的重大战略部署。开展民生工程项目公开征集活动，主要是为了广泛听取公众意见，汇集群众智慧，促进科学决策，接受社会监督。

一是践行以人为本宗旨，推进民生政务公开的需要。民生工程事关广大人民群众的切身利益，打造以人为本、公开透明、阳光高效的政务公开机制至关重要。保障和改善民生，必须充分听取民意，了解群众所思所想所盼，切实尊重人民群众的知情权、参与权、表达权和监督权。近年来，我们已经开展了人大代表、政协委员巡视民生工程、财政干部大走访、民生工程社情民意调查、农村结对共建等方面的探索，今后还要进一步加大财政财务公开力度，凡是涉及民生的支出都要听取群众意见，接受社会监督。

二是坚持公共财政导向，推进科学民主理财的需要。财政收入取之于民，用之于民。推进依法理财、科学理财、民主理财，始终是公共财政改革发展的主导方向，保障和改善民生，始终是财政工作的根本出发点和落脚点。通过开展项目公开征集活动，坚持问政问计问需于民，可以汇集群众智慧力量，进一步规范民主理财，深化公共财政制度改革，加快财政事业发展，更好地服务于保障和改善民生。

三是实现保障改善民生目标，推进美好安徽建设的需要。民生连着民心，民心凝聚民力。我们必须自觉践行党的群众路线，拓宽民生工程公众参与渠道，发动广大人民群众在民生工程项目选择、制度安排等方面积极建言献策，发表真知灼见，实现民生工程项目民主决策，过程民主管理，效果民主监督，真正让民生工程深入人心、温暖民心，形成全省人民共同建设美好安徽的强大合力。

二、项目公开征集活动内容

为做好此次项目公开征集活动，便于社会各界提出意见建议，我们提出了33个备选项目，供大家讨论。其中：基本公共教育与公共文化类7项；劳动就业服务类2项；社会保险类3项；基本社会服务类6项；基本医疗卫生类5项；基本住房保障类2项；农村生产生活条件改善类8项。与今年相比，这33个项目包括：

新增的有6个项目，生活无着人员社会救助、基本公共卫生服务、县级公立医院药品零差率补助、土地治理、公共文化场馆开放、农村文化建设专项补助。

提高标准的有4个项目，农村低保、重度残疾人生活救助、新农合、城镇居民医疗保险。

扩充整合的有2个项目，城乡养老服务体系建设、村庄建设与环境整治。

按现有政策继续实施的有21个项目，计生奖扶、城市低收入家庭与公租房保障、城乡居民养老保险、义务教育经费保障、家庭经济困难学生资助、新型农民培训、就业技能培训、乡镇公办幼儿园建设、城乡医疗救助、重大传染病医疗救治、贫困残疾人康复、提高妇女儿童健康水平、农村饮水安全工程、政策性农业保险、农村沼气建设、病险水库除险加固、一事一议、农村公路危桥改造、农村危房改造、广播电视"村村通"、公共文化信息化建设。

退出的有6个项目，到今年底，社会(儿童)福利中心、校舍安全工程、农村留守儿童之家、乡镇文化站、家电下乡、农家书屋等6个项目将完成任务，退出实施范围。

以上备选的33个项目预计财政投入将超过600亿元，与今年计划相比，投入增幅在11%左右。这33个民生工程项目，是围绕党的十七大提出的"五有"目标，以我省民生工程"十二五"规划为基础，结合国家基本公共服务体系"十二五"规划、安徽美好乡村建设规划，以及医疗卫生、文化体制、城乡养老保险等重点改革，认真考虑人大代表、政协委员以及社会各界意见建议的基础上提出的，请大家对备选的33个项目的内容、标准、政策提出意见建议。需要指出的是，此次项目公开征集活动，不仅限于这33个项目，大家可以提出覆盖面广、受益群体多、群众特别需要实施的项目，供省委、省政府决策参考。

三、项目公开征集活动方式

为便于项目公开征集活动开展，我们设计了一份调查问卷，分为身份识别、项目选择以及意见建议三个部分。身份识别部分，设置年龄、职业两个问题，了解活动参与者的基本情况，便于对调查问卷进行分析归类；项目选择部分，列出33个民生工程备选项目名称及内容，活动参与者认为应纳入2013年民生工程项目范围的，则相应勾选；意见建议部分，设置两个问题，一是您对备选的33个民生工程项目有什么意见或建议？二是您认为还有哪些覆盖面较广而又急待解决的问题，需要纳入2013年民生工程实施范围？我们将在《安徽日报》刊登项目征集内容，在安徽省财政厅门户网站设立安徽省2013年民生工程项目问卷调查专栏，网址是，征集时间从2012年10月16日至10月31日。欢迎各界人士踊跃参与调查，积极建言献策。

四、项目公开征集结果运用

项目公开征集活动结束后，我们将对调查问卷进行汇总整理、梳理分类、研究论证，及时会商省直有关部门，对实施主体、覆盖范围、目标任务、资金渠道、建设标准、绩效评价以及政策措施等进行认真研究和详细测算，提出2013年民生工程项目选择建议方案，提请省民生工程协调小组讨论、修改、完善，最后报请省委、省政府研究确定。

保障和改善民生，只有起点，没有终点。我们将坚决贯彻落实省委、省政府决策部署，与各级各部门共同努力，建立健全：目标明、责任清的任务落实机制，强有力、跨部门的协调推进机制，严管理、精细化的资金保障机制，重民意、讲成效的督查评价机制，广覆盖、全动员的政策宣传机制，不断加大保障改善民生力度，让广大群众共享改革发展成果，加快推进美好安徽建设进程。

谢谢大家！

在政风行风热线《民生财政》专题栏目上的致辞

省财政厅厅长　罗建国

听众朋友们：

大家好！今天，《民生财政》栏目在安徽广播电视台《政风行风热线》频道正式开播，我代表省财政厅向各位听众朋友们问好！

2007年以来，省委、省政府坚持以人为本，围绕"五有"目标，在全国率先实施民生工程，六年累计投入1885亿元，实施了40项民生工程，惠及6000多万人民群众，人均受益3000多元，取得明显成效。民生工程已经成为我省改善民生最为有效的政策平台、最受欢迎的制度安排、最具特色的工作品牌。习近平总书记在安徽视察时指出"近年来，安徽改善民生的工作力度不断加大，探索了一条以项目化手段发展社会事业、用工程化措施解决民生问题的路子"。

在民生工程的引领和带动下，我省民生事业发展取得长足进步，民生财政投入力度不断加大。2011年，我省财政民生支出2660.7亿元，占财政支出的78.7%。2012年前11个月，我省财政民生支出完成2559.3亿元，占财政支出总量的79%，新增财力用于民生支出的比重达到83.6%，有力地提升了保障和改善民生水平。

省委省政府研究决定，2013年继续实施33项民生工程，计划投入资金605亿元，增幅约12%。与2012年相比，项目退出6项，提标扩面5项，扩充整合1项，按现有政策继续实施21项，新增6项，重点解决人民群众最关心、最直接、最现实的利益问题。新增项目为：①建设美好乡村公共服务体系奖补；②生活无着人员社会救助；③基本公共卫生服务；④县级公立医院药品零差率补助；⑤公共文化场馆开放；⑥农村文化建设专项补助。

我们将认真贯彻落实省委、省政府决策部署，围绕"五有"目标，以健全完善基本公共服务体系为主线，坚持"积极而为、量力而行，统筹城乡、强化基层，整合资源、健全机制，建管并重、合力推进"的基本原则，更加注重民主管理、服务均等、绩效提升、建后管养和社会参与，努力开创民生工程工作新局面。进一步创新举措、狠抓落实，建立健全目标明、责任清的任务落实机制，强有力、跨部门的协调推进机制，严管理、精细化的资金保障机制，重民意、讲成效的绩效评估机制，广覆盖、全动员的政策宣传机制，确保全面完成2013年民生工程目标任务。

为进一步加强民生工程、民生财政和民生工作宣传，我们会同安徽广播电视台开播《民生财政》这档专题节目，主要内容有：一是解读民生财政政策。进一步加大财政民生政策公开力度，把资金投向、实施范围、受益群体、主要程序等原原本本的向社会公开、向群众解读，努力扩大覆盖面、知晓度。二是介绍民生工程进展成效。定期通报民生工程进展，全方位、多层次宣传民生工程成效，营造民生工程实施的良好氛围。三是解答听众朋友提问。选择大家普遍关注、具有代表性的意见建议进行回答，回应社会关切、接受群众监督。

为确保节目有特色、受欢迎、见成效，我们与栏目组认真细致做好节目编排、政策解读、提问解答等各环节工作。节目的主要安排是，一季度重点宣传2012年民生工程实施成效、2013年项目总体安排；二季度重点解读2013年民生工程政策；三季度、四季度重点宣传民生工程实施进展、各地典型经验和做法。节目中将根据情况，安排时间、明确专人解答听众提问，争取让听众朋友满意。

听众朋友们！保障改善民生是宗旨意识之本、科学发展之需、为民理财之要。我们将以十八大精神和科学发展观为引领，牢固树立民生优先理念，加大财政民生投入，全力实施民生工程，进一步提升认识的自觉，进一步提升行动的效能，为建设美好安徽作出新贡献。

谢谢大家！

工作纪实

2012年33项民生工程实施工作总结

2012年,在省委、省政府的坚强领导下,全省各地各有关部门主动作为、开拓创新、扎实苦干,33项民生工程组织实施工作进展顺利,各项目标任务基本完成,取得显著成效。

一、任务完成情况和成效

2012年,全省累计投入民生工程资金565.2亿元,占年初计划筹资总额的104.6%,比上年增加97.2亿元,增长20.8%,惠及6000多万人民群众,人均受益900多元。其中:涉农民生工程项目累计投入434.2亿元,增加77.7亿元,增长21.8%,公共服务向农村延伸的局面加速形成;特惠民生工程项目累计投入53.3亿元,增加2.2亿元,增长4.1%,对低保对象、五保户、贫困残疾人、计生奖补家庭等群体在“五有”保障方面给予优先照顾;直接发放或补助到人资金374.3亿元、增长29.4%,工程类项目投入资金190.9亿元、增长6.8%,增加了群众的转移性收入,扩大了社会投资,在稳增长、扩内需、惠民生方面发挥了积极作用。实践再一次证明,民生工程已经成为我省改善民生最为有效的政策平台、最受欢迎的制度安排、最具特色的工作品牌。

与2011年相比,2012年新增实施3个项目,全面实施城乡居民养老保险制度,开展乡镇公办中心幼儿园和公共文化服务信息化建设任务;提高6项补助标准,将农村低保、农村五保供养、贫困残疾人补差水平、生活标准提高10%,城乡义务教育经费保障标准提高到小学525元、初中725元,新农合和城镇居民医保财政补助标准提高到240元/人;调整充实5项内容,完善就业技能培训、家电下乡、重大传染病救治政策,扩充残疾人康复工程、计生奖扶内容。

(一)基本公共教育与公共文化类

累计投入85.6亿元,占比15.1%。落实城乡义务教育保障政策,对高校、中职和普通高中家庭经济困难学生实行资助,推进乡镇公办幼儿园建设,进一步加大基本公共教育保障力度;完成农家书屋、乡镇文化站、广播电视“村村通”、公共文化服务信息化建设任务,保障群众基本公共文化需求。

(二)劳动就业服务类

累计投入3.8亿元,占比0.7%。对农民、进城务工人员、未就业毕业生等进行培训,提高了就业能力和就业层次。

(三)社会保险类

累计投入202.4亿元,占比35.8%。新农合、城镇居民医保财政补助标准由200元提高到240元,医疗报销补偿水平进一步提高;到2012年7月实现城乡居民养老保险制度全覆盖,保障人数达3350万人。

(四)基本社会服务类

累计投入44.9亿元,占比7.9%。农村低保、五保供养、计生奖扶标准进一步提高,城乡困难群众生活保障问题得到有效缓解;社会(儿童)福利中心、农村敬老院建设步伐进一步加快,服务能力和保障水平进一步提升。

(五)基本医疗卫生类

累计投入16.4亿元,占比2.9%。城乡医疗救助保障水平进一步提高,贫困残疾人康复、重大传染病救治力度进一步加大,提高妇女儿童健康水平各项任务超额完成。

(六)基本住房保障类

累计投入106.6亿元,占比18.9%。加快推进保障性住房建设,新增廉租住房和公共租赁住房23.6万套;保障农村困难群众住房安全,完成农村危房改造10万户。

(七)农村基本生产生活改善类

累计投入105.5亿元,占比18.7%。从农业保险、供水、环保、水利、交通、文化、消费、村级公益事业八个方面改善农村生产生活环境。

二、组织实施工作情况

(一)不断加强组织领导

2012年全省民生工程暨收入倍增实施工作会议与上年相比,提前4天召开,省委书记张宝顺同志和省长李斌同志亲自到会作重要讲话,常务副省长詹夏来同志代表省政府与各市政府签订了目标责任书。张宝顺书记和李斌省长每逢全局性会议都对民生工程工作提出要求,还多次深入一线检查,有力地推动了民生工程实施。各市县党委、政府把民生工程实施工作作为一项重大任务,列入重要议事日程,坚持主要负责同志亲自抓、负总责。

(二)创新工作推进机制

制定《民生工程月报告季调度年评价制度》、《民生工程会商督促通报制度》,进一步创新民生工程定期报告、协调调度、会商交流、督促通报、监督评价机制。5月份会同有关部门召开了农村五保供养机构建后管养现场会,6月起按月通报各地民生工程实施进度,7月和10月分别召开了民生工程省直联络员会议和工作调度会,有力有序推动了民生工程实施。

(三)完善建后管养措施

各地各部门将工程类项目建后管养作为2012年民生工程工作的重要内容,省财政厅制定了《关于进一步加强民生工程建后管养工作的通知》,省直有关部门出台了农村公路危桥改造、乡镇公办幼儿园、农村公共文化信息化建设建后管养指导性意见,使出台建后管养指导性意见的项目数达到23个,进一步明确了管养责任,落实了管养主体,推广了管养经验,推进了政策落实,全省各市、县(区)累计安排民生工程管养经费7.24亿元,建成项目管养措施进一步完善。

(四)加大调研督查力度

7—8月,组织3个督查组,分赴16个市及2个省直管县开展全省民生工程和收入倍增规划实施情况调研督查。10—11月,根据省委、省政府要求,开展了“贯彻落实党的十八大精神,加快全省科学发展步伐”民生工程专题调研,总结实施情况和成效,分析面临形势和存在问题,提出完善思路和建议。10月,结合年度财政工作,财政厅全体厅领导深入16个市进行了全面督查。10—11月,提请省人大常委会郭万清、陈先森副主任,省政协王鹤龄、赵韩副主席率队,对部分市县民生工程项目进展、政策落实情况进行了视察。12月,提请省委办公厅、省政府办公厅组织民生工程专项督查活动,进一步推动了民生工程实施。

(五)推动民主参与进程

从9月份开始,历时3个月时间,面向社会征集民生工程形象化标识,邀请省人大代表、省政协委员、专家教授、业内人士等对270件作品进行评审,确定了获奖作品。10月份,开展“民生工程、民主决策、民主管理、民主监督”2013年民生工程项目公开征集活动,累计参与人数达58238人,收集意见4801条。很多群众予以肯定,认为充分尊重了群众的知情权、参与权、表达权和监督权,有网民评论“民生工程听民声,这样的决策很亲民”。

(六)营造和谐实施氛围

迅速贯彻李斌省长有关民生工程社情民意调查分析的批示精神,印发《关于进一步改进完善工作,提高民生工程群众满意度的通知》。4月份,开展了民生工程“访代表委员、答建议提案、汇民智民声”活动,省、市、县财政部门三级联动,与提出建议、议案和提案的领衔人面对面交流,虚心听取意见,各级人大代表、政协委员对办理结果均表示满意。加强政策宣传,在《中国财经报》刊登系列报道,在省“两台一报”分别开设“民生工程进行时”专栏,发布《幸福民生的“安徽答卷”》万字报道,启动《民生财政》节目,在省政府民生工程网站、财政厅民生专栏网页更新信息300多条,编发民生工程简报24期,营造了浓厚的实施氛围。

2012年民生工程实施工作,主要呈现以下特点。一是领导高度重视。省委、省政府主要领导在全省综合性会议上多次强调民生工程实施工作,省财政厅始终将民生工作作为财政工作的出发点和落脚点,各级各部门切实加强组织领导,层层落实责任,基本做到了一把手抓抓一把手。二是部门密切配合。各级各部门进一步健全完善民生工程上下联动、横向互动的协调推进机制,围绕中心,服务大局,凝心聚力,主动作为,努力形成衔接有序、协调有力、真抓实干、合力共进的良好局面。三是紧抓工作落实。坚持科学民主实施民生工程,建立便民利民服务机制,主动接受人大代表、政协委员、基层群众和社会各界监督,推动民生工程各项政策有效落实、取信于民。四是坚持改革创新。在不断总结经验的基础上,在民生工程项目选择、工作机制、建后管养、政策宣传上积极创新,推进民生工程民主决策、民主管理、民主监督,打造新亮点、创造新经验,不断增加人民群众福祉,加快美好安徽建设进程。

(厅民生办供稿)

2012 年全省居民收入倍增规划监测评估报告

2012 年,在省委、省政府的坚强领导下,各地各部门将城乡居民收入翻番作为经济社会发展的"硬任务",创新举措、合力共为,加快构建居民收入持续较快增长的多元支撑体系,不断深入推进居民收入倍增规划实施,各项年度目标任务顺利完成,城乡居民收入继续保持稳步增长,居民收入倍增规划实施取得了初步成效。

一、2012 年居民收入倍增规划实施总体情况

2012 年,全省城镇居民人均可支配收入 21024 元,比上年增加 2418 元,增长 13%。在居民家庭总收入中,工资性收入 14812.5 元,增长 14.7%;经营净收入 2155.3 元,增长 15%;财产性收入 549.6 元,下降 3.6%;转移性收入 6007.1 元,增长 11.4%。

农民人均纯收入 7161 元,比上年增加 929 元,增长 14.9%。全省农民纯收入中四大项收入构成全面上涨,其中:工资性收入 3243.5 元,增长 19.1%;家庭经营收入 3265.6 元,增长 9.4%;财产性收入 111.8 元,增长 5.5%;转移性收入 539.5 元,增长 29.4%。

(一)收入增幅有所下降,"十二五"以来年均增幅超额完成规划目标。受宏观经济形势和各方面因素影响,2012 年,城镇居民人均可支配收入增长 13%、比 2011 年低 4.8 个百分点,农民人均纯收入增长 14.9%、比 2011 年低 3 个百分点,收入增速有所下降。但两项收入增幅仍高于全国平均水平 0.4 和 1.4 个百分点。居民收入倍增规划实施两年以来,城乡居民收入年均增速分别达到了 15.4%和 16.4%,超过规划目标 0.9 和 1.5 个百分点;绝对数增加了 5236 元和 1876 元,超过同期规划目标 326 元和 184 元。

(二)农民和皖北地区收入增幅较大,城乡、区域收入差距缩小。2012 年,全省农民收入增速高于城镇居民收入增速 1.9 个百分点,农民收入增幅已连续三年高于城镇居民。城乡居民收入比(城镇居民人均可支配收入 / 农民人均现金收入)为 2.94,比全国水平低 0.16,比上年同期低 0.05。同时,皖北地区城乡居民收入增长持续加快,两项收入增幅位居全省前列,尤其是亳州、阜阳、宿州、蚌埠等市农民人均纯收入增幅均在 16%以上,城乡、区域居民收入差距进一步缩小。

(三)收入构成增长不一,经营性、财产性收入潜力较大。从居民收入的四大项目结构来看,2012 年,全省城镇居民家庭总收入中,工资性收入比重达到 63%,增长 14.7%,增幅比 2011 年高 1.8 个百分点。工资性收入增加额 1896.6 元,占总收入增加额的 68.4%,工资性收入快速增长是全省城镇居民收入增长的最主要动力。经营性收入增速达到 15%,但比重较低,仅占 9.2%,显示出全省个体私营经济不够发达,居民在这方面获得的收入偏低。财产性收入比重最小,仅占 2.3%,增速比上年下降 3.6%。财产性收入下降的主要原因是证券市场不景气,居民在这方面投资收益下降。

农民收入中,工资性收入增长 19.1%,增加额为 520.3 元,占农民收入增加额的 56%,是农民收入增长的最大推动力。农民家庭经营性收入比重达 45.6%,仍居第一位,但增长放缓,增速比 2011 年下降了 4.3 个百分点,仍需进一步提高农业经营效率和产出效益。财产性收入只有 111.8 元,仅占 1.6%,增速仅为 5.5%,限制了农民增收步伐。转移性收入增长 29.4%,是四大收入构成中涨幅最大的。

(四)收入水平全国居中,相对差距缩小、绝对差距拉大。2012 年,全省城镇居民人均可支配收入和农民人均纯收入在全国31个省市中排第15位和第20位,与2011年相比仅城镇居民收入位次提升一位。这主要是由于全省城乡居民收入基数低,同时发达地区居民收入水平较高又拉动了全国平均收入水平走高,因此总体水平仍处中等。与全国相比,全省居民收入总体呈现出相对差距逐渐缩小、绝对差距有所扩大的特点。全省城镇居民人均可支配收入相当于全国平均水平由2011年的85.3%,提高到2012年的85.6%,农民人均纯收入由89.3%提高到90.5%;城镇居民人均可支配收入和农民人均纯收入与全国的绝对差距由2011年的3204元和745元分别扩大至3541元和756元。

(五)在中部地区位次不变,增收步伐仍需加快。2012年,全省城乡居民收入水平在中部地区分别位居第2位和第5位,与2011年位次相同。城镇居民收入与第1位湖南省的差距由2011年的238元扩大到294元,农民收入与第1位湖北省的差距由2011年的666元扩大到690元。全省与中部地区比较来看,主要表现为城镇居民收入水平较高但增速不快,农民收入增速快但收入水平较低的特点。

2012年,从各市居民收入水平来看,城乡居民收入水平最高的马鞍山市已超过30000元和10000元,最低的阜阳市为18972元和5922元。合肥、马鞍山、铜陵3个市城镇居民收入已超过全国24565元的平均水平,合肥、滁州、马鞍山、芜湖、宣城、铜陵、池州、黄山8个市农民收入已超过全国7917元的平均水平。从各市居民收入增速来看,2012年16个市城镇居民人均可支配收入均未完成14.5%的年度增长目标,增幅最高的滁州市达到14%,增幅最低的池州市只有13%;16个市农民人均纯收入均完成14.9%的年度增长目标,增幅最高的亳州市达到16.2%,增幅最低的马鞍山市达到14.9%。“十二五”以来,各市城镇居民人均可支配收入年均增速均超过了14.5%的规划目标,增幅最高的阜阳市达到16.5%,增幅最低的亳州市达到14.8%;淮北、亳州、宿州、蚌埠、阜阳、淮南、滁州、六安、宣城、铜陵、池州、安庆、黄山13个市农民人均纯收入年均增速均超过了14.9%的规划目标,其中最高的阜阳市达到18.9%,最低的铜陵市达到16.4%;合肥、芜湖、马鞍山3市农民人均纯收入年均增速分别为13.0%、11.1%、8.2%,未达到14.9%的年度规划目标。

二、影响城乡居民增收的主要因素

(一)经济平稳较快发展为居民增收奠定基础。2012年全省经济发展总体平稳,农业发展持续向好,全省粮食产量实现“七连增”,物价涨幅持续回落,主要经济指标如GDP、固定资产投资、社会消费品零售总额等增幅均高于全国水平,中部领先。省政府发布《关于促进经济平稳较快发展若干意见》,出台30条新政引导经济健康发展。全省经济稳中有进、形势良好,使居民收入内生增长动力增强,收入趋于多元。

(二)积极就业创业政策为居民增收提供保障。省人社厅、省农委、省经信委、省财政厅等部门通过加大投入、税费减免、项目扶持等方式,认真落实就业优先战略和更加积极的就业创业政策,支持农民工、高校毕业生、困难群体就业创业。2012年,实现城镇新增就业65.8万人,完成年度目标109.7%。加强就业技能培训,新型农民培训40.45万人,完成年度目标101.1%。积极推进农村劳动力就地就近转移就业,全省转移农村劳动力就业1449万人,比2011年底新增79万人。大力实施稳企援岗政策,先后为3544户困难企业核发社保补助,稳定岗位近118万个。积极开展工资集体协商“要约行动”,推动企业逐步建立工资共决机制。认真做好高校毕业生就业工作,为6586名困难高校毕业生发放求职补贴329.3万元,全年高校毕业生就业率达到95%以上。创新小额担保贷款模式,在全省推行“整贷直发”,全年新发放贷款51亿元,超过2002年以来十年总和。

(三)大力发展现代农业为农民增收拓宽渠道。2012年全省粮食总产657.8亿斤,较上年增加30.7亿斤,实现9连丰、7连增,为全年农民增收奠定了坚实基础。加快实施产业化“671”转型倍增计划,实现农产品加工业总值5998.2亿元,完成年度目标任务119.9%。畜禽规模养殖比重达到61%,超过年度目标任务1个百分点。农业信息化覆盖率达到84.8%,超过年度目标任务0.8个百分点。50亩以上农业规模化经营面积完成1660.23万亩,完成年度目标任务117%。大力推进现代农业示范区建设,新增年产值50亿元省级农业产业化示范区15个,超额完成年度目标任务4个。加快农民专业合作社发展,发展农村专业合作经济组织31894个,完成年度目标任务的138.5%。按照依法自愿有偿原则，重点引导农民开展土地流转和股份合作，全省土地流转面积2052.75万亩，其中流转耕地1275.6万亩，占耕地总面积20.53%。启动建设美好乡村，开展2300个村庄整治试点。落实强农惠农政策，通过“一卡通”发放27项惠农补贴资金195.5亿元，人均受益515元，比2011年增加103元。

（四）坚持保障改善民生为居民增收减支发挥了良好作用。2012年，城乡居民转移性收入分别增长了11.4%和29.4%，民生优先的理念成为城乡居民增收的新动力。全省民生支出3161.2亿元，增长21.2%，占全省财政支出的79.9%，其中33项民生工程投入资金565.2亿元，增长20.8%。基本公共服务水平不断提升，社会保障体系更加完善。城乡居民社会养老保险制度实现全覆盖，全年累计发放基础养老金51.46亿元。企业职工基本养老金月人均标准超过1500元，人均增加175元。城乡居民最低生活月均补差水平分别提高到283元和124元，五保对象供养财政补助标准每人每年提高到1540元，城乡低保和农村五保供养全部实现年均增长10%以上的年度目标任务。发放各类困难群体临时补贴和生活补贴12亿元。新农合和城镇居民基本医疗保险财政人均补助标准统一提高到240元。“新农合”政策范围内住院医疗费用支付比例达到73.4%，超过年度目标任务3.4个百分点。城镇职工政策范围内住院医疗费用支付比例达到82.94%，超过年度目标任务7.94个百分点。居民医保政策范围内住院医疗费用支付比例达到71.63%，超过年度目标任务1.63个百分点。人均基本公共卫生服务补助标准提高到25元，县级公立医院综合改革全面启动，所有县级公立医院取消药品加成。

（五）开拓创新突出优势为居民增收增添活力。2012年，各地结合自身实际，创新工作举措，不断挖掘和培养促进居民增收的特点亮点，进行了很多有益的探索和创新，促进了城乡居民持续快速增长。如宿州市大力发展劳动密集型产业，为产业转移、扩大就业、工资增长等拓宽途径；淮南市开展土地托管服务，实行集约化、专业化、机械化经营，促进了土地增效、农民增收；铜陵市开展“工资协商提升年”活动，保障职工工资收入稳定增长；池州市“以林生财”富农家，全年实现林权抵押贷款1.2亿元；宣城市大力发展农民专业合作社带动社员平均增收30%以上。

2012年，全省城乡居民收入继续保持稳步增长，倍增规划实施进一步深入，但仍需重视以下几方面问题。一是经济下行压力较大。受经济下行影响，2012年居民收入相比2011年增长明显放缓，未来居民增收受经济波动影响仍然较大，寻求新的经济增长点尤为迫切。二是就业压力不容忽视。受国内外宏观经济环境影响，就业总量压力依然较大，结构性“招工难”问题仍较突出。从目前情况看，经济增速放缓，企业用工不稳定性、农民工集中返乡风险、高校毕业生就业压力增大等情况开始显现。三是农民增收难度大。农业基础设施薄弱，农业产业化水平不高，农业社会化服务体系不健全，农民创业融资难等问题仍是制约农民增收的难点。四是收入结构不平衡。工资性和转移性收入增长较快，财产性和经营性收入增长较慢，特别是城镇居民财产性收入2012年同比下降了3.6%，限制了居民增收空间。

三、进一步促进居民增收的对策建议

（一）千方百计加快经济持续健康发展。经济快速发展是居民增收的基础。未来仍要坚定不移地按照省委省政府关于加快经济持续健康发展的总体部署要求，以皖江城市带、合芜蚌试验区、中原经济区、大别山连片扶贫开发等重大战略为依托，以促进非公经济和服务业发展为重点，调结构、转方式、扩内需，加快经济发展，夯实居民增收基础。

（二）进一步完善促进居民增收的相关政策措施。一是坚持就业优先，实施更加积极的就业政策，促进以高校毕业生为重点的青年、农村转移劳动力、城镇困难人员就业，加强劳动者职业技能培训，提高就业层次与水平。二是贯彻国家收入分配制度改革精神，实行有利于居民增收的政策措施，完善劳动、资本、技术、管理等要素按贡献参与分配的初次分配机制，加快健全以税收、社会保障、转移支付为主要手段的再分配调节机制，构建居民收入增长多元支撑体系，增强居民收入与经济增长的弹性，提高居民收入在国民收入分配中比重。三是统筹推进城乡社会保障体系建设，巩固扩大城乡居民社会养老保险制度全覆盖成果，适时调整企业退休人员基本养老金和城镇居民医保、新农合补助标准，稳步提高医保政策范围内住院费用报销比例。四是推动建立工资正常增长机制，适时调整最低工资标准,完善机关事业单位工资制度,大力推进企业工资集体协商,逐步解决一些行业企业职工工资过低的问题。

(三)创新举措提高经营性、财产性收入比重。一要鼓励全民创业,完善和落实小额担保贷款、财政贴息等鼓励自主创业政策,以提高城乡居民经营性收入;二要优化理财环境,拓宽居民理财渠道,不断提高居民家庭财产性收入,尤其要加强农民土地承包经营权、宅基地、林权的确权登记,健全流转渠道,增加产权收益;三要提高农业经营效率,加大“三农”投入,大力发展农民专业合作、股份合作和家庭农场,大力推进农业产业化经营和现代农业发展,提高农业产出效益,增加农业从业人员的经营性收入。

(四)抓难点促平衡,整体提升居民收入水平。实现居民收入赶上全国,缩小城乡、区域、群体间收入差距是关键。一是以加快农民增收为重点,加大强农惠农富农政策力度,发展农业多种经营,拓展农民增收空间。二是以收入水平较低地区为重点,推动区域协调发展,落实好扶持政策和扶贫规划,加快提升皖北地区、大别山区居民收入。三是以低收入群体为重点,重视城乡困难群体特别是无就业家庭、因病致贫家庭,努力把政府转移性支出更多地向城乡贫困家庭倾斜,支持贫困家庭就业,根本上提高低收入者收入。

(厅民生办供稿)

省人大、省政协领导视察民生工程和收入倍增规划实施工作情况

10月30日至11月8日,省人大常委会副主任郭万清、陈先森,省政协副主席王鹤龄、赵韩分别带队,率领省人大代表、省政协委员和有关部门,组成4个视察组,赴淮北、蚌埠、阜阳、宣城、池州、铜陵、马鞍山7个市开展民生工程和收入倍增规划实施情况视察。视察组一行实地察看了各地农村五保供养服务机构、乡镇公办幼儿园、农村饮水安全等民生工程项目建设情况,进村入户,走访了城乡居民养老保险受益群众,详细了解了居民收入增长情况。对各地民生工程和收入倍增规划实施工作给予了充分肯定、提出了殷切希望,有力地推进了这两项重点工作的开展。

省人大常委会副主任郭万清强调,必须以改革创新的精神推进民生工程。实施民生工程是加强社会建设的一项长期任务。面对新形势新挑战,必须以改革创新的精神推进民生工程,不断完善工作机制,积极探索新思路、谋划新举措,促进民生工程持续健康发展。要结合自身实际,坚持民主公开,创新科学决策机制。要建立健全长效机制,确保民生工程持久发挥效益,让群众真正得实惠。要强化基层民主,调动群众参与积极性,形成推动民生工程的强大合力。要统筹处理民生工程与美好乡村建设等其他战略规划、项目的关系,整合资源,强化资金保障,创新投入机制。同时,切实抓好城乡居民收入倍增规划的贯彻落实。

省人大常委会副主任陈先森强调,要营造高度自觉的氛围,形成齐抓共管格局。实施好民生工程和收入倍增规划,要抓认识,形成齐抓共管格局;抓管理,夯实有效工作基础;抓监督,营造高度自觉的氛围;抓保障,推动政策措施落实;抓创新,着力完善体制机制。要注重精心谋划,更要注重宣传教育;要注重政府主导,更要注重群众参与;要注重财政保障,更要注重体制机制;要注重项目准入,更要注重项目后续管理;要注重民生工程,更要注重民生任务。

省政协副主席王鹤龄强调,经济下行必须进一步加快民生工程发展。民生工程涉及国家长治久安,是社会公平的体现,是文明进步的标志。当前经济下行压力较大,要提高认识水平,千方百计完成今年民生工程目标任务,取信于民。群众对民生工程要求很高,要在过去的基础上,提高工作能力和水平,进一步把民生工程抓好。要把握发展的主动权,当前要更加注重创业和创新;要积极鼓励创业,改善生产生活环境;要进一步创新,把新的理念和发展模式运用到民生工程中,让全社会力量参与民生工程,有力推进民生工程上一个档次。

省政协副主席赵韩强调,要引导和支持社会资源参与民生工程建设。要坚持民生工程不动摇,不断提高认识,以提高群众生活的水平和质量为出发点和落脚点。要进一步做好规划和统筹,立足长远,与省、市的相关规划接轨,做好统筹协调工作。要进一步确保工作的质量和实效,赢得群众的口碑。要树立标杆,引导和支持社会资源参与,为民生工程

建设提供更多财力支撑。要进一步加强学习和总结，为全省民生工程和收入倍增工作创造经验。

（厅民生办供稿）

2013 年民生工程项目公开征集活动情况

10 月 16 日至 31 日，省民生工程协调小组办公室组织开展了“民生工程、民主决策、民主管理、民主监督”2013 年民生工程项目公开征集活动，在省财政厅门户网站设立了征集活动专栏，《安徽日报》全文刊登了征集调查问卷。

公开征集活动呈现三个特点：一是关注度高。到 10 月 31 日征集意见阶段结束时止，参与活动人数累计达 58238 人，其中参与网络投票 45942 人，信函反馈 12296 人。参与人数之多超过我们的预期，12000 多封信函装满 8 个大邮包，在省财政厅和省社情民意调查中心 40 多人的共同努力下，用时 4 天才整理汇总完毕。二是社会反响好。对备选的 33 个项目，支持纳入 2013 年民生工程实施范围最多的项目人数达 43733 人，最少支持人数也超过 7800 人，提出的备选项目获得了群众的广泛认可。三是建言献策多。社会各界踊跃参与调查并积极建言献策，共提出新增项目、提标扩面、整合项目、加强管理、提高实效、完善机制、加强宣传等七大类共 4801 条意见建议。其中达到 100 人以上提出的建议有 5 条，2—100 人提出的建议有 19 条，1 人提出的建议有 75 条。比较集中的有：1306 人建议将三、四级贫困残疾人纳入实施范围、提高残疾人补助标准，有 227 人建议提标扩面，如增加低保、五保补助标准、扩大高校、中职学校和普通高中受助学生比例、拓展农村文化服务面等，有 129 人建议整合项目，如取消土地治理，将新农合与城镇居民医保合并，有 190 人提出实施为民服务代理中心建设。

项目公开征集活动结束后，省民生工程协调小组办公室对较为集中的意见建议开展了系统论证，充分尊重民意，顺应群众期待，对提出的备选项目进行了调整。一是调整优化项目。取消土地治理，新增建设美好乡村公共服务体系奖补，将村庄建设与环境整治中的农村清洁工程单列为一项，其余内容纳入建设美好乡村公共服务体系奖补。二是扩大覆盖面。将符合低保条件的三级贫困残疾人纳入救助范围，扩大家庭经济困难学生资助范围，将农村文化建设专项补助内容进一步拓展，包含农村文艺演出活动、农村体育活动等 5 项。三是提高补助标准。在备选项目中已经提出提高农村低保、农村五保户供养、重度残疾人救助（一、二级）补助标准。

对于群众关注度较高的为民服务代理点建设，由于在美好乡村规划配置基本公共服务和基础设施中，已明确提出公共服务中心建设内容，不再单独作为一项。对于有群众提出的大病保险、农超对接、免费孕前检查等项目，有的是现有政策已覆盖，有的是财政资金已有保障，下一步将加大有关财政民生政策的宣传力度，提高群众知晓度。对于群众提出的其他加强改进工作的建议，将在今后工作中充分吸纳，认真加以落实。

（厅民生办供稿）

民生工程“访代表委员、答建议提案、汇民智民声”活动开展情况

省十一届人大五次会议、省政协十届五次会议和各地“两会”期间，交由全省各级财政部门主办的有关民生工程的建议、议案和提案共有 201 件，为近年来办理件数最多的一次。为认真贯彻落实省委《关于深化“五级书记带头大走访”活动促进党员干部深入基层服务群众的若干规定》精神，进一步密切与人大代表、政协委员的沟通联系，努力解决人大代表、政协委员关心、关注的民生问题，确保代表委员和人民群众满意，从 4 月下旬开始，全省财政系统开展了民生工程“访代表委员、答建议提案、汇民智民声”活动，现将有关情况汇报如下。

一、活动组织实施情况

省财政厅高度重视人大建议、议案和政协提案办理工作，每年在细致调查、认真研究的基础上，采取上门走访、电话沟通、座谈交流等形式，不断提高建议、议案和提案办理满意率。今年，我们进一步创新思路和方式，在全省组织开展民生工程“访代表委员、答建议提案、汇民智民声”活动，对每一位领衔建议、议案和提案的代表和委员，100%

走访到位。

一是精心组织部署。4月14日,省财政厅印发了《关于开展全省民生工程“访代表委员、答建议提案、汇民智民声”活动的通知》(财民生〔2012〕488号)。5月26日,罗建国厅长在全省财政工作视频会议上对进一步深化走访活动提出明确要求。厅民生办制定了省人大代表、政协委员走访活动方案,明确了任务分工,将省级26件人大建议、政协提案走访任务落实到人,王林建副厅长亲自带头领办。各市、县(市、区)财政部门迅速行动,落实责任人和承办人,明确办理要求和相关措施,确保件件落实到位。

二是认真研究办理。4月16日,汇集各级财政部门报送的《人大代表建议和政协委员提案基本情况表》,共整理汇总建议、议案和提案201件,其中,省级26件,市级25件,县(市、区)级150件。省财政厅民生办专门召开会议,对每一件省本级建议和提案初步办理意见进行研究、修改和完善。马鞍山市实行办复工作科室负责人初审、分管领导复审、主要领导审核制度。合肥、宿州、芜湖等市开展一线调研,收集各项资料,逐项研究办理,努力提高办理意见的针对性和可行性。

三是登门答复反馈。省财政厅组织人员,到水利部淮委、省交通厅、省体育局、省致公党、合肥工业大学等7家中央、省直部门单位,合肥市、安庆市、黄山市、灵璧县、枞阳县等12个市县,省肺科医院、工大高科集团、钱铺铜业有限公司、凤台关店养殖场等6家企业,与所在地、所在单位代表、委员面对面沟通,深入全面交流。宣城、亳州等市财政局领导班子成员带头领办,主动上门答复,听取意见建议。来安县、天长市对已经书面办复的建议和提案,再次走访代表和委员,当面反馈办理意见落实情况。

四是增强走访实效。各级财政部门坚持“高标准、严要求、重实效”的原则,扎实开展建议、议案和提案办理答复工作,杜绝“文来文往”,推动办理工作由重答复向重落实转变。对建议、议案和提案反映比较集中的热点难点问题,将其列入重要议事日程,会同有关部门采取措施加以解决;对所提问题已经解决或采纳的,详细加以说明,已列入计划拟解决的,强化后期衔接;对政策规定或条件限制暂时不能解决的,如实解释政策,说明情况。一些市还建立了走访台账,将交办、办理、走访、反馈等各环节情况逐一登记、动态监督。

五是加强政策宣传。各级财政部门在走访过程中,一方面诚恳听取人大代表、政协委员对办理工作的意见,另一方面系统宣传介绍民生工程各项政策措施。省财政厅编印《2012年民生工程政策问答》,在走访交流中向代表和委员介绍今年省33项民生工程有关情况。滁州市编印《民生工程ABC手册》,安庆市编印《民生为本增收为先政策宣传手册》,淮北市在走访过程中邀请代表、委员参加民生工程集中宣传月活动,进一步扩大民生工程影响。

二、活动取得明显成效

一个多月来,各级财政干部认真梳理议案、建议和提案,主动上门“面对面”办理,切实提高办复满意率,进一步听取代表、委员的意见,从各地报送总结和《人大代表建议和政协委员提案办理结果一览表》情况看,涉及民生工程的201件建议、议案和提案全部走访到位,各级人大代表、政协委员对办理情况均表示满意,活动取得明显成效。

一是加强了沟通交流。要求在办理每一件涉及民生工程的建议、议案和提案时,要与提出建议、提案的代表和委员,特别是领衔建议、提案的代表和委员,登门面对面交流,做到件件有落实、事事有回音。通过上门走访、沟通交流,全面了解代表、委员所提问题的背景和意图,与代表、委员共商解决民生问题的办法和措施。向代表、委员详细介绍民生工程政策措施、资金投入、建后管养等实施工作,加强释疑解惑,最大限度争取对民生工程的理解和支持。各级人大代表和政协委员对走访活动都给予了高度评价,省体育局王新胜委员说,担任省政协委员五年多来,一共提出过10多项提案,省财政厅派员专门走访,面对面沟通交流,主动征询对办理结果满意不满意,这个做法是第一次,很受感动,对你们的答复意见和办理态度双满意。

二是收集了意见建议。人大代表、政协委员提出的有关民生的意见建议,取材于基层,来源于群众,反映了老百姓关心、关注的现实利益问题,是进一步做好民生工程的“指南针”和“风向标”。各级财政部门办理的201件人大代表建议、议案和政协委员提案中,代表、委员提出的建议主要有五类。

第一类是关于新增实施民生工程项目的建议,共有26件,其中意见比较集中的有将城市公交、食品药品安全、校车安全、社会养老、法律援助、基本公共卫生服务等纳入民生工程实施。

第二类是关于进一步完善现有民生工程政策内容的建议，共有 32 件，主要有加强农村留守儿童教育管理，加大政策性农业保险的扶持力度，加强农村敬老院建设，提升农民工技能培训实施效果，提高农村低保、五保对象补助标准等。

第三类是关于进一步加强民生工程组织实施工作的建议，共有 19 件，主要有进一步规范民生工程实施工作，加强民生工程监督考核，科学规划民生工程实施项目，健全民生工程长效机制等。

第四类是关于进一步强化民生工程建后管养的建议，共有 31 件，主要包括提高农家书屋、乡镇文化站、农民体育健身工程利用率，强化“村村通”公路管理养护，加强农村饮水安全水源保护，建立保障性住房动态管理机制，加强农村清洁工程日常维护管理等。

第五类是全面抓好事关民生的各项工作建议，共有 93 件，建议统筹推进教育卫生、劳动就业、社会保障、安全生产、环境卫生、社会治安等事关群众切身利益的各项工作。

在走访过程中，我们进一步听取人大代表、政协委员对于民生工程的意见建议，整理汇总 50 多条意见和建议，主要涉及民生工程项目立项、组织实施、资金保障、建后管养、政策宣传、监督考核等内容。

三是会商解决了问题。各级财政部门将建议、议案和提案办理与改进和完善工作、巩固提升民生工程有机结合起来，加强与代表、委员沟通交流，吸收借鉴合理化建议，会商解决问题，推动民生工程有序开展。合肥市在办理“关于实施民生工程应更多关心残疾人等弱势群体”的提案时，会同有关部门走访部分贫困重度残疾人，了解他们的生活现状，听取他们在就业方面的一些需求，帮助解决了一些实际困难。休宁县在办理“关于完善公共文化服务体系经费保障机制”建议时，通过调研出台了《关于进一步加强乡镇文化站和农家书屋民生工程项目后期管护的通知》，进一步细化后期运行管护措施，落实了管护经费。天长市在办理“关于加强村村通道路管护”的建议过程中，通过调研会商，制定相关办法，将养护工作与经费安排挂钩，促进了镇村公路维护。蜀山区在办理“关于提高大病救助标准”的建议时，会同人大代表走访部分社区困难家庭，听取有关意见，对《蜀山区医疗救助暂行办法》中规定的救助封顶线、病种等做出新的修改。

四是锻炼了干部队伍。组织的“访代表委员、答建议提案、汇民智民声”活动，得到了各级人大代表和政协委员的充分肯定和广泛好评。组织财政干部认真办理有关民生方面的建议、议案和提案，加强与人大代表和政协委员的沟通联系，一件一件抓好落实，展现了为民、务实、勤业的良好形象。在活动开展中，财政干部熟练掌握各项民生政策，努力提升与代表和委员沟通交流的本领，主动接受人大依法监督和政协民主监督，把加强与代表、委员的沟通联系作为听取民声、了解民意、汇集民智、改进作风的桥梁与纽带，提高了财政干部的服务能力和水平，提升了财政部门整体工作效能。

（厅民生办供稿）

全省财政工作篇

全省财政工作综述

全省财政工作综述

2012年,在省委、省政府的坚强领导下,全省各级财政部门深入贯彻落实科学发展观,牢牢把握稳中求进的工作总基调,认真实施积极的财政政策,财政工作成绩显著。省财政厅在省直机关效能建设和省政府目标考核中名列前茅,先后荣获“全国创先争优先进基层党组织”等省部以上表彰30余项,省领导、财政部领导先后批示肯定财政工作20余次。

【财政收支平稳运行】坚持实事求是、依法征收、不收过头税,全省财政收入平稳较快增长。全省财政总收入3026亿元,同比增收393亿元,增长14.9%。其中,地方财政收入1792.7亿元,同比增收329.2亿元,增长22.5%,高于全国平均水平6.3个百分点。全省地方税收收入1305.1亿元,增长17.8%,高于全省税收收入增幅6.7个百分点,占全省税收收入的51.7%,比上年同期提高2.9个百分点,税收结构总体良好,收入质量不断提高。更加重视支出管理,全省财政支出3958.6亿元,同比增支655.6亿元,增长19.8%。在宏观经济环境复杂多变的情况下,圆满完成全年财政收支预算任务,为促进全省经济社会平稳健康较快发展提供了坚实的财力支撑。

【重点工作扎实推进】省政府决定上半年不追加预算,坚持勤俭办一切事业,使财政部门集中更多的时间、更多的精力、更多的财力用到稳增长、调结构、惠民生、促和谐上来。一是支持实体经济发展。认真落实省委省政府促进经济平稳较快发展30条意见等各项决策部署,及时出台《关于做好当前财政工作的指导意见》,认真落实结构性减税政策,拨付支持企业和园区建设资金248.2亿元,为稳增长夯实重要基础。二是优化支出保障民生。全省民生支出3161.2亿元,增加553.8亿元,增长21.2%,占全省财政支出79.9%。认真实施城乡居民收入倍增规划。精心组织实施33项民生工程,投入565.2亿元,增长20.8%,在全省开展“民生工程、民主决策、民主管理、民主监督”项目公开征集活动,安排管养经费7.24亿元,推动工程类项目建后管养机制基本实现全覆盖,民生工程任务全面完成,中央确定实施的社保、医保以及强农惠农富农等各项民生政策在安徽全面贯彻落实。三是促进区域协调发展。省财政安排2.2亿元,支持大别山11个县(区)基础设施、现代农业、生态保护和库区移民等建设。安排5.4亿元,专项用于皖北三市七县工业园区基础设施建设或重大项目贷款贴息,从2012年开始连续5年,每年安排专项资金7.5亿元,支持合作共建“3+5”现代产业园区建设,进一步挖掘皖北发展潜力。四是支持美好乡村建设。迅速行动,细化措施,落实责任。安排2亿元专项资金,启动美好乡村规划建设。将省级新农村建设专项资金改为美好乡村建设专项资金,从每年2.65亿元增加到10亿元,2013年开始连续投入5年,并逐年增加,主要采取以奖代补方式,重点支持中心村规划建设。全年制定43项涉农资金整合指导目录、出台22项整合资金配套制度、整合涉农资金77.5亿元,支持打造农民幸福生活美好家园。五是推进生态文明建设。从2013年开始连续四年以转移支付方式,省财政每年安排5亿元支持实施“千万亩森林增长工程”,下达转移支付资金19.2亿元支持生态功能区建设和资源枯竭城市转型,下达5亿元推进新安江流域生态补偿试点,着力提高资源利用效率和效益。

【改革力度持续加大】坚持以改革为动力、以改革激发活力，推动财政工作有序有力有效前进。一是精心组织实施“营改增”改革试点。主动加强与国税、地税、人行等部门的密切配合，及时制定“1+10”工作方案，分解落实129项工作任务，10月1日顺利实施新旧税制转换，纳税申报有序进行，税款入库准确无误。二是完善省以下财政管理体制。积极推进省直管县体制试点，继续规范转移支付制度，新增省对下均衡性转移支付30亿元，其中健全县级基本财力保障资金17.5亿元，进一步加强县级基本财力保障机制建设，促进基本公共服务均等化。三是深化医药卫生体制改革。省级投入5.6亿元巩固基本药物制度和基层运行新机制。积极推进县级公立医院综合改革，加强资金、资产、资源、财务管理，保证资金筹集，保证政策衔接，保证财务有序，74个县(区)改革顺利推进。四是深化农村综合改革。投入奖励资金2亿元，在20个县(区)启动农村综合改革示范试点。统筹19.1亿元支持推进村级公益事业建设一事一议财政奖补工作，安排9.3亿元完善村级组织运转经费保障机制，城乡一体化综合配套改革试点、国有农场税费改革、集体林权制度改革等工作协调推进。五是推进国库管理制度改革。在全省各级政府及所属预算单位全面推行公务卡制度，实现全省76个县(区)国库集中支付制度改革全覆盖，加强财政专户资金管理，实行省级财政专户资金存放商业银行竞争性分配模式，财政厅共撤销财政专户50个，所有财政专户全部实行国库统管。

【制度建设全面加强】认真落实省委、省政府关于财政厅努力做到门可罗雀的重要指示精神，在全系统开展“制度绩效创新年”活动，制定175项规章制度，着力提升财政管理科学化精细化水平。一是加强预算绩效管理。按照“建一撤一、内部调剂、确有需要、购买服务”的16字方针，要求各级各部门在编制2013年预算过程中，加强机构人员、编制和经费供给管理，切实降低行政成本。建立健全预算执行分析制度，按旬、按月、按季调度资金，我省地方财政支出进度位居全国前列。扩大省级预算绩效管理实施范围，2012年省级评价项目达150个，覆盖省直所有部门，涉及省级与市县财政资金721.9亿元。出台省级部门预算管理财政监督办法，实行定岗定责，切实将监督责任分解到岗、落实到人。二是加强结转结余资金管理。部门项目支出资金应在当年使用完毕，对省级部门未使用完毕的结转结余资金，原则上全部收回预算重新安排。加强政府采购预算执行管理，对省级财政预算安排的政府采购项目，未按规定时间申报并执行采购计划的，除特殊规定外，一律取消采购项目，资金收回省级预算；采购项目完成后的预算执行结余，全部收回省级预算。三是加强专项资金管理。出台新安江流域水环境补偿资金绩效评价管理、财政企业专项资金管理、义务教育经费管理、就业等社保专项资金绩效评价管理等制度文件，对战略性新兴产业发展、环境保护、企业技改等28项专项资金实行竞争性分配，涉及财政资金30.8亿元。四是加强县乡财政管理。出台推进县乡财政一体化的指导意见，大力促进县乡财政业务管理一体化、资金监管一体化、队伍建设一体化、信息系统一体化和为民服务一体化，建立乡镇财政资金监管抽查巡查机制和监管软件系统，进一步打造依靠和重视基层、关心和支持基层、工作落实在基层、监管向基层延伸的工作格局。

【机关建设不断深化】大力弘扬沈浩精神，践行“创新、博爱、务实、卓越”安徽财政精神，努力打造一支业务精、作风硬、效率高的财政干部队伍。一是推进机关党建。深入开展创先争优活动，扎实开展“保持党的纯洁性、迎接党的十八大”主题教育实践活动，先后召开“学雷锋”、妇女工作、青年工作、党建工作、军转干部、创先争优等主题座谈会，迅速掀起学习宣传贯彻十八大精神的热潮，深入开展“贯彻落实党的十八大精神、加快全省科学发展步伐”专题调研活动，由厅领导牵头落实“民生工程、城乡居民收入倍增规划、财税体制改革”三项课题调研，形成高质量的调研报告，受到财政部和省人大领导的批示肯定。二是严格廉洁自律。深入开展廉政风险防控“回头看”，研发风险防控管理软件系统和国库集中支付动态监控系统，组织财政资金安全检查和印鉴(章)管理工作检查。积极响应中央的八项规定和省委的30项规定，研究制定《安徽省财政厅关于改进工作作风、密切联系群众的若干规定》，从改进调查研究、精简会议活动、切实改进文风、规范外出活动、严格公务接待、加强公车管理、改进新闻宣传、厉行勤俭节约等8个方面提出了30条具体要求，着力保持财政工作清正、财政干部清廉、财政作风清明。三是建立会商机制。把会商交流贯穿2012年预算执行和

2013年预算编制全过程,省财政厅各支出处室全面建立会商机制,累计会商639次,实现省直预算部门单位全覆盖,切实把财政的政策制度送到部门、把财政的管理监督送到部门、把财政的支持服务送到部门,着力提升预算部门单位财务管理水平。四是开展结对共建。大力推进城乡基层党组织结对共建向处室单位延伸、向系统延伸,处室单位联系40个贫困村,厅班子成员分别选择基层联系点,严明工作纪律,轻车简从,带头利用节假休息日进村带乡挂县,累计走访调研201次,宣讲政策151次,征集建议269条,办实事104件。广大财政干部深入农村,接触淳朴群众,感受清明风气,思想境界得到升华,工作作风不断改进。

(厅办公室供稿　尹立祥执笔)

财政专项工作概述

深入开展“制度绩效创新年”活动

2012年,全省财政系统深入开展“制度绩效创新年”活动,切实把制度建设贯穿于财政工作全过程,以制度建设提升管理绩效、以制度创新发挥财政职能,不断提高财政管理科学化精细化水平。

【注重顶层设计,营造理财制度环境】省政府先后出台加强财政科学化精细化管理、预算绩效管理、结转结余资金管理等一系列指导意见,着力完善公共财政管理制度体系,严格制度约束,规范财政行为。一是坚持上半年不追加预算。省政府修订下发省级预算管理办法,严格省级预算追加办理程序,规范预算编制、执行和监督,强化预算刚性约束,明确要求上半年省财政一般不办理预算追加,下半年需追加的尽可能列入下一年部门预算。省领导以身作则,不批条子、不作指示,执行以来效果明显,为财政部门创造了更加宽松的理财环境。二是坚持勤俭办一切事业。省委省政府多次就增收节支工作进行部署,明确要求各级各部门牢固树立过紧日子的思想,带头厉行节约,严格控制一般性支出,并提出“建一撤一、内部调剂、确有需要、购买服务”的16字方针,加强机构人员、编制和经费供给管理,切实降低行政成本。三是坚持集中财力办大事。在省委省政府制度框架支持下,财政部门集中更多的时间、更多的精力、更多的资金用到稳增长、调结构、惠民生、促和谐上来。财政民生支出增长20.2%,拨付565.2亿元实施33项民生工程。认真落实美好乡村建设规划,出台22项整合资金配套制度,2013年开始连续5年省财政每年投入10亿元,并逐年增加,重点支持中心村规划建设。从2012年开始连续5年,每年安排专项资金7.5亿元,支持合作共建“3+5”现代产业园区建设,进一步挖掘皖北发展潜力。从2013年开始连续4年以转移支付方式,省财政每年安排5亿元,支持实施“千万亩森林增长工程”。平稳实施“营改增”改革试点,在全省74个县(市、区)推动县级公立医院综合改革。

【坚持总结提升,完善财政制度体系】省财政厅认真总结全省各地的成功经验做法,将其提炼上升为制度,同时认真梳理薄弱环节并以制度进行完善,共制定175项财政规章制度,涵盖预算管理、国库管理、经济建设财政财务、社会事业财政财务、农业农村财政财务、行政事业财政财务、会计管理、机关作风管理等方方面面,切实推动用制度管人、按制度办事、靠制度管权。一是加强预算绩效管理。积极推进“开门办预算”,对预算单位项目进行公开评审、公众监督,组织开展2013年民生工程项目公开征集活动,推动民生工程民主决策、民主管理、民主监督。根据征集的意见建议,拟投入超过600亿元,实施33项民生工程,新增6项退出6项,提标扩面5项。建立健全预算执行分析制度,按旬、按月、按季调度资金。扩大省级预算绩效管理实施范围,2012年省级评价项目达150个,覆盖省直所有部门,涉及省级与市县财政资金721.9亿元。出台省级部门预算管理财政监督办法,实行定岗定责,切实将监督责任分解到岗、落实到人。二是加强结转结余资金管理。部门项目支出资金应在当年使用完毕,对省级部门未使用完毕的结转结余资金,原则上全部收回预算重新安排。加强政府采购预算执行管理,对省级财政预算安排的政府采购项目,未按规定时间申报并执行采购计划的,除特殊规定外,一律取消采购项目，资金收回省级预算；采购项目完成后的预算执行结余，全部收回省级预算。三是加强专项资金管理。出台新安江流域水环境补偿资金绩效评价管理、财政企业专项资金管理、义务教育经费管理、就业等社保专项资金绩效评价管理等制度文件，对战略性新兴产业发展、环境保护、企业技改等28项专项资金实行竞争性分配，涉及财政资金30.8亿元，占省对下专项资金总额的31%。四是加强国库资金管理。出台省级国库集中支付现金管理、动态监控管理、资金归垫管理等多项制度，在全省各级政府及所属预算单位全面推行公务卡制度，实现全省76个县(区)国库集中支付制度改革全覆盖，加强财政专户资金管理，实行省级财政专户资金存放商业银行竞争性分配模式，省财政厅共撤销财政专户50个，所有财政专户全部实行国库统管。

【建立会商机制，形成制度执行合力】面对十分突出的财政收支矛盾，主动当家理财、全力服务大局，以建立会商机制为突破口，把会商交流贯穿2012年预算执行和2013年预算编制全过程，切实通过强化服务保证制度执行，着力形成内部顺畅、上下联动、内外同频的工作合力。一是推进处室单位一体化。坚持分类别、分层次、一体化做好厅机关和厅属单位干部动态化管理和服务工作。健全内部工作流程，加强内部协调沟通，做到有规可循、按章办事，有序衔接、强力推进。遇事先商量、先沟通、多协调，做到不推诿、不扯皮，坚持一个“漏斗”对外，保持财政政策的一致性和连续性。二是推进财政系统一体化。强化省对市县工作指导和系统上下交流互动，深入推进县乡财政一体化管理，大力促进县乡财政业务管理一体化、资金监管一体化、队伍建设一体化、信息系统一体化和为民服务一体化，扎实开展规范化乡镇财政所(分局)建设、创建乡镇财政规范化管理示范县建设，建立乡镇财政资金监管抽查巡查机制和监管软件系统，进一步打造依靠和重视基层、关心和支持基层、工作落实在基层、监管向基层延伸的工作格局。三是推进财政财务一体化。把财务作为财政本级预算管理的基础力量，视财政为财务的依靠，通过会商交流打造财政财务互动平台。财政厅各支出处室全面建立会商机制，实现省直预算部门单位全覆盖，累计会商639次，把财政的政策制度送到部门、把财政的管理监督送到部门、把财政的支持服务送到部门，切实做到关口前移，对重大政策出台、重点改革推进、大额资金分配、重点资金支出等事项，定原则、定程序、定范围，有效加强预算部门单位财务制度建设和提升财务管理水平。

【加强队伍建设，保障制度有效落实】各级财政部门进一步弘扬“沈浩精神”，积极践行“创新、博爱、务实、卓越”安徽财政精神，努力打造一支业务精、作风硬、效率高的财政干部队伍。一是深化机关党建。深入开展创先争优活动，扎实开展“保持党的纯洁性”主题教育实践活动，先后召开“学雷锋”、党建工作、创先争优等主题座谈会，迅速掀起学习宣传贯彻十八大精神的热潮，深入开展“贯彻落实党的十八大精神、加快全省科学发展步伐”专题调研活动。二是深化风险防控。以制约和监督权力为核心，深入开展廉政风险防控“回头看”，围绕财政重要部门、重点领域和关键环节，进一步排查风险、加强重点防控、落实分级管理、强化动态监测，研发风险防控管理软件系统和国库集中支付动态监控系统，组织财政资金安全检查和印鉴(章)管理工作检查，从严控制各类会议，从严控制三公经费支出，着力规范财政权力运行，保持财政工作清正、财政干部清廉、财政作风清明。三是深化结对共建。把结对共建作为改进作风的重要平台，大力推进城乡基层党组织结对共建向处室单位延伸、向系统延伸，处室单位联系40个贫困村，厅班子成员分别选择基层联系点，严明工作纪律，轻车简从，进村带乡挂县，宣讲财政政策，征集民众建议，检查政策落实。累计走访调研201次，征集建议269条，办成实事104件。

(厅办公室供稿　尹立祥执笔)

启动营业税改征增值税试点

按照财政部、国家税务总局的统一部署，在省委、省政府的正确领导下，经过全省上下共同努力，全省于2012年10月1日正式开展营改增试点，实施新旧税制转换。

【试点企业户数情况】截至2013年1月15日，全省共有营改增试点纳税人42119户。其中，一般纳税人4586户，占10.9%；小规模纳税人37533户，占89.1%。从试点行业分布情况看，交通运输业18993户，占45.1%，；现代服务业23126户，占54.9%。从试点户数增减情况看,试点三个月,新增加营改增试点纳税人10972户,较试点初期统计的试点纳税人31147户增长35%。其中,10月份增加4995户,11月份增加3314户,12月份增加2663户。

【纳税申报情况】截至2013年1月15日申报期结束,全省纳入营改增试点范围的纳税人均已完成纳税申报,共入库税款约9亿元(三个纳税申报期分别入库税款1.6亿元、3.2亿元、4.2亿元),其中,交通运输业共入库税款5.6亿元,占62.3%;现代服务业共入库税款3.4亿元,占37.7%。在试点行业中,对增值税税收收入贡献最大的行业依次为陆路运输服务42.6%、水陆运输服务19.6%、文化创意服务15%,三个行业贡献了77.2%的税收收入。

【税负变化情况】试点三个月期间,直接为企业减负2.6亿元,为下游企业增加抵扣4.8亿元,合计为企业减负7.4亿元。同时,由于部分企业税负上升,增加税收3.5亿元,但是大部分已经返还企业,不增加企业负担,也不增加财政收入。财政减收7.1亿元左右,其中,减少全省地方财政收入3亿元,中央收入3.6亿元,外省市收入0.5亿元。分行业来看,一是小规模纳税人税负下降明显。现代服务业小规模纳税人由原来按5%征收营业税改为按3%征收增值税,税负直接下降约40%。交通运输业小规模纳税人虽然由原来按3%征收营业税改为按3%征收增值税,但是增值税为价外税,企业实际税负略有下降。二是现代服务业一般纳税人税负整体下降。现代服务业一般纳税人试点三个月,整体税负有较大程度下降,税收增减相抵后,减轻企业税负9656万元。但是,由于有形动产租赁服务行业税率提高至17%,三个申报期内,税负呈上升趋势,增减相抵后,增加企业税负933万元。三是交通运输业一般纳税人税负整体上升。在三个申报期内,全省交通运输业一般纳税人税负增减相抵后,企业税负增加27238万元。其中,10月份税负增加4096万元,11月份增加9966万元,12月份增加13176万元。从月度情况看,三个月份,交通运输业一般纳税人增税面分别为39.4%、41.3%和39.8%,基本稳定在40%左右。在增税企业中,月增加税负1万至10万之间的企业数量占据了增税企业总户数的将近一半,但是增幅呈递减趋势变化,试点三个月依次为:48.4%、46.4%和44.9%。交通运输业一般纳税人税负上升原因多样,包括适用税率提升幅度较大、企业进项税抵扣项目不足、企业进项税发票尚未完全进行认证抵扣,少数企业不积极主动索取进项税抵扣项目的发票等。

【试点企业开票情况】全省营改增试点三个月,试点一般纳税人共开具专用发票约16.3万份,开票税额8.7亿元。其中,购方为安徽省本省企业约9.8万份,税额4.4亿元;开具给外省市企业营改增项目专用发票6.5万份,税额4.3亿元。

【财政扶持情况】在试点之前出台试点过渡性财政扶持政策,对税负上升企业给予财政补助。补助资金原则上按照"按月拨付、按年清算"的方式进行。截至2012年12月底,全省共561户试点企业向各级财政申请扶持资金18169.7万元,其中交通运输业试点企业479户,申请扶持资金17721.4万元,占申请扶持资金总额的97.5%;经过审核确认,财政累计拨付491户试点企业财政扶持资金12602.3万元,其中拨付425户交通运输业试点企业12338.1万元,占拨付资金总额的97.9%。

【试点成效情况】全省营改增试点工作表现为四个特点。一是试点运行平稳有序。全省试点工作的几个关键环节全部实施到位。2012年10月1日起,新建成的纳税征管系统正式运行,试点纳税人如期开出增值税专用发票,成功实现"有票开,开出票,开好票"的目标。在2012年三个申报期内,营改增试点纳税人积极主动纳税申报,申报率100%,纳税申报有序进行。按照新的征管体制和业务流程,省财、税、库、银部门多次会商,成功搭建了税款入库体系。截至2013年1月15日,全省营改增共入库税款9亿元。制定印发了涉及试点财政体制、试点过渡性财政扶持政策、试点过渡期税收优惠政策、试点发票衔接工作等十多个文件,内容基本涵盖了试点工作的各个方面。二是试点运行渐行渐好。新办企业数量逐月增加,试点三个月增加的10972户纳税户中,预计有3000户是受营改增利好吸引新开办的户。试点企业直接减税数额越来越大,10月份减税3745万元,11月份减税9978万元,12月份减税12036万元。试点一般纳税人减税面稳步扩大,10月份为59.3%,11月份为72%,12月份为74.4%,受益企业越来越多。交通运输业税负增加额比重逐月下降,11月份为143.3%,12月份下降到32.2%,企业税负增加问题逐渐缓解。三是试点效果初步显现。试点三个月共计为企业减轻税收负担7.4亿元,加快了服务业发展,第四季度新办服务业企业7398户,为打通二三产业增值税抵扣链条、深化企业改革创造了条件。四是试点社会反映良好。社会大众和新闻媒体普遍反映改革试点效果良好。

(厅税政条法处供稿　杨玉林执笔)

全省财政收支迈上新台阶

2012年,面对复杂严峻的国内外经济形势,在省委、省政府的坚强领导下,各级财政部门紧紧围绕主题主线,牢牢把握稳中求进的工作总基调,扎实推进各项工作,收入规模不断扩大,支出重点着力民生,财政运行总体良好。据2012年收支快报数统计(下同),全省财政总收入完成3026亿元,同比增收393亿元,增长14.9%。其中,地方财政收入完成1792.7亿元,同比增收329.2亿元,增长22.5%。全省财政支出3936.7亿元,同比增支633.7亿元,增长19.2%。

【财政收入平稳增长,月度收入较为均衡】全省财政收入保持了良好发展态势,取得了可喜的成绩。一是规模不断壮大。全省财政总收入突破3000亿元大关,继2007年突破1000亿元,2010年突破2000亿元以来,收入规模壮大的同时,年度间隔也在缩短。二是增幅总体平稳。一季度、上半年、前三季度、全年全省财政总收入累计增幅分别为17.6%、14.8%、13.8%和14.9%,除一季度略高外,全年增势总体平稳。三是收入较为均衡。全省财政总收入月均完成额为252.2亿元,而12个月中,单月收入规模在240亿元至260亿元之间的月份达到8个,收入均衡性日益增强。

【地方收入高位增长,收入结构总体良好】全省财政总收入中,地方收入完成较好。一是增幅保持高位。全年地方财政收入同比增长22.5%,今年以来一直保持在20%以上,高于全国平均水平6.3个百分点,在中部地区位次靠前,发展速度较快。二是占比有所提高。全年地方财政收入占财政总收入的59.2%,高于上年同期3.6个百分点,且一季度、上半年、前三季度、全年地方收入占比依次为58.2%、58.1%、58.8%和59.2%,总体不断提高。三是地方税收较好。全年地方税收完成1305.1亿元,同比增长17.8%,高于全省税收收入增幅6.7个百分点,占全省税收总额的51.7%,比上年同期提高2.9个百分点。

【区域发展总体协调,县域财政实力提升】全省16市共完成2828.2亿元,同比增长15.8%,其中,76个县(区)完成1100亿元,同比增长23.8%。一是市县竞相发展。16市和76个县(区)增幅分别高于全省财政总收入增幅0.9个和8.9个百分点。16市中有12个市收入在100亿元以上,比上年同期多2个,76个县(区)中有46个县(区)收入在10亿元以上,比上年同期多12个,且有67个县(区)收入增幅高于全省。二是区域总体协调。2012年,皖江示范区、合芜蚌自主创新试验区、合肥经济圈和皖北三市七县财政总收入分别完成1919.9亿元、1196.1亿元、1038.8亿元和406.7亿元,分别增长13.9%、14.3%、14.2%和25.4%,呈现"总体协调、皖北突出"态势。三是县区占比提高。76个县(区)收入总量占全省财政总收入比重为36.4%,高于上年同期2.4个百分点。

【财政支出积极有力,管理力度不断增强】全省财政支出管理能力不断加强。一是促发展积极有力。争取财政部代理发行地方政府债券111亿元;兑付家电摩托车下乡财政补贴资金32.1亿元;安排7亿元推进合芜蚌综合试验区和国家技术创新工程试点省建设;安排5亿元支持战略性新兴产业、省主导产业和各市首位产业发展;安排10亿元支持皖江示范区建设;安排2.2亿元支持大别山区建设;安排12.5亿元支持抓金寨促全省等扶贫开发工作;安排5.4亿元支持皖北三市七县加快发展;安排7.5亿元支持合作共建"3+5"现代产业园区建设。二是保基层力度加大。76个县(区)全年财政支出1993.2亿元,同比增长21.5%,支出总量占全省财政支出总量的50.6%,比上年同期高0.8个百分点。支出增量占全省财政支出增量的54.7%,全省新增支出的一半以上用于保障基层。三是均衡性明显提高。今年第四季度财政支出总额占全年支出总额的比为32.7%,比上年同期下降2.2个百分点,其中12月当月财政支出占全年支出的比重低于上年同期1.5个百分点,支出均衡性明显提高。

【民生投入力度加大,重点支出有效保障】全省财政在促发展同时,更加注重惠民生。一是民生支出不断加大。2012年全省民生支出3133.8亿元,同比增长20.2%,占全省财政支出的79.6%,高于上年同期0.7个百分点，全省财政支出增量的83.1%用于保障和改善民生。二是民生工程进展顺利。全省33项民生工程投入资金565.2亿元,增长20.8%,为全部计划投资额的104.6%，超过年初计划24.9亿元,有效地促进了全省经济社会事业协调发展。三是重点支出有效保障。全省教育、科学技术、社会保障和就业、医疗卫生、城乡社区事务、农林水事务、住房保障支出等重点支出分别完成709.8亿元、96.7亿元、454.4亿元、314.5亿元、341.8亿元、427.8亿元和242.2亿元,同比分别增长25.7%、25.5%、15.6%、13.5%、21.8%、21.6%和50.2%，以上科目合计增支481.5亿元,占全部增支额的76%。

(厅预算处供稿　黄栋栋执笔)

支持皖北加快发展

2012年,按照省委、省政府的决策部署,省财政积极发挥职能作用,完善政策措施,加大资金投入,强化要素支持,大力支持皖北加快发展,实现全面振兴。

【完善财政政策,壮大皖北财政实力】2008年11月,省委、省政府下发《关于加快皖北和沿淮部分市县发展的若干政策意见》(皖发〔2008〕21号)。为贯彻文件精神,2009年8月,省财政厅印发《关于支持皖北及沿淮部分市县加快发展的实施意见》(财预〔2009〕894号)。2010年5月,为进一步加快皖北发展,省委、省政府下发《关于进一步加快皖北地区发展的若干意见》(皖发〔2010〕16号),并在皖北三市六县基础上增加了濉溪县,改称三市七县。2010年12月,省委办公厅下发了《关于赴江苏学习考察座谈会纪要》(皖办发〔2010〕26号),明确了进一步对皖北加大支持力度的若干政策措施。为贯彻落实皖办发〔2010〕26号文件精神,积极发挥财政职能,大力支持皖北加快振兴,省财政厅于2011年3月研究出台了《关于省财政支持皖北加快振兴的实施意见》(财预〔2011〕267号),增强皖北振兴保障能力,改善皖北振兴承载条件,充分激发皖北振兴内生动力。

【加大资金投入,推动园区经济发展】为贯彻落实省委、省政府关于加快皖北地区发展和抓金寨促全省扶贫开发工作的决策部署，省和有关市县共同投资建设:阜阳合肥现代产业园、亳州芜湖现代产业园、宿州马鞍山现代产业园、固镇铜陵现代产业园、寿县合肥蜀山区现代产业园、濉溪芜湖现代产业园、凤阳宁国现代产业园、金寨现代产业园。2011—2015年省财政每年安排6亿元专项资金，对三个现代产业园投融资公司各注资2亿元,2012—2016年省财政每年安排1.5亿元专项资金对五个县域现代产业园投融资公司各注资3000万元,专项用于园区内征地拆迁安置、基础设施建设及公共服务设施建设。按照现代产业园区实施方案，省财政和各相关市县财政部门,积极谋划,迅速行动,积极做好资金保障工作。2012年,对8个现代产业园区,省财政和各结对共建市县财政共投入资金27.2亿元,带动各类投资67.4亿元,财政投入撬动比为1∶2.5。

【加大转移支付,促进皖北加速崛起】省财政进一步加大对皖北地区均衡性转移支付力度，新增安排皖北地区均衡性转移支付17.2亿元，占全省的58%；继续安排皖北3市7县专项资金5.4亿元,用于工业园区基础设施建设或重大项目贷款贴息。

(厅预算处供稿　黄栋栋执笔)

全面强化预算绩效管理

2012年,财政部印发《预算绩效管理工作规划(2012—2015年)》，本省继续落实中央对财政资金加强绩效管理的要求,努力构建“预算编制有目标、预算执行有监控、预算完成有评价、评价结果有反馈、反馈结果有应用”的全过程预算绩效管理机制,深入推进预算绩效管理工作。

【继续扩大绩效管理范围】绩效管理改革覆盖所有省直部门、所有类型的财政资金和所有市县。省级绩效评价项目由2009年的16个扩大到2012年的150个,项目覆盖到省直所有支出部门,涉及财政资金从2009年的231.7亿元增至2012年的721.9亿元,将政府性基金、国有资产收益的使用情况都纳入绩效管理范畴。当年各市县绩效管理工作继续深化,评价范围不断扩大。

【着力加强绩效目标管理】充分发挥绩效管理工作由财政部门预算处(科、股)牵头的优势,将绩效目标管理融入部门预算编制“二上二下”的各个环节,做到绩效目标管理与预算编制“三个同步”。绩效目标与预算编制同步申报、同步审核、同步批复。全年省财政共批复90个部门142个项目的绩效目标。从编制2013年起，所有新增项目，必须填报绩效目标，且列入绩效自评范围。

【积极探索部门整体支出绩效评价】选择省水利厅所属水文局等单位开展整体支出绩效评价试点，从预决算编制、预算执行、专项管理、项目支出绩效、财务监督等五个方面，对单位支出管理绩效进行全面评价。通过试点研究整体支出绩效目标编制方法，探索整体支出绩效评价方式，建立整体支出绩效评价指标体系框架，不断丰富绩效管理内容。通过部门整体支出绩效评价促进其更好地履行职责，提高财政资金使用效益。

【充分运用绩效评价结果】重视年度绩效评价项目的总结工作，将部分重点项目评价情况报省政府有关领导参阅。将重点评价情况反馈给部门，督促部门落实评价结果整改意见并对自评项目组织实施情况进行通报。研究建立评价结果通报制度和绩效问责机制。加强绩效信息发布管理制度建设，完善绩效信息公开机制，逐步扩大绩效目标、绩效报告、评价结果等信息在本部门内部的公开范围。

（厅预算处供稿　黄栋栋执笔）

全面推行公务卡制度改革

2012年，安徽省将公务卡制度改革作为全省反腐倡廉重要举措，全力加以推进，基本实现省市县三级全覆盖。省及16个市、76个县（区）、1415个乡（镇），共计13891个预算单位实行了公务卡制度改革，全年共发放公务卡205280张。省级预算单位全年累计开卡46644张，实现全覆盖。制度实施后，省级预算单位的现金支出大幅减少，同比下降达54%。

【加强组织保障】将公务卡制度改革列入年初全省财政工作计划、党风廉政建设工作计划，省财政厅党组多次听取改革进展情况汇报，专门召开厅长办公会议，传达学习全国财政国库管理制度改革推进会议精神，厅领导分别在全省财政工作会、预算执行分析会、党风廉政建设电视电话会议等场合反复强调，要求全省各级财政部门加快推进实施，并带头执行公务卡有关规定。

【加强政策设计】政策设计注重“一个定位”和“三个对接”，“一个定位”是指将公务卡定位于“个人银行信用卡”，“三个对接”是指“与银行信用卡交易平台对接，与现行预算单位财务管理和公务支出报销制度对接，与国库支付系统对接”。对经预算单位财务审核同意报销的刷卡信息，由单位财务人员从银行数据库下载到国库支付系统，自动生成授权支付凭证，实现消费、报销、还款全过程无现金操作。财政部门可以及时查询预算单位公务卡消费的明细信息，提高公务支出财政资金使用的透明度，弥补财政对现金监控的空白。

【加强制度建设】全省各级财政部门结合当地实际，分别制定了《公务卡强制结算目录》。省级预算单位公务卡强制结算目录规定，省直行政事业单位工作人员在支付差旅费、办公费等17项公务支出时，必须“刷卡”消费。随着改革推进，为规范预算单位从零余额账户大额提取现金问题，省及部分市县制定了有关制度，省财政厅《关于进一步加强省级国库集中支付现金使用管理的通知》规定，凡纳入国库集中支付的财政性资金，原则上一律实行直接支付和公务卡结算。基本支出（不含人员经费）现金提取额，不得超过全年预算安排的基本支出总额的10%。

【加强宣传培训】当年3月，省财政厅分11批对预算单位进行公务卡制度改革专题培训，培训人数近千人。各市县财政部门也分别结合当地改革进行相应培训，有的专门印制成册发给预算单位财务人员参阅。同时，通过安徽日报、中国财经报、中安在线等不同媒体专门报道本省公务卡制度改革进展及成效，营造改革氛围，形成广泛共识。

【加强监督检查】在全面推进阶段，多次召开代理银行、预算单位公务卡制度改革会商会议，跟踪了解改革进展情况，要求代理银行打破常规，建立公务卡办理绿色通道，实行办卡限时制，并每天向财政部门报送公务卡办理进度。同时，在省级定期开展集中支付专项监督检查，按月通报现金使用、公务卡使用情况（包括用公务卡结算的差旅费、公务接待费、会议费、劳务费等）以及其他事项。督促市县完善改革方案，加快改革进度，确保改革务实推进。

（厅国库处供稿　马锐执笔）

切实加大财政教育投入

为实现教育规划纲要确定的到 2012 年全国财政教育性经费占 GDP 比重 4%的目标,中央对各级政府落实教育投入法定增长、提高财政教育支出比重、拓宽财政性教育经费来源渠道等各项政策提出了明确要求。省财政厅按照省委、省政府统一部署,高度重视加大财政教育投入工作,积极采取有效措施,全面落实财政教育投入各项政策,切实加大财政教育投入,促进全省教育事业科学发展。

【建立领导机构,完善工作机制】省委、省政府把加大教育投入作为一项重要而紧迫的任务,省政府召开常务会议专题研究部署,并成立了"省加大教育投入暨化解高校债务领导小组",省长任组长,常务副省长、分管教育副省长任副组长,省政府办公厅、财政厅、教育厅、发改委、国土厅、地税局、监察厅、审计厅等单位负责同志为领导小组成员。领导小组下设"加大教育投入办公室"和"高校化债办公室",分别设在省财政厅和省教育厅。各有关部门按照职责分工,加强沟通协调,完善配套政策和措施,形成推进合力。

【出台配套政策,建立分析评价体系】省财政厅认真贯彻国务院文件精神,积极会同有关部门,提出本省加大教育投入的意见和措施,草拟了《关于进一步加大财政教育投入的实施意见》。同时,下发《安徽省财政厅关于加强对各地 2011－2012 年财政教育投入状况分析评价的通知》,对各市、县(区)落实政策情况进行有效的监测分析和监督检查,建立了本省财政教育投入分析评价指标体系,切实加强财政教育投入信息报送和动态监测工作,保障加大教育投入各项政策落到实处。

【落实各级责任,切实加大教育投入】财政部核定本省 2012 年财政教育支出占公共财政支出比例分别达到 15%。省财政按照"以完成目标任务为前提,合理分级负担;以各级年初预算为基础,科学分解增量;以各级财力状况为依据,结合实际学生数等因素,统筹综合调整"等原则,合理分解下达了省、市县投入任务,明确了各级政府教育投入责任,力争全面完成中央下达的教育投入目标任务。

【加强分工协作,拓宽经费来源渠道】积极会同有关部门做好拓宽教育经费来源渠道各项工作。一是下发《安徽省地方教育附加征收和使用管理暂行办法》,严格执行统一内外资企业和个人教育费附加制度,统一按增值税、消费税、营业税实际缴纳税额的 2%征收地方教育附加。二是依据国家相关规定,会同教育部门转发了《财政部教育部关于从土地出让金中计提教育资金有关事项的通知》、《财政部关于进一步落实从土地出让收益中计提教育资金相关政策的通知》,对扣除的相关收支项目进行严格核定,严格执行 10%的比例计提政策。三是教育附加及土地出让收益增加的教育资金,全部用于支持教育事业发展。

【优化投入结构,合理安排教育经费】省财政积极优化投入结构,新增教育经费重点用于落实国家、省出台实施的各类教育重点项目。一是优化教育投入结构,教育经费进一步向学前教育、职业教育、普通高中教育倾斜,实现各类教育协调发展。二是保障教育民生工程实施,当年,全省共投入 99 亿元大力支持乡镇公办中心幼儿园建设、城乡义务教育经费保障机制改革、中小学校舍安全工程、普通高校、中职学校和普通高中家庭经济困难学生资助等民生工程实施。三是突出支持重大教育项目,在保障教育民生工程实施的同时,重点保障重大项目实施,全年全省投入 13.98 亿元支持农村义务教育薄弱学校改造计划。

【健全管理机制,提高资金使用效益】在加大教育投入的同时,省财政积极完善管理机制,切实加强经费管理。一是坚持依法理财、科学理财,严格执行国家财政管理的法律法规和财经纪律,不断健全教育经费管理的规章制度。二是强化预算管理,提高预算编制的科学性、准确性,提高预算执行效率。三是明确管理责任,要按照教育事权划分,加强经费使用管理。四是加强财务监督和绩效评价,完善财务监督制度,健全教育经费绩效评价制度。五是加强管理基础工作和基层建设,着力做好教育基础数据的收集、分析和信息化管理工作,健全学校财务会计和资产制度,规范学校经济行为,防范学校财务风险。

(厅教科文处供稿)

助力文化强省建设

2012年,全省各级财政部门坚持助力文化强省建设,按照突出重点、整体推进的思路,强化财政保障,提升公共文化服务,促进文化产业发展,支持文化体制改革,有力促进了文化大发展大繁荣。

【加大文化强省建设保障力度】全省文化体育与传媒支出共70亿元,比上年增长12.26%。其中,省级文化强省专项资金增加到1.3亿元,新增1亿元设立文化产业创业投资基金;争取中央资金6.7亿元,其中争取中央文化产业资金9148万,较2011年增长33.7%。制定《关于财政进一步支持文化强省建设的若干意见》,从建立投入稳定增长机制、拓宽投入来源渠道、完善文化建设分级保障机制,支持公共文化建设、创新文化投入管理方式、提高资金使用效益等方面明确要求,落实责任。

【重点加强公共文化服务体系建设】一是保障重点文化民生工程。全年共投入财政资金1.9亿元,重点实施广播电视村村通、乡镇文化站、农家书屋、公共文化服务信息化等文化民生工程,初步建成以政府为主导、以乡镇为依托、以村组为重点、以农户为对象、覆盖全省城乡的公共文化服务体系。二是支持公共文化设施建设。集中财力,完善省图书馆、安徽大剧院、省博物馆等重要公共文化设施建设,特别是重点支持省博物馆建设,在完善老馆建设的基础上,投资3.4亿元建设新馆,安排布展开馆经费1亿元。三是推进公共文化场馆免费开放。自2008年全省被列入全国首批博物馆免费开放7省(区)之一,截至当年共投入免费开放及陈列布展经费近3.5亿元,全省89家博物馆、纪念馆实行免费开放。四是大力扶持精品和特色文化建设。建立精品文化奖励激励机制,对入选国家重大奖项的优秀作品予以奖励;设立黄梅戏、花鼓灯发展专项资金100万元,支持特色文化发展。

【积极助推文化产业加速发展】一是设立文化产业资金。2008—2012年,投入超过2.3亿元,通过贷款贴息、项目补贴等形式支持符合全省文化产业发展规划、能够引领文化产业发展、明显提升自主创新能力和市场竞争力、具有明显社会效益和经济效益的文化产业项目。二是设立文化产业创业投资基金。省财政安排1亿元设立安徽文化产业创业投资基金,重点支持中小文化企业和新兴文化产业发展,着力提升全省文化产业规模化、集约化水平,增强文化企业的核心竞争力。三是支持文化龙头企业率先发展。省财政继续为广电集团安排贷款贴息1000万元,补助演艺集团设备、创作和人才资金2000万元;在中西部地区率先对院团演出每场补贴7000元,每年安排演出场次补贴资金700万元。支持安徽报业集团发展,当年预算安排补助报业集团事业发展经费800万元。2009—2012年,补助省属五大文化产业集团的财政资金超过5亿元,为文化龙头企业快速起步、率先发展创造了良好条件。落实再芬黄梅艺术发展专项资金2000万元,加大支持力度,充分发挥黄梅戏领军人物韩再芬的影响和品牌优势。

【着力支持文化体制机制改革】认真落实文化体制改革试点单位税收优惠政策,会同宣传文化部门审核上报中央141家转制单位、52家新办文化企业享受财税优惠政策,2006年以来减免税收超过10亿元。把加大投入和改进投入方式结合起来,进一步支持公益性文化事业单位推进内部管理体制和运行机制改革,继续拨付转制单位原有事业费,总量不减,及时补助改革成本。支付必要的改革成本,全力支持省属五大文化产业集团的改制和上市,确保经营性文化事业单位转企改制顺利进行。针对国有艺术表演院团改制难度较大、地方财力支持不到位的问题,省财政按照“突出工作重点、强化政策保障、解决关键问题”的原则,统筹资金7510万元,对全省92个改制院团设备更新、创作演出给予补助,特别是对基础薄弱的皖北剧团给予了重点倾斜,为院团走向市场奠定了坚实基础。为激发艺术表演人才创作演出的积极性,省财政在全国率先安排专项资金550万元,对梅花奖获得者个人连续五年每年奖励6万元,对其获奖剧目一次性奖励20万元。

(厅教科文处供稿)

抓金寨促全省扶贫开发

2012年,省财政厅深入贯彻落实省委省政府抓金寨促全省扶贫开发决策部署,加强组织领导,与相关部门协调配合,积极作为,精心谋划,创新举措,全方位加大扶持力度,突出抓好帮扶金寨重点事项落实，积极推进各项帮扶工作，取得了显著成效。

【加强组织领导】省抓金寨促全省扶贫开发领导小组第一次会议和省政府金寨县扶贫座谈会议召开后，省财政厅党组高度重视，第一时间传达贯彻会议精神和李斌省长以及詹夏来常务副省长重要讲话精神，建立省财政厅帮扶金寨促进全省扶贫开发领导小组，进一步细化工作目标和内容，制定具体工作计划和措施，及时将财政牵头各项任务分解到相关处室单位，落实责任到人。

【强化政策宣传】加大帮扶金寨宣传工作，编发5期《省财政厅帮扶金寨促进全省扶贫开发工作简报》。每半月及时向省加快皖北地区发展领导小组办公室、厅领导及有关单位报送帮扶金寨工作进展情况，畅通帮扶信息，展示省财政帮扶工作力度和成效。

【加大财政投入】不断加大对金寨县一般性转移支付和专项转移支付等资金、政策支持力度，在均衡性转移支付、国家重点生态功能区转移支付、新增革命老区转移支付及各项资金测算中，对金寨县给予充分倾斜，全年省财政共下达金寨县各项财政项目资金18.7亿元。加大金寨县相关项目建设支持力度，对省直相关部门支持金寨县的具体项目给予重点倾斜，对金寨县企业技改、中小企业发展、地质灾害防治、农田水利建设、病险水库除险加固、旅游发展，以及交通基础设施建设等项目和资金安排，重点给予倾斜。加大对金寨优势产业发展投入力度，积极争取财政部安排资金，重点支持金寨县茶叶、石斛、皖西白鹅三大农业特色产业发展，形成规模效益。

【定期统计报告】建立帮扶金寨县项目资金定期统计报告制度，加强与财政部的沟通衔接，及时向省人大常委会帮扶金寨联络协调小组办公室、省加快皖北地区发展领导小组办公室和厅领导报送帮扶工作进展情况。

【开展帮扶调研】由厅长和分管厅长带队，相关处室负责人参加，赴金寨县开展财政帮扶政策调研，协调解决帮扶工作事项，进一步推动项目与资金落实。同时，积极配合有关部门做好支持金寨产业园区、扶持农业产业化龙头企业、加快农村金融改革发展等工作。

【推动结对共建】联系金寨县双河镇河西村，开展结对共建和对口帮扶，充分发挥结对共建的桥梁纽带作用。建立省、县、乡、村会商制度，加强工作对接，及时掌握县里情况，了解民情民意，有针对性地指导帮助解决问题，凝聚发展合力，推动政策落实。

(厅农业处供稿　刘建军执笔)

着力构建县级公立医院运行补偿新机制

2012年，省财政厅按照省委、省政府的统一部署，把握重点、强化保障、主动作为，按照“日常运行靠服务、发展建设靠政府”的原则，牵头制定《县级公立医院运行补偿管理暂行办法》，着力构建县级公立医院运行补偿新机制，解决财政对医院“补什么、怎么补”，“管什么、怎么管”，“投多少、谁来投”等问题。

【破除以药补医机制】全面取消县级公立医院药品加成，破除“以药补医”这一导致群众看病难、看病贵和“因病致贫、因病返贫”的旧有机制。对医院因取消药品加成而减少的收入，一方面，采取政府间接买单，通过收取诊查费，由医保基金承担加成收入的近75%部分。另一方面，采取政府直接买单，由省财政按诊疗人次承担加成收入的25%部分。省财政结合全省县级公立医院诊疗人次（每个门急诊人次视为1个诊疗人次，每个出院人数折算3个诊疗人次）确定补助基数，并纳入一般性转移支付每年度给予补助。以后年度，诊疗人次的增加部分由县级财政承担、按月核拨补助资金，省财政在一般性转移支付中统筹考虑诊疗人次的变化情况。

【建立预算管理机制】按照“核定收支、定项补助、超支不补、结余按规定使用”的原则，对公立医院实行全面预算管理。一方面明确补偿范围，对符合国家规定的离退休人员经费、政策性亏损补贴等经常性补助，主要由县级财政安排。医院基本建设、设备购置、公共卫生、重点学科建设等，由财政、发改、卫生等部门根据政府卫生投入政策落实。另一方面，科学核定收支，按照“以收定支、收支平衡、统筹兼顾、保证重点”原则编制预算。对医疗收入，要根据医院前三年医疗服务任务、医疗服务平均收入情况，并综合考虑医疗技术进步、医疗保障及需求提高和物价上涨等相关影响因素科学核定。对医疗支出，按人员经费、业务经费实行分项定额核定，并提高医院人员经费支出占业务支出的比例。对财政补助项目收支、科教项目收支、管理费用和其他收支,原则上按上年度补助基数核定,并结合当地实际合理确定。对收支结余,按规定提取事业发展、职工福利、职工奖励等专项基金,并按规定管理使用。

【健全资产监管机制】将国有资产和财政投入的效果作为衡量医院运行情况的一项重要指标。一是严格控制投资。在保证正常运转和事业发展的前提下严格控制医院对外投资。对经过可行性论证,且经过主管部门和财政部门审批的,允许按规定进行投资,但投资范围仅限于医疗服务相关领域和购买国家债券,不得从事非医疗服务相关领域和股票、期货、基金、企业债券等投资,不得使用财政拨款、财政拨款结余对外投资。二是规范举债管理。严格控制医院建设规模、标准和贷款行为,原则上禁止县级医院举债建设,严格禁止县级医院集资购买大型医用设备。医院在建工程或项目确需举债或融资租赁的,应按程序报主管部门会同有关部门审批。三是加强运营考核。将医院资产运营效果考核纳入医院总体绩效考核范围,并将考核结果与财政补助等挂钩。同时,强化对医院财务活动及相关经济活动的监督,包括预算管理、收支管理、资产管理和负债管理等全方位的监督,规范医院内部审计,提高国有资产和财政投入的效果。

(厅社保处供稿　陈中楼执笔)

推进合芜蚌自主创新综合试验区和国家技术创新工程试点省建设

2012年,省财政厅紧紧围绕省委、省政府创新驱动发展战略,充分发挥财政职能,积极主动筹集资金,优化支出结构,创新管理方式,完善财税优惠政策,切实做好资金保障和管理,有力推进了试验区和试点省建设。当年全省财政科技投入达96亿元,与2008年相比,年均增幅达41.7%。

【加大自主创新专项资金投入】积极筹措资金,安排6亿元专项资金,包括试验区4亿元、试点省2亿元,并督促试验区合肥、芜湖、蚌埠三市安排14亿元配套资金,坚持保障重点,突出七大主导产业和优势特色产业,突出项目投入拉动和合同目标,突出龙头企业项目的引领带动作用,突出以高新技术支撑文化产业发展。其中,6亿元专项资金中,省统筹1.45亿元,重点用于平台、人才、专利等方面;补助市县4.55亿元,共支持16市89个重点项目,其中超千万元项目10个,最大项目投入经费7000万元,该批项目共拉动企业研发投入29.5亿,拉动产业投资190多亿。同时,加大贷款贴息力度,共安排47个项目贴息1.1亿元,吸引银行贷款19.8亿元;申请专利816项(其中发明专利269项),获得专利授权386项(其中发明专利82项),软件著作权等40个,各类技术标准161项,新产品等787项;吸引创新团队和人才740多名,有50多家省内外高校和科研院所参与联合攻关,引导建立20多家产学研实体和产业技术创新战略联盟。

【扩大创业投资引导基金融资效应】继续加大创业风险投资引导基金的扶持力度,吸引社会资本支持全省科技型企业发展。自2008年省财政安排首期5亿元的创业(风险)投资引导基金以来,截至目前,基金总规模达8.5亿元,引导设立了18只创业投资基金,资金总规模达57.7亿元,省财政资金放大效应达到6.8倍;累计共投资117个项目,总投资额达40.7亿元。省创业(风险)投资引导基金主要用于在省内投资,特别是对合芜蚌试验区内早期创新型企业的投资,有效拓宽了创新型企业的融资渠道。

【推动企业股权和分红激励试点】在上年工作基础上,继续深入推进企业股权和分红激励试点,合肥、芜湖、蚌埠三市当年纳入试点辅导企业56户(合肥22户、芜湖23户、蚌埠11户),其中,正式实施股权和分红激励的企业18户,超额完成省政府年初确定的11户目标。一是开展试点资源调查摸底工作。发动合肥、芜湖、蚌埠三市对辖区范围内符合试点政策规定的企业进行调查摸排,从总体上掌握了企业的各项指标。二是规范试点工作有关文本格式。制定合芜蚌自主创新综合试验区企业股权和分红激励试点申请书和激励方案文本格式,要求试验区内拟参加企业股权和分红激励试点的企业按统一格式填报申请书,确保试点工作规范操作。三是加大对合肥、芜湖、蚌埠三市试点工作的指导推动。积极协调帮助解决三市在试点工作中存在的问题,推动三市加快试点工作节奏;多次培训、督查、座谈和上门指导,省财政厅直接进行的培训达6场。四是加大宣传力度。通过在财政内外网及时发布有关试点政策及工作动态,在《安徽财会》开辟试点工作宣传专版,积极编印《合芜蚌自主创新综合试验区企业股权和分红激励试点工作手册》,加大试点政策的宣传力度,营造良好氛围。

【推进合芜蚌人才特区建设】省财政安排2800万元人才特区建设专项资金,较上年增加1800万元。重点对国家"千人计划"入选者分别给予25万元、50万元不等的资金扶持,进一步保障本省入选国家"千人计划"项目的顺利实施,加大了本省"千人计划"的含金量,增强了本省合芜蚌地区对科技创新人才的吸引力。同时,出台《安徽省财政厅关于落实合芜蚌自主创新综合试验区人才特区意见相关财税政策的通知》,重点从对获得股权奖励的有关技术人员分期缴纳个人所得税政策,对部分企业年薪10万元以上的高层技术、管理人员实行奖励政策,资助入选国家"千人计划"人才政策三个方面提出了具体的贯彻落实细则,对合芜蚌三市提出具体要求,进一步明确人才特区的各项财税政策内容及操作规程,增强了人才特区实施意见的操作性和实践性,保障了人才特区财税优惠政策落到实处,取得实效。

【逐步建立科技项目监督检查长效机制】联合省科技厅加大对科技计划项目资金的监督检查,重点检查了黄山、安庆两市25项科技计划项目资金的使用情况,涉及省级以上财政资金2500万元。通过制定《安徽省科技计划项目监督检查记录表》、《安徽省科技计划项目监督检查重点项目反馈表》并详细记录,制定《承诺书》,要求被检查单位作出诚信承诺;制定《重点抽查工作底稿》,由双方当事人现场填写并签名,保证了检查质量,发现了一些部分项目承担单位存在重申报、轻实施的现象;部分项目配套资金没有足额到位;科技经费收支未单独建账核算或建账不规范等问题,为下一步的完善改进创造了条件。

(厅教科文处、企业处供稿)

推进县乡财政一体化管理

为充分发挥乡镇财政职能作用,巩固和提高规范化乡镇财政所创建成果,深入推进乡镇财政资金监管工作,省财政厅坚持夯实基础,推进县乡财政一体化管理。2012年厅党组将县乡财政一体化管理列入财政年度重点工作督查调研,并深入20多个乡镇财政所检查,有力地促进了系统共建。

【加强领导,明确责任】召开推进县乡财政一体化管理专题座谈会,研讨对县乡财政一体化管理的认识、主要内容和推进措施。在深入调研讨论、广泛征求意见的基础上,经厅长办公会同意,省财政厅制定下发了《关于推进县乡财政一体化管理的指导意见》,加强组织领导,明确工作职责,落实责任分工,建立健全部门间沟通协调机制,充分调动各方积极性,为推进"县乡财政一体化"管理提供有力的组织保障。

【建立机制,上下联动】按照"三同五一体,整体上水平,个体有特色"的原则,结合规范化乡镇财政所创建活动和加强乡镇财政资金监管工作要求,上下协调,联动互动,以县带乡,以乡促县,工作同布置、同落实、同考核,建立"体系完整、水平提升、充满活力、运行高效"的乡镇财政管理模式,进一步形成依靠和重视基层、关心和支持基层、工作落实在基层、监管向基层延伸的工作格局。

【督查指导,强化考评】要求县级在加强自身管理的同时,制定相关的工作目标考核标准和办法,加强督促检查,强化考核考评,针对不同类型、不同基础的乡镇实行分类指导,注重经验交流和典型引导。省财政厅将县乡财政一体化管理列入全省财政年度重点工作督查调研,并深入20多个乡镇财政所检查,有力地促进了系统共建。

【加大宣传,形成共识】充分利用电视、报纸、网络、《安徽财会》和财政简报等各类媒介,全方位、多角度、深层次宣传推进县乡财政一体化管理的重要意义、主要内容、具体措施和典型做法等,营造浓厚氛围,形成思想共识,争取各方面的理解、支持和配合,在全省范围内凝聚推进县乡财政一体化管理的工作合力。

(厅农村局供稿　姚瑶执笔)

强化学习　推进队伍建设

省财政厅党组认真贯彻中央、省委和省直机关工委关于学习贯彻党的十八大精神的部署,结合实际,掀起了学习贯彻十八大精神热潮,有效促进了广大党员干部把思想和认识统一到十八大精神上来,把智慧和力量凝聚到实现十八大确定的各项任务上来。

【全面学习领会党的十八大精神】组织厅机关全体干部和厅属单位中层以上干部集中收看会议盛况，厅属各单位也分别组织本单位的收听收看活动。召开厅党组会议，及时传达全省学习贯彻党的十八大精神大会有关要求，研究部署贯彻落实工作。及时制定并印发《关于深入学习宣传贯彻党的十八大精神的通知》（财党组〔2012〕32 号），要求厅直机关党委和各党支部要及时制定学习贯彻方案，采取集中学习、专题宣讲、个人自学、座谈交流等有效形式，认真开展行之有效的学习宣传活动。召开学习贯彻党的十八大精神会议，传达学习省委张宝顺书记在全省学习贯彻党的十八大精神大会上的重要讲话精神。

【掀起学习宣传十八大精神热潮】十八大前夕，组织“我为党旗添光彩”主题征文活动，努力营造财政党员干部喜迎十八大胜利召开的浓厚氛围。十八大胜利闭幕后，及时向全体党员干部发放十八大报告单行本、十八大文件汇编、新修订的党章等学习辅导材料，并印发全厅学习贯彻十八大精神工作方案，要求各党支部、广大党员及时开展学习讨论活动。全省召开领导干部党的十八大精神培训班后，省财政厅举办了学习党的十八大精神培训班，全厅干部职工参加培训，再次学习党的十八大报告和新修订的党章，中央政治局关于改进工作作风、密切联系群众的八项规定和省委书记张宝顺在全省领导干部党的十八大精神学习培训班上的讲话；邀请省直机关十八大精神宣讲团成员、省委党校高淮成教授作宣讲报告；各处室单位结合工作实际，认真组织了学习研讨。培训会上，着重围绕当前财政经济工作的热点问题，如深化预算管理、推动经济发展方式转变、保障改善民生、支持美好乡村建设、加强党风廉政建设、推进财政信息化建设等专题进行了研讨交流。

【务实抓好十八大精神贯彻落实】紧密联系财政工作和广大干部职工思想实际，坚持学以致用、用以促学，紧密结合财政工作实际，组织开展十八大精神专题研讨活动，采取与党组中心组理论学习统筹安排的办法实施，采取自学与集中学习、机关研讨与基层调研、支部交流与中心组交流相结合等多种形式进行，努力实现学思结合、学研结合、学用结合，切实在武装头脑、指导实践、推动工作上下功夫、求实效。进一步强化党员意识，改进财政作风；进一步强化宗旨意识，加强和改进财政民生工作；进一步推进财政改革与发展，完善财政宏观调控，加强公共财政建设；进一步强化制度建设，提高财政管理水平；进一步发挥财政职能，提升财政绩效。

（厅机关党委供稿　刘恒执笔）

深化结对共建　服务基层群众

2012 年，为巩固全省财政系统“班子成员大走访”活动成果，推动建立大走访活动长效机制，根据省委组织部《关于深化城乡基层党组织结对共建工作探索构建城乡统筹基层党建新格局的意见》（皖组字〔2011〕40 号）精神，省财政厅推进城乡基层党组织结对共建工作向厅直属各党支部延伸，通过共建双方的共同努力，结对共建工作实现了服务基层群众和推进财政工作“双赢”的目标，也成为财政厅机关党建工作的一大亮点。

【明晰总体目标】坚持以加强党的执政能力、先进性和纯洁性建设为主线，以推进组织共建、党员共管、干部共育、发展共赢、困难共帮、资源共享为重点，通过践行党的群众路线，不断改进工作作风，增强基层党支部的创造力、凝聚力和战斗力，促进进一步提升财政机关党员干部的综合能力。

【延伸结对主体】拓展共建范围，实现结对主体的双向延伸。省财政厅的共建主体由厅机关党委向厅直党支部延伸，共建对象的主体由原有的凤阳县小岗村党委、合肥市庐阳区安庆路街道杏花社居委党总支，扩大到国家和省级扶贫工作重点县（市、区）的村级基层党组织。采取“1+1”或“1+2”模式，即一个厅直党支部与一两个村级党组织结对共建，全厅 37 个党支部与省内贫困地区共计 40 个村级党组织进行结对共建。

【丰富共建内容】重点开展六项结对共建活动。一是召开联席会议。探讨城乡基层党组织党建工作统筹发展的有效途径，帮助解决结对村党组织建设存在的问题，帮助梳理经济和社会发展思路，推进共建村的新农村建设。二是深入农户走访。巩固 2011 年全省财政系统“万名财政干部大走访”活动成果，进村入户，深入田间地头开展回访及调研活动,搜集社情民意,了解群众所盼,征求群众对财政民生工作的意见建议,推动建立大走访活动长效机制。三是共同过组织生活。把结对村作为财政厅各党支部党员教育实践基地,通过共同上党课等方式强化党员教育管理,促进机关党员干部尤其是青年干部了解基层、了解民情。四是组织慰问帮扶。加强对基层困难党员群众的联系和帮扶,与结对村党组织携手关心帮扶老党员和生活困难党员群众。五是进行为民志愿服务。以"弘扬雷锋精神、争做雷锋传人"为主题,开展送医送药等多种形式的志愿服务活动,重点关注关爱农村空巢老人、留守儿童、残疾人等困难群体。六是为村民办实事。尊重群众的意愿,整合有关资源,着眼于民需、民盼,支持申报实施公益性项目工程,着力改善村民的生产和生活条件,努力为结对村办实事、好事,着力增强结对共建效果。

【落实"八项"举措】省财政厅采取"八项"措施,确保结对共建工作有序推进。一是制订工作方案。召开专题会议认真讨论审定结对共建工作方案,并以厅党组文件正式印发。二是加强工作联络。明确厅机关党委为结对共建工作牵头单位,确定厅直各党支部书记为主要责任人,明确"四级"联络员(厅牵头单位、厅直党支部、县级财政局、村级党组织),具体负责有关活动组织协调。三是健全工作记录。建立健全结对共建工作登记制度,印发《省财政厅开展城乡基层党组织结对共建工作记录簿》,建立各项工作台账,健全工作档案。四是召开专题座谈交流会。选择关键节点,全年共四次召开推进结对共建工作座谈会,专题交流工作进展情况,研究解决推进过程中存在的问题,总结推广经验,部署工作任务。五是注重工作结合。将结对共建工作与加强基层党组织建设、财政业务工作紧密结合,统筹谋划,扎实推动各项工作落实。六是严明工作纪律。要求党员干部主要利用节假日时间深入基层开展共建活动,坚持群众路线,严守工作纪律,轻车简从,简化接待,注重工作实效,不增加基层负担。七是加强宣传报道。点面结合做好结对共建工作宣传,通过省内"一报两台"、《中国财经报》、《安徽党的建设》及财政门户网站、安徽财政信息等媒体,积极宣传结对共建工作的成效和典型事迹,传播正能量,营造良好舆论氛围。八是完善考核机制。将结对共建工作纳入厅机关年度党建工作、效能建设工作的考核内容,作为基层党组织评先评优的重要依据。

【务求共建实效】省财政厅各党支部与结对村党组织全年召开联席会议147次,共同过组织生活94次,厅党员干部参加活动1235人次。开展走访活动201次,参加走访1871人次,宣讲民生工程等各项财政惠民政策151次,征求对财政工作的意见和建议269条。开展各类志愿服务活动67次,共506人次参加,服务群众3803人。组织厅机关党员干部开展"一日捐"活动,筹集资金,慰问帮扶困难党员群众603人,支付慰问金或物品价值22.71万元。为共建村群众办实事104件(项),改善了共建村村民的生产和生活条件。省财政厅结对共建工作受到各界广泛关注,引起了省委领导和有关部门的高度重视。省委书记张宝顺同志对此专门作出批示:这是机关服务基层,加强自身建设的有效举措,注意总结。财政部《财政系统党建信息》刊发了省财政厅结对共建工作经验做法,向全国财政系统推广。

(厅机关党委供稿 刘恒执笔)

全面建立会商工作机制

2012年,为加强政风行风建设,切实转变工作作风,密切联系群众,提高财政服务工作水平,促进管理效能的进一步提升,推动财政科学化精细化管理和绩效,体现财政部门主动服务、为民理财的良好风貌,省财政厅党组全面建立会商工作机制,全年全厅累计会商639次,取得良好效果。

【创新工作方式,全面部署会商工作】厅党组会、厅长办公会多次研究会商议题,将会商工作摆上重要议事日程,要求厅机关各处室单位特别是支出处室单位健全会商机制,主动理财,主动服务,实现会商与财政工作"双推进"。印发《关于建立财政工作会商机制的通知》,并在下发的《进一步加强机关效能建设指导意见的通知》和《关于进一步加强财政部门政风行风建设的指导意见》中,将推进部门会商作为效能建设和政风行风建设的重要内容,对会商工作进行全面部署。省财政厅党组和厅领导班子根据各自职责分工,主动带领相关处室单位前去部门单位会商,对于一些支持经济发展重点项目和财税政策、预算编制、保障和改善民生、贯彻落实厉行节约各项措施等重大事项、难点事项,厅领导多次出面进行会商,使一些重大复杂的问题达成一致意见并得到满意解决。各处室单位主要负责同志认真落实会商工作第一责任人的职责,把会商工作作为加强沟通协调、发现问题、解决问题的一种重要手段和形式,在将会商全面覆盖到省直预算部门单位的同时,根据工作需要,还开展了处室单位之间的会商,有的还延伸到市(县)财政局。对一些事关经济社会发展以及财政重点难点问题,还邀请了有关专家、人大代表、政协委员等参与会商,形成了对外、对内、对下三个层级和有关专家、群众代表参与的会商工作格局。

【坚持制度引领,规范会商内容】坚持制度先行,先后印发《安徽省财政厅会商工作暂行办法》、《关于建立会商定期通报制度的通知》和《关于建立省级国库集中支付执行情况内部通报会商机制的通知》等文件,明确会商的原则、内容、流程和方式,进一步完善会商工作机制,并将处室单位的会商工作情况列入省财政厅年终效能绩效考评中,促进了会商工作制度化、规范化和常态化开展。会商工作坚持以政策法规为依据,坚持科学决策和民主决策,坚持全面会商、上下会商和内外会商的工作方法,采取定期会商和临时会商相结合,每月定期进行会商,遇重大事项或临时专项工作及时进行会商。根据厅里制定的会商制度和原则,各处室单位尤其是支出处室纷纷出台会商工作实施细则,进一步细化了会商办法,规范了会商流程,做到了会商工作的规范化和精细化。

【主动进行会商,抓好工作落实】切实做到会前准备充分、会中交流充分、会后全面落实,使会商真正成为相互交流、达成共识、推动工作、提升绩效的过程,将财政工作和会商工作融为一体,相得益彰。在会商准备阶段,各处室单位着力做到议题准备在先、通气准备先行、政策准备在先,主动和部门单位协调和商议会商事项。双方确定会商议题后,牵头处室单位加强调研和政策研究,梳理政策依据,做好会商准备。在会商中,省财政厅牵头处室单位主动介绍财政工作基本情况、会商事项背景、需要会商的主要内容以及当前财政管理工作要求等,同时,认真听取部门单位情况介绍、工作需求和困难问题,与部门单位充分交流和商讨。对于重点内容、需要重点解决或有争议的问题,双方充分交换意见,力求达成共识。每次会商结束后,省财政厅牵头处室单位形成《会商纪要》,并和部门预算单位合力全面抓好工作落实。

【会商成果显著,坚持长效运行】一是进一步促进了财政工作作风转变。通过主动上门开展工作会商,把财政政策、财政支持、财政服务送到部门单位,在促进财政政策和工作任务及时有效落实的同时,也锻炼了干部的工作能力、社交能力及综合素质,体察了部门单位和人民群众的苦衷,同时,也及时发现自身存在的问题和不足,明确今后加强和改进财政财务管理的努力方向,提升了财政服务质量和水平,提升了财政部门形象。二是进一步提升了部门单位财务管理能力。通过会商,较好地宣传了财政工作,加深了部门单位对财政工作的理解和支持,形成财政和部门单位双方合力做好财政工作的局面,进一步促进部门单位树立成本意识、节约意识、绩效意识,规范和减少了一般性支出,强化了专项资金管理,促进了2012年的预算执行和2013年预算编制的顺利实施,促进了行政效能的提高,提升了财政财务管理能力和水平。三是进一步提升了财政服务安徽发展的水平。省财政厅各处室单位和部门单位将研究落实国家和省委省政府关于促进安徽发展一系列决策部署所需要的各项财政政策和措施作为会商工作重点,对财政政策法规制定和“三重一大”等重大事项进行调查研究、集中商议、分析研判,提出科学合理的财政支持政策和措施建议,有效地为省委、省政府决策提供了参考依据,提升了财政围绕中心、服务大局的水平,促进了美好安徽建设。四是进一步提升了人民群众对财政工作的满意度。在会商工作中,财政和部门单位严格遵守党风廉政建设和廉洁自律的各项规定,落实《廉政准则》和廉政风险防控工作要求,严格集体讨论、共同决策,公开公平公正,快速便捷高效,促进了财政和部门单位党风廉政建设,促进了“干部清正、政府清廉、政治清明”目标的实现,赢得了部门单位及人民群众的赞许和好评。

(厅监察室供稿)

扎实推进美好乡村建设

2012年9月,省财政厅积极落实省委省政府决策部署和省领导指示精神,高度重视美好乡村建设工作,主动谋划思路,研究落实方案,细化工作措施,认真履行省美好乡村建设资金整合指导组牵头单位职责,全力做好美好乡村建设资金保障工作。

【成立组织机构】按照《中共安徽省委办公厅 安徽省人民政府办公厅关于成立美好乡村建设工作领导小组的通知》要求,及时与省扶贫办、发改委等部门会商,成立美好乡村建设资金整合指导组,制定美好乡村建设资金整合指导组工作职责和工作制度,明确各成员单位工作职责。成立由厅长任组长的财政厅美好乡村建设工作领导小组及办公室,厅相关处室为领导小组成员单位,抽调专人集中办公,负责美好乡村建设具体工作落实。制定厅美好乡村建设工作领导小组工作职责和工作制度,明确工作方向、工作任务和工作方法等。各市、县(区)财政部门按照省厅部署要求,成立了财政局长任组长的财政部门美好乡村建设领导组织机构,构建了一级抓一级、层层抓落实的组织保障体系。

【开展动员部署】召开财政支持美好乡村建设专题会议、全省财政系统支持美好乡村建设工作视频会议,传达学习、部署贯彻全省美好乡村建设动员大会精神。要求全省各级财政部门紧密结合工作实际,认真学习领会全省美好乡村建设动员大会精神,切实把思想和行动统一到省委省政府决策部署上来,充分发挥财政职能作用,全力做好美好乡村建设财政服务保障工作。组织召开省美好乡村建设工作资金整合指导组专题会议、全省财政支持美好乡村建设工作座谈会,研究部署资金整合相关工作。市县财政部门根据省厅部署,及时召开了党组会、局长办公会、全体干部大会等会议,迅速传达学习会议和领导讲话精神,动员全体财政干部积极投身美好乡村建设。

【制定制度办法】研究制定《整合涉农资金支持美好乡村建设意见》和《安徽省财政支持美好乡村建设专项资金使用管理办法》,报经省美好乡村建设工作领导小组审定后,分别以省委办公厅、省政府办公厅和财政厅文件印发。会同省直相关厅局,研究拟定了3大类20项具体办法和意见,构建了“资金分配规范、适用范围明晰、管理监督严格、职责效能统一”的财政支持美好乡村建设资金保障管理制度体系,确保支持美好乡村建设的财政资金投入不断增加、管理更加规范、使用更加高效、运行更加安全、群众更加满意。

【落实建设资金】按照省委、省政府关于加大投入力度、推进美好乡村建设的部署要求,研究落实省级10亿元财政专项资金。主动与住建厅会商拟定当年2亿元专项资金安排方案,报经省美好乡村建设工作领导小组审批后,及时下拨资金,支持各地尽快启动美好乡村建设工作。召开资金整合指导组专题会议,研究谋划资金整合工作思路,会同厅相关处室,按照生产发展、基础设施建设和社会事业三大类,制定了43项涉农资金整合指导目录。督促指导各级财政加大资金统筹整合力度,全年省级整合下达涉农资金48.5亿元,各市、县财政落实专项资金17.3亿元、整合各类涉农资金77.5亿元。

【建立工作机制】建立部门会商机制,加强与美好乡村建设资金整合指导组成员单位的沟通协商,主动对接,主动服务,齐心协力做好整合涉农资金支持美好乡村建设工作。建立厅内协调机制,充分发挥厅美好乡村建设领导小组的牵头作用,加强厅内涉农处室的沟通协作,加大涉农资金统筹整合力度,切实保障资金整合工作的有效落实。建立上下联动机制,主动向财政部汇报情况,邀请国家农发办主要领导来皖调研,加强农业综合开发与美好乡村建设对接,积极争取中央财力支持;加大对市县财政的工作指导力度,及时传达工作要求,及时掌握进展情况,切实以横向互动、纵向联动的工作机制,推动美好乡村建设财政保障工作有力有序开展。

【加强调研宣传】建立美好乡村建设厅领导联系工作制度,由厅领导带队对各地专项资金落实、涉农资金整合、财政资金监管等相关工作进行督查指导。组织4个调研组,对阜阳、六安等8个市及所辖的界首、金寨等8个县(市、区)进行专题调研,全面掌握各地工作动态,专项资金落实和涉农资金整合等情况,撰写了《财政支持美好乡村建设情况调研报告》。在财政门户网站和《安徽财会》开设“财政支持美好乡村建设”专栏、编印财政支持美好乡村建设工作简报,及时发布省委、省政府、财政厅关于美好乡村建设的工作部署和省、厅领导的重要指示、要求,及时宣传美好乡村建设相关政策制度和建设成效,交流推广各地经验做法,相互学习,相互促进。主动与新闻媒体联系,通过安徽卫视、安徽日报等媒体宣传财政支持美好乡村建设的主要举措及工作成效等。

(省农发局供稿)

财政分项工作概述

财政政务工作概述

2012年,厅办公室紧紧围绕中心,脚踏实地,团结奋进,各项工作取得了新的成绩。省财政厅先后获得财政部、省委省政府2011年度信息工作先进单位,省政府2011年度信访、档案、保密、督查工作先进单位,2008—2012年度省人大代表建议办理工作先进单位,2010—2012年度政协提案先进承办单位,省直机关创先争优先进基层党组织,2012年度部门预算编制工作二等奖等集体表彰,21人次获得全国财政系统信息工作先进个人、全省财政系统先进个人等各类荣誉表彰。

【抓综合文字,发挥以文辅政作用】坚持文字为先,紧贴厅党组思路,不断改进文风,在综合材料上狠下工夫。一是注重学习,提升能力。健全支部例会学习制度和专题学习制度,第一时间组织学习重要文件、领导讲话,领会精神实质,武装头脑,指导实践。密切关注宏观形势变化,努力把握政策走向,深入思考,强化运用。迅速兴起学习十八大精神的热潮,不断夯实理论和业务基础,自觉将新思想、新观念、新要求贯穿于各类综合文字服务中。二是注重质量,讲求效率。深刻领会、准确把握厅党组意图,积极适应厅领导思维方式和工作方法,超前谋划,精心谋篇布局,广泛搜集资料。充分发挥骨干秘书带头示范作用,做好“传、帮、带”,秘书合理分工、协作撰写、增强合力。及时整理领导讲话,自觉加班加点,高标准、严要求,力求文稿质量好、出手快。三是注重总结,打造精品。密切跟踪财政亮点工作,认真梳理,总结提炼,用心提升,仔细打磨,反复修改,力求材料内容充实、文字精练,及时准确地反映财政厅工作成效及经验。省委省政府两个办公厅对办公室综合文稿给予充分肯定,多篇综合报告得到了财政部和省委省政府领导的批示肯定。

【抓财政宣传,营造良好理财环境】坚持突出重点、把握导向,着力提高财政信息宣传的政治大局性、政策业务性、整体联动性、时效针对性和社会广泛性。一是完善工作机制。年初制定下发《关于进一步加强财政新闻宣传工作的通知》,8月份召开全省财政宣传工作座谈会,对做好新时期财政宣传工作提出明确要求;健全与新闻媒体的联系通气制度,加强与安徽日报社和省电视台的沟通交流,定期召开媒体记者通气会,努力形成上下联动、内外同频的宣传合力。二是把握工作节奏。积极会同处室单位,根据厅机关工作进展情况,围绕学习贯彻十八大、促进科学发展、保障改善民生、财政制度建设等重点工作,精心组织宣传稿件,在《安徽日报》、安徽广播电视台、《人民日报》、《中国财经报》、《中国财政》等媒体刊发宣传文章300余篇。三是加强载体建设。加强财政门户网站管理,归并整合11个厅属网站,与市县财政门户网站联通,建立值班读网制度,规范信息发布流程,落实安全防范措施。主动征求省政务公开办公室意见,进一步改版厅门户网站网页栏目,丰富表现形式。全年厅门户网站发布信息近3000条,答复公众咨询3400余件,按时答复信息公开申请140余件。四是重视信息报送。完善信息通报制度,改进信息工作考评办法,主动收集信息,开发“订单信息”,着力增强信息报送的针对性、及时性和有效性。全年共编印各类信息983期,被财政部、省委、省政府采用211条,采用率达到21%。财政部门户网站“财政新闻”栏目引用本省信息近600

条,上载分值位居全国前列。

【抓政务协调,提升财政服务水平】积极发挥承上启下、综合协调、督促催办的作用,在政令畅通上下功夫,切实保障厅党组各项决策部署落实到位。一是推进效能延伸。认真贯彻落实省委省政府决策部署,及时下发关于进一步加强省财政厅机关效能建设的若干意见,组织签订效能建设责任书,完善岗位告示牌,开展常态化的明察暗访,修订效能建设绩效考评办法,加大问责力度,不断提高财政厅机关工作质量和效率。二是强化工作责任。年初及时制定下发工作要点,分解重点任务,年中组织督查;严格实行登记催办制度、限时办结制度、督查报告制度,加强上下联系,主动与处室单位会商,定期与相关部门沟通,积极完成各项目标任务。三是不断改进服务。强化政务服务中心财政厅窗口工作管理,进一步梳理行政审批和便民服务项目,全年办理各类项目60729件,增长50%,办件提前率95%,即办率97%,社会满意率100%。主动加强与省人大代表、政协委员的联系沟通,按时办结建议提案302件,办件总量居省直部门第一位。四是做好信访工作。建立健全领导干部接访、值班制度,切实做好十八大期间信访维稳工作。本着实事求是、高度负责的态度,积极协同有关处室,有效化解合肥轴承厂集体上访问题,全年热情耐心接待群众来访56次、240人,妥善协调办理信访案件75件。

【抓基础管理,保障机关高效运转】进一步健全机制,规范程序,强化责任,努力推动基础管理上台阶。一是规范财务管理。牢固树立过紧日子的思想,带头落实改进工作作风、密切联系群众的规定,带头厉行节约。制定财政厅机关公用经费管理、机关公务卡管理等暂行办法,用制度规范财务行为。加强厅属单位财务监督管理,开展财务分析,着力增强财务管理效果。积极顺应政务公开和财务公开要求,科学编制2013年财政厅部门预算。二是强化车辆保障。开展公务用车专项治理,进一步完善制度,推进车队精细管理;组织机关车队驾驶员技能大比武,提高驾驶员综合素质,确保文明出车、安全行车。三是推进电子政务。完善"安徽财政综合办公网"建设,进一步规范办文办事流程,分四期对92个市县区财政局公文收发人员进行培训,全面推广使用电子公文,促进系统办公联通、信息资源共享。四是夯实基础服务。开展涉密档案调查、网络清理检查、公文传输系统安全保密检查,组织签订《保密工作责任书》,切实加大保密工作防范力度。从10月份开始,向处室主要负责同志通报本处室电话费使用情况。扎实做好会务接待、办公用品、公文收发等服务工作。全年承办全国性会议3次、全省性会议2次,办理公文交换近3万件,邮寄发文20余万件,用印30余万次,收集档案8098件(卷),提供利用档案6900余件(卷)次。

【抓作风建设,打造和谐发展团队】深入开展"保持党的纯洁性、迎接党的十八大"主题教育实践活动,发扬"责任如山、勤奋如牛、心细如发、团结如一"办公室精神,着力营造风清气正、奋发有为的工作氛围。一是加强民主管理。坚持民主集中制,做到分工不分家。组织召开民主生活会,开展谈心活动,同志之间真诚交流,相互提醒,相互督促,心往一处想,劲往一处使。二是优化工作规程。开展廉政风险防控"回头看",严格落实"一岗双责",修订《办公室主任守则》、《办公室工作人员守则》,完善办公室工作ABC岗制度,健全工作调度例会制度,及时通报情况,明确任务,落实责任,努力做好雷厉风行、令行禁止。三是建立会商机制。主动与科研所商讨,共同加强宣传策划,研究创新宣传方式,夯实宣传基础工作,着力加大全省财政宣传力度。主动与厅属单位共同推进财务管理,主动上门与资产管理中心会商机关后勤保障、安全管理等工作,全力构建稳定、安全、有序的机关办公环境。四是开展结对共建。与寿县小甸镇杨圩村党总支一起,共同推进组织建设,共同谋划科学发展,共同帮扶困难群众,共同解决矛盾难题,共同负责务求实效。坚持轻车简从,严明工作纪律,8次36人次深入杨圩村接地气,向基层学习、为群众服务。帮助杨圩村制定三年发展规划,争取一名大学生村官加强支部建设,走访慰问老党员、重点优抚对象、城乡低保对象、农村五保对象等生活困难群体20户,调研惠民政策落实情况,铺筑"致富路",架起"连心桥",疏通"灌溉渠",改善学校和卫生室的基本条件,较好地完成了结对共建阶段性任务。

(厅办公室供稿　尹立祥执笔)

财政综合管理工作概述

2012年,财政综合工作紧紧围绕全省财政改革与发展中心,突出重点,凝聚合力,注重绩效创新,圆满完成各项任务,整体水平明显提升,支持经济社会发展成效显著。

【进一步完善收入分配制度】一是按国务院批准调整安徽省直机关公务员津贴补贴政策和水平,牵头研究议定具体调整实施方案及政策,报省政府批准执行。二是积极配合财政部驻安徽专员办做好上缴中央津贴补贴调节基金申报核查工作,对核查中发现的问题,督促单位进行整改,进一步严肃津贴补贴发放纪律。三是按省委、省政府主要领导指示要求,研究提出调整市县津贴补贴方案,统筹平衡调节各市垂直压缩率和各职级标准;督促各有关市按要求和规定批复所属县(区)津贴补贴调整方案,统筹调控所属县(区)各职级标准。同步做好事业单位实施绩效工资工作。四是明确省直驻外机构津贴补贴逐步实行属地化管理,执行所在市县(区)机关同职级津贴补贴标准。规范省直管县地税工商质监机构津贴补贴发放管理。

【配合做好事业单位分类改革相关工作】一是配合省人社厅出台《关于其他事业单位实施绩效工资的意见》和《关于2011年度省直事业单位实施绩效工资有关问题的通知》,完成55个主管部门所属305个事业单位的绩效工资总量和水平核定工作。二是配合省编办做好事业单位机构编制清理规范工作,牵头草拟《安徽省分类推进事业单位改革中财政有关政策》、《安徽省分类推进事业单位改革中从事生产经营活动事业单位转制为企业的若干规定》、《安徽省分类推进事业单位改革中加强国有资产管理的实施意见》三个配套办法,提交省事改领导小组审议。三是审议省教育厅、省住建厅等试点单位分类改革实施方案,指导3个市、3个行业、1个省直部门开展事业单位分类改革试点工作。

【深化非税收入管理制度改革】一是规范行政事业性收费管理,配合省物价局核定调整16项行政事业性收费标准,及时公布2011年安徽省行政事业性收费项目目录。二是落实中央和省政府有关减免政策,免征小型微型企业22项行政事业性收费;取消驾驶员培训行业管理费;缓征铁路护路联防费和河道滩地临时占用补偿费;配合有关部门开展收费公路专项清理,撤除公路收费站5个,减少收费里程89公里,调整收费期限项目2个;对本省落实国家取消运营车辆两项检测收费的问题进行调查研究,提出意见和建议报省政府。三是按照财政部要求,组织开展行政事业性收费和政府性基金管理情况调查,开展社会抚养费征收使用管理情况调查,开展2009—2011三年财政票据种类及印制、发放、核销等使用情况调查,上报财政部。四是转发财政部《财政票据管理办法》,会同省卫生厅制定印发《安徽省医疗收费票据使用管理实施办法》,印发《安徽省财政厅关于调整财政票据工本费结算方式的通知》。

【落实政府性基金各项制度】一是完善国有土地出让收支管理,要求各地严格按照国家和省有关规定从土地出让收益中计提农田水利建设资金,分别上缴中央和省级国库。完善土地出让收支情况统计报表体系,分析和掌握全省土地出让及土地出让收支情况。当年本省上报的统计报表获得财政部、国土资源部、中国人民银行通报表彰。二是根据财政部、国家发改委、水利部有关办法规定,代政府拟定《安徽省地方水利建设基金筹集和使用管理办法》,延续地方水利建设基金征收政策。三是在借鉴外省和研究分析本省情况的基础上,提出暂缓设立和出台价格调节基金意见报省政府。四是及时公布2011年政府性基金项目目录,转发民航发展基金、废弃电器电子产品处理基金、营改增试点中文化事业建设费征收等办法通知。

【加强住房保障资金管理】一是加强住房保障资金监管。审核汇总本省2011年度保障性安居工程统计报表,测算投资需求和资金筹措情况,报财政部。会同有关部门对合肥、阜阳、淮南、安庆、池州等地2011年公共租赁住房建设和资金拨付使用情况开展实地抽查。二是会同住建厅及时分配下达中央和省补助资金80多亿元,积极跟踪问效,督促市县按项目合同和进度及时拨付资金,保障资金管理安全规范、专款专用。2012年,全省新开工建设公共租赁住房19.7万套,新增廉租住房租赁补贴1.2万多户,超额完成年度目标任务。三是认真做好住房改革相关工作。组织开展2011年度省直驻肥财政供给单位住房货币化补贴申报、审核工作,组织开展住房公积金管理机构业务考核,委托会计师事务所对其2011年度住房公积金资产、负债情况,归集、提取、放贷等情况开展专项审计。指导公积金管理机构制订风险防控方案,开展风险排查,建立风险防控长效机制。四是配合住建厅等部门开展11个市申报利用住房公积金贷款支持保障性住房建设试点城市进行审查,经国家批准,滁州、六安、芜湖3市列入第二批试点城市。

【强化彩票财政监督管理】一是支持彩票机构调整游戏玩法,审批11选5游戏销售方案,支持快开玩法申报。适度开展市场营销活动,及时更新购置彩票投注机,规范销售网点化建设,进一步提升彩票发行销售管理水平。当年,全省筹集彩票公益金18.9亿元,全力支持社会公益事业发展,取得显著社会效益。二是强化省级彩票公益金管理。认真贯彻落实《彩票管理条例实施细则》、《彩票公益金管理办法》,研究制定《省级体育彩票公益金项目资金使用管理办法》,推进公益金项目资金分配使用的科学化、精细化管理。三是委托会计事务所,会同省民政厅开展省级公益金支持社区服务体系建设项目投资核查,委托省投资评审中心开展石关国家训练基地运动训练恢复综合楼工程项目投资评审,提高资金使用效益。四是委托会计事务所对彩票公益金和发行费使用情况进行年度审计,按规定向社会公布2011年全省彩票公益金筹集分配使用情况。督促省民政厅、省体育局向社会公布全省福利彩票公益金、体育彩票公益金项目资金使用情况,接受社会监督。五是审核汇总上报全省2011年彩票公益金支持乡村学校少年宫、未成年人校外活动场所保障和能力提升项目实施和资金使用情况;会同有关部门申报中央彩票公益金支持青少年校外活动示范性综合实践基地项目,开展示范性综合实践基地、青少年校外活动中心调研检查,进一步规范资金使用管理。全年,争取中央专项彩票公益金1.5亿元,及时分配下达各市县,支持129个未成年校外活动场所、142所乡村学校少年宫建设、2个示范性综合实践基地建设,为促进未成年人全面发展创造良好条件。

【加强宏观经济形势分析】认真做好宏观经济形势分析和财政"十二五"规划落实工作,编著出版《"十二五"时期安徽财政改革与发展研究》,获得财政部通报表彰。认真研究撰写季度财政经济形势分析报告,按时上报财政部,进一步提升财政经济形势预测分析工作水平。

【加强制度和效能建设】一是深化学习调研。结合业务工作,认真学习党的十八大精神和各项政策、法规。顺利通过《宪法知识测试》、《全国财政"六五"普法知识竞赛》、干部在线学习。二是强化制度建设。出台多项制度办法,强化资金分配使用的统筹高效、公平公开。建立公共租赁住房补助资金、彩票公益金资助等项目基础信息。落实会商制度,加强与有关部门的沟通与协调,分析和解决存在的困难和问题。三是注重工作实效。开展部分项目支出投资评审论证,督促部门加快支出进度,提高项目预算绩效。完善省级财政票据日常管理信息化,提高财政票据管理工作效率和水平。全年更新政务公开等信息85条;办理人大、政协提案6件,均得到满意答复;办结网站咨询答复31条、省政府及有关部门、厅有关处室转来涉及收费基金政策等函件175余件。

【做好结对共建工作】建立综合处党支部、南陵县财政局、柏一村党总支"1+1+1"联系和议事机制,精心谋划实施,注重调查走访,强化帮扶指导,支持事业发展,力求取得实效。召开联席会议,共同过组织生活。开展走访慰问,帮扶困难党员、困难群众。宣讲民生工程等各项财政惠民政策,征求对财政工作的意见和建议。

(厅综合处供稿　李燕执笔)

财政税政条法工作概述

2012年,厅税政条法处紧紧围绕全省财政中心,结合开展"制度绩效创新年"活动,认真履责,务实创新,圆满完成了各项工作任务。

【全力做好营改增试点工作】省建立以詹夏来常务副省长为总召集人的省营改增试点工作联席会议制度,联席会议下设办公室,负责具体工作开展。分解工作任务,梳理出本省营改增试点准备阶段的106项工作任务,明确部门分工、完成时限、牵头单位和配合单位,发文省直相关部门执行。开展营改增税源典型调查,选取淮北市(市本级)、芜湖市及所属县区、黄山市及所属县区、肥西县、宁国市五个地区进行税源典型调查测算。制定试点工作方案,报请省政府印发《安徽省营业税改征增值税改革试点方案》,省营改增试点办公室制定与之配套的10个子方案,即《安徽省营业税改征增值税试点过渡期政策方案》、《安徽省营业税改征增值税试点税款入库方案》、《安徽省营业税改征增值税试点税制转换方案》等,形成营改增试点工作"1+10"方案。开展试点学习调研,赴上海、北京考察,学习借鉴营改增工作相关做法,组织了交通运输企业、大型企业营改增工作的调研。制定印发涉及试点过渡性财政扶持政策、试点过渡期税收优惠政策、试点发票衔接工作等配套政策,内容涵盖试点工作的各个方面。本省于10月1日正式开展营改增试点,实施新旧税制转换,试点工作开局顺利,运行平稳,试点工作的几个关键环节全部实施到位。

【充分发挥财税政策引导作用】积极争取和用足用活税收政策,着力推进经济结构调整,促进全省经济平稳较快发展。根据财政部部署,重点做好本省税式支出测算工作、全省企业所得税税源调查和重点企业快报调查工作、省重点产品国际竞争力调查工作。企业所得税税源调查工作被财政部评为先进单位。牵头做好公益性捐赠税前扣除资格认定工作,全年认定13个社团接受捐赠税前扣除资格,6个非营利组织的免征所得税资格。积极配合省科技厅,做好高新技术企业更名、审核工作。全年有41家高新技术企业进行了更名,公布了72家高新技术培育企业名单。新认定高新技术企业517家、复审高新技术企业97家,高新技术企业所得税优惠减免9.7亿元。落实国家承担储备任务的企业税收优惠政策,会同省地税局认真审核,确定本省承担粮食储备任务的储备管理公司及其直属库866家,依法给予这些商品储备企业税收减免优惠政策。制定适合我省实际的车船税标准,提请省政府公布了《安徽省车船税实施办法》,对排量为1.0升至1.6升(含)的乘用车,适用税额由之前的360元下调到300元;排量为1.6升至2.0升(含)的乘用车,适用税额维持不变;排量超过2.0升的乘用车,适用税额都有所提高,最高上调至3900元。鼓励和引导社会购买和消费节能减排产品。积极落实国家结构性减税政策,当年全省通过减、免、缓、抵等措施,合计各项税费优惠达350亿元,其中减免增值税166.8亿元、企业所得税108.6亿元、提高个税起征点后少征个人所得税21亿元、土地使用税房产税困难减免0.7亿元、小型微利企业享受营业税起征点提高和免除税务发票工本费等优惠9亿元、各项税收缓交10.9亿元、社保费"五缓四降"金额33亿元。主动服务企业发展,专文向财政部请示,给予本省江淮、奇瑞等自主品牌汽车企业进口覆盖件模具免税政策,将合肥鑫晟光电科技有限公司纳入享受进口设备分期纳税的企业清单,以解决缴税造成的资金占压问题。建议关税政策调整,专文向财政部请示降低棉籽进口关税税率。积极向财政部争取在合肥设立综合保税区。

【大力推进依法行政依法理财工作】深入开展财政制度建设,不断丰富财政法制建设形式,充实财政法制建设内涵,提升财政法制建设质量,全面推进依法行政依法理财工作。积极开展"制度大梳理"活动,省财政厅全年制定各类财政规章制度共175件。其中:预算管理类13件,国库管理类15件,经济建设财政财务类33件,社会事业财政财务类27件,农业农村财政财务类33件,行政事业财政财务类11件,会计管理类16件,机关作风管理类27件。进一步健全规范性文件制定程序制度,会签制度、前置审查制度等各项制度。全年共会签规范性文件《安徽省失业保险省级调剂金调剂管理办法》等37件,前置审查规范性文件《安徽省融资性担保公司代偿损失核销管理暂行办法》、《安徽省会计师事务所等级评定暂行办法》等5件,提出合理化建议53条。扎实做好财税政策意见征求工作,对财政部、省人大、省政府法制办等有关部门转来的各类法律法规、部门规章及规范性文件征求意见稿共计101件,认真研究审查,及时准确地提出了审核意见。高效公平做好财政行政执法工作,认真处理航天信息股份有限公司诉芜湖市财政局行政复议案、杭州欧亚流体技术开发公司诉芜湖市财政局行政复议案等,高效、公平、准确地作出了行政复议决定书。切实落实依法行政依法理财责任制,按照一把手负总责和分管领导各负其责的要求,继续实行厅领导与厅机关各处室单位主要负责人签订依法行政依法理财责任书,从财政立法、决策、执法、政务公开、监督等13个方面构建财政工作责、权有机统一制度,切实落实责任制。认真研究出台《安徽省财政行政处罚自由裁量权指导意见(试行)》和《安徽省财政行政处罚自由裁量权指导标准(试行)》,对《政府采购法》、《会计法》、《注册会计师法》、《财政违法行为处罚处分条例》、《会计师事务所审批和监督管理暂行办法》等15部法律法规赋予财政部门的行政权力进行了细化,明确了权力行使的标准和幅度,进一步规范财政权力行使。积极组织"六五"普法财政法规知识竞赛活动,全省17.5万人在网上参赛,取得了良好的成绩。1位同志获得全国财政"六五"普法法规知识竞赛先进个人,23位同志分别获得竞赛活动个人奖一、二、三等奖。

(厅税政条法处供稿 杨玉林执笔)

预算管理工作概述

2012年,厅预算处坚持围绕中心、服务大局,保持忠诚履职、全力尽职,注重把握重点、强化落实,圆满完成预算管理工作任务。

【充分发挥参谋助手作用】召开全省预算科长座谈会,超前研判财政收支形势,加强预算执行管理。科学测算全省财政收支情况,逐月盘算省级财力,突出加强省与市县财力统筹、加强年度之间的财力统筹。科学谋划2013年财政预算编制工作,合理安排各项财政收支。组织测算县级基本财力保障支出缺口,督促县区落实基本支出保障需求。积极开展皖北地区财税发展研究,提出财政扶持政策建议。研究提出财政支持大别山革命老区发展政策建议,争取中央加大支持力度。全年对财税体制改革、非税收入管理、扩大内需拉动经济增长、预算绩效管理、普济圩农场财政体制划转、"营改增"、政府性债务管理等工作开展专题调研15余次。加强对政策、数据等信息的收集和分析,围绕财力安排、收支调度、预算编制、绩效管理、财税体制、债务管理、区域发展等,主动谋划、提前安排。全年共向省委、省政府、财政部上报各种汇报和建议材料40余篇,提供数据60余次,认真配合省委政研室、省政府政研室、省政府办公厅做好省领导讲话文稿的起草工作。

【圆满完成年度预算任务】认真落实积极的财政政策,组织召开部分市县财政运行情况分析座谈会和全省增收节支等专项工作会议,加大对收入预算执行情况的分析和监控。及时与地税、国税、发改委等经济部门沟通信息,每月定期形成全省预算执行情况分析。选择合肥、淮南等10市和部分县(区),开展非税收入运行情况调研,准确掌握地方财政收入情况。下发《关于进一步提高财政收入质量促进财政持续平稳增长的通知》,进一步强化收入征管,做好将预算外资金纳入预算管理工作,坚决纠正不规范的收入行为。密切跟踪财税政策调整动向,主动加强财税库银协调配合,科学预测收入规模,点对点做好市县工作调度。当年全省财政总收入3026亿元,增长14.9%,超额完成年初确定的2948.8亿元目标任务,其中,地方财政收入1792.7亿元,增长22.5%,超额完成年初确定的1667亿元目标任务。

【不断增强预算执行力度】按照"建一撤一、内部调剂、确有需要、购买服务"的方针,加强机构人员、编制和经费供给管理。提请修订《安徽省省级预算管理办法》,适当调整预算追加审批权限,增加硬化预算约束相关措施。全年省级共办理预算追加20.4亿元,同比减少44.4%。提请修订《安徽省省级结转结余资金管理办法》,进一步严格省级结转结余资金管理、政府采购预算执行管理和预算部门实有资金账户管理。出台《关于对部分专项资金实行竞争性分配有关事项的通知》,2012年对28项专项资金实行竞争性分配,涉及财政资金30.8亿元。充分利用信息化手段加强财政资金分配管理,财政转移支付综合管理系统省市县三级全面运行,一体化平台上下级指标贯通前期准备充分,有力保障资金分配、对账的及时、准确。比法定时间提前21天完成省级124个部门2012年部门预算批复工作,及时将省级预算数据导入国库集中收付系统。每月定期分析支出情况,坚持定期调度支出进度,均衡财政支出进度。认真贯彻落实《关于促进经济平稳较快发展的若干意见》,做好省级预算安排的各类涉企专项资金拨付工作。及时完成结转指标清理和非税收入清算,共收回以前年度省级结转资金12840.6万元。全年全省财政支出3936.7亿元,增长19.2%。

【持续提升预算编制水平】按照"审核越严格、管理越规范、预算越公开"的原则,及时启动2013年省级部门预算编制工作。及时更新人员信息,严格清理到期项目。2013年省级项目支出中,经济强省、文化强省、生态强省、民生工程类项目占比80.2%。2013年省级公共财政预算、国有资本经营预算、政府性基金预算和社会保险基金预算继续报送人大审查。改进政府性基金和社保基金结余编制方法。调整部分单位公用经费综合定额标准,测算行政事业单位增人增支和事业单位绩效工资改革调整情况。严控省级非部门预算规模,2013年省级非部门预算安排支出93.6亿元,比2012年减少54.8亿元。对属于补助市县的项目85.9亿元,全部改列补助市县支出。规范出国人员经费和会展招商经费管理,进一步加强“三公”经费审核。全面清理净化项目支出内容,清理项目资金5亿元,整合减少224个项目。印发《安徽省省级预算管理综合考评暂行办法》,对省直部门财务管理工作进行量化打分,全面考评。严格执行《安徽省财政厅省级预算编制内部规程》,组织召开省直部门预算编制工作座谈会。广泛征求省人大代表对2013年预算报告起草的意见和建议103条。将11家参公单位纳入省级财政工资统发范围。全年纳入省级工资统发的月平均人数43383人,年统发工资总额22.9亿元,分别比上年增长0.7%和16.2%。以省政府名义印发《关于做好2013年预算编制工作的通知》,印发《关于做好2013年预算编制工作的通知》,做好中央和省对下转移支付数额提前通知市县工作。

【不断加大重点保障力度】继续安排专项资金7.5亿元支持南北“3+5”合作共建现代产业园发展,下发《皖北现代产业园区发展专项资金管理办法》。及时下达大别山革命老区专项资金2.2亿元,补助大别山十一县(区)基础设施、现代农业、生态环保和库区移民等建设。及时拨付专项资金10亿元,支持江北江南产业集中区、中新苏滁现代产业园、郑蒲港新区以及相关市县园区建设。新增安排省对下均衡性转移支付12.5亿元,努力实现基本公共服务均等化。制定《2012年县级基本财力保障转移支付办法》,分配下达省对下新增县级基本财力保障转移支付17.5亿元。及时下达2011年度出口退税超基数县级负担部分省级补助资金和企业所得税省级分成超基数奖励资金10.5亿元,鼓励县域经济加快发展。制定《安徽省重点生态功能区转移支付办法》,分配国家重点生态功能区转移支付资金11.54亿元。审批革命老区县2012年项目建设计划,分配下达革命老区转移支付资金2.38亿元。完成2011年度资源枯竭城市转移支付绩效评价自评报告及2012年绩效目标申报,分配下达资源枯竭城市转移支付资金7.7亿元。制定2012年民生工程资金筹措方案,统筹落实民生工程建设资金,保证民生工程顺利实施。

【全面推进预算绩效管理】绩效管理改革覆盖所有省直部门、所有类型的财政资金和所有市县。当年省级绩效评价试点项目扩大到150个,项目覆盖到省直所有支出部门,涉及财政资金721.9亿元,政府性基金、国有资产收益资金使用情况纳入绩效管理范畴。在批复2012年部门预算时,首次增加了对项目支出绩效目标的批复。印发《关于做好2012年预算绩效管理工作的通知》。绩效目标管理与预算编制同步申报、同步审核、同步批复。全年省财政共批复90个部门142个项目的绩效目标。完善绩效评价工作规章制度、确定和分解年度工作任务,汇总通报评价结果。指导支出处组织实施对口部门的重点项目评价,指导部门开展绩效自评工作。对省级和市县预算绩效管理工作人员进行专业培训,召开各业务处室负责人和经办人座谈会,交流绩效管理工作经验。选择省水利厅所属水文局等单位开展整体支出绩效评价试点,从预决算编制、预算执行、专项管理、项目支出绩效、财务监督等五个方面,对单位支出管理绩效进行全面评价。通过试点研究整体支出绩效目标编制方法,探索整体支出绩效评价方式,建立整体支出绩效评价指标体系框架,不断丰富绩效管理内容。做好2011年绩效评价项目的总结工作,将部分重点项目评价情况报省政府有关领导参阅。将重点评价情况反馈给部门,督促部门落实评价结果整改意见并对自评项目组织实施情况进行通报。对市县和省直部门绩效管理工作进行考核,通报考核情况。

【健全完善财税体制机制】下发《关于推进省直接管理县体制试点工作的通知》,进一步完善省直管县财政管理体制,配合推进宿松、广德两县省直接管理县体制试点工作。报经省政府同意,与省国税局、省地税局、人行合肥中心支行联合出台《关于调整江北江南产业集中区财政体制有关问题的通知》,对调整集中区财政体制以及对经费补助、财税政策等有关问题予以明确。研究出台《安徽省财政厅关于普济圩农场财政体制划转有关问题的通知》,明确普济圩农场财政体制划转、预算指标调整、一次性补偿等问题,保障普济圩农场管理体制改革圆满完成。认真研究“营改增”对本省财力、财政体制的影响,从试点行业和企业的选择、营改增增值税的征收等方面,向省政府提出政策建议。研究出台本省实施“营改增”试点后的过渡期财政扶持政策,建立过渡性财政扶持政策落实情况月报制度,做好“营改增”试点有关预算管理和政策培训工作,保障我省“营改增”试点工作顺利推进。研究规范省财政对叶集、毛集两区资金分配关系,从转移支付资金分配、财政体制补助等方面积极研究规范办法,并向省政府提出建议。

做好巢湖区划调整后续相关工作,将巢湖市纳入省直管县财政体制范围,做好合肥市与巢湖市体制划转衔接相关工作。合理核定并划转巢湖区划调整人员基数。会同省国税局、省地税局、人行合肥中心支行转发《财政部 国家税务总局 中国人民银行关于印发〈跨省市总分机构企业所得税分配及预算管理办法〉的通知》,进一步完善省内跨市县总分机构企业所得税分配及预算管理办法。

【逐步规范政府债务管理】当年财政部核定本省地方政府债券规模111亿元,拟定分配方案为省级留用55.5亿元,分配市县55.5亿元。赴广东、浙江两省调研学习政府性债务管理经验,扎实做好政府性债务统计工作,调整划转二级公路债务级次,按月汇总、严格审核、分析上报全省政府性债务数据。支持政府融资平台公司做大做强,省及有关市县财政筹集40亿元作为资本金全部注入各地融资平台公司,夯实平台公司实力,带动更多社会资本支持现代产业园区、产业集中区的基础设施建设和新安江流域生态治理工程等。

【积极配合人大审计监督】省级124个一级预算单位部门预算草案全部按时报送省人大财经委审查。顺利完成全省2011年预算执行情况和2012年预算草案、2011年全省财政决算报告、2012年上半年预算执行情况、2012年省本级预算调整方案、2012年省级预算预计超收及安排使用情况和2012年省级国有资本经营预算预计超收及安排使用情况保送省人大常委会审批(审议)工作。认真向人大财经委汇报落实省人大常委会批准2011年省级财政决算决议落实情况。牵头配合省审计厅2011年预算执行及其他财政收支情况审计、财政部驻安徽专员办地方政府性债务专项检查、王三运省长经济责任审计整改和审计署郑州办财政收支专项审计工作,配合做好原财政厅厅长陈先森同志经济责任审计工作。积极稳妥扎实推进省级部门预决算及"三公"经费公开工作,会同省政务公开办赴广东、四川调研预算信息公开经验做法,草拟《安徽省省级部门预决算及"三公"经费信息公开工作方案》,提请省政府办公厅名义印发。认真做好公开模拟和风险评估。

【争取中央支持成效明显】全年中央补助本省各类资金1915.7亿元,同比增加271.3亿元,增长16.5%。主要资金有:地方政府债券规模111亿元,居全国第3位;财政部与本省办理2011年度结算时,增加安排本省结算补助近18亿元;新增均衡性转移支付资金405.44亿元;国家重点生态功能区转移支付资金11.54亿元,比上年增加2.62亿元;革命老区专项转移支付资金2.38亿元,比上年增加0.34亿元;资源枯竭城市转移支付资金7.7亿元,比上年增加1.37亿元。

(厅预算处供稿 黄栋栋执笔)

财政国库管理工作概述

2012年,厅国库处以强化各项管理工作为基础,以深化完善国库收付制度改革为抓手,以保障资金安全高效运行为根本,以整体提升财政国库管理水平为目标,紧紧围绕"制度绩效创新年"活动,扎实开展各项工作,有效推动财政国库工作科学化精细化管理。

【国库集中支付制度改革基本完成】按照财政部国库集中支付改革"纵向到底、横向到边"的工作要求,加强了对县级国库集中支付改革的督促和检查,实现了全省76个县(区)国库集中支付制度改革全覆盖。

【公务卡管理制度改革向纵深推进】印发《关于在省直预算单位全面实行公务卡制度改革的通知》、《关于实施省级预算单位公务卡强制结算目录的通知》、《关于进一步加强省级国库集中支付现金使用管理的规定》以及补充通知、《关于加快推进公务卡制度改革的通知》和《关于进一步加快推进市县(区)公务卡制度改革工作的实施意见》等文件,推动公务卡管理制度改革,全年全省共发放公务卡285280张,改革范围覆盖16个市76个县区。

【预算执行动态监控系统向市县延伸】印发《安徽省省级国库集中支付动态监控管理暂行办法》,由厅信息中心牵头开发动态监控系统软件,当年全省共有15个市64个县的预算执行动态监控系统上线运行。

【财政专户管理改革成效凸显】组织开展"清理整顿财政专户回头看"抽查工作,研究制定财政专户代理银行代理行为规范,全年共撤销财政专户1942个。财政部对本省清理整顿财政专户整改情况进行检查,对省本级清理整顿财政专户工作给予了充分肯定,未提出任何再整改内容。启动省级财政专户资金存放商业银行管理模式改革，对商业银行按考核量化评分所占比重进行存款分配。印发《省级财政专户资金存放商业银行管理改革实施方案和考核评价激励办法》，并首次分配存款45亿元，全年新增财政专户利息收入近1.2亿元。

【认真做好预算执行分析工作】一是根据省本级收支预算执行情况，及时汇总市、县上报的财政收支执行数据，核对无误后，按时向财政部上报全省预算执行旬、月报。二是收支数据归纳和分析工作全面提速。针对今年经济下行、宏观形势错综复杂、财政收支形势严峻的特殊情况，预算执行收支信息全面提速，及时为领导决策提供最新的预算执行情况和形势分析研判。三是预算收支执行分析深入透彻。通过召开座谈会等方式，更多的了解和把握经济形势，开展经济运行、政策调整等与财政收入增长的关联性分析，准确地把握财政收入增长与经济发展的内在联系，客观反映落实积极财政政策取得的成效以及经济财政运行中的苗头性、趋势性问题，2011年预算执行分析工作荣获全国二等奖。

【全面完成财政决算工作】一是按照"真实、准确、全面、及时"的八字方针，进一步细化财政总决算报表的审核公式，统一决算编报口径和审查标准，对各市报送的报表进行预先审核并修改完善。及时组织召开全省决算汇编会议，严把数据质量关，在2011年全国财政决算工作评比中，总决算和部门决算均再获一等奖。二是建立健全部门决算规章制度，先后下发《省级部门决算工作规程》、《安徽省省级部门决算编制管理暂行办法》等四项制度，进一步规范部门决算编审工作。三是协助省人大完成124个省直部门决算审查工作，并开展部门决算账表一致性核查，共选择省卫生厅等5个部门及二级预算单位和阜阳、宣城等6个市18个预算单位作为核查对象，通过核查，进一步规范了单位财务管理，真实准确地反映了部门预算执行情况，提高了部门决算报表的编制质量。

【做好地方政府债券工作】一是按照财政部办公厅《关于印发地方政府债券2012年还本付息计划表的通知要求》，及时与厅相关处室沟通联系，确定还本付息资金来源，按时分期向财政部偿还2009至2011年度地方政府债券本息，维护了政府偿债信誉。二是全面收回转贷市县的地方政府债券本息。分别对转贷市县2009至2011年度的地方政府债券进行计算，印发《关于对转贷市县地方政府债券2012年度本息实施专项扣款的通知》。三是妥善做好2012年地方政府债券发行工作。及时报送2012年地方政府债券账户等相关信息，做好工作衔接，在省人大批复调整预算后，第一时间向财政部报送本省2012年度债券发行计划，并成功发行地方政府债券111亿元。四是及时将55.5亿元转贷市县地方政府债券资金拨入市县国库。

【国债转贷资金豁免取得新突破】按照财政部要求，通过对全省国债转贷资金项目进行全面梳理，及时编制《2012年安徽省国债转贷资金转拨款项目明细表》，与财政部国库司核对，配合争取豁免了市县环保项目国债转贷资金3.6亿元。

【认真开展主题教育活动】按照上下联动，全员参与的要求，积极开展制度绩效创新年活动，全年制定并完善15项制度，全面提升财政国库干部"五个创新"的能力。认真开展结对共建活动，提升财政国库干部服务基层、服务群众的能力。

（厅国库处供稿　马锐执笔）

行政财政财务管理工作概述

2012年，厅行政处以党的十八大精神为指引，结合"制度绩效创新年"活动，紧紧围绕目标任务，以制度规范管理，以创新提升绩效，较好完成了行政财政财务管理工作目标任务。

【建立"三公经费"控制机制】一是完善公务用车编制、预算、购置、保险、大修、加油、处置一条龙管理制度。深入开展公务用车专项治理工作，研究制定公务用车编制、预算、购置、保险、大修、加油、处置管理制度，参与制定公务用车专项治理工作实施方案、违规公务用车处理实施意见，核定全省纪检监察机关执法执勤用车编制。首次实施公务用车定点加油，共有184个省直单位办理了定点加油卡，累计办卡3000多张。当年省直机关公务用车编制、购置经费双双实现零增长。二是建立因公出国（境）经费"总量控制、预算安排、部门管理、信息公开"管理机制。研究修订省直因公出国（境）经费管理办法。适应"三公经费"预算公开的要求，强化部门管理责任，改进因公出国（境）经费管理模式，从下年起，因公出国（境）经费，由省财政统一管理，改为经费预算指标下达到省直单位,纳入部门预算管理,单位在经费预算内统筹安排因公出国(境)计划,不得超支。严格控制因公出国(境)经费,会同省外办等部门联合会审2012年因公出国计划,严格执行因公出国(境)计划,克服物价上涨等因素,2009—2012年因公出国(境)实际支出年均控制在预算3000万元以内,节约因公出国(境)经费2500万元已于年内调入省国库。三是全面推进出差和会议定点管理制度。当年政府采购确定166家饭店为2013—2014年省级党政机关出差、中央和省级党政机关会议定点服务供应商。

【全面增强财政保障能力】正确处理行政经费保障和控制行政成本的关系,围绕"要不要埋单、花多少钱埋单、尽量少花钱埋单"三个问题深入思考,在部门预算执行的各个环节谋深谋细,切实增强行政经费保障能力。改善省委、政府、人大、政协、纪委五大班子办公、文印、会议、办案条件,增加八大民主党派调研、培训、换届经费,为各民主党派参政议政提供经费保障,保障省委组织部、宣传部、统战部党建、宣传、统战经费需求,加大对团省委、妇联等群团组织政策支持力度,出台全省加大财政投入的政策。

【放大旅游资金作用】认真落实省委省政府促进经济平稳较快发展30条意见等各项决策部署,及时安排下达旅游涉企资金6500万元,推动旅游业加快发展。充分发挥旅游发展资金引导放大作用,创新旅游发展资金使用方法,安排旅游项目贷款担保风险补助专项资金500万元,引导融资性担保机构对旅游企业项目贷款进行担保。贷款资金到位后,省财政根据政策规定,按照旅游项目实际获得担保补助贷款总额的5‰,对担保机构予以补助,财政资金效用放大200倍。举办全省旅游项目贷款风险担保培训班,全省16个省辖市财政、旅游部门,15家企业、33家信用担保机构负责人130多人参加培训。当年组织两次签约仪式,25个旅游项目获得意向贷款29亿元,有效缓解旅游企业融资难问题。

【圆满完成民生工程任务】安排资金906万元,实施农村留守儿童活动室建设民生工程,为全省453个乡镇建设453个"农村留守儿童活动室",为每个活动室统一配送书柜、体育活动器材、图书、期刊等,圆满完成"3年为全省1308个乡镇建设1308个农村留守儿童活动室"的重点民生工程任务。多次与省妇联研究建立充分发挥留守儿童活动室作用的管理制度。

【积极参与"共同提升"行动】切实履行省民委委员单位职责,加大财政资金投入,协调厅内处室,积极落实支持少数民族项目资金,积极参与少数民族和民族聚居地区"共同发展"提升行动。签订2012年共同提升行动项目责任书,支持寿县陶店乡"桃园好圣养殖场扩建"和"少数民族文化广场"项目建设。在全省"共同发展"提升行动总结表彰会上,省财政厅被评为实施"共同发展"提升行动先进单位,并作大会交流发言。

【扎实推进"两纲"实施工作】紧紧围绕省妇女儿童工作的总体要求,积极实施《安徽省妇女发展纲要》和《安徽省儿童发展纲要》,充分发挥职能作用,加大投入,主动服务,全面配合省政府妇儿工委做好2011—2020年安徽省妇女儿童新"两纲"颁布、实施、宣传以及"中国妇女儿童十年发展成就展"等工作。以提高妇女素质和促进妇女增收致富为目标,以完善小额担保贷款财政贴息政策为抓手,积极引导妇女积极创业就业,推进妇女儿童各项事业开展。当年,省财政厅被省政府评为"实施2001—2010年妇女儿童发展纲要先进集体"。

【规范省直部门财务管理】针对2012年部门预算审计提出的部门财务核算不规范、票据审核不严、现金支付量过大等问题,研究制定《安徽省直行政单位财务管理暂行办法》,对行政单位财务管理在加快预算支出进度、预算公开、绩效评价、结转结余资金、政府采购、国库集中支付、公务卡使用、资产管理等方面都提出了明确要求,规范行政单位财务行为。

【规范会展招商经费管理】进一步规范省级政府会展招商活动,加强会展招商资金管理,提高会展招商资金使用效益,针对省直部门会展招商活动没计划、经费没预算、项目不采购、支出没标准的现状,起草《省级政府会展招商资金管理办法》,从批准立项、经费预算、项目采购、支出定额四个方面规范会展招商活动。

【规范事业单位新进人员管理】认真落实李斌省长"建一撤一、内部调剂、确有需要、购买服务"的16字方针,加强省直事业单位进人用人管理,切实降低行政成本,起草《关于省直事业单位新进人员管理的通知》,提出创新事业单位机构编制管理、严格控制事业单位新进人员、改革事业单位新进人员管理制度、保障事业单位新进人员财政供给、积极推进事业单位购买服务、加强事业单位进人情况监督检查等要求。

【规范经贸活动纪念品管理】为规范省级经贸和宣传活动纪念品管理，提高财政资金效益，针对省级经贸和宣传活动纪念品发放过多过滥、采购程序不规范、标准偏高等问题，印发《关于加强省级经贸活动和宣传活动纪念品管理的通知》，明确纪念品实行定点管理，要求尽量减少纪念品购买行为，提出纪念品购买应履行审批程序。通过政府采购确定了省级经贸和宣传活动纪念品定点供应商、纪念品各类及产品最高限价。

【规范项目资金管理】全面梳理行政财务管理制度，总结分析项目资金管理规律。主动与组织部、旅游局、民委等部门协调，反复征求主管部门意见，深入基层调研，研究制定了旅游、人才、少数民族、美好乡村建设等专项资金管理办法，加大资金整合力度，增强财政宏观管理手段，规定项目资金申报程序、使用范围、资金下达时间、绩效评价等管理要求，确保项目资金安全，项目管理规范。

【积极开展部门会商】与对口联系的46个部门会商范围实现100%全覆盖，全年累计会商150多次。做到全面会商、上下会商、内外会商，实现部门会商工作常态化、制度化。在会商过程中，不断完善体制机制，注重夯实会商基础，把握会商内容，达成会商共识，落实会商成果，真正把财政的政策制度送到部门、把财政的管理监督送到部门、把财政的支持服务送到部门，用真诚加强沟通，用真心达成共识，用真情做好服务。

【扎实推进绩效评价工作】确定对口联系部门32个项目进行绩效评价，协调、指导对口联系部门制订实施方案，并根据实施方案完成资料收集等工作。开展绩效评价工作培训，召开对口联系部门培训会，邀请省投资评审中心和厅预算处同志授课，为对口联系的省直单位财务部门负责人和经办同志80多人作了相关培训。配合厅监督检查局到省质监局了解项目绩效评价工作进展情况，听取部门对绩效评价意见。会同省投资评审中心对省外办侨属企业贷款贴息项目进行绩效评价，完成评价报告，促进省外办加强项目资金管理。

【加强部门预算执行工作】在预算执行工作中，不断强化省直单位的主体责任意识。召开预算分析会，定期通报预算执行情况。实行“三级约谈”制度，即：部门预算执行进度低于序时进度10%的，约谈财务处长；部门预算执行进度低于序时进度15%的，约谈部门分管负责人；部门预算执行进度低于序时进度20%的，约谈部门一把手。主动宣传推广对口联系部门的财务管理好的经验做法，促进部门互帮互学，共同提升管理水平。当年除少量政府采购项目资金外，部门基本没有资金结转。

【有效开展财政监督】切实履行归口支出处室联系部门的责任，认真贯彻落实《省级部门预算管理监督办法》，加强部门预算执行监管，实行定岗定责，切实将监督责任分解到岗、落实到人。首次对部门预算执行、决算进行监督评价，提供预算执行财政监督报告。配合审计部门开展部门预算审计，强化部门审计整改措施。严把资金审核关，加大直接支付力度，减少授权支付。积极推动对口联系部门使用公务卡结算，严格控制现金使用，确保财政资金支付安全。

【深入开展结对共建】按照厅里统一部署，行政处支部与颍上县刘集乡甘罗村结对共建。在建党91周年前，支部向甘罗村贫困老党员捐助慰问金，向甘罗村村委会党员活动室捐赠书籍，向村两所小学捐助1万元现金，支持修建堤南小学路。邀请省旅游局、安徽师范大学有关专家教授，制定甘罗村旅游发展规划，落实生态农业旅游开发资金。邀请省民委考察甘罗村少数民族基础设施建设，支持回族清真寺大殿修缮、穆岗小学路等项目建设。协调省委组织部安排一名选聘大学生村官到甘罗村工作。争取甘罗村列入全省美好乡村建设试点村、全省少数民族扶贫开发试点村，全面启动甘罗文化生态智慧园旅游项目，落实项目资金200多万元。

【积极开展课题研究】与厅财政科研所开展行政成本控制研究，研究报告由财政科研所《调研报告》刊发，分送省政府、财政部等单位领导参阅。围绕“建设旅游强省过程中财政应发挥的作用”主题，实地了解河南、山东等省份，铜陵、宣城等市财政支持旅游业做法，分析全省财政支持旅游业发展现状及问题，并完成调研报告。

（厅行政处供稿　卓帅执笔）

政法财政财务管理工作概述

2012年,厅政法处坚持以制度绩效创新年等活动为抓手,着力提升效能,转变作风,规范财务管理,强化预算执行,较好地完成各项工作任务。

【深化政法经费保障体制改革】召开省直政法、执法部门财务管理工作座谈会、省直政法等部门预算执行分析会、执法执勤用车配备使用管理办法征求意见座谈会等,深入省财政厅社会管理综合治理工作联系点郎溪县实地了解情况,开展结对共建、大走访活动等,把治安混乱、案件高发、矛盾问题突出、经费需求较大的地方和单位作为重点走访对象,听取意见和建议,不断提高政法财务管理和服务水平。全面系统分析本省政法经费保障体制改革以来成效及问题,完成《政法经费保障改革成效、问题及建议》课题研究。制定政法经费分类保障办法、加强政法经费科学化精细化管理指导意见,以及县级公检法司基本业务装备配备实施标准、政法经费保障绩效考核办法等,规范政法转移支付资金管理,明确各级政府保障责任和各项经费保障范围,提升政法转移支付资金使用效益。初步建立以绩效为导向的政法转移支付资金分配机制,将绩效评价结果与资金分配挂钩。完善政府采购方式,实行分项、分级采购,特别是政法部门车辆采购,在坚持满足需要的前提下,优先采购省产车辆。不断优化政法转移支付资金结构,突出向基层倾斜、向重点倾斜,支持政法部门科技信息化。全省千万次级指纹大库、平安江淮网、公安图侦系统及科技法庭建设等均处全国领先地位。

【推进制度绩效创新年建设】研究制定《政法处开展"绩效创新年"活动实施方案》,制定任务计划,落实职责。全年制订或修订《安徽省政法经费保障绩效考核办法(试行)》等10多个制度和管理办法,进一步明确规范资金分配和管理。制定出台《安徽省政法经费保障绩效考核办法(试行)》,指导部门制定绩效评价目标、指标体系和考核办法,推动省级政法部门开展资金绩效自评工作,按照厅里统一要求,按期完成2011年政法转移支付资金绩效评价工作。综合运用数据分析等多种方法,组织对各市、县政法经费保障、使用及财务管理状况、预期目标实现情况等做出综合评价和考核通报,对成绩"优秀"的5个市下达了专项奖励经费。全省政法经费保障绩效工作走在全国前列,被财政部评为优秀并获专项奖励资金。

【强化党性党风廉政建设】深入开展"保持党的纯洁性、迎接党的十八大"主题教育实践活动,组织全体党员干部到渡江战役纪念馆开展传统教育活动;到蜀山监狱开展警示教育。扎实推进城乡结对共建活动,研究制定城乡结对共建实施方案,抓好支部、队伍、制度、资源和民生等"五个共建"工作,帮助解决共建村实际问题,筹措资金支持共建村村庄道路修建、警务室建设、小学校舍维修和村庄整治等。建立健全党风廉政制度,强化廉政风险防控工作,查找权利项目风险点,绘制廉政风险防控工作流程图,制定岗位廉政风险防控措施,共查找5个权利项目风险点,确定12项外权,绘制廉政风险防控工作流程图,有针对性地制定了岗位廉政风险防控措施。主动加强与省政法、执法等部门之间的工作交流和信息互通,与联系的17个一级预算单位全部进行了会商,累计达55次。

【强化部门预算执行】实行预算执行责任落实机制,明确处内经办人员是联系部门预算执行第一责任人,强化预算执行日常督促和调度。建立预算执行报告及通报制度,印发《关于进一步加快全省政法部门预算执行的通知》,实行预算执行情况月报、旬报制度,并建立预算执行情况适时通报制度。每年前三季度要按月向省财政厅报送预算执行情况报告,从第四季度起实行按旬报告,内容包括全年预算指标、实际支付数、指标结余、支出进度等。实行预算执行约谈制度,根据联系部门预算执行情况,凡是预算执行慢于序时进度一定百分点的,采取"三级约谈"制度(处级、分管领导及主要负责人)。当年,政法处联系部门收支预算执行情况良好,非税收入完成7.8亿元,为年初预算131%;支出完成57.8亿元,为调整后支出预算的98.1%。

【积极化解政法债务】根据《国务院办公厅转发财政部发展改革委关于清理化解地方政法机关基础设施建设债务意见的通知》要求,及时研究制定全省基层政法机关基础设施债务化解方案,并报请省政府办公厅印发。结合省审计部门对全省政法机关基础设施建设债务审计核实结果,提出中央和省财政安排的化债补助资金分配办法。

【加强执法车辆编制管理】根据中共中央办公厅、国务院办公厅关于加强和规范党政机关执法执勤用车配备使用管理要求,以及财政部与中央政法、执法主管部门联合印发的分系统执法执勤用车配备使用管理办法等规定，牵头执法执勤车辆清理、核定管理工作，及时组织厅内相关处室研究各类各部门执法执勤车辆编制核定办法，并对政法系统执法执勤车辆进行了清理和重新核编。

（厅政法处供稿）

教科文财政财务管理工作概述

2012年，厅教科文处坚持以科学发展观为统领，紧密围绕财政中心工作，主动服务经济社会发展大局，不断健全财政教科文投入保障机制，着力保障和改善民生，努力促进教育公平，大力推进自主创新，全力助推文化强省建设。2012年，省直教科文财政拨款276.2亿元，其中，教育208.3亿元、科技11.7亿元、文体广39.6亿元、其他16.6亿元。争取中央财政教科文专项资金135.3亿元，较2011年增加了28.1亿元，增长了26%。

【推进教科文民生工程建设】当年省级教科文民生工程共10项工程，资金总额达93.2亿元，占民生工程资金总量的16.5%。全年投入义务教育保障资金56.4亿元，巩固完善义务教育经费保障机制，进一步增强中小学经费保障能力，促进义务教育健康有序发展；投入资金19亿元积极支持学生资助体系建设，确保各项政策措施顺利实施；投入资金11亿元，全面完成中小学校舍安全工程建设任务；安排资金2700万元，支持农村留守儿童之家建设；投入资金3亿元，利用中小学闲置校舍改扩建公办幼儿园；投入资金0.7亿元，完成农村广播电视“村村通”工程建设任务；发放中央和省级补助资金1.6亿元，全面落实计划生育家庭奖励扶助制度；投入资金5846万元，支持农家书屋建设；投入资金2600万元，支持乡镇文化站建设；投入资金3670万元，推进公共服务信息化建设工程与公共电子阅览室建设计划同步实施，完善公共服务信息化建设工程。

【支持教育优先发展】全面落实财政教育投入各项政策，切实加大财政教育投入。全省财政教育支出达到715.4亿元，全面完成中央核定本省当年财政教育支出占公共财政支出比例达15%的教育投入任务。认真做好普通高校提标化债工作，省级安排高等教育支出38.2亿元，争取中央财政生均拨款奖补资金19.3亿元，合计安排57.5亿元。统筹安排高校化债资金13.5亿元，其中省级8亿元，争取中央财政奖励5.5亿元，圆满完成省属本科高校生均财政拨款水平达到1.2万元，将2009年底锁定债务总额化解70%的目标任务。支持学前教育普及发展，在实施乡镇公办中心幼儿园民生工程的基础上，重点实施“利用农村闲置校舍改建幼儿园，农村小学增设附属幼儿园；开展学前教育巡回支教试点；积极扶持民办幼儿园发展，鼓励城市多渠道多形式办园和妥善解决进城务工人员随迁子女入园；实施幼儿教师国家级培训计划；建立学前教育资助”等4大类7个项目。省级安排学前教育改扩建资金6000余万元，综合奖补资金7000万元，下达中央校舍改建类资金4.82亿元，综合奖补类1.54亿元，幼儿资助类0.38亿元，国培计划幼儿教师培训项目0.17亿元。促进义务教育均衡发展，在全面实施义务教育经费保障机制改革的基础上，积极推进农村义务教育薄弱学校改造计划，改善农村薄弱学校的办学条件，为农村义务教育薄弱学校统一购置图书、多媒体远程教学设备、教学实验仪器设备，并实施县镇学校扩容改造和寄宿制学校及附属设施建设及食堂建设，积极争取中央财政资金7亿元；启动农村义务教育学生营养改善计划试点工作，全年下达12个试点县中央营养改善计划专项资金7亿元、食堂建设专项资金6.9亿元，确保营养改善计划顺利实施；省财政安排专项资金5000万元，改善农村地区薄弱小学体育教学设施。全力支持职业教育做大做强，支持国家和省示范高职院校建设和中等职业教育实训基地建设，鼓励和支持职业教育与企事业等实践部门相结合，不断转变职业教育发展方式，切实提高办学水平。省级安排皖北职教园区建设专项资金1.5亿元、金寨职业教育培训基地资金0.4亿元、省直高职高专院校一次性补助2亿元，推动职业院校创新体制机制，加快人才培养模式改革，整体提升专业发展水平和服务能力。

【支持科技自主创新】加大自主创新专项资金投入，坚持投入保障，积极筹措资金，安排6亿元专项资金，其中试验区4亿元、试点省2亿元，并督促试验区三市安排14亿元配套资金。坚持保障重点，突出七大主导产业和优势特色产业，突出项目投入拉动和合同目标，突出龙头企业项目的引领带动作用，突出以高新技术支撑文化产业发展。全年省、市自主创新资金拉动企业研发投入29.5亿，拉动产业投资190多亿，安排47个项目贴息，吸引银行贷款19.8亿元。逐步扩大创业投资引导基金融资效应。继续加大创业投资引导基金的扶持力度，吸引社会资本支持本省科技型企业发展。截至当年底，省创业投资引导基金总规模达8.5亿元，引导设立了18只创业投资基金，资金总规模达57.7亿元，省财政资金放大效应达到6.8倍；累计投资项目110个，总投资额达39亿元，有效拓宽了合芜蚌试验区内创新型企业的融资渠道。有序推进合芜蚌人才特区建设，省财政积极筹措资金，优化支出结构，安排2800万元人才特区建设专项，较上年增加1800万元，重点对国家"千人计划"入选者分别给予25万元、50万元不等的资金扶持，保障本省入选国家"千人计划"项目的顺利实施。

【支持文化大发展大繁荣】制定《关于财政进一步支持文化强省建设的若干意见》，从建立财政文化投入稳定增长机制、拓宽文化投入来源渠道、完善文化建设分级保障机制，支持公共文化建设、创新文化投入管理方式、提高资金使用效益等方面明确要求，落实责任，当年省级文化强省专项资金增加到1.3亿元，并专门新增1亿元设立文化产业创业投资基金。积极调整和优化支出结构，坚持将公益性文化事业、农村和基层文化事业投入作为公共财政保障重点，全年共投入财政资金2亿元，大力支持实施文化民生工程，重点加强农村、基层和困难地区公共文化服务体系建设，促进基本公共文化服务均等化。集中财力完善省图书馆、安徽大剧院、省博物馆等重要公共文化设施建设，特别是重点支持省博物馆建设，在完善老馆建设的基础上，投资3.43亿元建设新馆，安排布展开馆经费8400万元，运行经费2000万元。积极助推文化产业加速发展，通过贷款贴息、项目补贴等形式支持符合全省文化产业发展规划、能够引领文化产业发展、明显提升自主创新能力和市场竞争力、具有明显社会效益和经济效益的文化产业项目。安排1.3亿元省级文化强省资金，深入推进文化体制改革，激发文化创造活力，着力支持文化强省建设。安排1亿元设立安徽文化产业创业投资引导基金，充分发挥财政投入对文化产业发展的引导作用，积极助推文化产业加快发展。认真落实文化体制改革试点单位税收优惠政策，把加大投入和改进投入方式结合起来，进一步支持公益性文化事业单位推进内部管理体制和运行机制改革，继续拨付转制单位原有事业费，总量不减，及时补助改革成本，按照"突出工作重点、强化政策保障、解决关键问题"的原则，对基础薄弱的皖北剧团给予了重点倾斜。

【强化推进效能建设】注重倾听、采纳部门的意见和建议，建立日常工作定期会商、重大事项不定期会商、会商纪要及时通报等制度，不断提高会商工作的制度化、规范化水平，着力从会商前议题准备、会商后事项办理、年度考核奖惩三个环节强化和落实会商责任。进一步完善内部管理制度、工作规则、权力事项及流程等，继续推行岗位承诺效能制度，践行"我的岗位我负责，我的效能请放心"庄严承诺；扎实推进政务公开工作，进一步完善主动公开工作机制、信息发布保密审查机制和档案收存管理机制，建立健全规范透明的政策执行机制和便民利民的工作服务机制，改进工作方式，简化工作程序，提高工作效率。认真梳理历年教科文财政财务工作管理制度、办法等文件，对不符合工作要求的文件进行了及时废止或修订，对新开展的工作，及时制定相应的制度和资金管理办法，新建6项制度性文件，保障各项资金使用的规范、安全和有效。认真贯彻落实《廉政准则》，扎实推进廉政风险防控管理工作，认真查找风险防控点，签订《教科文处廉政承诺书》，实现廉政风险防范管理工作制度化、标准化，把有效防范和化解廉政风险的责任落实到每个岗位、每位同志，形成预防腐败的长效工作机制，推进依法理财、高效理财。

（厅教科文处供稿）

经济建设财政财务管理工作概述

2012年以来，厅经建处紧紧围绕厅党组中心工作，全力服务转型发展、有效构建政策平台、积极完善政府投资体制、不断加大民生项目支持力度，全年累计安排各类专项资金673.4亿元，其中中央资金477.5亿元，省级资金195.9亿元，较好地支持了全省经济建设工作。

【积极培育和发展战略性新兴产业】修订省级项目资金管理办法，创新财政支持方式，下达贴息资金10亿元，支持120个重点项目，实现项目总投资713亿元，直接撬动银行存款136亿元，有效提升了产业发展水平及企业核心技术市场竞争力。

【积极构建区域发展平台】完善皖江、皖北、大别山、皖南等区域板块政策,加强区域协调发展,支持合作共建园区等新兴园区发展模式。安排6000万元皖北贴息资金支持皖北重点项目建设,安排6亿元支持江南、江北集中区投融资平台建设,安排滁州、马鞍山各1亿元,支持中新苏滁合作共建园区、郑浦港新区等新业态园区建设。继续安排1亿元服务业发展专项资金,支持现代服务业和黄山市服务业国家综合试点工作。

【鼓励发展循环经济】滁州报废汽车循环经济产业园获批为国家第三批城市矿产示范基地,争取中央补助资金1.5亿元;铜陵经济技术开发区获批为国家园区循环化改造示范试点,争取启动资金2000万元;界首田营循环经济园作为全国首批城市矿产示范基地,当年争取后续补助资金2000万元,累计争取中央资金10900万元。统筹安排专项资金近8亿元,支持矿产资源综合利用和资源型城市矿山地质环境治理。

【努力抓好生态补偿试点工作】深入推进全国试点工作,下达新安江流域生态补偿机制资金5亿元,支持源头环境治理。本省的成功试点经验,为未来全国范围内推行补偿机制提供了较好的政策试验平台。

【深入推进节能技术和新能源应用战略】争取中央奖补资金1.12亿元,推进可再生能源“城市示范”、“农村县级示范”和可再生能源建筑应用示范项目建设;争取中央资金10亿元,推进城镇污水处理设施配套管网建设;争取中央资金10亿元推进合肥市开展新能源汽车技术创新和推广工作;争取中央资金6.4亿元,支持金太阳示范工程项目建设;争取各项节能产品惠民工程补贴10亿元、燃料乙醇补贴资金2.3亿元、煤层气开发利用资金2750万,推进节能技术及新能源应用工作。积极做好各项节能专项资金管理工作,累计争取中央各类节能资金1.5亿元、安排节能减排、生态建设资金5500万元推进节能减排工作。

【探索实施国土空间高效发展战略】深入推进农村环境连片整治工作,统筹安排资金3亿元,支持27个示范县、239个村开展试点,保障农村环境得到根本性改善。积极开展农村土地整治和高标准基本农田建设工作,统筹安排资金27亿元,全面完成329万亩土地整治任务和600万亩高标准农田建设目标。认真做好地质灾害防治工作,累计安排资金1.5亿元支持重点地区地质灾害防治项目,大力开展矿产资源勘查,统筹安排资金4.5亿元推进地质环境和矿产资源勘查工作。

【切实做好淮河巢湖流域和湖泊治理】下达“三河三湖”治理资金4.3亿元,有效推动淮河巢湖流域治理工作。下达瓦埠湖生态环境保护资金2000万元,太平湖生态环境保护资金7200万元,切实促进湖泊环境治理。

【加大政府投资力度】争取中央预算内投资128亿元,在高新技术、节能环保、循环经济等领域支持2000多个重大项目建设;继续安排省统筹基本建设资金11亿元,重点支持省委、省政府确定的重大项目及基础设施建设;在省统筹投资外,通过财政专项安排安徽城市管理职业学院基础设施、省公安厅指挥信息技术大楼业务用房、省人防指挥所、省消防应急求援装备和省荣军荣康医院建设等五个项目建设,项目总投资7亿元,当年省财政专项计划补助8617万元。

【大力推进骨干水利工程建设】拨付10.2亿元加快推进淮水北调启动项目,以及入江水道高邮湖大堤加固、新汴河、淠河等项目建设。推进长江干支流治理,安排10.87亿元,重点支持青弋江分洪道、滁河治理、水阳江治理等项目建设。安排6.27亿元支持大型灌区续建改造和大型灌溉排水泵站更新改造。

【不断完善交通领域投资模式】争取中央交通建设投资资金64.5亿元,统筹安排交通建设省级补助资金20亿元,重点支持高速公路、国省干线公路、农村公路、内河水运、民航等交通基础设施建设。

【做好粮补资金分配发放工作】下达粮补资金71亿元,直接惠民农民1340万户,发放速度、质量居全国第3位;开展全国种粮大户试点工作,本省作为全国5个试点省份之一,争取中央资金1亿元,重点支持农田水利基础设施建设、仓储等安全储粮设备补贴。不断完善油价补贴资金发放工作,拨付资金30亿元,重点支持城市公交、城市出租车、农村客运和水路客运四大领域。

【加大保障性安居工程建设力度】加大政府投入力度,创新投融资机制,全力推进保障性安居工程建设。当年累计安排拨付中央和省级补助资金135亿元,支持各类保障性住房建设。截至当年底,全省新建各类保障房和棚户区改造住房 43.77 万套,基本建成 34.39 万套,均超目标完成任务。

【深入推进民生水利工程建设】统筹投入 19.7 亿元,解决 409 万人农村居民和农村中小学师生饮水安全问题。统筹投入 12.43 亿元,实施 782 座小型病险水库除险加固。安排拨付 15.71 亿元,支持 84 个中小河流治理项目建设。安排拨付 1.76 亿元,支持新一轮中型病险水库水闸除险加固,加快推进水利重点薄弱环节建设。

【积极开展结对帮扶活动】先后深入对口村十余次,走访困难群众三十余户,有针对性的帮助解决结对村在社会事业发展和群众实际生活中的困难问题。帮助石台县青联村落实农村环境整治项目资金 30 万元,水毁道路修复资金 80 万元,地质灾害治理项目资金 200 万元;帮助歙县金竹村落实地质灾害治理项目资金 1920 万元,菊花基地建设补助资金 30 万元,切实解决对口村亟待解决的实际问题。

【深入推进部门会商机制】制定并印发《省直经济建设部门财政财务会商制度》,对范围较广、参加部门较多的重点会商会议形成会议纪要并报送相关部门领导、财务处。当年通过“请进来、走出去”方式,与所有联系部门开展会商,累计达两百次,会商内容重点集中在争取项目资金、加快支出进度、重点项目推进、资金分配方案等方面,有力地保证了各项工作的顺利开展。不断强化系统内业务学习,在全省范围内开展财政经建业务培训班,累计培训人员 400 人次。

【认真梳理完善制度办法】修订制定办法 30 项,进一步规范权力运行,特别是会同省直对口部门及市县财政经建部门,制定《安徽省财政经建系统专项资金管理办法》,明确了财政部门和业务主管部门的监管职责,规范了省、市、县、乡财政部门责任,建立了一体化、网格化财政监管体系。

(厅经建处供稿　贾振东执笔)

农业财政财务管理工作概述

2012 年,厅农业处贯彻落实中央、省委两个 1 号文件和全省农村工作会议、全省财政工作会议精神,按照“强科技保发展、强生产保供给、强民生保稳定”和“两个稳步提高、三个着力加大”要求,进一步加大财政支农投入力度,积极落实完善各项强农惠农富农政策,深入推进涉农资金整合,切实加强支农资金监管,不断提高支农工作水平和支农资金使用效益。

【大力增加支农支出投入】进一步优化财政支出结构,大力增加财政支农投入,确保财政支农投入增量和比例均有大幅提高。一是大幅增加省级财政投入。当年省级预算安排“三农”方面的项目支出 114.2 亿元,占省级项目支出的 31.5%,比上年增长 23.2%。财政支农投入为农业农村经济发展和农民持续增收提供了强有力的资金支持。二是积极争取中央财政资金支持。全年在中央农业救灾资金比上年大幅减少 5 亿元的情况下,争取中央财政支农专项资金 74.8 亿元,比上年增加 6.7 亿元,增长 10%(剔除农业救灾资金因素外,各类支农专项同口径增长 18.7%)。

【支持林业改革发展和生态建设】一是支持支持实施千万亩森林增长工程。根据省政府部署,围绕千万亩森林增长工程建设任务,省财政确定从 2013 年起每年安排 5 亿元,连续 5 年共投入 25 亿元,对市县实施千万亩森林增长工程予以补助,并明确省财政补助标准、整合资金等政策措施。制定出台《省财政转移支付资金管理办法》,将原由部门预算安排的专项资金改为通过一般性转移支付方式下达。二是积极争取中央国有林场改革试点工作。省财政厅会同林业等相关部门,争取中央将本省作为 7 个试点省之一,在全国率先试点国有林场改革工作,并争取中央国有林场改革试点补助资金 1.2 亿元,为推进改革试点奠定了坚实基础。三是支持实施退耕还林工程、森林生态效益补偿、造林补贴试点重点项目,依托国家林业重点生态工程,开展基地造林、绿色长廊工程、农民林业专业合作社发展等补助工作。2012 年,省级以上财政投入林业建设资金 17.4 亿元,有力促进了森林资源的持续增长和生态建设。

【突出支持农田水利设施建设】持续推进小农水重点县建设,创新小型农田水利工程建设管理新机制,千方百计增加投入,牵头会商省直有关部门,建立小型农田水利工程建设补助项目联席会议工作制度,明确部门责任,制定一系列建设管理制度,强化省、市、县三级联动。争取中央资金 2.3 亿元,支持实施 15 个高标准农田建设项目和 10 个沟河清淤整治项目；投入省级以上资金 9.82 亿元，支持实施 55 个小农水重点县项目和 4 个河塘清淤项目，实现农业县(市、区)小农水重点县建设(项目)全覆盖，改善了全省农田灌溉条件，进一步提高了粮食等主要农产品综合生产能力。

【组织实施新一轮现代农业生产发展项目】根据中央财政支持现代农业生产发展政策精神，结合全省优势主导特色产业发展实际，统筹安排补助资金 4.3 亿元，支持通过竞争立项的方式确定的 62 个项目，其中小麦产业项目 30 个，肉禽产业项目 13 个，茶叶产业项目 13 个，油茶产业项目 6 个。一是下放项目县选择权和资金分配权。进一步完善现代农业生产发展项目实施政策，采取“切块下达资金，市级整合资源，重点推进，自主选项”的方式，将项目县选择权和资金分配权下放到市，由各市在参考上年度绩效评价结果的基础上，通过竞争立项等方式，公开、公平、公正的选择项目县，继续支持小麦、肉禽、茶叶、油茶等四大优势特色农业产业发展。二是积极推进考核监督。对 2011 年度现代农业生产发展项目认真进行了省级绩效自评，并委托会计事务所对 47 个实施现代农业生产发展项目的县(市、区)进行项目检查和绩效评价，并强化评价结果运用。

【促进财政扶贫工作机制创新】一是突出财政扶贫支持重点。在支持区域上，坚持将大别山区和皖北集中连片特困地区作为财政扶贫的主战场和重点区域，给予重点支持。全年共投入财政专项扶贫资金 12.5 亿元，重点支持大别山区、皖北连片特困地区、贫困革命老区等重点贫困地区扶贫开发，加快脱贫致富步伐。在支持方向上，重点支持扶贫对象改善基本生产生活条件，提升自我发展能力，重点培育贫困地区特色优势产业的增长潜力。在支持重点上，大力支持千村整推工程、产业化扶贫和雨露计划，实现到县财政扶贫资金的 70%投入重点村，到县财政扶贫资金的 10%投入“雨露计划”。二是创新财政扶贫资金管理使用机制。安排扶贫项目贷款财政贴息资金 2774 万元，大力支持贫困地区扶贫龙头企业发展，发挥辐射带动作用，促进农民增收。安排扶贫到户贷款财政贴息资金 1081 万元，大力支持贫困农户发展生产，增收致富。注重建立互助资金机制。安排互助资金 4130 万元，继续稳步推进互助资金试点，缓解贫困户发展生产资金不足问题。安排扶贫资金 1500万元，支持石台县实施中央专项彩票公益金支持贫困革命老区整村推进项目。安排扶贫资金 800 万元，支持潜山、利辛等四县继续开展“县为单位、整合资金、整村推进、连片开发”试点，改善贫困地区生产发展环境、培育特色优势产业。当年，省财政厅被财政部、国务院扶贫办评为扶贫资金绩效考评 B 级先进单位，获全国通报表扬和项目资金奖励。

【大力推进支农资金整合】一是支持 26 个省级现代农业示范区建设。积极推进资金整合，制定并经省政府办公厅转发了《关于整合财政支农资金支持省级现代农业示范区建设的意见》，将整合资金支持省级现代农业示范区建设作为财政支农重点任务推进，全年整合各类涉农资金 14.7 亿元，拉动社会投入 90 亿元，有力地支持了示范区基础设施改善和主导产业发展。二是整合资金支持油茶产业发展。按照“以县为主整合，以规划为引导、以产业为平台，以统筹为核心”的工作思路，积极整合农业综合开发、现代农业生产发展、油茶基地发展等涉农资金，协调集中投入油茶产业建设。全年全省投入油茶产业发展资金 7.09 亿元，其中，整合各级财政资金 2.14 亿元，拉动社会投入 4.95 亿元。三是深入推进县级支农资金整合。开展绩效考评，委托会计师事务所对上年县级支农资金整合进行考评，统筹安排奖励资金 6200 万元，对 30 个资金整合试点县中 17 个成效突出的县给予奖励。当年确定 31 个试点县，积极统筹和整合各类涉农资金支持省级现代农业示范区建设和优势特色产业发展，累计整合各类资金 100 多亿元，带动农民增收致富，其中，整合财政资金 50 多亿元，有效发挥财政资金杠杆作用。

【完成普济圩农场管理体制改革财务资产划转移交工作】按照省委、省政府推进普济圩农场管理体制改革工作统一部署，省财政厅作为普济圩农场管理体制改革划转移交工作组牵头责任单位，会同铜陵市、安庆市、枞阳县政府、省国资委、省农垦集团公司组织开展普济圩农场财务资产划转移交、补偿工作，历时近 2 个月，通过进驻、深入实地、协调会商、座谈研究、请示汇报等方式，采取制定财务和资产移交方案，以及制定工作计划等措施推进移交划转工作，圆满完成各项工作任务，平稳顺利地将普济圩农场财务资产整体移交给铜陵市政府。

【支持小岗村打造“美好乡村示范村”】围绕省委、省政府关于加快小岗村改革发展的决策部署，按照任务分工要求，切实履行牵头职责，积极会同省直有关部门和凤阳县政府,加大对小岗村建设发展的支持力度,全力支持小岗村打造"美好乡村示范村"。稳步推进包括农业水利、农村新社区、干部教育基地、产业化建设等四大类20个重点建设项目,项目总投资6.1亿元,财政补助资金1.48亿元。按照省政府第49号专题会议纪要提出的"主要依靠现有资金渠道予以倾斜的原则",积极协调省直有关部门,多渠道争取资金,财政补助资金全部落实。支持投融资平台建设和运行。省财政下达小岗村补助资金2000万元,支持建立小岗村创新发展有限公司,并计划于2013—2015年每年向小岗创发公司注入1000万元资金,支持小岗村完善基础设施建设、改善村容村貌、发展集体经济等。

【大力推进支农资金科学化精细化管理】一是积极开展监督检查。会同省直农口部门印发《关于开展2011年度财政支农资金和项目检查工作的通知》,对全省2011年支农项目资金开展全面检查。县级自查涉及2011年财政支农专项资金83.6亿元,检查专项2534个,检查面100%,其中,发现违规违纪资金8397万元,主要为项目实施跨年度导致资金滞留。市级复查涉及2011年度财政支农专项资金68.3亿元,检查专项2132个,复查面81%,其中发现违规违纪资金3413万元,主要为支农资金滞留。积极配合财政部郑州特派办、审计厅开展审计工作,支持配合厅监督局开展财政厅内部监督工作。对省直农口部门预算开展监督检查并形成《省直农口部门预算财政监督检查报告》。二是加强内部制度建设。先后制定《安徽省农业物联网工程资金管理暂行办法》、《安徽省财政专项扶贫资金管理办法》、《安徽省现代农业示范区专项资金管理办法(试行)》等14个农业专项资金管理制度、办法,逐步构建支农资金科学化精细化管理的长效机制。会同省农委、省监察厅等部门印发《安徽新型农民培训民生工程项目及资金管理办法(试行)》,对培训机构认定、项目申报与管理、资金管理与监督等内容作进一步规范。

【切实加快预算执行,全面完成支农支出目标任务】一是制定有效措施。印发《关于做好2012年支农预算执行工作的通知》及《关于加快全省支农预算执行进度的通知》,对全年支农支出工作提出明确要求,要求各市县财政部门和省级农口部门制定具体的针对性措施,加快资金拨付进度。二是加强协商沟通。每季度召开省直农口部门财务处长座谈会,印发省直农口部门预算执行情况季度通报,定期向财政部农业司汇报全省支农支出工作开展情况。三是强化责任落实。严格执行财政支农预算执行工作负责制度。对于省直农口部门,明确专项用款单位、支出时间、经办人、责任人,细化任务分工,责任明确到人。始终把加快支农支出进度摆在全处工作的重要位置抓紧不放松,当年"农林水事务"支出113.5亿元,完成调整预算的100%。

(厅农业处供稿　刘建军执笔)

社会保障财政财务管理工作概述

2012年,厅社会保障处以"重保障、促机制、强能力"为思路,以"均等服务、市场机制、信息支撑、精细管理"为重点,进一步改革创新、真抓实干,有效地完成了各项目标任务。

【突出重点,筑牢财政保障】一是保障就业稳定。围绕产业转移升级,重点支持技能人才培养,开创性地推动实施就业技能提升培养工程;围绕创业富民增收,重点支持创业带动就业,支持实施农民工创业园和大学生创业园建设;围绕保障改善民生,重点支持困难群众就业,提高灵活就业人员补助标准,延长"4050"人员就业社会保险补贴年限。二是保障待遇提高。提高保险待遇,投入38.5亿元,进一步调整企业职工基本养老金标准,建立健全与经济发展、工资增长和物价水平相适应的企业退休人员基本养老金正常调整机制;提高救助待遇,下达城乡低保资金43亿元、五保供养资金5.8亿元、贫困重度残疾人生活特别救助资金2.8亿元,将最低生活保障、五保供养、贫困残疾人康复补助标准提高10%以上。提高老干部待遇,将全省离休干部及退休干部的护理费、遗属补助、生活补助、抚恤金等标准进一步提高,并印发《致全省离休干部的一封信》,得到了广大离休干部的好评。三是保障改革深化。注重投入,取消药品加成,投入6300万元支持县级公立医院全面实施药品零差率销售,破除以药补医机制;注重规范,建立预算管理机制,对公立医院实行全面预算管理,科学核定收支,明确补偿范围,保障政府各项投入政策落实到位;注重监管,健全资产运营机制,将医院资产运营效果纳入医院总体绩效考核范围,并将考核结果与财政补助等挂钩。

【突出创新，优化机制建设】一是创新多元投入机制。出台社会养老服务发展经费管理暂行办法，通过购买服务、贴息、专项补助等方式，引导社会力量积极参与社会养老服务，支持社会养老服务多元化发展。二是创新资源整合机制。全力支持美好乡村建设将农村危房改造和因灾倒房恢复重建资金进行整合，统筹实施农村危房改造和因灾倒塌民房重建工作，全年整合投入资金22.5亿元，争取农村危房改造项目30万户。三是创新以奖代补机制。出台《基层医疗卫生机构债务化解奖补资金办法》，改过去人头分配为因素系数分配法，综合考虑债务情况、人均财力、卫生投入等因素，积极巩固完善基层医药卫生体制改革成果，一次性安排基层医疗卫生机构化解债务以奖代补资金，有序推进了全省基层医疗卫生机构债务化解工作。四是创新资金分配机制。在中医专项、重点专科、中医药产业升级等资金分配中，积极推动竞争性分配办法，通过项目审批、专家评审等程序分配财政资金，提高资金分配的公平性。

【突出绩效，强化资金效益】一是提升社保预算绩效。会同社保对口联系部门出台《财政社会保障资金预算执行管理工作考核暂行办法》，重点考核数额较大的专项资金执行情况和实施周期长的政府采购预算执行情况，进一步规范社会保障资金预算执行管理；强化社保基金预算绩效考核，通过基金预算编制、调整、执行、管理全过程进行考核，全省基金预算编制的科学性、预算执行的积极性显著提高，财政部连续10年授予本省“社保基金预决算工作第一名”。二是提升基金增值绩效。出台《社会保险基金保值增值管理暂行办法》，全面完善社保基金保值增值的方式、过程、权责、途径等，规范社保基金保值增值管理，社保基金收益显著提高。同时，进一步规范全省社会保障资金财政专户管理办法，明确了社保资金专户的归口管理、专户计息、划转归并、长效管理等内容，保障社保资金存储安全。三是提升专项资金绩效。出台《省新型农村合作医疗专项资金绩效考评暂行办法》、《完善就业专项资金绩效考评办法》等财政专项资金考核办法，建立财政社保专项资金绩效考核常态机制；推动部门开展专项资金绩效评价，孤儿养育、农村五保供养机构建设等省级预算资金纳入财政专项资金绩效评价试点，将中央下达公共卫生类专项全部纳入绩效考核，并将考核结果与资金安排等挂钩。

【突出管理，推动能力提升】一是强化业务培训。举办全省财政系统社会保障业务培训班，共安排就业、养老保险、卫生经济、医保支付方式、民政救助、社保基金管理等7个专题，分别由处室业务负责同志进行讲解；举办县级公立医院综合改革财政补偿政策专题培训班，提高财政部门支持医改的能力和水平。二是强化城乡联动。以会商促作风转变，出台《社会保障部门财务会商制度》，坚持制度引领、服务上门、提升为上，通过定期会商、专题纪要、落实反馈等形式，保障会商工作落到实处，得到部门充分肯定；以共建促组织建设，制定《社会保障处城乡结对共建活动实施方案》，突出“四结合”、实现“四提升”，有序开展了支部联席会议、组织生活、志愿服务、捐资助学、走访慰问等活动，得到了全体村民的积极赞誉。三是强化学习研究。在进一步完善处室月度集中学习制度的基础上，着力开展政府购买社会养老服务、养老保险基金统筹层次、就业资金投入与产出、社会保障促进收入倍增等9项课题研究。开展事业养老保险专题调研调研，在认真学习总结吉林省及合肥、芜湖等地事业单位养老保险制度改革经验的基础上，形成调研报告并专题呈报省领导，提出全省改革总体思路及相关配套意见，为全省启动事业单位养老保险制度改革做好充分准备。

（厅社保处供稿　吴昌好执笔）

企业财政财务管理工作概述

2012年，厅企业处在厅党组的坚强领导下，紧紧围绕年初设定目标任务，深入开展“制度绩效创新年”，创新财政支持方式，不断完善制度和政策措施，贴近中心，服务大局，主动作为，为全省经济社会平稳较快发展做出了积极贡献。

【促进经济平稳增长】积极参与皖政〔2012〕50号文件的起草制定，派专人全程参与，结合财力情况，合理测算资金，提出有关政策建议。制定实施方案和工作计划。牵头研究贯彻措施，制定省财政厅具体实施方案和工作计划，将任务层层分解，明确责任，实行报告制度。认真做好困难企业认定工作。配合有关部门，分三批认定了6949户困难企业，实行社保费缓降等扶持政策，切实减轻企业负担。统筹抓好一企一策。根据省政府部署，统筹协调，会同有关部门,加强对马钢、铜陵有色、海螺集团、江淮汽车等企业的调研,着力解决其关系长远发展的重大问题。加快资金拨付进度。按照省财政厅加快支出进度的统一要求,对照年初预算,认真摸排,制定财企专项资金年度使用计划,召开部门支出进度推进会,安排好时间节点,能下达的支出一律提前分配下达。积极筹划政策宣传。全力配合《中国财经报》、《中国会计报》的采访,刊发安徽财政支持企业发展的系列报道,从不同视角和侧面,全方位宣传本省财政部门贯彻落实50号文、支持中小企业发展等情况,扩大宣传效应,营造良好舆论氛围。

【引导企业自主创新】积极推进企业股权和分红激励试点工作。合肥、芜湖、蚌埠三市当年纳入试点辅导企业56户,正式实施股权和分红激励的企业18户,超额完成省政府年初确定的11户目标。继续安排奇瑞、江汽、星马三大汽车企业研发资金1.7亿元,并及时拨付至企业,促进本省汽车产业提升自主研发能力,抵御市场需求下滑的风险。促进科技型中小企业加快发展,会同省科技厅积极组织申报国家科技型中小企业技术创新基金项目,共争取308个国家科技型中小企业技术创新基金项目2.1亿元,同时,省财政拨付资金5000万元,与国家资金配套使用,共同推进科技型中小企业加快发展。推动企业技术创新和重大装备制造业发展。安排企业技术创新专项资金2000万元和重大装备制造业发展专项资金1500万元,突出新技术、新材料、新工艺和新产品研发和应用,推动重大装备制造技术改造和首台(套)重大装备研发使用。

【加快转型发展步伐】安排节能与资源综合利用专项资金6000万元,较上年增加1000万元,支持推进以节能降耗和提高资源综合利用等为主要目标的企业节能、节水、清洁生产、新能源以及可再生能源产品开发、资源综合利用等设备更新和技术改造项目建设。下达新型墙体材料和散装水泥专项基金3197万元,共支持189个项目,支持节能和环境保护以及企业技术改造和设备更新,研发推广新产品、新工艺、新技术。安排小煤矿关闭退出省级财政补助资金4050万元,涉及17个小煤矿,引导年产9万吨以下的小煤矿综合技改,有序退出,整治小煤矿开采安全隐患,促进煤炭安全生产。争取国家工业能源管理中心建设示范资金、清洁生产示范资金以及工业转型升级公共服务平台资金6900万元,支持企业实现用能管理、优化调度和智能控制一体化,增加生态效率,提升平台服务能力。圆满完成金融不良资金打包处置工作,会同厅有关处室,采取提前扣款方式,妥善处理了金融不良资金打包处置工作,提高了政府信誉度,密切了与有关银行之间的关系。

【支持实体经济发展】推动企业技术改造,安排企业技术改造专项资金1.03亿元,扶持全省416个企业技术改造项目,带动社会投资226.7亿元,有力地支持了企业技术改造和设备更新。加大对中小企业支持力度,安排专项资金6000万元,支持全省“专、精、特、新”和成长型中小企业发展。加强财政金融结合,整合有关担保资金3亿元,建立中小企业专项贷款风险准备金,为中小企业增信,缓解中小企业融资难。积极争取国家政策资金。会同省经信委制定2012年国家中小企业发展专项资金实施方案,申报项目计划100个,争取国家资金6028万元。积极组织本省担保机构申报2012年国家中小企业信用担保资金,争取国家资金7230万元。改进提升特色产业基地,创新支持方式,采取“先选基地,再扶企业”的方式,克服海选项目或指定项目的弊端,得到了财政部认可。对我省特色产业基地进行调整、充实,重新确定73个特色产业基地,增加了有关战略性新型产业基地,提升了特色产业基地层次。统筹安排资金9648万元,涉及基地内企业271户,有力支持本省特色产业中小企业加快发展。保障并强化展会经费管理,积极支持系列招商活动、赴日经贸交流、合肥家电产品博览会、“安徽产品全国行”、央企对接等重大活动的开展,按照“保障、节俭、高效”的原则,抓好经费定额标准和政府采购环节,采取提前评审等措施,防止事后埋单。支持军民结合产业发展。为鼓励走军民融合式发展道路,拨付省级军民结合产业发展资金1200万元,支持省直及16个市公共安全、民用船舶、民爆物品等66个军民结合高技术产业项目发展。大力支持铁路建设。省财政安排的铁路建设资金10亿元,分批次返还铁路建安营业税及附加5.72亿元,保障了合蚌专用线顺利通车,加快了合福铁路建设步伐。

【扩大内需拉动消费】加大省级投入力度,当年安排内贸发展资金6000万元,较上年增加1500万元,重点支持现代流通业发展、农村市场体系建设、茧丝绸结构调整、屠宰行业升级改造、菜市场升级改造、省级生猪活体储备等项目。争取家政服务体系建设资金 2500 万元,用于支持蚌埠市家政服务体系试点和铜陵市大型龙头家政企业建设,同时,对开展家政人员培训给予定额补助。加快推进农村市场体系建设,配合省商务厅组织申报 2012 年万村千乡市场工程,争取国家资金 6267 万元,重点支持乡镇商贸中心、农村商品配送中心和农家店建设,并预留一定资金支持“美好乡村”建设。会同商务厅争取芜湖市列入国家 2012 年肉菜流通可追溯体系建设试点城市,获得国家资金支持 2667 万元。继续推进农产品现代流通综合试点,经过积极争取,当年新增宣城、宿州、马鞍山三家试点市,获得国家专项资金 6000 万元。积极应对猪肉价格连续下跌局面,会同有关部门及时启动省级冻猪肉储备工作,确定 4000 吨的收储任务由 10 家企业承担,并追加安排专项资金 400 万元对收储企业予以补助。支持再生资源回收体系建设。争取国家资金 4150 万元,重点支持黄山市城市再生资源回收利用体系建设和界首、滁州、郎溪三地区域性大型再生资源回收利用基地项目建设。促进现代流通体系建设。争取国家商贸流通服务业项目资金 1 亿元,重点支持亳州古井集团酒类流通电子追溯体系、亳州市放心药服务体系、合肥市现代物流技术应用和城市共同配送试点、品牌促进体系、市场监管公共服务体系、“放心肉”服务体系、市场监测体系、中华老字号等现代流通体系建设。认真开展流通业改革发展专题调研,形成报告为省政府出台配套政策提供依据。

【保持外贸较快增长】按照立足当年“保增长、保市场、保企业”、着眼长远“增总量、增份额、增效益”的思路,会同省商务厅及时调整制定本省当年七大外贸促进政策。省级预算安排外贸促进专项资金 1.5 亿元,“走出去”促进政策资金 3600 万元,招商引资奖励政策资金 1000 万元,一次性安排 3000 万元建立台胞投资企业风险准备金,同时,会同商务厅积极争取中央对本省外向型经济的支持,获得国家切块资金 2.29 亿元,较上年增加 4720 万元。加快资金拨付进度,按照省领导提出的“早拨、快拨、实拨”的要求,改进完善兑付方式,将项目申报时间提前,有力地支持了外向型经济发展。积极帮助中小外贸企业融资,充分发挥财政资金的杠杆撬动作用,共办理 8 个批次推荐贷款 12.2 亿元,实际发放贷款 8.1 亿元,累计贷款余额 8.3 亿元。积极推进中小进出口企业信用担保机构筹建工作,参照重庆、东北等地做法,积极谋划本省与中国进出口银行合作成立中小企业进出口信用担保机构,起草完善了《安徽省中小进出口企业信用担保机构组建方案(草稿)》。支持省外贸创意研发公共服务平台建设,会同省商务厅共同研究建设省外贸创意研发公共服务平台,通过多轮会商沟通,调整修改实施方案,平台建设方案更加符合实际,管理更加规范,公益性更加突出,作用更加明显。深入研究旅游购物贸易政策,大力推动旅游购物贸易,多次召开专门会议,会同商务厅、国税局、外管局、合肥海关以及有关企业,专题研究,在充分调研基础上,向省政府进行了专题汇报。

【保障民生改善生活】家电下乡工作圆满收官,全省累计实现家电下乡产品销售 2319.8 万台,拉动市场消费 614.6 亿元,发放财政补贴 74.2 亿元,政策效应充分显现,阶段性任务顺利完成。及时足额下达大中型水库库区移民直补资金 2.5 亿元,着力加强项目自建制管理,提前下达后扶项目资金预算控制数 1.8 亿元,创新移民项目建设方式,推行村民自选、自建、自管、自用和政府监管服务机制。积极应对台风“海葵”等自然灾害给本省水库移民带来的巨大损失,及时启动应急程序,分两批下达应急资金 6110 万元,同时积极向财政部争取应急资金支持。促进煤炭安全生产。安排煤炭安全生产专项资金 6284 万元,支持煤矿瓦斯治理与利用新技术应用,推广应用安全高效开采、矿井通风、瓦斯抽采、煤与瓦斯突出防治、水患治理、应急救援等技术与装备,有力地保障了人民群众的生命财产安生。支持非煤矿山安全隐患治理。安排非煤矿山安全技改专项经费 2000 万元,专项用于全省非煤矿山尾矿库重大安全隐患技术改造治理、地下矿山隐患治理以及露天矿山治理等,提升了非煤矿山安全生产系数,改善了非煤矿山地区的生态环境。

【夯实事业发展基础】建立与对口服务部门会商制度,积极开展“集中会商月”活动,开展不同形式的会商 80 余次,大大提高了工作效能和服务水平,展现了财政部门良好的形象。大力推进财政企业专项资金的规范化管理,先后制定《关于加强财政企业专项资金管理的通知》、《安徽省大中型水库移民后期扶持项目奖励资金管理暂行办法》等 8 个文件。同时,建立专项资金申报评审内部规程,通过严格公开,专家遴选共商等,增强工作的计划性、规范性和透明度。扎实做好月报企业扩面工作。月报户数在上年倍增的基础上有了大幅增加,企业快报户数达6658户,超额完成既定目标。严格资产评估机构审批与监督管理,认真开展资产评估机构报备工作,指导督促资产评估机构完善内部管理制度、首席评估师制度、职业责任保障机制等,利用年度报表、诚信档案等制度对机构实行动态管理。会同评协开展评估行业执业质量检查,提升评估行业社会公信力,促进评估行业的健康发展。当年共审批设立评估机构8家,办理机构变更事项19家。深入开展课题研究。结合重点工作安排,组织专门力量,完成了扩大内需、全省国有企业十年发展报告、盘活省属企业国有资产三篇重点课题,为领导决策提供坚实依据。认真做好重点项目绩效评价工作,将2011年非煤矿山安全技改专项经费项目纳入当年重点绩效评价项目。扎实推进结对共建工作,多次与阜南县苗集镇平安村开展捐赠慰问、调研走访、座谈交流、共开民主生活会等活动,拟定思想帮扶、项目帮扶和发展帮扶三大帮扶手段。着力加强处室和系统建设,坚持民主议事、规矩办事、坦诚相见、勇于担当,确保能干事、干成事、不出事,财政企业文化得到进一步提升。

(厅企业处供稿　张铭执笔)

地方财政金融监管及外国政府贷款管理工作概述

2012年,厅金融处紧紧围绕全省财政中心工作,以开展"制度绩效创新年"活动为契机,积极发挥财政金融职能作用,圆满完成各项工作任务。

【引导金融服务经济发展】深入贯彻落实省政府办公厅《关于发挥财政引导作用支持中小企业和"三农"发展的意见》,发挥连接财政与金融的平台作用,加强财政政策、金融政策和产业政策配合,灵活运用财政奖励、贴息补助、风险补偿、税收优惠等财政政策工具,积极争取中央补助资金9.5亿元,同比增长27.1%,引导和撬动金融资源支撑地方经济平稳较快发展。

【加强地方金融财务资产监管】一是完善监管制度。研究出台《地方金融企业财务登记管理办法》,开展地方国有金融企业产权登记业务培训,明确职责分工,建全监管体制;在全国率先制定出台融资性担保公司财务管理及代偿损失核销管理办法,进一步规范融资性担保机构财务管理,夯实融资担保行业财务监管基础。二是突出监管重点。结合省属金融企业自身特性,分别出台徽商银行、省农信社负责人薪酬办法,建立健全激励与约束机制,促进地方金融企业规范经营、健康发展。认真开展2011年度地方金融企业绩效评价培训、实施工作,严格评价依据,强化结果应用,提高绩效评价工作的公信力和影响力。依法履行出资人职责,研究下达省信用担保集团2012年度主要目标任务,切实做好集团重大事项审批工作,积极引导集团主动完成省政府交办的各项任务,修订完善集团负责人薪酬核定办法,规范集团经营运行,确保国有资产营运安全和保值增值。三是强化监管措施。强化部门间协调配合,推动建立地方金融监管信息交流和风险联合评估机制,将全省500余家地方法人金融机构全部纳入金融报表编报范围,夯实财务资产监管基础,全省2011年度金融决算报表获财政部通报表彰。指导省农信社开发一体化财务信息系统,全面提高报表工作质量和效率。将财务专项检查与财政支持政策调研合二为一,全面掌握担保机构、小额贷款公司第一手资料。

【支持深化农村金融改革发展】一是积极支持金寨县实施农村金融综合改革。参与研究起草《金寨县农村金融综合改革实施方案》并报全国人大办公厅。二是积极支持小岗村推进金融服务业改革发展。协调增加金融服务设备及新设分支机构,筹资设立"美好小岗创新奖励资金"。三是积极支持全省农村合作金融机构深化改革。深入开展农村金融改革发展专题调研,参与起草《关于进一步深化农村合作金融机构改革的意见》,研究代拟《农村合作金融机构改革发展奖补实施办法》,安排奖补资金支持12家农信社成功改制为农商行。

【农业保险试点工作取得新进展】一是推动农业保险试点提标扩面深入开展。各级财政累计安排保费补贴资金近13.6亿元,支持全省承保农作物1.05亿亩、牲畜158万头,为2013万次农户提供310亿元的风险保障,资金放大效益达23倍;赔款9.5亿元,710.8万次农户从中受益。全省特色农产品保险试点范围扩大至53个市县,试点品种增加至24个,风险保障金额达10.9亿元。全省土地流转占比进一步提高到 18.8%,农业保险发挥了积极的“助推器”作用。二是强化宣传引导。撰写《安徽农业保险探索与实践》、编印《安徽省政策性农业保险试点工作手册》、下发《关于进一步做好农业保险宣传工作的意见》,指导各地、各保险经办机构通过“四抓、两促、三考核”,进一步提高政策的知晓度、满意度。三是开展检查研究。加强农业保险专项检查,规范农业保险经营行为。多次开展专题调研座谈,形成《关于赴亳州市和定远县农业保险试点工作调研情况的报告》;研究起草《关于开展森林保险试点工作的实施意见》和《关于开展育肥猪保险试点工作的通知》,已报省政府审批。四是加强理赔监督。积极指导市县及保险经办机构做好小麦赤霉病灾后理赔工作。五是支持特色农业保险发展。采取以奖代补形式,支持市县自主开展特色农业保险试点,促进农业增效、农民增收、农村发展。六是开展绩效评价。结合我省农业保险工作实际,科学设定农业保险的绩效目标和评价指标体系,研究起草并印发《安徽省农业保险保费补贴绩效评价方案》,为下年扎实开展绩效评价试点奠定基础。

【推动小额担保贷款业务】研究确定当年新增贷款目标任务,逐层分解落实。创新小额担保贷款发放模式,探索开展“整贷直发”业务,进一步简化申请手续,压缩审批时间,破解部分担保机构不愿为就业困难群体免费担保的制约“瓶颈”。建立健全正向激励引导机制,充分调动基层经办机构的积极性。加大惠民政策宣传工作力度,在新华网、财政部网、安徽电视台、安徽商报等主流媒体网站上,广泛宣传小额担保贷款政策。全省各级财政拨付贴息资金 1.7 亿元,安排奖补资金 0.23 亿元,筹措担保基金 6.5 亿元,引导金融机构新增小额担保贷款突破 30 亿元,同比增长 36%,已连续两年跨两个 10 亿元台阶,累计支持 3.3 万人创业,带动 10 万人就业。

【积极利用外国政府贷款】创新外贷项目推介模式,主动摸排项目,全年财政部新批本省外国政府贷款备选项目 15 个,贷款金额 1.42 亿美元,同比增长 12%,占全国贷款总额度的 10.6%;完成签约项目 15 个,协议金额 1.24 亿美元。优化贷款结构,争取利用法国开发署、德国政府贷款、以色列政府贷款 6050 万美元。按时完成德国和奥地利政府贷款项目签约工作。加大对已申报德、奥政府贷款推进力度,协调和督促有关各方加快工作进程,确保项目及时签约。指导、协调项目单位认真做好项目实施、管理、绩效评价等工作。加强项目监督管理,地方自查、省厅重点抽查,实时掌握项目实施情况,确保外贷项目规范运行。积极配合国外评估团,现场开展贷款项目评估工作;配合专员办对 1.6 亿美元安徽城市垃圾处理和蚌埠水环境治理两个打捆项目 12 个子项目开展专项检查。

【加强干部队伍建设】一是加强学习培训。将金融业务知识分为若干个专题,每人分别攻一个专题,定期交流学习成果,提高全处同志的知识层次和业务能力。二是注重工作调研。全年共安排专题调研 12 次,形成调研报告和政策意见 10 篇,多篇成果得到运用,受到省政府及省财政厅领导的肯定。三是建立会商制度。出台财政金融联络会商机制文件,建立省级财政与金融监管部门、各银行机构、省属地方金融机构等多层次会商制度。四是开展党建及党风廉政工作。深入开展“制度绩效创新年”、创先争优、结对共建、保持党的纯洁性等各项活动,认真学习贯彻十八大会议精神,扎实推进党风廉政建设。五是打造干事创业平台。注重对年轻同志的培养,营造良好的工作氛围,让全处同志在业务上、政治上都有一个充实提高的平台,先后有两名干部通过公开选拔和竞聘,走上副处级领导岗位。

(厅金融处供稿　李红波执笔)

国际金融组织及国家开发银行贷款管理工作概述

2012 年,国际债务处立足本职,发挥职能,结合“制度绩效创新年”活动,不断加强效能建设,创新工作方式,拓展工作领域,积极争取国际金融组织贷款和清洁发展委托贷款,努力扩大有效投入,着力提高资金使用绩效,为全省发展与改革引资引智取得了新的成绩。

【与国际金融组织成功合作 30 周年】本省与国际金融组织合作成功合作 30 周年,贷款项目不断增多,合作水平日益提高,管理方式不断完善,知识合作取得长足进步,逐步形成了“借、用、还”的良性循环,取得了良好的社会效益、经济效益和环境效益。截至当年底,全省利用国际金融组织贷款项目达 60 个,协议利用国际金融组织贷款约 28.9 亿美元,约占全国利用国际金融组织贷款总额的4%,项目涉及农业、林业、工业、水利、交通、城建、教育、卫生及环保等行业,覆盖全省所有市县。其中,有8个项目经国务院批准列入国家利用国际金融组织贷款备选项目规划,涉及贷款金额10.85亿美元(其中世行、亚行贷款项目各4个,涉及贷款金额分别为4.5亿美元和6.35亿美元),约占全国同期的8%。

【认真做好列入规划的新项目的前期准备工作】积极配合有关部门做好列入规划的新项目的前期论证和准备工作,推动项目尽快启动实施。配合世行、亚行项目考察团对全省正在进行项目前期准备工作的马鞍山慈湖河流域水环境治理、巢湖流域水环境综合治理、皖江示范区综合交通基础设施、淮南水系综合治理、淮南采煤塌陷区综合治理、黄山新农村建设示范和宣城承接东部产业转移基地基础设施示范等项目进行考察,涉及贷款规模达10.5亿美元。其中,安徽巢湖流域水环境综合治理项目由财政部国际司牵头,在北京亚行驻中国代表处进行了谈判,顺利草签了《贷款协定》、《项目协议》及《谈判备忘录》。

【积极争取新项目】向财政部国际司申请1亿美元世行贷款用于淮南市采煤塌陷区综合治理项目,该项目拟创新采煤塌陷区综合治理理念,把塌陷区的环境生态修复与开发利用相结合,做到采煤塌陷地的生态、环境、资源、人口的和谐发展。经积极争取,该项目已被列入国家利用世行贷款规划。

【做好项目日常管理工作】召开全省国际金融组织贷款项目工作座谈会,对省直和有关市项目办主任、项目主管人员等进行业务知识培训。省财政厅与安徽省交通运输厅顺利签订世行贷款安徽航道整治项目的《转贷协议》,将1亿美元世行贷款转贷给安徽省交通运输厅用于实施安徽航道整治项目。积极向财政部争取世行贷款教育项目债务减免,本省广播电视大学和短期职业大学、教师培训两个项目合计获得减免金额折合人民币约为800万元。加强国际金融组织贷款资金、财务、债务管理等基础工作,财政部当年给予本省世行、亚行贷款利差减免奖励115万美元,折合人民币约720万元。当年累计提取世行、亚行贷款资金1.25亿美元,归还财政部到期贷款本息6000万美元,从市、县回收贷款本息5100万美元,保证了项目建设需要,维护了本省信誉。积极派员参加第二届中美城市经济合作会议,本省合肥市有两个项目经过洽谈,与美方达成一致意见并在会上正式签约,为本省企业下一步与美方合作起到示范和引领作用。

【加大国际交流合作】加强与世行的合作交流,接待世行主管东亚与太平洋地区业务的副行长柯□玲女士一行,安排考察了世行贷款黄山新农村建设示范项目、生态家园富民工程项目、铜汤高速公路项目以及林业项目。积极做好第五届中非共享发展经验高级研讨会实地考察活动安排,来自布隆迪、埃塞俄比亚、几内亚比绍、马拉维、尼日利亚、马来西亚等国的政府高级官员、世行的高级代表,财政部、中国国际扶贫中心的代表,以及来自省内的省财政厅、省金融办、省商务厅、省扶贫办、省担保集团、省农村信用联社、徽商银行、马鞍山农商行的代表30多人参观考察了徽商银行和肥西农村商业银行以及舒城县南港镇三冲村。

【成功启动清洁发展委托贷款工作】举办清洁发展委托贷款培训班,邀请财政部中国清洁发展机制基金管理中心等相关专家进行授课,对全省各市财政部门、经信委相关工作人员及部分企业负责融资业务人员进行了培训。全年共申请清洁发展委托贷款项目9个,其中首批获得中国清洁发展机制基金管理中心批准贷款1.86亿元,分别用于合肥金太阳能源科技股份有限公司合肥金太阳示范工程(二期)10.13兆瓦用户侧并网光伏发电、蚌埠市宏发滤清器有限公司年产1500万只欧Ⅲ汽车滤清器生产线技改、安徽明威照明器材有限公司新型节能照明项目、安徽京奥制冷设备有限公司年产10000套地水源热泵机组生产项目。

【认真开展结对共建工作】与舒城县城关镇马河口办事处幸福村和桃溪镇红光村确定结对共建关系。通过召开三方联席会议、召开“庆祝建党91周年座谈会”、开展走访慰问部分困难党员和贫困户、送图书下乡活动等,加强了结对共建工作。

【扎实开展“制度绩效创新年”活动】结合工作实际,制定实施方案,实行处室主要领导总负责,围绕目标,分解工作任务,并进行宣传发动,引导干部积极主动地投入到“绩效创新年”活动中去。严格督查制度,把“制度绩效创新年”活动列入当年全处工作人员年度考核当中,作为个人评先评优的重要依据,认真加强督促和指导。

(厅国际债务处供稿　余禹执笔)

农村财政管理工作概述

2012年,农村财政管理工作以县乡财政一体化管理为重点,突出加强财政“两基”建设,切实强化乡镇财政管理,全面落实强农惠农富农补贴政策,扎实开展“制度绩效创新年”等活动,着力提升农村财政管理工作绩效。

【深入开展规范化创建活动】一是开展创建规范化乡镇财政所(分局)。组织7个考评组深入县乡,听汇报、查资料、访群众,严格考评程序和标准,评比表彰了152个“2011年度创建规范化乡镇财政所(分局)省级先进单位”,立足乡镇财政组织机构、队伍建设、业务工作、基础设施和内部管理“五规范”,继续抓好规范化乡镇财政所三年创建活动,努力实现创建目标。二是开展创建乡镇财政规范化管理示范县。经县(市、区)申报和各市推荐,选定工作基础较好的27个县(市、区),重点围绕完善乡镇财政管理职能、健全乡镇财政管理体制、深入持久开展创建规范化乡镇财政所(分局)、全面建立乡镇财政资金监管工作机制等方面积极创新、谋求突破,进一步扩大示范带动效应。

【完成乡镇财政所基础设施建设任务】当年是全省乡镇财政所基础设施建设的最后一年,省财政厅及时拨付建设补助资金,各地投入配套资金4.44亿元,确保资金落实到位。加大督查力度,要求各地严把功能设置、工程质量、资金使用关,保证工程建设质量和进度。截至当年底,全省1210个乡镇财政所办公用房完工或交付使用,72个因乡镇政府搬迁、规划选址调整等原因处在加快建设当中,全省乡镇财政办公条件明显改善、办公设施基本齐备,整体面貌焕然一新。

【强化乡镇财政资金监管】一是完善资金监管制度。认真贯彻《财政部关于印发乡镇财政资金监管工作办法和流程的通知》,在加强乡镇财政资金信息通达、公开公示、抽查巡查等关键环节建章立制,制定了资金监管抽查巡查工作制度、台账制度,以及加强美好乡村资金监管等制度文件。二是搭建资金监管平台。省财政厅组织开发乡镇财政资金监管软件,先行在岳西县试点运行,并组织召开全省乡镇财政资金监管工作现场会,交流工作经验,组织软件培训和实地观摩学习,在27个创建示范县推广应用,全年纳入监管资金约38.8亿元。三是开展资金监管检查。高度重视财政部组织开展的乡镇财政资金监管工作检查,及时部署自查自纠、补缺补差。5月10日,财政部乡镇财政资金监管工作检查组对安徽省省本级、3个县财政局及所属6个乡镇财政所进行检查,对安徽工作给予充分肯定。根据全国检查结果,安徽评分位次和奖励金额均居全国前列。

【推动乡镇财政机构队伍建设】一是推动设立财政分局。支持各地在人口或收入达到一定规模的乡镇设立乡镇财政分局,尽力解决乡镇财政人员的政治和身份待遇。截至2012年底,全省乡镇财政分局共262个,其中:2012年新设立的乡镇财政分局71个,另有60多个乡镇财政所长按副科级配备。二是激发干部工作热情。支持各地财政部门充实调整乡镇财政干部,加大人员交流力度,增强干部队伍工作活力,不断提高干部队伍的业务素质和工作技能。2012年全省乡镇财政干部交流437人次、新招录191人,开展乡镇财政各类业务培训646班次、16558人次,其中:计算机证书培训127班次、3319人次。三是贯彻上级文件精神。贯彻落实财政部、中编办、国家公务员局有关文件精神,多次与省编办、省公务员局会商,研究制定《关于加强乡镇财政队伍建设的意见》,进一步明确乡镇财政工作任务、加强机构建设、规范人员管理、理顺管理体制、推进系统共建等,推动乡镇财政队伍建设。

【落实“一卡通”惠农补贴政策】一是强化基础信息管理,健全网络管理平台。进一步提高网络化应用水平,将“一卡通”单机版升级为网络版,在全省开展农户基础信息登记采集工作。各地采取县财政干部包乡、乡财政干部包村包组工作责任制,逐一登记每户农户16个方面的基本信息,共采集852.5万农户、1.45亿条信息,通过招标配发170台应用、数据服务器,完成软件测试、信息录入等工作,实现了网络互联互通和信息安全。二是加强监督检查,提高政策执行效能。按照财政部要求,省财政厅经建处和农村局抽派6名处级干部,与12名会计师事务所人员,组成六个省级检查组分别对全省31个县(市、区)进行粮食“两项补贴”重点检查,利用监督服务电话,认真听取农民群众政策咨询,及时调查处理来信来访。三是开展走访评议，倾听农民群众心声。在全省组织开展惠农补贴“一卡通”走访评议活动,各级农村财政管理干部和乡镇财政所全体人员,深入群众、面向社会大众，通过自查自评、公开评议、座谈走访、问卷调查等形式,全面评议惠农政策落实和“一卡通”发放服务工作。累计走访农民群众、乡村干部、社会各界代表和新闻媒体5.8万人,召开座谈会3692次,走访17.4万户农户,填写问卷调查表26.3万份；收集意见建议7419条，已整改3415条,完善制度536条,赢得了农民群众和社会各界好评。全省全年累计通过“一卡通”打卡发放27大类85小项财政补贴农民资金195.5亿元,比上年增加35.7亿元、增长22.3%,农村居民人均增收515元、户均受益1359元。

【开展城乡基层党组织结对共建】按照厅党组《关于深入开展城乡基层党组织结对共建工作的通知》要求,省财政厅农村局党支部高度重视与凤阳县枣巷镇花园湖村党支部结对共建,及时确定联络员,党员干部先后四次深入结对村开展共建工作。一是实地走访调研，商定共建方案。在花园湖村召开枣巷镇负责同志、村党支部、村委会成员参加的座谈会,摸清班子建设情况,详细了解村集体经济、水利设施、渔民生产生活等情况,宣传省财政厅开展结对共建工作的意义,讨论支部自身建设和结对共建的初步想法，共同商定结对共建方案。二是开展帮扶活动,保证共建效果。赴花园湖村调研走访,体察群众生产生活状况,倾听渔民诉求和期盼,指导共建工作。省农村局先后组织村党支部、村水产养殖合作社、水产养殖大户代表等到宿松县考察学习水产养殖,达成种苗供应、技术合作意向;特邀省农科院水产养殖方面的专家考察指导村渔业发展,帮助花园湖村提高水产养殖效益;“七一”走访全村共13户“五保户”及生活困难党员,逐一送去由支部全体党员捐助的慰问金;按照渔民意愿,为该村兴建科技文化服务中心,使广大渔户有了集体活动场所。

【以制度绩效创新加强效能建设】一是完善业务制度。全面梳理农村财政管理制度,制定完善9项业务管理制度,覆盖“一卡通”管理和发放、乡镇财政资金监管、乡镇财政廉政建设、业务联系指导等各个方面。二是加强内部管理。落实效能建设各项规定,建立和完善处室业务分工、目标责任制、重点工作督办等制度,办理财政补贴农民资金政策咨询、来信来访15件,做到了件件有回音、事事都落实。巩固规范权力运行工作成果,进一步梳理权力事项,围绕重点岗位和关键环节,找准廉政风险点,细化防控措施,强化制度约束。三是拓展效能载体。年度重点工作与深入推进创先争优、文明创建、“结对共建”、“大走访”、保持党的纯洁性教育等活动紧密结合、相互促进,深入基层一线,开展调查研究,承担财政部预算司《乡镇财政管理问题研究》获得高度评价,完成省财政厅《乡镇财政资金监管问题探讨》课题任务。四是加强工作宣传。《中国财经报》2次、财政部综改办专刊1期、《安徽财会》“乡镇财政专栏”连续9期广泛宣传乡镇财政管理、推进县乡财政一体化管理的好做法、好经验,宣传强农惠农政策和民生工程政策,把农村财政政策动态传递到基层一线。

（厅农村局供稿　姚瑶执笔）

会计管理工作概述

2012年,厅会计处以“制度绩效创新年”活动为抓手,紧密结合会计管理工作实际,转变作风,真抓实干，各项工作目标全面完成，荣获财政部会计司“会计文化”征文活动组织奖和《中国财经报社》新闻宣传工作先进单位荣誉称号。

【加强宣传培训，推动会计准则制度贯彻实施】一是扎实做好企业会计准则和内控规范体系执行情况分析。联合省国资委发文部署企业2011年年报监管工作,重点选择全省35家非上市大中型企业进行准则体系和内控体系执行情况分析。二是认真开展《小企业会计准则》宣传贯彻培训。及时成立《小企业会计准则》实施工作组,举办全省财政系统师资培训班,开展“《小企业会计准则》宣传月”活动。三是探索实施企业会计准则通用分类标准(XBRL)试点。组织动员徽商集团、江淮汽车集团2家企业参加实施,着力培养既懂财务信息又懂XBRL的技术团队。四是及时跟踪《医院会计制度》执行情况。分别邀请省属、市属以及县属共9家医院财务负责人参加,围绕《医院会计制度》执行情况和执行过程中存在的问题进行深入探讨。五是积极配合省“营改增”试点工作。及时组织报送政策材料，转发财政部关于营业税改征增值税试点有关企业会计处理规定。

【创新培养方式，加强高级会计人才队伍建设】一是圆满完成2012年度高级会计人员继续教育培训,全省各类企事业单位拟申报和已取得高级会计师任职资格的近500人参加了培训班。二是启动会计领军后备人才培训项目。通过招标采购，确定安徽工业大学和安徽财经大学为会计领军后备人才培训合作单位。举办全省会计领军后备人才企业类和行政事业类(含注册会计师类)培训班,培训人员共计120余人次。三是积极探索全省正高级会计师评审。协助财政部和部分省市开展“建立正高级会计师资格制度”有关课题研究,起草了《安徽省正高级会计师评审标准条件(草稿)》。

【规范中介机构管理,促进行业健康发展】一是出台《安徽省会计师事务所等级评定暂行办法》,通过标准指标设定将本省会计师事务所划分为一类、二类和小型会计师事务所,并对二类以上会计师事务所进行综合实力排名,加快形成本省大中小型会计师事务所协调发展合理布局。二是加强全省代理记账机构管理。首次开展了全省代理记账机构年度报备工作,全省共完成代理记账机构基本信息报备381户，通过代理记账机构年度报备工作摸清我省代理记账机构现有状况。三是优化会计师事务所管理方式,高质量完成全省2012年会计师事务所基本信息报备。全省除已注销的5家事务所和已撤回的1家事务所外,其余238家均按要求报备,报备率达97.5%。

【完善工作流程,推进会计信息化建设】一是稳步推进会计从业资格无纸化考试。制定下发《安徽省会计从业资格无纸化考试工作规程》等有关制度文件，以制度管人管事。全年全省会计从业资格无纸化考试报名考生总计15.7万人，出考率74%,达到合格分数线人数4.2人,合格率36%。二是逐步推进会计人员网络继续教育。通过公开招标、合作网站、签订协议等形式,引入优质网络教育资源,满足会计人员多元化学习需求。三是协助完成财政部重点课题调研。与其他兄弟省份合作，承接财政部会计司重点课题“会计信息化工作规范研究”。针对《会计信息化工作规范(讨论稿)》提出13条修改意见，获会计司及课题组高度重视,并特邀安徽省代表到会座谈。四是扎实做好会计专业技术资格考试工作。与省人社厅专技处协作,成立4个督查工作组,分赴9市进行巡考记录,强化督查巡视指导。抽调省内财经学院师生110余人组建评审团队，高标准完成试卷评判、质检工作。当年,全省报名考生8.3万名,其中:初级6.3万人、中级2万人、高级923人;初级综合出考率63%，中级综合出考率37%，高级出考率67%。会计领军人才考试报名人数为98人,出考62人,出考率63.27%。

【制度绩效创新,增强会计综合服务能力】一是努力夯实会计管理业务基础。从会计人员网络继续教育推进、会计师事务所分级管理、领军人才培养、会计从业资格考试管理及会计宣传工作等5个方面入手,制定规范性管理制度8件,并及时下发各级财政会计管理机构。二是妥善完成网上咨询回复。充分利用省财政厅门户网站、政务公开平台等及时发布会计准则、制度和考试考务相关政策要求,网上回复咨询3000余件。热情接待广大社会人员来访,规范办理各类人民来信。三是积极开展对外宣传。在财政部《会计管理动态》、《中国财经报》、《中国会计报》、《安徽日报》、安徽财政信息网等省级以上报刊媒体发表各类信息13篇。积极利用省厅门户网站及时公布最新相关信息，为广大会计人员提供第一手政策资料。

(厅会计处供稿　牛劲执笔)

行政事业国有资产管理与国有资本经营预算工作概述

2012年,厅行政事业国有资产管理处紧紧围绕财政中心工作,积极履行职能,稳步推进行政事业资产管理和国有资本经营预算管理工作。

【着力巩固资产清理成果】认真总结上年省级行政事业单位资产清理成果，形成专项工作报告上报省政府。根据省领导批示精神,代省政府草拟《关于进一步规范和加强省级行政事业单位资产管理工作的意见》，经省政府第108次常务会审议原则通过，并以省政府办公厅名义印发。根据省政府214号令，参照财政部做法,研究起草《省级行政事业单位资产使用管理暂行办法》和《省级行政单位通用办公设备家具购置费预算标准》,配合行政处、综合处研究制定了省直行政单位财务管理办法和分类推进事业单位改革中加强资产管理的相关办法，推进资产管理制度体系建设。

【着力规范资产管理程序】紧紧抓住资产配置、处置、收入管理等重点环节,进一步加强对资产的全过程监管。一是加强资产配置预算编审。结合2013年部门预算编制,对省直单位预算项目支出中涉及四项资产购置的,结合单位资产存量及配置标准等,认真进行审核,及时提出审核意见反馈预算处,为预算资金的安排提供参考依据。二是加强资产使用和处置监管。认真做好省直单位资产处置、事业单位对外投资等事项的审批,督促单位及时报备资产处置结果,跟踪监督处置行为。全年共办理下达资产处置和对外投资批复文件54份,涉及资产账面原值2.9亿元。三是加强资产收入管理。严格"收支两条线"管理要求,督促单位及时足额上缴资产收益。全年共收缴省直单位资产处置收入、出租出借收入等资产性收益约3.8亿元。加大资产收益使用监管力度,严格纳入财政专户管理的资产收益资金支出用途。

【着力夯实资产管理基础】一是完善资产统计报表年报制度。积极做好省直单位固定资产卡片数据和报表的收集、审核、汇总,指导各地做好资产统计报表的报送工作。按照财政部要求,按时完成2011年全省行政事业单位资产数据的收集及汇总上报工作。二是开展事业单位公务用车清查。按照财政部要求,顺利完成对全省各级事业单位公务用车的清查工作,并及时将清查汇总结果上报财政部。三是强化资产与财务管理相结合。认真做好省直单位资产情况及资产收益情况等决算报表的审核工作,逐一核实单位资产增减变动数、资产年末数,对于数据不相符的单位,督促单位及时修改完善,确保资产统计数据和决算报表的一致性和准确性。

【着力加强国资预算管理】一是严格省级国有资本经营预算执行管理。经省人大批准,及时将2012年省级国资预算批复预算单位,明确收入和支出目标,强化收支预算约束。认真审核省属企业申报的国有资本收益,督促预算单位按要求及时足额收缴所监管企业的国有资本收益,全年共收缴27户省属企业国有资本收益6.21亿元,超预算收入0.89亿元,安排支出6.16亿元,用于支持27户企业35个项目建设,有力地支持了企业改革与发展。二是认真编报省级国有资本经营预算草案。不断完善预算编报程序,及时下发2013年省级国资预算编报通知,明确编制程序和要求。经测算,2013年省级国有资本经营预算收入为4.83亿元,预算支出为4.89元。三是及时启动全省国资预算汇总编制和季报统计工作。积极推动市级国资预算汇总编制和季报统计,专门召开业务培训会,部署全省国资预算首次汇总编制工作,规范市级国资预算编制程序和方法,为全面准确反映全省国资预算数据打好基础。

【着力强化干部队伍建设】一是注重宣传培训。通过《安徽日报》、《安徽财会》等报纸杂志宣传相关法规政策,开辟专题网页,及时发布工作动态,主动到省直有关单位讲解资产管理政策,先后举办市县财政部门和省直部门两期资产管理业务培训班,提高资产管理人员业务水平,争取各方的重视、理解和支持。二是注重工作调研。积极会同省行管局、省资产管理中心等单位赴外省考察学习,深入部分市县开展专题调研,相互交流经验,形成专题调研报告,提出进一步完善资产管理工作的政策建议。三是注重效能建设。扎实推进制度绩效创新年和结对共建活动,研究制定具体实施方案,细化活动内容,先后六次深入结对村,多方筹措资金改善结对村小学办学条件,支持建设2.5公里水泥路。扎实开展主题教育实际活动,强化政策执行力度,加强廉政自律教育,规范权力运行,切实改进工作作风。

(厅资产处供稿　谢勇执笔)

财政监督检查工作概述

2012年,厅监督检查局以"制度绩效创新年"活动为抓手,坚持围绕中心、服务大局,着力提升效能、改进作风,贯彻落实财政大监督理念,加强制度机制建设,加大监督检查力度,为完善财政管理、维护财经秩序、促进社会和谐发挥了积极作用。

【加强财政监督制度机制建设】建立健全预算监管机制,坚持立足内部、着力外部,坚持监督管理一体化、财政财务一体化,推动预算管理监督制度机制创新,研究制定《安徽省财政厅省级部门预算管理财政监督办法》,进一步明晰各处室单位在省级部门预算管理中的监督责任,具体规定相关业务处室单位的监督任务和考核标准,有力推动监督与管理的有机融合。建立健全内部监督机制,成立了内部监督检查工作领导小组,明确厅各相关处室单位的主要负责人为本处室单位监督工作的第一责任人,并设立财政监督联络员，为深入推进内部监督提供了坚强的组织保障。同时，将财政监督检查考评指标纳入年度效能建设考核范围，建立了财政监督工作效能考核机制。

【推进财政监督法制工作】积极推进财政监督法制建设，深入学习宣传贯彻《财政部门监督办法》。协同省人大预工委开展立法调研，组织拟制《安徽省财政监督条例》；协同省政府法制办召开立项论证会，将《安徽省财政监督条例》列入省人大 2013 年实施类立法计划。

【扎实开展专项监督检查】坚持围绕省委省政府决策部署，围绕财政中心工作，重点开展与转变发展方式、落实民生政策有关方面的专项检查。开展农村公路危桥加固改造项目专项检查，历时 3 个月，深入全省 16 个市 89 个县(区)，对 1054 座桥梁的财务和工程资料全部进行了检查，现场察看检查桥梁 673 座，检查涉及资金 7.2 亿元，发现违规资金达 7566 万元；开展省直捐赠资金专项检查，组织省直 28 个接收捐赠的公益性单位开展自查工作，对省慈善协会、省红十字会、省红十字基金会、省青少年发展基金会和省儿童少年基金会 5 家单位实施重点检查，涉及捐赠资金 9 亿多元（约占省直接受公益性捐赠资金总量的 60%)；积极配合财政部开展财政支农政策培训补助资金专项检查。

【深入开展会计监督】以能源、粮食、保障房、医院、学校等行业和领域为重点，全省检查行政企事业单位共 616 户，发现违规金额达 34 亿元。省本级检查 30 户行政企事业单位，就检查发现的问题向厅有关处室下达关注函，向有关部门作了通报。同时，组织开展对 50 家会计师事务所执业质量检查，推动落实监督检查公示公告制度，加大公开曝光力度。

【重点推进省级部门预算管理财政监督】坚持管理监督一体化、财政财务一体化的财政管理思想，研究出台《安徽省财政厅省级部门预算管理财政监督办法》，进一步调整监督工作重心，强化预算监管关键环节，实行事前、事中、事后全过程监督，实现财政监督的重大转型。协调业务处室单位开展对归口部门和主管业务的监督检查，综合形成年度省级预算部门财政监督检查报告，促进部门预算管理不断规范完善。

【积极开展财政部门内部监督】坚持以规范财政内部管理、完善内控机制、防范财政风险为目标，组织开展对厅经建处、企业处、教科文、农业处和采购中心、信息中心、注协、百花宾馆等单位的内部监督检查，进一步规范财政权力运行，促进依法行政、依法理财，保证财政资金和财政干部的双安全。

【研究探索绩效监督试点】组织开展绩效监督专题调研和《预算绩效管理框架下财政绩效监督》课题理论研究。将省直 90 个预算单位编制绩效目标的 135 个专项，全部列入绩效监督试点范围，实行定人定岗定责分工。

【组织开展重点项目绩效评价】组织开展皖北三市四县现代产业园区发展专项资金绩效评价工作。通过听取介绍、查阅资料、复核座谈、现场走访、问卷调查等形式，深入 7 个工业园区的 17 家企业，从项目管理、资金管理、项目效益等方面对皖北三市四县产业园区专项资金开展了现场评价，涉及资金 28.4 亿元。

【加强和改进机关作风建设】按照厅党组关于效能建设、廉政风险防控的部署要求，紧密结合实际，加强学习教育，强化内部管理，开展工作调研，改进工作作风，重点抓好全局党员干部政治思想和能力素质的提高。

【切实做好结对共建工作】认真开展与宿松县二郎镇茯苓村党总支结对共建活动，完成茯苓村“组组通”工程、茯苓渠改造工程和茯苓村小学校舍改造工程，帮助农村解决实际困难，有力促进全局党员干部工作作风的进一步转变，群众意识、宗旨意识的进一步增强。

（厅监督局供稿　汪永飞执笔）

政府采购管理工作概述

2012 年，厅政府采购处进一步深化政府采购制度改革，强化政府采购预算管理，全面推进全省电子化政府采购系统建设，积极开展加入 GPA 谈判研究工作，加大政府采购监管力度，支持中小企业发展，深入开展结对共建、效能建设和“制度绩效创新年”活动，全省政府采购事业取得长足进步。

【拓展政府采购新领域，规模效益持续扩大】当年全省政府采购规模连续跨越 600 亿、700 亿两个台阶，达到 785.8 亿元，采购规模比 2011 年增加 230.2 亿元，增长 41.4%，其中省本级采购规模达

46.7亿元。一是工程类采购项目增长较快。按照财政部《关于做好2012年全国政府采购信息统计工作的通知》有关要求,自当年起,对于工程采购,凡是使用财政性资金采购的,其采购程序无论适用政府采购法,还是适用招标投标法的,均纳入信息统计范围。本省各地逐步将保障房建设、城市轨道交通等工程项目纳入政府采购统计范围。全年工程类项目增长214.6亿元,占采购总规模增长230.2亿元的93.2%。二是货物服务类项目纳入政府采购的范围越来越广,逐步向专用货物、外包服务等领域扩展。三是进一步细化政府采购预算,推动部门预算逐步细化到货物、工程和服务分类,并落实到具体采购项目。四是加强监管,严把政府采购资金支付关,在资金支付过程中强化采购合同审核。五是政府采购服务效率和水平不断提高,采购人政府采购意识进一步增强。

【加强政府采购预算管理,加快预算执行进度】坚持实行部门预算与政府采购预算同编制、同批复、同执行。加强对市县的业务指导,加大政府采购预算编制宣传力度,扩大政府采购预算编制范围。完成全省政府采购"十二五"规划的阶段性工作任务,基本实现市级政府采购预算编制全覆盖。坚持省级政府采购预算执行情况季度、半年度、年度通报制度、项目催办制度,积极落实会商制度,上门到省地税局、省质监局、省农委、省工商局、安徽大学、安徽医科大学、安徽师范学院、省教育装备中心等省直部门、单位和大专院校,帮助解决政府采购申报中的具体问题,督促省直各部门、各单位及早申报政府采购计划,合理均衡地安排预算适时执行进度,有效避免政府采购预算执行前松后紧的现象。

【认真抓好政府采购监管,维护公平竞争环境】一是依法处理政府采购投诉案件。省本级共受理投诉案件10起,下达处理决定书10起,会同厅监督检查局、税政条法处下达行政处罚决定书1起,未发生一起行政复议和行政诉讼案件。同时,指导全省政府采购监管机构完善投诉受理程序,规范处理决定书格式,维护正常的政府采购竞争秩序,保护政府采购市场各当事人的利益。二是及时严查各类信访案件。收到省纪委、省信访局和厅办公室转来的群众来信12封,根据来信内容,迅速开展调查,将调查结论及时反馈给各部门,对举报市县的案件,及时转交,并要求限时上报调查结果。三是加强政府采购信息公开。通过"安徽省政府采购网"及时发布有关政府采购法规制度、工作通知动态、采购项目公告信息、投诉及行政处罚决定、集中采购目录、代理机构名单等,让政府采购各参加方及时准确地了解本省政府采购信息,全省政府采购信息发布量逐年提升,当年全省共发布政府采购各类信息公告7600多条。

【把好政府采购当事人准入关,促进市场规范管理】一是规范政府采购代理机构资格审批。认真审查、按章办理,行政审批严格执行承诺制和限时制,全年审核认定或延续21批,共计38家企业为乙级政府采购代理机构,并依法颁发了资格证书。截至当年底,全省共有乙级政府采购代理机构112家。举办"全省政府采购代理机构法规与实务培训班",加强对政府采购代理机构的业务培训,并将是否参加培训作为延续政府采购代理资质的重要依据,全省甲、乙级资格代理机构共计140余人参加培训并经考试取得合格证书。二是规范政府采购评审专家管理。2012年新入库专家111人,在库专家达到1696人。针对评审程序不够完善、工作职责不够明晰、权利义务不对称等问题,印发《安徽省财政厅关于进一步规范政府采购评审工作有关问题的通知》,从依法组织评审、认真履行评审职责、严肃评审工作纪律、妥善处理特殊情形等四个方面对政府采购评审工作提出了更高的要求。同时,严把评审专家入库关,把专家所学专业和日常工作相结合、专业技术职称与执业资格相结合,注重日常评审能力和表现,对不符合评审要求的专家及时作退库处理,逐步解决个别品目和项目专家不专、态度不端正、敷衍了事等问题。三是规范市县政府采购管理工作。对市县政府采购工作进行调研,加强宣传力度,宣讲政策,协调市县各相关部门关系,指导和规范市县政府采购机构设置、电子化建设和政府采购信息统计等工作。

【发挥政府采购政策功能,促进中小企业发展】会同省经济和信息化委员会印发《转发财政部 工业和信息化部关于印发政府采购促进中小企业发展暂行办法的通知》,在重申执行财政部、工业和信息化部《暂行办法》规定的预留采购份额、价格扣除、鼓励联合体投标和分包等措施的基础上,扩大了政府采购扶持实施的主体范围,将扶持中小企业发展列入全省各市、县级财政部门及相关部门的工作计划,要求各部门要研究制定面向中小企业采购的具体方案并组织实施,确保本地区年度政府采购合同总额的

30%以上授予中小企业。进一步明确了扶持实施的范围,规定预算不满100万元的政府采购项目(暂不包括电梯、车辆、医疗设备采购项目),应优先采购中小企业的产品、工程或服务。同时,加强监督检查和指导服务,帮助中小企业克服困难,支持中小企业技术创新和结构调整,推动经济社会又好又快发展。

【推进政府采购信息化建设,面向全省稳步推广】一是"安徽省电子化政府采购管理应用系统一期项目"顺利通过验收。自2009年上线运行以来,经过三年多的实施应用,2012年7月,组织专家对系统进行了验收,并顺利通过。二是成功改版电子化政府采购门户网站。网站日均访问量突破1.7万次,全年通过省级电子化政府采购系统下达政府采购任务3188项,涉及政府采购预算金额32.9亿元;签订4953个政府采购合同,涉及政府采购合同金额25.2亿元;并为1349个政府采购项目,抽取政府采购参评专家计3983人次。三是积极开展第二批市县电子化系统建设工作。在上年确定的宿州等7市、金寨等3县首批电子化建设试点市县完成系统建设,并实现上线运行的基础上,印发《安徽省财政厅关于开展全省第二批电子化政府采购管理应用系统建设的通知》,新增亳州等6市、砀山等46县区作为第二批电子化系统建设单位。四是启动"全省电子化政府采购公共资源平台(二期)"建设。主要建设目标是通过全省范围内政府采购评审专家库、供应商库、商品库等公共资源库的建设,完成省、市、县(区)电子化政府采购执行平台的纵向对接和上下贯通,以及全省政府采购项目信息的汇集,实现全省政府采购供应商、评审专家、代理机构、商品信息等公共资源的共建、共用、共享,全面构建全省统一的电子化政府采购管理应用大平台。五是加强与兄弟省市的经验交流。河北、天津、甘肃、广西等多个兄弟省市对"安徽电子化政府采购系统"和政府采购工作进行了考察,通过双向交流和沟通,在推广本省做法的同时,也学习了外省好的建设经验。

【积极应对加入GPA谈判工作,准备梯度出价方案】一是按照年初计划,有序推进各项研究工作。共安排《安徽省本级政府主要不同门槛价以上的采购规模分析及加入GPA门槛价研究》、《安徽省工程采购规模以及加入GPA的影响分析》、《GPA成员方政府采购情况研究》、《安徽省初步出价清单预案研究》四个研究课题,着力开展研究。二是统筹部署安排,保障课题研究顺利实施。组织省内10多位GPA专家成立4个专题课题研究小组,对年初工作计划中确定的4个课题分别开展研究。将专家与部门的研究资源充分进行整合,协作开展研究。积极落实全国GPA谈判工作会议精神,及时传达财政部的相关要求和通报国内外最新的相关信息,对照本省研究的实际情况,调整研究思路,提高研究的针对性和工作效率。三是结合本省实际,提交出价意见报告。根据财政部对地方组研究工作的统一部署,结合本省实际,并归纳2008年以来本省加入GPA谈判应对研究成果,按时向财政部提交经省政府同意的出价意见报告,表明了安徽省2012年出价建议的基本立场,阐明了出价建议的原因。四是夯实基础研究,建立省级政府采购数据库。召开安徽省加入GPA政府采购信息收集工作动员会,由省直各一级预算单位和部分省属国有及国有控股企业采购部门主要负责人和相关工作人员280余人参加,重点部署安徽省加入GPA谈判有关政府采购信息收集工作,现场发放1400张软件光盘,调查面涵盖所有省直预算单位和部分省属国有及国有控股企业。

【深化"创先争优"活动,结对共建美好乡村】按照厅党组安排,政府采购处党支部和定远县永康镇凌湖村党总支开展结对共建活动。一是深入实地,科学谋划共建方案。政府采购处党支部赴定远县永康镇凌湖村,和村两委班子、部分党员、群众代表一起座谈,召开结对共建第一次联席会议,正式启动结对共建活动。双方制订了结对共建实施方案,签订了结对共建协议书,明确了双方共建的责任,建立了联络方式,确保两支部结对共建活动得以全面落实。二是创新形式,丰富完善共建内容。政府采购处党支部多次赴凌湖村,和凌湖村党总支召开五次联席会议,积极探索开展共建活动新途径,丰富完善共建内容。并安排了全年要着重做好的七项工作。三是把握重点,办好办实共建项目。推动凌湖村电灌站改造项目建设,并顺利完工。四是志愿服务,扶贫帮困共建和谐。共同组建志愿者服务队,帮助五户贫困户和空巢老人抢收小麦,在助老、助残、助困、助学等方面有针对性地开展服务活动,促进全村形成"人人为我,我为人人"的良好社会风尚。

【围绕"制度绩效创新年"活动,大力开展效能建设】结合"制度绩效创新年"活动,在效能建设中精心部署、创新形式、注重实效,坚持把效能建设作为一项常态工作常抓不懈，推动效能建设向纵深推进。一是积极开展“制度绩效创新年”活动。结合政府采购工作重点，在“重实效、促发展”上做文章、下功夫，切实加强能力建设，全面提高管理水平。及时制定“制度绩效创新年”活动实施方案，明确目标任务。密切联系工作实际，突出重点，增强执行意识，把“制度绩效创新年”活动与行风评议活动等有机结合起来，与政府采购工作实践有机结合起来，务求活动取得成效。二是严格遵守勤政廉政制度。认真落实厅党组关于反腐倡廉工作有关要求。政府采购处负责同志按照规定签订了《2012年党风廉政建设责任书》，并在处内各类会议上反复强调、严格要求全处同志要做到清正廉洁、执政为民，加强自律、注重自警。积极制定防控措施，规范政府采购审批程序。推动政府采购行业自律机制建设，完善采购代理机构内部控制制度，制定从业人员行为准则，规范从业人员行为。三是严格遵守厅文明办公“五要五不”。方便前来办事的其他单位人员，坚持良好作风、保持和谐环境、提供优质服务，把工作的硬性要求同提供人性化服务结合起来，把“五要五不”要求全面融入实践工作、落实到言行中、体现在对外服务成效上。四是加强政府采购宣传工作。积极开展《政府采购法》十周年宣传活动，印发了《安徽省财政厅关于做好〈政府采购法〉颁布和实施十周年宣传报道工作的通知》，制定了实施方案，邀请媒体深入全省各地采访报道政府采购战线先进人物事迹和典型案例。推行政务公开，利用安徽省政府采购网站为政府采购当事人和社会公众提供全面、详尽的政策信息、采购动态和业务培训信息，并确保信息发布内容真实、完整、及时、准确。

（厅政府采购处供稿）

农村综合改革工作概述

2012年，厅综改处坚持服从服务于全省“三农”工作大局，以“制度绩效创新年”为抓手，加强制度建设，提升工作效能，着力完善农村综合改革工作机制，创造性地开展工作，取得了较好的成效。

【扎实推进一事一议财政奖补工作】全年一事一议财政奖补资金完成投入24.2亿元，其中：中央财政预算安排12.4亿元，省级财政预算安排6.7亿元，省以下各级财政投入5.1亿元。村集体投入和社会捐赠资金3.4亿元，农民筹资6.8亿元，投入总额达34.4亿元。共实施财政奖补项目2.3万个，其中，修建村内小型水利设施项目0.7万个，村内道路2.3万千米，桥涵621座，村内环卫设施664处，村容美化亮化项目818个，村级公共活动场所27.6万平方米，其他类公共设施项目457个，有效改善农村的生产生活条件。一是及时安排部署全年工作。召开全省一事一议财政奖补工作视频会议，下发《关于做好2012年一事一议财政奖补工作的通知》，对当年工作进行安排部署。二是深入开展规范管理年活动。会同省农委研究制定《安徽省开展村级公益事业建设一事一议财政奖补工作“规范管理年”活动实施方案》，从村民议事、筹资筹劳、规划编制、资金与项目管理、项目管护、绩效考评等方面提出规范管理具体要求。及时办理群众上访及人民来信案件，督促颍上县调查处理黄坝乡黄坝村村干部挪用一事一议财政奖补资金等信访事件。三是加强制度建设。研究制定《关于进一步完善村内集体公益事业建设一事一议筹资筹劳工作的通知》、《安徽省开展村级公益事业建设一事一议财政奖补工作规范管理年活动实施方案的通知》等多项制度办法，促进政策落实。四是强化政策宣传。制定下发《关于切实加强一事一议财政奖补宣传工作的通知》，对全省一事一议财政奖补宣传工作提出具体要求。同时，通过安徽日报、安徽电视台、安徽广播电台及安徽财会等媒体平台，深入宣传一事一议财政奖补政策，让政策进村入户，家喻户晓。积极配合国务院综改办赴本省6个县进行了实地拍摄，制作一事一议专题片，加强对全省一事一议财政奖补工作的宣传，不断提高群众的知晓度和满意度。五是开展专项检查和绩效考评。配合财政部驻安徽省专员办开展一事一议财政奖补工作专项检查，深入宿州市□桥区、萧县，安庆市桐城市、潜山县，对部分项目资金逐笔进行检查，及时反馈问题，积极整改落实，进一步规范程序，加强项目资金管理。组织开展全省一事一议财政奖补工作检查，在县级自查，市级抽查基础上，省级进行了重点抽查，促进政策落实。结合民生工程年度考核，组织开展绩效考评试点，在每个市选择一个县(市、区)开展绩效考评工作。六是维护运行好信息监管系统。督促市、县明确专人，落实责任，确保信息监管系统正常运行。加强系统监管，督促各地切实做好一事一议财政奖补信息监管系统的数据录入和审核工作。针对部分县(区)进行的行政区划调整,及时对信息监管系统的相关信息进行了相应调整,确保信息监管系统有效运作。七是健全完善村级公益设施管护机制。认真落实《关于加强村级公益设施管护的意见》,督促各地明确管护主体、管护责任和管护资金来源,完善管护机制,各县(市、区)按照农业人口人均1-4元不等的标准安排一事一议财政奖补项目管护经费,确保一事一议财政奖补项目发挥长期效益。

【认真做好农村综合改革示范试点准备工作】一是开展调查研究。开展系列调查研究,分别赴浙江、江苏、湖北等省,学习借鉴农村土地流转、现代农业产业化、农村新社区建设等方面的经验做法。深入县、乡、村,广泛深入听取基层干部群众意见建议,了解农民群众和基层干部对农村改革发展的需求。召开部分市、县综改办负责同志座谈会,听取综改系统意见和建议。与省委政研室、省政府研究室、省农委、省政府金融办、省社科院等省直单位座谈,征求省直相关部门和有关专家学者的意见建议。二是强化组织领导。及时跟踪了解国务院综改办关于示范试点的主要精神和工作要求,认真谋划本省试点工作。省政府召开全省农村综合改革领导小组会议,认真学习贯彻中央关于开展农村综合改革示范试点工作精神,专题研究谈论全省示范试点工作初步方案,明确工作要求。及时调整完善省农村综合改革领导小组,加强对农村综合改革示范试点工作的领导,明确部门职责,分解工作任务,指导各试点县(区)做好试点工作。三是制定示范试点方案。制定《安徽省农村综合改革示范试点实施方案》,并报国务院农村综合改革工作小组批复。明确本省示范试点的主要内容为"三改革一建设",即改革农业生产经营制度、构建现代农业产业体系,改革农村公共服务建设运营机制、构建农村公共服务供给体系,改革农村金融服务机制、构建新型农村金融体系,大力建设美好乡村。确定围绕全省美好乡村建设的战略部署,选择20个县(区)开展试点。确定示范试点4个重点项目,即建立农村土地流转服务新机制、建立农村公共服务运行维护机制、建立新型农业社会化服务体系、建立新型农村金融服务体系等。同时,及时将中央财政和省财政安排的示范试点奖励资金分配到试点县(区),对试点县(区)给予资金支持,帮助各试点县(区)做好试点工作。四是安排落实示范试点奖励资金。中央财政安排本省农村综合改革示范试点奖励资金1.8亿元,省财政安排奖励资金0.2亿元,全省共安排2.0亿元农村综合改革示范试点奖励资金,帮助20个示范试点县(区)积极开展示范试点工作。五是做好启动示范试点各项准备工作。研究制定全省农村综合改革示范试点工作会议方案,代省政府草拟了关于开展农村综合改革示范试点工作的通知,组织协调有关部门起草推进重点改革的具体指导意见,研究分解工作任务,组织开展前期培训,为及时启动示范试点工作打下基础。

【协调推进相关配套改革】一是继续完善村级组织运转经费保障机制建设。投入村级组织运转经费10亿元,保障全省1.5万多个行政村正常运转,保障全省10万多名在职村干部报酬的正常发放,切实提高村级组织为民服务能力。二是稳妥开展清理化解乡村公益性债务工作。争取中央奖补资金6亿多元,制定《安徽省清理化解乡村垫交税费债务试点工作实施方案》,跟踪了解国务院综改办关于清理化解其他公益性乡村债务相关政策,积极探索清理化解乡村其他公益性债务,切实减轻乡村债务负担。三是认真落实国有农场税费改革和巢湖区域减轻农民负担综合改革政策措施。投入1.05亿元补助资金,积极落实国有农场税费改革政策,积极开展专项检查,推进国有农场分离办社会改革,切实减轻农工负担,改善农场公益设施,提高农工生产生活水平。投入1.25亿元补助资金,积极落实减轻巢湖区域农民负担综合改革政策,切实减轻巢湖区域农民负担。四是合力推进各项配套改革工作。充分发挥牵头协调作用,积极配合省委组织部、省林业厅、省农委等有关部门做好农村为民服务全程代理制、集体林权制度改革、农村土地经营权流转、农民承包土地确权登记颁证、农村集体土地确权登记发证、城乡一体化综合配套改革试点等配套改革工作。

【认真组织开展各项主题教育活动】一是积极开展"制度绩效创新年"活动。加强学习教育,研究制定《综改处制度绩效创新年活动实施方案》,加强农村综合改革各项制度建设,全年共制定10余项制度办法,做到按制度办事。及时分解落实绩效目标,开展一事一议财政奖补工作绩效评价、国有农场税费改革工作绩效评价和农村综合改革示范试点工作绩效评价等,全面提升农村综合改革工作绩效。二是开展城乡结对共建活动。与蒙城县范集工业园区韩寨村开展结对共建活动,按照“五个一”要求,制定活动实施方案,签订结对共建协议书,建立联系人制度,组织全处党员干部分期分批深入韩寨村,了解村里经济社会情况,走访慰问困难党员和群众,志愿帮扶困难家庭学生,支持帮扶资金36万元,帮助村里修建了道路和池塘污染治理等两个项目,解决了群众最关心、最迫切的实际困难和问题,受到当地干部群众欢迎。三是开展廉政风险防控工作。结合工作实际,制定《农村综合改革处廉政风险防控管理工作实施方案》,明确处室和处室干部防控任务和管理重点。进一步修订和完善处室规范权力运行工作规则、流程情况表和流程图,深入细致查找廉政风险点15处,明确处室和个人廉政风险等级均为二级,及时对廉政风险点及相应风险等级进行标绘,制定防控流程图5个,标注风险点11个,形成了覆盖全处各工作岗位的廉政风险防控管理体系,努力保持党员干部清正廉洁。四是开展“保持党的纯洁性,迎接党的十八大”主题教育实践活动。积极研究部署主题教育实践活动,研究制定具体活动方案,召开支部学习讨论会、民主生活会,认真学习党章和党风廉政建设有关规定,增强党员意识和宗旨观念。五是认真学习贯彻党的十八大精神。制定学习方案和分阶段学习计划,分五个阶段、三个专题组织全处干部集体学习和自学,深入研究十八大报告关于“三农”工作的部署要求,联系农村综合改革工作实际,开展专题学习讨论。

【切实加强效能建设】一是在学习中加强能力建设。深入学习贯彻省委、省政府和厅党组有关效能建设的要求,处室负责人带头学习,及时传达厅党组中心组学习会议精神和要求。加强理论和业务学习,将效能建设与处室业务学习和支部学习相结合,全年处室集中学习集中学习20多次,支部学习近20次。二是在制度建设中明确效能工作职责。结合工作实际,修改完善《农村综合改革处效能建设实施办法》,进一步明确全处人员在效能建设工作中的职责和任务等,增强效能意识。三是在业务工作中提升效能建设水平。积极将效能建设与各项主题活动相结合,共同推进。努力将效能建设与财政和综改重点工作相结合,认真落实效能建设“八项制度”和厅办公“五要五不”要求。

(厅综改处供稿)

民生工程实施工作概述

2012年,在省委、省政府的坚强领导下,全省各级各部门认真贯彻落实中央关于保障和改善民生的决策部署,主动作为、开拓创新、扎实苦干、狠抓落实,33项民生工程目标任务全面完成,居民收入倍增规划有序推进,取得明显成效。

【及早部署落实】年初,省政府出台《关于2012年实施33项民生工程的通知》,召开全省民生工程暨收入倍增实施工作会议,与各市政府签订目标责任书。各市县党委、政府把民生工程实施工作作为一项重大任务,列入重要议事日程,坚持主要负责同志亲自抓、负总责。完善收入倍增省直、市县联络员制度,在横向、纵向两个层面强化工作联动机制,增强规划实施的整体合力。

【强化资金保障】省财政厅出台《关于2012年民生工程资金筹措有关问题的通知》,全省33项民生工程计划投入资金540亿元,全年实际拨付资金565.2亿元,较上年增长97.2亿元,增长20.8%,其中拨付中央和省级资金464.1亿元,占总投入的82.1%。省财政坚持把保障和改善民生作为财政工作的出发点和落脚点,在财政收支压力增大的情况下,将更多财力向民生倾斜,全省民生支出3161亿元,占财政支出80%,新增支出的84.5%用于民生。省级新增省对下均衡性转移支付30亿元,加强县级基本财力保障机制建设,有效减轻了市县配套压力。各级财政部门打足预算,优先安排拨付民生工程资金,确保配套足额落实,确保资金充分发挥效益。

【创新工作举措】制定《民生工程月报告季调度年评价制度》、《民生工程会商督促通报制度》,修订完善民生工程资金和进度报表系统,建立了工作一线联系制度和分工联系市县制度。开展民生工程“访代表委员、答建议提案、汇民智民声”活动,会同有关部门召开农村五保供养机构建后管养现场会,6月起按月通报各地民生工程实施进度,有力有序推动民生工程实施。从9月份开始,历时3个月时间,面向社会征集民生工程形象化标识,邀请省人大代表、省政协委员、专家教授、业内人士等对270件作品进行评审。10月份,开展“民生工程、民主决策、民主管理、民主监督”2013年民生工程项目公开征集活动，累计参与人数达58238人，收集意见4801条。

【加强协调推进】省财政厅认真履行牵头职责，完善民生工程省直、市县联络员制度。迅速贯彻李斌省长有关民生工程社情民意调查分析的批示精神，印发《关于进一步改进完善工作，提高民生工程群众满意度的通知》。省民生办印发了《2012年33项民生工程实施办法的通知》等配套文件，印发各地贯彻执行。多次召开居民收入倍增规划座谈会、研讨会，民生工程和收入倍增省直联络员会议和工作调度会等。出台《2012年安徽省居民收入倍增规划实施监测评估办法》，细化分解收入倍增的21项指标，完善收入倍增监测评估、统计报告、数据报送等制度，实行半年监测、全年评估。

【完善建后管养】制定出台《关于进一步加强民生工程建后管养工作的通知》，协调省直有关部门出台了农村公路危桥改造、乡镇公办幼儿园、农村公共文化信息化建设建后管养指导性意见，已出台的建后管养意见项目数达到23个；督促各市、县(市、区)将工程类项目建后管养作为2012年民生工程工作的重要内容，健全管养制度，落实管养责任，加大管养力度，全省各市、县(区)累计安排民生工程管养经费7.24亿元。

【强化政策扶持】紧紧围绕促进居民增收的重点领域，积极参与配合相关部门出台政策措施，发挥收入倍增政策的支撑效应。在促进就业方面，省财政厅、省人社厅出台《就业专项资金使用管理暂行办法》、《关于进一步加强就业援助工作的意见》等；在扶持创业方面，省财政厅出台《关于进一步做好财政支持小额担保贷款工作的通知》，省人社厅出台《创业培训管理办法》等；在民生普惠方面，继续实施33项民生工程，省教育厅、省卫生厅、省民政厅等部门出台一系列相关政策措施；在财富增值方面，省财政厅、省经信委、省金融办等围绕信贷、担保、融资等方面出台了具体办法。省民生办对近百条政策措施进行梳理，编印了《收入倍增政策汇编》。

【深入调研督查】根据省委、省政府要求，开展“贯彻落实党的十八大精神，加快全省科学发展步伐”民生工程专题调研，全年完成民生工程和收入倍增调研报告3篇，报送9份情况专报，分别受到省委书记张宝顺，财政部副部长王军，省人大常委会副主任臧世凯、郭万清的批示肯定。开展全省民生工程和收入倍增规划实施情况调研督查，结合年度财政工作，省财政厅全体厅领导深入16个市进行全面督查。提请省人大常委会副主任郭万清、陈先森，省政协副主席王鹤龄、赵韩率队，对部分市县民生工程项目进展、政策落实和收入倍增工作开展情况进行了视察；提请省委办公厅、省政府办公厅组织开展了民生工程专项督查活动。

【深化政策宣传】出台《2012年全省民生工程和收入倍增宣传方案》，部署全年宣传工作。省政府两次召开新闻发布会，就“民生工程、民主决策、民主管理、民主监督”安徽省2013年民生工程项目进行公开征集，并公布2013年民生工程项目安排。加强政策宣传，在《中国财经报》刊登系列报道，在《安徽日报》、安徽电视台、安徽人民广播电台累计发稿29次，启动《民生财政》节目，在省政府民生工程网站、财政厅民生专栏网页更新信息300多条，编发民生工程简报24期、收入倍增简报21期。

【完成目标任务】全年33项民生工程和居民收入倍增规划组织实施工作进展有序，各项目标任务均圆满完成。民生工程配套资金基本落实到位，发放或补助到人项目资金已发放完毕，工程类项目主体建设基本完工，公共服务向农村延伸的局面加速形成，惠及全省6000多万人民群众，人均受益900多元。全省城镇居民人均可支配收入21024元、同比增长13%，农民人均纯收入7160元、同比增长14.9%，超额完成省人代会确定的城镇居民人均可支配收入(增长12.5%)和农民人均纯收入(增长13%)年度目标，城乡收入差距逐步缩小。

(厅民生办供稿　谢峰执笔)

财政人事教育管理工作概述

2012年，财政人事教育管理工作坚持紧紧围绕财政中心，坚持党管干部原则，牢牢把握加强执政能力、先进性和纯洁性建设主线，以制度绩效创新年为抓手，做好干部队伍建设、机构编制管理、干部教育培训，不断提升人事教育工作服务水平，为促进全省财政事业发展提供了坚实的组织基础。

【深入学习贯彻党的十八大精神】贯彻落实《中

共安徽省财政厅党组关于深入学习宣传贯彻党的十八大精神的通知》要求,结合人事教育工作实际,制订《人教处支部深入学习宣传贯彻十八大精神实施方案》,对深入学习贯彻党的十八大精神做了具体安排。

【推进制度绩效建设】制订制度绩效创新年活动方案,努力推进观念创新、制度创新、管理创新、文化创新和服务创新,推动创先争优活动开展,优化教育培训管理,进一步规范机构干部管理,促进推进人教部门自身建设。强化教育培训制度建设,印发《安徽省关于进一步加强财政基层培训工作的指导意见》、《2012年省财政厅干部网络培训计划》、《关于开展干部网络培训学习交流活动的通知》等一系列制度办法,不断提升干部教育培训工作规范化管理水平。

【积极实施主题活动】制订加强党风廉政建设工作计划,认真开展党风廉政建设活动,不断提高党性修养、公仆意识、法律意识,加深对科学发展观的理解和认识,建立行为规范、运转协调、公正透明、廉洁高效的管理服务体系。制订精神文明创建方案,认真开展精神文明创建活动,扎实推进公民道德建设,努力践行雷锋精神,不断提升人教工作精神风貌。制订城乡党组织结对共建方案,认真开展结对共建设活动,进一步密切党群干群关系,增强党员凝聚力和战斗力。

【努力创新工作举措】先后组织召开全厅青年干部座谈会和军转干部座谈会,与会同志畅谈心得体会,积极建言献策;整理编印《挥洒青春 奉献财政》材料汇编,积极宣传加强青年工作务实举措,树立财政部门良好形象。针对省财政厅干部队伍实际,通过问卷调查、重点访谈等形式,认真开展新录用年轻干部思想工作状况调研,形成《省财政厅加强年轻干部工作研究》报告,发挥了人事教育部门参谋作用。为积极应对复杂的经济形势,举办全省市县财政局长专题培训讲座,明确财政部门工作形势和任务,促进财政领导干部业务管理水平的提升。

【切实提升干部管理效能】一是圆满完成各项考核工作。组织完成442名处级以下干部职工2011年度考核和备案工作;配合省委组织部、省纪委完成11名省管干部2011年度考核和党风廉政建设考核;配合完成2名副厅级干部选拔任用工作;组织完成4名双向交流干部、3名皖北帮扶干部挂职期满考核,1名处级干部任职转正考核。结合年度考核,建立了全厅处级党员干部2011年度报告个人事项档案;及时报送2011年度省管干部集中报告个人事项材料。二是及时完成干部调配工作。在厅党组的领导下,积极做好处室单位领导班子配备工作,办理了教科文处、会计处、支付中心、注协、资产中心等5家单位主要负责人的选拔任用手续。精心组织,周密安排,圆满完成了6个副处级领导职位的竞争上岗工作。加强年轻干部培养,及时完成了35位科级干部的职务晋升手续。办理了11名同志的退休手续和4名同志的调出手续。三是积极做好选派挂职工作。结合选派挂职工作有关精神和要求,积极加大干部培养力度。根据干部经历、资格和条件,选派第三批双向交流挂职干部3名,选派第二批支持皖北挂职干部3名,推荐丁俊同志做为第五批选派干部继续支持小岗村发展,选派3名干部分别到蒙城、金寨、省政务中心挂职;此外,还接收5名市财政局干部到厅挂职。省财政厅被评为2011年全省选派工作先进集体。四是认真做好干部监管工作。结合年度考核,会同有关处室(局)开展处级领导干部2011年度述职述廉工作,并开设内网专栏进行公示。五是及时完成参公定级工作。主动对接评审中心、采购中心,仔细审核参照公务员法管理过渡人员档案,认真对照公务员法和干部任用条例,逐一审核每位过渡人员资历条件,科学合理地拟订了参公定级意见,及时为18名同志办理了任职定级手续,维护了干部队伍的稳定。

【严格规范机构编制管理】一是切实加强沟通协调,跟踪省人社厅事业单位参公审批工作最新进展,努力为厅属事业单位争取最大利益。二是完成社保中心等三家单位公务员职位申报手续,经积极争取,省人社厅核定采购中心、评审中心增加副调研员职数3名。三是认真组织开展全厅机构编制核查工作,整理报送了厅机关及9家厅属单位的机构编制核查材料。四是组织完成11家厅属单位法人年检工作。五是认真梳理军转安置干部情况,申报增加军转编制1名,副调研员职数1名。

【扎实做好教育培训工作】一是强化组织领导。编制下达《2012年省财政厅干部教育工作计划》,部署了2012年全省财政系统干部教育培训工作;牵头研究制定市县(区)财政局长及厅机关处级干部、青年干部、乡镇财政所长、财政支农政策培训方案;组织完成对2009至2011年全省农村财会人员财政支农政策培训经费管理和使用情况专项检查。开展2012年全省农村财会人员财政支农政策培训互评活动,促进工作整体提高。二是注重指导督促。组织召开全省财政系统基层培训座谈会，进一步理清干部教育培训工作思路，努力增强做好干部教育培训工作的责任意识和大局观念。开展财政基层培训工作调研督查活动,帮助总结经验和做法,解决困难和问题。三是推进网络培训。精心部署2012年干部网络培训工作,积极创新干部网络培训,开展干部网络培训学习交流活动;坚持干部网络学习通报制度,加强指导督促，按季度及时通报干部网络学习情况。2012年全厅干部网络学习考核通过率100%,取得了学时、学分排名省直部门第5名的优异成绩。四是加强调研与宣传。圆满完成财政部《农村财会人员和基层财政干部培训的影响因素分析与对策研究》、《创新财政干部岗位培训问题研究》课题研究任务,获得财政部专家一致好评;完成财政部指定教材《基层财政干部廉政道德教育》读本的多媒体课件开发项目立项。积极宣传培训成果,在财政部中华函校网站刊登培训工作经验交流材料3篇；中国会计报对本省基层培训工作进行了专题报道。

【认真做好文明建设工作】一是认真梳理2009—2011年度考核情况，完成72名同志的公务员奖励申报表彰工作,其中嘉奖56人,记三等功16人。二是联合省人社厅开展了4年一次的全省财政系统先进集体和先进工作者评选表彰工作，共评出50个先进集体和86名先进工作者。三是办理省直单位先进集体、先进个人表彰推荐手续42次,其中先进集体11个,先进个人31人。

【切实加强劳资档案管理】一是注重加强干部人事档案的日常管理，在省委组织部干部人事档案审核验收检查工作中，省财政厅干部人事档案管理工作得到检查组的充分肯定。二是按照省人社厅要求,完成机关事业单位职工带薪休假政策执行情况统计汇总工作。三是组织开展19个类别的专业技术资格报名考试工作,推荐6名同志参加职称评审。四是加强考勤管理,全年组织集中考勤6次,办理请销假手续41人次。五是及时办理各类工资变动手续397人次。六是根据调整在职公务员及离退休人员津补贴标准有关文件精神，及时为全厅419名同志办理了津贴补贴调整手续。七是根据工资政策,为41名同志套改了参公管理工资标准，为信息中心等6家事业单位核算并报审了2011年度绩效工资标准。

【积极做好综合事务服务】一是完成财政部、省编办、省人社厅等单位8套报表的统计报送工作,其中全国财政系统人事教育统计报表被财政部人教司评为2011年人事教育统计工作先进单位。二是对全省财政系统2011年度人事教育统计工作情况进行通报,评选报表工作优秀单位。三是执行省外办批复我厅的8个出国团组计划，为厅机关及厅属单位办理出国手续53人次;办理处级干部备案注销手续2人。

（厅人教处供稿　张飞执笔）

机关党建工作概述

2012年,厅机关党委始终围绕服务财政中心工作,深入开展“制度绩效创新年”活动,扎实开展机关党建各项工作,切实履行重点工作牵头职责,为促进财政改革发展和机关各项工作任务完成提供精神动力和思想保证。当年,厅直属机关党委被省直机关工委评为“党建提升年活动先进单位”,被中共安徽省委和中央组织部分别授予“全省创先争优先进基层党组织”和“全国创先争优先进基层党组织”光荣称号。

【强化理论武装,筑牢思想根基】始终把思想理论建设摆在工作首位,注重理论武装工作、着力思想引领。一是坚持学习制度。围绕学习贯彻党的十七届六中全会、党的十八大和省第九次党代会精神、全省经济工作会议精神等主要内容，坚持每月一次以上中心组学习,全年共组织中心组集中学习20次。切实抓好党支部“三会一课”制度落实,各支部年均集中学习25次以上。二是强化学习保障。组织党员干部参加“省直机关大讲堂”4批次;邀请省纪委、省直机关工委、审计署驻南京特派办领导及省直讲师团专家在全厅范围内开展专题讲座4次。三是深入学习宣传贯彻党的十八大精神。组织“我为党旗添光彩”主题征文活动,努力营造财政党员干部喜迎十八大胜利召开的浓厚氛围;落实厅党组部署,牵头制定印发《中共安徽省财政厅党组关于深入学习宣传贯彻党的十八大精神的通知》,对全厅学习贯彻活动进行部署。及时组织党员干部集中收听收看党的十八大会议盛况，向全体党员干部发放十八大报告单行本、新修订的党章等学习辅导材料,并印发学习贯彻十八大精神工作方案;组织了省财政厅学习宣传贯彻党的十八大精神培训班,通过采取集中宣讲辅导、分组学习研讨、专题研讨交流等方式,切实在全厅掀起深入学习宣传贯彻党的十八大精神热潮。

【加强组织建设,夯实工作基础】一是开展“基层组织建设年”活动。落实省委组织部和省直机关工委关于开展“基层组织建设年”活动工作部署,全面开展厅直基层党组织分类定级工作,对全厅52个党支部进行了分类定级。组织召开了中共安徽省财政厅直属机关代表大会,系统地回顾和总结了近年来厅直属机关党委的工作,选举产生了新一届厅直属机关党委。二是开展城乡基层党组织结对共建。落实厅党组部署,以“六个一”活动为重点,牵头组织厅直38个党支部(处室)与省内贫困地区40个村级党组织全面开展结对共建活动,厅班子成员深入基层联系点,带头利用节假日“进村带乡挂县”,全厅党员干部参加活动1200多人次,征求对财政工作的意见和建议269条,党员干部采取交“特殊党费”,开展“一日捐”形式筹集慰问资金,慰问帮扶基层困难党员群众603人,支付慰问金或物品价值22.71万元,为群众办实事104件(项),有效改善了村民的生产和生活条件。活动做法被省直机关工委转发推广,省委书记张宝顺作出重要批示,充分肯定“这是机关服务基层、加强自身建设的有效举措”。三是强化机关党务工作。加强党务干部教育培训,共选送10期次16名党务干部参加省直党校党支部书记培训;严格党员发展标准,新发展党员3人;进一步加强党员信息化管理,升级完善了党员管理信息数据库,全年党员组织关系转入9人,转出9人。

【推进创先争优,强化宗旨意识】一是大力推进创先争优工作。印发《省财政厅2012年创先争优活动工作要点》,对创先争优工作进行全面部署,扎实推进。转发了省委办公厅《关于以“讲责任、重感情、转作风、强素质”为主题深化全省各级机关创先争优活动的通知》,推动厅机关党员干部下基层、大走访工作。向广大党员干部推荐阅读《人民日报》刊载的《三名干部的驻村日记》,切实打牢推进创先争优活动的组织基础和思想根基。二是扎实做好创先争优总结表彰工作。组织召开了省财政厅纪念建党91周年专题党课暨创先争优表彰大会,表彰厅直机关创先争优先进党支部和优秀共产党员,厅党组书记、厅长罗建国同志为全厅党员干部上了一堂专题党课。相继组织召开了厅创先争优活动领导小组成员(扩大)会议及全厅创先争优活动总结大会,总结我厅创先争优活动开展情况,部署创先争优活动长效机制建设,推动创先争优常态化。全年,全厅先后有11个基层党组织、43名党员受到各级创先争优工作表彰。

【深化文明创建,树立部门形象】一是认真谋划文明创建工作。履行文明办牵头职责,起草《省财政厅精神文明建设2011年工作情况及2012年工作安排意见》,各处室单位结合工作实际,制定了文明创建工作实施方案。二是大力营造创建工作氛围。围绕弘扬雷锋精神,践行核心价值,组织召开了厅精神文明建设工作暨深入开展学雷锋活动座谈会,对深入开展学雷锋活动,全面推进精神文明建设各项工作进行了部署,有关处室单位就开展学雷锋活动及文明创建工作进行了座谈交流。全省《精神文明建设工作简报》对活动作了专门报道。三是注重文化熏陶。结合财政部部署开展“财政精神”提炼活动,大力践行“创新、博爱、务实、卓越”安徽财政精神,广泛组织干部职工参与全国“财政精神”表述语征集活动,省、市、县财政部门三级联动,活动期间,厅机关及各市财政局共遴选征集表述语88条,活动开展成为推进财政文化建设,推动广大财政干部自我激励、自我教育、自我提升的过程。四是积极开展创建文明行业活动。以“为民服务、创先争优”为目标,积极推动厅属单位创建省级文明窗口,厅国库支付中心、政府采购中心荣获第三届“安徽省文明窗口”称号。

【加强群众工作,营造和谐氛围】重视发挥机关党建工作优势,带动群团工作开展,推进群团组织创先争优,营造和谐机关氛围。一是丰富活跃机关文化活动。厅直工会、妇委会、共青团组织积极组织干部职工参加省直机关各类群众性活动,推进群团组织创先争优,并屡获殊荣。先后获得省直机关乒乓球锦标赛男子团体亚军、篮球冠军及广播体操比赛一等奖,组织参加“颂歌献给党”省直机关迎接十八大文艺演出获得各界好评。厅直机关工会2007—2011年度连续五年获得工会目标责任制考核优秀,被省直工会予以特别表彰。二是召开妇女工作座谈会。关注女职工权益保障,推动做好机关妇女工作,组织召开了全厅妇女工作座谈会。各处室单位妇女代表、有关处室单位负责人共40余人参加座谈交流。厅党组充分肯定了厅直机关妇女工作以及广大女同志取得的成绩，并对下一步工作提出了具体要求。三是认真做好定点帮扶工作。按照省委办公厅、省政府办公厅《关于调整省级领导和省直机关单位扶贫联系点的通知》要求，由省财政厅牵头，会同省直8家单位共同帮扶阜阳市颍东区。厅党组高度重视此项工作，确定了由机关党委牵头协调，农业处配合落实财政帮扶措施，各处室共同参与的帮扶工作机制。先后三次组织召开会商对接会议，及时明确省直有关定点帮扶单位分管负责人、责任处室、联络员和帮扶工作职责，建立了帮扶单位定点扶贫工作会商制度。牵头印发《省直单位定点帮扶颍东区工作座谈会纪要》，明确各定点帮扶单位的工作任务，并赴颍东区开展定点扶贫工作专项调研，全面展开财政帮扶工作对接。

（厅机关党委供稿　刘恒执笔）

财政纪检监察工作概述

2012年，财政纪检监察工作全面贯彻落实中纪委、省纪委全会精神，坚持标本兼治、综合治理、惩防并举、注重预防的方针，着力规范财政权力运行，加强廉政风险防控，着力加大党风廉政建设和反腐倡廉力度，全面推进惩治和预防腐败体系建设，取得了较好的工作成效。

【推进党风廉政建设】厅党组坚持“一岗双责”，高度重视、率先垂范，将党风廉政建设和反腐败工作放在突出重要的位置，逢会必讲，放在心上，抓在手上。一是党组自身建设。全年厅党组开展理论中心组学习20次，召开党组会及厅长办公会13次，其中多次以党风廉政为内容，学习研究贯彻省委、省政府、财政部和省纪委有关反腐倡廉建设的会议、文件及有关要求，进一步增强责任意识、大局意识和忧患意识，提升领导能力、研判能力和防腐能力。及时调整厅反腐倡廉建设领导小组，强化反腐倡廉组织领导。制定出台厅改进工作作风密切联系群众若干规定，从八个方面对厅领导的活动提出明确规范。二是领导以身作则。厅党组成员和厅领导严格遵守《廉政准则》、《省改进作风30条意见》等规章制度，从自身做起，严格要求、廉洁自律，带头做好表率，“三重一大”必须经过党组会研究，重大决策、重要活动，厅领导亲自部署、参与和检查，带队深入部门会商、深入一线调研、深入基层慰问，厅领导廉政风险等级均为高级风险，加强自我约束和警示，以自身的示范效应带动财政部门廉政建设。三是抓好任务落实。组织召开全省财政系统反腐倡廉建设工作会议，部署反腐倡廉建设任务，厅党组与各处室（单位）主要负责人签订责任书，印发《省财政厅2012年纪检监察工作要点》和《安徽省财政厅2012年反腐倡廉主要工作任务分解表》，完成由省财政厅主办的任务9项，协办的任务13项。并做好省纪委、省委组织部对省财政厅开展的两项考核的迎检工作，考核反馈结果较好。四是开展督查检查。10月中下旬，由厅领导带队组成9个督查组，对全省财政系统进行督查，将反腐倡廉建设和廉政风险防控等内容作为重要督查内容，着力加强系统党风廉政建设同步推进。驻厅纪检组、监察室全年2次对系统进行了专项检查。

【强化反腐宣传教育】着力加强反腐倡廉宣传教育，营造风清气正的良好氛围。一是加强学习贯彻。及时组织全厅学习传达全国财政反腐倡廉建设工作电视电话会议、省政府第五次廉政工作会议暨全省廉政风险防控动员会精神，并抓好贯彻落实。二是加强主题教育。按照省委统一部署，紧密结合财政实际，围绕强化“五个重点”方面，扎实开展“保持党的纯洁性、迎接党的十八大”主题教育实践活动，深入开展理想信念教育、党风党纪、廉洁从政教育，认真组织“纪念建党91周年专题党课”、警示教育、专题报告、“我为党旗添光彩”主题征文和廉政测试等十项活动，全方位、多角度教育引导广大党员干部牢固树立宗旨意识、廉政意识、服务意识，全厅共组织17批3000多人次参加各类教育活动，共编发工作简报8期，在财政门户网站和财政综合办公内网共发布相关信息300条。省财政厅的主题教育实践活动在全省“保持党的纯洁性、迎接党的十八大”主题教育实践活动总结大会上作交流发言。三是加强理论培训。邀请省纪委和审计署驻南京特派办领导来省财政厅进行有关党风廉政建设方面的理论辅导报告，并在全省乡镇财政所长培训班上安排廉政授课。四是加强警示教育。转发省纪委、省监察厅《关于2012年元旦春节期间加强廉洁自律和厉行节约工作的通知》，加强两节期间廉洁自律的警示提醒。组织全厅党员干部集中观看“永葆党的纯洁性”

专题辅导片和辽宁省原人大副主任宋勇腐败案警示录。组织全厅干部观看了《忠诚与背叛》,共计500余人次参加,着力加强正反典型教育,收到良好效果。五是加强廉政文化。在财政内网开设流动警示语、在办公场所布置警示语和图片、发放廉政台历,推进廉政文化进机关建设。组织了一次廉政风险防控工作知识测试,厅全体党员干部共460人参加测试,优良率100%。发放反腐倡廉建设相关学习资料共计400余册。

【规范财政权力运行】在上年廉政风险防控试点工作基础上,继续深入推进,进一步规范财政权力运行。一是认真总结回顾。全面总结廉政风险防控试点工作经验和不足,编印《省财政厅廉政风险防控工作手册》,拍摄宣传片。二是出台实施意见。为了贯彻落实省政府第五次廉政工作会议暨全省廉政风险防控动员会精神,及时出台《关于深入推进廉政风险防控工作的实施意见》,部署全系统开展"回头看",重点做好"五查五看",并将各处室(单位)实施方案汇编成册。三是加强监督考核。制定出台《省财政厅廉政风险防控工作考核办法》,将廉政风险防控工作纳入厅机关绩效考核,实行"一票否决",并制作《省财政厅岗位廉政风险防控告知卡》400余张,加强岗位廉政风险的公开公示和警示提醒。四是探索科技防控。推行"制度+科技",进一步完善财政专户管理系统,着力建立健全预算执行动态监控体系,增强财政管理透明度,提高财政资金使用的安全性和规范性。当年,经动态监控系统预警,财政退回预算单位违规申请4212笔,涉及金额3.08亿元,较上年减少2.28亿元,同比下降43%。五是强化制度建设。组织开展"制度大梳理"和"重点课题研究",进一步审查清理制度、科学修订制度、创新建立制度、严格落实制度,目前,围绕财政管理工作出台建立了175项制度。《中国纪检监察报》、省电视台、国家预防腐败局网站、省纪委网站、财政部监察局网站等多家媒体都宣传报道了省财政厅工作举措。

【树立财政良好形象】出台厅《关于改进工作作风、密切联系群众的若干规定》,着力加强和改进财政干部作风建设,树立财政部门和财政干部求真务实、清正廉洁的良好形象。一是组织结对共建。深入开展结对共建活动,处室单位联系40个贫困村,厅班子成员分别选择基层联系点,严明工作纪律,轻车简从,进村带乡挂县,组织开展帮扶慰问、党课教育、爱心助学等一系列活动,累计走访调研166次,宣讲政策151次,征集建议269条,办实事104件,进一步夯实工作作风,密切干群关系。二是加强干部教育。先后召开青年干部、妇女工作、军转干部座谈会,全年组织15期干部业务培训班,教育引导广大财政干部树立正确的人生观、世界观、价值观和权力观,提升党性修养、提高业务能力、促进作风转变。三是加强政风行风。2011年省财政厅政风评议再次获得满意等次,连续5年获此荣誉。及时向相关处室单位反馈政风评议结果,向省政风评议办报送了《2011年度政风评议中反映问题的解答及整改情况的报告》,并督促相关处室贯彻执行。召开全省财政系统加强政风行风建设、推进廉政风险防控工作座谈研讨会,做好政风行风热线财政专题上线工作,迎接省政风行风评议组检查,评议员们给予高度评价。四是加强会商工作。坚持把转变作风作为提升服务效能的有力保障,积极推进部门会商交流,出台《安徽省财政厅会商工作暂行办法》,把会商交流作为优化服务、转变作风、提升管理的重要途径,全面建立会商机制,实现省直预算部门单位全覆盖。截至年底,累计会商639次,实现会商工作常态化、制度化,取得积极效果。加强驻厅纪检组、监察室对处室(单位)的巡视检查,加强沟通交流,共同研究探讨反腐倡廉建设,形成工作合力。五是加强厉行节约。完善公务用车一条龙管理制度,建立因公出国(境)经费"总量控制、预算安排、部门管理、信息公开"管理机制,全面推进出差和会议定点管理制度。2012年,厅公务接待支出同比下降47%,会议支出下降31%,通信支出下降18%。

【加强财政监督管理】着力加强监督检查和管理工作,保障财政工作安全有序运行。一是全面推行公务卡。为加强和规范省级预算单位公务支出管理,减少公务支出中的现金提取和使用,在省级预算单位全面推开公务卡制度改革。截至年底,省级113个部门643个预算单位累计办卡4.5万张,公务卡报销金额增长了23.8倍,现金提取减少了53.58%。二是加强效能检查。集中组织开展上下班情况检查、接待来访情况检查和办公秩序情况检查等暗访检查,通过检查,全厅办公秩序较好,在接待来访中保持了良好形象。三是加强监督检查。开展粮食直补和农资综合补贴等专项资金的监督检查,开展加快转变经济发展方式的监督检查,开展农村公路危桥加固改造等项目的监督检查,开展党员领导干部报告个人有关事项的监督检查,并完善建立廉政电子档案。四是严格内部监督。组织开展贯彻落实《廉政准则》专项检查,加强对"三重一大"决策程序、制度执行情况的监督,加强对领导班子和领导干部民主生活会、述职述廉等制度落实情况的监督检查,加强内部监督审计,当年选择5个处室单位开展重点监督审计,着力规范财政管理。驻厅纪检组、监察室全程参与并监督6个副处级领导职位竞争上岗组织工作。五是做好信访查办。严肃查处违纪违规和违法行为,做好信访举报和案件管理工作。截至年底,妥善协调办理信访举报和省政风行风热线转来的投诉39件。

(厅纪检监察室供稿)

离退休干部管理工作概述

2012年,厅离退休处梳理总结建立干部退休制度三十年来的经验和做法,以贯彻执行党的老干部工作方针政策为抓手,大力加强和推进老干部思想政治建设和党支部建设,全面落实老干部"两个待遇",较好地完成了年度工作目标和任务

【提高老干部工作科学化水平】组织全处干部职工和全体离退休老同志开展各种学习活动,认真研读十八大报告、新党章和中央、省领导讲话精神,谋划工作思路,提出按照"六个坚持"推动老干部工作创新发展,即坚持抓好"两项建设"、坚持落实"两项待遇"、坚持做好"两个维护"、坚持以人为本,做好个性化服务、坚持发挥老干部的作用、坚持创新发展,努力提高老干部工作科学化水平。

【推进老干部工作创新发展】系统梳理总结干部离退休制度建立三十年周年以来的工作实践,总结出做好老干部工作的经验。即"围绕中心、服务大局"是做好老干部工作的基本原则、领导重视和支持是做好老干部工作的基本前提、加强离退休干部"两项建设"是做好老干部工作的重要保证、落实离退休干部政治生活待遇是做好老干部工作的主线、以科学发展观为指导是做好老干部工作的基本要求、让党放心、让老干部满意是检验做好老干部工作的标准、加强离退休干部工作队伍建设是做好老干部工作的重要基础、与时俱进、改革创新是做好老干部工作的时代要求。

【推进服务管理水平稳步提升】按照厅党组的要求,认真开展"制度绩效创新年"活动,着眼提高老干部服务管理水平,大力搞好五个"创新"。一是创新工作理念,创新服务方式,在全厅开展志愿者活动为离退休干部服务,通过"自愿报名与部门推荐相结合,组织安排与自主服务相结合"的办法,引导和鼓励广大干部职工特别是青年干部职工,加入到志愿者服务队伍。志愿者服务工作已于当年正式启动。二是创新工作制度,进一步规范、健全老干部阅文、党支部会议、学习、探视、走访、车辆使用等制度,按照市场化方式创新老干部外出参观考察制度,将《安徽财会》发放到每一位离退休厅级干部手里。三是弘扬社会主义核心价值体系,践行安徽财政精神,开展适合老年人、健康有益的文化娱乐活动,搞好文化创新。四是结合老干部队伍结构不断变化,针对进入两高期的老同志不断增多、新进入老干部队伍的"年轻"同志逐年增加的实际,以个性化服务为内容搞好服务管理创新。

【扎实开展好创先争优和结对共建活动】离退休各党支部积极开展文明创建活动,全体离退休党员进一步学习沈浩精神,积极开展创先争优活动。利用建立干部离退休制度三十周年的时机,加大党的老干部政策的宣传力度。在与巢湖合群村党总支开展结对共建的活动中,以推进组织共建、党员共管、干部共育、发展共赢、困难共帮、资源共享为重点,认真开展"六个一"活动,帮助合群村理清发展思路,制定出合理的规划,促进双方党支部班子建设。共建期间,广泛搜集社情民意、宣传民生工程、征求意见建议;走访慰问部分五保户和困难党员家庭,共建支持的一条长2.4公里连接3个自然村的水泥路也于当年顺利修通。

【做好日常服务保障工作】广泛开展走访慰问活动,关心爱护老干部,全年共走访慰问离退休老干部110多人次,到医院探望和慰问生病住院的离退休老同志30多人次,为80和90周岁的老干部登门祝寿7人次。坚持做好老同志来电来访、健康体检、参观考察等日常性的服务保障工作,积极处理好部分老同志家庭矛盾,解决好部分老同志实际困难。做好安全防范工作,全年组织开展的各项活动,做到了安全无事故

【加强老干部活动中心建设】按照厅党组和省

委老干部局的要求,坚持开展贴近实际、贴近生活,老干部喜闻乐见、丰富多彩的活动。全年积极组织老干部参加省委老干部局、省老年体协、省政府老干部活动中心开展的台球、门球、桥牌、麻将、象棋、钓鱼等各类比赛活动 20 多次,共 300 多人次参加;组织老干部到省内外参观考察 8 批次,共 200 多人次参加。

(厅离退休处供稿)

信用担保工作概述

2012 年,安徽省信用担保集团围绕省委省政府发展战略,把握稳中求进的工作总基调,扎实工作,攻坚克难,圆满完成了各项目标任务,全年实现利润总额 3.52 亿元,综合财务实力信用等级被评为 AA,截至当年末,资产总额为 62.28 亿元,净资产为 52.36 亿元,先后获得了"2011 年度全省金融工作最佳贡献奖"、"全国最具公信力中小企业信用担保机构奖"等多项荣誉,集团"担保业务网上评审决策系统"被评为 2011 年安徽省"信息化示范工程",档案工作被评为"2012 年度档案管理工作优秀单位",取得了较好的经济效益和品牌效益,社会影响力进一步增强。

【担保再担保业务再上台阶】全年担保再担保突破 500 亿元,实现 562.14 亿元,同比增长 18.50%,其中直接担保 176.27 亿元,再担保 385.87 亿元。据不完全统计,通过担保再担保的支持,当年累计使受保企业新增销售收入 1106.23 亿元,新增利润 63.34 亿元,新增税收 24.71 亿元,新增就业岗位 13.09 万个,创造了较好的社会效益。

【推进全省担保体系建设】通过引导和培育,先后吸纳了砀山、阜南、临泉等 5 家担保机构进入全省再担保体系。截至当年底,集团担保体系成员单位已达 77 家,与 72 家市、县担保机构建立了再担保合作关系,体系建设覆盖全省 16 个省辖市和 70%以上的县(市)。

【继续加强投资管理】进一步加大项目投资与管理,全年累计实现投资到账分红 1.11 亿元。指导投资类子公司扎实开展工作,科投公司相继完成对 4 家企业的期权投资,实现投资收益 3500 万元,圆满完成了不良资产打包处置工作,共计清收对价款 73760 万元。

【扎实做好下岗再就业小额贷款担保工作】累计办理下岗再就业小额贷款担保 2517 笔、2 亿元,共带动 7825 人实现再就业和创业。同时,根据全省经济和就业形势的变化,拓展了劳动密集型小企业担保和"巾帼创业"农村妇女小额贷款担保计划,分别办理担保 1350 万元和 1528 万元,进一步缓解了小企业发展和农村妇女创业融资难题。

【严格控制担保风险】通过完善风险控制制度、加强项目风险管理和加大代偿项目化解处置力度等有效途径,担保项目风险得到有效控制。集团直接担保代偿金额 2.14 亿元,代偿率为 1.89%(按解除责任金额口径,下同);再担保代偿金额 3.12 亿元,代偿率为 1.11%,担保再担保均未发生代偿损失。同时,按照规定足额提取未到期责任准备金和担保赔偿准备金 1.41 亿元。截至年末,风险拨备达 6.44 亿元(含一般风险准备),有效地覆盖了担保再担保风险。

【圆满完成省委省政府交办的重点工作】按照省委省政府的战略部署,集团发挥综合融资平台功能,积极支持皖北振兴、抓金寨促全省扶贫开发工作和小岗村经济建设,取得了较好的社会效益。皖北三市四县各投融资公司陆续注册成立,专项资金 13.2 亿元拨付到位,集团委派的监事会主席及董事人员全部到位,各项工作开始运转。在小岗村设立办事处,大力支持小岗村经济发展,当年办理担保 800 万元,做到当年挂牌、当年见效。出资 1000 万元,正式设立金寨分公司,将集团担保业务触角直接延伸到金寨,支持到基层。此外,集团积极支持金寨产业园区投融资平台建设,将 3000 万元专项资金投资到位,集团选派一名中层干部赴园区挂职,帮助推进园区建设。同时,切实加大扶贫工作力度,将"统借统还贷款担保"业务、"富民兴业"农户担保信贷计划和"巾帼创业"农村妇女小额贷款担保计划推广到金寨,帮助当地企业、农户融资。

【加强党建和企业文化建设】加强思想政治建设,积极推进创先争优活动,着力构建创先争优长效机制;深入开展结对共建活动,与结对方共同探讨新形势下基层党建工作的新思路、新模式;扎实推进党风廉政建设,加强廉洁从业监督检查,构建干部清正、企业清廉、团结和谐的良好政治生态;强化精神文明和企业文化建设,培育团结向上、开拓创新的文化氛围，提升队伍的凝聚力和战斗力。

【夯实基础管理工作】深入推进效能建设，围绕“五个明显提升”（发展效能明显提升、管理效能明显提升、服务效能明显提升、执行效能明显提升、监督效能明显提升），通过强化教育培训，加强信息化建设，完善业务流程，推进制度建设，强化制度执行，加大监督检查力度等手段，进一步改善了工作作风，提升了工作效能，集团整体服务水平得到明显提升。

（省信用担保集团供稿）

农业综合开发工作概述

2012年，全省农业综合开发工作紧紧围绕“三农”大局，按照厅党组部署，加大投入，创新机制，强化管理，圆满完成了各项目标任务，为全省粮食生产连续7年创新高、农民持续增收做出了重要贡献。

【推进示范区建设】组织开展示范区建设专题调研，谋划继续深入推进示范区建设的方向、思路和举措，制定分类指导意见，确定2012年目标任务、重点工作和推进措施；抽调专人成立示范区建设指导小组，区分不同类型，有重点地对各示范区进行巡回督查指导，加快建设进度。截至当年底，示范区已发展到44个，共集中农发资金21亿元、整合涉农资金30亿元、撬动社会资本144亿元，改造中低产田、建设高标准农田156万亩，推进土地流转30万亩，招商引进龙头企业185家，扶持培育社会化服务组织106个，建设农民新村45个、住房8805套，初步实现了预期建设目标。

【抓好项目建设】一是建设好2011年度项目。派出信息员帮助指导项目县加快项目建设进度，加强工程质量监管。召开全省农发项目建设推进现场会和项目建设情况汇报会、促进会，学习推广经验做法，从促进度、保质量、强管理、提绩效等方面作出部署。各地按照省里部署，优化管理流程，强化关键节点控制，缩短实施周期。至当年5月底，基本完成2011年度项目建设任务，共改造中低产田77.9万亩、建设高标准农田28.6万亩，新增粮食生产能力2.2亿斤；扶持农业产业化龙头企业206家、农业专业合作社122家，新增总产值23.8亿元，带动13.5万户农民增收2.3亿元。二是落实好2012年度项目。争取中央财政资金13.6亿元、增长27.8%，足额落实省市县三级财政配套资金5.4亿元，引导带动农民自筹资金1.1亿元，总规模突破20亿元。强化项目评审、选准选好项目，土地治理项目以粮食主产区为重点，启动实施新一轮“3年1+1”示范工程，安排改造中低产田84万亩、建设高标准农田57万亩；产业化经营项目，围绕“671”转型倍增计划，继续实施集群开发，安排扶持农业产业化龙头企业298家、农民专业合作组织123个。精心组织项目实施，加快建设进度，当年项目主体工程已基本完成，初步实现了当年项目、当年建成、当年见效的目标。

【强化规范管理】根据国家农业综合开发的新政策、新要求，结合安徽实际，及时修改完善项目评审、竣工验收等制度办法，制定农发项目绩效考评办法，建立“促进度、保质量、强管理、提绩效”项目建设推进机制，保证各项工作高效有序开展。主动配合审计部门开展专项审计，聘请专家对拟立项项目开展独立评审，强化政务公开。加强信息员联系工作，抓好项目立项、工程建设、竣工验收等关键环节监督，开展3次专项检查。按照项目县100%、项目100%的验收要求开展省级验收，8月份，组织14个验收组，对全省2011年度504个农发项目进行了全面验收。根据厅党组关于效能建设的新部署，结合实际，探索实施“一线督导机制”，实行定人分片负责、定期一线督导、实施查帮教结合、奖惩绩效挂钩的办法，在一线锻炼干部，抓工作落实、促绩效提升。严格监管，保证了各项政策制度有效执行，在审计部门多项审计和国家农发办综合检查中，获得一致好评。

【加强队伍建设】组织开展专题调研，研究制定《关于加强全省农业综合开发干部队伍建设的意见》，明确思路和措施。深化完善党内“三会一课”和政治学习制度，深入开展制度绩效创新年、“创先争优”和“迎接党的十八大、保持纯洁性”活动，实现党员干部思想纯洁、队伍纯洁、作风纯洁和清正廉洁。举办全省农发办（局）主任（局长）培训班，召开资金、统计培训会，组织各市农发办主任（局长）赴江苏、河北等地考察学习，全面提升业务素质。开展廉政教育，制作廉政风险防控告知卡，建立廉政风险防控制度，落实党风廉政建设各项规定，保证干部和资金“双安全”。加强与砀山县唐寨镇光明村联系，召开干部群众座谈会,实地调研了解情况,制定结对共建实施方案,安排项目支持,邀请农科专家服务下乡,开展"七一"和"春节"慰问活动,全面完成结对共建各项任务。

【注重调研宣传】组织开展加强农发项目管理、农发干部队伍建设、现代农业综合开发示范区建设等系列调研,形成了一批有分量、有影响的调研报告,被《中国农业综合开发》、《安徽财会》等刊登20多篇,特别是向省委、省政府报送的示范区调研报告《安徽财政支持统筹城乡发展的探索与实践》,张宝顺书记、李斌省长等五位省领导作出重要批示,予以肯定。围绕财政农发中心工作,邀请省人大常委视察示范区;编辑出版《开拓进取 再创辉煌——"十一五"安徽农业综合开发工作巡礼》和《锐意改革 破冰探路——安徽现代农业综合开发示范区建设纪实》两本宣传画册;与主流媒体联系,开展示范区专题宣传,中央和安徽电视台先后8次予以报道,《中国财经报》、《农民日报》、《安徽日报》分别在头版头条予以专题宣传报道,新华社《内参》刊发了安徽现代农业综合开发示范区的经验做法。

(省农发局供稿)

非税收入征管工作概述

2012年,省非税局在厅党组的坚强领导下,紧紧围绕全省财政中心工作,以推进机关效能建设和"制度绩效创新年"活动为抓手,坚持依法执收,深化征管改革,狠抓提能增效。全省非税收入完成1951.5亿元,为预算的125.4%,其中纳入公共财政预算的487.6亿元,为预算的150.8%,增长37.3%;省级非税收入完成174.8亿元,为预算的123.8%,增长5.5%,为实现全省财政收入目标做出了积极贡献。

【着力加强非税征收管理】一是强化非税收入项目和预算管理。实施非税收入项目库动态管理,及时调整部分非税项目管理方式,认真审核单位年度非税收入预算,规范征收范围和预算执行。二是规范非税收入资金管理。按照规范、简化、安全的原则,逐步取消非税收入部门间分成,将涉及分成的非税收入统一通过非税收入汇缴结算户分成。将非税收入划解缴库由原来每月2次改为按旬划解,确保实现的非税收入及时足额入库。三是增强非税信息系统效能。升级非税管理信息系统,提升信息传送和业务处理功能。消除部分县区非税征管信息化盲区,实现全省所有直管县非税管理信息系统上线运行,并逐步向市辖区和乡镇延伸。

【着力强化收入运行监控】一是强化非税收入收缴执行分析。完善全省非税收入收缴情况分析报告制度,在继续开展月度、季度和年度执行分析的基础上,试行市县按旬上报非税收入收缴情况,及时把握收入进度。二是强化非税收入运行质量检查。5月份,会同厅预算处开展了全省市县非税收入运行质量检查,及时发现问题,组织整改。10月份,专门组织全省非税收入收缴执行情况检查,进一步规范非税收入管理。三是强化非税收入执收单位稽查。组织对省检察院、省经信委等9个省直部门共计35家执收单位开展非税收缴年度稽查,查缴违纪金额7051万元,纠正单位收缴不规范行为近20件。四是强化非税收入征收源头控管。对省直执收单位全面实行"限量购领、核旧领新"的票据管理方式,并分四批对428家执收单位进行票据年检,从源头上规范非税收入征管。

【着力推进非税法规建设】一是非税收入管理立法取得突破性进展。拟定《安徽省政府非税收入管理条例》(草稿)报送省政府法制办,并已列入省人大2013年立法调研规划。二是规范非税收入征管制度。先后下发了《关于进一步加强非税收入管理的通知》、《关于进一步加强非税收入收缴管理的通知》、《关于进一步加强非税收入票据管理的通知》等文件,对全省非税收入预算管理、征收管理、收缴管理、票据管理、监督检查、信息化建设等提出指导性意见和规范性要求。三是制定出台专项管理办法。研究拟定了《非税收入收缴执行情况分析编报工作考评办法》、《省级政府非税收入银行代收工作考评办法》、《省级政府非税收入票据年检办法》、《省级行政事业单位国有资产有偿使用收入征收管理办法》、《非税收入会计核算办法》和《非税收入分成结算暂行办法》等6个专项管理办法,其中3个办法已经印发。

【着力深化非税征管改革】一是重点推进省属高校非税专用票据电子化管理改革。利用高校现有财务管理软件,研发高校专用票据自动归集与核销系统,47所省属高校安装应用票据电子化管理软件,实现了高校专用票据系统自动汇总统计、汇缴核销。二是深入推进非税收入收缴方式改革。进一步完善公安交警罚没收缴流程,简化办理程序,优化为民服务,强化系统监管。积极探索在考试类、证照类非税收入收缴中推行自助设备、POS刷卡、网上银行等电子化收缴方式。三是稳步推进非税机构直接征收改革。对收入数额较大、征收有一定难度的非税收入,主动实行非税机构直征,积极在全省推广行政服务大厅集中征收模式,进一步提高征管工作效率。

【着力改进干部队伍作风】一是不断深化文明创建。积极开展工作会商,与执收单位、代理银行、兄弟处室开展各类工作会商近20次。切实加强“两公开”示范点建设,努力打造“阳光非税”。二是扎实开展结对共建。六赴结对共建村泗县草沟镇于韩村开展共建活动,“走”村“带”乡“挂”县,积极为村、镇、县的经济发展和财政财务工作出谋划策。三是切实加大调研力度。积极参加财政重点工作、非税收入运行质量、非税信息管理系统建设等方面的工作调研。认真开展深化非税收入征管改革、国有资源(产)有偿使用收入管理、非税票据电子化建设等课题研究,调研报告在多家刊物上刊登。四是持续抓紧廉政建设。进一步完善风险防控机制,搜索清理权力事项,制作廉政风险防控告知卡,明确风险点。开展多种形式的廉政教育,严格履行廉政建设责任制。认真落实中央改进作风“八项规定”和厉行节约“八项要求”。五是大力加强效能建设。强化组织领导,注重工作实效,在全厅年终效能建设考评中,荣获“厅属单位效能建设先进单位”。

(省非税局供稿)

国库支付工作概述

2012年,支付中心按照厅党组关于国库集中支付工作“规范、服务、阳光、快捷、安全”五项要求,以提高预算执行质量为目标,以安全效能为原则,以提速增效为标准,坚持完善集中支付制度、强化支付执行管理、健全动态监控机制、创新服务管理措施,省级国库集中支付工作规范管理有了新成效、资金安全有了新保障、工作效能有了新提升。支付中心当年被安徽省创建文明行业活动指导委员会表彰为第三届安徽省“文明窗口”,被财政厅评为效能建设先进单位。支付中心党支部也荣获2010-2012年厅直机关创先争优先进党支部称号。

【集中支付管理制度不断健全】全面梳理制度、总结成功经验、查找薄弱环节,并以制度的形式进行完善。支付中心牵头制定了《安徽省省级财政国库集中支付银行代理业务综合考评暂行办法》、《安徽省省级国库集中支付动态监控管理办法》等10项制度,进一步加强了资金归垫、现金提取、动态监控、零余额账户等方面管理。同时,制定《省级国库集中支付工作业务岗位流程图》,明确了涉及内部管理的8个工作流程、51项业务内容、38个关键节点,细化岗位责任;制定《省级国库集中支付内部审核办法》,实行分级审核管理和重大支付事项实时报分管厅领导审定的审核工作制度;制定《支付中心印章管理办法》、《支付中心公文处理暂行规定》等制度,规范内部行政运行。编印《省级国库集中支付工作手册》,形成了改革以来第一部较为完整的集中支付制度汇编。

【集中支付资金安全日益加强】牵头组织开展全省财政资金支付安全工作专项检查,省级重点对集中支付业务流程控制与账务管理、对账与印鉴、票据管理等方面进行梳理排查,查找风险点和管理漏洞,切实加强对每一笔财政资金的受理、审核、复核和支付环节控制,实行动态监控系统全程监控。严把集中支付申请审核关,对预算单位自行调剂使用不同项目资金、未按项目工程进度支付资金和收款人填写不规范等各类违规支付申请,及时退回。全年累计退回预算单位违规申请4212笔,涉及金额3.08亿元,较上年减少2.28亿元,同比下降43%。其中:严格控制向单位实有资金账户转账,2012年,预算单位从零余额账户向本单位或本系统其他单位账户转款的违规申请270笔,涉及金额1.48亿元,较上年减少0.26亿元,同比下降15%;严格现金使用监管,认真落实省级国库集中支付现金使用管理相关文件要求,要求基本支出提现不超过10%、项目支出现金使用实行申报审批制度,预算单位现金支出大幅减少,同比下降54%。尤其是4月以来,基本支出和项目支出的现金支出同比分别下降76%和70%。严格资金归垫管理,强化资金归垫备案审批制度,预算单位归垫资金大量减少,同比下降58%。

【集中支付资金总量持续增长】全年累计办理集中支付业务39.44万笔,支付财政资金903.2亿元,同比增长9.12%。其中,财政直接支付762.29亿元,占集中支付资金总额的84.4%,授权支付140.91亿元,占集中支付资金总额的15.6%;此外,省级财政专户资金支付增长迅速,累计办理财政专户收入登账业务3454笔,财政专户集中支付业务4864笔,集中支付财政专户资金359.66亿元;代扣代缴工作准确执行,累计支付省级统发工资22.84亿元,代扣代缴个人所得税225.32万元,集中划转工会经费10501笔、6379.15万元。

【集中支付执行分析进一步深入】围绕"集中支付执行情况、财政资金归垫情况、项目支出现金监控、系统功能改进"等方面,支付中心先后撰写集中支付分析报告18篇,并及时通报单位违规典型事例,将1—5月所有退回的集中支付业务按预算单位归口业务支出处分别列示,以《情况通报》的形式印发厅相关处室,在一体化平台发布《关于集中支付申请录入有关注意事项的通知》,列举了"未按项目实施进度申请使用资金、向单位实有资金账户转移财政资金"等7类典型违规事例,提醒告知预算单位在办理集中支付业务时,注意防范。通过深入分析集中支付执行数据,探寻根源,先后提出了用款计划限时审批制、项目支出现金使用网上申报审批、严格落实资金垫付事先备案制度等多条建议,促进源头管理,着力发挥厅内业务处在预算管理中的龙头作用。

【集中支付信息系统进一步优化】注重应用网络信息技术,充分发挥信息系统在集中支付工作的重要支撑作用。一是积极支持财政一体化系统功能的改进完善,围绕"指标管理、计划管理、支付管理、公务卡管理"等8个方面,先后提出了"统一操作风格、增加提示功能、统一报表模板"等28项业务需求,改进系统功能,方便预算单位操作。二是全面升级"国库集中支付动态监控系统",进一步改进了集中支付动态监控系统的数据采集、预警、查询和分析功能,丰富完善预警规则,提升预警精准率、系统智能化和分析综合性,强化资金运行的全程监管。三是大力推进授权支付财银直联系统试点,截至当年底,试点单位已推广至158家。四是深入开展国库集中支付电子化改革研究,制定印发了《省级财政国库电子支付管理改革实施方案》,积极推进财政直接支付申请书电子签章管理,探索与人民银行、代理银行之间资金清算无纸化。

【集中支付服务措施不断强化】坚持"请进来、走出去"服务方式,推进政务公开,加强沟通交流,擦亮服务窗口:一是大力推进工作会商,主动服务厅内业务处、预算单位,全年与厅相关业务处、预算单位、代理银行、人民银行4个层次,进行了12次工作会商,研究提出30余项集中支付工作改进措施;二是深入开展走访调研,深入省级10个预算主管部门和30余个基层预算单位,了解单位需求,现场答疑解惑;三是组织召开省级预算单位绩效管理座谈会,21个省级主管部门、基层预算单位的财务负责人、主办会计,5家省级国库集中支付代理银行机构部和承办行负责人60余人参加了座谈;四是开展网络征求意见活动,广泛征求预算单位对集中支付管理特别是支付中心工作的意见和建议,汇总收集省级50多个预算主管部门、近200家基层预算单位的意见建议230余条;五是举办3期集中支付业务培训班,为600多名预算单位财务人员和代理银行工作人员集中讲解财政预算政策、集中支付制度和财政一体化操作规程,为广大预算单位专门编发《省级国库集中支付工作手册》和《省级财政国库集中支付培训手册》1500本。

【集中支付队伍素质不断提升】深入开展制度绩效创新年主题活动,并以此为契机,加强干部队伍素质教育。一是强化学习培训。坚持一周一学习,全年完成《财政基础知识》、《充分发挥财政职能作用促进经济平衡较快发展》等专题学习,举办省级预算编制与实务专题讲座;精心组织完成《推进国库集中支付与预算管理有机结合研究》课题任务;开展"好书大家读、书香伴我行"活动,组织了计算机操作技能竞赛等活动。全员通过安徽干部在线教育年度学习任务。二是积极创先争优。深入推进创先争优活动,主动公开《2012年度支付中心党支部公开承诺书》,针对"建好领导班子、带好干部队伍、健全工作机制"等5个方面,做出14项承诺,营造了良好的创先争优氛围;开展"学雷锋、讲文明、树新风"活动,深入学习雷锋先进事迹,教育引导党员干部增强党的意识、宗旨意识、大局意识、责任意识,推动构建财政干部普遍认同和共同遵守的核心价值体系;开展"保持党的纯洁性、迎接党的十八大"主题教育实践活动,围绕"学习教育、分析查摆、整改提高"三个阶段,落实"深入基层调研、征求意见建议"等17项工作。三是强化廉政教育。在强化廉政教育同时，认真开展“廉政风险防控试点回头看”活动，围绕“清权确权是否完全、风险排查是否准确、等级评定是否合理、防范制度是否完善”等方面，加强对干部职工理想信念教育、党风党纪教育和道德教育，公开岗位廉政风险防控告知卡，着力形成勤政、廉政文化氛围。

【党支部结对共建工作成效明显】贯彻落实厅党组关于开展结对共建的工作部署和要求，支付中心党支部以结对共建为契机，锤炼党员作风，提升党员素质，与周庄村携手推进结对共建工作，取得明显成效：联合县级财政，帮助周庄村落实村内道路、水利桥涵设施、村部和小学幼儿园等重点建设项目，总计投入 90 余万元；帮助村小学建起了“财缘爱心阅览室”和“财缘爱心电教室”；慰问了 15 位（户）困难党员和特困家庭。联系了省农科院专家撰写了《周庄村绿色蔬菜标准化生产示范基地建设的可行性与几点建议》项目报告书；组织周庄村村民考察了萧县酒店乡杨楼村“空心村”治理、农村产业结构调整、土地流转和农业专业合作社建设等工作，全年先后撰写了 6 篇结对共建汇报材料。周庄村为此向财政厅赠予了“服务三农，心系共建”的锦旗。

（厅国库支付中心供稿）

财政信息管理工作概述

2012 年，厅信息中心紧紧围绕财政中心工作，以平台一体化信息系统推广应用为重点，不断完善财政信息化基础建设，为我省财政改革与发展提供了有力的技术支撑。

【省级平台一体化系统在应用中进一步完善】针对业务处室和部门单位不断提升的系统应用需求，协调组织软件公司对一体化系统进行升级完善，使软件应用更便捷。在年末结余资金按权责发生制要求进行结转的基础上，顺利完成省级平台一体化系统的跨年度财务结转。当年，省级平台一体化系统全年下达预算指标 1700 亿，办理集中支付业务 44.57 万笔、支付资金 930.2 亿元；政府采购3907 个项目、支付采购资金 47.9 亿元；工资统发 52万人次、22.84 万元。系统运维全年应答用户电话咨询 3650 次，提供上门服务 580 次，应急处理系统运行故障 4 次。

【督导推进市县（区）一体化系统深化应用】一是通过督导推进，各市县（区）平台一体化系统全部投入应用，大部分财政预算内资金已纳入平台进行管理和支付，一体化系统业务模块应用率达 70%，已有三分之一市县将预算内、财政专户、单位往来等财政性资金全部纳入平台，实现了一体化管理。二是组织召开市辖区平台一体化信息系统推广应用工作研讨会，4 个市已于当年开展平台一体化系统在市辖区的推广应用工作。三是召开平台一体化系统运维服务方案专家评审会，帮助市县做好一体化系统运维管理工作。四是指导和帮助市县及时解决一体化系统应用中遇到的各类问题。本省当年提前完成金财工程应用支撑平台推广实施、实现三级贯通的工作成效得到了财政部致函表扬。

【完善平台一体化系统公务卡管理功能】按照财政部关于加快推进公务卡制度改革的要求，会同各家发卡银行优化了一体化系统的公务卡信息查询与交换接口，修改完善了公务卡消费信息查询与还款功能，满足了在省、市、县、乡四级财政预算单位全面推行公务卡的改革要求。当年下半年省级预算单位共发卡 4.8 万张，消费 6.7 万多笔、1.4 亿多元，各市、76 个县区和乡镇也都启动了公务卡制度改革工作。

【组织开发新的一体化财政专户管理子系统】按照省级财政专户资金存放商业银行管理改革方案，以及对商业银行按考核量化评分所占比重进行存款分配的要求，组织开发新的一体化系统专户管理模块，确保了新系统于当年 8 月 1 日正式上线，满足了省级专户的收支总户管理和银行考评，以及资金分存管理、分账核算的业务要求，既杜绝了商业银行的拉存款现象，也强化了财政专户资金的保值增值。

【强化财税库银联网数据应用】协调建立与省人民银行间的金库电子数据接收与核对机制，并通过每月接收和比对全省 162 个人行地方金库数据，及时将电子数据漏发漏报的情况反馈厅国库处和人行方面，为及时准确地接收省级全辖和征收部门入库电子数据，保证省市县三级财政收入数据能得到及时有效的获取利用，做出了积极努力。

【组织实施市县国库动态监控系统】按照厅里关于做好市县财政预算执行动态监控系统建设的工作部署，组织市县财政部门实施以平台一体化系统为基础的国库支付动态监控系统，构建了“全程监控、智能预警、信息披露、跟踪反馈”的预算执行动态监控体系，进一步提高了财政资金支出的安全性、规范性，成为我省财政系统科技防控廉政风险的重要成果。

【配合完成市县财政转移支付综合管理系统实施】按照财政部的项目集中采购工作要求，采取以省级数据集中的方式部署财政转移支付综合管理系统，完成了中央、省、市、县(区)四级系统联调和上线应用准备。

【配合推进和深化电子化政府采购系统应用】一是配合采购中心完成了省级政府采购信息系统的电子化评标模块试运行。二是配合采购处编制电子化政府采购系统推广应用方案，组织完成7市3县的系统应用实施工作。三是配合采购处完成本省GPA谈判问卷调查软件开发和数据收集统计工作。

【统筹构建和应用短信群发服务平台】通过构建省厅统一的短信息群发平台和系统应用接口，将机房运行状态监控报警、数据备份系统报警、国库集中支付受理反馈信息、内网办公系统通知等多个业务短信应用需求进行了整合，实现了设备与线路资源的共享和信息及时发送，缩短了相关业务的处置响应时间，提高了办事效率。

【组织开展网络安全设备部署】按照财政部统一部署，参加全国财政系统部分安全设备的集中采购，并组织服务商完成了省市两级财政网络入侵检测和漏洞扫描设备的安装调试，以及省厅网络客户端监控系统项目实施，增强了本省财政专网系统的信息安全防控能力。

【组织开展财政达标机房运行状态监控系统项目实施】为及时发现和处置机房运行异常情况，组织市县开展了财政达标机房运行状态监控系统项目采购与实施，使各地经常发生的如市电停电、机房设备故障和供排水管路渗漏等机房状况实现了自动监测，以及异常情况的自动手机短信报警与警铃报警，增强了达标机房设施异常情况的快速处置能力，提高了财政信息系统的运行安全。

【开展省级信息安全风险测评加固】按照信息安全工作要求，组织开展厅机关网络信息安全和保密检查，并按照信息系统等级保护及电子政务工程建设项目信息安全风险评估要求，完成省厅4个三级、3个二级信息系统的定级和登记备案，并启动备案保护系统的等级保护测评、信息安全风险评估，以及系统安全整改加固工作。

【组织开展平台数据异地备份项目实施】组织平台数据库异地备份项目采购与实施，统一将省市县三级财政的平台一体化系统数据库，通过财政广域网及时复制到合肥四里河数据备份中心，实现各级各地财政核心业务数据的异地存储备份，不仅满足了核心业务系统的数据级灾备要求，也为全省数据的及时统计分析奠定了基础。

【组织开展信息系统应用推广培训】一是开展公务卡管理业务培训。先后举办11期共有832名省直单位财务人员参加的公务卡业务管理培训，讲解了公务卡管理业务和一体化系统报账流程，辅导参训人员上机练习等。二是组织市县预算执行动态监控系统应用培训。组织3期共198名市县国库支付业务人员和信息技术人员参加的培训，讲解预算执行动态监控业务要求、监控规则制定依据、监控岗位设置以及系统操作管理流程等。三是配合预算处举办全省财政转移支付综合管理系统应用培训，分3期培训市县业务人员和技术人员178人，为财政部转移支付项目基础资料和执行情况报送做好了前期准备。四是配合会计处举办全省会计从业资格无纸化考试系统应用培训。共有40多名市级会计考试管理机构人员和技术维护人员参加培训。

【做好省级信息系统运行维护】一是为2012年“两会”代表提供财政预决算信息查询服务。组织完成新的计算机触摸屏查询网页制作，完善了查询功能和展现效果。二是保障完成全省会计从业资格无纸化考试，及时解决系统故障6次，有力保障全省15.74万人参加了会计从业资格无纸化考试工作。对会计从业人员综合信息系统进行了完善，实现了系统数据与网校培训平台的信息衔接，使网校考试合格的会计人员继续教育信息实现了自动登记与共享。三是保障财政企业快报系统正常运行。使全省7000多户国有、非国有企业和125个市县财政业务管理单位，在网上完成企业财务月报上传、审核、汇总等工作。四是做好财政网站和信息系统的运行维护。做好财政门户网站、政府采购网、汽车摩托车下乡财政补贴系统、财政扶贫资金监测管理系统、地方政府性债务管理系统、村级一事一议财政奖补项目信息管理系统的运行维护，为省直预算单位、市县财政和社会公众提供应用咨询服务和技术支持工作。

【开展城乡基层党组织结对共建活动】组织党员到结对共建的全椒县马厂镇岗杨村开展迎“七一”、共庆建党91周年活动，宣传国家支持“三农”的政策措施和我省33项民生工程，提升共建村群众对我省惠民惠农政策的知晓度和支持度，给5户家庭有重病病人或生活困难的党员送去了慰问金，帮助村里联系和落实了修建村水泥路的项目资金。

【坚持制度创新，健全管理制度】一是草拟《安徽省财政信息化应用绩效考核办法》(征求意见稿)，为促进财政信息化应用探索量化评价标准。二是拟定《安徽省财政厅厅属网站安全管理暂行办法》，进一步落实网站信息管理、安全管理、应急管理的职责分工，进一步完善网站运行管理和工作协调制度，规范工作流程。

【开展财政信息化建设与应用调研】开展《安徽财政信息化建设与应用研究》课题调研，对本省近年来的财政信息化工作进行了回顾总结，对比先进省市的财政信息化应用情况进行了思考，并就加快推进我省财政信息化建设与应用工作，加强运维保障体系建设和信息系统应用风险防范提出对策与建议，努力将调研成果转化为推动财政信息化发展的工作思路和有效举措。

(省财政信息中心　李森林执笔)

财政投资评审工作概述

2012年，省财政投资评审中心按照早谋划、多条理、干实事的思路，紧紧围绕厅党组的工作中心，以效能建设为抓手，以制度建设为保障，以评审质量为生命线，创新评审方式，有效提升评审效能，高质量的完成了各项工作。全年共评审各类项目455个，评审资金99.91亿元，其中，评审预算项目9批次13个，评审资金5.13亿元，审减1.50亿元，审减率29.3%；评审决算项目9批次11个，评审资金1.81亿元，审减资金0.33亿元，审减率18.2%；完成绩效评价项目8批次255个，评价专项资金15.13亿元；完成6批次176个项目专项核查工作，涉及资金77.84亿元。所有项目评审结论均得到被评审单位认可，实现评审工作全年软着陆。

【严把项目支出关口，预算评审成效显著】全年共评审预算项目9批次13个，占预决算项目总数的54.17%；评审预算项目投资5.13亿元，占预决算评审总资金额的73.81%；共审减财政投资1.50亿元，审减率29.3%，进一步实现了以预算评审为重点，将财政投资控制关口前移的工作思路，不但实现了有效审减，提高财政资金使用效率，又科学审核了部门预算绩效目标，减少与部门之间的摩擦，充分发挥了财政投资评审的节支增效作用。

【科学组织精心核算，决算评审扎实高效】一是扎实开展会展类项目决算评审工作，全年共完成第四届中国农民歌会、第七届国际徽商大会、安徽2012年银企对接会等6个会展类项目专项经费的决算评审任务，6个项目送审投资额8418万元，审定合理合规性开支6251万元，审减率25.74%，为会展类财政资金投资控制、促进省直部门节俭高效办会、推动安徽会展经济健康持续发展做出了积极贡献。二是在安徽驻新疆援建指挥部皮山援疆干部人才综合保障楼工程决算复核项目评审中，针对援建部委托的中介机构在审查结论出现政策掌握偏差、未按基本建设程序执行等问题，调集图纸、招投标、报审决算等相关资料，对已有审查结论进行全面梳理，明确了相关部门责任，保证了对项目投资的合规、真实反映，为预算追加提供了详实依据。

【成功探索开拓创新，绩效评价实现跨越发展】不断提升绩效评价工作思路，紧紧围绕财政中心工作决策需求，充实完善评价指标，提高评价报告的宏观视野，同时，将评价的重点放在总结经验、找出问题、分析原因、提出建议上，提升评价报告的实用性。全年共完成绩效评价项目8批次255个，评价财政资金15.13亿元。一是率先开展部门支出管理绩效综合评价试点探索，遴选省水文局2011年度整体支出管理情况进行绩效综合评价试点，总结省水文局部门预算绩效管理的经验，分析支出管理中存在的问题及其原因，并按照政府收支分类科目，对所有费用开支分科目进行整理汇总，测算费用开支水平，为今后在全省范围内全面开展部门支出管理绩效综合评价工作积累了实践经验。二是高效完成新安江流域水环境补偿试点项目绩效评价工作，为进一步争取中央资金投入力度做好技术支撑，获得了厅领导和相关处室的高度肯定。三是找准工作切入点，主动围绕厅美好乡村建设工作，扎实开展中小河流治理项目绩效评价，并在当年财政部组织的绩效考评工作复核中，取得优秀等次，树立了安徽财政评审严谨、科学、细致的良好形象。

【深入现场实事求是,专项核查增光添彩】全年共完成财政部和省财政厅安排的6批次176个项目的专项核查工作,核查资金77.84亿元。特别是在财政部安排的江西省新余市2011—2012年度循环经济发展项目、省2010—2012年度生猪调出大县奖励资金项目、省2010—2012年度中央财政补助储备粮(油)库建设资金项目、南昌市节能及新能源汽车示范推广资金项目、省2009—2012年度取消政府还贷二级公路收费中央补助资金项目等5项专项资金核查工作中,从政策依据、资金分配流程、使用管理三个方面进行全面核查,发现合规性、真实性、资金监管三个方面的问题70余个,针对发现问题提出了制度办法、管理机制、工作流程、资金分配、因素设定等5大类27条建设性意见和建议,为财政部规范资金管理提供了第一手资料,也为地方有关部门堵塞项目管理漏洞创造了基础条件。此外,在全省2011年度城乡居民社会养老保险试点项目专项核查工作中,创新开发了"安徽省财政投资评审中心人口类项目评审数据处理系统"软件,实现了对百万级参保人员信息的录入处理和在数秒内对32000条以内信息的查重、标注和删除功能,在有力推进核查工作信息化、规范化的同时,大大提高了现场评审工作效能。

【制度建设常抓不懈,评审工作规范发展】坚持以制度建设为抓手,通过建章立制进一步规范评审行为、推进各项工作,推动评审工作规范发展。出台《安徽省财政投资评审中心协作单位优秀评审项目奖励实施细则》,《安徽省财政投资评审中心高级评审专家组管理办法》和《安徽省财政投资评审中心高级稽核专家组管理办法》,以制度保证工作质量,奖优罚劣,进一步完善中心制度体系建设,促进评审工作健康发展。同时,以制度规范推进各项工作,提高工作执行力。

【创新评审组织方式,提升评审工作绩效】教育和培养全体同志的创新精神、创新观点、创新能力,用创新的思路破解评审工作中的难题。通过推行批量复杂项目试点机制,开发项目评审软件,组织开展"推进科学评审、促进健康发展"主题大讨论和财政投资重点、热点项目点评等活动,探索评审规律、明晰评审思路、提高评审效能,有效解决了评审过程中存在的共性问题,用以指导评审工作,全面、规范地提升了评审工作绩效。

【积极落实会商制度,评审工作和谐发展】严格贯彻落实评审会商制度,一是厅内会商,与有关业务处室会商;二是厅外会商,与项目建设单位会商。在每次会商前都明确了会商内容、会商形式、会商人员和要实现的会商目标,做到了在项目前期充分了解决策需求,与有关业务处室共同确定评审原则和评审方案;与被评审单位座谈会商,全面了解项目建设情况,及时反馈评审结论,确保了评审报告的科学性、准确性,进一步提升了评审形象,保证了评审工作和谐发展。

(厅投资评审中心供稿　李昌鹏执笔)

政府采购执行工作概述

2012年,采购中心以"制度绩效创新年"活动为抓手,以"创先争优"、廉政风险防控、结对共建、"保持党的纯洁性"主题教育等活动为载体,在专业化采购、精细化管理、规范化运行上下功夫,中心各项工作稳步推进,取得明显成效,先后荣获"安徽省文明窗口"和"全国十年十佳集采机构"等荣誉称号。

【项目完成情况良好】全年完成采购项目1027个,比上年增加176个,同比增长20.68%;完成预算42.08亿元,合同金额37.20亿元,节约资金4.88亿元,资金综合节约率为11.60%。其中,公开招标和竞争性谈判项目预算达37.50亿元,占总采购预算的89.11%。扩大服务类采购,组织天安门广场LED屏"安徽形象宣传片"摄制、省会计领军人才培训机构、省会计人员网络继续教育机构等项目,在全省乃至全国范围都属首例。民生采购效益明显,连续第6年组织实施全省小麦优势产区良种采购项目,采购规模11.4亿元,合同金额10.87亿元,为农民节约购种成本0.53亿元;民生工程省残联贫困残疾儿童助听器采购项目,资金节约率高达45.7%。加大协议供货价格监控,连续发布17条价格调整公告,最高限价得到有效控制,全年协议供货采购金额1.03亿元,同比增长84.63%。

【管理能力不断增强】全面梳理规章制度,新制定《现金管理暂行办法》、项目安排情况每日通报、投标保证金清退和项目质疑受理周报表等管理制度。

推进电子化采购，开展电子化评标试运行，通过“安徽省政府采购网”发布采购信息2033条；系统自动抽取专家13842人次、实到专家2971人次；新审核入库供应商2022家，入库供应商总数达6795家；规范采购行为，实现项目从专家抽取到开、评标全程录音录像，全年邀请监督员386人次、公证员194人次，整理归档千余个项目档案、1.2万余卷。全年多次接受审计，对指出的问题及时纠正、完善，财务会计工作更加完善、规范。加强项目催办和合同履约监督，全年发出催办函134份，促使采购单位重视并有效加快项目办理进度；加强合同履约监督，严肃处理供应商合同执行过程中的违约行为。紧急采购能力增强，严格依法按程序组织“安徽产品甘肃行”布展设计、“青洽会安徽名优特新产品展销会”布展设计、央企对接会议纪念品采购、第六届中国(合肥)国际家电博览会纪念品等紧急采购，确保省委、省政府重大活动顺利开展。执行能力不断提高，中心项目办结率95%，年人均完成项目43个，较去年增加8个，人均完成预算1.75亿元。全年共受理供应商对18个项目质疑，质疑率为1.75%。

【落实政府采购政策功能】认真落实省政府“30条”意见，坚持同等条件下优先采购地产品。严格执行公务车采购规定，全年采购省产汽车834辆、1.29亿元，占中心全年汽车采购总量的95.60%、采购金额的92.7%；积极建言献策，引导省农机局等采购单位优先采购省产农机机械。积极服务财政中心工作，安排骨干精心组织实施民生项目、财政惠农项目等公共服务项目采购，先后组织实施贫困白内障患者复明补助、农家书屋出版物、农村留守儿童活动室、玉米病虫害防治、土壤有机质补贴等项目，充分发挥集中采购规模优势，取得良好的经济和社会效益。严格执行政府采购强制(优先)采购节能、环保产品，提高绿色采购比重。

【加强单位自身建设】中心党支部与太湖县方洲村党总支结对共建，先后十多次进村入户，实地调研，访贫问暖，争取并推进道路照明、渠道修复、小学操场平整等项目。深入推进廉政风险防控，加强廉政学习、教育和宣传，廉政风险防控意识执行得到深化。加强窗口建设，坚持为民服务创先争优，对涉及供应商的制度制定，召开座谈会，主动征询他们意见和建议；汇编整理2012年《工作手册》，免费发放给部分采购单位和供应商，协助熟悉和了解政府采购政策制度；通过中心显示大屏，将中心每日项目安排情况对外公开，方便采购单位和供应商及时掌握项目开评标地点和时间。加强队伍建设，将学习纳入目标责任管理，切实推动干部在线学习，中心人均学时109小时56分，人均学分85.63分，位列厅各处室单位第一。坚持主动上门服务，先后到省地税局等30余家单位开展上门服务。

【扩大政府采购工作宣传】以纪念《政府采购法》颁布十周年为主线，加强政府采购工作宣传。联合新华社经济参考报社举办全国政府采购高层研讨会，邀请财政部政府采购管理办公室领导出席。邀请《政府采购信息报》总编作宣传讲座，提升政府采购当事人宣传及与媒体沟通协调能力。全国两会期间，中心主要负责同志受邀参加搜狐财经频道“政府采购直播间”介绍我省“三农”项目采购。加强对外交流，接待上海等十余个省市政府采购同行来中心考察交流。全年《经济参考报》、《中国财经报》等中央媒体报道中心文章36篇，《中国财经报》还以《在服务财政中心工作中扩大集采影响力》为题，整版报道中心十年发展成绩。注重厅内和中心部门之间信息交流，在厅内网发布信息50条，编发中心简报127篇。

(政府采购中心供稿　李成名执笔)

财政科研工作概述

2012年，科研所紧紧围绕财政工作中心，坚持服务大局，积极履责，主动作为，不断推动财政科研和宣传等工作，较好地完成了各项工作任务。

【围绕中心，提升财政科研水平】积极参与省委、省政府交办省财政厅的“民生工程、城乡居民收入倍增规划、财税体制改革”三项专题调研，研究成果得到财政部党组副书记、副部长王军和省人大常委会党组副书记、副主任臧世凯的重要批示；牵头起草全省财政2012年度重点课题计划，协调推动处室和市县开展课题研究，全年完成厅领导交办课题3项和重点课题研究4项，协助8个处室完成9项课题研究，指导推动市县完成协作课题7项。认真做好全国重点协作课题研究工作，参与的两项课题在全国财政协作研究课题评比中，分获一、二等奖，牵头完成的一项课题荣获第五次全国优秀财政理论研究成果评选一等奖。积极推动财政科研成果的转化应用，全面收集全省财政课题研究成果,完成《安徽财政调研报告(2012)》一书的编撰、出版工作。

【创新形式,扩大财政宣传效应】在省财政厅出台加强《安徽财会》宣传工作通知的基础上,提升《安徽财会》办刊水平,制定宣传通联分工、重点工作分工、重点栏目分工等三项办法,调整设计风格,充实宣传内容,扩大赠阅范围,加大策划力度,确保当月出刊。全年共出刊12期,专辑1期,封面设计及彩版制作100个,外出采访服务160次,拍摄留存照片6000余张。紧跟财政工作重点,加快财政橱窗宣传节奏,全年共制作橱窗15期,设计版面133个,平均每2.7天更新一个版面。与安徽电视台、安徽日报签订战略合作协议,全年共邀请安徽电视台出访40次,安徽日报社出访38次。积极承担年度专题片和宣传画册的制作工作,组织动员全所力量,精心策划,加大素材搜集和资源整合力度,加快推进设计制作进度。

【认真谋划,推动学会活动开展】进一步发挥省财政学会的参谋助手和桥梁纽带作用,开展"税制改革对安徽财政经济的影响及对策"征文活动,收到各应征稿件49篇,评审出一等奖2篇、二等奖3篇、三等奖6篇和优秀奖18篇。积极参与省社科联组织的社科学术年会征文活动、社会组织联合会组织的"社团秘书长"培训、省民政厅组织的"社会组织十二五"规划讨论。认真完成省社科联下达的课题任务并获得优秀成果奖。积极筹划召开省财政学会第七届会员代表大会,并全力做好相关筹备工作。省财政学会首批通过了全省标准化学会评估,并被安徽省民间组织管理局授予3A级学会称号。

【提质提效,做好财政志鉴工作】按照省地方志办公室的有关要求,加快《地方志·财政志》编撰收尾工作,出版《安徽省财政志》一书。省财政厅地方志工作得到谢广祥副省长的充分肯定,被省人力资源和社会保障厅、省地方志编纂委员会办公室联合评为"全省地方志系统先进集体"。加大安徽财政年鉴编纂力度,精简内容,提升质量,及时出版。圆满完成财政部2012年度"六刊两鉴"征订及宣传工作任务,连续三年荣获财政部科研所"全国财经科研成果宣传工作一等奖"和财政部经济研究参考杂志社及中国财政杂志社"宣传发行工作先进单位"。

【改进作风,提升干部队伍素质】深入学习贯彻党的十八大精神,对照中央八项规定、省委省政府30条规定以及省财政厅30条规定,结合科研所实际,提出明确贯彻落实要求。按照省财政厅统一部署,扎实开展结对共建活动,先后6次走访共建村,加大智力支持和项目资金扶持。以开展"制度绩效创新年"活动为抓手,认真开展"制度大梳理"活动,修订完善招待费管理、《安徽财会》和宣传栏相关费用收支、学习制度、档案管理等4项制度,确保各项工作规范运行。

（省财政科学研究所供稿　万勇执笔）

注册会计师和资产评估师管理工作概述

2012年,注册会计师、资产评估协会按照厅党组的决策部署,贯彻落实行业"十二五"规划,加强行业党建工作,着力提升行业服务经济转型发展能力,较好完成全年工作任务。

【扎实深入推进行业党建工作】一是深入学习贯彻十八大精神。及时制订实施方案、举办专题培训班、印制辅导材料、组织专题研讨,制作宣传栏,举办以"我为党旗添光彩,立足岗位做贡献"为主题的演讲比赛。二是开展特色鲜明的主题教育实践活动。开展了城乡基层组织共建、"保持党的纯洁性、迎接党的十八大"、"在光荣的党旗下,互促共进,合作共赢"、"传承千年文明 弘扬诚信精神"、"诚信执业争先锋"宣誓等系列主题教育实践活动;各市行业党组织还展开了"学英模见行动"等特色鲜明的实践活动。《光明日报》刊登了安徽华皖会计师事务所"保持党的纯洁性,迎接党的十八大"主题教育实践活动图片资料。三是深入推进党建带群建活动。推动行业统战、工会和团建工作。建立了行业党组织与省委统战部门的协调沟通机制,积极培养和推荐行业优秀人士参政议政。本省担任各级人大代表、政协委员的行业人员达到34人,省协会有2名党外人士担任副会长。成立共青团省注册会计师行业工作委员会和省注册会计师行业工会工作委员会,已有16家事务所成立团支部。四是以创先争优常态化长效化机制促行业发展。举办事务所党支部书记和党务工作者示范培训班,加强对党组织带头人队伍的政治理论和业务素质的培养。开展调查摸底、群众评议,为事务所党组织分类定级,在资金、政策等方面对党建工作开展好的事务所给予支持。表彰先进党支部、优秀党员和岗位能手。开展创先争优综合评价，推进创先争优常态化长效化机制建设。

【服务经济发展能力进一步增强】截至当年末，全省共有246家会计师事务所、2649名执业注册会计师；84家资产评估机构、747名执业注册资产评估师，初步形成了不同规模的执业机构，根据服务能力定位服务领域的良好局面。具有证券资质的15家会计师事务所安徽分所，积极提供IPO审计、上市公司年报审计服务，为做大做强主导产业做出了重要贡献。前50强事务所和30强资产评估机构，积极为省属企业、市属企业提供审计、评估、管理咨询等服务。主动跟进皖江示范区、合芜蚌综合试验区建设，加快皖北地区和大别山革命老区发展，助推园区经济发展。扎实服务民生工程、美好乡村建设、营改增试点、绩效评价、资金监管等财政重点工作，为加快经济发展方式转变做出了积极贡献。小型执业机构围绕做精做专，提供会计服务，支持民营经济发展，开展低保对象审核、城镇低收入家庭住房保障情况摸底、政策性农业保险情况调查、义务教育化债审计等，为增进社会和谐做出了贡献。

【行业社会公信力进一步提升】把诚信建设作为行业发展的根基加以推进。一是加强诚信监督体系建设。建立诚信档案、推行防伪标识、开展诚信宣誓、加强诚信教育、公开任职资格检查结果、纳入综合评价体系等，建设完整的诚信信息监控体系。二是加强行业监管力度。制定执业质量检查工作方案，深入33家会计师事务所、15家资产评估机构实地检查。由自律委员会给予风险较高、执业质量较低的事务所以通报批评和警告的惩戒。三是坚决整治恶性竞争。组建专项检查小组，对普诚等三家会计师事务所的不正当竞争行为进行专项检查。四是加大对检查结果的运用。将检查中发现的典型问题编写成案例，在被检查执业机构注册会计师、资产评估师培训班上进行剖析，及时纠偏。五是积极推进协调会商。加强与监督检查局的沟通协调，共享检查结果，减少重复检查，提高工作效率。

【积极践行服务会员的职责】认真履行协会《章程》赋予的职责和省财政厅交办的任务，不断提升服务会员的能力。一是积极引导执业机构有序发展。完成2012年度会计师事务所综合评价，并向社会公布前50家信息。开展资产评估机构综合评价，评出A级资产评估机构10家、B级资产评估20家。根据中注协要求结合本省行业发展实际，及时对《安徽省会计师事务所综合评价暂行办法》及《安徽省资产评估机构综合评价暂行办法》进行修订。二是积极做好年检、注册和机构管理工作。全年共完成242家会计师事务所、2546名注册会计师的任职资格检查；完成76家资产评估机构、727名注册资产评估师的年检；完成20名资产评估师、127名注册会计师的注册。配合厅会计处、企业处，做好执业机构的审批及管理工作，全年新批会计师事务所14家；为26家办理了股东变更手续；为7名转外省申办新所注册会计师出具执业经历证明；为8家资产评估机构办理审批备案手续，6家办理变更备案手续，12家发放或更换执业证书；认真做好非执业会员年检、补办证件等工作。三是建立合伙人胜任能力评价制度。出台《关于为拟任会计师事务所合伙人或股东出具证明的暂行办法》，更加客观地评价申请担任合伙人（股东）的职业道德水平和专业胜任能力，把好合伙人（股东）的资格准入关。

【不断推进行业人才培养工作】始终坚持人才是行业科学发展的第一资源。一是深化注册会计师考试制度改革。加强制度机制建设，修订监考人员组织制度、考生考场规则等制度，考前省考办派员分赴各市考点，开展机位巡检，督查机考公司落实工作任务情况，考试阶段组织巡考组，督查考点考风考纪。联合省经信委和省公安厅下发《关于加强全省注册会计师考试安全管理和防范高科技作弊活动的通知》，建立联动机制，防范高科技作弊；制订工作方案和应急预案，建立24小时值班制。厅领导对马鞍山和合肥考区进行巡视，顺利完成年度注册会计师专业阶段、综合阶段、英语测试以及领军人才选拔等多项考试工作，考生人数超过18000人。二是完善继续教育结构。以政策为先导，构建行业人才培养的良好环境。组织第二批注册会计师行业领军（后备）人才（金融审计方向）选拔考试；发布《安徽省注册会计师、资产评估协会行业人才培养基金管理办法》，从政策、资金、业务、荣誉等方面支持行业精英人才培养机制建设，吸引高学历、高素质的优秀人才来注册会计师、资产评估行业工作，激励全省执业注师攻读学历（位）、取得多种相关执业资格以及开展专业学术研究。构建培训工作的督查机制，从制度上提升培训工作的严肃性和重要性。全年共有3个执业机构的10

人次申请高层次人才培训资金,获补助近万元。以网络为依托,提升培训信息化管理水平。制定网络教育管理制度,加强与北京注协的合作,充分利用其信息量大、师资优秀和高质量课件的网络教育资源,为本省继续教育共享。全年共有1341名注册会计师参加网络培训。研究分类分层级继续教育模式。举办新注册执业人员培训班、执业机构高管培训班、“营改增”试点专题培训班等。

【开展行业宣传交流活动】按照省财政厅关于进一步加强宣传工作的部署,专门召开全省注册会计师行业宣传工作座谈会,出台《关于进一步加强行业宣传工作的办法》,对行业宣传工作提出明确的要求。全年编发《省注册会计师行业创先争优活动简报》60期、《协会工作简报》4期。在《光明日报》、《中国会计报》、《中国资产评估》、安徽电视台、《安徽日报》、《省委创先争优活动简报》、《安徽财会》等媒体上发表文章10多篇。在安徽先锋网、中注协、评协、省财政信息网、行业党建网等网站上发布信息800余条。《中国会计年鉴》、《安徽年鉴》、《安徽财政年鉴》、《安徽审计年鉴》也收录了本省行业改革与发展的相关资料。协助安徽省政府发展研究中心举办“安徽省企业‘走出去’赴美投资发展专题研讨会”,推动行业国际交流与合作。支持上海评协策划的“2012评估梦想万里行”活动,宣传评估立法。应台湾省会计师公会邀请,组织行业12名代表应邀前去交流。组织行业18名代表参加中注协“2012年海峡两岸及港澳地区会计师行业交流研讨会”。接待台湾省会计师公会代表团来我省访问交流。组织开展“新业绩新氛围,强组织增活力”、“传承千年文明,弘扬诚信精神”活动,加强省内执业机构间交流。

(省注册会计师管理处供稿　王克法执笔)

财政干部教育培训工作概述

2012年,干教中心坚持以科学发展观为统领,围绕中心,服务大局,深入学习贯彻党的十八大精神和省第九次党代会精神,以主题活动为载体,以服务发展为主线,以推动工作为抓手,凝心聚力、扎实工作,努力促进各项工作迈上新台阶。

【强化干教培训】坚持“为财政科学发展服务、为财政干部健康成长服务”的干部教育培训方针,超前谋划,精心组织,强化责任,明确目标,积极推进。规范梳理教育培训工作流程,健全完善干部教育文书档案和图片库,整理汇编教育培训文件,建立健全干部教育培训师资库和各类培训班档案,精选编辑培训学员心得体会,收集归纳干部教育宣传报道。确立项目负责制,做到人人有目标,人人有任务,人人有责任。全年共举办10期岗位培训班,主动协同厅处室(局)、单位举办15期业务培训班,岗位和业务培训班较上年增加19期。组织撰写各类培训报道13篇,编辑各市来稿13篇,向财政部干部教育中心《培训动态》和中华会计函授学校《财会教育信息》投稿16篇,为全省干部教育培训工作营造了良好的氛围。

【推动会计培训】财会培训秉持以人为本、注重质量、服务社会、和谐发展的理念,立足自身工作职能,进一步强化服务意识,紧紧围绕“优服务、严管理、高质量”的培训宗旨,加强教学管理、培训服务、教学检查、换证工作。全年共举办会计职称、会计从业、会计电算化、会计人员继续教育和会计实践培训班59期,培训学员7800人,其中:网络培训2524人,取得了较好的成效。

【狠抓企业经营】加强对所属企业协调管理,强化经营形势研判和安全经营生产,注重提高企业服务财政、服务机关的能力和水平。百花宾馆全年共完成重要接待任务171次,各类会议340场次。实现经营收入2349.8万元,创历史最好成绩。加强机关食堂管理,进一步提高服务水平,提升服务质量。制定印发了《关于切实加强机关食堂服务管理 进一步提高饭菜质量的通知》,从宾馆抽调服务技能较强的人员,充实服务队伍。开展问卷调查,广泛听取厅机关各处室(局)单位干部职工意见、建议,并及时进行整改。推行一周菜谱公布制度,定期召开总结会,增强责任意识、服务意识、安全意识、协作意识,不断提高服务保障水平。印刷厂围绕年度生产经营目标任务,以“服务财政、服务社会”为宗旨,提服务、树形象,提能力、促发展,提管理、促规范,较好地完成了全年生产经营目标任务。2012年实现销售产值1258万元,上缴税收133万元,实现利润70万元,取得了较好的经济效益和社会效益。

【规范内部管理】一是抓日常学习,提升能力。注重加强干部职工政治理论学习和业务知识学习,全年共组织中心干部职工政治理论学习17次,认真学习党的十八大、十七届六中全会和省第九次党代会等会议精神。积极组织干部职工参加厅专题培训、讲座学习，定期统计在线学习情况，每位职工都按时完成在线学习任务。同时，注重强化现代培训理念、财政业务与财政改革等业务内容的学习，着力提高干部职工政治素养和业务能力。二是抓主题活动，丰富载体。积极组织开展"社会主义核心价值体系践行年"、"学雷锋、讲文明、树新风"、"纪念中国共产党成立91周年"和深化班子成员大走访等活动。深入推进创先争优活动。进一步完善支部和党员公开承诺，召开群众评议座谈会，进一步促进单位"五个好"支部建设和"五带头"党员活动开展，着力推动创先争优活动常态化。认真做好廉政风险防控工作。研究制定《干教中心深入推进廉政风险防控工作实施方案》，扎实做好廉政风险防控回头看，稳步推进廉政风险防控各项工作。扎实开展"制度绩效创新年"活动，认真开展制度建设梳理工作，修订制定并印发内部综合管理制度16项。稳步推进城乡基层党组织结对共建。五赴结对共建村，分批次安排29名党员，4名群众深入结对村了解村情，感受农村生产生活。精心组织"保持党的纯洁性、迎接党的十八大"主题教育实践活动，专题部署民主生活会和组织生活会，广泛开展谈心活动，认真制定整改措施，不断建立健全支部建设的长效机制。三是抓综合管理，营造氛围。狠抓内部效能建设，多次召开专题学习会，研究部署中心效能建设工作。不断推进效能建设向科室延伸，向个人延伸。认真学习贯彻厅财务管理工作会议精神，专题研究进一步加强中心及所属企业财务管理措施，按时编报2011年单位财务决算报表、财政部、人事部人事统计报表和省编办机构核查有关报表，仔细编写财政支农政策培训经费自查报告和表格，积极主动参与百花宾馆装修工程竣工决算审计。积极开展保密检查，强化财会培训外网信息安全管理，积极推动单位财务核算软件、档案管理软件工作。不断强化中心人事、劳资、财务、收发、档案、车辆维护等各项管理工作。

（财政干部教育中心供稿　叶伐朋执笔）

省级行政事业单位资产管理工作概述

2012年，厅资产中心紧紧围绕全省财政工作重点，服务大局，凝心聚力，真抓实干，创先争优，各项工作扎实有序推进，取得明显成效。

【深入推进机关效能建设】一是完善管理制度促绩效。对中心内部规章制度进行全面梳理完善，新制定《AB岗工作制度》、《信息宣传工作制度》、《档案管理办法》、《资产管理中心工会工作制度》、《资产管理中心党支部工作规则》等5项制度，逐步建立健全科学、规范的制度管理体系。二是完善业务制度促规范。根据行政事业资产管理相关制度，结合本省实际，完成《省级行政事业单位产权证集中管理暂行办法》、《省级行政事业单位资产集中处置操作程序》、《省级行政事业单位房屋公开招租操作程序》等制度的草拟，为全面启动和规范省级行政事业单位资产管理做好准备。三是完善考评制度促落实。坚持公平、公正、公开原则，修订完善《安徽省财政厅机关物业监督管理暂行规定》，理顺工作关系，落实监管责任，明确奖惩标准，切实加强了对物业公司的监督管理；制定《资产管理中心党支部工作规则》，加强对每位党员的监督考评。

【积极开展资产管理工作】一是落实工作任务，巩固清理成果。全面总结省级行政事业单位资产清理工作，深入分析上年116家省直单位资产清理数据，进一步掌握省直单位资产状况。并在此基础上，与厅资产处共同起草《关于进一步规范和加强省级行政事业单位资产管理的意见》，提出加强省级行政事业单位资产配置、使用、处置、监管的明确要求。二是积极探索实践，切实履行职责。按照相关制度规定，组织对省林业厅等单位经审批后的房产、车辆进行公开处置，实际成交资产总额958.98万元；按照公车治理工作要求，安排专人全程参与全省党政机关公务用车清理专项工作，较好地完成了各项工作任务；协助厅资产处做好省直事业单位公务用车清查工作，制订工作方案，落实工作任务，确保了清查工作按时完成。三是注重学习调研，创新工作思路。参加省级行政事业单位资产清理领导小组办公室组织的业务专题调研,学习借鉴兄弟省份的好做法和好经验;结合省级行政事业单位资产清理有关情况和问题,与资产处一起深入部分省直行政事业单位开展会商,深入了解当前资产管理状况,广泛征求意见建议;前往合肥市招标投标中心等机构,考察学习资产处置交易流程,为下一步资产拍租、拍卖等工作积累经验。四是贯彻意见精神,构建科学机制。与厅资产处积极会商,共同研究制定《贯彻落实〈安徽省人民政府办公厅关于进一步规范和加强省级行政事业单位资产管理的意见〉工作方案》,梳理近期工作重点和下一步全面规范管理所需的制度框架、工作流程及长效机制。

【持续提升机关服务水平】一是多措并举,加强环境整治。投入资金151.6万元,实施机关办公区道路改造,5700平方米的绿化提升、杏花宿舍区采暖及热水管道改造等工程;投入资金122.8万元,完成水木春城小区地下室及道路照明改造、25户房屋漏水维修、健身器材以及相关生活服务设施完善等工程,办公和居住环境得到很大提高;按照省爱卫办要求,组织开展以"爱国卫生人人参与,健康生活人人享有"为主题的第24个爱国卫生月活动,提高了干部群众爱卫生、讲卫生的意识。二是强化监督,提高服务质量。按照招标文件和合同约定,对辰元物业财政厅项目管理处一年来物业服务管理情况进行完善性综合评审,续签物业服务合同,建立物业管理工作联席例会制度和物业管理绩效评价制度;不断提高会议服务标准化、精细化、规范化水平,全年累计完成各类会议服务206次,其中大会36次,确保了机关工作的顺利实施;关心干部职工生活,克服困难,帮助31位干部职工解决子女入学入托问题。三是落实责任,推进节能减排。按照省节能办要求,明确节能减排工作重点,加强日常节电管理,落实专人负责做好能耗数据统计分析和日常节能监督检查,实施了重点用电区域计量检测、地下车库照明等一批节能改造工程;在全厅开展以"珍惜生命之源,人人节水护水"为主题的2012年公共机构节能宣传周活动,大力营造厉行节约良好氛围。四是积极会商,认真贯彻《机关事务管理条例》。为确保2012年10月1日起施行的《机关事务管理条例》得到贯彻落实,与厅办公室积极会商,起草制订了《安徽省财政厅贯彻实施〈机关事务管理条例〉工作方案》,并组织学习座谈,进一步推进节约型机关建设。

【创新社会综合治理工作】一是认真落实综治目标任务。按照省综治办要求,整合充实社会管理综合治理工作力量,制定《省财政厅2012年社会治安综合治理工作要点》,组织开展2012年社会管理综合治理宣传月活动,圆满完成省综治委2011年度社会治安综合治理工作的检查考评,并再次荣获"全省社会治安综合治理优秀单位"。二是高度重视机关应急管理。认真学习《中华人民共和国突发事件应对法》,完善突发公共事件、雨雪灾害、防汛抢险、安全生产和地震应急预案,建立健全紧急重要信息报告和应急物资储备制度;坚持24小时值班制度,加强节假日值班和厅领导带班制度,切实提高了机关应急保障能力;组织开展2次突发断电应急演练,2次消防设备系统联动演习,为确保机关安全有序运转提供了保障。三是不断强化机关安全保障。建立安全巡查工作制度,组织中心中层以上干部夜间对办公区和宿舍区治安保卫、消防安全、监控设施和电力设备运行情况不定时巡查,有效预防安全事故发生;加强机关车辆疏导和停放管理,并与交通、城管和辖区单位积极协调,解决办事车辆临时停放问题;认真做好来访登记工作,全年累计完成来访登记2万人次,机关办公秩序良好,未发生一起重大安全责任事故。在当年安全生产月活动中,被省安全生产委员会授予"全省安全生产月活动先进单位"称号。五是学习资产处置交易流程,为下一步资产拍租、拍卖等工作积累经验。

【切实加强基层组织建设】一是积极贯彻十八大会议精神。把学习宣传贯彻党的十八大精神作为当前和今后一个时期首要政治任务,通过收看直播、"三会一课"、召开专题学习会、研讨会、制作专题看板、撰写学习心得等多种形式认真学习宣传;结合效能建设和年底机关物业服务管理情况调查工作,组织开展问卷调查150余人次,征求意见建议,查找不足,以实际行动贯彻落实党的十八大精神。二是不断深化学习型党支部建设。根据新形势、新任务提出的新要求,结合中心工作特点和实际,继续完善"五个一"模式,深化创建学习型支部活动。开展财政热点、资产管理和机关党建等专题科室轮流宣讲活动9次,在剪报墙推荐各类文章280余篇,组织参加五四青年征文、"我为党旗添光彩"等征文活动,并获得1个一等奖、6个三等奖。在省直机关第三届读书月活动中，被评为省直机关“百个书香处室”。创建学习型党支部的做法被《中国财政报》宣传报道。三是扎实开展城乡结对共建活动。按照厅党组的统一部署，以项目建设和基层党建为主攻方向，认真调查研究，加强组织协调，整合各类资金 135 万元，先后完成休宁县祖源村美好乡村规划、旅游发展规划、村民休闲文化广场、100 亩名优茶产业示范园建设和 80 余户民居改徽、祖源堂、古萃源桥、思贤岭古道修缮工程。创新共建形式，先后选派 3 名青年党员驻村帮扶，与村民同吃、同住、同劳动，真心实意听民声、察民意、解民忧，得到地方政府和广大村民的高度评价。四是深入推进廉政风险防控工作。认真履行“一岗双责”工作要求，研究制定深入推进廉政风险防控工作实施方案，梳理排查廉政风险点 158 个，制定防控措施 115 条；围绕“六查六看”，通过召开“保持党的纯洁性”民主生活会、开展匿名问卷调查等形式，认真开展批评与自我批评，查找思想和工作中存在的突出问题和薄弱环节；制定具体落实措施，认真学习贯彻切实改进工作作风、密切联系群众的有关规定，逐步推进文风、会风等工作作风的转变；组织党员参加“万名党员服务日”、“我为文明添光彩”等社区志愿活动，在实践中锤炼党性，提升自我。五是充分发挥舆论宣传示范效应。贯彻落实厅党组关于加强财政宣传工作的要求，提高宣传对促进工作、助力发展的重要性认识，确立“全员皆为信息员”思路，及时发现和捕捉宣传信息点，通过《人民网》、《中国财经报》、《中国财经网》、《行政事业资产与财务》、《安徽财会》和厅办公内网等进行宣传。2012 年，在各类媒体刊发信息和经验文章 60 余篇，其中省级以上 8 篇，为推动各项工作开展营造了良好舆论环境。

（厅资产中心供稿　张家夺执笔）

财政学会和研究会工作概述

安徽省财政学会工作概述

2012年,安徽省财政学会积极围绕税制改革和厅中心工作,认真开展学术活动,积极发挥学会参谋助手和桥梁纽带的作用,为提升服务质量,活跃学术气氛,促进安徽财政经济健康发展做出了积极贡献。省财政学会首批通过了全省标准化学会评估,并被安徽省民间组织管理局授予AAA级学会。

【以“营改增”为重点,积极开展学术活动】在全省财政系统和全体会员单位范围开展“税制改革对安徽财政经济的影响及对策”征文和评审等学术活动,共征集稿件49篇,经过认真评审,共评出一等奖2篇、二等奖3篇、三等奖6篇、优秀奖18篇,同时,评出安庆市财政局、淮北市财政局、颍上县财政局6个单位为组织奖。

【以服务财政为主线,认真开展课题研究】以财政科研为依托,以服务财政为主线,围绕财政改革和经济发展,充分发挥“智库”作用,先后完成中国财政学会、财政部科研所、省社科联等下达的各类课题和独立完成的课题22项,形成了一批高质量的研究成果。其中《关于加快全省科学发展步伐专题调研报告》得到财政部领导和省人大领导的重要批示;《推进我国主体功能区建设的财政政策研究》荣获财政部、全国财政学会优秀理论研究成果一等奖;《支持农村金融创新的财政政策研究》和《财政支农效应研究》分别获得中国财政学会和财政部科研所协作课题一、二等奖。

【以服务社会为目标,认真做好学会日常工作】进一步拓宽研究视野,积极参与省社科界、社会组织联合会、有关院校和中国财政学会组织的各类活动,更好地把握政策导向、扩大学会影响。积极参与省民政厅组织的“社会组织十二五规划”讨论,参加省社会组织联合会组织的“社团秘书长培训”活动,认真做好学会年检、学会信息报告和财政学会的各种报表以及学会秘书处的日常工作。

(省财政学会供稿　王恩奉执笔)

安徽省珠算协会工作概述

2012年,省珠协按照六届七次常务理事扩大会议确定的各项工作部署,紧紧围绕推广普及少儿珠心算教育这一工作中心,合理安排计划,有序有力实施,并顺利完成各项工作任务,取得明显成效。

【继续拓展珠心算教学示范点】省、市珠协把着力点放在兴办、拓展少儿珠心算教学示范点上。面对办学有起有落的不利局面,坚持对少儿珠心算启智功能宣传不停、教学示范不停、教练培训不停、年度比赛不停。据不完全统计,全省仍有半数以上市、县、区的300多所幼儿园、小学开展珠心算教学,参加学习的少年儿童约近3万人,教练教学和选手竞技水平均有明显提高。

【积极筹备协会改选换届】做好省珠协第七次会员代表大会及理事会的筹备工作,聘请安徽省正一会计师事务所对本届协会六年(2006—2011年)财务收支情况进行审计。按照有关规定,履行一系列申报程序并先后完成了起草“本届理事会工作报告”、研究确定下届理事会组成方案及推荐人选、草拟协会章程修改草案等各项准备工作,经协会主管单位——省财政厅批示同意已于2013年5月召开会员代表大会。

【积极组织参加各类学术交流活动】组织参加中珠协“2012年学术研究理论研讨会”，在全省广泛征集珠心算教育教学训练学术研究论文，先后收到合肥、黄山、马鞍山、淮南、亳州、六安、铜陵、淮北等八市论文共11篇，推荐上报7篇论文，最终在全国学术研讨会上全部获奖，其中，一等奖2篇、二等奖2篇、三等奖3篇。积极参加在四川召开的海峡两岸第二十届珠算学术交流会议，加大对外联系交流。组织合肥、六安、黄山、安庆、淮南、马鞍山等六市珠协会长、秘书长及所在地的5所小学（幼儿园）校（园）长、教练等25人代表团，赴山西省进行珠心算教育工作考察，交流经验，加强合作。

【加大珠心算师资培养力度】按照中珠协“建立全国珠心算教师培训师资库通知”要求，认真对照相关条件，推荐本省张成武、石磊两位高级教练师进入全国“师资库”，经中珠协聘请相关专家评定，最终确定石磊老师入选，并受聘担任当年8月底中珠协举办的全国珠心算教练师培训班主讲教师。举办2012年暑期教练员培训班。全省12个市共选派102人参训，历时4天半，其中六安市21人、合肥市17人、马鞍山市12人、亳州市10人。

【积极组织参加各类珠心算比赛】省珠协和15个市珠协共同组织31909人参加全国第二十一届海峡两岸珠心算通信比赛，获得大赛组织推广二等奖并受通报表彰。马鞍山当涂县团结街小学许红教练、韩徐睿同学同时分别获大赛教练奖、个人二等奖。六安、马鞍山、黄山、安庆、滁州、淮南、淮北、铜陵、池州等九市获本省组织推广特等奖，蚌埠、芜湖、阜阳、宿州等四市获组织推广一等奖。成功举办全省第十五届少儿珠心算比赛，全省14个市及省粮食分会、闾江小学共派出25支代表队78名选手参赛，其中小学组9支代表队，学前组16支代表队。

【促进全国珠心算教育教学实验点建设】派员参加中珠协七届四次常务理事扩大会议暨秘书长工作会议，本省祁门闾江小学、屯溪大位小学、合肥十里庙小学及霍邱县逸夫小学（增批）等成功列入全国珠心算教育教学实验点。省珠协专门组织对合肥十里庙小学、黄山大位小学、祁门闾江小学幼儿园等三个全国珠心算教育教学实验点进行调研，了解珠心算教育教学开展情况等。

（省珠算协会供稿　唐向东执笔）

安徽省会计学会工作概述

2012年，省会计学会围绕七届四次常务理事（扩大）会议确定的主题和计划，有重点地开展了各项工作，取得了较好成绩。

【认真组织会计理论研究】高度重视会计理论研究工作，认真组织课题研究创新。按照省会计学会七届四次常务理事（扩大）会议确定的研究课题任务，确定了2012年三个大专院校具体参与的三项重点课题，分别是安徽财经大学《承销商声誉与企业IPO盈余管理——基于深圳中小板市场的实证研究》、铜陵学院《注册会计师审计经验与审计质量相关性的实证研究——基于中国A股上市公司的经验证据》、合肥工业大学《增加价值与企业社会责任关系的实证研究——基于上市公司2004—2010年面板数据》。学会将课题成果论文汇编成册，供广大会计理论工作者和实务工作者学习，取得了较好的课题研究效果。

【积极参与南方片区学术研讨会】积极参加在重庆市召开的南方片区第27次学术暨工作交流会，认真提交大会论文。安徽财经大学王建刚、李全撰写的《承销商声誉与企业IPO盈余管理——基于深圳中小板市场的实证研究》论文，在大会上作学术交流，并被大会入选汇编成册，在全国会计界形成了一定影响。

【认真组织会计人员相关培训】充分发挥会计学会与会计人员的纽带作用，进一步提高财务、会计管理人员理论水平和业务能力。在厦门国家会计学院举办一期全省行政事业类财务会计人员培训班，就政府会计改革、政府预算改革热点、行政事业单位内部控制建设（含政府采购）、非税收入管理规范化探索、国库集中支付和政府收支分类改革科目调整、事业单位会计准则等内容对139名会计人员进行了培训，提高了参会人员的会计业务知识和操作能力。

【高度重视学会自身建设】加大对学会现状的调研，统一认识，增强做好学会工作的信心。严格按新的《安徽省会计学会章程》，召开每年一次的会计学会常务理事（扩大）会议，总结当年工作，谋划下年工作计划。履行学会职责，健全秘书处工作机制，修订完善秘书处管理制度、秘书处工作规范等,使秘书处工作有章可循,推动学会工作全面开展。

(省会计学会供稿 忻信华执笔)

安徽省农村财政研究会工作概述

2012年,省农研会保持“心系三农、做好服务、踏实工作、多出成果”的工作作风,继续发扬优良传统,以规范化建设为抓手,不断增强全省各级农研会的活力和凝聚力,被安徽省民政厅授予“中国社会组织评估等级4A级单位”,位于全省同类社团组织前列。

【规范机构建设】按照省民政厅《关于开展全省性公益性社团评估工作的通知》和省社科联《关于开展省属社科类学会规范化管理与建设活动的意见》的要求,进行自查自纠,对思想、组织、业务、基础设施建设等方面不足,进行全面补差。继续开展全省农村财政研究会规范化管理与建设活动,按照24条管理标准,对市县(区)农研会在政治思想建设、组织机构建设、业务拓展深化、完善基础设施等方面并以计分形式进行考核验收。截至2012年底,六安、合肥等市农研会自查自纠工作已基本结束,等待下一步验收。

【加大课题调研力度】年初根据中国农研会2012年调研课题指南和省财政厅涉农处局工作要点,结合我省“三农”实际,制定12个调研课题,紧紧围绕工作中心,对调研课题内容早布置。重点是深入贯彻中央一号文件、省委省政府加快促进我省农业发展、落实省财政厅支农、强农、惠农一系列政策措施为调研内容,并以省农研会2012年工作要点下发各地,供各地农研会调研时参考。

【继续开展优秀论文评选工作】共收到各市农研会上报调研课题论文174篇,内容涉及财政支农资金管理、财政扶持农民增收、农业综合开发、农村财政管理体制改革、财政支持现代农业以及农村金融改革等有关“三农”发展的难点、热点问题。经过专家认真评审,共评出一等奖8篇,二等奖15篇,三等奖20篇,优秀奖131篇。其中,阜阳市农研会《关于农村土地承包经营权流转问题的调研报告》、合肥市农研会《合肥市财政支持农业发展调研报告》和凤阳县农研会张萍《浅谈“十二五”时期如何做好财政支农资金管理工作》三篇论文分别被中国农研会评选为全国优秀论文一等奖和三等奖。

【开展重点课题攻关】积极组织相关力量开展重点课题攻关,开展研究的《以科学发展观创新安徽省农田水利建设资金筹集、使用与管理的政策研究》课题被省社科联立项,课题成果被省政府发展研究中心《研究与咨询》内参采用,并分别在中国农研会会刊《农村财政与财务》杂志,以及财政部主管的《经济研究参考》等核心杂志上刊发。

【总结表彰《安徽省农业税收简史》编纂工作】经过各级财政部门领导和广大编纂人员六年多的共同努力,顺利编纂并正式出版、发行《安徽省农业税收简史》,全书共18册,81卷(篇),1100多万字。会同厅农村局认真开展编纂工作先进集体和先进工作者评选表彰活动,共评出合肥市财政局、濉溪县财政局等39个先进集体;钱昌雨、侯仕进等128名同志为先进工作者。为更好地发挥《农税史》史料效应,将《简史》分送给国家机关、兄弟省市、省直机关、大专院校、专家学者、常务理事、财政部门、涉农单位共计2500余册。特别是财政部档案馆、安徽省档案馆、省图书馆、省地方志办公室对全套《农业税收简史》重点收藏,并颁发证书,达到了“资治、教化、存史”的功能。

【广泛开展多种活动】积极创造条件,组织会员参加有关培训,全年共输送100多人次参加中国农研会组织的业务培训班。组织部分理事赴云南学习考察,加强对外联系交流。在厅农业处的大力支持下,继续订阅中国农研会会刊《农村财政与财务》及农业部主办的《农村工作通讯》这两本涉农刊物,广泛赠阅给基层财政干部职工,同时,省农研会还要求各级农研会,组织涉农干部通过“两刊”这个平台宣传自己的好经验、好做法,全年在“两刊”上发表本省农研会系统的文章、图片20余篇(幅)。

(安徽省农村财政研究会供稿 殷家明执笔)

安徽省预算与会计研究会工作概述

2012年,省预算与会计研究会深入开展调查研究,广泛开展学术活动,课题研究领域进一步拓宽,并积极建言献策,为安徽的财政改革和发展起到了积极的作用。当年,省预算与会计研究会获得省民间组织管理局颁发的省属公益性社会团体评估的3A级匾牌，标志着省预算与会计研究会的工作已达到规范化、制度化的建设标准，社会组织的公信度得到了提高和认可。

【完成两项重点课题任务】顺利完成财政部预算司、全国预算与会计研究会指定由安徽完成的《乡镇财政管理问题研究》和省级重点课题《完善村级公益事业建设一事一议财政奖补政策研究 探索新型村级公益事业建设投入保障机制》。及时成立课题组，印发课题实施方案，深入市、县和乡镇、村广泛开展调查研究，两项重点课题的研究成果得到了全国预算与会计研究会和省财政厅领导和有关部门的充分肯定和高度评价。

【组织开展优秀论文和调研报告评选奖励活动】为进一步推进政府预算、政府会计理论创新，宣传推广政府预算、政府会计改革发展的成功做法，组织开展了2011年优秀论文和调研报告的征辑与评选奖励活动。共收到单位和个人申报的论文和调研报告80篇，评出一等奖4篇，二等奖12篇，三等奖45篇，对获奖的61个单位及个人的论文和调研报告发文通报表彰，并给予适当物质奖励，将部分获奖优秀论文和调研报告汇编成论文集，赠送给相关单位、领导、报刊，供决策、指导工作参考，供报刊选用刊登，供学习交流。

【踊跃参加学术交流活动】积极参与2012年在浙江绍兴召开的华东地区预算与会计工作座谈会，厅预算处、国库支付中心分别向会议提交了《持续推进部门预算改革、不断提高财政管理水平》和《努力构建全方位预算执行动态监控体系》两篇论文，安徽省的交流发言得到了与会代表的充分肯定，同时也扩大了影响，达到了相互学习、相互借鉴、共同提高的目的。

【认真做好《预算管理与会计》的宣传发行工作】为全省市、县(区)财政局和预研会的理事、通讯员及财政厅机关相关处室、省直相关单位免费征订并直接分发了2500份《预算管理与会计》月刊，此举为宣传财政改革与创新创造了一个好的舆论氛围和工作交流相互学习的平台。

(省预算与会计研究会供稿 李良执笔)

市县(区)财政工作篇

合肥市财政工作概况

合肥市财政工作综述

2012年,合肥市财政局紧紧围绕打造“大湖名城、创新高地”和实现“新跨越、进十强”的奋斗目标,克服宏观经济形势不利影响,千方百计狠抓增收节支,集中财力支持经济发展,不断加大民生投入,坚持财政管理改革,着力加强机关内部建设,各项工作均取得较好成绩。

【狠抓财政收支管理,财政实力稳步提高】全市公共财政收入完成694.4亿元,为预算的100.1%,比上年增加70.6亿元,增长11.3%。其中:地方财政收入完成389.5亿元,为预算的107.4%,比上年增加51亿元,增长15.1%,超额完成任务。全市公共财政支出完成572.1亿元,为预算的99.4%,比上年增加97.2亿元,增长20.5%。全市民生支出完成434.2亿元,同比增长20.8%,占公共财政支出比重达到75.9%,保障了基本公共服务、城市大建设和其他重点支出需要。财政实力的稳步增长,为全市各项事业的开展提供了强有力的保障。

【贯彻积极财政政策,经济转型发展步伐加快】积极参与研究制定本市促进经济平稳较快发展的38条实施意见。修订完善财政支持经济发展的“四大政策”,全年兑现四大政策资金14.7亿元,有力保障了市政府促进经济平稳较快增长及支持外贸发展等各项政策的落实。顺利完成“营改增”试点工作所涉及“6+1”行业的10221户企业税制转换工作,累计减轻企业税收负担3720万元,总体税负下降20.5%,结构性减税政策取得显著成效。大力推进股权和分红激励试点,出台“1+6”配套政策体系,将30家企业列入试点范围。拨付自主创新资金4.2亿元,着力推进全市自主创新事业发展。切实减轻企业负担,共为开发园区和乡镇工业聚集区1285家工业企业投资项目办理免收费2121项次,免收资金3.95亿元。发行7期共5.1亿元“滨湖·春晓”中小企业集合信托计划,117户中小企业从中受益。积极做好投融资工作,全年全市累计实现融资350亿元,其中市本级300亿元,支持庐铜高速公路连接线、轨道交通2号线、方兴大道、合肥南站枢纽工程等重大基础设施建设。

【推进美好乡村建设,支农惠农力度不断加大】健全农业投入稳定增长机制,全市农林水支出40.5亿元,同比增长19.2%。对10类626个项目给予现代农业发展专项资金扶持。积极开展特色农业保险工作,全年种植业承保面积达到538.7万亩,养殖业承保牲畜超过10.8万头。积极做好美好乡村建设准备工作,及时制定本市的具体实施意见。多渠道促进农民增收,全年累计发放27项财政补贴农民资金19.1亿元。继续扎实推进一事一议财政奖补工作,全年共筹集3.31亿元,完成年初批复的2844个项目,促进了农村公益事业建设。

【坚持为民理财,民生社会事业保障有力】在继续深入实施省定33项民生工程的基础上,创新增加实施市级7项民生工程。全年共投入省定33项民生工程75亿元,市级7项民生工程1亿元。进一步实施居民收入倍增规划,落实收入倍增规划的目标责任,建立完善收入倍增规划的评价体系。当年,全市城镇居民人均可支配收入预期达到25400元,同比增长13%。农民人均现金收入预期达到9200元,同比增长17%。坚持教育优先战略,全市财政教育支出99.6亿元,占全市财政支出的17.4%。支持医药卫生体制改革,全市医疗卫生投入达35亿元,进一步提高了基本公共卫生服务均等化水平,基本实现了全市公共卫生均等化全覆盖。推进统筹城乡社会保障体系建设,累计支出社会保障和就业资金44亿元。大力支持保障性安居工程建设,全市财政投入29.2亿元,兴建各类保障性住房75353套,解决了10697户居民家庭住房问题。建立文化投入长效机制,进一步支持深化文化体制改革,扶持文化产业发展。

【持续推进改革创新,财政管理水平有效提升】成立财政专题调研领导小组,组织开展财政专题调研,提出一段时期,尤其是本届政府任期内本市财政工作的重点与方向,为全市财政管理工作的持续改进和不断创新提供有效途径。深化预算管理改革,规范四大预算编制流程,创新"专家审预算"评审方式,全面推进预算绩效管理。优化政府性资金管理模式,实现存款动态分配常态化。进一步扩大市本级财政国库集中支付范围,积极推进公务卡改革。继续深化政府采购制度改革,凸显政府采购规模效应。扎实推进县乡财政一体化管理,结合实际制定《关于推进县乡财政一体化管理的实施意见》。强化行政事业单位资产管理,全面实现合肥市行政事业单位资产统一管理、统一配置、调剂使用的健康管理局面。

【注重内部管理,机关工作效能进一步加强】狠抓机关内部管理工作不放松,以提高制度执行力和学习型机关建设为抓手,大力弘扬真抓实干、抓细节、抓落实的工作作风,提高财政部门生财、聚财、理财、用财的能力和水平。扎实开展"制度绩效创新年"活动,加强财政文化与队伍建设,积极落实建立财政会商制度。出台《合肥市财政局重大行政决策程序规定》,进一步提升市财政局重大行政决策制度化、科学化、民主化、规范化水平。大力推进廉政风险防控管理。围绕权力运行制度化、财政监督全程化的要求,切实加强廉政风险防控管理,制定印发《合肥市财政局深入开展廉政风险防控工作实施方案》,逐步建立起前期预防、中期监控、后期处置有机统一的廉政风险防控机制。

(合肥市财政局供稿　刘畅执笔)

庐阳区财政工作概述

2012年,全区财政收入完成22.1亿元,增长18.8%,其中:中央收入8.7亿元,增长18.5%;地方收入13.4亿元,增长19%。全区财政支出完成15.5亿元,增长14.7%。

【搭建综合治税平台,提升财政收入综合管理水平】搭建综合治税平台,建立纵向三级、横向多家的联动工作机制。开展税源普查,共普查全区税源18963户。加强楼宇税源管理,共跟踪经济楼宇102栋,其中面积5000平方米以上楼宇95栋,税收亿元以上楼宇6栋,千万元以上楼宇29栋,楼宇企业税收贡献率达37%。确定年纳税10万元以上重点税源2485户,重点税源预计实现税收67.9亿元,税收贡献率达97%。以推进私人出租房屋房产税委托代征和个体工商税收社会化管理为抓手,做好年纳税10万元以下零散税收征管,私人出租房屋房产税和个体工商税收委托代征金额分别较上年增长33.3%和190.5%。加强税收分析监测,将原有对7个行业的税收分析细化为17个行业。修订协税护税考核办法,引导基层将协税护税工作重点转向税源户的跟踪服务上来。

【增加有效投入,增强财政对经济发展的助推作用】加大财政扶持力度,全年拨付三大产业奖扶资金2432万元,"大建设"资金2.7亿元,投资引资等经济工作奖励800万元。实施结构性减税,开展"营改增"摸底调查,统计全区7个行业1954家试点企业。贯彻国家扩内需政策,开展家电下乡备案网点考核,全年销售家电、摩托车下乡产品3.5万台(辆),兑付补贴1187万元,增长21%,补贴申报率、兑付率均居四城区之首。加大财政支农力度,全年发放惠及农民个人补贴资金11项3000万元,增长31%;拨付支农项目资金3871万元,增长18.2%。财政与经济良性互动机制逐步建立,税源结构进一步优化,以第三产业为基础的财政收入格局进一步巩固,金融业、房地产业、批零业三大主体行业的支撑作用进一步增强,营业税、企业所得税、增值税三大主体税种对财政的贡献进一步提升。

【实施民生工程,推进与首善庐阳相适应的社会事业建设】民生工程全力争先进位,先后出台《庐阳区2012年度民生工程考核办法》等8项民生工作制度,明确工作责任,确保资金需求,建立奖惩机制;开展民生工程摄影和征文活动,组织民生工程文艺巡演11场,在市以上新闻媒体发稿300余篇,组织民生工程走访2000人次,加强民生工作宣传,扩大民生工程影响。全年全区实施民生工程33项,总投入2.2亿元,同比增长35.4%,省市确定的28项民生工程任务全面完成,其中农村低保保障标准居全省第一、全国第三,人均补差居全省第一;贫困重度残疾人救助金由600元/人提高到1200元/人;大杨镇谢岗农家书屋荣获"全国示范农家书屋"称号;百帮创业园被国家人社部评为首批全国创业孵化示范基地;中医馆项目社会效益显著,本区荣获"安徽省中医药特色社区卫生服务示范区"称号,并通过全国中医药工作先进单位初审验收。制定《庐阳区"十二五"居民收入倍增规划实施工作管理办法》等收入倍增工作制度,分解目标任务,全区收入倍增工作核心指标和增长性指标均超序时进度完成,发展指标稳居四城区之首。

【提升财政绩效,全方位实施各项财政改革】深化部门预算编制改革,首开财政代编基本支出预算先例,率先探索民生预算群众参与式编制,新建部门预算"一对一"会商制度,实现预算公开评审向基层延伸。强化财政资金绩效管理,对政法转移支付专项资金和教育系统"班班通"项目实施绩效考评。全面推进支出管理改革,加强支出进度管理,扩大公务卡使用范围。注重财政工作研究,开展乡镇街道财政体制、三产办和村居经营性资产管理调研,为科学决策提供参考。巩固提高国资改革成果,确立企业国有资产管理基本原则,调整行政事业单位经营性资产管理主体和收入汇缴程序,努力实现经营性房产收益最大化,对全区140家单位资产定额进行重审,完成事业单位车辆清理,经营性资产收益由上年的5200万元增长至7237万元。严格执行政府集中采购制度,对限额以上项目实行网上申报,资金节约率达15.1%。

【促进金融集聚,金融工作驾驭力进一步增强】在全市首发"滨湖·春晓"集合信托计划,筹集资金1亿元,扶持中小企业22家。在全市首开金融高管研讨班,搭建金融业发展沟通平台。力推企业上市工作,帮助拟上市企业申请奖补资金330万元,辖区上市后备企业增至9家,其中徽商银行已获证监会受理。充实完善辖区金融企业资源库,统计入库各类金融机构710家,其中市以上银行、保险、证券机构62家。做好地方性金融机构监管及引导,全面推进小额贷款公司管理信息系统试点;综合利用监管计分、诫勉谈话、停业整顿和劝退等手段,切实防范企业违规行为;对16家金融企业开展23次业务合规性检查,确保地方性金融行业健康发展,预计所监管金融机构全年可为上千家企业提供发展资金35亿元。

(庐阳区财政局供稿)

蜀山区财政工作概述

2012年,全区财政收入完成22亿元,比上年增收3亿元,增长15.7%。其中,地方财政收入实现16.3亿元,增长18.8%;上划中央收入5.7亿元,增长7.7%。区本级财政支出完成18.8亿元,预算执行率100%。

【促进发展措施有力】大力实施积极的财政政策,积极扩大有效投入,着力破解发展难题,全力服务科学发展。加快支持园区建设。全年投入2.23亿元,加快蜀山经济开发区建设步伐,主要用于自主创新基地三期、公租房及园区道路建设等。全力支持旧城旧村改造。全年投入2.2亿元,用于支持66.8万平方米旧城旧村改造任务的全面完成及破旧建筑大整容、区内主次干道建设等,盘活土地820亩,12814名群众居住条件得到改善。积极推动城乡统筹发展。整合资金1.26亿元用于推进城乡统筹发展,涵盖美好乡村建设、农业结构调整、绿化及生态文明建设等各方面,促进城乡共同繁荣。

【调整结构成效明显】着力加强和改善财政宏观调控,加快转变经济发展方式,努力提高经济增长的质量和效益,不断增强长期发展后劲。加快推动新兴产业发展,促进经济转型升级。安排2000万元,用于电子商务产业发展,打响做靓"国家级电子商务基地"品牌;安排1000万元,用于招商引资及加快商务楼宇发展;安排3000万元,加快工业企业发展,重点鼓励工业企业扩大投资、资源综合利用及中小企业发展扶持;安排科技经费2200万元,支持企业加快科技创新、科技研发及科技成果转化。大力发展金融服务业,围绕金融生态区建设,加大金融机构引进和鼓励工作。安排专项风险补偿资金3000万元,引导辖区内金融机构加大对中小企业扶持力度,并多次开展银企对接活动,有力促进了金融机构和中小企业的共同发展。中国邮政储蓄银行安徽省分行等3家金融机构共同跨入蜀山区财政收入贡献十强之列。财力更加注重倾斜基层。结合新一轮深化街居体制改革,加快财力下沉,夯实基层基础。全年投入各街道、社区工作经费6720万元,比上年增加1572万元,其中各社区经费同比增长67%,切实增强基层实力。

【保障民生再创佳绩】坚持以保障和改善民生为重点,持续加大民生投入,全区财政民生支出比上年增加1.09亿元,同比增长9.3%,民生财政得到充分体现。创新机制,精心组织,扎实推进,全面完成27项省、市民生工程年度目标任务,连续三年荣获"合肥市民生工程组织实施工作杰出奖"。大力支持教育事业发展。坚持优先发展教育,全区教育支出总量2.54亿元,占财政总支出的16.7%。率先全面提高义务教育生均公用经费标准,投入6000万元用于蜀山高级中学建设,投入1000万元用于学前教育发展。全面贯彻收入倍增规划。创新举措,多管齐下,安排资金1756万元,支持就业提升工程、创业富民工程、民生普惠工程的实施,促进居民收入较快增加。全年新增就业人数21600人,城镇居民人均可支配收入和农民人均纯收入分别达到26435元和13068元,增长15%和15.5%,位居全市首位。逐步完善社会保障体系。切实加大社会保障投入力度,全年社会保障和就业支出1.42亿元,同比增长27%。农村低保、农村"五保户"供养、重度残疾人生活救助、计划生育家庭奖励扶助等多次提标扩面,补助标准位于全省前列。扎实推进全区医疗卫生体制改革,全年拨付医疗卫生资金3645万元,其中,拨付医疗体制改革经费1200万元,全面推进公共卫生服务体系建设,让每一位居民均能享受到质优价廉的医疗服务。积极促进保障性安居住房建设。新建各类保障性住房3330套,其中,新建廉租住房204套,新建公租房1126套,城市棚户区改造2000户,截至当年底已全部开工建设。

【惠民工程亮出特色】积极调整和优化支出结构,在民生普惠的基础上,从百姓所急、所需、所盼入手,集中资金1.28亿元,率先实施独具蜀山特色的"五大惠民工程",财力进一步向弱势群体、困难群体和特殊群体倾斜。围绕"雪中送炭工程",安排3000万元,用于失地农民养老补助和医疗保障,惠及6460名失地农民;安排600万元,用于重点救助特困、特贫及残疾人员,全年共救助特殊困难人员4万余人次,蜀山困难人群得到更多实惠。围绕"文化惠民工程",安排1500万元,整体推进全区9个文化活动中心、12个文化活动广场、19个特色文艺团队建设;安排 26万元,新建乡镇综合文化站及公共电子阅览室;安排55万元,用于乡村少年宫建设,蜀山人民的精神生活更加丰富多彩。围绕"老旧小区综合整治工程",安排5000万元,对全区27处"三无"老旧小区实施综合整治及小区管理服务工程,切实改善蜀山人民居住条件。围绕"平安蜀山建设工程",安排1200万元,用于平安蜀山公共安全建设;安排1000万元,用于"公安刑侦技术中心"建设。围绕"养老助老工程",安排200万元,用于高龄老人、特困老人补贴;安排 200万元,用于补助金色家园养老中心;安排6万元,用于老年大学添购设备,老有所养、老有所学、老有所乐的和谐画面日益呈现。

【改革创新深入推进】不断加大改革创新力度,切实把创新作为推动财政发展的强大动力。突出抓好协税护税。面对财政增收压力,把协税护税作为重要任务,瞄准全年奋斗目标,切实加大收入组织力度。一方面,全面展开税源普查。历时三个月,分四个阶段对全区税源进行普查,形成区领导亲自抓、财政牵头、各部门参与、镇街园属地包干的上下联动机制。通过普查,全面摸清了全区税源状况,搭建起政企沟通桥梁,并有效堵塞"跑冒滴漏",进一步壮大了全区财源。另一方面,切实加强综合治税。及时修改完善《蜀山区协税护税工作实施办法》,多次召开与税务、工商部门沟通协调会,多次深入各镇街园协税护税一线,构建"横向到边、纵向到底"的强大协税护税网络。积极开展融资创新。针对中小企业融资难现状,出台多项措施,有效缓解企业融资困难,促进中小企业健康发展。积极推进"滨湖·春晓"信托计划工作,安排1100万元,扶持15家优质中小企业获得信托资金支持;安排400万元启动基金,拓宽高新技术企业融资渠道;切实加大对区域内担保机构检查整顿力度,营造良好环境,截至目前,各担保机构累计为600户中小企业提高融资担保,担保余额近36亿元。全面推行阳光预算。在2013年部门预算编制进程中,邀请人大、审计及上级财政部门等各方领导和专家,对涉及项目资金的16家单位的部门预算全部进行公开论证及绩效评价,全面提高预算编制的透明度与科学性。扎实推进营改增试点工作。抢抓营改增试点改革机遇，认真组织开展营业税改征增值税试点工作。加强组织领导，强化宣传培训，深入调研测算，并及时安排50万元财政扶持资金，确保营改增试点工作的顺利推进，为切实减轻企业税收负担、加快服务业发展起到了积极作用。

【管理效能全面提升】坚持科学管理，全面加强财政基础工作，积极发挥财政监督职能，不断提高财政科学化精细化管理水平。政府采购工作卓有成效。率先投入使用政府采购电子化信息平台，更显公开、公平、公正。全年共完成政府采购1283次，预算金额4.13亿元，实际采购金额2.45亿元，节约财政资金1.68亿元，资金节约率达40.68%。2012年政府采购中心荣获“全省招投标先进集体”光荣称号。国库集中支付取得重要进展。区直部门一级和二级预算单位全部实行国库集中支付和公务卡改革，涵盖预算内及往来户所有资金，国库系统网上支付资金达8.5亿元，办理公务卡815张，切实增强了财政资金收付透明度，全面提高了财政资金拨付效率。国有资产管理全面加强。秉持管理资产与管理资金同等重要理念，从制度体系、日常监管、资产处置、国有企业监管四个方面，全面加强国有资产管理。利用信息系统加大对全区8.43亿行政事业单位固定资产监管力度，严把资产处置审批关，切实加强国有企业监督。严格控制行政成本。始终坚持厉行节约，严格控制各类行政性开支，进一步压缩会议费、公务接待费等支出。2012年，区公务出国经费、公务用车购置及运行费、公务接待费“三公经费”实现零增长。

（蜀山区财政局供稿）

包河区财政工作概述

2012年，全区完成财政收入29.5亿元，同比增长16.7%，其中，地方级收入完成20亿元，同比增长16.2%，财政支出20.2亿元。财政收入总量和地方级收入总量居全市七区之首，增幅位于全市第二。

【多措并举抓收入】强化税收征管举措，以政府文件出台加强税源管理工作意见，建立健全税源管理协调联动、定期调度、督查通报、财力挂钩等工作推进和考核奖惩机制。建立区级领导包联重点企业制度，着重加强对重点税源企业的调查和分析，及时发现、解决问题。深入开展税源普查，以居、村为抓手，对辖区楼宇、重点企业进行地毯式的摸排登记，清理漏征漏管户，确保应收尽收。加大协护税网络建设，推行专业市场税收委托代征，通过经济杠杆，激发各级各部门狠抓收入的积极性和主动性。围绕十五里河片区、淝河片区、商务楼宇以及城中村、棚户区改造、工业区转型等载体，充分发挥财税政策的引导作用，重点引进现代服务业和高新技术行业的优质项目和资本落户，着力培植新兴税源，增强财税增长后劲。

【支持发展成效显著】结合国家和省、市一系列保增长政策，制定出台《关于促进经济平稳较快发展的实施意见》等“1+3”政策文件，安排财政资金5000万元，从减负让利、解决融资难用工难和鼓励投资创业等多个方面，以政策的叠加效应助推企业加快发展。成功举办包河区首届银企对接会，共20余家金融机构、132家企业参会，其中合肥瑞星机械制造公司、安徽盛运环保设备等20余家企业现场签约，现场签约总金额1.26亿元，搭建了银政企对接、合作共赢的广阔平台。发行“滨湖·春晓”信托计划，筹集资金1亿元，集中支持全区16家优质中小企业，充分发挥财政资金杠杆作用，拓宽中小企业融资渠道。落实家电下乡等消费促进政策，共补贴家电下乡销售2.4万台，兑付财政补贴资金780万元，拉动内需6462万元。大力优化发展环境，投入绿化项目资金1730万元，兑现生态林奖补1760万元，新增造林8058亩。投入3290万元资金，完成滨湖湿地森林公园一期建设，全力打造生态包河，提升区域发展环境。大力支持城乡基础设施建设，投入1.2亿元，实施13个老旧小区整治和16条小街巷改造。全面落实工业园区工业投资免收费政策，共办理兑现工业投资项目免收费1887万元，有效减轻了辖区企业负担。

【民生财政持续发力】不断加大民生资金投入，全年共投入9.56亿元用于民计民生和社会事业发展。认真组织实施32项民生工程，其中，补助类项目16个，工程类项目16个，全年共投入资金9520万元，全区82万城乡群众从中受益。坚持教育优先战略，全区教育支出达5.09亿元。全面落实义务教育经费保障机制，共拨付资金2881万元，惠及学生5.7万人；投入学前教育资金3200万元，新建幼儿园7所；投入中小学标准化建设资金8045万元，全区中小学校标准化建设达标率为90.4%。全年投入社会保障和就业支出达7833万元。城乡居民养老保险全面推开,投入资金2283万元,惠及参保人群9.2万人;落实更加积极的就业扶持政策,加大职业技能培训,2300多人享受免费培训,全年新增就业1.8万人。全区医疗卫生支出7876万元,城乡基本公共卫生服务全面覆盖。区财政安排55万元开展"两癌"和妇科病免费普查工作,1.1万辖区妇女享受了免费普查。大力推进涉农街镇"一事一议"项目建设,共完成项目17项,工程投入539万元,惠及农户4.3万人。继续落实惠民资金一卡通,打卡发放补贴项目22项,补贴资金4160万元,惠及城乡群众11万人次。

【体制机制不断创新】深化预算管理改革,调整优化区以下财政管理模式,将9个街镇财政预算纳入统筹管理,优化全区财力资源配置,集中财力向建设发展和民生领域倾斜。在全市各县(市)区率先搭建可实时更新的预算基础信息库,动态掌握部门人员、工资、车辆等实时信息,并与预算编审建立关联,有效提高预算编制的精细度。创新打造财务全程监管"一网通"工程,已初步采集农林水务局、卫生局等67家单位数据,将教育系统53所学校财务数据并轨至"一网通",此举首开全省先河,受到省市财政部门领导的高度关注,为推进财政全过程监督作出了有益探索。深化非税收入改革,实施了全区街镇国有资产有偿使用收入预算改革,将2234万元纳入预算管理,加大了财政资金统筹力度。扩大恢复单位会计主体试点,将试点扩大到卫生系统等9家单位,深入推进会计集中核算向国库集中支付转轨,强化财政资金源头管理。

【财政管理规范高效】规范全区财政性资金审批管理。制定出台财政资金审批管理办法,科学设定审批程序,大力强化预算约束,有效规范资金管理。全面清理各类财政专户,将所有财政专户统一归口管理,撤并各类专户12个,对历年沉淀资金进行全面梳理,不断提高财政资金使用效益。深入开展阳光村务"三资"代理工作。将全区9个街镇、87个村居、24个资产运营公司、25个村居大建设专户纳入三资代理中心统管,全区纳入统管资金共计40.9亿元,直接增加集体收入近4000万元。强化政府招投标管理,出台《包河区招投标监督管理办法》等一系列规范性文件,全面提高政府招投标工作的公信力和透明度。成立了区公共资源交易中心,将全区国有、集体资产的租赁、转让等交易行为,纳入全区统一管理。全区共完成政府采购项目276个,采购金额3400万元,共节约资金1400万元,资金节约率为29.2%,有效提升了财政资金使用效益。

(包河区财政局供稿)

瑶海区财政工作概述

2012年,瑶海区财政收入完成13亿元,同比增长14.9%。其中:地方收入完成9.9亿元,同比增长23.3%。全区财政支出完成9.9亿元,同比增长16%。

【着力挖潜增收,财政收入较快增长】一是依托市涉税平台,新研发综合治税信息管理平台,建立健全覆盖全区所有街道、镇、开发区的财政税源管理机制。二是健全完善房地产、建安企业项目台账,重点跟踪项目申报企业,全力规范异地纳税,查补相关项目申报错缴税款620万元。三是努力挖潜,积极协调市国税部门,汇总17户产业活动单位信息,积极争取税收按点切割。四是强化楼宇经济普查,广泛收集"异地经营"信息,做好税源户清理变更工作,同时依靠街、镇、开发区,配合税务部门做好对个体定额户型的调整以及清理漏征漏管户。五是严格非税收入征管,加大清缴力度,确保应收尽收。

【服务经济发展,财源建设逐步加快】一是全力支持企业发展,落实各项奖扶政策,全年兑现固定资产投资补助资金800万元,企业多产多销奖励资金450万元,小企业贷款贴息及担保费200万元,兑付招商引资企业奖励资金500万元,淘汰落后产能资金295万元;发行"滨湖 春晓"中小企业集合信托计划,筹集资金6000万元,扶持中小企业12家;办理8家工业企业工业投资免收费132万元,切实减轻企业负担。二是围绕全区"一改一建"发展目标,全力改善城区面貌,累计投入2亿元支持支路网建设、两个中心建设、绿化大会战、老旧小区整治、垃圾站及城区道排工程改造等旧城改造、基础设施建设重点项目。三是大力争取上级项目资金,累计获得上级各类资金1.6亿元,加速区域经济发展。四是落实扩内需政策,继续大力实施家电下乡与摩托车下乡工程,全年兑付补贴3.2万台,补贴金额890万元,有效促进市场经济繁荣。

【坚持民生为本,社会事业统筹发展】一是始终坚持“民生优先”原则,不断加大民生投入,全年全区民生支出达7.3亿元,占财政总支出的73.7%,其中区财政专项投入民生工程资金3260万元,同比增长36%,对5项(农村五保、计生奖扶、城乡义务教育、残疾人救助、康复)补助类民生工程在省市规定补助标准基础上进一步提标达500万元,为历年来最高水平。二是加强后期管护,根据不同项目分类出台和完善了各工程类项目管护制度,细化和完善了后续管养政策体系,设立民生工程后期管护专项资金30万元,并出台《瑶海区民生工程后期管护资金使用管理暂行办法》,实行以奖代补政策。三是支持社会事业全面协调发展,优先发展教育事业,不断细化教育部门预算,大幅提高义务教育公用经费标准,着力提升教师福利待遇水平;积极推动就业和再就业工作,全面落实就业再就业扶持政策,拨付1.7亿元用于灵活就业、公益性岗位社保补贴,劳务公司岗位工资补贴,设立“整贷直发”担保资金专户等;拨付2885万元全面落实基层医药卫生体制综合改革政策,基本公共卫生服务体系建设有效加强。

【强化开拓创新,财政改革成效显著】一是继续推进国库集中支付改革,预算内资金全部实行国库集中支付,区直各部门人员工资已全部实行国库集中支付统一发放,全年国库集中支付达4.3亿元,同比增长249.7%。加大公务卡推行力度,全面取消授权支付,切实减少公务支出中的现金提取和使用,全年公务卡支付达139万元,同比增长178%,实现公务支出更加透明、公开。二是扎实推进营业税改征增值税试点工作,全面摸清全区1946户试点企业税源信息,认真组织收入清缴,落实过渡期财政扶持政策,营改增试点工作自10月1日正式上线运行,新旧税制转换平稳有序过渡。三是进一步加强全区财政专户清理、管理工作,制定《瑶海区财政局专户财务管理制度(暂行)》,建立完善财政性资金“集中管理、分账核算、统一调度、一口支付”的管理机制和相互监督制约机制。四是在四城区中首家试点推广财政平台一体化建设,于2013年1月4日正式上线运行。五是加大财政资金监督力度,完成全区教育费附加切块经费,社区建设以奖代补资金的拨付、使用情况,以及全区劳务服务公司财务的监督检查工作。

(瑶海区财政局供稿　孔维金执笔)

合肥经济技术开发区财政工作概述

2012年,合肥经济技术开发区综合财政收入首次突破100亿元,达101.6亿元,同比增长34.6%;实现税收收入70.9亿,首次跨上70亿元台阶;完成分税后一般预算收入23.3亿元,占全年任务的101.76%,同比增长19.1%。完成综合财政支出45.2亿元,同比增长42.9%。其中,一般预算支出21.7亿元,同比增长12.5%。

【强化管理促增收节支】强化税源管理,搭建社区税源管理协管员网络,实现税源管理全覆盖。定期更新数据,及时督促未办理税务登记的税源注册登记、依法纳税。强化部门联动,加强项目建设过程中完税情况核查,确保建安税、房产税应收尽收。及时针对重点企业税源变化情况分析原因、找准对策,确保重点企业税收不出现大的波动。不断优化支出结构,严控“三公经费”等一般性支出,集中财力保增长、保建设、保民生,为全区经济和社会事业的健康发展提供了强有力的保障。

【积极服务促企业发展】发挥财政调控和服务职能,及时落实扶持企业奖励政策,兑现入区企业工业发展专项资金13.6亿元。贯彻执行工业项目免收费政策,办理免收费471项,免收资金达1.93亿元,同比增长213%,其中区级免收资金1.84亿元,同比增长294%。积极帮助中小企业拓宽融资渠道,组织区内中小企业申报“滨湖·春晓”中小企业集合信托计划,并于当年5月成功发行。定期召开银企对接会,帮助企业及时解决融资难、担保难等问题。建立上市后备企业资源库,帮助企业解决改制上市过程中遇到的困难,安徽应流机电上市顺利过会,合肥锻压、东方节能上市申报材料也被中国证监会受理。

【加强保障促民生和谐】坚持为民理财理念不动摇,把民生工程作为重中之重,在深入实施省、市定民生工程的基础上,创新增加实施区级2项民生工程。完善民生保障机制,先后出台民生工程实施意见、民生工程资金管理办法、城乡医疗救助实施办法等制度性文件。全面实施收入倍增规划,开发区城镇居民人均可支配收入达到17078元,同比增长14.4%。

【积极创新促投融资管理】出台《财政性投资项目前期工作若干规定》,规范项目前期管理工作。严格财政性投资项目竣工验收移交程序,完成190项财政性投资项目竣工验收移交备案工作。积极创新融资模式,成功发行“海恒二期债”。积极推进中期票据发行,海恒集团5年期18亿元中期票据获准注册,成为首个在中国银行间市场交易商协会注册的园区类平台。

【强化监管促国资收益】强化国有企业绩效考核,委托中介机构开展经营业绩审计。加强经营性资产的管理,完成国资收益1.2亿元。加强海恒集团退出恒亿担保公司股权、金源热电股权转让等重大事项监管。充分发挥“公物仓”作用,合理调剂使用闲置办公资产318件(套)价值286.6万元,有效节约了财政资金。严格社区门面房使用管理,根据需要合理安排居委会办公、居民活动以及卫生事业管理中心用房面积约4320平方米。

【推进改革促精细化管理】率先试点财政平台一体化工作,成为全省首家成功推行财政平台一体化上线的市辖区。深化国库集中支付改革,预算内外资金纳入同一体系核算支付,完成国库集中支付4.89亿元,同比增长95.6%。发挥财务统管、集中支付管理优势,强化预算指标刚性约束。积极探索预算项目绩效管理方式,对单位新增项目及金额达到50万元以上项目要求编制可进行量化的绩效考评目标。严格执行政府采购预算,全年共下达采购项目399项,实际完成项目374项,项目完成率为94%。完成货物、服务及零星工程采购预算6750万元,实际采购金额4370万元,节约资金2380万元,平均节约率约为35.3%。

(合肥经济技术开发区财政局供稿)

合肥高新技术产业开发区财政工作概述

2012年,面对复杂多变的宏观经济环境,高新区财政局紧紧围绕“千亿再跨越,奋发进十强”的目标,努力做好保发展、稳增长、紧预算、严支出、抓改革、转作风等各项工作,充分发挥了财政工作在经济增长和社会事业发展中的积极作用。

【财政收支】全年完成财政总收入74.2亿元,其中税收收入42.8亿,非税收入1.2亿元,基金收入1.4亿元,财政专户收入0.22亿,土地出让金收入28.7亿元。当年可用财力为42.5亿元。一般预算收入完成12.8亿元,同比增长5.9%,其中地方收入7.1亿元,完成预算的110.6%,同比增长27.2%;上划中央收入5.7亿元,完成预算的72.6%,同比下降12.4%。全年财政支出29亿元,支出结构和效益进一步提高和优化。其中,用于建成区、示范区、南岗科技园以及柏堰科技园基础设施建设、还本付息、征地报批等建设支出15.53亿元,用于承接产业转移、鼓励企业自主创新、促进企业加快发展的财政补助和政策扶持支出4.44亿元,用于教育、科技、社会保障和就业、医疗卫生、住房保障等民生支出6.82亿元,各类支持经济建设和保障民生支出共计26.79亿元,占总支出的92.5%。

【投融资工作】面对严峻的融资形势,全年实现新增融资36.8亿元,其中:企业债12亿元,银行贷款8.6亿元,信托计划3.8亿元,BT融资4.4亿元,银行承兑汇票2.8亿元,施工单位名义申请银行融资1.6亿元,融资租赁3亿元,代建项目融资0.6亿元。启动高新集团中期票据发行前期工作,三期企业债申报材料已报送国家发改委。已完成高新股份平台退出工作。加强科技与金融融合,以财政资金撬动社会资本投入,助力中小微企业发展。全面深化与金融机构的合作、互动,常态化地开展银企对接工作。一是支持发行规模5900万元“滨湖·春晓”中小企业集合信托计划,通过财政认购20%、担保费减免,切实帮助20余家中小企业缓解融资压力。二是与徽商银行开展综合金融开发合作。通过走访企业和发放问卷调查表1000多家,科学分析园区内不同类型客户群体的个性金融需求,以投贷结合、供应链融资、批量授信、组合担保等形式满足各类中小微企业的金融服务需求,已为60余户中小微企业提供了信贷资金支持,授信总额超过3亿元。三是支持设立“创新贷”、“天使投资基金”扶持初创企业发展。按照风险池管理要求,风险共担原则,与银行创新开展支持科技型企业融资,设立天使投资基金,委托专业基金管理机构,进一步发挥财政资金使用效益,变无偿资助为部分有偿使用。

【国有资产管理】做好国有资产基础管理工作,对国有公司房产、行政事业单位固定资产、公务车辆等进行清查,对管委会固定资产实行条形码管理,实现信息化管理。建立健全国有资产管理制度,提出《关于加强合肥高新区国有资产管理意见》,全面加强现存和新增国有资产管理,积极盘活存量资产,将产权属于管委会的经营性资产全部划拨给集团公司统一经营、统一管理,规范经营行为,提高国有资产使用效益。积极履行国有资产管理职能,对区属集团公司、高新股份公司、高新创业园管理公司、城创公司2011年融资、经营、费用等经济指标完成情况进行了考核,制定2012年度各项考核指标,对节约费用开支、增加经济效益、规范经营行为、积极筹集资金等指标进行量化。推动国有企业改革,参与高新园林公司改制,理清产权关系,最大限度保证国有资产保值增值。建立区级公物仓,对行政事业单位闲置、处置、超标准配置的资产以及临时机构的资产和执法执纪单位罚没物品等资产实行统一管理、统一调配、统一处置,提高资产使用效益。

【财政改革】着力打造“绩效财政”,实行预算执行绩效管理,对重点专项支出实行绩效评估,对项目支出额度在50万元以上的全部实行绩效评价,以结果为导向,以绩效为核心,确保财政资源配置更加优化,财政资金使用更加有效。着力打造“阳光财政”,对所有财政支持经济发展政策资金建立兑现会审制度,本着“责权利对等,财政引导,双向约束”的原则,根据招商引资协议,由国土、建设、财政等部门对双向约束条款进行审核,并对审定结果进行公示,建立高效、透明、优化的兑现程序,增加兑现频率,缩短兑现期限,支持企业发展。深化国库集中支付和公务卡改革,7月1日起高新区全面实行公务卡结算,实现全区34家预算单位全部纳入公务卡结算范围,将公务卡作为经费性支出管理的主要手段,运用第三方独立系统进行消费信息核查,对公务消费进行有效的约束和控制,进一步提高规范性和透明度。

【政府采购】深化政府采购改革,对所有招标项目实行统一管理,网上直报市政府采购中心。建立评标专家抽取系统,并且对中标单位合同履行情况进行监督检查。对小额零星工程、小额零星服务通过公开招标方式确定5至8家定点单位,并采取抽签方式确定中标人,有效提高了工作效率,减少了人为自由裁量权。上下联动,加强政府采购监管,充分利用合肥市招标投标中心资源,及时启动中标企业开工前约谈、合同备案等防范机制,加强标后监管,实行市区资源共享,净化采购市场环境,阳光操作,确保结果公平、公正。全年共完成招投标项目526项,其中建设工程类 208项,货物、服务类281项,完成采购预算73亿元,实际中标金额 49亿元,资金节约率为32.87%。其中,小额零星项目225项,预算资金3534万元,实际中标金额为2504万元,资金节约率为29.2%。

【民生工程】全年投入财政资金13.1亿元,实施省、市、区政府确定的二十五项民生工程,新增廉租住房804套,公共租赁住房7500套,建设农家书屋13个、老少活动家园5个,建设10个拆迁安置小区,建筑面积202万平方米,对城乡低保户、“五保户”、重度残疾人、大病患者、计划生育家庭等群体实行提标扩面,对2400人实施就业技能培训,将23295人纳入城镇居民基本医疗保险体系、16903人纳入城乡居民养老保险……高新区民生工程逐步走出一条以制度化管理、项目化实施、工程化推进的新路子,将经济发展成果更多地惠及广大人民群众。

(合肥高新技术产业开发区财政局供稿)

合肥新站综合试验开发区财政工作概述

2012年,全区财政工作取得新进展,全口径综合财政收入累计完成35.2亿元,为2011年的183%。一般预算收入完成5.3亿元,为2011年的118%,其中,完成非税收入5328万元。全区一般预算支出完成10.8亿元。

【支出保障性进一步增强】加强对战略性新兴产业的支持,围绕平板显示产业基地建设和管委会工作部署,积极配合重点招商引资项目前期资本金及项目贷款的落实,保障项目快速推进。全年帮助8家重大招商引资企业到位银团贷款资金24.7亿元,有力地支持了战略性新兴企业的发展。优化财税环境,落实各项扶持政策,服务企业发展,全年企业扶持资金支付达7.5亿元,同时进一步扩大园区免收费的范围,共为园区130家工业企业投资项目办理免收费191项,免收资金4026万元。提高社会事业支出力度,保障社会事业健康发展,当年教育投入1.1亿元、社会保障和就业投入4056万元,卫生投入2090万元，城市管理支出4600万元，土地流转支出4405万元。加大家电下乡工作力度，实现圆满收官，共补贴兑付家电下乡资金639.8万元，补贴兑付率96.2%。统筹协调各成员单位落实全年居民收入倍增目标任务，民生工作成效显著。全年参与实施全市40项民生工程中的24项，投入资金2.4亿元，比2007年增加14项，资金投入增长22.1倍。

【资产运营体系进一步优化】扎实推进完全竞争性领域国有产权退出工作，自2009年启动国有股权从竞争性领域退出工作以来，累计完成15项国有产权退出，总转让收入17.8亿元，综合增值率155%。进一步规范房产管理，加强房产管理的制度建设，出台《新站区企业服务类房产管理暂行办法》，保障招商引资企业过渡性生产、经营用房及解决企业员工临时性住房需求。加强固定资产管理，对全区15个部门、5个社区管委会、22个区属学校、3个社区卫生服务中心及鑫城公司开展了固定资产和车辆清理、盘查工作，盘盈1397项，估价金额789.9万元，盘亏3144项，金额669.2万元。通过盘查，全面摸清了家底，为后续规范管理夯实了基础。配合区纪工委完成市委、市政府安排阳光村务工程建设回头看、三资清理、管理平台建设及村级债务化解等工作。结合《合肥市村级债务化解财政"以奖代补"实施办法》，梳理出全区2009年底之前形成的、符合规定的垫交税费、义务教育等8项公益性村级债务590.5万元，占总债务的9.8%。实际化解额为74.6万元，占公益性债务的12.6%。加强国资投资备案管理，根据《公司法》、《企业国有资产法》等有关国资管理法规，依法对合肥鑫昊等离子、合肥蓝光、上海蓝光、鑫虹光电、合肥鑫晟等企业履行出资人职责，确保国资保值增值。

【机制改革及制度建设进一步深化】强化金融监管，按照省市统一部署，联合公安等部门积极开展全区非法集资风险排查。通过现场及非现场检查等方式检查部分融资性担保公司违法违规经营情况并进行风险提示。全年对区内小贷公司、融资性担保公司现场及非现场检查10余次，风险提示5次，办理相关申请10余家。同时建立检查长效机制，确保融资性担保公司和小额贷款公司监管工作经常化、制度化、规范化，确保企业强化责任意识，加强内部管理，提高合规经营的自觉性和风险防控能力。加强财政监督，将财政监督和财政管理相结合，加强预算编制、执行和监管工作力度。推行综合预算，将部门所有收支项目全部纳入预算管理。规范编制程序，严格实行"两上两下"编报规程。建立健全预算编制与预算执行挂钩机制，规范专项资金预算下达和拨付。国库集中支付8181笔，支付金额9.4亿元，分别是2011年的120%和398%，实现预算项目100%全覆盖改革目标。健全内控管理制度，先后制定出台《新站区预算管理办法》、《新站区预算结余结转实施细则》、《新站区预算追加实施细则》、《新站区社区专项经费办法》及《新站区社区资金管理办法》等多项制度，构建资金监管的长效机制。开展社区债权债务清理工作，共清理债权9.9亿元，收回债权0.2亿元，内部账务调整2.7亿元，继续挂账追偿2.7亿元，移交鑫城国资公司处理1.7亿元，隐形土地款债权2.6亿元，规范了社区账目的核算。同时积极筹措资金解决区划调整遗留问题，共解决区划调整遗留事宜26批次，兑现区划调整前政策资金5114万元。加强对企业财务和会计工作的指导和监督、不断完善会计基础工作和内部管理制度，规范会计基础工作。做好会计基础工作规范考核验收。加强代账机构审核管理，服务区内会计从业人员，做好各类统计及资格考试工作。按照统一部署，对全区财务人员进行《小企业会计准则》及营改增工作培训，会计从业人员素质不断提升。

【政府采购工作水平进一步提升】积极推进政府采购改革，扩大采购范围，发挥规模采购效益，全年完成政府采购项目259项，总计结余、增值资金1065.1万元，向市招管局申报188个限额以上工程类项目，总预算资金44.1亿元。对全区车辆加油、印刷业务、办公用品、办公家具采购实施了定点采购管理，丰富了采购形式，提高了采购效率。进一步完善政府采购制度建设，通过新站区政府采购申报流程管理制度，印制并发放1000份采购服务指南，进一步完善了采购制度体系建设。严肃评标纪律，对开标场所加装了电子监控设备，实现了对开标过程全程电子监督，增强了招投标工作的透明度。加强项目履约监管，协助中小学电子设备、办公桌椅、图书等项目业主单位开展了验收工作，通过对履约行为的检查，有力维护了新站区政府采购市场秩序，维护了财政资金的安全。

【内部建设进一步巩固】积极加强党建工作，组建了基层党支部，出台了党委议事规则。加强党风廉政建设,深入开展廉政风险防控工作,全面查找财政局可能存在或潜在的廉政风险,对风险点进行评估,确定"高、中、低"三个等级,并有针对性地制定廉政风险防控措施,形成完备的风险防控机制。深入开展"保持党的纯洁性、迎接党的十八大"主题教育实践活动,坚持以创先争优为抓手,打造廉洁财政队伍,倡导爱岗敬业精神,加强团队建设,积极开展各类业务培训及团队活动,组织凝聚力日趋增强。

(合肥新站综合试验开发区财政局供稿)

巢湖市财政工作概述

2012年,受区划调整影响,原地级巢湖市下划本市的一批企业新增税源的注入有力拉动了全市税收增长速度,支撑了全市经济增长。全年财政收入完成24.2亿元,增长131.2%,其中:中央收入完成9.3亿元(含出口货物退增值税2.1亿元),为预算的100.7%;地方收入完成14.9亿元,为预算的100.9%。全年累计支出30.1亿元,增长40%。

【创新体制机制】一是全面推进完善国库集中收付制度改革。实现国库集中支付"全覆盖",退出216家预算单位核算权,将所有市直预算单位和全部财政性资金全部纳入国库管理的范围,实现了由"资金总量控制"向"预算指标控制"的有效转轨。推行公务卡结算管理,试点运行公务卡结算业务。二是推进预算编制改革。实行五大预算统一编制,健全政府预算编制机制。推行"开门办预算",推进民主、科学理财,特邀人大代表、政协委员参与部门预算评审,实行项目专家评审制。三是投融资体制改革。明确了四个融资平台的职能定位,开展市属国有资产清查划转工作,壮大融资平台资产规模,建立存贷款挂钩管理激励机制,不断开拓融资渠道,超额完成全年融资任务,全年融资收入18亿元,同时,作为县级融资平台2012年成功发行了7年期12亿元城投企业债券,年利率7%,是当年全国县级平台发行企业债券规模最大、发行费用和利率最低的一家。

【着力改善民生】省、合肥市既定各项民生工程任务全面完成,投入资金7.39亿元,惠及80万人次。一是生活保障水平再次提高,城乡社会保障框架逐步健全。城乡低保规范化建设全面铺开,当年巢湖市农村低保标准由年人均1360元提高到1600元,递增12%,将符合低保条件的24745人按提标规定标准按月及时、准确、足额发放补助资金;建设廉租房、公租房1154套,廉租房租金补贴1597户、发放资金409.7万元。二是医疗保险、医疗救治便民惠民,编织城乡一体医疗保障网,城乡居民社会养老保险与合肥市等高对接,失业保险纳入合肥市统筹。三是学有所教,学有优教,城乡教育事业统筹协调发展,全年教育支出5.9亿元。加强教育基础设施建设。完成19585平方米校舍安全加固及重建工程;完成1个农村留守儿童活动室建设、完成105个校内留守儿童之家建设;新建10所乡镇公办中心幼儿园;扎实推进就业再就业工作,4306人参加新型农民培训工程,完成2447人就业技能培训工程。四是文化事业共同推进。65个自然村有线电视"村村通"工程建设任务顺利完成,农家书屋建设实现全覆盖。全市城镇居民人均实现可支配收入15270元、高于合肥市下达目标1.8个百分点;农民人均纯收入8150元,增幅达14%,高于农民收入倍增计划目标任务和"十二五"年均增幅1个百分点。

【支持三农发展】继续加大对"三农"的投入,全年投入资金3.5亿元。认真落实粮食直补、良种补贴、农机购置补贴、退耕还林补助等各项惠农政策,巩固完善惠农资金打卡发放工作,提升了"一卡通"发放效率,进一步扩大发放的覆盖面。深入实施政策性农业保险,支持特色农业保险发展,不断增强农户抗风险能力,全年实际投保110.8万亩,勘察灾情打卡理赔328.7万元。深化农村综合改革,健全村级公益事业"一事一议"财政奖补工作机制,在160个村完成323个一事一议财政奖补试点工程,受益56.8万人。农村基础设施不断夯实,完成3.3万人的农村饮水安全工程建设任务;完成槐林大中型沼气工程及2处农村沼气服务网点建设;完成1988户农村危房改造,完成3个乡镇清洁工程建设;完成20个村新农村亮化工程,621盏太阳能路灯全部安装验收;完成31个群众体育设施安装工程;20座病险水库除险加固工程全面实施建设;8座农村公路危桥加固改造主体工程接近完工。继续做好"家电下乡"工作,增强农村消费能力,按照规定补贴标准兑付家电下乡补贴资金4408万元,兑付率100%。

【加强财政监督】以财政管理为中心,以深化财政"大监督"格局为主线,建立完善预算编制、执行和监督相互制衡、相互协调的运行机制。加大依法监督力度,提高监督检查效能,积极稳妥推进绩效评价和绩效监督工作。做好中庙街道办事处重点建设项目的资金核查工作,规范专项资金管理。做好本市区划调整的资产移交监督工作。对地级巢湖市的部分资产移交给县级巢湖市的国有资产进行了清理、登记、分配、使用的全过程监督。参与核查"吃空饷"和编制外聘用人员核查工作,将外聘用人员的管理工作纳入规范化轨道。扎实核实基层卫生系统债务化解的债务数额。对本市基层卫生系统335万元的债务与债权进行了逐笔审核,完成了债务清偿。当年,财政监督局被评为"全省财政系统先进集体"称号。

【抓绩效强效能】开展"绩效创新年"活动,坚持以提升绩效为目的,紧密联系财政实际,积极开展行之有效的创新实践,大力推动观念创新、制度创新、管理创新、文化创新、服务创新,进一步打造理念先进、机制健全、管理规范、团结进取、作风优良的绩效财政。加强机关效能建设,制定了巢湖市财政局首问负责制、限时办结制、服务承诺制、否定报备制、AB岗工作制、一次性告知制、涉企检查报批制、干部岗位责任制等八项制度,做到以制度管人,以制度管事,以制度推动机关效能建设。加强干部队伍建设,学习贯彻党的十八大精神。广大财政干部在改进工作作风、服务水平、办事效率等方面取得了明显成效。市财政局连续四年获得"全市目标考评先进集体"称号。

(巢湖市财政局供稿 洪雪莹执笔)

肥东县财政工作概述

2012年,全县共完成财政总收入28.4亿元,为预算的102.7%,比上年增加4.8亿元,增长20.4%。其中地方收入完成19.7亿元,为年初预算的111.3%,比上年增加3.9亿元,增长24.6%;中央收入完成8.7亿元,比上年增加9216万元,增长11.9%。全县完成财政支出40.2亿元,较上年同期增加4.8亿元,增长13.6%。

【加强和完善税收征管】紧紧抓住组织收入中心,加强税源分析调度,依法加强税收征收,不断强化各类税收征管,深入挖掘税源潜力,进一步完善财税联席会议制度,加强预算执行分析、税源情况分析和重点税源监控,堵塞税收漏洞;进一步完善非税收入征缴机制,强化"收支两条线"管理,确保应收尽收,确保各项收入按序时进度及时足额入库。全年财政收入突破28亿元大关,创历史新高,全县财政实力持续增强。

【着力保障和改善民生】把民生支出作为安排重点,更加注重保障和改善民生。一是加大教育强县投入。全县教育总支出完成8.4亿元,落实义务教育阶段贫困寄宿生生活补助282.5万元,安排高中及职业教育贫困生助学金1181.8万元。二是加大社会保障体系建设投入。社会保障和就业完成支出8.2亿元,城乡低保金8373万元,安排再就业资金1345.6万元,发放城乡居民合作医疗资金2.7亿元。三是加大公共卫生体系建设投入。医疗卫生完成支出1.5亿元,其中公立医院改革投入3300万元。四是加大保障性安居工程建设投入。投入资金9606万元,新建廉租住房200套,公租房2037套,发放租赁补贴298户,完成农村危房改造2500户。五是加大公共安全体系建设投入。全县公共安全体系支出完成9968.7万元,"学有所教、劳有所得、病有所医、住有所居、老有所养"的公共财政框架初步形成。

【大力扶持和服务"三农"】坚持心系"三农",积极把公共财政资源向"三农"倾斜,促进了城乡协调发展。一是落实惠农政策。对粮食综合直补、退耕还林粮食补贴、良种及能繁母猪补贴等惠农补贴全部实行"一卡通"发放,全县涉农补贴累计发放29个大项56个小项4.8亿元。认真抓好家电、摩托车下乡工作,全县共销售家电下乡产品12.1万台,兑付家电下乡补贴资金4459.8万元,销售摩托车下乡产品1462辆,兑付摩托车下乡补贴资金89万元。二是落实村级公益事业"一事一议"财政奖补政策。全年实施"一事一议"财政奖补项目940个,落实财政奖补资金3145万元,有效解决农村群众"行路难、饮水难"等现实问题。三是落实农业保险政策。全县水稻保险91万亩、大棚蔬菜保险2479.5亩、油菜保险50.6万亩、小麦保险41.2万亩,能繁母猪保险3.5万头、奶牛保险12214头,县财政配套保费541.35万元。

【积极开展和推进财政改革】解放思想求突破,深化改革促发展,积极稳妥地开展和推进多项财政改革工作。一是积极稳妥推进部门预算改革。初步建立以部门预算为基础、以投资评审为支撑、以绩效评价为导向、以监督检查为手段的"四位一体"的公共预算体系,增强了预算编制的科学性。做到一个部门一本预算,实行预算编制、执行、监督三分离,增强预算约束力。二是深入推进乡镇财政体制改革。乡镇财务管理坚持集中支付原则,“乡财县管”和“村账乡管”进一步完善。全面推进乡镇财政所的标准化、规范化管理,强化乡镇财政资金安全监管。三是扎实开展国库管理制度改革。全年共撤并在商业银行开设的28个财政专户,只保留社保资金专户、粮食资金专户和总预算特设专户等5个财政专户。四是认真做好公务卡改革。出台《肥东县预算单位公务卡使用暂行办法》,在全县范围全面推行公务卡结算制度,规范了各单位的财务管理工作。五是深化国库集中支付改革。进一步扩大国库集中支付范围,实现资金全覆盖、单位全覆盖。

【不断加强和完善干部队伍】大力加强干部队伍建设,不断增强干部大局观念、创新观念、服务观念,不断提高干部依法理财、科学管理、勤政为民的本领。一是加强干部轮岗交流。从当年5月起,分步、分批对全县财政系统干部进行轮岗交流。全年轮岗交流48人,其中乡镇间轮岗交流16人,机关间轮岗交流18人,乡镇和机关之间轮岗交流14人。二是加强财政干部教育培训。以“建设学习型机关、培养创新型干部 为目标,通过网络培训和会议学习等方式,进一步完善培训管理体制,健全工作机制,改进培训方式,拓展教育内容,系统干部队伍素质全面提高,促进了各项财政任务的圆满完成。三是鼓励财政干部参加公开选拔。在加强系统内部干部选拔任用的同时,鼓励广大财政干部积极参加市、县的公开选拔,当年县财政局有6名同志,通过公开选拔直接进入副科级工作岗位。

(肥东县财政局供稿)

肥西县财政工作概述

2012年,全县一般预算收入完成45.1亿元,比上年实绩增收5.1亿元,增长12.7%,财政支出完成41.8亿元,支出执行率99.8%,增长18.1%。

【收入征管科学精细,财政实力稳步提升】召开全县税源清查工作动员大会,成立税源清查领导小组,共清查注册登记企业5338家,个体工商户16308家,开展税收专项检查,清理补缴税款7000多万元。加强对各项政府非税收入跟踪管理。全年地方财政收入完成24.3亿元,占全部财政收入的53.9%,同比增收2.8亿元。

【财政改革稳步推进,监管力度不断增强】阳光操作财政预算编制,增强透明度,选择10家单位2013年度部门预算编制情况进行公开评审,严格预算约束、强化财政审查、规范预算执行。深入推进国库集中支付改革,财政、监察、审计部门联合下发了《关于推进国库集中收付制度改革,加强行政事业单位财务管理的通知》,加强支出管理,强化会计监督和会计核算工作。加强财政专户清理整顿。对财政专户实行“集中管理、分账核算、统一调度”,全年累计撤销财政专户47个。积极推进公务卡制度改革。单位累计办理公务卡1030张。稳步推进“营改增”工作。开展重点税源摸底调查,建立联席工作会议制度,设立“营改增”试点扶持专项资金,10月份,顺利完成“营改增”申报系统的启动运行,实际征收入库税款1282万元。优化财政管理和加大财政监督,系统内40多名干部进行轮岗交流,对4个乡镇和部分事关民生的热点部门财政收支进行监督检查督促,限期整改到位,确保财政资金和干部“双安全”。

【坚持为民理财,惠民工程深入人心】不断完善、优化资金管理制度、拨付流程,充分发挥民生工程资金专户作用,严格按照资金管理办法、工程进度和合同约定拨付资金,保证专款专用。全年全县33项民生工程,实际到位资金8.9亿元,其中,中央及省6.3亿元、市0.2亿元、县2.4亿元,资金到位率99.8%。

【社会保障扎实有力,财政投入持续增长】基层医药卫生体制综合改革成果得到巩固,实行“工资基本保障,经费包干使用,收入全额上缴,支出集中支付,少收超支不补,结余按规使用”的预算管理办法,提高医院和医务人员积极性。建立完善覆盖城乡居民的社会养老保障体系,全面启动城镇居民养老保险,实现城乡全覆盖。城乡居民合作医疗制度稳步推进,全县参加城乡居民合作医疗居民83.3万人,参合率达99.8%,补偿144.1万人次,合作医疗基金支出2.51亿元,资金使用率103.8%。进一步完善生活救助机制,农村低保标提高到每人每年1800元,城镇低保标准提高到每人每月320元,集中供养五保生活费标准提高到每人每年3840元,分散供养五保生活费提高到每人每年2160元,重度残疾人生活救助标准提高到每人每年660元，建立孤残儿童生活保障机制、实施流浪乞讨人员医疗救助和生活救助制度。

【政府融资规范有序，金融服务日趋完善】积极做好融资项目包装，全年融资到位资金15.02亿元，其中，企业债券融资8亿元。启动桃花工业园经济发展公司二期企业债券发行的前期准备工作，积极引进交通银行、民生银行、徽商银行、科技农村商业银行到肥西设立分支机构。切实做好金融服务，企业上市初步呈现报会、辅导、股改、培育、梯次推进、滚动发展的良性格局，共举办五次银企对接活动，对接项目263个，对接金额16.5亿元人民币，有效缓解全县中、小、微型企业发展困难。依法加强金融监管，举办"打击非法集资宣传月"活动，依法加大对信誉度差、恶意逃废金融债务的企业和个人的惩治力度。

【城乡统筹加快发展，政策落实依规到位】不断加大惠民政策落实力度，累计发放各类补贴资金3.02亿元，惠及补贴对象达106.2万户(人)次，收缴违规资金12亿元；启动美好乡村建设工作，成立"美好乡村建设领导组"，《肥西县整合资金支持美好乡村建设实施方案》和《肥西县美好乡村建设专项资金管理办法》，为做好美好乡村建设、规范美好乡村资金管理奠定基础。扎实推进"一事一议"财政奖补项目实施。全县有303个村(居)实施村级公益事业一事一议财政奖补建设项目，涉及筹资筹劳人口77.9万人，项目总投资1.87亿元，申请四级财政奖补6240万元。全县760个村级公益事业建设一事一议财政奖补项目均已实施，竣工项目746个，完工率达98.2%。完成高标准农田建设示范工程项目建设任务。完成官亭镇焦婆、童大井高标准农田建设示范工程项目建设任务，7月通过市级验收，8月通过省级验收，并被提名为"全省优良工程"。花岗土地治理项目的规划、设计与报批基本完成，总投资1751万元。推进城乡居民收入倍增规划实施工作，先后出台17个倍增规划文件，在多家媒体开辟倍增宣传专栏，引导群众充分了解、广泛参与倍增实施工作。

(肥西县财政局供稿　周胜执笔)

长丰县财政工作概述

2012年全县财政系统深入践行科学发展观，充分发挥财政职能，依法加强收入征管，不断深化财政改革与监督，财政管理科学化精细化水平进一步提升，有力地促进了全县经济社会又好又快发展。

【财政收支平稳较快增长】采取强化收入目标责任、按月分析调度等机制，加强重点税源跟踪，强化税费征管，拓展增收渠道等举措，大力组织财政收入，全县财政收入保持平稳较快增长态势。全县一般预算收入累计完成27.1亿元，同比增收5.8亿元，增长27.5%。坚持围绕稳增长、调结构和保民生要求，积极构建发展财政、公共财政、民生财政，全力支持经济社会各项事业快速发展，各项重点支出得到有力保障。全县一般预算支出完成33.6亿元。

【支持经济发展更加有力】坚持以"稳增长、调结构、促发展"为主线，贯彻落实积极财政政策，支持重点项目推进，促进产业优化升级，财源发展后劲不断增强。一是支持重大项目有序推进。通过项目申报，积极争取上级资金6.6亿元，争取财政部代理发行地方政府债券4500万元。拓展融资渠道，通过金融机构直接贷款、BT项目融资11.9亿元。加大土地出让前期资金投入，大力支持土地整治项目实施，实现经营性用地出让12.7亿元，有力保障了全县重大项目建设资金需求，"三城"及工业园区基础设施建设有序推进，承载力明显增强。二是支持新型工业经济发展。投入技术创新、固定资产投资奖励、贷款贴息、增产增销等财政奖补资金4089万元，促进优势产业和重点骨干企业技术改造、科技创新、扩张产能。兑现企业上市奖补资金1219万元，推动丰德科技、恒大江海泵业加快上市步伐。落实小微企业财税扶持政策，免收178家企业行政事业性收费2272万元，缓征、减征困难企业社保费890万元，切实减轻企业负担，缓解企业经营压力，促进中小企业加快发展。三是支持现代农业发展。以农业产业结构调整为主线，以财政支农资金整合为抓手，按照"渠道不乱、用途不变、捆绑使用"的原则，通过项目集聚安排和资金集中投入，整合各类财政支农资金8502万元，重点支持龙门寺现代农业开发区、杜集生态农业开发区、特色农业草莓示范园、新农村建设示范点基础设施及农业物联网建设,促进现代农业提档升级。四是支持现代服务业发展。稳妥推进"营改增"试点工作,落实过渡期财政扶持政策,促进现代服务业健康发展。投入300万元,支持一批精品旅游项目开发,成功举办草莓节、桃花节等一批精品专业节会,打造长丰旅游品牌。继续深入开展"万村千乡市场工程"、"新网工程"等商贸流通工程建设,全面提升商贸流通业服务能力。五是支持战役式招商。安排招商引资专项经费550万元,落实招商引资"一事一议"奖补政策,促进项目加快落地建设,培育新的经济增长点。

【民生工程与收入倍增规划顺利推进】积极调整优化支出结构,将新增财力向民生领域倾斜,优先保证民生工程实施资金需要。全年实施34项民生工程,投入资金8.1亿元,同比增长18.1%,政策惠及102.6万人次,其中,县财政配套1.5亿元。群众"生活难、看病难、上学难、出行难、住房难"得到有效缓解,城乡居民幸福指数稳步提升,群众对民生工程的知晓度、满意度和支持度明显提高。一是教育公平进一步体现。对全县义务教育阶段学生免除学费和作业本费,对高校、中职及普通高中家庭经济困难学生资助,全年投入财政资金1977万元。继续实施校安工程,加大学前教育投入,关爱留守儿童,投入财政资金4436万元,重建和加固校舍27286平方米,改扩建7所公办幼儿园,建成2个留守儿童活动室和114个留守儿童之家。二是就业和社会保障能力进一步增强。落实就业再就业扶持政策,投入543万元扶持"零就业"家庭、"4050"人员和残疾人就业。对农村居民最低生活保障、农村五保供养、城乡居民养老保险扩面提标,对重度残疾人实施生活救助,全年共发放补助资金13091万元。投入资金15851万元,建设公租房11.35万平方米,对299户城市低收入住房困难家庭实施房租补贴和实物配租。三是卫生服务体系建设进一步完善。投入资金6197万元,巩固和深化基层医疗卫生机构改革成果,化解乡镇卫生院历史债务,启动县级公立医院改革。进一步提高新型农村合作医疗、城镇居民医疗保险筹资标准和补偿比例,实施城乡医疗救助、重大传染病病人医疗救治和贫困残疾人康复工程,缓解弱势群体就医压力。实施免费婚检、孕产妇住院分娩补助和儿童扩大免疫规划,进一步提高妇女儿童健康水平。四是文化体育设施进一步健全。加大对公共文体事业和群众文体活动场所的投入,推进公共文化服务信息化平台建设,强化文体公共服务功能,全年建成农家书屋49个,建成55个农民体育健身场所,完成75个自然村广播电视"村村通"工程。五是城乡居民收入倍增规划全面实施。以增加城乡居民收入为核心,促进城乡居民增收为目标,围绕拓宽"就业、创业、投资、社保、帮扶"五大增收渠道,认真落实强农惠农政策,加快农业产业结构调整,积极促进就业创业,进一步完善社会保障体系,促进城乡居民收入稳步增长。

【支持"三农"发展更加有效】以夯实农业基础、提高农民收入为目标,加快城乡统筹发展,坚持财政支出向"三农"倾斜,全年涉及农林水事务支出4.4亿元,同比增长15.2%,高于财政支出增幅4个百分点。一是强农惠农政策落实到位。完善涉农补贴发放制度,全年累计发放粮食直补、良种补贴、农资综合直补、农机具购置补贴等惠农补贴1.4亿元,充分调动农民发展农业生产的积极性。完善政策性农业保险,补贴水稻、小麦、油菜种植和能繁母猪、奶牛养殖保费1185万元,兑付理赔款923万元,有效防范和化解了农业生产风险。投入资金310万元,组织实施新型农民、就业技能培训7081人,提高农民创业增收技能。二是大力支持农业农村基础设施建设。投入资金1722万元,建设大中型水库库区移民扶持项目98个,发放库区移民补助资金1276万元,库区移民生产生活环境进一步改善。投入资金4006万元,实施高标准农田示范区项目和吴山镇农业综合开发土地治理项目。投入资金3226万元,大力实施小型农田水利设施工程,除险加固小型水库10座,建设塘坝7处,重建小型提水泵站2处,衬砌渠道79公里,整治排水沟26公里,配套桥、闸、涵、渡槽、放水口等各类建筑物4766座,新修沙石机耕路13公里,建设绿化带26公里。投入资金8079万元,实施农村公益事业"一事一议"奖补项目447个,农业生产基础进一步夯实,农业综合生产能力进一步提升。三是新农村建设步伐进一步加快。投入资金3293万元,解决6.86万人饮水安全问题。投入资金2833万元,实施农村生态环境综合治理工程,改造农村危房3000户。投入资金5.9亿元,结合土地整理复垦开发、建设用地置换、城乡建设用地增减挂钩为主要内容的土地整治工作,推动造甲乡凤楼村凤群村、陶楼乡陶西村等新农村示范点项目建设,农村生活环境进一步改善。四是基层组织建设保障有力。完善村级财务管理委托代理制度，全年化解村级债务1004万元，加大村级组织建设扶持力度，基层组织有序运转。

【财政管理更加科学精细】坚持围绕依法理财、科学理财、民主理财为中心，努力构建管理制度规范有效、管理手段科学精细、监督问效透明有力的财政管理机制，财政改革不断深化，财政科学化精细化水平进一步提升。一是县乡财政体制进一步完善。制定新一轮县乡财政体制，遵循让利乡镇原则，理顺县乡财政分配关系，体现倾斜和支持财力薄弱乡镇，有效兼顾县乡地方收入和财力的共同增长，努力做到财力与事权匹配。二是预算编制改革继续深化。完善政府预算体系建设，继续推进全口径预算编制，提高预算编制的完整性。深化部门预算改革，完善综合定额标准体系建设，推动项目预算滚动管理。三是预算约束力进一步增强。坚持厉行节约，严格支出管理，努力降低行政运行成本。深化国库集中支付改革，稳妥推进公务卡改革，规范财务收支行为。四是绩效评价范围进一步扩大。对9部门单位10个项目进行绩效评价，涉及资金6223万元，进一步增强了部门单位绩效意识，切实提高财政资金使用效益。五是国有资产管理进一步规范。国有资产信息管理系统不断完善，实现国有资产动态化、常态化管理，全年处置国有资产13例，实现处置收入913万元。加强财政资金保值增值运作，对管理的全部财政性资金，通过协定存款、梯次定存方式，实现存款利息增值800余万元。

【财政系统与队伍建设进一步加强】一是加强制度建设。认真排查制度执行薄弱环节，建立健全资金资产管理、人员人事管理、勤政廉政等制度，构筑广大干部职工“不能为、不敢为、不愿为”的防范机制。二是坚持活动引导。以“保持党的纯洁性 迎接党的十八大”、“创先争优”、“效能建设”、“改革创新年”等活动为引导，督促财政干部牢固树立主动服务经济、社会、民生、基层与群众的理念，鼓励财政干部在平凡岗位上争先锋、创佳绩。三是加快基层乡镇财政所建设。全面完成全县15个乡镇(区)财政所规范化建设任务，在双凤经济开发区、岗集镇、双墩镇、吴山镇、下塘镇、水湖镇、杨庙镇、朱巷镇设立财政分局，基层财政服务发展能力进一步提升。

【财政工作受到充分肯定】全年财政多项工作受到充分肯定，县财政部门牵头实施的民生工程获得省政府授予“民生工程组织实施工作先进县”称号，局机关被省财政厅与省人社厅联合授予“全省财政系统先进集体”，被市委、市政府授予“12届合肥市文明单位”，被市财政局与市人社局联合授予“全市绩效工资实施工作先进集体”，被市“阳光村务工程”领导组授予“全市‘阳光村务工程’建设工作先进集体”，被市爱卫会授予“全市卫生先进单位”，并连续11年获得全县目标考核优秀单位，等等。

（长丰县财政局供稿　张恩奎执笔）

庐江县财政工作概述

2012年，庐江县财政收入完成20.25亿元，比上年增长35%。其中：地方收入12.4亿元，比上年增长43%；上划中央收入7.8亿元，比上年增长24%。全县财政支出完成36.4亿元，比上年增长14%。

【依法加强收入征管】及时将收入任务细化分解落实到财税三部门和各镇及开发区，并签订目标责任书，实行目标管理。按月分解下达收入任务，组织开展收入调度，以月保季，以季保年，确保收入目标完成。加大协税护税工作力度，建立完善协税护税常态化工作机制，细化协税护税工作举措，形成综合治税合力，堵塞征管漏洞。财税部门坚持以组织收入为中心，依法加大收入征管力度，着重抓好重点行业、重点企业和重大建设项目税收征管，狠抓均衡入库。组织对重点矿山企业纳税情况调查，分析影响矿业税收变化因素，有针对性地加强矿山企业税收征管。组织开展土地税源和集镇开发税源清理，大力清收房产税、土地使用税和集镇开发税收。全面开展税收年度汇算清缴，加强税收评估和稽查，做到应收尽收。严格非税收入征管，加强非税收入稽查，规范预算管理方式。

【大力支持经济发展】全面贯彻省、市促进经济平稳较快发展实施意见，深入开展“工业立县推进年”活动，落实工业发展的政策措施，县财政安排专项资金支持县域工业企业发展。认真落实结构性减税政策，帮助企业减负解困，全年办理出口退税8500万元，企业购进固定资产进项税额抵扣增值税9400万元，拨付困难企业社保补贴185万元。建立政府性资金存款与银行对本县贡献挂钩机制，引导金融部门创新金融产品，增加信贷投放。继续加强中小企业贷款担保工作，全年为155户企业担保贷款

2.1亿元。大力推进"城市建设提升年"活动,科学合理编制投融资项目计划,多渠道筹集资金,支持县经济开发区、龙桥工业园、城东新区、南外环道路、环巢湖旅游大道庐江段和庐城基础设施等重点工程建设。

【增强财政保障能力】在年度预算安排上,严格控制一般性支出,将有限财力向民生倾斜、向重点支出倾斜。积极筹措调度资金,实行财政有序供给,在保证工资按时发放和机关单位正常运转经费的同时,民生工程、教育、农田水利、社会保障和大建设项目等重点支出得到有效保障。全面实施39项民生工程,全年投入资金9.57亿元,其中县财政配套资金1.7亿元。建立收入倍增工作推进机制,实施城乡居民收入倍增规划,积极做好收入倍增工作,稳步提高城乡居民收入水平。安排农村义务教育薄弱学校改造资金1068万元,继续改善农村教育教学条件。逐步加大农业投入,县财政安排600万元专项资金,用于扶持农业产业化项目;安排6400万元以奖代补资金,用于全县农田水利基础设施建设。全年拨付农业项目资金3600万元,支持94个项目建设;组织实施农业综合开发项目15个,投入资金3049.9万元,建设高标准农田3.1万亩,提高农业综合生产能力,促进农业产业化发展。全年通过"一卡通"发放财政涉农补贴资金4.58亿元;兑付家电、摩托车下乡补贴资金6126万元,拉动消费6.1亿元;实施一事一议财政奖补项目348个,拨付财政奖补资金4091万元。城乡居民养老保险、被征地农民养老保险和城乡低保等保障标准稳步提高,人民群众生活保障水平不断提升。

【继续深化财税改革】扎实推进营业税改征增值税试点工作,营改增试点工作自10月1日开始实施,运行平稳有序。全面实施公务卡制度改革,制定公务卡使用管理办法,建立国库集中支付与公务卡业务对接系统,全县116家预算单位办理993张公务卡。积极推进会计集中核算向国库集中支付转轨工作,按照"积极稳妥,平稳过渡,分步实施"的原则,恢复预算单位会计核算权,分两批将会计账务和会计档案资料移交至预算单位。调整完善县镇(区)分税制财政管理体制,建立台湾农民创业园财政管理体制,进一步让利于镇(区、园),充分调动镇(区、园)加快经济发展、加强收入征管的积极性,增强镇(区、园)财政实力。深化部门预算管理制度改革,制定行政事业单位通用办公设备和办公家具购置定额标准体系,细化项目预算编制,强化资产管理与预算管理的有机结合,提高预算编制的科学化、精细化水平。

【不断加强财政监管】进一步规范县投融资管理机制,实行投融资委员会例会制度,定期研究推进投融资工作,做好全县大建设资金保障。制定县本级财政专项资金管理办法,规范财政专项资金项目审批、拨款程序,提高工作效率和资金使用效益。建立政府性债务信息管理系统,加强政府性债务统计分析,规范政府性债务管理。加强行政事业单位国有资产管理,对县直机关事业单位房屋资产进行了全面清查,规范资产管理和租赁行为,全年共对55处(套)经营性房产租赁实行公开招租,实现年租金100.8万元,增长51%,有效提高国有资产的使用效率和经济效益。加强公务用车编制管理,重新核定单位车辆编制,规范公务用车配备、使用、处置管理。稳步推进支出绩效评价工作,全年共对15个项目实施绩效评价,客观反映项目实施效果,促进提高财政资金使用效益。贯彻实施小企业会计准则,组织举办小企业财务专题培训班一期,培训人员220人,促进小企业依法建账,办理会计核算。围绕财政资金使用规范、安全、有效,组织对财政支农、惠农补贴、民生工程、社会保障、救灾扶贫等专项资金监督检查。

(庐江县财政局供稿)

合肥巢湖经济开发区财政工作概述

2012年,合肥巢湖经济开发区财政局紧紧围绕财政工作目标任务,大力组织财政收入,统筹安排财政支出,服从、服务开发区中心工作,加强和规范财政管理,认真做好"保增长、保民生、保稳定"各项工作,圆满完成年初安排的各项重点工作任务。

【促进财政收入稳定增长】深入分析财政经济形势,咬定全年目标,完善工作体制机制,确保任务完成。全区一般预算收入完成3.4亿元,占年度预算的114%,同比增收8733万元,增长34.3%,其中地方预算收入完成2亿元,完成年度预算的117.7%,同比增长34.5%。加大支持经济发展力度,财政支出进一步调整和优化,为经济社会协调发展提供有力保障。全区财政总支出完成3.3亿元,比上年减支2.4亿元,减少42%。

【全力支持经济社会事业发展】加大支持力度，促进企业发展。认真研究上级财政扶持企业政策，广泛宣传国家、省、市对企业的扶持政策。积极为企业申报各类项目资金，加强了骨干企业的财源建设。积极支持小贷公司发展，给予两家小贷公司财政扶持共计397.6万元，不断提高小额贷款公司加快发展的积极性，当年全区小额贷款公司累计发放贷款196笔，发放金额达3.8亿元，有效缓解了区内小微企业的融资困难，实现税收1030万元。不断探索直接融资渠道，积极参加市“滨湖·春晓”计划，为安徽海容电源动力有限公司等9家区内企业融资2900万元。认真贯彻实施积极财政政策，积极争取上级专项补助和一般性转移支付资金，以及国债转贷、开行等贷款，全年到位信托资金0.8亿元。主动落实重大项目前期经费和专项工作经费，支持有关部门编好全区重点项目库，大力支持各项基础设施建设与征地拆迁工作的开展。

【落实政策保障民生】积极落实民生工程配套资金，将配套资金打入财政预算，足额安排、拨付到位，同时专户管理、专账核算，规范运作。针对社会事务划转后，全区民生工程仅剩公租房项目，及时调整、分解任务，做到责任到人。加强监督检查，制定督查方案，定期或不定期到现场察看，确保工程按期、保质保量完成。截至当年底，巢湖诚信公司西山公租房二期主体结构完成，在施工装饰工程；花山公租房二期在施工五层主体结构，计划年内完成主体结构，进行装饰施工；合肥工投公司花山公租房项目计划年内施工主体结构。全年中央补助资金到位3545万元、省级补助资金到位840万元、开发区配套资金到位2487.7万元。

【强化财政管理制度改革】一是积极推进公务卡制度改革。自当年4月初开始实施公务卡制度前期准备工作，于8月份全面实行，各预算单位日常公用支出全部使用公务卡结算，共发放并使用单位卡12张，个人卡88张，预算单位安装财务POS机12台，截至当年11月底，通过单位公务卡结算的金额累计145万元。二是积极推行国库集中支付改革。实行国库单一账户体系，通过竞争性谈判确定了国库集中支付代理银行，10月底实现了国库集中支付试运行。三是全力推进财政一体化平台建设。积极与市财政局对接，先后赴合肥经开区、芜湖市、南陵县等多地考察学习财政一体化平台的运作经验，平台于10月26日成功运行。四是扎实开展财政内部审计工作。结合开发区大建设的实际，强化基建财务管理，认真开展财政投资基建项目的跟踪审计，建立财政投资基建项目数据库。开展“小金库”专项检查，重点对执收单位的收支情况进行检查。加强内部监督，修改完善印鉴、票据、对账等财务管理制度和财政资金拨付流程，实行三级复核，确保财政资金安全运行。五是加强国有资产管理。建立健全固定资产管理制度体系，将行政事业单位固定资产的配置、使用、处置等纳入规范化管理范畴，推进行政事业单位固定资产管理步入规范化、科学化轨道。六是完善政府采购管理制度。针对市级政府采购管理、政府采购目录及限额标准等方面制定相关制度，较为系统地建立起一整套政府采购管理体系。通过建立台账、报表、分析、档案，政府采购工作更加细化，供应商投诉事件日益减少，监督职能进一步强化。

【不断加强队伍建设】把加强财政干部队伍建设、提升工作水平、转变工作作风放在首位，认真落实“讲大局、强责任、提能力、抓落实”的要求，一手抓理财，一手抓队伍，以培养造就一支政治强、业务精、素质高、作风硬的财政干部队伍为前提，狠抓机关思想、组织作风，干部培训与制度建设，做到工作制度健全，工作责任清晰，考核监督有力，财政干部队伍呈现出新的风貌。

(合肥巢湖经济开发区财政局供稿)

淮北市财政工作概况

淮北市财政工作综述

2012年,全市各级财政部门围绕中心,服务大局,主动作为,财政收支保持良好运行状况。全市财政总收入累计完成101.1亿元,增长11.9%,全市财政一般预算支出为108.5亿元,增长24.3%,财政收支双双突破百亿元大关,有力促进了全市经济社会协调发展。

【强化抓征管控支出,财政运行态势平稳】一是促进经济发展,实现财政收入平稳增长。面对经济下行压力影响,在认真摸排税源的基础上,市政府适时调减市国税、市地税部门收入任务达17亿元,坚决不收“过头税”,使税收收入与经济发展相一致;加强协调调度,强化收入分析、评估和监控,努力挖掘增收潜力,加大对一次性税收、零散税收和非税收入的征管,确保收入均衡足额入库。二是积极争取壮大支出规模,提高财政资金使用绩效。认真研究国家宏观经济政策,抢抓积极的财政政策机遇,主动会同有关职能部门,加大对上争取力度,使全市经济社会发展的项目更多地进入国家和省政策支持的范围,最大限度地把政策的含金量转化为促进经济社会发展的动力和财力。

【注重调结构促转型,支持经济发展取得新成效】一是全力推进结构调整。拨付专项资金2.5亿元,支持企业技术改造和自主创新,增强企业发展的内生动力和活力,强力推进经济结构调整和产业优化升级,扶植培育财源。二是大力促进企业发展。大力实施“万千百十”、“万村千乡”和“农超对接”工程,拨付资金1亿元,重点支持企业上规模上台阶。认真落实结构性减税政策,全年减少企业税费4亿多元。及时拨付困难企业岗位补贴资金1.38亿元、退城进区补偿资金2.6亿元,帮助企业渡过难关。三是着力支持园区建设。创新融资方式,千方百计筹集融资20亿元,土地出让金安排3.5亿元,重点支持园区基础设施、招商引资和项目建设,园区承载产业转移能力明显增强,为全市经济持续增长奠定了基础。

【优先保民生促和谐,发展成果城乡共享】一是民生工程成果实现共享。全年投入民生工程资金21亿元,6项生活保障类项目、8项教育培训类项目、6项医疗卫生类项目稳步实施,8项农业和农村基础设施类项和4项文化惠民类项目顺利完成,让改革发展成果更多地惠及200多万城乡群众。二是城乡居民收入倍增规划稳步实施。安排专项扶持资金5200万元,扎实推进富民创业工程,采取加大创业和就业扶持、加快和扩大土地流转规模和完善工资集体协商制度等项措施,不断提高城乡居民收入。城镇居民人均可支配收入和农村居民人均纯收入两项分别达到20650元和7480元,增长15.5%和18.5%,全面完成了年度目标任务。三是各项事业协调发展。投入各类事业发展资金73亿元,支持教育事业均衡发展,推进企业自主创新、科技创新载体建设,支持县区公立医院综合改革,加快推进口子文化博览园、“四季榴园”风景区、洪庄文化创意产业园等文化产业发展,加强“平安淮北”建设,促进了社会事业发展,确保了社会和谐稳定。

【着力惠“三农”促统筹,城乡建设协同推进】全年投入“三农”支出近29亿元,增长11.7%。一是农业生产条件不断改善。新增和改善灌溉面积31.2万亩,除涝面积18.4万亩,完成东部山场绿化6.6万亩,新建农村道路550公里,挖沟渠62.8千米,打农用机井102眼,夯实了农业发展基础,改善了农业生产条件。二是农业产业化经营扎实推进。拨付资金6000万元支持一大批农业产业化龙头企业做大做强。投入保费补贴3960万元,为40万(次)农户午秋两季提供了8亿元的风险保障,农业抗风险能力增强。通过一卡通发放23项涉农补贴资金4.3亿元,农民收入不断增加。三是加快城乡一体化建设步伐。拨付资金2亿元,支持新农村示范点建设、全年开工建设7个新农村示范点、14个农民集中居住区,建成4座垃圾中转站和328座垃圾收集房,添置了4部封闭式垃圾清运车,农村土地资源有效节约,农民居住生活条件明显改善。投入各类资金24.9亿元,重点支持改造淮海东路、濉溪路等多条道路,多条街巷、小区和人民路铺设沥青罩面,新铺供水、供气管网60多公里。城市承载能力明显增强,为建设"皖北江南、文明淮北"打下良好基础。

【立足谋创新求突破,财政改革深入实施】政府公共预算和政府性基金预算进一步细化,社会保险基金预算编制逐步完善,国有资本经营预算积极试编,预算编制的真实性和完整性明显增强。绩效管理力度加大,对8个支出项目、6个预算单位进行绩效评价,有效促进部门提升预算管理水平。国库集中支付改革持续深化,公务卡制度改革全面实施,市本级直接支付比例已达到86%,全市已办理公务卡近9000张,市本级已发放公务卡7397张,累计公务消费1580万元,现金支付量同比下降33%,现金结算量明显减少,资金使用效益不断提高。搭建非税收入征缴管理信息化平台,健全完善非税收入目标考核体系,实现非税收入全部进网入库,非税征管水平逐步提高。加快"金财工程"大平台建设,为加强财政监督提供有力的技术支撑。狠抓财政管理基础工作和基层建设,财政科学化精细化管理持续推进。

(淮北市财政局供稿　乔林执笔)

相山区财政工作概述

2012年,相山区财政总收入完成10.8亿元,比去年同期增收1.97亿元,同比增长22.4%;地方财政收入完成4.7亿元,比上年同期增收1.1亿元,同比增长30.5%。

【强化征管,财政实力稳步提升】进一步健全完善财政收入目标责任考核机制,及时将收入任务分解落实到各征管单位,并层层签订责任书,各征收单位结合税源实际,挖掘税收潜力,并重点抓好税源监控和监督稽查,建立完整的税源监控档案,全面掌握重点行业、重点税源的税收变化情况,确保税收均衡入库。同时严格规范税收执法程序,严厉打击"偷、逃、骗、抗"税等不法行为,严肃查处税收征管中的各种违法案件,做到"依法治税,应收尽收"。财政收入一路攀升,迈上10亿元新台阶,为促进全区经济平稳较快发展奠定了坚实的基础。

【优化支出,提高财政保障能力】积极调整财政支出结构,合理调度资金,力保关系经济社会发展的重点支出,增强对社会公共事业的保障能力。一是落实各项惠农政策。全年共拨付粮食直补资金86万元、农资综合直补资金471万元,增加种粮农民收入。二是着力保障社会事业支出。拨付社会事业经费12150万元,确保机关正常运转和社会稳定所需经费。保证农业、科技、教育事业投入稳定增长,扶持社会公益事业,促进社会各项事业协调发展。三是不断增加社会保障支出。拨付社会保障经费5820万元,关注民生、民情,完善社会保障体系,确保企业离退休人员基本养老金、城乡居民最低生活保障费等按时足额发放。

【支持招商,工业发展全面提速】全年完成重点项目投资58亿元,全区围绕食品和商贸两大重点,先后在福建、天津、浙江等地举办招商活动,达成意向项目69个,签订协议38个。全年引进内资125亿元,利用外资4900万美元。其中,北京东航肉制品加工、安徽丰益大豆蛋白等项目入驻开发区;广西周氏蜂蜜、山东凤湖香精等项目开工建设;温州食品工业园、恒基城等投资超10亿元项目加快建设;天燕食品、鑫乐源等投资超亿元项目建成投产;韩国乐天玛特超市、北京全聚德酒店准备投入运营。强化政策引领,努力培育创新型企业。天正科技、金冠玻璃等6家企业入选淮北市高新企业培育库,"思朗"、"天地人"荣获国家驰名商标,科技创新对经济社会发展的引领作用进一步增强。截至当年底,开发区入驻企业105家,完成工业总产值102亿元,实现了百家企业、百亿产值的"双百"目标。

【以人为本,强化民生工程建设】全年投入民生工程资金2.8亿元,各项惠民政策全面落实。农村低保、重度残疾人救助等生活补助类工程全部按规定标准提前发放到位。全区7.9万人参加新型农村合作医疗,16.1万人参加城镇居民医疗保险,6.6万人参加城乡居民养老保险,基层群众踊跃参合参保基本实现全覆盖。城乡医疗救助累计救助困难群众59360人,实施贫困白内障患者免费复明手术47例,开展免费婚检9088人。完成新型农民培训和农民工技能培训6943人。14个留守儿童之家、1个校舍安全工程、1个饮水安全工程和1个公办幼儿园建设项目均已完工并投入使用。全区建成曙光、锦华等63个农家书屋和人民路办、西办4个电子阅览室,免费向群众开放,所需经费由政府埋单。

【注重实效,收入倍增规划进程加快】区委、区政府建立健全工作机制,出台配套政策,完善检查调度机制。全年实现非公经济增加值76亿元,所占GDP比重达到84.4%;城镇居民人均可支配收入实现20230元,同比增长15.4%,完成全年目标的100%。实现农民人均纯收入7850元,同比增长16%;新增城镇就业人数11360人,完成全年目标的146%;新增转移农村富余劳动力509人,完成全年目标的102%;城镇非私营单位在岗职工工资月均2800元,同比增长10.4%;农产品加工工业总产值达到126亿元,完成全年目标值100%;畜禽规模养殖比重同比增长3个百分点,完成目标的100%;农村信息覆盖率同比新增1个百分点,完成目标100%;新增10个农业专业合作经济组织,完成全年目标的100%。

【规范管理,争创人民满意单位】加强作风建设,全面推行政务公开,认真落实政府信息公开的各项要求,将《关于相山区2012年民生工程实施情况的报告》、《关于相山区2012年财政预算执行情况和2013年财政预算的报告》等规范性文件在网上予以公布。着力创建"学习型"机关,创新工作思路,强化规范意识,着力培养干部职工终身学习的良好习惯,不断丰富知识水平,增强适应新形势下财政工作的能力,树立财政干部良好形象。当年,在区委、区政府组织的"目标考核"中荣获一等奖,同时在"民主评议"活动中,被评为"优秀单位"。

(相山区财政局供稿　徐梅执笔)

杜集区财政工作概述

2012年,杜集区财政总收入累计完成6.7亿元,同比增收1.3亿元,增长24.8%。地方财政收入累计完成2.6亿元,增长33%,超额完成年度收入任务。全区财政支出累计实现6.4亿元,同比增支1.5亿元,增长31.6%。实现了财政收支平衡,有效地促进了全区社会经济平稳较快发展。

【充分发挥职能作用,推动区域经济健康发展】充分发挥公共财政的职能作用,加强资金调度,优化支出结构,提高财政绩效,保障重点支出需要,为建设美好杜集服务,努力扮靓皖北"北大门"。按照以人为本、打造高效财政的总体思路,创新进取,认真履行党风廉政建设职责,着力构建公共财政、民生财政,深入推进财政各项改革,较好地完成了各项工作任务,推动了本地区域经济又好又快发展。

【千方百计组织收入,圆满实现增幅目标】区财政局迎难而上,多措并举,深入挖潜增收,确保了30%的收入目标顺利完成。一是健全完善宏观税负分析机制,全面推行纳税评估工作,切实加强税源信息管理,提高掌控税源能力。二是加强经济运行监测分析,科学分析并预测辖区内房地产市场等重点行业、重点税源和重点税种的发展态势,及时掌握税源、入库动态。三是加强税源摸排,全面排查税源和新的增长点,全力挖掘税收增长潜力。四是加强与国税、地税部门的交流沟通,落实收入分工负责制,加大对重点税种、重点行业、重点企业的税收征管力度。五是组织非税收入工作,确保非税收入应收尽收和及时足额入库。六是加大纳税评估和清欠力度。

【认真落实惠民政策,大力提升民生福祉】把抓好支出进度摆在突出位置,建立完善支出进度定期分析与通报制度,及时掌握预算执行情况以及存在的问题,财政支出进度明显加快,支出增量倾向民生,民生支出总量达3.1亿元,占财政支出的80%。其中,用于与人民群众生活直接相关的教育、医疗卫生、社会保障和就业、文化方面的民生支出达2.6亿元,较上年增长23%。民生工程顺利完成,补助发放类项目资金及时足额发放到位,建设类项目全部完成目标任务。农村低保、五保供养、计生奖扶、残疾人救助、住房租赁补贴等生活保障类项目持续保障到位,累计发放保障资金1659万元。城乡居民养老保险、新农合、城镇居民医保、农业保险四项保险完成全年任务。拨付义保经费1030万元,中职资助及时足额发放到位，就业技能培训1231人，新型农民培训2855人。重大传染病人医疗救治、提高妇女儿童健康水平、城乡医疗救助、贫困残疾人康复超额完成任务。建设完成1所五保供养机构、1座危桥加固、2处饮水安全工程、1项清洁工程、47个农家书屋、3个公共电子阅览室和20个广播电视“村村通”工程。4所公办幼儿园、21个留守儿童之家。

【创新促农增收举措，深入推进居民收入倍增】城乡居民收入倍增各项指标全部达到或超过目标值,通过建立领导机构、完善相关工作机制,分解目标任务,夯实基础,创新举措,保障城乡居民收入倍增工作顺利推进。围绕就业提升、创业富民、民生普惠,从促进就业、扶持创业、完善社保等方面增强政策扶持力度,狠抓工作落实,有效促进城乡居民收入增长。当年,城镇居民人均可支配收入为20500元,完成目标值的101.3%,增长14.7%;农民人均纯收入8725元,完成目标值的102.8%,增长16%。一是加大政策扶持力度促农增收。完成土地流转15750亩,加强现代农业园区建设,发展农业产业化经营,确定3个有传统种植习惯的片区重点扶持，按照新增设施蔬菜基地每亩2000元标准进行奖补。做好“农业四项”奖补落实工作,区级配套资金105万元。二是发挥合作社带动作用。新增专业合作社18个,组织合作社参加北京、上海、合肥农交会,开拓农产品市场。积极培育科技含量高、带动能力强、内部管理好的示范合作社。三是招商引资促进产业升级提速。共完成农业产业招商2.1亿元，其中金水农业生态园二期餐饮宾馆及休闲垂钓中心、朔里镇70亩精品葡萄园建设完成,华川牧业奶牛养殖场项目正在建设中,蓝莓项目和淮北天赐园艺工程有限公司苗圃、花卉投资项目已完成土地流转。四是力推创业富民。发挥320万元的创业富民就业扶持资金作用,鼓励、引导失地农民、下岗失业人员、新成长劳动力、高校毕业生及农村富余劳动力灵活就业和自谋职业。推荐小额担保贷款1640万元,组织起来培训、组织起来就业3290人,新增个体工商户1728户,新增私营企业285户,带动就业6229人。新增城镇就业6496人,其中下岗再就业1421人，就业困难人员就业313人,残疾人就业80人。新转移农村富余劳动力就业5578人。五是完成非私营单位工资增长目标。机关人员工资晋档、事业单位工作人员晋级及机关事业单位工资津贴调标完成，实现了城镇非私营单位在岗职工工资平均10%的目标。六是完善社会保障。大力推进民生工程实施,普惠民生。提高了城乡居民低保、五保供养、新农合、医疗保障、残疾人救助等标准，养老、医疗保障实现全覆盖。

【加大“三农”投入力度,落实强农惠农政策】一是加大对农业和农村的投入力度，落实美好乡村建设,确保财政支农支出依法稳定增长。整合各项支农资金,大力支持农业结构调整、综合开发、科教兴农、生态保护等工作，强化农业基础地位，建设现代农业。二是着力支持重点项目建设,围绕“三化”战略,扎实开展“转型发展攻坚年”活动,认真落实“1233”工作目标,财政资金重点向推进全区经济发展倾斜,积极支持重大基础设施项目建设,支持园区建设,支持美好乡村建设,着力推进经济结构调整,促进转型发展。三是认真落实积极的财政政策,争取上级财政加大对全区产业建设、项目建设、城镇建设和生态建设的支持力度。四是做好粮食直补和农资综合直补资金发放工作。通过“一卡通”发放综补、直补等涉农补贴资金2500多万元。五是积极开展家电、农业保险工作,家电下乡产品申报补贴7823台,兑付补贴资金249.4万元，政策性农业保险共发放理赔资金80万元。

【加快推进财政改革,努力提高财政绩效】一是全面推进财政科学化精细化管理。围绕“绩效创新年”活动,切实加强镇办财政管理,逐步审核镇级财务,进一步完善相关管理制度和办法。二是不断深化国库集中支付和公务卡改革。两项改革全面推开,预算管理更加科学高效,支出结构进一步优化,公共财政职能进一步显现。三是强化部门预算管理。建立完善支出进度定期分析与通报制度，及时掌握预算执行情况以及存在的问题，加强监督，提高预算约束力,增强财政资金安全和效益。四是推进规范化财政所建设。段园、石台、矿山集三个财政所和区会计核算中心服务大厅投入使用,相关硬件配套到位,进一步优化了财政服务环境,提高了服务质量和效益。

【加强财政监督,提高科学精细管理水平】一是强化财政支出管理。严格按照人代会批准的年度支出预算执行,从严控制预算追加,优先保证重点支出需要,严格控制一般性支出增长,提高预算执行力。

二是调整和优化财政支出结构。大力压缩非生产性支出，重点加大对教育、社会保障、医疗卫生、“三农”、民生工程等重点领域的投入力度，坚持厉行节约，提高财政资金的使用效益。三是加强财政资金监督管理。认真组织开展财政专项资金监督检查，积极配合上级部门，对中央、省预算内投资项目资金、强农惠农、义务教育、医疗卫生、社会保障、政法、农业综合开发等资金的筹集、使用、管理进行检查，跟踪问效，开展“小金库”治理工作，规范政府采购程序，确保财政资金的安全和高效。四是加强全区会计基础管理工作。做好日常会计事务管理，强化会计监管力度，规范财政、账务收支行为，加强对财政所工作的监督和指导，有效促进财政工作的高效运行，进一步提高了财政科学化、精细化管理水平。

（杜集区财政局供稿　杨登俊执笔）

烈山区财政工作概述

2012年，烈山区财政总收入累计完成5.6亿元，较上年同比增长38.7%；区级地方财政收入累计完成2.5亿元，比上年同期增收1亿元，同比增长64.7%；全区财政支出累计完成7亿元，比上年同期增支1.7亿元，同比增长32%。

【全力组织财政收入】一是抢抓城市转型发展新机遇。认真落实好各项促进产业发展政策，培育收入增长点，夯实财政增收基础。二是健全财政收入稳定增长长效机制。密切跟踪财税政策调整动向，不断加强部门之间的协调配合，认真做好税源调查和收入分析工作，创新征管方式，细化征管措施，依法加强税收征管。三是挖掘非税收入增长潜力。加强非税收入管理，提升国资经营效益，努力扩大财政收入规模，确保财政收入持续稳定增长。

【服务地区经济发展】一是在招商引资上下功夫。完成注册资金1亿元的盛大担保公司引资扩股招商项目。二是在资金上强化扶持。当年安排土地出让金8151万元、企业发展资金226万元扶持园区企业发展，大力实施工业强区战略。三是在政策上加强引导。各级财政采用担保、奖励、贴息、补贴灵活等多种灵活的财政政策支持企业发展。

【强化民生重点保障】一是加大民生工程资金投入力度。完成全年27项民生工程目标任务，在全市民生工程工作评比中争先进位。全年民生支出达5.8亿元，占全区财政支出的85.5%。二是落实各项惠民政策。通过“一卡通”共向全区5万户农户发放粮食直补、综补5418万元，完成2012年小麦、大豆农业保险投保工作，筹集保费378.66万元，下拨家电、汽车摩托车下乡补贴423.2万元，保障了群众的切身利益。三是支持现代农业和美好乡村建设。安排专项资金1000万元用于改善支持农村生态环境、提高农业综合生产力，同时整合各类资金10633万元（其中财政支农资金10318万元，社会投入315万元），支持农业产业化和现代农业综合开发示范区建设。

【扎实推进财政改革】一是深入推进部门预算、绩效评价改革。加强与纪检监察和审计部门配合，重点加强对各单位预算执行专项资金使用的跟踪问效管理和财政监督检查。二是深入推进国库集中支付改革和公务卡结算改革。加强“财税库银”信息平台一体化建设，努力提高财政资金管理信息化水平。创新管理模式，健全完善“事前参与预警、事中跟踪防范、事后审核问效”的多层次、全方位的财政监督体系，确保财政资金安全高效运行。

【紧抓财政队伍建设】一是狠抓机关理论学习。坚持每周五的集中学习，不断提高干部队伍的政治理论水平、业务水平和科学决策水平。二是落实党风廉政建设。贯彻学习廉政会议精神，严格执行党风廉政建设目标责任制，认真开展廉政风险防控管理工作回头看工作。三是强化机关作风建设。实行政务公开，设置意见箱和监督电话，主动接受群众监督。健全财政局工作人员行为规范，用制度管人管事。

（烈山区财政局供稿　任静执笔）

濉溪县财政工作概述

2012年，濉溪县实现全口径财政收入23亿元，同比增长14.7%，其中，地方财政收入11.9亿元，同比增长104.3%，中央级收入完成10.8亿元，同比下降8.9%。全县财政支出35.8亿元，同比增长22.2%。其中，县本级支出29.7亿元，同比增长14.6%；乡镇级支出6.1亿元，同比增长79.1%。

【奋力攻坚抓增收，确保财政收入应收尽收】一是抓重点税源征管，建立税收征管协调机制。健全联席会议制度,加强同税务、国库、银行等部门协调配合,定期召开财税调度会,及时了解和掌控税收入库进度情况。加强对重点税源的管理、监控,搭建第三方涉税信息平台,完善税源数据库和信息化征管机制,不断夯实税收征管基础。二是抓零散税收征管,建立协税护税征管机制。建立税收征管协税护税机制,构建了纵向到底、横向到边的协税护税网络。重点加大对零散税收征管,加大对三产服务业、房地产建筑业、小轮窑、小酒厂和交通运输业等税收稽查评估力度,努力实现应收尽收。三是抓非税收入征管,建立部门联动机制。始终坚持把强化非税收入征管作为促增长的重要抓手,不断健全部门之间非税收入管理的联动协作机制,共同做好政府非税收入的监督管理。

【坚定不移促转型,财源建设取得新跨越】一是大力服务企业发展。认真落实各项财税扶持政策,积极兑现招商引资优惠政策,大力拓展融资渠道,加强与金融单位对接协调,帮助企业解决资金"瓶颈"。降低四项保险缴费费率为企业减负3200万元,安排特困企业政策性补助168万元。二是全力助推结构调整。全年拨付各类企业发展资金1.7亿元,着力推动工业企业技术改造、技术创新、节能减排和环境治理,增强企业活力,为濉溪经济发展培植财源,增添后劲。三是强力支持园区建设。投入1.4亿元支持开发区、濉芜现代产业园和乡镇工业集中区建设,提高了园区的承载能力,使更多"人财物"向园区汇集,促进园区经济快速发展。四是着力拉动消费需求。全年家电下乡产品销售数量为13.2万台,财政补贴兑付资金4650万元,活跃了消费市场,拉动了城乡居民的有效需求。

【突出重点保民生,各项社会事业协调发展】一是民生工程保障有力。全县累计拨付33项民生工程资金10.5亿元,占全县财政总支出的33.3%,公共财政的效能进一步显现。二是社会事业加快发展。全年用于公共安全、教育、科技、文化、社会保障、医疗卫生、住房保障等领域支出达17.7亿元,占全县财政总支出的56.2%,为社会和谐发展提供了有力的财力支撑。三是城乡居民收入倍增计划稳步实施。制定出台濉溪县"十二五"居民收入倍增规划,建立工作推进机制和目标考核制度,强化政策扶持力度,有力推动了倍增规划稳步开展。当年农民人均纯收入6960元,增长16%。

【落实政策惠"三农",城乡协调发展步入新阶段】一是加大支农惠农强农力度。全面落实各项强农富农补贴政策,通过"一卡通"发放各项涉农补贴22项,资金3.1亿元;支持畜牧和良种产业发展,发放畜牧良种补贴300万元,农作物良种补贴1773万元;积极扩大政策性农业保险范围,为2.2万头能繁母猪、600头奶牛、142万亩小麦和143万亩大豆、玉米提供了风险保障,理赔资金2070万元,促进了农业生产,增加了农民收入。二是大力推进现代农业发展。巩固和扩大百善现代农业综合开发示范区建设成果,示范区小麦最高单产550公斤,进一步发挥了现代农业的示范效应。投入资金1.85亿元,通过新增千亿斤粮食生产能力升级、农业综合开发和整体推进农村土地治理项目,改造中低产田19.9万亩,提高了粮食生产能力;拨付4037万元用于农田灌排、小农水、北淝河治理等农田水利建设。大力推进农业产业化经营,支持神华、鲁王等一大批农业龙头企业做大做强,提高农业综合经济效益。三是加快城乡一体化建设步伐。扎实开展一事一议财政奖补工作,全县批复"一事一议"财政奖补建设项目379个,落实财政奖补资金4069万元,近百万农民直接受益。拨付城乡一体化、农村环境整治和农村清洁工程等项资金3370万元,加快了美好乡村建设步伐。

【改革创新严管理,科学理财再上新水平】一是各项改革试点工作有序推进。深化预算编制改革,提高预算编制的科学性和准确性,不断提升预算管理水平;完善国库支付制度改革,国库集中支付覆盖全县138家预算单位,全年集中支付金额将达8.6亿元;继续加强政府债务管理,努力防范和化解政府债务风险;"营业税改征增值税"改革工作快速启动,稳步实施,全年预计实现税款350万元;医药卫生体制改革深入推进,化解基层医疗卫生机构长期债务1750万元,医改各项政策得到较好落实,公共卫生服务和基本医疗服务能力显著提高。县级公务卡改革工作全面推开,当年底前县直单位公务卡结算实现全覆盖;财政专户清理工作顺利完成,实现财政资金全部归口国库管理。二是财政监督检查不断强化。结合财政工作实际,进一步完善政务公开制度,扎实推进政务公开。建立健全财政监督制约机制,加强对财政资金特别是乡镇财政资金监管,完善财政内部监督机制,增强财政监督执行力。认真开展对专项资金、重大项目资金监督。实行每月定期检查,确保财政资金安全。三是财政信息化建设不断完善。积极推进"金财工程"应用支撑平台等财政信息化建设,充分发挥信息系统在支撑财政资金监控、统计分析和决策支持等方面的作用,提高财政科学化管理水平。

【健全制度提效能,机关建设取得新变化】树立"人才是第一资源"的工作理念,努力营造"尊重劳动、尊重知识、尊重人才、尊重创造"的良好氛围,加强干部教育培训工作,以提高干部的综合素质和依法理财水平。完善《局党组理论学习制度》、《党员学习教育制度》,结合财政文化建设、全员读书活动、道德讲堂、岗位培训等形式,全面促进机关干部树立与时俱进、终身学习的理念,全面增强学习能力和工作创新能力。加强党风廉政学习教育,开展廉政教育活动和廉政风险防控活动,极力推进财政廉政文化建设,不断增强党员干部廉洁自律意识,做到警钟长鸣。立足创新发展,抓好"创先争优"活动,培养树立一批发挥先锋模范作用的优秀共产党员,切实提高党组织在推进财政科学发展中的执行力,把党员队伍建设成为贯彻落实科学发展观的骨干力量。

(濉溪县财政局供稿　肖建生执笔)

亳州市财政工作概况

亳州市财政工作综述

2012年,全市财政工作紧紧围绕"确保快速发展,力求争先进位"目标,大力组织收入、壮大财政实力,优化支出结构、支持经济发展,增强民生投入、积极改善民生,规范财政管理、提高支出绩效,圆满完成了各项工作任务,财政收支规模跨上新台阶,保障和改善民生取得新成效,财政服务发展能力进一步提高。

【财政收支】全市财政总收入完成85.1亿元,为预算的109.4%,比上年增加22.9亿元,增长36.9%。收入增幅居全省第1位,收入总量居全省第13位。其中:地方财政收入完成47.7亿元,为预算的115.5%,比上年增加13.6亿元,增长40.1%;中央收入完成37.4亿元,为预算的102.5%,比上年增加9.3亿元,增长33.1%。全市财政总收入占GDP的比重达到11.9%,同比提高1.9个百分点。三县一区共实现财政收入56.2亿元,比上年增加12.9亿元,增长29.9%。其中:涡阳县、谯城区、蒙城县、利辛县财政总收入分别完成16.7亿元、16.1亿元、14.4亿元、9亿元,同比分别增长28.4%、33.3%、25.1%、34.7%。全市财政支出完成177.3亿元,比上年增加38.6亿元,增长27.9%。市本级财政总收入完成28.2亿元,比上年增加9.8亿元,增长53.4%,完成预算的122%。其中:地方财政收入完成11.7亿元,为预算的151.2%,比上年增收5.8亿元,增长97.1%;中央收入完成16.5亿元,为预算的107.3%,比上年增收4亿元,增长32.5%。市本级财政支出完成23.8亿元,比上年增加9.5亿元,增长65.8%。

【民生工程】全市实施省民生工程30项,市民生工程1项,共落实资金58.2亿元,比上年增加14亿元,增长31.7%。其中:上级资金39亿元,市县、区配套资金11.3亿元,群众筹资7.9亿元。31项民生工程全部完成年度目标任务,纳入省考核的30项民生工程,有29项处在第一等次,1项处在第二等次。当年全市保障农村低保对象12.1万户,计21.3万人,发放低保金2.9亿元。农村五保供养3.1万人,发放五保供养资金6809.4万元。确认计划生育家庭奖励扶助对象9381人,特别扶助对象408人,发放奖补资金830.5万元。建设廉租住房2980套,公共租赁住房8818套。对3.6万人实施特别生活救助,打卡发放2402.6万元,发放中等职业学校国家助学资助金1485.42万元,资助学生共9.9万人次。发放中等职业学校免学费资金703.4万元,资助学生7700人。发放普通高中家庭经济困难学生国家助学金2506.9万元,资助学生33646人。投入1467.4万元,开展新型农民培训2.85万人次。投资412.9万元,建设农家书屋205个。投资1.75万元,实施农村饮水安全工程,解决32.7万农村居民和4.1万农村学校师生饮水不安全问题。投资5553.7万元,建设敬老院28所,新增床位2853张。投入资金6903万元,实施中小学校舍安全工程项目37个,面积6.6万平方米。投入资金1304.8万元,建设200个留守儿童之家和45个活动室。投资917万元,对160座农村公路危桥加固改造。投资2112.1万元,完成乡镇公办幼儿园建设项目39个,改建面积3.9万平方米。投资180万元,建成36个乡镇电子阅览室。投资2.6亿元,完成村道建设606.1公里。

【财政改革】稳步推行"营改增"试点改革。财政税务部门密切配合,认真摸底测算,按时将全市927

户小规模纳税人的基本信息由地税移交国税部门。加强政策培训宣传,认真开展试点纳税人、试点企业的培训。10月1日,本市顺利开出交通运输业"营改增"第一票,实现新旧税制顺利转换。加快推进国库集中支付转轨和公务卡改革。市政府专门下发了《关于开展市直预算单位会计集中核算向国库集中支付转轨工作的通知》和《关于印发亳州市市直预算单位公务卡制度改革实施方案的通知》,明确改革内容、时间、要求和部门职责。市财政局认真制订方案,选择试点单位,开展业务培训,积极做好与银行的对接,制定配套制度,确保了国库集中支付转轨和公务卡改革顺利实施。

【服务发展】一是大力支持工业发展。围绕市委市政府工业强市战略,认真落实促进战略性新兴产业和现代服务业发展政策,设立战略性新兴产业和现代服务业发展专项资金,增加市担保公司注册资本金1亿元,放大贷款5倍以上,专门用于支持战略性新兴产业和现代服务业发展。安排工业发展专项资金,支持企业技术改造、节能减排和产业升级、企业改制。安排中小企业贷款风险金,帮助中小企业解决贷款融资难,支持企业发展。二是大力支持城市建设。积极支持投融资平台多渠道融资,为城市建设多方筹集资金提供支持。加强资金统筹调度,合理盘活利用各种间隙资金,减少资金闲置,降低资金成本,努力发挥资金最大效益。当年市本级共筹集资金38亿元,用于中心城区、南部新区路网、还原小区等基础设施建设,有力地支持了南部新区建设和城市重点项目建设。三是大力支持社会事业发展。加大教育投入,投入市级学校建设资金3亿元,支持一中南校区、华佗技师学院、亳州师专、职业技术学院等学校建设。积极筹措资金,支持市医院新院、儿童福利院、钱庄和运兵道改造等项目建设,促进了卫生文化旅游等事业发展。

【财政管理】一是认真实施资金安全工程。深入开展资金安全检查、账户清理检查、财政借款清理工作。建立资金安全定期交叉检查制度,明确一名财政局领导负责,每月检查并与银行核对,强化了源头监管。二是认真开展财政专户清理整顿、整改等工作,撤并不符合规定的财政专户87个。三是全面推行预算支出进度考核和绩效考评,对节能减排、服务业发展、科技等专项资金和市住建委、市建投公司、市直部分学校等13家预算单位开展支出绩效评价,涉及资金26.8亿元。加强政府采购监管,完善政府采购规程。规范预算追加审批程序,从严控制预算追加,促进了资金使用效益提高。四是狠抓规范管理。结合廉政风险防控,深入开展"权力清理、查找漏洞、规范流程、完善制度"四位一体的"抓风险防控,保规范管理"工作。重点推进财政制度建设,从预算编制、资金安全、内部监管、效能建设等方面,对现有制度进行全面清理,加以充实完善,充实完善内部管理制度和财政管理制度39个,提高了制度的针对性和实效性。

(亳州市财政局供稿 邓昊执笔)

谯城区财政工作概述

2012年,全区财政总收入累计完成16.1亿元,占预算15.6亿元的103.1%,占收入考核目标16.1亿元的100.2%,比上年同期增长33.3%,增收4亿元。其中:地方级收入完成10.2亿元,占预算9.9亿元的103.8%,比上年同期增长33.8%,增收2.6亿元。

【促进经济社会发展】一是加大财政支持三农工作力度。全年农林水事务支出4.79亿元,比上年增长26.1%。争取上级支农专项资金3.3亿元,重点支持农业技术推广和农林水重点项目建设。二是统借财政部代地方政府发行债券4700万元,支持全区保障房建设。三是区金地建投公司向银行等融资2.42亿元,支持工业园区建设和涡北新城改造项目,积极改善招商引资环境。四是企业投融资担保中心为全区中小企业贷款8230万元,扶持中小企业解决融资难问题;扶持下岗职工再就业,投放小额贷款4000万元。

【优化财政支出结构】一是按照保工资,保运转,保民生,促发展的理财方针和要求,合理调整支出结构,明确支出保障次序,科学安排财政资金。二是坚持勤俭节约和"有保有压"的原则,严格控制一般性支出增长和各种预算追加,确保党政机关的正常运转。三是继续加大教育、农业、卫生、社会保障等事业投入力度,确保重点工程及工作的保障。四是加大社会保障投入,健全城乡居民养老保险制度,完善城乡居民基本医疗保障体系,进一步完善再就业政策。全年农林水事务支出4.79亿元,比上年增长26.1%,

社会保障和就业支出 6.12 亿元，比上年增长 40.9%，住房保障支出 4.68 亿元，比上年增长 1.4 倍。民生工程总投资 16 亿元,财政支出不断向民生倾斜,向弱势群体倾斜,党和政府的惠民政策得到落实。

【深化财政支出改革】一是继续深化部门预算改革。根据转变政府职能和加强公共财政建设的要求,全区从 2009 年开始进行部门预算编制改革,预算支出项目逐步细化,预算编制工作更加规范,预算编制质量不断提高。二是国库集中支付工作稳步推进。区直单位预算内公用经费全部纳入国库集中支付管理。计划 2013 年 6 月实施财政平台一体化管理。三是积极推行公务卡制度改革。制定《亳州市谯城区区级预算单位公务卡制度改革实施方案》，并确定 12 家单位试点示范。四是加强财政资金支付安全管理。建立财政资金支付安全流程和各岗位内部控制制度,进行财政专户清理,制定财政专户管理办法。五是开展预算支出绩效评价。制定《谯城区 2012 年预算支出绩效评价工作实施方案》,选择农村道路建设等四个项目进行重点考评，综合考察项目实施的效益。六是完善政府采购制度。充分发挥政府采购集约型效益,不断扩大政府采购范围和规模,全年政府采购金额 3.54 亿元，节约资金 3747 万元，节约率 9.5%。

【加强财政资金监管】一是落实财政支出绩效评价工作。选定教师进修培训、农村低保、新型农民培训和阳光工程、县乡公路改造等四个项目,进行了预算支出绩效评价。二是成立监管队伍。组成 5 个专项小组赴乡镇对家电下乡、一事一议、政策性农业保险和涉农财政“一卡通”补贴发放等进村入户开展检查,建立制度化、规范化、长态化的监督机制。三是建立会商制度。由区财政牵头并组织发改委、交通、粮食、畜牧、环保、住建委等多部门参与的资金使用会商制度,分别从制度办法、管理机制、工作流程、分配环节、因素设定、违规处罚、绩效评价等方面入手,提出建设性意见和建议,对专项资金类型、分配流程、使用管理等进行会商,确保专项资金的安全、规范、高效使用。

【提升干部素质水平】一是全面开展“首位度”意识实践活动，不断提高财政干部的全局理念和进取精神,树立文明、高效、创新的财政形象。二是落实廉政经常性教育。以《廉洁从政若干准则》学习为主,抓针对性的主题,针对性的教育,形成以人为点、以工作流程为线、以制度为面且环环相扣的廉政风险防控机制。三是加强培训工作。组织机关干部分批赴安徽财经大学参加新知识培训,提升了干部业务能力。四是积极倡导“工作着并快乐着”工作新理念,为党员干部送上生日祝福词，让党员干部感到组织的关怀和家的温暖。五是落实“六五”普法。做到以法律法规为指导抓宣传,以法制建设为基础抓落实,以作风建设为目的抓规范行为的普法教育，以此激发党员干部爱岗敬业，创先争优，学法用法守法的工作意识,不断增强干好财政工作的荣誉感、自豪感。

（谯城区财政局供稿　胡建坤执笔）

涡阳县财政工作概述

2012 年,全县财政收入累计完成 16.7 亿元,完成预算的 104.4%,增长 28.4%。其中:地方收入完成 9.3 亿元,占财政总收入的 56%,增长 23.9%,增收 1.8 亿元。全县财政支出完成 38.9 亿元，增长 25.6%,增支 7.9 亿元。

【凝心聚力抓增收,确保收入稳定增长】全面落实收入目标责任制,完善收入分析联动机制,强化主体税种、重点税源监控,推行财税库银联网。采取信息管税与源头控管相结合的税收征管模式，对房地产和车辆税收实行“先税后证”、“先税后检”,堵塞了跑、冒、滴、漏。加大税收专项检查力度,对重点行业、重点企业、重点区域进行集中整治。加强非税收入监管,实行“以票控费、以票促收”,健全非税收入征管系统,积极挖掘增收潜力。

【以人为本惠民生，促进社会事业全面发展】全县共实施 31 项民生工程,投入资金 14.5 亿元,各项民生工程已全面完成年度目标任务。建立和完善“三项工作机制”:一是协调高效的推进机制。采取“日报告、旬通报、月考核、季表彰”工作方式,健全完善“旬督查、月调度”工作机制,有效推进各项工程有序实施。二是多渠道资金保障机制。鼓励引导社会资金投入,通过调整财政支出结构,加大资金筹措力度,确保了民生工程建设需要。三是严格项目管理机制。对资金补助类项目,重点落实调查摸底、审核评议、公开公示、打卡发放、到户到人;对工程类项目,严格执行项目法人、工程招标、监理质检、竣工验收、决算审计等制度,实行质量终身责任制,完善后期运行维护制度。

【落实政策惠“三农”,为美好乡村建设夯实基础】一是大力促进农村基础设施建设。投入资金7128万元,实施“一事一议”财政奖补项目381个,加快美好乡村建设步伐。二是扎实推进农业综合开发。投入资金6378万元,重点支持农业产业化、现代农业、高标准农田等项目建设。全年配套实施11个农业综合开发项目,建成高标准农田2600亩,扶持农副产品加工企业6家。三是政策性农业保险深入人心。全年县财政配套政策性农业保险保费559万元,全县51.2万亩受灾农作物获得理赔1790万元,减少了广大农民因灾损失,农户参保、投保积极性进一步提升。

【筹措资金谋发展,发挥财政撬动经济发展作用】一是争取转移支付资金约17亿元、地方政府转贷资金3900万元,有效缓解全县财政支出压力。二是积极与省国元信托投资公司、江苏金融租赁有限公司加强合作,通过金阳建投公司融通资金1.46亿元,支持城市基础设施、南部新区、中医院、教育园区及滨河小区安置等重点项目建设。三是加大对企业的支持力度。全年用于企业发展支出1.2亿元,主要用于支持企业改制和技术开发,有效激发企业发展活力。四是家电下乡工作完美收官。全年销售各类补贴家电产品9.3万台,兑付补贴资金3159.3万元,补贴兑付率达到100%。

【深化改革管理,提升科学化精细化水平】一是深化部门预算改革。将全县预算单位的所有收支、上级预通知专项资金纳入了部门预算编制范围,增强了财政预算的科学性和完整性。二是国库集中支付改革步伐加快。将所有县级行政事业单位全部纳入国库集中支付范围,完善推进“平台一体化”管理;加强惠农补贴网络系统管理,涉农补贴资金到位率和时效性进一步提高。三是财政大监督格局基本形成。积极开展“小金库”常态化治理,撤销不规范账户24个,加强了国有资产日常监管,对政府性债务实行动态管控,不断加强“收支两条线”管理,扎实推进廉政风险防控,完善政府采购流程,着力提高财政资金运行的安全性和有效性。

(涡阳县财政局供稿)

蒙城县财政工作概述

2012年,全县财政总收入完成14.4亿元,占年度预算的102.9%,增收2.9亿元,同比增长25.1%。税收收入完成11.4亿元,同比同口径增收2.2亿元,增长24.3%,占总收入的比重为78.9%;全县公共财政预算支出完成35.1亿元,同比增长18%,增支5亿元。

【强化征管】大力培植财源,努力克服各种减收因素的影响,依法加强征管,财政收入实现较快增长。全年财政部门完成2.83亿元,占年度预算的157%,增收6207万元,同比增长28.1%。着力加强和规范非税收入征管,完成3.04亿元,同比增长28.4%,占总收入的比重为21.1%。

【保障有力】坚决压缩会议费、接待费等一般性开支,着力调整和优化支出结构,严格预算管理,强化预算约束,统筹安排各项重点支出,全县农林水事务、教育、社会保障和就业、科技支出、环境保护等支出累计共完成19.7亿元,占总支出的比重为56%,各项重点支出得到较好保障;加强村级财务管理,累计拨付全县村级各项事业经费4315.62万元,平均每村15万元以上,有力地保障了全县村级组织各项事业的正常运转。

【服务发展】通过加大资本注入,使漆园城投公司注册资本由1.2亿元达到8.8亿元,总资产39亿元,净资产30亿元,进一步做大做强融资平台。支持企业发展,会同相关部门积极向省、市推荐补助、奖励、技改项目32个,获得批准项目28个,各类资金近1000万元。支持建立担保机构的国有资本金和降低担保费率,改善投资发展环境,帮助中小企业渡过难关,县振兴担保公司先后与中行、徽行等商业银行建立合作关系,截至当年底,为中小企业担保贷款4.8亿元,有效帮助企业破解了资金难的问题。加大政策支持力度,先后出台地方财政支持中小企业发展的意见、对银行机构支持地方经济发展奖励考核办法、投融资体制改革意见等文件,明确财政扶持政策。认真实施家电、汽车下乡工作,全县已备案家电销售网点124家,销售家电下乡产品10.8万台,销售金额3.2亿元;严格落实扩大内需各项措施,全年共支付各类经建资金共计17.8亿元,重点保障了

2011、2012年全县重点工程的资金需求，全年共筹集2011—2012年上级补助及县本级重点工程资金12亿元。

【落实惠农政策】认真落实涉农补贴政策，全年累计通过“一卡通”发放各类补贴24项，资金3.9亿元。稳步推进政策性农业保险工作，全县秋季作物承保面积154.6万亩，总保费2281.9万元。能繁母猪投保48893头，总保费293.4万元。经县政府批准，先后开展政策性农机保险、生猪保险、蔬菜大棚种植保险等特色农业保险。村级公益事业建设“一事一议”财政奖补工作成效显著，全年共审批项目353个项目，拨付奖补资金4098万元，修建道路510余公里，农用机井288眼，桥涵27座，农田水利(沟渠)32.7公里，路灯亮化582盏，环卫设施3365米，植树2948株，改善了农村生产生活条件。

【保障民生】全年累计拨付民生工程资金11.8亿元，其中县级资金2.02亿元，占计划投资的129.5%，全县31项民生工程全部完成年度目标任务；不断加大社会保障投入力度，全年全县社会保障支出9.05亿元，占财政总支出的24.8%，完成各类基金收入8.48亿元，占预算收入8.24亿元的102.9%，同比增收2.25亿元。全年完成社保基金支出7.14亿元，占2012年基金预算支出6.91亿元的103.3%，同比增加1.95亿元。

【深化改革】编制全口径预算，细化部门预算编制内容和标准，保证部门预算编制的完整性和规范性。深入推进政府采购，加快电子化政府采购建设进程。深化国库集中支付改革，全县纳入集中支付管理单位236家，共支付25278笔，累计支付资金41.4亿元。实施公务卡改革，县直党政机关和直属事业单位自当年10月1日起实施公务卡改革。推进“营改增”试点改革，全县纳入试点范围企业180家，改革平稳推进。进一步加快推进财政信息化建设。不断完善财政业务和网络平台系统，积极实施“金财工程”。加强财政资金绩效管理，当年共选择“城乡卫生服务体系建设”、“型农田水利建设”等5个项目进行绩效评价，取得良好效果。

【加强内部管理】开展多种形式学习教育活动，坚持廉政教育与作风建设并重，提高廉政教育的针对性和实效性。加强财政监督，改进工作作风，提升机关效能。强化干部职工培训，坚持开展“每周一课”，加强干部职工业务培训。加大财政宣传力度，进一步完善本县门户网站的建设，营造和谐顺畅的理财环境。推进政务信息公开，安装触屏机，建立查询系统，方便群众了解财政政策和工作动态。实行领导班子包片，机关股室联系财政所的工作方法，把财政所工作成效与股室工作捆绑考评，通过加强系统互动，进一步形成了同心协力、上下联动的工作格局。

（蒙城县财政局供稿　王伟执笔）

利辛县财政工作概述

2012年，利辛县财政收入完成9亿元，同比增长34.7%，增幅居全市第一，完成年初预算的106%。其中，地方收入完成6.7亿元，同比增长31.6%；中央收入完成2.4亿元，同比增长44.6%。全县财政支出累计完成40.8亿元，同比增长37.1%。

【强化收入征管】一是坚持抓收入调度。按照县委、县政府要求，对全县财税收入征管工作实行“一月一调度”的工作制度，及时掌握进度、找准问题，有针对性地推进财税工作，把“以月保季、以季保年”的工作目标落到了实处。二是加强乡镇财政管理。进一步密切部门协作，逐乡镇摸排财源情况，建立全县财税信息共享机制。县委、县政府提出了“两个一”工程，即：每个乡镇开发拍卖一块土地；招商引资一个项目，有力地推动了乡镇经济社会的发展与财源培植。三是完善收入机制抓重点。进一步加强考核激励、领导包联以及预警管理等征管制度。在抓好房地产业、建筑业、交通运输业等重点行业税源培植的同时，着力强化城区房产税和土地使用税专项清理，建立政府投资项目资金拨付与税收征缴衔接机制，较好地做到了依法征收、应收尽收。

【服务城乡发展】一是发挥信贷融资对县域经济发展的促进功能。县城投公司与安徽国元利辛分公司合作发行了额度为6000万元信托计划，并从县建行和县联社各贷款5000万元，有力地支持了利辛地方经济发展。县融资担保公司注册资本金扩大到1.5亿元，累计为县内中小企业提供担保贷款4亿元，同比增长30%，较好地帮助县内企业解决了流动资金不足的难题。二是发挥基本建设资金支持相关事业发展的作用。对上级下达的饮水安全、河流治理、土地整治、校舍安全、政法业务房等75个基本建设项目专项资金，县财政局坚持严格执行政策，规范管理，确保资金安全和效益提升。三是利用各类专项资金帮助和引导企业发展。用足省财政2000万元皖北发展资金支持利辛工业园区发展，发放贴息资金110万元、中小企业技改资金190万元、中小企业发展补助资金45万元。四是注重可持续发展。全县共安排资金4000万元，主要用于加大节能减排投入，重点是污水处理管网建设、规模化养殖污染治理以及农村环境连片整治等项目。

【扎实推进民生工程】2012年，利辛县实施30项民生工程，其中省定29项、市定1项，预算总资金15亿元，其中县配套资金3.5亿元。实际落实资金15.7亿元，拨付资金15.5亿元。全年共落实资金、拨付资金、县实际配套资金分别为预算资金106%、103.4%、101.4%。农村低保、城乡医疗救助、重度残疾人生活救助、计生奖扶、中职学校和普通高中困难学生资助、低收入家庭租赁住房补贴等工程，均按规定标准发放到补助对象手中；新型农村合作医疗参合率为99.21%，城镇居民医疗保险实际参保10万人；解决11万人农村饮水安全问题，新建9所五保供养机构，农村清洁工程、危桥改造、危房改造以及353个“一事一议”财政奖补工程全部完工，完成37个农家书屋和9乡镇电子阅览室建设任务；家电下乡工程补贴资金兑付率100%。民生工程的持续推进，使全县人民群众幸福指数不断提升，生活质量进一步提高。

【整合美好乡村建设资金】按照省、市、县有关文件和会议要求，成立美好乡村建设资金整合专项工作领导小组。积极整合相关涉农项目资金，探索资金整合的有效途径，集中投入到美好乡村建设中去，共整合农业、水利、教育、卫生、扶贫、土地整治、环境治理、农业综合开发、农村综合改革等涉农项目资金3.2亿元。同时，引导农民筹资筹劳，建立多元化、多层次、多渠道的投融资机制。

【深化财政改革】一是规范财政资金专户管理。清理、撤销或合并原分散在各股室管理的财政资金专户，实行统一管理，同时建立了审批、记账、拨款与反馈一体化的监督、制衡机制，有效保障了资金安全。二是进一步加强支出管理。建立健全各项工作机制，做到预算约束、收支脱钩、集中支付、政府采购、协税护税等方面的有机结合。三是深入推进项目支出绩效考评。四是稳步推进公务卡支付管理改革。五是有序推进“营改增”试点工作。

【加强机关效能建设】一是深入开展“绩效建设年”活动。开设“财政大讲堂”，抓学习保提高，抓纯洁促工作，增强了财政干部为人民服务的宗旨意识。二是加大推进廉政风险防控管理力度。对照岗位职责，认真排查廉政风险点135个，查找遗漏风险点72个，修改完善内部管理制度52条，有针对性采取措施，建立防控机制。三是实施财政系统内岗位轮换。局机关采取岗位交流的办法，大力启用年轻优秀人才，充实了局机关中层干部队伍，让新进大学生到基层挂职锻炼，优化了基层财政人员的结构。

【强化会计管理】一是继续开展年度《会计法》执行情况检查。对乡镇财政所及县直有关单位进行检查，对于检查中发现的问题及不足，采取针对措施督促被查单位进行整改。二是对机关、企事业单位会计从业人员的业务知识、法律法规、职业道德进行培训，进一步提高会计人员的素质。三是加大日常监督力度，严肃会计法律法规。四是对全县持证会计人员1100多人进行会计从业资格证书注册登记，完善了会计行业管理信息系统。

【财政所工作】财税收入方面，全县23个财政所各项工作有序开展，完成了在培植财源、组织收入、财务管理、贯彻惠农政策等方面艰巨繁重的具体工作。全年乡镇财政收入累计完成2.5亿元，其中超千万的有8个乡镇，分别是城关镇6450万元，张村镇1191万元，胡集镇1053万元，巩店镇1056万元，阚疃镇1608万元，西潘楼镇1655万元，江集镇1199万元，汝集镇1253万元。标准化财政所建设方面，按照省财政厅要求，当年县财政局着重在标准化财政所建设上狠下功夫，各财政所按照乡镇财政信息化建设的要求，配备了电脑、打印机等硬件设施，并对电脑机房进行了高标准的装修，顺利通过省财政厅的验收，为扎实有效地做好各项基层财政工作打下了坚实基础。效能建设和制度落实方面，各基层财政所统一纳入全县财政系统机关效能考核，在财政所管理上与时俱进，创新工作和考核机制，不断完善乡镇财政重点工作管理制度，加大制度的落实和执行力。围绕上级各部门的惠农政策，认真落实，按政策、按标准、按时按质全部发放到位，让农民获得实惠。

【财政监督工作】一是深入开展财政监督“服务发展年”活动，不断创新财政检查方法和监督机制，重点开展了民生工程、土地置换、房屋拆迁等资金的监督检查工作，取得了显著成绩。二是大力推进财政资金绩效审核检查评估工作，重点开展了家电下乡财政补贴情况、县内部分重点项目财政资金使用效益情况、农业综合开发等资金的审核检查工作，得到了省、市业务部门的肯定。截至当年底，共查处违规资金 1188.4 万元，查补财政资金 52.9 万元。在全省财政监督工作评比中获“先进单位”称号。

（利辛县财政局供稿　李长江执笔）

宿州市财政工作概况

宿州市财政工作综述

2012年,全市财政总收入完成83亿元,比上年增收19亿元,增长29.6%,完成预算的107.7%,其中地方一般预算收入完成53.3亿元,比上年增收14.3亿元,增长36.8%。全市财政支出完成192.9亿元,比上年增支36.2亿元,增长23.1%,完成预算的114.7%。

【大力组织财政收入】财政部门立足于抓早、抓紧、抓实、抓出成效,突出重点,狠抓落实。一是及时分解落实收入任务。按照人代会批复的收入预算和市政府确定的加压目标,及时将收入目标分解落实到各县区和市直征收部门。二是加大收入调度力度。建立财政、国税、地税"三位一体"的组织收入联动工作机制,切实加强收入调度,变过去的"一季一调度"为"按月集中调度、随时重点调度"。定期召开收入分析会,及时分析掌握收入入库情况,密切关注税源变化,及时研究解决征管中遇到的问题。三是依法加大收入征管力度。面对经济增速放缓、传统行业增收路径收窄、企业生产经营困难加剧等不利因素影响,积极调整思路,深入挖潜增收,注重强化对零散税源的管理,加大对历年拖欠的清收力度,通过加强税源管理、申报管理、欠税管理,收好"辛苦税"、"服务税"。当年财政总收入中,税收收入完成67亿元,占财政收入比重80.7%;非税收入完成16.1亿元,占财政收入比重19.3%。其中地方财政收入完成53.3亿元,同比增收14.3亿元,增长36.8%,高于财政总收入增幅7.2个百分点,收入质量显著提高。

【支出结构进一步优化】不断加大支出结构调整优化力度,确保新增财力向民生倾斜、向社会公共事业倾斜、向促进经济结构调整倾斜。不断加快支出进度,采取重点支出局长调度制、专项资金支出分管局长负责制、业务科室支出进度考核制、县区支出进度分管局长联系制等措施,上下联动,部门互动,定期通报,动态跟踪,着力提高预算执行率。在保证农业、科技、教育等法定支出增长的同时,重点增加安排支持经济发展、医疗卫生、社会保障和就业、环境保护、住房保障、城乡社区事务等直接关系民生的社会事业发展支出。全市用于民生方面的支出完成156.9亿元,同比增支30.8亿元,增长24.4%,占财政总支出的81.3%。其中,社会保障和就业支出15.7亿元,增长25.4%;教育支出43.8亿元,增长9.1%;农林水事务支出31.4亿元,增长34.6%;城乡社区事务支出10亿元,增长166.9%;住房保障支出13.1亿元,增长71.3%;交通运输支出8.1亿元,增长52.6%。

【民生工程扎实推进】围绕"在全省继续保持先进"的目标和"抓早、抓实、抓细"的要求,进一步完善科学谋划、组织领导、资金保障、工程调度、监督检查、后续管养、舆论宣传、探索创新等8项机制,形成以党委、政府统一领导,人大、政协监督,财政部门牵头负责,各部门合力推进,群众广泛参与,一级抓一级、层层抓落实的工作格局。全市33项民生工程到位资金 56.1亿元,比上年增加13.5亿元,增长31.8%;拨付56.1亿元,拨付率100%。农村居民最低生活保障等12项补助类项目全部打卡发放到人到户;工程建设类15项全部完成年度目标任务,其中农村公路危桥加固改造工程、保障性住房建设2项超额完成年度目标任务；报销保险类2项按规定实施，其中小麦、玉米等主要农作物全市承保面积1238万亩；培训类2项超额完成目标任务。财政部门具体负责的家电下乡、农业保险、一事一议财政奖补等民生工程工作，在全省考核中均位于前列。居民收入倍增工作初步探索出以发展现代农业和劳动密集型纺织鞋服产业为重点，具有宿州特色的城乡居民快速增收的新路子。一是启动现代农业“两区”建设，发展粮、果、牧、林四大支柱产业，培育家庭农场等三大现代农业经营主体，促进农民增收。二是发展劳动密集型鞋服产业，引进百丽、东艺、康奈等11个制鞋企业，打造中国中部制鞋基地，吸纳10万人就业，增加居民工资性收入。三是积极发展乡村工业园，带动村民就近入园创业务工增收。全市已发展新型乡村工业园区22家，入园企业341家，吸纳当地农民工3万多人，年均工资2.6万元。四是发展特色产业，充分利用自然资源及种植养殖传统，发展特色种植养殖业，辐射带动村民创业增收。全市居民收入倍增规划主要考核指标均全面完成或超额完成年度目标任务，取得了阶段性成效。

【支持经济发展力度加大】面对经济增速持续放缓的不利局面，财政部门紧紧围绕市委决策和市政府《关于贯彻落实安徽省人民政府促进经济平稳较快发展若干意见的实施意见》要求，把支持经济发展放在首位。一是加大对工业发展的支持。市财政安排“工业五年扩张”资金，支持企业技术改造、技术创新、中小企业发展等项目；安排白酒产业发展资金，扶持利税大户发展。二是强力支持园区建设。通过实行有利于开发区发展的财政体制政策，支持宿州经济开发区积极争创国家级开发区，推进县区开发区有序扩容。安排资金2亿元与省政府、马鞍山市共同注资宿马现代产业园区投融资公司；安排市高新区发展基金2000万元，支持高新区滚动发展。三是争取和拨付省追加各类建设资金5.5亿元、石油价格改革财政补贴1亿元、农资综合补贴6.3亿元支持全市经济发展。四是积极申报项目，争取建设资金。全年共申报涉及支持皖北发展、服务业发展、战略性新兴产业、工业园区建设等237个项目，申请补助资金8.5亿元。五是大力支持水利工程建设。累计安排拨付4.2亿元，其中新汴河城区段治理项目资金就达1.7亿元。六是向市中小企业担保公司注资2000万元，支持中小企业担保贷款。截至年底，市中小企业担保公司新增担保总额12.9亿元，担保企业260户。七是继续做好家电下乡工作，繁荣发展农村消费市场。全市累计销售家电下乡产品81.9万台，销售金额22.9亿元，财政兑付补贴资金2.9亿元，兑付率100%。

【强农惠农政策认真落实】一是认真实施农业综合开发，促进农业生产条件改善。治理土地面积7.73万亩，新建生产道路154.3公里；补助产业化项目7个，对12家产业化龙头企业进行贷款贴息。同时，市县财政部门围绕优势和主导产业，做好财政农业项目的申报，争取国家、省财政扶持资金4.3亿元，支持现代农业发展。二是推进支农资金整合，支持“两区”建设。根据《2012年全市现代农业“两区建设”的实施意见》文件要求，市县两级财政部门高度重视，认真组织实施，对现有涉农资金进行全面清理整合，明确支持对象、支持环节，突出重点项目、重点区域，集中投入，连续投入，充分发挥整合资金的集约效应。全市整合涉农资金11.1亿元，占市下达4.5亿元任务的246.9%。三是夯实惠农补贴政策基础，继续构筑“一卡通”发放绿色通道。全市通过“一卡通”发放惠农补贴资金17.5亿元，比上年同期增加2.7亿元，增长18.5%，涉及粮食直补、农资综合补贴、居民最低生活保障资金等28大项、50多小项。四是继续推进政策性农业保险工作。全市完成种植业承保面积1238万亩，养殖业承保24.3万头，共筹集保费总额1.75亿元，其中财政补贴保费1.4亿元，为近95万农户提供风险保障34亿元。五是扎实开展“一事一议”财政奖补工作。全市共筹集“一事一议”财政奖补资金4.5亿元，其中财政资金2.3亿元，有1170个行政村(社区)开展了奖补工作，占行政村(社区)总数的95%，共实施村级公益事业项目2000个。

【科学化精细化管理水平切实提高】围绕公共财政体系的完善，不断提升科学化精细化管理水平。一是继续深化和完善国库集中支付制度改革，扩大集中支付范围，将财政性资金全部纳入集中支付管理，达到“横向到边、纵向到底”的改革要求。市直实现国库集中支付资金46.8亿元，其中直接支付45亿元，占支付总额的96.2%。二是强力推行公务卡制度改革，提高公务支出的透明度。从4月1日起，在市本级预算单位全面推行公务卡制度，7月1日起实行公务卡强制结算目录。至年底，市级预算单位已办理公务卡3857张,办理公务卡支付业务5751笔,市级预算单位累计提现金额同比下降79%。三是强化财政专户管理，确保财政资金安全。按照财政部要求,规范设置财政专户,加大财政专户清理力度,按照“统一开户、统一支付、统一核算”的原则,把分散于业务科室的各类财政资金专户集中归口到国库部门统管。市级累计撤并专户55个,保留财政专户21个;各县区累计撤并专户439个,保留财政专户100个,有效提高了财政资金运行安全。四是继续完善政府采购制度。不断拓宽采购领域，深化采购管理,积极探索开展工程和服务类采购活动,全市累计完成采购资金10.6亿元(不包含基建、建筑类招投标资金)，较预算节约资金1.6亿元，节约率达13.4%;其中市直实现采购资金2亿元,较预算节约资金3255万元,节约率达13.8%。五是全面推行预算支出绩效评价,促进财政支出提速增效。按照“横向到边”的要求,凡投资在50万元以上的项目支出,都要编制《项目绩效预算申报书》,并在项目实施结束后组织自评，向财政部门报送绩效评价报告。对“四有”社区建设、职业技术学院实训楼建设等5个有代表性的项目实施重点评价。六是积极推进综合治税。出台《关于推进综合治税工作的意见》,成立综合治税领导小组和办公室，投入资金150万元建设综合治税软硬件平台,着力构建“政府领导、财税主管、部门配合、司法保障”的协税护税体系,有效保证了税收征管质量和效率。

【财政监督切实加强】一是组织开展重点专项资金检查。集中全市财政监督力量紧紧围绕“着力保障和改善民生”这一主题,深入开展惠民政策资金的监督检查。分别对2011年度农村低保资金管理和使用情况、财政支农政策培训补助资金使用情况、“一事一议”财政奖补资金和家电下乡补助资金进行专项检查,及时纠正上述资金在管理与使用中存在的突出问题,保障和改善民生决策落到实处,使惠民资金真正惠及民生。二是扎实开展会计信息质量检查。对33家国有企业和行政事业单位会计信息质量的真实性、合法性进行检查,并延伸检查相关会计事务所出具的验资报告、审计报告等情况,共查处各类违纪金额8519万元。三是开展非税收入征管检查,提高非税征管水平。组织开展市本级非税收入征管检查,对市直140多家单位2008—2011年的非税收入收缴、银行账户开设、财政票据使用及国有资产处置等情况进行重点检查,涉及银行账户251个、非税项目497个、政府非税收入13.8亿元(不含土地出让金收入)。四是开展部门间相互吃请专项整治检查。联合纪检监察和审计部门对市直30个行政事业单位进行“部门间相互吃请”重点专项检查。通过检查有效遏制了部门(单位)间公款吃请、工作日午间饮酒等现象,公务接待费明显下降,机关干部作风明显转变,工作效率明显提高。五是加强财政内部监督。根据《财政部门内部监督检查办法》,对局内轮岗科室负责人进行财务审计以及部分科室2011年的财政财务收支情况、财政资金拨付情况进行了检查,强化内部监督作用

【财政队伍建设不断加强】一是积极组织干部职工政治理论和业务知识学习，坚持每周半天的全体职工集中学习制度,加强形势、政策、党风廉政、职业道德和财政业务知识学习教育；组织机关干部积极参加干部在线学习,全部完成规定的学习任务,其中4人学分居全市前十名;选派业务骨干到清华、复旦等高等院校和省市党校培训学习，选派优秀干部到基层挂职锻炼;举办4期财政业务知识专题讲座。二是积极开展“正风气提效能”活动,成立机关效能建设活动领导小组,制发《市财政局开展“正风气提效能”活动实施意见》和《市财政贯彻落实六要六不要实施意见》。三是结合财政工作实际,开展增强组织纪律观念、首问负责制、履职尽责、工作效率、务实诚信、服务态度、廉洁行政和文明上岗“八查八看”活动,各科室(单位)、个人严格对照制度规定进行“查、看、整、改”。四是积极开展“秉公用权”主题教育活动和大讨论活动,为干部职工购买《论文化建设——重要论述摘编》、《雷锋》、《官德》等学习书籍。机关党委所辖8个支部,分支部组织9次大讨论座谈会,紧紧围绕“成长进步依靠谁,手中权力来自谁,为官一任为了谁”这一主题进行座谈讨论。五是坚持推进干部制度改革,实行干部竞争上岗。对下属单位4个副科级职位实行竞争上岗,通过笔试、演讲和群众测评等形式,将知识水平、工作能力和群众公认度都比较高的同志选拔到领导岗位上来。六是积极推进完善廉政风险防控工作，将所有财政业务和内部行政管理的权力划分为141项,全局共排查出风险点110项,其中一级风险点10项,二级风险点73项,三级风险点27项,每项风险都制定了防范措施,逐步建立前

期预防、中期监控、后期处置“三道防线”为核心的廉政风险防控体系,增强党员干部防控廉政风险的主动性和自觉性。

(宿州市财政局供稿　寇智、许磊执笔)

埇桥区财政工作概述

2012年埇桥区财政总收入完成24.2亿元,比上年增长20.9%。全区财政支出完成40.6亿元,比上年增长16.8%。

【发挥财税政策导向作用】落实结构性减税政策,落实增值税、营业税起征点提高等减轻小型微型企业税费负担的各项政策,引导和帮助小型微型企业稳健经营和持续发展,带动就业和创业。落实其他各项税费减免政策,促进产业结构调整升级。进一步规范涉企行政事业性收费管理,减轻企业和社会负担。继续贯彻落实中央和省、本市出台的一系列“扩内需、保增长”政策,实施“家电以旧换新”政策。进一步规范和完善本区财政扶持政策体系。以扶持大中专毕业生、农民工和就业困难人员创业为重点,增强创业能力,优化创业环境,完善创业服务体系。完善小额担保贷款政策,加大扶持中小企业发展力度。完善强农惠农政策,提高居民转移性收入。

【加强民生工程资金管理】完善民生工程各项资金管理基础工作,建设类民生工程主管部门分别制订工程项目后续管养办法等制度,使民生工程资金管理有章可循。准确及时向省、市民生办报送资金报表、数据库、信息。为统筹规范民生工程资金管理,在民生办设立民生工程专户和民生工程经费专户,集中管理区级配套资金和民生工程经费。同时,民生办建立民生工程资金辅助台账,及时、准确、全面反映全区民生工程资金全貌,有效督促、推进资金拨付和使用,提高资金的使用效益。在确保资金安全的前提下,财政局各科室密切配合,主动服务,以资金进度促工程进度,加大资金拨付和支出力度。

【深化各项预算管理改革】深化财政国库管理制度改革,于当年1月1日起,将国库集中支付系统全面过渡到全省财政平台一体化信息系统,将36个基层医疗卫生机构的支出纳入系统。截至当年底,已有147个财政拨款的区直预算单位和公共财政预算资金及政府性基金纳入国库集中支付范围。全面推进公务卡制度改革。区政府两次召开区政府办公会议,研究通过《埇桥区区级预算单位公务卡制度实施方案》、《宿州市埇桥区区级预算单位公务卡使用管理暂行办法》和《区级预算单位公务卡强制结算目录》等一系列文件,于当年9月全面开展区级预算单位公务卡制度改革。深化非税收入收缴管理改革。从清理预算单位银行账户入手,取消收入过渡户,非税收入通过汇缴结算户直接缴入国库或财政专户。纳入非税收入收缴管理改革的单位达99个,资金范围包括政府性基金收入、专项收入、行政事业性收费收入、罚没收入、国有资产有偿使用收入等。继续规范政府采购行为,在继《埇桥区政府采购管理暂行办法》、《埇桥区政府采购供应商资格审查登记办法》、《关于严格遵守政府采购工作纪律的通知》等文件制订实施的基础上,进一步修订《政府采购评标会场纪律规定》、《招标投标法实施条例》等制度,并加大力度确保采购制度落实。进一步加快政府采购信息化建设,开展电子采购业务培训,扩大招标信息发布范围,打破政府采购招标的地域限制,更大程度地促进有效竞争,实现政府采购操作的公开、透明。

【坚持依法理财治税】一是加强财税库协调,形成合力,确保应收尽收。年初,区政府将收入任务分解到国税、地税、财政等部门,并下达主体税种收入任务。各部门按要求层层分解、细化责任,早安排,早落实,做到任务到岗,责任到人。二是进一步完善对国、地税部门的考核激励机制,强化各单位目标考评,建立收入进度月报制度,加强收入执行中的分析预测,及时掌握收入进度情况和问题。三是紧盯重点税源,及时掌握重点产业发展动态、重点企业经营状况、重点工程在建进度,加大协税护税力度,帮助协调解决征管中遇到的实际问题,深入挖掘增收潜力,强化增收措施。四是加强非税收入征管。采取有效措施,加强非税收入征缴力度,并严格执行收支两条线管理,应缴尽缴。五是深化纳税评估,进一步明确评估重点,协助建立和完善大企业风险防控体系。六是抓好重点企业走访,夯实基础信息管理,切实掌握组织收入主动权。

【加大对企业融资支持力度】支持融通信用担保有限公司大力开展担保业务,支持中小企业发展。鼓励其在控制风险的前提下,大胆创新,开拓担保方式,做大担保业务。当年,融通信用担保有限公司与信用联社、徽商银行宿州分行、合肥市招商银行等10家金融机构签订了担保合作协议,为全区151家企业办理担保贷款224笔,担保金额达59570万元。

(埇桥区财政局供稿　刘德峰执笔)

宿州经济开发区财政工作概述

2012年,开发区财政收入连续跨越三个亿元台阶,全年实现财政收入8.7亿元,完成全年任务的115.8%,比上年增收3.1亿元,增长55.8%。财政支出4.5亿元,比上年增支4809万元,增长12%。

【加强收入征管】一是在充分调查研究的基础上精心编制收入预算。二是结合税源实际,广泛征求国税、地税部门意见,统筹安排了国税、地税、财政部门的年度收入计划,并及时分解收入任务,落实到各征管部门。三是强化收入调度,严格关注收入入库动态,定期召开国税、地税、财政三家联席会议,积极解决税收入库过程中的各种问题。四是依法征税,建立税收征管责任制,建立横向到边、纵向到底的税收征管责任网络,确保财政收入及时划转、均衡入库。

【优化支出结构】在预算支出方面,坚持量入为出、量力而行、统筹兼顾、保证重点,合理安排各项支出。确保财税优惠政策兑现和国家各项惠民政策的落实,足额安排兑现财税优惠政策资金,及时兑现各项对企业的优惠政策,支持企业扩大再生产。同时安排专项资金支持计划生育、农村合作医疗、扶贫救困、环境卫生、村干补助及其他各项社会事业工作,保证民生工程在开发区的实施,促进开发区社会事业的健康、和谐发展,让开发区干部和群众共享开发区发展的成果。

【积极推进"营改增"工作】及时启动开发区的营业税改征增值税试点改革,协调地税、国税部门做好宣传发动、信息采集、摸底核查等工作。开发区首批试点73户,按期申报率100%,成功实现了"营改增"试点税制转换。

(宿州经济开发区财政局供稿　文高冉执笔)

灵璧县财政工作概述

2012年,全县财政收入完成5.8亿元,占预算的116%,比上年同期增收1.6亿元,增长36.8%。财政支出完成29.7亿元,占预算的99.8%,同比增支4.2亿元,增长16.4%。

【财政收入再创新高】全县财税部门紧紧抓住组织收入这一中心,开展依法综合治税,加强税源分析调度,不断强化各类税收和非税收入的征管,深入挖掘税源潜力,加强预算执行分析、税源情况分析和重点税源监控,堵塞税收漏洞。进一步完善非税收入征缴机制,强化"收支两条线"管理,确保应收尽收,各项收入按序时进度及时足额入库。

【支持县域经济发展】一是支持园区发展。筹集2000万元发展资金,支持经济开发区基础设施建设。安排专项资金500万元,支持新型乡村工业园建设。二是支持中小企业发展。各类专项资金重点向县域中小企业倾斜,通过贴息和补助等方式,引导银行和社会资金的投入,促进县域中小企业发展。三是支持现代服务业发展。积极争取上级文化旅游产业专项资金并安排县级专项资金300万元,支持文化产业及公共文化服务体系建设。四是支持外向型经济发展。完善出口退税财政补助政策,积极做好企业出口退税工作,支持县域企业扩大出口,提高县域经济外向度。五是支持重点企业发展。安排专项资金100万元,支持白酒产业振兴。六是引导和支持银行业金融机构加大信贷投放。七是引导政策性金融机构加大对农村基础设施建设和县域外向型经济发展的支持力度。利用财政杠杆引导金融机构资金逐步回流县域、回流农村,促进经济发展。

【着力保障和改善民生】全力实施33项民生工程,建立"县民生办总体宣传,主管单位专项宣传、乡镇入户宣传"的有效宣传模式,加大媒体宣传力度,创新社会宣传方式,提高群众的知晓率和满意度。抓好民生工程监督检查和调度,切实提高工程实施的效率和质量。抓好民生工程后续管养,确保建设类民生工程持续发挥效益。抓好民生工程资金管理,确保资金拨付规范、快速。一是加大教育投入。落实义务教育阶段"两免一补"政策,支持农村中小学危房改造和布局调整，改善办学条件。义务教育支出1亿元,确保义教资金按政策规定使用。二是全面推进社会救助。落实公租房补贴政策，发放购房补贴726万元。发放城乡低保资金7633万元，对全县农村低保户4.6万人和城市低保户5602人实施最低生活保障。三是完善医疗保障制度，城镇居民基本医疗保险参保居民7.2万人，支出补偿金1117万元。参加新型农村合作医疗农民106万人，参合率达到96%,支付参合农民补偿金3亿元。支付城乡医疗救助资金1345万元。四是加大公共卫生体系投入,医疗卫生完成支出4.1亿元,医疗卫生事业管理、公立医院、基层医疗卫生机构、公共卫生、医疗保障等得到进一步提高。五是加大保障性安居工程建设投入。投入资金3098万元,新建廉租住房400套,完成城市棚户区改造1500套,完成农村危房改造2800户。

【扶持和服务"三农"进一步加强】一是支持省级现代农业示范区建设，整合相关支农项目资金1.3亿元，实现多元化投入。二是及时足额发放涉农补贴，确保惠农政策落实。其中发放粮棉油良种补贴资金3523.9万元、发放能繁母猪补贴549.45万元。三是实施杨树产业、林木良种建设、农村合作经济组织基地建设项目等26个,落实资金858.9万元。四是投入2640万元实施2012年小麦产业现代农业生产发展项目。五是投入1320万元实施2012年追加小型农田水利设施建设补助项目。六是落实村级公益事业"一事一议"财政奖补政策。全年实施"一事一议"财政奖补项目427个,有效解决了农村群众反映突出的难点、热点问题。

【深化和完善财政改革】一是稳妥推进部门预算改革。建立以部门预算为基础、以投资评审为支撑、以绩效评价为导向、以监督检查为手段的"四位一体"的公共预算体系,增强了预算编制的科学性。二是深入推进乡镇财政体制改革。坚持做好"乡财县管"和"村账乡管",全面推进财政所的标准化、规范化管理，强化乡镇财政资金安全监管。三是不断完善国库集中支付制度改革。实现财政部门、各预算单位和代理银行之间数据与资源共享,方便预算单位用款,提高办事效率,确保财政资金及时拨付和安全运行。四是加快实施公务卡制度改革。制定《灵璧县预算单位公务卡使用管理暂行办法》和《关于实施县级预算单位公务卡强制结算目录的通知》等文件，推进公务卡的快速实施。

【财政干部素质进一步提升】一是强化顾全大局意识,树立财政"一盘棋"的思想。全县财政干部职工都能自觉维护大局,正确把握和处理局部与全局、个人与整体、当前与长远的关系。二是强化履职尽责意识。切实增强履职能力,做到守岗有责、在岗尽责,把心思凝聚到干事业、促发展上来。准确把握财政新任务新要求,围绕工作目标,强化管理措施,以强烈的责任感和事业心提高服务水平,注重工作实效。三是强化团结协作意识。扎实开展部门会商工作,加大沟通协调力度,解决问题,理顺关系,高效工作。加强内部股室之间的交流,注重培养团结互助的协作精神,提高凝聚力,发挥创造力。四是强化开明开放意识。大力弘扬县委、县政府提出的"开明开放、创新创业"的灵璧精神,转变观念,解放思想,在正确把握上级财政政策的基础上,勇于探索和创新。五是强化廉洁从政意识。树立正确的权力观、地位观、利益观,努力做到"财政工作清廉、财政干部清正、财政作风清明"。

(灵璧县财政局供稿　朱新科执笔)

泗县财政工作概述

2012年,泗县财政收入完成6.5亿元,为预算的111.4%,增长27.5%。其中:地方一般预算收入完成4.3亿元,为预算的101.1%,增长23%;中央收入完成1.2亿元,为预算的84.4%,增长7.5%;出口退税完成3807万元,为预算的190.4%,增长109.6%。全县财政支出实现25.7亿元,为预算的168%,增长26.8%。

【收支规模跃上新台阶】一是建立健全收入目标责任制,及时将收入任务层层分解,落实到责任单位和责任人员。二是加强财税工作协调配合,全面推行综合治税,开展收支预算执行分析和预测。三是强化"收支两条线"管理,完善非税收入结算与统计报告体系,切实加强非税收入征管。四是进一步调整支出结构,大力压缩一般性开支,从严控制"三公"经费,确保各项法定支出和重点支出需要。

【民生工程取得新成效】一是完善民生工程资金筹措机制，对民生工程项目资金通盘考虑、统筹安排,认真编制财政民生预算,优先保证民生项目配套资金需要。全年33项民生工程总投资7.6亿元，其中县级配套资金9300万元。二是不断强化民生工程资金监管，实行资金拨付“绿色通道”和应急预拨机制，对上级到位资金实行随到随拨，并根据具体情况对急需资金实行提前垫付，所有民生工程资金均全面、准确、及时落实到项目。三是扎实开展“民生工程管护年”活动，制发24项《民生工程项目后期管护办法》，明确民生工程管护职责，落实管护责任主体，并安排管护资金700多万元用于工程建后管养，发挥了项目的使用效益。

【经济建设实现新突破】一是安排财政专项资金5500万元，支持县经济开发区、新型乡村工业园区建设；安排财政专项资金2000万元，支持轻纺服装、农副产品深加工、新型建材、机械电子四大主导产业发展；安排3000万元用于兑现和落实招商引资优惠政策。二是健全完善中小企业信用担保体系，为95家中小企业提供担保贷款2.1亿元。三是县财政设立“三农”发展专项资金，安排农田水利建设资金1.1亿元、扶贫项目资金1949万元，完成农业综合开发投资1120万元，不断提升农业生产能力；争取贷款贴息项目资金149万元，扶持农业产业化龙头企业发展；整合资金8285万元支持大路口山芋产业基地建设。四是综合运用财政贴息、补助、奖励、税收优惠等政策和措施，筹集协调资金3500万元用于美好乡村建设，改善农村生产生活条件。

【普惠群众有了新进展】一是进一步完善财政补贴农民资金发放信息网络化管理，所有财政补贴资金全部实行县级财政集中统一打卡发放，共发放各类财政补贴农民资金3.5亿元。二是全面开展政策性农业保险工作，全县共完成小麦投保面积117.6万亩，秋季玉米、大豆投保面积111.6万亩，农作物受灾理赔资金1668.4万元及时打卡赔付到户，受益农户15.8万户。三是积极落实家电下乡政策，严格规范补贴审核兑付程序，切实加强对销售网点的监督管理。全县兑付家电下乡产品73120台、补贴资金2389.7万元，兑付摩托车产品4543辆、补贴资金292.1万元，补贴兑付率达100%。四是扎实推进村级公益事业建设一事一议财政奖补工作，深入开展“工程质量提升年”活动，每月召开一次财政奖补工作现场点评会，选择1至2个乡镇进行点评，及时通报工程进度，强化工程监督检查。全县173个行政村(社区)实施了351个一事一议财政奖补项目，累计拨付资金5100万元，受益群众84.8万人。

【依法理财赢得新成果】一是进一步深化国库集中支付改革，把预算管理、支付管理、工资统发等核心业务纳入财政平台一体化信息管理系统，所有财政资金全部实行国库集中支付。二是强力实施公务卡制度改革，出台了《泗县推行预算单位公务卡制度实施方案》、《泗县预算单位公务卡使用管理暂行办法》，在195个预算单位推行公务卡结算制度。三是认真贯彻《政府采购法》，修订完善采购规程，依法规范采购行为，进一步拓宽采购范围。全年累计为采购单位办理采购业务193批次，完成预算采购资金1.6亿元，实际支付采购资金1.4亿元，节约资金1892.5万元，平均节约率为11.8%。四是全面实施行政事业单位国有资产管理改革，加强国有资产管理信息系统建设，进一步规范国有资产配置、出租出借和处置程序，确保资产保值增值。五是积极实施医药卫生体制改革，实行国家基本药物制度，健全城乡基本公共卫生服务经费保障机制。

【乡镇财政实现新发展】一是强化基层财政建设，深入推进规范化乡镇财政所建设创建工作，大力实施县乡财政一体化管理，切实强化乡镇财政监管。二是进一步明确县乡财政收入范围，合理界定支出责任，妥善处理县乡财政分配关系，将乡镇所有财政性资金全部纳入财政监管范围，严格公用经费定额管理。三是不断加强乡镇预算管理，完善乡镇预算编制体系，实行“以乡镇为主体，县乡共编”的乡镇预算编制制度，增强了预算的约束力。四是加大“阳光村务工程”建设力度，将所有村级资金全部纳入乡镇村级资金专户管理，全面实行村级会计委托代理服务，加强村级财务监管。五是加快推进乡镇财政所办公用房建设，改善了办公条件，优化了工作环境。六是依托乡镇财政服务大厅，加强服务窗口建设，实现了集中办公“一站式”、为民服务“一条龙”、补贴发放“一卡通”，提高了办事效率和服务质量。

【效能建设开创新局面】一是在全县财政系统开展“正风气、提效能”活动，切实加强财政机关效能建设，促进工作落实。二是认真开展“绩效创新年”活动，树立绩效财政意识，健全绩效体系，优化绩效服务。三是健全完善内部各项规章制度，将全年各项目标任务纳入财政系统年度工作考核范围，层层分解到责任单位和责任人。四是印发《泗县财政局工作规则》，发至每个责任人和工作人员手中，作为开展工作的依据和记录。五是建立部门会商机制,采取“请进来”与“走出去”相结合、例行会商与临时会商相结合等方式,全面加强与部门单位的会商交流。六是扎实开展班子成员大走访活动,深入基层,走访群众,宣讲财政政策,广泛征求干部群众的意见和建议。七是加强政风行风建设,突出各项工作、各个环节的重点,仔细查找问题,认真进行整改。八是加强廉政风险防控管理,深入开展反腐倡廉活动,逐步建立廉政风险防控工作长效机制。

【部门形象得到新展现】一是把财政宣传工作纳入财政工作目标管理考核范围,明确规定被上级报刊媒体采用的稿件,根据不同情况给予加分奖励,并将把考核结果作为年度评先评优的重要依据。二是建立门户网站,主动向社会公开财政政策法规及财政工作动态。三是认真贯彻落实《政府信息公开条例》,利用政府信息公开网发布政务公开信息 202 条。积极向新闻媒体报送信息宣传稿件,被各级新闻媒体采用或转载财政宣传稿件 150 篇。四是深入开展“访代表委员、答建议提案、汇民智民声”活动,组织财政干部深入走访人大代表和政协委员,宣传财政政策措施,赢得了社会各界的关心、理解和支持。

(泗县财政局供稿　满盈、缪娜娜执笔)

萧县财政工作概述

2012 年,全县财政收入完成 10.2 亿元,比上年增收 2.1 亿元,增长 25.5%;财政支出完成 35.1 亿元,比上年增支 4.8 亿元,增长 15.9%。

【加强依法征管,财政收入上新台阶】强化收入目标管理,把收入任务分解落实到征收部门,按月调度,狠抓均衡入库。进一步加强部门间的沟通协调,建立收入月通报制度。加大综合治税工作力度,逐步完善护税协税机制,形成抓收入的合力。加强非税收入管理,完善非税征管信息系统,以网络化管理手段规范“收支两条线”,重点加大对罚没收入、计生抚育费、国有资产(资源)有偿使用收入的征管力度。建立行政事业单位资产动态管理机制,确保资产处置收入及时足额入库。当年,本县成为全市首个财政收入超 10 亿元的县,其中龙城镇成为全市首个财政收入超亿元的乡镇。

【发挥引导作用,财源基础更加扎实】认真落实各项财税政策,推动经济转型、促进产业升级。一是实施工业强县战略,安排落实中小企业发展专项资金 392 万元,拨付企业贷款贴息资金 213 万元,增强企业发展后劲。二是加大对在建重点企业、产业支持力度,促进企业早日开工,增添新的发展动力。三是大力支持园区建设,拨付县经济开发区基础设施建设资金 2800 万元,投入合成革工业园、乡村工业园等建设资金 7127 万元,园区配套工程建设资金 1928 万元。四是加快投融资平台建设。通过县担保公司平台为 71 家企业担保贷款 5 亿元,缓解中小企业融资难问题。五是兑现中央和省财政涉农贷款增量奖励资金 49.1 万元,调动金融机构支农贷款的积极性。六是积极申报支持经济发展项目资金,获批项目 67 个,争取资金 4.2 亿元,为县域经济协调发展、财政增收提供了持续动力。

【优化支出结构,社会事业全面发展】按照公共财政均等化原则,进一步调整和优化财政支出结构,把更多资金投向民生等社会事业。优先保障和改善民生,教育、科技、文化、社保支出等保持较快增长。全年财政支出中,用于社会保障和就业支出 3.4 亿元,教育支出 9.4 亿元,医疗卫生支出 4.2 亿元,住房保障支出 2.3 亿元,城乡社区事务支出 1.4 亿元,交通运输支出 2.4 亿元,公共安全支出 11.2 亿元。

【加大三农投入,城乡统筹协调推进】全年农林水事务支出 4.6 亿元,比上年增加 2600 万元,增长 6%。大力促进现代农业发展,以财政支农资金整合工作为抓手,整合重点支农项目 9 个,整合资金 2 亿元。大力推进农业综合开发,投入资金 3719 万元,用于国家级高标准农田建设等项目。落实惠农补贴政策。通过“一卡通”发放财政补贴农民资金 3.45 亿元。落实农村劳动力技能培训和“阳光工程”培训资金 362 万元,提高农民综合技能。全面推进家电下乡工程,全年共发放财政补贴资金 7707 万元,兑付率 100%。深入推进政策性农业保险试点工程,全年各类农作物投保额达 1134 万元,发放理赔资金 1917 万元。扎实做好村级公益事业“一事一议”财政奖补工作,全县共实施一事一议项目 414 个,投入财政奖补资金 4633 万元,涉及 243 个村,覆盖面 91%,受益群众 121 万人。

【扎实推进民生工程,社会保障全面提高】全县 33 项民生工程投入资金 11.5 亿元,比上年增加 2.1

亿元,增长22.3%,其中县财政配套资金1.25亿元,保障水平进一步提高,覆盖群体进一步扩大。一是建立责任制,层层签订责任状。二是建立协作通报制度,按月召开调度会、联络员会。三是加强宣传,利用多种形式对各项民生工程政策进行全方位宣传,进一步提升了群众的知晓率、满意率和支持率。四是强化管理,健全完善了资金管理办法和工程后续管理办法,安排管护资金1100万元。五是加强督查,对各项民生工程实施定期、不定期的督查,积极配合县人大、县政协开展民生工程调研、巡视等活动。六是积极实施城乡居民收入倍增规划,全面完成市政府下达的考核指标,城镇在岗职工平均工资和农民人均纯收入比上年增长17%。

【深化财政改革,管理水平全面提升】进一步深化部门预算改革,统一和细化部门预算编制口径。全面推进国库集中收付改革,实现了会计集中核算向国库集中支付的全面转轨,公务卡改革稳步推进。进一步完善政府采购制度,全年实现政府采购资金5.4亿元,节约资金 7322万元,节约率达12%。开展财政专户清理整顿回头看活动,财政专户全部集中统一管理。建立健全行政事业单位国有资产管理制度,行政事业单位国有资产管理逐步迈上法制化、规范化轨道。进一步完善县乡财政管理体制,调动了乡镇增收节支的积极性。推进平台一体化信息系统建设,全面提升了财政科学化、精细化管理水平。

【强化财政监督,财政行为日趋规范】坚持监督与服务并举、整改与规范并重的监督方法,制定财政内部监督检查制度,促进财政监督由突击性检查向常态化、规范化转变。进一步完善专项资金使用和监管办法,提高专项资金的运行绩效。对财政支农、民生工程等专项资金进行了重点监督检查。不断加强行政事业单位资产动态监管,从源头堵塞行政事业单位资产流失。积极开展会计信息质量检查,重点检查13个单位。积极开展预算支出项目绩效考评,重点评价项目20个。积极开展“收支两条线”专项检查,催缴非税收入300万元。

(萧县财政局供稿　刘光锋执笔)

砀山县财政工作概述

2012年,全县财政总收入完成6.6亿元,比上年增收1.5亿元,增长27%;全县财政总支出23亿元,比上年增加2.6亿元,增长13%。

【积极组织收入工作】一是及时分解落实收入任务。按照人代会批复的收入预算,及时将任务分解到各征管部门,县政府与各征管部门签订了财政收入目标责任书。二是建立财税联动工作机制,切实加强收入调度,增加调度频率,力度进一步加大。同时定期召开收入分析会,及时把握收入变动发展趋势,提高收入预测的准确性。三是依法加大收入征管力度。面对经济增速放缓、企业生产经营困难加剧等不利因素影响,积极调整思路,深入挖潜增收,注重强化对零散税源管理,加大对历年尾欠的清收力度。四是规范非税收入征管。主动加强与相关单位沟通联系,及时了解情况,按月对非税收入进行分析,确保非税收入应收尽收。五是推进税收综合管理。严格按照市政府《关于推进税收综合治理的工作意见》,成立了税收综合管理领导小组和办公室,具体做好各项落实工作。

【促进经济平稳较快发展】一是进一步落实结构性减税政策,确保营业税、增值税起征点政策落实到位,预计全年减轻企业负担300万元。二是按照国家有关规定,允许部分困难企业缓缴社保缴费,并适当降低各项保险费率。三是鼓励劳动者参加就业技能及新型农民工培训,全年共有9468人参加培训,投入培训费392万元。四是积极为中小企业实施担保,全年累计为30户中小企业实施担保,担保额5190万元。五是为微小企业提供贴息资金157万元,有力地支持了全县企业发展;办理出口货物退增值税3483万元,有效减轻企业税负,支持了外向型企业发展。

【认真落实惠农政策】与涉农部门密切配合,做好财政补贴农民资金的规范管理和发放,全年共打卡发放财政补贴农民资金2.4亿元,会同县农委、扶贫办等部门,认真做好农业项目的论证、筛选和申报工作。共争取省财政下达项目资金5677万元,包括财政扶贫资金1579万元,农业生产救灾资金、农技推广资金、良种补贴等720万元,现代农业生产发展资金1000万元等,用于支持农业经济的发展。全面完成农业综合开发放项目，项目总投资2086万元，整体项目顺利通过省、市验收。2012年土地治理项目计划总投入2436万元,一期工程投入1455万元,工程已进入扫尾阶段;二期工程投入981万元,进入施工阶段。

【认真实施民生工程】切实发挥财政部门牵头作用,积极组织实施33项民生工程和居民收入倍增计划,确保完成各项目标任务。一是积极筹措资金,确保县级配套资金足额到位,及时拨付各类资金,保证资金催着项目走。个别补助类项目在中央、省财政资金尚未完全到位的情况下,县财政予以先行垫付,同时对资金实行专账核算、专户管理,严格资金支付程序和发放办法。全年预计投入资金8.1亿元,共拨付民生工程资金8.1亿元,拨付率100%。二是继续实行分管县长负责制,严格目标考核,加强调度和督查,确保了工程质量和进度。三是积极开展"访代表委员、答建议提案、汇民智民意"及民生工程大家谈活动,创新各种宣传方式,进一步提高民生工程知晓度和支持率。四是采取有效措施，千方百计增加城乡居民收入,确保城乡居民收入倍增计划目标完成。

【稳步推进财政改革】一是扎实推进营业税改征增值税试点改革，将全县交通运输业及部分现代服务业首次"营改增"相关基础信息,由地税局全面移交至国税局,实现营改增试点改革的正常运行。二是财政国库集中支付制度改革基本完成。共撤销财政专户75个,保留财政专户19个,财政专户清理整顿到位。县直所有预算单位和公共财政预算资金及政府性基金全部纳入国库集中支付范围，县直预算单位实施公务卡制度改革工作也于9月底全面启动，于年底前落实到位。

【进一步加强财政监督管理工作】一是进一步加强与县直各执收单位联系,围绕非税收入重点单位、重点项目、重点环节开展检查,规范执收单位行为,做到应收尽收。二是对乡镇卫生院会计信息质量、普通发票、部分民生工程类项目、家电下乡补贴资金、义务教育保障经费落实情况进行了专项检查，强化内部监管。三是对全县会计行业进行整顿,对全县会计从业人员执业资格进行全面检查，严厉打击做假账行为。

（砀山县财政局供稿　丁培华执笔）

蚌埠市财政工作概况

蚌埠市财政工作综述

2012年,蚌埠市财政局深入贯彻落实科学发展观,紧紧围绕主题主线,认真落实积极财政政策,全面完成各项财政工作任务,有力地支持了全市经济社会事业发展,被省人社厅、省财政厅联合授予"2008—2012年全省财政系统先进集体",被省文行委授予"全省文明行业先进集体"。

【提升综合实力】一是财政收入较快增长。全市财政收入164.7亿元,比上年增长21.1%。重点税源贡献明显,12户企业入库税收超亿元。认真落实目标考核、收入调度、县区排名、纳税公告制度,利用综合治税平台推进信息管税,促进财政收入稳定增长。二是收入结构有所改善。全市地方收入78.4亿元,占财政收入的47.6%,较上年提升2.5个百分点。税收收入与财政收入基本同步增长。怀远县、五河县、禹会区收入规模超10亿元。三是重点支出较好保障。全市财政支出165.2亿元,其中财政民生支出141.7亿元,占财政支出的86%。年初预算安排各项支出全部拨付到位,积极争取中央和省政策资金支持,各项重点支出得到较好保障。

【促进经济增长】一是加大资金投入力度。筹集拨付促进工业发展资金20亿元,推进自主创新、战略性新兴产业重大项目建设,支持晟光科技、北方通用电子等企业加快发展。设立市中小微企业、服务业发展,推动铁海联运发展专项资金。二是引导金融支持实体经济。完善政府性资金以存促贷管理,鼓励金融机构加大信贷投放,全市新增贷款突破150亿元。采取财政贴息、风险补偿等方式,支持66户企业办理专利权、商标权等质押贷款3.8亿元。支持组建蚌埠市农村商业银行。三是推进企业股权和分红激励试点。制定企业股权和分红激励试点工作实施办法,出台配套政策措施,组织企业开展专题培训,指导企业做好申报工作,全市11户企业列入首批试点范围。四是牢固树立服务企业意识。认真落实国家结构性减税政策,及时兑现企业减免抵退等优惠政策26.1亿元。及时兑现促进经济平稳较快发展财税扶持政策,加大对困难企业、小微企业帮扶力度。

【保障改善民生】一是实施省、市40项民生工程。投入资金41亿元,组织实施省级33项、市级7项民生工程,年度目标任务全面完成。居民收入倍增规划有序推进,年度目标任务全面完成。二是积极支持城市大建设。统筹安排政府性资金44.8亿元,支持征迁拆违行动深入开展,胜利东路、喜迎门等保障性安居工程加快建设,二中新校区、"三馆"、东海大道贯通提升等重点项目加快推进。三是推进社会事业发展。社保投入22.3亿元,兑现企业离退休人员养老金提标政策,实现城乡居民养老保险全覆盖。教育投入10亿元,实现教育资助体系全覆盖,推进学前教育和职教园区建设。卫生投入8.9亿元,基本实现医疗保障体系全覆盖,推进基层医药卫生体制和县级公立医院综合改革。文体投入4.8亿元,支持花鼓灯嘉年华、全民健身中心等项目建设。交通投入4.6亿元,支持公交车辆购置和城乡公路道路建设。

【统筹城乡发展】一是支持现代农业发展。筹集拨付促进农业发展资金9.6亿元,推进农田水利、土地整治、农业科技创新、设施蔬菜基地等项目建设,支持农业产业化龙头企业发展。农业综合开发投入8376万元,实施项目29个。二是增加农民补贴收入。通过"一卡通"及时发放27项财政涉农补贴资金

10.6亿元,农民人均收益430元。及时拨付农机具购置补贴资金4920万元。三是深化农村综合改革。村级公益事业建设一事一议财政奖补投入9635万元,实施项目1030个。政策性农业保险灾损理赔资金6010万元,实现种植业参保806万亩、养殖业参保3.3万头。家电下乡财政补贴资金9843万元,拉动农村市场消费8.1亿元。

【深化管理改革】一是顺利实施营改增试点。制定出台试点工作实施方案和过渡性财政扶持政策,组织协调国、地税等相关部门,扎实做好税源移交、宣传培训、模拟运行等各项准备工作,全市1465户企业10月1日完成新旧税制转换。二是全面推行公务卡制度改革。制定出台市级预算单位公务卡制度改革实施方案等“1+3”政策体系,组织开展政策宣传、业务培训、系统升级工作,市级预算单位9月1日起全面实行公务卡制度。三是全面推进绩效评价管理。制定出台全面推进财政支出绩效评价工作实施方案,预算安排50万元以上项目支出,全部纳入绩效评价范围,选择15个项目组织开展财政重点评价。四是规范财政专户管理。按照财政部和省厅部署,进一步清理整顿财政专户,全面建立归口管理、动态监控机制。

【加强队伍建设】开展“保持党的纯洁性”、“纪念建党91周年”、“学习十八大报告”等专题教育活动。连续第3年在上海财经大学举办全市财政系统干部绩效管理提升班,坚持春季财政业务培训制度。深化干部任用制度改革,优化财政干部队伍结构。全面推行“我负责、我来办、马上办”的工作理念,优化财政“五办”工作作风。推进财政廉政风险防控,实施动态管理,提高干部廉洁自律能力。建立工作会商制度,会商解决工作中的难点、热点问题。贯彻落实“五级书记大走访”活动要求,深入开展结对共建活动,全局固定结对共建单位8个。

(蚌埠市财政局供稿)

龙子湖区财政工作概述

2012年,龙子湖区财政工作紧紧围绕以组织收入为核心,认真开展税源调查,依法强化税收征管,着力保障重点支出,不断推进财政改革,切实加强自身建设,确保实现依法理财。全年实现财政收入6.8亿元,同比增长14.9%;实现地方收入4.5亿元,同比增长25.8%;实现财政支出3.9亿元,同比增长22.9%。

【强化征管措施,确保应收尽收】严格收入目标考核,开展土地使用税专项清理活动,结合“营改增”试点,开展交通运输业和部分现代服务业营业税清收力度,确保应收尽收,做大收入规模。

【执行惠农政策,注重民生工程】当年实施26项民生工程,比上年净增6项。一是将市政府下达的各项目标任务进行分解,并由区政府与相关承办单位签订了目标责任书。二是加强制度建设,制定龙子湖区月报制度、信息材料和报表报送制度和资金筹集方案。三是加强对民生工程资金的管理,确保区配套资金的落实及规范使用。四是建立健全民生工程监督检查长效机制。全年投入民生工程资金为10687万元,增加4455万元,增幅71.5%,其中区级配套858万元,资金已经全部拨付。

【加强财政管理,保障重点支出】参与一事一议财政奖补的农业人口数达30301人,建设19个项目并全部完工验收,提前超额完成全年目标任务。落实惠农补贴政策,加强对农村财政管理工作的调研和农户基础信息采集工作,打印一万多份采集表,完成信息采集工作。加强家电下乡和粮食补贴发放管理工作,2009年至当年底,累计备案家电下乡销售网点20个,销售家电下乡产品19596台,销售金额4724.5万元,已补贴数量6194台,已补贴资金589.1万元,补贴兑付率达100%。全年共发放补贴粮食资金1091.2万元,其中粮食直补89万元,综合直补849万元,小麦良种补贴68.8万元,水稻良种补贴71.7万元,能繁母猪补贴6.9万元,水库移民补贴5.8万元。

【加强自身建设,确保依法理财】树立服务意识,接受各方监督,实行会计岗位定期交流制度,健全内控机制,防范财政风险。调整完善了财政资金拨付和支出管理办法,简化环节,规范流程,提高效率。不断加强政策业务学习,努力提高服务水平。会同纪检、监察、审计等部门,加强对民生工程资金、涉农补助资金等重点和专项资金的监督检查,规范支出行为,提高使用效益。

(龙子湖区财政局供稿)

蚌山区财政工作概述

2012年，全区财政一般预算收入完成8.8亿元,完成年初预算的112.65%,同比增长34.9%,增加2.3亿元。其中:地方一般预算收入完成6.1亿元,完成年初预算的104.9%,同比增长25.6%,增加1.2亿元;全区财政一般预算支出5.3亿元,完成年初预算的112.9%,同比增长33.5%,增加1.3亿元。

【优化税收征管方式,财政收入稳步增长】强化征管,加强对专业市场、特色行业的税源管理,提升税收征管水平。财政、国税、地税、乡街之间密切配合,不断提升办税服务水平,加大税法宣传力度,严格税收定额核定，积极开展纳税评估，加强税务稽查，加快税收信息交换频度，实现服务和管理相促进。落实各项优惠政策,鼓励发展新兴产业和现代服务业。制定《蚌山区关于支持财源建设增加财政收入奖励政策的实施意见》,设立了微小企业发展专项资金,制定发展现代物流奖励政策,加快培育战略性新兴产业和主导产业，积极鼓励建筑安装企业创新发展。对大项目、特殊项目,实施“一企一议”、“一事一议”奖励政策。

【深化财政体制改革,乡街税收合理转型】加大对乡街招商引税、协税护税、委托代征、发展楼宇经济等工作的指导与培训，引导乡街财政收入逐步从个体税收为主向做细做实委托代征、稳控街区重点税源、深化楼宇经济、招大商引大税方向发展。乡街招商引税成果显著,协税护税效果明显,委托代征扎实推进,个体税收漏征漏管治理有效,楼宇经济税收规模不断壮大。乡街财政收入2.1亿元，同比增长75.6%。

【加大民生工程投入,提高民众幸福指数】进一步调整支出结构,大力压减一般性支出,加大民生支出投入，民生支出4.5亿元，占财政总支出的85.2%,同比期增长33.5%,增加1.1亿元。25项民生工程项目区级配套资金920万元,同比增长56.9%,增加333.7万元,民生工程项目资金的足额保障,提高了民众的生产生活水平。

【优化支出结构,保障重点支出】持续推进新农村建设,改善农村生活环境,提高农民生活水平。全年落实各项新农村建设和农民补助资金480多万元,支持了农村环境整治、农村安全饮水工程、病险水库除险加固、农业产业化等农村各项事业发展。财政补助惠及农户7331户，发放惠农资金799.3万元。积极落实家电下乡政策,实现销售3.5万台,销售金额9103万元,补贴资金1131.1万元;社会保障与就业投入3364多万元,同比增长23.3%。支持教育优先发展，全区教育支出1.3亿元，同比增长16.8%,文化体育投入672多万元,完成“农家书屋”建设项目11个，公共文化服务信息建设项目2个;深化医药卫生体制改革,累计投入810多万元,完善城乡卫生服务体系,扩大基本医疗卫生保障覆盖面。推进住房保障建设,落实公租房建设资金7000多万元,完成公租房300套,廉租房180套目标任务。租赁补贴保障2146户,发放补贴380.8万元。落实棚户区改造资金2270多万元,棚户区改造项目有序推进,居民居住环境逐步改善。

【用活企业奖励政策,支持企业健康发展】全年安排对企事业单位补助资金2.1亿元,增长65%,增加8333万元,用于企业税收奖励、棚户区改造项目、中小微企业补助、营业税改征增值税财政扶持资金和招商引资政策奖励。各项奖励政策的及时兑现,支持了企业健康发展。

(蚌山区财政局供稿)

禹会区财政工作概述

2012年,全区完成财政收入12.1亿元,完成预算的 100.9%,同比增长20.4%。其中:地方收入完成5.5亿元,完成预算的103.2%,同比增长21.5%。

【积极组织收入】一是优化环境,保证税收持续增长。二是与征管部门加强组织协调。三是强化企业协调,增强服务意识。四是加强非税收入管理,完善“收支两条线”管理制度,加强国有资产处置收入监管,保证非税收入及时、足额征收上缴。五是开展财政收入攻坚活动,抢抓收入,锻炼队伍,充分调动征管部门抢抓收入的积极性,做大财政收入“蛋糕”,争取实现收入超序时、达目标、上台阶。

【保障重点支出】全年一般预算支出完成4.3亿元,完成预算的122.8%,同比增长15%。重点支出方面,落实教育、医疗和其他事业单位绩效工资,提高公务员津贴补贴标准和事业单位绩效工资标准,规范提高长期聘用人员待遇。深化政法经费保障体制改革,保证资金及时、足额到位,专款专用。加大公共卫生投入,投入基本公共卫生经费1213万元,改善基层医疗机构设施,促进辖区人民群众基本公共卫生服务均等化。完善社会保障体系建设,5.5万户次、9.3万人次享受城市低保待遇,发放低保金2237万元;加大残疾人事业补助力度,投入资金260万元,用于残疾人康复培训、燃油补贴等,改善残疾人生活水平;投入优抚救济、再就业、社会养老服务体系建设等资金1978万元,保障辖区群众基本生活需求。

【推进财政管理改革】扎实推进营业税改征增值税改革试点,出台过渡性财政扶持政策,设立专项扶持资金,有效减少交通运输业和六类现代服务业税负。完善乡镇财政体制改革,加大乡镇转移支付补助,提高基层财政公共服务能力,力促长青乡连创"十佳乡镇"。推进部门预算改革,规范预算编制、预算追加行为,增强预算法定约束力。加强国有资产管理,清查社区经营用房,全部收归区政府统一管理;规范行政事业单位国有资产处置和公租房租赁行为,提高资产使用效能。强化采购监管,规范采购行为,全年采购招标项目61个,采购资金3508万元。厉行节约、财务管理等监管制度进一步健全,"三公"经费得以控制,专项资金监管得力,风险防控措施有效,资金安全得到保障,财政管理水平不断提高。

【扎实推进民生工程】全力实施27项民生工程和居民收入倍增规划。强化资金保障,全年财政投入民生工程资金1.56亿元,其中区级配套7159万元。加大宣传力度,开设政府电话彩铃,开展社情民意调查,发放宣传册3万份;邀请人大代表视察民生工程,有效促进民生工程实施;开展"访代表委员、答建议提案、汇民智民声"活动,办结民生工程建议、提案4件。27项民生工程任务顺利完成,成效显著,新开工建设412套廉租房和300套公租房,扎实推进续建的1400套廉租房,校舍安全、乡镇公办幼儿园、妇幼保健所能力建设等工程类项目全面完成,参保参合类项目应保尽保,补助保障类项目足额发放到位。城乡居民收入倍增规划稳步实施,增收渠道进一步拓宽,居民收入持续增加,提升了城乡居民生活幸福指数。

【支持经济发展】扶持支柱企业发展,落实财税优惠政策,退付中粮生化、新源电子等企业增值税3998万元,兑现中粮生化、八一化工、玻璃设计院等9户企业发展奖励资金2612万元,有效缓解了企业受经济下滑影响带来的压力。支持发展平台建设,统筹资金8620万元,支持现代花卉科技产业园建设,确保花博会成功举办;投入资金6150万元,机械装备制造产业园基础设施得到改善,粮食产业园建设进程加快。服务招商引资企业,投入项目资金2400万元,兑现奖励578万元,促进冠宜箱包等项目顺利开工建设,扶持招商引资企业发展壮大。支持企业科技创新,投入专利资助资金110万元,充分调动企业自主创新积极性。

【落实支农惠农政策】落实强农惠农政策,完善"一卡通"平台,组织发放惠农补贴1415万元;补贴家电下乡政策资金48万元,兑付率100%。推进农业综合开发和土地整治项目,完成农发投入2000万元,项目全部竣工投入使用,切实改善示范区基础设施,提高综合生产能力;完成土地整治投入3180万元,改造中低产田3万亩。加强水环境治理,投入资金近1000万元,南片区水域改造工程全面完成。加快村级公益事业一事一议建设,完成项目17个,奖补资金57万元;强化资源整合,扎实推进美好乡村建设,改善农村面貌,建设农村宜居家园。

【支持城市改造提升】推进旧城改造步伐,统筹资金3.35亿元,政府主导的滨河西片区、日化厂、纺南、吴湾路等区域拆迁补偿进程加快。支持城乡环境改造,统筹资金3647万元,城市西出口、南出口环境得到有效整治;投入环卫经费2164万元,更新环卫设备,整治老旧生活小区环境,提升环卫覆盖能力;投入征迁拆违、文明创建、小街小巷改造经费251万元,保障旧城改造顺利推进。累计投入大建设资金5.7亿元,城市建设进程进一步加快,城市面貌得以有效改善。

【加强国有资产管理】加强国有资产管理,清查社区经营用房,全部收归区政府统一管理;规范行政事业单位国有资产处置和公租房租赁行为,提高资产使用效能。

(禹会区财政局供稿)

淮上区财政工作概述

2012年,全区财政总收入5.2亿元,完成年预算的101.1%,较上年实绩增长26.3%,增收1.1亿元。其中:地方财政收入3.9亿元,完成年初预算的110.5%,较上年同期增长38.1%,增收1.1亿元。财政总支出4.3亿元,完成年初预算的125.4%,较上年实绩增长19%,增支6847万元。

【强化收入管理,财政收入快速增长】一是加强收入征管。围绕区人代会确定的财税收入目标,及时分解收入任务,细化征管措施,落实激励机制;健全财税收入例会制度,发挥综合治税平台作用,确保财政收入及时、足额入库。二是加强纳税评估和税收稽查,堵塞征管漏洞。坚持大小税齐抓,加强个私经济、新办企业、房地产、重点工程等税收征管,切实做到应收尽收。三是加大非税收入征缴力度,严格实行收支两条线管理,全年实现非税收入5100万元。

【优化支出结构,确保重点支出需要】牢固树立过“紧日子”思想,压缩一般性支出,从严控制“三公经费”,努力降低运行成本。进一步调整和优化支出结构,在保障工资、运转、改革、民生及法定支出的基础上,加大资金调度,确保重大项目、重点工程的资金需求,全年共拨付扶持企业发展资金3000万元,筹措项目资金、土地出让金近5亿元用于全区基础设施建设,加大对小额贷款公司及担保公司监管,积极组织开展银政企合作,为辖区企业协调贷款近5亿元。

【坚持改善民生,提升群众幸福指数】一是大力实施民生工程。当年全区31项民生工程累计投入资金2.2亿元,其中区级配套资金5392万元,有力保障了各项民生工程的实施。二是积极落实收入倍增计划。制定出台淮上区“十二五”居民收入倍增规划,细化目标任务,完善考评体系,着力促进城乡居民收入持续较快增长。三是推进社会事业发展。加大财政支农投入,推进新农村建设和现代农业建设,统筹城乡发展;加大教育投入,完善义务教育经费保障机制,支持中小学校舍安全工程建设;实施医药卫生体制改革,有效推进基本公共卫生服务均等化;积极筹措住房保障资金,推进廉租住房保障和农村危房改造工作。四是进一步落实强农惠农富农政策。支持农业科技创新、农业综合开发、农村清洁工程等项目建设,通过“一卡通”发放粮食直补、农资综合直补等涉农补贴资金2700万元。

【坚持改革创新,深化财政管理改革】强化财政支出管理,严格预算编制、执行和管理。稳步推进“营改增”试点改革,按照省市统一部署,积极做好试点各项准备工作,并且研究制定出台营改增试点过渡性财政扶持政策,以确保改革平稳有序推进。积极实施公务卡改革,做好政策宣传,完善制度办法,确保预算单位公务卡制度有序推进。深化财政专户管理,在全面清理撤销行政事业单位银行账户、所有资金实行财政统管的基础上,又进一步强化对财政专户管理,共清理撤销财政专户30个,合并资金4311万元,有效解决了专项资金银行账户设置过多、资金调度不灵活等问题。

(淮上区财政局供稿)

蚌埠经济开发区财政工作概述

2012年,蚌埠经济开发区按照财政精细化科学化管理的要求,认真组织财政收入,合理安排财政支出,重点保障城市建设和民生工程项目的资金需求。全年实现财政收入8.44亿元,同比增长4.6%。其中:地方收入完成5.86亿元,同比增长2.7%。

【积极组织收入】关注税收征管情况,掌握税款入库情况,推动协税护税工作。协调督促税务部门做好税收工作,维护重点税源,全年共组织税收收入7.6亿元,同比增长3.9%,其中地方税收收入5亿元,同比增长8%。协税护税工作稳步推进,积极应对营改增试点工作,并结合实际情况,制定了《蚌埠经济开发区营业税改征增值税试点过渡性财政政策实施办法》,为营改增企业享受政策提供依据。

【重点支持民生】全年民生支出达到4.5亿元,占财政支出85.1%。共实施农村低保、五保供养、城镇居民基本医疗保险、新型农村合作医疗及住房保障等22项民生工程。做好财政牵头的家电下乡补贴工作,加强对家电下乡备案网点的监督管理及补贴资金的审核工作,切实保护广大农民的合法权益,审核通过家电下乡产品120件,发放补贴3.1万元,完成全年已申报兑付补贴率100%。为加快招商引资项目落地及城市基础设施建设,积极筹措建设资金,当年申请市财政拨入土地出让金共计 13.5 亿元用于龙子湖环湖公园、兰凤山庄农民安置房及大学园区基础设施等项目建设。

【加强资金管理】加强财政管理和审核,做好财政财务收支的会计核算工作,及时拨付全区的各项财政支出,确保人员工资按时发放和机关正常运转,推进各项工作的有序开展。加强财政预算外资金的收支管理。严格按规定收取行政事业性费、政府性基金和其他财政预算外资金。规范政府采购,全年政府采购的项目(货物类)19 项。预算采购金额 600 万元,中标金额 540 万元,节约约 53 万元。

(蚌埠经济开发区财政局供稿)

蚌埠高新技术产业开发区财政工作概述

2012 年,蚌埠高新区完成财政总收入 7.7 亿元,同比增长 30.2%,完成地方收入 4.4 亿元,同比增长 33.8%;完成公共财政预算支出 4.2 亿元,同比增长 34.4%。

【强化收入管理】一是管委会定期主持召开财税形势分析会,及时分析研究,针对性采取措施,千方百计组织收入。二是财税部门密切配合,强化征管力度,依法征收,应收尽收,确保实现税收及时足额入库。三是深入纳税大户和房地产企业开展税源调查,及时掌握企业生产经营形势和税源情况。四是加强收入的计划性,做到早计划、早安排、早落实。当年全区税收收入入库 7.5 亿元,占总收入 97%;增值税、营业税和企业所得税等直接反映经济发展三个税种入库 5.7 亿元,占总收入 74%;地方收入占比达到 56.4%。全区纳税超百万元企业达 70 户,比上年增加 20 户,合计纳税 6.4 亿元,占全区收入 83%。其中:纳税超千万元企业 17 户,增加 3 户,并实现纳税超 5000 万元和 6000 万元企业零突破。

【优化支出结构】一是加强预算资金管理。依法编制部门预算,严肃执行预算安排,严格预算约束机制,科学合理安排预算支出。二是加强建设资金管理使用。进一步规范建设资金的管理使用,完善和强化由区财政、规建、高投、建发及监察等多部门参加的关于建设项目资金审核支付的每周联合会审制度。三是进一步强化工程审计、政府采购、国有资产处置等工作。

【积极筹措建设资金】一是强化收入征收力度。在加强税收收入征管的同时,同时加大土地出让金的跟踪力度,确保土地出让收入及时足额入账,全年土地出让金收入 2.5 亿元。二是多渠道筹措资金。区财政局、高投集团积极配合,多渠道筹措资金,争取市财政国库调拨资金 5000 万元,区财政局、高投集团全年共筹融资 9.8 亿元,完成全年目标任务。

【加大企业支持力度】一是拨付企业财政支持资金 1.5 亿元,主要通过投资补贴、税收返还、项目奖励等方式,支持企业发展和项目建设。二是创投公司、担保公司等为各类企业新提供融资 1 亿元,支持企业做大做强。三是制定《高新区城镇土地使用税奖励政策暂行办法》,对项目建设和困难企业共奖励补助 1000 万元,减轻企业负担。四是制定《高新区实施营业税改征增值税试点过渡性财政扶持政策》,每年安排专项资金 300 万元,用于补助因税制转换税负增加的企业。

(蚌埠高新技术产业开发区财政局供稿)

怀远县财政工作概述

2012 年,全县财政总收入完成 18.1 亿元,占预算的 106.3%,比上年增长 33.8%。财政总支出完成 37.1 亿元,增长 17.8%,完成预算的 228.3%。2012 年全县财政总收入突破 18 亿元大关,是 2010 年的两倍多,实现了跨越式发展。

【培财源抓征管】一是强化税收征管。建立综合治税网络。成立县、乡综合治税领导小组,形成“政府领导、部门配合、社会参与、信息化支撑”的社会综合治税体系。二是注重培育基础财源。积极为中小企业争取各类补助资金 1640 万元,促进中小企业快速发展。采取贴息、奖励、担保等形式为企业融资 7.8 亿元,支持企业做大做强。投入资金 1.5 亿元,支持园区、平台发展建设;安排 2.1 亿元用于招商引资经费和奖励。

【调结构保重点】实施 38 项民生工程,大力推进社会事业发展。投入 2.6 亿元用于生活保障类工程,惠及 4.4 万名农村低保户、1.3 万名农村“五保户”,新建保障性住房 1010 套,2510 户低收入家庭享受租赁补贴。投入 1.6 亿元用于教育培训类工程,免除

15.6万名义务教育阶段学生学费、书本费，资助6112名高校、中职、普通高中等家庭经济困难学生，新建校舍3.9万平方米、乡镇公办幼儿园5个、留守儿童活动场所89个，培训1.3万名农民和技术工人。投入3.7亿元用于医疗卫生类工程,补偿全县参合、参保群众320万人次,救助2569名城乡大病患者,免费婚检1.5万例,儿童免疫接种36万剂次。投入2.3亿元用于生产生活建设类工程，建成农村户用沼气3000口、饮水安全工程4处、蔬菜大棚3000亩、农村垃圾中转站4所、示范社区1个、乡镇综合文化站1个、公共电子阅览室8个、农家书屋35个,改造农村危房2100户，改造农村危桥33座。投入1.6亿元用于新老城区建设、“放心肉”体系建设、“平安怀远”视频监控系统建设。

【促三农保增收】一是积极推进惠民直达工程,27项惠民补贴通过“一卡通”及时、足额、安全发放到户,资金总额达44.1亿元。二是整合现代农业、农业综合开发、土地整治、小农水重点县等项目资金2.9亿元,建成高标准农田27万亩。整合农田水利建设资金6900万元,用于沟渠清淤、泵站更新改造、小区治理。三是全面启动扶贫开发工作，投入资金1630万元,新建和改建高标准农田2万亩,硬化道路23公里,资助贫困大学生200人,培训并转移贫困劳动力500人,农业实用技术培训5000人次。四是积极落实一事一议财政奖补政策,投入资金7350万元,实施项目379个。五是积极开展政策性农业保险工作,种植业承保面积375万亩,赔付保费3700万元。六是积极推进家电、汽车(摩托车)下乡工程,销售家电下乡产品9万台,销售汽车、摩托车2500辆,发放财政补贴3156万元。七是积极支持美好乡村建设,投入资金3500万元用于示范村建设和环境连片整治。

【求创新谋发展】一是投入资金645万元,大力支持村级组织建设,改善村级活动场所45个。二是投入资金3110万元,建立和完善村干部三位一体激励保障机制。三是投入资金985万元,用于农技推广基础建设,农业社会化服务体系得到进一步完善。四是投入资金180万元,用于免除农业生产排涝电费,农民负担得到进一步减轻。积极推进医药卫生体制改革。建立了财政保障机制,及时安排资金3907万元,确保乡镇医疗卫生机构正常运转。拨付村医补助资金1557万元,落实村医补助政策。安排140万元医改启动资金,确保县级医改顺利实施。积极推进公务卡支出改革,公务卡支付系统已顺利运行。

【狠抓自身建设】一是狠抓内部制度管理,促进窗口服务提升,创新机关文明创建手段,机关建设取得明显成效。2012年被评为怀远县双拥模范单位、蚌埠市“为民服务创先争优”先进单位。二是狠抓乡镇财政所建设。2011—2012年第三批6个乡镇财政所建设计划稳步推进，规范化财政所创建工作取得突出成效,其中找郢乡、魏庄镇、常坟镇财政所按照省厅创建规范化乡镇财政所(分局)要求,顺利通过省市验收,荣获“省级先进单位”荣誉称号。

(怀远县财政局供稿)

五河县财政工作概述

2012年,全县累计完成财政收入10.8亿元,比上年同期增收2.3亿元,增长27.1%。其中:地方财政收入8亿元，比上年同期增收1.4亿元，增长22%;全县财政支出25亿元,比上年同期增支2.8亿元,增长12.7%,其中:县本级财政支出22.6亿元,比上年同期增支2.4亿元,增长12%;乡镇级完成财政支出2.4亿元,比上年同期增支4449万元,增长23%。

【优化财政资金支出,服务社会发展】全年实施50项民生工程,共拨付资金8.16亿元。落实惠农补助政策,财政补贴农民资金通过“一卡通”发放补贴3.4亿元，比上年同期增加了9721万元，增幅39.8%；共完成家电、摩托车下乡财政补贴2972万元。发放企业职工基本养老保险金1.3亿元;再就业资金923.8万元;城市低保资金2125万元;农村低保资金3753万元;救助资金490.9万元;城乡居民养老保险6847万元，建立了覆盖城乡的优抚、养老、就业等社会保障体系。加大对医疗卫生的投入,拨付新农合基金1.6亿元，累计补偿金额1.7亿元,较好地保障了参保农民就医的需要;城镇居民参保人数5.4万人,支付参保金937万元;全年医疗改革预计投入资金4015万元，保证15个乡镇卫生院全部实行了药品零差率销售；拨付城乡医疗救助资金681万元,新农合资金1.85亿元。安排拨付义务教育公用经费5114万元,发放普高助学金385万元、中职助学金58万元;五河县特困户子女上高中上大学救助基金213.5万元；按项目工程实施进度共拨付教育类工程项目资金6834万元，其中：校舍安全工程4831万元、校舍维修工程202万元、薄弱学校改造工程343万元、学前教育工程529万元、寄宿制学校建设工程296万元、两个教育附加项目633万元。加大农业开发，完成土地治理项目2个，治理面积1万亩；累计完成桥涵闸配套138座，农村砂石路14.4公里，防渗渠道2.7公里，新打机井70眼，新建灌溉站1座，沟渠土方13.5万方，植树绿化2万株，完成投资1275.2万元。全县共申报“一事一议”财政奖补项目288个，筹资845万元，筹劳折资4235万元，财政奖补2999万元，利用集体资金348万元，其他资金146万元。截至当年底，完工项目288个，占任务数的100%，使用财政奖补资金2999万元，占奖补资金的100%，项目效益惠及63万人。

【积极筹措资金，促进地方经济发展】加大融资担保，充分利用信用担保的融资平台，加强与金融部门的合作，帮助企业解决资金难题。全年受理担保78笔，担保金额突破2.4亿元。积极争取上级财政对我县的支持，上级补助逐年增加。全年中央及省财政对本县各类专项补助已达7.3亿元。

【推进财政体制改革，深化公共财政职能】一是加强专项资金管理，推进资金整合。会同有关部门对涉农资金进行归并，科学设置专项资金，引导投向相近、目标相似的各项涉农资金集中投入，全年共整合涉农资金7.8亿元，其中财政投入2.4亿元，自筹5.4亿元。二是加强国有资产管理。共处置资产9958万元，共支付拆迁补偿款776万元；新租、续租房屋43户共收租金130万元(含以前年度欠交)。三是国库集中支付改革逐步完善。国库集中支付的范围及力度不断加大，通过集中支付2.9万笔，累计支付金额21.3亿元，占全年财政总支出的85.4%。进一步完善对公务卡制度改革。四是开展清理借欠公款工作，共清理借欠公款13.1万元。

(五河县财政局供稿)

固镇县财政工作概述

2012年，全县累计完成财政收入8.3亿元，较去年同期增收2.1亿元，增长34.2%；全县财政支出完成21.5亿元，较去年同期增支2.4亿元，增长12.8%。其中：县本级支出17亿元，较去年同期增长6.8%，占总支出的79%。

【积极组织收入】一是形成合力抓征收。国税、地税和财政部门按照预算目标，细化税收任务，加强每月调度。二是强化举措助增收。重点加强对建筑业和房地产业项目的管理和跟进，及时掌握重大项目进展情况，强化重大项目税源监控，大力开展综合治税，加强涉税信息交流。三是外出招商促增收。以“营改增”试点为契机，加大招商力度，积极研究政策，广泛宣传发动，鼓励外出招商。科学调度保障重点。

【优化支出结构】全年共投入重点工程、重大项目建设资金7.8亿元，其中：拨付城关镇征地补偿8300万元，县经济开发区征地补偿及基础设施建设2.1亿元，蚌埠铜陵现代产业园5000万元，县城投公司用于重点工程项目1.9亿元，县城棚户区改造资金3600万元，政务新区基础设施建设3500万元，投资大厦2860万元，浍河二桥建设2600万元，民生工程配套1.2亿元，为县域经济快速发展提供了强劲的资金支持，有力地推动了全县“提速升级、跨越发展”。

【突出民生工程】全年共实施37项民生工程，其中，省政府项目30项，市政府项目7项。投入资金5.7亿元，其中，中央、省、市补助资金4.3亿元，县配套资金1.4亿元。生活保障类项目扎实推进，补助补偿类全部发放到位，284套廉租房，600套公租房全部开工建设；教育培训类项目有序开展，中心幼儿园和校舍安全工程全部完工；医疗卫生类项目稳步实施，新农合参保率达98%，城镇居民参保率达128%；农业和农村基础设施类项目加快进程，财政牵头的一事一议财政奖补项目申报审批306个，项目覆盖率134%，完工306个，完工率100%；农村危房改造和农村公路危桥加固改造项目全面实施，农村清洁工程全面完成，文化建设项目全部完工。市级民生工程项目全面启动，已救助贫困大学生122名，资助资金53万元；284户“一户多残”全部救助到位；菜篮子工程完成2000亩。民生工程顺利通过省市验收，并受到省委、省政府联合检查组的好评。收入倍增规划进展良好。全县实现城镇居民人均可支配收入20158元，农村居民人均纯收入7343元，顺利实现收入倍增规划。

【城乡统筹加快】全年共发放各类财政补贴资金21项，资金总额2.1亿元，农业综合开发工作实施土地治理项目5个，项目累计完成投资1506.9万元；实施产业化经营项目7个，项目累计完成投资442万元。全县共申报306个一事一议项目，完工项目297个,完工率97%,农业人口受益率98%,项目总投资6182万元,开挖沟渠652公里,修建道路189公里,植树造林11万株,整治环境11万平方米,建设文化体育活动场所8个。全年农业投入4235万元,小麦承保面积84.5万亩，投保率100%，保费总额1028万元,理赔资金754.1万元。能繁母猪实现承保2.1万头,自筹保费25.4万元。家电下乡完美收官,全县销售家电下乡产品8.1万台,销售金额2.2亿元,发放补贴资金2767万元,补贴资金兑付率达100%。

【支持社会事业】全年教育支出5亿元,同比增长6.5%。社会保障经费支出预算2.1亿元,比上年增长16.1%。社会保险基金支出2.3亿元,确保了城乡离退休人员养老金、下岗失业人员失业金的及时足额发放及干部职工的医疗保障。新农合基金监管到位。严格按新农合资金管理办法开设合作医疗基金财政专户及基金支出户,保证基金专款专用,专户存储。

【做大融资担保】积极拓宽融资渠道,与国元信托及省信用担保集团达成2亿元定向信托合作事宜,促进了全县重点工程建设。全年为13家中小企业及县政府重点工程融资5760万元。为429户下岗工人、农民工及大学生创业提供小额担保贷款,发放小额担保贷款2102万元。为做大做强县担保公司,与安徽钰诚融资租赁有限公司合作，由钰诚公司出资6000万元入股县担保公司,合作后注册资金达到1.1亿元,县担保公司担保能力达到5亿元,有力推动全县经济发展。

（固镇县财政局供稿）

阜阳市财政工作概况

阜阳市财政工作综述

2012年,阜阳市财政部门紧紧围绕年初确定的工作目标,以大力组织收入为中心,以支持项目建设为突破点,以强化财政资金管理为着力点,以“制度绩效创新年”为契机,顺利实现财政收入预期目标,各项财政工作衔接有序、运转顺畅。

【财政收支再创新高】认真做好税源调查,努力培植壮大财源,依法加强收入征管,强化非税收入管理,努力做到应收尽收,确保财政收入稳定增长。强化预算约束,严格控制一般性支出,进一步加大民生工程投入,不断完善社会保障体系建设。全市财政收入完成136.6亿元,较上年增收21.6亿元,增长18.7%。全市财政支出完成271.8亿元,增支61.3亿元,增长29.1%。

【民生财政持续发力】认真落实市委、市政府民生工程工作部署,按照“早谋划、早实施、早完成、早见效”的总体工作思路,进一步强化组织领导,加强协调配合,落实责任目标,创新推进机制,取得明显成效。全市共到位民生工程财政资金71.18亿元,惠及860万人民群众。切实把民生工程打造成百姓的“放心工程”,政府的“德政工程”。认真实施城乡居民收入倍增计划,切实履行牵头部门职责,加强组织领导,落实工作职责,完善政策措施,居民收入倍增规划取得了阶段性成效。

【财政调控卓有成效】积极争取中央、省财政资金支持,申报各类企业资金项目233项,共拨付国家、省各类企业项目资金5149.7万元,有力促进了全市企业的健康发展。加大支持工业企业和非公经济发展,各类专项资金由每年4000万元增加到5000万元,支持企业推进结构调整、产品优化升级和科技成果转化,增强企业竞争力。创新担保服务方式,担保基金规模不断壮大,担保金额放大5倍以上。累计为4456户不同类型的中小微企业担保贷款29.55亿元,今年新增担保贷款6.71亿元。为缓解本市中小微企业“融资难”问题发挥了重要作用。大力支持园区共建,筹集安排配套资金2亿元,与省政府、合肥市政府共同出资6亿元支持阜阳合肥现代产业园区建设,园区建设初具规模。

【重点改革稳步推进】一是“营改增”试点改革稳步实施。认真研究改革政策精神,扎实开展税源调查,制定详细的应急预案以及相关财政配套措施,确保营改增改革顺利实施,为全市现代服务业和中小企业加快发展创造有利条件。二是县级公立医院改革试点积极稳妥推进。全市14家县级公立医院综合改革经过一段时间运行,获得良好社会反响,成效显著。严格实行药品“零差率”。医改达到了四项目标:群众负担能降低、医院收入不减少、医保基金可承受、社会稳定有保证。三是国库管理制度改革不断深化。进一步深化县级国库集中支付制度改革,全面实行国库集中支付。有序推进公务卡制度改革,市本级公务卡改革已覆盖到所有预算单位,县区均积极准备出台公务卡强制结算配套措施,提高了财政资金使用透明度。四是“双清”工作有序推进。市直纳入清理范围的273家预算单位共有495个银行账户,主动申请撤销账户192个,初步建议撤销账户132个。市直单位土地自查面积3302万平方米,非经营性房产自查上报面积111万平方米,经营性房产自查上报面积13.2万平方米。五是市区财政管理体制不断完善。理顺市区财政分配关系,增强市级宏观经济调控能力,充分调动市、区两级发展经济的积极性,完善和规范市区财政管理体制。

【农业投入持续扩大】全市2011年现代农业发展资金项目建设全部实施完毕,完成总投资1.03亿元;治理面积8.92万亩,计划投资10272.7万元的土地治理项目已完成主体工程建设;全市设立财政专项资金1.74亿元,全力推进美好乡村建设;各级财政共筹措1.38亿元农业保险配套资金,最大限度提高了农业抗风险能力;为全市214万户农民发放29类财政补贴资金24亿元,与去年同期相比增长26%,促进了农村社会的稳定和农村经济的持续发展。

【理财水平科学规范】一是不断推进预算编制改革。加强综合预算管理,试编社会保险基金预算和国有资本经营预算,基本建立政府公共预算、政府性基金预算、国有资本经营预算、社会保险基金预算和政府性债务计划管理的全口径政府预算体系框架。二是强化乡镇财政资金监管。细化对乡镇财政资金监管的内容、重点和责任,制定各项资金具体监管办法,明确职责、规范程序、完善机制。建立和完善乡镇财政资金监管工作的相关配套制度,进一步明确县、乡财政部门的监管职责。三是加强财政监督管理。围绕市委市政府中心工作、财政管理关键领域和问题,依法理财,创新监督方式,强化事前、事中、事后,收入、支出、绩效的全方位监督管理,建立健全覆盖财政资金和财政运行的全过程监督机制。四是推进政府采购改革。全市采购预算金额19.6亿元,实际合同金额17.5亿元,节约财政性资金达2.17亿元,节约率为11%;市直采购预算1.12亿元,实际合同金额0.97亿元,节约财政性资金1536万元,节约率13.6%,采购项目587个。五是加大非税收入管理。以非税收入征管为主线,强化征收措施,坚持"以票管费"原则,努力拓宽征收管理范围。全年市直非税收入完成6.78亿元,有力促进了经济与社会各项事业的发展。

【融资方式不断创新】全年累计筹集支付资金23.5亿元,保证了城市基础设施重点项目顺利实施。其中,争取到位农发行贷款资金7.8亿元;与国元证券加强合作,通过发行集合信托计划融资2亿元,到位资金1.97亿元;与兴业银行合作,大胆尝试通过发行短期融资券、中长期票据、结构化融资筹措资金,5亿元结构化融资项目通过总行评审;加强工作协调,为颍河综合治理项目顺利启动实施,争取到位农发行贷款资金5.4亿元;加强与徽商银行合作,顺利通过徽行审批7亿元土地收储征迁贷款额度,到位1亿元。启动了二期企业债券发行工作,发行企业债券所需项目资料已通过省发改委初审。

【机关建设不断加强】注重学习培训,全面提高干部队伍综合素质。深入推进廉政风险防控管理工作,强化对权力运行的监督制约。深入推进全局财政廉政风险防控工作,认真做好风险防控"回头看"。切实加强财政资金和财政干部"两个安全"工作,继续严格落实廉政风险防控责任,把廉政风险防控管理与落实党风廉政建设责任制,落实惩防体系建设任务和加强财政管理工作紧密结合起来。坚持以经济建设为中心,服务大局,突出重点,扎实开展文明创建活动。

(阜阳市财政局供稿)

颍泉区财政工作概述

2012年,全区财政收入完成8亿元,占年初预算的114.7%,比上年(下同)增长46%。其中:地方收入完成5.2亿元,占年初预算的111.8%,增长45.7%;上划中央收入完成2.6亿元,占年初预算的122.9%,增长51.9%;出口退税完成1791万元,占年初预算的94.3%,下降5.3%。全区财政一般预算支出完成19.3亿元,占年初预算的143.2%,比上年决算增长32.7%。

【强化组织收入征管】面对新的挑战和机遇,坚持把组织收入作为重中之重,紧盯目标,科学掌控,依法加强税收征管。区政府建立了收入增长激励机制,按月考核,均衡调度。财税部门积极创新征管措施,清欠堵漏,挖潜增收,不断提高征管效率,确保应收尽收。继续深化政府非税收入改革,完善征管方式,优化收缴流程,规范资金审批,政府非税收入管理水平进一步提高。

【扎实推进民生实施】全区共实施民生工程29项,投入各级财政资金6.2亿元,增长31%,其中,区级配套7961万元。创新成立民生工程管养综合服务队,民生工程长效实施得到保障。12项工程建设类项目高质量完成。建成安全饮水工程6处并投入使用;完成校舍安全重建项目6个,总面积1.2万平方米,完成2所农村公办幼儿园建设,改善了部分学校教学条件；建成2个留守儿童活动室、20个留守儿童之家,建成5个农家书屋、3个电子阅览室,丰富了基层群众的文化生活。改扩建5所敬老院,新增床位600个;建设廉租房350套,公租房400套;完成农村危房改造701户；建成1000口农村沼气池;改造农村公路危桥22座;完成一事一议财政奖补项目100个,修建村内户外道路114公里。10项教育培训补助类项目保障有力。拨付义务教育保障资金6478万元,资助中职、高中困难学生435万元;对3884名贫困重度残疾人实施生活救助；为23255名农村低保居民发放保障金2975万元；发放五保供养资金1042万元;完成新型农民培训2898人;累计为2649人开展农民工技能培训；发放计生奖励扶助资金64.4万元；支付家电下乡政策补贴资金2亿元;全年政策性农业保险共投保小麦46万亩、大豆24.6万亩、玉米16.7万亩、能繁母猪11478头、奶牛227头。7项医疗卫生保险类项目成效显著。全区54.6万农民参保新农合;7.3万人参加城镇居民基本医疗保险;34.9万人参加城乡居民养老保险；免费为100名贫困白内障患者实施复明手术；发放城乡医疗救助833万元;救治艾滋病人33名、结核病人64人;免费婚前健康检查13236人,农村孕产妇住院分娩补助9088人次。居民收入倍增规划稳步实施。城镇居民人均可支配收入达到19120元,增长14.5%,农民人均纯收入7019元,增长16.5%,其他17项重要指标均达到年度考核目标。

【服务经济更加有效】大力支持“项目提升年”活动,持续加大有效投入,支持重大项目建设取得新成效。进一步加大政策对接和争取项目资金力度,全年积极争取上级项目126个,资金3.6亿元,有力地支持了全区经济快速发展。不断提高中小企业融资担保服务水平,积极创新担保方式,扩大担保规模,重点支持中小企业发展。区中小企业担保中心共为25家中小企业提供担保9199万元,为177名下岗失业人员提供小额担保贷款836万元。大力支持招商引资和工业经济发展，全年安排招商引资和工业奖励经费736万元，推动了全区招商引资和工业经济的健康发展。

【加大“三农”扶持力度】全区“三农”支出达3亿元,增长56.4%,有效保障了各项强农惠农政策的落实。财政补贴农民资金管理改革继续深化,惠民直达系统平台运行规范,全年发放各类惠民资金1.46亿元。继续加大农业科技推广投入力度,重点支持现代农业发展,不断提升农业科技创新能力。积极扶持农村经济合作组织建设,大力发展规模经营,申请中央及省级项目10个,资金480.4万元。扎实推进农业综合开发，当年完成闻集、白洋湖土地治理项目2个,治理面积2.2万亩,总投资2323.7万元,惠及农户8000户。不断加强农业基础设施建设投入,投入农田水利设施建设资金4100万元。大力支持美好乡村建设,强化组织领导,加强部门协调联动,积极制定完善资金整合、管理机制,为美好乡村建设全面实施奠定坚实基础。

【深化财政管理改革】预算绩效管理成效明显,预算编制和预算执行的精细化水平进一步提高。预算单位公务卡改革顺利启动,支出项目更加透明,财政管理更加科学规范。“营改增”改革试点稳步推进,62家试点企业平稳过渡。基层医药卫生体制改革不断完善,县级公立医院改革全面启动,基层医疗卫生机构和公立医院全面实现药品“零差率”。“金财工程”建设步伐加快,“平台一体化”系统规范运行,国库集中支付改革深入推进,全年累计为83家预算单位办理国库支付业务1218笔,资金5.8亿元;政府非税收入征管系统和资产管理系统平台建设不断完善,征管水平和管理效率进一步提升。继续推动政府精细管理,采购范围和规模逐步扩大,采购效率不断提高，全年共实施集中采购项目189个，采购预算8712.2万元,实际采购金额7822.4万元,节约率为10.2%。

【创新财政监督机制】继续强化“全员参与、全面覆盖、全程监控”的大监督理念,进一步扩大监督范围,不断提高监督实效。建立健全民生工程资金监督机制,加强项目资金全程跟踪,对工程类项目实行招投标制、监理制等“六制”管理;对于补贴发放类项目资金,会同有关部门严把资格确认关、公开公示关和审查审批关,实行“一线核实”、“一线监督”。乡镇财政资金监管改革试点扎实推进,实行区乡联动,平台支撑,全面落实信息通达、公开公示、抽查巡查等监管职责,将财政监督职能向基层延伸。深入开展会计信息质量检查,对13家单位进行了重点检查,提高了单位会计信息质量和财务管理水平。组织实施了财政专户清理整顿,撤销财政专户6个。扎实开展行政事业单位银行账户及土地房产清理工作，共撤销账户 18 个,合并 14 个,理财环境得到进一步净化。

(颍泉区财政局供稿　贾建峰执笔)

颍州区财政工作概述

2012 年,颍州区财政完成收入 10 亿元,较上年增收 3 亿元,增长 43.1%;全区财政支出完成 17.5 亿元,较上年增支 2.95 亿元,增长 20.4%。

【抓好 34 项民生工程建设】坚持以"组织领导一盘棋、政策宣传一整套、协调服务一条龙、项目管理一体化、资金倾斜一面倒、制度保障一系列"为着力点,确保民生工程暖民情、得民心、顺民意。全年民生工程总投入资金 5.95 亿元,区财政配套资金 5194 万元,各级到位资金拨付率 100%。

【切实做好融资担保工作】按照"抓好项目融资、广筹建设资金、强推企业融资、巧搭合作平台"的思路,依托城投公司和融资担保中心,全力化解融资难题,提升增收潜力。全年共签约合约 246 个,总金额达 322.3 亿元,其中正式签约 9.6 亿元,协议类项目 10.5 亿元。通过与区联社合作,共为区内 23 家企业担保贷款 7230 万元。

【多措推进强农惠农工作】围绕"涉农资金整合、支农项目管理、惠农政策落实、'一卡通'发放"等项重点工作,不断加大现代农业三增工程、农业综合开发、扶贫开发、家电下乡、政策性农业保险、农村"一事一议"财政奖补、城乡居民收入倍增规划、美好乡村建设等工作的力度,不断巩固和发展农业稳定增效、农民持续增收和农村和谐发展的良好形势。

【全面提升财政管理水平】围绕政府采购、非税收缴、基本财力保障、部门会商、营增改税试点等重点工作,在加快推进部门预算、国库集中收付制度、公务卡、基层医药卫生体制等改革过程中,紧抓"指标建立、过程管理、考核评估、查访核验、结果应用"等关键环节,大力构建以健全体制机制求绩效、以强化预算管理求绩效、以聚焦关键环节求绩效、以营造理财环境求绩效、以提升队伍素质求绩效的管理格局。

【有效发挥财政监督作用】坚持监督与改革相结合,着力推进财政监督理念从检查型监督向管理型监督的转变,内容从注重查补收入向收支并重的转变,方式从注重事后检查向事前审查审核、事中跟踪监控、事后检查处理有机结合的全过程监督转变,实现从"纠错"型监督向"预防"型监督转变,从安全性和合规性监督向效益性监督转变。

(颍州区财政局供稿　苑文龙执笔)

颍东区财政工作概述

2012 年,颍东区完成财政收入 5.36 亿元,占预算的 100.2%,比上年增长 25.2%。其中:一般预算收入 2.75 亿元,占年预算的 100.6%,增长 24.1%;上划中央收入 2.41 亿元,占年预算的 96.9%,增长 26.2%;出口退税 0.2 亿元,占年预算的 153.5%,增长 30.5%。财政支出 14.90 亿元,增长 21.6%。

【支持经济发展】一是加大农业投入,全年农业综合开发投入 0.14 亿元,改造中低产田 1.2 万亩;同时拨付扶贫资金 0.21 亿元,发放种粮直补 1.73 亿元。二是整合财政资金,累计投入 1.18 亿元,主要用于开发区基础设施、保障性住房等重点项目建设。三是大力扶持企业,将区中小企业担保中心注册资金增加到 1.05 亿元,全年为区内 36 家中小企业提供担保贷款 1.2 亿元,同时为 286 户下岗失业人员发放小额担保贷款 0.1 亿元。四是促进服务业发展,累计销售家电 14.9 万台、汽车摩托车 1.6 万辆,兑现补贴 0.75 亿元。

【保障改善民生】全面完成 29 项民生工程任务,累计投入资金 4.03 亿元,其中区级足额配套 0.42 亿元,分别增长 34.4%和 20.1%。2012 年财政民生投入达 13 亿元,占总支出的 84.4%,有力保障了民生需求。同时,补发事业单位绩效工资和公务员津贴 0.72 亿元。

【强化绩效管理】一是"双清"工作稳步推进,清理出 69 个账户,涉及金额 1.01 亿元。二是切实加强行政事业单位国有资产管理,共处置资产 15 宗,拍卖总额 73.6 万元。三是国库集中支付管理进一步规范,实现了预算单位、预算资金的全覆盖,规范了财政资金的管理,保障了财政资金的安全。四是政府采购管理进一步完善,全年累计实施 174 个采购项目,节约资金 0.38 亿元,节约率达 16%。五是乡镇财政资金监管有序推进,建立区乡涉农资金监管协调运转机制,实现了涉农资金的全程监管。六是加大重大工程项目监督力度,切实提高资金的使用效益,充分发挥财政监督职能作用。

【坚持改革创新】一是“营改增”试点工作进展顺利,3户一般纳税人、115户小规模纳税人成功完成营改增税制转换工作。二是公务卡制度改革扎实推进,在8个单位进行试点,公务卡制度的改革,对提高政府支出透明度,打造“阳光财政”,加强财政资金监管具有现实意义。三是公车改革成效初显,建立公务用车基本档案,完成了车辆保险的统一招标工作。四是完善财政资金管理内控机制,加强党风廉政建设,不断强化防范措施和预警控制,确保财政资金的使用安全高效。

【加强财政自身建设】一是抓好十八大精神的贯彻落实,组织党员干部开展十八大精神的学习讨论活动,坚定理想信念,明确发展道路,深刻领会和掌握十八大精神实质,为推动财政工作指明方向,增添动力。二是抓好干部的思想政治教育,坚持“周一例会”和支部“三会一课”制度,大力加强干部政治理论宣传教育,提高财政干部思想政治觉悟,增强财政干部为民理财服务民生的大局意识、责任意识、主动意识。三是抓好制度建设和内部管理,修订了包括学习、考勤、会议、车辆管理等内部管理制度,完善财政资金管理办法和业务工作流程,加强财政管理的绩效考核,推动财政规范化、科学化管理水平。四是抓好党风廉政建设,按照党风廉政责任制的任务和要求,一把手带头坚持“一岗双责”,切实完成各项承办协办任务,同时精心组织大力推动廉政风险防控工作,通过明确岗位职责,梳理工作权限,对重点岗位、关键环节和大额资金管理进行了风险排查,共查找廉政风险点80个,制定风险防控措施和制度数十项。五是抓好创建文明单位工作,为全面提高财政干部文明素质,树立财政文明形象,创建文明理财环境,推动财政工作。我局积极开展创建活动,利用“道德讲堂”平台,加强财政干部文明礼仪教育和思想道德建设;开展学雷锋志愿活动和结对帮扶活动,转变干部思想作风和工作作风;开展丰富多彩的文化活动,增强财政干部凝聚力和战斗力,推动财政工作科学发展和谐发展。

(颍东区财政局供稿)

阜阳经济技术开发区财政工作概述

2011年,阜阳经济技术开发区完成财政总收入5亿元,同比增长25%。其中:地方一般预算收入完成3.2亿元,同比增长20%。财政支出完成3.1亿元,同比增长1.7%。

【确保财政平稳运行】一方面,加大“开源”力度,全力保增收。在认真分析税源情况的基础上,及时分解下达当年的收入目标任务,每月及时与税务部门进行沟通,及时了解收入进度,分析税收增减因素,确保收入任务的完成。继续支持企业和民营经济发展,兑现对企业的各项扶持政策。规范预算单位罚没收入、行政事业性收费行为,确保罚没资金和各项规费收入及时上缴入库,实行预算内外资金统筹安排,增强财政调控能力。另一方面,厉行节约,严控支出。压缩一般性开支,特别是对三公经费的开支严格控制,切实加强对非经常性支出的管理,全力保证民生、教育、医疗卫生等社会事业重点支出的需要。严控部门预算,坚持“有预算不超支、无预算不开支”的制度,努力把财政支出控制在财力许可的范围之内。加大对重点工程、重大项目资金的支持力度,集中资金重点对汽贸物流园、安置新村的建设,有效地推进了重点工程、重点项目的建设。认真界定财政供养人数,每月对工资发放人数进行审核,对不符合财政供养的人员一律不发,严格控制财政供养人数。

【保证民生工程顺利开展】省政府实施的33项民生工程,全年开发区需实施的有14项,共需投入资金6013万元,其中开发区需配套资金223万元。为确保民生工程顺利实施和完成,开发区实际列入预算339万元并已全部拨付。在民生工程资金的使用上,严格资金审批程序,审查核实补助条件、补助范围和补助标准,确保专款专用,做到政策公开、程序规范、打卡发放。

【融资工作开展顺利】自当年起,开发区融资工作由财政局负责实施,在充分考虑开发区重点项目资金需求、财政抗风险能力及政府融资政策等因素的基础上,推进开发区重点工程九里村土地收储项目的实施,向农发行申报贷款3亿元。同时,积极做好发行政府债券的准备工作，到合肥经开区对政府发行债券情况进行考察，研究决定由民生证券来为开发区发行政府债券，整理编制发债工作前期需要的各项资料，为下年发债工作的实施奠定基础。

【抓好廉政风险防控工作】根据管委会召开的廉政风险防控动员会议精神，财政局及时召集全局人员认真学习动员大会的文件和领导讲话，专题研究和部署了财政局廉政风险防控工作。于当年5月底成立财政局廉政风险防控管理工作领导小组，制定财政局廉政风险防控工作实施方案。下发财政局《关于认真做好廉政风险防控第二阶段清权确权工作的通知》，按照管委会廉政风险防控领导小组的安排，全面完成廉政风险防控工作。

（阜阳经济技术开发区财政局供稿　邢新执笔）

界首市财政工作概述

2012年，界首市财政部门以科学发展观为统领，实施积极财政政策，充分发挥职能作用，积极培植财源，依法组织收入，科学安排支出、深化预算改革，严格财政监督，财政总收入完成12亿元，完成年度预算的100%，较上年同期增长24.1%，增收2.3亿元。全市财政总支出22亿元，占调整预算15.7亿元的140.6%，较上年同期增长27.1%，增支4.7亿元。

【挖掘潜力强化征管】深入园区和企业，摸排税源，挖掘潜力，凝心聚力，强化征管，力保实现预期增长目标。年内除增值税、契税略有减收外，消费税、营业税、企业所得税、房产税、城镇土地使用税、土地增值税、车船使用税、耕地占用税等税种保持较好增长势头，分别比上年同期增长36.1%、26.3%、88.8%、10.1%、56%、87.3%、21.9%、17.7%；华鑫、华宇、天能、冠泓、华信、沙河、中能、新能、华翼等支柱企业纳税贡献进一步增大。全市上缴税收百万元以上企业49家，千万元以上企业9家，华鑫铅业集团入库税收突破3亿元，南都华宇电源入库税收近5000万元，天能电源、冠泓塑业入库税收突破2000万元。全市收入总量首次突破10亿大关，达到12亿元，实现稳定增长。

【调整优化支出结构】全市财政支出首次突破20亿元，达到22亿元，超额完成人大批准的支出预算。总体支出进度均衡有序，教育、科技、农业三项法定支出足额保障，分别比上年增长35.5%、58.8%、49.2%。政法经费足额达标，财供人员工资正常增长，年终奖和津补贴提标足额兑现，社会保障水平不断提升，住房保障和环境保护投入加大，基层医疗卫生体制改革稳步推进，文化惠民政策落实较好，加大“一园四区”基础设施建设，改善招商引资环境。本级财政投入和争取银行贷款多措并举筹措建设性资金，支持界洪河景观治理、东环线路桥、城区道路管网和绿化亮化工程，鼎力推进“美好界首”建设。实现了保工资、保运转、保民生、保重点、保稳定的基本支出需求，为促进各项社会事业协调发展起到重要支撑作用。

【加大投入培植财源】一是落实积极财政政策，多措并举支持企业发展。继续执行“再生资源深加工企业贷款贴息办法、外贸进出口企业奖励办法、再生资源企业增值税地方留成奖励办法”等扶持政策并及时兑现，为47家再生资源企业累计办理退税4.25亿元，兑现地方留成等税收奖励6932万元。在财力并不宽裕的情况下拨付企业贷款风险补偿金和再生资源深加工企业、出口创汇企业、劳动密集型企业贷款贴息1163元，增强企业发展信心，扶持企业做大做强。二是协调贷款，多方融资。深入企业、实地调研、主动服务，在了解园区企业发展现状、资金需求等实情的基础上，积极为企业提供贷款担保业务。通过省担保集团、联社、徽行、中行、工行、阜康小额贷款公司等合作银行为企业协调解决流动资金贷款235笔共计5.6亿元，助推徽商银行正式挂牌营业、支持建设银行启动“助保贷款”业务、服务农村商业银行改制、中银富登村镇银行筹建，想方设法扩大融资平台和领域，解决企业“融资难”问题。三是争取项目，鼓励创新。指导企业编报文本、找准帮扶路子，申报技术改造、科技创新、皖北发展、外贸促进、环境保护、就业补助、财政贴息等扶持资金5272万元，直接注入企业。四是服务企业，提高效率。财政局班子成员每人包联一个园区，经常深入企业，深入一线，为企业提供政策指导、业务咨询、会计培训等行之有效的服务。

【扎实推进民生工程】全年实施30项民生工程投入资金5.9亿元，其中本级配套7400万元。足额发放农村低保、五保、贫困重度残疾人、城市低收入家庭住房保障、大中型水库移民、家电下乡和家电以旧换新、计生奖扶等生活保障类资金，惠及广大城乡受益人群。城镇居民医疗保障、新农合、城乡医疗救助，重大传染病救治等医疗卫生类项目足额报补支出,参合率和受益面逐步扩大。城乡义务教育经费保障、高校和中职学校家庭困难学生资助、新型农民培训、农民工技能培训、政策性农业保险等教育培训保险类项目完成全年任务。农村安全饮水、农村沼气、敬老院、农村清洁工程等农业和农村基础设施类项目及农村文化建设类项目全部建成并投入使用。广大城乡居民从公共财政中得到更多实惠，对民生工程满意度较高。民生工程在阜阳市考核中再次名列前茅。

【积极落实惠农政策】全市"三农"支出 2.91 亿元,比上年净增 9595 万元,增长 49.2%。积极落实惠农补贴政策,通过"一卡通" 发放粮食补贴、良种补贴、综合直补等 17 项涉农补贴 1.36 亿元。兑付家电下乡及以旧换新产品、汽车摩托车下乡产品 11.4 万台,补贴资金 4033 万元,拉动内需 3.36 亿元。大力推进土地开发整理,新增复垦土地 3418 亩。农业综合开发投资 3245 万元,建设高标准农田 3 万亩。新打机井 320 眼，配套机泵 320 台套，建设低压暗管 2700 亩,新建桥涵 480 座,新修机耕路 31.2 公里,农田防护林网植树 1.1 万株，项目区农民人均增收 240 元。顺利实施小麦高产攻关、玉米振兴计划等支农项目,为农业增产增效打下坚实基础。深化农村综合改革,推动"美好乡村"建设,不断完善为民服务全程代理制,多措并举改善农村人居环境。村级公益事业"一事一议"财政奖补项目进展顺利,实施农田水利设施、道路修建等项目 137 个,投入资金 3808 万元,农村基础设施不断改善。

【不断加强财政管理】一是扎实推进交通运输业和现代服务业"营业税"改征"增值税"改革,116 户纳税企业实现顺利过渡,征解入库税款 613 万元。二是摸清情况,稳妥操作,稳步推进基层医疗卫生体制和县级公立医院改革。三是不断深化预算改革。量入为出，量财办事，按定员定额标准编细编实部门预算,硬化支出约束,从严控制追加,依法规范操作。四是完善国库集中支付,在 12 个单位试行"公务卡"改革，推进财税库银横向联网，确保财政资金运行安全、规范、有效。五是完善政府采购改革。全年申报集中采购项目 474 个,采购预算总金额 12712 万元,组织开标 480 次,完成采购项目 445 个,完成采购预算 10123 万元，实际成交金额 8857 万元，节约资金 1266 万元,节约率 12.5%。六是加强绩效评价,对财政资金使用效果进行跟踪。对农业综合开发土地治理项目、城市低保专项经费、农村清洁工程、城市生活垃圾无害化填埋场建设项目进行结果评价和过程评价,对工程进展缓慢、后续管理机制不健全、民意调查较差的项目提出整改意见并监督落实。

(界首市财政局供稿)

颍上县财政工作概述

2012 年,颍上县财政局全面贯彻落实科学发展观,坚持科学管理、依法理财,采取一系列措施和办法,大力推进民生工程和社会主义新农村建设,不断深化政府非税改革和国有资产管理改革，机关效能建设和精神文明创建取得积极成效；切实加强财政监管,突出服务水平和保障效能,致力提高财政运行质量和效率,保持了财政收支运行的良好势态,促进了全县经济社会又好又快发展。全年财政收入完成 30 亿元,增长 18.6%,财政支出完成 40.9 亿元,同比增长 22.4%。

【强化收入征管措施】围绕县委县政府收入目标任务,不断加强收入考核、税源财源建设和协税护税工作,全县累计完成财政预算收入 30 亿元,同比增收 4.7 亿元,增长 18.6%。一是加强税源财源建设。针对严峻的宏观形势，认真落实上级财税工作会议精神,加强与税务部门的配合协作,通过召开收入分析例会,准确掌握全县税收征管基本情况,进一步完善税源监控共享机制;加大与企业的沟通,防止财源流失。二是加强协税护税工作。加强对重点建设项目的税收跟踪管理,协同税务、发改委、国土局、房产局等相关部门加强与建设单位的衔接,定期开展分析,及时掌握项目税收入库情况，将有关情况与财税库信息进行比对,做到心中有底;及时关注财税政策变化,跟踪营改增改革动态,结合本县推进情况,深入调研本地区实际,提前进行相关研究,积极对上研提改革建议,尽量放大正面效应、化解不利因素。三是加强非税收入管理。加强非税收入管理,突出"以票控收",以强化收入源头控制为出发点,加强财政票据的管理,强化"以票管收";加强部门非税收支预算管理,坚决实行"以收定支",合理编制 2012 年部门非税收支预算方案,严格审核资金拨付,实行按明细逐项核拨,抓好指标追加、暂存款的审核工作;做好非税收支基础数据的汇总、归纳和分析,确保非税收支平衡。

【完善征收机制】一是完善县乡财政收入考核机制。按照年初制定的收入考核目标,充分调动乡镇发展经济和增收节支的积极性,乡镇财政收入实现了较快的增长,全县乡镇累计完成财政收入2.6亿元,占年初预算的116.7%,比上年同期增加6845.2万元,增长35.8%。二是加强财、税、库联席会议制度。及时研究、解决组织收入过程中出现的问题和矛盾,加强对重点税源监控分析,保障财政收入及时、足额、均衡入库。三是依法加强契税收入征管。依法征管,堵塞漏洞,加强房产、土地出让收入契税管理,契税收入持续快速增长。

【提升财政服务效率】积极落实各项财政政策,创新手段管理各项支出,深入推进财政体制改革,努力提升全县财政科学化精细化管理水平。一是贯彻落实各项民生保障政策。落实各项涉农补贴政策,共向全县34万农户发放24项涉农补贴3.19亿元。完成小麦、玉米、大豆、水稻累计225万亩的农业保险投保工作,筹集保费2965万元,理赔资金1820万元,惠及农户30万户。全县农民购买16.8万台家电下乡产品,补贴资金5851万元,惠及10多万农户。二是创新支出管理手段。严格执行支出预算,研究创新资金拨付办法、清算与报表报送办法,保障教育、科技、文体、社保、医疗、农林水等重点支出,确保一般预算及重点支出进度满足序时要求,准确规范办理预算内外财政资金拨款、记账、对账工作,及时进行会计核算和账务处理。三是抓好部门预决算工作。严格审核制定部门预算,按定额标准核定单位基本支出,合理安排部门项目支出,严格执行"两上两下"的预算编制程序;认真审核县级预算单位部门决算数据,正确理解和掌握决算报表口径及有关指标要求,做到数据真实、计算正确、内容完整、表表相符,针对总决算与部门决算中发现的问题,召集相关股室进行整改,提高服务效率。四是充分利用融资平台积极筹措发展资金。当年颍上慎泰城市投资公司融资4.1亿元,新建城北新区路网二期工程、城市沟河塘治理项目、新兴产业园项目及12个批次的土地治理项目。

【进一步强化财政监督】一是加强政府采购管理。结合本县实际,合理确定采购方式,严格审核采购标书,做好招标答疑、资格预审、开标评标、竞争性谈判的现场监管工作;严格执行政府采购法律法规,做好供应商投诉处理和对违规供应商的处理工作。全年完成采购项目170个,执行采购预算1.28亿元,实际采购金额1.12亿元,节约资金1656万元,节约率12.3%。二是加强会计管理工作。抓好会计继续教育工作,对全县会计人员数据库进行整理,大力推广会计继续教育网上培训,做好宣传推广动员工作;组织好会计从业资格考试,提高合格率;认真做好会计从业资格证书的申请、办证、变更、调转等项工作;加强对代理记账行业的监管,确保代理记账机构合法规范地开展服务,对检查中发现的问题进行了梳理,提出了解决办法和建议。三是严格执行非税收入管理政策。根据国家、省、市关于取消、停征、缓缴行政事业性收费和政府性基金项目的规定,清理规范收费政策,严禁将已取消、停征的行政事业性收费项目另立名目继续收取,坚决纠正面向企业的乱收费和各种摊派行为,确保政府扶持企业发展等优惠政策全面落实到位。四是加强乡镇集体资产和农村"三资"管理。对乡镇集体资产和农村"三资"实行信息化管理,将全县农村"三资"全部纳入信息化平台管理,通过管理软件可以直接查询、统计农村资产、合同管理情况,稳步推进镇级集体资产信息化管理。五是加大各类资金拨付审核力度。严格执行各类资金审批流程,不断规范账务处理核算流程,加大对支农、民生、基层医药改革、教育投入、其他建设类等资金的审核拨付力度;建立督查督办工作制度,定期对各类拨款审批事项进行抽查,提高资金拨付效率;对县级行政事业单位财务人员进行培训,进一步明确财务报账规范及注意事项、重申会议费等费用支出标准、讲解国库集中支付软件操作。六是加强国有资产监管。严把行政事业单位资产购置、处置关,逐步推行由预算管理向资产管理的延伸,有效防止国有资产的流失。加强事业单位公务用车管理,印发《颍上县关于开展全县事业单位公务用车清理工作的通知》,共清理全县事业单位公务用车113辆,价值1232.67万元。启动全县行政事业单位银行账户和土地房产清理工作。

【加强财政制度建设】一是加强国库资金安全管理。合理设置资金拨付流程和工作岗位,明确岗位职责及内部监督、审核制度;加强印鉴、票据管理,对所有拨款严格实行"见字出票",保证国库资金安全;建立对账制度,对各预算内外财政账户、各类财政资金专户、各资金往来账户进行核对,确保往来账务、支出与指标一致,账务处理准确无误;建立银行出票回单登记制度,确保各类预算内外、平台、专户资金账户银行余额与账务处理的准确性;做好账户清顿工作,对现有账户进行排查,对资金用途相同和长期没有往来的账户进行撤并;加强财政信息化建设,局机房的安全进一步改造,确保财政网络信息和数据安全。二是完善局内部管理制度。在确保股室职能不受影响的前提下,加强内控,提高效率;加强股室沟通,统筹各类资金往来结算,提高与各板块资金结算拨付效率;完善例会制度、岗位责任制度、股室内部监督制度、学习制度、AB岗制度、立卷归档制度、信息调研、党建等工作制度,鼓励干部职工报考专业职称,拓宽工作视野,提高财政工作人员的业务素质和服务大局的能力。

【深化干部队伍建设】一是深入学习贯彻十八大会议精神。始终坚持以人为本,加强财政干部队伍建设。除中心组学习外,组织全体干部职工加强自学。结合十七届五中全会精神,创造性地开展工作,确保财政目标任务的完成。二是继续开展各类学习调研和"创先争优"活动。按照计划开展好各类学习、党建和"创先争优"活动,特别是加强对各项业务政策的学习;鼓励开展调查研究,拟定全局性重点调研课题,进行自主选题,积极探索新形势下加强财政管理的办法措施,深入调研财政财务管理情况,并形成调研报告。三是扎实开展机关效能建设。坚持以效能建设为核心,以推动发展为主题,以群众满意度为标准,以制度建设为保障,以促进工作落实为重点,切实加强作风和机关效能建设,为实现颍上又好又快发展提供强有力的财力保障。四是不断加强干部教育培训工作。结合财政工作实际,有针对性地开展国有资产管理培训、一事一议奖补培训、国库集中支付培训、专题讲座等培训,全面提高财政干部综合素质。五是积极开展党风廉政建设。会同县有关部门做好招待费管理,认真开展政府非税收入、国有资产清理、登记、处置、治理小金库、农民负担及涉农资金检查工作。组织全局干部职工开展学习中央纪委五次全会精神、听专题报告、观看廉政录像片等多种形式的廉政教育,做到警钟长鸣。

【全面提升财政形象】将文明创建工作贯穿于整个财政工作中,坚持以人为本,全面加强队伍建设,认真贯彻落实科学发展观,切实加强社会主义精神文明建设,机关文明程度和干部文明素质显著提高,荣获阜阳市文明单位。财政文化建设的深入开展,干部职工素质得到全面提高,社会满意度逐年提高,连续五年在全县政风行风评议获得前三名。财政局党总支荣获阜阳市表彰的"先进基层党组织"称号,因成绩突出被阜阳市政府授予五年一届的"阜阳市先进集体"荣誉称号,在全县"公民道德建设实施纲要"知识竞赛中荣获一等奖。

【扎实开展廉政风险防控】高度重视廉政风险防控管理试点,及时动员部署,制定实施方案,多种渠道营造氛围。股室和局属单位开展岗位职责梳理和廉政风险自查,绘制了流程图;设置了举报箱和举报电话,向预算单位和全局职工征求意见。开展《党员领导干部廉洁从政若干准则》贯彻执行情况专项检查,系统开展《廉政准则》测试、反腐倡廉自查自纠、廉政论文和廉政警句征集评比、上党课、警示教育等廉政文化建设活动,职工廉政意识明显提升,工作作风进一步转变,试点工作取得阶段性成果。

(颍上县财政局供稿　万季执笔)

太和县财政工作概述

2012年,全县财政收入完成10.1亿元,增长0.8%。其中地方收入完成6.92亿元,增长15.3%;上划中央收入完成2.47亿元,下降29.3%。全县财政支出37.5亿元,同比增长23.6%,增加7.17亿元。

【围绕财源抓培育,服务发展保障有力】坚持把服务发展作为财政工作的主攻方向,高点站位,加大投入,着力培育后续财源,做大财政蛋糕。全年争取上级补助专项资金10.15亿元,新增均衡性转移支付财力性资金1.04亿元,地方政府债券资金0.33亿元。综合运用预算、补助、奖励、贴息等手段,大力促进企业科技创新,鼓励企业做大做强。全年落实企业优惠政策等资金5808万元,兑现各项政府考核奖励1000余万元;充分发挥县中小企业信用担保公司作用,为企业提供融资担保1.56亿元,并筹集调度各类财政资金3.8亿元,支持园区、城建、公路等重点项目建设,为全县财政收入稳定增长,促进经济社会又好又快发展提供财力支撑。

【围绕聚财抓征管,财政收入稳中有增】一是及时分解收入任务,强化目标责任。二是规范非税收入管理,强化税源清查、征缴力度,加强对税务发票的管理,努力缩小政策性减税等短收因素的影响。三是精心组织实施"营改增"试点工作,交通运输业和六个现代服务业284户企业顺利实现"营改增"运行转换。四是适时召开财税分析调度会,强化工作督导,健全收入激励约束机制,确保各项措施落到实处,促进财政收入稳中有增。

【围绕和谐抓民生,支出结构不断优化】一是民生工程持续推进。全年投入民生工程资金10.8亿元,其中县财政配套1.43亿元,圆满完成29项民生工程建设任务,群众生产生活条件明显改善。二是城乡居民倍增规划全面实施。坚持以人为本,完善促进就业、鼓励创业各项措施,切实增加城乡居民收入。认真落实收入分配政策,按规定兑现公务员阳光工资和其他事业单位绩效工资,干部职工收入水平逐年提高。三是社会事业协调发展。坚持教育优先,当年新建、改建中小学、幼儿园校舍75514平方米,新建教师周转房6160平方米,发放各类助学金727万元;启动县级公立医院综合改革,公共卫生和基层医疗卫生服务体系建设持续加强;积极支持图书馆、文化站等文化体育设施免费开放,促进文化事业发展。四是社会保障体系不断健全。新型城乡社会养老保险改革稳步推进,发放城乡居民养老金7078万元,兑现城镇职工医疗保险金6567万元、城镇居民医疗保险金1091万元、新农合资金40891万元,再就业资金1400万元,城乡低保、五保供养标准进一步提高,困难群众基本生活得到有效保障。投入8096万元推进保障性住房建设,开工新建保障性住房1098套(其中预建2013年项目198套)47975平方米。居民住有所居、病有所医、老有所养的社会保障体系日渐完善。

【围绕统筹抓落实,持续推进农村繁荣】坚持城乡统筹发展,大力实施美好乡村建设,扎实推进城乡一体化进程。当年全县"三农"公共预算支出49903万元,新增支出7358万元。稳妥推进财政支农资金整合,投入各项支农项目资金2.5亿元,促进农业增产、农民增收、农村发展。深入实施农村综合改革,扎实推进村级公益事业建设,全年完成282个村"一事一议"项目建设343个,总投资9213万元,农村基础设施进一步改善。兑现家电下乡补贴资金10630万元,刺激消费需求,保持农村市场繁荣。投入2307万元支持政策性农业保险工作,为56万户次提供农业生产风险保障。拨付金融机构涉农贷款增量奖励188万元,支持金融机构加大对农业发展投入。通过"一卡通"发放各项涉农补贴35560万元,惠及百万农民。投入5400万元推进农村危房改造和农村清洁工程,有效改善村居环境和村镇功能。

【围绕绩效抓管理,财政机制改革深入推进】一是进一步深化部门预算改革。完善综合预算,硬化零基预算,细化项目预算,推行绩效预算。二是继续深化国库集中支付制度改革。标准统一、流程规范、上下贯通的财政平台一体化改革深入推进。认真开展财政专户和行政事业单位账户清理,撤并财政及单位账户68个,国库单一账户体系不断健全。三是深化政府采购改革,加强对政府采购全过程的管理和监督,不断改进政府采购方式。全年累计完成政府采购资金1867万元。四是积极推进公务卡制度改革试点。制定出台《太和县预算单位公务卡使用管理暂行办法》,在县直单位全面推行公务卡改革,逐步实现使用公务卡办理公务支出,规范单位现金管理。五是强化财政监督管理。发挥财政监督职能,开展专项资金和乡镇财务等专项检查。六是切实加强自身建设,认真抓好创先争优、机关效能、思想教育和作风建设,不断完善各项规章制度,加强廉政风险防控,积极改进服务,财税系统干部职工的发展意识、理财观念、服务效能得到新提升。

(太和县财政局供稿 宫保珍执笔)

阜南县财政工作概述

2012年,阜南县完成财政收入5.5亿元,为预算的100%,增长25%,其中,税收收入完成4.38亿元,为预算的91.6%,增长15.8%;非税收入完成1.12亿元,为预算的155.6%,增长81%。财政支出完成34.7亿元,占调整支出预算的97.7%,增长18.4%。

【财政收入再攀新高】一是按照不同企业、不同税收发生的时间和收入进度,及时下达税收收入计划,调节好收入结构,保证财政收入均衡入库。二是拓宽税收分析思路,从宏观上找问题,从微观上查原因,认真分析增收和减收因素,及时掌握税源变化动态,牢牢把握税收工作主动权。三是深入重点行业和企业调研,增强组织收入的预见性和主动性。将重点项目纳入监控范围,全面掌握税源结构和税源分布情况。四是加强漏征、漏管户和起征点、临界点经营户的清理,适时调整定额不合理的纳税户,进一步提高综合税负,努力减少征收管理工作中的跑、冒、滴、漏。五是加大对税收典型案件、重大涉税违法案件的打击力度,提高税务稽查威慑力;充分发挥稽查“以查促管、以查促收”的震慑作用,提升纳税人自觉纳税意识。六是对未完成月度税收计划任务的单位,连同包片领导、包点股室,按税收计划完成比例发放绩效工资,形成人人参与财政收入、人人抓好财政收入的工作局面。当年财政收入在上年4.4亿元的基础上,年实现增收1.1亿元,达到5.5亿元。

【重点支出保障有力】一是通过争取资金、贷款融资、土地出让、募集基金等方式,落实重点工程建设投入7.58亿元,保障了县委、县政府确定的12个重点建设项目顺利实施。二是安排工业引导资金2000万元、高新技术产业开发启动资金1000万元、王家坝风景区建设资金300万元,为开展经济提升年活动奠定了基础。三是积极探索应收账款质押、在建工程质押等担保方式,全年为全县中小企业提供担保贷款1.8亿元,为企业扩大生产、缓解资金不足、提升创新能力、增强发展后劲提供了资金支撑。四是教育、科技、文体、社会保障、医疗卫生、农林水等重点支出得到保障。其中:农业生产和农业事业支出完成5亿元,增长12.2%;教育支出完成9.3亿元,可比增长43.6%;科技方面支出581万元,增长30.9%,分别高出财政经常性收入增幅0.2%、31.4%和18.7%。五是多方整合美好乡村建设资金5000万元,确保美好乡村建设工作顺利推进。

【民生工程强力推进】一是确保资金投入到位。全县33项民生工程计划投入资金总额12.4亿元,实际到位资金12.9亿元,占计划投入总额的104%。二是强化项目推进力度。把民生工程项目责任主体落实到各主办单位和协办单位,明确各项目主要责任人和具体责任人。成立由县“两办”督查室牵头的专门检查组,对33项民生工程开展“地毯式”督查,及时通报检查情况,排查落后原因,制定整改措施。制定项目完工时间表,倒排工程工期,严格履行合同,加快实施进度,确保按时完工。对重视不够、责任不强、措施不力、推进不快的单位主要负责人和直接责任人,严格按照民生工程责任追究暂行办法严肃问责。三是圆满完成各项任务。截至当年11月底,全县33项民生工程圆满完成,并顺利通过了市级综合考核验收。

【财政改革不断深化】一是深化部门预算改革。完善综合预算,硬化零基预算,细化项目预算,推行绩效预算。二是继续深化“收支两条线”管理改革。坚持“以票管费、票款同行”制度,全面推行“收缴分离、罚缴分离”管理体制,严禁“以收代支”、“坐收坐支”。三是政府采购工作成效显著。县政府采购中心共组织实施集中采购288次,完成采购预算金额12.2亿元,采购合同金额10.9亿元,与预算金额相比,共节约资金1.3亿元,综合节约率为10.8%。四是国库集中支付改革扎实推进。及时修订完善相关支付制度,明确预算单位、支付中心、代理银行各自责任,做好各节点控制管理,着力防范支付风险。共纠正和退回不完整、不合规、不合理支出122笔,金额302余万元。五是推进“营改增”试点改革。全县涉及“营改增”的纳税人27户,改革平稳推进。六是出台《阜南县预算单位公务卡制度改革实施方案》,采取“先试点、后扩面”的办法,全面做好公务卡改革各项工作。

【财政管理日趋规范】一是建立部门会商制度。出台财政局会商工作暂行办法,就财政专项资金安排和使用、民生工程实施等进行沟通会商,进一步增强了财政工作透明度。二是增强乡镇村财力保障。强化乡镇财政惠农资金发放和资金监管职能。整合财政信息系统资源,完善金财工程应用支撑平台,提高工作效率,保障乡镇村资金及时需要。三是认真清理财政专户。撤销财政专户21个,保留财政专户19个。社保基金多头重复开户、专项支出专户开设过多等问题得到有效纠正。四是强化会计信息质量监督。对教育、卫生、房产、粮食等事业单位和企业开展了会计监督,纠正账务165笔,清缴漏税5.5万元。

【惠农政策全面落实】一是出台《关于进一步明确财政补贴农民资金管理和发放工作职责的通知》,修订完善了涉农补贴委托发放协议,为涉农补贴资金及时足额打卡发放奠定了基础。二是全年累计发放各类涉农补贴36项,打卡发放补贴资金5.2亿元,切实保护了农民群众的合法利益,促进了社会和谐稳定。三是圆满完成2010年和2011年度农业综合开发土地治理项目建设任务,顺利通过省市两级考核验收,有效改善项目区农业生产条件,美化了环境,维护了生态平衡,极大地改善了项目区农民群众的生产生活条件。四是投资720万元全面实施了柳沟镇现代农业项目。完成新打机井70眼、板梁桥8座、涵管桥40座、疏浚大中沟4条,基本实现了项目区旱涝保收的目标,进一步提高了农业抵御自然灾害的能力。

【其他工作协调推进】一是根据廉政风险防控要求,从思想道德、制度机制、岗位职责、外部环境四个方面,认真查找存在的风险点,及时制订个人、股室和领导班子防控措施。二是配合省财政厅企业处,为结对共建的苗集镇平安村重建了总面积达230平方米的规范化村室;新修了一条高标准水泥灌渠,安装了供电线路,修复了提水泵站,解决了沿线土地多年来无水灌溉问题;维修了村小学教学楼,加固了教室门窗,重建了学校公厕和大门,新购了篮球架、乒乓球台、羽毛球拍等体育用品,极大地改善了平安村小学的校容校貌。三是精心组织,周密部署,在全局四个党支部扎实开展了保持党的纯洁性主题教育实践活动,圆满完成了学习教育、分析查摆、整改提高阶段规定的动作,取得了显著实效。四是按照认真审核、张榜公示、专款专用、打卡发放的原则,全面完成涉及19个乡镇卫生院、309个人员和机构的基层医疗卫生机构债务603.4万元,解决了乡镇卫生院长期负债问题,促进了基层医疗卫生机构和谐稳定。

(阜南县财政局供稿　王布文执笔)

临泉县财政工作概述

2012年,临泉县财政系统始终牢固树立"科学发展、奋力赶超"的理念,紧紧围绕"保增长、调结构、促发展、惠民生、提绩效"的目标任务,迎难而上,积极作为,不断深化财税改革,大力涵养财源,狠抓增收节支,各项财政工作均取得较好成绩,实现了新跨越。

【财政收入稳步增长】加强财税部门的调度协调,定期召开财税工作调度会,强力推进营改增试点,及时解决收入中遇到的困难和问题。深入挖掘增收潜力,强化重点税源监控和各类潜力税源、零散税源的管理,加强营业税、房地产销售税、土地使用税等主体税种征管,做好窑业税、房屋出租自营税、车辆运输税征收工作。精心培植税源,充分发挥县中小企业信用担保中心作用,实现在保余额3.2亿元,有效帮助企业解决资金困难。全年实现财政收入7.8亿元、占年度预算的100%,同比增长22.6%。

【支出结构不断优化】紧紧围绕县委、县政府中心工作,服务于经济社会发展大局,科学统筹安排财政资金,调整优化支出结构,大力压缩一般性开支,保障重点项目、民生工程、社会事业等方面的开支,为全县经济社会跨越式发展提供了强有力的资金保障。全县财政支出42.3亿元,占年度预算的131.9%,同比增长25.1%。

【民生工程扎实推进】始终坚持"小财政办大民生"的理财观念,调整支出结构,优先保证民生资金。一是进一步完善工作协调推进机制和制度建设,强化目标责任管理,切实实行跟踪问责,确保民生工程建设常态化、规范化、科学化。二是强化资金保障,优先安排民生工程配套资金,落实民生资金拨付"绿色通道"。累计拨付民生工程资金13.2亿元,占年度预算的102.3%,其中县级配套1.86亿元,占年初预算的143%。三是加强督促检查,协调推进,确保民生工程按时完成。四是强化民生工程资金监管,保证民生工程资金安全有效使用。

【"一事一议"财政奖补工作成效明显】当年开展财政奖补项目的村有387个,占全村数的98%;筹资筹劳的人口为218万人,占全县总农业人口220万人的99%。村民自筹资金3301万元,财政奖补7512万元,项目投资总额10813万元。全年共实施"一事一议"项目数786个,修建道路298公里,另外,农田水利、环境卫生、文化体育、绿化等项目,投资762万元。村级公益事业一事一议财政奖补项目工作的有序开展,极大地改善了全县村民的宜居和出行条件,受到广大农村干部群众的欢迎,进一步提升了广大群众的幸福指数。

【"三农"投入不断加大】不断增加"三农"投入,加大资金整合力度,促进农业增效、农民增收、农村更加和谐稳定,乡村建设更加美好。一是全年共投入财政资金1250万元用于农业综合开发。二是积极争取农业发展资金,加快发展农业产业化,不断提高财政资金使用效益。全年共争取农业发展资金12376万元。三是围绕惠农"一卡通"发放管理,进一步完善各种惠农补贴管理办法,"一卡通"发放涉农补贴增加到30多项,兑付各项涉农补贴4.5亿元。四是积极做好家电下乡工作,综合整治防骗补行为,兑付家电汽摩下乡补贴资金 1.2 亿元,拉动家电下乡产品销售 34 万多台(件)。五是政策性农业保险扎实开展,全县共承保小麦 144 万亩,玉米 115 万亩,特色农业承保 23300 亩,能繁母猪 43018 头,实现了应保尽保。扩大保费补贴品种,增加保险责任范围。全年理赔涉及农户 186354 户,支付理赔资金 1931 万元,农民抗风险的能力明显增强。

【投融资机制逐步建立】以服务企业为宗旨,不断创新工作思路,进一步规范信用担保管理,制定《项目评审办法》、《项目责任人制度》等一系列的制度,顺利通过省金融办和市金融办对本县融资担保机构规范整顿工作的验收。全年共为 106 户企业提供担保贷款 3.4 亿元,同比增长 30%,有效地缓解了中小企业贷款难问题,促进了中小企业快速发展,同时培植了一大批新的税收增长点。

【财政体制改革力度加大】继续深化部门预算改革,着力构建公共财政预算、政府性基金预算、国有资本经营预算、社会保障资金预算融为一体的部门预算体系。严格执行"收支两条线"和财政国库集中支付制度,稳步推进公务卡改革,继续深化"金财工程"信息化平台建设,财政调控能力不断增强。

【财政监督作用有效发挥】一是规范预算执行追加拨款的审核、审批程序,严格执行联席会议集体研究审批制度,一律实行财政国库支付制度,不断加强资金监管,确保资金安全高效。二是全面开展会计信息质量检查工作,并对 8 家重点单位进行了重点抽查,检查中发现问题限期整改。三是加强对基本建设项目立项预算审核,资金使用监督管理,竣工验收决算和绩效考评管理。四是严格执行采购预算,规范政府采购行为。五是积极推进公务卡试点改革。六是出台乡镇财政性资金监管办法,建立信息通达机制,形成了严密的监管网络。七是加强财政资金风险防控。以提高财政资金效益为目的,重新梳理财政业务工作规程,清理排查财政业务管理风险点,制定切实可行的防控措施,将财政监督真正融入财政业务流、资金流的每个节点和风险控制的各个环节。

(临泉县财政局供稿　单俊执笔)

淮南市财政工作概况

淮南市财政工作综述

2012年，淮南市财政工作以科学发展观为指导,为民理财、促进发展,为民服务、促进和谐,不断提高财政管理水平,财政收支实现平衡,各项任务圆满完成。全市财政收入完成166.2亿元，同比增长19.7%。地方财政收入完成98.6亿元，同比增长38.1%；上划中央收入及出口货物退增值税完成67.6亿元，同比增长0.2%。全市财政支出完成148.9亿元,同比增长35.9%。市本级财政收入79.6亿元,增长24.7%;市本级地方财政收入52.2亿元,增长54.3%；上划中央收入及出口货物退增值税市本级完成24.3亿元,下降11.89%;市本级支出76.5亿元,增长46.1%。

【科学组织收入】 面对复杂严峻的宏观经济形势,加强对经济形势和产业、行业的研究,强化税源调查、管理和监控,主动加强与税务、人行等部门之间的联系与沟通，积极协调解决收入组织过程中出现的问题,逐月分级、分部门下达收入任务,逐月向县区党委、政府"一把手"通报财政收支进度,联系召开全市财税调度会、县区财政局长收入形势分析会,强化财政的调控能力。当年全市财政总收入规模排名全省第五,功效系数排名第六,圆满完成市政府确定的目标考核进入全省前八的任务目标。

【推进国库集中收付改革】进一步深化国库集中收付制度改革,制定《公务卡强制执行目录》,同时要求各主管部门制定本单位的公务卡管理办法。市本级共办理公务卡一万多张,激活约8000张,累计消费近5000万元,其中当年消费4000万元。认真落实财政部关于清理账户有关意见，在前期清理的基础上，针对2011年保留的财政专户再次梳理清查,共清理撤销80个财政账户。

【实现"全方位"集中支付】正式启动市辖区国库集中支付改革，在谢家集区首先进行试点，于8月24日正式拨付第一笔资金,当年已纳入试点单位22家,涉及资金554万,实际支出160万元。全市其他各区已全部制定会计集中核算向国库集中支付转轨的方案并报同级党委、政府批准,并通过公开招标、竞争谈判等方式选择确定了代理银行。

【提高财政资金绩效管理水平】以开展"绩效创新年"活动为契机,进一步健全"预算编制有目标、预算执行有监控、项目完成有评价、评价结果有反馈、反馈结果有运用"的预算绩效管理模式。强化预算绩效目标管理，将项目支出预算绩效目标编制范围覆盖到所有预算部门,对2012年部门预算重点项目绩效目标重新进行了全面梳理、规范和完善,186个重点项目绩效目标以预算批复的形式下达各预算部门。扩大参与式预算范围，继续组织开展参与式预算,通过网络投票、手机短信、会议评审等方式确定24个项目、预算资金5000万元纳入2013年部门预算。参与式预算得到新华社、《中国财经报》、《工人日报》、《安徽日报》、安徽电视台等媒体广泛关注。加强绩效考评结果运用,组织2012年市级预算支出绩效考评工作,70个项目进入2012年考评范围,涉及财政资金1.68亿元。起草《2012年市级预算支出重点项目绩效考评方案》和市财政局组织实施项目《绩效考评工作计划》,30个重点考评项目通过专家考评小组和委托中介机构考评两种方式同时进行，将绩效考评结果作为年度预算安排的重要依据，不断完善预算支出执行对预算编制的正向激励机制。

【优化支农支出结构促发展】进一步突出支农重点，优化支农结构，在农田水利等农业基础设施建设、支持粮食生产和抗旱工作、推进农业产业化经营和组织化建设、农业科技推广、农产品质量安全体系建设、新农村建设和生态工程建设、扶贫开发等方面共投入3.4亿元。规范项目资金管理，提升支农资金效益，出台《关于整合财政支农资金支持现代农业示范园区建设的实施意见》，先后制定《关于加强淮南市特色精品农业示范基地建设的意见》、《推进资金整合支持美好乡村建设实施办法》、《淮南市现代农业示范园区专项资金管理暂行办法》等八个支农项目和资金管理办法。继续推行和完善支农资金使用报账制、项目安排公示公告制、项目确定专家评审制等管理方式。将市财政重点支农资金的80%安排作为竞争性项目资金，实行专家评审、竞争择优立项。强化项目实施过程中的监督检查和完工后的绩效考评、验收，组织对2011年现代农业生产发展项目和支农资金整合项目进行了市级考评，对稻麦“吨粮市”创建、城乡一体化引导、良种补贴等专项资金使用管理情况进行了专项检查，对2011年小型农田水利重点县建设项目进行了验收。

【民生工程宣传气氛浓厚】推动35项民生工程实施，大力开展“八进入”(进社区、进家庭、进学校、进医院、进企业、进车站、进景区、进机关)宣传活动约300次；在城乡主干道设立民生工程宣传牌和宣传栏近1000个；在《淮南日报》、《淮河早报》、淮南广播电视台等各类宣传媒体设立民生工程专栏，市、县区和乡镇(街道)门户网站均开设宣传栏目，滚动报道或播出民生工程实施情况。借助民生工程大家谈、农民文化节、少儿艺术节等大型活动开展集中宣传，发放民生宣传画5万份、宣传手册10万份、民生工程政策问答30万份；举办淮南市首届民生工程有奖知识竞赛活动，参赛人数近30万人；以“豆宝”为原型，创新制作民生工程宣传动漫片；举办“民生杯”淮南市第十二届硬笔书法展览，有效提高民生工程的知晓度。坚持问计于民、问需于民，从10月份开始，广泛开展2013年民生工程项目征集活动，分别在淮南政府网、淮南市财政局网和淮南市民生工程网站刊登民生工程项目征集调查问卷，5万余人参与征集，为有效实施民生工程奠定了群众基础。

【家电下乡圆满收官】全市上下整体推进、通力协作、多措并举开展工作。截至当年底，全市累计销售家电下乡产品78.3万台，销售额21.5亿元，财政补贴2.65亿元，补贴兑付率100%。其中，当年家电下乡产品销售32.9万台，销售额9.8亿元，财政补贴1.21亿元，补贴兑付率100%。继续宣传落实家电下乡政策，开展家电下乡政策咨询，制作分发“家电下乡政策解答”宣传单3万份。继续强化日常监督检查，在全市开展为期一个月家电下乡工作“回头看检查月”活动，检查备案网点225家，取消不合格网点11个，关闭不规范网点17家。严格专项资金管理，及时转发省财政厅《转发财政部关于继续做好家电下乡工作的通知》文件，并结合淮南实际提出五点贯彻意见。为缓解各县(区)财政补贴兑付资金压力，市财政及时调度资金3000万元专项下达各县(区)财政，及时兑现农民补贴资金。

【着力落实惠农补贴政策】通过打造“一卡通”服务平台，实施财政补贴农民资金“直通车”工程，建立“分工科学、责任明确、协调一致、齐抓共管”的管理和发放工作机制，建立健全财政补贴信息库并及时更新，实行财政补贴农民资金发放网络化管理，所有补贴资金实施县区级统一打卡发放，提高了补贴资金发放效率。当年，全市财政补贴农民资金通过“一卡通”累计发放5.48亿元，同比增长15%，发放补贴对象221万余人次。在管理上，一是完善惠民保障机制。加强部门协作，认真履行职责，把“一卡通”管理责任落实到部门、落实到基层，形成齐抓共管的局面。二是着力打造“一卡通”服务平台。以乡镇财政服务大厅为依托，全面实施“惠民直达工程”，构建“管理一体化、平台一网联、审核一线实、发放一卡通、服务一站办”的服务管理体系，实现网上申报，网上审批，网上传递和发布信息，建立手机信息发布平台，让农民群众及时知晓和核对自己所享受补贴情况。三是开展社会大评议活动。邀请农民群众、乡村干部、涉农相关部门、社会人士代表和新闻媒体等对惠农政策的落实、“一卡通”发放和服务工作进行大评议，全市各级参加走访评议人员522人，发放调查表4196份，走访农户3444户。

【积极引导外贷资金使用】召开两次外国政府贷款项目推介会，详细介绍外贷的国别、使用领域、年限、优惠条件及申报办理程序。经过前期一系列考察论证和筛选，当年申报外国政府及世行贷款项目4个，分别是市采煤沉陷区利用世行贷款1亿美元综合治理、市第五人民医院利用以色列政府贷款600

万美元购置医疗设备、市公安消防支队利用美国政府贷款600万美元购置登高消防车、市公安局申请德国政府贷款1500万欧元建设城市智能化交通管理系统,拟利用外资8.25亿元,均获财政部批准。加强项目后期监管,对正在执行的外贷项目从提款报账、设备到岸运行、社会效益、经济效益等方面进行跟踪绩效评价。同时,根据《淮南市外国政府贷(赠)款后期监督管理暂行办法》,要求全市在建项目,加快进度及时提款报账,降低贷款成本,发挥资金效益。加大到期贷款的催收力度,及时归还到期贷款。当年外贷项目全部实现按时足额还本付息,共计偿付本息610万美元。

【加强电子化政府采购工作】在原有电子信息化基础上,于年初开始再次完善电子网络化,开发、使用财政一体化平台。在财政一体化平台上,政府采购实现从采购指标分配、计划、申报、下达任务、执行采购、合同支付、资金结余的全过程。完善软硬件的衔接功能,使财政一体化平台在减少工作量的同时更好地完成采购工作。实行网上监管,完善监管机制,坚持把创新服务模式、开发网上采购作为廉政建设的一项重要内容。在网上采购的同时建立计算机验收、考核、反馈等直报系统,实时对价格、产地、规格、数量等网上监管。定期在网上开展供应商测评,供应商的满意度由网上采购前的86.3%提高到100%。进一步强化政府采购工作监管力度,联合招投标中心每月依据网上申报数据抽查核对各类采购发票。同时市财政局与市纪委、市监察局、市审计局等相关部门对全市行政事业单位的采购情况进行检查、审计、通报,定期解决存在的问题,提出改进措施,使政府采购工作向规范化、程序化的方向迈进。

【实现国有资产动态监管】分步实施市级、区县行政事业单位资产管理信息系统建设。一方面按照先试点再推广的工作思路,稳步推进系统的实施工作,另一方面创新工作方法和技术手段,减轻行政事业单位工作量,提高系统实施效率。进一步完善行政事业单位资产管理信息系统,按照资产管理与预算管理相结合的要求,重新建立单位树型层次代码库,与大平台单位保持一致。对党政网运行该系统的安全、速度等进行测试、回访,并对收集的老系统数据进行了转换,以保证在新系统上安全准确运行。同时建立有效的信息沟通方式,建立近400家单位的资产管理QQ群。电脑公司进行技术服务,财政部门进行政策解答,将相关文件、通知、软件操作规程在群上及时发布,实现在线解答服务。

【切实规范保障性住房资金管理】一是将保障性住房纳入公共财政的覆盖范围。多渠道筹集城市廉租住房和公共租赁住房保障资金。特别是住房公积金增值收益、土地出让净收益的一定比例切实按照规定用于廉租住房保障,公共租赁住房建设。二是加强保障性住房资金的管理和监督。专款专用,合理安排使用保障性住房资金,提高财政资金使用效益。加强监督检查,防止挤占挪用。当年省政府下达本市保障性住房建设任务为廉租房1132套、面积5.7万平方米、项目总概算1.4亿元、年度计划投资9800万元;公租房5476套、面积32.9万平方米、项目总概算8亿元、计划完成投资2335万元,市财政预算安排廉租房建设资金1.93亿元,全年争取上级补助廉租住房建设资金8801万元,全年廉租住房建设支出完成1.8亿元;预算安排公租房建设资金1200万元,全年争取上级补助公租房建设资金2.27亿元,全年公租房建设支出完成2.29亿元。配合市房产局对县区保障性住房建设工程质量,施工进度及资金使用情况进行监督检查。

【加大投入支持教育事业发展】按照国家及市委市政府关于教育的相关战略部署,优先保障,优先安排,不断加大调整力度,积极拓宽教育经费来源渠道,新增财力优先向教育倾斜。建立健全投入机制,统筹兼顾,突出重点,大力推进公共教育服务均等化,努力促进教育均衡、公平发展。在义务教育全面纳入财政保障范围的同时,力促学前教育、高中教育、职业教育、高等教育长足发展。大力发展学前教育,以学前教育"三年行动计划"为纲要,投入2000万元;积极支持高中教育发展,继续按照生均200元标准安排高中公用经费;加大高教、职教建设,切实发挥其引导示范作用,积极推动山南职业园区建设,安排5000万元;努力提高高等教育保障水平,每年安排500万元用于支持淮南联大的发展;为实现国家降低高校债务风险的目标要求,积极落实资金,支持高校化解债务,当年安排预算1000万元,与高校一起化解了2250万元的债务。截至当年底,实现了化解市属高校2009年底的贷款余额70%以上的债务,基本消除债务风险。累计投入资金近5000万元支持教育重大项目及重点工程建设,开展中小学达标建设工作、实施教育信息化工程等项目,有效促进全市教育质量提高和教学环境改善。

【认真贯彻涉企行政事业性收费的优惠政策】及时转发文件、向社会进行公布,及时调整基础数据,确保减负政策严格执行到位。严格实行收费目录管理制度并定期予以公布,强化社会监督。梳理汇编非税收入减免优惠政策,开展“送政策进企业、到基层”活动,帮助相关企业和单位更好地了解政策、用好政策,充分发挥政策效用。认真落实国家和省市收费减免优惠政策,切实做好各项优惠政策兑现工作,为经济、社会又好又快发展提供支持。全年共办理享受收费优惠减免项目45项,减免各项规费6707万元。

【进一步推进财政文化建设】《淮南市财政志》(1978—2011)经过8年编修于当年9月通过终审定稿,全书65万字,全面记载改革开放以来淮南市财政发展历程。由中国财经出版社出版发行“淮南财政文化丛书”,包括《民生散文选》、《打造阳光财政》、《绩效创新谈思路》、《倾情大地》和《淮舜财苑》等。在淮南市文联的支持下,筹备成立淮南市财政文学会。组织财政文学爱好者深入基层采风形成常态化,与《淮南日报》联合开展了“民生杯”文学征文活动,在《淮南日报》全年推出17个财政宣传专版,宣传财政政策、财政工作和财政新风。按照财政部要求,积极开展“财政精神”表述语征集活动,激发干部职工爱岗敬业热情。以廉洁为民为主题,开展一系列廉政文化活动,促进党风廉政建设上台阶。当年,财政系统职工的众多文学作品在《中国财经报》、《财政文学》等各级报刊上发表。

(淮南市财政局供稿　吴波执笔)

田家庵区财政工作概述

2012年,田家庵区财政部门以加快转变经济发展方式为主线,推进财政科学化、精细化管理,深化推进各项财政改革,全力保障和改善民生,提高财政预算管理水平,圆满完成全年财政预算任务,为全区经济社会持续稳定发展提供了财力保障。全区财政总收入完成13.3亿元,增长14.4%。财政支出完成9.85亿元,收支平衡,略有结余。

【大力组织财政收入】克服个体工商户征收点增高、房地产市场低迷等不利因素,弘扬收辛苦税、服务税的优良作风,深入挖掘,聚沙成塔。一是细化分解任务目标。按照区人代会通过的财政预算方案及时分解下达全年收入任务,落实收入目标责任制,明确各征收单位责任,确保财政收入任务的圆满完成。二是健全监管机制。建立“政府引导,财政协调,税务主抓,部门协作”的工作机制,切实推进全区综合治税工作,建立税源监管机制,加强对规模以上企业、重点行业纳税情况的动态监管。三是强化税收征管。开展税收专项检查,查补税款2000余万元,规范税收秩序。四是加强调度分析。密切关注宏观经济形势和财税政策变化对财政收入的影响,加强收入预测和监控,实行收入进度通报制度,掌握收入变化情况,确保全年税收按时间节点均衡入库。

【优化财政支出结构】在确保各项公共事业全面发展的前提下,着力支持项目建设。一是优化支出结构。继续加大对教育、文化、医疗卫生、社会保障和就业等领域的投入,确保各项公共事业全面发展,提升社会保障能力,切实维护人民群众切身利益。二是积极支持农村经济发展。认真落实国家惠农强农政策,落实各项涉农补贴政策,全年通过农民“一卡通”共打卡发放补贴资金4200万元,共涉及农户11万人。三是加大项目建设。积极整合财政性资金,继续加大基础设施建设,优化发展环境,打造现代工业园区,为招商引资提供更好的平台。四是支持企业发展。坚持扶优扶强,支持企业技术革新,用好产业扶持政策,促进中小企业扩规提质,增强全区经济发展后劲。

【提高社会保障能力】强力推进民生工程实施,投资1.6亿元的35项民生工程全面完成,其中区级配套资金1613.5万元。分项目类别看,补助类方面发放城乡低保补助资金8828万元;工程建设类方面实施农房改造274户、危房改造255户,建成45个农家书屋、4个乡镇1个街道1个社区公共文化服务信息化建设项目、27个一事一议财政奖补项目、7443平方米校舍加固工程;培训医疗类方面,完成就业技能培训864人、城镇居民基本医疗保险参保17万人、城乡居民养老保险5.7万人、免费婚检5982人、补助农村孕产妇住院分娩1204人,为61名贫困白内障患者实施了复明手术。

【强化财政管理】继续建立健全预算编制、管理、执行一体化运行机制,细化预算编制工作,保证基本支出的需要,规范项目支出的科学性、合理性,提高预算编制的科学化和精细化。积极推进国库集中支付改革,进一步加强和规范财政资金管理,按照“积极稳妥、全面启动、分期实施”的总体思路,积极推进会计集中核算制度向国库集中支付制度转轨,逐步将全区预算单位纳入国库单一账户体系。推进公务用车配备使用制度改革,制定《田家庵区机关公务用车配备使用管理办法》等制度,加强和规范区机关公务用车配备使用,推动节能减排,降低行政成本,促进党风廉政建设。完成“营改增”试点改革工作,对300余户符合营改增条件的企业,进行欠税清理,完善基础资料,实现顺利交接。

(田家庵区财政局供稿)

大通区财政工作概述

2012年,大通区财政系统牢牢把握财政工作重心,继续深化财政改革,不断完善财政体制,切实加强财政监管,突出服务水平和保障效能,致力提高财政运行质量和效率。全区财政总收入完成4.56亿元,增长25.3%。财政支出3.76亿元,增长50.2%。

【落实惠农政策】健全财政支农投入稳定增长机制,整合涉农项目及资金,支持美好乡村建设。各级财政累计投入资金753万元,重点用于农业基础条件改善和农业科技进步,支持建设现代农业、生态建设、农民培训、扶贫开发等。积极推进重点项目建设。总投资1187.7万元的国家农业综合开发孔店乡中低产田改造项目11月份正式开工建设。家电下乡稳步推进,全年兑付各类家电下乡产品10345台,兑付资金366.85万元,家电下乡补贴资金兑付率达100%。一事一议财政奖补工作进展顺利,51个项目全部完工。政策性农业保险有序开展,农户投保小麦保险6.99万亩、水稻保险6.26万亩、大豆保险0.31万亩,打卡发放小麦理赔款103.7万元;能繁母猪参保894头,奶牛保险参保2905头。进一步落实财政补贴农民资金管理政策,加强惠民直达系统建设,全年通过惠民直达系统累计发放各类财政补贴农民资金4586万元。

【深化财政改革】继续深化部门预算改革,科学合理确定部门预算定额标准,预算的合理性、科学性得到增强。加强项目资金的编审和管理,按照“有保有压”原则,根据综合财力情况,按轻重缓急合理排序,优先安排区委、区政府确定的重大项目以及部门事业发展迫切需要切实可行的项目。积极推进国库集中支付改革工作,出台会计集中核算向国库集中支付转轨实施方案和公务卡制度改革方案,完成大平台建设和代理银行谈判工作,确定的6家试点单位即将上线试运行。深入贯彻执行《政府采购法》及相关政策,进一步完善采购程序,强化监督管理机制,提高了采购效率。全年共完成集中采购231批(次),申报采购预算资金 634.6万元,实现合同金额536.1万元,节约资金98.5万元,资金节约率15.5%。

【强化财政监督】重点围绕用于公共服务领域的专项资金使用情况、财政支农资金发放等社会关注、群众关心的问题开展监督检查,提高财政支出管理水平,保证财政资金安全。科学制定年度监督检查计划,明确监督检查内容、时间安排和工作要求,建立健全日常监督工作机制。有针对性地开展专项监督检查活动,先后开展小额贷款公司现场检查、财政支农项目检查、国有农场税费改革检查、民生工程类项目长效机制落实情况检查和民生工程资金督查等专项检查,取得了较好效果。对查出的问题及时进行反馈,并按要求督促整改落实到位。

【确保民生工程有序实施】建立健全工作推进机制,充分发挥牵头抓总作用,加大与各乡镇和区直各责任部门的协调力度,及时协调解决项目实施中存在的突出问题。采取暗访、互查、综合性和专项检查、开展民生工程回头看活动等多种方式开展督查,严肃查处督查中发现的违规违纪行为,全面、准确掌握工程进度,规范民生工程实施行为。当年,全区拨付到位民生工程资金1.6亿元,其中区级配套资金1400万元。

(大通区财政局供稿)

谢家集区财政工作概述

2012年,谢家集区财政部门紧紧围绕年初确定的工作目标,强化财税征管、千方百计组织收入,扎实推进国库集中支付改革,努力加强财政资金管理和民生工程工作,进一步优化财政支出结构。全年完成财政收入4.63亿元,增长15.4%;全年财政支出4.4亿元,增长7.7%。

【强化收入征管】加强与税务部门沟通与协调,

建立财税部门联席会议制度，及时分析研究和解决税收征管工作中存在的问题和不足,努力培植税源,促进财政增收,壮大地方财力。通过加强税收评估,跟踪重点税源,重视零星税收,协调财政、税收、银行和企业联合与合作,促进企业经营发展,遏制收入下降趋势。

【强化财政“两基”管理】抓好规范化财政所建设,在完成李郢孜镇财政所、孤堆乡财政所等规范化建设任务的基础上,当年开展杨公镇、唐山镇和望峰岗财政所的规范化建设。抓好财务档案资料整理和达标升级工作,组织召开全系统动员会,表彰财务档案整理工作先进单位；同时组织召开2次档案整理工作现场会。继续抓好“三资”委托代理工作,先后组织召开4次调度会,不断总结经验,结合实际,制定《村级“三资”委托代理服务人员管理办法》。加强财政监督工作,成立监督小组,坚持对各乡镇财政所的财务工作进行检查,每月一督查一通报,发现问题及时处理,限期整改。适时开展“小金库”治理回头看活动,强化内部管理,制定实施了《财政系统经费使用和报销规定》。

【大力实施民生工程】全年25项民生工程顺利实施。一是强化协调工作。及时召开全区民生工程工作动员大会。区政府主要负责人分别与12个相关部门签订了责任状,落实“一把手”负责制。二是把建设类工程作为当年工作重点,紧抓不放,先后组织召开3期专题调度会,区政府领导亲自参加调度。三是强化资金保障,坚持财政向民生倾斜政策,坚持“绿色通道”拨付机制,打足预算,重点保障,优先安排民生工程资金。四是创新民生工程宣传方式,创造性地开展以“民生工程走进千家万户”为主题的民生工程巡回演出宣传活动,举办民生工程集中宣传日活动,发放民生工程宣传材料6万余册。同时,利用惠民直达信息平台,以手机信息形式宣传民生政策,取得明显效果。

(谢家集区财政局供稿)

八公山区财政工作概述

2012年,八公山区财政部门深入贯彻科学发展观,有效发挥财政职能,坚持依法理财,认真落实各项财政政策，着力提高财政科学化、精细化管理水平,各项财政工作任务有序推进,促进了全区经济社会平稳发展。全区财政收入完成3.09亿元，增长8.19%;支出2.44亿元,增长4.6%。

【财政收入应收尽收】严格落实收入目标任务责任制,将任务分解落实到国税、地税和财政部门,做到措施到位、责任到人。坚持定期召开财政收入分析会及联席会,建立财政收入定期通报制度,研究制定收入任务完成的措施,做到财政收入序时入库。进一步健全完善税收征管机制,调动财税部门抓收入、抓征管的积极性。加强对重点行业、重点企业、重点工程等税源的动态监管，确保地方收入主体税源稳定增长。深入推进非税收入国库集中收缴改革,建立健全非税收入征、管、查工作新机制。将政府各部门行政事业性收费、国有资产有偿收入、国有资产处置收入逐一从预算外管理转为纳入预算管理，除教育收费和医疗收费外，区本级政府非税收入全部纳入预算管理。

【民生民本持续改善】民生工程政策落实到位,全年共安排民生工程项目资金7259万元,其中区财政配套600万元。全面完成民生工程任务,按照统一口径计算,13大类民生支出达到1.8亿元，占本级财政支出的79%。

【服务发展能力不断提高】安排工业基础设施建设资金662万元、旅游基础设施建设资金410万元、文化基础设施建设资金460万元、现代农业及农林水利基础建设资金267万元、人大代表林建设资金246万元、城市创业园建设资金150万元,为经济可持续发展注入动力。统筹调度棚户区改造资金6968万元、第二通道建设资金740万元、整体推进农村土地整治示范建设资金746万元、标准化菜市场建设资金110万元、乡村道路升级改造资金110万元、问题村连片治理环保项目资金100万元，为改善城乡基础设施提供支持。指导区属金融机构健康发展,一家融资性担保机构增资扩股至2亿元，一家小额贷款公司重组扩股至1亿元,在保(贷)金额5亿元。落实家电和摩托车下乡政策，兑付补贴资金72万元,拉动产品销售520万元。

【财政运行机制继续完善】稳妥推进国库集中支付转轨，继续清理整顿财政账户和预算单位账户,撤并财政专户3个，撤销预算单位实体资金账户107个,办理个人公务卡150张,建立覆盖全区的国库集中支付网络信息系统。积极开展国有资产清查工作,制定《八公山区行政事业单位国有资产管理实施细则》,对全区行政事业单位国有资产进行全面清查,建立行政事业单位资产管理信息系统。扩大政府集中采购范围,全年共办理政府采购项目34批次,预算支出632万元,实际采购支出569万元,资金节约率9%。认真做好政府投资项目评审,政府投资项目纳入区审计局审计范围,并严格按照项目验收和审计结果拨付资金,全年共审计政府投资项目35项,送审金额1.45亿元,核减金额3016万元,核减率21%。

(八公山区财政局供稿)

潘集区财政工作概述

2012年,潘集区完成财政总收入8.1亿元,增长22.4%,财政支出11.1亿元,增长39.6%。

【强化财政改革】推动区对乡镇的财政管理体制改革,实施各项改革、考核方案。完成会计核算向国库集中支付转轨工作,经过严格程序,完成国库集中支付及代理银行选定工作,实施国库集中支付制度,实行国库集中支付基本全覆盖。积极推行公务卡制度,在全区行政事业单位全面推行公务卡管理制度,逐步规范政府行为,提高资金使用效益。完成财政账户清理工作,加强财政专户管理,制定实施《潘集区财政专户管理实施办法》,保障财政资金安全、高效运行。实施金融部门支持地方发展考核工作,加大金融部门对全区经济社会发展的贡献力度,促进区域经济快速发展。

【加强财政管理】完成乡镇财政所办公用房新建任务,不断提升乡镇财政所管理和服务水平,完善乡镇财政所"一线服务"职能、发挥其"一线监督"优势。加大预算信息主动公开力度,深化、细化财政预决算、部门预算、专项资金和"三公经费"等信息公开工作。专项资金严格按"谁制定、谁分配、谁公开"的原则执行,全面公开各部门预算、专项预算;切实推行预算绩效评价工作,完善绩效管理制度框架,实施项目绩效考评。加强财政监督工作,开展经常性的财政监督检查,将财政监督纳入财政运行的各个环节,逐步形成预算编制、执行和监督相互分离、相互制约的运行机制。开展财政绩效监督,改变单纯的事后检查处理方式,实施全方位的绩效评价。进一步深化农村综合改革。完善涉农补贴资金"一卡通"发放方式,较好地实施家电下乡、政策性农业保险和村级公益事业建设"一事一议"财政奖补试点工作。

【扎实推进民生工程】加大组织领导力度。及时调整充实区实施民生工程领导小组。区民生办调整配备两名专职工作人员,各乡镇和区直有关部门也相应对民生工程领导小组和机构进行调整,并确定了联络员。加大督查调度力度,由区主要领导带队,开展综合性督查3次,区分管领导召开现场推进会4次、调度会8次。区人大、政协分别开展视察、调研活动2次。强化民生工程后续运行管护措施,落实建设类民生工程长效机制,民生工程制度覆盖从组织推进到项目实施再到运行管护的全过程。加强宣传动员,组织财政干部开展"赶集"宣传活动和街头宣传10余次,走村入户回访群众3万人次。开展"访代表委员、答建议提案、汇民智民声"活动,共办结人大代表建议和政协委员提案4条,开展民生工程大家谈活动。保障资金投入,全年投入民生工程资金3.2亿元。

【积极开展主题建设年活动】制定印发工作方案,开展绩效创新年活动,突出"创新"和"绩效"两个特色,通过采取实地考察、专门调研、走入基层、座谈论证等多项举措把活动推向高潮。开展"重点课题"研究讨论活动,紧密联系本区工作实际,做好乡镇体制改革、财政监督行政管理体制改革、国库集中支付改革、公务卡制度、财政专户管理、金融支持地方发展考核办法、加强财政支持美好乡村建设等重点课题研究任务。积极开展财政文化活动,利用财政网站,积极宣传财政各项工作,全力提升财政部门良好形象。加强制度创新,在学习、考察、调研的基础上,出台《关于进一步完善区乡财政体制实施意见》、《潘集区国库集中支付改革实施方案》、《潘集区财政局财政专户管理办法》、《潘集区金融机构支持地方发展考核办法》、《潘集区政府性资金存放商业银行管理办法》,并在梳理各项管理制度的基础上修订完善了108项管理制度。

(潘集区财政局供稿)

毛集实验区财政工作概述

2012年,毛集实验区财政局紧紧围绕年初工作目标,认真履行财政职能,完善公共财政体系,保运转、保民生、保发展,效果明显。全区完成财政收入2.85亿元,增长12.96%;财政支出3.47亿元,增长43.9%。

【全面完成民生工程】全年实施28项民生工程,总投资9650万元。成立民生办,狠抓建章立制工作,形成一整套管理制度和工作机制,特别是加强工程建后的管护工作,落实建管机制,工作资料专人整理,及时归档,做到齐全规范。加强民生工程资金管理,实行专人专账管理,规范拨付程序,强化资金绩效考评,充分保障民生工程顺利实施。加强民生工程宣传,全年投入近10万元,制作宣传标牌,印制《毛集实验区民生工程政策宣传手册》、《致全区农民朋友的一封信》、《毛集实验区2012年实施民生工程政策宣传明白纸》等材料,发放到各镇、村及农户,做到家喻户晓,人人皆知。开展民生工程督查、走访、回访活动,集思广益,发现问题,及时整改,扎实推进民生工程有序实施。

【创新财政绩效管理】实行综合财政预算管理,制定部门预算编制方案,统筹安排预算内外资金,严格收支两条线管理。制定《毛集实验区财政专项支出绩效评价考核暂行办法》等相关规章制度,并对民生工程资金、重大项目资金进行绩效评价考核。强化财政监督,制定年度财政监督计划,组织开展财政部门内部控制情况专项检查,全年组织开展财政监督8次,促进财政管理科学化规范化。推进预算公开,在毛集实验区管委会网站公开年度预算、决算等财政信息,全面公开部门预算和重点支出。加强"两基"建设,着力抓好乡镇财政所规范化建设,推进县乡财政一体化管理,毛集镇财政所荣获"创建规范化乡镇财政所(分局)省级先进单位"。

【推行公务卡制度】在推进国库集中支付过程中,同步推行公务卡制度。拟定改革方案,召开会商会议,积极稳妥推进公务卡制度改革。当年10月以来,相关持卡单位、持卡人信息已由委托代理银行上报到中国农业银行分行157份,部分公务卡已制作并陆续寄到农行毛集支行。

【开展"绩效创新年"主题活动】制定印发《毛集实验区财政局"绩效创新年"活动的实施方案》,明确总体目标和主要内容、总体要求。围绕"五大创新"理思路、出实招、求发展。以毛集实验区被省财政厅列为创建乡镇规范财政所试点区为契机,加强财政所的软硬件建设,加强财政所各项管理,创新工作方式方法,利用现代信息技术,在信息化管理上下功夫,各项乡镇财政资金纳入财政资金监管系统平台监管,提高工作绩效。主动邀请人大代表、政协委员召开座谈会,巡视民生工程,听取对财政工作和民生工程的意见和建议。坚持制度创新,开展制度大梳理,形成工作长效机制。

(毛集实验区财政局供稿)

淮南经济技术开发区财政工作概述

2012年,淮南经济技术开发区完成财政收入3.01亿元,增长18%,完成支出1.85亿元,财政专户支出企业扶持资金1.16亿元。收支平衡。

【财政收入稳步增长】坚持依法征管,建立健全开发区协税护税体系,协同工商、税务、国土等部门成立协税护税领导小组,开展综合治税工作,规范税收秩序,强化税源征管。加大收入调度力度,定期召开调度会,适时进行财政收入分析,深入企业重点调研,对重点税源进行动态跟踪管理,努力实现财政增收。

【重点工作保障有力】合理调度资金,确保重点,有力保障开发区招商引资、基础设施建设及扩区升级等各项重点工作顺利推进,按照"项目攻坚、决战百日"活动实施方案,及时拨付土地报批、项目用地征迁、基础设施建设等资金。全年完成一般预算支出1.85亿,财政专户支出企业扶持资金1.16亿元。

【确保民生工程顺利完成】完善财政补贴农民资金管理工作,规范各项补贴资金发放,切实保障农民利益。加大民生工程宣传力度,认真做好农民种粮补贴发放、农村公益建设事业"一事一议"及汽车摩托车下乡补贴资金兑现等工作,让改革成果惠及广大农民。

【服务企业促进发展】强化为企业服务意识,开展"送政策、解企困、促发展"活动。牵头组织召开银企对接会,为企业搭建融资平台,帮助协调解决中小企业融资难问题。积极引导企业争取各项财政资金,加快安徽省特色基地建设及企业技术改造升级的步伐。做好区内拟上市企业的服务工作,及时兑现拟上市公司企业各项优惠政策,推进上市进程。

【加强财政制度建设】加强制度建设,公开办事服务指南及工作流程,修订《淮南经济开发区工业项目专项扶持资金管理暂行办法》、《淮南经济开发区财政扶持资金管理暂行办法》等一系列财政财务制度,进一步提升财政管理水平。

(淮南经济技术开发区财政局供稿)

山南新区财政工作概述

2012年,山南新区财政局按照管委会和上级财政部门的要求,立足本职工作,创新工作方法,以保障建设资金为主线,努力规范资金管理,突出抓好重点项目的资金支出,不断提高资金使用效益,在新区开发建设中发挥了积极的作用。全年财政收入完成5.8亿元,增长21.1%,财政支出完成5.3亿元,增长11.8%。

【加强收入征管工作】一是积极培植财源。新区市政公共配套设施、奥体中心、志高动漫等项目建设带动的土建、景观、装饰等工程项目大量增加,为财政增收提供了可靠来源。同时,在项目立项、签约、付款等环节层层把关,深入了解工程进度,确保税款及时足额入库。二是抓好重点行业和重点税种的税收征管。结合山南新区实际,配合税务部门对新区范围内的入驻单位及建设项目进行全面深入了解,并对税源结构、纳税对象进行分析和研究,确定征管重点,做到有的放矢。在财政和税务部门的努力下,淮南志高实业有限公司、安徽泉山湖置业等一批公司的税收征管权得以明确,同时进一步加强建筑施工企业及房地产企业的税收征管,确保工程建设和房地产开发、转让等各环节应收尽收。

【推进各项财政改革】进一步巩固账户清理工作成果。对开设财政专户情况进行全面自查,按要求撤并相关专户,进一步健全管理制度,防范财政专户资金风险,保证财政专户资金的安全运行,为国库支付制度改革奠定了基础。强化体制建设,进一步提升管理水平。继续深化部门预算改革,科学合理确定部门定额标准,预算的合理性、科学性得到增强。加强项目资金的编审和管理,根据财力情况,按轻重缓急合理排序,优先安排管委会确定的重大项目,以及部门事业发展迫切需要切实可行的项目,同时按上级财政要求稳步推行国库集中支付制度改革工作。

(山南新区财政局供稿)

淮南高新技术开发区财政工作概述

2012年,高新区财政局围绕全区经济社会发展大局,秉承"创新、创业、创未来"的要求,克难求进,应变创新,强化财政管理,保证了全区各项重点工作支出的需要,保障了机构正常运转。

【建立各项规章制度】进一步加强局机关作风建设,建立和完善干部管理制度,明确各岗位责任制、党风廉政建设责任制,并将各岗位的工作职责、工作守则、职业道德规范、业务办理程序流程图公布上墙。建立内部监督机制、确定专人监督、加强自我约束能力,规范行为,各项业务实行阳光操作。

【加强预算支出管理】认真执行财政预算方案。在预算支出方面,坚持做到量入为出、量力而行、保证重点、统筹兼顾、合理安排、严格贯彻适度从紧的财政管理原则。调整财政支出结构、妥善安排和合理调度财政资金,重点支出。

【强化国有资产管理】认真贯彻执行《行政事业单位国有资产管理办法》,完成了管委会各单位的资产普查登记工作。财政局设专人管理,对各资产进行造册登记,建立卡片账。每件资产都登记到人,并统一建立数据库。规范程序,对各单位资产的处置制定专门的流程图进行管理。

【加强财政监督】深入贯彻落实全市财政系统"大监督"机制建设要求,强化财政监督工作职能。加大监督检查力度,拟定工作计划,开展内部监督检查。制定2012年度财政内部监督检查实施方案,监督检查的范围内容覆盖财政管理职责、内控机制、风险防范、资产和财务管理等方面。相继制定《淮南高新区行政事业单位管理制度》、《淮南高新区管委会财政支出管理暂行办法》、《淮南高新区公务卡管理实施细则》、《淮南高新区政府采购管理暂行办法》、《淮南高新区招商引资优惠政策兑现办法》等制度。开展公务卡实施情况专项检查,严格现金支出,降低行政成本。

(淮南高新技术开发区财政局供稿)

淮南煤化工园区财政工作概述

2012年,煤化工园区财政局把打造财政绩效创新与推动园区项目建设有机结合起来,扎实开展绩效创新年各项主题活动,狠抓落实,圆满完成年度各项财政工作任务。

【积极强化财政基础工作】一是选调人员,组建队伍。选调选聘经验丰富的专业人员充实财政队伍,保障工作的高效开展。二是建章立制,规范操作。制定出台10项内部规章制度,规范财政财务管理程序。三是管设账户,保障运转。严格按照国库管理规定,开设和使用银行账户,保证机构正常运转需要。

【大力宣传财税管理政策】积极联络入园企业,认真宣传财税管理政策,并以正式公函的形式,告知投资企业和建设单位,保证园区筹建期间各项税费按照规定缴入市级金库。

【切实开展财政管理】一是积极落实公务卡使用管理,严格执行公务卡强制结算目录,积极扩大公务卡使用范围,减少公务支出中的现金提取和使用。二是会同区管委会办公室对固定资产进行实地盘存,核实资产、登记造册、建立健全固定资产管理办法,完成了资产管理信息数据的上报工作。三是按照市财政局有关部门预算编制的要求,结合园区实际,充分发挥财政调控职能,从严从紧开展工作,做到预算编制科学规范、精细透明。

(淮南煤化工园区财政局供稿)

凤台县财政工作概述

2012年,凤台县财政部门深入贯彻落实科学发展观,围绕中心,服务大局,切实保障和改善民生,积极推进财政改革。全县财政总收入完成44.3亿元,增长14.1%,财政支出32.1亿元,增长39.8%。

【保障重点支出】一方面科学调度资金,确保重点支出需要;另一方面努力压缩一般性支出,发挥财政调控作用,科学、有序拨付资金,保稳定、惠民生、促发展。优先发展教育事业,不断增加教育项目投入,实现教职工工资稳定增长,教学资源有效配置。逐步提高社会保障水平,强化基金预算、加强预算执行和监管,完成城乡居民社会养老保险扩面和续保任务,提高新型农村合作医疗和城镇居民基本医疗保险财政补助标准和报销水平。全年全县共筹集参合资金1.3亿元,补偿人次27.3万人次,补偿医药费用1.28亿元。

【落实"三农"政策】贯彻落实县委、县政府《关于加强农业科技创新推进现代发展的实施意见》精神,加大支农投入力度,安排农口部门及支农项目资金预算3.86亿元。推进农业项目建设顺利实施,支持农业、林业、水利、农机等事业的发展。农业综合开发通过验收、"美好乡村"建设资金整合目标明确、现代农业综合开发示范区建设积极谋划、涉农补贴2.6亿多元资金发放及时、"一事一议"财政奖补成效显著、政策性农业保险普惠民生、家电下乡政策完美收官,有效促进了农民增收、农业增效、农村繁荣。

【推进财政改革】继续推行国库集中支付管理制度改革。规范业务流程,强化财政资金监管,提高支付效率。认真开展财政专户清理整顿工作,撤销财政专户29个,保留17个,形成了财政内部"管事"与"管钱"分离的机制。县级预算单位及乡镇银行账户185个已基本撤销完成。积极推进公务卡制度改革,明确公务卡强制结算目录,并通过招标的方式与确定的代理银行签订了公务卡代理协议。实施县级公立医院综合改革,两家县级公立医院正式实行药品零差率销售。顺利推进"营改增"试点工作,制定实施过渡性财政政策,设立"营业税改增值税试点财政扶持资金",开展纳税人排查,完成信息移交和确认。

【大力实施民生工程】当年全县实施38项民生工程,其中:省级33项、市级2项、县级3项。一是组织领导更加强化。调整领导小组、签订目标责任书、细化部门职责,确保了各项民生工程更加规范有序实施。二是民生资金得到保障。38项民生工程实际投入民生资金7.22亿元,其中县级配套1.88亿元资金全部到位。三是加大资金监管力度。制定监管办法、开展综合督查、建立通报制度,对发放类资金实行"一卡通"、对工程类项目实行报账制,确保民生资金安全高效运行。四是加大民生工程宣传力度。开展民生工程"回头看"、民生工程"大家谈"、"管理提升年"等活动。强化协调推进,狠抓收入倍增计划的落实。全县城镇居民人均可支配收入20100元,增长15%;农民人均现金收入8238元,增长17%。

(凤台县财政局供稿)

滁州市财政工作概况

滁州市财政工作综述

2012年，滁州市财政局以组织财政增收为中心,全力做好聚财、理财、增财、用财文章。全年完成财政收入153.2亿元，为预算的100.8%，增长21.8%。其中,地方一般预算收入完成96.9亿元,增长31.3%。完成财政支出230.7亿元，占预算的154.2%,增长25.9%。市本级财政收入完成49.4亿元,为预算的100.1%,增长20.1%。其中,地方一般预算收入完成21.9亿元,增长34.3%。财政支出完成41亿元,为预算的143.1%,增长29.2%。

【坚持依法主动理财,财政收入再创新高】全市各级财税部门将组织收入作为第一要务，加强收入调度分析,完善税源控管体系，健全税收征管机制;加强涉税信息平台建设,部门齐抓共管综合治税,挖掘税源征收盲点;加强资源、资产类非税收入预算管理，拓宽财政增收渠道。全年全市财政收入完成153.2亿元,总量继续保持全省第7位,增幅位居全省第3位,实现“保位争先”目标。县域财政实力显著增强，县级财政总收入完成103.8亿元，增长22.6%,高于全市平均增幅0.8个百分点,其中天长市突破26亿元,凤阳县突破15亿元,来安县和全椒县突破12亿元,定远县和南谯区突破10亿元,区域财政发展更加协调。

【调整优化支出结构,保障能力全面提升】切实保障法定和重点建设支出，新增财力继续向保障和改善民生倾斜。全市13类民生支出累计完成190亿元,增长26.9%,占财政支出总量的82.3%,占支出增量的84.9%。其中教科文、社会保障和就业、医疗卫生、农林水事务、住房保障支出分别为43.5亿元、23.2亿元、25.9亿元、39.3亿元、19.5亿元,比上年增长31.6%、18.4%、52.4%、13.4%、86.7%。多渠道统筹调度财政资金22.4亿元,全力保障“大滁城”等重点工程项目建设。在加大投入支持经济发展和重点保障支出的同时,认真贯彻落实中央“八项规定 要求,严格财政支出管理,节约行政成本,“三公经费”支出实现零增长。

【发挥财政职能作用,促进经济全面发展】认真落实积极的财政政策,积极谋划、申报项目,积极落实国家结构性减税政策和省、市政府促进经济平稳较快发展的政策措施,切实减轻企业负担,支持实体经济加快发展。全年争取中央预算内基建资金7亿元、地方政府债券转贷资金5.2亿元,有效增加了政府公共投资。大力推动国家技术创新工程试点市建设，各级财政大幅度增加科技投入，全市科技支出3.2亿元,增长84.1%。全力支持苏滁现代产业园建设,制定支持园区发展的财政体制优惠政策。扎实推进交通运输业和部分现代服务业营业税改征增值税试点工作,全市3300多户纳税户纳入“营改增”试点范围,试点企业税负总体降低,对部分税负上升的企业实施了财政扶持政策，有力地支持了服务业加快发展。全面落实国家惠农消费政策,累计发放家电下乡产品补贴资金2.5亿元，拉动市场销售20.5亿元。充分发挥财政资金的杠杆作用,实行政府性资金存放与银行贡献挂钩，引导金融机构扩大信贷投放力度。

【突出保障改善民生,经济社会和谐发展】建立六项民生工程长效机制，强化工程运行的后期管理和维护。全市33项民生工程累计投入资金51.6亿元,完成年初计划101.4%。所有补贴类项目全部按时发放,工程、培训类项目完工率100%,综合排名居全省前列。基本公共服务水平展现新亮点,一批敬老院、乡村卫生室、保障房、新校舍建成使用,“五有”目标得到进一步提升。加大教育支持力度,全市教育支出38.1亿元,增长28.3%。加大城乡卫生服务体系投入,全市投入卫生服务体系和医改资金均增长30%以上,基本公共卫生服务逐步均等化。社会保障体系进一步完善,困难群体救助标准提高10%以上,社会保障体系从制度全覆盖向人群全覆盖迈进。就业再就业补助政策全面落实,发放补贴资金1.5亿元。全面落实信访、维稳、政法及安全生产等各项工作经费保障,加强社区建设和社会网格化管理,着力支持社会管理创新。

【推进美好乡村建设,增强投入普惠“三农”】围绕财政支持美好乡村建设,全面落实强农惠农富农政策,巩固和发展粮食持续增产、农业持续增效、农民持续增收和农村持续发展的好形势。支持现代农业加快发展,投入农业综合开发资金1.37亿元,改造中低产田、建设高标准农田11.2万亩;巩固农村发展基础,投入2.2亿元,加快推进淮河、滁河及一批中小河流水利治理工程建设;规范涉农补贴资金发放,通过“一卡通”及时兑现24项涉农补贴资金18.4亿元,增长17.4%,农民人均直接受益292元。深入推进村级公益事业“一事一议”财政奖补工作,完成奖补项目3426个,投入资金3.5亿元,惠及1080个行政村348万人,受益面达99.7%。支持开展政策性农业保险,投入1.4亿元,为95万户次提供31.5亿元农业生产风险保障。全面推进美好乡村建设。围绕市委、市政府《关于全面推进美好乡村建设的决定》,出台《滁州市美好乡村建设专项资金管理办法》和《市财政局整合涉农资金支持美好乡村建设实施意见》。主动整合财政资金8.5亿元,重点建设的7个市级示范镇和30个美好乡村示范点已全面启动。

【创新科学管理机制,逐步深化财政改革】不断提高财政管理科学化精细化水平。推进政府采购资金管理和工资统发模块的应用,循序渐进地推动财政一体化信息平台建设;加强综合治税工作,建设综合治税信息平台,形成综合治税合力;加强预算绩效管理,对重点专项资金全面实施绩效评价;完成市区财政体制调整,规范税收征管秩序,提升财政体制运行效能;深化国库集中收付制度改革,全面推开市本级预算单位公务卡结算改革,规范预算单位财务管理,巩固厉行节约成果;规范和加强行政事业单位国有资产管理,对经营性房产实施公开招租,促进国有产资合理配置,提高国有资本整体运营效益;完善监督检查机制,强化民生资金、预算执行、重大财税政策执行情况和会计信息质量的监督检查;加强政府债务管理,制定《市本级政府债务管理暂行办法》,规范举债行为,防范政府风险;稳步推进财政预决算公开,提高财政分配透明度。主动接受人大、审计和社会监督,积极推进依法理财。

【高位推进倍增规划,居民收入全面提高】认真实施居民收入倍增规划,层层签订目标责任书,狠抓工作落实。公务员津贴补贴进一步规范,事业单位绩效工资改革全面启动。城镇居民人均可支配收入和农民人均现金收入进一步提高。全市城镇居民人均可支配收入20426元,同比增长14%,增幅为全省第一,领跑全省;农民人均现金收入8091元,同比增长15.3%。两项指标双双超过年度倍增规划要求。

【加强机关效能建设,凝心聚力服务发展】将财政局机关效能建设和财政中心工作紧密结合,积极开展“绩效创新年”活动、“五治”活动、“三民工程大走访”和“三个一千工程”活动。强化制度建设促效能,强化服务意识促效能,强化能力建设促效能,强化廉政风险防控促效能,创新公务员考核促效能。建立财政部门会商机制,切实改进工作作风。通过一系列活动的开展,财政局干部职工转变了工作作风,提高了工作效能、增强了服务发展的能力才干。

(滁州市财政局供稿)

南谯区财政工作概述

2012年,南谯区财政部门坚持以科学发展观为统领,认真履行财政职能,坚持依法理财,努力增收节支,不断深化和推进财政改革,建立健全公共财政体制,全区财政运行态势良好,圆满完成年度预算目标,支持和促进了全区经济和社会事业的和谐发展。全区财政总收入完成10.3亿元,占年初预算107.7%,增长29.6%,其中:地方一般预算收入完成7.5亿元,占预算116.4%,增长37.9%;上划中央收入2.52亿元,占预算89%,增长10.9%;上划省级收入0.23亿元,占预算150.4%,增长52.6%。全区实现一般预算支出13.5亿元，占年初预算100%，增长20.6%。

【收入总量迈上新台阶】始终坚持把组织收入作为财政工作的核心,牢固树立总量进位、增幅领先的目标,坚持做到领导重视调度到位、财税部门协调联系到位、重点税源征管到位、税源普查到位、协税护税到位、调研分析到位。全区财政收入总量由上年的7.96亿元增长到今年的10.3亿元,实现了一年连上8亿、9亿、10亿三个台阶,总量居全市第六位,增幅连续三年居全市第一位。

【资金绩效不断提升】一是确保民生资金投入。全年13大类民生支出共计11.5亿元，占财政支出13.5亿元的85%，全年民生工程投入资金2.55亿元,其中区配套资金4500万元。安排200万元发放高龄补贴，安排600万元投入社区建设和提高社区人员待遇，安排110万元配套资金进一步提高农村低保补助水平，安排600万元用于新农合和居民医保配套。二是确保各项运转资金。科学安排预算,保障全区各项事业发展,保工资、保运转、促发展。进一步优化支出结构,确保硬性支出需求,全年安排资金3500万元,确保津补贴提标和绩效工资兑现。拨付600万元,提前3年彻底解决教育系统历史遗留的职务补贴问题。三是确保重点项目建设资金。对各项重点项目资金及时拨付,保证项目的加快实施。支持成立滁州市南谯城乡建设投资发展有限公司，增强区级融资能力,推动全区经济社会平稳发展。四是确保各项改革资金。对公立医院改革、基层医改、水管体制改革、城乡居民养老保险、国有企业改制等,及时安排拨付、垫付资金,使各项改革顺利推进完成。五是确保资金安全。汲取外地教训,不断加大学习教育力度,规范资金管理制度,加强资金管理,确保资金安全。

【财政工作更加规范】坚持依法办事,不断加强制度建设,按章理事,做到关口前移,源头把关。一是坚持用制度理事,用制度管人,规范财务核算管理,保证政府资金的安全,全年共制定下发37项财政管理制度,并印制成《南谯区财政管理制度汇编》下发。二是加强专项资金管理，认真执行并不断完善财政资金县级报账制,进一步提高财政资金使用效益。三是严格执行《预算法》规定,加强预算管理,严格预算调整,预算调整项目和数额逐年下降,得到了区人大常委会和审计部门的好评。

【积极支持镇办发展】本着“充分让利于镇办、向西部山区倾斜”的原则,及时出台新一轮区镇财政体制。按照“核定基数、稳定增长、分类指导、区别对待、分级管理、自求平衡”的精神制定,同时与“十二五”规划相衔接,新体制充分体现了让利于基层,重视全区均衡发展,向西部山区倾斜,对西部山区实行零基数的办法，超收部分给予100%的分成。新体制的出台,大大鼓励了镇办发展经济、组织收入的积极性,章广等镇面貌发生很大变化。

【积极推进财政改革】大力推进公共财政体制机制改革,一是改革部门预算编制,增强预算约束力,改变低预算、频追加现象。二是积极推进“公务卡”改革，做到划卡消费。三是改革财政资金绩效评价办法,提高预算支出和项目资金使用绩效。四是深化国库中心支付改革,进一步优化流程,提速增效,所有预算单位的政府采购、工资统发和基本建设支出等财政资金全部实行财政直接支付。截至当年底,纳入国库集中支付中心的支付专户达189户，国库集中支付办理业务总计29136笔,金额达21.16万元。其中拒收违规业务63笔,金额共3405万元。五是深化非税收入征收管理改革，全面推进部门预算和综合财政预算编制，增强政府宏观调控。从当年10月1日起，在全市率先对镇办和开发区管委会组织征收的政府非税收入全部纳入区财政管理，三个月累计完成收入500多万元。

【加强干部队伍建设】全面履行服务经济、服务社会、服务民生、服务基层、服务群众的“五不五不让承诺”,积极践行“创新、博爱、务实、卓越”安徽财政精神,大力加强干部队伍建设,增强干部大局观念、创新观念、效率观念、服务观念、法治观念和责任观念,不断提高干部依法理财、科学管理、勤政为民的本领,努力造就一支高素质的财政干部队伍。积极组织机关干部开展演讲比赛和业务知识培训，组织开展警示教育,深入开展廉政风险防控管理工作,防患于未然,党风廉政工作取得显著成效。

(南谯区财政局供稿)

琅琊区财政工作概述

2012年,琅琊区财政部门紧紧围绕“工业强区、三产兴区、承接合作、转型升级”战略和“全面转型、加速崛起、富民强区”主线,加大收入征收力度,深入推进民生工程,全面保障法定和重点支出,稳步推进部门预算管理等多项财政改革,圆满完成调整后全区年度预算任务。全区完成财政收入8.4亿元,占预算的102.1%,较上年增收8498万元,增长11.3%。其中:地方一般预算收入完成5.8亿元,占调整预算的103.8%,较上年同期增收8934万元,增长18.2%。全区完成一般预算支出8.9亿元,占调整预算109.5%,增长20%。

【大力组织财政收入】一是加强收入调度。密切关注经济发展形势,认真开展跟踪、分析、预测,强化日常征管,认真落实收入目标。二是严格依法征管。国税、地税部门结合各自征管职能,创新纳税评估、优化纳税服务、深挖增收潜力,有效促进税收收入的稳步增长。三是深入推进综合治税。出台《关于进一步推进综合治税工作的意见》,全面加强税源管控,确保新增税源不流失,促进税收增长。四是不断强化非税收入管理,将纳入预算管理的行政事业性收费、罚没收入和国有资产收益安全、及时、足额解缴金库。

【有效保障重点支出】紧紧围绕实现“保工资、保运转、保民生”的县级基本财力保障机制目标,把有限的财力用于保工资、保运转、保民生和支持社会事业发展、公共服务等重点支出和基本支出方面,全面促进经济和社会事业协调发展。全年财政民生支出完成7.2亿元,占支出总额的81.2%,增长39.1%;教育、科技、农业、社会保障、医疗卫生等法定和重点支出分别增长29.8%、48.4%、28.6%、18%和111.6%。

【民生工程全面完成】全面完成23项民生工程年度目标任务。生活保障、补贴救助类项目按序时进度足额发放到位,养老、医疗保险政策全面落实,培训类项目提前完成任务,建设类项目全部完成年度建设任务。全年累计投入民生工程建设资金1.5亿元,较上年增长16%;其中区财政配套资金5423万元,较上年增长108%,有力地支持了各项民生工程的加快实施。稳步推进居民收入倍增工作,全区城镇居民人均可支配收入达到20610元,同比增长15%;农民人均现金收入达到9835元,增长18%。

【创新机制理财管财】稳步推进“营改增”试点工作,落实扶持对象资金188万元。扎实开展农村综合改革试点工作,审批45个项目,批复下达工程概算275万元。不断深化财政国库管理制度改革,全区纳入国库集中支付系统管理的预算单位共122家,资金范围包括所有的财政预算资金及部分单位的往来资金,会计集中核算向集中支付转轨工作全面完成。正式启动公务卡改革,首批启动10家单位试点,11月底公务卡已在区级预算单位全面推广应用。顺利完成财政专户清理,财政专户全部转归财政国库部门统一管理,形成了财政内部“管事”与“管钱”分离的制约机制。有序推进美好乡村建设资金整合,推进了预算安排环节整合、跨部门资金整合和重大专项整合,全年整合各类资金400多万元。不断规范政府采购。实行开标现场报名制度和开标现场摄像监控制度,完成招标采购1034.8万元,节约资金94.2万元,资金节约率为8.34%。

【干部队伍建设全面加强】扎实开展各类主题教育,围绕“保持党的纯洁性、增强政治坚定性”、“保持党的纯洁性、喜迎党的十八大”、“五治”、“四绩”等活动,认真开展了“十个一”活动。将“大局、责任、规范、纪律、执行、廉政”六项意识作为工作座右铭,将“创、先、争、优、比、学、赶、超”作为奋斗目标,财政干部已形成在工作中争先进,在服务发展中争优秀的良好氛围。开展“五级书记大走访夏季回访月”等活动,深入西涧街道城郊社区和山林村,共走访、接访68户。结对帮扶、慰问困难党员群众24户,送去慰问金8000余元,收集梳理各类问题共10件,为结对村(社区)申报项目18个,申报资金84万元。当年7月获得“全市创先争优先进基层党组织”称号。

(琅琊区财政局供稿)

天长市财政工作概述

2012年,天长市财政部门依法强化征管,努力培植财源,优化支出结构,推进财政改革,保障改善民生,圆满完成全年各项目标任务。全年完成财政收入26.7亿元,为预算的101.2%,同比增收4.73亿元,增长21.5%。其中:地方一般预算收入完成17.51

亿元，为预算的116%，同比增收4.05亿元，增长30.1%；上划中央收入完成9.23亿元，为预算的81.6%，同比增收0.68亿元，增长8%。全年财政支出完成37.4亿元，同比增长32.2%。

【依法强化收入征管，不断增强财政实力】一是加强收入调度，定期召开收入分析会，研究税收增减原因，采取有效措施，积极主动应对，顺利完成年初预算目标任务。二是加强与上级财政部门沟通联系，积极向上争取转移支付资金，多方了解项目信息，支持帮助相关部门做好项目申报、资金争取等工作，全年争取转移支付资金6.26亿元，省市各类专项资金12.5亿元。

【加快落实财税政策，积极主动培植财源】一是及时兑现各项财税优惠政策，充分发挥财政资金杠杆作用，促进企业可持续发展。全年共拨付工业扶大扶强资金2117万元，落实税收优惠政策资金6197万元，中小企业技术改造资金560万元。二是严格执行家电下乡、家电以旧换新、摩托车下乡等政策，拉动消费需求持续增长，全年共兑现补贴资金5580万元。三是加大财政以奖代补力度，促进镇（街）园区、工业集中区建设，全年市财政投入镇（街）超收奖励资金5900万元，园区建设资金5000万元。四是完成天振融资担保公司增资扩股工作，市政府增资3000万元，进一步优化公司股权结构，为全市中小企业发展提供了强有力的金融保障。五是稳步推进“营改增”试点改革，出台《关于天长市实施营业税改征增值税试点过渡性财政扶持政策的通知》，涉及“营改增 纳税人492户，其中一般纳税人32户。

【保障重点项目支出，促进社会事业和谐发展】一是树立民生优先理念，完善协调机制，加快支出进度，确保民生工程项目扎实推进，全年共投入民生工程资金7.84亿元，其中本级配套资金1.8亿元，同时安排工程后续养护资金2680万元，保证民生工程持续发挥使用效益。二是按照滁州市批复的津补贴调整方案，及时足额兑现当年增资2900万元。三是大力支持美好镇村建设，整合涉农专项资金2.78亿元。四是不断优化财政支出结构，加大重点项目投入，全年公共预算安排民生类支出33.7亿元，同比增支8.26亿元，增长34%，占公共预算支出比重达90%。

【实施民生工程，构建幸福天长】全年共拨付民生工程资金7.8亿元，其中本级财政配套资金1.8亿元。农村低保、农村五保供养、计划生育奖扶等11项补贴资金全部通过“一卡通”发放到位，共发放补贴类项目资金1.5亿元。投入新型农民和就业技能培训资金386.8万元，完成新型农民培训5150人，就业技能培训2540人。49.5万人参加了城镇居民医疗保险，11.25万人参加了新型农村合作医疗保险，两项保险共有99.9万人次获得补偿，补偿金额达15960万元。城乡居民养老保险参保36.7万人，共收缴参保费3982.8万元，享受基础养老金人数8.7万人，序时发放养老金5605.8万元。全年共拨付工程建设资金3.9亿元，涉及2420个项目建设点，所有当年项目全部完工。

【改善农村生产条件，加大农业综合开发力度】全面完成2011年永丰镇改造中低产田、冶山镇种粮大户、2000吨芡实加工新建和天长市天鑫粮油贸易有限责任公司流动性贷款贴息四个续建项目任务，完成改造中低产田0.2万亩，开挖疏浚沟渠1.6公里，完成配套建筑物10座，开工建设排灌站1座。

【创新工作方式，推进财政改革】一是进一步深化国库集中支付制度改革。二是积极调整支出结构，保障公立医院改革工作顺利开展。三是制定天长市实施营业税改征增值税试点过渡性财政扶持政策，推动营改增试点改革。四是创新工作方法，制定《天长市财政局会商工作暂行办法》，建立部门会商制度。

【强化监督检查，规范资金运行】一是搭建市镇财政资金监管信息平台，建立和完善镇（街道）财政资金监管的信息通达、公开公示、抽查巡查工作办法和具体工作流程。二是对全市16个财政所2011年的所有账务进行全面互审，规范财务行为。三是对石梁、张铺两个财政所2011年度会计账务进行了调审，并针对存在的问题，提出了整改意见和建议。四是制定《天长市财政局专户管理办法》和《天长市财政专户资金使用流程》，在2011年保留42个专户的基础上，又撤销、合并23个财政专户，目前只保留19个财政专户，全部归口财政国库股管理。

【支持美好镇村建设，做好财政保障工作】一是摘录并编印《涉农项目资金申报指南》，发放到各镇村以及涉农相关单位，具体指导各镇村的项目申报工作。同时积极向上争取项目资金，进一步支持镇村美好镇村建设。二是通过整合各项涉农项目资金，动员本土企业和创业成功人士捐助资金，广泛发动群众筹资筹劳，加大市镇财政以奖代补力度等八项措施,进一步拓宽全市美好镇村建设的资金渠道。三是根据各镇村投入情况和考评考核情况，由市财政安排2000万元,实行以奖代补,充分发挥财政资金的引领示范作用，调动社会各界参与美好镇村建设的积极性。

【推进居民收入倍增规划，促进社会全面发展】全年实现“城镇新增就业”23683人,完成目标任务的296%，同比增长215%；实现“转移农业劳动人口”16400人,完成目标任务的164%,同比增长129%;城镇职工政策范围内住院医疗费用支付比例达到86%,完成目标任务的114.7%；居民医保政策范围内住院医疗费用支付比例达到70%,完成目标任务的100%;新型农民培训5150人,完成目标任务的100%;农产品加工业总值完成81亿元，完成目标任务的150%;畜禽规模养殖比重完成62%,完成目标任务的100%;农业信息化覆盖率达90%,完成目标任务的103.4%;成立农村专业合作经济组织516个，完成目标任务的100.6%;50亩以上农业规模化种养面积达21.5万亩,完成目标任务的100%;“新农合”政策范围内住院医疗费用支付比例达81.04%，完成目标任务的119.2%,同比增长23.8%;将2012年城市低保标准由280元/月提高到380元/月，完成目标任务的112.3%,同比增长11.8%;农村低保标准由1400元提高到2000元，完成目标任务的165.3%，同比增长19%;将五保户分散供养标准提高到2000元/年,集中供养标准提高到2800元/年，完成目标任务的121.2%,同比增长11.6%。

（天长市财政局供稿）

来安县财政工作概述

2012年，来安县财政局积极发挥财政职能作用,在支持稳增长、调结构、惠民生、抓改革、促和谐方面取得一定的成绩。全年完成财政总收入12.7亿元,总量位居示范区二类县第5位,增幅位居示范区二类县第4位,增幅在全市排名第2位;实现税收收入10.5亿元,占财政收入比重为82.6%,位居二类县第7位,在全市排名第2位。

【着力支持实体经济发展】围绕“工业经济提升年”活动，支持承接产业转移平台建设，安排资金1.2亿元,用于县经济开发区、汊河经济开发区等基础设施投入。围绕“招商引资攻坚年”活动,支持招商引资活动,兑现招商引资税收优惠扶持资金3240万元,兑现引进项目奖励资金307.2万元,安排项目资金85万元,支持招商引资推介会、说明会和驻点招商活动。落实县域金融机构涉农贷款增量和信贷投入奖励政策，拨付奖励资金220万元，引导资金投放,促进中小企业和非公经济发展;发挥担保机构职能，帮助企业担保贷款1.5亿元，缓解企业资金压力。认真落实税收优惠政策,办理出口退税和免抵调库4600多万元,减轻企业负担;积极争取中央和省级支持企业发展资金，帮助企业申报项目26个,争取资金1189万元。安排奖励资金141万元支持知名、著名商标和知识产权创建。安排115万元资金支持旅游业发展，加大重点旅游项目宣传和特色农业旅游推介,扩大来安知名度,推进农业产业化。

【着力保障改善民生】坚持将财力向民生倾斜，在财政收支矛盾十分突出的情况下，民生投入力度不断加大，全县财政民生支出18.8亿元，增长31.5%,增量占财政总支出增量的85%。进一步强化牵头意识、责任意识,精心组织,统筹安排,落实资金,稳步推进,精心组织实施33项民生工程,财政投入5.1亿元,较上年增长19%。各项补助、救助类项目全年资金已按序时进度发放到享受对象手中,共发放补助救助类资金3亿元，惠及城乡居民105万人次。培训类项目提前超额完成全年任务。17类建设类项目，除病险水库除险加固和保障房中的跨年度建设任务外,当年应完工项目已全部完工。

【着力统筹城乡协调发展】认真落实各项强农惠农政策，着力改善农业发展基础，努力促进农业增产、农民增收、农村繁荣。全面实施城乡居民养老保险政策,拨付资金7505万元,及时兑现城乡居民养老保险金发放。积极实施农业综合开发,促进农业生产条件改善,投入资金1037万元,完成中低产田改造1万亩。加大农田水利基础建设投入力度,突出重点,加强应急度汛和标准农田建设,拨付水利建设资金1.3亿元,标准农田建设资金453万元,保障农业生产安全。支持农民专业合作组织发展,带动农民增收,安排支持农民合作组织贷款担保基金300万元,帮助解决生产发展中的资金难题。严格按照“六到户”、“八不准”要求,规范涉农资金发放,开展“两项补贴”资金发放监督检查,保证2.56亿元涉农补贴资金及时足额通过“一卡通”发放到户。

【着力推进财政重点改革】大力推进“营改增”改革试点，牵头做好试点准备工作，10月1日顺利实施新旧税制转换，纳税申报有序进行，税款入库准确无误。深化农村综合改革，推进村级公益事业建设一事一议财政奖补工作，着力做到议事合民意，立项合规定，筹资合标准，施工有督查，验收有签字，过程有照片，付款有依据，三级有档案，工程有亮点，项目有标志，平时有信息。完成项目285个，投入资金2130万元，40万人受益。继续深化医药卫生体制改革，巩固基本药物制度和运行新机制，支持启动县级公立医院综合改革，取消药品加成。进行县级公务卡改革试点，采取“一人两卡、卡银结合”及“笔笔业务都转账、公务支出无现金”的方式，加强对公务支出过程的监控。在试点基础上，实现全县公务卡改革全覆盖，加强对公务支出过程的监控，从源头上堵塞漏洞，促进了公务行为廉洁高效。全省十余个县(市)财政部门先后来本县考察学习。本县公务卡改革经验被列入全省财政系统国库业务培训内容。

【着力加强科学精细管理】规范财政收入管理，坚持依法理财治税，严格执行税收政策，完善税收征管机制；规范非税收入征管，实行非税收入收缴分离制度，完善非税征管系统，非税收入统一实行电子缴款。规范财政分配管理，依法编制预算，规范预算编制程序，完善政府预算体系，提高了预算编制的科学性、准确性和完整性；规范预算追加，严格审批程序，从严控制预算追加，增强了预算的严肃性和约束力。规范预算执行管理，规范国库集中支付，规范用款计划管理，提高资金支付效率，建立了国库集中支付动态监控机制，防范和控制了财政资金支付风险；强化对支出进度的管理，进一步加快财政支出进度。规范资金运行管理，依法理财、依法行政意识得到进一步增强，财政工作法制化、规范化程度得到进一步提高。强化财政基层管理，深入开展创建规范化乡镇财政所建设，加强乡镇财政资金监管，促进县乡财政业务管理一体化、资金监管一体化、队伍建设一体化、信息系统一体化和为民服务一体化，有效发挥乡镇财政职能作用。

【着力强化干部队伍建设】组织开展“治庸、治懒、治散、治慢、治乱”专项活动。在原有效能建设工作制度的基础上，创新考核制度。将效能建设与财政工作同布置、同落实、同考核。开展“保持党的纯洁性、迎接党的十八大”主题教育实践活动，通过落实各项措施，着力解决党员和党组织在思想、组织、作风以及工作方面存在的突出问题，切实提高应对“四种考验”、防范“四种危险”的能力，不断提升党员干部自我净化、自我完善、自我革新、自我提高的能力。

【着力加强反腐倡廉建设】强化廉政教育，在大厅开设流动警示语，设立廉政宣传栏，建立廉政短信平台，实现廉政教育方式从“灌输式”向“融入式”转变。加强警示教育，通过观看警示教育片、赴看守所接受警示教育、举办预防职务犯罪警示教育辅导讲座等方式，教育干部以案为鉴、敬畏法纪、慎始慎独、警钟长鸣。开展革命传统教育和爱国主义教育，引导财政干部树立正确的世界观、人生观和价值观。深入推进廉政风险防控管理工作，以“突出治本、突出预防、突出制度建设、突出制度执行”为主线，加强对资源、资金、资产的防控管理，加强在重点领域、重点部位、重点环节的重点防控。落实《廉政准则》，严格执行领导干部述职述廉、“廉情公示”等制度，接受群众监督。县财政局反腐倡廉建设工作在省财政厅反腐倡廉建设工作会议上作经验交流，廉政风险防控工作在全市廉政风险防控工作推进会上作交流发言。

(来安县财政局供稿)

定远县财政工作概述

2012年，全县财政部门有效应对宏观环境复杂变化，积极发挥财政职能，壮大财政实力，优化支出结构，突出改善民生，深化财政改革，圆满完成各项财政工作目标任务。全县完成财政收入10.1亿元，占预算104.8%，比上年实绩增收2.1亿元，增长25.7%。其中，税收收入完成8.1亿元，增长24.5%；非税收入完成2亿元，增长31%。全县财政支出完成30.8亿元，占预算156%，比上年实绩增支4.8亿元，增长18.7%。

【突出稳增长，收支实现“双跨越”】年初财政部门紧紧围绕财政收入突破10亿大关的奋斗目标，坚定信心，加强部门协调，强化收入调度和税源稽查，着力提高征管效率和质量，确保做到应收尽收、及时入库。财政收入质量稳步提高。税收收入占财政收入的比重为80%，收入结构更趋合理。主体税种对财政收入增长的拉动作用明显，增值税、营业税、企业所得税分别增长10%、25%和35%,三项税收拉动财政总收入增长14个百分点。重点支出保障有力。财政预算支出跨越30亿大关,其中,教育、医疗卫生和社会保障等民生支出分别增长53.5%、29.6%、26.8%;商业服务业和金融监管等促进发展支出分别增长50.2%、130.3%。

【突出调结构,采取措施促发展】利用国家实施积极的财政政策有利时机,积极向上争取项目和资金,取得显著成效。省财政逐年加大对本县的转移支付力度,近5年来对本县转移支付总额达60亿元,年均增长32%。当年到位转移支付资金突破20亿元,增长20%,是2007年的近4倍。充分发挥政府融资平台作用,当年融资5亿元,积极鼓励和引导社会投资,促进全县基础设施建设和社会事业发展。进一步扩大投资和拉动有效需求,筹措资金500万元支持产业集聚区加快发展。落实资金120万元,用于农产品与超市对接和实施"万村千乡"市场工程。兑付家电、汽车、摩托车下乡补贴资金3206万元,进一步拉动城乡居民消费增长。大力推动科技创新和产业结构调整,落实资金2196万元支持科技攻关项目、企业自主创新和技术改造。落实资金300万元,用于工业结构调整和新兴产业发展。筹措资金1600万元,用于全县旅游形象宣传、大金山旅游设施、高埂村老民居修复等工程。大力支持企业发展。兑现企业扶持资金4700万元,较好推动了全县工业主导产业优化升级。逐步完善担保机构和小贷公司建设,加大放贷范围和规模,发放贷款1.04亿元,有效缓解了中小企业融资难问题。

【突出筹资金,重点支持大项目】紧紧围绕经济发展大局,充分发挥财政职能作用。深入推进"五大战略",努力克服财政收支矛盾,严格支出管理和预算约束,在确保全县工资运转、民生配套等前提下,重点支持重大项目建设。全年安排城乡基础设施、工业园区和盐化工业园建设、城东新区、老城区改造、三城联创、美好乡村建设等支出7亿元,有力促进了经济社会发展。全年争取中央、省各类项目到位资金9亿元,有效缓解了财政困难,为全县经济发展提供了重要保障。

【突出保民生,倾力民生显成效】当年全县民生支出26.7亿元,占财政总支出的86.7%,增长19.7%。其中省33项和县3项民生工程支出10.4亿元,增长12.6%,地方财力新增部分80%用于民生。优先发展教育事业。投入教育经费6亿元,完成省对本县下达的教育支出占地方公共财政支出比重目标考核任务,实施薄弱学校改造,完善家庭经济困难学生资助体系。调整收入分配结构,实施居民收入倍增规划,新增支出0.9亿元,用于兑付公务员津贴补贴、提高事业单位绩效工资等个人支出。建立健全城乡低保标准正常动态调整机制、社会救助标准与物价上涨挂钩联动机制,发放2000万元临时补贴和生活补贴,帮助困难群体应对物价上涨。完善社会保障体系。投入2.56亿元,支付五保对象供养财政补助、城乡居民最低生活补助、企业退休人员养老金等。积极推进医药卫生体制改革。投入2100万元,健全基层医疗卫生机构运行补偿机制。大力推进县级公立医院改革,加快建设标准化乡镇卫生院和村卫生室,农村公共卫生服务体系基本建立。加快保障性安居工程建设,统筹安排1.2亿元,开工建设廉租住房、公共租赁住房、棚户区改造等保障性住房1920套,改造农村危房3000户,不断改善群众住房条件。进一步支持文化产业发展,加大政策和资金支持力度,全年投入资金1700万元,促进公共文化服务体系建设,支持文化体制深化改革。加强社会管理,大力支持政法经费保障机制改革、社会治安综合治理和政府突发公共事件应急体系建设,全年投入资金8600万元,切实维护社会稳定和公共安全。

【突出惠"三农",统筹发展显成效】认真贯彻"三化"同步战略部署,加大"三农"支持力度,促进农业增产增效、农民持续增收、农村繁荣稳定。全年"三农"支出19.4亿元,增长11%。大力支持"美好乡村"建设,整合"美好乡村"建设资金1.9亿元,加大对重点乡镇、示范村、重点项目的投入。积极支持农产品深加工,延长产业链条,打造一批特色产业、特色产品、特色村,促进农民增收致富。进一步加大水利投入,安排8700万元支持病险水库除险加固、小型农田水利等重大基础设施建设;投入3905万元,解决农村饮水安全问题。支持现代农业发展,加大涉农资金整合力度,投入3700万元支持农业产业化、现代农业示范园和现代农业综合开发示范区建设;投入1560万元建设高标准农田1.28万亩;及时安排强农惠农资金,全年通过"一卡通"发放25项涉农补贴资金4.5亿元;拨付扶贫资金530万元,促进贫困乡镇脱贫致富;安排农业政策性保险补贴资金4316万元,农民获理赔3060万元;投入1700万元全力支持春耕生产、夏粮抢收和防汛抗旱,最大限度减少灾害对农业造成的损失;投入6200万元支持“千村百镇”示范工程建设,促进了农村繁荣;投入1.2亿元,支持整体推进农村土地整治示范项目建设;深入推进“一事一议”财政奖补试点工作,全年实施项目734个,共筹集资金6677万元,实施村253个,全县受益人口达83万人。

【突出精细化,进一步强化队伍管理】扎实开展“财政绩效创新年”和“保持党的纯洁性”主题教育活动,大胆改革创新,全面推进财政科学化、精细化管理,不断加强财政干部队伍建设。认真实施干部教育培训,积极组织财政干部参加省、市、县财政业务培训14次,参加人员360人次,积累财政业务知识,全面提升财政干部履职能力和水平。组织开展百名财政干部大走访活动,走访农户7520户。在全县开展财政补贴农民资金农户调查活动,走访农户1340户。探索建立密切联系群众的新途径,提高财政政策的实施效果,自觉接受人大、审计和社会监督。加强规范化财政所建设,加强“两基”和“两化”建设。加强党风廉政建设,认真贯彻落实中央“八项规定”和省委改进工作作风“三十条”规定,全面提升财政反腐倡廉建设水平。加强效能建设,强化效能督查和重点工作目标绩效考核,治庸、治懒、治散、治慢、治乱,全面促进财政工作提速提效。大胆改革创新,深入推进财政管理科学化、精细化,深化政府预算体系改革和预算管理改革;全面开展国库集中支付,大力推行公务卡改革;扩大支出绩效评价范围,加强财政资金使用跟踪问效。全面加强财政监督,不断改进财政监督方式方法,加大对重大项目、重点领域资金使用情况的监督检查力度,积极开展强农惠农资金专项清理和检查工作,促进强农惠农政策和资金落实到位。

(定远县财政局供稿)

明光市财政工作概述

2012年,明光市财政部门凝心聚力、攻坚克难,扎实推进市委全委会和市人代会确定的各项目标任务,全市财政收入持续较快增长,重点支出得到较好保障,财政改革不断深化,圆满完成年度预算任务。全市财政总收入完成8.7亿元,占预算的100.9%,较上年增收1.5亿元,增长21.2%。其中,地方一般预算收入完成6.5亿元,较上年增收1.3亿元,增长23.9%;上划中央收入完成2.1亿元,增收2571万元,增长13.7%。全市一般预算支出完成23.3亿元,增支5.3亿元,增长29.4%。

【强化收入征管,实现财政收入持续增长】全市财税部门相互配合,以抓收入为财政工作第一要务,加大征管力度,积极组织收入,全市财政收入始终保持较快平稳增长态势。全年财政收入突破8亿元,其中税收收入占80%以上,为全市经济社会事业协调发展提供了坚实的财力保障。

【优化支出结构,保障各项重点支出需要】优先保障与民生息息相关的各项支出,全年“三农”支出4.6亿元,教育支出3.5亿万元,文化支出1262万元,医疗卫生支出3亿元,科技支出905万元,社会保障支出2.9亿元,住房保障支出2.2亿元。合理调度资金,确保工业园区、新明城、美好乡村等重点项目资金需要。努力增收节支,减少公务接待等费用,厉行节约,保证“三公”经费零增长。

【突出民生重点,促进社会事业和谐发展】全市用于民生工程的资金达6.45亿元,占财政总支出27.7%,其中市本级配套资金1.05亿元。当年,全市民生工程作为滁州市迎检单位接受省政府民生督查,效果良好。

【落实财政政策,保障社会经济快速发展】支持金融企业发展,全年发放金融企业涉农贷款增量奖励资金365.3万元;积极落实家电下乡等扩大内需政策,全年发放财政补贴资金7228.2万元,有效拉动消费;加快公租房、廉租房建设;加强企业扶持,全年拨付明光酒业、榄菊日用制品有限公司、高盛材料科技有限公司等数十个企业扶持发展资金5460万元,其中,中小企业发展专项4649万元,技术改造支出411万元,技术研究与开发400万元。

【加大改革力度,不断加快政策体系建设】深入推进国库集中收付、部门预算、财政收支分类等各项改革,建立和完善单一账户体系,进一步规范国库集中支付模式和财政预算管理。积极开展综合治税工作,结合本市实际,研究制定《关于推进综合治税工作的意见》,明确工作要求和各部门、各单位工作职责。积极做好全市预算单位公务卡制度改革工作。认真落实医改工作,构建公共卫生服务均等化机制。认真做好营业税改征增值税试点工作,自当年10月份正式运行以来,共征收试点企业增值税80万元。

【严格财政监督,充分发挥财政职能作用】认真制定财政专户管理办法,将分散在各股室的40个专户撤并为18个,其中社保专户合并为3个,全部转归国库股统一管理,保证专项资金的安全。实施全程动态监控,进一步提高国库支付监管的及时性、针对性和有效性,全年共核减核退违规支出5262笔,金额818.7万元。加强财政票据管理,做到“以票管费、票款同行”,全面推行财政票据代开工作,从源头上加大对违法乱纪行为的治理力度。严格政府采购项目和资金使用监督,规范政府采购行为,提高财政资金使用效益,全年共采购项目416项,预算资金19.2亿元,实际中标价16.5亿元,节约资金2.69亿元,节约率14%。不断加大资产监管力度,将国有资产收入统一纳入预算管理,实施动态监管,努力提高资产使用效益。进一步加大对小金库的查处力度。加强业务检查,先后组织非税收入、乡镇财政会计业务和粮补资金检查,均取得良好效果。其中,粮补检查共清退违规资金129笔,收缴违规资金98.8万元。

【加强队伍管理,有效提升财政服务能力】一是加强政风行风建设。认真落实首问负责制、AB岗工作制等“八项制度”,出台局机关内部绩效考评方案和细则,进一步优化工作流程,简化工作程序,不断提高工作效率和服务水平。二是自觉接受社会监督。严格领导干部信访接待日制度,主动向人大代表、政协委员通报财政工作情况,并通过征求意见、召开座谈会等多种形式,切实加强和改进财政工作。三是加大职工培训力度。先后组织70多名干部职工赴省和滁州市参加业务培训,着力提升干部职工专业知识和综合素质。四是加强党风廉政建设。积极开展廉政风险防控工作,强化财政资金管理人员队伍建设,引导财政干部树立正确的世界观、人生观、价值观,确保财政资金和财政干部“两个安全”。

(明光市财政局供稿)

凤阳县财政工作概述

2012年,凤阳县财政局紧紧围绕保民生、保增长、促发展总体工作目标,积极履行财政职责,坚持依法理财、深化改革,大力推进财政管理科学化、精细化发展,圆满完成财政收支任务和各项重点工作任务,财政自身建设不断取得新成效。全县财政总收入累计完成15.1亿元,较上年同期增长25%,增收3亿元。其中,县本级一般预算收入完成11.2亿元,超预算12.4%,超收1.2亿元,较上年实际增长35.7%,增收3亿元。税收收入完成10.8亿元,占收入总额72%。全年财政支出完成30.7亿元,超预算61.7%,较上年实际增长24%。

【服务县域经济发展】一是保障重点工程投入。县财政共安排2.25亿元用于新城区基础建设投入,安排1.9亿元用于园区平台建设投入,安排8322万元用于兑现招商企业优惠政策投入,安排3.45亿元用于保障性住房和安置小区建设,安排2378万元用于老城区改造工程,安排1.76亿元用于凤阳中学新区、党校新区、公安技侦大楼等政府建设工程。二是支持实体经济发展。实施积极就业政策,为凤飞橡塑有限公司、散热器有限公司等20家困难企业代缴219.3万元社会保险费,帮助企业走出困境;从失业保险基金中安排505万元岗位补贴支持18家受金融危机影响较大企业用于稳定用工岗位,鼓励其尽量不裁员或少裁员;为7户劳动密集型小企业发放贷款920万元,扶持创业发展。顺利完成家电下乡政策阶段性任务,兑付家电摩托车下乡财政补贴资金3134万元,拉动市场销售2.6亿元。会同相关部门完成对渔业、林业、农村客运等行业的石油价格补贴兑付工作,全年兑付资金2285万元。积极争取中央国债项目,申报门台工业园区(硅及玻璃产业园区)为省级特色产业基地,争取中小企业发展资金210万元。引导金融机构加大“三农”信贷投放力度,帮助各类商业银行及农村信用社、村镇银行申报涉农贷款补助等项目资金3000多万元。

【支持美好乡村建设】围绕小岗村省级现代农业示范区和现代农业生产发展项目建设,整合涉农支农资金8689万元,支持美好乡村建设。其中整合4746.9万元用于小岗村4300亩土地高标准治理。农业综合开发方面,完成燃灯寺水库节水改造配套项目建设、小岗村2010年0.5万亩增量土地治理项目、小岗村天然零卡高科技产业园废水处理工程产业化项目建设、1万亩优质良种繁殖基地扩建项目。

【推进社会事业发展】进一步转变支出理念,在加大财源建设投入的同时,积极调整优化支出结构,财力进一步向改善民生倾斜,确保法定增长,促进社会和谐。当年,县财政用于教育、科学技术、文化体育与传媒、社会保障和就业、医疗卫生、节能环保、城乡社区事务、农林水、交通运输、商业服务、住房保障、国土资源、粮油储备等13大类涉及民生支出25.3亿元,占财政年度支出82.6%,较上年增长24.7%。民生工程专项投入6.5亿元,其中县级配套1.14亿元,民生工程投入占财政支出21.2%。财政支出在确保教育、科技、计生、政法经费方面实现了足额保障,其中财政对教育投入达到GDP的4%。困难群体生活保障力度和就业扶持工作力度进一步加强,基层医疗卫生机构补偿制度进一步健全,社会保障制度建设不断完善。财政补贴农民资金管理工作进一步规范,全年共通过一卡通发放财政补贴资金3.4亿元。

【财政改革不断深化】一是积极推行财政资金绩效评价。完成重点考评项目共24个,涉及财政资金58701万元,强化了预算单位财政资金效益理念,提高了财政预算管理水平,财政资金分配逐步转向效益和公平并重。二是进一步强化政府采购预算执行和管理。全年累计完成政府采购项目预算21.9亿元,实现采购规模约18.8亿元,制定了12种办公用品协议采购办法。三是稳步推进国库管理制度改革和信息化建设。对外严格把好财政资金支出关口,严格控制预算单位随意提高开支标准和扩大开支范围行为;对内将全部财政专户归口国库股统一管理,同时撤销账户13个,建立财政内部"管事"与"管钱"分离的制约机制。启动公务卡制度改革,共有131个县直单位签订了公务卡代理协议,占县直单位总数91%,共发卡526张。完成了财政平台一体化系统设备升级,并实现到省厅财政数据中心远程实时备份。四是顺利开展"营改增"试点工作。出台过渡性财政扶持政策,设立"营业税改征增值税试点财政扶持资金"。10月1日,全县"营改增"工作成功运行,全年兑现"营改增"税负补贴资金21万元。五是规范非税收入行为。全年共纳入财政管理资金7.3亿元,实现财政管理资金缴存率100%。六是加强财政资金使用监管。全年共实施财政监督检查31个单位和项目,提出整改建议92条,指导被查单位建立健全财务制度,规范财务管理。

【民生工程深入开展】全县实施民生工程任务30项,财政累计投资民生工程专项投入6.5亿元,其中县级配套1.14亿元,民生工程投入占财政支出21.2%。全年共发放各类补贴资金4.49亿元,惠及81万人次;完成新型农民和就业技能培训7730人;13项建设类工程中病险水库除险加固为跨年工程外,其余全部完工。县民生办先后7次单独或会同县效能办等部门开展民生工程督查工作,及时针对督查中发现问题进行通报督办、限期整改,建立了督查、调度、通报的常态机制。首次建立了预考评制度。全年发布民生工程信息146条,印发民生工程简报48期,制作专题电视节目6期,印发明白纸、一封信14万份,印刷墙体标语1200多条,印制电信话费账单宣传页10万份。

【居民收入倍增规划工作初见成效】初步建立居民收入倍增规划工作机制,出台工作情况报告制度、指标监测制度和联络员制度,实现居民收入倍增工作和民生工程同步推进、同步督查和同步调度。全县初步形成落实收入倍增规划目标的政策措施体系。当年,全县农民人均纯收入7911元,增速在15%以上;GDP总值预计完成118亿元左右,同比增长11.5%;非公有经济占GDP比重实现全年63.5%的目标任务。17项增收性指标全部完成目标任务。

【财政自身建设不断加强】县财政局先后获得县直机关目标绩效优秀单位、全市文明标兵、文明行业、先进基层党组织等荣誉。财政各项工作获得省市表彰10余次。出台机关效能建设绩效考核工作方案和乡镇财政管理综合考评方案,通过对各县财政局各部门以及各乡镇财政所、分局实行量化打分的方式来全面检验和提升效能建设和财政管理水平,并将综合评比与年终评先评优全面挂钩。同时,制定和修订公务接待、公车管理、机关考勤制度,全面促进节约型、效能型机关建设。扎实开展"五治"、"四绩"、廉政风险防控、创先争优、大走访、结对共建等主题活动。规范化财政所创建工作取得了阶段性成果,新建的13个财政所办公用房全部完成并投入使用。刘府镇财政所被评为全省财政系统先进集体,临淮关镇财政所、板桥镇财政所新批为省级规范化财政所,武店镇财政所、红心镇财政所、总铺镇财政所新批为市级规范化财政所。全县15个乡镇财政所和1个财政分局连续四年全部被评为"人民满意的基层站所",其中武店镇、板桥镇财政所获得"十佳满意站所"称号。

(凤阳县财政局供稿)

全椒县财政工作概述

2012年,全椒县财政局以“市内增速争第一,省内人均进前列”为目标,以增收节支为着力点,以“绩效创新年”为抓手,紧紧围绕全县经济社会发展大局,加大收入组织力度,优化支出结构,全面完成全年财政工作任务。全县财政总收入完成任务12.4亿元,比上年增收2.1亿元,增长19.8%。其中,地方一般预算收入完成9.2亿元,为预算的115.1%,增长25.7%。财政支出23.4亿元。较上年增加4.3亿元,增长22.4%。

【民生工程建设全面落实】32项民生工程资金总投入5.7亿元,比2007年增长了9.5倍。一是发挥协调小组办公室的职能作用,加强对民生工程暨居民收入倍增工作的调度督查、指导。二是强化资金筹措,确保资金配套足额到位。三是落实管养经费、创新建后管养机制。对省、市有明确规定管养资金筹措办法和标准的,县财政足额安排到位,全年共安排农村清洁工程等管护资金461.5万元。四是加强村管护职责,最大限度的提高民生工程设施的利用率。五是一月一调度,一月一通报。对建设类民生工程进度慢的会同县效能办督查并下达民生工程督办通知单。

【美好乡村建设全面推进】积极组织实施,努力推进美好乡村建设深入发展。制定出台《全椒县财政局美好乡村建设实施方案》,结合全县小城镇建设,以新农村建设为主要内容的村容、村貌整治工程,以设施农业、高效农业、生态农业、休闲农业为重点,全面整合与美好乡村建设相关的涉农资金。全年共整合各级财政资金3.43亿元,集中用于河东新村等20个示范村,六镇镇等4个精品镇,全椒—神山、滁全线、合宁线等8条生态走廊以及2条环线,110个农民新家园、3个样板村和6个现代农业示范园区建设。

【“三农”投入不断加大】一是建立健全农业投入增长机制,确保财政支农资金稳定增长。全年农林水事务支出39549万元。二是全面落实惠农补贴政策。共发放补贴农民资金11个批次22大项,涉及107.3万户(次),发放各类补贴补助资金2.05亿元资金。完成11.4万户农户基础信息采集工作。三是总面积5.1万亩的高标准农田建设为主要内容的农业综合开发顺利推进,总投资6000万元,在全市率先通过验收。四是做好水库移民直补资金和移民后期扶持项目资金审核拨款工作,拨付水库移民直补资金1600万元,移民后期扶持项目资金1217.7万元。

【一事一议财政奖补工作全面落实】全县共申报2012年度村级公益事业建设一事一议财政奖补项目662个,涵盖全县94个行政村、8个农村社区、7个国有农场,惠及全县农业人口35.3万人。财政奖补资金1828万元,在全市奖补资金位居前茅。加大进度督促力度,全县662个项目,已全部完工,并通过市级验收,获得积极评价。扎实开展一事一议财政奖补规范管理年活动。规范项目管护,落实管护责任。县级财政按照农业人口人均1元的标准安排村级公益设施管护资金,实行专户管理,专款专用。

【营改增试点工作有序推进】制定《关于实施营业税改征增值税试点过渡性财政扶持政策的通知》、《全椒县营业税改征增值税试点宣传方案》和《全椒县国家税务局营业税改征增值税试点工作推行方案》。充分利用网站、短信平台、办税服务厅LED等多种方式,及时将新政策传达给纳税人,告知纳税人新政策的重点和申报抵扣方面的操作要点,辅导纳税人正确处理相关涉税业务,确保纳税人最大限度地享受新政策带来的优惠。体现“改革试点行业总体税负不增加或略有下降,基本消除重复征税”的税制改革原则。

【干部效能建设全面提升】结合财政工作,以活动引领工作开展,以工作成绩为活动添彩。落实“五个着力”,扎实开展“六个百日”行动,通过开展“百日效能提升”行动,巩固效能建设成果,引领效能全方位延伸通过效能提升行动和社会管理创新行动,从日常管理入手,严格工作延伸,落实“五治风暴”,进一步提高效能。规范行政行为,彻底解决“庸、懒、散、慢、乱”现象。按照“创新、博爱、务实、卓越”安徽财政精神,深入践行“敬业、高效、和谐、清廉、节俭”全椒财政精神。不断完善服务机制,努力在“四个强化”上下功夫:在强化责任意识下功夫;在强化制度建设上下功夫;在强化考核评价上下功夫;在强化监督问效上下功失。

(全椒县财政局供稿)

六安市财政工作概况

六安市财政工作综述

2012年,六安市各级财政部门坚持以科学发展观为统领,强化收入征管调度,优化调整支出结构,着力保障和改善民生,深入推进财政改革,提升科学理财水平,促进全市经济平稳较快发展,圆满完成了全年财政工作任务。

【财政收支实现新跨越】加强财税部门协调配合,强化收入征管,坚持收支并举,财政预算执行总体良好。全市财政收入首次突破100亿元大关,达到112.4亿元,比上年增收18.8亿元,增长20.2%,总量和增幅分别位居全省第11位、第6位。其中:霍邱县、霍山县收入总量分别在全省76个县区中位居第18位和第20位;裕安区、金安区收入增幅分别位居全市第1位和第2位。强化非税收入管理,努力拓展管理范围,完善管理方式。严格预算支出管理,不断加快支出进度。全市财政支出达到250.2亿元,增长21.7%,其中农业、科技、教育等法定支出分别增长18.7%、71.3%、26.5%,各级财政调控保障能力进一步增强。

【支持发展取得新成果】各级财政部门积极应对经济下行压力,狠抓"稳增长"政策落实,会同有关部门争取各类项目资金48.8亿元,集中财力支持工业化、城镇化战略,着力推动经济转型发展。市财政累计筹集资金50亿元支持中心城市和重点工程建设。全市争取地方政府债券转贷资金4亿元, 支持保障性住房和312国道等基础设施建设。争取外国政府和国际金融组织贷款1.1亿美元。积极落实财政扶持企业政策,落实结构性减税资金14.6亿元,进一步增强中小企业发展活力。扎实做好家电下乡、节能惠民产品销售补贴工作,引导城乡居民扩大消费,全年兑现补贴资金10.2亿元。

【社会事业呈现新发展】坚持把解决民生问题作为财政工作的重中之重,不断加大民生投入,将新增财力向民生倾斜。全年财政民生支出205.4亿元,增长26.7%,占财政总支出的比重为82.1%,较上年提高了3.2个百分点。大力实施33项民生工程,加强协调、督查和调度,落实部门责任,民生工程实施成效显著。全市33项民生工程实际投入财政资金60亿元,其中:补助、补偿类项目共支付41.7亿元,工程类项目共支付18.3亿元, 培训类项目共支付0.04亿元。深入推进城乡居民收入倍增规划,城镇居民人均可支配收入19369元,增长13.3%,高于全省0.3个百分点; 农村居民人均纯收入6535元,增长15.8%,高于全省0.9个百分点。

【支农工作取得新进展】围绕生态宜居、兴业富民、文明和谐的美好乡村建设目标,开展涉农项目资金清理整合工作,落实启动资金0.3亿元。全市投入3.3亿元,实施农业综合开发项目86个、现代农业项目8个,治理土地面积14.5万亩,扶持市级以上农业产业化龙头企业41家、农民专业合作社24家;重点打造金安木南、舒城桃溪、霍邱长集和金寨吴家店四个现代农业综合开发示范区。全市发放70多项惠民资金32.7亿元, 增长15%, 惠及城乡居民191万户。全市投入5.7亿元,加大水利基础设施建设,集中实施小型病险水库除险加固、中小河流治理、当家塘等项目16356个。全市投入8亿元,加快道路、渠道、桥梁等新农村示范点基础设施建设。全市投入6.3亿元,大力支持节能减排和生态环境建设。全市投入6亿元,实施一事一议财政奖补项目3152个。

【国资管理取得新突破】启动行政事业单位国有资产管理改革,市直共划转房产面积36.8万平方米(不含学校、医院),划转率达80%;共划转土地面积121.5万平方米,划转率达92%。加强国有资产(资源)收益管理,市直全年共实现资产(资源)收入1.7亿元。建立资产配置、经营、处置等审批制度,实现资产管理、政府采购与非税收入监管联动机制。通过改革,盘实了家底,夯实了资产管理基础工作;促进资产管理与财务管理、预算管理相结合;强化资产监管手段,实现监管关口前移;初步建立起"所有权、收益权、处置权"三权归政府,使用权归单位的管理新体制。

【理财水平实现新提高】继续推进预算编制改革,不断完善政府预算体系。扎实开展预算支出绩效评价工作。认真开展财政专户清理,市级撤并财政专户24个,县区撤并账户168个。深化国库集中支付制度改革,全面组织实施平台一体化系统深化应用工作,市县两级实现预算单位全覆盖。大力推进公务卡改革,全市累计发卡8204张。积极推进预算信息公开,市直首批公布了14个部门预决算。率先在全省建成并运行电子化政府采购管理应用系统,全市实现采购11亿元,增长60%,资金节约率为12%。进一步规范政府债务管理,防范化解财政风险。牵头开展"营改增"试点工作,出台试点期间财政扶持政策。稳步推进县乡财政一体化管理和规范化财政所建设,34个乡镇财政所荣获省级先进单位。开展市级会计信息质量检查和会计基础工作达标验收,推进会计基础工作规范化。扎实开展廉政风险"回头看"工作,建立风险防控长效机制。深入开展财政系统效能建设"十项严查"活动,切实提高工作执行力。

(六安市财政局供稿　丁明虎执笔)

金安区财政工作概述

2012年,在区委、区政府的坚强领导下,金安区财政工作以科学发展观为统领,充分发挥财政职能,大力组织财政收入,积极实施民生工程,努力提升财政保障能力和服务水平,谱写了财政发展的新篇章,在促进区域经济社会跨越发展中发挥着重要的作用。

【财力保障持续增强】全区财政收入在连续多年高幅增长的基础上,继续保持平稳增长势头,全年完成8.1亿元,占年度预算的102.6%,与上年同比增收1.5亿元,增长23.3%,一举跨越7亿和8亿元两大关口,收入总量实现三年翻番。可用财力实现6亿元,同比增加1.2亿元,财政实力逐年增强。乡镇财政收入增势强劲。按财政体制划分,19个乡镇街财政收入完成2.6亿元,同比增长37.7%,城北、三十铺财政收入均达到3000万元以上,其中三十铺镇财政收入实现7892万元;望城街道收入达到2000万元以上;1000万至2000万的乡镇达到4家,分别是清水河、中店、毛坦厂和孙岗,统筹城乡经济协调发展成效显著。在大力组织收入的同时,积极向上级争取资金,全年共争取专项转移支付12.5亿元,同比增长23.5%,争取资金量创历史新高。

【支出结构日趋优化】全区财政支出完成24.2亿元,同比增长22.7%,增支4.5亿元,支出规模不断壮大,保障范围进一步扩大,支出结构日趋优化。在"保工资、保运转、保稳定"的基础上,法定支出适度增长,全年经常性财政收入同比增长17.1%,科技、教育、计生、农林水等法定支出增幅分别为17.8%、38.7%、19.2%、18.2%,均超经常性财政收入增幅,法定支出得到有力保障;积极筹措资金,及时按政策兑现增人增资支出1.3亿元,其中事业单位绩效工资3500万元、津补贴提标4500万元、补发档案工资4000万元,较大幅度提高了全区职工的生活水平;全年民生财政支出累计完成20.3亿元,同比增长26%,占财政支出总量的84%,较上年提高2.2个百分点。积极探索建立财政支出绩效评价体系,制定出台《预算管理绩效考评暂行办法》,选择部分项目做为试点,稳步推进项目支出绩效评价,提高财政资金使用效益。

【区域经济全面发展】大力实施积极财政政策,着力激发经济增长的后劲和活力。一是积极拉动有效需求。用足用活家电下乡政策,兑付财政补贴资金3794万元,直接拉动居民消费3亿元,达到了群众得实惠、企业得市场、经济得发展的多重效应。二是支持基础设施建设。增加政府公共投资,促进经济发展,全年共安排各类基本建设专项资金2.5亿元,支付土地收储资金6180万元,争取革命老区项目资金1049万元,争取财政部代理发行地方政府债券2900万元,用于保障重点项目资金配套。三是支持园区建设。积极争取金融组织贷款额度,为金安开发区、城北等工业园区项目融资8912万元,同时财政在收支矛盾异常突出的情况下,整合投入建设资金6025万元,为园区建设提供了强实的资金支持。四是支持企业发展。不断壮大融资平台,增资1.7亿元,使投资公司注册资本达到2.7亿元,增强为区内企业融资的能力。同时,投资公司运用间隙资金,为区域中小企业提供周转资金3550万元,利用"中小企业统借统还借款"的合作模式,为区内两家出口企业融资1200万元,支持外资出口企业的发展。为解决中小企业融资困难问题,区城投公司和六安市建设银行实行战略合作,设立1000万元中小企业贷款助保金,优化中小企业融资贷款金融环境。积极落实结构性减税和税收奖励政策,为全区个体工商户、小微企业、高新技术企业减税达6617万元,兑现企业税收奖励资金1200万元,切实减轻企业税负。五是推动经济结构优化升级。统筹安排3533万元,大力推动企业科技创新。统筹安排3200万元,支持节能减排循环经济发展。统筹安排491万元,支持文化产业发展,努力促进经济转型升级。

【社会保障不断健全】始终把保障民生放到首要位置,不断提升人民群众幸福指数。全年用于30项民生工程资金7.7亿元,其中区本级配套8175万元。一是大力保障教育事业发展。全年投入教育经费6.3亿元,占地方公共财政支出比重为26%,占GDP的5.2%,全面完成省下达的教育支出目标考核任务。建立学前教育投入制度,提高各类学校的经费补助标准,完善家庭经济困难学生资助政策,改善基层学校的办学条件,促进教育均衡发展。二是调整收入分配。大力实施城乡居民收入倍增规划,逐步缩小收入差距,全区城镇居民人均可支配收入19317元,同比增长13%;农民人均纯收入6600元,同比增长15%。三是不断健全社会保障体系。保障低收入群体基本生活水平,全年投入社会保障支出2.7亿元,增长20.1%。新农保和城镇居民养老保险"两项制度"覆盖率达到96%,全区10.4万城乡老年人领到基础养老金,四是深化医药卫生体制改革。全年投入医疗卫生支出3.2亿元,增长12.5%,将新农合和城镇居民医保补助标准由人均200元提高到240元,重大公共卫生服务项目全部落实到位,基层医疗卫生机构综合改革稳步实施,城乡居民医药负担将逐步减轻。五是推进保障性安居工程建设。财政投入9894万元,当年廉租房项目建设均完成主体工程,1829户贫困家庭获得廉租房补贴299万元,改善了贫困群体住房条件。

【支农力度逐年加大】全面落实各项强农惠农政策,不断加大支农力度,全年投入农林水支出4亿元,增长18.1%,有力促进了农村各项社会事业的繁荣发展。一是改善农村基础设施建设。安排3329万元,支持农业综合开发、土地整理、中低产田改造;安排8980万元,支持农村交通、病险水库除险加固、农田水利等重大基础设施建设;投入2486万元,用于农村居民饮水工程建设,改善了农村生产生活条件,夯实了农业发展基础。二是增加涉农补贴。全年通过"一卡通"及时兑现各项涉农补贴资金3.5亿元,农民人均直接受益508元;安排扶贫资金2849万元,促进贫困地区脱贫致富;安排292万元支持农业政策性保险,为7.68万次农户提供661万元农业风险保障;安排8664万元全力支持粮食生产,全面促进农民增收。三是加大农业科技投入。全年投入3869万元,用于农技推广培训、病虫害控制、人才引进等,加快构建适应现代农业发展的技术体系。四是推进农村综合改革。投入3760万元,全面开展农村公益事业,抓好农村环境连片整治;投入1250万元,用于村级组织运转经费,保障了农村基层的稳定和发展。

【财政改革有序推进】把深化改革作为强大动力,全面提高财政管理水平。一是税制改革顺利实施。扎实推进"营改增"试点改革,丁10月1日正式启动交通运输业和部分现代服务业营业税改征增值税。二是深化支出改革,着力提高财政资金使用效益。进一步深化国库集中支付改革,扩大集中支付范围,积极开展重大专项资金财政直接支付试点,切实提高直接支付比重;完善公务卡制度,将部分公务支出纳入公务卡强制消费目录,不断扩大公务卡使用范围;完善政府采购制度,继续扩大政府采购范围和规模,全年实现采购总额8838万元,节约资金893万元,资金综合节约率10.6%;加强国有资产管理,制定了《关于规范国有资产处置程序的暂行办法》,全年规范批复处置行政事业单位资产21宗,实现国有资产处置收入2795万元;推进财政绩效管理,积极探索项目绩效目标管理,促进部门单位改善预算管理,提高资金使用效益;财政专户清理整顿深入扎实,全区撤并账户14个,为保障财政资金安全奠定了基础;进一步完善事业单位绩效工资改革和公务员津补贴制度,大幅缩小了市区间差距。三是推进预决算公开。为适应预决算信息公开的要求,在全区范围内公开2012年公共财政预算、2011年公共财政决算和部门预决算,大大提高财政收支透明度。四是完善乡镇财政管理体制。秉承区乡统筹,让利乡镇、公平公正的原则,完善并执行2012—2016年新一轮乡镇财政管理体制,明确新体制核心内容为“核定收支基数,定额上解(补助),一定五年不变,超收分档分成”。五是深入开展规范化财政所创建工作。当年被省财政厅列为全省乡镇财政所规范化管理示范区,共批准金安区17个乡镇财政所基础设施建设,其中新建7个、改建10个,总投资1106万元。目前新建已完成4个,改建已完成5个。通过一系列的规范化评比,有力促进了全区乡镇财政所的业务建设。

【队伍建设孕育生机】深入开展创先争优、保持党的纯洁性等主题教育活动,加强党性教育,增强宗旨意识,做到干部队伍政治思想的健康坚定。深入开展“六五普法”和“廉政风险防控”教育,提高财政干部自我约束、端正品行、依法行政的能力。加强机关党建工作,认真做好党务政务公开工作,坚持例会学习制度,积极开展“党员模范先锋岗”活动,不断提升胜任岗位、服务发展的本领。巩固机关“文明创建”成果,加强社会公德、职业道德、家庭美德、个人品德的教育,培育财政干部社会主义核心价值观和荣辱观。完善干部选拔任用机制和考核激励机制,调整和充实系统中层干部力量,进一步增强财政队伍的凝聚力和战斗力。持续加强机关效能建设。全面践行“五个绝不”承诺,全面开展“十项严查”活动,切实转变工作作风,塑铸清正廉洁、阳光规范、高效快捷的财政队伍形象。加强机关事务管理,做到制度执行到位、宣讲政策到位、岗位履责到位、监督考评到位。深入开展“岗位标兵”评比活动,举办第二届乡镇财政主要业务“岗位标兵”评比活动。活动设立乡镇预算、惠民网络、家电下乡、档案管理、民生工程、一事一议6个岗位,从88名选手中评出30名业务岗位标兵,进行表彰奖励,营造“人与人比学赶超,所与所争先晋位”的良好氛围。深入开展规范化财政所创建工作,通过开展观摩学习、走访参观、规范化财政评比等活动促进乡镇规范化财政所的整体推进,截至当年全区共有省级规范化财政所5个、市规范化财政所6个。不断加强财政所业务建设,加强基层财政干部的知识更新,组织参加省、市培训学习75人次,举办各类培训班13次(场)。全面开展乡镇财政所档案管理晋升省一级活动,将其确定为财政局2012年重点目标全力推进,当年9个财政所申报一省级全部高分通过省考评验收。

(金安区财政局供稿　宋先和执笔)

裕安区财政工作概述

2012年,全区财政收入完成8.7亿元,同比增长31.3%;完成财政支出27.7亿元,同比增长26.2%。

【圆满完成目标任务】及时分解落实收入任务,强化目标责任。定期召开财税分析调度会,协调解决组织收入中存在的各类问题。建立健全相关部门和乡镇涉税信息共享的协税护税工作机制。加强非税收入管理,提高收入质量,将应缴国库的非税收入及时足额收缴入库。进一步完善乡镇组织收入奖惩激励机制,提高乡镇组织收入积极性。全年全区财政收入实现8.71亿元,比上年净增2.1亿元,增长31.3%;财政支出达到27.7亿元,比上年净增5.8亿元,增长26.2%;非税收入占财政收入比重为16.8%,比上年下降0.9个百分点。

【促进经济持续发展】积极争取上级财政支持,争取资金量达到区财政支出的75%以上。认真落实区委、区政府促进经济平稳较快发展的32条保障措施。集中财力支持区经济开发区、乡镇工业集中区、“三农”、城乡统筹等重点建设,区内发展环境得到进一步改善。实施好结构性减税政策,减轻中小企业负担,扶持中小企业发展。通过担保贷款、财政贴息等手段,支持中小企业下岗失业人员自主创业。顺利完成家电下乡政策阶段性任务,引导城乡居民扩大消费。及时拨付农业保险保费补贴,有效地分散和化解了农户的经营风险。

【重点保障民生支出】不断优化财政支出结构,加大对“三农”、教育、医疗卫生、社会保障和就业、保障性安居工程、文化、科技等支持力度,农业、教育、科技、文化、公共卫生、计划生育等事业发展的投入达到法定增长。进一步加大支出监管力度,严格控制和节约一般性支出,降低行政运行成本,将新增财力向民生倾斜。全区上下密切配合,高效推进33项民生工程,全年各级财政共投入资金9亿元,区财政配套资金1.1亿元足额安排并及时拨付到位,民生工程实施工作实现了制度化、常态化。

【财政管理更加规范】继续推进预算编制改革,深化国库集中支付改革,不断完善政府预算体系,提高公共服务保障能力。精心组织实施"营改增"改革试点,顺利实施新旧税制转化。积极推进县级公立医院综合改革,加强资金、资产、资源、财务管理。深化农村综合改革,支持推进村级公益事业建设"一事一议"财政奖补工作。稳步推进县乡财政一体化管理和规范化财政所建设,加强对涉农和民生工程资金的一线监管。认真清理财政专户,进一步规范社保基金和非税账户管理。公务卡制度改革有序推进。积极推进电子化政府采购管理系统的应用,进一步完善政府采购管理。强化财政财务会计监督,规范财务收支行为,有效地维护财经纪律。

【队伍建设取得实效】结合学习贯彻党的十八大精神,认真开展创建学习型机关、文明单位、平安单位等活动。加强机关效能建设,公开办事程序,认真履行文明办公服务承诺制。加强制度建设,修订完善了局机关的各项规章制度,用制度管人管事。加强机关党的建设,注重开展对党员干部的宗旨教育和反腐倡廉教育,健全反腐倡廉建设责任制。认真落实厉行节约的各项规定,进一步增强节俭意识。切实增强干部职工的大局意识、责任意识和廉洁意识,机关作风得到不断改进,干部素质得到进一步提高。

(裕安区财政局　林泽文供稿)

叶集试验区财政工作概述

2012年,全区财政收入实现2.2亿元,同比增长17%,非税收入比重为19.7%;实现一般预算支出4.8亿元,同比增长20%。

【加强财政收入征管】积极主动,加强调研,摸排财源,定期调度,研究对策,努力做到应收尽收;强化职能,源头控管,全年代扣代缴税款44.2万元、社保基金560万元,同时对工程预付款要求开具税务发票直接入账,以保证税款不流失并能及时入库;强化票据管理,严格执行领销制度,确保非税收入及时缴存专户,全年纳入专户管理资金达3亿元。

【切实推进财政改革】围绕增收节支,进一步加快公共财政支出改革,全面细化并调整人员支出、日常公用支出、征管业务费支出和其他方面支出的内容、标准和供给方式;规范对部门超短收管理,分类制定超收奖励、短收扣减支出的办法;认真执行年度部门综合预算,切实做到先有预算后有支出,不做超预算支出,严格控制预算追加,原则上不得调整年度预算;加强专项资金管理,完善专项资金申报、审核、报账管理程序,推行国库集中收付改革。

【规范管理财政财务】加强对财政资金运行的监督,推进依法理财,建设法治财政。改进财政监督的方式和方法,推行事前审核、事中监控、事后检查的监督机制,进一步明确财政监督机构及部门业务管理机构在财政资金运行环节中的责任。加强区直单位票据管理,规范支出行为。当年共审核不合规票据118张(次),拒付金额15.9万元。

【全力推进民生工程】全区共实施31项民生工程,投资总额为1.7亿元,其中,区级配套资金2500万元,于当年3月底拨付到位。发挥民生工程牵头协调单位作用,科学编制民生工程预算,及时填报省、市在线报表,按要求报送民生工程信息,加强民生工程宣传工作,系统建设民生工程数据库,定时召开民生工程月例会、季调度会,定期、不定期开展督查、暗访,有力推动全区民生工程的顺利实施。

【大力实施农业综合开发】实施三元乡万亩土地治理项目,项目总投资970万元,其中:中央财政资金653.3万元,省级财政资金251.4万元,市级财政资23.57万元,县级财政资金39.2万元,自筹资金65.3万元。项目涵盖双塘、张店两村,涉及农业、林业、水利等各项基础设施建设。顺利实施安徽大团结食用油公司产业化经营100吨油茶籽加工项目、新金顺养殖专业合作社2.3万头商品猪养殖项目、思源农副产品批发市场固定资产贴息项目。

【安全发放涉农资金】区农财局按照"五个一"的模式,规范"惠民一卡通"操作流程,进一步完善财政涉农服务机制,确保涉农补贴资金安全、及时发放到位。全年共有39项涉农补贴资金纳入统一打卡发放范围,资金总额达8982万元。

【扎实提升机关效能】深入开展"五型机关"建设,把机关效能建设工作融入全年工作之中,建立健全长效机制,修改、完善机关各项工作制度,建立奖惩机制,强化岗责考评,切实做到以制度管人、按制度办事;本着与时俱进、常抓常新的原则,将业务建设和政治思想建设一起抓,打造一支精通业务知识,掌握政策理论的财政队伍,进一步树立“为民、务实、高效、清廉”的财政形象。

(叶集试验区财政局　吴奇执笔)

六安经济技术开发区财政工作概述

2012年,六安经济技术开发区财政局紧紧围绕年度目标任务和改革重点开展工作,全年实现财政收入9.6亿元,同比增长23.9%,全年完成公共财政预算支出4.3亿元,同比增长65.7%,为全区经济社会又好又快发展提供强有力的财力支撑。

【培植财源建设】紧紧咬住全年收入目标不放松,及时分解收入任务,加强收入调度,实时监控重点税源,一是组织开展财源调查,掌控组织收入主动权。二是参与制订促进经济平稳发展补充意见,积极扶持企业发展。全年共兑现招商引资优惠政策和财政贴息资金5631.9万元,促进企业循环投资。三是积极帮助企业争取资金,拓宽发展空间。全区税收实现超百万元企业76家,其中:74家规模以上工业企业实现税收2.8亿元,纳税百万元以上规模工业企业较上年同期增加9家, 财政实力不断壮大。

【推进民生工程】一是积极健全组织机构,制订实施方案,签订目标责任书层层落实目标任务。二是足额安排民生工程配套资金, 发放民生工程补(助) 偿类资金129.2万元, 财政补贴农民资金389.9万元,惠及1.2万人口。拨付工程建设类资金2784万元,确保了1200套公租房开工建设,1500套公租房按时竣工,800套配租任务顺利完成。三是加大宣传力度,制作民生工程宣传展板,积极参与开展民生工程“五周年巡礼”活动。先后组织数十家媒体对社区卫生服务中心、校安工程及公租房项目进行实地采访。

【保证重点支出】一是制订出台《关于进一步明确清欠工作责任和要求的通知》, 共清收各类欠款1.8亿元。二是加大融资力度,联合开发区融资平台完成了应收账款转让信托产品融资1.6亿元。从市财政借入资金8000万元, 及时结算上级补助资金1.5亿元、公共基本卫生服务资金55万元。三是坚持增收节支、开源节流、量入为出、保证重点的原则, 把有限财力用到经济社会发展的关键领域,全年完成建设投入9.1亿元。

【推进财政改革】一是主动对接国地税部门推行营业税改征增值税试点, 适时监控42家试点企业税负变化情况。二是推行预决算公开制度。在开发区网站公开2011年地方财政一般预算收支决算表和2012年地方财政一般预算收支预算表, 增强财政工作的透明度。三是建立招商引资优惠政策评审认证制度。委托社会中介机构对投资项目协议约定内容完成情况进行审核, 规范对企业的政策奖补,促进企业加快履约效率。全年完成财政性投资项目评审93个,核减企业投资额3378万元,完成财政性投资项目预算审核107个,核定投资额11.1亿元,核减率2.1%,核减额2362万元。四是与市人行国库开通财税库银横向联网,实现税款征缴信息共享。

【强化财政监督】一是扎实开展企业所得税税源调查、会计信息质量检查与重点产品国际竞争力调查,关注税制政策调整对经济的影响。二是遵循“精简、统一、规范、高效”的原则设置财政专户,清理账户5个,安排财政专户资金增量向贷款增量银行倾斜,使清理工作真正收到实效。三是积极落实财政审计意见,制订整改方案,落实整改措施,把审计提出的主要问题作为下一步财政监督的重点,提升财政管理水平。四是认真开展财政资金安全专项检查,从制度建设、内控机制、业务流程、印鉴票据管理、资金对账等环节进行全面梳理、逐项排查,及时排除财政资金安全隐患。五是积极参与国有股权转让的政策评估,督促相关部门(企业)按照法定程序依法转让国有股权。

(六安经济技术开发区财政局供稿　郝宗刚执笔)

寿县财政工作概述

2012年,寿县财政收入完成6.2亿元,为年度预算的101.2%, 同比增长21.6%; 财政支出完成36.5亿元,为年度预算的154.8%,同比增长14.4%。

【强化收入征管】一是加强税收收入征管。全县财税部门通过开展税源调研, 对税源状况进行分乡镇、分税种摸排,结合年度目标任务分解下达,按季调度,按月通报,整体预算执行平稳。二是强化非税收入管理。加强非税收入征管平台建设,严格"收支两条线"管理,加大票据管理力度,强化非税收入源头控管;加大行政事业性收费、政府性基金、土地出让金、国有资源(资产)有偿使用收入等清理检查力度,确保非税收入及时足额入库。

【优化支出结构】一是加强财政支出管理。按照寿县县委、县政府出台《关于进一步做好当前增收节支工作的通知》、《关于加强当前形势下财政收支管理工作的通知》要求,将有限财力全面投入到民生工程、新老城建设及县委、县政府确定的重点工作上。二是加快财政支出进度。强化结余结转资金管理,严格控制"三公"支出,压缩一般性支出,降低了行政成本,提高预算执行的均衡性和有效性。

【支持经济发展】一是保障重点支出需要。县财政安排新桥产业园和县工业园建设资金 2.7 亿元。征地补偿费用 7000 万元,返还园区企业土地出让金 1.8 亿元。安排皖北三市七县发展专项补助 2000 万元,县创业园建设工程经费 200 万元;服务全县重点工程建设,加大支持城市建设力度,累计投入资金 10.6 亿元。适时加大国投集团资本金注入,增强国投集团投融资能力。增加国投公司注册资本金 8000 万元,向寿县—蜀山工业园区融资平台注资 5000 万元,归还到期本息 1.2 亿元。二是积极支持企业发展。县财政支持企业发展投入 8936 万元;落实县内招商引资奖励及优惠政策,下达企业奖励及税收返还 1362 万元,企业土地出让 3.3 亿元;帮扶困难企业,为乐林钢构等企业融资 2100 万,帮助楚都酒业等三户企业提供担保资金达 5310 万元,促进了全县经济平稳发展。

【深化财政改革】一是积极推进营改增试点工作。县委县政府高度重视,成立领导组、召开布置会。县财政配合国税、地税等部门,按照试点工作一盘棋的思路,确保税改征管到位,全年完成营改增入库税收 123 万元。二是医药卫生体制改革稳步推进。当年基层医疗机构支出预算由财政收支差补助调整为全额预算管理,合理核定收入任务,药品收入实现全额上交,分账核算,专款专用。三是财政国库管理制度改革成效显著。出台《寿县财政性资金存放金融机构管理改革实施方案》,按照"一行一户"总体原则对财政专户进行再归并。为实现财政专户资金保值增值,县财政局在保证用款优先的前提下与各银行签订协定存款协议,在不增加任何成本的基础上利率提高近三倍,借助全市社保基金补缴历年优惠利率利息的时机,全县各社保基金专户利率均调整为 3 个月定期存款利率,大大提高了社保基金的收益。四是公务卡制度改革扎实推进。出台《寿县推进公务卡制度改革实施方案》,制定《寿县预算单位公务卡使用管理暂行办法》和《寿县预算单位公务卡强制结算目录》等相关文件,选定五家银行作为本县公务卡代理银行,全面签订了代理协议。

【落实民生工程】一是领导高度重视。县委、政府坚持把民生工程作为政治责任来对待,强化资金保障,完善推进机制,加强政策宣传,确保目标任务圆满完成。二是加大资金投入。全县 33 项民生工程累计投入资金 11.5 亿元,惠及城乡居民 120 余万人,人均受益近千元。三是工作成效显著。当年,寿县在全市民生工程综合考评中荣获全市第一名。县财政局牵头实施的三项民生工程分别获得全市单项考核三个一等奖的好成绩。

【加强队伍建设】一是加强财政干部队伍建设。截至当年底,全县共成立 8 个财政分局,4 个副科级财政分局长已选拔到位。二是改善财政干部办公条件。完成 17 个乡镇财政所建设任务,剩余 8 个乡镇财政所的建设任务。三是提升财政干部业务能力。积极组织全县财政系统人员参加省市组织的各项培训。四是开展财政干部素质教育。大力宣传工作先进典型和先进事例,为提高财政干部思想素质,提升乡镇财政科学化精细化管理水平,营造良好的人文环境。

(寿县财政局供稿　李国胜执笔)

霍邱县财政工作概述

2012 年,全县完成财政收入 20.5 亿元,占年度预算 101.3%,增长 16.4%;完成财政支出 47 亿元,占年度预算 108.5%,增长 24%。

【财政收入稳步增长】全县完成财政收入 20.5 亿元,位居全省第 18 位、全市第 1 位。其中地方收入完成 13.2 亿元,占年度预算 105.2%,增长 29.2%。非税收入完成 4.5 亿元,占财政收入总量的 22.1%,同比上升 7.2 个百分点。分部门看,国税部门完成 8.4

亿元,增长1.2%;地税部门完成7.1亿元,增长20%;财政部门完成4.9亿元,增长48.3%。全年完成土地出让金收入10.1亿元,增长13.5%;完成社保类基金收入2.4亿元,增长102.2%;纳入财政专户管理的其他财政性资金6.5亿元,增长25%。

【重点支出保障有力】全年教育、科技、社会保障、医疗卫生、城乡社区、农林水等重点支出分别同比增长20.9%、20.4%、10.8%、9%、28.9%、25.7%,有力促进了各项社会事业发展。全年完成土地出让金支出9.5亿元,同比增长11.5%;完成社保类基金支出2.2亿元,同比增长85.6%。

【民生工程扎实推进】继续实施34项民生工程,投入资金16.6亿元,增长45.6%;其中县财政足额配套1.37亿元,增长18.1%,全年各项民生工程目标任务圆满完成。开展政策性农业保险,午季投保129.5万亩,增长5.5%;秋季投保166.2万亩,分别打卡发放理赔资金1141.7万元和1634.5万元。落实家电下乡政策,全年销售家电下乡产品23.9万台,实现销售额7.9亿元,共发放补贴资金8380万元。开展一事一议财政奖补工作,共申报项目969个,获批复955个,筹集资金8249万元,增长36.9%;其中财政奖补5989万元,群众自筹1938万元,集体资金和社会捐赠322万元,所有批复项目全部完工。扎实做好居民收入倍增工作,实现农民人均纯收入6600元,增收875元,同比增长15.3%。

【支持发展持续发力】积极探索财政支持经济发展的有效途径,实行财政新增存款与县内金融机构新增贷款动态挂钩,促进各金融机构新增贷款11.3亿元。加大中小企业发展投入。县财政年列支3470万元,用于兑现招商引资优惠政策、纳税大户奖励及支持中小企业发展。积极争取项目。编报项目256个,申报扶持资金14.2亿元,到位资金8.6亿元,增长32.1%;争取地方债资金7300万元,占全市28%,总量全市第一。强化财源建设。预算安排支持工业发展专项资金20236万元,增长112.7%;市政建设及重点项目资金23510万元,增长318.6%;支农资金11594万元,增长56.4%,促进经济可持续发展。

【惠农机制不断完善】健全惠农补贴资金管理机制,通过"一卡通"发放财政补贴农民资金6.82亿元,同比增长14.8%,受益40余万农户,人均受益413.3元,人均增收53元。扎实开展农业综合开发,做好2011年农业综合开发项目建设管理,投入资金2215.4万元,实施国家立项项目6个,全部完工。主动作为,切实做好2012年12个国家立项项目、2个省级科技推广项目、7个产业化经营财政补助贴息项目实施工作,投入资金2892.7万元,增长20.6%。加大老区投入,投资1333万元实施左单路冯瓴至柳台段公里改建工程,改善了老区人民生活生活条件。支持土地流转,拨付土地流转补偿资金371万元,促进土地流转。强化支农资金整合,连续三年被省财政厅确定为省级31个财政支农资金整合试点县之一,当年整合各类财政支农资金2.7亿元。

【理财水平逐步提高】积极推进国库集中支付改革,将代理的县直预算单位会计核算职能全面退回,强化财政平台一体化建设,全年共办理国库集中支付业务16亿元。积极推行公务卡制度改革,县直预算单位累计办理公务卡652张,通过公务卡支付公务消费支出2230万元。健全和完善政府采购制度,累计实现政府采购额1.21亿元,同比增长99.8%,节约资金1680万元。推进基层医疗卫生改革,做好基层医疗卫生机构化债工作,兑付首批化债资金721.4万元。加强国有资产管理,按规定程序处置行政事业单位房屋面积2789.3平方米、土地2073平方米、车辆25辆,总价值465.5万元。完善指纹认证管理,通过指纹比对,年节约财政支出125.6万元。清理地方财政专户,拆并财政专户13个。强化财政监督,在全县12个乡镇财政分局设立财政监督检查室,其他20个乡镇财政所各明确一名财政监督检查员,每年选择1—2项专项资金进行监督检查,增强了县乡财政监督力量,健全了乡镇财政资金监督管理机制。配合做好其他工作,列支学生营养餐9860万元,近12万名农村中小学学生营养得到改善。做好"两税"征管职能划转,保证了6月1日前人员及相关资料归档移交完成。

【效能意识不断增强】推动创先争优,党员采取多种方式做出公开承诺,局领导对所联系的支部和党员开展点评。提升机关效能,全面清理、规范财政行政职权,简化工作流程,提高服务效率。深化机关党建,继续开设"财政讲坛",加强党员教育管理。分别与三流乡香店村、彭塔乡千金田村、冯瓴乡新仓村组建联合党委和联系总支部,制订活动规划,开展走访座谈,拨付资金10.7万元,用于村级组织活动场所建设及开展扶贫慰问。周密部署,深入开展"保持党的纯洁性"主题教育实践活动。加强乡镇财政建设，按规定程序将符合条件的12个乡镇财政所升格为财政分局。投入资金400多万元，加强乡镇财政所基础设施建设，已全部完工投入使用28个，4个正在抓紧施工。开展“廉政文化进家庭”，当年被列为全省13个“廉政文化进家庭”示范点之一。

（霍邱县财政局供稿　鲁俊贤执笔）

舒城县财政工作概述

2012年，全县财政收入实现9.7亿元，国税部门组织收入3.3亿元，地税部门组织收入4.6亿元，财政部门组织收入1.2亿元；全县财政支出实现27.4亿元。

【积极组织收入】依法组织财政收入，强化收入征管措施。重视对收入形势的分析预测，加强与国、地税部门协调，分月调度；抓住重点税源，加强对重点企业和行业的税源监控，清缴欠税、漏税，确保收入及时、足额、均衡入库；加强非税征管，确保符合规定的非税收入全额入库。

【财政保障实力增强】合理调度资金，保障民生工程县级配套增支，基层医药卫生体制改革增支，教育法定增支、事业单位绩效工资改革、公务员津补贴提标、文化改革配套、水利投入、社保扩面提标、保障性安居工程、公共交通等新增支出，以及地方债券转贷还本付息。当年教育支出6.7亿元，同比增支8273万元，增长14.2%；社会保障和就业支出3.1亿元，同比增支6032万元，增长24.1%；农林水事务支出5.1亿元，同比增支9457万元，增长22.9%；交通运输支出1.1亿元，同比增支2111万元，增长24.7%；住房保障支出1.3亿元，同比增支3474万元，增长34.8%。民生出保障有力，十三大类财政民生支出23亿元，占财政支出总量的84%，同比增长14.1%，高于财政总支出增幅0.7个百分点。重新调整乡镇财政体制，实行“核定收支，预算统编，超收分成，财力补助，一定五年”的财政体制，最大限度地保障乡镇基本支出需求。

【国库管理制度改革】开展财政专户清理整顿工作，所有财政专户包括乡镇资金归口国库统一管理。建立财政国库、国库集中支付中心、各业务股室、代理银行与人民银行多方参与的全面对账制度，确保财政专户资金的安全有效运行。

【国有资产管理改革】对坐落在城区的112家县直行政事业单位（不含自收自支、企业化管理的事业单位）的房产、地产的产权全面移交到县国资办管理。完成全县213家行政事业单位资产管理信息系统数据的采集及录入工作，建立国有资产管理数据库。严格按程序做好行政事业单位资产处置工作，共处置资产20件，资产处置收入1954万元，足额上缴县财政非税专户。

【惠民资金发放】惠民直达信息管理系统正式运行，打卡发放惠民补贴资金达28大项，打卡116批次，发放资金额达3.68亿元。

【财政监督】县财政局配合审计、人社、卫生等相关部门，对金融机构2007—2011年五年来社保基金执行优惠利率工作进行全面清理算账，清理并补缴入库社保资金1723.9万元。开展对革命老区资金河堤除险加固工程、县医院大楼基建工程、2012年支持油茶产业发展专项资金项目、2011年现代农业发展资金项目的绩效评价。开展对农委、卫生局、国土局、公安局、科技局、教育局、人社局、建设局、行政执法局和民政局等10个县直行政事业单位预算编制、执行、资金使用、国有资产管理、政府采购制度执行、银行账户管理、会计制度及财务管理办法执行情况的检查；开展对行政服务中心、国土资源局、房管局协助征收契税、耕占税工作奖励资金的拨付及使用情况的监督检查；开展对县经适房开发有限公司、城关粮食储备库、城关人民医院、城关二小四单位会计监督检查；开展农村公路危桥加固项目专项检查。同时，开展财政内部监督检查工作，强化内部防控，保障资金安全，提高管理效能。

【自身建设】以开展财政“绩效创新年”活动为抓手，总结创先争优成果，扎实开展保持党的纯洁性主题教育实践活动，及时组织学习贯彻党的十八大精神，提高财政干部的政治素养。加强政风行风建设，认真落实岗位责任制、微笑服务制、挂牌上岗制、一次性告知制、限时办结制、回执报备制、岗位值班制、失职追究制、绩效考评制等十项制度，开展创建“五型”机关、“人民满意的财政所”和机关效能建设等活动。认真开展政风行风评议工作，聘请由社会各界参与的政风行风监督员，召开政风行风评议工作动员会议，听取监督员的意见和建议，注重抓好整改。扎实开展党风廉政建设，组织开展“两上桌、两上墙”活动，局股室、局属各单位结合本股室、单位的工作，制作工作流程图，查找廉政风险点，落实廉政风险防范措施。制定《财政局机关接待制度》，坚持对口接待，减少陪客人数。同时,严禁公车私用,控制公款旅游,压缩“三公”经费支出,推动节约型机关建设。公开招录了5名大学生充实到局属单位工作。

【乡镇财政建设】千汉河镇、千人桥镇、棠树乡财政所于当年升格为财政分局。公开招录2名大学生,分别分配到千人桥镇财政分局和开发区财政所工作。新建千人桥镇、晓天镇、万佛湖镇财政所(分局)办公楼,大大改善乡镇财政基础办公条件。桃溪镇、干汊河镇财政分局被授予创建规范化财政所省级先进单位,百神庙镇、棠树乡、高峰乡、庐镇乡、阙店乡等财政所(分局)被授予创建规范化财政所市级先进单位。五显镇财政所被省财政厅授予“全省财政系统先进集体”称号。城关镇等19个乡镇财政所(分局)被县政府授予“人民满意的基层站所”称号。

(舒城县财政局供稿　夏玉中执笔)

金寨县财政工作概述

2012年,金寨县实现财政收入5.8亿元,比上年增加4612万元,增长8.6%;完成支出27.2亿元,比上年增加5.3亿元,增长24.2%。

【加快经济转型发展】出台促进县域经济平稳发展36条意见,加快县域经济发展步伐。一是推进工业经济发展。安排资金1500万元,采取“一厂一策”的办法,支持金安钢铁等骨干企业加快发展;安排重点企业扶持资金1268万元,用于企业纳税奖励及搬迁工作;筹集资金1400万元,促进工业经济布局调整和企业转型升级;扩充利达担保公司注册资金3000万元,增强其担保能力,全年利达公司为工业企业提供贷款担保4亿多元。二是推进城镇经济发展。努力做大县城投公司融资平台,注入城投公司资本金1亿元,全年城投公司实施重点项目58个,完成投资额4.76亿元,县城新城区功能配套及老城棚户区改造全面推进;投入1000万元,完善县城污水处理升级改造工程,提高污水处理能力。投资900万元,用于新老城区环境保洁;筹集资金近5亿元,从土地出让金中安排5000万元,支持现代产业园区功能规划、农户搬迁、土地报批等,加快园区发展;争取上级资金1亿元,县注资5000万元,组建金寨汇金投资有限公司,增加产业园区融资能力。安排资金120万元,推进县城“三城同创”工作开展。三是推进新兴产业发展。设立创业就业扶持专项资金200万元,争取中小企业创新基金70万元,发放小额担保贷款2650万元,支持中小微企业发展;投入9449万元,改造天堂寨风景区、天斑路等县级旅游公路,设立旅游发展资金1100万元,推进全县旅游服务业发展;安排资金450万元用于各种培训,着力提高劳动者就业素质。四是推进特色产业发展。设立特色种养基金500万元,支持特色农产品基地建设,培植特色种养大户;向财政部争取资金2710万元,支持茶叶、毛竹、石斛、皖西白鹅四大产业发展,做强特色品牌;安排资金67万元支持农村土地流转,促进规模经营;开展政策性农业保险和特色农业保险,提高农业抗风险能力。

【推进目标任务落实】强化目标意识,攻坚克难,确保年度目标任务完成。一是千方百计抓收入。构建覆盖县直所有涉税部门的综合治税信息平台,并对信息实行动态管理。加大收入调度力度和频次,强化财税部门工作会商和绩效考评机制,对重点行业、重点税源、重点税种实行重点监控,加强非税收入“收支两条线”管理,开展土地出让金清理,力促多收、超收。二是多措并举抓争取。抢抓中央和省支持革命老区、贫困地区发展的政策机遇,积极向上争取政策和资金,全年共获上级各类补助资金22亿元。三是统筹安排抓支出。重点加大对农业、科技、教育、文化、社保等方面的投入,对会议费、接待费和车辆购置费等一般性支出进行严格控制。全县民生工程配套、地方津补贴提标、“5+1” 项目前期费用等得到及时保障,县乡财政运行平稳。

【提升财政保障能力】强化财政保障职能,推进公共服务建设和社会管理建设,努力实现公共服务均等化。一是完善县乡财政体制。出台新一轮财政体制,将财力更多向乡镇倾斜。进一步明确乡镇收支范围和基数,将有利于乡镇管理的收入和支出全部划归乡镇,同时提高乡镇会议费、交通费的补助标准,专项安排民生工程项目管护、新农合、计划生育、综治维稳、生态环境保护等方面的专项资金,加快乡镇发展。二是促进社会事业协调发展。支持教育优先,全年安排义务教育阶段公用经费5355万元,保证教学工作需要。建立科技投入稳定增长机制,全年安排科技经费支出135万元,争取技术创新服务体系及平台建设资金140万元,支付上年度科技进步奖50万元,加快科技兴县步伐。促进文化发展繁荣,安排专项资金686万元,用于革命遗址修建、维护和文物保护;安排资金40万元,用于影剧院运行、群众文艺创作、农村电影放映等。完善计划生育投入保障机制,全年安排计划生育经费4500万元。安排基层医疗卫生机构经费2800万元,深化医药卫生体制改革,同时,提高了村卫生室补助标准,建立了药品采购周转金制度,开展了基层医疗卫生机构债务化解,全年化解基层医疗卫生机构建设性负债1466万元。三是推进乡镇财政建设。发挥乡镇财政就地、就近监管和服务功能,实施"信息通达工程",将乡镇运行的所有资金纳入乡镇财政监管范围。加大对惠民补助对象的审核力度,全年打卡发放惠民资金5.46亿元。推进县乡财政一体化,从财政局机关选派23名财政干部到乡镇财政所(分局)挂职,提高乡镇财政管理和服务能力。开展规范化财政所创建工作,全县有17个财政所被评为省、市级规范化财政所,14个财政所被评为省、市、县文明单位。

【努力保障改善民生】筹集资金6.96亿元,其中县级配套6960万元,群众自筹7641万元,推进全县民生工程建设。一是完善工作机制。按照民生工程建设要求,重点在项目选择、工程审计、协调推进、职责分工上加大推进力度,突出部门之间、县乡之间联动,做到既加快个别项目进度又促进整体工作大干快上。二是强化资金保障。将民生工程配套资金纳入预算管理,加快补助、补贴类资金支付进度,农村居民最低生活保障、城乡居民养老保险等项目提前完成年度发放任务。三是强化项目建管。实行项目建设定任务、定时限、定奖惩等"六定"工作机制。所有建设类项目实行公开公示制、招投标制、县级报账制等"十制"管理办法,项目资金实行国库集中支付。开展建设类项目"回头看",邀请部分人大代表及相关群众赴项目建设现场实地督查,及时听取意见建议,及时进行改进。按照"建管并重"原则,安排项目管护资金500多万元,确保项目长久发挥效益。四是强化倍增工作实效。全面细化分解收入倍增各项指标,将收入倍增工作纳入经济社会发展之中,通过支持培训、促进就业、支农惠农、做强特色等方式,支持群众增收快富。经过不懈努力,收入倍增工作核心指标、发展指标和增收性指标全部完成。

【深化体制机制建设】通过完善体制机制,努力破解财政发展中的各种矛盾和问题。一是规范部门预算管理。不断完善定员定额管理机制,细化预算基本支出定额标准,规范预算编制、执行和预算公开。将绩效目标与部门预算全面融合,推进绩效预算动态管理。加强财政供养人员和综合治税信息化建设,夯实预算管理基础。建立偿债准备金制度和债务预警制度,提高预算管理的前瞻性。二是深化国库集中支付制度改革。全面推进会计集中核算向国库集中支付转轨,将县直和乡镇的会计核算业务划归原单位,进一步明确单位会计主体职责;推进财政内控机制建设,将各类财政专项资金纳入国库集中统一管理,严格实行钱账分管、印鉴分管制度,健全内部定期审核和大额资金支付再确认等制度,严防财政运行风险;开展账户清理清查,将闲置两年以上的各类结余资金进行清理归并,按照"渠道不乱、用途不变"的原则,继续用于民生、农业等相关建设,有效发挥资金效益;开展账户年检及财政专户清理合并,县级保留财政专户20个,乡镇保留账户4个。三是强化政府采购监管。开展电子化政府采购管理试点,初步搭建起信息公告、预算管理、方式审批、资金支付和监控管理为主要内容的信息化系统,完成了内网管理与外网平台互联互通,初步实现了政府采购电子化改革目标。全年工程招标采购项目201个,实际支出5.94亿元,综合节支率19.3%;货物和服务采购实际支出1.31亿元,综合节支率11.21%。四是推进农村综合改革。扩展农村金融网点覆盖面,开展农村金融产品和服务方式创新,推进农村信用体系建设,建立农户、中小企业和农民专业合作组织信用数据库,推行农户信用评价制度,设立农户电子信用档案,全省首家农村金融服务室在金寨开始试运营。

【加快"三农"发展步伐】全面贯彻强农惠农富农政策,不断加大"三农"建设投入,切实推进美好乡村建设。一是加快农村基础设施建设。全年新修乡村道路76条、实施"一事一议"财政奖补、库区移民后扶、财源基地建设等项目近2000个,改造农村危房4700户。按照每亩10元的标准安排农田水利建设资金,实施"小农水"项目168个,进一步增强农业发展后劲。开展农村公益事业建设"四自"管理模式创新,在省内外引起较强反响。二是加快现代农业发展。投入资金2015万元,在铁冲、吴家店等乡镇实施农业综合开发。筹措资金891万元,重点支持大别山科技、安态等龙头企业发展。整合支农资金2.63亿元,集中用于农业基础设施建设和农业产业化发展。深入开展产业化扶贫试点,强化村级互助资金与专业合作组织对接，全县依托互助资金支持的农业专业合作社达15家。三是推进美好乡村建设。投入专项资金1000万元,吸纳社会资金457万元,在梅山、响洪甸水库周边开展环境连片治理。投入770万元,对白塔畈、古碑等乡镇周边环境进行综合整治;投入资金245万元,实施农村沼气工程,推进农村改水、改圈、改厕等;投入390万元,在3个乡镇实施农村清洁工程等;将全县23个乡镇、74个行政村、891个自然村庄分批纳入美好乡村建设规划，全年对全县28个行政村中心村庄实行了集中整治。

【强化机关效能建设】把转变机关作风、提高服务绩效作为机关建设的核心内容，努力展示财政部门良好形象。一是完善制度建设。组织开展制度梳理,对已过时的制度及时进行清理,对不完善的制度及时进行完善,并出台一系列新制度,进一步健全制度管理体系。坚持按制度管人、管事、管财,做到对事不对人。二是推进效能提升。推进理想信念教育和素质教育,开展重点项目调研和财政管理调研,狠抓机关党建和文明创建,完善政务公开和“社会评议股室所”活动,深化各项内业管理和干部人事管理,机关服务绩效进一步提升。三是推进廉洁理财。通过廉政教育、廉政文化建设、警示教育等,强化党员干部廉洁自律意识,提高拒腐防变能力;全面推进廉政风险防控，完善权力运行流程，细化权力运行环节和重点,完善风险防控措施,开展轮岗交流和内部互审,真正将廉政风险防控落到了实处。当年,县财政局被评为全省创先争优先进基层党组织,《中国财经报》、《中国财政》、《经济日报》等相关媒体对金寨财政工作给予了积极报道。

(金寨县财政局供稿　吴孔文执笔)

霍山县财政工作概述

2012年,全县完成财政收入19亿元,比上年实绩增长18.7%。其中:中央级收入11.3亿元(含出口退税1.2亿元),增长19.8%;地方级收入7.7亿元,增长17.3%。全县财政总支出20.4亿元，增长15.8%,其中:偿还到期政府债券1900万元,专项上解支出236万元,一般预算支出20.2亿元。

【支持经济发展促增长】认真落实省、市关于促进经济平稳较快发展的实施意见，充分发挥财政职能作用,支持县域经济加快发展。落实结构性减税、减免费和财政补贴奖励等政策，为企业办理出口退税、免抵调库等1.98亿元,实施营业税改征增值税294户，兑现迎驾贡酒股份有限公司上市税收优惠政策683万元,设立千万元企业助保金,撬动亿元以上信贷资金和民间资金，完善落实财政性公存资金与各金融机构贷款增量挂钩政策,推动银企合作,激励银行增加贷款额度支持中小企业发展。继续设立200万元旅游专项资金加大对旅游业支持力度。大力培育工业主导产业,拨付1500万元专项资金支持企业科技创新,通过体制结算和预算安排1.35亿元专项资金支持经济开发区、落儿岭省级工业园、高桥湾科技园区和乡镇工业集中区平台建设；利用城镇建设投资公司平台筹融资7亿元，保障重大项目推进实施,促进全县经济和社会事业的发展。积极配合相关部门,及时编制和谋划一批重点项目,累计对上争取专项转移支付和各类政策性资金8.95亿元,其中均衡性转移支付总额达到4817万元,生态功能区转移支付总额达到3734万元，节能环保项目资金4812万元,农田水利建设资金11366万元,保障性安居工程资金10251万元,农业综合开发资金1502万元,农村公路建设4253万元,教育校舍建设资金2719万元,项目和资金争取均实现新突破。

【推进民生工程促和谐】全县民生工程总投资5.05亿元,其中:中央和省级补助4.3亿元,县级配套5300万元,群众自筹2200万元。农村低保、新农合、城乡医疗救助、“五保户”供养、义务教育等3.5亿元补助补贴类项目资金,按政策规定实现序时发放;新型农民、就业技能等300万元教育培训类项目全面完成，累计培训6200余人次;1.5亿元建设类项目除部分廉租房、公租房、农村危房改造和病险水库除险加固等跨年度工程在建外,其他建设工程均已完工。实施过程中,县乡财政部门主动发挥牵头职责,进一步完善工作机制,加大工作宣传,加强资金预算保障和管理,注重协调沟通,强化督查考核,有力推动了各项工程的顺利实施,同时,建立农村公路、沼气能源、卫生室、农村安全饮水等工程养护和运行管理制度,完善民生工程资金配套及拨付办法,积极探索长效机制,确保民生工程持久发挥效益。

【落实惠民政策抓统筹】全力支持美好乡村建设，通过政府性基金和整合涉农资金筹集美好乡村建设资金4280万元,全年实施项目点21个。健全惠民直达机制,完善财政补贴资金管理各项制度,及时由县级统一打卡发放粮种补贴、成品油价格补贴等各类惠民资金2.8亿元,同比增长11.2%。健全农业投入保障机制,加大财政“三农”投入,大力推进现代农业发展,全年共完成支农支出3.6亿元,同比增加36.6%。推进政策性农业保险工作,规范做好水稻、油菜等农作物和能繁母猪承保工作,综合投保率达92%以上,及时查勘,合理定损,打卡支付各类理赔资金152万元。积极开展特色农业保险工作,对国家级和省级公益林实施森林保险,并选择大化坪镇、落儿岭镇、诸佛庵镇实施商品林保险,切实增强林业抗风险能力。加大农业综合开发力度,全年争取国家农业综合开发项目8个,总投资1950万元,其中财政资金1484万元,企业及群众自筹资金466万元。继续深化农村综合改革,全面推进村级公益事业建设“一事一议”财政奖补工作,全年实施财政奖补项目213个,工程总投资2944万元,其中财政奖补资金2670万元,工程已全面完工,乡镇实施“一事一议”项目覆盖面达100%,村级实施面达94%,群众受益面达89%。

【关注社会热点保稳定】切实关注社情民意,维护干部职工和广大人民群众的切身利益,促进社会和谐稳定。推进城乡居民收入倍增规划实施,完善促进就业、扶持创业、完善社保、工资增长、强农惠农、公共服务、扶贫开发、产权保护和投资理财等政策措施,定期监测各项指标完成情况,及时掌握动态,分析评估,提出建议,确保政策落实。及时制订分年补发干部职工津补贴方案,积极筹集资金,对当年补发的2200万元一次性打卡发放,第一时间兑现其他事业单位绩效工资1200万元,配合做好公务员津补贴提标和其他事业单位绩效工资提标落实工作,足额打卡发放提标津补贴2800万元。支持深化医药卫生体制改革,把公共卫生支出全额纳入财政保障,实行药品采购资金财政网上平台直接支付结算,积极做好基层卫生院化债工作,全年化解债务2800万元,制定财政补助运行机制,稳妥推进县级公立医院改革。加强城乡低保发放工作,建立物价上涨联动机制,全年发放城市低保补助1276万元,农村低保补助2173万元,同比分别增长3%和27%。加大农村基层组织建设支持力度,大幅提高村干部报酬,由人均6000元增至人均11000元左右。

【深化财政改革求精细】进一步深化国库集中收付制度改革,今年新增7个单位纳入国库支付系统,全年集中支付资金2.4万笔共计6.5亿元。扎实开展财政专户清理整顿工作,撤并非税专户3个、支出专户16个。稳妥推进公务卡改革,县直预算单位公务卡改革已全面展开,乡镇自2013年元月份起开展公务卡改革。推进项目支出预算绩效管理,主动公开经人大批准的财政预决算报告,认真做好部门预决算批复工作。加快推进财税库银横向联网工作,在全市率先实现行政事业单位社保费网上申报缴库。不断完善公共财政预算、国有资本经营预算、政府性基金预算和社会保险资金预算四大预算体系;规范财政支出管理流程,狠抓财政增收节支,严格控制人、车、会、外出考察等一般性支出。先后对种粮大户补贴、保障性住房、大中型水库后期移民扶持、县级旅游发展资金等重点支出项目开展绩效评价和专项检查。加大会计法规宣传,加强会计从业行为和会计资格考试管理。扎实开展县乡财政一体化管理,努力提升乡镇财政科学化精细化管理水平。

(霍山县财政局供稿)

马鞍山市财政工作概况

马鞍山市财政工作综述

2012年,马鞍山市财政部门紧紧围绕“转型发展、一江两岸协调发展、建设更高水平小康社会”的战略目标,全力推进大建设、大发展,在“生财、聚财、理财、用财”上做文章,各项工作扎实、稳步推进。全市实现财政收入210.6亿元,完成预算100.9%,增长13%;财政支出176.9亿元,完成预算99.6%,增长27.9%;结余7730万元,其中:结转下年支出7398万元,净结余332万元。

【发挥财政职能作用,扩投资稳增长】一是调结构增后劲。认真落实促进产业发展扶持政策,投入资金6.2亿元,支持地方企业加快转型发展。二是抢机遇争支持。争取中央和省财政专项资金9亿元,推进科技创新、节能减排和基础设施建设;争取市中职园1500万欧元外国政府贷款和慈湖河综合整治1亿美元世界银行贷款。三是扩内需抓落实。发放家电下乡、老旧汽车报废更新补贴资金8900万元。落实小微企业和园区企业减免收费政策,免收2000万元。向出租车、城市公交等行业发放油价补贴资金1.1亿元。四是抓改革促发展。当年10月1日起,全市交通运输业和部分服务业顺利实施营业税改征增值税试点改革。

【推进综合治税工作,抓征管促增收】一是建立收入征管联动机制。实行收入目标责任制,按月考核通报。定期召开财政、税务、海关、人民银行国库联席会议和税源管理工作专题会议,研究财政经济运行情况。二是加强税源管理。实现工商、税务等涉税信息实时对接,加强信息分析,强化稽查和评估,查补税款3.9亿元。三是规范税收秩序。建立房地产、建安行业和矿山企业税收征管联动机制,存量房交易、网吧登记“先税后证”机制以及涉税财物价格认定机制,堵塞税收征管漏洞。四是强化非税收入征管。重点加强国有资产转让、经营收益和有偿使用收入征管,非税收入及时足额入库。

【优化财政支出结构,惠民生促和谐】实施40项民生工程,全年投入资金30.3亿元,增长23%,惠及230万城乡居民。一是生活保障能力增强。全市农村低保、五保户供养、城乡居民养老和计生家庭奖扶资金及时足额发放,保障性住房开工率100%。二是医疗卫生保障水平提高。新农合和城镇居民医保参保超额完成任务,重大传染病人救治和城乡医疗救助顺利实施,贫困白内障患者免费复明手术提前完成任务。三是城乡教育基础得到巩固。及时发放家庭经济困难学生义务教育保障金2万人次计1.46亿元,中小学校舍安全工程建设完工率100%。四是文化设施建设稳步推进。全市29个公共电子阅览室和271个广播电视“村村通”工程全部完工。五是倍增规划有序推进。围绕“就业提升、创业富民、民生普惠、财富增值”四大工程,加强协调调度和分类指导,城乡居民收入倍增工作有序推进。

【加强涉农资金统筹,惠三农强基础】一是巩固农业基础地位。安排专项资金6804万元,重点支持慈湖河综合整治等水利基础设施项目建设。争取上级财政资金6000万元,实施22个农业重点项目。二是改善农村人居环境。投入1.35亿元,持续推进农村公益事业“一事一议”财政奖补工作,惠及134万农村人口。制定美好乡村建设财政奖补办法,整合各类涉农资金,支持美好乡村建设。三是增加农民收入。发放各类惠农补贴4.4亿元。支持新型农民培训工作,培训农民1.3万人,提高农民创业致富技能。

【推进科学化管理,提效率增活力】一是完善“开门办预算”机制。公开评审市直预算单位申报的1219个项目预算,实现项目支出预算评审全覆盖。二是强化支出管理。教育和公立医院实施“政府花钱购买服务”改革。对文化演出及公益性服务场所物业管理、公务车辆保险和维修等,招标购买服务。改革会议费、车辆经费和信息化经费管理方式,硬化预算约束。三是加强财政资金管理。全面清理市直预算单位历年结转、结余资金,收回1.77亿元统筹使用。完善市直行政事业单位银行账户和财政专户管理,推进公务卡制度改革。四是深化投融资管理体制改革。建立健全市级与县区投融资平台联动机制,完善政府债务动态监控机制。

【完善国资监管机制,强监督促管理】一是出台市直行政事业单位国有资产配置管理暂行办法,开发产权交易电子竞价系统,对外公开招租房产,年租金平均溢价42%。二是监测47户国有及控股、参股企业,掌握企业资产和所有者权益状况。三是将部分行政事业性资产划转市城投集团授权运营,增强政府平台公司投融资能力。

(马鞍山市财政局供稿 尹昌元、邓大伍执笔)

花山区财政工作概述

2012年,原金家庄区和花山区合并,成立新的花山区。全年实现财政收入35.2亿元,同比增长18.5%,财政支出24.6亿元,同比增长57.6%。

【强化协税护税意识,确保税收应收尽收】建立协税护税机制,制定协税护税工作实施方案,建立区、街道、社区(村)三级协税护税工作网络体系,构建全区协税护税信息共享平台。花山开发区税收工作站对园区周边税收实行封闭式管理,查补入库税收300多万元。并完善花山区个税综合服务中心,集工商、国税、地税、银行金融服务等部门于一体,政府主导资源整合,信息共享,个体税收年增收1000多万元。

【促进结构调整,优化财力配置】着力推进产业转移和结构调整,促进花山区大发展、大推进、上台阶。全力调度资金用于征迁拆迁、软件大厦建设、园区配套、马濮旅游大道绿化工程、农民安置房、廉租房、土地复垦等重点项目。同时,扶持奖励中小企业,重点加大软件科技企业投入。对城市建设、老旧小区整治、文明城市创建安排资金予以保障。

【着力改善民生,促进和谐花山建设】全区民生工程投入加大,推进顺利。实施城乡义务教育经费保障机制改革,财政累计拨付免杂费、免贫困生书本费,以及生均公用经费等补贴资金等教育投入2亿元,占区财力35%,“校安工程”建设超额完成年度目标任务。财政投入城乡基本医疗保险、公共卫生等1937万元,扩大医保覆盖范围,提升社区公共卫生服务水平。城乡低保、廉租房和安置房建设、老旧小区改造、残疾人救助、劳动就业等民生工程投入也较大幅度增加,取得了明显效果。

【深化财政管理改革,完善公共财政体制】制定新一轮区与街道、区与园区财政体制,理顺区与街道、区与园区财政分配关系,建立分级管理、自求平衡、自我发展的财政激励机制,财力适度向基层倾斜,壮大基层财力。健全非税收入信息系统和核算体系,加强非税票据清理。全区一级预算单位全面开展清理、登记固定资产,实行信息化管控、动态化管理,使固定资产采购、使用、转移、处置规范有序。清理农村“三资”,培养村级干部依法管理资产意识。加强“小金库”治理,对区直部门签定《禁设“小金库”承诺书》。

(花山区财政局供稿)

雨山区财政工作概述

2012年,雨山区完成财政收入18.2亿元,同比增长31.9%。财政支出10.8亿元,同比减少11%。

【保持财政收入稳定增长】一是推行收入目标责任制,及时将收入任务分解到各征管部门和各单位,做到目标明确、责任落实。二是建立定期协调机制,定期召开财税工作会议,及时协调解决组织收入中存在的问题,把握工作主动权。三是完善税源监控体系,建立涉税信息平台运行机制,跟踪管理重点领域、重点行业和重点税种,提高组织收入的主动性和预见性。四是推进科学征管,坚持收入分析、纳税评估、税源监控、收入稽查“四轮驱动”,推动税源管理和收入征管向精细化转变。五是加强非税收入征管,加强对国有资产转让、经营收益、有偿使用收入等非税收入征管,非税收入及时足额入库。

【支持区域经济较快发展】一是实施好结构性减税政策,落实增值税、营业税起征点提高政策,交通运输业和部分现代服务业营改增政策,贯彻实施国家减免行政事业性收费政策,减轻中小企业负担。二是大力扶持中小企业发展,出台《雨山区促进实体经济持续健康发展暂行办法》,安排再生资源企业政策奖励资金4810万元,工业转型发展专项资金357万元,推动经济转型升级。三是整合使用财政专项资金,多方搭建融资平台,引进多家金融服务企业,帮助企业解决融资难题。四是加大经济开发区基础设施建设投入,安排开发区项目和基础设施建设资金7417万元,帮助开发区融资1.5亿元。

【推进民生项目全面实施】实施40项民生工程和10件为民办实事项目,分别投资9.96亿元和1.5亿元。湖南新村改造工程、雨山西路危旧房改造、蒙牛PET拆迁项目、霍里山公园周边综合整治城市棚户区改造项目按进度完成。向硫矿工矿棚户区改造项目完成项目投资4.4亿元。农民安置房完成7个老旧小区综合整治,受益群众6902户,完成投资2220万元。投资3500万元建设军民路、朱然路、钟山路、朱然公园步行街道路、新安花园南侧道路、春江雅苑小区南侧道路、阳湖花园小区西侧道路、明清经典园南侧等8条城市道路。投资1000多万元建设雨山公办幼儿园、采石公办幼儿园等四所幼儿园。

【切实保障城乡统筹发展】建立财政支农资金稳定增长机制。一是投入村级公益事业建设"一事一议"财政奖补资金273万元,完成奖补项目10个,受益人口2.32万人,总投资513万元。二是通过"一卡通"发放涉农补贴318万元,补贴农户19457户。三是加大政策性农业保险力度,投入保费补贴28.27万元,参保面积4.79万亩,参保率100%。

【提升财政精细管理水平】一是深化预算编制改革,实行"开门办预算",引入专家评审机制,保障预算编制结果科学合理。二是推进财政管理制度改革,全面实行国库集中支付改革,通过建立国库单一账户体系,提高财政资金使用效益。积极清理撤并财政专户,堵塞资金管理漏洞。三是规范地方政府债务管理,积极配合做好政府性债务审计,清理整合区政府融资平台,构建有效的债务风险防范管理体制,防范政府债务风险。

(雨山区财政局供稿　施光庆执笔)

博望区财政工作概述

2012年,博望区完成财政收入8亿元,比上年增收1.97亿元,增长32.5%;财政支出6亿元,增长69%。收支相抵,滚存结余181万元。

【强化税收征管】一是强化目标管理,紧紧围绕财政收入目标,及时分解收入任务,逐月逐季逐项抓落实,加强与国税、地税和银行的联系,定期召开财税协调专题会议,确保收入均衡入库。二是狠抓重点税源监控,继续加强全区重点行业和重点企业税收管理,完善协税护税机制,确保应收尽收。三是加大收入稽查力度,支持税务部门开展税收检查,积极清缴欠税,查处偷、漏税行为,堵塞税收漏洞。

【加强资金监管】通过加强制度建设,深化财政改革、狠抓财政监督检查等措施深化财政资金使用监督,科学安排各项财政资金。一是完善规章制度,制定《博望区财政预算资金管理暂行规定》、《博望区经费支出及资金审批暂行规定》。二是加强财政资金管理,深化部门预算、"收支两条线"管理、政府采购等改革,加强财政资金管理。三是开展财政监督检查,开展涉农资金、社保资金、家电下乡补贴等各项资金检查。四是清理整顿财政专户,财政专户由15个减少到8个,进一步规范管理,确保资金安全。

【保障民生支出】一是保证教育优先发展,教育支出1.2亿元,补助公用经费923万元,免除义务教育阶段学生学杂费167万元,发放中小学贫困寄宿生生活费23万元,发放普通高中生家庭困难学生助学金42万元。拨付建设资金908万元,推进农村中小学校舍改造工程建设。二是提高城乡居民生活保障水平,城乡低保实现全覆盖,做到应保尽保,按时足额发放。新型农村养老保险参保率93.88%。发放各类社保资金7990万元。三是提速保障性安居工程建设,三杨、新城、永昌安置房施工进度加快,完成投资4730万元,缓解低收入家庭住房困难问题。四是提升完善医疗卫生水平,投入资金2360万元,完善医药卫生体制改革。支持城镇职工基本医疗保险、深化医药卫生体制改革,推进饮食用药安全放心工程。严格执行国家基本药物制度,实行药品零差率销售,新农合门诊统筹直报覆盖率100%。

【科学精细理财】扎实推进财政基础工作管理,

财政管理效能提高。一是规范财政收支运行。开展部门预算改革,实施国库集中支付,探索公务卡制度改革。简化直接支付审核流程,扩大支付规模,国库资金运转快捷、安全。二是规范政府采购行为。加大政府采购力度,扩大政府采购项目范围。三是规范惠农补贴资金发放。惠农补贴统一打卡发放,及时、足额发放补贴资金。

【加强国资管理】一是整合区融资平台公司,成立区城投公司,加强国有资产管理,为安置房、基础设施建设等重大项目提供资金保障。二是深化区直行政事业单位国有资产改革,制定《博望区行政事业单位国有资产管理暂行规定》,对资产处置、出租收益实行“收支两条线”管理。三是提高资金使用效率,加强全区资金集中调度,优先安排项目急需资金,加速资金周转,缓解征迁、建设资金支出压力。

(博望区财政局供稿　邓大伍执笔)

马鞍山经济技术开发区财政工作概述

2012 年,开发区实现财政收入 17.3 亿元,同比增长 23.8%,财政支出 10.9 亿元,同比增长 67.5%。

【强化税源征管】主动应对增收压力,抢抓税源,确保完成收入任务。一是开展招商引税工作,借力“营改增”试点改革,用活招商引资政策,开展专业招商活动,制定《开发区总部经济招商工作方案》、《开发区鼓励总部经济招商引资奖励暂行办法》。引进税源项目 12 个,注册资金 10 亿元,当年实现税收超 1 亿元。二是强化税源分析和目标考核,定期召开财税库联席会议,科学制定增收措施。三是积极开展协税、护税工作,联合征管各部门走访税源企业 70 多户,制定实施有效的征管服务措施。

【优化支出结构】一是加大基础设施建设投入,安排土地征迁、路网建设以及安置房、保障性住房等重点项目建设资金 10 亿元。二是开展“项目推进年”活动,安排各项政策资金 3.5 亿元、出口退税 1.3 亿元、中小企业扶持发展专项资金 1200 万元,减免行政事业性收费 400 万元。三是促进开发区产业结构升级和外向型经济发展,落实配套政策,促进数字硅谷产业园、台湾正葳电子、康佳产业园等项目落地。四是发展会展经济,为首届海峡两岸(马鞍山)电子信息博览会、2012 中日高新技术中小企业洽谈会提供经费保障。

【加强融资平台建设】全年融资 21.5 亿元,完成考核目标 200%,保障了建设发展资金需求。一是通过与银行、信托、证券公司等金融机构合作,取得土地开发、路网建设、安置房建设、信托产品、约定式购回等多种形式的项目融资贷款 13.5 亿元。二是推进发债工作,成功发行开发区 8 亿元市政项目建设债券。三是开拓融资平台建设新路,加大资本经营,通过土地使用权等有效资产注入、股权投资等方式做强平台实力,公司资产净增 24 亿元,增长 63%。

【民生工程扎实推进】落实统筹发展和民生工程配套资金,推进银塘镇可持续发展。一是加大民生投入,安排民生类预算支出大幅提高。二是保障民生工程项目支出,预算安排 3.3 亿元,确保 27 项民生工程顺利实施。三是教育和卫生投入大幅增加,安排资金 2500 多万元,增长 78%。四是出台促进居民就业创业工作实施意见,完成银塘镇劳动力转移就业培训服务中心建设,启动银塘镇农民创业产业园建设,已有 3 家企业签订入园建设协议。

【提高精细化管理水平】一是细化 2013 年财政预算编制工作,实行“开门办预算”。二是推进财政改革,启动公务卡改革,国库集中支付改革稳步推进。三是推进财政信息化建设,将财政收支、预决算管理、民生工程等纳入信息公开范围。四是做好财政监督和规范公共权力运行工作,配合做好开发区“三公经费”监管和信息公开,有效控制公用经费增长。

(马鞍山经济技术开发区财政局供稿　杨庆新执笔)

慈湖高新区财政工作概述

2012 年,慈湖高新区完成财政收入 5.2 亿元,增长 23%;财政支出 2.9 亿元,增长 71%。

【积极组织财政收入】高新区多措并举,保证财政收入稳定增长。一是坚持财源培植与税源监控并举,强化征管与协调配合并重,提高征管水平,充分挖掘政策、征管潜力,拓宽增收空间,应收尽收。二是开展税源调查,摸清税源收入动态,了解重点税源动向,多角度、多渠道把握税源发展趋势。三是定期召开财税分析会,研判经济形势进行,分析税收完成情况、预计变动情况、重点税源纳税情况,制定征收工作重点和措施。四是发展总部经济,引进贸易企业,加强绩效考核。

【强化资金保障能力】积极创新融资方式,拓宽融资渠道,保证重点支出项目资金需求。一是沟通联系农村商业银行、徽商银行、光大银行等金融机构,获得1.4亿元授信,放款1.1亿元。二是利用应收账款质押发行两期信托产品,第一期8000万元已到账,第二期1.17亿元通过国元信托投资公司审批。三是加强与政策性银行沟通协调,向农发行申请联农村整体搬迁项目贷款2.2亿元。四是按照资产变资本思路,整合园区土地等国有资产,充实做强投融资平台。

【加强财政监督管理】建立科学的财政监督机制,加大民生工程资金、重大建设项目资金监督力度,把监督关口前移,形成事前事中有效控制、事后跟踪问效的监督体系。制定《慈湖高新区公务卡使用管理暂行办法》,提高支出透明度。

(慈湖高新区财政局供稿　汤翠芳执笔)

承接产业转移示范园区财政工作概述

2012年,示范园区财政收入完成3.2亿元,同比增长48%。财政支出3.2亿元,同比增长47.9%。

【坚持依法征管,确保应收尽收】按照"依法征收,应收尽收"的原则,强化税收征管,健全收入目标责任制。财政、国税、地税建立税源信息平台,协力合作深掘税源,优化税收服务质量。做好"营改增"工作,加强重点税源和主体税种征管,完善小税种征管制度,实现财政收入较快增长。

【提升财力保障,加强城乡发展】增加社保、农业、教育、科技等重点支出,提升社会事业和民生工程水平。及时发放民政优抚补助、被征地农民养老金,逐年提升低保和养老金标准。投入1.7亿元促进保障性住房、农村合作医疗、一事一议、美好乡村建设,改善农村教育、医疗、交通以及生活配套功能服务。

【落实财政政策,保障园区发展】建立投融资平台,注册资本5.1亿元,有力支撑园区独立融资。构建以财政、融资、土地收储、资产(本)投资为主要内容的投融资运作机制,项目统筹规划,资源统一配置,资金集中调度,确保资金"借、用、管、还"有效衔接。全年融资7亿元,保障了大建设、大发展资金需求。扩大财政管理制度改革,"乡财区管"、"校财区管"、"村财乡理"纵深拓展,规范了财政收支行为。

(承接产业示范园区财政局供稿　万晓文执笔)

郑蒲港新区财政工作概述

2012年,郑蒲港新区财政收入1.1亿元,同比增收5500多万元,增长109%。开局之年,郑蒲港新区按照"抓好衔接、理顺关系、建立体制、快速推进"的要求,全力开展资产移交、财政体制建立、项目融资和财政收入征收等重点工作。

【设立机构,建立体制】一是设立财、税、库机构。9月1日,郑蒲港新区国家金库投入运行。国地税工作站同步跟进,新区财税库机构建立健全。二是建立财政体制。市政府印发《关于马鞍山经济技术开发区郑蒲港新区财政体制管理体制的实施意见》,建立了市对新区的财政体制。新区印发《关于印发郑蒲港新区两镇财政体制实施意见的通知》,明确新区对两镇的财政体制。三是财政收入快速增长。狠抓税收征管,采取设立代征点等方式,招商引税,新区成立首年财政收入突破1亿元。

【搭建平台,开展融资】成立马鞍山郑蒲港新区建设投资有限公司、安徽新和州投资开发有限公司、马鞍山郑蒲港建设工程有限公司、马鞍山市同创现代农业投资发展有限公司,搭建4家融资平台。通过资产注入等方式,做大做实平台企业,建投公司总资产达27亿元,新和州公司资产达7亿元多元。采取土地收储贷款、信托、项目融资、BT等多方式、多渠道开展融资工作,向市土地发展中心、市城投集团、市徽商银行等借贷4亿元,融资工作取得初步成效。

【债权移交,核资审计】一是在清理登记基础上,对两镇的资产及债权、债务进行交接。二是聘请中介机构开展清产核资和专项审计,摸清家底、划清责任、揭示问题。三是对审计揭示的工程预付款长期挂账、个人借款多等问题,开展专项整改,取得积极成效。

【建立体系,强化管理】一是建立健全财务核算体系。建立新区核算平台,全面启动财务核算工作。

新区指挥部、建设公司等单位财务核算规范、日常报账有序。7月1日起,"乡财区管"工作正式运行。二是规范资金拨付程序。资金拨付程序严格、规范,资金管理岗位分设、支票印鉴分管,确保资金安全。三是合理调度资金。加强沟通协调,确保新区公司注册、土地报批、征地拆迁等工作资金需求。

【加强领导,完善制度】一是成立民生工作领导小组,签订民生工程目标责任书,明确工作责任,开展督查、检查和调度,推进民生工程实施。二是加强资金测算和配套,实施24项民生工程,资金投入3.08亿元,其中:新区配套资金1.12亿元。三是加强制度建设,制定民生工程实施方案等多项制度,有序推进民生工程。

(郑蒲港新区财政局供稿　秦传明执笔)

含山县财政工作概述

2012年,含山县完成财政收入10.9亿元,增长32%,突破10亿元关口;财政支出19.7亿元,增长23.6%。

【民生财政扎实推进】投入资金8.28亿元,完成38项民生工程任务。支持"三农"发展,整合支农资金7000万元,支持大渔滩现代农业示范区建设。调度各类资金近2亿元,支持重点项目、重点企业、重点工程和重点园区建设,夯实发展后劲。

【创新推进财税改革】"营改增"改革试点平稳实施。国库集中支付改革不断完善,清理撤并财政专户35个,实行财政国库归口管理,公务卡制度实现全覆盖。医药卫生体制改革全面深化,完善公共卫生经费预算管理,对基本公共卫生专项经费,实行专户管理,量化考核。投融资体制改革取得成效,制定政府债务管理办法,开展国有资产清查整合,扩大城市投资公司资产规模。

【强化财政监管力度】开展部门预算执行情况、二级事业单位收支情况和会计信息质量检查,对惠民补贴、民生工程、社会保障等专项资金重点检查。完善财政内审制度,推行岗位交叉互审。制定专项资金管理办法,实行财政国库归口管理,不定期开展资金安全检查。修订会议费和差旅费管理办法,制定党政机关公务用车配备使用管理办法。绩效评价工作得到省财政厅充分肯定,在全省考核表彰的县区中位列第14位。

【狠抓财政队伍建设】荣获全省财政系统先进集体,预算股获省级"青年文明号",3名同志在全县百名股长评议中进入前10名。坚持"工作责任化、责任项目化、项目考核化",分解重点工作,建立奖惩机制,鼓励争先争优。加强廉政风险防控预警机制建设,全县现场会在县财政局召开,市委常委、纪委书记沈天鹰来财政局考察,给予高度评价。抓好财政宣传工作,13篇稿件被财政部网站转载,含山财政网站被评为全县优秀网站。认真抓好议提案办理工作,被评为提案办理先进单位。

【加强乡镇财政建设】被确定为全省首批创建规范化管理示范县,县镇财政"一体化"管理经验得到省厅推广。6个财政所(分局)获市级以上创建工作先进单位,其中3个财政所(分局)获省级先进单位。围绕监管范围全面化、监管手段信息化、监管行为常态化、监管方法精细化,加强镇级财政资金监管,确保资金安全。在全市率先开展财政所(分局)档案达标工作,7个财政所(分局)获档案工作目标管理省级先进单位。

(含山县财政局供稿　徐军执笔)

和县财政工作概述

2012年,和县财政收入完成12.1亿元,比上年增收2.9亿元,增长31.4%。一般预算支出21.6亿元,比上年增支4.3亿元,增长24.5%。

【加强财政管理】提请县政府出台《关于资金发放标准和范围的通知》,规范县直及各镇资金发放范围,杜绝滥发奖金、津补贴等现象;提请县政府出台《关于降低企业融资成本、促进企业稳健发展的通知》,解决中小企业融资难、融资成本过高问题,帮助企业缓解融资压力,拓宽融资渠道;建立招待费预警制度,严格控制公务接待支出,核定全县123个单位公务接待费限额标准,对全县78家支出超序时进度的单位下达预警通知书或电话预警;建立工作会商制度,把会商交流作为改进工作作风、推进财政财务一体化的重要抓手,把财政政策制度、管理监督、支持服务送到部门,有效加强预算单位财务制度建设,提升财务财政精细化管理水平。

【服务经济发展】通过争取资金、贷款融资、土地出让、募集基金等方式,为全县重点工程建设筹集和投入资金5亿元;预算安排工业引导资金1500万元、蔬菜产业发展资金1000万元、旅游发展资金300万元;探索应收账款质押、在建工程质押等担保方式,为全县中小企业担保贷款4.52亿元,累计担保贷款20.1亿元,有力帮助企业扩大生产;整合涉农资金3000万元,支持美好乡村建设。

【推进财政改革】 推进国库集中收付制度改革,将单位预算内外资金、财政专项资金全部纳入国库集中支付范围,实现国库集中支付资金全覆盖。试行"开门办预算",聘请10名熟悉财政财务、工程造价、教育、公共卫生等业务的县人大代表、政协委员和基层代表为财政预算评审员,公开评审2013年预算,重点评审重大项目安排、部门新增、调整和30万元以上的项目预算,提出合理化意见和建议,提高预算编制透明度。顺利推进"营改增"试点改革。深化投融资管理体制改革,成立县投融资管理委员会办公室,与县财政局合署办公,与县总工会合作,通过设立城市基础设施建设基金形式,截至当年底累计融资3.2亿元。

【强化民生支出】 加强领导责任、制度建设、资金保障、宣传引导、监督检查五个方面管理,健全民生工程实施协调、进度通报和后续管养制度,建立民生工程资金拨付绿色通道,聘请20名人大代表、政协委员为民生工程监督员。全力保障资金,通过预算安排、整合资金等方式,足额配套县级资金0.66亿元,拨付省33项民生工程资金5.39亿元。牵头开展一事一议、家电下乡、政策性农业保险三项民生工程,实施130项村级集体公益事业项目,涉及农田水利、道路修建、安全饮水、环卫设施和公共文化等;兑付家电下乡补贴6650.8万元,兑付汽车、摩托车补贴1921.4万元;政策性农业保险农户共投保313万元。全面完成收入倍增计划,全县农村居民人均纯收入9470元,增长15%。

【狠抓队伍建设】 一是扎实开展"保持党的纯洁性主题教育实践活动"。二是建立公共权力规范运行预警机制,梳理确定财政职权204项,绘制权力运行流程图129幅,编制和县财政局公共职权目录,通过县财政信息网向社会公开。三是开展结对共建,与历阳镇华阳社区、乌江镇宋桥村、香泉镇孙堡村结对共建,通过争取项目、资金等方式,完善村级基础设施,增强财政干部的群众观念和服务意识。四是加强党风廉政建设,贯彻落实中央"八项规定"、省委"三十条规定"、省纪委"十条禁令"、市委"二十八条规定"、县委《改进工作作风、密切联系群众的规定》,规范公务用车、公务接待,完善预算管理,推进预决算公开。

(和县财政局供稿　李昊执笔)

当涂县财政工作概述

2012年,当涂县财政收入38.4亿元,比上年增收9.4亿元,增长32.4%。完成一般预算支出41亿元,比上年增支26.7亿元,增长53.8%。

【工业强县促发展】 一是推动财政扶持政策向大项目、大工业倾斜,全力推进项目大发展。二是采取收入返还、财政贴息等调控措施,加快产业结构转型,培育财政税收新的增长点,增强发展内动力。三是强力推进招大引强,致力引进高新技术企业、战略性新兴产业、现代服务业和现代农业项目,提升招商引资规模、档次、质量。

【科学理财促增收】 一是加强收入预测分析,密切关注重点税源、重点收入变动情况,增强收入分析的准确性和预见性,及时研究解决收入征管中的突出问题,确保各项收入任务按时、足额完成。二是逐步建立涉税信息平台工作机制,实现涉税信息共享,促进财税挖潜增收。三是加强税源调查摸排工作,掌握税收变化趋势,及时采取调控措施,确保收入按时、足额入库。四是强化非税收入征管,依法征收,全面清理以前年度欠费,确保非税收入征管取得实效。五是建立财税奖惩制度,加大对征管部门、乡镇及园区考核力度,全力实现收入增长。

【关注民生促和谐】 进一步优化财政支出结构,厉行节约,压缩一般性开支,压缩会议和节庆活动经费,"三公"经费压缩不低于10%。保障民生投入,保障全县重点项目的支出,保障全县各项工作正常运转。全县实施40项民生工程,涵盖教育、养老、住房、医疗等方面,打造名副其实的"民生财政"。

【服务三农美乡村】 规范村级公益事业"一事一议"财政奖补工作。引导、组织和推动政策性农业保险试点,扩大农业保险覆盖面。安排6000万元美好乡村建设专项资金,加大农村综合改革力度,整合涉农资金,全力推进美好乡村建设。

【深化改革强管理】 深化部门预算、国库集中支付、政府采购和农村综合等改革,稳步推进“营改增”试点,深入推进县级公立医院改革,推行县乡财政一体化,推进公务卡改革,加强管理,确保财政各项工作稳步推进,取得实效。

【转变作风提素质】狠抓政治业务培训,提升干部职工理论水平和履职能力;狠抓思想作风建设,提升财政干部工作态度、服务意识;狠抓党风廉政建设,用制度约束权力,从源头上预防违规违纪现象。

(当涂县财政局供稿 王秀华执笔)

芜湖市财政工作概况

芜湖市财政工作综述

2012年，芜湖市财政总收入完成337.1亿元，为预算的103.9%,比上年增长15.9%。其中:中央收入125.4亿元；出口退税32.8亿元；地方收入178.9亿元,为预算的111.8%,增长26.5%。市本级财政总收入完成102.6亿元,增长12.9%。市本级财政支出105.5亿元,上解支出13.1亿元,补助区级支出1.0亿元,债券还本支出1.24亿元,支出合计120.9亿元。安排预算稳定调节基金1亿元,年终结余1.6亿元。

【促进财政收入可持续增长】 坚持依法治税、应收尽收和绝不收过头税原则,合理组织收入。建立综合治税体系,深化税源专业化管理改革,加强纳税评估,切实做好税收征管工作。建立非税收入管理考核制度,实现市、县、区非税收入信息管理全覆盖。落实各项结构性减税政策,全年累计减免税收60.8亿元;取消和暂缓4项行政事业性收费,工业园区继续实行零费制，继续减收缓交社会保险费,全年减缓收费7.2亿元；平稳实施交通运输业和部分现代服务业营业税改征增值税试点,全市兑付财政扶持资金7810万元。

【支持经济结构调整和发展方式转变】 出台关于促进经济平稳较快发展的43条实施意见,加大政策措施落实力度,促进经济平稳较快发展。集中财力全力支持战略性新兴产业发展,重点培育和发展汽车及装备制造首位产业。支持中小企业加大研发投入、提升装备水平、提高出口产品竞争力,推进各类“小巨人”企业培育计划实施,完善服务业发展财政扶持政策，加快各类涉企奖扶和引导资金兑付,全市兑付各类企业奖补资金35.1亿元。发挥政府性担保机构作用,对符合条件的中小企业继续实施免费担保,努力缓解中小企业融资难、融资成本高的问题,全年为中小企业担保贷款39亿元;制定企业债、担保补偿等鼓励政策,促进企业多渠道融资。加大企业股权和分红激励试点工作力度,出台7个配套文件,23户企业纳入首批股权和分红激励培育范围，其中5户企业进入实施阶段。制定鼓励采购地产品政策,将56户企业、58种产品纳入地产品政府采购目录。落实“人才特区”政策措施,加快引进创新创业领军人才,兑付人才奖励资金1235万元。支持科博会、电缆交易博览会等会展平台建设,深度拓展经济发展空间。

【强力推进拥江发展战略实施】 制定加快建设江北、推进拥江发展的财税政策,对江北地区的民生工程、社会事业和基础设施项目实行差别补助,自当年起5年内,江北地区上述项目市级资金配套标准比其他地区提高15%以上。市级农林水、教育、卫生、文化、体育和社会保障等方面项目资金安排重点向江北薄弱地区倾斜。全年市级安排江北地区各类项目资金1.6亿元，提供注资、融资担保及借款8.9亿元。按照同城同待遇原则,提高无为县、沈巷镇惠民政策补助标准，新增支出实行专项补助,支持无为县、沈巷镇发展。加大无为西部山区和革命老区扶贫开发力度,继续实施“产业扶贫”,促进贫困地区加快发展。

【切实保障和改善民生】 按照积极而为、量力而行原则,精心实施39项民生工程,全市民生工程政府性投入完成71亿元,占计划的103%。积极实施城乡居民收入倍增规划,加快构建城乡居民收入较快增长多元支撑体系,建立与经济增长相适应的收入增长机制,切实提高城乡居民特别是中低收入群体的收入水平。全市城镇居民人均可支配收入24550元,增长14%;农民人均纯收入9760元,增长16%。大力支持美好乡村建设,全市多渠道筹集资金1.7亿元,切实保障59个美好乡村示范点资金需求。支持农田水利、农村公路等基础设施建设,增加农业科技投入,继续实施粮食直补等各类涉农政策,推进国家农田水利建设投资和建管体制改革试点县建设,拓展政策性农业保险范围,推进村级公益事业一事一议财政奖补。全市农林水事务支出22.3亿元,增长10%。认真落实教育财政投入政策,完善义务教育经费保障机制,支持学前教育发展,推进高校优化整合,加大校舍安全改造力度,加强职业教育建设,促进教育均衡发展。全市教育支出50.8亿元,增长42.3%。完善社会保障体系,落实企业退休人员养老金调标待遇,稳步提高城乡居民最低生活保障标准、困难群众救助标准,建立高龄老人津贴制度,扩大失业保险基金使用范围。加大财政贴息力度,撬动银行发放小额担保贷款10亿元,增长1.2倍,支持城乡居民创业。全市社会保障和就业支出26.2亿元,增长21%。建立健全文化投入稳定增长机制,加快基层公共文化服务体系建设,支持文化产业发展。全市文化体育与传媒支出4亿元,增长33.3%。多渠道筹措资金,加快保障性安居工程建设。全市保障性住房支出30.3亿元,增长74.1%。

【支持节能减排和环境保护工程实施】安排3.3亿元,支持节能和新能源汽车推广应用。安排1.3亿元,支持金太阳示范、太阳能光电建筑应用等节能降耗项目建设,加快可再生能源发展。安排2.9亿元,支持污水处理与雨污分流工程建设,推进污染防治。安排1788万元,支持餐厨废弃物资源化利用和无害化处理,推进废弃物收运和利用体系建设。安排363万元,淘汰落后产能企业4户。安排1.9亿元,实施亩均税收贡献奖励政策,鼓励企业建设多层厂房,促进节约集约用地。安排6.5亿元,支持神山森林公园、大洋埕湿地公园等城市公园建设,打造生态园林城市。安排1.3亿元,支持建成公共自行车租赁系统,引导绿色出行,加快低碳城市建设。

【加强国有资产监管】制定国有企业经营业绩目标考核方案,市属23户国有企业签订目标责任书,强化国有企业激励和约束机制。建立国有企业财务会计信息报送制度,加强国有企业财务和资产动态监管。建立市属国有企业新任负责人履职谈话制度,进一步完善监督制度体系。将市交投公司注册资本金增至55亿元,增强交通建设融资能力。推进报业、广电和奥体等市属企业集团重组,促进企业做大做强。对行政事业单位国有资产实施分类监管,完善行政事业单位国有资产监管体系。合理调配市直行政事业单位办公用房,盘活存量资产,努力实现资产效益最大化。建立国有资产评估审计确认机制,规范国有产权交易行为。加强央企对接,当年与央企合作签约项目49个,总投资610亿元。

【提升财政科学化精细化管理水平】改进财税政策兑付流程,将申报方式由向部门申报调整到市政务服务中心窗口统一申报受理,奖补资金由市财政统一兑付,并实行政务服务中心红黄牌督办制度,进一步提高涉企奖补资金兑付效率。支持医药卫生体制改革,建立公立医院补偿机制,加强公立医院成本管理,探索建立公立医院国有资产绩效考核机制,出台大病医疗补充保险办法。市财政安排公立医院改革投入2.8亿元,增长53%。加强政府性债务管理,做好政法、教育和卫生债务化解准备工作。深化政府采购制度改革,推行网上竞价,提高采购效率。完善中介服务招投标制度,对政府性投资项目中介服务机构实行公开招标,科学确定收费费率,规范项目环评、工程量清单编制、工程监理等领域中介服务行为。牢固树立勤俭节约意识,出台机关厉行节约管理办法,制定38条节支措施,从节约用电用水、精简会议和削减公务接待等六个方面,在行政事业单位开展厉行节约活动,严格控制行政成本。合理安排地债资金和超收财力,重点用于政策性刚性支出、民生、重点项目和偿债准备。推行公务卡制度改革,制定改革方案和配套措施,启动公务卡结算工作。推进农村综合改革,制定村级民生工程公益事业设施运行维护办法,完善村级组织运转经费保障机制,推进农村社会建设。

【推进财政监督体系建设】加强市直预算单位财务管理,全面开展财务检查,对63户单位进行重点检查。加大财政专户清理整顿力度,规范财政专户管理,全市撤销财政专户104个,撤销率达38%。扩大市直机关会计代理核算范围,84户市直单位纳入代理核算,建立联席会议制度,加强代理核算单位财务管理和服务。深化公务用车专项治理,完成党政机关公务用车治理工作，开展执法用车治理，并将公车治理全面延伸到市直所有事业单位、市属国有企业及各类二级机构，实现公务用车治理全覆盖。加强会计中介监管，对22家代理记账机构开展年度审查，规范财务中介机构发展。加强乡镇财政资金监管，认真落实乡镇财政资金监管制度，将所有财政性资金纳入监管范围，实行公开公示、抽查巡查。

【提高财政干部综合素质】 持续推进创先争优活动，市财政局创先争优活动和基层党组织建设得到上级主管部门充分肯定，人民日报、芜湖日报等新闻媒体进行了宣传报道，局机关党委荣获全市创先争优先进基层党组织。积极开展各类主题教育活动。结合财政工作实际，组织“百名财政干部下基层”、“保持党的纯洁性”、“绩效创新年”等主题教育活动。强化了“以人为本，执政为民”的理念，树立了财政良好形象。积极推进“双联系”工作。主动与“双联系”村(社区)联系，逐户摸排“特困户”、“信访户”的情况，了解村级经济社会发展现状，竭尽所能帮助其解决困难，实实在在地让基层和群众感受到党和组织的温暖。加大财政宣传力度。通过“中江大讲堂”、省《政风行风热线》、芜湖政府网“市民心声”在线访谈和会计知识大奖赛等一系列平台，积极宣传财政政策和民生工程知识。高度重视政务公开工作。坚持“公开为原则，不公开为例外”，推进财政预决算信息公开，做好依申请公开工作。积极推进机关廉政建设。坚持标本兼治、惩防并举的方针，积极营造财政业务工作和廉政建设“两手抓”的良好氛围，找准风险点，量化风险等级，实行廉政风险源头防控。全年先后获得全省财政系统先进集体、全市创先争优先进集体和全市纪检监察系统先进集体等39项集体荣誉。

(芜湖市财政局供稿　尹翔执笔)

镜湖区财政工作概述

2012年，全区财政收入累计实现38亿元，同比增收4.97亿元，增长15.1%，完成全年预算任务100%。其中：中央收入完成13.87亿元(含出口退税收入2.19万元)，增长0.2%；地方收入完成24.12亿元，增长25.8%。

【深挖收入潜力，完善支出保障机制】 针对当年严峻的财政形势，年初将年度财政收入任务分解到国、地税各征管部门，狠抓收入进度不放松，并按月召开收入调度会，加强财政收入情况分析，对主体税种和骨干税源进行实时监控。组织财税部门、经济主管部门对产值亿元以上工业企业、重点商贸企业及部分房地产企业进行调研，摸排企业存在的困难，切实帮助其解决存在的问题，保证企业的正常经营，稳定区级财政收入税基。坚持依法理财，强化税收征管手段，对中小企业进行逐户摸底调查，保证零星税收及时足额征收到位。健全非税收入管理机制，进一步扩大非税收入纳入预算管理的范围。按照公共财政要求，进一步调整优化财政支出结构，集中财力支持教育、社会保障、医疗卫生等社会事业发展。加大对学前教育和农村义务教育阶段经费保障的力度，落实好免除城市义务教育阶段学生学杂费政策；争取省市支持，继续实施中小学校舍安全工程；进一步完善社区卫生服务中心(站)的投入机制；认真落实促进就业再就业各项优惠政策；强化增收节支意识，认真贯彻落实中央和省市区关于厉行节约的各项政策规定，严格核定单位人员经费和“三公”经费支出预算，大力压缩一般性支出，切实降低行政成本。

【贯彻民生工程，扩大民生工程影响】 充分利用政府网络、社区宣传栏等媒介，多渠道、多形式、宽领域地宣传民生工程建设。以33项民生工程为抓手，共投入资金4.83亿元，其中：发放低保金3921万元，月人均补差339.5元；发放困难救助金433万元，救助困难户2345户，发放两节“送温暖”慰问金634万元，慰问困难群众8922户；发放医疗救助资金1076万元，救助2684人次；发放计生奖扶资金116万元；发放重残补助204万元；支持义务教育保障经费1792万元，免费提供教科书334万元，练习册124万元；新建公办幼儿园1所，发展9所普惠性幼儿园；报销居民医保医疗费用1788万元，享受待遇1.2万人次；发放廉租房补贴577万元，实物配租913户家庭；埭南2.2万平方米500套和荆山1.4万平方米300套廉租房已开工建设；兑现参加农业保险的受灾农田保险赔偿103.6万元；发放家电下乡补贴资金1039.6万元。

【积极参与部署，助力社区体制调整】 当年下半年，在全市率先进行社区管理体制改革试点，撤销原街道，设立公共服务中心。针对人员、关系、场地、经费调整,区财政按照“财随事走”,“财权和事权相统一”的原则,对公共服务中心和社区的财务管理和经费进行重新核定,并根据公共服务中心和社区的实际功能,调整协护税体制,确保政策的平稳过渡和公共服务中心及社区日常工作的正常开展,为全区社区体制调整的顺利进行提供了有力支撑。

【引导企业发展,及时兑现奖扶资金】坚持对企业的支持引导,在向上积极争取各项优惠政策的同时,充分发挥产业引导资金的作用,助推企业转型提升,努力提升企业品质。全年共兑付产业引导资金2.11亿元,新引进总部企业10家,培育了新的税源增长点,为全区经济的快速、健康、可持续发展注入了新的活力。加强对已落户的企业的跟踪扶持,确保其良性发展,有效刺激区内各类企业的发展,为招商引资工作的开展树立良好口碑。

【细化管理制度,努力提高工作能效】充分发挥财政预算和财政集中核算的监管职能,加大对各部门、街道和国有公司的账务监管力度,巩固国有资产清理成果,完善国有资产管理各项制度,对区内国有资产进一步清理,不断探索国有资产监管新模式。充分运用市场化手段,将可用于经营的存量房产投入到建投公司,夯实以区建投公司为主体的融资平台,充分发挥国有资产效益,增强政府统筹能力;与公共服务中心、教育局及所属学校、幼儿园签订了资产委托管理协议,明确了部门间的权利义务,对拟出租的闲置房屋资产委托中介机构出具租金评估报告,以市场化原则管理出租的闲置房屋资产,全年租金比上年度增加近3倍;对全区公务用车进行编制管理,制作编制卡,实行“一车一卡、一车一档”,共核定行政机关公务用车编制170个,严格执行编制内“报废一辆、新购一辆”的原则,控制公务车辆购置和运行经费。进一步规范政府采购行为,不断完善各项制度,提高效率,加大对政府采购项目的监管力度,在扩大采购范围和规模基础上确保采购质量,全年共完成招投标项目163个,节约财政性资金1.63亿元。坚持完善各项内部管理制度,落实绩效考核机制,积极组织工作人员进行理论知识学习和岗位技能学习,通过营造学习氛围,树立廉政风气来提升财政工作能效。

(镜湖区财政局供稿　高乾、胡蓓执笔)

弋江区财政工作概述

2012年,全区财政总收入完成27.2亿元,与上年同期相比增长14.4%。其中:地方收入17.4亿元,同比增长17%,占财政总收入的63.8%。全年财政支出为13.5亿元,为预算的103%,增长17.4%。

【强化收入征管,合理组织收入】密切跟踪财税政策调整动向,加强同收入征管部门的沟通合作,坚持依法征税、应收尽收和绝不收过头税原则,促进财政收入可持续增长。认真做好营业税改征增值税税源企业调查和测算分析工作,顺利实施“营改增”试点工作。

【落实中央省市政策,促进经济转型发展】完善土地使用税奖补政策、中小企业发展、中小企业担保保费补贴等政策措施,全年兑付各类企业奖补资金2.16亿元。加大对战略性新兴产业、现代服务业和自主创新投入,积极落实高新技术企业税收优惠、出口退税等结构性减免税政策,发挥财政杠杆作用,推进区级经济结构调整和转型发展。

【规范部门预算编制,完善综合预算管理】落实“两上两下”部门预算编制程序,增强预算编制和预算管理的科学性、规范性、准确性、透明性。优化支出结构,严格控制一般性支出。预算安排休现以人为本、集中财力办大事的原则,着力支持民生重点工程项目支出。建立健全厉行节约工作的长效机制,在预算编制中严格执行“三公经费”控制要求。完善预算编制与预算执行、结转结余资金管理、资产管理和支出绩效相结合的机制。

【保障改善民生,促进城乡统筹发展】全面落实惠民政策,不断加大对民生工程资金投入力度,全年投入5.43亿元,完成了36项民生工程。财政支出137万元,首次安排65岁以上老人免费健康体检。积极实施城乡居民收入倍增规划,发放创业富民补贴450万元。全力支持教育强区和义务教育均衡示范区建设。惠民直达工程有序推进,全年累计发放惠民资金27项共计5015.1万元。

【加大财政监督力度,提高财政管理质量】印发《弋江区民生资金管理办法》等资金管理办法,规范资金筹集、审核、兑付操作,提升财政资金管理科学化水平。开展会计信息质量检查,强化考核结果应用,着力提升会计信息质量。贯彻落实国务院第五次廉政工作会议要求,制定方案,明确任务。启动公务卡结算工作,从源头上规范和控制公务消费。

【强化国有资产监管,促进国有资产保值增值】促进行政事业单位资产管理与预算管理、财务管理相结合。完善行政事业单位国有资产信息化管理系统,规范资产使用、更换、处置行为。协助成立宜居公司、高新担保公司、资产管理公司,确定其工作职责,依法监督国有资产的处置及整合利用,增强国有资产营运能力,促进国有资产保值、增值。

(弋江区财政局供稿　郭玉峰执笔)

鸠江区财政工作概述

2012年,全区财政收入完成21亿元,为批准预算的117.7%,增长33.8%,其中:地方财政收入完成13.5亿元,为批准预算的120.2%,增长29.9%。财政收入在上年突破15亿元的基础上继续保持较快增长,总量创新高,财政保障能力进一步增强。全区财政支出完成13.1亿元,增长25.2%。

【积极采取措施,确保收入持续稳定增长】一是加强调研分析、动态监控和部门联动,及时掌握重点税源、重点行业的收入情况,做到依法征收,坚决不收过头税。在抓好收入,规范征管的同时,注重涵养税源,确保可持续增长。二是继续加强综合治税,开展全面税收清查工作,完成158户企业税收级次划转和入库税款调库工作,促进全区企业涉税信息日趋准确。三是积极配合税务部门,做好飞阳物流园、红星美凯龙等专业市场税收管理,新办税务登记230户,通过与市场主办方签订税款委托代征等方式,堵塞征管漏洞。四是平稳实施交通运输业和部分现代服务业营业税改征增值税(以下简称营改增)试点,对涉及改革的130户试点企业税负变化进行预测分析,对改革后增加税负的试点企业给予财政补贴,保障改革试点平稳推进,有序进行。10月1日营改增税制转换后,全区兑付财政扶持资金111万元。

【发挥财政职能,促进经济平稳较快发展】加大政策措施落实力度,支持战略性新兴产业发展,重点培育和发展首位产业。支持中小企业加大研发投入、提升装备水平,提高城镇土地使用的节约率和贡献率,推进工业"小巨人"企业培育计划实施,加快各类涉企奖扶和引导资金兑付,全年共兑付各类企业奖补资金1.7亿元。争取企业项目补助资金4775万元,华强文化科技产业园、埃夫特智能装备等19个项目受益;争取困难企业社保补贴550万元,惠及77家企业,补贴职工1.1万人。适时出台《鸠江区中小企业融资担保管理办法》,对符合条件的中小企业继续实施担保保费补贴,努力缓解中小企业融资难、融资成本高的问题,小额贷款公司、担保公司共融资担保11.2亿元;为企业补贴保费133万元。开展企业股权和分红激励试点工作,2户企业纳入全市首批股权和分红激励培育范围,其中恒泰有色线材进入审验报备阶段。发挥财政性存款与信贷规模挂钩的激励政策,通过合理配置财政存款等方式,引导商业银行加大对全区经济发展的支持力度,当年新增贷款8.4亿元。

【着力保障民生,推进跨江发展战略实施】认真组织实施34项民生工程,切实履行牵头部门职责,在资金配套上,实行民生优先、预算足额安排;在资金拨付上,开辟绿色通道,确保及时到位。全区民生工程投入2.8亿元,占计划的104%。积极实施城乡居民收入倍增计划,梳理汇编《鸠江区居民收入倍增计划实施2012年政策选编》,加快创业载体建设,银湖等4个创业街、基地被市认定为首批创业富民孵化基地,建成鸠江区大学生创业园。出台《关于沈巷区域发展农家乐扶持政策》,推进沈巷区域农家乐旅游发展,促进农民增收。当年全区城镇居民人均可支配收入23012元,增长15%;农民人均现金收入9834元,增长17%。多渠道增加江北区域投入,全年水利、交通、教育、卫生、城乡维护和社会保障等方面项目资金安排累计倾斜3.2亿元,加快江北区域基础设施建设和社会事业发展。逐步完善沈巷镇村(居)干部待遇保障机制,提高被征地农民养老补贴等惠民政策补助标准。配套资金保障沈巷镇美好乡村示范点建设。建立区与沈巷镇财政体制,合理确定沈巷镇收支范围,促进区域经济协调健康发展。

【加强基础管理,提高财政管理水平】夯实基础工作,细化2013年部门预算编制内容、完善标准,保证部门预算编制的完整性和规范性。根据省财政厅统一部署,认真研究业务需求,推动实施平台一体化系统。出台《鸠江区财政性资金审批管理办法》,规范财政资金审批程序,提高财政性资金使用效益。搭建网络财务平台,启动基层医疗卫生机构和沈巷镇各行政事业单位财务远程核算,全程监控单位支出,有效规范单位财务核算。开展全区财政票据专项检查,加强单位财政票据管理,规范非税收入征收行为,切实落实"收支两条线"管理规定。完成全区行政事业单位资产数据统计工作,进一步加强行政事业单位资产管理。深化公务用车专项治理,完成党政机关公务用车治理工作,并将公车治理全面延伸到事业单位和国有企业,实现公务用车治理全覆盖。开展账户清理工作,撤销各类账户13个,规范账户的核算方式,完善财政资金安全管理。根据财政同级审计中反映的问题,积极落实审计整改,改善预算管理。认真组织参加市民生工程暨会计知识大奖赛,获得二等奖佳绩。

(鸠江区财政局供稿　刑庭勇执笔)

三山区财政工作概述

2012年,三山区一般预算收入完成8.1亿元,为预算的103.2%,比上年增长30.6%。其中:中央收入2.7亿元,为预算的107.9%,比上年增长48.3%;地方收入5.4亿元,为预算的100.9%,比上年增长23.1%。

【财政收入稳步提升】面对复杂多变的宏观经济形势,财政部门依法加强收入征管,着力提高征管效率和质量,财政运行继续保持高位增长势头,收支规模再上新台阶,全区财政收入首次突破8亿元大关。

【民生工程扎实推进】全年共实施28项民生工程,完成投资5.44亿元。配套资金5400万元用于保障性住房建设,解决了1100户低收入住房困难家庭的住房问题;发放低保资金3784万元,计生奖励扶助资金93万元;救助904名贫困重度残疾人,发放救助金119.33万元;拨付城镇居民医疗保险资金4000万元;医疗救助1101人,发放救助金679.7万元;临时救助1335户困难家庭,发放救助金272.2万元;为企业提供小额担保贷款1293万元、补助贴息资金260万元。

【惠农政策全面落实】2012年全区惠民直达工程涉及9个部门,共19大项91个批次,全年全区通过惠民直达工程共发放补贴9400万元;销售家电下乡产品2.7万台,财政补贴925万元,补贴兑现率100%;安排28万元完成了油菜、小麦及水稻等各类农作物的政策性保险;对783人进行了新型农民培训工程;对872人进行了就业技能培训;淘汰耕牛150头;发放种粮补贴和农业产业化扶持资金267万元;补助280万元用于农村危房改造。

【制度改革不断深化】严格执行土地出让金提成分配办法,加强收支预算管理,规范使用;将非税收入全部纳入预算管理,实现收入预算全覆盖;深化支出预算管理改革,提高了公务费定额标准,压缩业务经费项目数量;严格区分单位公用经费和项目经费,对项目经费严格执行据实支付,年终收回所有没动用和结余的项目资金;对公共预算、基金预算、上级补助资金实行统筹安排,集中财力保障重点项目支出;拍卖处置公务用车14辆;着手启动"国库集中支付"和"公务卡"制度改革,全面提升财政管理和服务水平。

(三山区财政局供稿　柯莹执笔)

芜湖大桥开发区财政工作概述

2012年,在大桥开发区管委会正确领导以及各相关单位的积极支持、配合下,大桥开发区财政局克服人手少、任务重等实际困难,财政工作取得了积极进展。

【抓预算财务管理,提高财政管理水平】核定预算定额,编制2012年财政、财务预算;严格按预算拨付资金,保正常运转;加强预算控制,确保财政资金运行有效。同时做好财政总预算、机关财务和执法大队、投资服务中心账户核算。加强对政府投入资金的审计,聘请社会中介机构对工程决算的审计。聘请会计师事务所对新区成立以来街道办事处(含村)财务收支以及征地拆迁工作进行全面审计,对发现的问题进行认真整改。

【抓融资工作,提高资金使用效率】当年,开发区新区基础设施建设进入高投入期,建设资金需求量大,全区政府性投资达到10多亿元,同时老区债务本息需要按期归还,加上宏观调控,资金压力较大。针对实际困难,积极争取多家银行授信,全年共新增融资10多亿元,其中银行贷款8亿多元。进一步拓宽融资渠道,与中国银行合作,采取融资租赁方式融资3亿元,顺利完成授信工作,等待放款。与有关银行开展合作,为下年融资打下良好基础。加强对政府性建设资金拨付的审核,确保资金使用合理合法有效。

【抓招投标管理,规范招投标管理行为】全面启动开发区建设工程,全年完成项目勘测、设计、图纸审查、工作量清单和控制价的编审、施工监理、决算审核等单位施工招投标61项,大大节约了财政资金。进一步规范招投标行为,由区财政牵头,采购单位、相关主管部门参加招投标活动,区监察室全程监督,并全过程录音,接受监督。

【抓企业收购,保证饮水安全】委托中介机构对区内高安自来水厂有关资产进行评估,并与企业进行多次艰难谈判,最终按评估价,与企业达成收购协议,保证高安地区自来水水质的安全,解决了供水能力不足的问题。

(芜湖大桥开发区财政局供稿　吴祖满执笔)

芜湖经济技术开发区财政工作概述

2012年,经济技术开发区财政局创新工作思路,狠抓工作落实,努力组织收入,保障发展需要,合理安排支出,充分发挥财政职能作用。全年区本级完成预算总收入47.7亿元,占调整预算100.6%,比上年同期增长19%,其中地方预算收入完成21.2亿元,比上年增长20.5%。

【坚持服务经济发展,努力组织财政收入】为实现财政收入可持续增长,降低企业税收资金负担,及时申请调减预算,将当年财政收入预算目标任务由50.1亿元(同比增长25%)调减为47.4亿元(同比增长18%)。进一步强化税收征管,不断完善协同治税机制,扎实推进协税护税,积极组织财政收入。与国地税多次沟通协调,合理安排税收入库进度,及时了解区内企业税收级次状况,配合经贸发展局等相关部门全面开展工业用地清理,全面做好土地使用税清欠工作。加强土地出让金的征缴和催收,督促企业按时缴付,加大对拍卖地块土地出让金的催收,加大契税征缴力度,入库契税达4940万元。继续加强开发区税源建设,建立税源库,做好重点企业税源调查。认真做好营业税改征增值税试点前期各项工作,并顺利启动实施。配合市财政、国地税等部门深入企业调研,及时了解税改后财力增减情况,研究下一步对策以增加地方财力。

【积极争取上级资金,服务经济发展】积极向上争取资金,全年共争取6.7亿元。积极争取基础设施建设项目贷款中央财政贴息2799万元,三年累计争取贴息2.18亿元,连续三年居安徽省国家级经开区首位;争取公租房建设中央及省级补助资金2.9亿元;积极协助江苏鼎晟能源投资有限公司和信义光伏产业控股有限公司2012年金太阳示范工程补助资金申报工作,共申请补助资金1.65亿元;帮助企业申报获得国家技术创新工程试点省和合芜蚌自主创新综合试验区专项资金5200万元;经过精心准备,新型材料产业园成为继芜湖汽车电子产业园之后再次被确定为省特色产业基地,组织两基地企业申报省级项目补助资金620万元。

【及时兑现优惠政策,助推企业发展】积极宣传企业扶持奖励政策,做好企业申报材料审核工作。共拨付投资奖励政策、土地使用税奖励政策、自主创新专项资金、设备投资补助、人才奖励政策、企业商标、品牌、专利补助等各类产业发展基金达7.1亿元。为顺利推进营业税改征增值税改革试点工作,深入贯彻《关于实施营业税改征增值税试点过渡性财政扶持政策的通知》,确保试点行业和企业税负不增加,帮助试点企业在新老税制转换过程中实现平稳过渡,经国税局审核,经开区已及时兑付企业营改增试点过渡性财政扶持资金1225.1万元。继续做好外资企业年检、重点产品竞争力调查、企业所得税调查等各项工作,提高服务企业效率。积极筹划经开区合芜蚌自主创新综合试验区企业股权和分红激励试点工作,积极帮助企业了解试点政策,审核批复上报了宏景电子(芜湖)有限公司试点工作方案。协调税务、工商、金融等部门,切实帮助企业解决生产经营中出现的困难和问题,做好企业"一周一报"工作。同时积极研究三产兴市等政策,全力支持企业发展,做强经济实力,扩大在开发区投资。

【大力推进民生工程,务实开展工作】当年经开区实施30项民生工程,投入各类民生资金3.68亿元。区民生办以"提标准、早开工、抓质量"为原则,细化各部门工作职责,建立完善领导考核机制。强化督查力度,全面跟进项目实施进度,及时掌握民生动态,查找存在的问题,协调推进项目建设。重视基础工作,及时采集各类民生信息,提高信息报送的数量和质量，加强民生数据库维护管理，规范数据库格式，确保各项民生数据库准确、完整。完善横向、纵向协调沟通机制和建设工程的管养制度，确定项目维护管养责任人，将管养维护工作纳入常态化管理，努力使各类民生建设项目切实发挥效用。在预算安排上，区财政根据民生工程实施情况，按照民生资金需求，不留资金缺口。在资金拨付上，根据民生工程实施进展及时拨付资金，保障各项目顺利实施。在资金管理上，加强民生资金监管，实行专户管理，专款专用，确保配套资金发挥最大效用，保障各项民生项目按期完成。重点抓好财政牵头的家电下乡以及政策性农业保险两项民生工程，全年经开区累计销售家电下乡产品1703台，销售额405.4万元，家电下乡补助58万元，兑付率100%；政策性农业保险民生项目，共承保农作物35781亩，承保养殖业奶牛700头，理赔金额达36.42万元。全面推进“十二五”期间经开区收入倍增规划实施工作，及时成立推进城乡居民收入倍增规划实施领导小组，完善工作体系，联系有关部门制定促进收入倍增的具体工作措施，形成政策体系并认真贯彻落实，全面推进各项工作。

【积极实施财政监督，加强资金风险防控】全面配合市审计局完成2011年度财政预算收支执行审计，做好审计服务和审计整改工作；配合有关部门做好省审计厅皖江示范区建设发展情况审计调查工作；配合审计署驻郑州特派办金太阳示范工程审计以及应对保障性住房审计调查工作，并按要求强化金太阳资金监管，提高资金效益。联合中天会计师事务所对龙山、万春两街道办事处开展会计信息质量检查，全面提升会计信息质量。进一步规范财政管理体制，促进龙山、万春两街道办事处转型，联合市审计局开展对两街道2010年至2012年财政财务收支、债权债务情况以及街道办事处国有资产(含在街道名下的资产)情况进行审计，全面开展公务用车专项治理工作，进一步加强并规范公务用车配备使用管理，逐步建立完善公务用车使用管理制度。完善非银行金融机构监管职能，认真贯彻省市融资性担保公司和小额贷款公司监管政策，开展融资性担保公司和小额贷款公司现场检查工作，逐步推广征信系统使用，有效规范经开区非银行金融服务行业经营秩序，切实发挥金融服务作用。系统推进融资性担保公司退股工作，有效防范金融风险。

【全力招商引财，协同做好项目落地】全力以赴加大招商引资、引财力度，通过“走出去，请进来”，积极落实招商引资、引财项目。引进安徽创硕石油有限公司、芜湖裕生工贸有限公司、芜湖裕新能源有限公司、天能电池等四家总部经济，总投资达2.8亿元，年纳税额超6000万元；引进芜湖兴安创业投资基金管理有限公司、芜湖迅博典当有限公司、芜湖润悦投资管理有限公司、芜湖和一小额贷款有限公司等金融类项目，注册资金达2.2亿元，全力打造自主创新综合配套示范区金融服务平台，完善开发区金融服务体系建设；引进芜湖佳辉投资管理有限公司、芜湖隆耀贸易有限公司、芜湖市德成航运有限责任公司等三产服务企业，到位资金2200万元，全面提升经开区三产服务水平；引进芜湖博莱瑞汽车部件有限公司，已完成固定资产投资300万元。与开发区财政局招商协议到期企业安平医疗器械及国富基金重新签订了招商协议。积极配合招商引资工作，及时完成对广大工业园欣平兴厂房、远方物流公司龙山路A区和B区、富卓地块等土地收储工作，确保联友触控、长信科技、芜湖明望等大型投资项目按时开工。

(芜湖经济技术开发区财政局供稿　徐正伟执笔)

芜湖县财政工作概述

2012年，全县财政收入完成24.5亿元，为预算的100.9%，比上年增长20.8%，其中：地方财政收入16.8亿元，比上年增25.2%；上划中央收入5.7亿元，比上年增长1.4%；出口货物退增值税2亿元，比上年增长61.9%。全县财政支出预计完成27.4亿元，比上年增长21.9%。

【始终紧抓税收征管，实现财政收入较快增长】密切跟踪国家财政政策和税制改革调整动向，尽最大努力做大财政收入“蛋糕”，着力提高财政收入质量。一是及时分解收入任务，明确各征管部门责任，充分调动税务部门狠抓税收的积极性。二是加强与税务部门的沟通协调，及时掌握经济运行和重点项目推进情况，进一步提高财政收支分析水平，使税收征管逐步实现规范化、制度化和精细化。三是加强收入征管，提高税收征管质量和效率，主体税种保持快速增长。

【抓好财源基础建设，力促县域经济平稳发展】一是稳步推进芜湖恒升重型机床股份有限公司上市工作进程,已正式报会。二是拓宽融资渠道,为企业实现直接融资。通过发行企业集合债、企业私募债的方式帮助相关企业实现直接融资。三是协调金融机构,帮助企业渡过难关。全年为企业协调贷款70余笔,计5.1亿元,极大地缓解了企业的资金困境,降低了企业融资成本。五是建立运行“新芜经济开发区企业财税信息管理系统”,进一步提升为企业服务的水平,促进企业信息资源共享。

【落实强农惠农政策,扎实推进美好乡村建设】一是确保支农重点,加大对农业的投入。全年安排农口专项资金和部门项目预算1.53亿元,用于农田水利基本建设、美好乡村建设、农村集体土地流转制度改革、农业产业化、“菜篮子”工程等项目。二是规范财政支农项目申报工作,积极争取上级财政支持。全年争取项目资金达3500余万元。三是紧紧围绕现代农业建设,扎实推进美好乡村建设。投入各类资金6155万元,扎实推进全县美好乡村建设。四是加强惠民资金和乡镇财政管理,提升为民服务水平。全年共发放各类惠民资金达1.2亿元。五是积极做好家电下乡政策宣传工作,加大对销售网点的监管力度。全县备案销售网点家电下乡销售50771台,销售额1.47亿元,财政兑付补贴资金1572万元。六是扎实推进政策性农业保险及农村综合配套改革,为全县15万多户次提供1.45亿元的风险保障。

【注重基本公共服务,突出保障民生支出需求】一是支持教育优先发展,全年教育支出完成3.9亿元。二是支持公共卫生体系建设,全年医疗卫生支出完成2.1亿元。三是支持社会保障体系建设。全年投入社会保障和就业支出2.4亿元,确保各类资金按时足额发放。四是支持公共安全体系建设,投入380多万元,改善城区城市道路隔离护栏、红绿灯、电子警察自动抓拍系统等;投入5007万元,着力打造和谐平安芜湖县。五是不断完善城市低收入家庭住房困难保障制度,为2008户城市低收入住房困难家庭发放租赁补贴477.7万元。六是及时调整优化支出结构,优先足额安排民生工程配套资金。全年投入7.5亿元(其中县级配套3.1亿元,较上年增长38%),支持实施43项民生工程。

【深化财政各项改革,不断提升财政管理水平】继续深化部门预算改革、国库集中收付制度改革、非税收入管理改革。出台了《芜湖县2013年度县级部门预算和2013—2015年三年期部门预算编制手册》、《芜湖县预算单位公务卡制度改革实施方案的通知》等文件,强化财政动态监控,健全现代财政管理制度。同时还在国有资产监管、财政监督管理、居民收入倍增、“营改增”以及财政信息化建设等方面加大力度,出台《关于促进“十二五”农民收入倍增实施意见》等相关文件,启动收入倍增计划及营业税改征增值税试点工作。

【内强素质外树形象,打造新型财政机关形象】巩固扩大财政系统创先争优活动成果,开展了“绩效创新年”活动,狠抓党建、精神文明建设、党风廉政建设和机关作风建设,县财政局党总支被市委评为“全市创先争优先进基层党组织”。坚持从严管理,在锻造锤炼中不断提升干部队伍整体素质。采取“请进来,走出去”的办法开展人才培训。组织财政干部职工春节集中培训,选派8名县镇财政干部参加市局组织的财政干部能力提升班。及时启动财政“六五”普法工作,积极探索财政科学化、精细化的管理机制,强化财政干部“一岗双责”意识,把廉政文化进机关延伸到家庭,成为省纪委“廉政文化进家庭”示范点。

(芜湖县财政局供稿 舒习敏执笔)

无为县财政工作概述

2012年,无为县财政部门围绕经济和财政工作重点,大力组织财政收入,规范支出管理,稳步推进各项改革,财政工作实现新突破。全县财政收入24.3亿元,同比增长19.7%,收入总量位列全省76个县(区)第13位。全县24个乡镇(开发区)财政收入18.3亿元,占全县财政收入的75%,其中超千万元的乡镇19个,超亿元的乡镇(开发区)5个,高沟镇达到8亿元。全县可用财力40.6亿元,其中一般预算收入地方留成14.1亿元,上级财力性补助7.4亿元,上级专项补助18.5亿元。财政支出完成40.6亿元,增长22.3%,总量位列全省第8位。

【强化收入征管,增强财政保障能力】一是及时分解任务。按照县人代会确定的目标,及时将全年收入任务分解落实到各征管部门和乡镇,强化收入主体责任。二是加强收入分析、调度。按月撰写全县收支简报和乡镇收入简报,及时分析收入征管中存在的问题;密切国、地税和银行间协作,发挥财政在组织收入中的作用。三是加大非税收入征管。改进非税征管方式,加强非税收入信息化建设,狠抓票据定期清理与核销,完善“以票管费”机制,全年完成非税收入13.3亿元。四是顺利办理契税、耕地占用税职能划转,划转前1—4月,征收两税收入2107万元,较上年同期增长79.8%。

【落实支持政策,促进经济平稳增长】一是落实财政扶持政策。全年拨付资金9872万元,用于兑现企业贡献、名牌产品、科技创新等奖励;及时兑现县域金融机构涉农贷款增量奖励972万元;增加政府担保公司注册资本5000万元,出台给予年纳税千万元企业免费担保政策,缓解企业融资难、融资成本高等问题;继续实施政府性资金存款和银行业金融机构对地方贡献挂钩的激励机制,发挥财政资金的杠杆调节作用;支持扬子银行、交通银行、徽商银行落户无为。二是全力支持重点项目建设。全年投入资金8.51亿元,推进园区载体、城南新城、廉租房、公租房、城乡道路等重点项目建设,有效改善经济发展和招商引资环境。三是积极争取项目资金。积极响应县委、县政府号召,把项目资金争取作为财政工作的重点,吃透政策,及早谋划,结合无为实际,谋划争取一般性转移支付、地方债券转贷资金、美好乡村建设等补助资金1.3亿多元,有效缓解财政收支矛盾。四是实施收入倍增计划。安排创业富民基金1420万元,积极为创业人员提供融资担保,全年发放各类小额贴息贷款2.4亿元,拨付贴息资金186万元,以创业带动就业,推动经济发展,促进居民收入增长。

【优化支出结构,扎实有效保障民生】调整支出结构,严格控制一般性支出,教育、文化、卫生、农业、社保等重点支出比重进一步提高。将保障和改善民生放在突出位置,加大民生投入,全年筹集资金14.4亿元,组织实施35项民生工程,19个补助类项目和16个工程类项目有序推进,全面完成年度目标任务。一是做优牵头实施的三项民生工程。兑付家电下乡产品19.5万台,兑付补贴资金6706万元;补贴摩托车下乡产品3364辆,补贴资金214万元;联合县商务部门查处关闭46家违规网点,杜绝了骗补贴行为。实施“一事一议”财政奖补项目510个,项目预算8076万元,项目覆盖23个乡镇309个行政村和6个国有农场。在做好全县186万亩常规农作物参保的基础上,着重加强2.57万亩大棚蔬菜、毛竹等特色农产品和钢质大棚财产保险,积极督促代理保险机构加大理赔力度,确保参保农户利益。全年累计赔付理赔资金1120余万元,25万农户从农业保险中受益。二是加大项目后续管护。投入资金1000多万元,加强完工项目后续管护,注重发挥项目长期效益。

【深化各项改革,不断提升管理水平】积极应对“营改增”试点,会同国地税部门联合开展营改增税源调查,深入研究改革政策,宣传、引导、帮助企业进行税收谋划,多层次、多渠道开展政策宣传和专题培训,保障了新旧税制转换平稳。深化国库集中支付改革,与工行等7家代理银行签订代理国库集中支付协议;对未纳入国库集中支付的13个预算编制单位,根据预算编制情况和资金来源,分别提出具体实施意见,并统一纳入国库集中支付管理;调整县直学校和乡镇中心学校资金支付程序,规范教育经费管理,提高教育资金使用效益。狠抓财政监督,开展财政内部、会计质量和专项经费等五大监督检查,先后对10个股室(单位)、23个乡镇财政所(分局)开展内部财务监督检查;对二坝中心校等4个单位开展会计质量监督检查;对司法部门和三所中心学校开展政法保障经费和义务教育经费监督检查;撤并财政专户19个,制定《财政专户管理办法》,完善专项资金监管制度,前移监督关口,发挥乡镇财政所(分局)一线监督作用。深挖资金增值潜力,通过对财政性资金与银行签订协定存款协议等方式,全年利息收入达3000多万元。加大项目资金整合力度,全年编发《财政项目目录》9期,梳理项目目录93项,建立财政项目库,做到县乡信息共享;整合项目资金4560万元,支持白茆现代农业示范区、开城镇高标准农田示范工程和21个美好乡村示范点建设。

【加强作风建设,塑造良好财政形象】把作风建设作为财政干事创业的基础,局领导班子成员结合分管工作,深入股室(单位)、财政所(分局),找困难、抠问题,通过舆论“导”、自我“剖”、借力“挖”,查摆工作中不足,增强工作实效。利用“千名干部下基层”和“双联系”工作平台,开展问卷访、沉下访、大走访,规定中层以上干部每年深入联系户不少于4次,帮助办实事、解难事不少于1件以上。同时,局纪检组每月开展一次作风建设明察暗访,对扯皮推诿、执行不力、吃拿卡要等违反效能建设,对照局三项规定,严格问责问效。利用“百名股长(中层干部)、基层站所长民主评议”活动,对单位履行职责、依法办事、服务质量和工作作风进行多方面、多层次征求意见和建设;邀请10名县人大代表、政协委员开展政风评议,做到开门纳谏,对收集到的意见和建设,认真梳理,分类归纳,把整改任务分解到相关业务股室和单位,对整改落实情况与代表、委员当面进行反馈。通过营造务实高效的工作作风,财政工作得到了社会各方的认可,预算执行、财政监督、信息化建设等多项工作获得全省先进位次;机关党建工作荣获全市创先争优先进基层党组织称号,财政牵头实施的三项民生工程荣获全市三个第1名;目标管理综合考核、党风廉政建设和政风行风评议获得县委县政府表彰。在2011年百名股长(中层干部)考核中,财政局参加评议的5名同志全部进入前十名,财政系统整体形象显著提高。

(无为县财政局供稿　万士水执笔)

繁昌县财政工作概述

2012年,繁昌县财政收入实现30.6亿元,增长18%,其中地方财政收入18.4亿元,增长35%。全县一般预算完成支出27.3亿元,增长23.1%,财政收支实现平衡。

【服务经济发展】一是落实减税政策。积极开展“营改增”试点工作,制定《关于实施营业税改征增值税试点过渡性财政扶持政策的通知》,落实提高增值税、营业税起征点以及所得税优惠等减轻小型微型企业税费负担的各项政策,引导和帮助小型微型企业稳健经营和持续发展,带动就业和创业。二是加大工业和基础设施投入。全县累计争取国家和省市政策性及各类专项资金5.3亿元。强化财政资金的政策支持和导向作用,推动经济发展方式转变和产业结构调整,培育新的经济增长点。兑付企业“产业发展奖励资金”1.1亿元。为59家符合条件小企业办理贷款贴息,发放小额担保贷款2.2亿元。拨付中小企业科技发展专项资金929万元。保障工业园区建设、富鑫钢铁、海螺项目顺利推进;支持中小河流治理项目和美好乡村建设;推进土地开发整理、荻港矿山治理和整村推进示范项目。三是增加农业投入。实施2012年平铺农业综合开发;本县列入全省支农资金整合试点县,整合34项1.88亿元涉农资金。实施农村一事一议财政奖补项目111个,总投入1535.58万元,农业种植业全面开展农业政策性保险,承保面积22.7万亩;庆大葡萄安全标准化示范基地建设项目建设完工,并通过验收,取得良好的评价;2011年产业化经营贷款贴息项目资金按规定程序全额拨付到相关企业。四是加大城市化建设力度。强化土地出让金管理,及时清缴土地出让金,确保建设资金需求,以创建省级文明城市为抓手,加大对城市基础设施建设投入与城市环境综合治理,实施“美化、净化、亮化”工程,为城市建设提供财力保障,通过省级卫生城市和文明城市验收。

【财政管理改革】一是深化预算管理制度改革。进一步完善公共财政预算,细化政府性基金预算,逐步推进社会保险基金预算,不断完善预算体系。继续深化部门预算改革,健全程序规范、内容全面、方法科学、公开透明的部门预算制度。建立预算编制与预算执行、结余资金和行政事业单位资产管理有机结合的制度,将预算外资金逐步纳入预算管理,不断扩大国库集中支付覆盖面,不断提高预算资金安全和使用效益。二是完善县乡财政管理体制。完成新一轮次的县镇财政管理体制制定工作。制定了《繁昌县人民政府关于调整和完善镇级财政管理体制的实施意见》。积极推进繁昌县孙村镇财政管理体制改革试点工作,结合本县实际,制定了《孙村镇财政管理体制改革实施意见》。三是加强政府采购制度建设。继续推进政府采购制度改革,完善政府采购预算编制。开展政府招标采购专项检查,建立地方产品优先采购供应商库,支持地方企业发展。全县共完成采购预算17.03亿元,实际采购金额亿14.41亿元,节约资金2.6亿元,综合节约率达15.27%。四是加强财政专户管理。积极推行财政管理信息大平台建设,整合财政预决算相关软件功能。制定了《繁昌县财政局财政专户管理办法》,撤销违规设置的专户,推进专户由国库统一管理,提高专户资金管理规范性。清理财政专户资金,对社保结余实行定期存储,保值增值。制定了《繁昌县政府性资金存放银行业金融机构实施方案》,推行商业银行代理财政性存款与信贷投放相挂钩的考核管理,鼓励金融机构更好地服务地方经济发展。

【实施民生工程】全县共安排实施民生工程39项,其中省级项目33项、市级4项、县级2项。制度类项目19项,工程类项目20项。项目涉及县直牵头单位17个,覆盖全县所有镇、村。各级累计投入6.06亿元,其中:上级补助3.76亿元,地方财政投入 2.3 亿元。各项资金均按要求做到专款专用,及时拨付到位,保障了各项工程顺利推进。在实施民生工程的同时,一方面建立健全科学高效的协调推进机制和严格透明的激励约束机制,加大政策宣传、分类指导和督查考核力度,确保各项民生工程顺利实施。另一方面加强民生工程项目科学化精细化管理,积极推进资金管理、项目管护等机制创新,切实提升民生工程的实施效果。

【社会保障建设】一是加大对低收入群众生活的保障力度,进一步推进新型农村养老保险试点。2012 年底,全县基本养老保险参保人数 20.2 万人,有 4.9 万人领取养老金;基本医疗保险人数 24.1 万人,参保率 116%;享受基本医疗保险待遇 28.6 万人(次)。二是加大保障性安居工程建设,扎实推进廉租住房和农村危房改造,切实缓解低收入家庭住房困难。累计开工廉租住房和公共租赁住房 4500 套,租赁补贴 2423 户,累计实物配租 1050 户,新增 300 户,实施农村危房改造 1699 户。三是深化医疗卫生体制改革。继续推进基层医疗卫生体制改革,巩固基层医疗卫生体制改革成果。一方面以深化医改为重点,继续对基层医疗机构实行财政预算保障制度,全年安排各项经费预算 1828 万元,全年实现支出 1559 万元。另一方面以公立医院改革为契机,以“人民群众得实惠、医疗事业得发展、医务人员受鼓舞”为前提和目标,积极参与推进医药分开、零加成制度和实行临床路径管理和按病种付费等文件制定,积极策划和拟定我县县级公立医院运行补偿暂行办法。四是认真落实各项财政保障政策,切实保障民政优抚对象的基本生活。

【国有资产管理】一是实行全县行政事业单位国有资产信息系统工作常态化管理。逐步实现对所有行政事业单位的动态管理,探索资产管理信息系统与部门预算等系统衔接,提高资产管理效率和信息化水平。二是编制 2012 年繁昌县国有资本经营预算。当年全县国有企业共计 24 个,国有资本经营预算收入预计 136696.11 万元。三是开展行政事业单位公车和办公用房清理工作。制定了《繁昌县县直机关公务用车管理办法》,建立了公务用车和办公用房档案,全面掌握全县各级党政机关和事业单位公务用车和办公用房现状,规范配置行为。

【干部队伍建设】按照统一配备标准,统一规章制度,一体化教育管理要求,完成荻港财政分局规范化建设。坚持财政系统干部培训教育,先后组织干部赴上海财大、厦门国家会计学院、黄山财政干部培训学校培训,学习财政业务知识、经济形势、法律知识,进一步提升全县财政干部政策理论、科学理财水平和依法行政、开拓创新能力,充分调动财政干部主动理财、科学理财的积极性,提高工作效率和服务水平。推行干部轮岗交流,完成了科(所、分局)负责人大轮岗,完善干部考勤考核制度,引进财政文化廉政文化,打造廉洁高效、服务优良、人民满意的财政队伍形象,更好地服务经济、服务社会、服务民生、服务基层、服务群众。

(繁昌县财政局供稿　王强执笔)

南陵县财政工作概述

2012 年,全县财政收入完成 16.1 亿元,占预算的 100.4%,比上年增长 20.2%;支出 22.7 亿元,占预算的 103.2%,同比增长 15.2%。

【加大财政支持力度,促进县域经济平稳较快发展】认真落实省政府促进经济平稳较快发展 30 条优惠政策,完善产业发展资金支持政策,多措并举支持帮助企业解危脱困,逆势发展;进一步优化融资发展环境,发挥财政性资金杠杆和引导作用,鼓励金融机构加大对县重点项目及县域经济发展的融资支持力度;多渠道筹集建设资金,加大重点工程建设投入。

【坚持依法组织收入,提高财政基本财力保障能力】完善收入考核机制,针对一系列减收因素导致的严峻形势,及时制定应对措施;积极做好“营改增”改革试点;全方位加强收入征管,确保全年财政收入顺利完成。

【优化支出结构,保障民生工程和社会各项事业全面发展】优先保障民生工程支出,全年 36项民生工程总投入 6.1 亿元,同比增长 34.8%,获市“民生工程实施工作先进县”称号;加大社会保障支出投入;推进保障性安居工程建设;全面落实惠民政策,全年累计发放各类惠民补贴 1.74 亿元,惠及约 97 万人次,获省财政补贴农民资金管理和“一卡通”打卡发放工作一等奖;完善义务教育经费保障机制,加大教育基础建设投入,保障教育支出法定增长;足额保障公检法司部门经费;巩固基层医药卫生体制改革成果,推进县级公立医院改革,完善医疗保障管理制度;加大农田水利基础建设投入;全力支持美好乡村建设;获全省“财政支出先进县”称号。

【**深化管理制度改革,推进财政科学化精细化管理进程**】积极探索财政专户资金“集中管理、统一收付、统一调度、专项核算”管理方式改革,将财政专户由原来的54个精简为14个,努力提高财政专户资金管理效益,全年新增财政专户利息收入1510万元;不断深化部门预算改革,提高部门预算编制水平以及执行效果;平稳推行财政一体化管理系统建设,在全省同类系统建设中具有“上线模块多、纳入单位多、核算资金全、管理方式便捷”等显著特点;全面实施公务卡管理改革。

【**坚持履职和服务并重,提升依法理财和文明服务水平**】加强机关效能建设,深入开展“创先争优”、“绩效创新年”、“文明创建”和“规范化财政所创建”等活动,提升财政干部综合素质;规范国有资产管理,推进国有资产信息化建设,盘活行政事业单位资产,确保国有资产保值增值;规范政府采购工作,实行“一站式”服务,提高审批效率,全年累计申报金额15.97亿元,实际采购金额12.33亿元,节约资金3.6亿元,节约率22.79%;规范“三公”经费管理,实行“总额控制,分单位下达、集中审核、动态监管、超额不报”的创新管理方式,执行“额度控制、三单合一、月清月结”的管理规定,努力控制“三公”支出不合理增长;规范镇村财务管理,组织开展各镇财务集中会审和村级财务收支管理检查等工作,巩固村级“三资”清理成果,建立健全委托代理服务机制。

(南陵县财政局供稿　嵇妍执笔)

江北产业集中区财政工作概述

2012年,江北产业集中区完成财政收入7亿元,增长66%;全年完成财政支出5.3亿元,增长20%。

【**完善财政体制**】经过多次赴省财政厅进行专题汇报,并与芜湖市财政局、国税局、地税局、人行对接工作,芜湖市决定对江北产业集中区建立一级财政,2012—2015年江北产业集中区财政实行过渡期财政体制。相应地,集中区新的财政体制以及配套征管机构、金库也随之全面建立,财政工作有序开展。

【**支持经济发展**】安排招商引资、企业税费优惠、企业发展引导资金、城市维护费等各类财政专项资金扶持企业发展。相继出台一系列文件,加大招商引资力度,支持各类经济发展。通过引进银行、保险、证券、担保、小额贷款等各类金融机构和准金融机构,优化区内金融生态环境,提升区内综合承载力。继续加大基础设施建设力度,改善区内投资环境。

【**夯实财源基础**】一是积极争取各类财政专项资金,实际到位资金共6.75亿元。二是积极稳步推进“营改增”试点工作,全年实现营改增增值税1470万元。三是把握政策机遇,大力开展总部经济,实现总部经济税收3674万元。

【**强化财政监管**】大力推进财政科学化、精细化管理,提高财政财务管理水平。加快非税收入信息化改革,完善财税库银横向联网收缴。加强资金监管,做好绩效评价工作,进一步完善财政监控体系。

【**加强自身建设**】高度重视学习和团结,充分发挥每个人工作积极性,引导部门职工提升“五项能力”、弘扬“四敢精神”,落实“一线工作法”。坚持工作周计划、月调度、半年小结、全年总结制度,细化工作方案,确定每项工作的牵头人、配合人、完成任务的时间节点,尽最大限度发挥每个人的工作潜力。加强机关党建工作,注重开展对党员干部的宗旨教育和反腐倡廉教育,进一步增强干部职工的大局意识、廉洁意识、忧患意识和节俭意识,机关作风不断改进,干部素质进一步提高。

(江北产业集中区财金部供稿　史春岳执笔)

宣城市财政工作概况

宣城市财政工作综述

2012年，宣城市财政总收入完成137.6亿元，增长16%,其中:地方财政收入完成86.9亿元,增长27.2%;全市财政支出完成178.4亿元,增长25.4%,其中:财政民生支出完成144.4亿元,增长26%。

【服务经济发展】支持重点项目建设。统筹使用各类政府性资金,稳步实施在建续建工程,通过财政投入、政策支持、争取世行贷款等多种方式筹集资金4.6亿元,支持示范区、开发区、彩金湖新区、物流园区、文化创意产业园区建设,增强园区承载能力,打造产业聚集平台;进一步完善城市功能,加大城市基础设施投入,优化投资环境,以项目促发展、壮财源。落实资金扶持政策。及时兑现各类政策资金12.9亿元,注入实体经济,帮助企业渡难关;减免涉企规费6800万元,减轻企业负担;兑现招商引资财税优惠政策资金和招商引资经费16.3亿元,招“大”引“强”成效显现。积极争取上级补助资金。争取各类中央和省补助经济发展资金14.7亿元,发挥财政资金撬动作用。加快促进经济转型。统筹安排资金1.1亿元,加快淘汰落后产能,支持科技创新,促进产业升级,提升企业竞争力;积极筹措资金重点发展旅游、物流等现代服务业,促进经济转型。

【优化改善民生】扎实推进民生工程建设。累计投入财政资金24.8亿元，全面完成33项民生工程目标任务。校安工程建设任务全面完成,社保体系进一步健全,新建和改扩建农村敬老院50所。支持保障性安居工程建设，开工建设各类保障性安居工程1.6万套,群众满意度进一步提升。积极实施收入倍增规划。创新推进机制,完善政策引导,加强监测评估,全面完成城乡居民收入倍增年度目标任务。当年全市城市居民人均可支配收入20477.9元，增长13.8%,农民人均纯收入9036元,增长15.2%。着力保障社会事业。安排资金支持合工大宣城校区、宣中新校区和示范性社会实践基地建设;拨付公交补贴、出租车油价补贴等资金1.6亿元;投入资金11.5亿元,继续深化医药卫生体制改革,全面启动县级公立医院改革试点工作。

【统筹城乡发展】持续加大农业财政投入。统筹安排资金6.6亿元,重点投入水阳江治理、城东联圩加固、灌区节水改造、中小河流治理等工程建设;投入资金1.2亿元,支持畜禽和油茶、绿茶等养殖、种植业发展。着力改善农村环境。安排资金1.3亿元,支持现代农业示范区等土地治理项目建设；安排资金3.1亿元，统筹推进农村危房改造、农村饮水安全、农村清洁工程和环境连片治理,着力改善农村生产生活条件。大力支持美好乡村建设。积极筹措专项资金,市县当年调整预算安排1.7亿元,支持美好乡村建设;加大涉农资金整合,出台《关于整合涉农资金支持美好乡村建设的意见》，全年整合涉农资金11.6亿元。认真落实惠农政策。全年通过“一卡通”发放粮食直补、农资综补等财政补贴资金8.5亿元;兑现“一事一议”财政奖补资金9000万元、家电下乡补贴资金1.5亿元；政策性农业保险财政保费补贴6540万元,赔付2628万元。

【深化财税改革】启动营业税改征增值税试点,新旧税制转换实现平稳过渡;深化部门预算改革,细化预算内容,完善支出标准体系;加强结余结转资金管理,推进预算绩效改革;实施公务卡强制结算目录制度,公务卡改革逐步常态化;深化资产统管改革,门面房公开拍租、户外广告位使用权有偿转让和小型客车号牌公开竞价等成效显著。

【加强自身建设】不断强化财政监督。拓展监督范围和领域,深入开展民生工程、强农惠农、政府采购等专项检查;建立国库集中支付动态监控系统,提高资金运行安全性和透明度;加强财政专户管理,撤并账户219个,撤并比例达53%;地方政府债务管理得到重视,风险预警体系基本建立;自觉接受人大、审计和社会监督,开展民生工程“访代表委员、答建议提案”等活动,全年按时办结建议提案32件,预算信息公开稳步推进。逐步加强队伍建设。加强机构编制队伍建设,为干部成长拓展空间;加大干部交流轮岗力度,积极选派干部挂职任职锻炼;支持鼓励干部职工参加学历教育,通过引进来和走出去方式积极举办多种培训;开展丰富多彩、健康有益的党团工会活动,以丰富的活动凝聚人心、激发干部工作激情。

(宣城市财政局供稿　李娟执笔)

宣州区财政工作概述

2012年,宣州区财政总收入完成27.3亿元,增长21.8%,其中:地方一般预算收入累计完成16.5亿元,增长38.6%。全区财政支出完成30.5亿元,增长11.3%。

【多措并举保民生】一是人员落实到位。专门抽调人员成立民生工程工作办公室,承担区民生工程协调小组及其办公室具体工作。二是预算安排到位。根据省、市民生工程筹资办法和上级下达的民生工程任务,及时制定民生工程筹资方案。三是资金拨付到位。通过开辟民生工程资金拨付绿色通道的方式全力支持民生工程实施工作,各项已到位资金做到百分之百拨付到位。四是监管管理到位。对民生工程资金实行专户管理、专款专用,同时,通过制定民生工程资金保障管理考核办法和民生工程资金督查管理办法等一系列办法加强民生工程资金管理。区政府采购中心对涉及民生工程的采购项目积极进行优先安排,采购工作及时跟进、事后管理及时到位。全年33项民生工程总投入8.43亿元,区财政专项用于美好财政所村建设资金1300万元,33项民生工程全面完成年度任务。

【提升农业综合开发能力】在现代农业示范区建设中,以高标准农田建设为带动,以提升产业发展和农民收入水平为目标,着力夯实现代农业发展基础,不断向规模化、产业化、特色化方向发展,现代农业发展成果初步显现。全区全年完成上年高标准农田建设示范工程项目治理面积1.7万亩,总投资达2185.5万元,在建土地治理项目面积达2.8万亩,总投资达3357.6万元。完成产业化经营项目3个,总投资额达704万元,当年开工建设的产业化经营项目10个,总投资额达924.8万元。

【想方设法完成招商任务】当年区委、区政府下达宣州区财政局的招商引资任务为1.3亿,实际完成招商引资2亿元,完成任务量的154%,完成固定资产投资8000万元。积极改善提升投资环境,优化服务。加大招商引资工作力度,增强服务功能,营造招商引资平台。以优惠的政策、优质的服务、优良的环境,吸引项目、资金、技术和人才;切实改善投资软硬环境,帮助解决客商投资困难,做到以情引资,以友引资,以商引资。同时加大宣传力度,推出一批批优势项目。

【坚持不懈抓自身建设】切实抓好干部队伍建设。2012年以来,区财政局启用很多优秀年轻干部,大大改善干部队伍的年龄、文化结构,提高干部队伍整体素质。对各财政所基层财政干部进行调整,在同一职位任职时间较长的财政干部加强交流转任,以促进人才资源合理配置及干部的锻炼成长。突出抓好机关作风和效能建设。签订机关作风与党风廉政建设责任状,层层落实责任制,确保廉政建设、作风建设、效能建设不出问题。财政信息、宣传、科研工作稳步推进。对财政信息宣传工作进一步明确要求,下达财政信息报送任务,较好地发挥了信息公开和宣传主阵地作用。

(宣州区财政局供稿　蒋超执笔)

郎溪县财政工作概述

2012年,郎溪县财政总收入完成26.2亿元,其中:一般预算收入完成15.5亿元,增长20.6%。全县财政支出完成29.8亿元,其中:一般预算支出完成18.7亿元,增长19.2%。

【大力支持发展,职能发挥迈出新步伐】做好“营改增”试点工作,加强财政与国地税部门的协调配合,做好企业的交接、宣传、培训等各项准备工作。全面贯彻落实省财政厅、省国税局、省地税局财预〔2012〕1615号文件精神,并结合实际情况,对物流企业出台更加优惠的财政扶持政策,进一步调动试点企业参与改革试点积极性,切实减轻企业负担,营造良好的经济发展环境。做好招商引资优惠政策兑现工作。全年共兑现招商引资优惠政策资金1.76亿元,用于企业技术改造和新产品开发,增强企业发展后劲。做好项目争取工作。充分利用各方面的力量和资源,进一步加大对上争取项目资金的工作力度,当年争取到位项目资金8.1亿元,比上年增长30.3%。做好投融资工作。全年通过国投公司投融资12.4亿元支持和保障全县基础设施建设。认真做好家电下乡政策收官工作,拉动农村消费市场。全年销售家电下乡产品5万台,销售摩托车下乡产品1937台,兑付家电下乡补贴资金1814万元,补贴资金兑付率100%,带动社会商品零售额1.5亿元。

【大力改善民生,社会事业得到新发展】加大财政支农投入,强农惠农政策全面落实。对全县2011年度财政支农资金使用管理情况进行全面检查,完成2011年小型农田水利重点县绩效考评自评工作,在此基础上,成功申报2012年肉禽产业现代农业生产发展资金项目和第四批小农水重点县建设项目。开展涉农资金整合试点,迅速启动财政支持美好乡村建设工作。制定《郎溪县财政支农资金整合工作机构职责》、《郎溪县财政支农资金整合工作议事制度》,克服财政收支压力,加大美好乡村建设专项投入,在足额落实美好乡村建设县本级专项资金1000万元的基础上,整合各类财政涉农资金2.28亿元。认真开展财政补贴农民资金"一卡通"农户基础信息采集和发放工作。全县财政补贴农民资金打卡发放1.2亿元,涉及项目18项。着力做好农业综合开发工作。组织实施土地治理项目和产业化经营项目共10个,总投资1883万元,其中财政资金1586万元,全部工程已竣工并通过省级验收。扎实开展政策性农业保险工作。全县种植业小麦投保31.7万亩,占种植面积的100%;油菜投保4.4万亩,占种植面积的90%;水稻投保36.68万亩,占种植面积的99%;养殖业能繁母猪投保6098头,做到应保尽保。抓好一事一议财政奖补工作。2012年,审批并建成一事一议财政奖补项目137个,总投资2808万元。深入实施省33项民生工程。当年全县投入民生工程资金3.95亿元,资金拨付率100%。

【大力推进改革,理财效能得到新提升】稳步推行公务卡制度改革。初步实现公务卡结算工作健康平稳运行。对财政资金专户管理情况进行全面清理和整改,在2011年清理的基础上,撤并户5个,保留22个,进一步发挥财政资金规模效应。扎实推进政府采购改革。全县政府采购资金规模达4.81亿元,节约资金3299万元,综合节约率6.4%。推进基层医药卫生体制综合改革试点工作,核定乡镇卫生院收支,实施合理补偿,及时拨付资金,保障基层医改健康运行。做好就业资金管理工作,稳步推进政法经费保障工作。

【大力创先争优,机关建设呈现新面貌】扎实开展"绩效创新年"、"改革创新突破年"等活动。以绩效评价为导向,切实破除"重分配轻监管"思想,健全和完善财政资金管理制度和措施。积极营造健康向上的财政文化精神,为推动各项财政工作营造良好氛围。全面加强财政干部队伍建设,完善机关内部管理,丰富各类创建载体,使全体干部职工不断增强加快财政改革与发展的紧迫感,找出存在差距和努力方向。推进乡镇财政分局规范化创建。修订完善乡镇财政分局年度目标管理考评办法和财政分局岗位职责考评办法,加强对乡镇财政日常工作指导与管理。将飞鲤和姚村两个乡镇财政所更名为财政分局,增设十字经济开发区财政分局和直属财政分局,加强对乡镇财政干部队伍管理,建立健全岗位培训和人员交流等综合管理制度。截至当年,新发、梅渚、十字财政分局已达到省级规范化标准,另有毕桥、凌笪、建平3个乡镇财政分局达到市级规范化标准。深入开展民主评议工作。印发《郎溪县财政局2012年度民主考评站所长活动实施方案》和《郎溪县财政局2012年度民主评议窗口单位实施方案》,配套奖惩措施。充分利用简报、板报、信息等形式,在财政系统内广泛开展民主评议政风行风宣传,努力形成"人人参加学习,人人提高认识,人人了解评议,人人参与评议"良好氛围。对查找出来的问题,通过一定形式在部门内或向社会公布,听取群众意见,接受社会监督。对评议代表提出的评议意见和建议,认真对待,逐条研究,逐条梳理,分析原因,坚持边评边改,直到群众满意为止。2012年度民主考评基层站所长,全局10个财政分局全部进入全县综合服务类前35名,其中建平财政分局和十字财政分局分列第一和第二。

（郎溪县财政局供稿　张俊执笔）

宁国市财政工作概述

2012年，宁国市财政总收入完成30亿元，增长11.1%；财政支出完成28.1亿元，增长9.7%。

【重管理，强化联动促增收】强化财税联动，及时将任务分解落实到各征收部门。在组织收入工作中，密切注视财政收入动态，大力开展税源调查，认真分析财政收入形势。加强预算支出管理，保证重点支出，积极筹措资金贯彻落实市委、市政府关于支持经济发展的重大战略决策。进一步调整优化支出结构，严格控制一般性支出，将有限的财力重点用于“保运转、保民生、保重点”上来。支出结构进一步得到优化，公共财政效能进一步体现。牢固树立土地成本核算意识，按规定提取相关基金；切实加强土地出让金清收工作，实行清收常态化管理，并运用法律、经济手段确保土地出让合同的严肃性，确保土地出让金及时、足额入库。

【促发展，助力社会经济健康运行】积极关注国家宏观金融政策，保持同各银行间的沟通，做好项目前期准备，努力在国家金融政策松动时可以尽快介入。争取上级资金支持企业科技创新，引导企业向省、市积极申报项目，全年共申报财政专项资金项目17个、新型墙体材料项目5个，万村千乡市场工程项目1个，申报2批11户关闭小企业补助资金，申报国家重大科技成果转化项目、生态省建设综合示范基地项目、新能源示范项目、绿色生态城区示范项目等省、部级项目25个。积极落实企业扶持政策，根据市委、市政府有关文件精神，及时将2011年度工业经济发展奖励资金兑付到企业，受惠企业达77家。同时适时出台减轻企业负担相关扶持政策，为全市经济发展奠定强有力基础。“营改增”试点改革工作自当年10月1日正式启动以来，运行平稳有序。积极完善国投公司运营体制，探索新形势下投融资新机制，拓宽融资渠道，运用转贷、企业平台借款、发行金融产品等方式，全年共筹集建设资金14.8亿元，有效防范财政金融风险，维护了政府融资信誉，保障全市基础设施建设任务的实施，推进了重点项目和园区建设。创新担保模式，担保业务有效增长，当年在保余额达9.1亿元，自开办以来担保金额累积近40亿元。担保资本放大比例超过6倍。有效解决在当前金融规模紧缩的形势下中小企业融资难的问题。

【惠“三农”，全力服务美好乡村建设】按照总量持续增加、比例稳步提高的要求，全年财政农林水事务支出3.3亿元，增长14%，确保财政对农业投入增长幅度高于财政经常性收入增长幅度。全年实行以奖代补安排美好乡村建设专项资金3351万元，整合涉农资金3.6亿元，撬动社会资金9080万元。严格落实各项惠农政策，通过 一卡通 方式，全年共计拨付水稻良种补贴等各项涉农资金1亿元，并启动“惠民直达信息网 ，方便受益对象了解、查询惠民政策及资金情况。全面完成“新型农民培训”工作任务，提高了农民工综合素质和外出务工就业能力，促进了广大农民脱贫致富。坚持“依托龙头建基地、围绕基地扶龙头”思路，加快优质农产品生产基地建设，同时，把农业综合开发项目区与农业现代化重点工程相结合，与农业结构调整和产业化经营相结合，以农业开发项目为平台，广泛整合其他财政支农资金，吸纳民间资本和工商资本投入农业综合开发。组织实施农业综合开发项目14个，总投资达4920万元，其中财政资金3284万元。全力推进全市农村环境整治工作，完善农村卫生条件和居住环境，认真实施农村环境连片整治项目。

【保民生，全力推进居民收入倍增工作】认真履行牵头抓总职责，进一步强化责任意识，积极按照完善机制、保障资金、加大宣传、夯实基础的工作思路，扎实组织和落实好省定33项民生工程和市定12民生工程，累计投入资金6.83亿元(其中，市定民生工程投入资金0.44亿元)。生活保障类项目推进有力，农村低保保障标准提高到年人均2220元；公租房、廉租房建设有序推进，发放廉租住房补贴380万元，发放城乡重度残疾人生活补助205万元；城乡居民养老保险参保总人数21.9万人，拨付养老金5174万元，发放率100%。教育培训类项目有序提升，教育投入达到法定要求。义务教育经费保障机制进一步完善，全面落实各项教育资助政策。首次将校车安全纳入民生工程，完善校车安全实施方案，做好海螺学校整体移交地方的前期调研及相关数据测算工作，支持安徽材料工程学校纳入国家中等职业教育改革发展示范校建设等。医疗卫生类项目稳步实施，全年拨付城乡医疗救助资金392万元，拨付提高妇女儿童健康水平补助资金147万元，拨付重大传染病病人医疗救助资金215万元。文化建设类项目基本建成，完成了30个广播电视“村村通”建设工程任务、13个农家书屋建设任务、9个乡镇公共电子阅览室建设任务。城乡居民收入倍增工作稳步推进，大力发展生态高效农业，加快城镇化步伐，深化农村改革，落实惠农政策，千方百计促进农民收入持续快速增长，实现城乡和谐发展、共同进步。民生工程建后管护工作力度加大。针对不同项目，结合实际，健全完善各项管护政策、落实管护措施、强化管护责任。从加大资金投入、项目统一整合、逐步推行市场化运行等多个方面实施建后管护，健全管护长效机制，落实主体、明确责任、健全制度，实现管理专业化、服务社会化，充分发挥了工程项目的社会效益和经济效益。

【抓改革，提高财政管理水平】积极推进市乡财政一体化管理工作，及时制定实施方案，结合规范化乡镇财政所创建活动和加强乡镇财政资金监管工作要求，上下联动，以乡促市，建立“体系完整、水平提升、充满活力、运行高效”的乡镇财政管理体模式。深化部门预算改革，努力提高预算管理水平。着力提高服务单位预算编制的科学性、前瞻性和合理性，细化项目支出预算，加强对单位的收支性质、财务行为、会计资料等日常性管理，凭资料、按进程执行项目预算，严格控制预算追加。深化国库集中支付改革工作。市直机关事业单位全部纳入国库集中支付管理，全年办理国库支付业务60179笔，拨付国库支付资金15.8亿元。全面推进公务卡制度改革工作。继续深化医药卫生体制改革。进一步规范和完善基层医疗卫生机构运行补偿机制，加大财政投入力度，全面落实各项保障政策，切实保障基层医疗卫生机构正常运转。拟定《宁国公立医院运行补偿管理暂行方案》，保障县级公立医院改革有序推进。加强财政专户及专项资金管理，全面完成财政专户清理整顿和整改工作，出台《宁国市市级大型活动经费管理暂行办法》、《宁国市党政机关因公临时出国(境)经费管理办法》等资金管理办法，切实把厉行节约反对奢侈浪费落在实处，把有限的资金和资源用在加快发展、改善民生上。加大财政监督检查力度，强化对部门、企业的财务、资产监管，拓展监督领域，提高监督效率。开展财政专项检查，完成企业所得税、重点产品国际竞争力税源调查工作和农村公路危桥加固改造项目专项检查等工作。

【重主题，效能建设继续加强】以财政系统“绩效创新年”活动为契机，结合开展“创先争优”、“民主考评”、“深化作风建设年”、“保持党的纯洁性、迎接党的十八大”、“五城联创”、“财政班子成员大走访”等主题活动，教育和引导干部职工带头学习提高、争创佳绩，切实转变工作方式和工作作风，提升财政服务效能。进一步健全完善政务、党务公开、依法行政、学习、人事、财务、保密、网站管理等制度，先后出台加强机关效能建设、政风行风建设及财政工作会商机制文件，严格制度执行，强化纪律约束。通过定期举办专题知识讲座、每月一次“科长讲座”，组织网上在线、先锋在线等学习，积极创建学习型机关，提升财政干部的综合素质。加大干部交流轮岗力度，大胆提拔使用干部。当年对90%以上科室负责人进行了轮岗；新提科级干部2名，截至当年底全局有副科级以上干部28名，局领导班子实力得到进一步充实。坚持反腐倡廉工作与财政业务工作同安排、同部署、同落实，采取组织党员观看警示电教片、集中辅导学习《廉政准则》、主要领导亲自上廉政党课等方式，加强党风廉政建设的宣传教育，提高财政干部廉洁自律意识。深化廉政风险防控管理工作，分别制定高中低风险点，防患于未然。确保政令畅通和工作落实，分解落实承担主要责任的市政府2项重点工作和承担协调配合责任的27项重点工作，积极办复9件人大议案和5件政协提案，及时认真完成市委、政府的各项督办件和交办件，全力服务地方经济发展。相继改版“宁国财政网”和“宁国会计网”，及时在政府网站和部门网站上发布财政工作动态和政策文件，认真办理、解答群众的提问、建议和投诉。党团文体活动丰富多彩，财政文化建设成效斐然。组织干部职工开展联点共建、组织干部职工参加五四文艺汇演、工商杯职工篮球赛，开展民生宣传骑行活动，举办职工运动会、民生杯羽毛球比赛等，进一步增强财政干部顾全大局、维护团结的自觉性和主动性，形成在合作共事中加深理解，在相互支持中增进团结，巩固和发展上下同心、和谐奋进、凝心聚力干事业的良好局面。

(宁国市财政局供稿　张丽执笔)

泾县财政工作概述

2012年,泾县一般预算收入完成10亿元,增长21.4%,其中地方财政收入6.56亿元,增长30.4%;财政部门完成1.77亿元,增长39.8%。基金收入完成8.2亿元,增长11.5%。全县一般预算支出完成17.6亿元,增长23.4%,科学、教育、社保等重点支出增长较快,收支保持平衡。

【全力改善和保障民生】 继续实施33项民生工程。优先调度民生工程资金,新增财力优先安排民生工程,预算安排民生工程资金5875万元。民生工程补助类项目资金全部按时序进度发放到位,工程类项目基本建设完成。全年通过"一卡通"发放涉农补贴超过1亿元。由县财政局牵头实施的三项民生工程一事一议、政策性农业保险、家电汽车摩托车下乡工作进展顺利,全面完成年度工作任务。

【着力支持县域经济发展】 充分发挥财政资金引导作用,促进重点项目和城乡道桥等基础设施建设顺利实施。争取到位国家农发行1.8亿元青弋江北路棚户区改造融资项目。加强财政担保服务能力,县中小企业信用担保中心担保金额达到3亿元。全力争取上级资金,争取专项转移支付资金4.1亿元、债券转贷收入4800万元、可再生能源建筑应用示范县项目资金1200万元等。力保全县基本建设支出需要,审核拨付中央预算内基建投资项目资金2.2亿元,筹措资金1.5亿元保障"双十加"重点项目等基础设施建设资金需求。发挥参谋助手作用,参与《关于促进工业经济发展的若干政策》的修订完善,安排企业补助资金2300多万元。

【深入推进美好乡村和农业产业化建设】 积极整合财政资金,推动农村社会经济发展。大力推动美好乡村建设工作,把美好乡村建设工作列为财政工作主要任务和中心工作,县财政安排2800万元美好乡村建设专项资金,整合各类涉农资金5000多万元用于美好乡村建设。实施农业综合开发项目建设,抓好2012年度项目申报工作,完成三个产业化项目国家立项。继续实施2011年度项目建设,顺利通过省厅对本县2011年度7个项目的检查验收。

【切实提高财政社会保障能力】 加大公共服务有效投入,充分履行社会保障职责。确保全县机关事业单位工作人员和教师工资及时足额发放,稳妥做好公务员津贴补贴调整及事业人员绩效工资发放工作;及时足额支付各项社会保障资金,确保教育、科技、卫生、政法等支出增长;做好财政应急救灾工作,按照"绿色通道"要求,快速拨付应急救灾款项。

【扎实推进财政改革创新】 推进部门预算改革,开展预算支出绩效评价工作。加快非税收入收缴改革,提高财政统筹能力。完善国库集中支付改革,实施财政一体化管理信息系统建设。落实公务卡制度改革,12月底前完成公务卡制度改革,2013年起全面实行公务卡制度管理。深化国有资产管理改革,实施行政事业单位资产财政统管。建立财政大监督格局,拓宽财政监督检查领域和范围。筹备县级公立医院综合改革,积极开展调研,研究改革方案,做好改革筹备。

【全面加强财政队伍建设】 把队伍建设工作摆在重要位置,组织干部职工学习理论知识和财政业务、财经政策,更新干部知识,为做好新形势下财政工作打好理论基础;制发相关考核办法,对违反效能建设条例的行为,明确规定处罚措施;开展民主考评百名股(所)长活动;开展效能制度自查自纠和整改;开展文明单位创建,组建财政干部志愿服务队伍;加强财政信息网建设,重视发挥网络宣传和服务作用;推进乡镇财政所规范化建设,乡镇财政资金监督管理进入信息化阶段。

(泾县财政局供稿 周旌安执笔)

旌德县财政工作概述

2012年,旌德县财政总收入完成5.3亿元,增长18.1%。其中:公共财政预算收入完成3.6亿元,增长34.5%;财政支出完成9.6亿元,增长23.5%。

【加大争取力度,有效缓解地方财政压力】 大力争取中央、省级政策和资金补助,全年共争取中央、省级专项转移支付资金4.36亿元、债券转贷收入1800万元,有效缓解县乡财政支出压力,为支持我县经济加快发展提供有效资金支持。同时,加大国投公司融资力度,稳步提高国投公司融资能力,拓展全县重点项目和基础设施建设资金来源,使重点项目和基础设施建设得到稳步实施。全年共落实项目融资2.1亿元,加快新东方安置小区、城西路改造、北路口改造以及徽水河大桥建设，切实保障城市基础设施建设资金需要。

【全力保障民生，确保各项民生工程落到实处】圆满完成省级33项民生工程目标任务，当年全县共投入民生工程资金1.99亿元（其中县级配套3170万元），受益群众达14.6万人。各项惠农政策有效落实，通过“一卡通”发放涉农补贴5298万元；兑付家电下乡1.8万台(件)，补贴资金584万元；实施政策性农业保险，财政保费补贴104万元，赔付金额75万元，提高农业抵御风险能力。

【积极筹措资金，扎实推进美好乡村建设】根据县委、县政府及省、市财政部门要求，县财政以资金整合重点，全方位参与，加强部门配合，强化资金监管，全力服务和支持美好乡村建设。全年已落实专项资金2500万元，整合资金5000万元用于美好乡村建设工作，在重点推进22个重点村整治基础上，实现全县所有村垃圾处理全覆盖，为推进秀美旌德建设做出积极努力。

【深化财政改革，不断提高财政管理水平】部门预算改革深入推进。完善基本支出定额标准体系，强化项目支出管理，开展预算支出绩效评价工作；继续加大非税收入收缴改革力度，深化综合预算管理，提高政府统筹能力。国库集中支付改革不断完善。实施财政一体化管理信息系统建设，规范国库集中支付流程，提高国库集中支付效率，建立了预算执行动态监控机制。落实“公务卡”制度改革稳步实施。减少现金使用，方便单位公务支出用款，提高单位现金管理和报销的工作效率，强化财政监督，促进惩治和预防腐败体系建设。县级公立医院综合改革积极推进。全县从当年12月15日开始全部实行药品零差价，建立运行补贴机制，切实减轻群众看病负担。政府采购制度改革进一步深化。当年全县政府采购支出1.86亿元，节约资金3049万元。

【强化财政监管，确保财政资金安全】在上年撤并财政专户的基础上，进一步加大清理财政专户工作力度，建立健全内控制度，确保专项资金使用安全。进一步完善财政监督机制，深入开展民生工程、强农惠农、政府采购等专项检查。化解公立医院历史遗留债务317.5万元，进一步规范债务管理，减少财政风险。

【注重队伍建设，改进机关工作作风】有效整合“基层组织建设年”、“保持党的纯洁性”、“作风建设年”及“绩效创新年”等各项主题教育活动，通过活动开展促进机关作风转变、提升财政干部队伍素质。坚持以“有作为、有操守、有担当”为目标，弘扬财政精神、拉升工作标杆，努力在干事创业、争先进位上下功夫，在抓好落实、强化执行力上下功夫，在改善服务、优化环境上下功夫，在贴近群众、保障民生上下功夫，在艰苦奋斗、勤洁廉政上下功夫，切实提升财政工作服务发展、服务基层、服务群众水平。

（旌德县财政局供稿　周玉清执笔）

绩溪县财政工作概述

2012年，绩溪县财政总收入完成8亿元，增长10.3%。财政支出完成13亿元，增长22.5%。

【服务县域经济发展】一是加强组织协调，确保收入任务完成。坚持定期财税联席会商制度，分析宏观形势和重点企业运行情况，把握收入序时动态，确保收入目标完成。二是加大融资力度，推进项目建设。以国投公司为平台，通过多种渠道筹集资金近1.5亿元全力推进“三区一廊”和“东进西扩”战略规划，全面服务全县大建设。三是支持企业发展，构建新的经济增长点。兑现企业奖励资金6421万元，为20户企业提供担保5332万元，增强企业发展后劲。四是认真研究相关政策及产业发展规划，配合乡镇及县直部门向上积极争取专项资金和相关政策，为县域经济发展提供了坚实的财力保障。

【推进美好乡村建设】一是加大财政支农力度，发挥财政支农、财政扶贫职能，开展特色农产品政策性保险试点，组织实施现代农业生产发展油茶产业项目，支持优势特色主导产业，促进全县农业和农村经济全面发展。二是扎实推进农业综合开发项目，提高现代农业综合生产能力。组织申报并落实2012年农业综合开发土地治理项目。根据全县农业龙头企业、农业产业合作社发展状况，支持有明显竞争优势和辐射带动作用的产业化经营财政补助项目。三是积极开展村级公益事业“一事一议”建设工作。按照全省村级公益事业“规范管理年”活动要求，全年共审核批复“一事一议”财政奖补项目163个，村级覆盖面达100%，群众参与面达85.4%。四是继续做好家电下乡，摩托车下乡工作。通过严格资金管理，加大督查力度，加强政策宣传，多渠道开展工作，取得良好成效。五是加大资金整合力度，推进美好乡村建设。在认真总结“十一五”期间支持新农村建设经验基础上，以规划引导为依据，以项目带动为手段，以提高财政支农资金使用整体效益为目标，加强部门间协调配合，整合项目、整合资金，切实加大对美好乡村建设投入。六是组织开展新型农民培训和农村财会人员财政支农政策培训。

【保障民生财政支出】一是区分轻重缓急，合理安排支出，保障工资性支出、公用经费和专项资金支出需求，确保党政机关运行和社会保障各项事业健康发展。二是加大投入，优先保障养老保险、失业保险、基本医疗保险、农村特困救助、五保供养等等社会事业支出，维护了社会稳定。三是加大城区低收入家庭住房保障投入力度，切实解决低收入家庭住房困难。四是继续认真落实各项惠农补贴政策。全年通过“一卡通”发放财政补贴农民资金农户共47233户，累计发放资金6693万元，涉及粮食直补、农资综合直补、新农合、政策性农业保险等22个项目。五是总投入为2.18亿元的30项民生工程在各乡镇和县直各部门的共同努力下顺利推进。财政部门履行职责、精心组织、创新举措、统筹安排、狠抓落实，全面完成各项目标任务。六是加强推进城乡居民收入倍增规划。通过建立协调联动机制、政策宣传制度、分类指导制度、联系报告制度和督查考核制度，居民倍增规划工作顺利实施。

【提高财政监管水平】一是认真贯彻县委、县政府《关于加强财政支出管理的通知》要求，控制消费性支出增长，严格预算执行，严控运转经费、庆典、会议、公车购置等经费追加。二是进一步完善乡镇财政体制，从实际出发，实施强权扩镇财政管理新模式，理顺县乡两级财政分配关系。三是强化非税收入管理，落实收支两条线。加大非税收入征管信息化平台基础建设，加强对非税收入票据管理，推进非税收入的精细化管理。四是加强政府采购管理，切实提高政府采购效率和服务质量，严肃政府采购纪律，依法查处不良采购行为，营造公平公正政府采购氛围。五是加强财政监督，建立健全财政监督制约机制。通过完善财政资金安全支付管理制度、内部监督信息共享制度，加强财政资金支付安全管理工作监管。强化政府投资项目的跟踪问效，依法对相关违纪行为予以处罚，保障财政资金运行安全，并发挥应有效益。六是推进优质会计服务。坚持以会计管理为经济发展服务的宗旨，努力提升会计管理水平，为提高全县会计人员业务素质提供优质服务。

【促进财政创新发展】一是积极协调配合税务部门做好营改增试点工作。通过加强领导，加大宣传，强化培训，完善设施等措施，营改增试点改革工作自10月正式启动并成功上线。二是进一步规范财政资金账户管理。对全县财政专户开展全面清理整顿，整改撤并35个财政专户，保留(含撤并后重新开设)20个财政专户，制定财政专户资金管理办法，实现财政专项资金专户的国库统一管理。三是全面推进国库集中支付制度改革。实施改革以来，支付“平台”运转良好，财政资金运行安全，资金调度便利，闲置资金有效整合，预算执行程序规范，运行公开透明。四是积极参与全省县级公立医院改革，了解和把握改革动态，促进全县医疗卫生事业健康发展。

【提升队伍服务能力】一是开展“深化作风建设年”和“环境优化年”活动，以学习领会“创新、博爱、务实、卓越”的安徽财政精神为主题，开展丰富多彩实践活动，打造一支政治坚定、业务精良、作风严谨、和谐进取的财政队伍。二是开展乡镇财政所(分局)规范化创建和人员岗位培训工作，完成财政所(分局)领导职务副科高配工作，极大提高了基层财政所干部职工工作激情。三是组织财政干部计算机操作技能考核。通过培训和考试，财政系统所有参训人员全部获得计算机中级资格。四是落实党风廉政责任制建设。逐级签订《党风廉政建设责任书》，分解党风廉政建设工作任务，健全内部监督制约机制，保持财政队伍清正廉洁。

(绩溪县财政局供稿　王小永执笔)

铜陵市财政工作概况

铜陵市财政工作综述

2012年，全市各级财政部门积极应对经济下行、财政收支趋紧的困难，努力强化收支管理，积极争取转移支付，深化财政改革，财政在保增长、维稳定的同时，有力保障了基本支出、促进了经济发展。全市财政收入累计完成127.3亿元，同比增长10.1%。全市财政支出累计完成92.9亿元，同比增长31.9%。

【积极克服不利因素，狠抓财政收入征管】面对复杂严峻形势，财政部门积极落实国家结构性减税政策，加强收入预测、分析、协调，坚持依法征收，应收尽收，不收过头税，在遏制收入下滑的同时，努力优化收入结构。

【着力优化支出结构，保障重点领域支出】大力支持经济发展，加大对重点产业和战略性新兴产业投入，支持小微企业发展，落实有关契税补贴政策。保障民生类支出，足额安排调度资金，民生类支出完成74.3亿元，同比增长46.3%。严格控制一般性支出。坚持厉行节约方针，分批公开政府组成部门和直属机构公务接待预算控制数，及时下达厉行节约预算指标控制数，继续实施因公出国(境)计划与经费审核联动机制，从严控制因公出国(境)规模，研究提出了差旅费管理办法，确保各项支出控制在省控预算数内，实现零增长。

【积极争取转移支付，增强全市可用财力】多方捕捉机遇，主动作为，研究分析上级政策，做到早谋划、早安排、早行动。积极指导县区、配合市直相关部门做好项目申报工作，做到大项目必争、小项目不漏，想方设法多准备、多争取。全年争取上级转移支付资金27.8亿元，增长21%，再创历史新高。

【扎实推进民生工程，加快倍增计划实施】高标准高质量完成48项民生工程任务，惠及95%以上城乡居民，满意率普遍超过90%，继续保持全省先进行列。全面推进居民收入倍增工作，扎实开展“四个年”活动，城镇居民人均可支配收入24685元，农村居民人均纯收入9847元，分别位列全省第3位和第2位。

【深化财税体制改革，切实加强财政监管】组织实施市区新财政体制，开展税源入库级次界定和财政基数测算，制定市与区教育费附加和城市维护管理资金的分配办法，核定社区事务支出补助基数。精心组织营改增试点工作，及时出台营改增试点过渡性财政扶持政策和实施细则，加强宣传和相关人员工作业务培训，平稳实现新旧税制转换。稳步推进预算信息公开，分别于8月25日和9月25日公开了市直部门2012年预算。开展绩效评价工作，筛选10个项目开展财政绩效评价，完成了项目评价报告，强化预算绩效管理。推进财政国库管理制度改革，出台公务卡强制结算目录、国库集中支付现金使用等管理制度，修订公务卡使用管理办法，全面推进区级国库集中支付改革，年内实现区级会计集中核算转轨。深入推进政府性资金管理改革，出台政府性资金统筹管理意见，制定政府性间歇资金调度操作方案，积极支持全市经济发展。加强土地出让金收支管理，按照“以收定支、收支平衡”原则，编制市级土地出让收支年度预算，土地出让收支全额纳入政府性基金预算管理。

【加强财政自身建设，提升理财服务水平】加强队伍建设，通过春训、业务培训和竞争选拔干部等多种形式,着力加强干部队伍建设,不断提高把握大局的本领、改革创新的本领、依法理财的本领、合作共事的本领和廉洁自律的本领。加强制度建设,开展制度大梳理活动,对已有的制度重新修改完善,对尚未建立的制度在充分调研的基础上结合财政工作实际予以出台,完善了内部管理制度、工作制度、会议制度和财务管理制度等。通过制度来管人、管事,规范机关工作,提高服务效能。加强廉政风险防控,坚持以风险防控"回头看"为抓手,全面动员部署,突出"五查五看",狠抓责任落实。围绕财政权力运行业务流程、风险点、风险等级、防控措施等,制作了90多块廉政风险防控警示牌,悬挂于局机关科室内涉险岗位的显著位置,让干部职工时刻牢记风险,自觉规避风险,提高风险防范意识,做到居安思危。

(铜陵市财政局供稿)

铜官山区财政工作概述

2012年,全区实现财政收入14.7亿元(含海关完成的财政收入7.5亿元),为年初预算162.8%,其中区级一般预算收入5.4亿元,为年初预算133.6%,同比增长55.1%。全年财政支出6.1亿元,为年初预算138.2%,同比增长22.1%。

【大力组织财政收入】一是结合税源实际,在广泛调查和精确测算的基础上,统筹安排国税及地税的收入计划,并合理按月分解收入任务。二是强化税收征管,密切关注收入入库动态,定期召开协护税会议,不断完善协护税措施,积极解决入库过程中各种问题,确保税收收入平稳持续增长。三是进一步加强国有资产收益管理,为财政增长作出了一定贡献。

【优化财政支出结构】一是注重财力向"改善民生"倾斜。坚持以人为本,加大对教育、科学技术、文化体育和传媒、公共医疗卫生、社会保障和就业等民生投入。二是大力支持经济建设,重点加大对现代服务业、物流运输业、总部经济等产业的政策扶持,全年财政安排企业扶持资金达5500万元,同比增长22.2%。三是全力保障城市建设与管理工作,总支出预计达7900万元,比上年增长33.9%。四是进一步压缩公共开支,严控"三公"消费,一般公共服务支出8407万元,同比下降5.2%。

【大力推进民生工程】加快项目推进,加强督促检查,落实资金保障,全力以赴组织实施28项民生工程(省级民生工程项目17项,市级民生工程项目11项)。区民生办在全区开展一系列民意调查、走访及宣传活动,组织 民生工程面对面 大型广场主题直播活动,省、市领导和相关部门与市民在现场互动交流,成效显著。

【强化财政管理】主动建立新财税体制下财政收支的每月动态分析机制,并与各预算单位工作进度相衔接,合理调度,有保有压,努力实现财政资金使用与管理的效益最大化。积极应对国库集中支付及公务卡改革,本着谨慎稳妥的原则,逐步试行国库集中支付,着手建立公务卡结算制度。全力开展财政专户清理工作,成立清理整顿财政专户工作领导小组,制定清理整顿措施,逐一清查各专户使用情况,大幅消减专户数量,规范了专户管理,堵塞了资金存转安全漏洞。

【提前调研谋划】6月份启动对接营改增试点工作以来,积极应对,全面走访涉改企业,稳定现有税源,支持企业做大营业税税基,为下一步确定税基提早做好谋划。

(铜官山区财政局供稿)

狮子山区财政工作概述

2012年,全区财政收入完成4.7亿元,完成预算的106.7%,比上年实绩增长27.6%。

【强化收入征管】准确把握财政经济形势,突出中心工作、克难攻坚、加强协调,增强做好财政工作的积极性和主动性。积极落实市政府出台的关于促进全市经济又好又快发展的若干意见,帮助企业渡过难关,促进企业健康稳步发展。加强经济调度和重点项目建设,加快战略性新兴产业的发展,采取切实有效的措施,稳定经济增长。加强调查研究,主动和税务部门沟通联系,加强对重点行业和重点企业的税源监控,调整征收期,加大税收征管、稽查和清欠力度,做到应收尽收。

【加大支持力度】做好融资服务工作,继续为区属企业提供续贷资金扶持,保持政策的连续性。加强政银、银企合作,大力发展信用担保公司、小额贷款公司,改善中小企业信贷环境。补充金狮担保公司注册资本164万元。突出产业扶持重点,全年共投入科技研发和应用资金、兑现各类税收奖励和贷款贴息补助1743万元,支持企业发展。千方百计筹措资金,通过土地出让金返还、银行融资、向上争取资金等多渠道筹措资金1381万元,积极支持园区基础设施建设等一批重点项目,促进重点项目早开工、早投产、早见效。积极争取转移支付,重点申报特色产业、企业技术改造、产业升级、地质灾害搬迁、农业产业化项目,预期获得1947万元资金补助。

【着力改善民生】全年共拨付33项民生工程区级配套资金994万元。开辟民生工程资金拨付"绿色通道",对民生工程资金优先办理,尽量先行拨付或者垫付,提前完成计划生育家庭奖扶、重度残疾人生活救助、残疾人居家安养、城乡养老保险等资金发放工作。安排配套民生工程建设类项目管护资金132万元,切实解决民生工程后期管理养护。制订民生工程监督检查、交办督办、调度会议、月度考评、公示通报等五项制度,印发《民生工程资金内部操作规程》、《民生工程信息宣传考核办法》、《民生工程电话回访制度》以及各项会议制度、实施单位职责、报表报送和信息报送制度等,为民生工程工作有序有效开展提供全方位的制度保障。进一步规范项目管理,对生活补助及参保服务类民生工程项目,严格把握补助条件,做到"政策公开、程序透明、支付到人、打卡发放";对工程建设类民生工程项目,在保证工程质量的前提下,加大建设推进力度,对项目公示、招投标、合同签订、工程监理、竣工验收、资金报账等环节实行严格监管。不断完善台账记录,确保民生工程档案信息的真实、可靠、完整,加强基础数据库建设,确保基础数据信息准确。以开展问卷调查、印制民生工程政策告知书、定制印有民生工程标识宣传饮水杯、民生工程漫画扑克牌、民生工程名称纸扇、制作民生工程宣传短片、电影进社区(农村)等活动为载体,通过开设民生工程宣传栏、宣传橱窗、电子显示屏滚动播放、街头宣传及悬挂条幅等形式实现民生政策宣传常态化,及时在区政府网站上进行政策及成果宣传,同时公布民生工程举报电话和邮箱。多层次、多渠道、全方位地宣传民生工程,努力赢得群众的理解和支持。

【注重收入倍增】积极开展居民收入倍增宣传工作,在镇办社区广泛开展富民增收宣传工作。通过充分运用广播电视、报纸、网络、LED屏及条幅等多种形式广泛宣传,坚持区、镇(办)、村(社区)三级联动。帮助重点人群就业创业,积极组织开展"就业援助月"、"春风行动 、"民营企业招聘周"等就业服务系列活动,落实就业创业援助相关政策,走访帮助就业困难人员实现就业。组织青年志愿者进村入户"送政策、送技能、送岗位、送服务"。举办"被征地农民就业援助专场招聘会",提供1500余个就业岗位,近300人与用工企业达成用工意向,新增公益性岗位71个。同时深入推进"千人创业扶持计划"。选派30名年轻干部,对30家创业企业进行一对一扶持,已帮助9家企业落实小企业信用贷款和小额担保贷款、申报项目补助资金、拓展海外市场等。调控指导企业工资分配,积极开展工资集体协商"要约行动"。帮助指导基层工会依法行使要约权,已建工会组织的企业共136家,发放工资集体协商要约函97余份,并与87家企业签订工资集体协商合同。加强工资集体协商指导员队伍建设,对109家企业工会骨干进行了培训,为企业开展工资集体协商提供法律咨询、政策指导、业务培训等服务。将工资增长情况作为约束性指标纳入和谐劳动关系企业评价标准,督促企业每年向职代会(职工董事和监事会)报告一次工资集体合同履行情况。推进农村土地承包经营权流转,全区共流转土地12312亩,涉及全区13个村,流转比例在全市县区中居于首位,占耕地总面积83.2%,并逐渐呈现土地由小规模流转转向大规模流转、经营主体从单一性转向多元化、土地流转和农业产业化发展相结合等特点。受土地流转促进作用影响,全区农业产业化龙头企业达14家,其中省级农业产业化龙头企业2家,市级12家,推动了"一村一品",提升了土地流转效益,大幅提高了农民人均收入。

【落实惠农政策】积极推进城乡一体化建设,促进城乡统筹发展,加大"三农"支持力度。积极实施新型农民培训、政策性农业保险和特色农业保险等工作。通过"一卡通",采取直补的方式,惠及于民,让老百姓确实感受到公共财政的阳光。全年累计拨付粮补资金、良种补贴、家电下乡等各类涉农补贴25项,累计资金828万元。深入推进农村综合改革,积极开展村级公益事业建设"一事一议"财政奖补试点,加大农村基础设施投入,全力促进社会主义新农村建设。

【深化财政管理】一是进一步规范镇办、社区财政财务收支行为。制定出台《关于进一步完善区对镇办社区财政财务管理工作实施办法》,加强财政财务监督管理,促进依法组织财政收入,确保各项重点支出,完善财务收支活动。二是开展财政专户清理整改工作。通过开展清理整顿整改工作,共撤并11个财政专户。加强专户归口管理与开户银行管理,各项专户全部转归财政国库部门统一管理,并明确各部门的职责分工与协调机制。三是推动国库集中支付改革,保障资金运行安全。按照市财政局统一部署,完成国库集中支付制度改革系统建设。规范选定2家代理银行并签订代理协议,开设财政零余额账户。逐步实现国库集中支付业务流程的标准化,实现对财政性资金和预算单位改革的全覆盖,形成管理规范、运转高效、协调一致的工作格局。四是全面推行公务卡制度改革。制定公务卡制度改革实施方案、预算单位公务卡使用管理暂行办法和现金支出管理办法及公务卡强制结算目录,逐步推动公务卡制度改革工作。五是加强对政府采购的监督管理。严格按照政府采购预算,加强对采购的监督管理。完成政府采购2490万元,节约资金375万元,资金节约率13.1%。

郊区财政工作概述

2012年,全区完成财政收入15.3亿元(不含海关完成的财政收入9.1亿元),为预算的101.5%,同比增长27.7%。全区财政支出完成5.4亿元,为预算的138.5%,同比增长38.2%。

【稳定财税收入增长】一是抓好重点企业、重点行业。抓好海螺水泥公司、富鑫钢铁公司、汇鑫商贸公司等纳税大户和物流业、建筑业等重点行业的税收,促进全区财政增收。二是抓好地税代征点。以代征点代开发票为平台,充分调动乡镇办积极性,努力吸引市外、省外税源做强做实我区税基。三是抓好非税收入征管。全年完成非税收入1.4亿元,占地方收入的28%。四是全力争取资金,全力配合好各部门争取项目资金,积极争取上级财政转移支付支持,全年争取中央和省级财政专项资金近9000万元。

【规范财政支出管理】一是坚持树立过紧日子的思想,从严控制一般性支出,规范津补贴发放,加大对教育、民生类投入。二是加强专项资金管理,根据上级部署完成财政专户清理整顿,在确保专款专用的前提下,充分发挥财政资金的规模效益。三是顺势推进国库集中支付和公务卡改革,国库集中支付制度全面实行,公务卡改革进入收官。四是完善区对乡(镇、办)财政管理体制调整方案,调动乡镇办增收节支的积极性。

【抓好民生工程和收入倍增】切实履行好民生办、倍增办工作职责,积极督促民生工程涉及单位履行"一把手"负总责制,保证圆满完成全年民生工程目标任务。在民生工程资金方面,全年37项民生工程区本级配套资金2261.5万元,其中年初预算安排966.5万元,专项资金1295万元,各级配套资金已全部发放至受益对象或项目单位。积极做好联络、协调、统计分析、监测评估和督促检查等日常工作,有序推进全区居民收入倍增工作。

【做好强农惠农工作】全区发放"一卡通"存折12482本,发放各类补贴资金924万元,惠农补贴"一卡通"发放做到了家喻户晓。家电下乡政策执行效果显著,财政补贴资金兑付率达到100%。农业政策性保险工作积极推进,农户踊跃参保,相关理赔款及时足额到账。一事一议制度全面落实,截至当年底所有项目均已完工验收,财政奖补118.5万元足额拨付到位。

(郊区财政局供稿)

铜陵经济技术开发区财政工作概述

2012年,开发区共组织财政收入17亿元,同比增长135.3%,完成预算的185.7%。其中,地方收入8.2亿元,同比增长72.9%,完成预算的108%。完成财政支出7.9亿元,完成预算的109.1%,同比增长82.3%。其中,民生类支出5.9亿元,占全部支出比重的75%。

【积极组织财政收入】一是强化收入预测分析。按月进行财政收入的分析、预测,掌握收入动态,加强对房地产业、制造业、建筑业等重点行业税源变化对财政收入影响的趋势分析。二是加大税收征管力度。严格执行全市财政体制调整工作,在全区范围内查找税源、确定入库级次。根据全市财政体制调整要求,在全区范围内严格按照税收属地原则查找税源税户,防止税收跑冒滴漏现象发生,并确定专人与税务、财政部门跟踪对接,实地调查,对属于开发区的税收及时调整税收入库级次。上半年,在开发区范围内经营注册的大型工业企业均实现税收入库级次划归开发区,如铜峰电子、铜陵化学工业集团、玉成出租、三佳电子等;做好协税护税工作,加大税收稽查力度。开发区财政主动与各税务局联系,听取企业发展情况,积极做好协税护税工作。通过与税务局的不断沟通联系,查补了新划转进区企业漏缴的税款,共查补税款6000多万元,促进了全年税收任务的完成。同时,强化重点税源监控,开展税源形势调查管理活动,加强各类税种管理,完善纳税评估工作,扩大重点税源监控户数。全年税收收入入库8.95亿元,增幅达56%,占总财政收入比重的83.1%。

【优化财政支出结构】按照公共财政的要求,坚持量力而行和尽力而为的原则,优化财政支出结构,促进全市社会和谐发展。全年全区共完成财政支出7.9亿元,其中民生类支出5.9亿元,占总支出75%,直接拨付民生工程资金303万元,为开发区民生工程事业发展提供了资金保障。千方百计做好筹融资工作,完成对直属企业大江集团和集团总公司拨款3.2亿元,确保资金支持大征迁、大建设需要。同时,加大资金支出,扶持企业发展,安排资源勘探电力信息支出9159万元,对区内企业实行税收优惠政策扶持。全年共对区内177户企业兑现各类扶持资金2.3亿元。

【支持经济发展】转变财政支持经济发展方式,加大涵养财源力度。全年财政预算内外共安排支持经济发展专项资金1.82亿元,重点用于对园区建设贴息补助、外贸贴息奖励和建立节能循环经济、清洁生产、第三产业发展、信息化建设等专项资金,实现财政从扶持企业个体向扶持平台建设、园区建设和重点行业转变,从注重投资规模向注重投资规模和投资质量并重、从注重经济效益向注重经济与社会效益并重转变。落实财税优惠政策,扶持企业发展,及时兑现企业优惠政策资金。克服区级资金严重紧缺的实际困难,继续按照协议规定及时兑现企业优惠资金。当年上半年,两次召集区内村民领班物流企业,针对物流企业税收调整的规定,与物流企业商讨计策,扶持物流企业发展壮大。全年共兑现区内企业各项扶持资金2.3亿元,培植了税源,树立了开发区良好招商形象。

【推进财政改革】一是做好全年预算编制执行工作。及时将人大批准的财政预算下达给各部门单位,严格部门预算管理,强化预算约束,对各部门项目性经费严格控制在年初预算内,控制和压缩一般性则政支出,加大项目经费审核力度,提高财政资金效益。二是建立严格的预算执行机制。加强网络财政财务监督,实施住房货币化改革,严格住房资金拨付发放工作。三是严格“收支两条线”管理,深化资金管理方式改革。做好预算外资金收缴分离、罚没收入罚缴分离工作。继续深化机关资金管理方式改革,扩大财政集中支付范围。四是规范政府采购工作。完善政府采购制度和操作程序,提高政府采购效率。起草制定《铜陵经济技术开发区政府采购管理办法》,规范政府采购流程程序,加强政府采购工作,防止了国有资产流失。

【积极筹措资金】充分发挥财政扶持资金职能,积极与担保公司、小额贷款公司等金融机构合作,拓展融资渠道,为融资发展提供服务。加大扶持企业力度,在财政资金极其紧张的情况下,尽量争取上级转移支付资金,提高资金使用效率,同时努力回收以前年度欠收土地出让金,并积极梳理市区土地出让金回收机制。及时足额兑现企业扶持政策资金,为企业协调担保融资4亿元,并多渠道筹措资金,融资5亿元,完成全年目标任务,为开展“二次创业”打下良好开端。

【加强财政监管】一是开展地方财政资金安全检查。对财政资金运作的全过程认真开展自查自纠,有针对性地对潜在的环节建章立制,建立财政资金安全管理的运作模式,确保财政资金安全。二是加强国有资产管理。开发区所属事业单位及国有企业开展国有资产检查登记,并对相关数据进行汇总,初步建立开发区国有资产动态监管平台,对行政企事业单位资产从入口到出口进行监管与动态管理。同时,严格按照规定做好取书行政事业单位国有资产的调拨、处置等日常事务。三是开展“小金库”专项检查治理工作。在完成开发区各单位自查自检的基础上,进一步规范财务行为和加强党风廉政建设。

(铜陵经济技术开发区财政局供稿)

铜陵县财政工作概述

2012年,铜陵县实现一般预算收入25.8亿元,比上年增长47.2%,增收8.3亿元,实现两年翻一番的历史最好纪录。其中,上划中央收入完成14.3亿元,增长62.6%;县级收入完成11.5亿元,增长31.6%。完成一般预算支出20.2亿元,增长23.3%。

【狠抓收入征管】加强部门会商协调配合,强化部门联动机制。财政"两税"及非税收入完成3.9亿元,占调整预算162%。其中契税完成7065万元,占预算141.3%。加强非税收入征管。将县直行政事业单位全部纳入非税收入信息系统管理,实现财政与银行、主管部门及执收单位信息互联互通,及时掌控非税收入入户情况。2012年,全县共实现各类非税收入1.6亿元。

【优化支出结构】按照"厉行节约,依法理财,保障重点,关注民生"的原则,积极调整和优化支出结构,集中财力保障重点支出。全县医疗卫生、社会保障、文化教育、公共安全等民生领域支出16.7亿元,占全县一般预算支出82.6%,民生事业进一步得到改善。加大涉农资金整合力度,支持美好乡村建设,积极组织并成功申报农业三增工程、农业产业化工程、农业社会化服务体系建设、农民专业合作组织等8个省级财政重点支农项目,被省财政厅确定为全省31个2012年度省级财政支农资金整合县之一,共计整合资金1.6亿元。同时在预算执行中,结合上级补助和县级预算安排情况,对一些用途相近的项目资金进行有效叠加整合资金达2000万元。

【服务经济发展】统筹安排预算内外资金,积极支持配合融资,筹集和调度各类资金1亿元以上,支持金桥园、农业循环园、东部城区等基础设施建设。兑现各项优惠政策2.3亿元用于支持企业发展。调度2亿元支持和服务三农发展。为解决中小企业融资难题,不断加大对担保公司的投入力度,注册资本增加到1.5亿元,为企业发展提供资金保障。全力服务县委、县政府重点工程、重大项目建设,统筹调度2.3亿元,确保重点项目资金需求。

【坚持依法理财】积极推进各项财政改革,努力提升财政工作质量和水平。积极实施"营改增"试点,推进公务卡改革,进一步完善部门预算、政府收支分类、财政支出绩效评价、国库集中支付等多项财政改革。清理整顿地方财政专户,撤并53个,保留22个,有效解决财政资金专户管理存在的专户过多、重复设置、管理分散等问题。建立和完善预算编制、资金拨付、债务管理、国资转让、财政监督等一系列管理制度。

【加强财政监督】开展会计信息质量检查,县直部分单位预算执行情况的监督检查,继续推行财政支出绩效评价办法,选择县交警队"办公大楼项目"、县供销社"救急济难项目"及县市政管理处的"东西街改造项目"实施绩效评价考评工作。强化财政内部监督,切实提高财政管理工作水平。

【拓宽融资渠道】认真落实全县融资工作总体部署,采取"周调度、月总结"的方式,协调金融办、发改委、担保中心、项目责任单位及各金融机构,持续加大建设项目融资协调力度,积极推进全县项目融资工作,为全县全面发展提供财力保障。当年,政府类项目融资实际到位资金6.65亿元,有力地促进全县经济平稳较快发展。

(铜陵县财政局供稿)

池州市财政工作概况

池州市财政工作综述

2012年,全市各级财政部门紧紧围绕建设幸福池州,准确把握稳中求进、好中求快的总基调,认真实施积极的财政政策,主动理财,积极作为,实现了财政各项工作完美收官。全市财政收入完成71.7亿元,增长20.6%,全市财政支出完成111.3亿元,增长18.1%。

【千方百计促发展】始终把“服务发展作为财政工作的第一要务”,集中财力办大事、保重点。一是重点支持战略性新兴产业发展和园区建设,全市财政投入战略性新兴产业和园区建设资金超10亿元,其中首位产业专项资金超3亿元。二是争取和安排拨付国家技术创新工程试点项目、自主创新综合试验区建设项目、科技成果转化、企业技术创新资金等科学技术支出1.2亿元,有力促进了企业技术创新和科技成果转化。三是全力保障招商引资和重点项目建设。全市安排拨付重点项目资金3.5亿元,为“433”工程等重点项目的顺利实施提供了资金支持,有效推进了铜冠有色、艾可蓝和磊鑫科技等一批重点项目快速起步。四是积极发挥财政政策杠杆作用。认真落实《池州市市区城镇土地使用税奖励政策》,促进企业节约集约用地,提高城镇土地使用的节约率和贡献率。五是认真清理涉企收费,不断优化经济发展环境。预计全年减轻企业负担逾亿元。

【不遗余力惠民生】始终把“改善民生作为财政工作的第一追求”,不断优化财政支出结构,将新增财力主要用于民生。一是大力实施民生工程。全市共筹集33项民生工程资金22.1亿元,完成年初计划的113%,其中,中央、省级补助资金16.7亿元,市县级配套资金3.97亿元,其他1.48亿元。二是大力推进城乡居民收入倍增规划。当年城镇居民人均可支配收入21400元,同比增长13%,农村居民人均现金收入7900元,同比增长15%。三是保障教育优先发展。全市累计争取和安排拨付中小学校舍安全工程、义务教育保障经费、中等职业教育校舍改建项目、中职及高职助学金、基础教育等教育事业发展资金17亿元,有力促进了全市教育事业发展。四是争取安排拨付基层文化服务体系保障资金、地方文体传媒事业发展项目资金、农村公益电影放映、广播电视节目无线覆盖等文化体育与传媒支出1.4亿元,有力促进了城乡文化及广播事业的发展。五是争取安排拨付医疗卫生事业发展资金8.4亿元,推进基层医药卫生体制综合改革,改善城乡基本医疗卫生服务体系,进一步提高城乡医疗保障水平。六是全面贯彻就业财政扶持政策,认真落实城乡社会救助和优抚安置政策,累计拨付社会保障和就业资金9.9亿元,进一步完善城乡低保制度,健全就业和社会保障体系。

【全力以赴强“三农”】全市累计投入农林水事务支出13.6亿元,较上年增加2.3亿元,增长20.8%。一是夯实农业发展基础。积极争取和拨付农田水利项目建设资金2.7亿元,重点保障了农田水利、病险水库除险加固等专项工程建设。二是加大强农惠农补贴力度。落实各类补贴资金5.8亿元,加大对良种、退耕还林、粮食综合直补、农业生产资料等补贴力度,提高农民种粮积极性,促进农业稳产增收。三是扩大政策性农业保险覆盖面。构筑了8亿元的农业风险屏障,承保能繁母猪2.6万头,种植业247万亩,累计赔付1300万元,受益农户达4.5万户(次)。四是全面开展一事一议财政奖补。全市开展村级公益事业“一事一议”项目583个,共筹集财政奖补资金1.32亿元,有力推进农村基础设施建设。五是扎实开展家电下乡和家电以旧换新工作。全市共销售家电下乡产品23.6万台，销售额6.74亿元，增长53.7%,兑付补贴资金8182万元,补贴兑付率100%,全市销售摩托车下乡产品1.36万辆，销售额7100万元,兑付补贴资金872万元,补贴兑付率100%。六是认真开展农村“三资”清理。共清理货币资金1.98亿元,清理集体资产10.4亿元,资源759.1万亩,清理核实债权1.38亿元,债务2.84亿元。同时,建立了“市有监管平台、县有处理中心、乡有查询终端”的“三资”网络信息系统。七是全力推进美好乡村建设。大力整合涉农资金，全年累计整合涉农资金3.6亿元以上。

【盘活资产(资源)提绩效】一是盘活存量。市直单位和企业国有房产价值43.3亿元,地产131.1亿元,按照市政府的要求,对这些房产进行分类整合,将优质资产划入市城投公司。对政府性投资公司进行重组，构建市城投公司等五大类型的国有资产运营主体。二是用好增量。对新购建高层办公用房统一进行整合配置，将20个部门近2000人安排在新购建高层集中办公。相关单位剩余房产由市国资委收回,为进驻池州的新兴业态预留了空间。三是规范运作。开展国有资本经营预算工作,编制2012年市级国有资本经营预算4565万元。根据市政府要求,对市直单位和企业资产资源进行统一拍卖拍租，促进国有资产资源处置收益最大化;对市直单位、企业资产资源实施动态管理,确保资产资源流动不流失。

【拓宽渠道抓融资】一是积极争取上级资金支持。建立“以奖代补”机制,充分调动全市各级各部门争取项目和资金的积极性。二是积极引导银行业增加信贷投放，全年全市银行业金融机构各项贷款余额突破400亿元,同比增长29.1%,增幅位居全省前列。三是促进保险、证券业有序发展。全市保险机构实现保费收入9.9亿元,累计赔付3.9亿元。四是规范两类公司发展。全年22家已开业小额贷款公司各项贷款余额7.8亿元,累计发放贷款11亿元,全市6家已开业融资性担保公司在保余额25.2亿元。五是不断加强金融机构建设。全市新增银行业金融机构2家,其中贵池民生村镇银行已开业,光大银行池州支行着手试营业，在池银行业金融机构新开业5家支行;新开业贵池兴业等1家融资性担保公司;新开业青阳江南小贷、丰祥小贷等2家小额贷款公司;新开业池州宏基等1家创投基金;新开业上瑞典当等2家典当公司。六是争取资本市场融资。积极探索利用资本市场融资,九华股份已上市报会,颐和新能源正加快上市报会进度;市城投公司已成功发行9亿元企业债，金润铜业拟发行3000万元私募债,江南集中区、市开发区也在积极筹划发行企业债;颐和新能源、来福高科、华速机器人引进创投基金融资8700万元。

【锐意改革建机制】一是深化预算管理改革。出台《池州市市级预算管理办法》,对预算编制、执行、审批、监督等环节进行重新规定，切实提高预算编制、执行和管理的水平。二是“营改增”试点改革运行平稳,全市实现“营改增”税收5100万元。三是深化国库集中支付改革。以“金财工程”为抓手,构建财政核心业务一体化运行管理机制。目前，预算指标管理、支付管理、工资统发管理等子系统已完成整合,国库集中支付的资金范围涵盖了预算内安排的各项支出。四是扎实推进公务卡制度改革工作。五是县级公立医院改革试点工作稳步推进。

【转变作风树形象】一是建立“早餐会”制度。即每周三早上7点至8点，班子成员集中用餐时交流情况、谋划工作。二是创新学习方式。采取“请进来”方式，邀请市直综合经济部门和市内外有关专家就保持党的纯洁性、生态经济、美好乡村建设等热点问题开展专题讲座。在党组中心组专题学习会上,每次确定1—2个专题,由局科室负责人结合岗位职能作交流发言,相互启发,相互促进。三是开展“双向挂职、系统共建”活动。实行干部双向挂职交流机制,市局机关科室和基层财政单位互派3名干部实行为期一年的双向挂职锻炼。四是建立“三长”联席会议制度。定期召开市、县(区)、乡镇财政局(所)长座谈会,交流财政工作经验，研究解决财政工作中的问题和矛盾,集思广益,合力推进财政工作。五是推行综合督查制度。每周由财政局党组成员牵头组成督查组,对机关办公秩序、在岗从业、离岗告知、环境卫生等情况全面督查,当场填制《综合督查登记表》,作为年终目标考核的重要依据。六是推进部门会商制度。要求财政干部“走出去”,多听取其他部门的意见,多了解部门的需求,在平等协商中换位思考,增进共识。七是注重防腐倡廉建设。开展了廉政文化进机关、进家庭,警示教育等系列活动,在机关醒目位置悬挂廉政温馨提示语，寓教于乐，增强财政干部廉政意识。加强廉政风险防控，组织机关人员到巢湖监狱、安庆监狱开展警示教育。确定财政廉政风险等级并制定相应防控措施，切实规范财政权力运行。

(池州市财政局供稿 汪申成、张明执笔)

贵池区财政工作概述

2012年，全区完成财政收入18亿元，占任务数的100%，比上年增收4亿元，增长28.4%，其中完成地方财政收入13.8亿元，占任务数的100.2%，增长38.5%；上划中央收入34.8亿元，占任务数的99.8%。

【组织收入】一是加强收入调度。区委、区政府始终把财税工作列为各项工作的重中之重和综合考核的主要指标，多次组织召开财税分析会议，分析全区经济运行情况和当前财税工作面临的形势，及时查找问题，采取应对之策，切实加强对收入征管工作的领导。区财政局积极配合税务部门加强对重点行业、重点企业的监管，加强对增值税、营业税、所得税、资源税等主体税源的摸排工作，努力增加可用财力，确保税收逐月增长，均衡入库。二是加大融资力度。加大对重点税源企业和重点项目投融资力度，确保资金及时足额到位，同时对资金采取跟踪问效制，加强对资金的监管，确保资金安全高效。加大对民生担保公司的资本投入，增强其造血功能，提升融资担保能力，截至当年底，实现在保余额8.5亿元，为全区中小企业的发展提供了有力支持。认真做好银行业金融机构支持贵池经济发展政策激励工作，健全对融资性担保公司的考评机制，规范融资市场，推动融资市场健康发展。三是强化个税征收。始终将个税征收工作摆在重要工作日程，加大政策宣传力度，采取有力措施，加大政策宣传力度。截至当年底，个税入库4099.5万元(其中国税完成1127.5万元，地税完成2972万元)。

【财政管理】一是严格预算管理。严格执行《预算法》，提高预算编制的科学性、准确性和精细化，加快建立结构合理、操作规范、运行高效、管理科学、公开透明的财政运行体制，完善公用经费定额标准体系，细化项目支出预算编制，建立规范的预算追加调整制度，提高预算执行率。二是确保机关运行。全力做好财政供给人员工资和行政及事业单位离退休人员生活补助的发放；加强资金调度和工资专户管理，确保党政机关正常运转；重视政法机构、行政服务方面的投入，促进社会治安综合治理和经济环境优化。三是做好政府采购。根据政府采购政策规定，按照“注重质量，提高效益，创新方法，加强监督”的原则，狠抓政府采购工作，全年采购中心共受理各单位申报的各类招标采购项目240个，完成招标采购项目227个，采购项目申报预算金额9.2亿元，采购中标合同金额8.9亿元，累计节约财政资金3289.9万元，综合节约率3.6%，取得积极经济效益和社会效益。四是严格会计核算。全年累计办理国库集中支付业务6387笔，金额达2.7亿元。五是抓好“营改增”试点工作。认真贯彻落实省、市会议精神，迅速行动，积极稳妥地推进全区营业税改征增值税试点工作，按照“改革试点行业总体税负不增加或略有下降，基本消除重复征税”的税制改革原则，及时拟定《贵池区营业税改增值税试点财政资金管理暂行办法》，并报区政府颁布实施，对税负增加的企业，所有财政扶持资金均已拨付到位。

【保障民生】一是抓好民生工程。认真组织实施省定33项民生工程、区政府惠民实事以及居民收入倍增规划工作，较好完成了全年任务。全年省定33项民生工程财政投入资金7.99亿元，占应到位资金的100%，其中区级配套资金1.91亿元。民生支出占一般预算支出的78.8%。在实施2012年惠民实事中，救助因病致贫群众1469人次，救助资金100万元；救助孤儿205名，补助资金204万元；受理法律援助案件510件，占任务的100%；送电影1770场，送戏145场；提供5013个就业岗位，完成计划的133%；400亩蔬菜基地建设任务已分解落实；52个村庄生活垃圾整治任务，已建成垃圾池959个；355公里“村村通”路肩培护任务已分解落实。二是组织实施收入倍增规划。截至当年11月底，全区城镇居民人均可支配收入19523元，同比增长14.3%；三季度，农民期内人均现金收入5883元，比去年同期增长18.1%；全区完成地区生产总值130.5亿元，增长11.6%，超过10%的目标增长任务。三是做好家电下乡工作。全区累计销售各类家电下乡产品26.9万台，销售额7.27亿元，财政补贴额8902万元；汽车、摩托车销售16725辆，销售额1.7亿元，财政补贴额1796.7万元；以旧换新补贴额1391万元；补贴率均保持在99%以上。四是推进农发项目建设。继续推进2011年农业综合开发唐田、牛头山中低产田改造项目、棠溪山寨茶叶和朱氏禽业产业化补助项目;认真编制2012年农业综合开发唐田高标准农田示范项目和徐汉东种粮大户项目的计划已顺利通过评审,完成招标;加大对农发项目资金管理,实行"专人、专账、专户"的"三专"管理制度,减少拨款环节,提高资金运行速度和安全。2012年农发项目总投资1815.7万元。五是抓好一事一议。贵池区2011年村级公益事业建设一事一议财政奖补项目计划,根据农村需要、农民需求,结合区委区政府农村工作总体安排,对2012年项目进行编制,指导镇街做好2012年财政奖补项目的申报工作,同时组织相关部门、专业技术人员对申报项目进行认真审核。六是推进医疗改革。加大资金配套力度,以公立医院改革为重点,认真贯彻医改政策,建立健全各项医改制度,按照"核定任务,核定收支,绩效考核补助"办法核定补助,实行国库集中收付机制和收支两条线管理。七是加快美好乡村建设。及时成立领导小组,明确责任,组织相关科室业务骨干到相关单位开展调查摸底工作。

【队伍建设】一是认真开展主题教育实践活动。根据区委关于开展"保持党的纯洁性,迎接党的十八大"主题教育实践活动的要求,结合财政部门开展的"绩效创新年"、廉政文化创建等活动,深入选派村开展调查研究。局党组深入局联系村涓桥镇宝丰村开展调查研究活动,并走进该村的困难户家中开展慰问活动。慰问老党员、困难群众。"七一"前夕,组织局机关团支部全体团员和部分入党积极分子深入墩上街道办事处,走进老党员、困难群众家中开展七一慰问活动。关爱留守儿童。局机关妇委会组织机关及会计核算中心的爱心妈妈们,前往马衙街道办事处大路小学看望留守儿童,让留守儿童们感受家庭的温馨和亲情的温暖。二是加强制度建设。建立健全财政系统行政效能长效机制,进一步改进机关工作作风,增强为民服务意识,提高财政系统行政效能、廉政建设和服务质量,对原有《责任追究办法》、《领导班子会议议事制度》、《机关公务招待制度》、《机关车辆管理制度》等12项制度进行重新修订,确保制度的严肃性、约束力、可执行性和制度执行的易监督性。三是推动政风行风建设。及时转变工作思路,调整工作方法,建立为民服务大厅,加强培训和监督,要求大厅人员搞好窗口形象,切实做好为民服务工作。在政府采购中心和个体税收服务中心推行首问负责制、服务承诺制等服务,提升窗口形象,改进服务态度,进一步提高工作效率。四是强化廉政风险防控。采取自下而上的方式开展清权确权工作,确定预算编制调整、财政资金管理、国有资产管理、财政监督检查等行政职权25项,重大问题研究决定、干部管理等党组职权5项,共绘制流程图50张。加强廉政风险点排查,从源头防范廉政风险和监管风险,积极营造廉政勤政的工作格局。

(贵池区财政局供稿　张明整理)

青阳县财政工作概述

2012年,青阳县完成财政收入11亿元,首次突破10亿元大关,比去年同期增长29.5%,增收2.5亿元。

【推进县域经济转型发展】牢固树立以发展促增收的观念,立足财政职能,大力支持企业发展,加大重点项目建设,推进园区扩容升级。全年安排新型企业发展资金4500万元,促进企业转型发展;向上争取扶持资金4000万元,引导企业加快发展;投放县工业园区和乡镇工业集中区建设资金2.86亿元,做强招商引资载体建设;筹集资金4亿用于城区南扩、重点市政建设工程,为经济发展提供硬件保障。

【维护社会和谐稳定】在支持经济建设的同时,坚持统筹兼顾,大力支持社会事业协调发展。投入民生工程资金3.3亿元,确保33项民生工程顺利实施;农林水资金支出2亿元,用于农村基础设施建设,构建美好乡村;社保和就业支出1.7亿元,提高城乡养老、低保等标准,扩大就业;文化、卫生、教育、科技支出6.2亿元,促进社会各项事业健康发展。

【推动财政科学管理】率先在全市推行预算单位公务卡改革,从源头上防止腐败现象滋生。将财政资金纳入平台一体化管理,发挥资金集中效应,缓解财政支出压力。进一步完善非税收入改革,将部门非税收入全额纳入部门预算管理,集中政府非税收入,平衡部门之间的苦乐不均现象。出台财政专户管理办法,加强专户监管,确保财政资金安全。

【加大保障和改善民生】一是根据民生工程进展情况,切实加强资金监管,严格执行"政策公开、程序透明、支付到人、打卡发放"的阳光操作办法,确保民生工程资金及时足额拨付、规范有序发放。全年民生类支出达 15.5 亿元，占一般预算支出比重 77.3%，发放各类补助资金 1.2 亿元，直接受益人群达 25.6 万人。二是健全完善工程类项目后期管养机制，坚持项目适当提标、建管并重，持续发挥民生工程使用效益。县财政安排将敬老院建设标准由 8400 元／床位提高为 15000 元／床位；一事一议财政奖补项目筹资标准由人均补助 10 元提高到人均 20 元，其中提标部分用于后期管护工作。三是坚持尽力而为、实施惠民实事。按照解决"最急需、最关键、最现实"问题的原则，选择一批群众关心、关注的热点、焦点问题作为"自选动作"来实施，全年开展了新型农民工培训等 8 件惠民实事。

【全面改进工作作风】出台相关制度，规定所有工作会议，会前由相关科室做好纲要，会议文件做到短、精、简，抓重点、开短会、争时效。充分利用财政网络平台抓好自学，确保出成绩、出成效。从简公务接待，严格按照上级要求执行，严格落实、厉行节约。从严执行各项制度，严格管理公务用车，坚决杜绝公车私用等违规现象发生，维护好财政部门良好的社会形象。严格执行法规制度，对违反各种工作制度和廉洁法规的，绝不姑息，依纪依规定给予追究相应的责任。绩效考评严，对岗位责任和交办的任务，严格执行考评制度，并与绩效挂钩，确保工作高效稳步推进。

（青阳县财政局供稿　张明整理）

石台县财政工作概述

2012 年，全县财政收入完成 1.7 亿元，为年初预算的 100.2%，比上年增收 2311 万元，增长 15.4%。其中：财政部门组织收入 3895 万元，比上年增收 633 万元，增长 19.4%。全县财政支出完成 7.8 亿元，比上年增支 1.2 亿元，增长 17.6%。

【社会事业稳步推进】切实履行财政部门服务发展职责，扩大有效投入，主动服务全县发展大局，促进经济平稳较快增长。安排 2000 万元旅游发展专项资金，投入牯牛降景区旅游资本金 1000 万元，县本级财政支持旅游首位产业支出达 4930 万元。设立工业园区建设发展基金 1000 万元，推进"飞地"经济。投入资金 4093 万元改善市政基础设施。全年累计拨付基本建设资金 1.65 亿元支持广阳大桥、吴红公路、病险水库除险加固、农村危桥改造、石台中学改造扩建等县重点项目建设。

【民生工程落到实处】坚持把保障和改善民生作为财政工作出发点和立足点，不断提高群众生活水平，提升群众幸福指数。切实履行部门牵头抓总职责，全年投入资金 1.63 亿元，全面完成 33 项民生工程目标任务，实施居民收入倍增规划，促进城乡居民收入较快增长。全年教育支出 1.15 亿元，推进义务教育均衡发展，继续实施校安工程，落实学前教育三年行动计划。加强社会保障和就业工作，加强社保基金管理，实施更加积极的就业政策，降低困难企业参保费率和缴费基数，推进保障性安居工程建设。

【惠农举措继续加大】采取更加有力的举措加大"三农"投入力度，全年财政支农支出 1.22 亿元，比上年增长 13.3%。拨付财政扶贫及农业专项资金 5712 万元、整合支农资金 4026 万元重点改善农业基础设施，筹措整合资金 2162 万元，全力支持 18 个美好乡村示范点建设。全面落实强农惠农政策，全年发放财政补贴农民资金 3746 万元。积极推进政策性农业保险，开展钢架大棚蔬菜特色农产品保险试点工作。全面完成 81 个一事一议项目，奖补财政资金 354.9 万元。深化为民服务，新增 6 个乡镇 9 个村开展"一网通"工程试点，通过"一网通"平台为民代（办）事项 2165 件。落实村级组织运转经费保障机制，全面提升村级组织活动场所规范化建设水平。

【队伍素质不断提升】以开展绩效创新年活动为载体，扎实开展"保持党的纯洁性"主题教育活动。巩固扩大创先争优活动成果，进一步掀起学沈浩创先进争优秀热潮。深化城乡基层党组织结对共建，发放局党组联系卡 390 张，局党组成员走访联系村 19 次，争取资金 600 多万元改善帮扶村基础设施。全面落实党风廉政建设责任制，增强干部廉洁自律意识，筑牢廉政防线。稳步推进廉政风险防控工作，大力规范从政行为，强化权力自我约束。持续加强机关效能及政风行风建设。工作落实不断加强。深入开展文明创建活动，丰富干部业余文化生活，增强财政队伍的凝聚力和战斗力。

（石台县财政局供稿　张明整理）

东至县财政工作概述

2012年,全县财政收入完成10.1亿元,首破10亿元,为预算的111.7%,增长25.7%。非税收入占比19.8%,比上年下降了8.4个百分点。全县地方公共财政预算收入完成7.97亿元,增长28%。其中,财政部门征收2.61亿。全县财政支出23.7亿元,为调整预算的100%,增长31.1%。

【支持县域经济发展】一是支持产业转型发展。全年拨付工业产业发展引导资金2400万元,引导战略新型产业发展及工业企业转型升级;拨付企业扶持资金6000余万元,支持交通运输、物流及现代服务业快速发展;积极争取上级财政支持,全年争取企业扶持资金1290万元,推进企业自主创新和技术改造升级。二是服务中小企业融资。每季度安排调度资金4000万元用于存贷挂钩考核,促进金融机构信贷投放;增拨助保金500万元,扩大工业企业"助保金"贷款试点范围;引入金融机构,九华农商银行东至支行成功开业,同乐小额贷款公司已上报省政府金融办待批,汇聚融资性担保公司获筹建批复;创新金融产品,开展整贷直发贷款,为420名创业者发放个人小额贷款2050万元,为6家劳动密集型企业办理财政贴息贷款1190万元。三是支持园区扩容升级。全年累计调度资金近4亿元,支持园区开发区征地拆迁、安置房及基础设施建设;安排安全环保资金2000万元,提升园区安全环保防范能力,着力构建平安和谐园区;调度资金4000万元,支持尧渡滨湖新区征地及基础设施建设。四是支持发展要素保障。调拨资金7500万元,支持县城区、园区及重点乡镇增加土地储备。通过计划指标、地质灾害搬迁安置、单独选址等多种途径,争取土地指标8410亩,保障重点项目、城镇建设等用地需求;安排人才开发及发展专项基金30万元,推进人才强县规划纲要实施;加强招商引资工作经费保障,兑现招商引资企业扶持资金6000余万元。

【保障和改善民生】一是积极实施33项民生工程。全县民生工程共投入资金7.5亿元,其中县级配套1.5亿元,分别较上年增长47%、41.5%,圆满完成各项目标任务。社会保障水平稳步提升。城乡居民社会养老保险实现全覆盖;农村低保、农村五保保障标准分别提高19.2个百分点、10个百分点;新型农村合作医疗和城镇居民医疗保险分别参保47.5万人、4.4万人,参保率均创新高;开工建设廉租房及公共租赁住房2948套,首次实物配租廉租房37户。社会事业协调发展。全县适龄儿童继续享受"两免一补"免费义务教育,中职及普通高中家庭困难学生享受国家资助;新建中小学校舍2.6万平方米;建成农村留守儿童活动室5个、留守儿童之家86个、广播电视"村村通"276个;新增农家书屋42个,实现村级全覆盖;家电下乡圆满收官;实施白内障复明工程60例、残疾儿童康复工程46例、免费婚检7044人、农村孕产妇住院分娩补助4295人、国家免疫规划接种11.7万剂次,救治各类重大传染病病人1008例。农村基础设施明显改善。病险水库除险加固完成39座,新开工45座;解决5.17万人饮水安全问题;农村公路危桥加固改造22座;创新涉农资金投入加快美好乡村建设,突出"四清"、"四改"、"五化"开展村庄整治,改造农村危房5000户,实施4个乡镇农村清洁工程;实施一事一议财政奖补项目216个、受益群众43万人。二是稳步实施城乡居民收入倍增规划。围绕促进就业创业、农民增收、民生普惠三大主线,做好城乡居民收入倍增规划实施工作,全年农村居民现金收入达7892元,增长16%,超额完成目标任务;实现城镇新增就业4632人,完成新型农民培训4409人;城镇非私营单位在岗职工工资增长10%以上;完成农产品加工业总值29亿元;建成农村专业合作经济组织234家;畜禽规模养殖比重、农业信息化覆盖率分别达到56%、82%,均超规划年度目标。

【统筹城乡发展】一是推进美好乡村建设。以农村危房改造和村庄整治为抓手,搭建资金整合平台,成功申报省级村庄整治资金整合示范县,开展涉农专项资金整合,全年整合10个部门20项涉农专项资金7900万元,争取上级项目资金4500万元,获得奖励资金900万元。首批确定的41个美好乡村示范点全面开工建设。大渡口镇进入全国改革发展试点镇行列,东流镇申报全国绿色低碳重点小城镇有望获批,葛公镇被评为省级生态镇。二是支持农业基础设施建设。完成水利投资2亿元,39座水库完成除险加固,50座开工建设;尧渡河七里湖圩堤防加固工程完工;解决8.2万农村人口饮水安全问题;张溪、香隅、大渡口、东流、洋湖片高标准农田项目相继实施;农田水利"三加一"工程完成山塘扩挖清淤

1120口、河沟清淤120条、小型泵站更新改造24台965千瓦。实施"一事一议"财政奖补项目216个,受益群众43万人。三是加快农村服务体系建设。健全"一网通"服务平台体系建设,累计为群众代理代办事件5755件,满意率达到99%;强化村级集体三资管理,制定了《农村集体资产资源处置操作程序》和《农村集体工程建设项目发包操作程序》,指导林权拍卖10宗,为村集体增加收入230多万元,指导农村工程建设项目招标8宗,节约资金43万元。推进政策性农业保险试点品种提标扩面,扩大试点品种、推进特色农业保险,全年实现保费2100万元,构筑3.4亿元农业风险保障。及时发放灾后理赔资金,全年为农户减少灾后损失1318万元。四是全面落实强农惠农政策。累计发放粮食直补、良种补贴、农资综合补贴、农机具购置补贴等农业生产补贴4153万元,有效调动了农民群众发展农业生产的积极性,有力促进了农民直接增收;组织实施家电、摩托车下乡工作,销售家电下乡产品5.5万台,补贴资金1828万元,销售下乡摩托车5788辆,补贴资金374万元,资金补贴率均达到100%。

【深化财政体制改革】一是推进县乡财政体制改革。按照分税制财政体制改革的总体要求,出台《东至县乡镇财政管理体制实施办法》,进一步明确乡镇及园区的收入范围,界定乡镇园区支出责任,努力实现财权事权对等,增强乡镇财政保障能力。模拟乡镇财政金库管理制度运行,规范资金调度管理,增强乡镇及园区理财自主权。建立乡镇财政决算管理机制,赋予发展经济的动力和压力,做到既量财办事,量力而行,又自我发展,自求平衡。二是推进财政监督机制创新。组建财政投资评审中心,建立政府投资项目预决算评审机制,全年开展预决算评审项目117个,审减资金2807万元,审减率达9.6%;以财政绩效评价为目的,实施项目资金监督。全年开展了现代农业示范区建设资金、新农村建设专项资金、农田水利建设专项资金等14项专项监督检查,查处违规资金670万元;拓展财政监督外延,把职能由县级向乡镇延伸,范围由财政资金向村级集体资金延伸,内容由资金监督向资产监督延伸;建立政府采购"三关"管理机制,即严把信息发布关、运行监督关、合同备案关,对政府采购行为实行全过程监督。三是完善国库集中支付制度。推进县乡财政一体化管理,制订《县乡财政一体化管理工作实施方案》,建成一体化管理平台,实现省、市、县、乡四级财政专网互连互通,提升财政管理精细化水平;推进公务卡试点改革。制定《东至县公务卡制度改革实施方案》等制度,选择县直单位部门试点运行,为全县推行公务卡改革奠定基础;继续开展财政专户清理,撤并3个专户,全县9家银行只保留12个财政专户。四是支持县级公立医院改革。当年省政府出台《关于县级公立医院综合改革的意见》,东至县被确定为全省21个全国县级公立医院改革试点县之一,县一院、县二院、县中医院3家政府举办的公立医院被列为试点医院,并于11月1日正式启动改革,实施药品零差价销售。按照管办分开、政事分开、医药分开、营利性和非营利性分开的要求,坚持"以收定支、收支平衡、统筹兼顾、保证重点"的原则,聘请社会中介机构进行资产清查,建立财政补偿机制。

(东至县财政局供稿 张明整理)

九华山风景区财政工作概述

2012年,九华山风景区完成财政收入4.2亿元,同比增长5%。其中:国税征收入库851万元,同比增长30.5%;地税征收入库1亿元,同比增长30%;财政征收入库3.1亿元,同比下降2.4%。

【财政收入】 是景区旅游环境不断优化,营销力度加大,保证了门票收入的不断增长。二是收入调度力度进一步加大,保证了收入有序入库。及时与国税、地税、门票联系沟通,了解收入进度,合理调度,做到收入均衡入库。三是与部门的配合加强,保证了契税、耕地占用税,土地出让金的入库。继续加强与国土分局、建设环保处等部门的配合协调,执行"先税后证"的制度,确保耕地占用税、契税,土地出让金的及时足额征收,全年共组织两税收入1480万元、土地出让金收入3146万元。

【财政支出】全年累计完成地方财政一般预算支出3.9亿元,同比增长1.1%。一是保工资、保运转。拨付资金5740万元,用于财政供给人员国家统一规定的工资和津补贴的发放,保证了财政供给人员工资及时足额发放和行政事业单位的正常运转。二是加大民生工程建设投入。当年预算安排民生工程建设资金5243.3万元,比上年增加157%,保障了民生工程建设的顺利进行。三是保障重点工程、重点项目支出。全年景区基础设施建设投入 9229.5 万元,用于改善景区旅游环境,其中:黑虎松旅游公路建设 4800 万元,九华大道跨河连接线工程 1130 万元,凤凰松至天台道路整治工程 920 万元,代村村庄整治工程 635 万元,花台道路建设工程 420 万元,大愿文化园临时停车场建设工程 344 万元,污水提升泵工程 330 万元,九华老街环境整治工程 268 万元,友谊大道建设工程 220 万元。

【惠民措施】一是认真落实惠农补贴政策。通过"一卡通"累计发放各种涉农补贴 1280 万元,其中:五保户补助资金 17 万元,抚恤资金 65 万元,农村特困群众生活救助 74 万元,森林生态效益补助 47 万元,村组干部补贴 22 万元,退耕还林现金及粮食补助 37 万元,失地农民保障资金补贴 271 万元,征收耕地补偿金 660 万元,家电下乡补贴资金 31 万元,汽车摩托车下乡补贴资金 12 万元,粮食直补资金 12 万元,农资综合补贴资金 25 万元,水稻良种直补资金 7 万元。二是大力推进已审批项目建设。九华镇佛茶公司产业化项目、神光岭佛茶公司、刘冲茶叶合作社茶叶产业化、九华乡花卉盆景园建设项目项目已完成全部建设内容,并通过三级验收;2012 年的农发项目正在按照方案组织实施。三是积极组织申报 2013 年项目。根据省农发局要求,对照风景区申报两个合作社产业项目。

【民生工程】认真履行牵头部门职责,精心实施 26 项民生工程,不断完善社会保障体系,进一步缓解弱势群体生活困难问题,让广大群众共享旅游经济发展成果。一是民生工程投入稳定增长。全年风景区组织实施 26 项民生工程,8 件惠民实事。全年累计拨付、发放各类资金 5243.3 万元,其中本级配套 1500 万元,增幅 7%。二是民生工程宣传力度不断加大。设立民生工程剧场、民生工程政策宣传栏宣传民生工程政策内容;编发民生工程简报 19 期,报道民生工程进展动态及好的经验做法;印发《致全省广大农民朋友一封信》,进一步宣传家电下乡政策。三是各项工程进展顺利。顺利完成 26 项民生工程、8 件惠民实事工作任务。全年累计发放、补助各类资金 1230.6 万元,其中:农村低保全年发放资金 74.3 万元,五保户供养全年资金 16.8 万元;城乡居民医疗保险基金支出 424.9 万元;家电下乡产品销售 921 台,发放补贴资金 30.8 万元;城乡居民养老保险发放养老金 152.3 万元;义务教育经费保障拨付资金 169.7 万元。

【国有资产监管】一是明确国资办级别,任命专职国资办主任,从事国资管理工作。二是充分运用资产管理信息系统,推进企业国有资产的信息化、精细化、规范化管理,全面掌握企业资产规模、运营能力、经营业绩。三是确保国有资产保值增值,做强集团公司。先后确认和上报了九华股份的国有股东身份和部分国有股转持事项,确认和上报了九华股份《国有股权管理方案》。保证了企业国有资本高效运营,国有资本利益最大化,国有资产保值增值。四是组织开展资产清查。组织开展风景区所属 45 个行政事业单位资产清查,对风景区的行政事业单位资产进行摸底登记,共清查固定资产账面资产 1.69 亿元,需核销资产 75 万元,理顺了资产管理秩序,为加强行政事业单位固定资产配置、使用和管理工作奠定了良好的基础。五是及时处置单位更换车辆,当年按照相关程序共拍卖车辆 7 台,拍卖收入计 35.1 万元,所得收入全部缴入国库,有效防止了国有资产的流失。

【机关建设】一是深入开展各类主题教育实践活动。围绕基层组织建设年活动,相继开展"讲责任、重感情、转作风、强素质"主题教育活动和"保持党的纯洁性、迎接党的十八大"主题教育实践活动,机关作风不断改进,工作效能不断提高,机关风貌呈现新气象。三是政风评议争先进位。结合学习实践活动,先后两次召开政风评议监督员座谈会,收集建议,财政局党组针对收集到的意见和建议,认真召开分析会,研定措施,切实加以整改,2012 年获得政风评议先进集体称号。三是积极推进廉政风险防控体系建设。对"重点岗位、重点领域、重点环节 ,进行排查,构建覆盖全局各科室、各重点岗位和关键环节的廉政风险防控管理体系,力求实现财政收支全过程管理和实时监控预警,最大限度地减少和杜绝不廉洁行为的发生,确保财政廉政风险防控工作取得实效。四是文明创建水平得到提升。通过狠抓学习教育,开展"文明科室、文明职工"评选、庆"五四"演讲活动、"爱心妈妈"结对帮扶活动,做到文体活动、卫生保洁常态化,促进文明创建工作上台阶,顺利通过第六届市级文明单位验收。

（九华山风景区财政局供稿　张明整理）

安庆市财政工作概况

安庆市财政工作综述

2012年，安庆市财政收入完成170.3亿元，为调整预算的101.7%，比上年增长8.6%，其中地方一般预算收入完成85.6亿元，为调整预算的107.5%，增长18.3%。全市财政支出完成245.6亿元，比上年增长14.3%。财政经济运行基本平稳。

【重点支出保障到位】全市各级财政部门按照厉行节约、压缩一般性支出的原则，积极加大支出结构调整力度，严格控制“三公经费”，努力降低行政成本，切实保障各项重点支出。农林水、社会保障、医疗卫生、教育支出占财政支出的比重达到58.1%。全市十三个大类民生支出196.5亿元，占全市财政支出比重为80%。持续加大教育投入，市本级统筹安排7315万元，用于推进义务教育公用经费保障机制改革、保障校舍安全工程资金需求和完善家庭经济困难学生资助体系建设，促进义务教育均衡发展。统筹安排703万元，用于支持高校毕业生、农民工和城乡困难群体就业。投入5.1亿元，加快推进城乡居民社会养老保险制度全覆盖，全市参保率达91.1%。继续深化医药卫生体制改革，支持县级公立医院改革试点工作，继续完善新型农村合作医疗和城镇居民医疗保险制度，投入医改资金23.1亿元。全面提高城镇居民最低生活保障标准，拨付城市低保资金2.2亿元，实际保障77.4万人次；拨付农村低保资金3.4亿元，实际保障274.2万人次。规范优抚资金管理，发放优抚安置资金4102万元，确保军转、离休干部等人员基本生活需要。加大对交通事业的支持力度，市本级安排600万元支持公交优先发展战略，满足群众出行和经济发展的需要。统筹安排近4000万元补贴天柱山机场航线，保证民航业务顺利开展。新建保障性住房和棚户区改造住房2.1万套，投入各类资金12.2亿元，解决了部分群众住有所居的难题。

【服务发展措施有力】认真贯彻落实省政府促进经济平稳发展30条意见和市政府25条具体措施，加快推进结构调整和经济转型。加大科技创新投入，市本级安排科技应用开发和科普经费635万元，安排科普引导经费55万元，兑现科技创新及科技成果奖励资金357万元，初步形成以政府投入为引导、企业投入为主体、金融机构投入为支撑、社会投入为补充的多元化科技创新投入体系。认真做好家电下乡政策收官工作，销售十大类家电下乡产品62.6万台，兑现财政补贴资金2.1亿元，拉动市场销售17.7亿元。统筹安排2.2亿元资金，支持企业技术改造、转型升级、开拓市场和降本增效。认真落实困难企业认定工作，城区认定困难企业160户，减轻企业社会保险缴费负担7645万元，发放稳岗补贴1624万元。落实结构性减税政策，出台营改增过渡性财政扶持政策，安排扶持资金300万元。着力发挥财政资金杠杆撬动作用，市本级再次注入资金1500万元并通过收益返还810万元增加市担保集团资本金，累计完成担保再担保11.2亿元。大力支持融资工作，两年内协助市城投公司实现融资100亿元。拨付引导资金1.04亿元专项用于支持战略性新兴产业发展，推动产业转型升级。兑现非公经济发展和节能与资源综合利用专项资金810万元，增强了经济发展的可持续性，有效保护了生态环境。

【监督监管持续强化】积极探索构建财政大监督格局，将“全员参与、全面覆盖、全程监控”的财政大监督理念落实到实际工作中。加大对涉及人民群众切身利益的重点行业和重点单位的检查力度，对全市47家保障房类、教育、医疗和粮食等单位进行会计信息质量监督检查,查出违规金额1.6亿元,确保各项惠民政策落到实处。认真落实防治“小金库”长效机制建设,从加强教育、完善制度、深化改革、强化监督四个方面对防治“小金库”长效机制建设进行工作部署和任务落实,切实巩固“小金库”治理工作成果。开展强农惠农富农政策落实情况检查,积极探索支农资金整合机制,切实加强“三农”资金归口管理。加强民生工程项目资金监管，规范项目资金使用和配套资金落实,完善工程类项目后续管养政策,落实管护资金。继续开展非税收入重点检查和日常督查,查出违规金额317万元,追缴收入29万元。加大财政投资评审力度,全年共完成评审项目170个,报审金额20.67亿元，审增金额0.75亿元，审减金额3.37亿元，净审减金额2.62亿元，综合审减率12.7%,有效节约了财政资金。

【财政管理逐步规范】全面加强预算管理,深化部门预算改革。试编国有资本经营预算,提升预算编制完整性。继续扩大绩效评价范围,组织部分单位对9个项目开展绩效评价。继续深化国库集中收付制度改革,区级国库集中收付转轨工作进度加快。加快推进公务卡结算制度改革，市本级新增242家行政事业单位使用公务卡进行公务消费，有效提高了资金运行的透明度。加强政府采购监督和管理,市本级累计完成政府采购预算1.36亿元，实际采购金额1.22亿元,节约资金1381万元,资金节约率10.2%,其中公开招标比例达到74%。加强行政事业单位国有资产管理，全面启动市直行政事业单位国有资产改革,完成国有资产清查、权证收缴工作,国有资产划转移交工作全面实施,有效防止了国有资产流失。自觉接受人大、审计和社会监督,主动听取人大代表和政协委员对财政工作的意见和建议，全年按时办结人大建议和政协提案34件,办理质量和办复结果满意率进一步提高。

【机关建设成效显著】以开展“基层组织建设年”和“绩效创新年”活动为契机,以机关效能建设为抓手,致力于干部队伍建设,市财政局荣获“全省财政系统先进集体”荣誉称号。扎实开展创先争优和“保持党的纯洁性、迎接党的十八大”主题教育实践活动,荣获全市“先进基层党组织”称号。深入基层认真开展调查研究,全年共完成调研报告20余篇,为科学决策提供了依据。努力抓好“1584政风行风热线”办理和“市民心声”在线回复工作,全年共办理群众热线电话17个,回复网友留言170余条,展示了财政机关务实高效的形象。加大政务公开力度,及时在政府信息公开网上公开预算决算报告、月度财政运行分析、专项经费使用情况和财税政策等内容,打造透明财政。深入开展反腐倡廉宣传教育活动,落实源头反腐措施,提高了党员干部的廉洁自律意识。认真贯彻落实《党内监督条例》,扎实开展廉政风险防控管理“回头看”,有效规范了财政权力运行。

(安庆市财政局供稿　叶武乐执笔)

迎江区财政工作概述

2012年，安庆市迎江区财政一般预算收入完成6.6亿元,比上年增长23.7%,其中地方一般预算收入完成4.8亿元,增长23.5%。全区一般预算支出完成3.65亿元,比上年增长19.1%。

【支持经济发展,确保财政增收】认真贯彻落实省、市政府关于促进经济平稳较快发展的决策部署,及时拨付涉企项目资金224万元，支持实体经济发展。及时拨付资金1.2亿元,支持安庆临港经济开发区纺织工业城等重点项目建设。扎实推进“营改增”试点工作，对涉及改革的286家纳税户信息进行资料归档,设立专项资金扶持税负增加试点企业。筹措资金200万元,全面推进“安徽省城市商贸服务业发展示范区”建设。强化收入征管,继续坚持收入分析例会制度,强化税源分析,加强对重点行业及纳税户监控,发现异常情况及时跟进。出台新一轮乡财政管理体制,将财政收入完成情况纳入乡(街)经济社会发展目标考核体系。

【优化支出结构,着力改善民生】严格控制一般性支出,继续加大教育投入,筹措资金900万元加快区属学校标准化建设，拨付资金676万元落实义务教育经费保障机制，争取资金400万元用于东部新城两所学校设备购置，争取资金232万元用于改善农村中小学办学条件和墨子巷幼儿园新宜分园装修,争创“国家义务教育均衡发展达标区”。继续加大医疗卫生投入,发放14万人(次)新农合补偿基金1700万元，拨付资金348万元用于城乡医疗救助和重大传染病病人医疗救助，安排资金339万元购买基本公共卫生服务，筹措资金260万元开展城镇居民基本医疗保险，争取资金200万元支持妇幼保健所建设和新洲乡卫生院改扩建项目，安排资金74万元用于村卫生室药品销售“零差率”补助和解决乡卫生院欠缴养老保险历史遗留问题。继续加大社会保障资金投入，直接打卡发放资金4154万元，保障城乡低保和农村五保人员基本生活，拨付资金223万元兑现城镇义务兵优待金政策，拨付资金110万元用于两节送温暖，拨付资金100万元支持就业创业培训及服务体系建设，安排资金100万元发放80岁以上高龄老人津贴，拨付资金70万元用于因病因灾困难补助。继续加大计生投入，安排资金322万元兑现独生子女保健费和独生子女父母退休奖励经费，拨付资金57万元兑现计生奖补政策，安排资金55万元设立人口基金和支持“城市生活e站”建设。继续加大城乡社区事务建设投入，安排资金520万元推进城区环卫作业方式改革，拨付资金430万元发放社区委工作人员生活补贴和参加养老、医疗保险费补贴，拨付资金210万元改善华中、人民等四个社区办公用房，安排资金47万元用于社区信息网络建设，拨付资金150万元用于老城区小街小巷改造。继续加大文化事业投入，拨付资金58万元开展广播电视“村村通”和“农家书屋”工程建设，拨付资金48万元用于文化下基层进社区。

【积极争取项目，落实支农政策】投资1500万元的新洲乡农业综合开发项目全部完工并通过省、市验收，一期投资500万元的长风乡农业综合开发项目进展顺利，争取资金185万元用于新洲排涝站涵闸除险加固等工程，筹措资金150万元推进小港及柘山排洪河整治工程，安排资金120万元实施新洲乡农村清洁工程，拨付资金417万元解决农村8400人安全饮水问题，投入“一事一议”财政奖补资金242万元，修建村民组道路6处及农田水利设施10个，农业生产基础设施和农村生活条件不断改善。通过“一卡通”累计发放粮食综合直补、良种补贴、农资综合补贴及家电下乡补贴资金746万元。承保政策性农业保险种植业面积3.9万亩，承保能繁母猪432头，及时兑现理赔资金62万元。对全区18个村两委人员开展财政支农政策培训，全面完成基层财政所“两基”建设，财政为民服务全程代理新机制初步建立。将村委会工作经费列入乡财政支出基数，提高村委会发展经济、为民服务的积极性。拨付专项资金编制两个中心村规划，启动美好乡村建设。

【推进各项改革，强化资金监管】有序推进预算信息公开，通过网站等方式向社会公开近三年来的财政预决算报告及重点项目支出。选择重度残疾人生活救助、农村危桥加固工程项目实施支出绩效考评，把绩效理念不断融入预算管理全过程。对人民路小学等4家单位开展会计监督检查，公开检查中发现的问题及整改措施，努力实现“会计信息质量和预算执行情况”双提高。启动乡财政资金监管平台建设，建立覆盖乡所有财政资金和资金运行全过程的监管新模式。强化廉政风险防控体系建设，结合工作流程和监管中的薄弱环节，梳理风险点43个。组织开展全区27家事业单位公务用车清查工作，为推动事业单位公务用车编制管理工作夯实基础。进一步落实财政账户清理工作，严控财政专户设置，逐步实行财政专户统管。开展政府性投资项目评审和政府采购工作，全年共完成各类财政投资评审项目21个，评审资金2007万元，累计采购各种类物资566万元，资金节约率均达到9%。

(迎江区财政局供稿　石剑执笔)

大观区财政工作概述

2012年，安庆市大观区财政一般预算收入完成4.65亿元，比上年增长18.5%，其中地方一般财政预算收入完成2.98亿元，增长16.9%。财政支出完成4.1亿元，比上年增长14.8%。

【财政收入实现平稳较快增长】紧跟石化800万吨炼化一体化项目建设进度，开展财税联动，做到工程建设进度与税收入库同步，实现应收尽收。稳妥推进小额贷款公司等现代服务业发展，行业税收实现快速增长，为财政多渠道增收提供有益支撑。加强财税部门合作，全力做好“营改增”试点工作，为改革试点企业创造宽松的税制环境，切实促进企业发展，有效涵养区域税源。

【财政支出凸显民生民本理念】按照“基本支出先行到位、民生资金优先安排”的预算执行工作理念，着力优化财政支出结构，严控“三公”支出规模，筑牢公共财政、民生财政基础。一是优化结构保基本。及时调整财政支出结构，保障事业单位绩效工资改革、公务员津补贴及事业单位绩效工资提标、环卫作业机制改革等基本支出需求，实现常规工作运转顺畅。二是优先安排重民生。围绕广大人民群众最关心、最直接、最现实的利益问题,以民生工程项目为抓手，着力发挥民生办牵头协调作用，努力改善民生。全区教育、社会保障和就业、医疗卫生、农林水事务等民生类项目累计实现支出 31571 万元，占公共财政预算支出的 80%,民生优先理念进一步彰显。

【农村发展呈现良性互动局面】全面落实强农惠农富农政策,巩固和发展农业持续增效、农民持续增收和农村持续发展的良好形势。一是支持粮食生产。通过“一卡通”方式及时足额发放粮食直补、良种补贴、农资综合补贴等 2455 万元,完成政策性农业保险 9.3 万亩,进一步提高了农民种粮积极性,促进了粮食增产、农民增收。二是支持水利建设。全面完成山口刘洼水库除险加固工作，及时启动山口中西河水库及十里铺跃进塘水库除险加固工程，切实提升区域水库防汛灌溉能力。积极争取上级水利专项资金 400 万元，启动实施海口现代农业示范区排涝综合整治工程,切实提升示范区防汛抗旱能力。三是支持示范区发展。完成大门、大牌子等五项标志性工程建设,示范区整体形象进一步提升。安排农业综合开发专项资金 752 万元,继续实施沟、渠、路、排灌等示范区基础公共设施建设,基本实现“田成方、树成行、路相通、渠相连、旱能灌、涝能排”。积极争取上级农业产业化项目资金,扶持安徽美好甜园等 12 家农业龙头企业做大做强。支持安庆星源等一批农民专业合作社发展,初步形成“专业合作社 + 公司＋基地＋农户”产业化经营模式。四是支持农村综合改革。累计投入财政资金 210 万元,完成 17 个村级一事一议财政奖补试点项目建设工作，农村基础设施依照农民意愿得到有效改善。

【财政管理实现科学精细高效】围绕财政管理重点工作,着力健全体制机制,努力创新工作举措,切实提升财政管理科学化、精细化水平。一是扎实推进财政国库集中收付制度改革。及时制定改革方案,基本完成国库支付中心人员配备、地点选定、投入保障等工作,设备采购已进入实质性阶段,各项工作进展有序。二是全面开展国有集体资产清查清理工作。对全区国有、集体资产进行全面清查清理,实现“资产底数清、规章制度全、日常管理严”,确保国有、集体资产运行安全高效。三是切实加强财政所规范化建设与管理。全面完成乡镇财政所基础设施规范化建设，十里财政分局荣获省级财政所规范化建设先进单位。进一步修订完善财政所各项职责制度,组织开展基层财政干部信息化专业知识培训，有效提升基层财政所服务群众能力水平。四是全面加强干部自身能力建设。抓知识业务培训,采取多种形式,积极引导全体财政干部自觉学习、主动学习,有效提升干事创业能力。重协作精神培养,着力引导全体财政干部树立大局意识、全局观念,培养“我中有你、你中有我”的团队精神,切实提升财政工作绩效。五是着力强化廉政风险防控。严把用人关,充分考虑财政岗位特殊性,选好人、用好人,切实把握好“人”这一最重要因素。严控关键点,围绕预算编制、预算执行、政府采购、专户管理等重要环节,理清廉政风险防控点,健全制度体系,加强内部制衡,严格日常管理,确保财政工作安全平稳运行。

（大观区财政局供稿　王勇执笔）

宜秀区财政工作概述

2012 年,安庆市宜秀区财政一般预算收入完成 4.4 亿元,比上年增长 32.6%,其中地方一般预算收入 2.87 亿元，增长 21.7%。全区财政支出完成 5.1 亿元,比上年增长 7.8%。实现收支平衡,略有结余。

【服务发展大局】一是落实各类财税优惠政策。全区企业固定资产进项税额累计抵扣近 5000 万元,出口退税 1197 万元,企业所得税优惠减免近 200 万元。积极开展“营改增”试点,兑现扶持政策 30 万元,促进现代服务业、交通运输业做大做强。二是扩大有效需求。全年共销售家电下乡产品 18790 台、摩托车 2279 辆,发放补贴资金 825 万元。持续加大有效投入,保障在建水利、道路等项目资金需求。三是推动转型升级。筹集 1020 万元产业振兴和技改专项资金支持清怡精密纺有限公司,提升企业核心竞争力。安排 1250 万元企业发展资金用于企业转型升级,发展循环经济,促进产业合理布局。四是加强财政撬动金融资源能力。通过财政信用搭建“投贷结合、助力中小、合作共赢”银企对接会,有 32家企业与金融机构对接成功,签约金额达 14.68 亿元,接受小额贷款、担保金额 53 亿元,拓宽了企业融资渠道,创造税收近 3500 万元,实现“双赢”效果。

【狠抓增收节支】一是抓税源管理。结合宏观经济走势跟踪重点税源企业运行情况，积极做好税源调查和分析预测。二是加强税收征管。会同国税、地税、工商、公安等部门，对光彩四期和英德利汽车城所有户籍进行了全面"拉网式"普查，大力开展综合治税，形成社会化协税护税网络体系，确保依法治税，应收尽收。三是完善非税收入征管办法。加强罚没收入、国有资本收益的征管，顺利完成财政部门收入任务。四是坚持厉行节约。严格执行国务院《机关事务管理条例》，切实压缩一般性支出，严格控制因公出国(境)费、公务用车购置及运行费、公务接待费等"三公"经费支出。

【倾力改善民生】一是巩固提升民生工程。履行牵头抓总职责，精心组织实施38项民生工程，建立健全稳定多元的筹资机制，全年共投入1.34亿元，把实施民生工程与社会保障体系、发展社会事业和推进新农村建设有机结合，充分发挥综合效应，不断增进群众福祉。二是实施居民收入倍增计划。投入123万元完成"阳光工程"、农业专业技术和就业技能培训，有效促进了就业、扶持创业等政策，提高了居民收入。三是支持教育优先发展。全年教育支出占公共财政支出的比重同比增长2.1%。多方筹措1470万元资金保障义务教育、贫困高中生资助、校舍安全、改扩建乡镇公办幼儿园、农村留守儿童之家建设，安排280万元实施农村薄弱学校改造，支持教育均衡发展。四是支持文化强区。投资40万元新建1座乡镇文化站，安排20万元新建4个公共电子阅览室免费对外开放，争取50万元对"两邓故居"、张四墩遗址等修复保护。五是健全社会保障体系。全区医疗保险体系实现全覆盖，财政全年安排资金4730万元，新农合补偿27.5万人次，补偿金额3294万元，7.34万人参加城市居民医保，9548人次受到城乡医疗救助。全区6.94万人纳入城乡养老保险，对达龄人员发放了基础养老金。对农村低保、五保户进一步提标，共发放资金867万元。六是落实支农惠农政策。全年通过"一卡通"发放惠农资金3194万元，兑现村级公益事业"一事一议"项目财政补贴资金383万元，政策性农业保险投保率达93%以上，投资683万元开展农业综合开发土地治理、农产品基地等项目建设。

【推进财政改革】一是实施国库单一账户体系，规范预算单位账户管理。对全区42个一级预算单位账户进行了清理，力争一次性全部纳入国库单一账户体系，切实增强财政资金管理的统一性、效率性和透明度。二是规范政府采购活动。全年完成61项采购任务，采购金额1138万元，节约资金180万元，资金节约率13.7%。三是强化财政投资评审工作。开展了42个项目的财政预审，送审造价5.3亿元，审减3亿元，审减率44%。三是完成政法专项经费、农业综合开发、新型农村合作医疗资金绩效评价工作，并延伸至更多领域，提高了财政资金的使用效益。四是加强地方政府债务管理，继续加强政府投融资平台管理，建立完善政府债务规模管理和风险预警机制，逐步形成管理规范、风险可控、运行高效的地方政府举债融资机制。

【规范财政管理】一是强化预算管理。逐步细化部门预算编制，提高年初预算到位率，增强预算编制的准确性、科学性。加强预算执行管理，提高预算执行的均衡性和有效性。强化预算监督，不断提高财政预算管理水平，逐步推进财政预算公开。二是加强财政监督管理。推进财政监督长效机制建设，完善财政"大监督"格局。开展财政政策执行、财政专项资金使用、财政内部控制制度落实和会计信息质量等多方面的监督检查。强化行政事业单位国有资产管理，进一步完善资产管理与预算管理相结合。三是加强基础建设和基层管理。加强财政基础业务管理，平台一体化信息系统已运行，部门基础信息数据库更加完善。不断提高乡镇基本公共服务保障水平，积极参与全省"创建规范乡镇财政所"活动，充分发挥乡镇财政"一线服务"和"一线监督"优势。

（宜秀区财政局供稿　严旭日执笔）

安庆经济技术开发区财政工作概述

2012年，安庆经济技术开发区财政一般预算收入完成6.7亿元，比上年增长6.1%，其中地方一般预算收入完成3.3亿元，增长8.5%。财政支出完成3.7亿元，比上年增长15.3%。

【着力强化收入征管，保障能力明显提升】充分发挥统筹协调作用，适时调度，抓大不放小，充分调动各征收单位积极性，形成各方齐抓共管的收入征管工作格局，确保应收尽收。财政收入总量位居全市县区第5位,城区第1位。税收收入完成6.75亿元,比上年增长7.2%,占财政收入的比重达96.4%。全年财政直接用于科技、教育、社会保障和就业、医疗卫生、城乡社区事务等方面投入2.8亿元,占财政支出的76%,实现了财政支出“三保一促”的目标。

【着力支持财源建设,服务发展成效彰显】引导鼓励企业创新,申报落实安簧公司、长谷川机械等企业各类科技创新、技术改造项目资金1884万元,较上年增加1467万元。提升优势产业发展,投入1523万元支持汽车零部件、机械装备等支柱产业向更高层次迈进。大力培育战略性新兴产业,重点扶持中船柴油机、联动属具、富士电梯等项目5496万元。加速现代服务业发展,支持永丰农资仓储、幸运物流等服务业项目发展资金7768万元。切实减轻企业负担,即征即返园区工业企业城市基础设施配套费1668万元。加大争资融资力度,争取国家级经济技术开发区基础设施建设贷款贴息、棚户区改造、公租房及城镇化管网建设中央、省财政补助资金3736万元,争取上级财政间隙资金1.4亿元,全年25次调度资金到建投公司,资金流量达4.8亿元,有效缓解了建设融资压力。扩大消费需求,全年销售家电下乡产品6496台,发放补贴资金260万元,带动消费性支出2006万元。

【着力强农惠民政策落实,民生工程顺利推进】全面落实强农惠农政策,共投入涉农资金1061万元,全年通过“一卡通”发放各类补贴932万元,惠及居民1.2万户。政策性农保农作物参保面积20869亩,理赔及时准确。争取21万元支持财政选派帮扶困难村新光村。深入实施城乡居民收入倍增规划,提前完成城乡低保、五保供养“年均增长10%以上”的提标任务,帮助老峰镇农民成立专业合作经济组织,扩大草莓蔬菜基地620多亩,农民切实增收。按期拨付26项民生工程资金3392万元,比上年增加投入1548万元。足额发放农村低保金175万元,城乡居民养老保险参保2.1万人,完成916套瓜园棚户区项目主体工程建设,就业技能培训完成目标任务的132%,建成使用2个留守儿童活动室,发放城乡医疗救助资金98万元,救助城乡困难群众150人次。

【着力深化财政改革,财政管理日趋规范】深化预算编制改革,预算细化到各部门、各单位、各项目,部门预算编制率达到100%。进一步完善收支两条线、部门预算、政府采购、绩效评价的预算管理体系,提高了财政管理水平。全面分析“营改增”对经济、税收及财力的影响,开展组织协调、宣传发动、方案制定工作,兑现企业超税负扶持资金9万元。规范政府采购制度,采购范围拓展到服务和工程领域,专家评委实行回避制和抽取制,采购资金全程专户监管,完成中兴大道绿化苗木、区平安安庆视频监控设备公开招标,实现32批次政府采购金额446万元,资金节约率达10.5%。开展非税收入票据检查,积极协调结算16宗土地出让金3.3亿元,新增可用财力6685万元。推行财政评审制度,现场评结91项工程预结算评审,报审金额3.1亿元,核减额2851万元,核减率9.25%,评审金额与核减率较上年双增长。构建财政部门、主管部门、占有单位三层信息化管理平台,完善资产有偿使用审批和资产报表定期上报制度。推进国库集中支付改革,拟定改革方案,逐步实现职能转换。重视乡镇财政资金监管,完成监管信息平台搭建、人员培训工作。

【着力创新发展思路,理财观念逐步转变】一是破除账房先生意识,树立主动理财理念。创新开展财税贡献调查,认真测算分析用地成本,定时进行税源分析,努力当好领导决策参谋。二是破除摇头先生意识,树立服务大局理念。工作中做到能办理的事情说清楚办理时间环节,不能办理的事情解释清楚不能办理的原因。三是破除财力困难意识,树立服务发展理念。着力财源培植,拟定纳税大户奖励办法,摸索建立协税护税新机制。四是破除主观臆断意识,树立科学理财理念。在参与招商选资过程中,坚持围绕财源抓发展,把财税贡献作为考量项目优劣的首要指标。

(安庆经济技术开发区财政局供稿　钱友明执笔)

桐城市财政工作概述

2012年,桐城市财政一般预算收入完成18.5亿元,比上年增长20.2%,其中地方一般预算收入完成12.6亿元,增长15.7%。全市财政支出完成28.8亿元,比上年增长8.4%。

【加强收入征管】一是始终把税收收入作为组织收入的核心。积极开展财税库银税收调度分析、重点企业税收监控分析、镇(街道)税收入库分析,及时把握税收入库和企业经营状况,不断加大征管力度,全市税收收入保持较快增长，全年完成 141239 万元，同比增长 26.8%。二是始终把综合治税作为加强征管的重点。积极推进财政收入目标责任制考核，强化收入完成分析研判和定期通报制度。注重加强财税部门征管信息双向反馈，及时掌握征管动态，共同研究解决征管工作中出现的新情况、新问题。强化对重点行业、重点企业、重点税种和重点税源的征管，消除监管盲点，努力实现应收尽收。三是始终把规范征缴作为非税收入的关键。按照"单位开票、银行代收、财政统管"要求，实行收缴和罚缴分离，收入直达专户。完善收入征缴机制，将应纳入预算管理的政府非税收入全部纳入预算管理。加强票据源头管理，实行按季核销、核旧领新、以票管费，确保非税收入及时足额入库。

【扶持市域经济发展】一是主动研究稳增长措施。科学谋划，积极对接落实国家和省各项政策措施，积极探索破解中小企业发展瓶颈。落实结构性减税政策，提高增值税、营业税起征点，对小型微利企业实施所得税优惠等各项减税政策，推进交通运输业和部分现代服务业"营改增"试点，清理各项涉企不合规收费，切实减轻企业负担。二是改善企业融资环境。注资银桥担保公司 12345 万元，将市财政股本金提高到 104956 万元，安排资金 1000 万元，建立中小企业助保金贷款风险补偿制度。三是推进产业结构调整。安排资金 7960 万元支持中小企业加快发展，对企业科技创新进行奖励。拨付资金 2000 万元，推动雨润集团在桐加快产业布局。及时办理出口退税 11799 万元，支持外贸企业开拓国际市场。安排资金 4175 万元，支持全市商贸流通和文化旅游产业发展。四是推进重点项目建设。先后筹措资金 8420 万元，支持双新开发区基础设施以及市体育馆、文化博物馆和商贸城建设。投入资金 1500 万元，成立交通投资有限公司，推进桐城交通运输事业加快发展。五是着力扩大内需。圆满完成家电下乡工作，发放补贴资金 2677 万元，带动消费 2.34 亿元。发放石油价格补助 2650 万元，确保全市公共交通平稳运行。

【保障和改善民生】全市民生支出 23.46 亿元，占全市财政总支出的 81.6%，其中 39 项民生工程支出 6.76 亿元，比上年增长 15.6%，各项民生事业得到有力保障。一是支持教育文化等社会事业发展。全年教育投入 6.83 亿元，占公共财政支出的 23%。进一步完善义务教育经费保障机制，推进中小学校安全工程和义务教育标准化学校建设，不断加大经济困难学生资助力度。大力发展公益性文化事业，落实公共文化馆站免费开放政策，推进全民体育健身工程、"农家书屋"、乡镇综合文化站以及桐城文化博物馆等公共文化体育设施建设。二是不断完善社会保障体系。筹集资金 1.2 亿元用于城乡居民养老保险试点工作。新农合和城镇医保实现"全覆盖"。投入资金 3632 万元，推进基层医疗卫生机构综合改革，完善基本药物零差率销售补偿机制。认真落实就业促进政策，及时兑现职业培训、社会保险补贴、特定就业政策补助等就业补贴 1695 万元。认真落实社会救助政策，城乡低保实现提标，孤儿及流浪乞讨人员生活救助力度不断加大。三是全面落实各项惠民政策。积极推进扶贫开发和库区移民后扶项目建设，安排资金 1231 万元，着力解决农村安全饮水问题。认真做好政策性农业保险工作，安排保费补贴 377 万元，受灾农户获赔付 1078 万元。落实农业补贴政策，及时兑现粮食直补 976 万元、农资综合补贴 6196 万元、农机购置补贴 680 万元、良种补贴 1531 万元。四是努力促进农村经济发展。投入资金 11379 万元，支持农村道路、水利、土地整理等农村基础设施建设，安排资金 2748 万元，推进村级公益事业建设"一事一议"财政奖补工作。拨付资金 3000 万元，推进苗木花卉大市场建设。大力推进农业综合开发和农村土地综合整治，提高农业综合生产能力。五是积极推进美好乡村建设。成立支持美好乡村建设领导小组，出台相关工作机制和管理制度。积极做好与省市财政部门工作衔接，加强与土地、税务、交通、林业、农业等部门的协调会商，制定资金整合实施方案。

【优化财政管理】深化预算管理改革，优化预算编制程序，统筹安排政府性资金。继续推进国库管理制度改革，加强国库单一账户体系建设，启动公务卡结算试点。加强预算执行动态监控，保证财政资金规范、高效、透明运行。规范政府投资建设项目资金管理，实行全程监管，确保专款专用，提升资金使用效益。加强预算绩效管理，稳步推进预算支出项目绩效评价，着力提高绩效评价质量。强化财政监督，完善监督机制，整合监管力量，拓展监督领域。加强会计管理，开展会计信息质量检查，拓展会计服务渠道，推进会计人员业务培训和会计课题研究。规范政府性债务管理，严格债务举借和担保程序，健全"借用管还"和风险预警机制，落实偿债责任。组织职工开展党的知识学习、聆听先进事迹，党员干部自我净化、自我完善、自我革新、自我提高的能力进一步提升。开设“道德讲堂”,组织志愿服务,及时完成志愿者网络注册工作。开展“财政精神”提炼活动,引导职工形成思想共识、凝聚精神力量。将机关效能建设、党风廉政建设融入文明创建，与日常财政工作紧密结合,在工作中提升效能、执行廉政规定、展现省级文明单位形象。继续严格执行文明创建、效能建设、党风廉政建设考核制度,注重日常督促与提醒,始终保持积极向上、文明高效、风清气正的机关氛围。

(桐城市财政局供稿　汪倪杰供稿)

怀宁县财政工作概述

2012 年，怀宁县财政一般预算收入完成 16.4 亿元,比上年增长 6.5%,其中地方一般预算收入完成 11.4 亿元,增长 5%。全县财政支出完成 25.2 亿元,比上年略有增长。

【强化收入征管,提升财政保障能力】落实财税联席会议制度,加大组织收入调度力度,强化协税护税工作。建立税源信息共享制度,不断完善现代化征管手段,严把重点税源企业缴税、工程项目税收、房地产行业入库等重点关口。全面开征乡镇个体小额税收,充分挖掘税收潜力,继续保持收入总量有所增加。将政府非税收入中除教育收费外,全部纳入预算管理,确保各项非税收入应收尽收,应缴尽缴。组织征收国有土地出让收入 3.36 亿元,依法计提被征地农民养老保障资金、廉租住房、农田水利、教育等专项基金近 3000 万元。结合现行“省管县”体制,及时向上反映县域经济发展上台阶、完善县级基本财力保障机制等情况,最大限度争取上级支持。

【支持项目建设,增强经济发展后劲】统筹使用一般预算、政府性基金预算，合理整合省市专项资金,科学调度国库资金,为项目建设快速推进提供有力的资金支持。以城投公司为载体,会同有关部门对县内重点工程进行项目包装，筛选建设项目 21 项，与金融机构达成贷款意向近 2 亿元。县中小企业信用担保公司累计为 133 户企业担保，总金额 35150 万元。制定出台一系列促进乡镇科学发展、做大做强规模企业、扶持中小企业发展、交通运输税收增长等税费优惠政策,加大对税源支柱重点行业、新兴经济和特色产业的扶持力度，兑现乡镇及县工业园区各项税收优惠奖励 11520 万元。

【加大民生投入,稳步推进城乡统筹】一是落实民生工程扩面提标政策。继续实施 36 项民生工程，总投资 8.03 亿元。加大财力向民生工程倾斜力度，落实教育、社保、医疗、就业、保障性住房等民生资金近 12 亿元。稳妥推进城乡居民收入倍增规划,及时调整兑现公务员阳光工资、事业人员绩效工资,完善村干部待遇激励保障机制，提高村干部报酬与村级办公经费标准。二是支持农业基础设施建设。扎实推进现代农业开发,整合涉农项目资金 1.2 亿元,继续倾力打造平山现代农业示范区。稳步推进小农水重点县项目建设。投入扶贫资金 326 万元用于实施扶贫项目整村推进计划。三是规范惠农补贴发放管理。规范惠农补贴申报程序,实行阳光操作。全年通过一卡通发放各项惠农补贴资金 2.31 亿元。

【规范财政管理,完善财政监管体系】一是完善预算编制管理。部门预算全面实行综合预算、零基预算,提高预算定额,细化项目预算。根据机构和人员变动,及时做好部门预算基础数据调整工作,确保预算执行准确无误。开展政法转移支付、农家书屋、新型农民培训等专项资金绩效评价试点。加强国有资产处置审批管理，对全县 104 个单位的 218 处资产逐一核实,探索建立“政府授权集中管理,分类运营,放大效应,收益统管”的国有资产运行模式。二是推进国库集中支付改革。清理整顿财政部门内设各类专户,实行归口统一管理,专户数量由原来的 52 个减少为 19 个。公务卡结算制度改革稳步推行。完善政府采购监督体系，全年累计完成采购合同金额 4206 万元,节约财政资金 489 万元,资金节约率达 10.4%。三是开展财政监督检查。加强会计基础工作,同步进行会计从业人员继续教育，提高会计人员业务素质。组织开展 2012 年度公共投资预算执行、乡镇财政财务、土地整治相关资金收支管理专项检查及 4 户行政企事业单位会计信息质量检查，针对存在的问题,及时下达整改通知并督促整改到位。

【加强队伍建设,切实改进工作作风】一是加强财政基层基础工作。继续创建规范化财政所(分局),新建 17 个、改扩建 3 个。完善乡镇财政工作考核办法,举办 4 期乡镇财政干部培训班,共有 150 人次参加培训,乡镇财政干部素质明显提高。二是扎实开展“绩效创新年”活动。弘扬“创新、博爱、务实、卓越”安徽财政精神,坚持观念创新,树立绩效财政意识;坚持制度创新,健全绩效财政机制;坚持服务创新,提升绩效财政形象。三是不断改进机关工作作风。加强党风廉政建设,规范权力运行,强化作风、政风、行风建设,进一步增强使命意识、宗旨意识、团结意识、廉政意识,努力实现财政业务办理“时间减少、效率提升、群众满意”,推动财政工作更好地服务于经济社会发展。

(怀宁县财政局供稿 戴名胜执笔)

枞阳县财政工作概述

2012年,枞阳县财政一般预算收入完成13亿元,比上年增长18%,其中地方一般预算收入完成7.9亿元,增长23.4%。全年一般预算支出完成27.3亿元,比上年增长15.2%。县财政局被国务院授予“全国新型农村和城镇居民社会养老保险工作先进单位”称号。

【财政保障能力进一步增强】始终坚持集中财力办大事的原则,进一步调整优化支出结构,大力压缩一般性支出,将更多财力用于重点支出和民生项目,着力保运转、保民生、保重点。支持教育发展,全年教育支出66705万元。支持城乡公共卫生服务体系建设,全县医疗卫生支出48836万元。支持社会保障体系建设,积极支持就业再就业工作,全年社会保障支出37958万元。支持科学文化发展,全年科技文化支出4106万元。加大公共安全投入,全年公共安全支出5159万元。多方筹措资金,不断加大对节能减排、公共卫生和生态建设投入。科学调度资金,保障了旗山公园、县城污水管网等一批重点工程建设和政府十大实事资金需要。牵头实施民生工程,全年实际投入民生工程配套资金9200万元。

【民生工程取得新成效】组织实施38项民生工程,投入资金9.33亿元,所有项目均当年完工并验收使用。县财政加强组织领导,实行民生工程包保责任制。狠抓项目实施,重点推出“一线工作法”,推行项目审批一线通、项目落地一线实、工作落实一线行。狠抓机制建设,做到县分管领导与牵头单位和配合部门联动、牵头部门与项目具体实施单位联动、项目进度与全县整体进度联动。强化资金保障,对民生资金优先足额安排预算,实行旬调度月通报制度。实行资金拨付与项目推进图片报送“双向”互动,以资金倒逼项目工期,实现资金进度与形象进度双轨推进。强化民生项目后期管护,落实管护主体、管护机制、管护人员和管护经费。加强政策宣传,开辟民生工程宣传一条街,印发十五万份(册)民生宣传资料,努力提高群众知晓度和满意度。

【强农惠农政策有效落实】顺利完成农业综合开发年度任务,启动实施横埠镇标准农田示范项目和产业化经营财政补助项目,完成2011年度金社乡豸岭圩、会宫镇幸福圩土地治理项目、铁铜蔬菜和新安苗木两个合作社产业化经营财政补助实施任务。实施村级公益事业财政奖补项目245个,累计投入奖补资金3380万元,落实配套资金431万元、项目管护资金86.2万元。积极做好政策性农业保险工作,全县承保种植业面积136万亩,兑付理赔款1714万元。认真做好涉农补贴发放工作,通过“一卡通”发放各类资金2.87亿元。全年兑付家电下乡补贴资金3226万元,兑付率达100%。

【财政改革进一步深化】启动营改增试点工作。制定地方财政补助资金落实措施,建立完善持续稳定的多渠道补偿机制,确保基层医疗卫生机构正常运转。深化部门预算改革,运用预算编制软件,细化预算编制内容项目,完善定员定额标准。加强预算执行监控,整合财政一体化平台信息资源,建立预警高效、纠偏及时、控制有力的预算执行动态监控体系。深化国库集中支付改革,扩大国库集中支付覆盖面,将所有财政支出纳入国库集中支付管理,本年度国库集中支付金额16.7亿元。分步分类推进公务卡制度改革,提高财政支付行为透明度。深化政府采购改革,不断扩大政府采购规模。完善以“收支脱钩”和“票款分离”为核心的非税收入管理办法,健全非税收入征缴和使用机制。加强国有资产管理,扎实做好国有资产处置、产权登记、产权界定、资产评估、资产清查和国有集体企业改制工作。加强政府投资评审项目预算审查管理,2012年评审预算金额6.12亿元,核定5.1亿元,核减资金1.02亿元。

【“大监督”约束机制初步形成】组织开展六家企业和政府重点工程税收征管情况和非税收入执收执法部门征管情况监督检查,认真开展预算执行情况监督检查和部分县直单位预算执行情况监督检查工作。组织推动基层财政所开展乡镇财政资金监督检查,积极构建乡镇财政资金监督管理体系。重点开展部分民生工程资金专项监督检查，严肃查处各类违规违纪问题，确保了民生工程顺利实施。加大日常监管力度，不断巩固“小金库”专项治理成果。严格执行《财政内部监督五项制度》，继续开展财政系统内部监督检查，规范财政内部财政财务行为。

【财政服务水平进一步提升】深入开展绩效创新年活动，健全体制机制，积极开展行之有效的创新实践，大力推动观念创新、制度创新、管理创新、文化创新、服务创新，努力实现财政绩效全面提升。加强机关效能建设，建立健全岗位责任制、AB岗工作制、工作督查制和责任追究制，规范机关行政、服务行为，促进财政政风行风建设。扎实开展“保持党的纯洁性，迎接党的十八大”主题教育活动，确保财政干部队伍思想纯洁、作风纯洁、组织纯洁和纪律严明。有序推进廉政风险防控管理，围绕重点股室和清权确权、风险排查、制定防控措施等关键环节，修订和完善规范权力运行工作规则，着力构建惩治和预防腐败长效机制。加强机关廉政文化建设，形成财政机关“崇廉、倡廉、树廉”的良好风尚。开展道德讲堂建设，引导干部职工恪守财政职业道德，提升自身境界。加强基层财政管理，不断完善管理制度，规范职能行使。积极推进基层财政规范化建设，加快规范化乡镇财政所(分局)创建步伐，顺利完成12个财政所(分局)办公用房新建、改建、扩建工程建设，财政管理和服务水平全面提升。

(枞阳县财政局供稿　刘利中执笔)

潜山县财政工作概述

2012年，潜山县财政一般预算收入完成7.2亿元，比上年增长20.4%，其中地方一般预算收入完成4.8亿元，增长16.7%。财政支出完成22.7亿元，比上年增长18.9%。

【发挥职能促发展，积极培育后续财源】一是落实政策促发展。细化省、市促进经济平稳较快发展政策措施，通过减免、补助、担保和缓缴等措施，助推企业生产发展。争取企业发展、科技创新、技改贴息和特色产业资金3370万元，支持成长性好的企业技术改造、提质发展。兑现中小企业和优势产业发展基金、旅游发展专项资金、外贸发展引导资金和招商引资企业税收优惠奖励政策资金3680万元，增强发展动力。继续安排770万元，支持农业六大特色产业发展。二是拓展职能促发展。积极发挥财政金融职能，兑现涉农贷款增量奖励资金331万元，调动金融机构支农贷款积极性。引导银行业金融机构加大扶持力度，帮助规模以上工业企业解决发展资金周转难题。三是支持园区促发展。安排以奖代补资金500万元，融资拨付3.2亿元，支持乡镇工业集聚区、开发区和度假区加快建设。四是争取资金促发展。争取1.7亿元用于交通、水利、城建、环保和政法等基建项目、天柱山地质遗迹保护项目建设。

【围绕目标抓征管，协同完成预算任务】围绕收入目标，及早分解落实任务，加强调研、分析、协作、调度，密切监测重点行业、重点企业生产经营情况，关注重点税源变化，提高组织收入的前瞻性、针对性和实效性。国税部门通过比较找问题，突出重点寻增长，强化评估增收入，积极开展纳税评估和税务稽查，查补入库各项税收及滞纳金1300万元。地税部门对全县所有纳税户进行全面核查并进一步完善登记，增强税收征管工作主动性，并开展土地增值税清算和企业所得税汇缴，两项税收增收千万元以上。财政部门完善抓收工作会商机制，强化与有关部门、乡镇联动，努力克服减收因素影响，提前一个月完成系统年度预算收入任务。

【优化支出保民生，倾力促进社会和谐】一是牵头推进以实施民生工程为根本的公共财政建设。总投入6.73亿元，其中县财政配套4747万元，用于37项民生工程。完善民生工程实施意见和考核办法，强化民生工程督查与实施情况通报，推动项目加快实施.开展民生工程回访及大家谈活动，进一步提高群众对政策的知晓度。发挥牵头协调作用，积极做好居民收入倍增工作，农民人均纯收入达5568元。二是统筹推进以支持社会保障为核心的和谐财政建设。拨付下岗职工和新型农民培训补助资金430万元，发放小额担保贷款、社会保险及公益性岗位补贴等资金825万元，助推就业创业。拨付养老、医疗和失业等社会保障基金34174万元，确保各项政策及时足额兑现。全面实施新农合基金住院费用支付总额预算管理，约束过度医疗行为。发放低保、五保和优抚资金7690万元，保障弱势群体基本生活需求。开展到龄退出乡村医生生活补助工作，化解基层医疗卫生机构债务，启动县级公立医院改革，推进医疗卫生体制综合改革。安排4.6亿元，支持教育、科技、文体、人口和计生事业发展。安排3784万元,落实政法经费保障机制。安排655万元,支持城区视频监控系统及应急联动防控硬件建设等。三是持续推进以建设美好乡村为重点的民生财政建设。率先出台美好乡村建设资金整合办法,协调整合各类资金1.75亿元,支持美好乡村建设。安排840万元,支持实施25个村整村推进扶贫连片开发。统筹3000余万元,支持国家水土保持重点项目建设。安排3341万元,实施县烈士陵园和大塔路等5个革命老区专项转移支付资金项目、农业综合开发开发区土地治理项目、王河三保圩土地整理项目、现代农业生产发展塔畈乡、官庄镇和水吼镇茶叶项目,继续改善农村生产生活条件。发放财政补贴农民资金24381万元,促进农民增收。

【推进改革强管理,着力激发内生动力】自觉接受县人大、政协监督,认真办理代表建议和政协提案。推进部门预算管理改革,进一步理顺有关单位财政供给关系,逐步统一项目编制口径,部门预算编制更加规范精细。扩容非税收入征管网络系统,率先推行执收单位非税收入会计核算电算化,加强政府非税收入管理。完善国库集中支付制度改革,全面推开财政支出绩效评价,推行预算执行动态管理,强化乡镇财政资金监管,提高财政资金运行使用的安全性、规范性、有效性。实施营改增试点税制转换改革,促进交通运输业和部分现代服务业加快发展。开展粮食种植面积统计调查和规范报送资料工作,完善财政供给单位人员、民生工程和农户"一卡通"基础信息库,推进财政基础数据动态管理。完成契税和耕地占用税职能划转、村级财务管理交接和财政专户清理整顿工作。贯彻实施《小企业会计准则》,开展会计信息质量检查,推进党政机关事业单位公车专项治理,加强政府采购监督,强化财政管理服务。推进规范化财政所(分局)创建,强化财政基层建设。

(潜山县财政局供稿　袁先礼执笔)

岳西县财政工作概述

2012年,岳西县财政一般预算收入完成3.75亿元,比上年增长23.2%,增幅创近10年新高,其中地方一般预算收入完成2.4亿元,增长26.6%。全年一般预算支出完成18.5亿元,比上年增长23.5%。

【积极组织财政收入】一是强化重点税源管理。加强工程建设领域各项税收的监管,认真落实"以票控税"各项措施,坚决杜绝税收征管中的"跑、冒、滴、漏"现象。二是进一步落实综合治税各项措施。建立健全"部门协调配合、社会共同参与、数据共享利用、信息化提供支撑"的税收征管机制,坚持一周一统计、一月一通报、一季一督查制度。三是进一步做好税收优惠政策清理。开展对即将到期享受减免税企业的纳税检查,对不符合规定条件的,依法取消相应资格。

【扎实推进民生工程】一是强化组织领导。健全组织机构,及时调整县民生工程协调领导小组成员,充实民生工程联络员。各牵头单位、各乡镇全面建立民生工程工作机构,建立健全政府统一领导、部门协调落实、上下联动推进的工作机制。二是着力创新机制。认真研究制定出台39项民生工程配套文件,进一步完善情况报送、资金报表、联络员等工作制度,建立健全财政局内部股室民生工程协调联动机制和民生工程纵向协调推进机制。三是积极筹措和管理民生工程资金。完善民生工程筹资金办法,39项民生工程筹资总额达5.2亿元,其中县财政配套资金600万元,资金到位率和拨付率均为100%。四是提高宣传实效。在县电视台开设《走基层》——"情系民生"电视专栏,在《岳西周刊》开设"科学发展,服务民生"民生工程专栏,编印民生工程和居民收入倍增宣传手册,开展"千场电影进万家"民生工程专题宣传活动,开通民生工程手机短信,各实施部门、各乡镇通过培训班、悬挂横幅、固定标语、宣传车、群众大会等多种形式进行宣传,形成领导重视、部门主动、社会参与、群众支持、全力推进的民生工程氛围。五是加强监督考核。建立举报投诉受理办理机制,县人大、政协组织开展民生工程巡视评估,加强民生工程资金使用管理执法监察和审计监督检查,严格实行"纵横"双向目标责任机制。六是加强工程后续管护。明确工程类项目所在政府为后续管护的责任主体,主管部门为具体责任单位,制定出台各项工程类后续管护办法,建立安全检查制度、后续管养责任公示制度、日常维护制度,加大管护经费投入,加强后续养护监督检查。

【主动服务经济发展】一是坚持扩大有效投入。全年拨付预算内建设资金1.65亿元,拨付技改、创新等专项资金2700万元。二是积极争取支持。加强与上级部门项目、资金和政策对接,创新争取方式,认真编报争取项目,全年向上申报项目200多个,申请资金3亿多元。三是进一拓宽融资渠道。担保公司全年融资2.9亿元,立信担保公司为63家企业提供贷款担保2.24亿元,融资担保中心为1450名下岗失业人员提供小额担保贷款2900万元,为中小企业提供贷款担保6620万元;进一步强化招商引资举措,完成招商引资900万元。四是认真实施扩大内需政策。通过加快项目实施进度、加快拨付扩大内需资金进度、加强资金监管强化跟踪问效、实行月报账制度等四项举措,确保扩大内需资金取得实效。加大家电下乡政策宣传,实现销售家电下乡产品4.05万台,兑付财政补贴资金1400万元。

【倾力实施惠农工程】一是强化财政支农资金整合。创建公平合理的支农资金分配机制、健全规范透明的运行机制、资金监管机制、绩效考评机制四项整合机制,整合资金规模达2亿元,整合经验得到财政部、省财政厅认可,被省财政厅批准为全省财政支农资金整合重点县。二是认真实施农业综合开发。根据农业综合开发规划,深入考察论证,仔细筛选申报农业综合开发项目5个,申请支持资金2460万元。认真组织实施已经批准项目,严格招投标管理,强化项目质量和进度监管,加强项目资金管理,规范项目库建设,全面完成目标任务,实现总投入1103.8万元。三是扎实推进政策性农业保险试点。安排资金150万元,巩固特色品种保险范围,完成水稻投保17.3万亩,玉米投保2.2万亩,大豆投保0.8万亩,特色产业茭白完成投保1.57万亩,茶叶1.8万亩,瓜蒌0.7万亩。四是加强财政补贴农民资金管理。进一步深化财政补贴农民资金"一卡通"发放制度改革,严格乡、村、组三榜公示、三道审核程序,共发放各项财政补贴农民资金1.86亿元,30多万人直接受益。五是深入推进农村综合改革。"一事一议"财政奖补项目174个,总投资5332万元,其中财政奖补824万元,所实施项目全部完工,顺利通过省、市验收。六是加强财政扶贫资金报账制监管。全年预算内农林水事务支出完成3.37亿元,完成预算的127.9%,增长51.5%;现代农业发展项目通过省厅考核验收。

【深入推进财政改革】一是建立第六轮乡镇财政管理体制。建立了划分税种、核定收支、超收留用、短收自负的第六轮乡镇财政体制,乡镇财政基本财力得到保障。二是改革预算管理体制。改革预算指标管理和拨付制度,实行预算指标管理和预算拨款管理分离,清理各类资金专户55个,撤销账户20个,划转财政专户资金6.6亿元。三是完善收入体制改革。划分县乡财政收入范围,稳定乡镇财政收入,避免了县乡之间、乡镇之间收入混库现象。四是改革乡财县管体制。乡镇财政自当年10份开始,全面实行网上报账。五是加强乡镇财政监管平台建设。151个项目进入监管平台,监管资金达1亿元。六是深入推进营业税改征增值税改革试点和国有资产管理改革,深化农村综合改革,大力支持县级公立医院改革,医疗卫生支出2.06亿元,改革成果惠及全县人民。

【加强财政监督管理】一是加强国有资产管理。集中管理行政事业单位国有房地产,处置闲置资产,健全全县规模企业网络信息平台,实现国有资产经营收入404万元。二是加强财务管理。扩大国库集中支付范围,加强对基层单位的财务监督管理,严格执行"收支两条线"规定,全面推行财政平台一体化,全年共退回不合规凭证400多张,金额800万元,乡镇财政管理中心全面推进网上报账,全年共退回不合规凭证235张,金额103万元。三是加大财政监督力度。积极开展举报信件查处,继续开展以民生工程为重点的专项检查,加强对教育经费的监督检查,强化会计信息质量监督检查。四是加强局机关内部管理。严格控制三公支出,规范会议、接待、出境(出国出差)标准,大力提倡勤俭节约的工作作风。

【强化干部队伍建设】一是深入开展"绩效创新年"活动。大力推动观念创新、制度创新、管理创新、文化创新、服务创新,扎实开展书记大走访活动和局机关干部下基层走访调研活动。二是深入推进创先争优活动。扎实开展"保持党的纯洁性,迎接党的十八大"主题活动,深化党的基层组织城乡结对共建活动,在全省财政系统率先推行乡财政所与村级党组织结对共建。三是加强党风廉政建设。进一步巩固廉政风险防控成果,严格党风廉政建设责任目标管理,加强政策教育、警示教育、学习教育,进一步健全党风廉政建设机制。四是加强干部队伍建设。加大财政干部交流力度,公开择优录用10名大学生,积极推行有为方有位的干部用人机制,进一步激发干部干事创业激情。县财政局连续十六年被评为全县先进单位,荣获"2008—2012年度全省财政系统先进集体"称号。

(岳西县财政局供稿　吴华执笔)

太湖县财政工作概述

2012年,太湖县财政一般预算收入完成4.3亿元,比上年增长21%,其中地方一般预算收入完成2.8亿元,增长19.1%。全县一般预算支出完成20.5亿元,比上年增长14.4%。财政收支平衡目标顺利实现,各项重点需求得到有效保障。

【狠抓财政收入征管】发挥财政部门在收入征管中的组织协调作用,积极构建综合治税信息平台,全面加强涉税部门的协调配合,积极探索建立涉税信息传递和共享机制,逐步实现对税源的全方位监控。科学分解落实财政收入任务,认真做好预算执行分析工作,按旬、按月、按季进行收入调度管理,主动协调财税库关系,保证资金安全。健全非税收入和基金预算收入管理机制,严格票款分离,严把审验关,强化与国土等部门的协调,加大对土地出让金等基金收入的征缴力度,进一步增强政府宏观调控能力。

【扎实实施民生工程】坚持把保障和改善民生作为财政工作的出发点和落脚点,积极调整和优化支出结构,将更多资金投向民生领域,精心组织实施37项民生工程,积极有效地推进居民收入倍增规划,全年共投入民生工程资金5.84亿元,占财政支出的28.5%,比上年增长7.9%,促进了全县教育文化、医疗卫生、社会保障事业的发展,群众生产生活条件得到持续改善,城乡居民收入实现较快增长。

【大力推动经济发展】坚持用足用好各项财税政策,财税工作对经济发展的助推作用进一步凸现。全年拨付园区基础设施建设及环保专项资金5000余万元,重点支持优势主导产业做大做强,打造经济核心竞争力。安排中小企业发展资金1000万元,突出扶持中小企业发展。财政注资6000万元整合重组县融资担保公司,首期注入1000万元启动助保金贷款合作,进一步缓解企业融资难问题。着力扩大有效需求,加大政府公共投资力度,充分发挥财政资金引导作用。用足用活家电下乡政策,优化消费环境,促进消费结构升级,释放城乡消费潜能。

【纵深推进财政改革】认真做好"营改增"试点改革和县级公立医院改革前期准备工作,确保改革顺利推进。积极开展财政支出绩效评价工作,实施绩效考评项目5个,强化评价结果的运用,提高了部门预算到位率和预算约束力。着力推行财政国库集中支付制度,进一步理顺和规范资金运行程序和业务流程,加快平台一体化软件应用,实行授权支付网上申请,提高了机关工作效能。积极开展会计信息质量检查和财政专项资金检查,共查处违规资金664.5万元,进一步严肃了财经纪律,确保了财政资金的安全有效。

【持续加大支农力度】认真实施现代农业发展、农业综合开发、库区移民后扶、一事一议奖补等项目,整合涉农资金5500万元,重点用于农村水利、交通基础设施建设,不断改善农村生产生活条件。通过"一卡通"发放涉家补贴资金20项,总额达16405万元。累计投入财政资金2554万元,不断巩固村民生产发展互助资金试点工作成果。县财政足额配套保费260万元,积极开展政策性农业保险工作。筹集整合资金5000万元,专项用于以奖代补,支持以村庄整治为重点的美好乡村建设。

【不断加强队伍建设】以开展"绩效创新年"活动为抓手,组织开展各种形式的干部教育培训工作,努力提高干部职工业务水平和政治修养。重视调查研究,设立调研课题,组织开展村级运转等调研活动,增强财政干部队伍分析问题、解决问题的能力。积极推进部门会商制度,到部门送政策、送服务,努力提升财政形象。开展局机关二级机构与基层单位挂包联系工作,强化对基层单位的业务指导和日常监管,促进县乡财政协调发展。县财政局先后荣获"完成工作目标任务先进单位"、"绩效考核二等奖"等县级表彰。

(太湖县财政局供稿　余胡源执笔)

望江县财政工作概述

2012年,望江县财政一般预算收入完成4.7亿元,比上年增长20.2%,其中地方一般预算收入完成3.2亿元,增长14.4%。全县财政支出完成19.2亿元,比上年增长17.2%。

【全力以赴抓征管,圆满实现收入目标】进一步完善收入分析调度、征收部门联动、征管信息共享等工作机制,加强对重点行业、重点企业的税源结构以及增减因素变化的分析,着力提高组织收入的预见性和主动性。进一步强化收入目标管理责任制,明确职责分工,做到目标落实到位,计划分解到位,细化阶段性目标考核,逐月落实收入任务,严格奖惩兑现。进一步强化协税护税措施,建立合力联动、齐抓共管的工作机制,做到“先税后证”、“以票控税、以票管税”,堵塞税收征管漏洞,促进收入及时足额征缴入库。进一步强化非税收入管理,严格实行“收支两条线”,确保非税收入合理增长。

【聚精会神抓项目,全面推进经济发展】加大对上争取力度,全年共争取到位省市各类转移支付和专项补助资金16.4亿元,比上年增长11.3%。抢抓被列为大别山集中连片扶贫开发县的政策机遇,争取连片扶贫开发、农村义务教育学生营养改善计划和普通高中学校改造等专项资金6565万元。认真落实促进中小企业发展的财税优惠政策,全年兑现招商引资企业税收和土地出让金优惠政策资金8853万元,支持了中小企业自主创新和技术改造。努力加强投融资平台建设,安排2000万元对县信用担保有限责任公司进行增资。全力支持重点工程建设,拨付望东长江公路大桥北岸接线工程项目征地拆迁补偿缺口资金712万元。

【科学调度保重点,着力保障民生需求】全年累计拨付民生工程资金5.3亿元,县财政安排配套资金7441万元,并首次安排100万元民生工程业务费,保障了36项民生工程顺利开展。加大社会保障和就业支持力度,认真落实城乡低保和农村五保政策。认真执行支持就业再就业各项优惠政策,帮助下岗失业人员再就业。深入推进义务教育经费保障机制改革,大力实施校舍安全工程、薄弱学校改造计划和农村公办幼儿园建设,改善了农村中小学校的办学条件。继续深化医疗卫生体制改革,公共卫生服务体系不断完善。加快构建公共文化服务体系,继续支持农村文化惠民工程的实施。加强农村危房改造和城市保障性住房建设,低收入家庭住房困难得到缓解。全面开展乡镇工作人员和中小学教师1998年1月至2003年10月期间津补贴欠发清理工作,分年度化解。认真落实规范公务员津贴补贴和事业单位绩效工资提标政策,及时调整津贴补贴执行水平。

【倾力服务促“三农”,不断加大支农投入】发放对种粮农民的粮食直补和农资综合补贴9170万元,发放完善退耕还林补助655万元,落实农业灾害补助资金100万元,兑付能繁母猪补贴177万元。投入产业化经营项目资金410万元,为农村产业结构调整与实现农产品深加工创造条件,积极支持农民合作组织发展壮大。连续第4年被列入省级涉农资金整合县,全年整合各类涉农资金41637万元,农村基础设施建设和农业产业发展不断加强。农业综合开发工作强力推进,四合圩、团结圩和已建成的合成圩现代农业综合开发示范区连接成片,15万亩优质农产品生产核心区基本形成。一事一议财政奖补项目首次实现村组全覆盖。拨付奖补资金1515万元,带动农民筹资投劳和社会投入1134万元,开工建设191个村级公益事业项目。进一步完善村干部待遇保障激励机制,村干部报酬稳步提高。

【开拓创新谋改革,有效提升理财水平】调整和完善县乡财政管理体制,进一步调动了乡镇发展经济、增收节支的积极性和主动性。及时出台实施营业税改征增值税过渡性财政扶持政策,营改增试点工作从10月1日起平稳有序推进。公务卡制度改革进展顺利,预算单位差旅费等11类费用纳入公务卡结算范围,进一步规范预算单位财政授权支付业务。县级公立医院改革初见成效,县医院和中医院销售药品直接让利于患者近149万元,门诊患者和住院患者的次均费用明显下降。

【强化手段抓监管,切实规范理财行为】稳步推进项目支出绩效评价工作,重点选择部分涉及民生的重大项目进行支出绩效评价,提高部门支出责任意识和绩效意识。继续深入开展“小金库”专项治理工作,巩固专项治理成果,把查处“小金库”作为经常性工作开展。深入开展会计信息质量检查工作,强化会计人员继续教育,全面提升财务人员的业务素质。强化财政监督检查,确保财政运行安全高效。加大对扶贫资金、社保资金、强农惠农资金等各类专项资金的跟踪问效和监督检查力度,严肃财经纪律,提高了财政资金使用效益。

【多措并举抓党建,加强财政自身建设】开展“制度大梳理”,对财政系统原来较为笼统的职能职责、行政管理、党务工作等进一步分类明确,做到制度系统更具体、更清晰。认真开展“一卡通”社会大评议活动,广泛收集意见和建议,查找落实惠农政策过程中存在的问题,努力提升群众满意度和支持率。组织财政干部到安师院进行财政业务知识和计算机应用能力培训,进一步提升财政干部服务经济发展能力。以财政系统会计文化建设征文活动为载体,不断加强会计文化建设,进一步提高会计人员素质,规范会计行为。在全县10个乡镇中选择10个村党支部结成共建对子,紧紧围绕"六个一"开展结对共建活动。巩固财政系统行风政风成果,促进文明创建和财政工作水平双提升。县财政局荣获安庆市文明单位标兵荣誉称号。

(望江县财政局供稿　胡叶琦执笔)

黄山市财政工作概况

黄山市财政工作综述

2012年，黄山市财政部门紧紧围绕稳增长、调结构、促发展，不断创新工作思路，充分发挥财政职能，全市财政继续保持良好发展势头。全年完成财政收入76.9亿元，为预算任务的100.1%，同比增长20.1%。其中，地方收入完成56.3亿元，为预算任务的108%，增长24%。全年公共财政支出完成124.5亿元，增长29.4%。

【财政收入持续增收】围绕年度收入目标，各级财政部门强化责任落实，深入企业和基层进行调研，密切关注收入进度，做好财经形势分析。坚持定期召开财税联席会议，研究组织收入措施。建立“政府领导、财税主管、部门配合、司法保障、社会参与、信息共享”的综合治税联动机制，切实抓好主体税种和重点行业税源的管理。加强非税收入统筹管理，全面规范国有资产资源处置等管理，有效化解了税收下行的压力。全市财政收入增幅高于全省平均增幅，有5个区县增幅超过25%，徽州区、黟县收入增幅分别达到36.7%、30.1%。歙县收入规模突破10亿元，区域财政发展更加协调。

【服务经济务实有效】全市争取各类补助资金71.6亿元，增长27%，实现了普惠政策份额有提升，特惠政策争取有突破。争取地方政府债券5.3亿元，支持公立医院、黄山职业技术学院等一批重点公益项目建设。落实省、市稳增长政策，累计投入政策扶持资金3.6亿元，其中市级拨付创投基金1亿元，拨付稳增长资金6000余万元。落实困难企业社会保险减缓及稳岗、培训等社保补贴政策，减缓和补助企业资金1.12亿元。围绕支持产业转型发展，全市累计投入服务业改革试点资金9000万元，投入优势产业扶持资金3592万元，投入战略性新兴产业培育资金5758万元，充实市级政府融资平台资本金3亿元。立足交通运输业和现代服务业加快发展，从10月份开始启动营改增试点，全市累计减轻企业负担2000万元以上，政策洼地效应逐步显现。创新财政金融结合方式，调度1亿元财政间隙资金以存引贷，引导金融机构新增中小企业贷款5.6亿元。

【社会事业协调发展】各级财政集聚财力，重点保障民生改善，推动社会事业发展。全市民生支出94.4亿元，增长39.2%。教育投入持续加大，全年投入12.7亿元支持教育优先发展。医疗卫生支出9.2亿元，县级公立医院改革启动，市中医院、市第二人民医院等重点卫生项目基本竣工，城乡基本医疗保障制度实现全面覆盖。城乡居民基本养老保险制度全面建立，社保覆盖面继续扩大，保障标准持续提高，社会保障体系进一步完善。文化体育投入继续增加，世界武术大会、首届非遗大展等重大文体活动经费得到保障。农村综合改革深入推进，惠农政策落实，投入村级公益事业“一事一议”财政奖补资金7110万元，“一卡通”发放惠农补贴5.4亿元，人均受益 462元。政策性农业保险试点范围继续扩大，2012年政策性农业保险总保险金额2.8亿元，种养殖户投保率均超过85%，直接受益农户达36.6万户次。投入农田水利建设资金9.7亿元，农业综合开发资金1.14亿元，农业综合生产能力和农业产业化经营水平明显提升。

【民生工程稳步推进】全市上下坚持把民生工程建设作为加强社会建设、构建幸福黄山的重要抓手，集中财力优先保障。采取加强领导、明确责任、细化措施、严格督查、完善制度、加强宣传等措施,全力推进项目实施,形成了横向互动、纵向推动、合力攻坚的工作格局。全市36项民生工程共完成投资21.13亿元,完成年度计划的115.1%。健全完善民生工程项目后续管养机制,全市投入管养资金1498万元,出台了23个工程类项目后期管护办法。城乡居民收入倍增规划实施效果明显,市县津补贴调整政策全面兑现,企业退休人员养老金连续八年提标,城乡居民收入稳步提升。

【补偿机制不断完善】继续加大新安江流域治理保护力度,全市实施的99个试点项目,总投资53亿元,累计完成投资20亿元。创新试点资金融资平台建设,推动了新安江综合治理融资。流域内"保护第一、科学发展"的政绩观进一步确立,人民群众的生态保护意识明显增强,新安江水质保持总体稳定,新安江流域生态补偿机制试点进入崭新阶段,整体工作得到财政部和省委、省政府的充分肯定。

【理财水平日趋提升】围绕廉政风险防控机制建设,强化"两基、两化"建设,推动"制度+科技"管理。开展了财政制度"大梳理"、风险岗位"大排查"、薄弱环节"大整治"活动。先后出台和完善资金管理、强化财政内部控制建设等制度36项。国库集中支付改革继续深化,对财政直接支付实行额度管理。启用"电子哨岗",动态监控财政资金支付行为。公务卡结算制度全面实施,出台了强制结算目录。清理撤并财政专户115个,撤并率达到37.6%。启动了财政专户管理改革,促进政银合作和财政资金保值增值。部门预算管理不断创新,规范了预算追加程序,预算公开稳步推进,绩效评价扩大到市直所有预算单位,187个支出项目纳入绩效管理。财政一体化平台综合运用水平提升,电子化政府采购系统率先通过省内验收,受到了上级财政部门好评。

(黄山市财政局供稿　方敏执笔)

屯溪区财政工作概述

2012年,屯溪区财政一般预算收入累计完成8.54亿元,占年初预算数8.31亿元的102.7%,超额完成全年财政收入目标任务,同比增收1.73亿元,增长25.4%,保持了"收入均衡入库、增长稳健持续、支出全力保障"的良好发展态势。

【以组织收入为中心,确保财政增收】一是坚持财税联动,加强收入综合征管调度,形成工作合力。二是加强非税收入征管,做到应收尽收。全年完成非税收入2.28亿元,同比增收5143万元,增长29.2%。三是摸清底数、规范管理。区个体经济发展服务中心在全市率先实行国地税个体税收联合征管,实行以票管税、浮动定额、清漏征漏等新举措,首次对全区范围内的个体工商户、房屋出租户个体税收税源等基本情况摸底调查,建立健全数据库基础信息。全年征收个体税收2762万元,其中,房屋租赁税收入库税款943.2万元,较去年同比增收了557.2万元。

【以保民生保稳定为重点,抓好政策落实】不断优化财政支出结构,加快推进基本公共服务均等化,加快发展文化体育、科技教育、医疗卫生、社保就业、公共安全、住房保障等各项社会事业。全区一般预算支出累计完成11.27亿元,比上年同期增长37.2%,增支3.06亿元。其中用于公共财政民生支出累计完成7.47亿元,同比增长50.5%。占全区财政支出的66.3%。一是深入实施各项民生工程。全区重点实施的省、市28项民生工程,计划总投资1.89亿元,全年累计拨付资金2.29亿元,占计划数的121%,完成投资2.25亿元,投资完成率达119%。二是确保教育、文化、科技支出实现法定增长。全年教育支出完成8744万元,同比增长48.8%。进一步完善公共文化服务体系财政保障机制建设,及时拨付资金支持文化部门加快推进文化馆、图书馆改扩建、公共文化服务体系信息化建设等工程,实现公共文化资源共建共享。三是突出民生改善。着力提高企业退休人员待遇,做好困难群体的基本生活保障,落实物价补贴联动机制,保障城乡居民养老和医疗。全年共拨付企业退休职工基本养老金、被征地农民养老保险金、城乡居民基本养老金、城镇职工医疗保险、新农合、城镇居民医疗保险、城乡低保金、再就业资金、基层医药卫生体制综合改革、民政优抚等共计2.8亿元。四是极稳妥推进城乡居民收入倍增工作。全年实现城镇居民人均可支配收入21208元,比上年同期增长13.6%;实现农村居民人均纯收入10558元,比上年同期增长15.4%。

【以推改革强管理为抓手,严格依法行政】一是不断完善和优化预算编制和执行管理。细化公共财政预算和政府性基金预算编制,规范预算定额、费用标准和项目预算编制。二是深化国库集中收付和公务卡制度改革,进一步加强对财政资金拨付的审核管理,强化财政资金运行监管,确保财政资金使用的安全高效。按照“横向到边、纵向到底”的要求,区直106家预算单位已全部纳入国库集中支付的范围,实现预算单位支付平台一体化系统全覆盖。三是完善政府采购制度,提升“阳光工程”效能。全年共完成政府采购350项,实现政府采购额8921万元,比预算节约资金1228万元,资金节约率12.1%。四是完善支农惠农机制,推动区域统筹发展。全年发放20项涉农补贴资金2769万元;累计补贴各类家电下乡产品2161万元,家电下乡补贴兑付率为100%;在全市范围内率先完成今年政策性农业保险投保工作;全面完成2011年国家农业综合开发项目并通过省、市验收;认真做好村级公益事业建设一事一议36个项目财政奖补工作,覆盖5个镇36个行政村,4万余人受益;认真研究涉农项目建设资金与“美好乡村建设”的切入点,科学统筹调度建设专项资金,强力推进美好乡村建设。五是强化国有资产管理,资产效益显著。全面完成了对各行政事业单位、镇、街道的行政事业单位资产管理信息系统数据统计填报工作;充分发挥利用资产管理信息平台,对日常基础性工作实行“动态”管理,从资产管理源头上牢固构筑预防和惩治腐败的“防线”。六是财政监督管理不断加强。积极稳妥推进预决算信息公开,财政预决算和区级部门预决算实行网上公开。加强专项资金和转移支付监督检查,组织开展了会计信息质量检查、粮食综补、粮食直补资金发放情况检查,促进资金使用的规范透明,构筑财政投资项目监管“防护墙”。加强地方政府性债务管理动态监管,有效防范财政风险。

【以服务经济建设为中心,增强发展后劲】一是突出项目支撑,结合加快“两区”建设和以加快“三园”为重点的园区亿元以上重点项目建设的实施,全力配合有关部门做好项目申报等各项工作,着力引进大项目、新项目,千方百计争取国家项目的资金,加大财政一般转移支付资金和专项补助资金的争取力度,全年共向上争取资金4.94亿元。二是支持重点企业发展。出台《屯溪区工业发展扶持资金管理暂行办法》,促进区工业结构调整和转型升级,支持企业做优做强。全年共兑现工业产业扶持资金、招商引资优惠奖励等各类扶持资金达2300余万元。三是加强调度保障重点工程和项目资金需求。共调度资金2.8亿元用于黎阳老街、江南新城、九龙园区基础设施建设,为政府重点项目建设提供了强有力的资金保障。同时还整合各类资金支持高山市民开心菜园重点工程建设。四是积极与银行、企业沟通,搭建政银企对接平台,全年促成银企双方成功对接项目113个,对接资金23.48亿元,其中承诺贷款7.94亿元,意向贷款15.54亿元。抓好园区企业服务,当年由区政府出资增信,投入九龙园区助保金担保1000万元,开展九龙园区企业助保金贷款业务,全年共审核发放锦江百浪、华意印刷、必得塑业等六家企业2000万元流动资金贷款。

(屯溪区财政局供稿)

黄山区财政工作概述

2012年,黄山区一般预算收入完成8.4亿元,比上年增长14.9%,增收1.1亿元,完成了调整预算收入8.1亿元的目标任务。财政支出达到14.5亿元,比上年增长23%。

【强化税收收入征管】坚持把做大财政蛋糕作为财政工作的第一目标,密切与国、地税部门协作,认真分析经济和收入形势,合理调配收入进度,完善财税联席会议制度和收入征缴机制。立足全年目标,量化阶段目标,强化收入考核调度,细化征管措施,深入开展重点税源、潜在税源调研。加强重点企业、工程项目等税收的跟踪管理,狠抓缓、欠税款汇算清缴工作。加大招商引资力度,大兴总部经济,完善总部经济发展奖励办法,开展总部经济百日会战活动,全年共引进总部企业63户,实现税收4782万元。

【不断优化支出结构】坚持调整和优化财政支出结构,不断加大财政对公共服务领域的投入,优先保障和改善民生,各项支出均有较大增长,教育、医疗卫生、社会保障投入分别完成1.64亿元、1.04亿元、1.37亿元,较上年分别增长34.3%、16.6%、23.1%。有效地保障了教育体制改革、基层医药卫生体制改革、事业单位绩效工资改革和公立医院体制改革,兑现了干部职工提标工资、各项规定津补贴的发放和职工房改补贴1120万元。财政应急保障联动机制不断健全,有力地保障和促进了城乡经济社会协调发展。

【大力支持经济发展】紧紧抓住国家政府性投入带动投资增长政策机遇,积极对上争取,全年共争取上级各类补助资金 8.36 亿元, 同比增长 22.4%,有力地支持了地方经济发展。一是认真贯彻省、市、区《关于促进经济平稳较快发展的若干意见》, 积极整合运用各种财政手段,统筹协调安排财力推进“六个高潮”和“十大工程”建设。二是加大企业帮扶力度。争取优势产业发展专项资金 311 万元, 支持了海安机械、新视达电动汽车、云海米业、亿利工贸、六百里猴魁等企业;办理出口退税 1711 万元;兑现外贸进出口奖励 120 万元、企业纳税奖励 768 万元;积极争取和安排科技、环保、节能减排专项资金等 6866 万元,鼓励企业进行技术改造升级,调整生产结构,扩大生产规模,提高企业核心竞争力。三是支持园区建设。安排财政间隙资金 2000 万元,支持工业园区腾笼换鸟,促进园区二次创业。四是加大项目投入。全年对上争取经济建设发展项目 66 个,投入建设资金 3.4 亿元。五是认真落实家电下乡、以旧换新政策,全年共销售家电下乡产品 2.5 万台、销售摩托车 1385 辆, 兑付财政补贴 898.5 万元, 拉动内需 7400.7 万元。

【保障社会和谐稳定】 全年 36 项民生工程累计投入资金 2.86 亿元,其中区级配套资金 5858 万元。扩大社会保障覆盖面,全区共 9.45 万人参加社会养老保险,城乡低保扩面提标,由月人均 330 元提高到 360 元, 发放生活保障资金 1706 万元,“五保户”供养全面提标, 集中供养标准由 2760 元/人调整为 3240 元/人, 分散供养标准由 1800 元/人调整为 2160 元/人,全年向 1769 名“五保”供养户累计发放资金 483 万元。村干部“三位一体”激励保障机制更加完善,在任村干部工作待遇、离任村干部养老补贴提标扩面。住房保障迈出新步伐,建成 120 套廉租房、90 套公租房,完成棚户区改造 82 户、国有林场危旧房改造 180 户,发放廉租房租金补贴 218 万元,住房困难群众得到更多实惠。加大财政投入力度,全年用于医疗卫生资金 1 亿元, 巩固基层卫生院体制改革成果,积极推行县立医院改革,支持重大疾病和传染病的防治体系和突发公共卫生事件救助体系建设,加强食品药品安全监管,保障公共用药和食品安全。加大教育投入,统筹安排教育类资金 1.6 亿元,率先在全省实现义务教育零收费, 率先在全市发放学生乘坐校车补贴,811 名贫困寄宿生补助生活费 99.3 万元,2594 名中职学校及高中困难学生获得资助资金 263.9 万元,扩建公办幼儿园 1 所,加固重建校舍 8167 平方米, 为期三年的校安工程圆满收官。积极筹措再就业资金 1184 万元,担保发放小额贷款 1816 万元, 开展各种专业技术培训,1488 人实现再就业。投入资金 111.79 万元,新增 8 个农家书屋、11 个电子阅览室和 5 个留守儿童活动室。

【统筹城乡协调发展】全年用于农林水事务支出 2.4 亿元,增长 18%。通过“一卡通”发放 21 项惠农补贴 8984 万元,农民人均补贴 685.8 元。加大农村基础设施建设投入,全年累计投入资金 1.1 亿元,实施中小河流治理项目 2 个、病险水库除险加固工程和土地治理项目 26 个、农业综合开发项目 8 个、农村公益事业“一事一议”财政奖补项目 66 个。改善生态环境,累计投入资金 6606 万元,先后实施了农村环境连片整治示范项目、太平湖湖泊生态环境保护项目、新安江生态补偿机制试点项目。积极支持整村推进工程,大力推进农村产业化建设。跨部门整合支农资金 7.2 亿元,用于农田水利设施、农业产业化、“菜篮子”工程和美好乡村建设。认真实施政策性农业保险,完成油菜投保面积 1.98 万亩、水稻投保 8.27 万亩、能繁母猪投保 2868 头,完成大棚蔬菜投保 920 亩、瓜蒌投保 890 亩,发放 2011 年度水稻、油菜等理赔款 99 万元。

【全面提升理财水平】一是契税、耕地占用税征管划转平稳有序,“营改增”改革试点,新老税制实现平稳过渡。二是惠民直达工程试点圆满完成,“一卡通”发放系统与惠民直达系统正式并网运行。三是通过“银行授信额度、个人持卡支付、单位报销还款、财政实时监控” 的管理方式, 积极推行公务卡制度改革。四是深化财政支出管理改革,修订完善各类专项资金管理制度,利用财政信息系统一体化平台,对财政直接支付实行额度管理,启用“电子哨岗”,动态监控财政资金支付行为。

【强化财政监督管理】一是开展财政支出项目资金绩效考评,全年对工业发展、农村基础设施建设、医疗卫生、政法改革等多个领域 20 个项目进行绩效考评,涉及项目资金 3 亿元。二是完善行政事业单位国有资产配置、使用、处置、收益收缴和资产信息动态监管措施,对公务用车实行“一车一档”。三是建立风险防控机制,制定出台了《黄山区财政监督检查八项制度》,将财政监督检查纳入规范化、常态化管理。

全年组织开展了财政专项监督检查17次，完成15个财政所(分局)互审和3个业务科室以及3个财政所内审工作,制定了财政结余结转资金管理办法,开展了结余结转资金专项清理。

(黄山区财政局供稿)

徽州区财政工作概述

2012年,徽州区财政部门牢牢把握“稳中求进”的总基调,认真落实积极的财政政策,紧扣年度财税工作目标,狠抓增收节支,调整优化支出结构,不断深化财税制度改革，扎实推进财政科学化精细化管理,财政经济运行保持良好态势。

【财政实力增长实现新跨越】一是财政收入规模再上新台阶。全年完成一般预算收入7.5亿元,占年初预算的108%,比上年净增2亿元,增长36.7%,其中税收收入完成6.45亿元,税收比重为85.8%。镇(乡)域经济发展迅速,乡镇全年完成财政收入5.5亿元,占区财政一般预算收入的比重为73%。二是对上争资取得新成效。密切与区直各单位配合,充分发挥各自政策和职能优势,精心编报项目,积极对上争取资金,全年争取上级各类补助资金5.38亿元。三是重点支出保障更加有力。全年投入教育、科技、文化、卫生、三农资金分别为0.9亿元、0.16亿元、0.25亿元、0.58亿元、1.34亿元。十三大类财政民生支出全年共计完成6.85亿元，较上年增加2.01亿元，增长41.5%，占一般预算支出9.19亿元的74.6%。

【支持经济发展迈出新步伐】一是支持工业发展力度加大。落实工业发展专项资金4000万元,用于引导支持企业提升传统产业、开展技术改造和优化结构调整。及时兑现各项财税优惠政策资金3993万元、累计减免税收6248万元、落实困难企业“缓降补”政策资金640万元。积极争取资金1136万元培育壮大战略性新兴产业。不断提升担保融资功能,区担保公司累计为企业提供担保融资总额5.2亿元。扎实推进园区建设提速增效工程，全年投入工业园区基础设施建设资金 3606万元。二是支持重点项目建设力度加强。全年区国投公司向各类金融机构融资达到4.65亿元,重点支持永佳大道、黄山路、南山路风貌整治、新四军军部旧址周边环境整治、徽州人家安置小区四期、丰乐河二期综合治理、潜口—蜀源公路拓宽改造、洽舍—富溪公路续建、岩寺—万安公路改建、西溪南新大桥等重点项目及城乡基础设施建设。加强生态环境建设,积极争取上级补助资金4894万元,启动实施丰乐河(西溪南—临河桥段、文峰桥—外环北路桥段)水环境治理、循环经济园污水处理、西溪南村农村新型太阳能微动力污水处理等试点项目试点项目19个，全年完成投资额5.68亿元,有效改善了城乡人居环境。三是支持扩大消费措施持续给力。加大服务业发展支持力度,设立旅游发展专项资金200万元。大力支持文化大发展、大繁荣,全年投入文化体育传媒资金2478万元,着力推进5个乡镇公共电子阅览室、6个农家书屋及“百村千幢”、广播电视村村通等工程建设。继续用足用活家电下乡政策,实现家电下乡工作圆满收官,当年销售家电下乡产品1.3万台,兑付补贴资金417万元。

【保障和改善民生取得新成效】一是精心实施各项民生工程。36项民生工程全年累计拨付资金1.7亿元,完成投资1.73亿元,顺利完成了年度目标任务。二是全面保障各项社会事业发展。优先发展教育事业，投入资金200万元继续实施农村中小学营养膳食补助政策，安排资金2765万元加快新一中建设，安排资金304万元用于偿还原一中历欠基建借款。完善社会保障体系,投入资金755万元,推进城乡低保、五保供养、医疗救助等“提标扩面”。安排资金180万元用于70岁以上无固定收入老龄人员补贴。落实资金172万元,推进城乡居民社会养老保险全覆盖。全面落实贫困重度残疾人生活补助政策,并进一步扩大补助范围，将三级以上残疾人员全部列入补助对象，全年共补贴资金80万元，受益人员1216名。推进医药卫生体制改革,投入资金259万元,健全基层医疗卫生机构运行补偿机制。安排资金251万元将新农合和城镇居民基本医疗保险的财政补助标准由人均200元提高到240元。投入资金687万元,推进县级公立医院改革。加快保障性安居工程建设，统筹资金1.5亿元全面完成市下达城市棚户区改造安置房460套、新建公租房200套任务。投入资金2290万元,改造农村危房1700户。三是扎实推进城乡居民收入倍增规划工作。落实小额担保贷款财政贴息、新型农民培训等各项扶持创业、促进就业政策。全年实现城镇居民人均可支配收入20567元,增长13.5%;农民人均纯收入9311元,增长 15.5%。

【推进城乡统筹发展再增新力度】一是严格落实各项强农惠农政策。全年通过财政“一卡通”直接兑付惠农补贴项目 27 项，累计补贴总额达 5511 万元，增长 22.7%，受益人口 23.5 万人次。扎实推进政策性农业保险工作，全年投保金额 2841 万元，兑付保费补贴 124 万元，因灾赔付金额 81 万元。二是深入推进农村综合改革。全年投入资金 470 万元，共实施“一事一议”财政奖补试点项目 51 个，项目覆盖全区 7 个乡镇 51 个行政村(居)，覆盖面达到 100%。三是不断加强农业基础设施建设。全年投入财政资金 3591 万元，认真组织实施富溪乡生态茶园土地治理、唐模现代农业综合开发示范区等 14 个农业综合开发项目及现代农业茶产业项目。安排资金 2528 万元，加快病险水库除险加固、中小河流防洪减灾、农田水利、农村沟河塘坝等水利基础设施建设。积极整合资金，扎实推进美好乡村建设。

【财政科学化精细化管理实现新进展】一是财税改革扎实推进。稳步推进交通运输业及研发和技术、信息技术、文化创意、物流辅助、有形动产租赁、鉴证咨询 6 个领域现代服务业营业税改征增值税试点工作。部门预算改革不断深化，预算编制管理工作进一步加强。财政国库管理制度改革深入推进，财政一体化信息应用平台使用实现在区直预算单位全覆盖。非税收入征管改革进一步规范。公务卡制度改革全面启动。二是财政监督不断加强。深入开展全区财经工作专项检查及强农惠农资金、民生资金使用情况检查，加强重点项目、大额财政支出绩效分析，认真开展会计信息质量检查，不断规范国有资产管理，建立健全治理和防范“小金库”长效机制。三是财政基础工作和基层建设全面加强。深入推进“金财工程”建设，不断完善部门基础信息数据库。扎实推进学习型党组织创建工作，继续开展“规范化乡镇财政所(分局)”创建工作，切实推进“县乡财政一体化”管理。深入开展“绩效创新年”及“强作风、重统筹、提效能、促发展”集中整训活动，全面提升干部职工统筹谋划能力。扎实开展财税系统廉政风险防控工作，不断提高干部职工拒腐防变能力。当年徽州区财政局获“全省财政系统先进集体”、“黄山市第十届文明单位”荣誉称号，并在区“三位一体”民主评议中获得第一名。

(徽州区财政局供稿)

休宁县财政工作概述

2012 年，休宁县公共财政预算收入完成 7.73 亿元，占预算 100.4%，同比增长 28.1%，其中：地方级收入完成 5.13 亿元，增长 20.2%。公共财政预算支出完成 14.9 亿元，占预算 106%，增长 18%。

【民生工程】组织实施 36 项民生工程，全年计划筹资 2.76 亿元，当年需完成投资 2.72 亿元，实际到位资金 3.04 亿元，实际完成投资额 3.08 亿元。11 个资金发放类项目实际完成投资额 6062 万元，投资完成率 123.8%；19 项工程类项目实际完成投资额 1.22 亿元，投资完成率 117.2%；4 个保险类项目实际完成投资额 1.24 亿元，投资完成率 101.7%；2 个培训类项目完成投资 160 万元，投资完成率 100%。

【收入倍增】通过使用失业保险基金发放困难企业稳定岗位补贴和允许困难企业缓缴社会保险费。出台《休宁县人民政府关于促进经济平稳较快发展的实施意见》，鼓励创业，扶持企业发展壮大；深化医药卫生体制改革，健全公共卫生和基本医疗服务体系，切实减轻居民医药费用负担；认真落实财政补贴农民资金政策，增加农民转移性收入；按照“引导、稳妥、有序、规范”原则，推进农村土地承包经营权流转工作。全年城镇居民人均可支配收入达到 20276 元，农村居民人均纯收入达到 9238 元，增长 13.3%和 15.1%。15 项增收性指标均完成或超额完成年度目标任务。

【补偿试点】谋划储备新安江流域综合治理项目 121 项，计划总投资约 196 亿元。主要包括水资源保护类、水污染防治类、生态环境保护与建设类、民生保障类、社会经济类和预警及监管体系类等项目。上级已批复我县试点项目 17 个，计划总投资 5.54 亿元，实际完成投资 4.71 万元，完成计划投资的 85%。其中，2011 年实施的 10 个项目已全面完成。当年新建项目 7 个，5 个在建，2 个已完成。

【农业开发】实施国家农发项目 7 个，总投资 2210 万元，其中财政资金 1674.3 万元，自筹 535.7 万元。已完成土地治理项目的初步设计、海阳镇中低改、蓝田镇中低改项目的招投标及相关物资政府采购，土地治理项目正在抓紧实施中；产业化财政补助项目、部门项目已接近扫尾；省级科技推广项目已完成建设任务。

【各项改革】一是"营改增"试点进展顺利。完成试点企业名单移交、税源调查测算、政策培训辅导、信息采集录入等工作，并通过主要媒体向社会发布了实施公告。二是医药卫生体制改革稳步推进。建立预算管理制度。确保不出现新增债务,同时确保医疗结余用于医药事业发展方面。建立和完善公共财政保障机制。强化债务控制和管理。严格控制医院用于投入基础设施建设和采购大型医疗设备所出现的债务,管理好和用好结余资金。三是财政国库管理制度改革向纵深推进。撤并财政专户 27 个,保留 24 个。公务卡改革已正式启动,第一批试点 21 个单位业务培训、申领公务卡等准备工作已就绪。

【美好乡村】快速启动美好乡村建设步伐。成立了由新安江综合治理、交通基础设施、城乡基础设施、农业产业项目等 7 个项目谋划领导小组,其中农业项目谋划提出了"以美好乡村建设一个中心、争取大小项目 100 个、多方投入建设资金 20 亿、确保农民收入增长 20%"的初步目标。科学合理整合美好乡村建设资金。将已安排未支出的专项资金 400 万元和支农整合资金 2300 万元对接到美好乡村建设上来。扎实做好美好乡村建设保障。按照"多个渠道进水,一个池子蓄水,一个龙头放水"的原则,对整合用于美好乡村建设的所有项目资金，全面实行县级报账制和国库集中支付制度,确保资金不被截留、挤占和挪用。

【队伍建设】不断加强思想建设、学风建设、作风建设和机关文化建设,提高执行力、激发创新力、增强凝聚力。以着力建设政治思想纯正、群众感情纯真、业务能力纯熟、工作作风纯朴、做人做事纯净的财政干部队伍为抓手,认真组织开展"保持党的纯洁性、迎接党的十八大"主题教育实践等系列活动。以规范政府权力公开透明运行为核心，实施了政府权力运行"免疫力"增强工程。以服务经济、服务社会、服务民生、服务基层、服务群众为宗旨,扎实开展财政系统绩效创新年活动。结合工作任务、能力特长、后备接替、互补组合等实际,对机关中层干部及工作人员组织实施了轮岗交流、优化配置和职务调整,有效地推进了"多面手"和"复合型"财政干部队伍建设。

【风险防控】按照"对照岗位职责→梳理岗位职权→找准廉政风险→认定风险等级→制定防控措施"的程序,采取自己找、股室查、领导提、群众帮、集体定的方法,查找岗位职责、业务流程、制度机制等方面存在或潜在的廉政风险。通过梳理排查,全局共排查外部权力事项 23 项、内部权力事项 14 项,并形成职权目录,方便了管理和服务相对人"对号入座",对 18 个直属机构和内设股室所承担的全部 37 项内部权力运行事项,绘制了 59 个工作流程图,进一步优化了权力运行程序,固化了工作流程。

(休宁县财政局供稿)

祁门县财政工作概述

2012 年,祁门县财政收入完成 4.9 亿元,占年初人代会通过预算任务的 100.1%,比上年同期增长 20.2%;当年全县财政支出完成 11.4 亿元,同比增长 16.9%。其中，财政民生支出 9.2 亿元，同比增长 24.8%,占财政总支出的比重为 81%。

【全力做好收入征管】根据年初人代会通过的收入预算,将收入目标分解落实到国税、地税、财政部门,明确各征收部门责任,加强协调配合,每月召开财政收入分析调度会,强化税收和非税收入征管,努力做到应收尽收,保证了财政收入稳步增长。同时鼓励乡镇加快发展,培植财源,实现县乡财政收入同步增长。

【着力优化支出结构】遵循公共财政管理要求,按照统筹兼顾、保证重点的原则和省厅提出的"保工资、保运转、保民生"的要求,不断调整和优化财政支出结构,及时拨付社会保障、文化、教育、卫生、农业等重点支出和关系民生支出的资金。认真落实省市促进经济平稳较快增长的相关财政政策，挤出财力在扶持工业、支持农业、改善基础设施方面发挥作用,促进全县经济和社会各项事业平稳发展。在保证必要支出增长的同时,严格控制一般性支出。加快各类专项资金的拨付进度，特别是加快重点支出和民生工程资金拨付进度,各项重点支出得到有效保障。

【全力保障和改善民生】一是民生工程扎实推进、成效明显。省市 36 项民生工程中,本县有建设任务的为 32 项,计划投资 2.44 亿元,县级配套资金近 4000 万元,全年累计完成投资 2.76 亿元,投资完成率 113.3%。15 项工程建设类项目圆满完成,11 项资金补助类项目及时准确发放,4 项社会保险类项目有效实施,2项培训类项目成效显著。二是收入倍增规划稳步实施、进展顺利。积极探索创新,调整补充相关配套政策,研究制定促进就业、支持创业、完善社保、强农惠农、壮大农业农村经济发展等方面的政策措施。同时,强化核心指标监测,及时了解发展指标以及监测性指标等数据的完成情况,全县城乡居民收入增长态势良好。

【积极争取项目和资金】一是通过多渠道积极争取各种上级专项资金6亿元,缓解了财政支出的巨大压力。二是以项目为抓手,积极对上争取,支持经济发展。申报的牯牛降项目获省新兴战略资金240万元专项支持;积极向省厅汇报申报全国农村环境连片综合整治示范县项目工作,项目总投资2000多万元,将解决祁山镇、金字牌镇、小路口镇其中10个行政村的农村环境治理问题,已通过省财政厅、省环保厅及专家的项目审查,并将于下年实施。以新安江生态补偿机制试点为契机,精心编制项目,推进环境整治。三是认真落实省促进经济平稳较快发展意见,支持企业发展。同相关部门一起,制定了五大意见和办法,落实省促进经济平稳较快发展的意见,兑现企业奖励资金达2500万元;出台县工业经济发展措施,每年安排300万元工业发展专项资金,新增300万元企业上市扶持专项资金,用于企业上市工作的开展。四是着力发挥源丰融资担保公司担保能力,解决中小企业融资难问题。全年共为县内62户企业提供了118笔融资担保业务,担保总额3.169亿元,累计在保责任余额2.541亿元,同比分别增长49.5%和38.8%,不良率为零。

【着力深化财政改革】一是国库集中支付改革不断完善。随着全县财政平台一体化信息系统中的预算指标、计划管理、国库支付及工资统发模块正式上线,促进了财政管理的科学化、精细化。全年77个纳入国库集中支付单位,通过国库集中支付系统实现下达计划4809条,总额度3.98亿元,实际支付资金3.87亿元,直接支付比例达98.3%。二是财政专户清理整顿工作取得明显成效。严格按照财政部文件精神要求,撤销了一批财政专户,对保留专户进行合并精简,财政专户数由2010年的54个减至20个。通过三年财政专户清理整顿,确保我县财政专户管理有章可循,规范操作,保证了财政资金的安全使用。三是县级预算单位公务卡改革强力推进。制定《祁门县县级预算单位公务卡改革实施方案》等一系列行之有效的制度,以保障公务卡的顺利推进,当年已发放公务卡625张。四是预算管理改革不断深化。深入开展预算绩效管理工作,推进绩效评价与预算管理相结合,预算单位绩效理念进一步增强。五是政府非税收入管理改革成效明显。按照"突重点、攻难点、细措施、强直征"的思路,加强了非税收入的征收和管理。六是"营改增"试点工作顺利推行。随着10月1日第一张增值税票顺利开出,标志着本县"营改增"成功运行。七是县级公立医院改革如期启动。本县选择县人民医院和县中医院2家医院推行公立医院进行改革试点,确保了县级公立医院改革于当年12月15日平稳启动、稳步推进。

【强化扶贫工作措施】扶贫开发工作受到省委省政府表彰。全面掀起扶贫开发工作新高潮,坚持重点扶贫与面上扶贫一起抓。全面完成全县45个贫困村扶贫开发规划的编制和村情调查工作;安排扶贫开发项目105个,落实财政扶贫资金1340万元,其中9个"整村推进"村实施项目38个,安排资金511万元;制定了9个重点贫困村583户2084人的具体帮扶措施;加大对农民专业合作社及其他组织和农业龙头企业的扶持力度,不断促进贫困户实现产业增收;全面完成"雨露计划"培训和资助任务1868人;建立和实施领导干部联系扶贫点制度,市县18位领导和93家市县直单位对口帮扶9个重点贫困村。

【强化财政监督管理】一是完善财政监督管理机制。按照财政大监督机制建设总体要求,明晰财政监督专职机构与业务管理机构的监督职责,建立权责一致、协调运行、良性互动、体现效能的财政监督管理运行机制,切实将财政监督贯穿于财政中心工作大局之中和财政管理运行全过程之中。二是完善财政监督制度建设。使财政检查有章可循,有据可依。三是开展乡镇财务互查和"两项补贴"检查工作。四是开展县直单位非税收入及票据检查工作。五是开展了几项专项检查。开展了大病医疗救助资金检查以及百村千幢保护资金检查,配合省财政厅对祁门县2011年度农村公路加固改造民生工程项目资金进行检查。

(祁门县财政局供稿)

黟县财政工作概述

2012年,黟县财政工作以科学发展观统领工作全局,牢牢把握"稳中求进"的总基调,认真落实积极的财政政策,全力以赴"保增长、推改革、惠民生、促和谐",充分发挥财政职能,注重组织财政收入、强化支出管理、支持地方经济建设、推进民生工程、深化财政改革、加强财政监督、狠抓作风建设,推进了财政科学化精细化管理水平,保持了全县经济平稳较快发展,财政工作再上新台阶。

【强化收入征管,提升保障水平】当年全县公共财政收入首次突破3亿元大关,财政收入增幅达到30.1%,在全市处于第三名,税比约76.6%,在全市排名第四位,实现了财政收入增幅和质量的双提高。一是加强收入分析调度。财税各部门及时沟通,认真分析经济和收入形势,积极采取对策,合理调配收入进度,促进财政收入及时均衡入库。二是大力推进综合治税。加强协税护税部门协调配合,加大对重点行业、重大项目和重点税种的分析研究,重点摸清建成项目投产后的增收情况和固定资产投资对本地税收的影响情况,掌握新的税收增长点;完善收入征缴机制。出台《黟县本级非税收入缓减免管理暂行办法》,修改完善全县财政收入考核办法和乡镇财政收入考核奖惩办法,明确收入考核要求,建立长效机制,规范征管。三是积极向上争取资金。认真研究上级有关文件精神,谋划对接项目,积极争取资金、政策支持,全年争取各类补助资金突破6亿元。

【服务社会发展,促进经济增长】一是加大企业帮扶力度。认真贯彻落实省、市政府关于促进经济平稳较快发展各项政策。预算安排600万元工业发展专项资金,支持中小企业发展;诚信担保公司采用在建工程、库存原料、应收账款、林权抵押和股权质押等多种反担保方式提供融资担保,为19户企业提供22笔计5180万元融资贷款担保,有效缓解企业融资困难。二是扎实开展新安江流域综合治理。按照"用好机遇、严格保护、科学规划、加快质量、永续利用、富裕百姓"总体要求,初步建立了较为完善的工作机制,有效推进新安江流域生态环境保护和建设工作,新安江流域生态补偿机制12个试点项目顺利实施,完成投资14200万元。三是积极支持美好乡村建设。科学制定美好乡村建设资金投入方案,根据"安排一批、挤出一批、整合一批、争取一批"的原则,整合安排资金2500万元支持美好乡村建设。四是集中财力保障重点支出。进一步完善义务教育经费保障机制,加快实施校舍安全工程,全年教育支出7000万元。投入1960万元支持廉租房、公租房、棚户区改造等建设,提高人居住房保障水平。农林水支出1亿元,重点建成一批农村饮水、水库除险加固、土地综合治理等基础工程。投入资金792万元实施农业综合开发项目。"一事一议"项目工程投资总额493万元,其中财政奖补350.4万元,涉及全县63个行政村76个项目,受益人口达7.9万人。

【改善民生民计,构建社会和谐】坚持把改善民生、促进和谐作为第一要务,认真履行牵头单位职责,精心实施36项民生工程,全年累计拨付资金20022万元,涉及五大类32个项目,全县9.6万城乡居民受益,受益面达100%。一是规范资金管理。出台《黟县民生工程管养资金使用管理暂行办法》,实行民生工程管养资金专户储存、专款专用。二是创新宣传方式。县民生办联合县作家协会、县摄影家协会、县徽州文化联谊会开展"民生杯"有奖征文、摄影、楹联征集三大主题宣传活动,举办"民生杯"广场舞大赛、国庆篮球邀请赛、"民生工程政策宣传"有奖问答、山地车下乡骑行宣传民生工程政策等一系列活动。三是建立民生工程点评制度。定期通过会议点评、现场点评等方式,针对工程类项目建设过程中存在的突出问题进行分析,制定并落实整改措施,不断增强民生工程实施成效,提高群众满意度。

【深化财税改革,创新管理机制】一是积极推进国库管理制度改革,将原有财政专户全部纳入国库管理,对不符合文件规定的财政账户进行撤并,撤并后财政专户由原来的27个精简到20个,并印发了《黟县财政专户管理办法》,使其规范和长效管理。二是率先在全市推行公务卡改革试点工作,出台《黟县本级预算单位公务卡使用管理暂行办法》,进一步规范单位现金管理,促进廉政建设。三是积极稳妥推进"营改增"试点工作,认真研究"营改增"政策规定,按上级时间节点要求,自10月份纳税申报以来,税收征管系统及征管工作运行正常,平稳有序。四是支持公共卫生体制改革,对乡镇卫生体制进一步深化,完善基层药品零利润销售制度的落实,乡镇卫生院财政管理实施"收支两条线"财务管理制度,推行"单病种付费补偿"机制改革和优质护理服务,积极配合卫生部门做好县级医院资产清查。

【强化财政监管,提高资金绩效】一是强化单位财务管理。开展农村公路危桥加固改造项目、强农惠农资金、乡镇票据、彩票销售及公益金管理使用情况、中小学校和粮食购销公司财务等专项检查,以检查促规范,充分发挥财政监督检查职能。二是加强乡镇财政资金监管。成立乡镇财政资金监管领导小组,制定《乡镇财政资金监管工作办法》,建立健全工作联系机制、信息通报制度、日常考核制度和激励约束机制,提高乡镇财政资金监管工作的规范性、统一性和实效性,促进乡镇财政资金安全有序运行。三是认真落实审计整改意见。及时清理财政往来款项,加强财政结转结余资金管理,对财政资金审计提出的问题认真从体制和机制上分析原因,研究落实整改措施,有效避免屡审屡犯现象发生。

【狠抓作风建设,树立干部形象】扎实开展创先争优、"保持党的纯洁性、迎接党的十八大"等各项主题教育活动,并将各项主题教育活动和队伍纪律作风教育整顿活动有机结合;以"制度绩效创新年"活动为抓手,进一步梳理完善各项规章制度,共修订完善了10余项制度和办法;扎实开展"深化领导班子带头大走访"活动,围绕财政重点、难点问题开展专项调研,撰写调研报告16篇;多形式开展党风廉政建设学习教育,深入开展廉政风险防控工作,认真梳理岗位职责,绘制权力内外部运行流程图46个,排查出岗位廉政风险点81个,针对存在的风险,制定防范措施95项;扎实开展结对共建工作,深入帮扶村及共建村、部队、社区进行帮扶慰问,共结对留守儿童2对,开展慰问特困户、五保户20户,贫困母亲1人,捐赠白血病儿童洪语笑7680元,切实发挥城乡联合党委作用,出谋划策推进共建村集体经济发展。

(黟县财政局供稿)

歙县财政工作概述

2012年,歙县一般预算收入累计完成10.6亿元,占预算的103%,同比增长28.8%;一般预算支出完成21.1亿元,占调整预算的99.7 %,比上年增支3.76亿元,同比增长21.6%,较好保障了人员、机关运转和重点项目建设等支出需要,全县财政运行态势良好。

【促进经济平稳较快发展】面对宏观经济下行和政策性减收双重压力带来的财政增收困难,进一步加强收入调度,强化税源控管,制定出台社会综合治税意见、加强交通运输业和商贸企业税收征管意见,积极落实"营改增"等结构性减税政策,认真贯彻落实省财政厅关于提高财政收入质量的有关规定,坚决杜绝违规扩大非税收入范围等虚列收入问题,有力促进了财政收入在保证质量的基础上实现稳定增长。进一步完善非税收入项目库,加大土地出让金汇缴清算力度,严格控制执收单位票据结存量,督促收入及时足额入库,有效增加了政府可用财力。当年纳入公共预算的非税收入完成2.43亿元,同比增长53.2%。全县各月累计收入始终保持20%以上的较高增幅。

【不断增强财政保障能力】围绕全县工作大局,按照"统筹兼顾、保障重点"和"以人为本、改善民生"的原则,精心编制预算,优化支出结构,财政支出坚持向民生倾斜。2012年,全县大口径民生支出达17.8亿元,增长21.9%,占公共预算总支出的84%,全县卫生、农林水、环保等支出实现大幅增长。加大财政资金支持力度,深入推进基层医药卫生体制综合改革试点,全面启动县级公立医院综合改革,完善城乡基本公共卫生服务经费保障机制,健全医疗卫生服务体系。强化教育投入责任,进一步加大财政教育投入力度,促进教育文化事业大繁荣、大发展。认真开展财政专户和行政事业单位账户清理,先后撤并财政及单位账户81个,制定出台《歙县县本级预算单位公务卡使用管理暂行办法》,积极推进公务卡制度改革试点。深化国库集中支付制度改革,启用预算执行动态监控预警系统,财政支出改革不断深化。本县在全国1986个区县2011年度财政支出管理绩效考评中荣获第74名,并名列安徽省区县第一名。

【支持实体经济发展】全年累计筹集调度各类财政资金9.36亿元,其中利用财政信用争取到位银行贷款和其他融资2.07亿元,大力支持县内园区建设、丰乐河综合治理、徽州府衙、新安中学、杭徽线改造和县医院整体搬迁等重点项目和城乡基础设施建设;安排拨付招商引资专项资金165万元,落实招商引资企业奖扶政策791万元,兑现各项政府考核奖扶资金1400余万元,大力支持招商引资等各项政府重点工作;争取并落实优势产业、战略性新兴产业等中小企业专项补助资金5028万元,安排投入各类工业发展、产业扶持、科技创新等资金2165万元,大力支持优势骨干企业技术改造;充分发挥县中小企业融资担保公司作用,为企业提供融资担保6亿余元,改善中小企业融资环境,力促经济平稳较快发展。县财政局相继荣获2012年度"全县招商引资工作先进单位"、"对上争取工作先进单位"和"重点项目建设优秀单位"称号,并受到县委、县政府通报表彰。

【推进和谐歙县建设】全县36项民生工程累计投入民生工程资金5.2亿元,实际投资进度109%,其中,县财政配套到位7690万元,到位率104%。县民生办认真履行全县民生工程的组织协调、宣传发动、指导监督和统计汇总等职责,认真做好城乡居民收入倍增规划工作。同时,县财政局重点抓好民生工程资金监督管理和牵头的三项民生工程的实施工作。全县共组织实施2012年"一事一议"项目217个,总投资2526万元,其中财政奖补1777万元,惠及全县98.9%的行政村,群众参与率达92.9%。审核兑付家电下乡和摩托车下乡补贴资金2494.1万元。全面完成油菜、水稻、棉花和奶牛、能繁母猪及自选枇杷等政策性农业保险任务,累计通过"一卡通"支付农户理赔款269万元。

【统筹城乡协调发展】继续对扶贫、以工代赈、新农村建设和农田水利建设等财政支农资金进行整合,共计3.51亿元,其中财政性资金投入1.61亿元,引导社会资金投入1.9亿元。本县再次荣获全省"2011年县级财政支农资金整合绩效考评A类县"称号。全县共通过"一卡通"发放19项财政补贴农民资金16598万元。扎实推进新安江流域补偿机制试点工作,建立县级项目库项目216个,总投资规模60亿元,当年立项项目全面开工并完成序时进度目标。制定下发《歙县新安江流域补偿试点项目资金县级报账制实施办法》,严格项目资金管理。倾力支持美好乡村建设。科学合理编制美好乡村建设规划,整合投入各类资金3676.5万元集中用于全县美好乡村中心村建设,全力支持重点村镇环境风貌整治工作,提高农民生活质量。

【着力推进科学化精细化管理】加大《财政部门内部检查监督检查办法》和《财政部门监督办法》宣传力度,成立了由局长任组长的局内部监督检查工作领导小组,并从当年起,每年安排2个股室和2个乡镇的财务、财政执行情况作为内部监督检查任务。组织对2011—2012年度全县粮食直补和农资综合补贴资金落实情况进行了检查,增强补贴资金发放的规范性、安全性、有效性。牵头组织开展了对全县行政事业单位资金账户和国有资产清理工作,进一步摸清家底。扎实开展2012年度财政支出绩效评价工作,全年共实施绩效考评项目9个,涉及资金近2亿元,以绩效为目标、以结果为导向的预算管理制度基本框架初步建立。制定《县乡财政一体化管理实施方案》,加强"业务管理、资金监管、队伍监管、为民服务和信息系统"一体化建设,健全完善乡镇财政资金监管机制和考评办法,实现县乡财政工作同布置、同落实、同考核,有效发挥乡镇财政就近监督优势。歙县雄村乡财政所规范化建设得到了财政部部长谢旭人的视察肯定。

【着力提升财政部门形象】大力弘扬"沈浩精神",扎实开展"保持党的纯洁性,迎接党的十八大"主题教育实践活动,切实改进作风、提升效能,进一步增强干部职工的凝聚力和向心力,并荣获"黄山市创先争优活动先进基层党组织"称号。紧密结合财政工作实际,扎实开展"三基一化"建设,组织开展财政制度大梳理,对2005年以来制定出台的100项各类管理制度整理汇编成《管理制度汇编》,切实推动用制度管人、按制度管事、靠制度管权。按照金财工程建设总体要求,大力推进财政一体化信息平台建设,确定专人加强系统维护和管理,确保网络数据安全。在县信息中心统一平台基础上开通歙县财政局互联门户网站,进一步推进财政政务公开与宣传互动。深入推进财政系统廉政风险防控工作,着重加强对资源、资金、资产和政策的防控管理,不断提高预防腐败工作的科学化、制度化和规范化水平;加大财政信息宣传工作,形成内外宣齐头并进的良好格局。县财政局在县直机关效能评议、政风评议和目标管理考核中名列前茅,先后荣获"全省财政系统先进集体"、"第十届黄山市文明单位"等县级以上表彰20余项。

(歙县财政局供稿)

广德县财政工作概况

广德县财政工作综述

2012年,广德县财政总收入完成23亿元,增长20.5%,其中与经济发展密切相关的增值税、消费税、营业税等主体税种对财政收入增长的拉动作用明显;财政支出完成26.6亿元,增长28.5%,各项重点支出得到有效保障。

【保障民生成效显著】圆满完成33项民生工程年度任务,足额配套民生工程建设资金,全年共投入民生工程资金5亿元,全县民生支出占财政总支出的比重达77%。稳步推进城乡居民收入倍增工作,全县各项指标均完成年度目标任务,其中有14项指标超额完成。全年共征收社保基金2.46亿元,同比增长11%,确保了全县基本养老保险基金、失业保险基金、基本医疗保险基金等“五项基金”按时足额发放。全年新建廉租房、公租房及棚户区住房等保障性住房共2299套,改造农村危房2808户,投入资金9748万元,群众住房条件不断改善。积极支持医疗卫生体制改革,投入医改补偿资金3376万元。大力支持文化发展,投入基层政法、医疗卫生、社会保障、教育文化等民生支出11.2亿元,有力促进社会和谐稳定。

【服务县域经济发展】充分发挥财政职能优势,服务全县经济发展。全年完成招商引资任务内资8000万元、外资500万美元,实现新签约项目3个,新投产项目2个,新开工项目2个,荣获全县招商引资工作三等奖。及时把握财政资金投向,争取上级政策资金倾斜,全年共向上争取各类项目402个、到位资金9.4亿元,同比增长27%。出台系列财政优惠政策,支持企业加快发展,全年共兑现各类财政扶持资金2.76亿元,为企业争取补助项目资金4412万元。有效落实摩托车、家电下乡等政策,全年兑付补贴资金2743万元,兑付率100%。

【支持“三农”再创佳绩】全面落实强农、惠农、富农政策,全年投入“三农”资金15.7亿元,同比增长19.7%。全力打造竹产业示范区,笄山竹海项目被列为全省2012年新增重点现代农发示范区项目。加快现代农业建设步伐,全年实施农发项目18个,投入资金8124万元;整合支农项目42个,整合支农资金2.16亿元,引导带动社会投入4.6亿元。实施“一事一议”财政奖补试点项目137个,拨付财政奖补资金5056万元。通过“一卡通”发放财政补贴农民资金1.42亿元,农民人均直接受益316元。积极开展政策性农业保险和特色保险试点工作,有效化解农业生产风险。安排专项资金1000万元、整合涉农项目资金1.75亿元投入美好乡村建设,有力推动全县美好乡村建设步伐。

【财政改革深入推进】顺利推进营改增试点工作,强化国库集中支付监管,国库集中支付改革覆盖全部预算单位,并向乡镇稳步推开。开展国库资金安全检查,共清理账户59个,按规定撤销32个;加强印章和票据管理,建立大额拨款银行再确认机制,堵塞资金管理漏洞。全面实施公务卡制度改革,在全县启动公务卡管理业务系统。加强和完善非税收入管理信息系统建设,将非税征管信息系统向乡镇延伸。稳步推进省直管县体制试点工作,做好垂直部门下划后的承接和经费保障工作,实现三个下划部门的平稳过渡和正常运转;扎实开展改革创新,圆满完成全局体制机制创新工作。扎实推进创建乡镇财政规范化管理示范县工作,全县有3个分局(所)成功创建省级先进单位,4 个成功创建市级先进单位,9 个完成办公楼新建和改扩建任务;加强乡镇财政资金监管,在全县建立乡镇财政资金监管系统软件平台。

【队伍建设全面加强】全年通过公开招考和选调方式录用了 6 名年轻干部,实行中层干部轮岗,有 10 余名同志进行交流、提拔,财政干部队伍进一步优化。组织财政干部赴上海、黄山等多处院校学习培训;扎实推进“制度绩效创新年”、“深化作风建设年”及“三评”活动,修订出台多项制度,严肃工作纪律;相继开展“喜迎十八大,争创新业绩”演讲比赛,“解放思想,创新发展”大讨论、“道德讲堂”、“保持党的纯洁性”等多项主题教育实践活动,财政干部素质进一步提升。加大文明创建力度,进一步美化亮化办公场所。发挥局系统工会、妇委会和青工委的作用,组织志愿者开展学雷锋树新风、帮扶慰问和义务劳动等活动,取得了良好的社会反响。建立会商机制,加强与各相关部门单位的会商交流,共召开部门会商会议 93 次,得到会商单位的一致好评。开展党组织结对共建,积极参与结对村村组干部例会,看望慰问基层困难党员群众,筹措资金帮助结对共建村办好事实事,加快结对村经济社会发展步伐。将反腐倡廉建设纳入财政工作总体规划,进一步加强廉政风险防控工作,结合省直管县试点工作,对权力事项、廉政风险点、工作流程、防控措施进行再次梳理、补充和修正,做到风险随时预警,防患于未然。

(广德县财政局供稿)

宿松县财政工作概况

宿松县财政工作综述

2012年,宿松县财政一般预算收入完成6.3亿元,同比增长21.2%。其中:地方一般预算收入完成4.5亿元,同比增长20.8%。全县财政一般预算支出完成26亿元,增长29.4%。实现了收支平衡。

【财政收入稳定增长】各收入征管部门努力克服各种减收因素的不利影响,加强全县经济运行和宏观经济政策的研究,通过采取强化目标责任考核、狠抓税费征管和重点税源监控等一系列工作措施,全县财政收入保持持续增长态势。分结构来看,全县税收收入完成4.5亿元,增长18.6%。主体税种中,增值税1.1亿元,增长27.6%;消费税1726万元,下降30%;营业税1.2亿元,增长13.5%;企业所得税5026万元,增长57.6%;个人所得税2732万元,增长33.9%。全县纳入一般预算管理的非税收入完成1.8亿元,增长25.4%。

【重点支出保障有力】全县支农、教育、医疗卫生、社会保障和就业等直接用于民生的支出19.2亿元,同比增长18.5%,占财政支出的80%。全县农林水事务支出完成3.7亿元,增长15.3%;教育支出完成5.9亿元,增长18.7%;文化体育与传媒支出完成2029万元,增长30.8%;投入3779万元用于十大重点工程,投入1960万元用于十件惠民实事。

【支持发展取得新成效】统筹整合各种调节手段,促进全县经济稳定增长、提质增效。一是尽力确保重大在建工程投资需求。为缓解经济开发区、东北新城和临江产业园等建设的融资困难,县财政在加大预算投入、加快资金调度的基础上,创新财政金融联动机制,规范优化政府融资平台,充分运用担保等工具,尽力筹措建设资金。调度5000万元启动县城防洪工程项目融资,为工程顺利实施打下了坚实基础;调度6000万元组建龙兴建投公司,支持经济开发区建设;调度8900万元用于经济开发区、东北新城和临江产业园等基础设施配套建设。二是通过财政配存、奖励等手段,促进金融机构发放贷款10.1亿元,支持县域经济发展。三是扶持中小企业发展。安排470.6万元重点扶持安庆市红爱服饰等44家企业,用于规模工业贷款贴息补助、品牌建设等;争取省企业发展专项资金619.1万元,用于技术改造、技术研究与开发、应用研究、煤炭安全、其他资源勘探电力信息等。帮助春润食品有限公司等6家企业全面完成2012年安徽省特色产业中小企业发展资金项目申报。安排发展资金、贴息及担保费等315万元用于支持企业发展,推动工业强县;安排工作经费200万元用于招工,促进就业;新增担保基金150万元,撬动金融部门发放小额担保贷款2029万元。四是积极支持各部门向上争取重大项目,县财政共支出前期工作经费1476万元。

【争取支持取得新业绩】充分发挥省直管县体制优势,在向上争资方面取得明显成效。全年共争取项目资金5.1亿元,其中:农村基础设施项目9830万元,科教文卫等社会事业建设项目2.6亿元,节能减排、环境保护、城镇污水管网建设和生态建设项目6829万元,农业综合开发2548万元,一事一议财政奖补2784万元,农业产业化发展624万。争取各种转移支付资金12.3亿元。特别值得一提的是,向财政部、省财政厅成功申报了洲头乡高标准农田建设项目和佐坝乡现代农业示范区建设项目,共争取到计划外项目资金2200余万元,用于建设洲头乡高标准农田1万亩、佐坝乡现代农业示范基地1.1万亩。

【民生工作取得新成果】进一步完善“政府主导、财政协调、部门牵头、群众参与”的民生工作机制，全县38项民生工程实施成效显著，群众对民生工程政策的知晓度、满意度逐年提升。全年投入达6.9亿元，其中，县级配套7607万元，比上年增长近8个百分点。85414名中小学生享受免费义务教育政策，2472名贫困寄宿生、727名中职学生、4410名普高学生享受政府资助；30350名农村低保、7076户五保对象和4863名贫困重度残疾人生活得到有效保障；21290户参保农户的因灾损失获得理赔；城乡居民医保、养老保险基本实现全覆盖；22个乡镇综合文化站全面建成；1680套保障性住房顺利实施；家电下乡圆满收官；6万余人农村安全饮水、3800户农村危房改造、1500口农村户用沼气、1000座无害化公厕、43座农村公路危桥加固改造、211个村级公益事业建设一事一议财政奖补项目为农民生产生活带来实惠。积极实施好城乡居民收入倍增规划工作，围绕促进创业和就业带动居民收入倍增，积极落实《宿松县创建创业型城市实施方案》，以工商、税收、财政、金融等八大类优惠政策为重点，将有利于促进创业的政策、有利于服务创业的资源整合集中，凝聚工作合力，发挥政策叠加效应。当年全县城乡居民收入继续保持较快增长态势，城镇居民年均可支配收入增长15%，农民人均纯收入增长18%。

【财政改革取得新突破】一是“营改增”试点顺利实施。出台《宿松县营业税改征增值税试点改革工作实施方案》、《宿松县营业税改征增值税试点宣传方案》、《关于实施营改增试点过渡性财政扶持政策的通知》等一系列配套文件，试点改革取得阶段性成绩。二是完成耕地占用税与契税的划转交接，进一步理顺财税部门的职能。三是实施公务卡改革。按照“先党政机关、后事业单位，先县直后乡镇”的原则稳步推进公务卡改革。四是启动县乡财政体制改革。在充分调研的基础上，形成县乡财政体制改革初稿。同时，修改完善县本级财政收入奖励办法，并提交政府决定。

【财政管理取得新进展】一是全面落实廉政风险防控工作。二是大力推进预算绩效管理，建立了绩效评价备选项目库，已完成了政法专项资金的绩效评价。三是按照财政部及省财政厅的整改要求，再次对原有42个财政专户进行清理，撤销不符合开户要求的专户19个，达到省财政厅清理整改要求。四是加强财政资金安全管理。出台《宿松县财政资金账务对账制度》、《宿松县财政国库集中支付票证管理制度》、《宿松县财政局财政拨款印鉴管理制度》和《关于进一步强化预算单位资金监管的通知》等一系列规章制度，规范财政资金的拨款程序，确保资金安全。五是盘活财政资金，实现财政资金保值增值。将国库间隙财政资金4.3亿元，根据资金流量分别转为三个月、六个月、一年期或三年期存款，直接为财政增收1000多万元。六是加强涉农补贴资金监管，在许岭镇召开涉农补贴工作现场会，对涉农补贴工作存在的问题进行了全面整改。七是继续组织实施本级财政投资评审。共完成预、决算评审项目38个，报审投资总额58664万元，审定投资4.7亿元，审减金额1.2亿元，平均综合审减率20.2%。八是全面完成财政收入核查。对财政、国税、地税等收入征管部门2009—2011年收入情况开展检查，进一步加强对收入混库和收入真实性的考核，规范收入级次。九是对全县交通系统、粮食储备库、国有土地事务所、农机局开展会计基础工作检查，对查出的问题限期进行整改。

（宿松县财政局供稿　王烨红执笔）

财政部门大事篇

省财政分项工作大事记

财政综合管理工作大事记

1月13日　省财政厅、省物价局转发《财政部国家发展改革委关于公布取消253项涉及企业行政事业性收费的通知》，取消我省驾驶员培训行业管理费。

2月2日　安徽省财政“十二五”规划编制工作获财政部通报表扬。

2月10日　省政府办公厅转发省人社厅、省财政厅关于其他事业单位绩效工资实施意见。

2月17日　省财政厅牵头草拟《安徽省分类推进事业单位改革中财政有关政策》、《安徽省分类推进事业单位改革中从事生产经营活动事业单位转制为企业的若干规定》、《安徽省分类推进事业单位改革中加强国有资产管理的实施意见》三个办法，提交省事改领导小组审议。

3月3日　国务院批复我省调整省直机关公务员津贴补贴水平方案。

3月9日—24日　开展合肥、阜阳等31个市、县（区)2011年公共租赁住房计划完成情况和中央专项补助资金收支管理情况专项抽查。

4月4日　省政府发出通知,2012年缓征河道滩地临时占用补偿费、铁路护路联防费。

4月9日　省人社厅、省财政厅印发《关于2011年度省直事业单位实施绩效工资有关问题的通知》,明确省直其他事业单位绩效工资水平和总量、离退休人员补贴标准、绩效工资总量申报和审批、经费保障等政策。

4月10日　省政府出台《安徽省地方水利建设基金筹集和使用管理办法》。

5月3日　省财政厅、省人社厅印发《关于广德宿松两县地税工商质监机构下划后公务员津贴补贴执行标准有关问题的通知》，规范省直管县地税工商质监机构津贴补贴发放管理。

5月14日　省物价局、省财政厅发出通知,进一步规范职业资格类考试收费标准管理。

5月10日　省财政厅副厅长陈军参加财政部召开的财政部门分类推进事业单位改革工作培训会。

5月16日　省财政厅公布2011年全国政府性基金项目目录。

5月17日　省财政厅副厅长陈军赴南陵县工山镇柏一村开展走访,对南陵县财政经济运行情况进行调研。

6月27日—30日　财政部在吉林市举办全国住房和土地管理政策培训班,省财政厅派员参加培训。

7月24日　省财政厅等部门转发通知,明确中央统筹部分从土地出让收益中计提农田水利建设资金有关问题。

7月27日　省财政厅、省体育局出台《安徽省省级体育彩票公益金使用管理暂行办法的通知》。

8月1日　省财政厅出台《安徽省补助廉租住房保障专项资金管理办法》。

8月3日　省财政厅、省物价局公布2011年安徽省行政事业性收费项目目录。

9月10日　安徽省土地出让收支统计工作获财政部、国土资源部、中国人民银行通报表扬。

10月9日　省财政厅、省物价局发出通知,自10月1日起,取消海关监管手续费;自10月1日起至2012年12月31日,对所有出入境货物、运输工具、集装箱及其他法定检验检疫物免收出入境检验检疫费。

10月23日　经省政府批准,自7月1日起,调整部分市县公务员津贴补贴水平。

10月26日　省财政厅、省人社厅印发《关于进一步规范省直驻肥以外单位津贴补贴管理的意见》,明确要求省直驻外机构津贴补贴管理逐步实行属地化。

11月23日　省财政厅发出通知,要求贯彻落实《财政票据管理办法》(财政部令第70号)。

12月4日　省财政厅、省卫生厅出台《安徽省医疗收费票据使用管理实施办法》。

12月21日　省财政厅、省物价局发出通知,变更药品零售企业GSP认证收费主体。

(厅综合处供稿)

预算管理工作大事记

1月18日　省政府召开第91次常务会议,听取了省财政厅关于《安徽省2011年预算执行情况和2012年预算草案的报告(送审稿)》起草情况的汇报和关于2012年省级预算安排情况的汇报。

2月1日　省政府办公厅修订印发《安徽省省级预算管理办法》,适当调整预算追加审批权限,增加硬化预算约束相关措施,规定上半年一般不得办理预算追加。

2月11日　向省十一届人大五次会议报告《关于安徽省2011年预算执行情况和2012年预算草案的报告》。根据会议日程安排,各代表团对财政报告进行了分组审议,普遍高度评价。

2月13日　全省财政预算科长座谈会在合肥召开,全省16市财政局预算科长及预算处全体同志参加座谈,围绕收支管理、部门预算编制、财税体制改革、绩效管理和政府性债务管理等内容进行座谈。

2月24日　2012年度省级124个部门(单位)的预算批复工作完成,比法定时间提前21天。与此同时,绩效目标管理与预算编制管理相结合,项目绩效目标随同预算一同批复到部门。

4月1日　省财政厅制定下发《关于推进省直接管理县体制试点工作的通知》(财预〔2012〕444号),从非税收入管理、项目申报、资金划拨、资金配套、考核培训、报表报送、工作联系、票据管理等方面,进一步完善省直管县财政管理体制。

4月19日　省财政厅召开部分市县财政运行情况分析座谈会,对重点地区、重点行业和重点企业的运行情况进行典型剖析。全省6个市预算科长、8个县财政局长和厅预算处有关负责同志参加了会议。

4月28日　贯彻落实省委办公厅、省政府办公厅《关于调整完善江北、江南产业集中区管理体制的实施意见》,与省国税局、省地税局、人行合肥中心支行联合印发了《关于调整江北江南产业集中区财政体制有关问题的通知》(财预〔2012〕650号),对调整集中区财政体制以及对经费补助、财税政策等有关问题予以明确。

5月3日—7日　财政部预算司郎福宽副司长一行7人,来安徽调研非税收入运行情况。

5月15日　开展部门整体支出绩效评价试点,建立整体支出绩效评价指标体系框架。

5月15日　省政府第98次常务会议,听取了省财政厅关于本省2012年地方政府债券分配方案的汇报。

5月17日　召开省直单位负责人和部分处负责人座谈会,商讨省级部门预算编制和预算管理有关工作。

5月21日　举办事业单位绩效工资改革政策专题讲座,邀请省人力资源社会保障厅工资福利处负责同志,对事业单位绩效工资改革相关政策进行了专题讲解。

6月11日　省政府第99次常务会议,听取了省财政厅关于《安徽省2011年财政决算的报告(送审稿)》起草情况的汇报。

6月13日—15日　省十一届人大常委会第三十四次会议在肥召开,会议听取并审议了罗建国厅长受省政府委托所作的《关于安徽省2011年财政决算的报告》和《关于2012年安徽省本级预算调整方案(草案)的说明》,审查批准了2011年省级财政决算和2012年省本级预算调整方案。

6月14日—15日　财政部地方政府债务管理

国际研讨会在安徽召开。

6月29日　提出2012年地方政府债券资金省本级55.5亿元安排使用方案,并及时测算分配市县债券资金额度55.5亿元。

8月7日　省政府第103次常务会议，听取了省财政厅关于《安徽省2012年上半年预算执行情况及下半年工作意见的报告(送审稿)》起草情况的汇报。

8月8日　召开2013年省级部门预算编制工作会议,表彰2012年度省级部门预算编制工作先进单位,布置2013年省级预算编制工作。省委常委、常务副省长詹夏来出席会议并作重要讲话,省财政厅厅长罗建国、省人大预算工委主任庄立权、财政部驻安徽专员办专员李必挥、省审计厅副厅长戴克柱等分别讲话。

8月14日—17日　省十一届人大常委会第三十五次会议在合肥召开。受省政府委托，罗建国厅长向大会作了关于安徽省2012年上半年预算执行情况及下半年工作意见的报告。同时，会议对安徽省2012年上半年预算执行情况及下半年工作意见的报告进行了审议。

8月31日—9月2日　中部六省预算管理座谈会在黄山举行。山西、河南、江西、湖北、湖南及我省财政厅预算处主要负责同志参加会议。财政部预算司有关同志受邀出席会议。罗建国厅长和李友兰副巡视员参加了会议。

9月21日　省财政厅印发《安徽省财政厅关于普济圩农场财政体制划转有关问题的通知》(财预〔2012〕1641号),明确普济圩农场财政体制划转、预算指标调整、一次性补偿等问题,保障普济圩农场管理体制改革圆满完成。

9月12日—15日　省财政厅会同省政府政务公开办赴四川、广东两省调研预算信息公开有关情况。

9月18日—25日　省财政厅举办财政转移支付综合管理系统应用培训班,16个市、76个县（市、区）预算管理机构和信息技术机构业务人员近200人参加培训。标志我省财政转移支付综合管理系统推广工作进入全面应用阶段。

9月21日　省财政厅出台《省级预算管理综合考评暂行办法》,标志省级部门预算管理从单项工作考评迈向综合管理考评。

10月19日　省财政厅召开审计署郑州特派办来我厅开展财政收支审计布置会，介绍此次审计的主要内容，并针对下一步工作开展进行了明确的部署和安排。

11月11日—16日　省财政厅在庐江召开市县财政预算系统培训会。培训内容包括财政预算信息公开、财政结算、财政收支审计有关工作、财政预算绩效管理、县级基本财力保障机制、财政体制改革、“营改增”有关政策、地方政府性债务管理系统等。全省121个市、县(市、区)财政局预算科(股)派人参加了培训。

11月21日　省财政厅测算分配新增均衡性转移支付资金12.5亿元。分配下达重点生态功能区转移支付11.54亿元，比上年增加2.62亿元，增长29%。

11月27日　省政府召开第108次常务会议，听取了省财政厅关于2011年度省本级预算执行和其他财政收支审计整改情况的报告，以及关于推进省级部门预决算及“三公”经费信息公开实施方案起草情况的汇报。

12月5日　省政府召开第109次常务会议,听取了省财政厅关于2013年省级预算安排情况及民生工程项目安排建议、进一步加强省级预算编制和执行的意见等相关事项的汇报。

12月5日　根据《安徽省预算审查监督条例》有关规定，综合分析今年以来本省财政经济运行情况及有关政策变化,省财政厅对2012年省级预算超收情况作了预计,提出了初步安排意见,并报经省政府批准后,向省人大进行了通报。

(厅预算处供稿)

财政国库管理工作大事记

1月11日　省财政厅副厅长吴天宏主持召开财政专户清理整顿落实整改工作会议，要求按照财政部清理整顿财政专户的整改意见，对省级财政专户限时撤并,确保整改落实到位。

2月7日　省财政厅下发《关于在省直预算单位全面实行公务卡制度改革的通知》,全面启动公务卡制度改革。

2月10日　召开全省财政国库科长会议,研究部署一季度财政收入工作。

2月22日　省级财政国库集中支付银行代理综合考评暂行办法和代理银行手续费计付管理暂行办法正式实施,并开展了相关考评工作。

3月14日—16日　全省财政总决算会议在全椒县召开,全省各市国库科长、财政总决算经办人员40多人参加了会议。会议期间,组织人员对各市上报的总决算报表进行认真审核,并召集国库科长对财政总决算报表体系、财政专户管理等方面的内容进行了交流和讨论

3月20日—22日　全省部门决算会议在全椒召开,全省各市部门决算经办人员共20多人参加了会议。

3月26日　召开代理银行会议,部署省级公务卡制度改革推进工作。

4月16日　全省一季度预算执行情况分析会在肥召开,全省16市分管国库部门的局长和国库科长以及厅相关处室负责同志参加了会议,省财政厅副厅长吴天宏到会并作重要讲话。

4月17日　省级财政专户资金存放商业银行管理改革领导小组成立。

4月28日　省财政厅副厅长吴天宏主持召开了省级预算单位公务卡改革会商会。厅内各相关业务处负责人、17个省直部门财务负责人以及国库集中支付代理银行的代表参加了会议。

5月2日　省财政厅副厅长王林建主持召开财政专户改革领导小组会议,研究部署财政专户资金存放商业银行改革方案。

5月10日　财政部国库司副主任娄洪等联合调研组,来安徽省调研公务卡制度改革工作。

6月28日　国库处党支部赴颍东区袁寨镇西康村开展“迎七一”结对共建活动。

7月2日　省级财政专户资金存放商业银行管理改革实施方案和考核评价激励办法正式印发实施。

7月4日　省财政厅副厅长吴天宏主持召开14家代理银行专题会议,部署财政专户存放商业银行改革实施方案。

7月9日　国库处党支部召开“保持党的纯洁性,迎接党的十八大”主题教育实践活动专题学习会,省财政厅副厅长吴天宏参加了学习会。

7月9日　组织召开全省财税收入形势会商会议,省国税局、省地税局、中国人民银行合肥中心支行和厅非税局等相关部门参加会议。

7月23日　本省地方政府债券3年期55亿元由财政部代理发行,债券招标发行票面利率为2.74%。

7月30日　本省地方政府债券5年期56亿元由财政部代理发行,债券招标发行票面利率为3.13%。

8月16日　全省财政国库业务培训班在肥举行,全省16个市、62个县(县级市)财政国库部门负责人和具体经办人员120余人参加了培训会。

9月23日　全省财政资金支付安全工作专项检查布置会在合肥召开,全省各市财政局分管局长、国库科长和国库支付中心主任共50多人参加了会议。

9月23日—26日　财政部检查组一行五人来到我省,对本省清理整顿财政专户整改情况进行了检查,并深入到铜陵市、铜陵县进行了检查。检查组对省本级清理整顿财政专户工作给予了充分肯定。

10月8日　安徽省营业税改征增值税试点税款准确入库,标志着本省“营改增”税制转换成功运行。

10月16日　省财政厅副厅长吴天宏主持召开银企对接座谈会,省交通厅及部分代理银行参加会议。

10月18日—19日　全国财政决算工作会议在山西太原召开。会议表彰了全国财政决算工作先进单位。本省总决算和部门决算工作均获得一等奖。

11月26日—28日　全省决算会议在合肥召开,全省16个市国库科长及决算经办人员参加会议。

12月14日　省财政厅副厅长吴天宏到省地税局调研收入情况,国库处、预算处主要负责人陪同调研。

12月19日　全省财税库联席会议在肥召开,省国税局、省地税局、人民银行合肥中心支行及省财政厅国库处、国库支付中心、非税局相关部门负责同志参加会议。

(厅国库处供稿)

行政财政财务管理工作大事记

1月17日　省财政厅与省委统战部联合召开第20届民主党派新春联谊会，与省各民主党派、工商联、社会主义学院及无党派知识分子等共商民主党派发展大计，为安徽崛起建言献策。

2月14日　省财政厅印发《安徽省旅游发展专项资金管理办法》和《安徽省旅游包机、专列、游轮奖励专项资金管理办法》，规范省旅游发展专项资金管理。

2月15日　省财政厅印发《省财政厅行政处2012年工作要点》，指导各市、县财政局2012年行政财务管理工作。

2月27日　省财政厅被授予“2011年度全省信访工作责任目标管理优秀单位”荣誉称号。

2月27日　省财政厅行政处印发《行政处“绩效创新年”活动实施方案》，正式启动“绩效创新年”活动。

3月23日　省财政厅被授予“安徽省对口援建松潘县恢复重建工作先进集体”荣誉称号。

3月29日　全国部分省市财政行政政法财务管理与改革工作座谈会在合肥召开。会议研究、讨论了进一步做好党政机关出差和会议定点管理工作、《行政单位财务规则(修订稿)》、基层党政机关经费保障以及领导干部职务消费制度改革等问题。

4月13日　省财政厅行政处党支部赴颍上县刘集乡甘罗村开展结对共建走访活动，召开了结对共建联席会议，实地了解甘罗村基本情况以及下一步发展规划。

4月24日　召开对口联系省直部门第一季度预算执行情况分析会，进一步做好预算执行工作，切实加快预算支出进度。

5月9日　召开省直机关公务用车定点大修座谈会，学习《关于公务用车定点大修有关问题的通知》，对如何做好今后公务用车定点大修工作进行了研讨。

5月10日　省财政厅出台《安徽省省直行政单位财务管理暂行办法》，进一步规范省直行政单位财务行为，强化省直单位财务管理和监督。

5月15日　举行全省旅游项目贷款担保培训会议暨签约仪式，充分发挥财政资金引导和扶持作用，缓解旅游企业融资难题。在签约仪式上，旅游企业与担保机构签订了贷款担保协议，意向金额达16亿元。

6月4日　省财政厅被授予“2011年度实施少数民族和民族聚居地区共同发展提升行动先进单位”荣誉称号。

6月5日　召开省直机关公务用车定点加油座谈会，中石油安徽分公司和省直部门同志就定点加油工作进展情况、存在问题、改进措施等充分交换了意见。

6月8日　省财政厅、省纪律检查委员会、省监察厅联合印发《安徽省纪检监察机关执法执勤用车配备使用管理实施办法(试行)》，加强和规范全省纪检监察机关执法执勤用车配备使用管理工作。

6月28日　省财政厅被授予“安徽省实施2001—2010年妇女儿童发展纲要”先进单位荣誉称号。

8月31日　省财政厅行政处党支部与刘集乡甘罗村党支部共建的堤南小学路项目如期开工。

10月23日　召开定点饭店管理工作座谈会，认真贯彻落实财政部关于党政机关出差和会议定点管理的要求，推进各市差旅费、会议费制度改革工作，做好2013—2014年党政机关出差和会议定点饭店招标采购筹备工作。

10月25日　召开省直部门预算执行和分析绩效评价培训会，通报了1—9月份部门预算执行进度和政府采购执行情况，布置了2011年部门预算管理自查以及省直部门绩效自评工作。

11月5日　省财政厅、省人民政府外事办公室联合出台《安徽省省直党政机关因公出国(境)经费管理办法》，认真贯彻中央和省关于加强因公出国(境)管理及党政机关厉行节约的要求，进一步控制和压缩省直党政机关因公出国(境)经费支出。

12月16日　省财政厅出台《关于2013—2014年党政机关出差和会议定点饭店有关情况的通知》。从2013年1月1日起，党政机关、事业单位出差和会议定点饭店执行新公布的定点饭店名单和协议价格。

12月16日　省财政厅出台《安徽省少数民族发展资金管理办法》，进一步加强和规范少数民族发展资金管理。

12月31日　省财政厅出台《关于加强省级经贸和宣传活动纪念品管理的通知》,规范省级经贸和宣传活动纪念品管理。

(厅行政处供稿)

政法财政财务管理工作大事记

2月7日　省直政法、执法部门财务管理工作座谈会在合肥召开,省财政厅副厅长陈军参会并讲话。

2月　启动全省基层政法机关基础设施建设债务化解工作。

4月7日　省财政厅政法处全体党员干部赴固镇县新马桥镇水利村正式开展结对共建活动。

5月2日　省财政厅副厅长陈军率政法处赴省公安厅调研电子围栏二期建设项目。

6月1日　召开本省执法执勤用车编制核定工作推进会,省财政厅党组副书记、副厅长王林建,副巡视员李友兰参加会议。

6月5日　全省政法业务管理工作座谈会在合肥召开,省财政厅副巡视员李友兰参会并讲话。

7月　铁路运输检察院、法院移交地方管理,保障经费全额列入地方财政预算。

8月2日　省财政厅副厅长陈军率政法处赴省交警总队会商全省高速公路交警经费保障体制改革等相关事宜。

9月4日　省财政厅副厅长陈军率政法处负责同志,赴省司法厅会商相关事宜。

10月11日　省财政厅副厅长朱长才率政法处负责同志,赴省地税局会商数据大集中项目相关事宜。

10月16日—18日　财政部举办政法装备动态管理系统培训班,省财政厅政法处经办同志参加。

10月22日　省财政厅政法处组织联系部门赴省武警部队学习财务正规化管理先进经验,推动政法部门财务管理信息化应用。

11月10日　省财政厅政法处赴我厅社会管理综合治理联系点郎溪县,调研督查社会管理综合治理工作。

11月11日　根据厅党组部署,省财政厅政法处赴芜湖市督促财政收支情况。

11月12日　省财政厅副厅长朱长才率政法处负责同志赴省公安厅会商预算执行、编制等相关事宜。

11月19日　省财政厅副厅长朱长才率政法处有关同志,赴省检察院会商2013年部门预算编制相关事宜。

12月15日—16日　根据厅党组部署，省财政厅政法处赴宿州市、淮北市督查全市财政收支任务完成情况。

12月23日—24日　省财政厅副厅长张广寿率政法处赴淮北市征求省人大代表意见建议。

(厅政法处供稿)

教科文财政财务管理工作大事记

4月16日　召开2012年省直教科文部门财务管理座谈暨第一季度预算执行分析会，通报表彰了2011年度省直教科文财务部门先进单位和先进个人，就进一步加强财务管理和省级教科文专项资金竞争性分配有关问题进行了研究和部署。

4月19日　省财政厅教科文处党支部赴霍邱县龙潭镇杨楼村开展结对共建活动，深入了解杨楼村的经济发展及支部建设等情况。

5月13日　省财政厅教科文处党支部支委成员、结对共建联络员再次赴霍邱县龙潭镇杨楼村开展结对共建活动,双方召开了联席会议。

5月17日　省财政厅教科文处在合肥举办了全省《事业单位财务规则》培训班。省直一级预算单位财务部门负责同志和经办人员,市、县(区)财政局负责同志和教科文科长、股长近600人参加了培训。

5月17日　全省财政教育投入和管理工作会议召开,对2012年全省财政教育投入和管理相关工作作了部署。

5月31日,省财政厅教科文处党支部派员赴霍邱县开展庆“六一”爱心捐赠活动,向龙潭镇中心小学送去300册少儿读本。

5月31日　省财政厅党组副书记、副厅长王林建带领教科文处负责同志及省住建厅、省国土厅、省水利厅等部门有关同志，赴合肥市开展加快转变经济发展方式监督检查工作。

6月30日 省财政厅教科文处支部赴霍邱县龙潭镇杨楼村开展“送温暖、送科技、献爱心”等结对共建活动。

7月29日 省财政厅教科文处党支部全体党员赴霍邱县龙潭镇杨楼村，召开主题教育实践报告会。

8月19日 省财政厅教科文处召开“保持党的纯洁性”专题组织生活会和民主生活会。

8月20日 召开省直教科文部门预算执行暨财务管理座谈会，通报了2012年1—7月份省直教科文部门预算执行情况，就预算执行情况，财务制度建设情况和内部会商制度建设情况进行了交流。

8月29日 霍邱县财政局、龙潭镇政府和杨楼村党支部相关负责同志一行来到省财政厅教科文处，就结对共建帮扶项目进行对接。

9月7日 全国教师工作暨“两基”工作总结表彰大会在京召开，省财政厅副厅长吴天宏参加会议，省财政厅教科文处被授予“全国‘两基’工作先进单位”荣誉称号。

10月19日 省财政厅教科文处召开省直教科文部门1—9月份预算管理座谈会，省直教科文部门财务处负责同志参加了会议。

11月12日 省财政厅厅长罗建国、副厅长吴天宏及民生办、教科文处主要负责同志等赴省体育局主动上门会商有关工作。

12月8日 省财政厅党组成员、副厅长吴天宏参加教科文处党支部“十八大”精神专题学习讨论活动。

12月23日—24日 省财政厅副巡视员李友兰率教科文处负责同志赴六安、淮南两市召开座谈会，就2013年财政预算报告起草等相关工作征求两市省人大代表意见和建议。

（厅教科文处供稿）

经济建设财政财务管理工作大事记

2月1日 公路部门经费划转座谈会召开，省财政厅党组副书记、副厅长王林建出席会议并做重要讲话。

2月2日 省财政厅经建处召开省直对口部门座谈会，厅党组副书记、副厅长王林建出席会议，省国土厅、省交通厅、省住建厅、省环保厅、省发改委及涉及基建项目的省公安厅、省林业厅、省水利厅等23个单位财务负责同志参加会议。

2月8日 省政府在六安市召开全省重点水利工程建设汇报调度会议，对当年重点水利工程建设任务进行再部署、再落实，省财政厅党组副书记、副厅长王林建在会议上作专题发言。

2月19日—22日 省财政厅副巡视员陈传文带领省财政厅、省住建厅组成的省政府第三督查组先后赴黄山市、池州市督查保障性住房建设、分配、管理等工作。

2月23日—24日 全国政府投资财政财务管理座谈会召开，省财政厅经建处派员参加了会议。

2月27日 瓦埠湖生态环境保护试点项目建设现场会在寿县召开，标志着国家湖泊生态环境保护试点项目—瓦埠湖生态环境保护试点项目进入实施阶段。

3月9日—15日，根据省节能减排及应对气候变化领导小组办公室统一部署，省财政厅牵头，会同省管局、省发展改革委、省妇联、省交通运输厅、省农委组成考核组，分别对合肥、马鞍山两市的节能目标责任完成情况进行评价考核。

3月20日 为降低油价调整对公益性行业和部分困难群体的影响，省财政紧急预拨2012年城市出租车、城市公交、农村道路客运、渔业、林业、岛际水路客运六大行业的成品油价格改革财政补贴资金10.25亿元。

3月24日 省财政厅厅长罗建国在黄山市听取新安江流域生态补偿和综合治理工作的汇报，并赴歙县实地察看试点工程的进展情况。

3月30日—4月1日 财政部经建司副司长李方旺来安徽省调研种粮大户项目情况，省财政厅党组副书记、副厅长王林建，厅党组成员、纪检组长刘浩等先后陪同调研。

4月7日 省财政厅经建处党支部部分党员干部赴石台县大演乡青联村开展城乡基层党组织结对共建活动。

4月25日 省财政厅经建处召开首次省直经济建设等部门财政财务会商会，省发改委、省交通厅、省住建厅、省国土厅、省环保厅、省粮食局、省安监局、省供销社等 18 家省直单位财务处室负责人参会。

4 月 25 日—26 日　省财政厅党组副书记、副厅长王林建赴黄山市督查调研新安江流域生态补偿试点工作并出席黄山市各县(区)、宣城市绩溪县推进试点工作汇报会。

5 月中旬　省财政厅经建处分南、北两片分别在淮北市、郎溪县举办全省财政经建业务培训班,各市、县财政局分管局长、经建科(股)长及相关业务人员 300 多人参加了培训。

5 月中旬　定远县、霍邱县等 18 个县(区)被国家列为生猪调出大县，获得中央财政奖励资金 10240 万元,较上年增加 2482 万元,增长 32%。

5 月 24 日　财政部在京召开全国财政节能减排工作会议，本省分管厅长和业务处长及部分企业代表参加会议并座谈交流。

6 月 14 日　省财政累计安排拨付 2012 年民生水利工程补助资金 33.18 亿元。

6 月 14 日　省财政厅安排拨付村庄整治省级奖补资金 1 亿元,支持农村环境综合整治,建设宜居宜业宜游的美好乡村。

6 月 16 日　省财政厅经建处党支部与结对村石台县大演乡青联村党支部召开工作联络会。

6 月下旬　根据省政府统一部署，省财政厅会同省经济和信息化委、省地税局,开展全省服务业检查调研工作。省财政厅党组副书记、副厅长王林建和副巡视员陈传文分别带队对合肥、安庆进行检查调研。

6 月下旬　经省政府批准，省财政厅与省交通运输厅联合出台政策，对 2012 年 4 月 4 日至 2012 年 12 月 31 日期间购买省产出租汽车并实际投入营运的，省财政按照每台车 3000 元标准给予定额补贴。

6 月 19 日　省财政厅经建处召开第二次对口联系部门财政财务会商会,省发展改革委投资处、环资处、农经处、社会处和办公室等处室主要负责人、省环境保护厅规财处处长、省住房和城乡建设厅、交通运输厅、国土资源厅财务处负责人参加了会议。

6 月 28 日　省财政厅党组副书记、副厅长王林建带领第二调研组，赴合肥市调研保障性住房分配管理工作。

6 月 29 日　省财政厅经建处党支部赴石台县大演乡青联村和歙县北岸镇金竹村，开展城乡党支部结对共建暨保持党的纯洁性、迎接党的十八大主题教育实践活动。

7 月 3 日　按照省财政厅党组推进“保持党的纯洁性、迎接党的十八大”主题活动的统一部署,厅党组副书记、副厅长王林建出席经建处专题组织生活会。

7 月初　财政部下达本省 2012 年产粮（油)大县奖励资金 21.68 亿元，其中产粮大县奖励 19.11 亿元，产油大县奖励 2.57 亿元，较 2011 年增加 8.08 亿元,增长 59.4%。

8 月 3 日　全省整体推进农村土地整治示范建设暨高标准农田建设现场会在蚌埠市召开。

8 月 4 日—5 日　省财政厅经建处党支部部分党员前往歙县北岸镇金竹村，开展支部结对共建活动。

9 月 1 日　省财政厅经建处结对共建项目石台县大演乡青联村通组道路工程正式开工建设，经建处党支部负责同志参加开工仪式。

9 月 21 日　省财政厅经建处参加全国中小河流治理重点县综合整治及水系连通试点启动会议，当涂县和休宁县列入首批试点县。

10 月 29 日　皖北地区生态县城规划建设观摩座谈会在颍上县召开，省财政厅厅长罗建国参加会议并代表省财政厅发言。

10 月 30 日—31 日　省政府在阜阳市召开加快交通基础设施现场会议，省财政厅厅长罗建国参加会议并做大会交流发言。

11 月 13 日　省财政厅经建处制定并印发《安徽省财政经建系统专项资金管理办法》。

12 月 7 日　省财政厅厅长罗建国、副厅长吴天宏带领相关处负责同志赴省交通运输厅上门会商工作。

12 月 17 日　财政部对 2011 年度全国固定资产投资决算工作进行了综合考评，本省获财政部通报表彰被评为先进单位。

（厅经建处供稿）

社会保障财政财务管理工作大事记

1月12日　全省人力资源和社会保障工作会议在肥召开，省财政厅副厅长吴天宏参加会议并发言。

1月17日　经省政府同意,省财政厅出台《安徽省就业专项资金使用管理暂行办法》。

2月19日　全省社保资金审计工作视频会在肥召开,省财政厅副厅长吴天宏参加会议。

2月24日　全省卫生规划财务工作会议在庐江县召开，省财政厅副厅长吴天宏出席会议并作重要讲话。

3月6日　全省残疾人工作会议在肥召开,省财政厅副厅长吴天宏参会并发言。

3月19日　省财政厅会同省人社厅下发《关于调整企业退休人员基本养老金的通知》，为2011年12月31日前已按规定办理退休手续的企业退休人员增加基本养老金，全省约180万退休人员享受此次调标待遇。

4月24日　省拥军优属拥政爱民工作委员会召开第二十六次全体会议，省财政厅副厅长吴天宏出席会议。

4月26日　全省就业工作领导小组会议在肥召开,省财政厅副厅长吴天宏参加会议并发言。

4月26日　国务院召开全国军队转业干部安置工作电视电话会议，省财政厅副厅长吴天宏参加会议。

4月27日　全省财政系统社会保障业务培训班在肥举办。

5月3日　省财政厅副厅长吴天宏一行赴安庆市岳西县开展调研走访活动，听取安庆市及岳西县财政经济运行情况汇报，并就做好当前财政经济运行工作提出要求。

5月8日　省财政厅在全国率先制定《安徽省社会保险基金保值增值管理暂行办法》。

6月5日　全省农民工工作表彰大会在肥召开,省财政厅荣获全省农民工工作(发展家庭服务业促进就业)先进单位。

6月14日　省政府召开安徽省加强和改进流浪未成年人救助保护工作领导小组第一次全体会议,省财政厅副厅长吴天宏参加会议并讲话。

6月14日　全省推进创业带动就业工作会现场会在六安市召开，省财政厅副厅长吴天宏参加会议并发言。

6月15日　省政府召开安徽省养老服务体系建设领导小组第一次全体会议，省财政厅副厅长吴天宏参加会议并发言。

6月29日　省政府召开全省城乡居民社会养老保险制度全覆盖工作电视电话会议，省财政厅厅长罗建国参加会议并发言。

6月30日　省财政厅社会保障处全体同志深入革命老区岳西县开展“保持党的纯洁性、迎接党的十八大”主题教育实践活动。

7月4日　省财政厅出台《关于财政支持推动城乡居民社会养老保险制度全覆盖的若干意见》,立足财政职能，全力推动城乡居民养老保险全覆盖工作。

7月12日　省财政厅会同有关部门出台《安徽省企业职工养老保险省级统筹基金管理暂行办法》。

7月17日　国务院在北京召开全国就业创业工作表彰大会,省财政厅社会保障处被授予“全国就业工作先进单位”称号。

7月18日　省财政厅出台安徽省社会保险基金保值增值绩效考核办法。

7月23日—24日　省双拥办赴滁州等地慰问作战部队,省财政厅副厅长吴天宏参加慰问活动。

7月30日　财政部对2011年度社保基金决算评比工作进行了表彰,省财政厅被授予“2011年度社会保障基金决算工作一等奖”。

8月20日　第十九次全省民政工作会议在合肥召开,省财政厅副厅长吴天宏参加会议。

8月21日　第一次全省老龄工作会议在合肥召开,省财政厅副厅长吴天宏参加会议。

8月24日　省减灾救灾委员会召开部分成员单位会议,研究部署救灾工作,省财政厅副厅长吴天宏参加会议。

9月13日　住建部、国家发改委、财政部召开全国农村危房改造工作电视电话会议，省财政厅副厅长左俊参加会议。

9月14日　全国人大内司委来本省开展社会救助工作专题调研，省财政厅副厅长吴天宏参加汇报会。

9月25日—26日 全省深化医药卫生体制改革暨县级公立医院综合改革工作会议在肥召开。省财政厅罗建国厅长参加会议，副厅长陈军作专题发言。

9月26日 全省财政系统县级公立医院综合改革动员部署暨政策培训会在肥召开，省财政厅副厅长陈军出席会议并讲话。

10月17日—20日 财政部社保司徐飞副处长一行来皖调研城乡低保绩效评价工作，省财政厅副厅长陈军出席座谈会并作专题汇报。

10月20日 省财政厅副厅长陈军赴铜陵市督促财政重点工作落实情况，调查了解财政支出进度，并对养老服务中心、乡镇卫生院进行调研。

11月8日—9日 省财政厅厅长罗建国、副厅长陈军率第四指导组一行分别赴合肥、蚌埠、滁州等三市督查县级公立医院综合改革进展情况。

12月13日 省政府召开全面实施县级公立医院综合改革电视电话会议，省财政厅厅长罗建国参加会议。

12月23日—24日 省财政厅副厅长陈军带队赴滁州、蚌埠市征求省人大代表财政工作意见。

(厅社保处供稿 吴昌好整理)

企业财政财务管理工作大事记

1月19日 省财政厅印发《2012年省财政厅企业处工作要点》。

2月8日 省政府下发《关于表彰2011年省推进与中央企业合作发展工作先进单位的通报》(皖政秘〔2012〕70号)，省财政厅荣获“安徽省推进与中央企业合作发展工作组织奖”称号。

2月8日 蚌埠市召开企业股权和分红激励试点工作动员培训大会，省财政厅企业处负责同志受邀对企业股权和分红激励试点工作的背景、激励政策、“1+7”政策体系及注意事项进行了专题讲解和辅导。

2月20日 省财政厅印发《关于加强财政企业专项资金管理的通知》，多管齐下促管理，突出重点抓进度。

3月6日 省财政厅副厅长左俊率省工业企业帮扶调研组赴淮南市开展调研，深入了解该市工业经济形势及出现的新情况、新问题。

3月9日 省财政厅企业处深入包河区就企业股权和分红激励试点工作开展座谈，了解企业股权和分红激励试点工作进展情况。

4月11日 根据厅党组指示精神，召开《安徽省中小企业专项贷款风险准备金管理暂行办法》专题研究座谈会，省商务厅、省经信委、工行、建行、徽商银行、兴业银行、民生银行、招商银行、杭州银行等单位的相关人员参加了会议。

4月12日 财政部下发《关于2011年度企业经济效益月度快报工作情况的通报》，通报表扬了铁道部等15个中央部门、中国石油天然气集团公司等60家中央管理企业及部分财政厅(局)，省财政厅名列其中。

4月21日 省财政厅企业处党支部书记及有关同志首赴苗集镇平安村开展结对共建活动，重点了解苗集镇和平安村的经济社会发展状况。

4月25日 全省企业一季度经济运行分析会在庐江县召开，11户国有大中型企业、10个市财政局近80人参加了会议。

5月5日 省财政厅副厅长左俊主持召开企业处联系部门加快支出进度推进会，省经信委、商务厅、国资委、国防工办、散办、墙办等部门的财务处长和牵头业务处室的负责同志参加了会议。

5月11日 合肥市正式确定中国电子科技集团第三十八所、合肥公共安全技术研究院、合肥博微安全电子科技有限公司等十家开展股权和分红激励试点企业名单，十家企业成为本省首批开展股权和分红激励的企业。

5月12日 财政部企业司司长刘玉廷一行来皖开展国家中小企业发展基金专题调研，先后考察了蚌埠玻璃工业设计研究院、池州市经济开发区、安徽科技产业投资有限公司、合肥市创新风险投资有限公司，并在合肥市召开了国家中小企业发展基金座谈会，对本省创业投资(引导)基金发展给予了高度评价。

5月16日 詹夏来常务副省长在省财政厅上报的《关于国家中小企业发展专项资金和国家中小企业发展基金有关政策情况的报告》上批示：“请财政厅与有关部门密切配合，积极争取更多支持。”

6月21日 省财政厅企业处党支部再赴阜南

县苗集镇平安村开展结对共建活动，并向平安小学捐赠了课外书籍和体育用品，走访慰问了部分老党员和困难群众。

7月5日　为纪念建党91周年，扎实开展“保持党的纯洁性、迎接党的十八大”主题教育实践活动，深入推进城乡基层党组织结对共建工作，省财政厅企业处党支部邀请阜南县苗集镇平安村党支部党员代表来肥，共同召开民主生活会。

7月9日　省财政厅副厅长左俊参加企业处党支部召开的“保持党的纯洁性、迎接党的十八大”支部主题活动。

7月11日　省财政厅副厅长左俊率省政府督察组到六安等市就省政府促进经济平稳较快增长50号文件贯彻落实情况进行督查。

7月11日　省财政厅企业处负责人带领处室相关同志，主动前往省商务厅开展内贸事务会商活动，拉开了“集中会商月”活动序幕。

7月27日　上半年全省企业经济运行分析会在合肥市召开，会议通报了上半年全省企业经济运行形势，16个市分别就上半年企业经济运行情况和财政企业工作作了交流发言。

8月30日　全省财政企业工作座谈会在合肥召开，省财政厅副厅长左俊出席会议并作重要讲话。

9月20日—22日　省财政厅会同省商务厅，分南北两片选择6市，开展家电下乡督查及推进流通产业改革发展调研活动。

10月29日　财政部下发《关于2011年度外商投资企业决算工作情况的通报》，本省外商投资企业会计决算工作连续第8年获得财政部通报表扬。

11月16日　省财政厅企业处赴合肥市召开企业股权和分红激励试点工作座谈会，督导激励试点工作，合肥市财政局、包河区财政局及9家试点企业代表参加了会议。

12月13日　2012年度全省企业财务会计决算布置会在省财政厅召开，省直有关部门、省属企业、各市财政局共100多位代表参加了会议。

12月20日　财政部企业司巡视员陆庆平带领全国大中型水库移民后期扶持政策实施督导组第三组，来安徽省督导大中型水库移民后期扶持政策实施情况。

12月22日—23日　省财政厅副厅长左俊率企业处主要负责同志赴宣城、黄山两市，邀请部分省人大代表分别召开座谈会，就预算报告起草、明年财政工作打算、政风行风建设等征求意见。

（厅企业处供稿　关勇整理）

地方财政金融监管及外国政府贷款管理工作大事记

1月1日　本省政策性农业保险执行调整后的保险金额、理赔标准、风险管控、补贴比例等新规定。

1月20日　财政部将安徽省纳入农业保险保费补贴绩效评价试点工作试点省份。

3月20日　在全省邮储银行开展小额担保贷款“整贷直发”工作，全面落实小额担保贷款和贴息政策，进一步推进创业富民工程。

4月16日—18日　德国复兴信贷银行项目经理尼尔斯等一行对本省森林可持续经营利用德国政府贷款850万欧元项目进行评估，省财政厅副厅长左俊与评估团一行在合肥市进行会谈。

5月8日—10日　西班牙经济和竞争力部维万科先生等一行对本省蚌埠市第二人民医院利用西班牙政府贷款380万欧元项目进行终评估，省财政厅副厅长左俊与评估团一行在合肥市进行会谈。

7月中旬　研究出台《关于进一步完善安徽省财政金融联络会商机制的通知》，将省级财政金融会商范围，由“一行三局”、省属地方金融机构扩大到驻皖各银行机构。加强沟通交流频次，采取上门走访、专项座谈等方式，了解信息，增进感情，强化协作，切实提高金融财务监管的主动性。

7月20日　在全国率先制定《安徽省融资性担保机构代偿损失核销管理暂行办法》，规范融资性担保机构担保代偿损失确认标准、程序和监管职责，确保真实反映担保机构资产质量。

8月3日　财政部将安徽省纳入森林保险和繁育肥猪保险中央财政保费补贴范围。

12月28日　研究出台《地方金融企业财务登记管理办法》，建立统一的地方金融财务监管体制，明确了地方金融企业进行财务登记的内容、条件和程序，并作为财政部门对地方金融企业实施考核、评价和财政支持政策的重要依据。

12月底　全省新增小额担保贷款51.1亿元，

完成年初目标任务的213.03%,同比增长134.5%,各级财政累计筹措担保基金7.9亿元,拨付贴息资金1.8亿元,支持5万人创业,带动15万人就业,有效促进高校毕业生、城镇登记失业人员、就业困难人员、返乡农民工、城乡妇女、退役军人等群体实现就业再就业。

(厅金融处供稿)

国际金融组织及国家开发银行贷款管理工作大事记

1月5日 全省国际金融组织贷款项目工作座谈会在舒城县召开,省直和有关市项目办主任、项目主管人员以及相关市财政局的分管局长、经办科长50余人参加会议。

2月14日 省财政厅副厅长张广寿代表省财政厅与省交通运输厅正式签订世行贷款安徽航道整治项目的《转贷协议》,将1亿美元世行贷款转贷给安徽省交通运输厅用于实施安徽航道整治项目。

3月 财政部对本省世行贷款教育项目债务进行减免,广播电视大学和短期职业大学、教师培训两个教育项目合计获得减免金额折合人民币约800万元。

3月13日 在合肥市举办清洁发展委托贷款培训班,全省各市财政部门、经信委相关工作人员及部分企业负责融资业务的同志120多人参加了培训。

4月12日 省财政厅国际债务处全体同志赴舒城县城关镇马河口办事处幸福村开展首次结对共建活动。

4月 财政部国际司给予本省世行、亚行贷款利差减免奖励115万美元,折合人民币约720万元。

5月17日 省财政厅国际债务处和舒城县城关镇马河口办事处幸福村、桃溪镇红光村开展三方结对共建活动,在红光村新建成的活动中心召开了联席会议。

6月7日—9日 世行贷款生态家园项目第七次检查总结会在安徽召开,国家农业部和世行对本省项目三年来实施情况,特别是在项目实施质量、实施效果和项目管理方面给予了充分肯定。

6月22日—23日 第二届中美城市经济合作会议在南京召开,省财政厅副厅长张广寿率合肥市、芜湖市政府和国际债务处负责同志参会,本省合肥市两个项目经过洽谈,与美方达成了一致意见,在会上正式签约。

6月26日 省财政厅国际债务处全体同志赴舒城县与红光村和幸福村共同召开"庆祝建党91周年座谈会"。

9月22日—24日 世行主管东亚与太平洋地区业务的副行长柯□玲女士一行7人在财政部国际司王忠晶副司长的陪同下来皖考察访问。

9月28日 省财政厅国际债务处赴舒城县红光村开展送图书下乡活动。

11月7日—10日 第五届中非共享发展经验高级研讨会实地考察活动在安徽举行,来自布隆迪、埃塞俄比亚、几内亚比绍、马拉维、尼日利亚、马来西亚等国的政府高级官员、世行的高级代表,财政部、中国国际扶贫中心的代表,以及来自省内的省财政厅、省金融办、省商务厅、省扶贫办、省担保集团、省农村信用联社、徽商银行、马鞍山农商行的代表30多人参加了研讨和考察活动。

12月31日 省财政厅国际债务处累计提取世行、亚行贷款资金1.25亿美元。

12月31日 省财政厅国际债务处累计归还财政部到期贷款本息6000万美元,累计从市、县回收贷款本息5100万美元。

(厅国际债务处供稿)

会计管理工作大事记

2月3日 制定全省《小企业会计准则》宣传培训实施方案,并转发财政部相关文件。

2月—4月 开展全省非上市大中型企业执行企业会计准则2011年年报分析工作,形成分析报告上报财政部。

3月5日 省财政厅印发《关于推进会计人员网络继续教育的通知》,开展网络继续教育机构招投标工作。

3月9日 评定姚子龙等145位同志高级会计师职务任职资格。

3月14日 会商省人社厅,申报开展正高级会计师评审试点工作。

3月31日　选定江汽集团、徽商集团两家单位，向财政部申报参加企业会计准则通用分类标准(XBRL)实施工作。

3月—5月　全省共有238家会计师事务所和381家代理记账机构进行业务报备。

4月上旬—5月下旬　会计从业资格第一阶段考试在全省11个考区进行。

4月15日—6月10日　开展全省中小企业会计准则制度执行情况调查,形成分析报告报财政部。

4月28日　省财政厅印发《安徽省会计师事务所等级评定暂行办法》。

5月23日　省财政厅印发《关于调整2012年度全省会计专业技术资格考试日程安排等有关事项的通知》。

6月25日—7月12日　委托上海国家会计学院举办首批会计领军人才第三期培训班。

7月9日—12日　省会计学会在厦门国家会计学院举办行政事业单位财务人员培训班。

7月上旬—7月底　会计从业资格第二阶段考试在全省5个考区进行,全省共有15.7万人报名参加考试,创历史新高。据统计,全省出考率74%,合格率36%。

8月1日　全省会计人员网络继续教育系统正式上线运行。

8月13日—26日　委托安徽工业大学举办全省会计领军后备人才企业类(含学术类)第一期培训班,共有52名学员参加。

8月23日—24日　全省会计管理工作座谈会在合肥市召开。

10月24日　全省会计专业技术资格考试考务工作会议在合肥召开，省财政厅副厅长左俊出席会议并讲话。

10月27日—28日　全国会计专业技术资格考试安徽考区考试圆满结束,全省报名考生8.3万人,其中:初级6.3万人、中级2万人、高级923人;初级综合出考率63%,中级综合出考率37%,高级出考率67%。会计领军人才考试同时举行，报名考生为98人,出考率63.27%。

11月6日—18日　委托安徽财经大学举办全省会计领军后备人才行政事业类(含注册会计师类)第一期培训班,共有62名学员参加。

11月7日　开展《小企业会计准则》走进合肥市包河工业园区活动，省财政厅副厅长左俊赴活动现场调研指导。

11月下旬—12月上旬　全省高级会计人才继续教育培训班在安徽大学举办，两期培训班学员共计600余人。

12月7日　召开部分公立医院《医院会计制度》执行情况分析座谈会,形成总结材料上报财政部。

12月18日—20日　召开2012年度高级会计师任职资格评审会议,省财政厅厅长、评审会主任罗建国出席会议并讲话。

(厅会计处供稿)

行政事业国有资产管理及国有资本经营预算工作大事记

2月16日—19日　省财政厅资产处会同有关单位赴广西、海南考察学习行政事业资产管理工作。

2月20日　省财政厅正式批复2012年省级国有资本经营预算。

3月1日　省财政厅启动2013年全省国有资本经营预算汇总试编工作。

4月22日　省财政厅资产处党支部赴定远县陈集乡陈二村开展结对共建村活动。

4月24日—26日　省财政厅在宣城召开全省国有资本经营预算汇总编制及季报统计工作培训会。

6月7日　省财政厅资产处党支部再赴结对共建村开展走访慰问活动。

6月12日　省财政厅厅长罗建国走访资产管理处,并就做好下一步工作提出要求。

7月3日—4日　省财政厅资产处负责同志参加财政部在青海西宁召开的全国国有资本经营预算工作座谈会。

7月中下旬　省财政厅资产处到省直有关单位实地督查和调研资产处置管理情况。

8月31日　省财政厅在全省范围内启动为期2个月的事业单位公务用车清查工作。

9月3日　省财政厅下发《关于编制2013年省本级国有资本经营预算的通知》。

10月上旬　厅资产处集中开展对2013年省级

部门“四项资产”购置预算审核。

10月10日—11日　厅资产处负责同志参加财政部在山东烟台举办的事业单位及事业单位所办企业国有资产产权登记培训会。

11月6日—7日　省财政厅在合肥分别举办全省行政事业资产管理座谈会暨业务培训会、省直部门行政事业资产管理业务培训班。

11月10日—11日　省财政厅资产处负责同志参加第四届全国行政事业资产管理论坛。

11月20日　省财政厅开始拨付2012年省级国有资本经营预算支出资金。

11月27日　省政府第108次常务会议听取并原则同意省财政厅草拟的《关于进一步规范和加强省级行政事业单位资产管理工作的意见》。

11月29日—30日　厅资产处负责同志参加财政部在云南昆明召开的行政事业单位资产管理信息系统升级培训会。

（厅资产处供稿）

财政监督检查工作大事记

3月2日　按照依法、公正、公开的原则，对某会计师事务所涉嫌违规执业拟作出的行政处罚进行公开听证。围绕违法事实、财政处罚适用的法律依据、行政检查程序等进行陈述、申辩和质证后，决定对某事务所继续履行原定的行政处罚程序。

3月—5月　按照财政部要求，对50户会计师事务所开展执业质量检查，针对检查发现的问题，给予1家事务所警告、没收违法所得0.8万元并罚款2.4万元，给予2名注册会计师警告处分。

4月—5月　组织开展对省直28家接收公益性捐赠单位2007—2011年度捐赠资金管理情况的专项检查，在自查工作基础上，对省慈善协会、省红十字会、省红十字基金会、省青少年发展基金会和省儿童少年基金会5家单位实施重点检查，涉及捐赠资金9亿多元（约占省直接受公益性捐赠资金总量的60%），进一步规范我省接收公益性捐赠单位的财务管理等。

4月12日　省财政厅监督检查局党支部赴宿松县二郎镇茯苓村组织开展结对共建活动，召开结对共建工作座谈会，并实地察看茯苓村的村容村貌、农田、道路、沟渠状况以及茯苓村小学。

4月20日—21日　全省各市财政监督局长座谈会在合肥召开，各市及部分县(区)监督检查机构负责人参加，省财政厅党组成员、纪检组长刘浩出席座谈会并作重要讲话。

5月25日　在合肥组织召开选聘入围会计师事务所签约座谈会，省财政厅党组成员、纪检组长刘浩同志到会并做重要讲话，厅政府采购处、会计处、省政府采购中心和入围的30家会计师事务所所长参加座谈。

5月—8月　组织开展2011年度农村公路危桥加固改造专项检查，省财政厅监督检查局派出10个检查组深入全省16个市89个县(区)，对1054座桥梁的财务和工程资料全部进行了检查。

6月12日　召开2012年内部监督检查工作布置会，省财政厅党组成员、纪检组长刘浩参加会议并提出具体要求。

6月14日　召开2012年度省本级会计信息质量检查查前会商协调会，省住建厅、省交通厅、省教育厅、省卫生厅、省国资委、省交警总队、省旅游集团、淮南矿业集团、省国贸集团等18个涉及被检查单位的主管厅局和集团财务部门负责人，以及省财政厅经建处、教科文处、政法处、社保处、农业处的相关同志参加了会商。

6月—10月　以能源、粮食、保障房、医院、学校等行业和领域为重点，组织开展会计监督工作，全省检查616户行政企事业单位的会计信息质量。

6月21日　召开厅内部监督检查工作领导小组扩大会议。省财政厅党组书记、厅长、内部监督检查工作领导小组组长罗建国作重要讲话。

7月　根据《安徽省财政厅处级领导干部离任审计暂行规定》的规定，对刘小兵担任安徽省行政事业单位资产管理中心主任期间的经济责任开展审计。

7月16日—21日　组成调研组，赴四川省开展绩效监督专题调研，学习了解四川省财政厅绩效监督工作的分工机制和实务操作情况。

7月—11月　按照《财政部门内部监督检查办法》的要求，组织开展对省财政厅经建处、企业处、教科文处、农业处的内部监督检查。

9月17日　召开厅财政监督联络员工作会议，

省财政厅党组成员、纪检组长刘浩主持会议并作重要讲话，厅机关各处室(局)、厅属单位财政监督联络员参加会议，厅内部监督检查工作领导小组成员单位的负责人出席会议。会议就贯彻落实《安徽省财政厅省级部门预算管理财政监督办法》(财监〔2012〕1446号)，研究布置了工作任务。

10月23日　省财政厅党组成员、纪检组长刘浩在监督检查局局长汪学越陪同下，赴监督检查局党支部结对共建村茯苓村考察结对共建工作开展和项目实施情况。

11月11日—14日　与厅干教中心联合举办全省财政监督综合业务培训班。培训班邀请部条法司李柏青处长、部监督局刘峰处长，以及厅预算处、国库处、农村局领导授课，全省16个市、76个县(区)财政监督机构负责人和业务骨干共计270余人参加培训。

11月—12月　组织开展皖北三市四县现代产业园区发展专项资金绩效评价工作，深入7个工业园区的17家企业，评价涉及资金28.4亿元。

12月4日　省政府法制办在百花宾馆主持召开《安徽省财政监督条例》立项论证会。省人大预工委庄立权主任、农工委蔡传扬副主任、法工委吴斌副主任、郭再忠副主任等专家参加会议，会议建议将《安徽省财政监督条例》列入省人大2013年实施类立法计划。

12月　协同厅办公室，对采购中心、信息中心、注协、百花宾馆等单位的财务管理及会计核算开展重点检查，促进厅属单位进一步强化财务管理和会计核算，提高管理绩效。

(厅监督局供稿　汪永飞整理)

政府采购管理工作大事记

2月9日　省财政厅会同省经信委印发了《转发财政部 工业和信息化部关于印发政府采购促进中小企业发展暂行办法的通知》，将扶持中小企业发展列入全省各市、县级财政部门及相关部门的工作计划，确保本地区年度政府采购合同总额的30%以上授予中小企业，支持中小企业技术创新和结构调整。

4月11日　省财政厅政府采购处党支部赴定远县永康镇凌湖村，召开第一次联席会议，正式启动结对共建活动。

5月23日—25日　“2012年政府采购电子化主题研讨会”在黄山市召开，财政部国库司政府采购管理办公室王瑛主任到会讲话，并在会议期间调研黄山市电子化政府采购工作。

6月14日—15日　举办“全省政府采购代理机构法规与实务培训班”，全省甲、乙级资格代理机构共计140余人参加了培训并经考试取得合格证书。

7月13日　经过三年多的实施应用，“安徽省电子化政府采购管理应用系统一期项目”顺利通过专家验收。

8月16日—17日　省财政厅政府采购处负责人参加“全国GPA谈判工作会议”。

9月21日　印发《安徽省财政厅关于做好〈政府采购法〉颁布和实施十周年宣传报道的通知》，全面启动全省《政府采购法》颁布和实施十周年宣传报道活动。

10月26日　召开“安徽省加入GPA政府采购信息收集工作动员会”，部署安徽省加入GPA谈判有关政府采购信息收集工作，调查面涵盖所有省直预算单位和部分省属国有及国有控股企业。

11月6日　印发《安徽省财政厅关于开展全省第二批电子化政府采购管理应用系统建设的通知》，新增亳州等6市、砀山等46县区作为第二批电子化系统建设单位。

11月8日　启动安徽省电子化政府采购管理应用系统二期项目“全省政府采购公共资源服务平台”建设，在全省实现供应商库、评审专家库、代理机构库、商品库、项目库的共建共用、信息共享，全面构建全省统一的电子化政府采购大平台。

11月9日　向财政部提交经省政府同意的安徽省加入GPA出价意见报告，表明了安徽省2012年出价意见的基本立场，阐明了出价意见的原因。

12月22日　印发《安徽省财政厅关于进一步加强省级政府采购预算执行工作的通知》，从2013年1月1日起，对省级财政预算安排的政府采购项目，未按规定时间申报并执行政府采购计划的，除特殊规定外，一律取消采购项目，资金收回省级预算；采购项目办结后的预算结余资金，一律收回省级预算。

12月31日　全省政府采购规模连续跨越600亿、700亿两个台阶，达到785.8亿元，采购规模比2011年增加230.2亿元，增长41.4%，其中省本级采购规模达46.7亿元。

（厅政府采购处供稿）

农村综合改革工作大事记

1月5日　国务院农村综合改革工作小组办公室下发《关于2011年农村综合改革信息工作的通报》，安徽省获得农村综合改革信息工作先进单位一等奖，省财政厅农村综合改革处孙朝松同志获得农村综合改革信息工作先进个人。

1月30日　省农村综合改革领导小组办公室下发《关于认真做好2012年一事一议财政奖补工作的通知》，对全年工作进行部署。

3月9日　省农村综合改革领导小组办公室下发《关于印发2012年省农村综合改革领导小组办公室工作要点的通知》，明确2012年全省农村综合改革工作的总体要求、工作目标和主要工作任务。

3月27日　国务院农村综合改革工作小组办公室在云南召开全国清理化解乡村垫交税费等公益性乡村债务试点工作会议，内蒙古、四川、安徽和江苏4个省(区)作了典型发言。

4月12日　省农村综合改革领导小组办公室在合肥召开部分市、县(区)农村综合改革示范试点工作座谈会，研究讨论《安徽省农村综合改革示范试点方案(讨论稿)》。

4月13日　国务院农村综合改革工作小组、财政部、农业部在京召开村级公益事业建设一事一议财政奖补工作视频会议。会后，本省接着召开全省村级公益事业建设一事一议财政奖补工作视频会议，省财政厅副厅长王林建、省农委主任张华建作重要讲话。

5月23号　省农村综合改革领导小组办公室在阜阳召开部分县(区)农村综合改革示范试点工作座谈会，省财政厅副厅长张广寿出席会议并作重要讲话。

7月6日　国务院农村综合改革工作小组印发《国务院农村综合改革工作小组关于开展农村综合改革示范试点工作的通知》，明确2012年选择浙江、安徽、宁夏等10个省(区)开展农村综合改革示范试点工作。

7月10日　国务院农村综合改革工作小组办公室下发《关于尽快启动农村综合改革示范试点工作的通知》，明确2012年安徽省农村综合改革示范试点重点项目为建立农村土地流转服务新机制、建立农村公共服务运行维护机制和建立新型农业社会化服务体系等三项。

7月13日　省农村综合改革领导小组办公室会同省财政厅、省农委下发《关于印发安徽省开展村级公益事业建设一事一议财政奖补工作规范管理年活动实施方案的通知》，全面开展村级公益事业建设一事一议财政奖补工作“规范管理年”活动。

7月19日　省农村综合改革领导小组办公室下发《关于印发安徽省村级公益事业建设一事一议财政奖补工作操作指南的通知》，对一事一议财政奖补工作程序进行了规范。

8月20日—21日　国务院农村综合改革工作小组在山东省烟台市召开全国农村综合改革办公室主任会议，省财政厅厅长罗建国代表安徽作了经验交流。

9月17日　省农村综合改革领导小组将《安徽省农村综合改革领导小组关于农村综合改革示范试点方案的请示》上报国务院农村综合改革工作小组。

9月27日　省农村综合改革领导小组下发《安徽省农村综合改革来到小组关于调整省农村综合改革领导小组成员的通知》，对农村综合改革领导小组成员进行了调整，调整后由省委副书记、省长李斌担任组长，省委副书记孙金龙，省委常委、常委副省长詹夏来，副省长梁卫国任副组长，领导小组办公室设在省财政厅，财政厅厅长罗建国兼办公室主任。

9月10日—10月24日　财政部驻安徽省监察专员办事处对本省村级公益事业建设一事一议财政奖补资金管理使用情况进行了专项检查，实地抽查了潜山县、桐城市(县级)、□桥区和萧县所辖8个乡镇73个一事一议项目。

10月10日　省农村综合改革领导小组2012年第1次会议召开，省农村综合改革领导小组办公室主任、省财政厅厅长罗建国代表省农村综合改革领导小组办公室作工作汇报。

10月31日　国务院农村综合改革工作小组下发《国务院农村综合改革工作小组关于批复安徽省

农村综合改革示范试点方案的函》，正式批复本省农村综合改革示范试点方案。

12 月 7 日—8 日　省农村综合改革领导小组办公室在合肥举办全省一事一议财政奖补和农村综合改革示范试点培训班，各市、县（区）综改办工作人员参加了培训。

12 月 26 日　国务院农村综合改革工作小组办公室在合肥举办部分省农村综合改革示范试点工作座谈会，江苏、浙江、宁夏、安徽等 10 个示范试点省（区）农村综合改革领导小组办公室负责同志在会上作了农村综合改革示范试点工作经验交流。

（厅农村综合改革处供稿）

民生工程实施工作大事记

1 月 18 日　省政府印发《安徽省人民政府关于 2012 年实施 33 项民生工程的通知》。

2 月 7 日　省民生办出台《2012 年全省民生工程工作要点》。

2 月 10 日　省财政厅出台《关于 2012 年民生工程资金筹措有关问题的通知》，明确 33 项民生工程资金筹措标准。

2 月 13 日　省民生办印发《2012 年 33 项民生工程实施办法》，对每项民生工程的实施内容、标准、资金来源做出明确规定。

2 月 20 日　省委、省政府召开全省民生工程暨居民收入倍增工作会议，张宝顺书记、李斌省长出席会议并作重要讲话，会议表彰了 2011 年度民生工程工作先进市、县，省委常委、常务副省长詹夏来代表省政府与各市政府签订 2012 年民生工程目标责任书。

3 月　研究建立一线联系点制度，通过直通电话、直报信息、网络邮件、基层调研等形式，掌握民生工程和收入倍增工作各项政策安排、计划下达、实施进度和资金拨付情况。

4 月 17 日　省财政厅印发《2012 年全省民生工程和收入倍增宣传方案》，要求各级各部门要进一步加强民生工程和收入倍增工作宣传。

4 月 23 日　省长李斌在《2011 年全省社情民意调查统计分析报告》上作出重要批示：这项调查很必要，请民生办将此报告转各项目牵头单位，以在今年工作中有针对性改进完善。

4 月 28 日　省民生办印发《关于进一步改进完善工作 提升民生工程群众满意度的通知》，要求各级各部门进一步推进民生工程深入实施，不断提升群众对民生工程的知晓度和满意度。

4 月 25 日　省民生办编印《2012 年民生工程政策问答》，以通俗易懂的语言，普通百姓的视角，为大众解疑释惑，增强群众维护自身权益的意识。

4 月 28 日　省财政厅在全省开展“民生工程大家谈”活动，围绕“促进民生工程科学发展”这一主题，结合“访代表委员、答建议提案、汇民智民声”、“安徽民生工程形象标识征集”、“民生工程回访”、“城乡基层党组织结对共建”四项活动，请社会各界和基层群众谈意见、谈看法，共谋民生发展思路，共话民生发展路径，共商民生推进举措。

5 月 10 日—11 日　省民政厅、省财政厅（省民生办）在六安市联合召开全省农村五保供养服务机构建后管养现场会。

4 月下旬—6 月　全省财政系统组织开展民生工程“访代表委员、答建议提案、汇民智民声”活动，共办理人大代表、政协委员建议、议案和提案 201 件，全部做到件件登门、人人走访，得到了人大代表和政协委员的高度评价。

7 月 27 日　省民生办召开省直单位联络员会议，通报 3 个新增项目进展情况，对《会商督促通报制度》、《月报告季调度年评价制度》、《社情民意调查方案》、《进一步加强民生工程建后管养的通知》进行了讨论。

8 月 3 日　省民生办出台《民生工程会商督促通报制度》、《民生工程月报告季调度年评价制度》，健全完善民生工程协调推进机制。

8 月 3 日　省民生办印发《关于进一步加强民生工程建后管养工作的通知》，进一步健全完善工程类项目建后管养长效机制。

7 月下旬—8 月中旬　省民生办组织 3 个调研督查组，通过听取汇报、查阅资料、实地抽查等方式，全面了解 16 个市及 2 个省直管县民生工程和收入倍增规划实施情况。

9 月 5 日　省民生办印发《关于做好 2012 年民生工程基础数据库填报工作的通知》，制定新增 3 个项目数据库表样，修改完善 3 个表样，要求各地及时做好33项民生工程数据汇总、整理、录入工作。

10月中旬 组织开展安徽民生工程形象标识征集作品评审,邀请人大代表、政协委员及相关专家共10人组成评委会,按照初审筛选、复审入围、终审评议三轮环节,从270幅投稿作品中评出6幅优秀作品。

10月16日 召开"民生工程、民主决策、民主管理、民主监督"安徽省2013年民生工程项目公开征集活动新闻发布会,省财政厅厅长罗建国作新闻发布,介绍公开征集活动目的、内容、方式及结果运用,省财政厅副厅长陈军回答了记者提问。

10月29日 省民生办召开全省民生工程暨收入倍增工作调度会,会议通报了2012年1—9月份全省民生工程和居民收入倍增规划实施进展,部分市和省直部门进行了交流发言。

10月30日—11月8日 省人大常委会副主任郭万清、陈先森,省政协副主席王鹤龄、赵韩分别带队,率领省人大代表、省政协委员和有关部门,组成4个视察组,赴淮北、蚌埠、阜阳、宣城、池州、铜陵、马鞍山7个市开展民生工程和收入倍增规划实施情况视察。

10月—11月 开展"贯彻落实党的十八大精神,加快全省科学发展步伐"民生工程、收入倍增规划专题调研,总结实施情况和成效,分析面临形势和存在问题,提出完善思路和建议。

11月30日 财政部党组副书记、副部长王军在省财政厅报送的《关于加快全省科学发展步伐专题调研的报告》上作出重要批示:安徽省财政厅紧紧围绕学习贯彻落实党的十八大报告对财政工作提出的新要求,结合自身实际,迅速深入基层开展系列专题调研活动,提出了持续保障和改善民生、实现城乡居民收入倍增以及深化财税改革的初步思路和政策建议。我认为这种精神和作风值得提倡和表扬。建议办公厅发期简报予以推介,希望更多的财政厅局主动行动起来,努力为财政更好地服务经济社会发展建言献策。

12月 经省政府常务会议和省委常委会研究决定,2013年,安徽省在2012年33项民生工程的基础上,退出6项,新增6项,仍然实施33项民生工程。

12月3日 省人大常委会党组副书记、副主任臧世凯在省财政厅报送的《关于加快全省科学发展步伐专题调研的报告》上作出重要批示:三个报告内容丰富,专题突出,观点鲜明,所提建议很有针对性,不仅体现了对民生工程的高度关注,也反映出理财理念和思路的创新。

12月3日—15日 省委、省政府办公厅组成8个督查组,赴16个市开展民生工程联合督查。

12月19日 省政府召开新闻发布会,省财政厅副厅长陈军公布2013年本省民生工程项目以及公开征集活动情况。

(厅民生办供稿)

财政人事教育管理工作大事记

4月16日 省人力资源和社会保障厅皖人社函〔2012〕162号文件核定,增加省政府采购中心副调研员职数2个,增加省财政投资评审中心副调研员职数1个。

11月23日 省人力资源和社会保障厅皖人社函〔2012〕673号文件核定,增加省财政厅机关副调研员职数1个。

11月28日 省编办皖编办〔2012〕209号文件核定,增加省财政厅机关行政编制1个。

(厅人教处供稿)

机关党建工作大事记

1月15日 省财政厅成功举办2012年迎春联欢会。

1月 省财政厅报送的机关党建研究论文《推进学习型机关党组织建设的实践探索》获评2011年度省直机关党建优秀研究成果一等奖。

1月18日 受省财政厅党组书记、厅长陈先森委托,厅纪检组长刘浩带领机关党委负责同志赶往萧县,看望慰问沈浩同志母亲。

2月17日 2012年省直机关党的工作会议在省委小礼堂召开,省财政厅获省直"机关党建提升年活动先进单位"表彰。

3月8日 省直机关庆祝"三八"国际劳动妇女节102周年暨第五届"省直机关十大女杰"颁奖典礼在省委小礼堂举行。省财政厅企业处周晓丽同志获评第五届“省直机关优秀女性”及省直机关“三八红旗手”荣誉称号；社保处孙玫玫同志获第五届“省直机关十大女杰”提名奖。

3月12日　省财政厅文明办组织厅机关各处室（局）及相关厅属单位共31名青年干部职工代表赴肥东县八斗镇万宋村开展义务植树活动。

3月　省财政厅直属机关工会获评2011年度省直机关工会目标责任制优秀奖，并获2007—2011年度工会目标责任制连续五年优秀奖特别表彰。

3月　省财政厅部署开展城乡基层党组织结对共建工作，采取“1+1”模式进行，即一个厅直党支部与省内贫困地区一个村级党组织结对共建。

3月27日　省财政厅召开精神文明建设工作暨深入开展学雷锋活动座谈会，总结2011年精神文明建设工作，研究2012年工作安排，部署深入开展学雷锋活动。

3月30日　省财政厅召开厅直机关妇女干部座谈会，总结2011年机关妇女工作情况，并围绕“立足本职学雷锋，巾帼建功创新业”主题进行了座谈交流。厅党组书记罗建国出席会议并作重要讲话。

4月　落实省委组织部《转发中央组织部办公厅〈关于做好基层党组织分类定级工作的指导意见〉的通知》（组办字〔2012〕18号）精神，组织在厅直各党支部开展了基层党组织分类定级工作。

4月　落实省财政厅党组《关于深入开展城乡基层党组织结对共建工作的通知》（财党组〔2012〕9号）精神，机关党委党支部赴泾县黄村镇九峰村调研走访，启动结对共建活动。

4月23日　第三届省直机关“读书月—书香伴我行”游园活动在合肥逍遥津公园举行，同时举行表彰活动。省财政厅社保处、资产管理中心获评省直机关“书香处室”称号；非税局单培同志家庭获省直机关“书香家庭”称号。

4月27日　省直工会举办首届省直机关“劳动者之歌”歌咏比赛。省财政厅选送陈维光和达小敏、王家斌和李真两组男女声对唱选手参赛，并双双荣获优秀奖，省财政厅获得首届省直机关“劳动者之歌”歌咏比赛优秀组织奖。

4月29日　2012年“辉达房产杯”安徽省直机关乒乓球锦标赛闭幕，省财政厅代表队取得男子团体亚军的好成绩，注册会计师协会张谦同志获男子单打第五名。

5月9日　厅党组成员、纪检组长刘浩率领机关党委有关同志赴泾县走访调研，进村入户，指导点评结对共建工作、走访慰问困难群众；走村“挂”县“带”乡，深入基层财政所、召开座谈会，调研财政经济运行情况。

5月　落实省委组织部《关于组织开展好网上投票推荐全国创先争优优秀共产党员活动的通知》（皖组电明字〔2012〕45号）要求，组织厅直党员群众参加投票活动。

6月4日　省财政厅党组成员、纪检组长刘浩率厅机关党委、办公室、人事教育处、纪检监察室等有关同志一行6人，专程到金寨县财政局调研机关党建工作。

6月12日　省财政厅党组书记、厅长罗建国走访厅机关党委，看望慰问干部职工，并进行了座谈交流。

6月—7月　为纪念中国共产党成立91周年，迎接党的十八大胜利召开，组织开展“我为党旗添光彩”主题征文等纪念中国共产党成立91周年系列活动。

6月25日—26日　组织参加“黄山杯”省直机关象棋比赛，获团体第五名（省财政厅选手为：刘建军、朱孝夫、季文明、徐松义），徐松义获个人第四名。

6月26日　省财政厅党组书记、厅长罗建国专程上门看望慰问沈浩同志家属。

6月27日　省财政厅举行纪念建党91周年专题党课暨创先争优表彰大会。

6月27日　省直机关庆祝中国共产党成立91周年暨创先争优表彰大会在省委小礼堂召开。省财政厅办公室党支部获评“省直机关创先争优先进基层党组织”，社会保障处陈中楼同志获评“省直机关创先争优优秀共产党员”表彰。

6月29日　安徽省庆祝中国共产党成立91周年暨创先争优表彰大会在安徽大剧院举行。省财政厅直属机关党委获评“全省创先争优先进基层党组织”，受到安徽省委表彰，机关党委专职副书记江永泓同志代表省直机关受表彰的基层党组织出席颁奖仪式。

6月　“七一”前夕，全国创先争优表彰大会在北京隆重召开。会上，表彰了全国创先争优先进基层党组织、优秀共产党员和创先争优活动先进县（市、区、旗）。省财政厅直属机关党委被授予“全国创先争优先进基层党组织”荣誉称号。

7月 省财政厅获得“老凤祥杯”省直机关篮球赛冠军。

7月—9月 组织全省各级财政部门参加全国“财政精神”提炼活动,厅机关及各市财政局共遴选征集表述语88条。

8月8日 省财政厅代表队获省直机关第九套广播体操比赛一等奖。

8月 省直妇工委组织开展省直机关“和谐家庭”评选活动,省财政厅非税局许展家庭获评省直机关“和谐家庭”称号。

9月7日 省财政厅召开全厅创先争优活动总结大会,传达学习全省创先争优活动总结大会精神,研究部署进一步巩固扩大省财政厅创先争优活动成果,推动创先争优常态化制度化。

10月17日 财政部党组副书记、机关党委书记王军在京主持召开机关党建工作座谈会。省财政厅党组成员、纪检组长刘浩和厅机关党委专职副书记江永泓参加会议。刘浩组长在会上以《实施“五项工程”强化队伍建设》为题,汇报了省财政厅党建工作做法和成效,得到财政部机关党委的充分肯定。

10月19日 省财政厅羽毛球队在“同庆楼”杯省直机关第二届羽毛球赛本届比赛中取得佳绩,获得男子团体第五名和男子单打A组第五名、女子单打A组第三名、男子双打B组冠军、女子双打A组第三名。

10月25日 省财政厅组队参加省直机关迎接十八大“颂歌献给党”文艺演出,参演的女声小组唱《做人》及情景表演,获优秀组织奖。

11月8日 中国共产党第十八次全国代表大会在北京隆重开幕,省财政厅党组及时组织党员干部收听收看会议盛况。

11月22日—23日 省财政厅党组成员、副厅长张广寿带领厅机关党委及农业处、农发局有关同志赴阜阳市颍东区开展定点扶贫工作专项调研。

12月7日—8日 省财政厅举办学习党的十八大精神培训班。特别邀请省直机关十八大精神宣讲团成员、省委党校高淮成教授作宣讲报告。

12月 省财政厅国库支付中心、政府采购中心荣获第三届“安徽省文明窗口”称号。

12月 省财政厅国库支付中心李红娟获评首届省直机关道德模范(孝老爱亲模范)。

12月28日 经省直机关工委批准,省财政厅召开直属机关党员代表大会,进行机关党委换届选举。选举出刘浩、江永泓、徐光耀、孟照红、孙学鹏、李朝友、刘小兵、季必英、管立新9名同志为新一届厅直属机关党委委员,根据省直机关工委《关于中共安徽省财政厅直属机关党委换届选举结果的批复》(直工组〔2013〕2号),确定刘浩同志任机关党委书记,江永泓同志任机关党委专职副书记,李朝友同志任纪检委员,孙学鹏同志任组织委员,徐光耀同志任宣传委员,孟照红同志任学习委员,管立新同志任生活委员,刘小兵同志任文体委员,季必英同志任妇女委员。

(厅机关党委供稿)

农业综合开发工作大事记

3月6日—9日 省财政厅副厅长张广寿带领16个市的农发办主任到江苏省考察学习农业综合开发支持现代农业的经验与做法。

6月12日 省人大常委会副主任郭万清率领部分省人大常委会委员和省人大代表,对财政支持城乡统筹发展、建设美好乡村情况开展专题调研,省财政厅副厅长吴天宏陪同调研。

8月7日—27日 组织省农业综合开发局人员全面开展省级验收。

10月14日—11月3日 国家农发办综合性检查验收组在淮南、阜阳、亳州的7个县区开展检查。

10月15日 副省长梁卫国召开农业综合开发专题座谈会,听取农业综合开发工作情况汇报。

10月22日—25日 国家农业综合开发办公室王光坤主任带队来皖调研,省财政厅厅长罗建国陪同考察黄山耿城示范区。

(省农发局供稿)

非税收入征管工作大事记

1月11日 修订印发《安徽省非税收入收缴执行情况分析编报工作考评办法》。

1月16日—17日 在合肥组织召开全省2011

年度非税收入收缴执行分析会议，总结全省 2011 年度非税收入收缴执行情况，表彰非税收入收缴执行情况分析工作先进单位。

1 月 20 日　修订印发《安徽省省级政府非税收入银行代收工作考评办法》。

1 月—11 月份　首次对省直 170 个(共 428 家)单位 2005 年非税收入管理改革以来的非税票据购领、使用管理情况进行检查，涉及 4 类 58 个票种，检查票据 23277.2 万份，占总发放量 99.72%，涉及缴款金额 2213963.6 万元。

2 月 6 日　印发《关于开展行政事业性收费项目年审的通知》，并于 2—4 月对 259 家省直执收单位 944 个行政事业性收费项目进行全面审核。

2 月 10 日　印发《省财政厅关于进一步加强非税收入收缴管理的通知》，对非税收入收缴制度管理、征收管理、账户管理、资金划解管理、收缴执行分析和监督检查六个方面提出具体要求，确保非税收入收缴完整性和入库及时性，全面推进非税收入科学化、精细化管理。

2 月 16 日　会同人民银行合肥中心支行召开 2011 年度省级非税收入银行代收工作座谈会。

3 月 28 日　印发《省财政厅关于进一步加强非税收入票据管理的通知》，从票据购领、票据使用、专用收据管理、电子化管理改革、监督检查五个方面强化省级非税收入票据使用管理。

4 月 12 日　在肥西组织召开全省一季度非税收入收缴执行情况分析会，着重分析研究纳入公共财政预算管理的非税收入较快增长的原因和公安交警罚款收入收缴管理改革以及非税收入收缴管理改革向市辖区及乡级推进过程中存在的问题及解决措施。

4 月—12 月　局党支部与泗县草沟镇于韩村党支部扎实开展结对共建活动。走访调研 8 次，召开联席会议 5 次，共同过组织生活 5 次；帮助确定发展村级集体经济措施 3 条，宣讲民生工程等各项财政惠民政策 5 次，征求对财政工作的意见和建议 3 条，到位帮扶资金 30 万元；帮扶困难党员群众 11 人，支付慰问金及物品价值 82747 元，进行为民志愿服务活动 2 次，服务群众百余人。

4 月—8 月　研发高校专用票据自动归集与核销系统，47 所省属高校安装应用票据电子化管理软件，举办省直高校票据电子化管理及系统操作培训班，推进高校非税专用票据电子化管理改革。

4 月 24 日—25 日　省财政厅副巡视员、省非税局局长李友兰参加财政部国库司在江西组织召开的全国财政国库管理制度改革推进会议，并就安徽省深化非税收入收缴管理改革做法作交流发言。

4 月 27 日　印发《深化“非税局班子成员带头大走访”活动实施方案》。

5 月 1 日—3 日　会同厅预算处对全省部分市县开展非税收入运行质量检查，及时发现问题，督促整改。

5 月 16 日　印发《省财政厅关于进一步加强非税收入管理的通知》，就进一步加强非税收入预算管理、征收管理、收缴管理、票据管理、监督检查、信息化建设等方面提出指导性意见和规范性要求。

5 月—10 月　对省检察院、省经信委等 9 个省直部门 35 家执收单位 2011 年度非税收入征收管理情况进行年度稽查，查缴违纪金额 7051 万元，纠正单位收缴不规范行为近 20 件。

5 月 22 日　印发《省非税局廉政风险防控工作实施方案》，严格将“风险定到岗，制度建到岗，责任落到岗”，形成环环相扣的廉政风险防控工作机制。

5 月 28 日　黑龙江省财政厅非税处负责同志带领伊春市、鹤岗市非税局(处)一行五人，来安徽考察交流非税收入管理改革工作。

6 月 9 日　与 4 家省级非税收入收缴代理银行续签《安徽省省级政府非税收入收缴委托代理协议书》。

6 月 14 日　组织有关同志赴浙江省财政厅学习考察政府非税收入管理工作。

6 月 28 日　赴省公安厅交警总队会商解决全省公安交通违章罚款改革中存在的问题。

6 月　编印完成《安徽省 2011 年非税收入统计手册》。

7 月 12 日—13 日　在合肥组织召开全省上半年非税收入收缴执行情况分析会，省财政厅副巡视员、省非税局局长李友兰出席会议并作重要讲话。

7 月 23 日　赴宿州、蚌埠、芜湖、池州 4 个市部分省直高校会商进一步加强非税收入管理工作。

7 月 27 日　印发《省非税局进一步加强机关效能建设实施方案》。

7 月—9 月　分赴阜阳、宿州、亳州、安庆、池州、六安等市及其部分县区开展非税收入管理工作重点检查。

8月30日　完成《进一步深化非税收入管理改革研究》调研课题。

9月3日　新增东莞银行合肥分行为安徽省省级政府非税收入收缴代理银行，自此省级政府非税收入收缴代理银行增至15家。

9月5日—6日　省非税局党支部书记、副局长张黎率部分党员赴泗县草沟镇于韩村，开展“保持党的纯洁性迎接党的十八大”专题活动。

9月17日　省非税局副局长项东文参加财政部在辽宁省沈阳市召开的全国部分省、市非税收入收缴管理工作座谈会。

10月15日　修订印发《安徽省非税收入征收管理局工作人员岗位职责》，进一步明确工作职责，提高工作效率，提升服务水平。

10月17日—18日　在淮南市组织召开全省三季度非税收入收缴执行情况分析会。

10月—11月份　开展财政重点工作督查和财政收支进度督查，并把非税收入运行作为督查重点内容。

10月16日　印发《安徽省非税收入征收管理局会商工作规程》。

11月23日　组织部分省级非税收入收缴代理银行、省直执收单位会商非税收入收缴管理工作。

11月30日　印发《省非税局学习宣传贯彻十八大精神实施方案》。

12月5日　组织部分省直执收单位、市县非税收入管理机构，专题研讨《安徽省政府非税收入分成结算暂行办法》(征求意见稿)和《安徽省政府非税收入会计核算办法》(修订稿)。

12月7日　印发《省财政厅关于安徽省级政府非税收入票据年检办法的通知》，进一步明确非税票据年检的范围、内容和要求，规范完善非税票据年检工作。

12月12日　会同合肥市非税局、省交警总队、合肥市交警支队组成三个检查组，对省级非税收入代理银行交通违章罚款代收情况进行现场检查。

12月31日　全年累计完成省级非税收入174.8亿元，为全年预算的123.8%，增长5.5%。其中，纳入公共财政预算管理的非税收入完成61.5亿元，占省级非税收入的35.2%。

（省非税局供稿）

国库支付工作大事记

1月16日　召开绩效创新年活动动员大会，传达学习省财政厅《关于在全省财政系统开展绩效创新活动的指导意见》，研究部署开展绩效创新年活动具体措施。

2月21日　组织召开省级财政专户管理工作会商会，与省级财政专户代理银行就专户资金支付、凭证单据传递、建立联系人制度等问题进行专题会商。

2月　组织开展为期1个月的省级国库集中支付工作网络征求意见活动，收到省级25个预算主管部门、152家基层预算单位的电子回函，汇总整理书面意见建议230条。

3月29日　组织召开省级国库集中支付绩效管理座谈会，21个省级主管部门、基层预算单位的财务负责人、主办会计，5家省级国库集中支付代理银行机构部和承办行负责人60余人参加座谈，省财政厅副巡视员陈传文出席会议并做总结讲话。

4月14日　支付中心党支部与灵璧县朝阳镇周庄村党总支召开结对共建工作首次联席会议，研究制定《结对共建工作实施方案》。

5月　赴省审计厅、省体育局、省高级人民法院等32个预算主管部门和基层预算单位开展调研走访和上门服务活动。

5月4日　制定印发《关于规范省直预算单位国库集中支付资金归垫管理有关问题的通知》，切实规范和加强省直预算单位资金归垫管理。

5月15日—18日　支付中心与干部教育中心联合举办了2期省级国库集中支付业务培训班，省级基层预算单位财务人员400余人参加了培训。

5月28日　支付中心党支部组织开展捐赠助学活动，向结对共建村捐赠了1300余册图书期刊、多媒体教学设备和体育器材，帮助村小学建起了“财缘爱心阅览室”、“财缘爱心电教室”。

6月13日　组织召开省级国库集中支付工作会商会，与省委办公厅、省人大办公厅等22个预算单位财务部门就进一步提高省级国库集中支付效率相关措施内容进行了专题会商。

6月15日　省财政厅国库处、国库支付中心召开省级国库集中支付代理银行工作会商会，与省级国库集中支付5家代理银行就进一步提高支付效能、改进代理服务、推进技术创新等方面工作进行了专题会商。

6月20日　举行“党员一日捐”活动，党员群众参与率100%，活动所获款项全部捐至结对共建村的困难党员群众。

6月30日—7月1日　支付中心党支部与结对共建村党总支共同开展了“迎七一、话发展、树典型、促和谐”主题党日活动。

7月6日　支付中心与干部教育中心联合举办了省级国库集中支付代理银行业务培训班，省级国库集中支付代理银行主办行、承办行及各网点集中支付业务经办人员200余人参加了培训。

7月28日　举办了首届计算机技能竞赛，竞赛内容包括了财政一体化管理信息系统业务操作、Word图文混排、Excel电子表格、Powerpoint幻灯片等内容，全体干部职工参加竞赛，10人分获一、二、三等奖。

8月21日　支付中心党支部召开“保持党的纯洁性、迎接党的十八大”主题教育实践活动专题民主生活会，厅副巡视员陈传文参加会议，厅主题教育实践活动领导小组成员、厅纪检监察室主任李朝友与会指导。

9月　支付中心牵头制定《安徽省财政厅关于进一步加强财政资金支付安全管理的通知》，开展全省财政资金支付安全工作专项检查工作。

10月24日　省财政厅党组决定，许先才任支付中心主任。

11月19日　省财政厅党组决定，朱正余任支付中心副主任。

11月21日　省政风行风第一评议组莅临支付中心检查指导窗口建设工作，省财政厅党组书记、厅长罗建国，厅党组成员、纪检组长刘浩及厅纪检监察室、办公室负责人陪同检查。

12月5日　组织召开项目支出现金使用网上申报审批工作会商会，与厅相关业务处及省委组织部、人社厅等10个预算单位专题会商研究在省级预算单位实行项目支出现金使用网上申报审批的相关事宜。

12月13日　省财政厅印发《安徽省财政厅关于省财政厅国库支付中心内设机构设置的通知》，批准支付中心内设机构由原受理部、资金一部、资金二部、工资统发部、会计部、信息部、综合部调整为受理科、资金科、会计科、信息科、监控科、综合科。

12月20日　省财政厅印发《安徽省财政厅关于进一步加强零余额账户管理的通知》，进一步严格零余额账户支付、预算单位资金归垫、现金使用提取管理，规定项目支出现金使用情况半年通报一次。

12月28日　省财政厅印发《省级财政直接支付无纸化改革实施方案》，标志着本省财政国库电子支付管理改革正式启动。

12月28日　省财政厅印发《安徽省财政厅关于省级国库集中支付项目支出现金使用实行网上申报审批的通知》，规定从2013年1月1日起，省级国库集中支付项目支出现金使用实行网上申报审批。

12月31日　全年累计退回预算单位违规申请4212笔，涉及金额3.08亿元，较上年减少2.28亿元，同比下降43%。

1月—12月　支付中心围绕“指标管理、计划管理、支付管理、公务卡管理”等8个方面先后提出28项业务改进需求，积极改进完善财政一体化系统功能。

4月—12月　支付中心严格执行现金使用管理办法，重点加强了对预算单位现金使用情况监控，基本支出和项目支出的现金支出同比分别下降76%和70%。

1月—12月　支付中心被安徽省创建文明行业活动指导委员会表彰为第三届安徽省“文明窗口”，被评为省财政厅效能建设先进单位，支付中心党支部荣获2010—2012年财政厅直属机关创先争优先进党支部称号，支付中心干部李红娟荣获“首届安徽省直机关道德模范”称号。

（国库支付中心供稿）

政府采购执行工作大事记

1月13日　在第七届全国政府采购集采年会上，政府采购中心连续第二年被评为“全国十佳集采机构”，中心组织实施的“安徽省消防总队2011年应急救援装备项目”和“安徽省人防机动指挥通信系统服务外包项目”被评为2011年度全国政府采购精品项目。

1月13日　中心班子成员赴太湖县天华镇开展走访慰问活动。

2月9日　中心首个全程电子化采购项目—“安徽省财政厅财政达标机房运行状态监控项目”顺利实施。

2月15日　黑龙江省政府采购同行来中心考察电子化政府采购工作。

2月21日　太原市政府采购中心李宏毅主任一行来中心考察调研。

2月29日　采购中心动员部署“绩效创新年”活动。

3月5日　中心主任姜毅受邀参加《中国政府采购报》与搜狐财经联合举办的“2012两会特别报道·政府采购直播间”,介绍安徽省“三农”项目采购情况。

3月15日—16日　中心主任姜毅参加财政部国库司、干部教育中心联合举办的全国政府采购业务培训班。

3月29日　采购中心联合新华社经济参考报社举办全国政府采购高层研讨会，财政部政府采购管理办公室主任王瑛出席会议并发表重要讲话。

4月　采购中心党支部和太湖县方洲村党总支开展结对共建。

5月9日　省财政厅党组副书记、副厅长王林建到采购中心结对共建村太湖县方洲村走访慰问。

5月11日　采购中心邀请《政府采购信息报》副总编辑张松伟为政府采购当事人开展政府采购宣传专题讲座。

5月14日　四川省政府采购中心周竞良书记一行来中心学习考察。

5月24日　中心主任姜毅受邀参加2012中国政府采购电子化主题研讨会，介绍中心电子化政府采购系统建设及应用情况。

7月3日　采购中心动员部署“保持党的纯洁性、迎接党的十八大”主题教育实践活动。

7月12日　中心主任姜毅受邀参加国务院法制办和财政部联合举办的《〈政府采购法〉实施条例(草案)》征求意见座谈会。

8月27日　上海市政府采购中心副主任龚原通一行来中心考察交流。

9月6日　深圳市政府采购中心副主任李子华一行来中心考察交流。

9月12日　省财政厅党组成员、纪检组长刘浩到采购中心检查指导工作。

9月14日　甘肃省政府采购中心刘立卫副主任一行来中心考察交流。

10月　采购中心提前完成2012年干部在线学习任务,人均完成学分85.63分,位列厅机关处室、单位第一。

10月　采购中心被省创建文明行业活动指导委员会授予第三届“安徽省文明窗口”荣誉称号(相当于省级文明单位)。

11月21日　省政风行风评议组一行在省财政厅党组书记、厅长罗建国陪同下到中心检查指导财政窗口单位政风行风建设工作。

12月17日　由中国政府采购报社举办的中国政府采购高峰论坛2012年在长沙举行,中心主任姜毅荣获“十年人物奖”。

12月　在财政部国库司(政府采购管理办公室)和中国政府采购报社联合举办的“利盟杯”政府采购百题知识竞赛中,采购中心荣获“优秀组织奖”。

12月24日　在第八届全国政府采购集采年会上,中心被评为“全国十年十佳集采机构”;中心组织实施的“全省小麦优势产区良种补贴采购项目”被评为“全国十年十大精品项目”;中心主任姜毅被评为“全国十年十佳阳光人物”;周启安同志被评为“政采十年全国十佳业务标兵”。

12月31日　采购中心全年采购省产汽车834辆、1.29亿元，占中心全年汽车采购总量的95.60%,采购金额的92.7%。

12月31日　采购中心规范采购行为，实现项目从专家抽取到开、评标全程录音录像,全年邀请监督员386人次、公证员194人次,整理归档千余个项目档案、1.2万余卷。

12月31日　采购中心扩大政府采购信息公开，通过“安徽省政府采购网”发布各类采购信息2033条；通过专家库系统自动抽取专家13842人次、实到专家2971人次；新审核入库供应商2022家,入库供应商总数达6795家。

12月31日　采购中心扩大政府采购宣传,《经济参考报》、《中国财经报》等媒体报道中心文章36篇,《中国财经报》还以《在服务财政中心工作中扩大集采影响力》为题,整版总结报道中心自《政府采购法》颁布以来十年发展成绩。

12月31日 中心完成采购项目1027个,比上年增加176个,同比增长20.68%;完成预算42.08亿元,合同金额37.20亿元,节约资金4.88亿元,资金综合节约率为11.6%。

(省政府采购中心供稿)

财政科研工作大事记

1月17日 大幅改版后《安徽财会》的第1期顺利出刊。

2月23日 全省财政重点课题研究工作启动会议在合肥市召开。

4月10日 科研所党支部赴界首市光武镇苗桥村开展城乡基层党组织结对共建工作。

4月 省财政厅课题组撰写的《进一步支持安徽经济发展方式转变的财政政策研究》荣获2009—2010年度安徽省社会科学界联合会优秀成果奖。

4月 省财政厅课题组撰写的《推进我国主体功能区建设的财政政策研究》,在财政部、中国财政学会组织的第五次全国优秀财政理论研究成果评选中获得一等奖。

4月18日 科研所与安徽日报社就进一步做好财政宣传摄影报道工作签订战略合作协议。

4月26日 中国财政学会2012年年会暨第十九次全国财政理论研讨会在厦门国家会计学院召开,左俊副厅长率科研所有关同志参加了会议。

5月2日 科研所与安徽电视台签订战略合作协议,利用安徽电视台的摄像优势进一步加强财政宣传摄像工作。

5月15日 左俊副厅长率企业处、金融处、科研所负责同志赴界首市光武镇苗桥村调研指导结对共建工作。

5月21日 省政府召开第八次全省地方志工作会议,省财政厅的志书编撰工作得到谢广祥副省长的表扬。

5月25日 2011年度市县承担全省财政重点课题评审工作顺利完成,共评选出一等奖2篇、二等奖4篇、三等奖8篇和优秀奖11篇。

5月31日 罗建国厅长来科研所走访慰问,对新时期下的财政科研工作提出明确要求。

7月25日 科研所党支部围绕“保持党的纯洁性、迎接党的十八大”主题教育实践活动,召开民主生活会并广泛开展谈心活动。

7月31日 厅办公室与科研所共同会商做好财政宣传工作。

8月15日 省财政学会在全省范围开展 税制改革对安徽财政经济的影响及对策 理论研讨会征文活动,收到各应征稿件49篇,评审出一等奖2篇、二等奖3篇、三等奖6篇和优秀奖18篇。

9月24日 省财政厅出台关于进一步加强《安徽财会》宣传工作的通知,对办好《安徽财会》提出8个方面要求。

11月6日 由财政部科研所税收政策研究室和陕西、安徽、内蒙古、山东、吉林五省财政科研所共同参与的2012年全国财政协作课题《资源税、房产税改革及对地方财政影响分析》第三次研讨会在合肥市召开。

11月22日 科研所召开全所职工大会专题学习党的十八大精神,明确下一步财政科研宣传工作任务和重点。

(省财政科学研究所供稿 万勇整理)

各市财政工作大事记

合肥市财政工作大事记

1月3日　全市财税金融工作通报会在市财政局召开。

1月31日—2月2日　全市财政系统干部职工集中开展“春训”活动,共同学习、交流和总结,谋划全年各项工作。

2月9日　市财政局召开全市财政系统动员大会,部署全市财政系统“讲大局、强责任、提能力、抓落实”主题教育活动。

3月6日　市财政局喜获全国妇联“全国城乡妇女岗位建功先进集体”称号,成为全市唯一获此殊荣的单位。

3月29日　全市财税金融投融资暨民生工程工作会议召开。

4月26日　财政部干教中心培训工作专题调研座谈会在市财校召开,市财政局、经开区财政局和长丰县财政局作交流发言。

5月11日　合肥市首批开展股权和分红激励试点的企业正式确定,标志着全市企业股权和分红激励试点工作取得阶段性的成果。

5月14日　财政部企业司司长刘玉廷一行来合肥市就国家中小企业发展基金问题进行调研。

6月4日　市财政局组织召开全市财政工作座谈会,贯彻落实全省财政工作视频会议精神。

6月19日　市财政局召开企业股权和分红激励试点工作推进会。

7月10日　财政部中国财政杂志社何杰平总编一行来市财政局,采访全市文化创意产业发展财政支持政策、具体做法及成效。

7月27日　市财政局开展“保持党的纯洁性,实现财政工作新跨越”主题党课教育和警示教育。

9月4日　全市营业税改增值税试点工作动员及培训工作会议在市政务中心召开。

9月11日　省财政厅厅长罗建国一行赴合肥市开展“营改增”试点及财政工作专题调研。

9月18日　市人大副主任谢刚一行赴市财政局调研工作,听取民生工程实施和人大议案、建议办理情况汇报。

9月27日　财政部党组副书记、副部长王军来合肥市调研“营改增”试点工作。

10月10日　省财政厅副厅长陈军到合肥市财政局调研督查工作。

10月26日—28日　市财政局召开全市财政系统工作务虚会,通报过去五年及今年以来工作开展情况,初步明确2013年及未来五年财政工作思路。

11月1日　省政协副主席赵韩一行来合肥市调研股权和分红激励试点工作。

12月19日　省政府召开全省义务教育均衡发展暨“两基”工作总结表彰电视电话会议,授予合肥市财政局等单位为全省“两基”工作先进单位。

12月31日　全市财政收入完成694.36亿元,增长11.32%;其中地方财政收入完成389.5亿元,增长15.06%,在全国省会城市中排名第10位。

(合肥市财政局供稿)

淮北市财政工作大事记

1月4日　省财政厅发来贺信:祝贺百善现代农业示范区建设取得圆满成功,望再接再厉,更上一层楼。

1月4日　市政府通报表彰市财政局在现代农业示范区建设中,积极主动推进,狠抓工作落实,取得了显著成绩。

2月20日　全省民生工程暨居民收入倍增工作会议在合肥召开,淮北市荣获“全省2011年度民生工程组织实施工作先进市”称号,实现了跻身全省第一方阵的目标。

4月9日　市2010年度农发项目“回头看”工作受到省农发局肯定,并在全省农发系统转发我市的具体做法。

4月26日　市财政局、市教育局联合制定出台《淮北市学前教育资助实施办法(试行)》。

4月27日　市财政局、市监察局联合下发《关于全面推进公务卡制度改革的通知》,确保6月底市级所有预算单位纳入公务卡制度改革范围。

4月28日　市财政局制定《关于实施市级预算单位公务卡结算目录的通知》,要求自2012年7月1日起,凡纳入公务卡强制结算目录的事项,预算单位均应使用公务卡结算。

5月　出台《淮北市本级国库集中支付业务处理暂行办法》业务规程,进一步明确工作职责,优化支付流程。

5月29日　市财政局下发《关于淮北市区级国库集中支付制度改革的指导意见》,对区级国库集中支付转轨工作的指导思想和基本原则、工作内容、进行了部署。

6月6日 安徽电视台公共频道《新闻聚焦》“三夏”时节访农家栏目,专题播出淮北市百善农业综合开发示范区建设情况。

6月11日　全市统一制作2012年度农业综合开发项目《农民监督员证》,充分发挥农民监督作用,确保工程建设质量。

6月13日　市财政局分四批次对市直305家预算单位财务人员开展了公务卡业务培训工作,确保7月份我市公务卡业务全面启动。

6月27日　制定出台《淮北市乡镇公办幼儿园建设工程专项资金管理办法》。

7月12日　召开“政银行保”合作“整贷直发”对接会,创新小额担保贷款工作模式,改进审贷流程,扩大政策受益面,全年发放贷款2.27亿元,是此项业务开办10年以来总量的1.8倍。

7月21日　省财政厅厅长罗建国一行来淮北调研财政经济运行情况。

8月23日　全省农村公路危桥改造民生工程现场会在淮北市召开。

8月　淮北市成立了由市委常委、常务副市长叶露中同志任组长的营业税改征增值税试点工作协调服务领导小组。

9月4日　下发《关于做好全市营业税改征增值税试点宣传报道的通知》和《淮北市营业税改征增值税试点宣传方案》。

9月27日　出台《关于实施营业税改征增值税财政扶持政策的通知》和《关于开展营业税改征增值税试点有关预算管理问题的通知》。

10月1日　正式启动营业税改征增值税试点工作。

10月8日　制定《关于进一步加强地方煤矿生产企业税收征管工作的实施意见》,进一步规范地方煤矿企业纳税行为,促进公平税负。

10月31日　省政协副主席王鹤龄来淮调研民生工程和居民收入倍增规划实施情况,对淮北市民生工程和组织领导、强力推动、建后管养等给予充分肯定。

11月1日　布置审计署来淮北开展财政收支审计迎审工作。

11月14日　淮北市辖区财政一体化管理信息系统上线运行,实现了国库集中支付改革延伸到区级财政。

12月10日　省委、省政府督察组督查淮北市民生工程,对淮北市2012年民生工程实施工作中取得的成绩给予充分肯定。

12月底　淮北市市直预算单位公务卡办卡量6678张,报账11332笔,金额1655万元。

2012年　市开发区预算纳入市本级预算管理,接受市人大监督,并制定《关于调整市开发区财政体制的意见》改革方案草案。

2012年　全市保障性住房工作获得省住建厅考核优秀单位。

2012年　市财政局国库支付中心荣获了淮北

市工人先锋号、淮北市创先争优先进集体、安徽省文明窗口等荣誉称号。

(淮北市财政局供稿)

亳州市财政工作大事记

1月12日　受市政府委托,市财政局向市三届人大第二次会议提交《关于亳州市2011年预算执行情况和2012年预算草案的报告》,会议审议通过了市本级预算。

2月1日　市政府下发《关于表彰市财政局的通报》,对市财政局予以通报表彰。

3月27日　市委常委会听取市民生办《关于全省民生工程会议精神和2011年度全市民生工程考核结果等情况的汇报》,对民生工程工作提出要求。

3月29日　市财政局印发《亳州市社会保险基金财政专户会计核算暂行办法》和《亳州市社会保障资金财政专户会计核算暂行办法》,规范全市社会保险基金财政专户会计核算工作。

4月4日　市财政局获市直机关效能建设优秀单位,受到市委、市政府表彰。

4月9日　市政府印发《亳州市人民政府关于实施2012年民生工程的通知》,实施31项民生工程,其中新增4项,提高标准6项,调整内容5项,继续实施16项。

4月12日　全市民生工程会议召开,市委副书记、市长沈强代表市政府与各县区政府签订2012年民生工程目标责任书。

4月17日　全市民生工程工作视频调度会召开。

5月4日　市委书记、市人大常委会主任方春明赴涡阳县调研民生工程,先后调研了涡阳县陈大镇中心学校、华都小区廉租房、郭寨敬老院、白杨林场文化站、高炉镇陆杨行政村等民生工程项目。

5月16日　财政部《会计法》立法调研组来亳调研。

6月23日　市民生办会同市监察局、市委督查室、市政府督查室开展民生工程资金落实情况专项督查。

6月4日　市财政局印发《亳州市政法经费保障绩效考核办法的通知》,加强和规范政法经费保障工作。

6月19日　市政府召开上半年全市民生工程视频调度会,通报民生工程进展情况,部署下半年工作。

6月21日　市财政局、市卫生局联合印发《亳州市新型农村合作医疗基金住院费用支付总额预算管理实施方案》,推进新农合支付方式改革,防范基金运行管理。

6月25日　市财政局、市委宣传部印发《亳州市宣传文化发展专项资金管理暂行办法》,确保资金使用效益和资金安全。

7月12日　亳州市人民政府办公室印发《亳州市地方水利建设基金筹集和使用管理办法通知》,加快水利建设,促进经济社会可持续发展。

7月19日　市财政局印发《市直单位财务管理工作绩效考评实施细则》,提高考评工作的科学性和规范性,扎实做好日常考评工作。

8月9日　市人大财经工委部分市人大代表对市财政局承办的“关于大力扶持亳州市中药材进出口检测中心建设的建议”办理情况进行实地视察、评价,人大代表对我局建议办理工作给予充分肯定。

8月13日　市财政局举办全市财政(国资)系统财会知识大赛,各县区财政(国资)部门和市属国有企业11支代表队44名队员参加笔试。

8月20日—10月20日　全市事业单位公务用车清查工作全面开展。

8月25日　省财政厅党组书记、厅长罗建国率厅办公室、预算处、农业处、金融处、民生办负责同志来亳州市实地调研。

8月31日　市第三届人民代表大会常务委员会第十三次会议任命蔡怀乾为市财政局(市政府国有资产监督管理委员会)局长(主任)。

9月28日　亳州市人民政府办公室印发《亳州市市直预算单位公务卡制度改革实施方案通知》,深化国库集中支付制度改革,规范市直预算单位财务管理。

9月29日　市政府下发《关于全面开展市直预算单位会计集中核算向国库集中支付转轨工作的通知》,对国库集中支付改革提出要求。

9月25日　市财政局、中行亳州支行印发《亳州市市级预算单位公务卡使用管理暂行办法》,规范市级预算单位财政授权支付业务。

10月9日　市直预算单位公务卡制度改革业务培训会议召开。

10月17日　市财政局印发《亳州市2012年家电下乡工作年终考评办法的通知》,规范家电下乡工作管理,确保家电下乡工作圆满收官。

10月18日　市财政局、市监察局、市审计局印发《关于加强市级预算单位现金使用管理的通知》,规范财政资金支付行为,强化财政财务监督。

10月27日—28日　省财政厅副巡视员陈传文率省厅办公室、农村局、投资评审中心负责人来亳州市督查调研财政工作情况。

10月30日　市第三届人民代表大会常务委员会第十四次会议听取民生工程实施情况汇报。

11月2日　市政府召开全市民生工程工作调度会。

11月7日　市财政局印发《关于印发信息化工作制度汇编的通知》,保障信息化工作有序运转。

11月7日　市财政局印发《亳州市突发公共事件财政应急保障预案》。

11月26日　市财政局、市供销社印发《亳州市供销社"新网工程"建设专项资金管理暂行办法通知》,加强和规范我市"新网工程"建设资金管理,充分发挥资金使用效益。

11月26日—29日　省财政厅监督检查局对亳芜工业园区2012年度财政资金使用效益进行绩效评价。

12月3日　市财政局印发《亳州市市直差旅费管理办法》、《亳州市市直机关会议费管理办法》的通知。

12月5日　市委召开社会事业部门座谈会,会议听取了《2012年民生工程工作情况及明年工作安排的汇报》。

12月10日　省农委副主任周世其率省民生工程督查组来亳州市督查民生工程工作。

12月　市财政局通过报纸、网络等多种媒体渠道,在全市范围内开展形式多样的《小企业会计准则》宣传活动。

12月22日　省财政厅党组成员、纪检组长刘浩,专程来亳州市与部分省人大代表座谈交流,征求对财政工作的意见和建议。

12月26日　市财政局、市发改委关于印发《亳州市节能专项资金管理暂行办法通知》,规范节能专项资金使用和管理,充分发挥资金使用效益。

(亳州市财政局供稿　邓昊整理)

宿州市财政工作大事记

2月　市三届人大第四次会议批准宿州市2012年本级财政预算。

2月28日　在全省民生工程暨居民收入倍增工作大会上,宿州市被授予"2011年度民生工程组织实施工作先进市"荣誉称号。

3月7日　市直组织召开非税收入征管检查工作动员大会,决定从4月1日至8月底,对市直执收单位和党派、团体、机关事业单位共140家单位进行非税收入征管检查。

3月23日　全省财政扶贫工作调研座谈会在宿州市召开,省财政厅副厅长张广寿参加会议并作重要讲话。

4月1日　在市本级预算单位全面推行公务卡结算制度。

4月10日—11日　省农发局局长王建培到宿州市调研农业综合开发工作。

4月12日—19日　会计从业资格无纸化考试在宿州工业学校、宿州中大计算机专修学校举行,全市报考人数5881人,创历史报考人数新高。

4月　完成"两税"职能的划转,契税和耕地占用税由财政部门划转到地税部门征收。

4月　宿州市政府采购中心列入参照公务员法管理范围。

5月3日　市本级财政专项资金实行国库集中支付,至此,市本级财政性资金实现了国库集中支付全覆盖。

6月18日　市级预算单位开始实施公务卡强制结算目录。

6月20日　全市2011年度部门决算账表一致性核查工作正式开展。

7月19日　对局属单位4个副科级职位实行竞争上岗。

7月　市三届人大常委会第34次会议批准2011年市本级财政决算。

8月　宿州市政府采购中心网站升级及宿州市电子化政府采购平台建成并投入试运行。

8月　市2011年度农业综合开发项目顺利通过省级验收。

9月19日　省财政厅厅长罗建国到宿州市调研财政经济运行情况、美好乡村建设以及营改增试点改革等重点工作情况。

9月19日—20日　市直举办行政、事业单位会计人员继续教育培训班,140名会计人员参加了培训。

9月　出台市级财政相关配套文件，全力支持县级公立医院综合改革。

9月　制定出台《宿州市市直行政单位财务管理暂行办法》,修订《宿州市市直机关差旅费管理办法》。

9月　召开市直2013年部门预算编制部署及2012年度部门预算编制工作先进单位和先进个人表彰大会。

10月　全市营改增试点改革顺利实施,交通运输业和部分现代服务业试点纳税人由向地税部门缴纳营业税改为向国税部门缴纳增值税。

10月25日—26日,省财政厅副巡视员陈传文一行到宿州市督查调研2012年财政目标任务完成情况。

10月　推行市级行政事业单位资产管理与预算管理相结合。

11月1日　开展财政票据购领证换发工作,市直对所有行政事业单位、社会团体原办理的《安徽省行政事业单位往来结算收据购领证》、《安徽省政府非税收入票据购领证》,统一换发《财政票据购领证》。

11月20日　市政协主席刘晓云对全市民生工程进行巡视。

11月　市本级及各县区预算执行动态监控系统及国库集中支付动态监控正式上线运行。

11月30日　家电下乡活动结束，全市累计销售家电下乡产品2180341台,家电销售额达到55.49亿元,财政累计补贴2178048台,兑付补贴资金6.96亿元,兑付率达100%。

12月12日　省委民生工程督察组一行到宿州进行民生工程专项督查。

12月　市本级及各县区全部推行了公务卡制度改革工作。

(宿州市财政局供稿　寇智、许磊整理)

蚌埠市财政工资大事记

2月8日　召开企业股权和分红激励试点工作动员暨培训会。

2月28日　全市财政暨民生工程和居民收入倍增工作会议召开,确定新目标,提出新要求。

6月11日　市委副书记方志宏、市委常委组织部长周勇视察全国注册会计师行业党建工作先进单位安徽永合会计事务所。

6月27日　市财政局开展保持党的纯洁性教育活动暨“七一”专题党课报告会。

7月5日　召开市级预算单位公务卡制度改革动员大会,全面实施公务卡制度改革。

7月10日　市财政局组织干部职工参观市法院廉政教育基地。

7月17日　市委常委、纪委书记顾世平在市财政局调研财政廉政风险防控和信息化建设。

8月3日　市财政局党组书记、局长王莉敏接受蚌埠电视台财政与民生工作专访。

9月8日　省财政厅厅长罗建国调研指导蚌埠财政工作,视察我市营改增试点模拟运行现场。

9月14日　市委常委、常务副市长张孝成出席全市民生工程工作推进会并作重要讲话。

10月27日　省财政厅副厅长朱长才率队来蚌督查指导年度财政工作。

11月2日　全市财政系统举办第五届职工运动会。

11月15日—16日　市财政局在市委党校举办农村财会人员财政支农政策培训班。

12月24日,省财政厅副厅长陈军调研财政工作,听取在蚌省人大代表意见和建议。

12月31日　市委书记周春雨、代市长白金明等市领导视察指导财政工作,听取财政收支情况汇报。

12月31日　市财政局荣获2008—2012全省财政系统先进集体。

(蚌埠市财政局供稿)

阜阳市财政工作大事记

1月　市财政局召开市直财政系统新春联欢会。

1月　市财政局召开2012年度推进整治和预防腐败体系检查，党风廉政建设责任制考核暨市管干部年度考核工作汇报会。

1月　市财政局开展冬季安全大检查活动。

1月　全市2012年财政收入实现开门红。

2月　市财政局召开效能建设工作动员会议。

2月　市财政局召开全市民生工程工作会议。

3月　市财政局开展五级书记大走访联系点调研活动。

3月　市政府召开全市财政工作第一季度调度会。

4月　市财政局召开廉政风险防控暨岗位廉政教育工作动员会。

4月　市财政局组织开展2012年度会计从业资格考试工作。

5月　全市开展2012年33项民生工程政策集中宣传日活动。

5月　市财政局到县市区开展综治工作调研活动。

6月　市财政局连续八年荣获市政府目标考核先进单位。

6月　市财政局开展安全生产、节能减排宣传活动。

6月　市财政局组织干部职工赴井冈山开展爱国主义教育活动。

7月　市财政局开展民生工程大检查活动。

7月　省财政厅来市财政局检查廉政风险防控工作。

8月　省财政厅厅长罗建国一行来阜阳市开展财政工作调研活动。

8月　市委组织部宣布虞建斌同志任阜阳市财政局党组书记、局长。

9月　市财政局承办全省财政系统第十一届离退休干部竞技麻将比赛活动。

9月　市财政局召开文明创建工作动员大会。

9月　市政府召开营改增、财税形式分析会。

10月　市政府召开营改增工作督查会。

10月　市财政局组织收听省财政厅政风行风热线活动。

10月　省财政厅周远副处长来市财政局挂职副局长。

10月　省财政厅副巡视员李友兰一行来阜阳市开展财政工作督查活动。

10月　全市2012年度会计师考试工作全面开展

10月　市政府召开全市财税工作调度会。

11月　市财政局做客阜阳新闻网效能连线。

11月　市财政局召开中心组理论学习十八大扩大会议。

11月　全市财政工作座谈会召开。

12月　省财政厅纪检组长刘浩来阜阳市听取征求省人大代表、政协委员对全省财政工作意见。

12月　市财政局召开全市财政局长座谈会。

（阜阳市财政局供稿）

淮南市财政工作大事记

1月7日　市财政局、市民生办开展民生工程送春联下乡活动，共向群众赠送民生工程春联10000余副、宣传品15000个，政策宣传册20000本，深受广大群众欢迎。

1月13日　市财政局召开2012年民生工程实施开局谋划会议，对2012年民生工程如何实施进行科学谋划，明确了思路，提出了具体要求。

1月14日　市财政局召开2012年第一次“淮南市财政、担保、企业座谈会”。

2月3日　召开全市财政系统“绩效创新年”活动动员会，对活动进行部署。市财政局领导班子成员、全体干部职工和各县、区（园区）财政局长参加会议。

2月15日　全市财政监督工作会议召开，就财政财务监督工作进行了部署。

2月17日　市财政局组织全局职工深入学习市长曹勇在市政府第十七次全体（扩大）会议上的讲话。

2月20日　淮南市被省政府授予“2011年度民生工程组织实施工作先进市”称号，凤台县被授予“2011年度民生工程组织实施工作先进县（市、区）”称号。

3月6日　省财政厅副厅长左俊率省工业企业帮扶调研组来淮调研，了解工业经济运行中出现的新情况、新问题，并听取市政府和相关部门以及部分工业企业的汇报。

3月23日　全市民生工程暨居民收入倍增工作会议召开。

3月23日　全市财政、税务、金融工作会议召开。

4月11日　市财政局被市政府授予“2011年度政风建设标兵单位”称号。

4月19日　市财政局召开动员会议，部署推进“基层组织建设年”活动。

4月20日　全市财政系统“绩效创新、为民理财、永葆廉洁”演讲比赛在市财政局举行，来自各县区财政局、局机关各党支部、团小组和局属单位推荐的18名选手参加了比赛。

4月23日　市财政局向局属各单位、各科(局)室印发《关于调整市财政局反腐倡廉建设工作领导小组的通知》及《关于深入开展推进廉政风险防控工作的实施办法》。

4月24日—26日　市财政局科室负责人分别赴各县区开展“送政策、解企困、促发展”活动，通过召开企业负责人座谈会、深入企业一线开展调研工作，了解了目前各小微企业面临的困难，下一步发展方向和目前急需解决的问题。

5月7日　市财政局召开纪念中国共产主义青年团成立90周年座谈会，学习传达胡锦涛总书记在纪念中国共产主义青年团成立90周年大会上的讲话。全局青年干部约60人参加了会议。

5月23日　市财政局邀请人大代表、政协委员，召开人大建议、政协提案现场办理座谈会。

5月25日　市财政局被市委、市政府授予“市级文明单位标兵”称号。

6月1日　市人大预算工作委员会召开会议，审议《淮南市2011年财政决算草案报告》和《2011年度市本级预算和其他财政收支的审计工作报告》，市财政局局长陈永多作专题发言。

6月16日　市民心声第50次座谈会暨财政工作和民生工程网络问政在市财政局举行，市财政局负责同志与网友就财政工作、民生工程和群众普遍关注的环境、食品安全等问题进行了现场交流，同时在市民心声论坛中与广大网友实时在线交流。

6月18日　市财政局邀请四所农村中学的校长和学校所在区的财政局领导前来市财政局就“关爱贫困女生，共建和谐校园”帮扶活动进行座谈。

6月27日　市财政局在市直机关创先争优活动中获得多项荣誉。

6月28日　市财政局举行庆“七一”暨创先争优表彰与保持党的纯洁性教育实践活动动员大会。

7月2日　局党组(扩大)中心组会议举行专题学习会，局副县级以上干部、机关党委各党支部书记和部分科室负责人参加学习。

7月6日　市“保持党的纯洁性、迎接党的十八大”主题教育实践活动领导小组督察组来市财政局，就主题教育实践活动的动员部署、组织实施和具体推进等工作开展专项督查。

7月19日　市政府授予市财政局集体二等功称号。

7月27日　市财政局召开“读经典、强信念”读书交流会，局机关、局属单位的多名同志参加座谈交流。

8月2日　市政府召开全市民生工程和居民收入倍增工作调度会。

8月3日　市财政局组织全体干部职工认真学习谢旭人部长在全国财政厅(局)长座谈会上的讲话精神。

8月26日　省财政厅厅长罗建国来淮调研毛集区寺西棚户区新农村建设及河西社区、凤台县凤凰湖新区采煤沉陷区居民安置工程建设，深入淮化集团国家认定企业技术中心、国家煤化工产品质量监督检验中心、日芯光伏科技有限公司了解情况。

8月30日　市财政局召开提炼“财政精神”研讨会，与会人员畅所欲言，讨论学习，交流心得。

9月2日　“参与式预算”网民座谈会在市财政局召开，50多位网民受邀参加座谈。

9月22日　全省注册会计师行业创先争优活动总结表彰大会在合肥召开，淮南市行业党总支被授予全省先进注册会计师行业党组织称号。

9月29日　全市美好乡村建设动员大会堂召开。

10月13日　省国税局副局长曹剑率工作组来淮督查“营改增”试点实施工作。

10月25日 财政部安徽省专员办负责人来淮视察指导财政工作，重点检查政府性债务管理情况。

10月26日 省财政厅副厅长张广寿率农业处、农村财政管理局等相关处室负责人来淮督查调研2012年度财政工作。

11月8日 市财政局组织全局干部职工集中收看党的十八次全国代表大会开幕盛况。

11月15日 “淮南市民生工程走进杨公”2013年民生工程项目征集现场会在谢家集区杨公镇举行。

11月17日 财政文化建设暨“淮南财政文化丛书”研讨交流会在市财政局召开，来自市文联、市作协的十几位专家学者和知名人士参加了会议。

11月30日 廉政风险防控工作汇报会在市财政局召开。

12月4日 市财政局向局机关各科室（局）、局属各单位印发《淮南市财政局会商工作暂行办法》。

12月6日 市财政局向局属各单位、各科（局）室，各党支部，团支部印发《市财政局学习贯彻党的十八大精神实施方案》。

12月6日 省财政厅副厅长左俊率调研组来淮调研民营经济发展情况。

12月13日—14日 省教育厅副厅长金燕率省委省政府民生工程进展情况专项督查组来淮，督查指导民生工程工作。

12月24日 省财政厅副巡视员李友兰一行来淮征求意见建议，市财政局局领导班子和8名在淮省人大代表参加了座谈。

（淮南市财政局供稿）

滁州市财政工作大事记

1月8日 经全市读者和网友广泛投票和评选，“民生工程惠及城乡居民”入选滁州市2011年度十大新闻。

1月9日—13日 滁州市召开四届人大五次会议，会议审查《滁州市2011年预算执行情况的报告与2012年预算草案》，批准《2011年市直预算执行情况的报告与2012年市直预算》。

1月16日 市财政局与市消防支队在滁共同举办2012年迎新春联欢会。全市财政系统干部职工、部分离退休老同志和消防部队的官兵近300人共迎新春。

2月8日 市财政局及凤阳县、明光市和全椒县财政局被评为省厅信息化建设统计工作先进单位。

2月10日 市财政国库支付中心荣获市直单位首批“党员先锋岗”称号。

2月15日 市财政局制定出台《滁州市会计改革与发展“十二五”规划实施意见(2011—2015)》。

2月16日 在全省“小金库”治理总结表彰电视电话会议上，卜训义等六人获省通报表扬。

2月16日—18日 市财政局举办2012年度财政干部春训班。

2月20日 市财政局门户网站改版升级工作全面完成，并正式上线运行。

3月16日 市财政局副局长杜永珍、调研员张贵龙、副局长马有山深入凤阳县小岗村调研。

3月20日 市政府组织召开全市民生工程暨居民收入倍增工作会议。

4月1日 市财政局党组全体成员、机关各支部书记和部分党员代表一行数十人前往小岗村沈浩墓祭扫。

4月18日 市倍增办召开市居民收入倍增工作领导小组部分成员单位分管领导和联络员会议。

4月24日 省财政厅农发局局长王建培率检查组一行，在副市长李树陪同下，深入南谯区乌衣现代农业综合开发示范区检查指导工作。

5月4日 市财政局局长张志华、副局长杜永珍等欢送第五批选派干部鲁家栋同志到大溪河镇石塘村担任村党支部第一书记。

5月29日 市财政局组织召开全市公务卡结算改革领导小组成员单位会议。

5月31日 市委副书记、代市长张祥安在市委常委、常务副市长章义，市效能办、民生办及有关县(区)负责同志陪同下，督查调研全市民生工程。

6月26日 市政府组织召开全市财税收入调度会，对上半年以来全市财税收入形势及预算中存在的问题进行讨论分析。

6月29日 市财政局就“保持党的纯洁性、迎接党的十八大”主题实践活动进行再动员、再宣讲、再部署。

6月30日　“全省城乡居民养老保险全覆盖”启动仪式在来安县举行,国务院督查组、省人社厅、财政厅、市政府主要领导同志参加了启动仪式。

7月7日　市财政局机关党委组织部分党员到金寨县革命烈士纪念馆参观学习，接受革命传统教育。

7月18日　市政府组织召开全市民生工程暨居民收入倍增工作半年推进会。

8月9日　省财政厅“民生工程和收入倍增规划实施情况”巡视组来滁州市调研,并召开座谈会。

8月10日　市财政局、人力资源和社会保障局、中国人民银行滁州中心支行与中国邮政储蓄银行股份有限公司滁州市分行在邮储银行举行了签字仪式,联合签署了《滁州市小额担保贷款“整贷直发”合作协议》。

8月31日　市财政局组织召开全市营改增试点工作座谈会,传达省营改增试点联席会议精神,研究讨论我市营改增相关准备工作。

9月10日　全市营业税改征增值税试点业务培训会议在滁召开。

9月20日　省财政厅厅长罗建国、副厅长张广寿及有关部门领导,深入凤阳县小岗村调研。

9月21日　市委常委、常务副市长章义深入市财政局帮扶企业——安徽天大石油管材股份有限公司开展调研。

9月27日　市委常委、常务副市长、市营改增试点工作协调小组组长章义深入部分营改增试点企业和纳税服务窗口调研营改增试点准备工作情况。

9月28日　滁州市财政局召开局党组中心组会议,认真传达学习市委五届三次全体(扩大)会议精神和江山书记讲话精神。

10月1日　滁州市首份“营改增”增值税专用发票开出,标志着滁州市“营改增”试点改革正式上线运行成功。

1月—9月　全市财政总收入完成108.07亿元,同比增长18.5%,首次在前三季度中突破百亿,超过2010年全年收入总量17.6亿元。

10月12日　省财政厅厅长罗建国率厅办公室、预算处、政法处主要负责同志一行5人赴滁州市开展调研督查。

10月21日　全市累计销售家电下乡产品155.24万台，销售额为40.35亿元，财政已补贴4.73亿元,兑付率为95.71%。

10月24日　省财政厅、省国税局、省地税局组成督查组对滁州市“营改增”试点工作开展情况进行督查。

10月30日　全市2012年3366个一事一议财政奖补审批项目全面完成。

11月8日　市财政局组织全体党员及干部职工，通过电视集中收看中国共产党第十八次全国代表大会开幕式盛况。

11月9日　市长张祥安在市委常委、常务副市长章义的陪同下，深入市财政局机关亲切看望并慰问干部职工。

11月14日—15日　省财政厅厅长罗建国率省政府县级公立医院综合改革督查组对滁州市县级公立医院综合改革试点工作进行督查调研。

11月23日　省财政厅农发局局长王建培一行深入定远县金山现代农业示范区调研督查指导工作。

12月11日—12日　省政府督查室主任韩永奇率领省委、省政府民生工程督查组一行来滁,对2012年民生工程实施情况进行全面督查。

(滁州市财政局供稿)

六安市财政工作大事记

1月10日　市人大常委会副主任伍箴顺率人大财经工作委员会成员和专家组到市财政局开展2012年市级部门预算审查工作。

1月16日　市政府副市长钟园一行在市财政局、市直工委主要负责人的陪同下,到金寨县槐树湾乡万冲村，参加了市财政局和该村联合党委揭牌仪式。

2月15日　市政府召开市直行政事业单位国有资产管理改革动员会，对资产管理改革进行安排布置。

3月2日　全市财税工作会议召开。

3月16日　市财政局注册会计师行业党委与舒城县千人桥镇舒胜村支部结对共建，成立联合党委,并在舒胜村举行联合党委揭牌仪式。

3月23日　全市民生工程暨居民收入倍增工作会议召开。

3月31日　财政部经建司副司长李方旺一行来六安市调研粮食生产和新增农资综合补贴项目实施情况。

4月9日　市政府召开资产划转工作组会,正式启动产权划转工作。

4月13日　市财政局组织收看国家、省村级公益事业建设一事一议财政奖补工作视频会议。

4月17日　全市政策性农业保险工作会议召开。

4月19日　财政部经建司、条法司“学雷锋青年小组”来六安市调研粮食生产情况。

5月2日　市财政局党组书记、局长王琢,副局长、国库支付中心主任涂成富为选派第五批优秀年轻党员干部郑涛到金寨县槐树湾乡杨桥村报到任职送行。

5月6日　国务院综改办主任王卫星率国务院综改办、国家农业部等相关负责同志来六安市专题调研农业综合改革工作。

5月8日　中共六安市注册会计师行业·杨桥村联合党委揭牌仪式在金寨县槐树湾乡杨桥村村部举行。

5月8日,市财政局牵头申报的迎驾贡酒股份有限公司10MW用户侧并网光伏发电项目成功入选财政部、科技部、国家能源局公布2012年金太阳示范项目目录。

5月9日　市财政局召开全市农村综合改革工作会议。

5月16日　市财政系统反腐倡廉建设工作会议召开。

5月24日　全市农村财政管理工作推进会在金寨县召开。

5月25日　全市财税经济形势分析会召开。

5月27日　市财政局机关党委组织召开全体党员大会和各支部党员大会,组织部署局各支部改选和局机关党委换届选举工作。

5月29日　国务院国资委与安徽省人民政府合作备忘录签字暨安徽省与中央企业合作项目签约仪式在安徽国际会展中心举行,市财政局局长王琢,市国资委副主任刘玉飞分别参加合肥主会场签约仪式和六安分会场项目集中开工现场。

6月6日　省农发局局长王建培一行赴六安木南现代农业综合开发示范区检查指导工作。

6月12日　省人大常委会副主任郭万清率领省人大常委会有关工委主任、副主任及部分省人大代表一行,对全市整合财政支农资金,促进城乡统筹发展和美好乡村建设情况进行调研。

6月15日　市财政局机关党委书记杨庆法率机关四个党支部书记及党员代表到金寨县槐树湾乡万冲村开展结对帮扶活动。

6月20日　市人大财经委召开2011年市级决算审查汇报会,听取市财政局市直2011年财政决算(草案)及2012年重点专项分配使用有关情况的汇报、经济开发区2011年财政决算情况汇报。

6月26日　市财政局开展局干部职工、离退休干部代表、机关党委和行业党委共建村“两委”代表党史报告会,邀请市委党史研究室主任邓典厚作“艰难的探索,光明的前景”党课报告。

6月28日　六安市注册会计师行业党委在裕安区召开行业基层组织建设暨“学雷锋”演讲会。

6月28日　市财政局组织召开“保持党的纯洁性、迎接党的十八大”主题教育实践活动动员大会。

6月30日—7月1日,市财政局组织优秀党员、优秀党务工作者赴徐州参观淮海战役纪念馆、枣庄现代革命斗争纪念地、微山湖爱国主义教育基地、铁道游击队和台儿庄大战纪念馆进行教育实践活动。

7月10日　省财政厅副厅长张广寿率厅农业处、预算处、综改处、经建处、金融处、农发局负责同志,赴金寨开展“5+1”项目调研。

7月9日　市政府召开全市社保基金存款优惠利率政策执行工作会议,并就相关问题进行布置。

7月13日　市财政局召开市直农口部门座谈会。

7月18日　市财政局(国资委)到六安经济开发区索伊电器开展帮扶活动。

7月23日　市委组织部副部长陈树明带队赴市财政局督查主题教育实践活动开展情况。

7月20日　在市城投集团公司举行了市融资担保有限公司划归财政局(国资委)直接管理的划转

交接会议。

7月31日　国务院国资委副秘书长郭建新,带领委规划局、宣传局、群工局和机关党委等部门负责人一行到金寨县调研指导现代产业园建设。

8月2日　市财政局荣获2011年度市政府目标管理考评先进单位,受到市政府通报表彰。

8月10日　市财政局和市财校共60名党员干部,到市党风廉政教育中心开展反腐倡廉警示教育活动。

8月13日　市政府召开市"营改增"试点工作领导组会议,听取了国税、地税、财政等部门"营改增"税负测算、纳税户核实、资料衔接等工作情况汇报。

8月14日　市财政局副局长涂成富会同市计生委、司法局、农行等单位负责人,到2012年计划生育重点管理乡镇寿县板桥镇调研、帮扶计划生育工作。

8月15日　市财政局召开中心组(扩大)会,传达学习市委三届四次全体(扩大)会暨全省财政增收节支工作会议精神。

8月20日　市纪委监察局杨林森副局长带领巡察督查组一行对市财政局2010年以来贯彻落实党风廉政建设责任制情况进行专项巡察督查。

8月21日　市财政局召开县区财政局长座谈会。

8月23日　市委宣传部组织市直新闻媒体深入市财政局城乡结对共建万冲村宣传报道"百千万"工程。

8月27日　省农发局局长王建培率调研组到舒城调研近年农业综合开发项目建设情况。

9月4日　市财政局在叶集区组织召开全市农业综合开发工作推进会。

9月4日　市直第二批、第三批预算单位公务卡结算制度改革推进工作会议在市政务中心多功能厅召开,标志市直所有预算单位均实施公务卡结算制度改革,提前二个月完成预定计划。

9月5日　六安市融资担保有限公司第三次股东会暨二届一次董事会、监事会在市融资担保有限公司16楼会议室召开。

9月10日　市财政局召开廉政风险防控工作推进落实会。

9月11日　全市营业税改征增值税试点业务培训会议召开。

9月21日　2013年市直部门预算编制工作布置会在市行政中心小会堂召开。

9月24日　全市财政资金支付安全工作专项检查布置会召开。

9月28日　在市营改增试点领导小组办公室的牵头组织下,市财政、国税、地税三部门有关工作人员走上街头开展了营改增试点宣传活动。

9月20日　财政部"乡镇财政管理问题研究"课题调研组在全国预算与会计研究会常务副会长、国务院参事冯秀华带领下来六安市金寨县开展调研。

10月11日　市委常委、常务副市长王胜带领市财政局、市国税局、市地税局等部门负责人前往霍邱县,实地调研民生工程及居民收入倍增规划、财税、金融改革等工作。

10月13日　市财政局召开全市财政支持美好乡村建设工作座谈会。

10月16日　六安市财政国库支付中心被安徽省文明委授予第三届"安徽省文明窗口"称号。

10月21日　省财政厅副巡视员李友兰一行来六安市就年度财政目标任务完成情况、民生工程及收入倍增规划、"营改增"试点等八项重点工作开展情况进行督查调研。

10月26日　市人大副主任伍箴顺率人大财经委成员一行5人到市财政局开展市直行政事业单位国有资产管理改革工作专题调研。

10月23日　财政部农发办副主任周可、农业司副司长林泽昌来金寨县调研特色农业发展。

10月27日　六安市财政局、商务局、建设银行正式签署六安市中小进出口专项贷款统担合作协议。

11月1日　市人大财经委召开市直行政事业单位国有资产管理改革推进情况座谈会。

11月2日　市档案局到市财政局开展2012年度档案年检工作。

11月8日　组织全体干部职工集中收听收看胡锦涛同志在中国共产党第十八次全国代表大会上的报告。

11月8日　市财政局组织召开全市财政支持

美好乡村建设工作推进会。

11月9日　市政府召开市直行政事业单位国有资产管理改革专题会议，强力推进国有资产管理改革工作。

11月9日　市财政局召开主题教育实践活动总结暨廉政风险防控推进会。

11月11日　省财政厅长罗建国赴舒城县高峰乡高阳、普明村开展大走访活动，调研美好乡村建设。

11月19日　市直“慈善一日捐”活动第二片动员会在市财政局召开。

11月21日　市财政局召开2012年新进人员座谈会。

11月27日　市财政局组织召开市美好乡村建设资金整合指导组联席会议。

11月29日　市财政局组织召开全市政策性农业保险试点工作专题会议。

12月4日　市政府召开综合治税工作领导小组第一次全体会议。

12月4日　市财政局在皋城广场参加了以“弘扬宪法精神，服务科学发展”为主题的“12.4”法制文艺演出暨法律咨询服务活动。

12月8日　市财政局召开县区财政局长座谈会。

12月13日　市财政局召开县区财政局2012年度财政总决算和部门决算布置工作会议。

12月14日　市财政局召开学习贯彻党的十八大精神报告会，邀请了市委讲师团孙勇团长作专题报告。

12月17日　市依法行政工作考核组在市纪委常委、监察局副局长杨林森带领下一行来六安市财政局检查2012年度依法行政工作开展情况。

12月30日　市财政局组织中层以上干部在六安市分会场参加全省财政工作视频会议。

（六安市财政局供稿　丁明虎执笔）

马鞍山市财政工作大事记

1月1日　市委、市政府印发促进工业转型升级发展、现代农业发展、现代服务业发展、自主创新等4项产业政策，进一步整合财政资金，优化承接产业转移环境。

1月4日　郑蒲港新区财政局成立。

1月6日　市十四届人大五次会议通过《关于马鞍山市2011年财政预算执行情况和2012年财政预算草案的报告》。

2月3日　召开全市财政、税务暨投融资、国资管理工作会议，市长张晓麟出席会议并讲话。

2月20日　全市启动2012年粮食补贴工作，支持农民春耕生产。

3月18日　召开全市财政反腐倡廉建设工作会议，部署2012年廉政建设和反腐败工作。

3月20日　省委书记张宝顺考察马鞍山市财政局公共权力规范运行预警机制建设工作。指出：财政部门的每一笔支出、每一笔结算都同时和审计联网，审计部门可以随时对财政资金使用进行监督，这就使我们的监督工作公开化、经常化和制度化，有利于大家依法依纪地履职履责　。

3月29日　省财政厅农村财政管理局验收我市创建规范化乡镇财政所工作。

4月27日　财政部综合司汪义达副司长调研马鞍山市中央专项彩票公益金支持青少年校外活动场所建设情况。

5月1日　全市契税和耕地占用税征管职能征管职能统一划转地税部门实施。

5月11日　市财政局召开全市大型骨干企业会议，把脉财政经济走势，开展财政收入预测和分析。

5月15日—6月15日　市民生办会同市委宣传部开展“民生工程宣传月”活动，集中宣传报道全市40项民生工程政策和实施情况。

8月10日　省农发局局长王建培考察含山县大渔滩现代农业示范区建设情况。

8月22日　浙江省财政厅副厅长王广兵考察含山县乡镇财政管理工作。

9月25日　含山县财政局预算股被团省委授予2011年度省级“青年文明号”。

9月27日　2013年度市级部门预算编制会议召开。

10月1日　全市营业税改征增值税正式运行，新旧税制顺利转换。

10月13日—15日　省财政厅厅长罗建国来马

鞍山市检查指导财政工作。

10月27日　全省大中型水库移民后期扶持项目资金报账管理座谈会在含山县召开。

11月8日　市委常委、市纪委书记沈天鹰深入含山县财政局，实地检查公共权力规范运行预警机制建设工作。

11月29日　市人大对2013年市本级部门预算进行审查。

12月8日—9日　省委督查组督查全市民生工程实施情况。

12月11日　当涂县财政局在全省“美好乡村”建设专题会议上介绍“全力整合财政资金、引导社会多元投入”经验。

12月31日　市委书记郑为文参加全市财税库年终决算会议，对全市财政收入突破210亿元提出表彰。

（马鞍山市财政局供稿）

芜湖市财政工作大事记

1月1日　全市84家行政事业单位全面纳入财务服务中心实施会计代理核算。

2月11日　市财政局召开芜湖市县区财政局长座谈会。

2月20日　全省民生工程暨居民收入倍增工作会议在合肥召开,芜湖市荣获省政府颁发的“2011年民生工程实施工作先进市”荣誉称号。

2月25日　市财政局召开2011年度考核会议、党风廉政会议。

3月　市财政局起草《芜湖市人民政府关于促进经济平稳较快发展的实施意见》。

3月26日　制定出台《关于“十二五”城乡居民收入倍增规划的实施意见》。

3月28日　全市民生工程居民收入倍增暨财政工作会议召开。

4月22日　市财政局局长、民生办主任胡锡萍走上“中江大讲堂”,为市民解读民生工程政策。

7月1日　芜湖市财政局召开迎接党的十八大动员会。

7月份　“芜湖会计网”开通上线。

7月16日　市民生办开展民生工程中期督查,并邀请市人大、市政协、市委督查室、市政府督办室、市监察局等部门领导参与。

8月25日　市财政局召开县区财政局长座谈会。

8月27日　市财政局局长胡锡萍在政协常委会作《2012年上半年我市民生工程实施情况》报告。

9月11日　市财政局制定出台《芜湖市民生工程违规违纪行为有奖举报办法》。

9月15日　省财政厅厅长罗建国来芜调研。

10月1日　芜湖“营改增”试点工作正式启动。

10月29日　举办“《政风行风热线》进社区”民生工程专场活动，市财政局党组书记徐茂环参加活动并就近年来民生工程实施情况与百姓进行了零距离交流。

11月1日　芜湖开出全省首张“营改增”纸质税收缴款书。

11月3日　市财政局举办全市财政会计法规和民生工程知识竞赛。

11月22日　市财政局局长、倍增办主任胡锡萍受市政府委托,向十四届人大常委会第97次主任会议,汇报了城乡居民收入倍增规划实施情况。

12月3日　市财政局局长、民生办主任胡锡萍受市政府委托，向十四届人大常委会第38次会议，汇报了民生工程实施情况。

12月10日　由省委办公厅副巡视员、省委督查室副主任佘春树率领的省委督查组来芜湖市督查民生工程，对芜湖市民生工程取得的成效给予了充分肯定。

（芜湖市财政局供稿）

宣城市财政工作大事记

1月12日　市财政局局长陈先平受市政府委托，向市三届人大二次会议书面作《关于宣城市2011年预算执行情况和2012年预算草案的报告》，并通过大会审议。

2月3日　市委召开常委扩大会议，听取全市民生工程工作汇报。

2月28日　全市民生工程暨居民收入倍增工作会议召开。

2月　市财政局被全国妇联、全国妇女“双学双比”活动领导小组授予“全国城乡妇女岗位建功先进集体”称号。

3月20日 市委书记、市人大常委会主任童怀伟到市财政局亲切看望广大财政干部职工。

4月13日—15日 财政部农业司、国家林业局计资司来宣开展林业财政政策调研。

4月19日 市财政局举办2012年度行政执法人员培训讲座,邀请市政府法制办王琴、余光云分别作《中华人民共和国行政强制法》、《安徽省行政执法监督条例》及行政执法有关案例分析等专题讲座。

4月19日—22日 全省(北片)财政经建业务培训会议在郎溪县召开,合肥、蚌埠等9市财政经建分管局长及经建科(股)负责人近200人参加。

4月24日 市政府研究决定,张庆同志任市财政局副局长。

4月24日—26日 全省国有资本经营预算汇总编制及季报统计工作培训会议在宣城召开。

5月4日 市民生办在郎溪县召开全市民生工程暨居民收入倍增工作推进会。

5月11日 市财政局召开“深化作风建设年”活动动员会议,全面部署作风和效能建设工作。

5月25日 市委常委、常务副市长韩永生主持召开市民生工程协调小组暨收入倍增领导小组会议。

6月21日 市财政局召开“保持党的纯洁性、迎接党的十八大”主题教育实践活动动员大会。

7月3日 省人大常委会委员、预算工委主任庄立权率省人大调研组到宁国恩龙现代农业综合开发示范区调研。

8月3日 市财政局陈先平局长到局美好乡村建设联系帮扶村——郎溪县飞鲤镇三溪村调研。

9月15日—9月18日,市财政局多名青年志愿者参加了由团市委组织的合工大宣城校区迎新生活动。

10月12日 市委常委、常务副市长韩永生主持召开全市民生工程推进会。

10月20日 省财政厅党组书记、厅长罗建国赴宣城市开展财政工作调研,并对做好新时期财政工作提出明确要求。

10月23日—24日 省财政厅副巡视员、非税局局长李友兰赴宣城市开展2012年度财政工作督查调研。

10月25日 市财政局陈先平局长赴宣州区古泉镇邵村开展开展“六个一”大走访活动。

11月2日 市财政局邀请市政府副秘书长郑圣辉作信息宣传工作培训讲座。

11月8日 经市政府研究,市财政局党组成员、副调研员胡铁群同志兼任市彩金湖新区管委会副主任。

11月30日 市财政局召开全体职工会议,传达学习党的十八大精神,陈先平局长作专题辅导讲座。

12月4日 市财政局参加宣城市在府山广场举办的“12.4”法制宣传日活动。

12月11日 市财政局、市国税局、市地税局联合举办《小企业会计准则》实施动员暨培训会。宣城市中小企业、社会中介机构等财务负责人和经办人员共400多人参加。

12月22日 省财政厅党组成员、副厅长左俊来宣,就2013年省财政预算报告、省财政厅2012年工作和行风政风建设情况征求在宣部分全国、省人大代表意见。

(宣城市财政局供稿 李娟整理)

铜陵市财政工作大事记

1月1日 市对区新财政体制正式实施。

1月6日 市财政局局长孔健在铜陵市十四届人大六次会议上作《关于铜陵市2011年财政预算执行情况及2012年财政预算(草案)报告》。

2月9日—10日,市财政局举办全市财政系统2012年春训会议。

2月20日 全省民生工程暨居民收入倍增工作会议上,省政府授予铜陵市和铜陵县民生工程组织实施先进单位。

4月11日 省财政厅左俊副厅长来铜巡视2012年会计从业资格无纸化考试铜陵考区工作。

7月21日 举行“民生工程面对面”大型广场(城市篇)主题直播活动,探索建立政府部门与市民直接对话监督评判机制。

7月29日 省推进普济圩农场管理体制改革划转移交组在铜召开工作布置会议,铜陵市财政局牵头负责资产移交组工作。

8月6日　普济圩农场资产财务划转移交签字仪式在铜陵市举行。

8月29日　市财政局局长孔健在市人大常委会第三十六次会议上作《关于铜陵市本级2011年财政决算暨2012年上半年预算执行情况的报告》。

9月25日　财政部检查组来铜检查国库管理改革工作情况。

8月25日　市政府组成部门和直属机构2012年部门预算在全省率先向社会公开。

10月1日　市"营改增"试点工作正式启动。

10月20日，省财政厅副厅长陈军来铜督查指导2012年财政工作。

11月2日　省政协副主席王鹤龄来铜检查民生工程和收入倍增规划实施情况。

12月22日　省财政厅副厅长朱长才来铜，就预算报告起草等工作征求意见。

12月31日　全市全年财政收入实现127.3亿元。

(铜陵市财政局供稿)

池州市财政工作大事记

1月11日　市财政局赴池州军分区开展慰问联谊活动。

3月3日　市财政局举行部分科级职位竞争上岗面试演讲。

3月31日　全市民生工程居民收入倍增暨财政工作会议召开。

4月19日　市财政局党组书记、局长李建华做客池州市政府网，以 深入实施民生工程，促进幸福池州建设 为主题与网友在线交流。

5月12日—13日　财政部企业司刘玉廷司长一行来池调研。

5月12日至13日　省财政厅厅长罗建国来池调研。

5月14日　市委书记陈强，市委常委、常务副市长张夏林、市财政局局长李建华等，赴财政部汇报工作。

6月1日　市财政局副局长、纪检组长吴庆华率局妇委会、团支部、人教科、办公室等科室负责人前往局联系村——青阳县五溪村开展"情系基础教育、关爱留守儿童"走访慰问活动。

6月20日　市财政局召开"保持党的纯洁性、迎接党的十八大"主题教育实践活动动员会。

7月1日　市财政局全面推行公务卡改革。

7月1日　市财政局组织党员干部深入青阳县五溪村开展"三进三促"活动。

7月16日　市财政局被命名为第三批市级廉政文化进家庭示范点单位。

7月30日　市财政局启动"双向挂职、系统共建"活动。

8月3日　财政部驻安徽专员办与市财政局集思广益共同提炼"财政精神"。

8月22日　市财政局组织科级干部到安庆监狱开展反腐倡廉警示教育活动。

8月27日　市财政局召开"营改增"试点工作培训会。

10月18日　财政部会计信息化工作规范研讨会在池召开。

10月30日　市财政局召开机关党委成立大会。

11月27日　市委书记陈强在市委常委、常务副市长张夏林陪同下，看望慰问市财政局干部职工并听取财政工作汇报。

12月31日　市财政撬动金融成效显著。全市银行业金融机构各项贷款余额突破400亿元，同比增长29.1%，增幅位居全省前列。

(池州市财政局供稿)

安庆市财政工作大事记

1月　印发《安庆市会计行业中长期人才发展规划(2011—2020)》和《安庆市会计改革与发展"十二五"规划实施细则》。

1月　出台城区及皖河农场大棚蔬菜保险实施办法。

1月　全面实施《医院会计制度》和《基层医疗卫生机构会计制度》。

1月　完善市区两级财税分配体制，城区财政管理体制规定的市与区共享收入30%部分解入区级金库，列入区级财政地方一般预算收入统计。

1月10日　印发《关于试编2012年度市本级

国有资本经营预算的通知》,对3家企业试编国有资本经营预算。

1月　将城市公交列入民生工程,市财政当年安排600万元支持公交事业发展。

2月　市财政局被市委市政府评为农业产业化工作先进单位。

3月　制定《安庆市战略性新兴产业发展项目贷款贴息资金管理办法》(试行),参与制定《安庆市市级储备粮轮换管理细则(暂行)》及《安庆市政府机关工作人员乘坐安庆机场航班优惠补贴实施办法》。

3月20日　全市民生工程和居民收入倍增工作会议召开,市委、市政府主要领导出席会议并讲话。

4月—6月　完成2010、2011年度税式支出测算工作。

5月　市财政局机关开展深入推进廉政风险防控管理"回头看"工作。

5月—11月　全市开展涉农补贴"一卡通"发放大走访、大评议活动。

5月29日　市政府召开全市民生工程新闻发布会。

6月　开展与邮政储蓄银行小额担保贷款"整贷直发"合作,拓宽小额担保贷款发放渠道。

6月　组织开展会计文化建设征文活动。

6月　研究制定安庆市政法保障经费绩效考核办法,组织对八县三区政法保障经费进行绩效考核工作。

7月　组织实施城乡居民社会养老保险,实现城乡居民养老保险全覆盖。

7月1日起　市本级实现全部采购项目上网公告,全方位公开透明操作。

7月11日　市妇联、市民生办联合举办民生杯"情系留守儿童、共建温馨家园"安庆市农村留守流动儿童文艺汇演。

7月—9月　组织参加由财政部举办的"全国财政'六五'普法法规知识竞赛",全市共47526人参加,总人数位居全省第一,荣获财政部颁发的地市级组织奖。

8月　市财政局荣获安庆市扶贫开发工作先进集体称号。

8月22日　召开全市公务卡推进工作会议,全市公务卡制度改革全面启动。

9月27日　市政府在枞阳县召开全市民生工程和居民收入倍增工作现场推进会。

9月—10月　组织开展全市事业单位公务用车清查工作。

10月1日　预算动态监控系统开始试运行,支付业务形成一体化的申请警告、审核控制、支付分析的动态监控体系。

10月1日　正式启动安庆市营业税改征增值税税制改革试点工作,顺利完成新旧税制转换。

10月1日　市政府办公室印发《安庆市人民政府办公室关于印发安庆市市直行政事业单位国有资产划转移交工作实施方案的通知》(宜政办发[2012]24号),国有资产管理改革进入实质性划转到城投公司阶段,实地测绘变更办证工作有序进行。

10月　出台《安庆市财政局进一步强化主管部门预算管理职能的通知》文件,强化一级主管部门监管责任。

10月　出台《安庆市营业税改征增值税试点过渡性财政扶持资金拨付办法》,推进营改增改革。

10月　市财政局被省人力资源和社会保障厅以及省气象局评为全省人工影响天气工作先进单位。

11月1日　市直预算单位实施公务卡强制结算目录。

11月　市财政局、市教育局出台《安庆市本级学校收费银行批量代扣代划操作暂行规定办法》,自2013年春季入学开始实施试点。

11月　为进一步树立主动服务意识,更好地促进工作,印发《安庆市财政局会商工作暂行办法》。

11月　通过公开招标确定我市市直单位出差和会议定点饭店。

11月—12月　首次实现市区两级财政平台一体化系统数据异地容灾备份系统上线运行。

12月　市本级政府采购电子化平台建设方案获省厅批准。

12月　制定印发《安庆市市直党政机关出差和会议定点管理办法》,实施市直机关会议和出差定点管理。

12月　制定印发《安庆市市直党政机关会议费管理暂行办法》,加强对会议经费管理。

12月　全面推行县级公立医院改革。

12月5日—6日　副省长梁卫国深入安庆市怀宁县平山和大观区海口现代农业综合开发示范区调研农业农村经济发展情况。

12月12日—14日 省纪委常委、监察厅副厅长刘苹率省民生工程专项督查组来安庆市督查民生工程工作。

12月 市委办公室和市政府办公室出台《关于整合涉农资金支持美好乡村建设的指导意见》,从指导原则、整合范围、整合方式、资金管理、保障措施等方面对涉农资金整合给予明确指导意见。

12月 市财政局荣获全省财政系统“先进集体”称号。

(安庆市财政局供稿)

黄山市财政工作大事记

1月31日 《人民日报》发表“新安江跨省流域生态补偿开始操作”的文章。

2月 市委书记王福宏、市长宋国权率领四套班子前往街口集体调研新安江流域综合治理工作。

3月 黄山区被列为2012年度全省农村环境连片整治示范区,获得中央农村环境连片整治示范项目专项补助资金1000万元。

3月24日 省长李斌、常务副省长詹夏来等来黄山市调研,专题听取了新安江流域综合治理工作汇报并就下一步工作做出部署。

3月26日 市财政局党组班子平稳交接,实现了全局工作的正常有序开展。

3月29日 “批量集中采购和公务用车选型目录”全国政府采购高层研讨会在黄山市召开。

4月 安徽省人民政府下发新安江流域综合治理专题会议纪要(26号),对新安江流域综合治理的规划编制、项目谋划、资金筹措机制及工作协调机制等提出工作要求。

4月12日 国家财政部农业司副司长褚利明、国家林业局计资司副司长刘金富一行到黄山区进行林业财政政策调研。

4月20日 召开全市民生工程工作会议,市政府与各区县、市直各责任部门签订目标责任书,全面启动2012年民生工作。

5月 市民生办对全市民生工程和收入倍增任务分解、民生工程资金配套落实和后期管养资金安排、民生工程宣传月活动开展情况进行检查。

5月 电子化政府采购管理系统与市招管局互通对接并在市直单位启用。

5月24日 财政部在北京召开财政支持节能减排工作座谈会,市委书记王福宏应邀出席会议,并就推进新安江流域上下游生态补偿机制试点工作作了典型发言。

5月25日 财政部政府采购管理办公室主任王瑛来市财政局检查指导政府采购工作。

5月—11月 举办全省乡镇财政干部培训班9期,共培训乡镇财政干部864人。

6月 黄山市屯溪区奕棋镇财政分局等11个乡镇财政所被省财政厅授予“2011年度创建规范化乡镇财政所(分局)省级先进单位”荣誉称号。

6月9日 市财政局、国税局、地税局联合召开全市税源典型调查测算工作会议,拉开全市营改增试点工作序幕。

6月13日—15日 财政部在黄山市召开“地方政府债务管理国际研讨会”。财政部预算司、亚行官员、全国24个省(自治区、直辖市、计划单列市)负责地方政府债务管理的财政厅预算处负责同志,日本、美国、希腊、巴西等国官员及相关国际组织、国内研究机构专家学者参加了会议。

7月 市财政局获得“三优”文明单位荣誉称号。

7月 市委出台《2012年新安江流域综合治理工作实施意见》,强力推进新安江流域综合治理各项整治工作,确保整治取得成效。

7月 黄山市各区县全面推进统筹城乡发展的县乡财政一体化管理工作,初步建立“体系完整、水平提升、充满活力、运行高效”的乡镇财政管理模式。

7月31日 黄山市县级财政支农资金整合绩效考核在全省县级考核中取得A等,获得中央级奖励资金900万元。

8月9日—10日 财政部部长谢旭人来黄山市调研新安江生态补偿机制试点工作,对试点工作予以高度肯定。

9月 全市为期近两个月的事业单位公务用车清查工作正式启动。

9月 屯溪大位小学珠心算教师王素秋被国家文化部授予“非物质文化遗产传承人”,成为全省唯一获此殊荣的代表。

9月10日 黄山市财政干部教育中心正式挂牌。

9月22日—23日 世界银行副行长柯□玲一行在财政部国际司副司长王忠晶陪同下来黄山市考察利用世界银行贷款项目建设情况。

9月 完成清理整顿财政专户，全市财政专户从原来的306个减少到191个，撤并率达37.6%。

9月—12月 市直党政机关出差和会议定点管理工作逐步启动，全市共有25家饭店中标省直党政机关出差和会议定点饭店招标采购，中标数量位居全省第2。

9月份 市财政局荣获“全省2011年度社保基金决算评比二等奖”。

10月1日 凌晨零点25分，市国税局所辖的营改增试点企业—黄山市毕氏物流有限公司、黄山当代传播有限责任公司、黄山市通发货物运输有限公司的3张增值税专用发票相继开出，标志全市营改增上线成功，顺利完成新旧税制的转换，实现营改增试点工作平稳、有序进行。

10月23日 国家农业综合开发办公室主任王光坤率队来黄山市考察黄山现代农业综合开发示范区项目。

10月 进一步深化国库集中支付改革，制定出台《关于进一步明确财政直接支付范围和财政授权支付范围的通知》和《黄山市市级国库集中支付动态监控暂行办法》。

11月14日 国家开发银行规划局副局长胡东升率专家组来黄山市召开新安江流域综合治理项目融资规划编制工作座谈会，正式启动新安江流域综合治理项目融资规划编制工作。

11月 中珠协副会长王卫达为屯溪大位小学和祁门闾江小学授予“全国珠心算教育教学实验点”匾牌。

11月29日 省国资委召开2012年度全省企业国有资产统计工作会议，市国资办获评全省国有资产统计工作先进单位荣誉称号。

11月 历时四年家电下乡工作圆满收官，全市累计销售家电下乡产品61.26万台，销售金额16.1亿元；补贴用户购买家电下乡产品61.16万台，销售金额16.07亿元；全部已补贴数量61.13万台，全部已补贴金额1.96亿元；补贴补贴兑付率99.70%。

12月15日 全市公立医院改革全面启动。

12月 新安江流域生态补偿共实施99个试点项目，累计完成投资20.4亿元，其中试点资金累计补助我市6.6亿元。

12月 全年完成财政收入76.9亿元，同比增长20.1%。全市实现非税收入51.3亿元，其中公共财政预算非税收入完成20.2亿元，同比增长59.6%。

12月 全市民生工程工作继续位居全省民生工程考评先进位次。

（黄山市财政局供稿 方敏整理）

广德县财政工作大事记

1月11日 县财政局召开2011年度党风廉政建设责任制执行情况汇报会。

1月29日 县委常委、常务副县长施怀中在县政府办负责同志的陪同下，看望财政系统干部职工，并向全体职工致以新年祝福。

2月1日 全县财税工作会议召开。

2月1日 国家农业综合开发2012年安徽广德卢村笋山生态治理示范区项目可研报告通过省级立项评审。

2月2日 召开2012年财政系统春训工作会议。

2月8日 县财政局省直管县体制试点改革工作全面推进。

2月10日 县委考核组来财政局开展领导班子考核工作。

3月23日 “解放思想，创新发展”大讨论活动正式启动。

4月16日 县政协主席周凤月来财政局调研财政收支情况。

4月23日 县财政局党总支召开各支部党员会议，举行支部换届选举。

4月24日 县财政局召开全县财政系统科级后备干部民主推荐暨基层站所长和科股长民主考评工作动员会议。

5月9日 县财政局召开局党组中心组理论学习会议，专题讨论“我为创新发展献一策”活动。

5月16日 财政部财经影视制作中心在广德

县拍摄电视专题片,宣传一事一议工作亮点。

5月22日　县政协副主席马群带队县政协提案委员会一行来县财政局调研督办提案工作。

5月28日　县财政局荣获2011年度“人民满意单位”及县直单位目标管理考核先进单位,并第九年荣获此项称号。

5月29日　召开全体机关干部会议,全面部署开展干部“深化作风建设年”活动。

5月31日　由县财政局牵头的财口单位,在县委副书记何田、县人大常委会副主任李薇、副县长谢其斌等县领导的带领下,来到杨滩乡月湾中心小学,开展六一慰问活动。

6月8日　县财政局党组书记、局长吴宗萍率局机关第四支部全体党员前往结对共建单位——誓节镇牌坊社区,开展迎“七一”慰问贫困党员活动。

6月11日　广德、宿松县财政局在上海复旦大学经济学院联合举办“广德—宿松财政干部综合能力提升培训班”。

6月26日　县财政局首场“道德讲堂”开讲,特邀县委讲师组组长、县委宣传部理论科科长周锋做专题讲座。

6月26日　县财政局领导班子前往局机关离退休老干部家,开展七一慰问活动。

6月29日　县财政局举行“喜迎十八大,争创新业绩”主题演讲比赛。

6月29日　县财政局召开庆祝建党91周年暨“保持党的纯洁性、迎接党的十八大”主题实践活动动员大会。

7月4日　省财政厅检查组来广德县,对2011年度农村公路危桥加固改造专项资金管理使用、项目管理情况开展了专项检查。

7月19日　市纪委监察局副局长陈芳一行来县财政局调研指导,重点督查“保持党的纯洁性,迎接党的十八大”主题教育实践活动第一阶段实施情况。

7月27日　县财政局召开“保持党的纯洁性,迎接党的十八大”主题教育实践活动动党课报告会。

7月31日　县财政局召开建军85周年座谈会。

8月6日　县财政局股级岗位干部交流轮岗工作动员会召开。

8月10日　县人大常委会常务副主任程利、党组副书记邓晓峰、副主任钟群带领财经工委及相关人员一行,对全县2011年财政决算草案和2012年1—6月份财政预算执行情况进行调研。

8月16日　县委常委、组织部长王爱庆到县财政局调研机关党建工作。

8月18日　县财政局2012年公开选调人员面试考试工作在财政局会议室进行。

9月18日　县财政局召开县直机关、事业单位干部跨部门竞岗交流动员会议。

9月25日　县财政局巾帼志愿者服务队、党员志愿者服务队走上街头,开展创建文明县城环境清理整治活动。

10月23日　省财政厅副巡视员李友兰一行来广德县开展督查调研。

10月29日　广德县2012年农村财会人员财政支农政策培训班在县委党校礼堂举行开班仪式。

11月7日—8日　受财政部委托,重庆市财政厅投资评审中心对广德县2010—2012年农村环境连片整治及“问题村”整治资金和2010—2012年度粮食仓库维修资金等进行核查。

11月8日　县财政局组织机关全体干部职工收看中国共产党第十八次全国代表大会开幕盛况。

11月20日　县财政局党员志愿者服务队积极响应县直工委号召,开展志愿清扫活动。

11月23日　县财政局以“弘扬宪法精神,服务科学发展”为主题,开展法制宣传月送法下乡活动。

12月7日　全县公务卡管理业务系统正式上线,标志着全县所有一级预算单位公务消费将启动公务卡结算。

12月18日　县财政局召开支部学习会议,专题学习党的十八大精神。

12月26日　县财政局召开行风监督员座谈会,来自县人大、县政协、县纪委、县直工委、桃州镇、县委办、政府办等15家单位的行风监督员参加座谈。

12月27日　县财政局机关举行离退休老干部举行新春茶话会。

12月29日　县财政局举办2013年新春联谊会。

(广德县财政局供稿)

宿松县财政工作大事记

3月—5月　对财政、国税、地税等收入征管部门2009—2011年收入情况开展检查。

6月11日—17日　组织相关干部职工赴厦门大学培训。

7月　宿松县荣获全省2011年度就业专项资金绩效考评县级第一名。

8月27日—30日　宿松县财政局赴桐城市、庐江县、绩溪县和黄山市徽州区学习调研支持油茶、小麦、茶叶等产业发展情况。

9月5日　召开局党组中心组（扩大）学习会议,广泛听取和虚心征求干部职工的意见和建议,扎实推进“保持党的纯洁性”主题教育活动。

10月1日　全县营改增顺利完成税制转换。

10月21日—22日　省财政厅党组成员、纪检组长刘浩一行,到宿松县督查调研财政工作。

10月29日　出台《宿松县财政资金账务对账制度》、《宿松县财政国库集中支付票证管理制度》、《宿松县财政局财政拨款印鉴管理制度》和《关于进一步强化预算单位资金监管的通知》。

11月9日　召开全县涉农补贴工作现场会。

1月—12月　全县完成一般预算收入62815万元,首次突破6亿大关。

1月—12月　共完成预、决算评审项目41个,评审投资总额6.4亿元,审减不合理投资1.2亿元,平均综合审减率18.9%。

1月—12月　全县累计销售家电下乡产品27.8台，发放补贴8772.8万元，补贴兑付率达99.98%。

（宿松县财政局供稿　王烨红整理）

财经规章篇

省财政厅规范性文件

安徽省财政厅 安徽省人力资源和社会保障厅关于印发《安徽省就业专项资金使用管理暂行办法》的通知

(2012 年 1 月 13 日 财社〔2012〕32 号)

各市、县(区)财政局、人力资源和社会保障局:

为进一步完善更加积极的就业财政支持政策,充分发挥就业专项资金的使用效益,提高资金的安全性、规范性和有效性,根据《中华人民共和国就业促进法》、财政部、人力资源和社会保障部《关于进一步加强就业专项资金管理有关问题的通知》(财社〔2011〕64 号)等文件精神,经省政府同意,省财政厅、省人力资源和社会保障厅制定了《安徽省就业专项资金使用管理暂行办法》,现印发给你们,请遵照执行。

安徽省就业专项资金使用管理暂行办法

第一章 总则

第一条 为充分发挥就业专项资金的作用,提高资金使用的安全性、规范性和有效性,根据《中华人民共和国就业促进法》、财政部、人力资源和社会保障部《关于进一步加强就业专项资金管理有关问题的通知》(财社〔2011〕64 号)等文件精神,结合我省就业工作实际,制定本办法。

第二条 就业专项资金使用管理的原则是:按照国家和省相关规定,实行积极的就业政策,完善支持就业的财政政策,加强资金管理,规范审核审批程序,发挥资金效益,有效促进就业工作。

第三条 本办法适用于全省就业专项资金的筹集、使用、管理及监督。

第二章 资金筹集和使用范围

第四条 就业专项资金的主要来源:

(一)上级财政补助;

(二)本级财政预算安排;

(三)财政专户利息收入;

(四)经同级人民政府同意从其他渠道筹措的资金。

第五条 县级以上财政要根据当地就业状况和工作目标,在本级财政预算中安排就业专项资金,并积极调整财政支出结构,多渠道筹措资金,加大对就业资金的投入。

第六条 省财政将根据各地就业状况、地方财政投入、就业专项资金使用绩效、就业工作成效等相关因素,通过专项转移支付,对市县就业资金给予适当补助。

第七条 各级财政、人力资源社会保障部门要加强就业专项资金预算执行管理工作,建立健全预算执行责任制,按规定及时审核和拨付资金,强化预算执行分析,加快预算执行进度,提高预算执行的均衡性。

第八条 就业专项资金使用范围包括:职业介绍补贴、职业技能培训补贴、职业技能鉴定补贴、社会保险补贴、公益性岗位补贴、高校毕业生见习、求职和特定岗位补贴、特定就业政策补助、创业扶持补助、扶持公共就业服务支出、小额贷款担保基金和小额担保贷款贴息,以及经省级人民政府批准的其他支出。就业专项资金使用除扶持公共就业服务支出外,在资金结余的情况下有关支出项目可相互调剂使用。

第三章 职业介绍补贴

第九条 补贴范围。在工商行政部门登记注册的职业中介机构、未纳入财政全额供给补助范围的公共就业人才服务机构、街道(乡镇、社区)人力资源社会保障事务所(站)(以下简称"职业中介机构")为城镇登记失业人员、农村转移就业劳动者、毕业年度高校毕业生、城乡未继续升学的应届初高中毕业生(以下简称"四类人员")提供求职登记、职业指导、职业介绍、信息咨询服务等免费就业服务的,可按经其服务后实际就业的人数,向当地人力资源社会保障、财政部门申请职业介绍补贴。

第十条 补贴标准。职业中介机构按季申报职业介绍补贴,符合条件的人员每年职能申请享受一次职业介绍补贴,不得重复申请。职业介绍补贴标准为成功就业并签订1年以上劳动合同的200元/人,签订6个月以上用工证明的120元/人;对介绍就业困难人员、毕业年度高校毕业生在省内成功就业并签订1年以上劳动合同的250元/人,签订6个月以上用工证明的200元/人。

第十一条 补贴程序。职业中介机构按季向当地人力资源社会保障部门申请职业介绍补贴时,应提供以下材料:职业中介补贴申报表、经职业中介机构提供就业服务后已实现就业人员本人签名的人员花名册、劳动合同或用工证明复印件、接受就业服务人员《居民身份证》、《就业失业登记证》(以下简称《身份证》、《登记证》)、就业困难人员认定证明、年度高校毕业生证明等有效证件复印件、职业中介机构在银行开立的基本账户等凭证材料。申请材料经当地人力资源社会保障部门审核后,财政部门按规定将资金支付到相关职业中介机构在银行开立的基本账户。

第四章 职业技能培训补贴

第十二条 补贴范围。对"四类人员"参加就业技能培训、企业开展新录用人员岗前培训以及高技能人才培养、公共职业训练基地开展就业困难人员免费技能培训的给予职业技能培训补贴。

第十三条 补贴标准。"四类人员"参加职业技能培训,自主选择定点培训机构,个人先行付费,在培训合格后按规定申领培训补贴。每人每年可申领一次培训补贴,具体补贴标准按照省人力资源社会保障厅、财政厅制定的相关分工种补贴标准执行。就业困难人员在公共职业训练基地免费参加技能培训期间,各地应结合本地实际给予一定的生活费补贴,具体标准由市级财政、人力资源社会保障部门制定。

企业新录用人员,与其签订6个月以上劳动合同,在劳动合同签订之日起6个月内由企业培训机构或委托定点培训机构实施技能培训的,可向当地人力资源社会保障部门申请一次性培训补贴。培训补贴标准不低于人均300元。

企业开展高技能人才培养,可向所在地人力资源社会保障部门申请培训补贴。申请补贴应当是按国家规定落实职工教育经费60%以上用于一线职工教育培训,建立了培训、考核、使用与待遇挂钩的激励机制的企业。补贴标准按职工经岗位技能提升培训后取得中级工、高级工、技师、高级技师国家职业资格证书的人数,分别给予人均500、1000、2000、3000元补贴。

公共职业训练基地开展就业困难人员免费技能培训,按照培训人数和《关于进一步做好农村劳动者技能培训工作的通知》(皖人社秘〔2010〕142号)文件规定的标准给予公共职业训练基地培训补贴。公共职业训练基地开展的培训项目、培训等级、培训期限等应向社会公布。

第十四条 补贴程序。"四类人员"参加职业技能培训合格后,向当地人力资源社会保障部门申请职业技能培训补贴时,应提供以下材料:《身份证》和《登记证》复印件、职业资格证书(专项职业能力证书或培训合格证书)复印件、职业技能培训机构开具的行政事业性收费票据(或税务发票)等凭证材料。申请材料经人力资源社会保障部门审核后,财政部门按规定将资金拨付至人力资源社会保障部门经办机构,采取资金直补方式,实行银行打卡或窗口即时发放。

企业在对新录用人员开展岗前技能培训和对在岗职工开展岗位技能提升培训前,须向所在地人力资源社会保障部门提交培训计划,经人力资源社会保障部门审核,财政部门复核后组织实施。培训结束后,企业申请职业技能培训补贴时,应提供以下材料:参加培训人员花名册、《身份证》和《登记证》复印件、职业资格证书(专项职业能力证书)复印件、劳动合同、培训签到簿、培训日志、培训补贴申请表等凭证资料。申请材料经所在地人力资源社会保障部门审核后,财政部门按规定将补贴资金拨入企业在银行开立的基本账户。中央、省属企业向所在地市级人力资源社会保障部门申请培训补贴。

公共职业训练基地开展就业困难人员免费技能培训的,应与当地人力资源社会保障部门签订培训项目合同,明确双方责任、权利和义务。公共职业训练基地在每期培训班开班 10 日前,须以书面形式向当地人力资源社会保障部门提交开班申请报告、培训计划和教学大纲。每期培训班结束 5 日前,须以书面形式向当地人力资源社会保障部门提交结业审核申请。申请补贴时应提供以下材料:参加培训人员花名册、《身份证》和《登记证》复印件、职业资格证书(专项职业能力证书或培训合格证书)复印件、培训签到簿、培训日志、培训补贴申请表等凭证资料。申请材料经所在地人力资源社会保障部门审核后,财政部门按规定将补贴资金拨入培训机构在银行开立的基本账户。免费培训后所发《职业培训合格证书》应加盖"免费培训"字戳。

第十五条　对零就业家庭子女考入技工学校、技师学院学习的,每学年给予 1000 元补贴。对就读技工院校等职业院校的初高中毕业生,所学专业为我省企业紧缺专业(工种)的,毕业时与省内企业签订 1 年以上劳动合同的,按每人 2000 元标准给予一次性补助(不含免费学生)。紧缺专业(工种)由省人力资源社会保障厅会同省财政厅适时调整并向社会公布。

第十六条　对市场需求大、培训有规模、门类齐全、培训有成效的各类技能培训实训机构给予适当补助,用于其实训设备配置更新,具体按照《安徽省就业技能培训机构实训设备补助资金使用管理实施细则》(财社〔2011〕704 号)规定执行。

第五章　职业技能鉴定补贴

第十七条　补贴范围。对"四类人员"通过初次职业技能鉴定并取得职业资格证书或专项职业能力证书的,可申请一次性职业技能鉴定补贴。

第十八条　补贴标准。取得职业资格证书的补贴 150 元,取得专项职业能力证书的补贴 100 元。

第十九条　补贴程序。"四类人员"向职业技能鉴定所在地人力资源社会保障部门申请职业技能鉴定补贴时,应提供以下材料:职业技能鉴定补贴申报表、《身份证》和《登记证》复印件、职业资格证书或专项职业能力证书复印件、职业技能鉴定机构开具的行政事业性收费票据(或税务发票)等凭证材料。申请材料经人力资源社会保障部门审核后,财政部门按规定将资金拨付至人力资源社会保障部门经办机构,采取资金直补方式,实行银行打卡或窗口即时发放。

第六章　社会保险补贴

第二十条　补贴范围。就业困难人员在各类企业(单位)就业或在公益性岗位就业的,以及申请灵活就业并参加社会保险的,可以享受一定数额的社会保险补贴。社会保险补贴实行先缴后补的办法。

第二十一条　补贴标准。对各类企业(单位)招用就业困难人员,并与之签订 1 年以上劳动合同并缴纳社会保险费的,按其实际缴纳的职工基本养老保险费、职工基本医疗保险费和失业保险费给予补贴,不包括就业困难人员个人应缴纳的职工基本养老保险费、职工基本医疗保险费和失业保险费用,以及企业和个人应缴纳的其他社会保险费用。对在政府投资开发的公益性岗位安排就业的,给予职工基本养老保险、职工基本医疗保险、失业保险、工伤保险和生育保险补贴,个人缴纳的社会保险费仍由本人承担。

对就业困难人员申报灵活就业并以个人身份缴纳社会保险费的,给予一定数额的社会保险补贴,其中:职工基本养老保险补贴标准为每人每月 138 元(其中享受城市居民最低生活保障的就业困难人员补贴标准为每人每月 210 元)、职工基本医疗保险补贴标准为每人每月 40 元。随着经济社会发展,省财政厅、省人力资源社会保障厅将适时调整补贴标准。

以上社会保险补贴期限,除对距法定退休年龄不足 5 年(含 5 年)的可延长至退休外,其余人员最长不超过 3 年(以初次核定其享受社会保险补贴时年龄为准)。原持《再就业优惠证》的国有集体企业下岗失业人员,2008 年 12 月 31 日前被认定为"4050"人员,其享受的灵活就业人员社会保险补贴已满 3 年(截止 2011 年 12 月 31 日),目前仍未实现稳定就业处于灵活就业状态并以个人身份缴纳社会保险费的,经当地人力资源社会保障、财政部门批准,其社会保险补贴可延长至退休(男 60 周岁、女 50 周岁)。

第二十二条　补贴程序。企业(单位)应按时足额缴纳各项社会保险费,按季将符合享受社会保险补贴条件人员的缴费情况单独列出,向当地人力资源社会保障部门申请补贴时,应提供以下材料:符合享受社会保险补贴条件的人员名单、《身份证》和《登记证》复印件、劳动合同等就业证明材料复印件、社会保险征缴机构出具的社会保险费明细账（单)、企业(单位)在银行开立的基本账户等凭证材料。以上材料在企业第一次申报时应予以全部提供,以后正常申报时,除享受人员发生变动外,只需提供社会保险征缴机构出具的上季度企业(单位)为上述人员缴纳有关社会保险费明细账。申请材料经人力资源社会保障部门审核后,财政部门按规定将补贴资金拨付到企业(单位)在银行开立的基本账户。

就业困难人员实现灵活就业后，应向街道（社区)申报就业。灵活就业人员应按时足额缴纳社会保险费。每季度终了后，向当地人力资源社会保障部门申请社会保险费补贴时,应提供以下材料:由灵活就业人员签字、人力资源社会保障部门盖章确认的、注明具体从事灵活就业的岗位、地址等内容的相关证明材料,灵活就业人员《身份证》和《登记证》复印件、社会保险征缴机构出具的社会保险费明细账(单)等凭证材料。申请材料经人力资源社会保障部门审核后,财政部门按规定将资金拨付至人力资源社会保障部门经办机构,采取资金直补方式,实行银行打卡或窗口即时发放。

第二十三条　对经认定的员工制家庭服务企业,对其与员工签订1年以上劳动合同并缴纳社会保险费的,按其实际缴纳的职工基本养老保险费、职工基本医疗保险费和失业保险费给予适当补助,不包括员工个人应缴纳的社会保险费,补助期限最长不超过2年。具体补助标准由市、县级财政、人力资源社会保障部门结合本地实际研究确定。

第二十四条　用人单位吸纳零就业家庭成员、农村零转移农户成员就业并签订1年以上劳动合同并按规定缴纳社会保险的，给予用人单位一次性1000元/人就业奖励。

第七章　公益性岗位补贴

第二十五条　补贴范围。对就业困难人员在公益性岗位就业的,按其实际安排就业困难人员人数给予公益性岗位补贴。

第二十六条　补贴标准。公益性岗位的劳动报酬每月不低于当地最低工资标准,对于认定的公益性岗位给予一定的岗位补贴，财政补贴不足部分由用人单位承担,具体补贴标准由各市、县级财政、人力资源社会保障部门研究确定。有条件的地方可适当提高公益性岗位劳动报酬。公益性岗位补贴期限,除对距法定退休年龄不足5年(含5年)的就业困难人员可延长至退休外,其余人员最长不超过3年。

第二十七条　补贴程序。在公益性岗位安排就业困难人员就业的单位，按季向当地人力资源社会保障部门申请公益性岗位补贴时,应提供以下材料:符合享受公益性岗位补贴条件的人员名单、《身份证》和《登记证》复印件、发放工资明细账(单)、单位在银行开立的基本账户等凭证材料。申请材料经人力资源社会保障部门审核后，财政部门按规定将补贴资金拨付到单位在银行开立的基本账户。

第八章　高校毕业生见习、求职和特定岗位补贴

第二十八条　见习补贴。

1.补贴范围。对经认定的企业(单位)吸纳离校未就业高校毕业生参加6—12个月就业见习的,由见习企业(单位)先行垫付见习人员见习期间基本生活补助,企业(单位)可向人力资源社会保障部门申请就业见习补贴。

2.补贴标准。对参加就业见习期间的高校毕业生,见习企业(单位)给予每人每月不低于1000元的生活补助，其中财政根据见习人数按照每人每月不低于500元的标准给予企业(单位)见习补贴。随着经济社会发展,逐步提高高校毕业生就业见习补贴。

3.补贴程序。高校毕业生见习补贴由见习企业(单位）向当地人力资源社会保障部门按季申请,并应提供以下材料:参加就业见习人员花名册、就业见习协议书、《身份证》和《登记证》及大学毕业证等复印件、见习企业(单位)发放见习补贴明细账(单)、见习企业(单位)在银行开立的基本账户等凭证材料。申请材料经人力资源社会保障部门审核后，财政部门按规定将补贴资金拨付到见习企业(单位)在银行开立的基本账户。

第二十九条　求职补贴。

1.补贴范围。对毕业年度的困难家庭高校毕业生,经所在高校给予重点帮扶就业后(提供不少于3次的就业应聘机会),当年5月1日前仍未实现就业的(升学、出国、参军、参加基层服务项目以及暂无就业意愿、无正当理由放弃学校提供的就业岗位或应聘机会的除外),给予一次性求职补贴。

2.补贴标准。按照每人不低于500元的标准给予一次性求职补贴。

3.补贴程序。困难家庭高校毕业生向学校提交求职补贴申请,由所在高校组织初审,对符合补贴条件的予以公示。公示期满后由高校集中向市级人力资源社会保障部门申请补贴,并应提供以下材料:求职补贴汇总花名册、高校毕业生本人申请表、《身份证》和家庭困难证明复印件、毕业生本人银行个人账户等凭证材料。申请材料经人力资源社会保障部门审核后,财政部门按规定将资金拨付至人力资源社会保障部门经办机构,采取资金直补方式,实行银行打卡或窗口即时发放。

第三十条　特定岗位补贴。毕业2年以内的高校毕业生到乡镇、街道、社区等基层岗位就业,从事社会管理和公共服务工作,并按规定缴纳社会保险费的,给予一定岗位补贴。具体办法由省人力资源社会保障厅、省财政厅另行制定。

第九章　特定就业政策补助

第三十一条　特定就业政策是指经国务院或省政府批准,为应对特大自然灾害或重大突发事件,以及促进就业和社会经济发展而实施的特定专项就业政策。具体由省财政厅、省人力资源社会保障厅按照国家有关规定,另行适时制定。

第十章　创业扶持补助

第三十二条　创业培训补贴。

1.补贴范围。对有创业愿望和创业条件,以及有培训需求的"四类人员"和毕业前一年度的高校学生参加创业培训给予培训补贴。

2.补贴标准。创业意识培训100元/人,创办企业培训(改善企业培训、创业模拟实训)1000元/人,创业基地实训800元/人。每位劳动者只能享受一次同类别培训补贴。

3.补贴程序。创业培训补贴资金按季申报。培训机构(实训基地)在开展创业培训(实训)后,应及时向市创业服务指导中心报送申请材料,经市创业服务指导中心初审后,向市人力资源社会保障、财政部门申报补贴资金。经市人力资源社会保障部门审核后,财政部门按规定将补贴资金拨入培训机构(实训基地)在银行开设的基本账户。开展创业模拟实训的,由市人力资源社会保障部门审核并报省劳动就业服务局确认,经市财政部门复核后再将补贴资金拨付到相关培训机构和单位。具体申报材料、审批程序按《安徽省创业培训管理办法》(皖人社发〔2011〕52号)执行。

第三十三条　创业后续扶持补贴。各级创业服务指导中心应对参加创业培训(创办企业培训、创业模拟实训)合格学员提供不少于6个月后续服务,学员经后续扶持并在1年内成功创业的,根据成功创业人数,按照每人300元的标准给予创业服务指导中心一次性后续服务补贴。具体申报程序、资料由各市人力资源社会保障、财政部门研究确定。

第三十四条　组织起来就业补助。组织起来就业补助资金使用管理,按照《关于进一步加强组织起来就业补助资金使用管理的通知》(财社〔2008〕1114号)有关规定执行。

对经省级批准建设农民工创业园、大学生创业孵化基地和认定为省级农民工创业园、省级大学生创业孵化基地的,省级给予一定补助资金,用于入园企业的相关组织起来就业补贴。

对经就业创业园、农民工创业园、大学生创业孵化基地孵化成功搬离创业园、并正式在工商部门注册登记的企业,给予一次性12个月定额社会保险补贴,补贴方式实行企业"先缴后补"。补贴金额以出园时与该企业签订1年以上劳动合同、参加和足额缴纳社会保险费的职工(职工名单应在出园时报至当地人力资源社会保障、财政部门备案)为基数,最高不超过每人每月300元标准给予补助。

第十一章　扶持公共就业服务

第三十五条　县级以上财政可从就业专项资金中安排扶持公共就业服务资金,用于对下级公共就业服务机构加强其人力资源市场信息网络系统建设(具体包括计算机及网络硬件、软件购置以及开发应用支出)的补助。扶持公共就业服务资金作为就业专项资金的组成部分,必须单独安排,单独核算,单独管理,不得与其他就业专项资金相互调剂使用。

第三十六条　就业专项资金可对《就业失业登记证》工本费、公共就业人才服务机构、街道(乡镇)和社区(行政村)承担的公共就业服务,以及能够大力促进就业等项目支出给予适当补助,推进公共就业服务体系建设。

第十二章　小额贷款担保基金和小额担保贷款财政贴息

第三十七条　小额贷款担保基金。指用于对符合规定条件的有劳动能力和就业愿望的借款人,通过自谋职业、自主创业或合伙经营和组织起来就业过程中，因其自筹资金不足而申请的银行贷款部分,给予担保的贷款担保基金。

第三十八条 小额担保贷款财政贴息。指国家对符合规定条件的小额担保贷款借款人用于从事微利项目的小额担保贷款、经办银行对符合条件的劳动密集型小企业发放的小额担保贷款给予的财政贴息。

小额贷款担保基金由各级财政部门负责筹集;小额贷款贴息具体申请和拨付办法按中央和省有关规定执行。

第十三章 专户管理

第三十九条 就业资金实行财政专户管理,各级财政部门要严格按照财政部、中国人民银行《关于印发〈财政社会保障补助资金专户管理暂行办法〉的通知》(财社〔2001〕38 号)有关规定,将就业资金纳入财政专户管理进行独立核算,也可在社保资金财政专户内实行分账核算。就业资金不得多头设立财政专户，不得在财政以外有关部门设立过渡户。

第四十条 就业专项资金必须坚持专款专用的原则,严格按照规定的范围、标准和程序使用,不得用于部门或单位人员经费、公用经费、差旅费、会议费等,严禁用于或变相用于房屋基建、租赁、交通工具购置等各项支出。

第四十一条 登记失业人员在领取失业保险金期间享受职业介绍补贴、职业培训补贴等资金,应在失业保险基金中列支。

第十四章 资金监督

第四十二条 各地人力资源社会保障部门负责对各项补贴支出申请材料的全面性、真实性进行审核,每次审核后要通过适当方式向社会公示各项补贴资金审核情况（包括享受各项补贴的单位名称、享受补贴的人员名单、具体补助人数、金额和标准等)。

第四十三条 各级财政部门要切实履行职能,加强就业资金管理和监督,建立和完善就业专项资金支出绩效评估机制,努力提高就业专项资金使用管理的规范性、安全性和有效性。各级财政部门应对人力资源社会保障部门审核后的材料进行抽查,并根据抽查或公示情况按规定拨付资金。

第四十四条 各级财政、人力资源社会保障部门要定期对就业专项资金管理使用情况进行检查,自觉接受监察、审计等部门的检查和社会的监督;建立健全财务管理规章制度,强化内部财务管理和审计监督；建立和完善就业专项资金发放台账,加强资金使用管理的基础工作；加强信息系统建设,有效甄别享受补贴政策人员、单位的真实性,防止出现造假行为。对虚报、套取、私分、挪用各种补贴资金等行为的单位和个人,一经发现按有关规定严肃处理。对审核不严,违规操作的,要按有关规定追究相关部门和单位的责任。

第十五章 附 则

第四十五条 各市级财政、人力资源社会保障部门可根据本办法规定,结合本地实际制定具体实施细则,并报省财政厅、省人力资源社会保障厅。

第四十六条 本办法自 2012 年 1 月 1 日起执行,由省财政厅、省人力资源社会保障厅按职责负责解释。《安徽省就业专项资金使用管理暂行办法》(财社〔2009〕115 号)同时废止。

安徽省财政厅 安徽省住房和城乡建设厅关于印发《安徽省村庄整治财政奖补资金管理暂行办法》的通知

(2012 年 1 月 17 日 财建〔2012〕91 号)

各市、县财政局、住房城乡建委:

为加强村庄整治以奖代补资金的使用管理,提高资金使用效益,确保资金安全,根据安徽省人民政府《关于推进农村危房改造和村庄整治工作的意见》(皖政〔2011〕59 号)以及相关财政法规制度,特制定本办法,现印发给你们,请遵照执行。

安徽省村庄整治财政奖补资金管理暂行办法

第一条 为加强村庄整治以奖代补资金的使用管理,提高资金使用效益,确保资金安全,根据安徽省人民政府《关于推进农村危房改造和村庄整治工作的意见》(皖政〔2011〕59 号)以及相关财政法规制度,特制定本办法。

第二条 本办法所称村庄整治财政奖补资金(以下简称"奖补资金"),是指按照省政府要求,省级财政专项安排用于支持全省实施村庄整治的资金。奖补资金实行总额控制,绩效管理。

第三条 奖补范围仅限于省级下达村庄整治年度目标任务,并且年度内已基本完成整治目标任务的县(市、区)。

第四条 奖补资金分配和使用遵循公平公正、公开透明原则,注重激励,强化约束,接受群众和社会监督。

第五条 奖补资金以因素为基础、结合系数调节进行分配。分配因素及权重如下:

(一)完成村庄整治自然村个数,权重20%。

(二)完成整治区农户户数,权重20%。

(三)村庄整治综合考核(质量和实际效果),权重20%。

(四)县级财政投入专项资金,权重20%。

(五)资金整合力度,权重20%。

调节系数结合财政困难程度等确定,系数值根据当年任务量大小具体确定。

第六条 奖补资金在村庄整治目标任务完成的次年,由省财政厅会同省住房和城乡建设厅根据各地的目标任务完成以及综合考核等具体情况研究分配。

第七条 奖补资金由县(市、区)政府统筹安排继续用于村庄环境综合整治和基础设施建设,包括农房整修、道路硬化、改水改厕、环境卫生、植树绿化等。不得用于管理性和福利性支出;不得用于置换已安排的资金或用于归还各种借(贷)款。

第八条 奖补资金列入省级财政年度预算。根据考核分配结果,于当年3月31日前下达各县(市、区)。

第九条 各县(市、区)财政部门要建立健全相关管理制度,采取切实有效措施,加强监督管理,保证奖补资金科学、合理、有效使用。

第十条 奖补资金专款专用,任何单位和个人不得截留、挤占、挪用或虚报冒领。对违反规定,查实后,将按下列处理:

(一)取消按资金调节系数分配该县(市、区)下一年度奖补资金,情节特别严重的,取消分配该县(市、区)全部奖补资金。

(二)按照《财政违法行为处罚处分条例》(国务院令第427号)的规定进行处理,并依法追究有关责任人的责任。

第十一条 奖补资金使用自觉接受审计部门、纪检监察部门监督检查和社会监督。省财政厅将会同有关部门不定期组织专项检查或进行绩效考评。

第十二条 村庄整治实施情况综合考核、资金整合考核实行定性和定量相结合,具体考核内容和定量标准见附表。

第十三条 各县(市、区)财政部门和住建部门于每年2月底前,将本地区上一年度实施村庄整治的有关情况(包括工作总结、相关数据和材料等),联合行文报送省财政厅和省住房和城乡建设厅,过期不报材料将不安排奖补资金。

第十四条 本办法由省财政厅商省住房和城乡建设厅负责解释。

第十五条 本办法自印发之日起执行。

安徽省财政厅　安徽省旅游局关于印发《安徽省旅游发展专项资金管理办法》的通知

(2012年1月13日　财行〔2012〕137号)

各市、县(区)财政局、旅游局:

现将修订后的《安徽省旅游发展专项资金管理办法》印发给你们,请结合实际情况遵照执行。

安徽省旅游发展专项资金管理办法

第一章　总　则

第一条 为加强省旅游发展专项资金(以下简称专项资金)管理,充分发挥资金的使用效益和导向作用,根据《国务院关于加快发展旅游业的意见》(国发〔2009〕41号)、《中共安徽省委、安徽省人民政府关于推进旅游产业大省建设的意见》(皖发〔2007〕17号)和《安徽省人民政府关于进一步加快发展旅游业的实施意见》(皖政〔2011〕33号)以及财政预算管理的有关规定制定本办法。

第二条 专项资金的来源为省级预算安排的财政资金。

第三条 专项资金安排使用遵循“强化引导、突出重点、注重效益、专款专用”的原则,重点用于引导社会资本投入、集中财力支持重点项目、改善旅游产品布局、促进产业转型升级、提升旅游服务质量。

第二章 使用范围及方式

第四条 专项资金使用范围包括以下方面:

(一)重点旅游项目建设。主要用于补助重点旅游项目开发和旅游景区基础设施建设,以及旅游公共服务设施建设及完善等。

(二)乡村旅游开发。主要用于补助带动农民脱贫致富的旅游开发项目等。

(三)旅游新业态项目。主要用于文化旅游、红色旅游、生态旅游、休闲度假、自驾车营地等旅游新业态项目。

(四)旅游宣传促销。主要用于为开拓境内外旅游市场而举行的全省及区域性重大宣传促销活动和节庆活动等。

(五)旅游商品研发。主要用于补助全省旅游商品的研发,重点扶持文化旅游纪念品、手工艺品和特色旅游商品等。

(六)旅游企业融资。主要用于鼓励融资性担保机构为重点旅游贷款项目提供担保、支持旅游企业发行信托产品、降低旅游企业融资成本等。

(七)旅游基础工作。主要用于补助旅游规划编制、旅游项目库建设、旅游信息化建设、旅游人才培训等。

(八)旅游奖励。主要用于旅游创建、旅游改革和其他需要奖励的项目。

(九)省政府确定的其他重点旅游项目开支。

第五条 专项资金补助方式包括直接补助、贷款贴息、以奖代补、担保贴费等形式。

(一)直接补助,适用于补助旅游项目开发、旅游景区(点)旅游基础设施及公共服务设施配套建设项目、旅游商品研发、旅游规划、旅游信息化、全省旅游发展大会申办补助等。

(二)贷款贴息、担保贴费,适用于补助重点旅游开发项目、旅游商品研发、旅游新业态等项目。

(三)以奖代补,适用于旅游景区升级、乡村旅游开发以及对当地经济社会贡献突出的旅游项目等。

第三章 项目申报、审核及资金拨付

第六条 直接补助与贷款贴息项目申报与审核:项目申报单位按规定于每年7月底前向所在市、县(市、区)旅游和财政部门申报下一年项目。各市和省直管县旅游、财政部门按照《安徽省旅游项目库建设与管理暂行办法》规定,对申报项目进行审核、筛选,于每年8月底前联合上报省旅游局、省财政厅。申请材料内容不完整、申报程序不规范的,省旅游局、省财政厅不予受理。

省旅游局会同省财政厅对申报项目进行审核,经审核同意的旅游项目列入省旅游局下一年度部门预算。部门预算批复后下达旅游项目资金。

第七条 以奖代补项目申报与审核:省旅游局于每年3月底前提出上年度需要奖励的项目和奖金额度,省财政厅据此下达奖励资金。

5A级景区奖励200万元,全国百强旅行社奖励20万元。旅游包机、专列、游轮奖励按照《安徽省旅游包机、专列、游轮奖励专项资金管理办法》(财行〔2012〕123号)执行。获得全国旅游系统大赛奖励按省旅游局《参加全国旅游系统大赛奖励实施办法》(皖旅〔2011〕106号)执行。

第八条 贷款担保风险补助项目申报与审核:按照《安徽省人民政府办公厅关于印发安徽省旅游项目贷款担保风险补助资金管理暂行办法的通知》(皖政办秘〔2011〕129号)规定进行。

第九条 专项资金的拨付实行国库集中支付制度。由省财政部门将资金直接下达至各市和省直管县财政部门,各市和省直管县财政部门要在专项资金到位15个工作日内,及时足额将资金拨付同级旅游部门或项目申报单位,不得截留或挪作他用。

第十条 对已补助的旅游项目,原则上不得调整。若在执行过程中遇到自然灾害等不可抗力因素,确需改变项目用途的,由市和省直管县旅游、财政部门提出申请报省旅游局(附更改项目申报材料),经省旅游局商省财政厅批准后方可更改。

第四章 监督管理

第十一条 各级财政主管部门应会同同级旅游主管部门加强专项资金监督检查工作,建立对旅游专项资金使用情况的监督检查制度,保证专项资金及时、足额到位,专款专用。对资金到位不及时、不足额的单位,责成相关部门及时纠正;对违反规定,以各种借口截留、挤占、挪用专项资金的单位,除追回资金外,还要给予两年内不得申请专项资金补助的处罚,情节严重的,按照《财政违法行为处罚处分条例》(国务院令第427号)等规定给予严肃处理。

第十二条 各级财政主管部门要会同同级旅游主管部门，按照《安徽省预算支出绩效考评实施方法》(财预〔2009〕134 号)等规定，实行跟踪问效，在重点旅游项目完成后及时对项目进行绩效考评，评价报告同时上报省财政厅和省旅游局。

第五章 附 则

第十三条 本办法由省财政厅、省旅游局共同负责解释。

第十四条 本办法自发文之日起施行。原《安徽省旅游发展专项资金管理办法》(财行〔2010〕335 号)同时废止。

安徽省财政厅 安徽省发展和改革委员会关于印发《安徽省大中型水库移民后期扶持项目奖励资金管理暂行办法》的通知

(2012 年 2 月 8 日 财企〔2012〕143 号)

各市、县(区)财政局、移民管理机构：

为进一步提高全省大中型水库移民后期扶持项目的质量，规范专项资金管理，提高资金使用效益，现将《安徽省大中型水库移民后期扶持项目奖励资金管理暂行办法》印发给你们，请遵照执行。

安徽省大中型水库移民后期扶持项目奖励资金管理暂行办法

第一章 总 则

第一条 为切实加强全省大中型水库移民后期扶持项目的实施管理，根据《国务院关于完善大中型水库后期扶持政策的意见》(国发〔2006〕17 号)和《安徽省大中型水库移民后期扶持基金使用管理实施细则》(财企〔2007〕457 号)，结合我省工作实际，对各地大中型水库移民后期扶持项目管理实行奖励(以下简称“后扶项目”)，特制定本奖励资金管理办法。

第二条 本办法所称后扶项目，是指纳入大中型水库移民后期扶持年度投资计划和年度预算的项目。

第三条 后扶项目管理按照“县级负责、部门主管、乡镇组织、村组实施”的原则组织实施。即县(市、区)人民政府对本行政区域移民后扶项目实施负总责，移民部门负责后扶项目规划和计划编制、项目实施和检查验收，财政部门负责资金监管拨付，乡(镇)人民政府负责组织协调，移民村委会负责监管项目实施。后扶项目以村民自建方式为主。

第四条 奖励资金以年度考核为依据，年度考核分为日常考核、年终综合考评两部分，分县(市、区)、村分别考核。考核时间定为次年二季度进行，具体考核项目和计分标准见附表。

第五条 考评以县(市、区)为基本单位。重点移民县(市、区)年终考评由省统一组织。主要考核重点是项目的实施情况以及政策执行情况。省水库移民领导小组成员单位及所在市移民局、财政部门参加，其它移民县(市、区)年终考评由市级移民部门会同财政部门负责。

第六条 财政奖励资金来源由省财政从年度后扶持结余资金中安排，奖励资金仍然用于移民自建项目，实行公开、公正、规范管理，接受社会监督。

第二章 奖励对象和范围

第七条 奖励对象。财政资金奖励的对象是上年度实施后扶项目的县(市、区)和后扶项目实施的行政村。

第八条 考核范围。凡经省移民局和省财政厅批准的年度项目计划和项目预算的后扶项目，均列入考核范围。

第三章 奖励条件和奖励指标体系

第九条 奖励资金支持后扶持项目必须具备以下四个方面条件：项目理事会民主选举产生、项目开支费用等村级公示、工程质量优良和资金管理规范。奖励指标实行百分制，其中，理事会考核占 25 分，项目公示考核占 25 分，项目质量考核占 25 分，资金管理考核占 25 分。

(一)项目理事会考核。项目理事会必须由村民大会或村民代表大会选举产生，村两委主要负责人不参加理事会；理事会在村委会领导下独立行使项目建设和财务管理权，一个项目选举一个理事会，不实行任期制。

(二)项目公示。项目公示分自建项目和发包项目两类，公示不合格实行“一项否决”。自建项目必须实行明细账公示：材料采购、设备租赁、劳务工资、技术服务等费用和报账情况；发包项目公示三项内容:发包过程、评标人名录和中标合同,合同履约情况。

(三)质量考核。实地查看工程质量、检查竣工验收、施工日志和管护措施。

(四)资金管理规范。认真执行资金报账制度,加强项目资金的管理和项目实施情况的跟踪检查,规范资金拨付、发票使用、账务管理,防止和杜绝各类违纪违规问题的发生,保证项目资金的合理有效使用,使项目资金发挥最大的社会效益和经济效益。

第四章 奖励方式和奖励标准

第十条 奖励方式。根据好中选优的原则,对符合考核奖励条件中的10个先进县和15个满意项目村进行奖励。

第十一条 奖励标准。根据移民人口数和打分情况,对先进县,分别给予100万元至200万元奖励,对于满意项目村分别给予20万元至50万元奖励。

第五章 监督管理及处罚

第十二条 省水库移民局会同省财政厅组织对后扶持项目管理情况及资金使用效益进行综合评价,并将评价结果作为下一年度资金安排的参考依据。

第十三条 各县水库移民主管部门、财政部门要建立健全监管制度,加强对后扶持项目和财政奖励资金使用情况的跟踪、核查和监督,确保财政资金安全有效。

第十四条 奖励资金专项用于移民后扶持项目建设,任何单位不得用于奖励个人、工作经费或挪作他用。对违反规定的,按照《财政违法行为处罚处分条例》(国务院令第427号)等有关规定进行处理。

第六章 附 则

第十五条 各地要根据本办法规定和本地实际情况,制定具体实施细则,及时报省财政厅、省移民局备案。

第十六条 本办法由省财政厅、省移民局负责解释。

第十七条 本办法自印发之日起实施。

安徽省财政厅 安徽省发展和改革委员会 安徽省扶贫办关于印发《安徽省财政专项扶贫资金管理办法》的通知

(2012年2月14日 财农〔2012〕204号)

有关市、县(区)财政局、发展改革委、扶贫办:

为贯彻落实《中国农村扶贫开发纲要(2011-2020年)》(中发〔2011〕10号)精神,进一步加强和规范财政专项扶贫资金使用与管理,促进提升资金使用效益,根据财政部、发展改革委、国务院扶贫办《财政专项扶贫资金管理办法》(财农〔2011〕412号)规定,我们制定了《安徽省财政专项扶贫资金管理办法》,现印发给你们,请遵照执行。

安徽省财政专项扶贫资金管理办法

第一章 总 则

第一条 为加强财政专项扶贫资金管理,提高资金使用效益,依据财政部、发展改革委、国务院扶贫办《财政专项扶贫资金管理办法》,以及国家和省有关扶贫开发方针政策等,结合我省实际,制定本办法。

第二条 财政专项扶贫资金是中央和我省各级财政预算安排用于支持农村贫困地区、少数民族地区、国有贫困农场、国有贫困林场加快经济社会发展,改善扶贫对象基本生产生活条件,增强其自我发展能力,帮助提高收入水平,促进消除农村贫困现象的专项资金。

本办法所指扶贫对象是指根据中央和省扶贫标准识别认定的农村贫困家庭、贫困人口。

第三条 中央和省财政预算安排的财政专项扶贫资金按使用方向分为发展资金、以工代赈资金、少数民族发展资金、国有贫困农场扶贫资金、国有贫困林场扶贫资金、扶贫贷款贴息资金。

第四条 财政专项扶贫资金中的以工代赈资金依照发展改革委制定的有关以工代赈管理办法

进行管理。

少数民族发展资金、国有贫困农场扶贫资金和国有贫困林场扶贫资金的管理，按照财政部分别会同国家民委、农业部、国家林业局，根据资金用途的特点，依据本办法另行规定的办法执行。

扶贫贷款财政贴息资金的管理按照财政部会同国务院扶贫办、中国残疾人联合会，根据资金用途的特点，依据本办法另行规定的办法执行。

第二章 资金预算与分配

第五条 省级财政专项扶贫资金由省级财政列入年度预算，根据减贫工作需要和财力情况逐年增加。省级财政安排的财政专项扶贫资金规模应达到中央财政补助财政专项扶贫资金规模的一定比例。

市、县级财政根据各地减贫工作需要和财力情况，每年预算安排一定规模的财政专项扶贫资金，并逐年加大投入规模。有关资金投入情况作为绩效评价的重要因素。

第六条 中央和省财政专项扶贫资金主要投向国家和省确定的连片特困地区和扶贫开发工作重点县、贫困村，其中新增部分主要用于国家和省确定的连片特困地区。

中央和省财政专项扶贫资金分配坚持向比照适用西部大开发政策的贫困地区、贫困少数民族地区和贫困革命老区倾斜。

第七条 中央和省财政专项扶贫资金主要按照因素法进行分配。资金分配的因素主要包括各地扶贫对象规模及比例、农民人均纯收入、地方人均财力、贫困深度等客观因素和政策性因素。客观因素指标取值主要采用国家和省统计局等有关部门提供的数据。政策性因素主要参考国家和省扶贫开发政策、省对各地扶贫工作考核及财政专项扶贫资金使用管理绩效评价情况等。

市、县级财政安排的财政专项扶贫资金应主要采取因素法分配，资金分配的因素及指标取值由各地自行确定。

第三章 资金使用与拨付

第八条 各地应按照国家和省扶贫开发政策要求，结合当地扶贫开发工作实际情况，紧密围绕促进减贫的目标，因地制宜确定财政专项扶贫资金使用范围。各地确定的财政专项扶贫资金使用范围必须遵循如下基本方向：

(一)围绕培育和壮大特色优势产业，支持扶贫对象发展种植业、养殖业、民族手工业和乡村旅游业；承接来料加工订单；使用农业优良品种、采用先进实用农业生产技术等。

(二)围绕改善农村贫困地区基本生产生活条件，支持修建小型公益性生产设施、小型农村饮水安全配套设施、贫困村村组道路等，支持扶贫对象实施危房改造、易地扶贫搬迁等。

(三)围绕提高农村扶贫对象就业和生产能力，对其家庭劳动力接受职业教育、参加实用技术培训给予补助。

(四)围绕帮助农村扶贫对象缓解生产性资金短缺困难，支持贫困地区建立村级发展互助资金，对扶贫贷款实行贴息等。

(五)围绕编制、审核扶贫项目规划，实施和管理财政专项扶贫资金和项目而发生的项目管理费。

第九条 财政专项扶贫资金及中央和省财政专项扶贫资金项目管理费不得用于下列各项支出：

(一)行政事业单位基本支出。

(二)各种奖金、津贴和福利补助。

(三)弥补企业亏损。

(四)修建楼、堂、馆、所及贫困农场、林场棚户改造以外的职工住宅。

(五)弥补预算支出缺口和偿还债务。

(六)大中型基本建设项目。

(七)交通工具及通讯设备。

(八)城市基础设施建设和城市扶贫。

(九)企业担保金。

(十)其他与本办法第八条使用规定不相符的支出。

第十条 省财政根据补助市、县级财政专项扶贫资金规模(不含扶贫贷款贴息资金)，按照2%的比例提取项目管理费。各地不得再以任何理由、任何方式从中央和省财政补助地方财政专项扶贫资金中提取任何费用。

中央补助和省财政提取的财政专项扶贫资金项目管理费，依据补助各地的财政专项扶贫资金规模(不含扶贫贷款贴息资金)分配各地使用。其中中央财政专项扶贫资金项目管理费，安排到县级的比例不得低于90%。

中央补助和省财政专项扶贫资金项目管理费实行分账管理，专门用于扶贫规划编制、项目评估、检查验收、成果宣传、档案管理、项目公告公示、报账管理等方面的经费开支,不得用于机构、人员开支等。

第十一条 市、县级财政部门可以根据扶贫开发工作需要,预算安排一定规模的财政专项扶贫资金项目管理费,或者比照中央和省财政提取财政专项扶贫资金项目管理费的比例,从市、县级财政本级安排的财政专项扶贫资金中提取项目管理费。安排或提取项目管理费的规模及具体比例、分配和使用管理办法由各地自行确定。

第十二条 各地要充分发挥财政专项扶贫资金的引导作用,拓宽扶贫开发投入渠道,加大整合支持农村贫困地区各类资金的力度,统筹安排、集中使用,以提高资金使用效益。

第十三条 省财政厅在省扶贫开发领导小组批准年度资金分配方案后,及时将中央和省财政专项扶贫资金拨付到有关县(市、区)财政局。

第十四条 有关县(市、区)财政局要加快财政专项扶贫资金执行进度。收到省财政专项扶贫资金拨款文件后,要按照财政国库管理制度的有关规定和扶贫开发项目实施进度,及时办理财政专项扶贫资金支付手续。

第十五条 财政专项扶贫资金使用中属于政府采购范围的,应当按照政府采购有关规定执行。

第四章 资金管理与监督

第十六条 与财政专项扶贫资金使用管理相关的各部门根据以下职责分工履行财政专项扶贫资金使用管理职责。

(一)财政部门负责财政专项扶贫资金的预算安排、拨付、管理和监督检查,会同相关部门拟定财政专项扶贫资金的分配方案。

(二)省财政厅商省扶贫办拟定财政专项扶贫资金(发展资金)的分配方案。

省发展改革委商省财政厅、省扶贫办拟定以工代赈资金分配方案。

省扶贫办商省财政厅汇总平衡提出统一分配方案,上报省扶贫开发领导小组审定。由省扶贫开发领导小组通知有关市、县(区)人民政府,同时抄送有关市、县(区)财政局、发展改革委和扶贫办。省发展改革委下达以工代赈计划,省财政厅拨付资金。

(三)财政部门要加强财政专项扶贫资金的日常管理和监督检查,扶贫、发展改革、民委、农垦、林业、残疾人联合会等部门要加强相关财政扶贫项目的管理,确保项目实施进度,充分发挥财政专项扶贫资金使用效益。

(四)省扶贫办、省发展改革委、省民委、省农垦局、省林业厅、省残疾人联合会等部门应及时将年度财政专项扶贫资金使用管理情况报送省财政厅,省发展改革委、省民委、省农垦局、省林业厅、省残疾人联合会等部门的报告同时抄送省扶贫办。

第十七条 省扶贫、民委、农垦、林业、残联等部门分别会同财政部门,根据国家、省扶贫开发政策和财政部门的有关要求,制定年度财政专项扶贫资金使用计划。由省财政厅负责汇总,并根据中央财政专项扶贫资金下达情况按规定时间上报财政部,同时抄送国务院扶贫办。

中央和省财政上年度提前下达资金计划的所有财政专项扶贫资金,须于本年度1月10日前报送资金使用计划;本年度下达的有关财政专项扶贫资金,须于中央和省财政下达资金后30个工作日内报送资金使用计划。

各县(市、区)扶贫、残联等部门分别会同财政部门,根据国家、省扶贫开发政策和年度财政专项扶贫资金使用计划,编制扶贫开发项目,经县(市、区)扶贫开发领导小组审定后分别报省扶贫、残联等部门备案或审核,同时抄送省财政厅。

第十八条 财政专项扶贫资金使用计划需要明确资金具体用途、投资补助标准、项目建设内容、资金用款计划等内容,并作为绩效评价等工作的参考依据。

第十九条 财政专项扶贫资金支持的项目实行项目管理制度,做到资金到项目、管理到项目、核算到项目。

第二十条 财政专项扶贫资金年度使用计划、支持的项目和资金额度要进行公告、公示,接受社会监督。

财政专项扶贫资金对扶贫对象给予补助,在所在行政村进行公告、公示。

第二十一条 财政专项扶贫资金实行报账制管理,分账核算。

第二十二条 财政专项扶贫资金使用管理实行绩效评价制度。绩效评价结果以适当形式公布,并作为分配财政专项扶贫资金的参考依据。绩效评价制度的具体实施方案由财政部门商相关部门确定。

第二十三条 省财政在发展资金中每年安排部分资金,根据省财政厅和省扶贫办对发展资金使用管理的绩效评价结果对有关县(市、区)给予奖励补助。

奖励补助资金的使用管理参照本办法执行。

第二十四条　各级财政和相关部门要加强对财政专项扶贫资金和项目的监督检查，配合审计、纪检、监察部门做好资金和项目的审计、检查等工作。

第二十五条　乡镇财政部门要充分发挥监管职能作用，加强对扶贫项目的巡视、检查，发现违规问题及时制止并报告上级财政部门。

第二十六条　对违反本办法规定，虚报、冒领、截留、挤占、挪用财政专项扶贫资金的单位和个人，按照《财政违法行为处罚处分条例(国务院令第427号)》有关规定处理、处罚、处分。

第五章　附　则

第二十七条　各地根据本办法，结合本地的实际情况制定具体实施办法，并报省财政厅、扶贫办、发展改革委备案。

各地制定的具体实施办法，须进一步明确财政专项扶贫资金的具体用途、资金申报资格和程序、资金补助方式、资金使用与拨付程序、监督管理规定等内容。

对有关专项财政扶贫项目资金，如省财政和扶贫有关部门制定了专项资金使用管理办法和规定的，遵从其办法和规定。

第二十八条　本办法自颁布之日起执行。2000年8月28日省财政厅、扶贫办、发展计划委员会(财农字〔2000〕100号)转发《财政部、国务院扶贫开发领导小组、国家发展计划委员会关于印发〈财政扶贫资金管理办法〉(试行)和〈财政扶贫项目管理费管理办法〉(试行)的通知》(财农字〔2000〕18号)同时废止。

第二十九条　本办法由省财政厅会同扶贫办、发展改革委负责解释。

关于印发《皖北现代产业园区发展专项资金管理办法》的通知

(2012年4月5日　财预〔2012〕455号)

有关县(市、区)财政局、省担保集团：

根据省委办公厅、省政府办公厅《关于印发＜合作共建皖北现代产业园区实施方案＞的通知》(皖办发[2012]9号)精神，充分发挥财政资金引导和杠杆作用，省财政厅制定了《皖北现代产业园区发展专项资金管理办法》，并经省政府同意。现印发给你们，请认真遵照执行。

皖北现代产业园区发展专项资金管理办法

第一条　根据省委办公厅、省政府办公厅《关于印发＜合作共建皖北现代产业园区实施方案＞的通知》(皖办发[2012]9号)精神，为加强对皖北现代产业园区发展专项资金的使用和管理，充分发挥财政资金引导和杠杆作用，特制定本办法。

第二条　本办法所称的皖北现代产业园区发展专项资金(以下简称“专项资金”)是指省财政安排的用于合作共建的三个现代产业园区和四个县域现代产业园区的专项资金。

第三条　本办法所称的合作共建的三个现代产业园区是指阜阳合肥现代产业园、亳州芜湖现代产业园和宿州马鞍山现代产业园。四个县域现代产业园区是指固镇县与铜陵市、寿县与合肥市蜀山区、濉溪县与芜湖县、凤阳县与宁国市合作共建的县域现代产业园。

第四条　专项资金用于对三个现代产业园和四个县域现代产业园投融资公司的资本金注资，专项用于园区内征地拆迁安置、基础设施建设及公共服务设施建设，不得挪作他用。

第五条　2011—2015年省财政每年安排6亿元专项资金，用于对三个现代产业园投融资公司各注资2亿元，2012—2016年省财政每年安排1.2亿元专项资金用于对四个县域现代产业园投融资公司各注资3000万元。

第六条　专项资金由省财政直接拨付给省担保集团，由省担保集团作为出资人，按照有关规定具体负责资金的使用和监管工作。

第七条　合作共建的市、县(区)政府，要按照省委省政府关于合作共建皖北现代产业园区的实施方案确定的出资额，及时出资到位，并注资投融资公司。其中：2011—2015年，合肥每年投入2亿元，2012—2016年，阜阳、亳州、芜湖、宿州、马鞍山市，每年投入2亿元；2012—2016年，固镇、寿县、濉溪县、凤阳县每年投入不少于5000万元，铜陵市、蜀山区、芜湖县、宁国市每年投入不少于3000万元。

第八条 各相关市、县(区)要按照皖办发[2012]9号文件要求,严格履行出资义务。对援建市、县(区)未能及时履行出资义务的,省财政将视情扣缴有关援建市、县(区)援建资金,并直接拨付至对口受援市、县。对受援市、县未能及时履行出资义务的,省财政将终止出资行为,并将以前年度已拨专项资金予以收回。

第九条 省担保集团建立专项资金绩效考评制度,确立绩效目标,在每年年度终了开展专项资金使用情况的绩效评价,并将绩效评价结果及时向省财政厅报告。

第十条 省财政厅加强专项资金使用情况的监督检查。对市、县(区)不按规定使用,截留、挪用专项资金的,依据《财政违法行为处罚处分条例》(国务院令第427号)等有关规定予以处理。

第十一条 本办法适用2011—2016年省财政安排的皖北现代产业园区发展专项资金。

第十二条 本办法由省财政厅负责解释。本办法自发布之日起执行。

关于印发《安徽省中小企业专项贷款风险准备金管理暂行办法》的通知

(2012年4月23日 财企〔2012〕550号)

各市、县财政局、商务局、经信委,相关合作银行:

现将《安徽省中小企业专项贷款风险准备金管理暂行办法》印发给你们,请遵照执行。执行中有何问题,请及时反馈。

安徽省中小企业专项贷款风险准备金管理暂行办法

第一章 总 则

第一条 为规范安徽省中小企业专项贷款风险准备金(以下简称“风险准备金”)管理,充分发挥财政资金杠杆作用,强化财政金融结合,切实提高风险准备金放大融资功能,缓解中小企业融资困难,促进中小企业健康发展,制定本办法。

第二条 本办法所指的风险准备金是指财政企业类各项风险准备资金的总称,主要包括省财政针对中小进出口企业专项贷款、产业集群专业镇中小企业专项贷款、特色产业基地(含产业高度集聚的专业化工业园区和园中园,下同)中小企业和科技型中小企业(已享受国家科技型中小企业专项基金支持的企业和当年申报科技型中小企业专项基金项目的企业)专项贷款、台商投资企业专项贷款以及统借统还专项贷款等而安排的风险准备金。

第三条 风险准备金的主要功能是发挥财政资金放大效应,采取与银行合作的方式,由合作银行向省内符合条件的中小企业提供流动资金及部分固定资产投资项目贷款,风险准备金按最低5倍,逐步提高到10倍左右的比例放大,为中小企业贷款提供风险补偿,引导合作银行加大对中小企业的贷款力度,防范金融风险。风险准备金分类别承担代偿损失的最高限额为各自的本金总额。

第二章 资金来源

第四条 风险准备金的来源主要如下:

1. 整合当前各类有关担保资金(风险准备金)历年结余转入;

2. 省财政预算安排的相关专项资金以及中央财政安排的相关专项资金转入;

3. 年度无法支出而形成结余结转的有关财政企业专项资金转入;

4. 风险准备金利息收入转入;

5. 其他资金转入。

第五条 风险准备金主要用于以下四个方面。

1. 中小进出口企业专项贷款:用于为商务、财政部门推荐,银行审核通过的省内中小进出口企业贷款提供代偿。

2. 产业集群专业镇、特色产业基地和科技型中小企业专项贷款:2009年起每年从省中小企业发展专项资金中安排2000万元,暂定连续安排5年,用于为银行向已认定的产业集群专业镇、特色产业基地内中小企业以及全省科技型中小企业专项贷款提供代偿。

3. 台商投资企业专项贷款:用于为商务、财政部门推荐,银行审核通过的台商投资企业、经审批的台商投资企业在皖再投资企业的贷款提供代偿。

4. 统借统还专项贷款:用于为商务、财政部门推荐，中国进出口银行安徽省分行审批通过的统借统还贷款提供代偿。

第三章 资金管理

第六条 风险准备金的使用管理遵循以下原则。

1. 公开、公平、公正；

2. 科学评审、定向使用、规范管理、严格监督；

3. 单笔企业贷款金额一般控制在500万元以内，原则上最高不超过1000万元；

4. 流动资金贷款期限一般为1年以内，固定资产投资贷款期限最长不超过2年，前款不清后款不贷。

5. 贷款利率原则上执行中国人民银行公布的同期基准贷款利率；对符合条件的优质客户，合作银行应按规定执行下浮利率。

第七条 中小企业申请专项贷款的条件、提供材料等应分类设定，具体由各专项贷款的实施细则确定。

第八条 专项贷款分类分批次办理申请和发放，原则上每个月办理一次。

1. 产业集群专业镇专项贷款由产业集群专业镇内中小企业向市县经信、财政部门提出贷款申请，市县经信、财政部门初审并签署意见后报省经信委、省财政厅，省经信委、省财政厅向合作银行联合审核推荐；

2. 特色产业基地和科技型中小企业专项贷款由符合条件的中小企业向市县财政部门提出贷款申请，市县财政部门初审并签署意见后报省财政厅，由省财政厅向合作银行审核推荐；

3. 其他外经贸类专项贷款由符合条件的中小企业向市县商务、财政部门提出贷款申请，市县商务、财政部门进行初审并签署意见后报省商务厅、省财政厅，省商务厅、省财政厅向合作银行联合审核推荐。

第九条 省财政厅会同主管部门与合作银行根据本办法及相关细则规定签订合作协议，合作银行按协议规定向中小企业提供贷款。合作银行审核放款时限应控制在20个工作日之内，对于未通过审核的推荐企业，合作银行应及时向推荐部门及申请企业说明原因。

第十条 申请专项贷款的企业应提供有效的担保方式，省财政厅和主管部门委托合作银行与企业办理相应的担保手续，具体方式由合作银行与企业共同确定。贷款银行应不断创新担保方式，综合灵活利用仓单、保单、出口退税账户、应收账款、股权、有价证券和知识产权及第三方担保、企业联保互保等方式进行担保，贷款银行对优质客户可提供信用贷款。

鼓励贷款银行创新金融产品，对优质客户提供循环额度贷款。

第十一条 设立中小企业专项贷款企业风险保证金，申请专项贷款的企业在首次已获批贷款后取得贷款资金前，按专项贷款额的2%比例缴纳企业风险保证金，存入该贷款银行专门账户。企业风险保证金的开户行根据中国人民银行的相关规定，按协定存款的方式计息，利息收入用于补充企业风险保证金。

企业自第二次使用专项贷款开始，只对单次贷款数额超过历次贷款中最高额度的部分按2%比例补缴企业风险保证金；若单次贷款数额不超过历次贷款中最高额度的，不需再缴纳企业风险保证金。

第十二条 各类专项贷款除银行利息、统一收取的企业风险保证金外，银行及各部门一律不得收取任何额外费用。

第十三条 专项贷款的偿还。申请专项贷款的企业对获得的专项贷款本息负有法定偿还义务，应按借款合同约定偿还本息，并对其上报信息资料的准确性和真实性负法律责任。

第十四条 专项贷款的代偿。当企业专项贷款出现逾期，贷款银行及市县经信、商务、财政部门采取切实措施未能收回，且已达1个月的，由贷款银行提出申请，启动代偿程序。单笔企业专项贷款呆坏账损失由企业风险保证金、风险准备金和贷款银行按70%、15%、15%的比例分别承担。

若企业风险保证金余额不足代偿的，不足部分由风险准备金承担。

第十五条 专项贷款的催收。呆坏账损失代偿后，贷款银行负责逾期贷款的催收工作，市县经信、商务、财政部门积极协助。追回的企业专项贷款本息，在抵扣相关追索直接费用后，优先按比例补偿贷款银行和风险准备金的代偿损失，剩余部分补回企业风险保证金。企业所欠贷款无法追回的，银行所发生的追索直接费用，经核实后，由企业风险保证金、风险准备金和贷款银行按70%、15%、15%的比例分别承担；企业风险保证金余额不足的，不足部分由风险准备金承担。

对采取积极措施催收呆坏账的银行等部门相关人员给予适当奖励，具体金额为实际收回贷款金额的5%以内，奖励资金包含在追索直接费用中。

第十六条　风险准备金银行利息收入主要用于补充风险准备金、专户存储行以外的合作银行贷款风险补偿和相关工作经费及奖励经费，具体办法另行制定。

第四章　资金核算

第十七条　风险准备金由省财政厅统筹管理，统一由一家合作银行开设专设账户，实行专户存储，分账核算，下设四个子户分别用于核算相关资金的收支余情况，按财政财务规章制度进行严格管理。

第十八条　企业风险保证金由各银行专户存储，按要求分企业进行明细核算。

第五章　统计报告

第十九条　风险准备金、企业风险保证金的开户银行应于每月10日前向省财政厅报送账户对账单，每季度及时报送结息单据。

第二十条　各合作银行对每笔推荐企业贷款办理情况应及时填报《安徽省中小企业专项贷款审核发放报告单》（附件1）反馈推荐单位，每月10日前应填报《安徽省中小企业专项贷款统计表》（附件2），向推荐单位报告贷款发放回收等情况。企业专项贷款发生逾期未偿还的情况时，各合作银行应及时向贷款推荐单位提交相关情况的报告。根据工作需要，推荐单位可随时向各合作银行了解专项贷款的相关情况。

第二十一条　各市县经信、商务、财政等部门要履行跟踪管理责任，密切关注企业生产经营等情况，对企业发生的可能影响其按时还款能力的重大事项要及时向省经信委、商务厅、财政厅报告，配合贷款银行做好相关工作。

第六章　责任与罚则

第二十二条　对于专项贷款逾期未还的企业，省财政厅、主管部门、贷款银行将予以通报，其逾期贷款信息将记入银行的“企业及法人代表个人信用征信系统”，并在清偿完逾期贷款前停止其申报有关财企专项资金的资格。

第二十三条　贷款银行应加强跟踪管理，定期与借款人联系，密切关注其生产经营状况，一旦遇到贷款有回收风险时，贷款银行应及时采取资产保全措施，保障专项贷款风险准备金安全。

第二十四条　各市县经信、商务、财政部门应加强专项贷款推荐管理，推荐信誉高、前景好的企业，对于1年内发生1次专项贷款呆坏账的，对该市、县推荐单位进行通报；1年内发生2次及以上专项贷款呆坏账的，暂停该市、县专项贷款推荐权。

第七章　附　则

第二十五条　合作银行按照公开公正、择优科学原则，从商业银行、有关政策性银行和股份制银行中选择。优先选择已设立专门中小企业贷款服务机构的银行及专门服务中小企业的银行。省财政厅会同有关部门对合作银行专项贷款业务进行评估，对贷款业务办理不力、呆坏账追偿不力及放大倍数过小的取消业务合作。

第二十六条　今后根据实际情况和发展需要，专项贷款调整使用方向，或转作其他用途时，专项贷款风险准备金、企业风险保证金逐步退出，账户余额应确保尚存的专项贷款余额代偿资金得到保证，至最后一笔专项贷款全部清偿后全部退出。其中，企业风险保证金及其利息余额按比例全部退还未发生呆坏账的上缴企业。

第二十七条　凡已施行的相关专项担保资金管理办法或实施细则与本办法不相符的，以本办法的规定为准，相关办法或实施细则应按本办法及时修订完善。

统借统还专项贷款平台公司的费用收取、企业风险保证金缴纳比例、代偿方式及代偿比例等由其实施细则另行规定。

外经企业保函风险准备金管理办法另行制定。

第二十八条　本办法由省财政厅负责解释。

第二十九条　本办法自发布之日起施行。

关于印发《安徽省社会保险基金保值增值管理暂行办法》的通知

（2012年5月8日　财社〔2012〕647号）

各市、县（区）财政局，宿松县、广德县财政局：

为进一步规范社会保险基金保值增值管理，促进社保基金持续健康运行，切实维护参保对象合法权益，结合我省实际，现印发《安徽省社会保险基金保值增值管理暂行办法》，请各地遵照执行。

安徽省社会保险基金保值增值管理暂行办法

第一章 总 则

第一条 为规范社会保险基金(以下简称"社保基金")保值增值管理，促进社保基金持续健康运行，维护参保对象合法权益，根据《中华人民共和国社会保险法》和国家有关规定，结合我省实际，制定本办法。

第二条 本办法中社保基金是指根据国家和省有关规定筹集的城镇职工基本养老保险基金、失业保险基金、城镇职工基本医疗保险基金、工伤保险基金、生育保险基金等。

第三条 本办法中社保基金保值增值管理是指财政部门按照国家有关法律、法规及政策规定，对社保基金进行专户存储、定期存款、购买国家债券等管理行为。

第四条 社保基金保值增值应遵循以下原则：

(一)安全性。社保基金保值增值遵循安全第一的原则，确保能及时、足额收回本金，并取得相应收益。

(二)收益性。社保基金按照有关规定，通过保值增值方式获取稳定的预期收益。

(三)合法性。社保基金保值增值按国家法规和制度，在政策规定的范围内开展保值增值业务。

(四)规范性。社保基金保值增值由财政部门遵照部门职责、岗位职责，严格按照规定程序组织实施。

第二章 保值增值的方式

第五条 社保基金保值增值的主要方式有：

(一)国库存款。指社保基金征缴收入在划转至财政专户前，在国库存放期间取得的利息收入。

(二)活期存款。指社保基金财政专户、支出户实行活期存储取得的利息收入。

存入财政专户、支出户的活期存款，应按规定执行优惠利率(包括协定存款利率、三个月或一年期、三年期等同期居民存款利率)。

(三)定期存款。指纳入财政专户管理的社保基金按照规定实行定期存储取得的利息收入。

(四)购买债券。指纳入财政专户管理的社保基金按规定购买国家发行的特种定向债券和国家债券等所取得的收益。

(五)其他方式。主要指财政部门按照国家有关规定，采取其他保值增值方式取得的收益。

第六条 各统筹地区要按规定实施社保基金的保值增值，科学制定社保基金短、中、长期保值增值计划，不得进行任何其他形式的直接投资和间接投资。

第三章 保值增值的条件

第七条 社保基金采取定期存款、购买国家债券等方式实现保值增值时，应符合以下条件：

(一)城镇职工基本养老保险：统筹地区基金累计结余，在扣除预留 2 个月平均支付费用后，剩余部分的 80%可用于转存定期存款或购买债券。

(二)城镇职工基本医疗保险：统筹地区统筹基金累计结余，在扣除 6—9 个月平均支付费用后，其余可用于转存定期存款或购买债券。

(三)工伤保险：统筹地区基金累计结余，在扣除预留 2 个月工伤保险平均支付费用和按上年征缴额 30%预留工伤保险储备金后，其余可用于转存定期存款或购买债券。

(四)失业保险、生育保险：统筹地区基金累计结余，在扣除预留 2 个月平均支付费用后，其余可用于转存定期存款或购买债券。

第八条 定期存款期间，如遇重大事项需支付社保基金时，各地要确保资金及时调用、支取。

第九条 社保基金通过活期存款、定期存款实现保值增值时，应按国家规定选择国有商业银行或国有控股银行，并原则上通过竞争性方式选择确定。

第四章 保值增值的核算

第十条 财政部门按国家有关规定设置社保基金财政专户，专门用于归集、支付、调度和核算各项社会保险基金。

一个统筹地区原则上一项社保基金只开设一个

财政专户,不得多头开户。市级社保基金财政专户最多不得超过5个,县级社保基金财政专户最多不得超过3个,且同一家银行只允许开设一个社保基金财政专户。待条件成熟时再逐步合并为一个社保基金财政专户。

第十一条　社保基金的保值增值,均通过社保基金财政专户划转和核算,不得在财政专户以外核算社保基金。

(一)国库存款利息、支出户利息要定期划转入相应险种的社保基金财政专户。

(二)到期的定期存款本息、特种定向债券和国家债券本金及收益要及时划入社保基金财政专户。

第十二条　各级财政部门要按社保基金险种分别建账,独立核算。要分险种、按政策计息,不得自行分配利息。

第十三条　社保基金存储银行(包括社保基金财政专户及支出户银行、定期存储银行)要按季度提供分险种、一式多联的利息清单及定期存款对账通知单,分别送财政部门国库机构(国库支付中心)、财政部门社保机构、社会保险经办机构记账。

定期存款到期后,定期存款银行要及时提供分险种、一式多联的利息清单,分别送财政部门国库机构(国库支付中心)、财政部门社保机构、社会保险经办机构记账。

第五章　保值增值的内控

第十四条　各级财政部门应建立健全社保基金保值增值岗位内控制度,规范和细化保值增值资金业务流程,按业务的申报、审批及划转流程分设岗位,明确岗位职责,强化岗位制约。

第十五条　财政部门社保机构负责保值增值的测算和核算,根据政策规定对各项社保基金保值增值及支付风险进行测算,提出保值增值计划后报厅(局)审定。

第十六条　财政部门国库机构要明确专人负责办理基金保值增值业务及核算,在收到财政部门社保机构建议的5个工作日内,按规定制定具体转存定期存款、购买国家债券的操作方案,并按规定的程序实施。

第十七条　财政部门国库机构、财政部门社保机构要建立定期对账制度,并与社会保险经办机构和金融机构按月对账,做到账账相符、账实相符。

第六章　保值增值的考核

第十八条　省财政厅会同相关部门建立健全养老保险等社保基金保值增值考核通报制度。

第十九条　社保基金保值增值考核通过定性定量指标按季度进行。

第二十条　依据各季度考核结果,每年一季度对上年度各市养老保险等社保基金保值增值结果进行通报,并报省政府主要领导。

第二十一条　省级在分配养老保险等社保基金财政补助时,与保值增值考核结果挂钩。

第七章　保值增值的监督

第二十二条　审计机关依法对社保基金的保值增值情况进行审计监督。

第二十三条　财政部门建立定期检查制度,加强对本级和下级社保基金保值增值工作的检查。

第二十四条　社保基金保值增值工作要主动接受人大监督,主动接受社会保险监督委员会监督,自觉接受社会监督。

第八章　附　则

第二十五条　城乡居民基本医疗基金、城乡居民养老基金的保值增值比照上述办法执行。

第二十六条　各市、县(区)财政部门应根据当地实际情况制定社保基金保值增值具体操作规程,并报送省财政厅。

第二十七条　本办法自2012年6月1日起执行。

安徽省财政厅　安徽省农业委员会关于印发《安徽省现代农业示范区专项资金管理办法(试行)》的通知

(2012年4月18日　财农〔2012〕666号)

各市、县(区)财政局、农委:

根据省政府办公厅《关于创建省级现代农业示范区的意见》(皖政办〔2010〕54号)精神,为加强省级现代农业示范区建设专项资金管理，提高资金使用效益，特制定《安徽省级现代农业示范区专项资金管理办法（试行）》，现印发给你们，请遵照执行。

安徽省级现代农业示范区建设专项资金管理办法

（试行）

第一章 总 则

第一条 为贯彻落实省政府办公厅《关于创建省级现代农业示范区的意见》（皖政办〔2010〕54号），加强省级现代农业示范区建设专项资金管理，提高资金使用效益，特制定本办法。

第二条 省级现代农业示范区建设专项资金是指省级财政专项安排，用于支持示范区建设与发展的资金。

第三条 各级各部门要积极整合各类涉农项目资金，集中投入，加大扶持省级现代农业示范区建设力度。

第二章 安排原则

第四条 省级现代农业示范区建设专项资金使用坚持“先建后补、以奖代补、专款专用”的原则。

第五条 省级现代农业示范区建设专项资金用于已被省政府认定的省级现代农业示范区。当年被认定的省级现代农业示范区，给予一定的资金奖补；以后经考核通过的省级现代农业示范区按考核等次奖补。

第六条 省财政厅会同省农委提出年度专项资金安排意见，由省财政厅将资金直接拨付到示范区县（市、区）。

第三章 使用范围

第七条 省级现代农业示范区专项资金重点用于支持现代农业示范区核心区建设。主要包括以下几个方面：

（一）示范区农业基础设施建设。支持高标准农田、蔬菜大棚、规模养殖生产设施及农业废弃物处理等农业建设，强化农机装备，发展农业信息化，着力改善农业生产条件。

（二）示范区农业科技创新和推广运用。支持新品种、新技术和技术集成的试验、展示基地建设、秸秆还田、健康养殖、病虫害防治等重大农业技术推广应用，着力提高农业科技水平。

（三）示范区农业公共服务体系建设。支持农业公共服务体系、农产品质量安全检验监测体系等建设，着力提高农业公共服务能力。

（四）示范区农业规模化、标准化生产。支持农民大户、农民专业合作社，发展适度规模经营，推行标准化生产，着力提高农业专业化水平。

第四章 考核和管理

第八条 省级现代农业示范区实行两年一次考核，采取书面考核与现场考评相结合的方式。考核合格的示范区，继续认定为省级现代农业示范区，并设置考核等级；考核不合格的示范区，撤销“安徽省级现代农业示范区”称号。

第九条 考核主要内容包括设施装备水平提升、科技示范推广能力发挥、产业发展与带动、经营管理和组织化水平、农民教育培训以及示范区效益等方面。

第十条 市、县（区、市）农业部门要加强示范区建设指导与管理，充分发挥项目奖补资金使用效益。

第十一条 市、县（区、市）财政部门要规范资金分配，加强资金管理，确保资金专款专用。

第十二条 县（区、市）农业部门要会同财政部门每年将资金使用情况随同示范区建设情况一并报送。省农委和省财政厅在示范区建设过程中开展不定期检查。

第十三条 省级现代农业示范区建设专项资金不得用于平衡预算、偿还债务、建造办公场所、建设车间厂房、改善办公条件、购置车辆和大型设备以及通讯器材、发放人员工资补贴等与示范区建设无关的支出。

第五章 附 则

第十四条 本办法自公布之日起实施。

第十五条 本办法由省财政厅和省农委负责解释。

安徽省财政厅　安徽省民政厅关于印发《安徽省城乡医疗救助资金管理暂行办法》的通知

(2012年5月7日　财社〔2012〕770号)

各市、县(区)财政局、民政局：

根据省人民政府2012年实施33项民生工程的有关文件精神和民政部、财政部、人力资源和社会保障部、卫生部《关于开展重特大疾病医疗救助试点工作的意见》(民发〔2012〕21号)相关规定，经研究决定，对《安徽省城乡医疗救助资金管理暂行办法》进行重新修订。现印发给你们，请遵照执行。

安徽省城乡医疗救助资金管理暂行办法

第一章　总　则

第一条　为进一步加强城乡医疗救助资金管理，规范资金分配和拨付程序，切实减轻低收入困难群体医疗费用负担，根据财政部民政部关于城乡医疗救助资金管理有关规定和安徽省城乡医疗救助实施办法有关要求，制定本办法。

第二条　城乡医疗救助资金是政府对低保家庭成员、五保户、低收入老年人、重度残疾人、重点优抚对象、低收入家庭重病患者以及当地政府规定的其他特殊困难人员参加新型农村合作医疗、城镇居民医疗保险给予资助，对其发生的重特大疾病医疗费用给予救助的专项资金。

第三条 城乡医疗救助资金管理遵循以下原则：

(一)集中管理，专款专用。各级财政部门安排和有关渠道筹集的医疗救助资金，全部划拨到市、县(区)社保资金财政专户实行集中管理，专项用于开展医疗救助工作。

(二)统筹兼顾，保障重点。在资助五保户、城市低保对象中的“三无”人员、农村低保户等参加新型农村合作医疗、城乡居民医疗保险的同时，向患重特大疾病难以自付医疗费用的贫困患者倾斜。

(三)以奖代补，绩效管理。省以上财政补助资金分配与各地管理绩效等因素适当挂钩，在统筹考虑各地救助人数、支出规模的同时，对配套资金足额到位、管理工作规范的市、县(区)给予适当倾斜。

第二章 资金筹集、分配和补助范围

第四条　城乡医疗救助资金由各级财政共同筹集。中央和省财政建立专项转移支付制度，对市、县(区)开展医疗救助给予专项补助。市、县(区)财政通过预算安排、福彩公益金划拨、接受社会捐赠等途径，多方筹集医疗救助资金。

第五条　城乡医疗救助资金主要来源包括：

(一)各级财政安排的专项资金；

(二)彩票公益金收入；

(三)财政专户利息收入；

(四)社会组织和个人捐赠、资助收入；

(五)其他收入。

第六条　每年初，市级财政按照不少于上年度省级以上财政补助资金总量的20%安排市级资金；县级财政按照不少于上年度省级以上财政补助资金总量的10%安排县级资金。同时，各级民政部门要按照有关规定从留归本部门使用的福彩公益金中按照一定比例或一定数额安排用于城乡医疗救助的资金。

第七条　省以上财政补助资金根据各地保障对象人数(包括农村五保、城乡低保、优抚对象人数，下同)、大病救助人数，分类补助定额和管理绩效等因素进行分配。省对各市、县(区)的补助资金，由参保参合补助、大病救助补助和管理绩效奖励三部分组成，具体计算公式如下：

对市、县(区)补助资金 = 参保参合补助 + 大病救助补助 + 管理绩效奖励。

其中：参保参合补助 = 保障对象人数 * 补助定额；大病救助补助 = 保障对象人数 * 上年度全省大病就诊率 * 补助定额；管理绩效奖励主要依据近年内各种审计、专项监督检查报告和整改意见，以及上年度资金结余情况等因素合理安排。

第八条 城乡医疗救助资金的使用范围：

(一)资助农村五保户参加当地合作医疗，代其缴纳个人应负担的全部参合资金；对农村低保、重点优抚对象，可视财力代其缴纳个人应负担的部分或全部参合资金；

(二)资助城市低保对象中的“三无”人员参加医疗保险，代其缴纳个人应负担的全部参保资金；对城市低收入老年人、重度残疾人，可视财力代其缴纳个

人应负担的部分参保资金；

(三)对农村五保户和城市低保对象中的“三无”人员，可给予小额门诊医疗救助。

(四)对国家和省明确规定纳入医疗救助范围的重特大疾病实施重点救助。

第九条 市、县(区)民政部门要按照收支平衡的原则，会同卫生、人力资源和社会保障、财政等部门根据当地筹资情况、不同病种或个人自付医疗费用金额等因素，分类分档确定救助比例和救助金额，确保救助工作公平、公正。

第十条 市、县(区)财政部门要将必要的工作经费纳入同级财政预算，确保城乡医疗救助工作顺利开展。

第三章 资金拨付和管理

第十一条 城乡医疗救助资金实行财政专户管理。市、县(区)财政部门在财政社保资金专户下设立城乡医疗救助资金分户，实行分账核算，专款专用。

第十二条 资助救助对象参加当地新型农村合作医疗、城镇居民医疗保险的资金和定点医疗机构通过即时结算为救助对象先行垫付的医疗救助资金，由民部门提供详细的费用清册，按月报同级财政部门复核后从城乡医疗救助资金账户拨至新型农村合作医疗、城镇居民医疗保险和定点医疗机构资金账户；其他支付大病救助和小额临时医疗救助的资金，由民政部门按规定程序审批，报同级财政部门复核后，实行社会化发放。

第十三条 城乡医疗救助资金应全部用于补助救助对象符合规定的参合、参保及重特大疾病救助费用，不得从中提取管理费或列支其他任何费用。

第十四条 当年筹集的城乡医疗救助资金原则上应全部支出，确有少量结余可结转下年度继续使用。对年末累计结余超过当年救助资金总量10%的市、县(区)，省将调减下年度补助资金。

第四章 监督和检查

第十五条 每季度末和年度终了，市、县(区)财政、民政部门，按照省财政厅、民政厅统一要求，逐级报送城乡医疗救助资金收支运行情况和调查表。资料报送情况，纳入绩效管理范围。

第十六条 城乡医疗救助资金实行专款专用，任何单位和个人不得截留、挤占、挪用。市、县(区)财政、民政部门要加强对城乡医疗救助资金的管理，定期对资金使用情况进行监督检查，并自觉接受审计部门的监督检查。

第十七条 城乡医疗救助资金的筹集、管理、使用情况，以及救助对象、救助金额等，由有关部门定期在救助对象所在地张榜公布，接受社会监督。

第十八条 对虚报情况骗取上级补助资金的，省财政、民政部门在分配下年度补助资金时全额扣回。对挤占挪用、贪污浪费等违纪违法行为，按照有关法律法规严肃处理。

第五章 附 则

第十九条 市、县(区)财政、民政部门要结合当地城乡医疗救助工作开展情况，研究制定本地区城乡医疗救助资金管理实施细则，报省民政厅、省财政厅。

第二十条 本《办法》自印发之日起执行。

第二十一条 本《办法》由省财政厅、民政厅负责解释。

安徽省财政厅 安徽省发展和改革委员会关于印发《安徽省“信用安徽”建设专项资金管理办法》的通知

(2012年6月1日 财建〔2012〕902号)

各市、县(区)财政局、发展改革委：

为加快“信用安徽”建设，大力推进政务诚信、商务诚信、社会诚信和司法公信建设，建立健全覆盖全社会的征信系统，全面推进社会信用体系建设，省财政将继续安排专项资金推进全省信用建设工作。为加强资金管理，提高资金使用效率，我们制定了《安徽省“信用安徽”建设专项资金管理办法》，请遵照执行。

安徽省“信用安徽”建设专项资金管理办法

第一条 为大力推进政务诚信、商务诚信、社会诚信和司法公信建设，建立健全覆盖全社会的征信系统，全面推进社会信用体系建设，根据省政府建设“信用安徽”总体部署和有关文件精神，设立“信用安徽”

建设专项资金。为加强“信用安徽”建设专项资金的管理,规范资金使用程序,提高资金使用效益,结合实际,制定本办法。

第二条 本办法所称“信用安徽”建设专项资金,是指省政府财政预算安排,专门用于“信用安徽”建设的专项资金。

第三条 “信用安徽”建设专项资金使用原则是:引导为主,培育市场,示范优先,择优扶持。专项资金安排应当有利于吸引更多的社会资金投入“信用安徽”建设,有利于培育信用专业服务机构和信用市场,发挥各类信用组织对中小企业信用增级和区域信用环境改善的促进作用,积极参与长三角区域信用一体化建设进程,推动我省社会信用秩序的完善和社会信用制度的逐步完善。

第四条 “信用安徽” 建设专项资金使用范围:

支持我省“信用安徽”重点项目建设。包括:

1.全省企业和个人联合征信项目。

2.诚信企业信用内控制度建设示范项目。

3.信用专业服务机构建设项目。

4.市县联合征信系统建设项目补助。

5.市县(区)信用建设综合示范项目。

6.支撑长三角区域信用一体化项目。

7.信用文化体系示范项目。包括信用文化宣传和教育项目等。

第五条 申报要求。每年度“信用安徽”专项资金支持重点,由省发展改革委会同省财政厅根据省委省政府确定的年度建设重点任务,于每年2月底前提出,并下发申报通知。

第六条 申报程序。“信用安徽”项目申报时间为每年4月底前,市、县项目由所在市、县发展改革委会同财政局筛选后,报省发展改革委和省财政厅;省属项目由项目单位直接报省发展改革委和省财政厅。

第七条 申报内容。申请使用“信用安徽”专项资金的项目单位,应当报送项目资金申请报告,主要内容包括项目背景、企业简介、建设内容、技术可行性方案、项目资金方案、经济社会效益分析、其他相关资料(如项目备案文件、银行授信等级,信用荣誉证书、行业认证)等。

第八条 项目评审。按照竞争性分配原则和科学、公正、透明原则,由省发展改革委会同省财政厅,对报送项目材料组织评审,并按程序公示后,于6月底前联合行文下达。

第九条 资金拨付。市县项目由省财政厅根据联合行文下达预算指标,市、县财政局根据省下达的指标文件,于10日内核拨资金,确保资金及时到位。

第十条 资金管理。项目单位要确保专项资金专款专用,并向所在市县发展改革委和财政局报告项目建设和资金使用情况。各级财政部门和发展改革部门,要切实加强专项资金的管理与监督,严禁截留挪用。

第十一条 监督检查。省发展改革委会同省财政厅,对专项资金支持的项目建设情况和资金使用情况不定期检查或抽查。项目申报中弄虚作假、套取资金的,一经发现,立即取消项目计划,并追回资金。不按要求使用专项资金并拒不整改的,收回专项资金,并取消所在市县下一年度的申报资格。

第十二条 本办法由省财政厅会同省发展改革委负责解释。

第十三条 本办法自发布之日起施行,原《“信用安徽”专项资金管理办法》(财建〔2006〕879号)废止。

安徽省财政厅关于印发《安徽省补助廉租住房保障专项资金管理办法》的通知

(2012年8月1日 财综〔2012〕1374号)

各市、县(区)财政局:

根据城市廉租住房保障工作进展新情况、新要求,为支持市、县做好城市廉租住房保障工作,加强中央和省级廉租住房保障专项资金管理,提高财政资金使用效益,根据《财政部关于印发＜中央补助廉租住房保障专项资金管理办法＞的通知》(财综〔2012〕42号)规定,经商省住房城乡建设厅同意,我厅重新制定了《安徽省补助廉租住房保障专项资金管理办法》。现印发给你们,请遵照执行。

安徽省补助廉租住房保障专项资金管理办法

第一章 总 则

第一条 为支持市、县做好城市廉租住房保障工作,加强补助廉租住房保障专项资金管理,提高财政资金使用效益，根据《安徽省人民政府关于解决城市低收入家庭住房困难的实施意见》(皖政〔2007〕106号)和财政部重新制定的《中央补助廉租住房保障专项资金管理办法》(财综〔2012〕42号)等有关规定，制定本办法。

第二条　本办法所称补助廉租住房保障专项资金(以下简称专项资金)，是指由中央和省级财政安排的用于补助市、县廉租住房保障工作的专项资金。

第三条　专项资金按照公开、公平、公正、透明的原则分配给市、县。

第四条　专项资金管理根据财政部的要求并结合市、县廉租住房保障工作进展情况适时调整。

第二章　分配和计算

第五条　中央专项资金在优先满足发放廉租住房租赁补贴的前提下，可用于购买、改建或租赁廉租住房支出。其中，购买廉租住房可以购买旧房，也可以购买新房。在完成当年廉租住房保障任务的前提下，经同级财政部门批准，可以将专项资金用于购买、新建、改建、租赁公共租赁住房。

第六条　中央专项资金原则上按照市、县年度发放租赁补贴户数以及购买、改建、租赁廉租住房套数等因素计算分配。2012年，中央下达的专项资金，发放租赁补贴户数以及购买、改建、租赁廉租住房套数两项因素所占权重分别为80%和20%。据此，对省财政厅财综〔2012〕792号文件下达的专项资金按比例重新调整下达。以后年度两项因素权重根据财政部各年度分配资金的权重相应调整。

第七条　中央专项资金分配计算公式为：

某市、县中央专项资金总额=[(该市、县年度租赁补贴户数÷各市、县年度租赁补贴户数之和×相应权重)+(该市、县年度购买、改建、租赁廉租住房套数÷各市、县年度购买、改建、租赁廉租住房套数之和×相应权重)]×年度中央专项资金总额。其中：年度租赁补贴户数是指当年计划发放租赁补贴户数，减去上年度未实施的计划发放户数，加上上年度超计划实施的发放户数；年度购买、改建、租赁廉租住房套数是指当年计划购买、改建、租赁廉租住房套数，减去上年度未实施的计划套数，加上上年度超计划实施的套数。上述租赁补贴户数和购买、改建、租赁廉租住房套数实施情况，以是否实际发放租赁补贴以及签订购买、改建、租赁合同为准。廉租住房套数不得以跨保障方式、跨施工年度、跨取得方式等重复申报。

第八条　省级专项资金实行以奖代补，参照中央专项资金分配和计算公式，结合各市、县相关数据、资料报送情况等工作成效分配给市、县。省级专项资金主要用于市、县廉租住房的租赁补贴支出，可适当用于租赁补贴工作中基础信息系统维护和调查统计、表格印刷业务支出，不得用于其它方面的开支。

第九条　每年1月15日前，县级财政部门应当会同廉租住房保障主管部门，按照本办法规定汇总本地区如下资料分别报送市级财政、廉租住房保障主管部门：1、本县廉租住房保障规划及年度保障计划；2、加盖部门印章的本办法附表1、附表2及相关文字说明(附表、文字说明应附电子版)；3、本县年度发放租赁补贴户数和购买、改建、租赁廉租住房套数等有关资料。

第十条　每年1月31日前，市级财政部门应当会同廉租住房保障主管部门，对市本级及所辖县有关报表、资料审核汇总后，分别向省级财政、廉租住房主管部门报送如下资料：1. 本市廉租住房保障规划及年度保障计划，市本级和所辖县廉租住房保障规划及年度保障计划；2. 加盖部门印章的本办法附表1、附表2及相关文字说明(附表、文字说明应附电子版)；3. 本市年度发放租赁补贴户数和购买、改建、租赁廉租住房套数等有关资料。4. 市级财政部门及廉租住房主管部门对所辖县申报材料审核情况的说明。

第十一条　各地上报的报表、资料，应当做到真实、完整、准确、及时，财政部门、廉租住房保障主管部门应按照职责分工严格审核。对于未按规定报送有关资料的市、县，视同不申请中央和省级专项资金处理。

第十二条　省级财政部门会同廉租住房保障主管部门对各市、县上报的有关资料审核汇总后，与审核情况说明一并于2月28日前提交财政部驻安徽财政监察专员办事处审核认定后，3月31日前报送财政部、住房城乡建设部。

第十三条　财政部驻安徽省财政监察专员办事处每年实地抽查不少于3个市(含省直管县)，抽查廉租住房保障数据比例不低于全省申报数据的20%。对于抽查审核剔除率较高的，将及时商省级财政部门退回申报材料，重新调整数据后再报。对于审核发现的严重弄虚作假或重大违规等问题将向财政部报告。财政监察专员办事处审核工作结束后,于3月31日前将审核意见表报送财政部。

第三章 拨付与使用

第十四条 省财政在收到中央专项资金指标后,参照中央专项资金分配方案,于每年5月31日前下达市、县财政部门。省级专项资金由省财政厅于每年9月底前分配下达市、县财政部门。根据市、县廉租住房保障任务完成情况、专项资金使用管理情况、上报数据是否及时准确等因素,在下一年度分配专项资金时采取适当的奖惩措施,适当增加或减少有关市、县的专项资金。市、县财政部门在收到中央和省级专项资金后,应当会同廉租住房主管部门制定专项资金使用计划,做好资金使用安排,报省财政厅、住房城乡建设厅备案。专项资金应当与其他各项廉租住房保障资金一起,按照规定用于廉租住房保障开支。

第十五条 市、县财政部门应当对专项资金实行专项管理、分账核算,并严格按照规定用途使用,不得截留、挤占、挪作他用,不得用于平衡本级预算。专项资金支付,严格按照财政国库管理制度有关规定执行。各市、县要切实提高专项资金使用效率,根据廉租住房保障工作进度及时拨付资金,保障预算执行进度,确保廉租住房保障资金需要。对于年底专项资金结余较多的市、县,省财政将酌情减少安排该市、县下一年度专项资金数额。

第十六条 市、县财政部门安排使用专项资金时,根据专项资金用途,分别填列《政府收支分类科目》221类"住房保障支出"01款"保障性安居工程支出"07项"保障性住房租金补贴"科目、01项"廉租住房"科目和06项"公共租赁住房"科目。

第四章 监督管理

第十七条 市、县财政部门必须确保专项资金按照规定用途使用。对于违反规定,骗取专项资金,不按规定使用专项资金的,省财政将相应扣减下一年度分配该市、县的专项资金数额。同时,按照《财政违法行为处罚处分条例》(国务院令第427号)的规定进行处理,并依法追究有关责任人员的行政责任。

第十八条 各级财政部门要加强专项资金使用情况的监督检查,发现问题,及时纠正,杜绝挤占、挪用等违法违纪行为的发生。

第十九条 每年年度终了,县级财政部门应将本地区上年度中央专项资金收支和结余情况,于每年1月15日之前报送市级财政部门汇总。市级财政部门应将本地区上年度中央专项资金收支和结余汇总情况,于每年1月31日之前报送省级财政部门。省级财政部门于每年3月31日前报送财政部。具体详见《_____年度中央补助廉租住房保障专项资金收支情况表》。

第五章 附 则

第二十条 如遇发生重大自然灾害等特殊情况,省级财政分配专项资金时会适当向受灾地区倾斜。

第二十一条 本办法由省财政厅负责解释。

第二十二条 本办法自2012年1月1日起施行,《安徽省补助廉租住房保障专项资金管理办法》(财综〔2010〕2257号)同时废止。

安徽省财政厅 安徽省卫生厅 安徽省人力资源和社会保障厅 关于印发《安徽省县级公立医院运行补偿管理暂行办法》的通知

(2012年10月11日 财社〔2012〕1849号)

各市、县(区)财政局、卫生局、人力资源和社会保障局:

经省医药卫生体制改革工作领导小组同意,现将《安徽省县级公立医院运行补偿管理暂行办法》印发给你们,请遵照执行。

安徽省县级公立医院运行补偿管理暂行办法

第一章 总 则

第一条 为贯彻落实省政府《关于县级公立医院综合改革的意见》(皖政〔2012〕98号)精神,进一步强化县级公立医院(包括综合医院和中医院,以下简称为"医院")公益性,落实政府保障政策,规范医院管理,促进医院健康发展,根据《中华人民共和国预算法》、《医院财务制度》(财社〔2010〕306号)、《财政部等部委关于完善政府卫生投入政策的意见》(财社〔2009〕66号)等相关规定,制定本暂行办法。

第二条　医院是公益性事业单位，按照国家确定的公益目标和相关标准开展医疗服务活动，不以营利为目的。

第三条　政府对医院实行“核定收支、定项补助、超支不补、结余按规定使用”的预算管理办法。

第四条　医院要实行全面预算管理制度，财政部门要建立健全医院预算管理制度,包括预算编制、审批、执行、调整、决算、分析和考核等制度。

第五条　本办法适用于医院运行补偿管理。

第二章　核定收支

第六条　医院应按照“以收定支、收支平衡、统筹兼顾、保证重点”原则编制预算。医院预算要以核定收支为基础,不得编制赤字预算。

第七条　医院收入包括医疗收入、财政补助收入、科教项目收入和其他收入。

(一)医疗收入,包括门诊收入和住院收入,根据医院前三年医疗服务任务、医疗服务平均收入情况，并综合考虑医疗技术进步、医疗保障及需求提高和物价上涨等影响医疗收入的相关因素核定。

(二)财政补助收入包括基本支出补助收入和项目支出补助收入。其中:基本支出中离退休人员费用补助收入，按照离退休实有人数及其相应的待遇标准据实核定;项目支出补助收入,除基本建设等一次性项目支出外,原则上按上年度补助基数进行核定。

(三)科教项目收入和其他收入原则上根据上年度实际收入水平，并结合影响当年收入的增减因素合理确定。

第八条　医院支出包括医疗支出、财政项目补助支出、科教项目支出、管理费用和其他支出。

(一)医疗支出按人员经费、业务经费实行分项定额核定，提高医院人员经费支出占业务支出的比例。

人员经费包括基本工资、绩效工资(津贴补贴、奖金)、社会保障缴费、住房公积金等,可按定员定额的方式核定。

业务经费包括耗用的药品及卫生材料费、计提的固定资产折旧、无形资产摊销、提取医疗风险基金和其他费用，原则上根据核定的医疗卫生服务任务数量和成本定额等综合核定。其中:医疗风险基金累计,按不超过核定的医疗收入2‰提取;其他费用,参照事业单位公用经费定额标准按编制内医技人员实有人数据实核定。

(二)财政项目补助支出原则上按照项目实施进度和支出标准进行核定。

(三)科教项目支出和其他支出可按上年实际支出水平,结合影响当年支出的增减因素合理核定。

(四)管理费用包括医院行政及后勤部门人员和业务经费(不含离退休经费,下同),不包括计入科教项目、基本建设项目支出的管理费用。医院管理费用实行分项定额核定。

人员经费按照与同类事业单位水平相衔接的原则予以核定。

业务经费包括耗用的材料成本、固定资产折旧、无形资产费用、坏账损失、印花税、房产税、车船使用税、利息支出和其他公用经费,原则上按照核定的年度工作任务量和成本费用定额等综合核定。其中:其他公用经费，参照事业单位公用经费定额标准按编内管理人员实有人数据实核定。

第九条　实行零差率销售的目录药品收支纳入医院医疗收支中统一核算，并根据药品采购价格和合理用药数量等额核定。

第十条　对位于地广人稀和边远地区的医院，可探索实行收支两条线,政府给予必要的保障,医院平均工资水平与当地事业单位平均工资水平相衔接。

第三章　定项补助

第十一条　按照“日常运行靠服务、发展建设靠政府”的原则，合理确定各级政府对医院的补助政策。

政府补助以定项补助为主，包括基本支出补助和项目支出补助。

第十二条　基本支出补助包括符合国家规定的离退休人员经费、政策性亏损补贴等经常性补助,主要由县级财政部门在年度部门预算中予以安排。

(一)符合国家规定的离退休费用,由县级财政按规定核定并列入年度部门预算。

推进医院医务人员养老等社会保障服务社会化。医院医务人员养老保险制度建立后,离退休人员费用按相关规定执行。

(二)医院取消药品加成等导致的政策性亏损，由县级财政部门会同有关部门充分考虑增设诊察费、调整技术服务价格等因素在统筹算账的基础上，研究确定相关补助政策。同时,按照《安徽省卫生厅等7部门关于印发公立中医医院改革试点实施意见的通知》(皖卫中医药〔2010〕24号)文件精神,落实好鼓励使用中医药服务的相关政策。

第十三条 项目支出补助包括医院基本建设、设备购置、公共卫生任务、重点学科建设等,具体由财政、发改等部门会同主管部门根据政府卫生投入政策有关规定确定。

(一)医院基本建设,主要由县级发改部门根据轻重缓急和承受能力,逐年从“预算内基本建设投资”中安排。国家和省发改部门对困难地区医院基本建设给予适当补助。

(二)医院设备购置,主要由县级财政部门根据轻重缓急和承受能力,逐年在部门年度预算中予以安排。国家和省财政部门对困难地区医院设备购置给予适当补助。

已贷款或集资购买的大型医用设备原则上由政府回购。

(三)医院承担的公共卫生任务,由中央、省及县级财政给予专项补助,保障政府指定的紧急救治、救灾、援外、支农、支边和支援社区等公共服务经费。

(四)医院重点学科建设项目,主要由中央和省级财政安排专项资金予以支持。县级财政部门应按照国家有关要求,根据县级确定的医院重点学科建设项目安排资金。

第十四条 医院取消药品加成减少的合理收入的25%部分,由省级财政结合全省县级医院诊疗人次(每个门急诊人次视为1个诊疗人次,每个出院人数折算为3个诊疗人次)确定补助基数,并纳入一般性转移支付按年度给予补助。此项资金由县级财政部门按月或季拨付至医院。

以后年度,县级财政按全省平均每诊疗人次补助标准,根据医院诊疗人次净增加(减少)数量,并结合前三年诊疗人次变动情况、医院实际服务能力、费用违规率、病人满意率等因素,按月核拨补助资金。此项资金由县级财政负责安排落实,省级财政纳入省对下均衡性转移支付分配因素予以统筹考虑。

第四章 结余管理

第十五条 医院收支结余包括业务收支结余、财政项目补助收支结余、科教项目收支结余。医院收支结余资金应纳入单位年度预算,按照财政部门规定安排使用。

第十六条 医院业务收支结余包括医疗收支结余和其他收支结余。业务收支结余为正数的,可按规定提取专用基金,其中:事业发展基金30%、职工福利基金40%、职工奖励基金30%。业务收支结余为负数的,应由事业基金弥补,不得进行其他分配,事业基金不足以弥补的,转入未弥补亏损。

上述各项基金应按规定用途使用,不得相互调剂使用。医院动用上述各项基金,应按基金规定用途提出具体使用计划,报主管部门和财政部门审核审批后使用,未经批准不得动用。

第十七条 财政项目补助和科教项目收支结余,应按规定结转下年继续使用。国家另有规定的,从其规定。

医院动用财政项目补助收支结余,应严格执行财政部门有关规定和报批程序,未按规定报批的不得擅自使用。

第五章 投资及负债管理

第十八条 医院应在保证正常运转和事业发展的前提下严格控制对外投资,投资必须经过可行性论证,并报主管部门和财政部门审批。

第十九条 医院投资范围仅限于医疗服务相关领域和购买国家债券,不得从事非医疗服务相关领域和股票、期货、基金、企业债券等投资,不得使用财政拨款、财政拨款结余对外投资。

第二十条 医院利用以实物以及无形资产进行对外投资时,财政部门应当进行资产评估,合理确定投资成本。

医院实物主要包括存货等流动资产和房屋、建筑物、一般设备、专业设备等固定资产;无形资产主要包括专利权、著作权、版权、土地使用权、非专利技术、商誉等。

第二十一条 严格控制医院建设规模、标准和贷款行为,原则上县级医院不得举债建设,严格禁止医院贷款或集资购买大型医用设备。

医院建设包括基本建设和设备购置(含融资租赁),建设规模、标准应按国家发改委《国债项目县医院建设指导意见》和卫生部《综合医院建设标准》有关规定执行。

第二十二条 医院在建工程或项目确需举债或融资租赁的,应报主管部门会同发改、财政等有关部门审批。

第六章 管理与监督

第二十三条 财政部门要加强对医院财务活动

及相关经济活动的监督。主要包括预算管理、收支管理、资产管理和负债管理等全方面的监督。

第二十四条　财政部门要会同有关部门加强对医院资产运营效果进行考核，并按规定程序报医管会。

第二十五条　医院应严格执行国家各项财经法规政策，自觉接受人大和审计、监察、物价等部门的监督检查。对违反本办法规定和支出管理规定的，将依据《中华人民共和国预算法》、《财政违法行为处罚处分条例》、《医院财务制度》等有关法律、法规进行处罚。

第七章　附　则

第二十六条　各市、县(区)财政部门要会同有关部门根据本办法，并当地结合实际，制定具体实施细则。

第二十七条　本办法由省财政厅会同相关部门负责解释。

第二十八条　本办法自印发之日起执行。

安徽省财政厅　安徽省水利厅关于印发《推进资金整合支持美好乡村建设实施办法》的通知

(2012年11月1日　财农〔2012〕2037号)

各市、县(市、区)财政局、水利(水务)局：

为贯彻落实中共安徽省委　安徽省人民政府关于全面推进美好乡村建设的决定，统筹资金支持美好乡村建设，省财政厅、省水利厅制定了《推进资金整合支持美好乡村建设实施办法》，现印发给你们，请遵照执行。

推进资金整合支持美好乡村建设实施办法

一、指导思想

贯彻落实科学发展观，按照统筹城乡发展和“三化同步”的总体要求，围绕美好乡村建设需要，以解决农民群众最关心、最直接、最现实的农村水利问题为主要任务，以改善农村生态环境和提高农业综合生产能力为主要目标，坚持统筹规划，突出重点，全面推进，大力开展农村水利建设，着力打造“亲水宜居、环境优美；渠通河畅、灌排自如；管理规范、良性运行”的美好乡村水利。

二、基本原则

(一)坚持“渠道不变、用途不变、集中投入、各负其责、形成合力”的原则。将相关项目资金向美好乡村示范点集中，统筹安排使用，发挥整体效益。

(二)坚持统筹规划，合理布局的原则。将河沟清淤、塘坝扩挖、高标准农田水利建设与美好乡村建设、产业布局、环境综合整治相结合，与上一级水利骨干工程相衔接，为建设美好乡村提供防洪、生产、生态方面的水利支撑。

(三)坚持因地制宜、分类指导的原则。我省不同区域自然条件不同，资源禀赋各异，要针对各地自然特点、基础条件及人居环境和生产生活发展需求，在解决水利基本问题的基础上，从功能拓展、外观品味、内涵挖掘等方面，打造各具特色的美好乡村水利发展模式，助推美好乡村建设。

(四)坚持政府主导、广泛参与的原则。充分发挥各级党委、政府的主导作用，通过规划引领、政策扶持、资金整合、典型示范，进一步激发社会各界投入农村水利、建设美好乡村的主动性、积极性和创造性，形成推进合力。

三、整合范围

2013年整合塘坝扩挖、河沟清淤项目资金用于美好乡村建设。

(一)塘坝扩挖和河沟清淤项目。整合资金主要用于支持中心村的河沟、塘坝清淤工程建设。实施塘坝扩挖整治工程，通过“塘坝扩挖、塘坡整理、涵闸修建、绿化美化、加强管护”等措施，增加旱涝保收面积，提高农田灌溉保障率，改善农村水环境。按照“河势稳定、引排通畅、水面清洁、岸坡美观”的要求，大力推进以重点河沟为单元的农村水系综合治理，大力实施农村河沟清淤整治工程。

(二)小农水重点县建设项目。整合资金主要用于支持中心村的小型农田水利设施建设。提高农业综合生产能力，开展小型农田水利工程建设，打造高标准农田水利，全面提升美好乡村的农田灌排标准。具体要求是中心村必须在目前正在实施的小农水重点县三年建设方案中的项目区内(今后申报新一轮重点县和专项工程项目时，可优先考虑中心村),同时资金使用范围要严格遵照国家管理办法规定。

四、整合要求

(一)各市、县(市、区)财政、水利部门要根据《中共安徽省委、安徽省人民政府关于全面推进美好乡村建设的决定》,积极加强与其他部门的沟通联系,加大美好乡村建设资金整合力度。

(二)以县级农田水利规划为平台,整合小型农田水利重点县等水利项目以及支农涉水项目,发挥资金整合优势,按规划统筹整体推进美好乡村农田水利建设。

(三)在维持资金管理渠道、程序、方式不变的基础上,进一步健全资金管理制度,保障资金安全,以充分发挥资金整合效益。

五、保障措施

(一)加强组织领导。各市、县(市、区)财政、水利部门要成立领导组,把美好乡村水利建设作为加快水利改革发展的重要任务来抓,摆上重要议事日程,全力推进美好乡村水利建设工作的开展。各市、县(市、区)水利部门要认真谋划美好乡村农村水利建设具体实施方案,及时向党委、政府汇报,主动与有关部门沟通衔接,争取得到重视和支持;要明确美好乡村水利建设具体目标任务、工作重点和职责分工,把年度目标任务和重点工作层层分解落实,做到事事有人问、件件有落实、工作出成效。

(二)加大资金投入。加快建立以政府投入为主导,社会与群众投劳投资相结合的投入机制。一是加大财政投入。二是利用好一事一议财政奖补政策推进美好乡村农田水利建设。三是引导社会资金投入。

(三)加强监管指导。各地要切实加强美好乡村水利建设工作的监督管理和检查指导。首先要认真指导建设规划和实施方案的编制,严格审查把关,保证规划布局合理、实施方案具体、实施效果显著;其次要加强技术指导,尤其对塘坝扩挖等村民自建工程,县级水利部门要帮助制定工程建设标准和工程结构形式,并指导实施,保证工程建设符合标准;三要加强施工管理,强化检查指导,并探索建立群众义务监督员等外部监管制度,保证工程建设进度和质量。

(四)加大宣传力度。大力宣传农村水利建设对促进美好乡村建设的作用,不断提高基层广大干部群众对开展美好乡村农村水利建设重要性的认识,激发全社会参与、支持农村水利建设的积极性和主动性。坚持典型引路,总结好做法、好经验,通过报纸、广播、电视和网络等新闻媒体和舆论宣传工具,广泛宣传推广。

安徽省财政厅　安徽省人民政府外事办公室关于印发《安徽省省直党政机关因公出国(境)经费管理办法》的通知

(2012年11月5日　财行〔2012〕2172号)

省直各部门:

为认真贯彻中央和省关于加强因公出国(境)管理及党政机关厉行节约的要求,进一步控制和压缩省直党政机关因公出国(境)经费支出,现将修订的《安徽省省直党政机关因公出国(境)经费管理办法》印发给你们,请遵照执行。

安徽省省直党政机关因公出国(境)经费管理办法

为贯彻落实中央和省关于加强因公出国(境)管理工作的精神,切实规范党政干部因公出国(境)活动,进一步严格因公出国(境)经费审批及监督管理,强化预算约束,制定本办法。

第一章　因公出国(境)经费预算管理

第一条　省级党的机关、人大机关、行政机关、政协机关、审判机关、检察机关、人民团体机关、各民主党派机关和省委省政府直属的参照公务员管理的事业单位(以下简称党政机关),因公出国(境)经费实行预算管理。

第二条　组团单位要认真执行《安徽省财政厅转发财政部、外交部、监察部、审计署、国家预防腐败局关于印发加强党政干部因公出国(境)经费管理暂行办法的通知》(财行〔2008〕1122号)规定,党政机关因公出国(境)经费全部纳入预算管理,实行经费先行审核。

第三条 党政机关因公出国(境)团组计划与经费预算由因公出国(境)主管部门会同省财政厅、省监察厅等部门按照从严从紧的原则联合会审，在经费预算内统筹安排因公出国(境)团组计划。

第四条 省财政厅根据省外事工作领导小组办公室下达的因公出国(境)团组计划,将预算指标下达到省直相关组团单位纳入部门预算，经费包干使用,不得超支,结余留用。

第五条 组团单位必须严格执行因公出国(境)团组计划和经费预算,除中央和省紧急任务外,因公出国(境)团组计划和经费预算原则上不予增加。如确需增加,须报省政府分管财政、外事工作的领导审批。外事主管部门将省领导批准同意后的因公出国(境)调整计划下达到组团单位执行,省财政厅按照省级预算管理的相关规定办理经费预算调整手续。

第六条 党政机关因公出国(境)经费支出要严格控制在经费预算内，不得超预算或无预算安排出国(境)团组;不得接受或变相接受企事业单位的资助,或向同级机关、下级机关和下属单位摊派、转嫁费用。对不符合规定,自行参加跨行业、跨地区出访团组的,单位一律不得报销经费。

第二章 因公出国(境)经费开支范围

第七条 因公出国(境)经费包括:党政机关因公出国(境)人员发生的国际旅费、国(境)外食宿、交通、培训等费用。

第八条 党政机关因公出国(境)经费开支,严格执行财政部《关于临时出国(境)人员费用开支标准和管理办法的规定》(财行〔2001〕835号)、国家外国专家局、财政部联合印发的《关于出国(境)实习培训团组集体开支的培训费标准和管理办法的暂行规定》(外专发〔1994〕162号)和国家外国专家局、财政部联合印发的《关于调整短期出国(境)培训生活费开支标准和部分国家培训费币种的通知》(外专发〔2002〕95号),不得提高开支标准和增加开支项目。

第九条 组团单位要按照中央和省信息公开的要求,主动公开因公出国(境)团组、人员及经费支出情况,负责说明因公出国(境)事项和理由,接受社会监督。

第三章 因公出国(境)人员购汇限额的管理

第十条 因公出国(境)团组凭批准的出国(境)任务批件申请办理人民币购汇限额。按照财政部、国家外国专家局有关因公出国(境)人员费用开支标准和管理办法的规定,组团单位分项填写《安徽省党政机关因公出国(境)人员用汇预算(核销)表》,并由出国(境)团组负责人、具体经办人、组团单位财务部门签章后报省财政厅审核。

第十一条 出国(境)经费预算中没有固定开支标准的城市间交通费,应提供境外日程安排、出访线路,供审核购汇限额时参考。

第十二条 因公出国(境)人员的个人自购汇,可凭身份证自行到中国银行办理。

第四章 因公出国(境)团组经费的管理及核销

第十三条 出国(境)团组经费管理实行团长负责制。团长应指定两名以上团员负责出国(境)经费的申请、使用和核销工作。出访任务结束后,应向全团通报经费开支情况。

第十四条 出国(境)团组回国后,应在15日内到本单位财务部门办理经费核销手续。组团单位的财务部门依据省财政厅核准的《安徽省党政机关因公临时出国(境)人员用汇预算(核销)表》办理经费核销。与公务无关的票据一律不予核销。

第十五条 出国(境)团组回国报销费用时,除国(境)外伙食费按包干标准不需提供原始发票外,国(境)外的住宿费、交通费均须提供原始发票及外汇兑换水单和其它外汇核销有关的资料。所有报销凭证必须用中文注明日期、用途、金额等,并由团长、经手人、证明人签字。

第十六条 出国(境)团组不得擅自中途绕道、增加出访国家或地区、延长在外停留时间,因此造成实际支出超过预算的,一律不予报销。对违反外事财经纪律的行为,按有关规定严肃处理。

第五章 因公出国(境)机票管理

第十七条 因公出国(境)人员乘坐飞机,凡有中国民航执飞的航线,原则上须乘坐中国民航航班。省级领导可乘坐头等舱、正厅级领导可乘坐公务舱、其他人员乘坐经济舱。

第十八条 因公出国(境)人员的国际机票实行询价采购。除参加国家部委团组等特殊情况外,因公出国(境)团组安排乘坐的航班及线路应尽可能经济合理,组团单位的财务人员通过询价采购的方式,在满足团组完成出访任务前提下，由报价最低的机票代理处负责机票的订购。

第六章 出国(境)团组赠送礼品管理

第十九条 出国(境)团组在国外原则上不赠送

礼品。确需赠送礼品的,必须遵守节约从简的原则,礼品应以具有地方特色的纪念品、手工艺品、宣传画册为主。

第二十条 根据需要适当安排省级以上团组礼品经费,厅级以下团组不安排礼品经费。

第二十一条 在国(境)外购买礼品,不予批汇,不予报销。

第七章 附 则

本办法自 2013 年 1 月 1 日起实行,由省财政厅负责解释。《安徽省省直党政干部因公出国(境)经费管理暂行办法》(财行〔2008〕1747 号)同时废止。

安徽省财政厅关于印发《村级公益事业建设一事一议财政奖补资金管理办法》的通知

(2012 年 12 月 7 日 财预〔2012〕2529 号)

各市、县(区)财政局:

根据财政部《关于印发〈村级公益事业建设一事一议财政奖补资金管理办法〉的通知》(财预〔2011〕561 号)要求,结合我省实际,我厅制定了《安徽省村级公益事业建设一事一议财政奖补资金管理办法》,现予印发,请认真贯彻执行。

安徽省村级公益事业建设一事一议财政奖补资金管理办法

第一条 为加强和规范村级公益事业建设一事一议财政奖补(以下简称一事一议财政奖补)资金管理,提高资金使用效益,根据财政部《村级公益事业建设一事一议财政奖补资金管理办法》(财预〔2011〕561 号)等有关规定,制定本办法。

第二条 本办法所称一事一议财政奖补资金,是指中央、省及省以下各级财政安排专项用于一事一议财政奖补项目的资金。

第三条 一事一议财政奖补资金使用和管理原则:

(一)坚持民办公助。一事一议财政奖补坚持以村民民主议事为前提,以农民自愿筹资筹劳和村级投入为基础,严禁加重农民负担。政府通过民办公助的方式,对符合规定的村级公益事业建设项目给予适当奖补。

(二)坚持村内户外。对农民通过一事一议筹资筹劳开展的村内道路、农田水利、村容村貌改造以及村民通过民主程序议定需要兴办的其他公益事业建设项目,财政按规定给予奖补;跨村以及村以上范围的公益事业建设项目不得列入一事一议财政奖补范围;农民房前屋后的修路、建厕、打井、植树等投资投劳由农民自己负责。

(三)坚持专款专用。一事一议财政奖补资金专项用于对农民通过一事一议筹资筹劳开展的村级公益事业建设项目的补助。任何单位或个人不得截留、挪用一事一议财政奖补资金,不得用于村办公场所建设、弥补村办公经费、村干部报酬等超出财政奖补范围的其他支出。

(四)坚持注重实效。坚持“办一件、成一件、管长远”,以社会效益为目标,重点支持农民需求最迫切、反映最强烈、利益最直接的村级公益事业建设项目。

第四条 一事一议财政奖补资金使用实行分级管理。

第五条 省财政厅负责制定本省一事一议财政奖补资金管理政策,按规定分配、下达中央和省级财政奖补资金,组织实施对市、县财政部门管理和使用财政奖补资金的目标考核和监督检查。

第六条 市以下财政部门依据中央和省级财政部门规定,管理和使用上级财政部门下达的以及本级预算安排的一事一议财政奖补资金。

第七条 省财政厅在年初预算中安排一定资金用于一事一议财政奖补工作,并根据财力状况适度增长。

第八条 市以下各级财政部门应按照省和本地区有关规定,将本级财政负责安排的一事一议财政奖补资金列入预算,逐步增加资金规模。

本级财政安排的奖补资金,应与上级财政部门下达的奖补资金一并用于一事一议财政奖补项目。

第九条 省级一事一议财政奖补资金主要依据农业人口、县级财政困难程度等因素分配,并考虑对市、县一事一议财政奖补工作开展情况的工作考核和监督检查结果。

市、县级财政部门对下分配一事一议奖补资金时,应结合本地区实际情况,综合考虑农业人口、财政困难程度等因素，并考虑对下级一事一议财政奖补工作开展情况的工作考核和监督检查结果。

第十条　各级财政拨付和安排的奖补资金，县级财政部门应设立专户，专账管理，支出在“对村级一事一议的补助”科目中反映。各级财政部门可按照“渠道不乱、各负其责、各记其功、形成合力”的原则，将一事一议财政奖补资金和其他财政专项支农资金捆绑使用，但不得将其他专项资金列入“对村级一事一议的补助”科目。

第十一条　一事一议财政奖补资金在县、乡两级实行项目制管理。县级财政部门或乡镇财政所在安排一事一议财政奖补资金时，必须分解落实到每一个具体项目。

开展一事一议财政奖补项目建设，应坚持规划先行、先议后筹、先筹后补的原则，按照村民议定、村级申报、乡镇初审、县级审批的流程自下而上进行。

县级财政部门或乡镇财政应建立项目库，年度建设项目优先从项目库中选取。一事一议财政奖补项目应实行项目预决算、考核验收、绩效评价等制度，确保资金安全有效使用。

第十二条　一事一议财政奖补项目原则上实行乡镇报账制，有条件的地方可实行县级报账制。只有在村民筹资、村集体投入、社会捐赠资金到账，具备项目开工条件后，才能由村级提出申请，由县级财政部门或乡镇财政按工程进度拨付资金，在项目竣工验收合格后办理清算，多退少补。

第十三条　一事一议财政奖补资金和项目应实行公示制度。县乡财政和综改部门应当全面公开一事一议财政奖补的政策标准、实施办法、办事程序和服务承诺，并督促村委会依据村务公开的有关规定公示有关情况。

一事一议财政奖补项目应当接受村民代表的全程监督。已建成的一事一议财政奖补项目，对村民筹资筹劳资金、财政奖补资金使用明细等应张榜公示，自觉接受群众监督。

第十四条　各级财政和综改部门应建立激励约束机制，对辖区内年度一事一议财政奖补工作开展情况进行工作考核，并将考核结果作为下一年度对下分配财政奖补资金的参考因素之一。

工作考核按照《安徽省村级公益事业建设一事一议财政奖补工作考核评价暂行办法》(财农改办〔2012〕1722 号)执行。

第十五条　市财政和综改部门每年应选择部分县(市、区)或项目，对一事一议财政奖补资金使用效益进行绩效评价，明确评价指标、评价标准和评价方法，对资金支出的经济效益、社会效果等进行客观公正的评价。每年 1 月底前应将上一年度绩效评价结果和本年度绩效目标任务报告省财政厅、综改办。

第十六条　省财政厅、综改办对各地管理和使用一事一议财政奖补资金情况的监督检查工作，原则上每年进行 1—2 次。

市财政、综改部门对市以下各级财政部门管理和使用一事一议财政奖补资金情况的监督检查工作，原则上每年至少进行一次，监督检查结果应及时报告省财政厅、综改办。

县级财政部门每年应组织审计等单位开展一事一议财政奖补资金管理和使用情况检查。

第十七条　乡镇财政应当充分发挥财政职能作用，积极履行职责，加强对一事一议财政奖补项目申报、审核、实施、验收、资金拨付等环节的监督检查。

县级财政部门应认真做好与乡镇财政之间的信息沟通传递工作，把上级财政部门(包括本级财政部门)下发的有关政策、资金和项目管理制度、项目计划批复等及时下发、抄送乡镇财政，确保其有效开展监管工作。

第十八条　各级财政部门应当探索建立财政国库机构、商业银行与一事一议财政奖补信息监管系统联动机制，对一事一议财政奖补资金进行动态监管。

第十九条　对一事一议财政奖补资金管理和使用中存在的违法行为，依照《财政违法行为处罚处分条例》(国务院令第 427 号）等有关规定追究法律责任。

第二十条　本办法自发布之日起实行。2009 年 9 月 15 日发布的《关于村级公益事业一事一议财政奖补事项的通知》(财预〔2009〕1117 号)和 2009 年 11 月 17 日发布的《关于村级公益事业建设一事一议财政奖补资金申报拨付清算有关事项的通知》(财预〔2009〕1516 号)同时废止。

安徽省财政厅关于印发《安徽省财政支持美好乡村建设专项资金使用管理办法》的通知

(2012年12月14日　财发〔2012〕2618号)

各市、县(区)财政局:

经省美好乡村建设工作领导小组同意,现将《安徽省财政支持美好乡村建设专项资金使用管理办法》印发给你们,请认真贯彻执行。

安徽省财政支持美好乡村建设专项资金使用管理办法

第一章　总　则

第一条　为贯彻落实《中共安徽省委 安徽省人民政府关于全面推进美好乡村建设的决定》(皖发〔2012〕18号)精神,大力支持美好乡村建设,切实提高财政支持美好乡村建设专项资金使用效益,根据有关规定,制定本办法。

第二条　美好乡村建设专项资金,是各级政府为落实美好乡村建设任务,不断提升社会主义新农村建设水平,进一步加快全面小康社会建设进程而设立的专项补助资金。

第三条　美好乡村建设专项资金使用,围绕美好乡村建设规划和目标任务,坚持规划先行、重点突出、激励引导、公开透明、注重绩效的原则。

第四条　美好乡村建设专项资金管理由各级财政部门与美好乡村建设工作领导小组办公室共同负责。财政部门主要负责资金的筹集、拨付、使用管理和监督检查,美好乡村建设工作领导小组办公室主要负责专项资金安排的项目审查和实施监督。

第二章　资金来源与用途

第五条　美好乡村建设专项资金由各级政府列入同级财政年度预算安排。从2013年开始,省级每年安排10亿元,并逐年增加。市级原则上每年不少于5000万元,县(区)级原则上每年不少于1000万元,并视财力状况逐年增加。

第六条　省级美好乡村建设专项资金主要用于中心村规划与建设,市、县级财政安排的美好乡村建设专项资金,主要用于中心村建设和自然村治理,重点支持美好乡村五大工程建设。

村庄建设工程,主要对村庄布点规划编制、中心村建设等给予补助。

环境整治工程,主要对农村生活环境、生产环境、生态环境整治等给予补助。

兴业富民工程,主要对特色产业、农业产业化、农村服务业、农民就业创业、村级集体经济发展、农村金融服务等给予补助。

土地整治工程,主要对农村土地综合整治、高标准基本农田建设、采煤塌陷区和矿区恢复治理、推进土地使用制度改革等给予补助。

管理创新工程,主要对健全村民自治机制、提升农村基本公共服务水平、推进农村乡风文明建设等给予补助。

第三章　资金使用与管理

第七条　省级美好乡村建设专项资金,在适当考虑皖北、皖中、沿江、皖西、皖南片区各县(区)经济发展水平、财力差异等因素基础上,实行有差别的奖补政策。

市级财政安排的美好乡村建设专项资金,由市美好乡村建设工作领导小组结合所辖县(区)美好乡村建设任务、经济状况等因素分配使用。

第八条　省级美好乡村建设专项资金分配,根据省批复的各市、县(区)年度中心村建设计划,一次性分配下达,并确保落实到村。具体由省财政厅根据考核结果,按照有区别的奖补政策要求,会同省美好乡村建设工作领导小办公室,提出每年度专项资金奖补分配方案,报省美好乡村建设工作领导小组审定。

第九条　专项资金下达,按省管县体制,县(市)直接下达到同级财政部门,市辖区下达到市级财政部门,由市级财政部门分配下达到区。

市级财政安排的美好乡村建设专项资金分配下达,由市美好乡村建设工作领导小组自行确定。

第十条　美好乡村建设专项资金使用,由县级美好乡村建设工作领导小组资金整合指导组,会同相关部门,根据省批准的年度中心村建设计划以及目标任务,提出具体使用安排意见,报县美好乡村建设工作领导小组审批后实施。

第十一条 美好乡村建设专项资金实行县级报账制和国库集中支付。资金报账由专项资金具体使用部门提出申请,经项目所在乡镇财政所初审、县美好乡村建设资金整合指导组审核、美好乡村建设工作领导小组审批后，按国库集中支付制度规定办理报账支付,严禁现金支出。县级报账制具体规定,由各地结合实际另行制定。

第四章 监督与检查

第十二条 美好乡村建设专项资金必须专款专用,不准用于办公经费和人员经费开支、用于发放各种奖金福利、用于平衡预算、用于购置办公设备、用于购置交通通讯工具以及其他与美好乡村中心村建设不相关的支出等。

第十三条 美好乡村建设专项资金使用管理必须接受审计、纪检监察部门的检查和社会监督,省财政厅将会同有关部门对资金使用管理情况不定期开展专项检查和重点检查。

第十四条 市、县(区)财政部门要建立健全相关管理制度,采取有效措施,加强资金使用管理,保证美好乡村建设专项资金分配科学、管理规范,切实提高资金使用绩效。

第十五条 严格考核。省美好乡村建设工作领导小组每年对各县(市、区)美好乡村建设工作进行验收考核,对验收考核不达标的县(市、区),将减少下年度省级专项资金安排数额。

第十六条 加强管护。市、县(区)财政部门要会同有关部门，督促做好美好乡村建设专项资金支持项目建成后形成资产的运营管护工作，确保长期发挥效益。

第五章 附 则

第十六条 市、县(区)财政部门每年二月底之前，要将本地区上一年度美好乡村建设专项资金使用管理等情况报省财政厅。

第十七条 本办法由省财政厅负责解释，自下发之日起执行

安徽省财政厅关于印发《安徽省资源枯竭城市转移支付管理办法》的通知

(2012年12月18日 财预〔2012〕2754号)

有关市财政局:

为进一步规范资源枯竭城市转移支付分配和管理,提高资金使用效益,根据财政部《2012年中央对地方资源枯竭城市转移支付管理办法》(财预〔2012〕305号),结合我省实际,我们制订了《安徽省资源枯竭城市转移支付管理办法》,现予以印发。

安徽省资源枯竭城市转移支付管理办法

第一条 为贯彻落实《国务院关于促进资源型城市可持续发展的若干意见》(国发〔2007〕38号),进一步规范资源枯竭城市转移支付分配和管理,提高资金使用效益,结合我省实际,制定本办法。

第二条 本办法所称资源枯竭城市转移支付,是指中央和省财政设立，用于帮助解决制约资源枯竭城市发展的历史遗留问题,切实改善民生,促进社会和谐,推动可持续发展的一般性转移支付资金。

第三条 补助范围。资源枯竭城市转移支付资金补助对象为经国务院批准的资源枯竭城市。

第四条 补助期限。纳入资源枯竭城市转移支付范围的市第一轮补助期限为4年;4年后,根据国务院有关部门对资源枯竭城市转型情况的评价结果,转型没有成功的市县继续延期5年;转型成功的市按照上一年补助基数分3年给予退坡补助，补助比例分别为75%,50%和25%。

第五条 分配原则。资源枯竭城市转移支付资金分配遵循以下原则:

(一)客观公正。选取影响资源枯竭城市财政运行的客观因素,采用统一规范的方式分配。

(二)公开透明。转移支付测算过程和分配结果公开透明。

(三)注重实效。坚持办实事、重实效,强化绩效考评,提高资金使用效益。

第六条　分配办法。省对下资源枯竭城市转移支付按以下公式分配:

某地当年资源枯竭城市转移支付资金=上年资源枯竭城市转移支付分配额+新增资源枯竭城市转移支付分配额

其中:新增资源枯竭城市转移支付分配额=新增资源枯竭城市转移支付资金总额×该市市辖区非农业人口/资源枯竭城市非农业人口合计

第七条　资金使用。资源枯竭城市转移支付为一般性转移支付,资金主要用于解决当地因资源开发产生的历史遗留问题,重点用于社会保障、教育卫生、环境保护、公共基础设施建设和棚户区改造,以及支持因工矿区治理等非市场因素进行的企业搬迁改造。

第八条　资金监管。资源枯竭城市要进一步规范资金审批程序,规范资金运行程序,加强项目跟踪,强化资金监督检查,参照财政部《资源枯竭城市绩效评价暂行办法》(财预〔2011〕441号)有关规定,加强资金使用绩效评价,提高转移支付使用效益。

省财政厅负责组织对市级财政部门管理和使用资源枯竭城市转移支付资金情况的绩效评价和监督检查。

第九条　对资源枯竭城市转移支付资金管理使用中的违法行为,依照《财政违法行为处罚处分条例》(国务院令第427号)等有关规定追究法律责任。

第十条　本办法由省财政厅负责解释。

安徽省财政厅关于印发《安徽省产粮大省奖励资金使用管理暂行办法》的通知

(2012年12月31日　财建〔2012〕2853号)

各市、县(区)财政局:

为加强产粮大省奖励资金管理,强化支出责任,提高资金使用效益,根据《财政部关于印发〈产粮大省奖励绩效评价暂行办法〉的通知》(财建〔2012〕365号)等文件规定,结合我省实际,我们制定了《安徽省产粮大省奖励资金使用管理暂行办法》,现印发给你们,请遵照执行。

安徽省产粮大省奖励资金使用管理暂行办法

第一章　总　则

第一条　为加强产粮大省奖励资金管理,强化支出责任,提高资金使用效益,根据《财政部关于印发〈产粮大省奖励绩效评价暂行办法〉的通知》(财建〔2012〕365号)等规定,结合我省实际,制定本办法。

第二条　本办法所称产粮大省奖励资金(以下简称奖励资金),是指国家为鼓励地方政府发展粮食生产、维护粮食安全,由中央财政安排粮食主产省的年度奖励资金。

第三条　奖励资金分配使用,遵循"符合方向,统筹安排,明确项目,绩效管理"的原则。

第二章　使用范围

第四条　奖励资金重点用于完善粮油收购、仓储、流通、加工等方面支出。

第五条　奖励资金具体支持内容由省财政厅根据我省粮油发展总体规划和当年项目前期工作情况,商省相关行业厅局后提出分配使用方案,报省政府批准后实施,并报财政部备案。

第六条　实物购建类项目,奖励资金主要用于项目主体工程及设备支出,不得用于管理性支出,不得用于归垫以前发生的支出,严禁购买或更新小汽车、新、改扩建非生产性设备及办公设施等。

第三章　资金管理

第七条　针对不同的支持内容,以项目为依托,采取直接补助、以奖代补、贷款贴息等方式,分配使用奖励资金。

第八条　直接补助是对地方根据规划或要求实施的粮食项目,按照标准或定额给予一定的资金补助;以奖代补是对地方按照统一部署、量化考核完成某项目标任务后,给予一定的资金奖励;贷款贴息是对地方粮食企业开展粮食流通、加工业务的银行贷款给予贴息补助。

第九条　省财政分配市、县的资金通过年终结算下达,分配省直单位的资金通过国库集中支付直接拨付。

第十条　市、县财政部门应根据下达的项目资金预算，将奖励资金直接拨付至项目单位，涉及工程类项目的资金按进度拨付。

第十一条　奖励资金必须按规定用途使用，规范财务管理和会计核算，严禁截留、挤占、挪用，确保专款专用，充分发挥资金使用效益。

第四章　项目管理

第十二条　奖励资金用于项目的具体内容、申报条件、申报材料和申报程序等，由省相关行业主管厅局会同省财政厅，制定相应的实施意见具体执行。

第十三条　各地上报的项目由省财政厅会同省相关行业主管部门通过组织审核或专家评审的方式，择优选择符合条件的项目予以支持。

第十四条　行业主管部门负责组织项目具体实施，并加强对项目实施过程的跟踪管理，确保项目保质保量按时完成建设任务。

第十五条　项目实施单位要落实专人负责项目管理，坚持公示制、招投标制、监理制、报账制、竣工验收制等制度。健全完善项目档案管理等基础管理制度，及时报送项目实施及完成情况。

第十六条　项目完成后，市、县相关行业主管部门要会同财政部门，及时组织对项目进行竣工验收，出具验收报告。项目建设及验收相关资料由市、县行业主管部门存档。

第五章　监督管理

第十七条　各级财政部门负责对奖励资金的拨付和使用情况进行监督检查。省财政厅将制定具体办法开展奖励资金绩效评价，评价结果作为以后年度奖励资金分配的主要因素。

第十八条　行业主管部门负责对项目实施进度、建设内容和质量等情况进行监督检查，督促项目单位严格按照项目实施方案开展项目建设，按计划完成项目实施任务。

第十九条　项目单位在项目申报中弄虚作假、不按规定用途使用资金或未经批准擅自调整项目方案的，一经发现将收回资金；项目竣工后，在规定时间内不申请验收和未通过验收的项目，视其情况予以通报，并限期整改，整改不到位的，以后年度暂停安排该市、县的奖励资金。

第二十条　截留、挤占、挪用资金，以及其他违反财经法规制度，造成严重后果的，一经查实，将按照《财政违法行为处罚处分条例》(国务院第427号令)有关规定追究相关单位和人员的责任。

第六章　附　则

第二十一条　本办法由省财政厅负责解释。

第二十二条　本办法自下发之日起实施。

财经调研篇

财经论文及调研报告

努力在保障改善民生上持续取得新进展

——民生工程专题调研报告

党的十八大要求，以保障和改善民生为重点加强社会建设，在“五有”上持续取得新进展，努力让人民过上更好生活。实施民生工程，是安徽省委、省政府立足科学发展、建设美好安徽作出的战略决策。民生工程已经实施六年，如何全面贯彻党的十八大精神，适应新形势、新要求，不断提升工作水平，是摆在我们面前的重大课题。根据安徽省委、省政府统一部署，省财政厅组织开展了民生工程专题调研。

一、民生工程取得显著成效

安徽民生工程从2007年开始实施，从最初的12项逐步增加到2012年的33项，资金投入从78.4亿元增加到今年计划的540亿元，截至10月底全省各级财政累计投入1880亿元，年均增长48.1%，受益人口逐步覆盖到6000多万人，人均受益3000多元，解决了一批人民群众最关心、最直接、最现实的利益问题，取得了明显成效，得到了党和国家领导人的充分肯定。

（一）学有所教基本实现

各级财政累计投入442.5亿元，从四个方面推动了学有所教。实施城乡义务教育经费保障机制改革，惠及全省800多万城乡学生，基本实现免费义务教育；落实各项助学政策，帮助700多万人次家庭经济困难学生完成从义务教育，到高中（中职）、高等教育各层次学业；建成乡镇公办幼儿园252个、农村留守儿童之家1.9万个，将学前教育、留守儿童管理纳入保障范围；分别完成2508万平方米校舍安全工程和304万平方米农村中小学D级危房改造任务，办学条件大大改善。

（二）病有所医制度体系、机构设施基本构筑

各级财政累计投入517.9亿元，开展医疗制度、服务机构建设和医疗救助。2008年、2009年相继实现新农合和城镇居民医保制度全覆盖，政策范围内住院费用的支付比例逐步提高到70%左右，累计支付基金422.7亿元；累计投入财政资金27.5亿元，完成1.9万个城乡卫生服务机构建设任务，实现每个乡镇有卫生院、街道有服务中心、村有卫生室的目标；不断加大城乡医疗救助力度，累计救助1329.6万人次，补助资金29.5亿元。

（三）老有所养实现制度全覆盖

各级财政累计投入102.1亿元，开展居民养老保险和五保供养。到2012年7月实现城乡居民养老保险制度全覆盖，保障人数达3120万人，完成率达到107%，月支付养老金5亿多元；农村五保集中和分散供养标准分别提高到2926元和1713元，保障老人达45万人；投入13.1亿元，建成1370所标准化乡镇敬老院，集中供养率达到50%。

（四）住有所居保障力度逐步加大

各级财政累计投入288.4亿元，建成廉租房、公租房19.7万套，保障性住房覆盖面提高到14.8%；完成30万户农村危房改造任务。

（五）劳有所得注入新的活力

各级财政累计投入16亿元，对农民、进城务工人员、未就业毕业生等进行培训，提高了就业能力和就业层次。就业技能培训人数达到150万人，培训后就业率达到82.3%，新型农民培训人数达到200万

人,接受培训农民人均增收800多元。

(六)困有所济逐步覆盖到各类困难群体

各级财政累计投入153.4亿元,保障了五类困难弱势群体生活。农村居民最低生活保障补差标准提高到1204元,保障人数增加到215万人,累计发放资金95.3亿元;确认计生奖扶对象15.9万人,发放资金4.7亿元;扶持86万水库移民,补助资金5.9亿元;救助40.9万名贫困重度残疾人,发放资金9.5亿元;保障城镇未参保退休人员基本生活,为6万人发放资金3.7亿元。

(七)农村生产生活环境不断得到改善

各级财政累计投入359.7亿元,从交通、水利、环保、供水、农业保险、文化、消费、村级公益事业八个方面改善农村生产生活环境。完成农村公路村村通6万公里、农村危桥改造1538个,除险加固病险水库2378 座,在534个乡镇实施清洁工程、54万户农民开展沼气综合利用,完成5000多处饮水安全工程、解决1830万人的饮水安全问题,政策性农业保险理赔28.8亿元、累计2387.5万次农户从中受益,完成覆盖乡镇、村的4.5万个广播电视村村通、1.5万个农家书屋以及1240个乡镇文化站建设任务,家电下乡和以旧换新销售新家电2522.3万台,投入资金65.2亿元、完成一事一议财政奖补项目9.3万多个。

安徽在全国率先实施民生工程,探索了一条以项目化手段发展社会事业,用工程化措施解决民生问题的路子,打造了一块推动科学发展、促进社会和谐的亮点品牌。

一是推进了基本公共服务均等化,推动了民生事业发展。坚持将民生项目和资金向“三农”领域、困难地区和弱势群体倾斜。涉农项目由2007年的10项增加到2012年的31项,累计投入资金1513亿元,占民生工程总投入的80.4%,基本公共服务向农村延伸的格局加速形成。安排民生工程配套资金时充分考虑困难地区财力,皖北地区市县配套比例为16.2%,比全省18.6%的市县平均配套比例低2.4个百分点,进一步缩小了公共服务体系建设的区域差距。高度关注困难弱势群体,对低保对象、五保户、贫困残疾人、计生奖补家庭等群体在“五有”保障方面给予优先安排和特殊照顾,缩小了不同群体间公共服务差距。在民生工程的引领和带动下,全省民生事业发展取得长足进步,财政民生支出大幅增长,仅2012年1—10月份,全省民生支出完成2284亿元,同比增加418亿元,增长22.4%,占财政支出总量的78.8%,其中新增财力的82.5%用于民生事业,有力促进了就业、教育、医疗、保障性住房、卫生、文化等民生事业发展。

二是增加了城乡居民收入,促进了公共财政职能发挥。全省民生工程截至2012年10月份累计投入达到1880亿元,其中直接发放或补助到人资金1157.2亿元,工程类项目资金722.8亿元。这些资金的投入,一方面减少了群众用于改善生产生活条件、医疗、上学、抗灾等方面的支出,另一方面增加了群众的转移性收入,同时扩大了社会投资。据统计,2007年以来全省城乡居民收入中转移性收入的年均增幅分别达到17%和26%,是四项收入中最高的,超过城乡居民收入年均增幅5和10.9个百分点,在总收入中的比重也分别由2007年的25.1%和4.6%提高到2012年前三季度的28.5%和7.8%,分别增加了3.4和3.2个百分点。民生工程的实施,充分体现了公共财政的导向,既把民生财政的理念落到了实处,又发挥了扩大内需、提振消费的作用,起到了缓解经济下行压力、实现经济又好又快发展的效应,彰显了公共财政在稳增长、扩内需、惠民生方面的积极作用。

三是促进了社会和谐,密切了党群干群关系。社情民意调查结果显示,全省群众对民生工程综合满意度每年都在80%以上,有七成项目群众满意度达到85%以上,其中新农合、义务教育经费保障、农村五保户供养等项目达到90%以上。通过实施民生工程,加快推进了“五有”目标实现,缓解了困难弱势群体生活难问题,改善了农村生产生活环境,群众关于基本生活和社会保障方面的诉求不断得到满足,维护了大局稳定,促进了社会和谐,2011年全省信访总量比2007年下降了18.5%。广大干部深入一线为群众办好事、办实事,践行党的宗旨,兑现惠民承诺,进一步密切了党群、干群关系,进一步树立了党和政府良好形象,受到人民群众的普遍欢迎和好评。

四是建立了“指标量化、项目管理、考核严格”的工作机制,形成了齐抓共管的良好局面。实施民生工程是安徽民生事业发展的重要工作创举,形成了一整套完整的制度体系和政策框架,每年每一项民生工程都有明确的实施目标和政策规定,有清晰的责任主体和实施程序,有严格的监督办法和评价机制,项目化、工程化特色明显，构建了目标能量化、实施有抓手、结果可考核的工作平台。经过多年实践，逐步形成了民生工程“党委政府负责、财政牵头抓总、部门合力推进、社会广泛参与”的工作机制。民生工程作为安徽省委、省政府的战略部署和中心工作，已被各级党委政府摆上重要议事日程，形成了“一把手抓、抓一把手”的组织领导格局。协调小组办公室设在财政部门，形成了以资金落实为龙头的牵头抓总机制，确保资金从省到市、到县均实行刚性预算、及时拨付、严格管理、保障到位。六年来40大项50多万个民生工程项目，基本按时间进度完成了规划任务，这其中资金保障到位发挥了重要作用。正如安徽省委书记张宝顺所说：“民生工程牵头工作放在财政部门，等于是抓住了牛鼻子。”各部门和社会各界也积极参与民生工程建设和管理，形成了密切配合、合力共为的良好工作局面。

二、民生工程面临的新形势

安徽在全国民生工程抓得比较早，但与中央的新要求相比，与兄弟省市竞相发展的新态势相比，与广大人民群众过上更好生活的新期待相比，安徽省保障和改善民生工作还面临一系列新形势、新挑战。

(一)党的十八大对改善民生提出了新要求

党的十八大报告强调要多谋民生之利，多解民生之忧，努力办好人民满意的教育，推动实现更高质量的就业，千方百计增加居民收入，统筹推进城乡社会保障体系建设，提高人民健康水平，加强和创新社会管理。一是提出经济、政治、文化、社会、生态文明“五位一体”发展目标，强调加强社会建设必须以保障和改善民生为重点，在“五有”上持续取得新进展，努力让人民过上更好生活。二是提出到2020年实现城乡居民人均收入比2010年翻一番的目标，从改善民生到收入倍增，标志着民生工作重心已经从“保障”上升到“改善”阶段。三是提出全面提高人民生活水平目标，使基本公共服务均等化总体实现，社会保障全民覆盖，政策制度更加完善规范。报告中这些新表述、新思想、新论断，体现了党中央对保障和改善民生的高度重视，体现了全面建成小康社会的战略目标导向。

(二)兄弟省市民生事业发展呈现新态势

全国各省市在保障和改善民生方面都提出了许多有针对性的举措，各地民生事业竞相发展的态势明显。陕西省2008年实施了八大民生工程，包括教育、就业、医疗、住房、社区服务、饮水、农村养老、信息等方面，提出五年实现上学就医不再难、养老就业有保障、贫困家庭有住房、家家用上干净水、社区服务广覆盖、油路信息通到村的目标。海南省2009年实施了民生工程五年规划，五年内在教育、就业、公共卫生及基本医疗、社会保障、住房保障、农民增收和生态文明建设等七大民生工程实施27个重点项目。江苏省2011年实施了民生幸福工程，将“民生幸福”具体化为居民收入倍增计划和终身教育、就业服务、社会保障、基本医药卫生、住房保障、养老服务六大体系建设。辽宁省2012年实施了十五件惠民举措，包括提高企业退休人员基本养老金标准、做好高校毕业生就业工作、加大对就业困难群体的援助力度、扩大大病救助病种范围、做好保障性安居工程建设等内容。

(三)人民群众对改善民生有了新期待

近年来，我们组织开展了万名财政干部大走访、城乡基层党组织结对共建、人大代表政协委员巡视评估和访代表委员、答建议提案、汇民智民声等活动，2012年10月份还开展了“民生工程、民主决策、民主管理、民主监督”2013年民生工程项目公开征集活动，共收集到各类意见建议5000多条。从这些意见建议中可以看出，人民群众对提高生活水平和质量的期望越来越高，对改善民生的需求层次和要求也越来越高。一是期待不断提高社会保障和社会救助标准，进一步减轻群众在上学、就医、住房等方面的支出，同时对事关身体健康的保障内容也越来越关注；二是希望政府加大促进就业和鼓励创业政策，切实发挥就业作为民生之本的作用；三是精神文化需求越来越多，要求不断增加对公共文化产品的供给；四是对环境改善要求越来越高，希望加大生态环境保护力度，严格治理环境污染问题，建设天蓝地绿水净的美好家园；五是对食品药品安全、公共安全问题越来越敏感，希望加大监管力度，切实保障生活安全和生命财产安全。

(四)民生工程实施进入了新阶段

民生工程已经实施六年，随着形势变化和经验积累，民生工程发展也要迈向新阶段。一是持久化。随着公共财政、民生财政逐步确立，政府职能逐渐由管理型向服务型转变，改善民生不是临时性、突击性工作，而是经济社会发展的长期任务，是各级党委政府的中心工作。民生工程要持续长久地坚持下去。二是制度化。我们在实践中发现,实施民生工程制度建设是根本,规范管理是关键,必须在民生工程项目选择、规划建设、运行维护各环节建立内容协调、程序严密、配套完备、有效管用的制度体系,不断提高民生工程制度化水平。三是民主化。民生工程事关群众切身利益,与广大人民群众有着全面、广泛、直接、紧密的联系,广大人民群众迫切希望提高“话语权”和“自主权”,参与项目决策,实施民主管理,发挥监督作用。四是科学化。绩效问题实质是科学决策、科学规划、科学实施的问题。要继续在民生工程规划制定、项目选择、政策编制、资金安排、设计实施等方面多方论证、科学分析、充分比较、严格测算,坚持按规律办事,按科学操作,不断提高民生工程绩效。

三、提升民生工程的基本思路

新时期、新阶段,民生工程必须以党的十八大精神和科学发展观为指导,全面落实国家公共服务“十二五”规划,围绕“五有”目标,坚持“积极而为、量力而行,统筹城乡、强化基层,整合资源、健全机制,建管并重、合力推进”的基本原则,努力在民主管理、服务均等、绩效提升、管养机制、社会参与五个方面寻求突破,实现群众基本生活保障更加充分、社会公共服务体系更加完备、农村生产生活条件更加改善,为建设社会和谐、人民幸福的美好安徽发挥应有作用。

一是更加注重民生工程民主决策、民主管理、民主监督。坚持用民主的办法推进民生工程,不断提高民生工程的民主化水平。在项目决策阶段,广泛听取公众意见,汇集群众智慧,促进科学决策。在项目实施阶段,加大政策和工作公开力度,充分调动群众积极性,为群众参与、支持和监督民生工程实施创造条件。在项目验收评价阶段,自觉接受受益群体民主评议,实行专门机构验收、专家评价与群众评议有机结合,适时公布评价结果,切实推动工作改进。在工程设施管理运行阶段,充分发挥群众的“主人翁”作用,增强群众自我管理能力,在各级政府支持引导下,在社会力量资助协同下,探索建立民生工程群众自我管理、自我运营机制。

二是更加注重推进基本公共服务均等化。加速推进公共服务向农村延伸,继续坚持民生工程以涉农项目为主体,把农村基本公共服务作为主要内容,千方百计实现城乡基本公共服务均等。采取差别化发展政策,加大对皖北、大别山、贫困县等困难地区政策、资金支持力度,减轻困难地区资金配套压力,推动各区域民生工程均衡发展,实现全省不同区域公共服务均等。注重对困难弱势群体的帮扶,继续加大对低保户、五保户、贫困残疾人、特困学生等困难群体保障力度,扩大实施范围,保障基本生存发展需要,使困难弱势群体更多地、更公平地享受改革发展成果。

三是更加注重提高民生工程绩效。建立民生工程绩效评估体系,科学衡量民生改善状况和公共服务实现目标,在分配任务时同步设计评价指标,做到绩效评价与目标任务同部署、同考核。在实施过程中进行绩效监控,执行完毕后进行绩效评价,并将评价结果作为改进民生工程实施和以后年度项目选择的重要依据。积极引入第三方评估机制,提高绩效评价公正性、科学性。

四是更加注重管养长效机制建设。六年来,全省建成了一大批工程类项目,从监督检查情况看部分项目存在管护主体不明确、管养经费不足、使用率不高等问题。必须高度重视民生工程建后管养,树立民生工程建管并重的理念,建好管好用好每一个项目。加强建后管养长效机制建设,落实管养责任,完善制度措施,加大资金投入,总结推广经验,确保民生工程持久发挥惠民功效。

五是更加注重调动全社会力量参与。民生事业包罗万象,内涵丰富,必须科学界定政府、社会各类组织、企业和个人应当承担的责任,划定有效边界,细化权责分工。在发挥政府主导作用的同时,充分调动社会各方面参与民生工程建设的积极性,建立多元化投入机制,健全社会化服务体系,提高群众组织化程度,更好地保障和改善民生。对非基本公共服务领域的民生工程项目,也可以通过市场化运作、群众自我管理、花钱买服务等方式,多途径、多渠道解决。

四、提升民生工程的几点建议

人民对美好生活的向往,就是我们的奋斗目标。人民期盼有更好的教育、更稳定的工作、更满意的收入、更可靠的社会保障、更高水平的医疗卫生服务、更舒适的居住条件、更优美的环境。安徽省委书记张宝顺强调:“保障和改善民生是建设美好安徽的大事要事,要抢抓机遇、乘势而上,扎扎实实推进民生建设,尽最大努力让人民群众生活得更加幸福、更有尊严。”李斌省长要求:“要进一步加大改善民生的工作力度,实施更加积极的就业政策,促进居民收入持续增长,完善社会保障体系,提升民生工程实施水平,解决好事关百姓切身利益的各类问题。”当前及今后一个时期，要把保障改善民生作为经济社会发展的根本目的来努力，把实施民生工程作为美好安徽建设的重大战略措施来推进，营造高度自觉的实施氛围，进一步树立民生工程的品牌形象，不断发挥民生工程保障和改善民生、建设美好安徽的品牌作用。

(一)优化民生工程项目

贯彻党的十八大关于保障和改善民生的最新部署，结合国家基本公共服务体系“十二五”规划、安徽美好乡村建设规划，以及医疗卫生、文化体制、城乡养老保险等重点改革，调整完善民生工程“十二五”规划，优化充实重点项目库，积极而为、量力而行，不断提升保障和改善民生的水平。2013年，结合项目公开征集结果，优先安排群众期盼、覆盖面大、资金渠道明确的项目，按程序提请安徽省委、省政府研究确定后，建议仍以省政府皖政1号文件部署落实，与各市政府签订2013年民生工程目标责任书，并以省政府名义对各地2012年33项民生工程完成情况进行通报。

(二)健全资金保障机制

坚持公共财政和民生财政改革方向，增强优先保民生理念，调整和优化财政支出结构，探索建立民生工程预算制度，将每年新增财力的主要部分用于改善民生。省级完善均衡性转移支付政策，建立县级基本财力保障机制，增强基层实施民生工程项目的能力。市县要优先安排、重点保障，确保民生工程配套资金刚性到位。拓宽民生工程筹资渠道，鼓励引导社会、企业和个人投入，加快形成政府主导、多方参与的多元筹资机制。精打细算、科学管理，加快民生工程资金支出进度，加强对资金管理使用情况的监督，严禁挤占、挪用、滞留以及虚报冒领等行为。

(三)加快推进体制机制创新

创新资源整合机制。鼓励各地大力整合事关民生的资源、资金、政策、项目，结合美好乡村、公共服务和基础设施建设，科学规划布局，统筹项目建设，放大民生工程综合效应。创新政策融合机制。打破社会保障制度“碎片化”格局，逐步消除制度间条块分割、部门主导互不衔接的分散状况，建议加快职工医保、新农合和城镇居民医保政策机制衔接融合，推进文化类、培训类项目资源整合、共建共享。创新社会参与机制。积极推进民办公助、公办民营、以奖代补等形式，引导社会资本进入公共服务领域，兴办教育、医疗、养老等民生服务事业。创新建后管养机制。按照财权事权相统一，谁受益谁负担的原则，花钱买服务，花钱建机制，充分调动受益群众自我管理、自我服务的积极性。

(四)健全完善民生工程制度

健全完善民意征集制度。总结今年民生工程项目公开征集活动经验，完善征集办法，建立长效机制，探索建立项目公开征集意见制度化、规范化、长效化。健全完善项目公开制度。广泛运用民生工程形象化标识，从2013年起在全省各类新建民生工程项目上设置标牌，载明建设单位、投资规模、管理单位和监督电话，既树立民生工程的形象，又公开接受人民群众评判。健全完善补助类项目管理制度。完善资金补助类项目调查摸底、审核评议、公开公布制度，确保基础数据核清、发放对象搞准、各项程序走实。健全完善工程类项目分类实施制度。对于限额以下的小型项目，既要简化实施手续，又要严格实施程序，确保监管落到实处，质量得到保证；对于限额以上项目，实行招投标、政府采购和竣工验收等各项制度，严格执行建设计划、建设标准，狠抓工程建设质量和资金预算约束。

(五)建立健全上下联动合力推进的工作格局

建议进一步完善政府目标考核内容，将民生工程完成情况与实施绩效一并纳入考核指标体系，逐步增加民生工程指标在综合性考核中的权重，强化市县政府责任，推进工作重心下移。建议继续将省直各部门组织实施民生工程情况纳入省政府效能建设考核体系，督促省直部门严格履行自身责任，加强计划下达、分类指导、督促推进等日常工作。建议制订全省民生工程责任追究办法，发现降低补助和发放标准、工程质量不合格、未完成目标任务、重大问题被新闻媒体曝光等行为的，追究单位和个人相应责任，形成严格抓落实的工作导向。

课题组组长：罗建国

课题组副组长：陈　军

课题组成员：朱士昂　宋先贵　孟　骞

吴　巍　钟　翠

关于安徽居民收入倍增问题的调研报告

党的十八大明确提出,要千方百计增加居民收入,到2020年实现城乡居民人均收入比2010年翻一番。安徽省从2011年开始实施"十二五"居民收入倍增规划,一年多来成效明显。根据安徽省委、省政府"关于开展贯彻落实党的十八大精神加快全省科学发展步伐专题调研活动安排"的统一部署,我们开展了居民收入倍增专题调研,分产业、分行业、分结构、分区域进行了深入分析,并提出推进安徽省居民收入增长的相关政策建议。

一、居民收入倍增规划实施情况及成效

实施"十二五"居民收入倍增规划,是安徽省委、省政府立足科学发展、突出富民导向、促进社会和谐的重大举措。规划实施以来,全省各级各部门认真贯彻落实安徽省委、省政府的决策部署,密切配合,协同推进,各项工作有力有序,居民收入呈现持续较快增长态势。

(一)强化组织推进

省推进居民收入倍增规划实施领导小组切实加强组织协调推进工作,各市县党委、政府均把居民收入倍增作为战略任务强力推进,全省各级财政部门认真履行牵头职责,增效提速,狠抓落实,推动居民收入倍增规划全面实施。省财政厅会同省直有关部门,制订"十二五"居民收入倍增规划21项考评指标,并逐级逐项分解到各地,明确了目标任务和工作职责。2011年和2012年前三季度各项指标完成情况均超过序时进度。完善收入倍增省直、市县联络员制度,多次召开规划实施分析会、省直部门研讨会和工作座谈会,在横向、纵向两个层面加强调度推进。出台了《2012年安徽省居民收入倍增规划监测评估办法》,组织全省开展了2011年和2012年上半年倍增规划实施监测评估工作。加强对城乡居民收入状况、收入倍增的理论研究和分析,撰写专题报告,供领导决策参考。6月12日,安徽省委书记张宝顺同志在财政厅《关于全省居民收入倍增规划实施有关情况的汇报》上作出重要批示:"这项工作要持之以恒地抓,似这样分析很有必要。农民人均收入尤其要下功夫,尽量提速,每年都不能落下步子,否则后面的压力会增大。"

(二)加大政策力度

2012年年初,省政府出台了促进经济平稳较快发展30条意见,省直各主管部门也加大政策出台力度,发挥政策促进居民增收的实效。在促进就业方面,省财政厅、省人社厅出台了《就业专项资金使用管理暂行办法》、《关于进一步加强就业援助工作的意见》等;在扶持创业方面,省财政厅出台了《关于进一步做好财政支持小额担保贷款工作的通知》,省人社厅出台了《创业培训管理办法》等;在民生普惠方面,继续实施33项民生工程,省教育厅、省卫生厅、省民政厅等部门出台了一系列相关政策措施;在财富增值方面,省财政厅、省经信委、省金融办等围绕信贷、担保、融资等方面出台了许多办法。为便于各地掌握运用政策,省财政厅将近百条政策措施进行梳理汇总,编印了《收入倍增政策汇编》。合肥、淮北、芜湖、铜陵等地在支持就业创业、强农惠农、促进小微企业发展等方面,结合当地实际,制定了一系列具体办法措施。

(三)不断创新举措

各地充分结合自身实际,抓住促进居民增收的重点领域,不断进行探索和创新。如宿州市大力发展劳动密集型产业,为产业转移、扩大就业、工资增长拓宽途径;宣城市农业合作社蓬勃发展,社员增收明显;芜湖、淮北市在资金、税费、培训、服务等方面大力促进全民创业;合肥、马鞍山、淮南等地出台鼓励政策扶持土地流转;铜陵市创新工资协商工作机制,保障职工工资收入稳定增长;滁州、安庆等地利用优势发展生态规模养殖,推进畜牧富民等。各地富民的创新举措为拓宽居民增收渠道发挥了典型引导作用。

(四)规划成效初显

规划实施以来,全省居民收入保持良好增长态势,城乡居民收入差距逐步缩小。2011年,安徽省城镇居民人均可支配收入达到18606元,位居中部第二,同比增长17.8%,增幅位居中部第一;农民人均纯收入为6232元,同比增长17.9%,增幅与全国持平。居民收入增势明显。2012年前三季度,城镇居民人均可支配收入达到15673.5元,同比增长13.2%;农民人均现金收入6498.7元,同比增长18.2%。两项收入增幅分别高于全国0.2和2.8个百分点,农

民人均现金收入水平和增速均位居中部首位。城镇居民人均可支配收入比上年同期增加 1825 元,完成年度目标任务的 75.7%,超序时进度 0.7 个百分点;农民人均现金收入比上年同期增加 1002 元,完成年度目标任务的 93.1%,超序时进度 18.1 个百分点。收入差距逐步缩小。从前三季度指标来看,安徽城乡居民收入比(城镇居民人均可支配收入/农民人均现金收入)为 2.4,低于全国水平 0.3,比上半年低 0.1。在中部六省中,安徽城乡收入差距最小,反映出安徽城乡收入差距逐步缩小的良好势头。收入水平整体提升。2012 年前三季度城镇居民人均可支配收入中,有 10 个市居民收入水平超过 15000 元,比上年同期多 4 个,增幅最高的滁州市为 14.5%。农民人均现金收入中,有 6 个市居民收入水平超过 7000 元,比上年同期增加 5 个,尤其皖北 6 市收入增幅突出,全部在 19%以上,最高的宿州市达到 19.7%,显现了安徽加快皖北经济发展的政策效应。

"十二五"以来,安徽城乡居民收入特别是农民收入持续较快增长,各项指标领先全国、领跑中部,主要得益于安徽省委、省政府对居民收入倍增规划的前瞻谋划和超前部署,得益于各级各部门凝心聚力、扎实推进,得益于民生工程等惠民举措发挥的持续效应。

二、影响居民收入增长的相关因素分析

经济增长是居民收入增长的基础和前提条件,产业结构与行业结构直接决定了城乡居民就业层次及收入水平。

(一)居民收入增长与经济增长的相关性分析

一是安徽经济增长对居民增收的基础性作用十分明显,居民收入弹性收入弹性,居民收入增速与经济发展增速比值。逐步增大。2000—2011 年安徽人均 GDP 与城镇居民可支配收入的相关系数达 0.989,与农村居民人均纯收入的相关系数达到 0.96,居民收入与经济增长之间具有高度的正相关性,经回归分析得出:安徽城镇居民、农村居民的收入弹性分别为 0.742 和 0.72,即:地区生产总值每增加 1%,城镇居民收入增加 0.742%,农村居民收入增加 0.72%。受调结构、扩内需、惠民生等宏观政策影响,特别是以民生工程为带动的民生事业快速发展,倍增规划实施以来,安徽城乡居民收入弹性逐渐增大,2011 年,城乡居民收入弹性达 0.75 和 0.752。2012 年前三季度,农民收入增长快于经济增长,收入弹性超过了 1,城镇居民收入增速与经济增速持平,收入弹性也接近 1。二是未来三年经济保持平稳健康发展,安徽"十二五"有望实现居民收入倍增。2011 年,安徽城乡居民收入增速为 17.8%和 17.9%,今年前三季度增速为 13.2%、18.2%,如果继续保持这个增速,要实现"十二五"末 31000 元和 10000 元的人均收入水平,2013—2015 年需保持 13.8%和 10.7%的年均增速。在收入弹性不变的前提下,若要实现收入倍增,未来三年安徽 GDP 名义增长名义 GDP 增速,不剔除物价指数的 GDP 同比增长速度,根据《安徽统计年鉴》地区生产总值计算。需要保持 17.5%左右水平,GDP 实际增速需保持 12.5%左右。"十一五"期间,安徽 GDP 名义增速为 18.2%,高出实际年均增速 5 个百分点(处于统计部门预测的合理区间)。安徽省统计局对全省经济增长源进行了分析,认为安徽"十二五"期间合理的经济增长率为 11%—14%。。根据党的十八大关于千方百计增加居民收入的要求,收入分配制度改革必将深入实施,加上安徽收入倍增工作谋划超前、推进有力,各项政策效应持续显现,这些将更加有利于增加安徽居民收入,"十二五"末安徽城乡居民收入倍增目标可望如期实现。

因此,未来三年,必须确保经济平稳健康发展,夯实居民收入快速增长的经济基础。同时,加大收入分配调节力度,进 步增强经济增长对居民增收的支撑作用。

(二)居民收入增长与产业结构的相关性分析

产业结构与居民收入密切相关,产业结构决定劳动生产率和就业结构,从而影响居民收入状况。近年来,安徽三大产业发展和就业状况呈现以下特征。一是一产劳动生产率低,从业人员比例大,导致安徽农民经营性收入增长缓慢。2004—2011 年,安徽一产增加值缓慢增加,年均增长仅 11.3%,占地区生产总值比重逐年降低,从 2004 年的 20%下降到 2011 年的 13.2%。随着农业劳动人口转移加快,从业人数快速减少,7 年减少近 240 万人,占总就业人口比重从 50.8%下滑到 38.8%。安徽农业大而不强,劳动生产率较低,以 2011 年为例,占 2/5 的就业人口仅创造了 1/8 的地区生产总值。目前,安徽一产从业人员占比仍然偏大,2011 年占 38.8%,比江苏省同期高出 17.3 个百分点。农业从业人数多,农业劳动生产率水平低,导致安徽农民主体收入—经营性收入的增长缓慢。二是二产规模发展迅速，但就业吸纳带动不足。近年来,随着安徽工业化加速发展,二产增加值快速增长，年均增长24%，占比7年增加了15.5个百分点,2011年达54.3%。就业人数增加较多,7年新增300万就业，对安徽城镇居民就业及收入的提高起到了支撑作用。但二产劳动要素贡献率低于资本要素和技术要素贡献率,7年间二产增加值翻两番多,就业人数仅增加了41%,2011年占全社会就业人员的比重为25.2%,比江苏省同期低17.2个百分点,安徽二产在提高劳动生产率的同时,亟须提升对就业的吸纳带动能力。三是三产从业人数快速增加,但行业规模增长不快。2004—2011年,安徽三产从业人数增加400多万,2011年占就业总人数的36%,比2004年增加7个百分点。但三产增加值增长不快,占GDP的比重7年下降了8.7个百分点,2011年为32.5%。从整体上看,安徽第三产业发展相对不快,从世界各国看,人均GDP在3500美元左右,三产产值合理占比应在60%左右,从业人员占比应达65%左右；与相邻的江苏省相比,2011年安徽三产增加值占比比江苏省低了近10个百分点。由此可见,安徽三产尤其现代服务业发展相对缓慢,三产发展的质量和效益都有待进一步提升。

因此,为促进居民收入快速增长,要加快农业现代化步伐,进一步促进农村劳动力加快转移,同时加快新型工业化进程,同步推动服务业特别是现代服务业加快发展。

(三)居民收入增长与行业结构的相关性分析

行业结构直接决定了居民就业和工资水平,从而决定了居民收入的高低。国民经济19个行业中,各行业对居民就业及增收的贡献大小不一,呈现以下特点:一是制造业行业规模大、发展速度快、从业人数多，对居民收入增长贡献率最大。纵向来看,2004—2011年期间，安徽制造业主导地位日趋明显,占地区生产总值比重从2004年的23.9%增加到37.4%,7年增加13.5个百分点。制造业从业规模也快速扩大,2011年占总就业人数的13.3%,仅次于农业从业人员占比,对居民收入增长贡献稳居第一位。二是金融、房地产等现代服务行业发展迅猛,对收入增长贡献逐步增强。2004—2011年,金融、房地产等现代服务业行业规模迅速扩大，年均增长达27.1%和19%;行业从业人数也快速增加,均实现超过8%的年均增长,高出就业人口增速6个百分点以上,贡献率已超过众多传统服务业。横向相比,安徽金融业规模不到江苏的1/5,占比比江苏省少2个百分点;房地产业规模不到江苏的1/4,占比少1.5个百分点,金融、房地产等现代服务业仍需加速发展。三是建筑、批发零售、采矿等劳动密集型行业规模大、从业人数多，对增加居民就业与促进居民收入增长作用明显。2011年,三个行业的行业规模位居全行业前5名，从业人数位居前4名，对收入贡献分别位居第5、第10、第2位。因此,安徽仍需大力支持发展劳动密集型产业发展,促进居民就业与增收。四是信息技术服务、文体娱乐等部分现代服务业发展缓慢,影响了居民收入的增长。19个行业中,信息技术服务业、文化产业工资贡献率仅居第14位、第16位,从业人数也排在后6位,行业规模很小、发展速度不快,行业发展不充分,亟待大力促进发展。

因此，综合各行业对居民收入增长的贡献分析看,为促进居民收入快速增长,需要进一步支持制造业发展,加快金融、房地产、信息技术服务、科教文体等现代服务业发展,稳定建筑、交通运输等劳动密集型行业发展。

三、居民收入增长的结构性分析

近年来,安徽城乡居民收入水平不断提高,收入渠道日益拓展,四项收入构成变化明显。

(一)城镇居民收入(城镇居民人均家庭总收入)增长的结构分析

一是工资性收入占绝对主体,但增长相对缓慢,对收入增长的贡献相对不足。工资性收入是城镇居民的主要收入,2004—2011年占比一直保持在60%以上,平均达65.9%,但工资性收入增长相对缓慢,年均增速仅为12.7%,在四项收入中增速最低,低于总收入平均增幅1.9个百分点，对城镇居民收入增长的平均贡献率为59.5%,相对不足,占总收入的比重从2004年的69.9%下降到2011年的62.2%。二是转移性收入占比逐步增加,对收入增长贡献明显。随着公共财政大力推进,安徽社会保障水平逐步提高,全省城镇居民人均转移性收入持续保持较快增长,年均增速达17.2%，比总收入年均增速高出2.6个百分点,对居民收入增长的平均贡献率达28.6%,在总收入中的占比由2004年的22.3%提高到2011年的26%,提高了3.7个百分点。三是经营性收入较快增长,对收入增长的作用逐步显现。随着安徽创业富民工程大力实施,经营性收入快速增长,年均增速达

20.3%,高出总收入年均增幅5.7个百分点。2004年到2011年的平均占比为7.4%，对收入增长的平均贡献率为8.54%，城镇居民经营性收入已逐步成为重要收入来源。四是财产性收入总量小、波动大,对收入增长贡献潜力较大。四项收入中，财产性收入占比最小,保持2%左右,但增长最快、波动大,年均增速达25.2%,在四项收入中增幅最高,高出总收入增幅10.6个百分点,快速增长趋势明显,潜力较大。

因此,为促进城镇居民收入快速增长,亟须进一步加快城镇居民工资性收入的增长,保持转移性收入稳定增长,努力促进经营性收入和财产性收入的快速增长。

(二)农民收入(农民人均纯收入)增长的结构分析

一是经营性收入占比高、增速慢,制约了农民收入的快速增长。2004—2011年农民收入中,经营性收入占据半壁江山,对收入的贡献较大,7年平均占比52.6%。但经营性收入增幅相对缓慢,年均增速仅为10.5%,比农民收入年均增幅低3.5个百分点,平均贡献率为36%，占纯收入比重也在逐年下降,由2004年的59.6%下降到2011年的47.9%。二是工资性收入快速增长,对农民收入贡献率越来越高,已成为农民增收的重要因素。随着农村劳动力加快转移,工资性收入的占比逐年增加,2011年占比达43.7%,比2004年增加8.3个百分点，年均增速达17.4%,高于农民收入年均增幅3.5个百分点，对农民收入增长的贡献程度越来越大,平均贡献率达53.7%。三是转移性收入高速增长，对收入增长的贡献增强。近年来,全省各级政府大力发展以民生工程为带动的民生事业,增加涉农补贴支出,农民转移性收入快速增长,年均增速达26.7%,比农民收入年均增幅高12.8个百分点,在四项收入中增长最快,占比也逐年增加，由2004年3.2%上升到2011年的6.7%,增加了3.5个百分点。对收入增长的贡献逐步加大,2011年贡献率达11%，比2005年高5.8个百分点,平均贡献率达8.7%。四是财产性收入增长十分缓慢,影响了农民收入增长。近年来,安徽农民已具备了一定的获得财产性收入的物质基础,但受农村土地、房屋等产权不清晰等因素影响,财产性收入少、增幅小、波动大,7年间有3年出现负增长,对农民收入增长的贡献率很低，平均贡献率仅为1.6%。

因此,为促进农民收入快速增长,亟须加快农民经营性收入的增长,进一步促进农民工资性收入增长,保持转移性收入平稳增长,筑牢农民财产性收入增长的制度基础。

四、居民收入增长的区域性分析

(一)城镇居民收入增长区域性分析

一是合马芜铜城镇居民收入高,增幅整体较大。2011年,合马芜铜四市城镇居民收入水平位居前4,可支配收入均超过20000元，马鞍山市最高，达到27329元。2004—2011年，四市的年均增速分别为14.7%、15.1%、13.7%和15.5%,位居全省第5、第4、第9和第2位。二是皖北6市城镇居民收入低,增长整体较慢。2011年,蚌埠、淮南、淮北、阜阳、宿州、亳州6市城镇可支配收入均处全省中下游,其中,阜阳市最低,为16686元,仅为马鞍山的3/5,区域中最高的淮南市也仅为马鞍山的2/3。从增速来看，2004—2011年6市的年均增速也相对较低,其中蚌埠、阜阳两市收入增速在全省排在最后,区域中最快的亳州也仅位居全省第6位。三是大别山区城镇居民收入低。地处大别山区的六安和安庆部分县,收入水平低,2011年六安市收入排名全省第15位,安庆市排名第10位。从年均增速来看,2004—2011年六安市城镇居民收入增长突出,年均增速居全省第一,安庆市收入增长乏力,增速在全省排名第13位。四是皖南山区城镇居民收入相对较高,增长速度较快。皖南山区的宣城、池州、黄山3市,收入水平高于或接近全省平均水平,2011年3市位居全省第11、第5和第6位。从增长情况看，三市收入增长较为迅速,2004—2011年年均增速分别位于全省第7、第3和第11位。

综上分析,要整体加快全省城镇居民收入增长,重点是发挥合芜马铜城市的带动辐射作用，大力促进皖北地区及大别山区居民收入的快速增加。

(二)农民收入增长区域性分析

一是合马芜铜农民收入水平高,增速不一。2011年,合马芜铜四市农民收入水平居全省前列,马鞍山市以人均9506元位居全省第一。从增速来看，2004—2011年,合肥、铜陵两市增速较高,位居全省第2位、第4位,芜湖、马鞍山两市增长较慢,处于全省后列。二是皖北6市农民收入低,增长整体不快。2011年6市农民人均收入均处全省下游，其中阜阳市最低,为5100元,不到马鞍山农民收入的54%。从增速来看,2004—2011年,6市的年均增速相对不快,除宿州、淮南两市外,其他4市都处在全省后列。三是大别山区农民人均收入低,增长速度不快。六安、安庆两市农民收入偏低,2011 年分别处于全省第 14位和第 12 位。从增速来看,两市增长也相对不快,2004—2011 年,两市年均增速仅处于全省第 7 位和第 12 位。四是皖南山区农民收入相对较高,增长速度较快。2011 年宣池黄三市收入水平均处于全省上游,收入增长也十分突出,2004—2011 年,黄宣两市农民收入年均增长分别为 15.9%、15.7%,位居全省第 1 位、第 3 位。

据上分析可以看出,皖北地区和大别山区是农民收入的落后地区,这两个区域几乎涵盖了安徽所有国家级贫困县。从区域角度看,增加农民收入的重点是加快皖北地区和大别山区发展。

五、推进居民收入倍增的政策建议

安徽到 2015 年要实现"十二五"居民收入倍增的目标,必须按照十八大精神要求,以科学发展为主题,以促进经济持续健康发展为基础,以转变经济发展方式为重点,加快产业结构优化升级,促进重点行业发展,努力提升全社会就业创业层次与水平,结合民生工程实施和美好乡村建设,加大强农惠农富农政策力度,统筹推进社会保障体系建设,大力推进收入分配制度改革,构建城乡居民收入增长多元支撑体系。

(一)促进经济持续健康发展,夯实居民增收基础

一是切实加强经济运行调节。在继续加大重点项目和重要基础设施建设同时,积极拓宽投资渠道,引导民间资本更多地投向鼓励发展的产业和领域。引导金融机构加大信贷支持,特别是对小微企业的支持力度。二是大力促进消费和对外贸易。优化消费环境,加快推动文化、旅游、健身、家政、养老等服务消费。三是推动区域协调发展。全面提升皖江示范区、合芜蚌试验区建设水平,发挥经济发展"引擎"作用,加快皖北地区、大别山革命老区发展步伐,落实好区域发展扶持政策和扶贫规划。通过优化区域发展布局,加快形成良性互动、多极支撑的增长格局。

(二)加快产业结构优化升级,逐步提升就业水平

一是深入推进农业现代化。大力发展现代农业,增强农业综合生产能力。加强政策扶持引导,加大对家庭农场、农业大户、农民专业合作社等支持培育力度,打造一批具有较强辐射力的农业产业化重点产业集群。加快各级农业产业化示范区建设,培育壮大农产品加工业,大力发展特色高效农业。二是促进传统产业转型升级。引导各地立足自身产业基础和资源优势,培育壮大主导产业,延长产业链,不断提升传统优势产业的综合竞争力。鼓励农产品深加工、纺织、服装、商贸等劳动密集型产业转型发展,增加科技含量和经济附加值,逐步摆脱低端生产、高耗能、高污染的老路子。三是大力发展高新技术产业。充分发挥安徽科技、人才优势,不断增强自主创新能力,促进科技经济一体化,提高高新技术产业的规模效益和在国民经济中的比重,使高新技术产业逐步成为国民经济的支柱产业,带动全省产业结构升级,大幅度提高经济运行质量和效益。

(三)加快重点行业发展,提高对居民增收的贡献率

一是大力发展战略性新兴产业。重点围绕电子信息、节能环保、新材料、生物、新能源、高端装备制造、新能源汽车、公共安全等产业,加大财政、税收、土地等政策支持力度,引导项目、人才、资金等要素加速聚集,促进战略性新兴产业加快壮大发展。二是做大做强先进制造业。坚持走高端型工业发展之路,强化科技驱动,积极承接转移,选择"高精尖优"的制造业领域作为工业经济的主攻方向,积极构建以先进制造业为先导的现代产业体系。三是加快发展现代服务业。完善财税、信贷、土地等政策体系,如对金融业给予营业税返还奖励,对信息科技企业减免营业税和所得税,对物流企业、园区等减免营业税、基础设施配套、土地使用费等,支持金融、房地产、租赁、商务服务、科教文体等现代服务业快速发展,提高服务业就业层次与收入水平。

(四)完善相关政策体系,优化居民收入结构

一是大力促进就业鼓励创业。完善并实施好税费减免、就业援助、社会保障补贴等促进就业的财税措施,健全劳动者职业技能培训制度,实现更高质量的就业,提高劳动者就业创业能力。采取资本金补助、税收返还、融资担保、财政贴息等措施,鼓励全民创业,提高居民经营性收入。二是努力增加农民财产性收入。提高农民在土地增值收益中的分配比重。加快推进"三权"登记确权,保障其进行抵押融资,有序流动,鼓励金融机构开办"三权"抵押业务,鼓励农民按照自愿原则以承包经营权入股建立股份合作社,对农村集体资产进行量化确股,让广大农民享有按股分红的权益。三是加强收入分配调节。注重分配公平,提高劳动报酬在初次分配中的比重。加强企业工

资宏观指导，逐步提高最低工资标准。推动开展区域性、行业性工资协商，保持工资增长与行业利润增长同步。建立离退休人员工资动态增长机制。完善公务员工资制度，深化事业单位收入分配制度改革。四是着力提高社会保障水平。继续以民生工程为主抓手，发挥财政部门牵头优势，不断加大投入，扩大社会保障、住房保障、就业服务覆盖范围，促进公共教育、医疗卫生、文化等事业均衡发展，促进基本公共服务均等化，增加居民转移性收入。

（五）健全规划实施推进机制，努力实现收入倍增目标

一是健全和完善组织领导机制。省直各主管部门和市县要切实增强责任意识，强化工作职能，加大收入倍增工作组织推进力度。二是健全和完善政策推动机制。贯彻落实现有政策，积极主动把握政策导向，根据安徽省委、省政府《关于实施“十二五”居民收入倍增规划的指导意见》精神，围绕就业提升、创业富民、民生普惠、财富增值四个方面，继续研究出台具体政策措施。三是健全和完善资金保障机制。调整优化支出结构，坚持民生优先，围绕就业、创业、农业等重点领域，在资金帮扶上多做文章，将更多财力向收入倍增倾斜。四是健全和完善监测评估机制。设置科学合理的收入倍增指标体系，从驱动指标、行为指标、结果指标三方面监测倍增规划实施情况，增强指标与居民收入的关联性。通过开展季监测、年评估，及时分析居民收入倍增规划实施情况。

课题组组长：罗建国
课题组副组长：陈　军
课题组成员：朱士昂　叶翠青　潘　琦
蔡功伙　刘旭东　朱旭东

深化财税体制改革的若干思考和建议

党的十八大提出了“加快改革财税体制”的要求，如何发挥财政职能，深化财税体制改革，更好地服务全省经济社会稳定发展大局，成为值得深思且迫切需要解决的问题。为此，根据安徽省委省政府安排，安徽省财政厅对深化财税体制改革课题进行了研究。本课题总结了十七大以来财税体制改革取得的成效，分析了当前财税体制改革面临的问题和任务，对进一步深化安徽财税体制改革提出若干政策建议。

一、十七大以来安徽财税体制改革成效显著

十七大以来，在安徽省委、省政府的坚强领导下，全省各级财政部门深入贯彻落实科学发展观，扎实推进财税体制改革，为实现扩内需、保增长、调结构、推改革、惠民生、促和谐作出了积极贡献。

（一）财政收入规模不断扩大，财政实力进一步提升

2011 年全省财政收入达到 2633 亿元，其中，地方财政收入 1463.6 亿元，增长 27.3%，财政实力日益增强。以流转税和所得税为主体、其他税种相配合的多税种、多环节、多层次调节的复合税制逐步健全，税制结构日趋合理，税收收入主体地位进一步巩固。2007—2011 年，全省地方税收收入累计完成3534亿元，占地方财政收入的比重为 74.5%。财政实力的增强，为推动安徽经济社会事业发展提供了坚实的物质基础。

（二）财政支出结构不断优化，社会建设进一步加强

2011 年全省财政支出达到 3303 亿元，是 2007 年的 2.7 倍，年均增长 28.6%。不断加大公共服务领域的投入，基本公共服务水平明显提高。五项社会保险制度全面实施，新型农村合作医疗、城乡最低生活保障制度、城乡居民社会养老保险制度实现全覆盖。2007 年在全国率先实施民生工程，5 年累计投入 1322 亿元，普惠全省城乡居民。全面落实强农惠农富农政策，2007—2011 年，全省财政用于“三农”的支出达 3606 亿元，促进了粮食等重要农产品生产的不断发展和农民收入持续较快增长。扎实推进农村综合改革，大力支持美好乡村建设，让公共财政的阳光更多地照耀“三农”。

（三）公共财政体系不断健全，财税改革进一步深化

不断完善省以下财政体制，积极推进省直管县、乡财县管改革，建立县级基本财力保障机制。建立健全预算管理制度，由公共财政预算、国有资本经营预算、政府性基金预算和社会保险基金预算组成的财政预算体系框架初步建立。深化政府收支分类改革，部门预算、国库集中收付、政府采购制度体系更加健

全。大力推进税制改革,增值税制度改革取得重要进展,成品油税费改革成功实施,内外资企业所得税实现了统一,调整和完善了个人所得税,车船税改革取得了积极成效。积极推进国有企业改革,大力支持金融体制和投资管理体制等改革,为完善社会主义市场经济体制奠定了良好基础。

(四)财税政策措施不断强化,宏观调控进一步增强

加大政府性投入带动投资快速增长,全省固定资产投资突破万亿元,为经济社会长远发展积蓄了能量。一次性安排25亿元支持市县建立中小企业担保基金、中小企业贷款风险补偿和贴息,着力缓解中小企业"融资难"。认真实施"四下乡、两换新"政策,家电下乡销售量和补贴兑付率稳居全国前列。积极利用国家有关税率政策,提升安徽经济发展竞争力。主动服务企业发展,为全省1617家高新技术企业减按15%的税率征收企业所得税。坚持把调结构作为财政调控的主攻方向,一次性安排25亿元支持和培育战略性新兴产业。综合运用财政投资、税收优惠、资金扶持等政策手段,大力支持战略平台建设:皖江示范区建设开局良好,合芜蚌试验区和国家技术创新工程试点省建设进展有序,皖北振兴、大别山区等区域发展战略加快推进。

(五)科学精细管理不断推进,理财水平进一步提高

财政制度建设扎实推进,财政法制宣传教育深入开展,有力地推进了依法行政依法理财。加强预算绩效管理,预算编制管理不断规范,预算执行管理继续强化,预算公开力度进一步加大。开展部门财政财务工作会商,财政管理一体化全面展开。财政监督不断深入,"大监督"模式贯穿监督工作全过程,财政监督体系更加完善。财政"两基"(管理基础工作和基层建设工作)建设工作步伐加快,行政事业单位国有资产管理不断强化,财政管理信息化建设稳步推进,财政干部队伍建设全面加强,基层结对共建工作取得了较好的效果。

二、当前财税体制改革面临的问题和任务

财税体制改革是经济体制改革中的重要一环,近年来,安徽财税体制改革与经济社会基本上形成了良性互动、协调推进的良好局面,为保持经济和社会的健康持续发展提供了强大动力。但与此同时,也必须看到,安徽财税体制中还存在着一些较为突出的矛盾和问题,主要是:地方税体系不够健全,地方缺少主体税种,非税收入管理仍需进一步加强;财政转移支付制度不尽合理,专项转移支付占比较高,而且呈现财政资金部门化,有的使用较分散;财政资金再分配现象仍然存在,财政统筹分配能力仍然较弱;财政财务的联动性和基础性工作还需进一步加强;财税的宏观调控作用和撬动金融资源的能力有待增强,等等。这些矛盾和问题的存在,要在深化改革加快科学发展中加以解决。

当前及今后一段时间,安徽正处于可以大有作为的重要战略机遇期,各项经济体制改革深入进行,以构建公共财政基本框架为核心的各项财税体制改革也面临新的形势和任务,但是改革的基本取向仍然是构建一个既符合全面建成小康社会内在要求,又与财政的本质属性相贯通的公共财政制度体系。就目前来说,深化安徽财税体制改革主要面临着以下四个方面任务。

(一)实现科学发展,促进全省经济社会平稳较快增长

随着全球经济环境的复杂性日益加剧,经济发展的不确定性将会成为常态。这对做好新时期的财政改革发展工作提出了新的更高要求。必须牢固树立科学发展理念,根据国内外经济形势发展变化,不断完善财政宏观调控政策体系,努力发挥财政促进经济稳定增长、优化经济结构和调节收入分配的职能作用,以及在应对突发事件中的财力保障和政策支持作用,积极推动经济发展方式转变,有效控制财政风险,不断增强财政发展的后劲和可持续性,从而实现经济社会又好又快发展。

(二)不断改善民生,推进和谐社会建设

财税体制改革的重点是要把改善和保障民生放在突出位置。要始终坚持公共财政"取之于民、用之于民"的宗旨,以推进民生工程建设为抓手,进一步优化财政收支结构,向社会主义新农村建设、社会事业发展薄弱环节和困难地区、基层和群众倾斜,确保财政用于"三农"、教育、社会保障和就业、医疗卫生、科技、文化、保障性住房、环境保护及节能减排等方面的支出力度不断加大,逐步完善符合省情、比较完整、覆盖城乡、可持续的基本公共服务体系。

(三)加大改革创新,完善财税体制机制建设

将深化改革作为科学发展的强大动力,敢于和善于用改革的办法解决发展中存在的突出矛盾和问题,

积极推进各项财税改革。要进一步健全财政体制，规范省以下财政收入和政府支出责任划分，逐步完善转移支付制度，全面建立县级基本财力保障机制，进一步优化税制结构，深化预算管理制度改革，建立健全政府预算体系，逐步完善预算编制和执行管理制度，健全以现代国库制度为特征的财政资金管理体系，逐步形成有利于科学发展的财税体制机制。

（四）提升管理水平，逐步提高财政管理绩效

财政管理水平的高低，直接影响到财政职能作用的发挥和财政资金的使用效益。要始终按照财政科学化、精细化管理的总体要求，一手抓建章立制，一手抓管理执行，不断完善财政法制，建立健全管理制度和运行机制，扎实推进管理基础工作和基层财政建设，强化预算绩效管理，切实增强执行力，不断提高财政管理效能和财政资金使用效益。

三、进一步深化安徽财税体制改革的政策建议

党的十八大提出：要加快改革财税体制，健全中央和地方财力与事权相匹配的体制，完善促进基本公共服务均等化和主体功能区建设的公共财政体系。准确研判国家财税体制改革的趋势方向，全面把握机遇，主动作为，深化安徽财税体制改革，对于加快推进科学发展、建设美好安徽进程来说显得至关重要。

（一）深化政府间财政分配关系改革

一是完善市级财政管理体制。支持做大市域空间，增强市级的资源配置和空间扩展能力。适时、稳步理顺省对14个县改区的财政分配关系，强化市对市辖区的管理职能。二是完善省直管县财政体制。结合省直接管理县体制试点工作，进一步明确省、市、县财政管理职责，完善省以下直接高效的财政扁平化管理模式。三是合理划分政府间财政收入。进一步完善跨省市总分机构所得税分享办法。结合中央财税体制调整，探索适合安徽发展的收入分享改革方案，研究合理的省、市、县财政收入分级布局，既适度增强省级调控能力，又不断增强基层政府提供基本公共服务的能力。

（二）深化政府间支出责任划分改革

按照受益范围、权责对等和效率优先的原则，明确划分各级政府间支出责任。一是科学界定政府与市场边界，净化公共财政支出范围。认真贯彻“建一撤一、内部调剂，确有需要、购买服务”的16字方针，节约支出，提高效能。积极探索政府公共服务供给方式改革，在科学布局规划的前提下，采取政府购买服务、以奖代补等方式，推动社会力量兴办教育、医疗、养老等社会事业，充分发挥财政资金的引导作用。二是科学界定各级政府本级事务，避免各级政府支出责任交叉。本级事务应按照分级负担的原则，由各级政府自行负担经费。省级政府主要负责跨区域的公共事务及公共设施建设。市、县政府主要负责辖区范围的行政管理和公共服务。三是科学界定各级政府共同事务，建立各级政府分级负担机制。以民生工程分级负担机制取得明显成效为基础，进一步详细梳理各项共同事务，确定各级政府的分担比例或分担内容，形成制度性文件，各级按各自比例负责筹资、共同保障到位。

（三）深化转移支付制度改革

一是继续加大均衡性转移支付力度。全面科学充分地整合财力，切实提高均衡性转移支付的规模和比例，促进地区间基本公共服务均等化。坚持用标准收支统一衡量区域财力差异，采用公式化方式规范分配。创新完善转移支付测算因素体系，既科学体现地区间支出成本差异和收入努力程度，又反映市县工作绩效，将绩效考评结果应用到资金分配中。完善均衡性转移支付体系，逐步形成体现基本支出保障要求、基本公共服务均等化要求和主体功能区建设要求的各有侧重、相互补充的均衡性转移支付体系。二是整合和规范专项转移支付。对全省具有战略性、全局性、牵动性、示范性、引领性和改革创新性的工作，在转移支付制度的设计上归集财力、归集项目，集中财力办大事。进一步规范和创新专项转移支付管理模式，更多地采取一般转移支付方式，上级政府只规定使用方向，不确定具体项目，充分发挥市县政府统筹各方财力的能力，减少财政二次分配后的再分配。充分发挥县级资金整合平台的作用，统筹项目布局、项目建设内容和资金安排，避免项目重复建设和资金分散，提高资金使用绩效。对确需明确到具体项目的专项转移支付，提高资金分配的科学性。三是逐步建立健全转移支付的评价、监督和考核机制。加强对转移支付资金使用的监管和绩效评价，提高资金使用效益，引导市县政府将财政资金向基本公共服务领域倾斜，确保均衡能力的增强转化为均等化水平的提高。

（四）深化税收非税制度改革

一是大力推进税收制度改革。继续做好交通运

输业和部分现代服务业营业税改征增值税改革试点工作,并将改革试点向深度推进,重点推进大企业内部服务业纳入改革试点,提前谋划研究将邮电通信、铁路运输、建筑安装等行业纳入改革试点。努力培育地方税体系,密切关注国家房产税改革试点动态,适时在部分地区推进单位等房产、土地(非个人住房)房产税、土地使用税改革试点工作,按照评估值征税。积极推进绿色税制建设,争取将煤炭等资源品目列入国家改革范围,实行从价计征。充分考虑地域、对象等情况,相机抉择调整全省城镇土地使用税标准。二是深化非税收入管理改革。加快非税收入立法进程,提高非税收入管理制度层级,力争于2013年将《安徽省政府非税收入管理暂行办法》(省政府第184号令)升格为地方性法规。土地作为稀有的重要资源,要充分激活土地在地方财力和资源配置上的重大作用,规范土地出让金等政府性基金的管理,制定全省土地出让金管理办法,将其上升为省政府规章。

(五)深化预算管理制度改革

一是完善政府预算体系。进一步健全预算体系,各级政府的全部收入和支出都按照预算制度体系框架,列入本级政府预算。推进公共财政预算、国有资本经营预算、政府性基金预算和社会保险基金预算有机衔接,保证政府财力统筹安排。二是深化部门预算、国库集中收付和政府采购制度改革。深化部门预算制度改革,继续完善基本支出标准体系,加快推进项目支出定额标准建设。继续规范财政专户管理,完善国库集中收付运行机制,健全公务卡制度,深化政府采购制度改革,推进开展国库现金管理。三是积极推进绩效预算管理。加快建立“预算编制有目标、预算执行有监控、预算完成有评价、评价结果有反馈、反馈结果有应用”的全程预算绩效管理机制,实现预算绩效管理与预算编制、执行、监督有机结合。四是健全监督管理机制。建立健全“预算编制、预算执行、监督检查、绩效评价”四位一体的监督管理新机制,牢固树立“全员参与、全面覆盖、全程监控”的“大监督”理念,重点推进绩效监督和内部监督工作,加强部门预算监督,规范财务管理。五是稳步推进预算公开。在公开财政总预算、总决算的基础上,按照积极稳妥、协调推进的原则,扎实做好部门预决算和“三公”经费公开的准备工作,从2013年起,实现部门预决算和“三公”经费全部向社会公开。选择部分新增重大建设项目和社会关注度较高的项目等,开展“开门办预算”试点,在预算编制环节引入专家评审机制,充分征求人大代表、政协委员、专家以及社会公众的意见,提高预算编制科学化、精细化水平,增强预算编制的透明度和公开性。

(六)深化财政管理方式改革

一是推进财政系统管理一体化。促进县乡财政业务管理一体化、资金监管一体化、队伍建设一体化、信息系统一体化和为民服务一体化,加快建立“体系完整、水平提升、充满活力、运行高效”的乡镇财政管理模式,在此基础上,谋划推进省、市、县、乡财政系统管理一体化。强化乡镇财政的资金监管责任,将财政资金的监管落实到最基层。二是推进财政财务管理一体化。加强财政财务联动,推广建立部门会商机制,把财政的政策制度送到单位、把财政的管理监督送到单位、把财政的支持服务送到单位,有效加强预算部门单位财务制度建设和提升财务管理水平。

(七)深化地方政府性债务管理机制改革

一是促进政府融资平台健康有序发展。规范政府融资平台公司管理。加大对国有资产的清查和管理力度,充分利用政府有效资产,探索国有资产注入政府融资平台营运管理的高效运作模式,增强政府融资平台的融资能力。借鉴合作共建皖北现代产业园区建设方式,做大做强政府融资平台,更好地发挥融资平台在筹措基础设施建设资金方面的主渠道作用。同时,在严格防范财政金融风险的前提下,积极探索财政资金与金融结合、与市场结合、与社会资金结合的机制,引导银行信贷资金和民间资本支持当地经济发展。二是加强政府性债务管理。建立严密规范的政府新债控制机制,健全政府性债务举借审批制度,实行归口管理;探索建立政府性债务预算管理制度。建立稳定可靠的政府到期债务偿还机制,完善政府偿债准备金制度。建立公开透明的政府债务监管机制,完善政府性债务信息管理系统,努力实现对政府性债务的全口径管理和动态监控;探索建立政府性债务风险评估指标体系。

(八)深化收入分配制度改革

一是大力支持自主创业。采取资金支持、融资担保、规费减免等措施,支持全民自主创业。完善小额担保贷款政策,扶持小微企业发展。二是努力增加农民收入。加大“三农”投入力度,加快发展现代农业,推进开发式扶贫，支持农村土地产权制度改革试点，全面落实各项强农惠农政策，促进农民增收。三是健全工资正常增长机制。加大对初次分配和再分配的调控力度，提高劳动报酬在初次分配中的比重。完善最低工资制度，提高工资收入。继续规范公务员津贴补贴，深化事业单位收入分配制度改革。严格规范收入渠道，进一步缩小地区间收入差距。四是着力提高社会保障水平。落实社会保障各项补助政策，加大保障性住房建设力度，保障困难群众基本生产生活。推进义务教育经费保障机制改革、新型农村合作医疗、城乡居民基本医疗保险等项目，健全基本公共服务体系。

（九）深化财政促进区域发展机制改革

一是围绕区域协调发展，加快皖江示范区发展，推进合芜蚌自主创新综合配套改革试验区建设，充分发挥经济发展较快地区的带动作用；加大对皖北地区和大别山革命老区的投入力度，挖掘发展潜力，推动皖北地区工业化、城镇化、农业现代化“三化”协调发展。二是围绕主体功能区建设，加大对农产品主产区和重点生态功能区的支持力度，推进新安江流域生态补偿机制试点，建立健全生态补偿机制。三是围绕促进县域经济发展，推动建立“一县一策”的目标管理绩效考核制度，建立健全省对市、县目标管理绩效考核转移支付制度，完善财政激励发展政策；选择部分毗邻外省的县，在县城建设规划上加大支持力度，加快城镇化建设。四是围绕基本公共服务均等化，全面落实民生工程“十二五”规划，努力使群众生活保障更加充分，社会公共服务体系更加完备，农村生产生活条件更加改善。

（十）深化重点领域配套改革

充分发挥财政政策和财政资金的引导作用，统筹推进各项重点改革。一是继续深化农村综合改革。积极组织开展农村综合改革试点，扎实推进“两改一创”（即改革农业生产经营方式，改革农村金融服务，创新美好乡村建设管理机制），为安徽农村经济社会发展和美好乡村建设提供强大动力。二是深化医药卫生体制改革。加大财政保障力度，支持县级公立医院医药分离改革试点，逐步解决群众看病难、看病贵问题。三是完善教育经费保障机制。全面落实教育投入政策，保证教育经费的法定增长，探索政府相关收入统筹用于支持教育的措施和办法，促进教育投入与群众对教育的需求基本相适应。四是深入推进文化体制改革。积极支持文化产业发展，落实鼓励文化产业发展的财税政策措施，努力打造文化强省。

课题组组长：罗建国
课题组副组长：左　俊
课题组成员：周名桨　金嘉岳　李　强
尹立祥　万　勇

致力科学发展建设美好安徽财政政策研究

财政作为政府综合经济管理部门，承担着重要的宏观经济调控职责。新形势对财政工作提出了更高要求。本课题旨在围绕贯彻落实党的十八大和省九代会决策部署，结合安徽经济社会发展现状，探寻财政致力科学发展建设美好安徽的政策选择。

一、近年来财政工作成效

十七大以来，在安徽省委、省政府的坚强领导下，全省各级财政部门深入贯彻科学发展观，认真落实宏观调控政策，充分发挥财政职能作用，为实现扩内需、保增长、调结构、推改革、惠民生、促和谐作出了积极贡献。

（一）财政收入规模不断扩大，财政实力进一步提升

全省财政收入规模连续跨越新台阶，2011 年完成 2633 亿元，是 2007 年的 2.5 倍。2012 年 1—10 月份全省财政收入、地方财政收入分别完成 2562.1 亿元和 1507.6 亿元，增长 14.3%和 24%。以流转税和所得税为主体、其他税种相配合的多税种、多环节、多层次调节的复合税制逐步健全，税制结构日趋合理，税收收入主体地位进一步巩固。2007—2011 年，全省地方税收收入累计完成 3534 亿元，占地方财政收入的比重为 74.5%。财政实力的增强，为推动安徽经济社会事业发展提供了坚实的物质基础。

（二）财政支出结构不断优化，社会建设进一步加强

全省财政支出规模实现新跨越，2011 年达到 3303 亿元，是 2007 年的 2.7 倍。2012 年 1—10 月份全省财政支出 2897.8 亿元，增长 21.2%。全面落

实强农惠农富农政策,2007 2011年,全省财政用于"三农"的支出达3606亿元,促进了粮食等重要农产品生产的不断发展和农民收入持续较快增长。不断加大公共服务领域的投入,基本公共服务水平明显提高。2007年在全国率先实施民生工程,积极探索以项目化手段、工程化措施解决民生问题的新路,5年累计投入1322亿元,普惠全省城乡居民。五项社会保险制度全面实施,新型农村合作医疗、城乡最低生活保障制度、城乡居民社会养老保险制度实现全覆盖。

(三)公共财政体系不断健全,财税改革进一步深化

不断完善省以下财政体制,积极推进省直管县、乡财县管改革,建立县级基本财力保障机制。建立健全预算管理制度,由公共财政预算、国有资本经营预算、政府性基金预算和社会保险基金预算组成的财政预算体系框架初步建立。深化政府收支分类改革,部门预算、国库集中收付、政府采购制度体系更加健全。大力推进税制改革,增值税制度改革取得重要进展,成品油税费改革成功实施,内外资企业所得税实现了统一,调整和完善了个人所得税,车船税改革取得了积极成效。积极推进国有企业改革,大力支持金融体制和投资管理体制等改革,为完善社会主义市场经济体制奠定了良好基础。

(四)财税政策措施不断强化,宏观调控进一步增强

加大政府性投入带动投资快速增长,全省固定资产投资突破万亿元,为经济社会长远发展积蓄了能量。一次性安排25亿元支持市县建立中小企业担保基金、中小企业贷款风险补偿和贴息,着力缓解中小企业"融资难"。认真实施"四下乡、两换新"政策,家电下乡销售量和补贴兑付率稳居全国前列。积极利用国家有关税率政策,提升安徽经济发展竞争力。主动服务企业发展,为全省1617家高新技术企业减按15%的税率征收企业所得税。坚持把调结构作为财政调控的主攻方向,一次性安排25亿元支持和培育战略性新兴产业。综合运用财政投资、税收优惠、资金扶持等政策手段,大力支持战略平台建设:皖江示范区建设开局良好,合芜蚌试验区和国家技术创新工程试点省建设进展有序,皖北振兴、大别山区等区域发展战略加快推进。

(五)科学精细管理不断推进,理财水平进一步提高

财政制度建设扎实推进,财政法制宣传教育深入开展,有力地推进了依法行政依法理财。加强预算绩效管理,预算编制管理不断规范,预算执行管理继续强化,预算公开力度进一步加大。开展部门财政财务工作会商,财政管理一体化全面展开。财政监督不断深入,"大监督"模式贯穿监督工作全过程,财政监督体系更加完善。财政"两基"(管理基础工作和基层建设工作)建设工作步伐加快,行政事业单位国有资产管理不断强化,财政管理信息化建设稳步推进,财政干部队伍建设全面加强,基层结对共建工作取得了较好的效果。

二、当前财政经济形势分析

经过多年的建设和积累,安徽发展势头强劲,综合实力跃上崭新平台,经济结构调整成效显著,改革开放迈出坚实步伐,人民群众生活大幅改善,社会建设取得长足进步,但欠发达的省情还没有根本改变,经济社会发展中不平衡、不协调、不可持续的矛盾依然突出,稳增长、调结构、惠民生、促和谐财政肩负重要历史责任。

(一)产业结构调整方面

总体上,安徽产业现状是:农业大而不强、工业散而不优、服务业小而不多、三次产业比例不合理。2011年,安徽三次产业结构为13.2∶54.3∶32.5,同期全国为10.1∶46.8∶43.1。从产业结构偏离度可以看出,安徽的产业结构效益没有多大改善,第一、第二产业偏离度绝对值呈上升趋势,说明安徽在这两个产业中存在大量剩余劳动力,也从另一个侧面,反映了安徽目前第三产业的发展还比较滞后,对第一、第二产业发展过程中产生的剩余劳动力的吸纳能力较差。财政部门如何进一步优化支出结构,充分发挥财政资金"四两拨千斤"的作用,打好财税政策与产业政策、货币政策的组合拳,引导和推动产业结构调整是当前面临的一个重大课题。

(二)区域协调发展方面

近年来,安徽区域经济发展很快,但与东部发达地区相比,与周边中部一些省份相比,仍存在较大差距。以2010年为例,安徽经济增速较快,但从绝对值来看,在地区生产总值、外商直接投资、城镇居民人均可支配收入、农民人均纯收入等指标方面,占全国比重在中部地区仍处在较落后的位次。再从省内地区之间发展来看,以2011年为例,经济发展水平较

高的是沿江地区，其次是合肥经济圈，再次是皖南地区，比较落后的是皖北及沿淮地区。财政如何做到因地制宜、分类支持，不断丰富和完善皖北振兴、皖江示范区、合芜蚌试验区发展的财税政策，完善转移支付制度，着重加大对山区、库区、革命老区等艰苦地区的扶持力度，对财政提供基本公共服务保障能力是一个巨大考验。

（三）自主创新发展方面

长期以来，安徽依靠物质资源的高消耗、高投入的粗放增长方式亟待改变。科技投入比重和高新技术产业比重偏低。2008年，全省科技经费筹集额254.54亿元，其中政府资金比重16.3%，较2000年下降了12个百分点；2009年全省规模以上高新技术产业实现增加值1094亿元，占全省工业增加值的26.9%，占全省GDP的10.9%，略低于湖南省，但与东部沿海地区相比仍有较大差距。节能降耗压力在增大。2010年，安徽万元GDP能耗为0.969吨标准煤，居中部第2位，高于江西；万元工业增加值能耗为1.82吨标准煤，万元GDP电耗为1076千瓦时，与北京、广东、浙江、上海等较为发达地区相比差距仍较大。财政部门如何做到兼顾当前和长远，舍得即期利益，善于"放水养鱼"，支持培育新的经济增长点，推动经济增长模式从粗放增长向资源节约型、环境友好型转变是更新理财观念、创新理财方式的内在要求。

（四）城乡居民收入方面

近年来，虽然安徽居民收入增长迅速，但与全国和中东部省份相比，收入水平仍然偏低，且差距总体仍呈扩大趋势。2010年，安徽城镇人均可支配收入和农村家庭人均纯收入分别为15788元和5258元，仅为全国平均水平的83%和89%，在中部落后于河南、湖北和湖南等省。与东部相比，差距更大。实现城乡居民收入翻一番是安徽"十二五"规划的一个重要目标，实施城乡居民收入倍增规划是安徽省委省政府赋予财政的一项重要职责。如何发挥牵头协调作用，发挥财税政策的初次分配调节作用，进一步强化财政再分配的职能作用，促进实现居民收入增长和经济发展同步、劳动报酬增长和劳动生产率提高同步是财政部门面临的一个现实挑战。

（五）社会安定和谐方面

近年来，随着社会主义民主政治和法治建设的不断推进，社会服务和管理领域不断拓展，人民群众对创新社会管理有许多新期待新要求，特别是安徽正处于经济社会发展的转型期，社会矛盾和风险增多，做好新形势下群众工作、保持社会安定和谐尤为重要。财政是构建和谐社会的物质基础、政策手段和体制保障，维护社会和谐稳定，财政部门责无旁贷。尤其是在发展形势比较困难的情况下，既要抓好发展第一要务，更要落实维稳第一责任。财政部门应该积极思考如何将更多的资金用到保持经济平稳较快增长上来，用到保障社会和谐稳定上来，用到改善人民生活上来，真正把钱花出效益、花出水平。

三、财政致力科学发展建设美好安徽基本考虑

建设美好安徽，是深入贯彻落实科学发展观、建设美丽中国的必然要求，也是全省人民群众的共同期待。当前和今后一个时期，必须紧紧围绕经济繁荣、生态良好、社会和谐、人民幸福的目标要求，准确把握经济社会发展的阶段性特征，进一步增强大局意识、机遇意识和责任意识，在主动作为中加快发展、在科学理财中加速转型，切实做到"五个更加注重"。

（一）更加注重扩大内需，着力拓宽发展空间

服务发展是财政部门的职责所在，加强和改善宏观调控，财政政策具有目标定位准、针对性强、作用直接有效的天然优势，在扩大内需方面理应有更大的作为。进一步加大政府投资力度，更加突出投资的先导性、效益性和基础性，把工作重点更多放在优化投资结构上来，使扩大投入与优化产业结构结合起来，与提升基础承载能力结合起来，与扩大消费、改善民生结合起来，引导社会资金更多地投向优先发展的产业和领域，进一步增强经济增长的内生动力。同时把扩大消费需求摆在更加突出的位置，发挥财税政策稳定物价的作用，努力增强城乡居民消费能力，强化政策刺激和引导，引导和促进消费升级。

（二）更加注重结构调整，着力提高发展质量

发挥财税政策与金融政策、产业政策的协同效应，加快发展现代服务业，促进三次产业在更高水平上协调发展、融合发展。财政政策资金更多地投向实体领域，努力在培育实体中促进转型发展，在全面转型中壮大实体经济。加大力度促进区域协调和城镇化健康发展，高水平建设皖江城市带承接产

业转移示范区,支持做大做强合肥经济圈,打造引领安徽崛起的重要增长极,加快皖北振兴步伐,促进皖南皖西及革命老区加快发展,发展壮大县域经济。大力推进生态文明建设,更大力度地推进节能减排,更大力度地发展生态经济,更大力度地保护生态环境,加快形成节约集约资源的产业结构、增长方式和消费模式。

(三)更加注重改善民生,着力夯实发展基础

把改善民生摆在财政工作更加突出的位置,积极而为,量力而行。更好地发挥财政调节收入分配的职能作用,大力实施城乡居民收入倍增规划,着力增加低收入群体收入,逐步提高居民收入在国民收入分配中的比重,提高劳动报酬在初次分配中的比重,促进形成合理有序的收入分配格局。进一步优化财政支出结构,严格控制行政经费等一般性支出,集中更多的财政资源保障民生投入,推动教育、医疗卫生、社会保障、保障性安居工程、公共文化等社会事业加快发展,更加有力地支持基层、农村、欠发达地区和困难群体,加快构建民生工程长效机制,加快推进基本公共服务均等化,着力维护社会公平正义,促进社会和谐稳定与全面进步。

(四)更加注重改革创新,着力增强发展动力

按照统筹规划、顶层设计、协调联动、积极稳妥的原则,深化财政体制、预算制度和税收制度改革,同时推进国有金融机构改革,积极支持深化行政体制、国有企业、投融资管理体制、资源性产品价格形成机制等重点改革,促进形成正确利益导向和激励约束机制,引导和调动各方面的积极性、主动性和创造性,不断完善社会主义市场经济体制。在支付改革成本问题上算"大账"、算"长远账",在实施改革过程中更加重视务实管理、规范操作,切实发挥财政资金的引导和带动作用。对于已经实践证明正确的改革尝试,在巩固和扩大成果上下功夫,着力建立可持续发展的长效机制。对于认准的改革方向和领域,尊重基层和群众的首创精神,力求不断涌现更多的破解改革发展难题的安徽模式。

(五)更加注重财政管理,着力提升发展绩效

加强财政管理,是促进财政事业持续健康发展的重要保证。从全局和战略高度,牢固树立法治观念、创新观念、效率观念、服务观念和责任观念,坚持完善制度、夯实基础与提高执行力并重,狠抓管理基础工作和基层建设,不断完善管理制度和运行机制,更加注重预算绩效管理,进一步加强预算编制、预算执行和预算监督管理,稳步推进预决算公开,加强财政新闻宣传,提高财政干部综合素质,进一步推进财政科学化精细化管理,不断提高财政管理效能和财政资金使用效益,更好地保障财政职能作用的有效发挥,保障安徽省委、省政府重大决策部署的贯彻落实。

四、财政致力科学发展建设美好安徽政策选择

认真贯彻落实党的十八大精神,按照新型工业化、城镇化双轮驱动和转型发展、开放发展、创新发展、和谐发展的要求,坚持改革开放、创新驱动、统筹发展、生态文明、人才优先和富民导向"六条新路",进一步发挥职能作用,为打造"三个强省"、建设美好安徽提供坚实的财政保障。

(一)坚持改革开放,推进科学承接

1.推进重点领域改革。完善公共财政体系,着力构建有利于科学发展的财税体制机制。充分发挥财政政策和财政资金的引导作用,统筹推进各项重点改革。扎实推进农村综合改革示范试点。支持农村土地产权制度改革试点。深化医药卫生体制改革,全面推进县级公立医院综合改革。完善政法经费保障体制和监狱体制改革。促进收入分配改革和工资制度改革。深化基层运转经费保障机制改革。

2.加快皖江示范区发展。认真落实专项资金,重点支持江北、江南集中区建设,大力促进皖江示范区发展。进一步拓宽融资渠道,引导银行、保险、担保、产业基金等金融业支持示范区基础设施建设,加快承接步伐,提高承接水平,着力培育安徽崛起的重要增长极。

3.推进经济开发区转型。加大对国家级开发区基础设施建设贷款贴息力度。逐步增加省级县域园区贴息资金,支持省级开发区产业转型、功能提升。对省级战略层面的产业集聚区内的龙头企业及掌握核心技术的高科技企业,给予国家和省专项资金优先扶持。鼓励支持有条件的开发区建立各类创业风险投资基金。

4.提升开放合作格局。统筹各类外经贸发展资金,综合运用补贴、以奖代补和贴息等方式,支持企业开拓国际市场,拓展经济发展空间。安排专项资金,支持徽商大会、自主创新要素对接会、皖粤合作、港澳台合作、央企合作、民企合作等会展和招商活动,积极为企业搭建战略合作平台,促进招商引资,承接产业转移。

5.促进金融对外开放。加强与世行、亚行等国际金融组织和外国政府部门合作,积极用好国际金融组织和外国政府贷款,着力引进国外先进技术、管理经验和发展理念,促进经济社会发展。鼓励和支持国内外金融机构入驻或设立分支机构,对在安徽设立的银行、保险公司、证券公司、信托投资公司、基金管理公司等总部和地区总部性金融机构给予补助。

6.优化地方金融环境。采取财政奖励、补助或风险补偿,引导金融机构增加对中小企业和"三农"信贷投放、担保服务。对在县域内增设银行分支行,新设村镇银行、融资性担保机构给予补助。支持以省信用担保集团为龙头,加快推进全省特别是皖北地区担保体系建设。灵活运用财政政策工具,支持地方金融改革发展。对成功上市或发行债券融资的中小企业给予发行费用补助。积极推进"信用安徽"建设,吸引更多金融资源流入,为跨越发展提供金融支撑。

7.落实财税优惠政策。全面落实各项税收优惠政策,积极推进个人所得税和资源税改革,提高小型微利企业营业税增值税起征点。积极兑现自主创新、文化体制改革、基础设施建设、承接产业转移等方面税收优惠和奖补政策,加大对重点领域和重点地区财税政策扶持。进一步规范各类涉企收费管理,减轻企业负担。

8.强化科学精细管理。加强预算编制、预算执行、绩效评价、预算监督管理,着力建立预算编制有目标、预算执行有监控、预算完成有评价、评价结果有反馈、反馈结果有应用的全过程预算绩效管理机制。狠抓财政管理基础工作和基层建设,加强制度建设,加强地方政府性债务管理,扎实推进县乡财政一体化管理,大力促进县乡财政业务管理一体化、资金监管一体化、队伍建设一体化、信息系统一体化和为民服务一体化。

(二)坚持创新驱动,推进转型升级

9.升级传统优势产业。进一步加大财政资金投入,以财政贴息、补助、以奖代补等方式,引导社会资金、银行资金投入,推进企业技术改造、技术创新、节能减排和资源综合利用项目的实施。支持调整优化能源原材料产业,巩固提升汽车、家电、装备制造业,促进基础产业和加工制造业做强做优。

10.大力推进自主创新。继续安排专项资金,加快推进合芜蚌自主创新综合试验区和国家技术创新工程试点省建设,形成具有安徽特色的区域创新体系。引导设立各类产业投资基金和创业风险投资基金,加速科技成果转化。注重发挥战略性新兴产业带动作用,加快做大做强主导产业,集中财力支持一批重点项目和产业基地建设。支持奇瑞、江淮和星马等企业提高核心竞争力。

11.推进股权分红激励试点。充分发挥国家赋予合芜蚌自主创新综合试验区企业股权和分红激励试点政策效应。建立健全组织机构,完善政策措施,加强督查指导,放大激励效果,大力推进股权和分红激励试点,吸引省内外更多创新资源和成果向试验区集聚转化,激发全社会创新活力。

12.推动服务业大发展。建立和完善促进服务业发展的投入机制,切实落实各项支持服务业发展的财税政策。设立服务业发展引导专项资金,用于支持服务业重点项目和发展载体建设。落实税费减免政策,引导生产性、生活性和新兴服务业全面发展。实施以奖代补,支持省级服务业集聚区建设,支持国家服务业综合改革试点工作的实施。安排专项资金,重点推进旅游业和现代物流体系建设。

13.着力扩大有效需求。加大政府公共投资力度,充分发挥财政资金引导作用,拉动扩大社会投资。积极利用政府采购政策,支持节能环保产品销售及省产汽车工业发展。用足用活家电下乡、国家促进节能家电、节能汽车等产品消费政策,优化消费环境,促进消费结构升级,释放城乡消费潜能。

14.促进实体经济发展。切实把扶持中小企业作为支持实体经济的重要内容,积极落实各项结构性减税政策,扎实推进"营改增"改革试点。统筹安排专项资金,支持特色产业中小企业集群集聚发展。设立中小进出口企业和产业集群专业镇中小企业专项贷款担保资金,进一步缓解中小企业融资难问题,发挥财政资金放大效应和杠杆作用。

(三)坚持统筹发展,推进城乡一体

15.支持美好乡村建设。加大财政资金投入力度、涉农资金整合力度和财政资金引导力度,加强建设项目的协调管理,确保支持美好乡村建设的财政资金投入不断增加,支持实施村庄建设、环境整治、兴业富民、土地整治和管理创新等"五大工程",努力打造宜居宜业宜游的农民幸福生活美好家园。

16.推进农业现代化。研究出台推进农业现代化财政支持措施,整合支农资金,支持省级现代农业示范区建设,推动农业产业化"671"转型倍增规划实施，加快构建现代农业产业体系。安排专项奖补资金，加大对粮食、油料生产大县和生猪调出大县支持力度。开展高标准农田示范工程和现代农业综合开发示范区建设。安排专项资金开展政策性农业保险和特色农业保险，降低农业生产风险。支持新增粮食生产能力规划实施和粮食生产高产创建活动，提高粮食综合生产能力。

17.加快城镇化建设。进一步规范政府融资平台管理，更好地发挥融资平台在筹措基础设施建设资金方面的主渠道作用。安排专项资金，支持城镇体系规划编制，优化全省城镇空间布局。加大基础设施和公共服务设施投入，支持中心城市加快发展，支持县城加快发展，培育新兴小城市和特色镇。整合各项涉农资金，大力支持新农村建设，实施村庄整治试点，逐步改善农村居住环境，建设新型农村社区。

18.促进区域联动发展。继续完善政策体系，全面落实各项扶持政策，支持县域经济加快发展，深入推进南北"3+5"结对合作，加快皖北地区振兴步伐，支持大别山等革命老区又好又快发展。积极支持合肥经济圈和皖南国际旅游文化示范区建设。认真落实推进新一轮扶贫开发的政策意见，进一步加大财税支持力度，支持开展抓金寨促全省扶贫开发工作。

19.支持基础设施建设。大力支持实施水利安徽战略，加大农田水利建设投入，加快推进新一轮治淮工程、中小河流治理和病险水库除险加固治理等。继续实施一事一议财政奖补工作，加快农村基础设施和公共服务建设。设立铁路建设投资基金，安排水运建设专项资金等，支持铁路、高速公路、水运建设和航空发展，构建加速崛起的现代化综合交通运输体系。

(四)坚持生态文明，推进持续发展

20.切实加强环境保护。加大环境保护和建设投入，切实提高环境承载能力。支持城镇污水管网建设和垃圾无害化处理，开展工业污染整治和城镇饮用水水源地保护。全面实施农村清洁工程，推进农村环境连片综合整治试点。支持矿山地质环境治理和采煤沉陷区居民搬迁。巩固退耕还林成果，加大对国家和省级公益林补偿力度，省财政通过转移支付方式，支持市、县(区)实施"千万亩森林增长工程"。多方筹资支持建立新安江流域生态补偿机制。启动瓦埠湖流域生态环境保护试点。

21.支持节能减排工作。争取将有条件的市列入国家城市节能减排试点市，将有条件的县(市、区)列入国家绿色能源县，有条件的经济开发区列入国家级"金太阳"示范工程。支持节能和新能源汽车开发应用。加大财政奖补力度，重点推进节能产品惠民、节能技改、淘汰落后产能、煤层气利用和合同能源管理工作。

22.支持循环经济发展。积极支持各地建立循环经济园区，推动资源循环利用规模化、产业化发展。鼓励企业综合利用各种资源，促进可持续发展。支持淮北、铜陵、马鞍山矿业资源综合利用示范基地建设，大幅度提高资源开发利用效率和水平，促进资源性城市发展转型。争取国家城市矿山基地建设项目，将有条件的循环经济园区列入国家试点。

(五)坚持人才优先，推进科教兴皖

23.优先发展教育。全面落实教育投入政策，保证财政教育支出增长幅度明显高于财政经常性收入增长幅度，提高财政教育支出占公共财政支出的比重。大力支持学前教育，提供"广覆盖、保基本"的学前教育公共服务。支持提高义务教育保障水平，促进义务教育均衡发展。积极支持发展职业教育，建设职教大省。提高普通本科高校生均拨款水平和化解高校债务，促进地方高校持续健康发展。不断完善教育资助政策，建立健全贫困学生资助体系。

24.注重科技引领。保证财政用于科学技术经费的增长幅度高于同级财政经常性收入的增长幅度，本省地方财政科技投入占地方财政经常性支出的比例不低于全国平均水平。通过资金补助、贷款贴息、信用担保、以奖代补等形式，调动企业增加科技投入的积极性，鼓励和支持社会资本参与研发，加快形成多元化、多层次、多渠道的科技投入体系。完善科技经费管理制度，深化科技评价和奖励制度改革，提升科技资源利用效率。

25.重视人才开发。继续加大对人才工作的投入，结合实施企业股权和分红激励政策试点，进一步加快合芜蚌人才特区建设，支持实施好"611人才行动"，积极推动引进海外高层次人才"百人计划"，深化拓展"115"产业创新团队建设。进一步促进区域人才协调发展，支持皖北地区和大别山区人才引进与培训。完善农村人才建设，支持做好选聘大学生村官到村任职工作。积极实施会计领军人才培养规划。

(六)坚持富民导向，推进社会和谐

26.实施收入倍增规划。积极履行牵头职责，细化年度目标任务,制订考核办法,强化督查检查。坚持"提低、扩中、调高"的政策导向,加大对初次分配和再分配的调控力度。全面落实各项强农惠农政策,增加农民补贴规模,提高农民收入。继续增加企业退休人员基本养老金。积极创造条件让更多的群众拥有财产性收入。

27. 大力实施民生工程。充分发挥财政部门牵头作用,顺应群众意愿,积极而为,量力而行,不断加大民生工程投入。完善协调推进、督促检查、考核奖惩等措施,加强项目后续养护管理,建立民生工程长效发展机制,切实将民生工程打造成民心工程、德政工程。

28. 完善社会保障体系。继续扩大社会保险覆盖面,健全城乡养老保障体系,完善城镇职工基本养老保险省级统筹制度。完善城镇职工、城镇居民医疗保险和新型农村合作医疗制度,构建覆盖城乡的基本医疗保障体系。建立最低生活保障、五保供养标准与物价挂钩的动态调整机制。推进社会福利事业发展,强化社区养老服务体系建设。支持实施更加积极的就业政策,落实各项社会保险补贴,落实就业困难人群小额担保贷款贴息政策,支持大学生创业和就业,大力实施农村劳动力转移阳光培训和农民工技能培训工程,推进创业就业园和农民工创业园建设,促进创业就业。

29. 大力推进保障性安居工程。继续加大省级资金支持和统筹力度,建立健全公共预算、土地出让收益、政府债券等多渠道政府投入机制,创新财政支持方式,引导社会和信贷资金投入。大幅度增加公共租赁住房、廉租住房、棚户区改造和农村危房改造等项目建设投入,逐步解决中低收入人群住房问题。

30. 支持社会管理创新。围绕公共安全、社会治安、信息网络等领域存在的突出问题,支持建立矛盾调处化解和社会稳定风险评估机制,支持完善特殊人群管理和服务政策,支持开展打击侵犯知识产权、制售假冒伪劣商品专项行动,健全防控结合、应急高效的公共安全体系,确保全省安全形势的基本稳定。

31. 促进文化大发展大繁荣。保证公共财政对文化建设投入增长幅度高于财政经常性收入增长幅度,提高文化支出占财政支出比例。实施文化惠民工程,建成覆盖城乡的公共文化服务体系。增加文化事业发展专项资金,发展地方文化艺术,保护各类文物、非物质文化遗产和历史文化名城名镇名村。落实文化发展专项资金,发挥文化产业创业投资基金作用,引导社会资本投资文化产业。深入推进文化体制改革,建立健全新型国有文化资产管理体制,激发文化创造活力。

32. 推进基本公共服务均等化。加快完善基本公共服务体系建设,逐步实现城乡、区域和群体间基本公共服务均等化目标,积极推进社保、医疗卫生、教育等方面的基本公共服务由户籍人口向常住人口的全覆盖。将一些基础薄弱和群众反映强烈的基本公共服务体系项目,纳入年度重点工作或民生工程,突出重点加以解决。加快建立统一规范透明的转移支付制度,加大均衡性转移支付力度,完善县级基本财力保障机制,进一步提高基层政府提供基本公共服务的能力。

课题组组长:罗建国
课题组成员:徐光耀　左自智　尹立祥
韩晓峰

扩大内需拉动经济增长的财政政策研究

消费、投资、出口是拉动经济增长的"三驾马车"。作为社会再生产过程中的重要环节,扩大内需,切实增强消费和投资对经济增长的拉动作用,是保持经济平稳较快发展的重要举措。本文旨在结合安徽实际,深入分析现行财政政策对扩大内需拉动经济增长的影响,探索下一步财政政策选择的路径与方式。

一、我国财政政策运用的历史回顾

(一)基本概念

财政政策是指政府通过各种财政工具来调节社会总供给和总需求,影响消费、投资和进出口,为实现经济增长、物价稳定、充分就业和国际收支平衡等经济目标,以及社会和政治目标而采取的一系列政策措施。根据宏观经济运行的不同状态,当总需求小于总供给时,采用扩张性财政政策,增加财政支出和减少政府税收,扩大总需求,防止经济衰退;当总需求大于总供给时,采用紧缩性财政政策,减少财政支出和增加政府税收,抑制总需求,防止通货膨胀;在总供给和总需求基本平衡,但结构性矛盾比较突出时,实行趋于中性的财政政策。

(二)1993 年至现在的财政政策

1993 年 6 月中共中央、国务院出台了《关于当前经济情况和加强宏观调控的意见》,提出了加强和改善宏观调控的 16 条措施,第一次正式使用了“财政政策”一词。从 1993 年至今,我国一共实施了一次适度从紧的财政政策、一次稳健的财政政策和两次积极的财政政策,成功地实现了三次财政政策的转向。

1. 1993—1996 年实施适度从紧的财政政策。这一时期的宏观调控重点是控制通货膨胀,主要的财政政策措施有:适当压缩财政开支,逐步减少财政赤字,控制固定资产投资规模和社会集团购买力;调整税种结构和税率,严格控制税收减免,清理到期的税收优惠政策,进一步规范分配秩序;实行分税制财政管理体制改革,提高中央财政收入占全国财政收入的比重,增强中央财政的宏观调控能力;整顿财经秩序,强化财税监管,大力打击逃税骗税以及设立“小金库”等违法违纪行为,加强对预算外资金使用情况的监督检查;支持汇率改革,实行以市场供求为基础的、单一的、有管理的浮动汇率制等。在适度从紧货币政策的配合下,1996 年我国国民经济成功实现了“软着陆”。

2. 1998—2004 年实施积极的财政政策。1997 年亚洲金融危机出现并与次年波及我国,国内经济增长明显受到需求不足的制约,通货紧缩渐显。党中央、国务院果断决策,实施了积极的财政政策和稳健的货币政策。主要措施包括:发行长期国债,带动全社会固定资产投资;调整税收政策,刺激需求增长;调整收入分配政策,改善居民消费心理预期;规范收费制度,减轻社会负担;支持国民经济战略性调整,促进国有企业改革和产业结构优化;成立四大金融资产公司,负责收购、管理、处置四大银行剥离的不良资产;设立社会保障三条线。在货币政策措施的配合下,积极的财政政策取得了明显成效,避免了我国经济的大起大落,形成了“高增长、低通胀”的良好局面。

3. 2005—2008 年上半年实施稳健的财政政策。从 2003 年下半年开始,我国经济开始进入新一轮增长周期,出现了明显不同于前一时期的新情况和新问题。为此,党中央、国务院决定,从 2005 年起实施以“控制赤字、调整结构、推进改革、增收节支”为核心内容的稳健财政政策,并与稳健的货币政策协调配合。此后,在实行稳健财政政策的这段时期,货币政策根据宏观经济形势变化也有所调整。2007 年 6 月,货币政策从稳健调整为“稳中适度从紧”;2007 年底,又根据最新的经济形势,调整为从紧的货币政策。

4. 2008 年下半年至今实施的积极财政政策。2008 年 10 月,受美国次贷危机引发的国际金融危机影响,我国经济下行压力加大,出口增速回落、工业企业增速减缓、中小企业经营困难、财政收入增幅不断下滑。在此形势下,党中央、国务院明确作出由稳健的财政政策和从紧的货币政策向积极的财政政策和适度宽松的货币政策转型的重大决定。实施的积极财政政策主要包括:扩大政府公共投资,加强重点建设;推进税费改革,实行结构性减税;提高低收入群体收入,促进社会消费需求;优化财政支出结构,保障和改善民生;支持科技创新和节能减排,推动经济结构调整和发展方式转变。

二、安徽实施积极财政政策扩大内需的措施及效果

为认真落实好积极的财政政策,安徽省委、省政府及时出台了一系列刺激经济的政策措施,相继下发《关于促进经济平稳较快增长的若干意见》、《关于进一步扩大内需促进经济又好又快发展的意见》等一系列文件,对全省经济发展起到较强的拉动作用。

(一)安徽实施积极财政政策扩大内需的措施

1. 扩大消费需求方面。增加对种粮农民补贴规模,2008—2011 年,全省通过“一卡通”发放 27 项涉农补贴资金 535.8 亿元,全省近 4000 万乡村居民人均收益 1352 元。加大农民专业合作组织发展和农民转移就业支持力度,推动农民生产经营性收入和工资性收入增加。进一步落实企业职工最低工资制度,促进提高低收入者劳动报酬,进一步规范公务员津补贴,积极推进事业单位绩效工资改革。大力支持增加农产品供给,扩大生活必需商品、原材料进口,加大储备物资市场调控力度,促进市场供求平衡和物价总水平基本稳定。积极落实更加积极的就业政策,多措并举促进农民工、高校毕业生、困难群体就业,2011 年全省城镇新增就业 62.3 万人,城镇登记失业率 3.7%,低于年度控制目标。建立健全城乡低保标准正常动态调整机制、社会救助标准与物价上涨挂钩联动机制、孤儿基本生活保障救助机制,发放

62.1亿元临时补贴和生活补贴,帮助困难群众应对物价上涨。

2.优化投资结构方面。千方百计加大政府性投入,2008—2009年累计获得中央扩大内需投资125亿元,累计争取财政部代理发行地方政府债券256亿元,带动全省固定资产投资快速增长,重点用于支持保障性安居工程、以水利为重点的农业基础设施、教育卫生基础设施建设,节能减排和生态环保,自主创新和战略性新兴产业发展等方面,有力地保障了全省重点项目资金需要。更加注重扶持中小企业和民营企业做大做强,2008年安排25亿元支持市县建立中小企业担保基金、中小企业贷款风险补偿和贴息,着力健全担保体系,截至2011年底,省信用担保集团成员达到76家,与67家市县担保机构建立了再担保关系,集团全年担保再担保额突破475亿元。大力实施创新推动战略,2010年集中财力一次性安排25亿元支持和培育战略性新兴产业,迅速抢滩创新发展的"制高点"。

3.实施税费优惠方面。全面实施结构性减税政策,取消、停征和调整129项收费,每年减轻企业和居民负担140亿元。个人所得税工薪所得减除费用标准由2000元/月提高到3500元/月,并调整税率结构,降低中低收入者税负,加强对高收入的调节。对部分小型微利企业继续实行所得税优惠政策,出台提高增值税、营业税起征点等一系列促进小型微型企业发展的税费减免政策,37万个体户年受益近10亿元。实施有关营业税、房产税和城镇土地使用税等优惠政策,支持科技企业孵化器和大学科技园建设,对已认定为高新技术企业的新引进省外企业,在3年有效期内不在重新认定,直接执行15%企业所得税优惠政策。

4.保障改善民生方面。从2007年开始,积极探索以项目化手段、工程化措施发展民生事业,民生工程由2007年的12项扩展到2011年的33项,年投入资金由78亿元提高到540亿元,受惠群众由4000多万增加到6000多万。坚持调整和优化财政支出结构,不断加大公共服务领域的投入,优先保障和改善民生,教育、科技、文化、社保支出持续较快增长,有力促进了社会事业的均衡发展,促进就业政策全面落实,城乡免费义务教育全面实现、最低生活保障制度城乡全面覆盖,五项社会保险制度全面实施,公共文化服务体系建设全面推进,保障性住房体系全面构建。

5.区域协调发展方面。大力支持合芜蚌综合实验区和国家技术创新工程试点省建设,成功争取并启动合芜蚌综合实验区企业股权和分红奖励试点。加强省级创业风险投资引导基金运作管理,引导设立18只创投基金,累计投资项目90个。从2010年起,每年安排10亿元专项资金支持皖江城市带承接产业转移示范区建设,提升示范区产业承载能力和水平。从2008年起,每年足额安排2.6亿元,补助皖北工业园区基础设施建设和贷款贴息资金,从2010年起,补助资金提升到每年5.4亿元。出台14条极具"含金量"的财政政策措施,连续5年每年安排7.2亿元支持皖北现代产业园区建设,支持皖北加快振兴。加大大别山革命老区财政扶持力度,从2011年起,每年安排2.2亿元,支持大别山11县(区)发展。

(二)安徽实施积极财政政策扩大内需的效果

本次积极财政政策的实施,有效地拉动了内需,促进了经济结构调整优化,教育、医疗卫生、社会保障等社会事业发展进一步加快,对于保持经济平稳较快发展,夯实经济社会可持续发展基础发挥了重要作用。

1.对经济增长的影响分析

(1)经济增长效果明显。受2008年国际金融危机国际国内形势影响,全省GDP年增长率从2007年的14.2%下降到2008年的12.7%。在刺激计划的发力下,2009年至2010年,GDP年增长率由2009年的12.9%上升到2011年的13.5%。全省经济呈V型反弹,充分表明新一轮积极财政政策实现了经济平稳快速增长。

(2)产业结构调整优化。经过三年多新一轮积极财政政策的实践,内需在总量快速增长的同时,产业结构也得到了新的调整和优化。如高技术制造业规模不断扩大。2011年全省规模以上高新技术产业增加值2012.9亿元,增长24.6%,占全部规模以上工业的比重的29.8%,占比较上年提高0.8个百分点;全省投资结构不断优化。2011年全省制造业完成投资5091.6亿元,占全部投资比重由上年的39.3%上升到42%,其中,装备制造业占全部制造业投资的比重达45.6%,比上年提高3.7个百分点,同时,钢铁、化工等高能耗、高排放行业投资增速放缓;高耗能行业增速减缓,节能减排取得成效。2011年,全省单位生产总值能耗下降 4.1%,超额完成国家确定的下降 3.5%的节能目标任务，降幅高于全国平均水平,其中,规模以上工业增加值能耗下降 9.3%、单位生产总值电耗下降 0.15%。

(3)社会事业有效发展。一系列积极的财政政策使得社会事业进一步发展,民生保障水平显著提高。首先，就业和城乡居民收入稳定增加。就业方面，2011 年城镇新增就业 62.3 万人，下岗失业人员再就业 24.1 万人，就业困难人员再就业 7.7 万人,全部超额完成年度目标任务。城乡居民收入方面,2011 年城镇居民人均可支配收入 18606 元,增长 17.8%;农民人均纯收入达到 6232 元,增长 17.9%。农民收入实际增速比城镇快 0.1 个百分点。其次,社会保障事业全面推进。2008 年年底,全省参加城镇基本养老保险、城镇职工基本医疗保险、失业保险的参保人数分别达到 420.3 万人、528.8 万人、373.1 万人,参保人数比上年末分别增加 34.8 万人、42.6 万人、5.6 万人。到 2011 年底,参加城镇基本养老保险、城镇职工基本医疗保险、失业保险的参保人数分别达到 729 万人、1611.9 万人、397.7 万人,与 2010 年相比，参保人数分别增加 59.5 万人,82.4 万人,13.4 万人,参保人数不断增加。2008 年,参加新型农村合作医疗的农业人口 4523.9 万人、参合率 90.2%,到 2011 年，参加新型农村合作医疗的农业人口 4917 万人、参合率 98.9%,增幅稳定增加。2008 年全年分别有 99.2 万城市居民和 186.2 万农村居民得到政府最低生活保障,2011 年,分别有 84.2 万城市居民和 216.3 万农村居民得到政府最低生活保障,与 2008 年相比，城市居民最低生活保障人数下降,农村居民最低生活保障扩面提标全面完成,城乡居民生活水平不断得到提高。

2.对民间投资和消费需求的带动效应分析

对民间投资和消费需求是否具有明显的带动效应是衡量积极财政政策效果极其重要的方面。

(1)有效拉动投资需求。积极财政政策的实施有效拉动了投资需求。2011 年，全省固定资产投资 12126.3 亿元,比上年增长 27.6%。其中,城镇投资 11350.9 亿元,增长 27.7%;农村投资 775.4 亿元,增长 26.3%。政府投资的杠杆引导作用得到充分发挥,带动了全社会固定资产快速增长,2011 年，民间投资完成 7931.7 亿元,增长 31.7%,增幅比全省高 4.1 个百分点,民间投资占全省的比重达 65.5%,比 2010 年提高 2.1 个百分点。

(2)促进消费效果显著。财政刺激政策对促进消费的政策效果日益体现。2011 年,全省消费市场保持了平稳较快发展:社会消费品零售总额 4900.6 亿元,比上年增长 18%,增速领先中部,高于全国 0.9 个百分点,消费对经济增长发挥了重要作用。从消费结构看,市场销售热点纷呈,特别是以金银珠宝、通讯电子、休闲娱乐为主的消费热点需求旺盛,消费结构升级的步伐在不断加快。一是基本生活类商品快速增长。受生活必需品价格上涨较快影响,“吃、穿”类和日用品类商品零售额分别增长 40.2%、30.9%和 27.9%。二是奢侈类商品成为新亮点。受黄金价格上涨影响,居民对金银珠宝类商品的需求大幅增加,金银珠宝类商品热销,增幅达到 47.5%,成为消费新亮点。三是文化消费类商品增长较快。随着消费观念的不断更新,文化消费持续升温。文化娱乐体育健康类商品零售额 261.1 亿元,增长 27.2%。四是家电、通讯类产品持续热销。家用电器和音像器材类商品零售额 180.9 亿元,增长 34.6%,通讯器材类增长 26.6%。五是汽车类销售增速继续回升。汽车类商品零售额 423.2 亿元,增长 21.1%,虽然比上年回落 26.4 个百分点,但比前三季度提高了 1.5 个百分点。

同时,随着安徽城乡居民收入持续增长,尤其是随着一系列支农、惠农政策的贯彻落实,增强了农民的购买能力,农村消费品市场发展明显加快,呈现出城乡市场同步增长的局面。2011 年,城镇实现消费品零售额 4061.2 亿元、增长 18.2%,乡村实现消费品零售额 839.5 亿元、增长 17.5%。

三、构建扩大内需拉动安徽经济增长的财政选择

目前,全球发达经济体复苏缓慢,国外需求持续萎缩，将扩大内需作为拉动经济发展的长期战略方针和基本立足点，是促进国内经济均衡发展的根本途径和内在要求。就安徽而言,一要积极扩大消费需求,建立扩大消费需求的长效机制。把扩大消费需求作为扩大内需的战略重点，进一步释放全省城乡居民消费潜力;二要调整优化投资结构,继续发挥投资对扩大内需的重要作用。目前,安徽还处于工业化中期,居民消费培育需要一定时间,投资仍然是拉动经济的重要力量之一。从投资拉动经济增长的效果看，投资具有见效快、持久性强等特点,巨额投资对经济和就业的直接拉动作用明显，特别是基础设施建设投资,涉及基础性产品需求,其关联产业多且传导时间长，对经济增长的拉动作用也比较持久。因此，在投资需求规模与消费需求规模匹配的前提下，安徽应积极扩大消费需求，着力优化投资结构，不断提高投资效率与效益，以实现经济发展方式的根本转变。

(一)扩大消费需求的财政政策

将扩大消费作为拉动经济增长的重要一环，是优化产业结构的重要组成部分。扩大消费需求，不仅要切实增加居民收入，也要通过完善社会保障体系、发展社会事业、加大房地产市场调控来改善消费预期，使居民敢于消费，乐于消费。还要培育新的消费热点，扩大农村消费需求，来拓宽消费空间，并且，要做好配套设施的建设工作，以配合扩大消费的相关政策顺利实施。

1. 增加居民收入。一是调整收入分配格局。合理调节收入分配，增加低收入群体收入，扩大中等收入阶层比重，有效调节过高收入。提高劳动报酬占国民收入的比重。增加政府支出用于改善民生、扩大消费的比重。完善工资集体协商机制。提高职工最低工资标准，着力提高城乡低收入居民收入。提高养老金标准等增加低收入群体的补贴。改革户籍制度，缩小城乡差距。加强对垄断行业的监管，缩小行业差距。二是千方百计扩大就业。加大培育新经济增长点的财税政府扶持力度，特别是加大对吸纳劳动力容量大的服务业、中小企业的财税政策扶持力度，做到安排就业与财税政策扶持力度挂钩。运用财税政策调控失业率，继续通过增加公共投资项目和落实减税政策扩大就业，控制失业率。加大对拖欠职工工资问题的管理与处罚制度，特别是农民工工资的拖欠。三是提高城乡居民收入。深入实施城乡居民收入倍增规划。扩大就业容量，促进劳动力转移就业，建立工资正常增长机制，增加工资性收入。优化创业环境，完善创业服务体系，增加经营性收入。减少居民共公共产品消费支出，落实强农惠农政策，完善农业生产补贴政策体系，推进开发式扶贫，增加转移性收入。加大财产权益保护力度，推进农村产权制度改革，增加财产性收入。

2. 改善消费预期。一是支持社会保障体系建设。继续完善基本养老保险制度，进一步做实城镇职工基本养老保险个人账户，逐步提高社会保险统筹层次和保障水平。开展城镇居民养老保险试点，扩大新型农村养老保险试点范围。继续完善失业保险制度，建立健全覆盖城乡居民的医疗保障制度，推进社会福利、社会救助和社会优抚制度建设，健全社会保障体系。进一步提高城乡低保、农村五保等保障水平，提高优抚对象抚恤和生活补助标准。实施更加积极的财政扶持就业政策，改善公共就业服务，健全公共就业服务体系，提高社会就业水平。二是统筹支持社会事业发展。坚持把发展教育事业放在优先位置，积极调整和优化财政支出结构，建立多元化教育投入机制，不断提升财政性教育经费支出占地区生产总值的比重，推动义务教育均衡发展，推进职教大省和高教强省建设。支持文化体制改革，扶持文化事业和文化产业发展，推动文化大发展大繁荣。深化医药卫生体制改革，建立健全覆盖城乡居民的基本医疗卫生服务体系，逐步提高保障标准。继续加大财政投入力度，完善财政奖扶政策，促进体育、计生等社会事业协调发展。三是加大房地产市场调控力度。完善土地出让收入和收费基金优惠政策，健全保障性安居工程推进机制，加快保障性安居工程建设。加大对保障性安居工程的资金投入力度，加大廉租房建设和棚户区改造的投资支持力度，扩大农村危房改造范围。积极发展公共租赁住房，落实好支持居民购买自主性和改善性住房的税收政策。通过完善住房保障体系来帮助中等收入、低收入和特困群体获得住房和改善住房条件，抑制投资性住房、鼓励消费性住房。

3. 优化消费结构。一是培育消费热点。推广节能家电、高效照明、节能汽车和高效电机等四大类产品，促进节能家电产品消费。完善汽车消费政策，支持发展二手车市场和汽车租赁市场，引导和促进汽车合理消费。进一步完善财政政策措施，促进社区商业、物业、家政等便民消费发展，大力推进流通体系建设。支持旅游休闲、文化娱乐、体育健身等传统消费加快升级，积极发展网络动漫等新型消费。二是拓宽消费空间。全面开拓农村市场，积极发展农村消费。积极争取中央财政加大补贴力度，继续做好家电、农机、汽摩等下乡工作，支持万村千乡、双百市场、农超对接等工程建设。推进农村与中小城市商贸流通体系建设，推动农村商业连锁经营和统一配送，发展电子商务、网络购物、地理信息等新型服务业态，促进消费较快增长。

(二)调整投资需求的财政政策

1. 优化支出结构。一是健全政府投资引导机制。在千方百计扩大有效投入的基础上，进一步规范政府与市场的关系，优化政府投资结构，以支持“861”

行动计划为重点,调整优化财政资金投向,引导投资进一步向民生和社会事业、农业农村、科技创新、生态环保、资源节约等领域倾斜。明确界定政府投资范围,强化和规范地方政府融资平台管理,防范潜在财政金融风险。二是继续深化财税体制改革。完善省以下财政管理体制,进一步理顺各级政府间财政分配关系。完善均衡性转移支付办法,规范和创新专项转移支付管理模式,建立县级基本财力保障机制,稳步推进基本公共服务均等化。继续实施结构性减税政策,认真做好营业税改征增值税试点工作,实施一系列企业所得税、营业税等优惠政策,引导资金投资方向,促进产业结构优化升级,推动科技进步和自主创新。三是推进政府考核体系改革。建立全面、综合的政府目标管理绩效考核体系,选取环境保护、社会人文、经济发展、教育等指标综合考察市县政府发展状况,淡化唯GDP的消极影响,主动抑制非理性政府投资。全面推进预算绩效管理,加快完善预算机械管理评价体系建设,做好评价结果反馈运用工作。进一步提高财政资金使用效益。

2.转变发展方式。一是推进产业结构优化发展。围绕"三大千亿元"产业计划,细化落实财税扶持政策,创新财政支持方式,集中财力培育和壮大战略性新兴产业。进一步完善支持文化旅游、金融保险、现代物流等现代服务业发展的财税政策,提高服务业比重和水平。支持非公有制经济和中小企业加快发展,增强安徽工业综合竞争力。大力支持创新体系和创新平台建设,推动合芜蚌自主创新综合配套改革试验区和国家技术创新工程试点省建设。加大对人才发展投入,鼓励引导经济社会发展紧缺人才和高端人才。二是推进区域统筹协调发展。建立财政投资引导机制,积极采取奖补、减免、贴息等政策手段,加大对示范区科技、教育、就业、卫生和社保等方面投入力度,大力支持皖江城市带率先崛起。认真落实加快皖北地区发展的各项财税政策,灵活运用税收、贴息、奖励、风险补偿等财税杠杆,促进当地经济社会事业发展。进一步制定和完善财政分类扶持政策,加大对革命老区、贫困地区、少数民族和民族聚集区的支持力度,认真落实抓金寨促全省扶贫开发工作,分类扶持促进区域协调发展。三是推进美好乡村建设。引导和支持各地加大支农资金整合力度,加大农业综合开发资金投入,支持高标准农田和现代农业产业体系建设。支持建立新型农业社会化服务体系,扶持农业产业化龙头企业和农民合作组织发展,加快推进农业产业化步伐。大力支持农村清洁工程,加快用电、改水、改厨、改厕和改圈,改善村容村貌和人居环境,提升新农村建设的层次和水平。深化和完善村级公益事业建设一事一议财政奖补制度,健全村内公益事业建设投入长效机制。完善农业保险试点政策,加快建立农村金融服务体系。

课题组组长:罗建国
课题组成员:孟照红　尹祥领　黄栋栋

关于加强安徽财政机关党建工作研究

党的十八大报告指出,形势的发展、事业的开拓、人民的期待,都要求我们以改革创新精神全面推进党的建设新的伟大工程,全面提高党的建设科学化水平。安徽省委九届六次全会就全面提高党的建设科学化水平提出了具体要求。面对新形势和新要求,深入研究加强安徽财政机关党建的思路与方向,对财政部门全面提高围绕中心、服务大局、科学理财的能力和水平,具有重大而现实的意义。

一、进一步加强财政机关党建的必要性

加强机关党的建设,提高机关党组织的凝聚力和战斗力,是财政事业持续发展的重要保证。新形势下,财政任务繁重,责任重大,社会高度关注,因此,迫切需要进一步加强机关党的建设。

(一)服务于全面建成小康社会的现实需要

党的十八大描绘了全面建成小康社会、加快推进社会主义现代化的宏伟蓝图,要求从经济建设、政治建设、文化建设、社会建设、生态建设等五个方面,全面推进社会主义现代化建设,努力实现中华民族的伟大复兴。实施"三个强省"战略,建设美好安徽,最终实现全面建成小康社会目标,财政部门担负着支持改革、促进发展、提升人民福祉的重大责任。为切实履行好财政部门职责,不辱使命,推动各项目标任务的圆满完成,必将要求进一步加强财政机关党的建设。

(二)保持党的先进性和纯洁性的现实需要

党面临的"四大考验"和"四大危险",财政部门

也是长期存在的。财政部门是党和政府重要的综合经济管理部门，担负着为国理财、为民服务的重要职责，面临的风险和考验更大。因此，必须进一步加强财政机关党的建设，坚定理想信念，密切联系群众，转变工作作风，增强创造活力，以人为本，清正为民，始终保持财政部门党组织和全体党员干部的先进性和纯洁性，才能确保顺利完成各项财政工作任务。

（三）服务于财政自身改革发展的现实需要

进一步改革开放，深化各领域的改革，尤其要采取统筹规划和顶层设计的思路，全面推进经济体制改革。今后，财政部门需要加快推进财税体制改革，实现基本公共服务均等化，构建地方税体系，优化完善税收制度等一系列改革。目前，营业税改为增值税、房产税改革试点、完善资源税、建立专项资金竞争分配机制、全面推进绩效预算管理、财政预决算逐步公开等，都对财政工作提出了新的更高的要求。因此，不断深入地推进财政改革，顺利完成财政改革发展任务，需要进一步加强财政机关党的建设。

总之，深化改革，推进经济转型发展，全面建成小康社会，财政部门担负着重大的责任，新形势下迫切需要进一步加强财政机关党的建设，以更加坚定的理想信念，更加务实的工作作风、更加昂扬的精神状态，确保顺利实现财政工作目标任务。

二、财政机关党建的做法、成效与体会

近年来，省财政厅按照“抓党建、带队伍、促发展”的思路，找准党建工作与业务工作的有效结合点，全面加强财政机关党的建设，取得了积极成效。

（一）主要做法

1.以理论学习为基础，以先进典型为指引，认真践行安徽财政精神。

建立党组中心组学习示范制度。每月至少安排1次、2012年全年安排19次中心组集体学习，围绕党中央、国务院及安徽省委、省政府的重大决策部署和财政发展改革的重点、难点、热点问题，精心确定学习专题，认真学习理论，分析形势，研究问题，推动处室单位学习活动常抓不懈。在省直中心组学习考评中连续7年荣获先进单位，被安徽省委连续多次表彰为全省党组中心组理论学习先进单位。

注重思想指引和典型引路。扎实抓好经常性的思想政治教育，组织党员干部深入学习邓小平理论、“三个代表”重要思想和科学发展观，特别是党的十八大召开后，将深入学习宣传贯彻党的十八大精神作为首要政治任务，通过组织集中收听收看，举办培训班、召开座谈会、开展专题辅导等活动，做到学深学透，学以致用。大力宣传沈浩事迹，用沈浩精神激励干部职工。每年“七一”前夕，开展“书记讲党课”活动，加强党员干部的党性修养，始终保持思想纯洁、队伍纯洁和清正廉洁。

推进财政文化建设。积极参与财政部“财政精神”征集活动，遴选征集表述语88条，认真提炼并践行“创新、博爱、务实、卓越”的安徽财政精神，传唱《安徽财政之歌·财缘》，编纂安徽《财政文化集萃》、《优秀廉政论文警言警语集》，丰富文体活动，参加省直机关开展的文体活动获得多项表彰。丰富老干部活动载体，2012年组织召开了妇女工作座谈会、青年工作座谈会和军转干部座谈会，进一步统一干部职工思想，凝聚工作合力。

2.以教育培训为手段，以干部考核任用为核心，全方位加强干部队伍建设。

完善干部选拔任用机制。严格执行干部选拔任用规定，切实把“以德为先”、“群众公议”、“注重实绩”和“坚持民主”的干部选拔任用思想，贯彻落实到选人用人工作中。积极推行竞争上岗，2012年安排6个副处级领导职位进行竞争上岗，公开选拔人才。选派干部挂职锻炼，组织干部交流轮岗，丰富工作经历，引导干部职工积极进取、争先进位。

加强业务培训。2012年举办乡镇财政所长、市县（区）财政局局长、机关处级干部和青年干部等多层次岗位培训班10期，举办了66期业务培训班，组织各种专业知识讲座10余场，进一步提高干部队伍的财政管理水平和业务能力。

扎实开展调查研究。围绕安徽省委、省政府及财政部的重大决策部署，关注财经热点难点问题，主动谋划一批重点课题，深入开展调查研究，2012年完成安徽省委、省政府及财政部重大调研课题8项，厅领导牵头完成财政重点课题14项，多个调研报告得到安徽省委、省政府、省人大及财政部领导的重要批示。

3.以作风建设为抓手，创新服务载体，全面提高服务意识与能力。

进一步提升工作效能。推进效能建设向处室单位延伸，向核心职能聚焦，向日常工作拓展。组织厅直35个党支部开展群众评议活动，全面开展创先争优公开承诺工作，荣获创先争优先进单位。转变工作作风，密切联系群众。积极创新民生工程项目立项方式,2012年在全国率先开展民生工程项目公开征集活动,收集意见建议4800条,真正做到“民生工程、民主决策、民主管理、民主监督”。着力加强政风行风建设,通过《政风行风热线》栏目介绍财政工作开展情况,解答咨询,听取建议,及时整改,提升工作效能。及时公开财政工作信息，加强省政务服务中心财政窗口管理,打造阳光财政。

开展党组织结对共建。2012年组织厅直38个党支部(处室)和省内贫困县(区)40个村级党组织开展结对共建,进村带乡挂县,全厅累计开展调研走访160余次,召开联席会议147次,共同过支部组织生活90余次,党员干部参加活动1200多人次,征求对财政工作的意见和建议269条，采取交“特殊党费”,开展“一日捐”形式筹集慰问资金,慰问帮扶基层困难党员群众463人,为群众办实事104件(项)。张宝顺书记对省财政厅开展的结对共建活动批示指出:“这是机关服务基层，加强自身建设的有效举措。”

创建会商工作机制。2012年,创新工作思路,探索会商工作机制,把开展会商作为转变理财思路、改进工作作风、提升管理效能的重要抓手,全面建立会商工作机制,截至11月底,累计会商639多次,实现与省直预算部门单位会商交流全面化、常态化和制度化。

4.以风险防控为关口,加强党风廉政建设,切实保障干部队伍的清正廉洁。

加强党风廉政教育。围绕强化“五个重点”方面,扎实开展“保持党的纯洁性、迎接党的十八大”主题教育实践活动,2012年组织开展党风党纪、警示教育、廉洁从政教育17批3000多人次,邀请省纪委和审计署驻南京特派办领导进行党风廉政建设理论辅导,教育广大党员干部牢固树立廉政意识。

推进风险防控。围绕财政重点领域和关键环节,深入推进廉政风险防控,开展廉政风险防控“回头看”,进一步排查风险,加强重点防控。推行“制度＋科技”防控,研发财政预算执行动态监控系统,着力构筑财政资金安全防火墙。

5.以制度建设为保障,扎实推进“两基”建设,着力提高财政管理科学化精细化水平。

加强制度建设。按照“全覆盖、重规范、抓执行、求绩效”的总体要求,2012年开了“制度绩效创新年”活动,强化制度和规范意识,先后制定和完善了170多项管理制度,强化制度执行,以规范的制度机制保障党建工作和业务工作有序开展、合力推进,夯实干部队伍抵御“四种考验”的制度基础。

强化“两基”管理。充分运用信息化建设、网络化管理、“技术+科技”手段,推广运用平台一体化信息管理系统,探索加强与民政、社保、公安等部门的数据衔接,切实提高各项基础信息资料的完整性、准确性和真实性。按照财政业务管理一体化、资金监管一体化、队伍建设一体化、信息系统一体化和为民服务一体化的要求,着力推进县乡财政一体化管理,确保全省财政资金与干部队伍双安全。

扩大财政财务公开。全面推行公务卡制度改革,扩大政府采购范围,切实提高财政财务管理透明度,从源头上防治腐败和减少违法违规行为。推进行政审批制度改革,清理财政行政审批事项。稳妥推进部门预决算及“三公”经费公开工作,着力促进各级财政公开透明运行。

(二)成效与体会

2012年，省财政厅着力加强机关党建工作，财政干部队伍素质进一步提高,干事创业的激情迸发,机关氛围和谐友爱,“创新、博爱、务实、卓越”的财政精神深入人心。财政厅连续六届获评“省级文明单位”,并荣膺第三届“全国文明单位”称号。2012年6月份，省财政厅直属机关党委被中共安徽安徽省委和中央组织部分别授予“全省创先争优先进基层党组织”和“全国创先争优先进基层党组织”荣誉称号。与此同时,财政机关党建工作与业务工作相互促进,财政工作也取得了新的成绩。在经济下行压力较大的形势下,全省财政总收入完成3026亿元,同比增长14.9%。其中,地方财政收入完成1792亿元,同比增长22.5%;财政支出3966亿元,同比增长20%。狠抓增收节支，优化支出结构，大力落实积极财政政策，全力支持经济发展，促进了经济的平稳较快发展。落实专项资金17.3亿元，整合各类涉农资金77.5亿元,全力支持美好乡村建设。全力保障民生工程组织实施和投入，全年全省民生工程投入达563亿元。营业税改征增值税试点、县级公立医院改革、公务卡制度改革、绩效预算管理改革、专项资金竞争性分配机制改革等一批重点改革，全面推开并取得了预期成效。总之,财政机关党建与财政业务工作的有效结合，切实保障了各项财政业务工作的顺利开展。

总结财政机关党建工作的实践,我们体会到,第一,加强财政机关党建,必须坚持以保持党的先进性和纯洁性为主线。近年来,全省各项财政工作顺利高效开展,关键是财政机关党组织具有凝聚力和战斗力,党员干部能够保持先进性和纯洁性,能够站在全局的高度,按照科学发展观的要求,谋划和推动各项财政工作。第二,加强财政机关党建,必须以坚持转变作风、提高效能为目标。当前,财政工作任务繁重,责任重大,形势不断变化,改革不断推进,要求不断提升。近年来,正是有了一支信念坚定、作风务实、甘于奉献的财政干部队伍,才圆满完成了安徽省委省政府部署的各项财政重点工作。第三,加强财政机关党建,必须坚持以财政业务工作为载体。加强财政机关党的建设,其根本的目的,就是要围绕中心,服务大局,充分发挥财政的职能作用,促进社会经济更好更快发展。近年来,财政机关党建,正是抓住了机关党建与财政业务结合这个关键点,使机关党建有了生机与活力,在财政改革发展中不断探索党建的新思路和新举措,把党建工作落到了实处。第四、加强财政机关党建,必须坚持落实抓机关带系统的要求。每项财政工作,都需要全省上下联动,狠抓落实。财政工作的特点,决定了财政机关党的建设,也需要全省财政系统保持"一盘棋"思想,全面加强财政系统的党建工作。近年来,安徽多项重大财政改革在全省能够顺利推行,各项财政政策在全省能够得到有效落实,财政促进发展的能力不断增强,财政部门形象逐步提升,关键是全省财政系统干部职工不断增强了宗旨意识、服务意识、效能意识和创新意识,财政机关党的建设发挥了重要的保障作用。

三、加强财政机关党建的思路和着力点

按照中央的部署和安徽省委的要求,新时期加强财政机关党的建设,需要进一步明确思路和努力方向。

(一)基本思路

在十八大精神指引下,按照安徽省委的部署要求,结合财政工作实际,财政机关党的建设,就是要高举中国特色社会主义伟大旗帜,坚持以邓小平理论、"三个代表"重要思想、科学发展观为指导,融入中心、服务大局,围绕促进发展和改善民生推进机关党建工作;与时俱进、勇于创新,围绕转变作风和提高效能推进机关党建工作;上下联动、整体推进,围绕财政重大改革和中心任务推进机关党建工作。通过加强机关党的建设,增强党组织的凝聚力和战斗力,创建财政机关干事创业的蓬勃朝气与和谐环境,保障财政改革与发展稳步推进。

(二)着力点

1.按照"学习型政党"要求,进一步坚定理想信念。

一是完善学习机制。强化厅党组中心学习引领作用,丰富中心组学习形式与范围,采用党员干部大会、专题培训班、视频会议等多种形式,将重大学习内容横向传达到边,纵向传达到底,营造全系统良好的学习氛围。建立全体党员干部自学制度,建立干部教育在线学习每月或每季度通报机制,每年推荐并发放一些好书,督促党员干部将学习落到实处。

二是持续开展主题建设年活动。巩固"制度绩效创新年"主题建设活动成果,结合当前财政重点工作和队伍建设特点,每年确定一个主题,在全省财政系统持续开展具有财政特色的主题建设年活动。

三是更加注重典型引领作用。深入挖掘基层工作经验、先进党组织和优秀党员干部,在全系统推广宣传,营造争优秀、创典型、学典型的良好氛围。

2.按照"服务型政党"要求,进一步转变工作作风。

一是开展为民务实清廉为主要内容的教育实践活动。依托民生工程、收入倍增、美好乡村建设等财政重点工作,创新服务群众、服务基层的载体与形式,深化"五级书记大走访"活动,扎实开展党的群众路线教育实践活动。

二是完善会商机制。坚持把会商交流作为优化服务、转变作风、提高效能的重要途径,进一步落实会商责任,创新会商形式,努力实现部门单位会商常态化、制度化,切实提升财政管理科学化精细化水平。

三是改进工作作风。深入学习贯彻中央"八项规定"和安徽省委省政府的要求,结合财政工作实际,研究出台省财政厅具体落实措施,狠抓政策落实,进一步加大转变作风力度,坚决克服形式主义和官僚主义,深入实际,深入调研,密切联系群众,务实清廉,创新高效,努力实现财政工作清正、财政干部清廉、财政作风清明。

四是加强财政文化建设。开展"践行安徽财政精神"系列活动,引导党员干部争做社会主义道德的示

范者、诚信风尚的引领者、公平正义的维护者。加强机关廉政文化建设,通过示范教育、警示教育等多种形式,用廉政文化的力量渲染、感染财政干部勤政廉政,营造风清气正的氛围。

3. 按照"创新型政党"要求,进一步提升干部队伍理财执政能力。

一是深入开展基层党组织结对共建活动。扩大结对共建范围,创新共建形式,将处室单位基层党组织结对共建与支持美好安徽建设、加强基层财政工作等联系起来,督促落实各项惠农强农富农的财政政策,促进基层党组织建设与财政工作相融合、互促进。

二是加强调查研究。围绕安徽省委省政府的重大决策部署,财政重大改革和重点工作,主动谋划、深入调研,加强成果转化利用,推进改革发展,在改革创新中丰富党建内容。

三是完善干部选拔任用制度。坚持按制度、按程序选贤任能,积极探索选人用人的方式方法,在厅机关和厅属事业单位大力推行竞争上岗,激发优秀年轻干部争先进位。结合工作需要和干部实际,建立干部挂职锻炼和交流轮岗长效机制,丰富干部阅历,提升干部队伍综合能力。

四是建立财政系统党建工作上下联动机制。坚持"抓党建、促工作、带系统",定期召开财政系统党建工作座谈会,交流总结基层党建工作的经验做法,并在全系统内加以推广,切实提高全省财政机关党建科学化水平。围绕重大财政改革,研讨和交流加强财政机关党建的有效办法和举措,形成抓党建促改革、抓改革推党建的新局面。

课题组组长:罗建国
课题组副组长:刘　浩　朱长才
课题组成员:李朝友　孙学鹏　江永泓
叶翠青　郝欣富　黄志高
张　飞　刘　恒　项军宁
蔡功伙　刘　兴

加快文化强省建设的财政政策研究

安徽是一个文化资源丰富、文化特色鲜明的省份,近年来一直致力于文化强省建设。2006 年省第八次党代会提出了"由文化大省向文化强省跨越"的战略目标。为认真贯彻落实党的十七届六中全会精神,2011 年省第九次党代会又提出"打造充满活力的文化强省"战略目标和任务。安徽各级财政部门紧紧围绕推进全省文化大发展大繁荣主线,充分发挥财政宏观调控管理职能,服务并助推全省文化强省建设。

一、对于"文化强省"概念基本内涵的理解

文化是一个国家或地区综合实力的基本要素,它不仅能够为发展提供精神动力和智力支持,也可以直接创造经济价值和增加社会财富,还可以增强服务功能、提升地方形象,一个地方的吸引力与竞争力强弱,它的文化资源、文化氛围、文化发展水平至关重要。因此,各国各地都非常重视文化建设和对文化的投入。就国内各省市而言,据不完全统计,"十一五"以来,全国已有 20 多个省市把加快文化发展作为重要战略举措,纷纷提出建设文化大省、文化强省目标,文化建设已成为区域竞争的重要内容。

虽然全国各地纷纷提出文化强省、文化强市,但作为一个概念,"文化强省"本身并未形成内涵界定清晰、指标体系统一、统计方法一致的规范性通用范畴,其内涵和外延也未得到统一的解释与限定,甚至存在极大分歧。其原因在于,人们对"文化"概念本身的理解就不尽相同,因此基于不同理解而进行的界定和分类也必然不同美国学者克罗伯和克拉克洪在《文化,概念和定义的批判回顾》中,列举了欧美对文化的定义,就有 160 多种。因而,各地提出的"文化强省(市)"概念含义之间的差异比较明显,由此而确定的发展目标、建设内容、重点任务以及评价指标也各不相同。

从学术角度去剖析和定义文化和文化强省的概念,已非本文主旨。其实,对于文化强省的不同理解,都可以从文化强省中"强"的词性角度而划分为两类:其一,"强"作为形容词。"强省"就是"强的省份",那么"文化强省"就是"在文化领域很强或较强的省

份”,这里其实就是一种目标设定。“文化强省建设”就是要通过大力发展文化（含文化事业和文化产业），使该省变成国内文化领域很强或较强的省份。其二,“强”作为动词。“强省”就是“使该省变强”,“文化强省”就是“通过发展文化使该省变强”。人们一般认为这种语境下的文化建设是提升全省实力的一种路径选择,但绝不能因此就认定文化只是发展经济、提升实力的纯粹手段。

从文化强省建设的实际操作角度来看,“文化强省”至少包含两个相互联系的层面:文化自身强和文化助省强。

文化自身强包括文化事业强和文化产业强。文化事业强包括文物之类的物质文化遗产和非物质文化遗产等文化资源保护力度强,公共文化服务体系建设力度强,文化艺术创作创新力度强,支撑文化事业发展的人才队伍强,通过文化体制改革使文化事业发展的活力强,哲学社会科学科研成果服务社会成效强,新闻媒体对民众积极向上的引导力、影响力及舆论监督的作用力强,广大人民群众享受文化服务的满意度强,社会主义核心价值理念深入人心从而焕发的精神力量强等。文化产业强包括通过文化体制改革促使作为市场主体的文化企业活力强,助推文化产业发展的政策力度强,文化与科技紧密结合的力度强,文化产品生产和服务过程中创新力度强,文化市场管理中保护知识产权和助推文化产业发展的力度强,支撑文化产业发展的人才队伍强,文化产业自身实力强等。

文化助省强是指在文化自身强的基础上,文化助推安徽经济社会发展的力量强。由于文化自身强,文化的凝聚力强,广大人民群众的文化自信力强、文化自觉程度高,从而万众一心为加快安徽经济社会发展奋斗,并且和谐社会建设扎实推进;由于文化自身强,文化产业在国民经济中所占份额大、所起的作用大,文化产业和其他相关产业相互促进,从而使安徽经济实力增强;由于文化自身强,文化创新力强,从而使全省人民涌动创新激情,自觉进行创新,进而促进安徽政治、经济、社会和生态文明建设创新发展;由于文化自身强,安徽文化的影响力强,从而使安徽美誉度高,进而会吸引海内外越来越多的仁人志士来安徽投资兴业、投身发展,会使安徽文化产品深受海内外欢迎,会使安徽拓展海内外产品市场的渠道越来越宽。

二、安徽财政支持文化强省建设的基本现状

近年来，安徽财政与经济良性互动格局更加稳固,全省财政收入规模不断扩大。“十一五”期间,财政收入连续跨越1000亿、2000亿元新台阶,实现五年翻了一番多,2010年达2063.8亿元,五年平均增速为25.7%;在“十二五”的开局之年,2011年实现财政收入2632.8亿元,较上年增长27.6%。从2006—2011年,全省财政收入增速远远高于社会总产值的平均增速。同时,全省财政收入相当于全省生产总值的比重也逐步提高,呈现逐年上升趋势。2006—2011年,六年所占比例分别为13.4%、14.1%、15%、15.4%、16.7%、17.4%。

(一)不断加大财政资金投入,为文化强省建设提供经费保障

安徽坚持将文化建设作为公共财政保障的重点,持续加大投入,2008年省财政厅专门出台《关于财政支持文化发展的若干意见》,明确提出各级财政每年对公益性文化事业投入，增幅不低于同级财政经常性收入增长幅度。2009年出台《关于加快建设文化强省的若干意见》,要求进一步加大财政的文化投入。为进一步保障、引导、支持和鼓励重点文化领域的改革与发展,提高财政资金使用效率,近年来安徽设立了诸多专项发展资金，专款专用文化建设。如,2009年通过预算追加安排文化强省建设专项资金1亿元，并从2010年起将其列入预算予以保障,2012年增加到1.3亿元;2012年省财政又新增1亿元设立“安徽省文化产业创业投资基金”,以建立文化产业多元化投入体制,加大文化产业支持力度,重点扶持中小文化企业和新兴文化产业发展;从2012年起每年安排1000万元,设立“省级体育产业专项扶持资金”,对符合政府重点扶持方向的体育产业项目给予扶持，培育具有国内外影响力的体育品牌产品,积极扶持体育企业做大做强。以全省文化体育与传媒支出为例,“十一五”期间累计达到174亿元,年均递增24%以上，不仅明显高于全省GDP平均增速(13.4%),也高于同期财政经常性收入的增长幅度。

总体而言,安徽财政实力的不断壮大,为安徽跨越发展、加速崛起奠定了较为坚实的物质基础,也为各级财政支持文化强省建设提供了必要资金支持。

(二)重点加强基础设施建设,促进公共文化服务体系初步建成

近年来,安徽不断加大对文化建设、尤其是基层

文化建设的投入力度。2006年以来,累计投入财政资金超过25亿元,重点实施文化惠民工程。截至目前,37476个"盲村"实现了广播电视"村村通",建成了1240个乡镇综合文化站,16029个农家书屋,全省农村放映公益性电影达142万场次,各级公共图书馆、文化馆(站)、近百家博物馆、纪念馆实行免费开放。以农家书屋为例,2007—2011年,安徽已建成16029个农家书屋,2012年计划再建设2923个,到2012年年底,将实现全省每个行政村人人享有农家书屋的目标。

同时,省级财政集中财力,完善了省图书馆、安徽大剧院、省博物馆等重要公共文化设施建设。仅就支持省博物馆建设方面,在完善老馆建设的基础上,另投资3.43亿元新建新馆,安排布展开馆经费8400万元,运行经费2000万元,确保新馆顺利建成开馆。省财政为支持广播电视事业发展,对省广播电视台广告收入不予调控全额返还,对人员经费作为全额拨款事业单位予以保障,极大地促进了广电事业发展,使省广电的影响和收益都位居全国前列。各市县在按照省级文化强省建设规划积极推进文化建设的同时,也不断加大本地文化建设投入。目前,全省城乡市县乡村四级公共文化服务网络基本形成,基本公共文化服务均等化进程加快,覆盖全省城乡的公共文化服务体系初步建立。

(三)大力支持文化体制改革,加快文化体制与机制改革的进程

"十一五"期间,深化文化体制改革每年都被列入安徽省委常委会工作要点和省政府工作报告,文化改革和发展成效纳入各级党政领导班子考核体系。为了保障文化单位转企改制顺利推进,省财政对改制后的文化企业原有事业费继续拨付,总量不减,并支付必要的改革成本。针对国有艺术表演院团改制难度较大、市县财政支持困难的问题,按照"突出工作重点、强化政策保障、解决关键问题"的原则,在改制最为关键的时期(2010年),统筹资金7510万元,对全省改制院团设备更新、创作演出给予补助,特别是对基础薄弱的皖北剧团给予重点倾斜,为院团走向市场奠定坚实基础。各市县财政也积极研究制定扶持政策,支持文化体制改革。正是这些强有力的财政措施的支持下,全省艺术院团转企改制进度大大加快,到2010年6月底,安徽提前完成文化体制改革重点任务,创造了非试点省份走在全国文化体制改革前列的"安徽现象"。

(四)积极服务龙头带动战略,助推全省文化产业实现跨越发展

安徽坚持把培育龙头企业作为带动文化产业加速发展的重要抓手,相继组建了五大文化产业集团,省级财政在其中发挥了不可替代的作用。为推动发行集团、出版集团在较短时间内完成了组建、转企改制、整体上市,省级财政共募集资金18亿元。积极推动文化"走出去",支持报业集团与南非MIH传媒集团合作组建新安传媒股份公司,引进资金2.1亿元。为支持演艺和广电集团的组建发展,自2009年起,省财政连续5年,每年为广电集团安排贷款贴息1000万元,补助演艺集团设备、创作和人才资金2000万元;在中西部地区率先对院团演出每场补贴7000元,每年安排演出场次补贴资金700万元。同时,积极支持报业集团发展,每年预算安排补助报业集团事业发展经费800万元。仅2009—2011年间,中央和省级财政补助省直五大文化产业集团的财政资金超过4亿元,为龙头企业快速起步、率先发展创造了良好条件。在财政资金的强力支持下,省属文化产业集团厚积薄发,资产规模呈现井喷式增长,由2005年不足30亿元增长到2010年的300多亿元,扩大了10倍。2011年,预计销售收入132.9亿元、利润9.8亿元,分别增长24%、16%,其中,出版集团第三次荣获"全国文化企业30强",出版、发行两集团综合实力分列同行业第四位、第三位。同时,各市县文化产业也呈现良好的发展态势。正是在各级财政的强力支持之下,全省文化产业增加值连续多年平均增幅在30%以上,2011年全省文化产业增加值达到595亿元,增速大大高于同期地区生产总值增长速度,成为安徽新的经济增长点和发展新亮点。

(五)着力构建文化人才激励机制,促使文艺精品不断涌现

"十一五"以来,省财政累计安排专项资金1.2亿元,支持广电、艺术、体育、新闻出版职业学院建设发展。2010年,为激发艺术表演人才创作演出的积极性,省财政在全国率先安排专项资金550万元,对梅花奖获得者个人连续五年每年奖励6万元,对其获奖剧目一次性奖励20万元。2011年,为充分发挥黄梅戏领军人物韩再芬的影响和品牌优势,省市共同设立再芬黄梅艺术发展专项资金,连续五年每年安排2000万元。2012年,省财政认真贯彻落实安徽

省委省政府关于文化强省建设的精神，统筹安排资金，对文化建设中有突出贡献的各类人才给予奖励。正是安徽不断加大文化人才队伍建设的投入，才使得全省文化人才队伍得到整体提升。如，截至2011年，安徽共有12位各剧种的优秀演员获“中国戏剧梅花奖”。文化人才素质的提升，也直接催生了一大批具有安徽特色、展示安徽形象的精品力作。仅2011年，安徽获全国性文艺奖项的文艺作品就达113部。

三、安徽财政支持文化强省建设面临的主要困难与问题

近年来，虽然安徽对文化建设的投入不断增加，有力地促进了安徽文化的跨越式发展，但由于种种原因，安徽财政对文化的投资结构、支持方式、政策体系等方面仍有进一步加强和完善的空间，财政支持文化强省建设也面临着不少困难与问题。

（一）支持文化建设的政策法规有待进一步完善

1.现有政策支持体系中仍有政策“空地”。中小文化企业融资难是个全国性的普遍问题，安徽现有支持政策仍然没有有效解决这个问题。其原因在于，现有的信用担保体系中，中小文化企业无法提供担保，因而无法从银行贷款。可见，在促进文化企业信用担保体系建设中，安徽缺少相应的政策文件，而在浙江、南京等地已经有了此类法规。

2.部分现有支持政策的实践操作性有待提高。一方面，由于文化强省建设领域的特殊体制，使得不同部门政策之间偶有出入，政策的融合度与操作性都有待提高。如宣传部门和文化部门关于文化产业示范基地评选的标准之间出入较大，不仅使得企业无所适从，也在一定程度上影响了政策的连贯性和严肃性。另一方面，有些政策的内容空泛，具体可行的操作意见，人为操作空间较大，不利于建立科学合理的政策实施机制。例如，安徽各地都提出要加快文化产业发展，但对于如何从土地保障、银行贷款、项目立项等方面给予支持，则缺少更为明晰的操作程序。

（二）文化强省建设任务艰巨且对资金的需求巨大

在总体上说，相对人民群众日益增长的文化需求而言，安徽财政文化资金的总量仍然不够。突出体现在以下两点：

1.文化基础设施较差，建设经费缺口大。由于历史原因，安徽很多地方，尤其在广大基层农村，文化基础设施不仅数量很少，且老化陈旧，文化建设“硬件”急需改善。要改变“硬件”设施建设不足现状，首要的就是大量资金的投入，全省将面临巨大的资金需求。从发展差异来看，除合肥、马鞍山、芜湖、铜陵等地外，一些地方的有限财政经费多数被用来“养人”，真正用于发展文化事业的可用费用比例仍然偏低，特别是在皖北一些财政困难县市，农村文化经费投入明显不足。即便是已经建成的文化设施仍然缺少活动经费。从财政投入上看，虽然安徽财政对文化的投入在绝对量上不断攀升，2006年为21.61亿元，2011年增至62.35亿元，6年间增加了两倍；但从文体广事业费占财政支出的比例来看，则呈下降趋势，由2006年的2.3%降至2011年的1.9%。

2.部分完成改制的文化单位仍存在较大潜在资金需求。在文化体制改革中，安徽各级政府承担了改制企业巨额改革成本。省级财政仅在2009—2011年间，补助省直五大文化产业集团的财政资金就超过4亿元，各市县文化体制改革过程中职工社会保险及一次性买断资金都是由政府承担。虽然全省的文化体制改革基本完成，但改制后职工工资及其他待遇保障仍可能需要大量潜在资金。

（三）文化资金投入的经济社会效益有待进一步提升

1.文化投入的效益意识有待进一步增强。除了经营性质的文化企业之外，公共文化事业领域的投入同样要讲市场意识、经营意识和效率。而在安徽的很多地方，一些文化单位由于长期与市场脱离，对政府依赖较强，自我造血能力较弱，有限的财政投入被大量消耗于非生产性的费用和成本支出；一些文化产品只讲投入不讲产出，有些虽然获了奖，但缺乏市场，社会效益和经济效益都不好。

2.财政文化的支持方式有待进一步多样化。现有财政资金大多采取项目补贴、定向资助、以奖代补等形式，多用于事后奖励、以奖代补，缺少事前、事中培育，对许多动漫等文化企业单位而言，财政资金难以真正发挥“四两拨千斤”的杠杆效应。同时，财政文化资金对不同规模文化企业也缺乏区分度，致使财政资金的引导与激励作用减弱。对于中小文化企业来说，财政的少量拨款补助或奖励就能对其成长壮大发挥很大作用，因而期待的是财政资金的支持；而大型文化企业需要的却是诸如共性技术、关键技术等公共技术服务平台的搭建。这种简单划一又带有平均倾向的资金支持方式，不仅不能满足中小文化企业的资金需求，也无法满足大型文化企业的服务需求，直接制约财政政策激励作用发挥和财政资金使用效率提升。

(四)国有文化资产的监督与管理有待进一步加强

1. 国有文化资产管理体制有待进一步优化。对目前体制下的文化单位及企业而言，管导向、管人事、管资产、管营运分属宣传、文化、财政等多个不同机构行使，其中国有文化资产由财政厅(局)代表政府管理。这种事实上的多头管理，不仅导致各管理部门之间、管理部门与资产运营单位之间的信息不对称，还容易导致部门之间职责不明、管理缺位，其中突出表现就是国有出资人职责难以真正到位，存在国有文化资产流失的风险。

2. 国有文化资产的产权关系有待进一步理顺。在安徽国有文化资产中，有些公益性文化资产具有经营性特征，而有些经营性文化资产同时具有很强的公益特征。因而，有一些经营性资产的直接出资人仍然是事业建制，在一些整体改制为企业的单位内部仍有事业单位建制。这种复杂的产权关系，不仅给监管过程中的法律适用带来难题，也对监管部门实现社会效益优先、社会效益和经济效益相统一的目标带来挑战。同时，产权关系不够顺畅还会影响国有文化资产的营运，不利于国有文化资产的保值与增值，也在一定程度上影响改革绩效与社会和谐。

(五)对文化人才队伍建设的支持力度不够

1. 现有人才政策的吸引力有待进一步提升。受全省经济社会发展水平等因素影响，安徽一方面面临人才短缺，特别是高层次、创新型、战略型文化管理经营人才奇缺局面，另一方面又面临现有文化人才流失的局面。其重要原因就是，相对于周边省市，安徽目前人才政策的吸引力不够。前不久，腾讯公司在安徽招聘高端人才，结果致使合肥市高新区一批文化人才流失。同时，广大基层文化人才普遍存在年龄老化、后继乏人，缺乏培训、提升困难等问题，严重制约着他们在文化强省建设中作用发挥。

2. 对提升用人单位积极性的激励不够。在安徽支持人才队伍建设的激励政策中，只对引进的创新人才本人每月分别发给一定的生活津贴（或其他补助)，而对引进与培育单位没有相应的激励措施，这无疑会影响用人单位引进与培育人才的积极性。

四、加快文化强省建设的若干财政政策建议

建设文化强省是安徽一项长期的战略任务，也是一个长期的财政政策支持过程。财政支持文化事业的发展要在科学发展观的引领下，遵循文化建设的特点和规律，准确定位、大胆创新、突出职能，在促进文化事业全面繁荣的同时，大力促进文化产业快速发展。文化财政政策要与其他各项政策相衔接，以满足人民群众日益增长的精神文化需求为出发点，坚持统筹公益性文化事业和经营性文化产业发展、统筹城乡文化建设、统筹打造精品和服务大众，突出投入重点，提高投入效益。针对安徽文化强省建设和财政支持文化建设现状，为进一步发挥财政资金的保障、支持、引导和杠杆作用，助推安徽文化强省建设，促进文化皖军的崛起，提出如下建议。

(一)加大财政文化投入力度，确保财政文化投入稳定增长

由于安徽文化基础设施较差、财政文化投入总体规模不大、文化建设经费缺口较大，进一步加大财政文化投入力度是推进文化强省建设的基本保证。

1. 加大财政文化投入规模。一是根据安徽已经出台的相关文件精神，逐步提高财政文化投入总量。到“十二五”期末，安徽人均文化事业费达到全国平均水平，确保省级文化体育与传媒投入不低于中部地区平均水平。二是把文化投入作为预算保障的重点，年初预算和预算执行中超收部分的安排，都要增加文化投入，确保中央和省级财政安排的转移支付资金用于文化建设的比重逐年增加，提高文化投入占财政投入比例。三是进一步发挥财政资金的杠杆效应，逐年扩大省级文化强省专项资金规模，并对各类文化建设专项资金进行整合。

2. 保持财政文化投入快速增长。要严格落实十七届六中全会精神，积极贯彻《关于贯彻落实十七届六中全会精神做好财政支持文化改革发展工作的通知》(财教〔2012〕33 号)要求，保证公共财政文化体育与传媒支出(不含基本建设支出)的增长幅度应高于同级财政经常性收入的增长幅度。对预算执行中超收部分的安排，也按照上述原则增加文化体育与传媒支出预算，保证全年预算执行结果实现文化体育与传媒支出的增长幅度高于财政经常性收入增长幅度。

3. 进一步拓宽文化资金来源渠道。按照政府性基金管理规定，继续做好文化事业建设费和国家电

影事业发展专项资金的征收、上缴、预算分配和使用管理等工作，完善相关管理办法。努力增加政府非税收入用于文化的投入，研究出台彩票公益金用于文化建设的具体政策，提高各级彩票公益金用于文化事业比重。严格落实中办发〔2007〕21号文“从城市住房开发投资中提取1%用于社区公共文化基础设施建设”的规定要求。

（二）逐步优化财政文化支出结构，做好文化领域经费全面保障工作

加大财政文化资金对关键文化领域进行重点投资，进一步优化安徽财政文化支出结构。

1. 支持公共文化服务体系建设。一是坚持以政府为主导、以公共财政为支撑，把主要公共文化产品和服务项目、公益性文化活动纳入公共财政经常性支出预算，完善保障公共文化服务体系建设和运行的长效机制。二是以基本公共文化服务均等化为目标，规范转移支付，优化资源配置，完善向农村、基层、困难群众倾斜的公共文化服务体系。三是按照健全财力与事权相匹配的财政体制要求，合理界定省与市县文化事权和投入责任，优化省、市、县财政对公共文化服务体系建设的分级支出结构。

2. 支持优秀传统文化保护。一是相应增加对文化遗产保护与利用的支出，加大对重大文化和自然遗产地、重点文物保护单位、非物质文化遗产实施保护的力度。二是大力推进老庄哲学、建安文学、徽文化、桐城文派、禅宗文化、楚汉文化、淮军文化等为代表的安徽地域文化资源的保护，鼓励开展这些文化的研究、挖掘、整理、保护和利用。三是加大支持徽州文化生态保护实验区建设力度，适当扩大专项资金规模，支持徽文化典籍整理和出版工作，推进文化历史资源数字化。

3. 鼓励文化产品创作与传播。一是逐步扩大省级文化强省建设专项资金等对文化产品创作的支出。适当扩大黄梅戏、花鼓灯专项资金规模，推动同类品牌艺术资源整合。二是支持特色优秀作品创作，培育一批具有自主知识产权的特色文化品牌和具有较强竞争力的优势艺术门类，打造更多在国内外产生重要影响的精品力作。

4. 支持文化产业加快发展。一是进一步鼓励有实力的省级文化企业跨地域、跨行业经营和重组，通过出资购买、控股等方式取得被兼并企业所有权、控股权，或通过合并成立新企业。二是进一步推进文化科技和内容创新，支持省级文化企业进行具有典型示范效应的数字出版、网络传播平台、移动多媒体等项目建设，进行具有经济效益和社会效益前景的文化原创产品生产，以及进行拥有自主知识产权，有利于推动本企业产业结构调整或升级的关键技术研发。三是进一步推动文化“走出去”，支持具有竞争优势、品牌优势和经营管理能力的文化企业与国外有实力的文化机构进行项目合作，建设文化产品国际营销网络，对外投资兴办文化企业。四是在不断增加文化强省专项资金的同时，适度扩大扶持文化产业发展专项资金规模，重点支持建设若干省级文化产业园区（基地），并争创国家文化产业示范基地和国家级文化与科技融合示范基地，培育一批有实力、有竞争力的骨干文化企业。

（三）创新财政文化投入方式，提高财政资金使用效益

1. 建议出台支持民间资本进入文化领域的实施办法。根据《文化部关于鼓励和引导民间资本进入文化领域的实施意见》精神，加快出台安徽支持民间资本进入文化领域的实施办法，逐步完善对民间资本进入文化领域的指导和规范管理。

2. 进一步创新财政文化资金的投入方式。一是建立健全财政支持公共文化服务的稳定资金保障机制，彻底改变财政文化资金单为“养人资金”现状，建立财政文化资金“养事”机制。二是通过政府采购、民办公助、项目补贴、定向资助、以奖代补、跟投等方式，发挥财政资金的“乘数效应”以撬动更多社会资金，引导和鼓励各类文化机构、社会组织和个人，参与提供文化产品和服务。三是在对文化产品与服务提供者给予奖励或补助的同时，建立健全文化消费的奖励机制，鼓励文化消费。

3. 创新财政文化资金的管理方式。一是建立健全财政投入激励约束和绩效管理机制，把向社会提供更多更好的文化产品和服务作为财政投入的重要依据，提高财政文化资金在分配与使用上的规范性和安全性。二是探索财政扶持政策从“事后奖励”向“事前培育引导”的转变，由直接投入向间接投入转变，解决文化企业特别是中小文化企业在发展过程中资金困难。三是在部分财政文化资金管理中，借鉴与推广淮南市“参与式预算”模式，向社会公开预算编制过程，广泛接受社会大众对财政支出计划的评议，主动邀请社会公众和专业人员，参与部门申

报项目预算编制的评审和监督,充分发扬民主,推行“阳光财政”。

(四)健全新型国有文化资产管理体制,提升文化企业活力

为加强文化企业国有资本收益管理,建议安徽出台文化企业国有资产监督管理办法,逐步将国有文化企业纳入国有资本经营预算实施范围,逐步构建“产权清晰、分类管理、绩效考核、分级监督”的资产管理新机制。当前要重点关注以下方面:

1. 进一步强化财政部门履行国有文化资产的监管职责。根据《关于在文化体制改革中加强国有资产和国有文化资产管理的通知》(财教〔2007〕213号)和《国务院办公厅关于印发文化体制改革中经营性文化事业单位转制为企业和支持文化企业发展两个规定的通知》(国办发〔2008〕114号)文件精神,安徽需要进一步强化财政部门对国有文化资产的监管职责,进一步理顺财政部门与文化行政主管部门、党委宣传部门和国有资产监督管理机构的关系。

2. 建立与完善经营性国有文化资产管理体制。按照政府社会经济管理职能与国有资产管理职能相分离的原则,结合经营性国有文化资产的特殊性,完善管人、管事、管资产、管导向相结合的国有文化资产管理体制,逐步建立完善以资产关系为纽带的经营性国有文化资产管理体系。

3. 切实加强国有文化资产监管和绩效考核。进一步规范行政事业性国有文化资产配置、使用、处置及出租、出借行为,细化和完善有关审核流程,明确审核原则与审核依据,不断提升监管的信息化水平。加强国有文化企业转制过程中的资产监管,做好转制单位清产核资结果审核、资产评估备案、产权登记等资产管理基础性工作。开展国有文化企业负责人经营业绩考核和薪酬管理等工作,落实负责人经营管理责任。

4. 推动国有文化资产优化配置和结构调整。加快推动文化领域结构调整,盘活存量,优化增量,合理配置文化资源,积极鼓励和引导国有文化企业组建跨地区、跨行业、跨所有制的企业集团。在继续做大做强五大省级集团的同时,加快其他国有文化企业合并、重组、股改和上市步伐,提高资产运营效率,实现国有资产保值、增值,努力形成以公有制为主体、多种所有制并存的发展格局。

(五)探索建立财政文化专项资金的竞争性分配制度

为实现向民主理财、科学理财的转变,促进“阳光财政”建设,建议安徽在实现基本公共文化服务均等化的基础上,积极借鉴广东经验,探索建立省级财政文化专项资金的竞争性分配制度。

1. 出台财政文化专项资金竞争性分配制度改革办法。着眼于顶层设计,制订《关于安徽财政文化专项资金试行竞争性分配改革意见》,明确文化专项资金竞争性分配改革思路、原则,明确具体工作目标和内容等。省级财政部门制定资金分配管理办法、内部工作规程等制度,对招投标流程、专家评审程序、具体评价程序等方面的规定。各主管部门或实施单位也要制定项目相应的监管办法和考评制度。

2. 对文化建设项目分类实施财政专项改革。科学划分文化建设项目,分类实施改革,省级财政专项可以按四类形式处理:第一类面向企业、事业单位安排的文化专项资金,采取向全社会公布,对所有符合条件的单位进行招标、投标;第二类全省可在地区间转移实施的文化项目,向全省各地财政和主管部门公布,由各地申报,引入专家评审、集体研究等竞争性决策机制;第三类对已有全省总体实施规划,但需分年、分地区实施的文化项目,鼓励地方提出方案,按照“条件最优,时间最快”的原则确定实施先后顺序;第四类政府出资购买文化服务项目,向社会公开招标,通过相应法定程序实现购买服务,并将基本公共服务的绩效考评作为今后选择服务主体和安排资金的重要依据。

3. 制定科学的评审指标体系和标准。一是各部门单位结合文化项目资金特点和评审需要,建立以绩效目标为导向的、既科学又具有可操作性的评审指标体系和评审标准,并将绩效目标及指标纳入项目申请书、竞争性资金分配改革方案、公开招标书,作为项目申报、评审及专项资金分配的重要依据。二是在财政资金竞争性分配指标设计中,区分不同文化项目类型,加入有关提高文化公共服务质量、加强社会管理、促进就业等有关非经济类指标,以促进产业、科技、文化等各领域的科学发展,提高市场经济条件下的政府文化公共服务能力。

4. 逐步建立规范、科学的评审专家库。积极组建统一规范、分类齐全、覆盖领域宽、知识结构多元、层次较高的适应竞争性分配改革需要的政府专家库,

结合各项目评审专业性和特殊性的需要,引入各部门单位推荐的评审专家,实现评审主体的多元化,保证评审结果的公正性、透明度。

5.严格规范文化项目专家评审程序。一是建立操作性强、指标量化的财政文化专项资金竞争性分配的评审程序和办法,实现评审制度化、规范化。在程序设计上,分为专家评审和竞争性招投标两类,专家评审程序按照项目申报通知、随机抽选评审专家、召开专家评审会、现场公布、结果公示(确认)等环节进行,竞争性招投标程序按照项目申报通知、成立招标工作领导小组、组成评标专家委员会、书面评标、现场考察或答辩、公示中标项目等环节进行。二是在评分方法设计上,采用评分制或投票制等评分方式,合理确定考评的权重和分值,既注重指标的导向作用,又力求简便、易行。

6.建立项目监控督查和绩效问责机制。一是强化监控督查。在监督方式上,建立实施资金使用单位绩效自评与财政部门牵头组织评价相结合的评价机制,衡量考核项目单位资金使用达到预定目标的情况。各主管部门或实施单位根据竞争性分配绩效管理办法,制定项目相应的监管办法和考评制度。二是加强绩效问责。将绩效竞争的理念引入财政文化专项资金安排,将绩效目标作为项目遴选的一项重要判断标准,将绩效管理要求贯穿于资金使用管理过程,不断强化绩效责任,切实提高财政资金使用效益。其结果是:一方面有利于形成结果导向的绩效约束机制,将项目支出绩效评价结果与以后年度项目预算安排挂钩;另一方面有利于提升绩效管理水平,增强部门与单位绩效意识,落实绩效责任。三是试点第三方评审。在加强指导和强化监督的前提下,探索实施对竞争性的专项资金分配整体委托第三方独立、公正组织评审的做法,以进一步提高管理效率,扩大社会影响力;充分利用信息系统收集支出项目绩效信息,实施经常性绩效监测,同时定期委托第三方实施绩效督查,形成有力的绩效监控机制;以绩效目标为标尺,委托第三方对竞争性分配的专项资金实施整体绩效评价,并以评价结果为导向,完善竞争性分配专项资金绩效管理机制,调整优化竞争性分配专项资金支出结构和政策安排,同时形成有效的绩效问责与激励机制。

(六)建立完善文化产业创业投资基金管理机制

1.明确文化产业创业投资基金组建方案并出台管理办法。根据《创业投资企业管理暂行办法》(国家发展改革委等十部委令2005年第39号)、《国务院办公厅转发发展改革委等部门关于创业投资引导基金规范设立与运作指导意见的通知》(国办发〔2008〕116号),参照安徽创业投资引导基金运作模式,以独立事业法人形式设立,委托专业基金公司管理,进一步明晰具体管理办法。

2.逐步扩大创业投资基金规模。为进一步拓宽融资渠道,解决制约安徽文化产业发展的资金瓶颈问题,将文化产业打造成为支柱产业,建议安徽文化产业创业投资基金扩大募集范围,实现面向全国范围募集资金,不断扩大基金规模。在基金达到一定规模的时候,采用母子基金运行模式,参股设立若干只文化创业风险投资基金。

3.明确投资重点地域和领域。基金重点投向安徽中小文化企业、新兴文化产业和文化科技创新企业,重点投资安徽文化创意、影视制作、出版发行、演艺娱乐、动漫游戏、影视制作、文化会展、网络信息传媒等领域,并在良好运作的基础上逐步扩展文化投资领域。参照江苏省的做法,对省外优质项目和企业也可以进行投资,但保证在省内投资比例原则上不低于70%。

(七)加快财政支持文化人才队伍建设,壮大“文化皖军”

根据安徽文化强省建设实际需要和文化人才队伍现状,进一步加大文化人才队伍建设的支持力度。

1.提供文化人才引进资金保障。各级财政部门应认真落实《关于加强高层次文化人才队伍建设的若干政策意见》文件精神,财政提供专项资金保障,把文化人才工作经费列入财政预算,加大投入力度引进人才。切实解决高级文化人才引进过程中面临的住房、配偶工作、学术交流资助、创新创业扶持等实际问题。拓宽引进范围,加大财政支持引进国际文化专才力度。

2.创新对文化人才的财政激励机制。财政加大支持建立文化荣誉制度的力度,进一步扩大省社科奖范围,增加文化人才奖项,对安徽文化事业和产业发展有突出贡献的杰出人才给予重奖。鼓励具有自主知识产权的人才创办文化企业,财政支持在文化科技企业中对骨干人才的持股、参股、配股等奖励政策,合芜蚌自主创新综合试验区的文化科技企业,可申请开展股权和分红激励工作的试点。

3.加快文化人才载体建设。支持广电、艺术、体育、新闻出版职业学院建设，支持安徽艺术职业学院、安徽黄梅戏艺术职业学院等加大发展，并把这些高校建设成为弘扬安徽优秀传统文化、加强艺术人才培养、艺术创作的重要阵地。大力建设文化产业“孵化器”、原创动漫园、文化科技融合示范基地，加强留学生文化创业园、产业园建设，在扶持企业做大做强的同时，也为广大文化专业技术人才提供就业创业机会。

课题组组长：罗建国

课题组副组长：王林建　吴天宏　朱长才

课题组成员：方习利　焦玲仪　方虹慧

乔传宗　侯正华　牛　阵

完善村级公益事业建设一事一议财政奖补研究

——探索建立新型村级公益事业建设投入保障机制

村级公益事业建设一事一议财政奖补(以下简称一事一议财政奖补)，是深化农村综合改革的一项重要内容，也是加快社会主义新农村建设的一项重大制度创新。在国务院农村综合改革工作小组办公室的精心指导和全省各级各部门的共同努力下，安徽一事一议财政奖补工作取得了显著成效。本课题组在实地调研的基础上，对安徽一事一议财政奖补开展情况进行了总结分析，并就新形势下探索建立新型村级公益事业建设投入保障机制提出若干建议。

一、安徽一事一议财政奖补工作成效显著

按照国务院农村综合改革工作小组的统一部署，2008年安徽休宁县率先开展一事一议财政奖补试点，2009年试点工作在全省推开。三年多来，全省各级党委、政府和有关部门给予高度重视，采取有效措施，上下齐心协力，全面贯彻落实，积极探索具有安徽特色的一事一议财政奖补的新路子，初步建立了新型村级公益事业建设投入保障机制，促进了农村经济社会发展，深受广大干部和农民群众的拥护。

(一)实现了资金由农民自筹到民办公助的转变，形成了一事一议多元化投入格局

2000年安徽农村税费改革前，村级公益事业建设资金主要来源于农民负担的村提留和劳动积累工、义务工。农村税费改革后，为减轻农民负担，取消了村提留和“两工”，村级公益事业建设所需资金和劳务改为通过一事一议方式向农民筹集。由于安徽农村经济发展相对滞后且不平衡、农民收入水平较低以及向农民筹集的限额资金较少，导致村级公益事业建设投入严重不足，村级公益事业发展受到了很大的制约。为破解村级公益事业建设难题，激活一事一议政策，对村级公益事业建设一事一议实行财政奖补，在农民按规定标准筹资筹劳到位后，各级财政逐年加大奖补力度，充分体现了民办公助的性质，发挥了财政以奖代补的引导带动作用，构建了“农民筹资筹劳、政府财政奖补、社会捐资赞助”的多元化投入格局，壮大了村级公益事业建设投入来源，形成了村级公益事业发展的长效机制。2009—2011年，全省各级财政安排奖补资金50.7亿元，带动农民、村集体和社会等各类投入76.5亿元，全省累计投入村级公益事业建设一事一议资金达127.2亿元，有效推动了村级公益事业发展。

(二)实现了农民由“要我干”到“我要干”的转变，加快了新农村建设步伐

农民是村级公益事业建设的主体。2000年安徽实施农村税费改革之时，虽然要求各地积极引导农民开展一事一议，但由于事多钱少，村级公益事业建设缓慢。2008年以来，实施一事一议财政奖补政策，注入了政府行为，加大了财政投入力度，立即发挥了激励引导效应，激发了农民参与公益事业建设的热情，广大农民群众从被动干事变成主动干事，掀起了多年少有的村级公益事业建设高潮，办成了许多多年想办但没有办成的事。据统计，除少数市辖区外，全省所有县(市、区)和乡镇以及90%以上的村都实施了一事一议财政奖补项目。2009—2011年，全省共实施一事一议财政奖补项目7万多个，全省90%以上农民群众受益。其中：修建小型农田水利设施29716处，新建和修复村内沟渠4.1万公里；修建村内道路11.8万公里；植树造林360万株；村内公共活动场所63万平方米；环卫设施4331处。这些项目的建成和投入使用，显著改善了农村生产生

活条件,加快了安徽新农村建设步伐。

(三)实现了项目由政府主导到农民自定的转变,促进了农村基层民主和和谐稳定

一事一议财政奖补与财政其他支农项目资金安排使用的最大区别,就在于一事一议财政奖补打破了上级说了算、政府主导项目建设的传统模式,实行“民事、民议、民建、民管”,构建了农村公共服务自下而上的民主决策机制。通过民主议事、代表参与、公开公示等方式,让农民群众自己议项目、定项目、建项目、管项目,将项目建设的知情权、参与权、决策权、监督权、评判权和所有权直接交给农民,从而提高了农民的参与度和知晓度,充分发挥了村级民主议事、民主管理和民主监督的作用,既让群众心里更踏实、更放心,受益更直接、更长久,取得了事半功倍的成效,更重要的是促进了农村自治和村级民主建设,也构建了农民之间交流新的渠道,进一步增强了农民的集体观念和大局意识,促进了农村社会和谐稳定。据调研,实施一事一议财政奖补政策以来,很多原来因基础设施差产生的邻里矛盾逐步得到化解,一些地方村民自行协商解决项目建设占地、换工帮工等问题,有的甚至无偿拆除自家房屋和牲畜圈舍,主动为公益事业建设让路,村组干部的纠纷调解明显减少,邻里和谐、互帮互助蔚然成风。

(四)实现了干部由被动应付到主动作为的转变,巩固了党在农村的执政基础

实施一事一议财政奖补之前,乡村干部苦于没有推动工作的手段,为农民办实事的主动性不高,积极性不强,工作往往陷入被动。实行一事一议财政奖补后,搭建了乡村干部为农民服务新平台,乡村干部充分利用一事一议财政奖补这一抓手,在组织动员农民议事中了解群众,在项目实施中联系群众,在为农民办实事中服务群众,在为农民解难事中赢得群众,真正起到了系民情、办民事、聚民力、凝民心的作用,也用实际行动拉近了距离,赢得了民心,树立了威信,基层组织的凝聚力、号召力和战斗力进一步增强。同时,随着一事一议财政奖补工作的深入人心,一些地方将村两委干部能否组织农民议事、能否带领农民办实事作为一项重要的工作考核指标。2011年村级换届表明,凡是一事一议财政奖补开展好的地方,村干部就能得到群众拥护,在村级换届选举中都会高票当选。此外,一些青年农民在投身村级公益事业建设中,提高了对党的认识和理解,积极向党组织靠拢,为农村基层党组织增添了有生力量。

二、当前安徽一事一议财政奖补工作存在的不足

安徽三年多来的成功实践表明,一事一议实行财政奖补是公共财政转变农村公共产品供给方式、推进城乡统筹的一项重大制度创新,也是一项深受广大干部和农民群众拥护的好政策。但是,面对当前农村形势的发展变化,面对安徽正在开展的美好乡村建设以及农村综合改革示范试点,一事一议财政奖补在实际执行中遇到了一些难题,存在着一些不足,主要表现在以下五个方面。

(一)政策定位存在不足

一事一议起源于2000年农村税费改革,十多年来一直作为农村税费改革及其后来农村综合改革的配套措施,其主要目的就是要发挥基层的民主管理、民主监督、民主决策作用,防止乱集资、乱收费、乱摊派,减轻农民负担,并积极稳步地推进村级公益事业建设。在这一大的背景和原则之下,对于村级公益事业建设,采取了农民一事一议筹资筹劳的政策,将筹资筹劳标准严格控制在规定的负担之内。对于一事一议财政奖补政策,在国家层面上还只是一种事后的财政奖励或财政补助。这种定位,既把一事一议限定在农村税费改革减轻农民负担的框架下,也给社会造成财政奖补只是财政部门的事、只是扮演拾遗补缺的功能,而没有把一事一议及其财政奖补上升到推进城乡统筹、实现基本公共服务均等化的战略高度来认识。同时,随着近几年城乡统筹发展战略的全面实施,各级财政投入“三农”资金不断加大,发放农民补贴越来越多,也让一些基层干部群众产生了偏差,认为以前一事一议全靠农民自筹,今后国家财政实力增强以后肯定会加大奖补力度直至全额承担,由此产生了“等、靠、要”的思想。有的农民直接提出,现在城市里许多公益事业项目都是财政全额承担,其他财政支农项目也都是财政全额埋单,怎么偏偏农村公益事业建设要农民自筹部分资金,从而影响了一事一议财政奖补政策的实施效果。

(二)资金筹补存在不足

安徽农村基础设施十分薄弱,要办的事情很多,特别是建设美好乡村目标的提出,村级公益事业建设任务更加繁重。但是,从目前农民筹资情况看,受减轻农民负担政策的规定,农民人均筹资标准只有15元,且在实际工作中筹资难度较大。一方面,一些地方农民常年外出打工人员较多,有的甚至举家外

出打工,难以筹集到资金;另一方面,尽管现行政策规定,既可以整村为单位,也可以村民组为单位或以受益的自然村、部分农户为单位组织开展议事,但一些农民往往采用实用主义,以受益较少为借口不愿出钱,而基层干部又缺乏可操作的强制手段,从而产生“羊群效应”,引发其他农户迟交拒交筹资款,一些村上半年筹资到位率仅在50%左右。从农民筹劳情况看,目前一事一议项目很多是机械化施工,农民筹劳不太现实,一些地方已经放弃筹劳。从财政奖补情况看,虽然奖补比例逐年提高,资金量逐年增加,但建设标准低、奖补比例低、资金总量少。以某县农民文化活动场所建设为例,现行审批标准为每平方米680元,但随着原材料和人工成本的不断增加,实际建设标准要达到800多元。该县以农村道路和小型农田水利建设为例进行测算,按照三年规划,全县资金缺口在8000万元左右,由此导致规模稍大的单个项目难以立项、难以建设。另外,尽管安徽在财政奖补资金和其他资金整合上采取了不少举措,取得了一定成效,但“撒胡椒面”现象难以改观,弱化了资金的使用效益。

(三)议事申报存在不足

从议事范围看,一事一议项目严格限定在村内户外,跨村和村以上范围的公益事业建设项目不属于一事一议奖补范畴,这样的硬性规定有一定的局限性,不利于道路、水利等农村公益事业的统筹发展。从议事申报程序看,基于对控制农民负担的考虑,一事一议财政奖补制订了从村内议事、申报审批、施工管理、决算公布到审计监督的严格管理制度和操作程序。据某县统计,整个环节有20多道,十分繁琐,实际上有许多关键环节很难执行到位,若在某一个环节出现问题,都将可能半途而废,影响申报。比如在议事环节,按照政策规定,应当召开村民代表会议或村民大会,并由村民逐户签字认可,但撤乡并村后村级规模扩大,要达到村民会议的法定人数“本村18周岁以上村民的过半数”、村民代表大会“五分之四以上的村民代表”以及户代表“本村三分之二以上户的代表”十分困难,导致一些村往往根据上级要求,临时提出一些项目,反过来再找村民签字认可。再比如在项目申报环节,村委会缺少必要的专业人才,在项目预算编制和资料整理上存在困难,同时按照三级申报审批制度,先有村申报,经乡镇审核后,报县综改办,县综改办会同财政、农业等部门提出审核意见,报县级人民政府审批,这样从村到乡镇再到县级审批往往要走很长的程序,花费许多时间。

(四)项目实施存在不足

根据政策规定,一事一议实行县级指导、乡镇管理、村级具体负责的办法,以议标、招标和群众自建等灵活多样的方式实行合同管理。但和大中型投资项目相比,一事一议项目标的额较小,又非政府性工程,无法纳入政府公开招标,基本是村委会议标,合同基本是包干合同,无工程量清单,无施工记录,甚至无设计图纸,村委会没有相关技术人员,村民理财小组、监督小组、验收小组由于缺乏专业性和独立性,作用有限。调研发现,尽管有工程审计环节,但缺少建设资料,参加验收的人员对工程质量验收无从下手,审计监督往往流于形式。这势必造成工程量不清,价不准,质量也无从谈起,甚至产生漏洞和滋生腐败。同时,一些地方在项目实施中出现了一些新的税费负担,比如在组织村民议事时要采用实物或现金的方式向村民支付一定的误工费,建设施工企业要按章交纳营业税,项目设计、施工技术指导、项目实施监督和工程验收等环节要向聘请的专业机构支付可观的费用等等,从而抵消了一事一议财政奖补政策的扶持效应,使有限的资金更加捉襟见肘,导致一些地方为了节约成本,只好采用“土办法”进行设计、施工、监督和验收等,使工程的质量难以得到有效的保证。

(五)后续管护存在不足

近两年来,安徽各级政府和财政部门出台了管护制度,安排了一定数量的补助资金,明确了管护责任,但实际效果不尽如人意,管护问题成为当前一事一议财政奖补项目的一个突出问题。一方面,一些地方认识上存在“重建设、轻管护”的误区,“等、靠、要”等思想也较为严重。另一方面,一些项目特别是道路和水利沟渠等持续维护费用较大,但现行管护经费没有形成稳定保障机制,县乡财政只是根据财力情况,按照农业人口每人每年13元的标准安排的维护资金十分有限,而村集体经济实力难以足额承担,造成现行管护资金缺口很大。在认识和资金均难以到位的情况下,导致一些项目管护责任难以落实到位,项目管护滞后性十分突出。据一些地方特别是一些山区县反映,受雨水冲刷等影响,两三年前建的一些村内道路变得坑坑洼洼,一些小桥成为危桥,一些小型水利淤泥堵塞,不仅影响了项目的使用效益和使用寿命，也在一定程度上挫伤了干部群众的积极性。

三、建立新型村级公益事业建设投入保障机制的若干建议

目前，安徽村级公益事业建设一事一议财政奖补工作已经由全面推开转向深化提高的关键阶段。新阶段下的村级公益事业建设面临着新形势、新任务和新要求，迫切需要在坚持既定的方向下调整和完善政策内涵，进一步推进村级公益事业发展，促进安徽美好乡村建设。

（一）提高思想认识，提升政策功能定位

一事一议财政奖补政策的实施，是农村公益事业建设的崭新模式，其意义则远远超越公益事业建设本身，尤其是在当前推进“三化”同步、建设安徽美好乡村的伟大进程中，一事一议财政奖补被赋予了更大的职责和使命，需要重新认识、重新定位、重新命名。一要把握本质意义。村级公益事业属于公共产品或准公共产品，各级政府、村级组织和农民都有建设的责任。村级公益事业实行一事一议财政奖补，实现了政府、村级组织和农民的有机结合，并凭借其“民事、民议、民建、民管”的独特运作机制，具有发展村级生产、改善村容村貌、提升村风文明、推动村级民主、巩固执政基础等多种功能，是一项一举多得的强农惠农富农政策，利在当代，功在千秋，不仅具有十分重要的经济意义，更具有深远的政治和社会意义。这就需要进一步加强对一事一议财政奖补的理解和把握，充分看到一事一议财政奖补政策的综合优势和集聚效应，看到其在建设美好乡村中的极端重要性和紧迫性，进而增强机遇意识、政治意识和责任意识。二要提升政策定位。要与新农合、新农保一样，将一事一议财政奖补上升到国家政策层面，既要把它作为农村综合改革的新内容，作为各级干部服务农民的新平台，更要把它作为推进“三化”同步、建设美好乡村的新抓手，置于各级党委、政府的重要议事日程加以重视和推进。三要科学规范命名。将“村级公益事业一事一议财政奖补”改为“新型村级公益事业建设投入保障机制”，既简洁明了，方便社会各界尤其是农民群众了解熟知，也实现了村级公益事业建设一事一议财政奖补的名副其实。

（二）适度拓展范围，实行建设分类指导

加强村级公益事业建设，是当前建设安徽美好乡村的一项重大任务，也是推进城乡统筹、促进城乡基本公共服务均等化的一项长期性工作，必须顺应形势发展的要求，丰富内涵，科学规划，分类推进。一要拓展建设范围。新型村级公益事业内涵十分宽泛，涉及村民生产生活的方方面面。当前，要按照建设安徽美好乡村的要求，将现行的六项硬件建设向软件建设拓展，支持村内农技推广、村民培训、文体活动和项目维护等事业建设。至于涉及道路、水利等跨村的公益项目，可允许乡镇采取分块到村、但统筹建设的办法。二要出台分类指导意见。安徽各地农村情况差异较大，尤其是城镇化和美好乡村建设的深入推进，农村人口及村庄布局都将随之发生较大的变化。省级要顺应这种形势，依据美好乡村建设规划，并按照统筹推进、量力而行、重点突破的原则，出台新型村级公益事业建设分类指导意见。县级要因地制宜出台分类推进实施方案，既要支持普惠制项目建设，也要支持特惠制项目建设，尤其要把农村新型社区、美好乡村建设示范点等作为重点，推动农村村庄布局调整。三要指导农民议事。要采用部门预算编制的办法，充分抓住春节农民在家的机会，加强宣传，便于村组干部和农民群众把握新型村级公益事业建设导向。在此基础上，指导村民委员会和村民理事会采取更加灵活简便的议事方式议定项目，切实做到农民好议事、议好事。四要实行项目滚动计划。要以乡镇为单位，以行政村为单元，建立项目备选库，编制项目滚动规划和分类分时实施计划，并建立矫正和退出机制，切实提高建设立项的前瞻性、计划性和整体协调性。

（三）提高奖补标准，健全多元投入机制

村级公益事业虽具有公共产品或准公共产品的性质，但受益面主要限在村内，要求各级财政完全承担既不具备理论基础，也不具备现实条件，必须继续坚持现行的民办公助的政策，但其奖补标准和筹补方式必须顺应形势的发展做出适当调整。一要提高奖补标准。要根据物价和工资水平的不断上涨，适时修订村级公益事业建设所需的物化成本和人力成本，相应提高奖补标准，保证项目建设不因资金缺口而形成“半拉子”工程和产生新的债务。二要健全财政投入增长机制。要将事后的财政奖补资金改为事前的财政支持村级公益事业建设专项资金，单设预算科目，年初编制预算。同时，在划分事权、分清责任、分级负责的基础上，提高财政建设资金占整个公益事业建设资金的比重，提高中央和省级财政建设资金占整个财政建设资金的比重，逐步降低县乡财

政配套比例,进一步调动县乡政府组织开展村级公益事业建设的积极性。三要建立涉农资金整合机制。要从顶层设计着手,按照资金跟着项目走和“渠道不变、程序不乱、各计其功”的原则,以新型村级公益事业建设项目为平台,整合其他各种涉农资金,发挥财政资金的规模效应。四要创新社会捐资机制。要将新型村级公益事业建设与村内企业、工商大户和社会捐助者等挂起钩来,邀请他们参与村级社会事务管理,激发他们的社会责任感和荣誉感,投资支持新型村级公益事业建设。同时,要采用颁发荣誉证书、立公德碑、设立功德赞助簿等方式,鼓励村内相对富裕村民、在外创业务工者和社会捐资赞助,壮大建设资金来源。五要完善农民筹资机制。针对农民常年外出打工较多、公益事业建设机械化程度不断提高和受益难以均衡的实际,取消农民筹劳规定。对于农民筹资问题,省级要综合考虑财政奖补资金比重提高、社会捐资加大等因素,允许各地自主决定是否继续按既定标准筹资和给予减免,但各地的决定必须报省级审定,以免加重农民群众负担。

(四)严格规范实施,强化民建民判机制

让农民知情、参与、决策、执行和监督评判,是新型村级公益事业建设具有强大生命力的魅力所在。要顺应形势发展要求,进一步创新方式,简化程序,完善制度,进一步提高村民参与村级公益事业建设的积极性和主动性,提高村级公益事业建设的质量和效益。一要合理分配奖补资金。要根据分类指导意见和建设时序安排,综合考虑农业人口、地方财政自给能力、山区、库区、贫困地区等多种因素,实行有差别的奖补政策,完善特惠制政策具体举措,集中财力打造一批新型村级公益事业建设新亮点。二要简化申报流程。无论是项目申报、招标投标,还是资金报账,都要立足农村实际,简化村民议事程序,简化项目预算编制,简化申报资料准备,简化招标投标文件,简化验收报账要求,并尽可能缩短审批时限,切实做到方便基层,简便易行。三要尽力组织村民自建。应采取支付略低于正常务工收入的误工补贴方式,由村两委动员组织村民自主建设,并减免相关税费。对于一些确需通过招投标等方式委托具有资质的建筑单位施工建设,也应在招投标中明确必须吸收一定数量的本村农民参与建设或担任监理,既吸引村民参与村级公益事业建设,也发挥他们的全程监督作用。四要规范项目管理。要进一步完善项目和资金管理办法,修订农民筹资规定,健全项目财务管理、考核验收、资产登记、监督检查和档案管理等各项法规制度,进一步提高新型村级公益事业建设的法制化、科学化和精细化管理水平。五要强化村民监督。除了在考核验收中要由村干部、村民代表或受益群众参与并经村民监督小组全体成员签名同意外,还要把新型村级公益事业建设作为村务公开的重要内容,完善公开方式,对议事过程和结果、筹资筹劳标准和规模、财政奖补资金和构成、建设内容和招标议标方式、竣工验收和资金结算等全过程,实行公开公示制度,接受社会和群众监督。

(五)创新运作方式,建立长效管护机制

农村公益事业建设“三分建,七分管”。要切实把村级公益设施管护放在更加重要的位置,完善办法,创新方式,加快建立健全村级公益设施管护长效机制,切实做到建一个、成一个、带一片、管长远。一要落实管护主体。村级公益设施所有权归全体村民所有,理应由村级组织负责管理。但鉴于现行村级公益事业建设类别差距较大、村级单项管护不够经济,以及村级组织人少事多、经费紧张等情况,可在不改变村级所有权的前提下,以乡镇为单位成立管护中心,并在村级落实相关管护人员。乡镇管护中心代表乡镇制定管护具体标准和实施办法,提供管护技术和经费保障,统一负责各村具体管护管理,以提高管护规模效益。村级管护人员主要依据村级组织与乡镇管护中心签订的合同进行组建,承担本村公益设施具体管护职责。二要落实管护资金。要以保障村级公益设施正常运转、发挥长期效益为目标,合理测算管护资金需求,据此建立以政府各级分担投入为主体、村组集体投入和社会捐助为补充的保障机制。中央和省级财政要承担投入大头,每年通过预算专门安排村级公益设施管护资金,并根据各地项目建设情况建立对下转移支付制度。县乡要本着积极作为、量力而行的原则,适当安排部分管护资金。村级集体经济组织每年也应从集体收入中安排公益设施管护资金,以补充管护资金的不足。三要探索多元管护方式。要积极探索采取“市场取向,社会化运作”的模式,借鉴小区物业管理的方式,招标委托具备资质的专业管护企业或人员进行管护。而对一些能够带来经济收益的公益项目,可采取租赁、承包等形式,由取得使用权和经营权的单位或个人进行管护,从而建立起村级公益设施群众化、专业化、社会化和市场化的多元管护方式。

(六)强化落实举措,建立合力推进机制

新型村级公益事业建设涉及面广，工作量大,尤其是随着工作的深入推进,任务越来越重,迫切需要进一步加强领导,强化举措,合力推进新型村级公益事业建设。一要强化组织领导。要按照新型村级公益事业建设新的定位,切实把新型村级公益事业建设作为“三农”工作和美好乡村建设的抓手,健全工作领导机制和办事机构，并落实工作经费,统筹推进新型村级公益事业建设。要进一步完善各级各相关部门职责,细化工作分工,加强队伍建设,建立健全上下协调、分工明确、合力推进的工作机制。二要强化宣传引导。要充分利用报刊、广播、电视、村务公开栏、致群众公开信、手机短信、宣传标语、教育培训、上门服务等多种形式,广泛深入宣传新型村级公益事业建设工作的重要性和必要性,宣传新型村级公益事业政策内涵和各项具体实施办法,宣传新型村级公益事业建设带来的看得见摸得着的好处,切实增强广大干部群众对村级公益事业建设的认识，形成真心热爱新型村级公益事业、自觉建设新型村级公益事业、乐于管护新型村级公益事业的共识,营造建好管好用好新型村级公益事业的良好氛围。三要完善激励约束机制。要制定新型村级公益事业建设绩效评价指标体系,组织开展项目建设绩效评价试点,绩效评价结果作为下一年度或今后预算安排、项目确定的重要依据。要继续在民生工程的框架内,完善考核办法,弱化对参与率、覆盖面的考核,重点对地方组织领导、预算安排、项目资金管理、制度建设、宣传培训、项目群众满意度等工作开展情况进行考核,并将考核结果纳入到对地方党政工作的目标考核之中。四要加强督查检查。要切实开展规范管理和定期不定期督查活动,加强工作监管,严防民主议事流于形式,严防出现虚假配套,严防变相加重农民负担,严防产生新的债务,严防出现豆腐渣工程,严防出现重建轻管现象。对于出现违规违纪的问题,依法给予严肃处理,确保新型村级公益事业建设各项政策措施落实到位,确保把新型村级公益事业这项民生工程、民心工程和德政工程办得更好。

课题指导:张广寿

课题组长:丁美彩

课题副组长:胡德林　徐向前

课题组成员:朱维新　鲍文前　刘奇中　孙朝松

执笔:鲍文前　孙朝松

新阶段扶贫开发财政投入机制研究

《中国农村扶贫开发纲要(2001—2010)》实施以来,全省各级财政部门积极贯彻国家扶贫战略规划,不断加大财政扶贫开发资金投入,创新扶贫方式,推进扶贫资金统筹整合,完善扶贫资金监督管理机制,有效改善了全省贫困地区生产生活条件，增强了贫困地区发展后劲,促进了全省经济快速协调发展。

一、安徽贫困地区分布及特点

安徽省地形地貌复杂多样,集革命老区、军事禁区、环境脆弱地区、粮食主产区、生态保护地区于一体。长期以来,受自然地理和社会历史等诸多因素影响,经济发展水平较低,基础设施薄弱,贫困现象较为突出。至 2011 年底，全省共有农村贫困家庭 253.8 万户、贫困人口(含五保户)790.24 万人。按 2011 年确定的农村人均纯收入 2300 元为标准,贫困发生率为 14.7%,共有 19 个国家扶贫开发工作重点县(区),其农村贫困人口 113.9 万户、401 万人,占全省农村贫困人口的 50.7%;共有 11 个省扶贫开发工作重点县(市、区)。2012 年,按照国务院扶贫办的部署，安徽对国家和省扶贫开发工作重点县名单进行了调整,保持 30 个总量不变。其中,国家重点县 19 个,较原先减少 1 个,六出五进;而省重点县 11 个,较原先增加 1 个,九出十进。其农村贫困人口 56 万户、163.4 万人,占全省农村贫困人口的 20.7%。安徽贫困人口主要分布在三大地区:

(一)大别山区

大别山区是全国著名的革命老区，是长三角以及长江经济带至关重要的生态屏障。长期以来,大别山地区经济社会发展相对落后，是安徽贫困人口分布最为集中的地区。该地区包括六安市的金寨县、霍山县、舒城县、金安区、裕安区,安庆的岳西县、潜山县、太湖县、宿松县、望江县,共 10 个县(区)。2012 年以前,该地区拥有 10 个国定县,今年调整以后仍然包括7个国定县和1个省定县。2011年,该地区贫困人口达到171.65万人,占全省的21.7%,平均贫困发生率为28.6%,高于全省13.9个百分点。

(二)沿淮淮北地区

沿淮淮北地区即广义上的淮北地区,包括淮北、亳州、宿州、蚌埠、阜阳、淮南、寿县、霍邱、定远、凤阳、长丰六市五县。沿淮淮北地区面积广阔,人口众多,是安徽乃至全国重要的粮食和能源生产基地。因淮河流域"小雨小灾、大雨大灾、无雨旱灾"的自然状况,以及淮河干流上现有的21处行蓄洪区中,该地区占有20处,行蓄洪区的常年运用,严重制约了当地经济社会的发展。再加上粮食安全的保障和耕地红线的控制,也对当地经济社会发展产生了一定影响。因此,该地区也是安徽贫困人口较为集中的区域,调整前拥有7个国定县和5个省定县,调整后扩大到11个国定县和10个省定县,全省新增的扶贫重点县区大都分布于该区域。2011年,该区域贫困人口达462.7万人,占全省58.6%,平均贫困发生率为13.5%。

(三)皖南深山区

皖南深山区地形复杂,交通不便,加上生态保护和限制开发以及军事禁区的缘故,导致当地经济社会发展相对落后,贫困人口较多且脱贫难度较大,是安徽第三大贫困人口聚集地。该地区主要包括泾县、绩溪、旌德、歙县、休宁、黟县、祁门、石台等8个县。2012年以前,该地区拥有2个国定县、5个省定县,今年的调整更多地侧重人均因素,导致该地区仅有一个石台县保留为国定县。2011年,该区域贫困人口24.74万人,虽然只占全省贫困总人口的3.1%,但平均贫困发生率达到16.1%,高出全省平均水平1.4个百分点。

三大地区,或地域偏僻、交通闭塞,或资源匮乏、环境恶劣,或生态脆弱、灾害频繁,或人口稠密、负荷超度,或几者兼而有之,共同形成了安徽贫困地区分布现状。综合分析经济社会发展情况,可以得出以下基本特点。

1.贫困程度较深。

安徽是中部地区农业人口较多、农村比重较大的经济欠发达省份。2010年,全省农业人口5276万人,占总人口77.3%。与全国相比,农业人口比例高出11.5个百分点,贫困发生率高出1.2个百分点,人均GDP、人均地方财政收入、农村居民人均纯收入分别只有全国水平的69%、31%和89%。

与中部相比,安徽农业人口比重较高,贫困人口较多,贫困发生率居高不下,人均指标基本处于垫底,而国家扶贫开发工作重点县中部最少。

2.致贫原因多样。

2011年,全省19个国家扶贫开发重点县贫困人口401万人,占全省贫困人口的50.7%,11个省扶贫开发重点县贫困人口163.4万人,占全省贫困人口的20.7%,其他地区225.84万,占全省贫困人口的28.6%,可见,安徽贫困人口涉及所有市县,地区分布比较分散,加上各地自然地理、发展水平差异很大,造成致贫原因多样化。据统计,全省农村贫困人口中,因病、残致贫占42.4%,因劳动力素质低致贫占17.1%,因供应负担重致贫占14.9%,因经营失误、土地特别少致贫的分别占4.2%和4.1%,因灾致贫占2.1%。另外,各种致贫因素在不同地区的表现又不尽相同,给全省扶贫政策的制定和实施带来了一定难度。如:同样是教育致贫,在皖北可能是人口众多的缘故,在皖南可能是教育体系不完备的原因。

3.扶贫攻坚难度加大。

经过多年的扶贫努力,安徽脱贫人口很多,但因各种原因返贫的人口也不少。以2010年为例,农村扶贫开发对象减少了94.48万人,但返贫新增53.15万人,脱贫与返贫交织,扶贫难度加大。2012年,按照中央新制定的2300元的扶贫新标准,安徽贫困人口激增至790.24万人左右,较上年新增580.9万人,扶贫开发任务更加艰巨。

二、安徽扶贫开发财政投入现状分析

2001年以来,在安徽省委省政府的正确领导下,全省各级财政部门按照国家和省扶贫开发总体部署,不断加大扶贫资金投入力度,积极创新财政扶贫机制,有力推进了安徽扶贫开发事业的发展。

(一)投入规模不断扩大

2011年,全省各级财政安排财政扶贫资金11.2亿元,占财政支农支出的3.9%,较上年增加1.0亿元,增幅为10.1%,较2001年增长了1.6倍,平均增幅为10.2%。2001—2011年,全省累计安排财政扶贫资金74.6亿元,投入规模逐年增加,特别是2007年以来,增速不断加快,2010年达到最高的22.8%,高于当年财政支出增速。

(二)投入层级趋于合理

2011年,全省各级财政安排财政扶贫资金11.2

亿元,中央、省、市县分别安排9.5亿元、1.2亿元和0.5亿元,分别占到85%、11%和4%。累计来看,2001—2011年,中央共下达安徽财政扶贫资金65.8亿元,省级财政预算安排财政扶贫资金6.8亿元,市级财政共安排财政扶贫资金4279万元,县级财政共安排财政扶贫资金1.5亿元,分别占到88%、9%、1%和2%,中央和省级财政投入占绝对比重,与我国自上而下的扶贫方式基本吻合。与2001年相比,市县财政投入比例有了明显提升,由1%提高到4%,特别是"十一五"以来,随着全省财政收支规模的迅速扩大,基层财力保障水平不断提升,市县财政扶贫投入出现了较大增长。

(三)投入结构逐步优化

"十一五"以来,按照安徽省委、省政府《关于进一步加强扶贫开发工作的意见》的总体要求,各级财政部门紧紧围绕"552"扶贫行动计划,不断加大对"五个重点区域"和"五项重点工作"的资金投入力度,优化财政投入结构,提高扶贫开发成效,有力地促进了各项扶贫目标任务的实现。2011年,"五个重点地区"的财政扶贫资金占全省的85.7%,较2005年提高了5个百分点。2010年,"五项重点工作"中的整村推进、产业扶贫、"雨露计划"三项扶贫工作财政资金投入为73370万元、11634万元和6057万元,分别占到全省财政扶贫资金的71.9%、11.4%和5.9%。

(四)投入机制逐步完善

完善扶贫资金分配机制,积极推行"阳光财政",采用因素法分配扶贫资金,实行"一次分配,总额拨付到县",较好地体现了财政扶贫资金分配的公平性、公正性和科学性。同时,建立健全财政扶贫投入引导机制,创新财政扶贫资金使用机制。"十一五"期间,省财政共安排扶贫贷款贴息资金1.4亿元,引导金融机构发放扶贫贷款50多亿元,放大效应达36倍。2011年,投入2.4亿元在30个扶贫重点县开展互助资金试点,引导社会资金投放4.1亿元,许多农户借用互助资金发展生产、增加收入,探索出了具有安徽特色的扶贫模式。

三、安徽扶贫开发财政投入的成效及问题

(一)安徽扶贫开发财政投入取得的成效

"十一五"以来,全省各级财政部门认真贯彻落实《中国农村扶贫开发纲要(2001—2010年)》,以整村推进、"雨露计划"、产业扶贫、以工代赈和社会扶贫为重点,不断加大财政扶贫资金投入,着力优化财政扶贫资金结构,有效地改善贫困地区生产生活条件,增加扶贫对象收入,提高扶贫对象自我发展能力,扶贫开发事业取得巨大成就。

1.贫困人口逐年下降,农民收入水平稳步提高。安徽贫困人口由2005年的384万人,降至2010年的209万人,5年减少174.67万,农村居民生存和温饱问题已基本解决。全省农村人均纯收入由2005年2641元增加到2010年的5285元,5年实现翻番,年均增长14.9%。其中,20个国定县农村人均纯收入由2005年的2044元增长到2010年的4269元,增长2.1倍,年均增幅15.9%,高于全省1个百分点。与此同时,全省城乡之间、全省平均水平和重点县之间差距逐步缩小。城乡收入比由2005年的3.2缩小到2010年的2.99,城镇可支配收入与国定县农村人均纯收入之比由2005年的4.14缩小为2010的3.70,农民人均纯收入与国定县农民人均纯收入之比由2005年的1.29缩小为2010年的1.24。

2. 基础设施建设加速,生产生活条件明显改善。近年来,全省各级财政部门全面落实国家强农惠农政策,不断加大财政"三农"投入,农村基础设施和生产生活条件得到明显改善。"十一五"期间,全省财政"三农"投入2649.8亿元,投入总量、增量、增幅以及占财政总支出的比重逐年增加。通过"一卡通"发放各项财政涉农补贴492亿元,农民人均受益1217元;大力支持农村交通、水利等重大基础设施建设,新建和改扩建乡村道路1.32万公里,有效缓解了贫困地区出行难、运输难问题;实施农田改造62.15万亩,新增和改善灌溉面积208.82万亩,造林绿化42.92万亩,解决了1195万农村人口和95.46万头大牲畜的饮水困难。

3. 社会事业较快发展,公共服务体系初步建立。"十一五"期间,新建和改建中小学校舍15.11万平方米,改扩建乡(村)卫生院(室)和村计生室16.98万平方米,新建和改建村活动室11.96万平方米,贫困地区社会事业加快发展。扎实推进农村综合改革,大力实施义务教育经费保障机制改革,加大"一事一议"财政奖补力度,推进村级公益事业建设,村级组织运转经费保障机制和为民服务全程代理制不断完善,村级公共服务体系不断健全。

4. 经济结构加速调整,自我发展能力明显提升。“十一五”以来,各级财政部门坚持把调结构作为财政调控的主攻方向,综合运用财政投资、税收优惠、资金扶持、贷款贴息等多种政策手段,大力支持贫困地区调整产业结构,增强可持续发展能力。2010年,全省20个国定县三次产业比重为25.8∶45.9∶28.3,与2005年的32.8∶31.9∶35.3相比,第二产业比重持续上升,第一产业比重大幅下降,工业化发展水平不断提升。

5.县域经济加速扩张,综合发展实力显著增强。“十一五”期间,贫困地区县域经济呈现出快速增长势头,工业经济加速提升,产业结构不断优化,综合实力显著增强。20个国定县生产总值由2005年的764亿元增加到2010年的1874亿元,增长145.3%,年均增幅19.3%,在全省经济中的份额由2005年的14.3%提高到15.2%;地方财政收入由2005年的39.5亿元增加到2010年的83.6亿元,增长了111.7%,年均增幅16.2%,占全省比重由2005年的6.9%提升到2010年的7.3%。通过努力,一批基础较好的国定县抢抓机遇,走上了快速发展轨道,如无为、凤台等县已进入全省县域经济综合竞争力10强,霍邱、绩溪等县成为全省科学发展先进县,长丰、霍山等县在全省产业集群发展中处于优势地位。

(二)安徽扶贫开发财政投入存在的问题

看到成绩的同时,我们也应清醒地认识到,安徽经济社会发展总体水平不高,区域发展不平衡问题突出,贫困人口规模大、程度深,返贫现象时有发生,扶贫任务仍较严峻。特别是在扶贫资金的决策、分配、使用、管理、监督等方面都面临着一些新问题、新挑战,确需及时梳理并一一化解。

1.扶贫资金投入与群众需求差距仍较大。近年来,安徽财政扶贫力度不断加大,资金投入量年年增加,农村基础设施和农民生活条件大大改善,但这些只是初步解决了贫困人口的生存问题,广大贫困群体的发展问题、小康问题需要更多的资金投入,特别是新阶段扶贫标准的提高,贫困人口陡增,扶贫资金投入缺口较大。以裕安区的“整村推进”项目为例,全区每年财政扶贫资金总量在3000万元左右,即使全部用于该项目,每个行政村只有10.7万元(280个村),每个农业人口只有35.7元(84万人);每个贫困人口只有187.5元(16万人),而要解决一个贫困村的根本问题,至少要投入300万元以上。可见,当前的财政扶贫投入与群众急于改善生产、生活条件、建设美好家园的需求仍有较大差距。

2.扶贫资金使用较为分散。目前,安徽贫困人口分布逐步趋向“大分散、小集中”,在资金使用上集中扶持与面上发展的矛盾突出。各地为兼顾区域、行业的利益,在项目布局上点多面广、零星分散,往往形成单个项目的投资规模较小,难以发挥规模效应。如霍山县2008至2010年,实施项目473个,平均每个项目投入9.69万元,其中2万元以下的项目83个,最低的为0.5万元。由于资金少且散,又要建项目,基层拼盘项目普遍,部分扶贫资金被配套使用,拉郎配的现象比较突出。

3.部分扶贫政策设计不尽合理。扶贫工作是一项全社会系统工程,点多面广,涉及方方面面,一些政策在出台时,缺乏系统的、科学的安排和设计。以“雨露计划”为例,要求各县扶贫资金总量的10%切块安排,未能将各县人口、农业人口、贫困人口等因素考虑进去,如2008—2010年寿县和石台县的培训资金分别为850万元、914万元,大体相当,而2010年寿县的总人口、农业人口、贫困人口分别为石台县的12倍、8倍和2倍,资金分配不够合理。

4.扶贫资金整合难度大。在现行体制下,扶贫资金包括财政扶贫资金、以工代赈资金和少数民族发展资金三大块,涉及扶贫、发改、农业、交通等多个部门,同时,水利、民政等部门也有类似性质的资金。管理部门不同,项目申报要求各异,项目各有不同的管理办法,但项目实施的内容大都相同,使用分散与交叉重复并存,虽然各级财政、扶贫部门要求对其进行整合使用,但在实际工作中却困难重重、举步维艰,资金整合难度大,影响了扶贫资金使用效果。

5.扶贫资金管理仍有待规范。从近几年的扶贫资金专项审计和财政监督检查的情况看,扶贫资金使用中的违规违纪问题常有发生,有项目备案后随意变更项目的,有挤占挪用资金的,有资金到位不及时的,有未按规定实行报账制的,重投入、轻监管等现象依然存在。特别是在扶贫项目建设后,管护主体不到位,配套资金跟不上,扶贫项目难以发挥长期效益。此外,扶贫项目绩效考核机制不健全,财政扶贫资金管理制度不完善,影响了资金使用效益的提高。

四、国内外部分国家和地区扶贫开发的主要做法与经验借鉴

(一)国外扶贫开发的主要做法

1.美国。美国是一个经济高度发达的国家,面临的贫困问题是相对贫困。2009 年初,美国通过了复苏和再投资法案,该法案既是应对金融危机的法案,也是重要的扶贫法案。根据该法案,2009 年以来美国主要实施了以下扶贫援助项目。一是贫困家庭短暂援助。针对贫困家庭提供基本帮助、短期救济和就业补贴。二是低收入家庭和个人课税减免优惠。共有四项减免优惠,分别是儿童课税减免优惠、工作所得减免优惠、劳动所得课税减免优惠和美国(教育)机会课税减免优惠。三是低收入人群住房及营养援助。主要有补充营养援助计划,老年人营养援助计划,紧急食物和住所计划,妇女、婴儿和儿童营养计划,国家学校午餐计划。四是收入援助。通过实施失业保险,老年人和残疾人援助,儿童抚养援助等措施帮助低收入家庭减轻生活负担。五是教育和培训援助。主要有向低收入成年人提供就业与培训等服务,资助对老年美国人提供社区服务的非营利性机构增加就业,对连接失业与雇佣、培训机会与再就业方面的服务机构提供资助等。六是社区援助。通过社区服务和发展专项补助、非盈利性机构补助、公共住房投资基金等措施,帮助和支持社区为低收入人群搞好社区服务。七是农村发展援助。具体做法是对农村发展项目提供贷款、贷款担保、或直接提供资金援助。主要包括能源项目、商业项目、社区项目和住房资助等大类。

2. 阿根廷。阿根廷是一个经济中等发达国家,原来贫富差距相对较小,中产阶级所占比重大。受 2001 年经济危机影响,阿根廷贫困人口占全国人口的比例从 1994 年的 16%升至 2003 年的 51.7%。2003 年以来,阿政府重视扩大就业和增加对社会事业的投入,随着经济持续复苏,阿根廷贫困人口有所减少。2010 年第一季度贫困率和赤贫率分别为 12%和 3.1%。阿根廷扶贫的主要做法:一是把消除贫困纳入国家社会发展规划,加大投入,全面推进。设立国家社会发展部主管扶贫工作,主要采取社会救助和生产扶持相结合的方法,帮助穷人改善生产生活条件,逐步摆脱贫困。政府将减贫列入国家计划,资金预算逐年增加。二是重视提高贫困人口自我发展的能力,增加贫困人口收入。在减贫计划中,更侧重对生产项目的支持。通过大规模培训,提高贫困人口素质;通过扶持生产性项目,为贫困人口自我发展创造基本条件。三是积极引导社会资源投入消除贫困,形成扶贫开发的合力。一方面建立“劳动力银行”,实施居住计划。支持自发组建的查尔麦斯消费住房合作社给贫民建房,政府对其建筑材料等生产项目给予有偿资金支持。利用这个条件,合作社建房成本大大降低,给贫民建房的造价只相当于市场价的 1/3。另一方面动员非政府组织参与减贫行动。这是阿根廷扶贫的一大特点。阿根廷的非政府组织对扶贫工作非常热心,通过举办社区药店、卫生室、技术指导站、法律援助、妇女儿童权益维护等方式,为贫困人口提供各种服务。

3. 印度。印度是一个经济欠发达国家,最新数据显示,2009—2010 年,印度贫困人口由 2004—2005 年的 4.1 亿下降到 3.7 亿,农村贫困人口比例从 41.8%下降到 33.8%。作为世界上少数几个实践过各种反贫困计划的国家之一,印度在扶贫方面积累了很多经验。一是从 20 世纪 60 年代中期起,为了解决因人口剧增造成的贫民粮食供应不足引起的贫民饥荒,印度政府开展了“绿色革命”运动。这一运动为那些新获得地权的土地所有者(其中多半是地主、富农)发展农业提供了机会。“绿色革命”通过发展农业生产力,增加粮食供给,解决了一部分农村地区的贫困危机。二是实施公营分配制度的反贫困策略。公营分配系统就是政府控制价格的一系列平价商店,保证以合理价格向广大人民,特别是贫弱阶层供应基本消费品。该制度在全国的落后地区设立灵活方便的商店,对所涉及的家庭提供的配额供应比其他供应分配系统的商品价格要低,除了粮食和基本必需品外,还供应像茶叶、肥皂、豆类和碘盐等。三是侧重强调“发展与公正”并重的战略。开展“贾瓦哈尔就业计划”,中央援助占 80%,邦占 20%。这个计划突出特点是创造就业机会的 30%保留给妇女。在选择落后的群体时,低种姓族占 60%的人口,其余人口占 40%,在一定程度上改善了贫弱阶层的生活状况。

(二)外省扶贫开发的主要做法

1. 浙江省。浙江的扶贫开发一直走在全国前列,有很多好的经验和做法。2008 年浙江省启动实施了“低收入农户奔小康工程”,2011 年启动实施了新一轮“推进欠发达地区加快发展的政策”和“重点欠发达县特别扶持政策”,2012 年初,宣布了新一轮的扶贫标准和扶贫开发“三大计划”,分别是“低收入农户收入倍增计划”、“重点欠发达县特别扶持计划”和“山海协作助推发展计划”。具有“浙江特色”的扶贫开发做法可以概括为“一个融入”、“双管齐下”和“三位一体”。“一个融入”就是把扶贫开发融入到工业化、城市化、农业现代化的进程中;“双管齐下”指的是区域扶贫与人群扶贫并举,注重扶持欠发达地区和低收入农户;“三位一体”,指的是把专项扶贫、行业扶贫和社会扶贫深度结合,充分发挥政府的主导作用,不断加强扶贫力量。在财政支持扶贫开发方面,浙江省从2011年起连续三年,每年筹资16.8亿元,对泰顺等12个重点欠发达县(市、区),分类实施特别扶持政策。扶持资金实行专项性一般转移支付,坚持县为主体,由县按照省确定的主要目标、总体要求、扶持重点以及省特别扶持资金额度,自主安排项目。扶持资金由省财政及部分发达地区专项筹集,经省统筹后,用于特定的欠发达县、特定的扶持重点,以实现特定的政策目标,是一种“多点—中心点—多点”的沙漏型扶贫模式。

2. 江西省。近年来,江西大力实施扶贫开发,新世纪以来的前十年,全省贫困人口由346万人减少到72万人,年均降幅7.92%。主要做法有:一是大力实施整村推进扶贫开发。先后在38个县(市)确定了6508个贫困村为全省扶贫开发工作重点村,确保每个重点村安排财政扶贫资金50万元以上,重点帮助改善基本生产生活条件。二是重点解决最困难群众的脱贫问题。自2003年以来,江西大力实施移民扶贫整体搬迁,移民扶贫搬迁安置了32万人,占全省移民搬迁安置总人数的86.5%。三是创新扶贫开发方式。利用扶贫到户贷款和扶贫项目贷款贴息资金,通过加大产业化扶贫工作力度,促进具有区域特色的扶贫主导产业及其绿色食品生产加工基地的发展。四是深入推进“雨露计划”培训。江西先后培训中央苏区等38个县(市、区)农村贫困农户劳动力26.5万人,占全省农村贫困劳动力已受训人数的78.1%。五是动员社会力量扶贫开发。组织安排省直单位到重点村开展定点扶贫,深化贫困农村党员干部结对帮扶贫困户工作,积极引导非公有制经济到贫困农村参与扶贫开发。

3. 甘肃省。甘肃作为全国的贫困省份,经过20多年扶贫开发的实践,成功探索了区域性开发扶贫、解决温饱的反贫困道路模式。该省对扶贫机制进行了探索和创新,主要集中在以下两点:一是参与式整村推进扶贫机制。“十五”期间,甘肃省创造性地提出并组织实施了“群众参与式整村推进”。项目以行政村为单元,统一规划,集合各方面的财力、物力、人力,集中解决改变生产条件、发展特色产业及改善教育、卫生设施等方面的突出问题,达到整体推进、稳定解决温饱的目标。这一模式得到财政部和国务院扶贫办的高度评价,并在全国推广。二是集中连片扶贫开发模式。从2008年起,甘肃省率先在全国探索出集中连片扶贫开发模式。将少数民族地区、庆阳革命老区、河西特困移民区等集中连片特殊困难地区作为扶贫主战场,通过加强资金整合,集中合力攻坚,使贫困地区生产生活条件得到显著改善,公共服务均等化水平较大提高,而且使这些地方贫困人口大幅减少。

(三)对安徽的经验借鉴

1. 坚持开发式扶贫和社会保障相结合。国内外扶贫开发经验表明,开发式扶贫和社会保障可以产生政策叠加效应,在实施过程中彼此能相互促进,互为补充。开发式扶贫和社会保障体系紧密结合,构成了将贫困人口的福利维持在最低水平并逐渐提升的最重要的制度保障。在安徽的扶贫开发中,一方面要引导贫困地区和贫困群众以市场为导向,调整经济结构,开发当地资源,发展商品生产,提高自我积累、自我发展能力。另一方面要加快推进城乡基本公共服务均等化进程,建立健全农村最低生活保障制度,逐步提高五保供养水平,不断完善自然灾害应急救助体系,为贫困人口提供基本生存保障。

2. 坚持外部支持与自力更生相结合。贫困人群不仅是减贫战略实施结果的被动受益者,更应成为减贫过程中的主体和主要力量。贫困人口的参与和意见表达,能够使减贫项目更具针对性和科学性,降低减贫计划的实施和监督成本,达到减贫的预期效果。在今后的扶贫工作中,一方面要通过专项扶贫资金、财政转移支付、部门项目建设、社会各界捐助、引进利用外资等途径,不断加大对贫困地区的资金投入。另一方面要尊重贫困地区广大干部群众在农村扶贫开发中的主体地位,广泛调动他们的主动性、积极性和创造性。促使他们积极参与决策、投工投劳,依靠自身力量改变贫困落后面貌。

3. 坚持开发式扶贫与开放式扶贫、救济式扶贫相结合。扶贫援助不仅要提供优惠贷款和发展援助,还要赋予成熟的扶贫理念、系统的扶贫项目运作能力和高效、灵活的扶贫策略。目前安徽贫困线下的人口虽然有限,但实际需要帮扶的相对贫困人口却数量众多,需要坚持开发式扶贫与开放式扶贫结合起来,积极与世界银行、亚洲银行等国际组织、机构和西方发达国家在扶贫问题上建立更密切的联系和深化合作。把开发式扶贫与救济式扶贫结合起来，在救助贫困群众过程中，对有劳动能力的贫困对象，积极介绍职业技术培训，推荐公益性岗位，增强自身发展能力。

五、新阶段扶贫开发财政投入政策建议

“十一五”期间，安徽扶贫开发取得了巨大成就，但任务仍很艰巨。按照国家新制定的2300元的扶贫标准，目前，全省还有800万左右的农村贫困人口，扶贫开发仍将是长期的重要任务。新阶段如何发挥财政资金的作用，积极做好扶贫开发工作，需要进一步加大扶贫开发投入，创新扶贫机制方式，为统筹城乡发展、建设美好安徽做出积极贡献。

(一)建立多元化稳增长的投入机制

加大资金投入，是推进扶贫开发事业发展的基本保障。一是实现扶贫开发资金总量的稳定增长。积极争取国家资金支持，建议中央在安排资金和项目时，充分考虑安徽社会经济发展和贫困地区情况，对安徽贫困地区的基础设施建设、教育文化、医疗卫生、社会保障、生态建设等方面给予倾斜。二是继续加大省市县三级的扶贫开发财政投入。建立扶贫开发分级投入机制，市、县财政要安排专项扶贫资金并保持逐年增长，资金安排列入年度财政预算。三是引导社会资金投入扶贫开发建设。要积极完善投入方式，采取多种措施，发挥财政资金投入的引导作用，对社会资金投入扶贫开发的给予奖励和扶持，吸引更多社会资金参与扶贫开发建设。

(二)建立以绩效评价为导向的扶贫资金分配机制

一是完善财政扶贫投入的绩效评价制度。结合扶贫工作的不同特点，建立不同的扶贫资金效益评价制度，深入开展财政扶贫资金使用的绩效评价工作，逐步建立以绩效为导向的扶贫资金分配激励机制。在建立绩效考评机制基础上，将财政扶贫资金分为两部分分配，一部分资金按照贫困规模、贫困程度等因素进行分配，以体现公平性。另一部分资金按照绩效考核情况分配，实行“以奖代补”，以体现工作的成效，调动各地开展扶贫工作的积极性，提高扶贫资金的使用效益。二是积极探索扶贫开发绩效评价结果运用机制。要将绩效评价结果予以公开公示，对发现的问题明确责任、追究到底，同时将评价结果作为次年资金、项目分配的重要参考依据，切实增强绩效评价的约束效果。

(三)突出扶贫开发的重点区域和方向

一是资金投入向连片困难地区倾斜。将大别山区和皖北集中连片特困地区，作为新时期安徽财政扶贫攻坚的主战场，财政扶贫资金的分配，坚持向连片特困地区和贫困革命老区倾斜。二是在资金投入重点上，完善扶贫资金瞄准机制，大力支持千村整推工程的实施，推动扶贫资金进村入户，有效缓解贫困问题的代际传递。三是资金投入项目上，突出改善贫困地区的公共设施和公共服务。按照公共财政和民生财政建设的要求，扶贫资金的安排要向贫困地区的基础设施建设、教育、科技、文化、卫生等方面倾斜，突出重点，改善条件，增强贫困地区的发展后劲。

(四)注重扶贫资金的放大效益

创新财政扶贫投入方式，扩大资金使用的放大效应。一是在资金投入方式上，多采用奖励、贴息、担保、参股、互助资金等市场化的方式，撬动和吸引金融机构和社会民间资金投入扶贫开发工作，不断扩大财政扶贫资金投入的放大效应，引导社会力量参与扶贫开发工作。二是进一步整合财政扶贫资金。以支农资金整合为契机，加大扶贫资金整合力度，按照“渠道不变、用途不乱、各记其功、配套使用”原则，集中扶贫资金向重点区域和项目投入，发挥资金规模效应，通过相对成熟的扶贫成果，吸引社会资金跟进投入，以提高扶贫资金的使用效益和放大效应。三是搭建社会资本尤其是民营民间资本进行扶贫开发的平台。结合扶贫开发产业项目规划，借助贫困地区生态环境和自然资源优势，引导社会资本发展区域特色的扶贫主导产业和建立绿色食品生产加工基地。采取项目补助、绩效奖励和股权激励等方式，支持各类社会主体参与扶贫开发工作，发挥财政资金“乘数”效应。

(五)创新扶贫开发财政投入方式

一是尝试建立政府购买扶贫服务的机制。充分发挥市场机制优势，将政府向扶贫对象提供的公共产品或服务以竞争性方式委托符合资质条件的社会组织或企业承担，转变政府直接供给模式，扩大社会参与度，提高扶贫资金使用效益。二是大力开展到户小额贴息贷款工作。扶贫到户小额贷款资金优先支持产业发展重点，引导贫困地区和贫困农户在产业选择上主动与市县确定的主导产业结合，使其一家一户的小产业主动接受大产业、大市场的带动，提高

贫困地区的造血功能。三是进一步发挥互助资金作用。一方面做大互助资金规模，逐年增加扶贫互助资金财政投入,贫困农户增加相应配套资金,进一步做大互助资金蛋糕,缓解扶贫对象生产资金不足等瓶颈问题;另一方面扩大互助资金试点范围,争取分阶段有步骤地在全省所有贫困重点县进行开展,形成规模效益,真正实现财政扶贫资金由“输血”向“造血”的转变。

(六)强化扶贫开发财政资金管理

一是建立财政扶贫资金管理责任制。签订财政扶贫资金使用管理责任书,明确各自职责,并对资金使用进行监督检查。二是实行阳光操作。全面推行扶贫资金项目公告、公示制，利用广播电视、公开栏(墙)、项目竣工牌等形式,将财政扶贫资金总量、来源、用途、分配原则和建设内容等情况进行事前公示、事后公告,提高扶贫资金分配和使用的透明度,接受群众和社会的监督。三是发挥基层财政，特别是乡镇财政所,就地、就近实施监管的作用,建立健全对扶贫项目的巡查机制。四是建立定期审计和检查制度,完善监督机制。联合扶贫相关部门,对扶贫资金管理使用情况实行专项审计和督查,杜绝违规操作、违规使用扶贫资金现象发生。

课题组组长:张广寿
课题组成员:孔少林　李　霞　叶翠青
赵荣凯　魏祥瑾　汪文志
程丹润

财政引导金融促进安徽跨越发展研究

当前,安徽正处在科学发展、加速崛起、全面转型、兴皖富民的关键时期,但宏观经济下行压力加大,各种不稳定、不确定的因素增多,给安徽发展带来了新的挑战。面对这种复杂多变的宏观经济形势,压力之下怎样实现跨越发展,成为今后一个时期安徽经济工作的头等大事,也对财政工作提出了新的更高的要求。财政作为地方党委政府可以直接掌控的重要政策手段,既需要强化自身的调控经济功能,更需要强化引导金融功能,合力推动安徽跨越发展,促进美好安徽建设。为此,本课题着重对安徽财政引导金融发展的具体实践进行实证分析，并提出今后目标取向及其相关对策建议。

一、近年来安徽财政引导金融发展取得的主要成效

近年来,按照安徽省委省政府的决策部署,安徽财政部门主动理财,主动作为,牵头起草并提请以省政府名义出台实施意见，会同有关部门制定配套办法,形成了财政引导金融支持经济发展“1+4”制度框架,初步构建了财政与金融共荣共进的局面,有效地推动了稳增长、调结构、惠民生,加快了安徽崛起。其成效主要表现在以下六个方面。

(一)支持了地方金融体系建设

针对安徽地方金融基础比较薄弱的现状，安徽各级财政部门灵活运用注资、奖励、补助、税收返还等政策,大力支持地方金融体系建设。制定完善扶持政策,2005 年以来共向各级担保机构财政注资 102 亿元,支持省担保集团以资本为纽带,采取参股、控股等方式,带动全省信用担保机构建设。运用财政注资等政策,到 2011 年末共支持建立政府性融资公司 250 多家,融资总额达到 3000 多亿元。出台补助政策,从 2011 年开始,对在安徽设立总部性或者区域总部性的金融机构给予 200—500 万元不等的一次性补助，对省级银行业金融机构在皖北 3 市新设的每个市级以上分支机构给予 30 万元的一次性补助。落实农村信用社保值贴补息和税收优惠政策，并将皖北 3 市 7 县农村合作金融机构营业税减免政策延长到 2012 年,支持农信社改制为农村商业银行。进一步落实奖补政策,2010 年以来共引导新设 28 个县域银行网点,新设 14 家村镇银行和 2 家农业担保公司，扭转了多年来安徽县域以下金融机构减少的局面。

(二)集聚了重大战略实施资金

安徽各级财政部门紧紧围绕国家和安徽省委省政府重大战略部署,坚持上下结合、内外结合,集中引导了各类金融资源，有效支持了一系列重大战略的贯彻实施。围绕扩大内需战略,2009 年以来共争取中央代理发行地方政府债券 300 多亿元，新增外国政府和国际金融组织贷款 10 亿多美元,并推动安徽相关部门与国家开发银行、建设银行等签订战略协议,加快了安徽一批关乎长远的重大项目建设。围绕科技创新战略,2008—2012 年设立 30 多亿元专

项引导资金，支持合芜蚌自主创新综合试验区科技创新体系和技术创新工程试点省建设。围绕战略性新型产业发展，2010 年安排 25 亿元支持各地建立战略性新兴产业发展引导资金和风险投资基金。围绕区域发展战略，从 2010 年起连续六年省财政每年安排不少于 10 亿元引导支持皖江城市带承接产业转移示范区建设。同时，省财政安排 7.4 亿元支持皖北地区和大别山革命老区工业园区基础设施建设和贷款贴息，并对毗邻苏浙的 20 个县市中小企业贷款担保费用实施财政贴费政策，促进了区域经济协调发展。

(三)缓解了中小企业融资难题

2008 年以来，针对安徽中小企业“钱紧”、“钱贵”的突出难题，安徽各级财政部门主动加强调查研究，降低中小企业融资成本，减轻银行贷款风险，推动银企对接、企业与资本市场对接，拓宽了企业直接和间接融资渠道。2008 年，省财政安排 10 亿元对中小企业贷款进行风险补偿和贷款贴息。2011 年 9 月，按照省政府文件要求，安徽财政对银行新增的中小微企业贷款按其增量 2‰给予奖励，对银行、担保机构中小企业贷款损失和担保代偿损失给予一定的补偿，并对担保机构担保放大倍数达到一定标准给予相应的奖励和担保费补贴。同时，对改制上市中小企业分别给予奖励和补助，并对成功发行集合债券、短期融资券和集合票据的中小企业，省和同级财政分别给予发行费用 10%、20 万元之内的补贴。在财政政策的拉动下，2011 年共引导中小企业银行贷款和直接融资 493 亿元，并为 345 家中小进出口企业申请担保贷款 6 亿元。

(四)提升了金融支农服务水平

安徽财政在支持农村金融体系建设的同时，不断完善政策措施，推动农村金融创新，较好地提升了金融支农服务水平。实施定向费用补贴和涉农贷款增量奖励两项奖补政策，共安排定向费用补贴和涉农贷款增量奖励资金 3.9 亿元，2011 年促进涉农贷款新增 947.8 亿元。实施财政奖补政策，支持建立农业生产风险分担转移机制，促进金融机构开展农业保险保单质押贷款和担保，受到财政部的充分肯定。实施农村互助资金扶持政策，以财政扶贫资金为“铺底”，吸纳农民自愿参与，实施民管、民借、民用、周转使用、滚动发展，促进了农村经济发展和农民增收。实施政策性农业保险，建立农业保险制度体系，扩大农业保险范围，提高农业保险保费理赔标准，健全农业保险经办服务网络，促进了安徽农业保险又好又快发展。2009 年实施以来，共安排财政资金 41 亿元，为 5300 多万(次)农户提供了近 646 亿元的风险保障，累计赔款 17.8 亿元，1431 万(次)农户从中受益。

(五)促进了民生金融加快发展

安徽各级财政部门坚持以人为本，着力打造民生财政，积极支持民生金融，促进了民生财政和民生金融的共同发展。制定完善民生财政政策，加大财政直接投入，引导多方参与，全力实施民生工程，仅 2009—2011 年实施的村级公益事业建设一事一议财政奖补一项，财政奖补 50.7 亿元撬动社会等多方投入 76.5 亿元，有效推动了村级公益事业发展。完善劳动密集型小企业认定政策，落实各项社会保险补贴政策，制定完善小额担保贷款奖补贴息政策，推进“巾帼创业”农村妇女小额担保贷款批量业务，2011 年共安排小额担保贷款奖补资金 1327 万元，小额担保贷款发放额突破 20 亿元，同比增长 130%，助推了下岗失业人员、妇女、高效毕业生等弱势群体创业就业。进一步完善生源地信用助学贷款风险补偿政策，2011 年推动助学贷款累计发放 9.7 亿元，同比多发放 2.4 亿元。

(六)提高了金融资产运行质量

针对安徽金融机构迅速扩张可能带来的风险，各级财政部门积极履行职责，加强金融机构财务资产监管，有效提高了金融资产运行质量。先后制定农村合作金融机构、小额贷款公司等财务管理办法，出台省属金融类企业负责人薪酬管理暂行办法，健全金融企业财务资产监管制度。制定金融企业国有资产产权登记、转让等相关制度，筹建省属金融企业国有资产评估监管专家库，并遴选确定省级金融企业国有产权交易机构，搭建了金融资产监管平台，规范了金融产权交易行为。组织开展资产财务检查。定期不定期开展贷款担保机构财务检查，组织对部分担保机构进行年度审计，指导开展金融企业内控建设，摸清家底，促进规范，化解经营风险。积极开展与金融机构、金融监管部门的联络与会商，显著提高了金融企业财务资产监管政策的执行效力。

二、进一步强化财政引导金融功能的要素分析

金融是现代经济的核心。一个地方拥有金融资

源的多寡,既反映了地区经济发展的程度,也决定着地区经济未来发展的走向。近年来，虽然安徽财政在引导金融方面做了大量工作,取得了可喜的成效,但是从当前及今后一个时期安徽跨越发展需求来看,进一步强化财政引导金融功能,既是现实所迫,更是战略所需。其要素主要体现在以下四个方面。

(一)紧抓国家政策机遇要求强化财政引导金融功能

财政政策和货币政策是国家实施宏观调控的两大基本政策手段,也是地方经济发展的调节器和加速器。最近,国务院根据宏观经济形势的发展变化,决定在下半年调整完善积极财政政策和稳健货币政策内容,加大有效投资,加大对国家重大项目建设支持,加大对实体经济支持,继续改进和完善信贷政策,保持货币信贷平稳适度增长等等。这些政策,含金量高,影响面广,契合安徽实际,将为安徽经济发展注入新一轮的机遇。为更好地用足用活国家财政货币政策,提升财政货币政策的组合带动效应,安徽财政既要继续加大积极财政政策的贯彻实施力度,也需要强化财政引导金融功能,引导安徽相关部门和实体经济,积极创造条件,熨平货币政策实施环境差异,推动安徽与货币政策实施的有效对接,推动安徽与中央有关部门和金融机构的战略协作,以便安徽在新一轮政策机遇中获得更大的投资份额、更多的信贷支持、更强的政策推动。

(二)破解崛起融资难题要求强化财政引导金融功能

近年来,安徽经济社会发展取得巨大成就,但欠发达的省情尚未根本改观。为进一步加快安徽发展步伐,省第九次党代会明确提出要坚持“三化同步”,走出“六条新路”,打造“三个强省”,奋力走在中部崛起前列,加快建设美好安徽。但是,当前安徽转型发展面临的最大瓶颈就是金融资源短缺,不仅中小企业、“三农”等弱势产业得不到金融资源的青睐,甚至连一些优先发展的战略性新兴产业发展所需资金也十分匮乏,“钱紧钱贵” 已经成为安徽经济发展中的大问题。据省统计局分析,今年上半年,受资金紧张等因素的影响，全省固定资产投资 6775.3 亿元,比去年同期回落 12.7 个百分点。稳定扩大投资已经成为扩内需、稳增长、促崛起的关键。这就需要安徽财政紧紧围绕中心,服务大局,主动担责,破解地方融资难题,促进安徽加速崛起。

(三)金融资源趋利竞争要求强化财政引导金融功能

当今区域经济的发展是开放的发展、竞争的发展。但是,中央统一货币政策调控下的地方商业性金融资源具有趋利的本性，是按照追求微观直接利润目标的市场原则展开竞争的,在“洼地效应”作用下,通过市场机制投向高收益、低风险的领域和区域,导致安徽金融资源外流现象较为严重。从周边省份来看,江苏、浙江、湖北等省份本身就是金融资源大省,但还纷纷运用财政资金撬动金融大资源，加大金融资源向本省高度集聚，从而加剧了安徽金融资源短缺紧张的局面。因此,在这种金融资源趋利竞争的外部大环境下,安徽财政必须发挥更大作为,以更大的力度、更实的举措,留得住本地金融资源,逆向引得进外地金融资源,让金融资源“为我所用”,确保安徽在区域竞争中获得更多的社会融资份额，支撑安徽经济跨越发展。

(四)财政发展自我转型要求强化财政引导金融功能

近几年来，随着经济的发展和财政实力的不断增强，安徽财政已经由吃饭型财政向发展型财政转型,不仅要求将财政工作重心由保吃饭、保运转、保稳定向促经济发展、促民生发展、促社会发展转型,而且要求转变支持发展方式,提高支持发展绩效。也就是说,财政要在加大支持经济发展力度的同时,也要顺应市场经济发展的要求，由过去被动支持向主动支持转变、由直接支持向间接调控转变、由自我单一支持向加强各种政策资源协作支持转变。而在市场经济下，功能完善的金融体系则架起了财政与市场机制有效链接的桥梁，是实现财政间接调控实体经济发展的传导平台,也是实现财政资金与信贷、企业、民间和外来等各类资本的融合平台。正因如此,加强财政引导金融作用,做大做强地方金融体系,是实现财政转型发展、加强宏观调控、提高财政资金绩效的内在需要。

三、今后安徽财政引导金融发展的目标取向

经济要发展,金融须先行。加速安徽崛起,必须实现金融的率先加速崛起。但是,当前安徽金融发展不仅实力不强、总量不大、结构不优,而且创新不足、开放不够,成为安徽经济发展的“短腿”,也与周边省份存在较大的差距。因此,从财政的功能角度,积极发挥财政“粘合剂”、“膨胀剂”和“监控器”作用,做强金融机构实力,做大社会融资总量,做活金融资源配置,做优金融生态环境,提升金融对安徽跨越发展的支撑力和贡献率,成为今后安徽财政引导金融发展的目标取向。

(一)做强金融机构实力

做强金融机构实力是增强安徽金融核心竞争力、集聚各类金融资源的基础条件和重要载体。从安徽金融机构数量看,2011年,安徽共有银行类金融机构7690家,仅占全国的3.8%,其中,2010年安徽城市商业银行中仅有徽商银行1家,居中部第5,低于河南的17家、江西的8家、湖北的6家和湖南的2家;2010年安徽农村合作机构为83家,低于河南的143家、湖南的123家、山西的115家、江西的93家、湖北的85家,居中部之末。从安徽金融机构资产总额看,2011年,安徽银行类金融机构资产总额为24663亿元,只占全国的2.3%,居中部第五,资产总额不及上海、江苏和浙江三省市的1/3。由此可见,做强金融机构尤其是地方性金融机构,成为财政引导金融发展的首选目标,需要财政加大支持力度,支撑安徽加速崛起。

(二)做大社会融资总量

社会融资水平,是衡量财政和金融支持经济发展的最重要指标。从间接融资看,近年来虽然安徽金融机构本外币存贷款余额增幅有所加快,但是在“洼地效应”的作用下,安徽金融机构存贷款总量规模不大,所占全国份额较小。2011年,安徽金融机构本外币各项存款、贷款余额分别为19547.3亿元、14146.4亿元,仅占全国的2.3%和2.4%。从直接融资看,虽然安徽财政直接争取财政部代理发行地方债和外国政府及国际金融组织贷款占全国份额较大,但安徽金融市场直接融资相对较弱,2011年上市公司通过境内市场和发行可转债、公司债等累计融资只有8487亿元,比2010年减少3008亿元;非上市公司(企业)发行债券融资只有2485亿元,比2010年减少142亿元。这就表明,采用财政担保、贴息、补助等经济调节手段,最大限度地引进国际国内两种金融资源,提升安徽社会融资水平,成为今后安徽财政引导金融发展的重大目标任务。

(三)做活金融资源配置

实现安徽经济统筹协调发展是今后安徽跨越发展的重大任务,但是金融资源“嫌贫爱富”的特征,使得安徽金融资源流向往往与安徽发展战略目标取向逆向而行,加剧了安徽统筹发展的难度。目前,安徽金融资源由落后地区向发展较快地区集中、由农村向城市集中、由弱势行业向高收益行业集中的现象较为突出。2010年末,皖北三市七县贷款余额仅占全省的1.3%,低于GDP占全省比重约10个百分点;贷存比为43.9%,低于全省平均水平26个百分点;全省县域贷款余额占全省比重为2.8%,低于县域GDP占全省比重25.1个百分点,90%以上的县贷存比低于全省平均水平。同时,“三农”、小微企业、部分民生领域因成本高、收益低、风险大等特点,难以获得金融资源支持。这就需要切实发挥财政政策“有形之手”,校正市场“无形之手”,合理优化金融资源配置,切实推动皖北振兴、城乡统筹等重大发展战略的实施。

(四)做优金融生态环境

良好的金融生态环境,是实现金融规范发展、创新发展、开放发展的先决条件。近几年来,随着安徽城乡居民收入水平的不断提高,社会游资大量存在,但是,安徽融资难题十分突出,究其原因之一在于金融生态环境不够优化。当前,安徽实体经济与金融对接不够顺畅,中小企业财务不够规范、会计信息失真、信用度差等问题较为突出,致使银行顾虑惜贷较多,贷款门槛不断提高。同时,受到各自体制政策的管制,商业银行、融资担保公司等各类金融机构创新不强,合作公担机制尚未建立。此外,财政与金融监管等部门会商机制有待建立,对金融机构奖励约束机制有待健全,尤其是民间借贷公司财务监管亟待加强。所有这些都要求财政必须把支持做好金融生态环境作为目标任务,加强财政政策与货币政策的协调,构建会计诚信体系,建立财银对接、银银对接、银企对接的利益调节和奖补机制,增强安徽金融的活力,促进安徽金融在创新中合作,在开放中发展。

四、今后强化财政引导金融发展的对策建议

根据强化财政引导金融发展的必要性分析和目标任务,今后一个时期,安徽财政要进一步创新思路,完善举措,灵活运用多种政策手段,科学把握引导方向,切实加大引导力度,不断放大财政和金融的耦合效应,共同促进安徽经济跨越发展。

(一)提升财政金融站位,健全工作协调机制

财政引导金融工作,一头联系着财政,担负着公共管理和宏观调控职责;一头联系着金融,肩负着

促进金融发展的重任,工作跨度大,工作要求高。要进一步转变思想观念,主动加强对财政引导金融工作重要性的认识,真正把财政引导金融工作置于财政工作的重要位置,甚至置于经济工作的重要位置。要理清工作职责,把财政工作与经济工作、金融工作有机结合起来,拓展工作领域,转变工作方式,提升财政引导金融发展水平。要强化部门协作,改变过去财政和金融"各自为政"的局面,着力建立财政与金融部门会商协调机制,提高财政和金融在重大政策、重大举措上的一致性、协调性和互补性,实现财政金融同频共振。

(二)综合运用财政政策,扶持做大金融产业

金融不仅是地方经济发展的支撑力量,本身就是经济发展的一个重要产业。要按照产业发展的思路,加大财政政策综合扶持力度,力争把金融业打造成安徽新的支柱产业,引领推动安徽经济跨越发展。要运用税收优惠、财政补贴、财政奖励等政策,加快合肥、芜湖等区域性金融中心建设,推进金融区域合理布局。要采取注资入股、股份改造等政策,积极推动徽商银行等地方金融机构上市步伐,并实施"走出去"战略。要进一步支持省担保集团以资本为纽带,加快推进全省融资担保体系建设。要继续支持农信社改组改制,支持农村银行增资扩股、进城入乡、跨区经营。要大力扶持小额贷款公司、资产管理公司、村镇银行、政策性农业保险公司、资金互助社等发展,健全地方金融体系。要运用企业兼并重组财税政策,支持各类金融机构强强联合,开展战略合作,实施跨行跨业发展,扩大营销网点,打造安徽金融品牌。此外,要支持发展新兴金融业态,鼓励发展金融外包和金融中介,延伸金融产业链条。

(三)加大引资引智力度,努力扩大外来资本

在当前金融国际化的趋势下,加大引资引智力度,对于金融资源较为匮乏的安徽来说,可谓意义重大。要进一步加强与财政部和国家各大既金融机构的联系,搞好政策和项目实施的对接,加强省部战略协作,切实提高安徽在国家层面上的投资和信贷份额。要加大"招商引行"支持力度,采取税收优惠、财政补贴、奖励等方式,积极引进总部或区域性总部金融机构在安徽落户,推动国内外金融机构在安徽设立分支机构,并对在皖北、县域农村设立金融网点给予差别扶持政策。要充分运用财政人才专项资金,大力引进安徽紧缺的高层次金融人才,推动实施金融领军人才选拔培养计划,提升金融人才队伍整体能力。

(四)完善财政奖补机制,着力缓解融资难题

安徽融资难、融资贵,既有外来金融资源不足,但更多的是本地融资成本较高、风险较大、渠道不畅。要加大财政补贴力度,对鼓励和支持发展节能减排、低碳环保、创业就业等行业领域的贷款和担保给予财政贴息,着力减轻融资主体经济负担。要完善财政风险补偿机制,设立中小企业贷款风险补偿资金和企业债务融资风险补偿资金,对银行贷款损失、担保机构代偿损失以及债务融资增信机构和承销机构损失给予部分损失补偿,并要探索建立财政支持的农业保险巨灾风险分散机制。要加大财政奖励力度,对企业设立财务公司、上市、发行债券等直接融资给予奖励,并要组织开展银行服务地方贡献度考核,建立金融服务与财政性资金存放挂钩机制,调动银行扩大信贷投放的积极性。要安排财政补助资金,支持搭建银企对接平台,打造金融综合服务"超市",畅通银企资金流动渠道。

(五)强化专项资金引导,助推优先领域跨越发展

坚持"三化同步",实施富民强省,既是安徽今后发展必须坚持的方针,也成为重大战略取向。要加大财政专项资金引导功能,切实把社会金融资源引导到推进安徽优先领域发展上来,实施重点带动。要丰富和完善财政引导产业发展资金(基金)项目类别,设立支柱产业发展扶持资金,扩大战略性新型产业发展和风险投资引导资金规模,支持发展产业投资基金和私募投资基金,引导社会资金投资战略性新型产业、高科技产业和重点支柱产业,加快工业化步伐。要强化经营城镇的理念,以城镇化建设专项资金为引导,多方筹措资金推进城镇化战略实施。要加大各类支农资金整合引导力度,探索农户联保、互保贷款和农村土地使用权、水面承包经营权、农业机械等抵质押贷款方式,引导各类涉农主体共同投入,加速农业现代化进程。要根据区域发展规划,建立差别性区域发展财政引导资金,集聚各方金融资源,推动区域发展战略实施。要继续加大民生投入,完善财政引导机制,发展民生事业,切实让人民群众共享多项经济社会发展成果。

(六)加强财务资产监管,防范财政金融风险

在积极的财政政策和稳健的货币政策影响下,

各地通过银行贷款、招商引资、落实项目配套、利用外国政府贷款等途径加快经济发展，使得地方债务风险不断增加，对财政金融运行造成了潜在威胁。要加强对国有独资商业银行的财务监管，尽快建立一套科学的指标体系，全面科学地衡量国有独资商业银行的业绩，健全内部控制机制，强化财务制度约束。要规范各类政府融资平台运营，发挥财政部门“首席风险官”的作用，探索建立安全有效的“借、保、贷、还”运行机制。要把握好外国政府贷款和国际金融组织贷款的项目资金管理，严格落实还贷责任。要积极支持金融机构建立风险预警机制和坏账损失处理机制，提高金融机构防范风险的能力和水平。

（七）提升财政服务水平，优化金融生态环境

财政引导金融，不仅要在政策上、资金上引导，更重要的还体现在服务上的支持。要积极推动安徽社会征信体系建设，搭建金融与政府部门信息共享平台，建立健全信用监督和失信惩戒机制，积极打造“信用高地”。要加强与有关部门的合作互动，积极探索多种形式的金融债权管理方法，及时研究解决企业逃废金融债务问题。要加大对会计中介机构的政策业务指导，不断提高其服务质量和水平。要加强财政执法监督，维护财经秩序，坚决打击会计虚假信息，维护财经金融秩序。

课题组长：左　俊

执笔：鲍文前　万　勇

推进社会养老服务财政政策研究

根据第六次全国人口普查数据显示，我国60周岁以上人口为1.78亿，65周岁以上人口为1.19亿，分别占总人口的13.26%和8.87%，均超过国家标准10%、7%水平，我国已经进入老龄化社会，且老龄化进程正不断加快。与西方发达国家不同的是，我国是人口最多的国家，且老龄化是在未富先老的发展态势下与经济发展转轨、社会结构转型同步到来的，将对经济社会发展产生深远影响，更对政府财政支出结构、社会分配关系、养老保险制度、社会公共服务等领域提出新的挑战。因此，尽早研究并完善相关财政政策，充分发挥公共财政职能，加快社会养老服务发展意义重大。

一、推进社会养老服务的背景

在我国，家庭养老具有悠久的历史。近年来，受人口老龄化、家庭小型化和人口流动区域扩大等多种因素影响，传统的家庭养老功能逐步弱化。一方面，家庭养老功能逐渐弱化，导致养老功能从家庭转向社会。另一方面，政府应对社会养老服务缺失的措施不足。公办养老机构主要是对重点优抚对象、农村“五保”、城市“三无”人员等特定保障对象实行集中供养，而面向社会老人的普惠制养老服务则严重缺失。社会养老服务急剧增长和供需矛盾激化，使推进社会养老服务成为必然选择。

（一）应对人口老龄化的需要

一是人口老龄化给传统养老方式带来冲击。一方面，子女减少冲击传统养老模式。我国人口老龄化快速发展与计划生育政策高度关联，随“四二一”式（四个老人，一对夫妇和一个孩子）家庭日益增多，客观上导致部分老年人来自子女的照顾减少，传统的养老模式受到冲击。另一方面，传统的家庭照料难以满足现代养老服务需求。目前，养老服务已由传统的生活照料，拓展到文化娱乐、医疗保健、精神慰藉等诸多方面，其中多数服务项目家庭难以提供，需要政府和社会提供相关的服务。

二是现有公办养老机构难以满足服务需求。一方面，公办养老机构服务面较窄。公办养老机构主要是为重点优抚对象、农村“五保”、城市“三无”等特定保障对象提供养老服务，面向社会老人提供养老服务的资源不足。另一方面，公办机构养老服务难以满足老年人养老需求。长期以来，公办养老机构体制僵化，服务内容单一，服务意识淡薄，服务质量低劣，难以满足老年人多样化的养老服务需求。

（二）应对人口流动冲击的需要

一是人口流动造成家庭照料缺失。受劳动力社会参与率提高，跨地域就业流动加速等影响，全国有25.8%的老年人因子女异地就业而静守空巢，农村老人与子女分居比例更高达45.3%，众多老年人家庭变成了空巢家庭或独居家庭，人口流动使老年人来自家庭的生活照料缺失。

二是代际分居造成经济支持减少。老年人与子女生活上长期分离，造成父母与子女的感情变得松

弛。同时,子女与老人分居,必然造成彼此的经济收支分离,老年人的经济状况弱化。资料显示,目前在城市和农村获得子女经济支持的老年人分别为30%和40%左右,使老年人的家庭经济支持呈下降趋势。

(三)转变经济发展方式的需要

一是扩大消费需求的要求。有效释放老年群体的多样化消费潜力,就必须改变家庭养老传统模式下以提日常生活照料为主的现状,通过发展社会养老服务,充分满足老年群体的文化娱乐、医疗保健、价值实现等服务需求,使老年群体的潜在消费转化为现实消费需求。

二是加快服务业发展的需要。加快服务业发展,就必须积极拓展新型服务领域,不断培育形成服务业新的增长点。发展社会养老服务,可以围绕老年群体的特定需求,大力发展有关老年物质生活、精神生活、卫生保健、旅游观光等方面社会服务,推动老年服务产业发展。

三是促进劳动力就业的需要。扩大劳动者就业,就要创造更多的就业机会。发展社会养老服务,必将刺激养老服务供给和新增就业岗位的同步增长。同时,根据养老服务的特点,可将发展社会养老服务与促进"4050"人员、下岗失业人员、进城务工人员就业和再就业相结合,通过设置社会工作岗位等措施,促进劳动者就业。

(四)创新社会管理的需要

一是转变政府职能的需要。转变政府职能的方式之一,就是由微观管理、直接管理转变为宏观管理、间接管理。发展社会养老服务,政府可以将原来由自己生产的养老服务交由符合条件的社会力量举办,逐步从生产养老服务领域退出,从而把更多的时间和精力用于养老服务的决策和监督等方面,实现由"养人办事"到"办事养人"的角色转变。

二是促进投资主体多元化的需要。促进投资主体多元化,就是要改变社会养老服务投资主体和经营主体单一化的格局。发展社会养老服务,可以引导社会力量举办社区日间照料和机构养老服务。一方面,社会资本作为直接投资者,可以丰富社会养老服务的投资主体。另一面,政府可以采取公办民营、购买服务等多种方式,吸引社会力量参与社会养老服务,促进经营主体多元化。

三是培育和扶持社会组织的需要。培育和扶持社会组织,就是通过建立公共财政对社会组织的资助和奖励机制,加快政府向社会组织购买公共服务,完善对公益性捐赠、非盈利性社会组织减免税等税收优惠政策,加快社会组织发展并更好地发挥其社会服务职能。发展社会养老服务,把部分养老服务项目交给社会组织提供,可使社会组织在参与养老服务的同时获取一定经济收益,加快自身发展。同时,政府在向社会组织购买服务的过程中,可通过建立契约关系促使社会组织不断提升服务质量和水平,最大限度激发社会创造活力和增加社会和谐因素。

二、我国养老服务体系发展现状及存在问题

"十一五"以来,我国养老服务体系建设扎实推进,在城市深入开展并逐步向农村延伸,养老服务机构和老年活动设施建设取得较大进步。但我国经济社会快速发展和人口结构变化也导致一些深层次矛盾,加之养老服务体系制度设计缺陷及应对措施的不足,给养老服务体系建设带来一些不容忽视的问题。

(一)养老服务体系发展现状

一是机构和设施情况。《社会养老服务体系建设规划(2011—2015年)》显示,截至2010年底,全国各类收养性养老机构已达4万个,养老床位达314.9万张。含日间照料功能的综合性社区服务中心1.2万个,留宿照料床位1.2万张,日间照料床位4.7万张。每千名老人拥有养老床位数18张,仅为建设目标的60%,建设任务较为繁重。

二是从业人员情况。以安徽省为例,2010年全省65岁以上老年人达605.7万,每年还以52万的速度在增加。全省养老服务业需要60万的从业人员,可同期人数不到20万,仅为需求人数的三分之一。且现有养老服务从业队伍,主要来自招聘下岗女工、农村进城务工人员以及计划经济时期照顾性安排人员,专业化程度不高。近年来,各地积极开展应急性培训,养老服务从业队伍规模和素质总体呈上升和提高趋势。

三是服务内容及方式。服务内容主要是围绕特定保障对象提供基本生活照料,在养老床位、服务力量富余的情况下,面向少数社会老人提供有偿或低偿服务。近年来,各地采取社区照顾,政府购买服务等形式,大力推进居家养老服务,将基本生活照料服务向老年文化、教育、健身、娱乐以及医疗康复、精神慰藉、法律服务等方面延伸。服务内容正由单

一化、简单化向多样化、个性化方向发展，服务方式正由传统模式向系统化、网络化方向转变。

四是当前政府保障政策。福利事业单位保障模式。将光荣院、社会福利院等老年福利机构纳入事业单位系列，政府负责基础设施建设，核定人员编制，对其供养对象生活、医疗经费，工作人员、办公等经费由财政部门予以全额保障。乡镇敬老院保障模式。政府在负责基础设施建设，保障供养对象生活、常规病治疗经费的同时，对机构管理人员工资，办公经费等按定额给予供给。民办公助模式。对社会力量举办的养老服务机构和日间照料机构，采取政府购买服务方式，对其床位建设、贷款利息和运营费用等给予适当补助。

（二）养老服务体系发展面临的问题

一是缺乏统筹规划，布局结构不合理。由于政府对社会养老服务体系缺少统筹规划，导致服务体系建设缺乏整体性和连续性。一方面，城乡布局失衡。目前，全国拥有机构养老床位314.9万张，其中农村敬老院占223万张，占70%以上。另一方面，群体布局失衡。现有养老服务设施主要是面向重点优抚对象、“三无”、“五保”特困老年人和低收入高龄、独居、失能等困难老年人提供基本养老服务，而面向社会老年人提供养老服务的比例很小，多数老年人无法得到基本养老服务。

二是供需矛盾突出，服务能力严重不足。2010年底，全国涵盖福利院、养护院、敬老院、荣军养老机构、老年公寓等多种类型的收养性养老机构4万个，养老床位总量在314.9万张左右，加上社区养老服务设施能够提供的日间照料床位和留宿床位，总数也不过在320.8万张，不足全国60岁及以上老年人口的2%。目前，发达国家养老床位的供需比一般在5%到7%。因此，我国各类养老和日间照料机构床位存在较大缺口，服务设施严重不足。

三是经营机制严重僵化，服务内容单调缺失。公办养老机构大多经营机制僵化、管理模式陈旧。长期形成的等、靠、要的思想，使得公办养老机构缺乏经营意识、竞争意识和创新意识，机构臃肿、人浮于事、安于现状、不思进取的现象普遍存在。服务内容以生活照料为主，服务内容单一，医疗康复、文化娱乐、精神慰藉等多层次服务基本上处于空白状态，难以满足老年人多样化的服务需求。

四是监管自律缺失，机构服务混乱无序。一方面，政府对养老机构监管制度缺失。对养老服务对象没有统一的资格评估确认机制，特别是对老年人生活困难程度、自理能力等，缺乏科学的评判标准，养老服务标准、服务内容随意性较大，且缺少必要的评估、追踪和反馈机制，机构自律完全处于空白状态。另一方面，服务从业人员队伍混乱。由于从业队伍规范化、制度化建设滞后，缺乏系统的培训、竞争和管理机制，部分从业人员缺乏必要的专业护理知识，不能满足养老服务从业要求。

三、国内外社会养老服务主要模式及发展趋势

（一）国外主要养老模式

国务院《养老服务体系建设规划2011—2015》预测，到2020年我国老年人口将达到2.43亿，约占总人口的18%，与发达国家20%左右的老年人口比例较为接近。因此，发达国家在应对人口老龄化过程中长期探索形成的养老模式值得我国借鉴。一个多世纪以来，各国的养老模式基本都遵循“以家庭养老为主→开始发展机构养老→回归社会化养老→发展更为多元化的养老服务体系”这一发展轨迹，主要的养老模式大致可以概括为两种主要类型和三种基本模式。

一是两种主要类型。由于经济、文化等方面的差异，西方国家和东方国家在养老服务建设方面具有明显差异，形成了两种不同的养老类型：西方国家的福利养老类型和东方国家的儒文化类型。福利养老类型。由于有经济实力的支撑和西方居家形态诸多方面的因素，这些国家养老对策的共同之处是依赖“社会养老”功能：在社会保障体制中，老年人被赋予了独立生活的经济能力；在福利设施、服务体系以及居住环境等方面，针对老年人的生理情况，采用不同层次、不同类别的设计。儒文化类型。亚洲国家中，日本、新加坡等也逐步进入了老年型国家之列。由于有较雄厚的经济实力，这些国家一方面汲取了西方社会福利养老的特点，充分赋予老年人优厚的社会保障；另一方面，基于传统东方家庭观念的延续，其还致力于开发家庭养老的功能，如提倡和鼓励“多代同居”。

二是三种基本模式。综观国外养老服务的发展，形成了三种基本的养老模式：家庭养老、居家养老和机构养老。家庭养老模式。指老年人选择居住在家庭中，而不是入住在养老机构内的安度晚年生活的传统养老方式，也称家庭自我养老。1991年的《联合国老年人原则》强调"老年人应尽可能在家里居住"和"老年人应该得到家庭和社区根据每个社会的文化价值体系而给予的照顾和保护"。英国政府一直鼓励老年人尽可能在自己家里安享晚年。新加坡政府注重发挥家庭养老功能,政府、志愿者和社区福利机构辅助照料的责任。为此新加坡国会于 1995 年通过《赡养父母法令》,成为世界上第一个为"赡养父母"立法的国家,并出台了一系列鼓励儿女与老人同住的相关政策。居家养老模式。指老年人在家庭居住,并享受与社会化上门服务的养老模式,也称社区居家养老。美国通过在社区设立老龄服务中心,为老年人提供上门送餐、清洁和代理服务、集中照料、医疗护理、精神与心理辅导、老年就业指导与培训等各方面服务。瑞典政府建立了完善的社区养老服务体系,从医疗、家政到临终关怀等方面,切实解决居家老年人的各种生活困难和问题。英国从 20 世纪 90 年代开始,将养老问题纳入社区,开展对老年人的社区照顾,服务内容包括生活照料、物质支援、心理支持、整体关怀等。而日本 1982 年出台的《老人保健法》,进一步强调老年人居家养老、居家护理。机构养老模式。指老年人集中居住在专门的养老机构中,并由养老机构提供专业化护理照料服务的养老模式。这一模式更多是关注老年人的长期照料需求。目前,全美建设有不同性质、不同服务项目的养老机构 2 万多家,形成了一个多层次的社会养老服务体系,已能全面覆盖各阶段护理需求的老年人。英国的养老机构建设在 20 世纪 90 年代基本实现私有化,目前有养老院和疗养院约 1.8 万家,护理机构近 6000 个,2009 年各养老机构共收养近 40 万老年人。瑞典到 1992 年已建立起 270 个私营老年护理机构,占全国老年护理机构的 1/3, 为老人特别是收入较高的老年人提供了更为个性化的服务。日本则在 20 世纪 80 年代出资建立并普及托老所, 提供短期入住、护理和治疗服务。

(二)国内养老服务主要模式

推进养老服务社会化,是我国积极应对人口老龄化快速发展的战略选择,对于提高老年人生活质量,促进经济社会协调发展,构建社会主义和谐社会具有十分重要的意义。各地在开展推进养老服务工作过程中,因地制宜,因势利导,形成了一些各具特色的服务模式。

一是政府主办模式。该养老模式在我国中西部许多省市的居家养老服务中被广泛采用。其特点是政府主管和承办, 行政推动运作。养老服务队伍由区、街道居家养老服务中心配备事业编制的干部和工作人员组成, 站点的工作人员由街道、居委会干部、少量聘用人员和辖区志愿者担任,基本上以提供无偿和低偿服务为主。其优点:一是能够从上到下得到各级党政的重视和支持,保证政策能够顺利执行;二是与社区建设紧密结合, 从而较多地获得社会资源和社会力量的支持。缺点是:效率低下,不利于政府职能转变;缺少竞争机制,不利于调动更多的社会资源和民间力量参与;服务项目单调、服务专业化程度低。

二是公办民营模式。该模式在我国东部发达地区和沿海的一些大中城市多有运用, 如北京市部分政府办养老服务机构打破政府统管统包模式, 采取租赁、承包等方式,将政府建设的养老机构交给民间组织使用和管理,提供社会养老服务。其优点是:符合服务型政府建设的要求和发展方向, 更好地发挥和体现了政府的宏观管理和调控职能; 降低了运作成本,运营高效;有利于服务与需求的对接。缺点是:一些民间组织发育不良, 难以担当起政府委托的养老服务重任;政府行政管理和监督力度跟不上,民间组织产生逐利倾向。

三是民办公助模式。该模式在一些养老机构发展较好、服务水平专业化程度相对较高的地方如上海、浙江、北京等已经开始试行,随着服务型政府建设的推进和养老需求的不断增加, 呈现出较快的发展势头。其特点是政府不再兴建居家养老服务机构和设施, 而是政府全部出资或部分资助, 由市场为"三无"、"五保"、军烈属、特困以及支付能力不足但确需照顾的老年人提供基本养老服务。优点是:政府把补贴直接发给服务对象或按照服务数量质量支付给举办单位,改变了政府投入和资助方式,可以加快老年服务市场的发育和成熟; 市场竞争压力可以提高养老服务的效率, 能够使老年人享受到更好的服务。缺点是:目前很多地方政府对服务对象的资助不充足, 造成老年人的支付能力与养老需求之间形成突出矛盾;受追逐利润影响,部分低偿、不赚钱的服务往往被忽视。

(三)国内外养老服务发展的总体趋势

国内外社会养老服务发展模式和历程表明,人的需求是多样化且不断升级的, 养老方式也不可能

是单一、不变的。随着国内外民生观念深化、社会化程度提高,社会养老服务逐步实现了以下转变:

一是服务对象由重点救助向普惠制转变。养老服务在立足"五保"对象、城市"三无"老年和优抚对象的同时,逐步面向社会老人提供养老服务。一方面,建立面向全体老年人的养老服务补贴制度,确保达到规定年龄的老年人均可享受来自政府的专项补助。另一方面,在养老服务社会化过程中,各类养老服务机构,根据老年人经济条件和身体状况面向全体社会老人开放,服务对象逐步由特定保障对象向有服务需求的社会老人转变。

二是服务功能由单一内容向综合服务转变。改变长期以来主要提供生活照料和家政服务的习惯做法,通过开展从业人员技能培训、购买专业社会组织服务等方式,不断拓展服务内容,提升服务质量,逐步为老年人提供生活照料、家政服务、精神慰藉、心理咨询、就医服务、紧急援助等全方位服务。

三是提供方式由政府包办向社会参与转变。一方面,发挥资金的引导作用。通过实施财政贴息、给予一次性床位建设补贴和运营补贴政策,引导企事业单位、集体组织、民间组织等参与社会养老服务发展。另一方面,发挥政策支持体系的激励作用。通过进一步细化明确土地使用、税费减免、金融支持等政策,引导和支持社会资本进入养老行业,提供社会养老服务。

四是发展格局由市场分割向营造公开竞争转变。一方面,公办养老机构根据资源状况,面向社会老年人提供养老服务。另一方面,社会力量举办的养老机构在面向社会老年人提供养老服务的同时,开始向少数重点优抚对象提供养老服务,所需经费由政府采取购买服务的方式予以核拨。在公办养老机构和社会养老机构服务对象趋同的形势下,逐步形成公开竞争的社会养老服务提供机制。

四、推进养老服务社会化的政策建议

国内外养老服务发展历程表明,传统的家庭养老方式已不能适应社会的发展变化,公办养老机构也无力承担全部老年人的集中供养服务。以居家养老为基础,社区养老为依托、机构养老为补充的养老服务格局,是一种既符合我国经济社会发展水平、又能满足多数老年人养老意愿的优选模式。现就发挥财政职能,推进社会力量发展社区和机构养老服务提出如下政策建议:

(一)加大投入力度,全力支持社会养老服务发展

社会养老服务包括生活照料、物质支持、心理支持和整体关怀,是一个庞大的系统工程,在社会养老服务资源不足的情况下,政府要及时补位,加大投入力度,确保社会养老服务的健康发展。

一是加大政府投入力度。一方面,明确政府投入政策。根据公共财政职能和财政管理体制,明确各级财政的投入责任。市、县(区)政府要安排专项资金支持引导社会资本参与养老服务业的发展。省以上财政部门应根据社会养老服务发展规划,帮助养老服务资源短缺的农村或偏远地区增加养老设施等服务资源,促进社会养老服务均等化。另一方面,要规范发展经费的管理。各级财政等有关部门要制定社会养老服务发展经费管理办法,建立健全社会养老服务资金投入、使用和监管机制,为全省社会养老服务事业发展提供物质保障。

二是拓宽资金投入渠道。一方面,发挥财政投入政策引导作用。通过实施财政贴息、给予一次性床位建设补贴和运营补贴政策,引导企事业单位、集体组织、民间组织等参与社会养老服务发展。另一方面,发挥政策支持体系的激励作用。通过进一步细化明确土地使用、税费减免、金融支持等政策,引导和支持社会资本进入养老行业,兴办社会养老服务机构,提供社会养老服务。

(二)创新投入方式,有效支持社会养老服务发展

创新投入方式,通过改进资金分配办法、优化资金分配程度和强化资金分配透明度,提高财政资金使用有效性。

一是完善资金分配机制。一方面,从促进社会养老服务均等化出发,科学确定政府补助资金投向,促进区域之间社会养老服务的均衡发展。另一方面,要建立竞争性资分配机制,本着扶优扶强的原则,重点对规模集中、具有示范性的社会养老服务机构、社区日间照料机构予以支持,促进社会养老服务机构增强服务能力,提高服务质量。

二是优化资金分配程序。在调查研究的基础上,建立区域新增社会养老服务备选项目库。根据社会养老服务发展进程和资金落实情况分年度确定政府扶持的重点,并组织专家利用备选项目库对各地申报项目进行评审,科学遴选补助项目。

三是增强资金分配的透明度。对经过专家评审初步选定的项目,通过网络等公开媒体予以公示,主

动接受来自养老服务举办单位、项目主管部门等社会组织的监督,确保资金分配的公正性、科学性。

(三)加大政策支持,充分发挥政策资源综合效应

在加大投入力度,创新投入方式的同时,要进一步整合相关政策资源,充分发挥政策的综合效应,多渠道解决养老服务资源不足问题。主要措施包括:

一是税费优惠。适当减免老年服务机构的各项税费;老年服务机构用电、用水按居民生活用电、用水价格收取;向非营利性老年服务机构的捐赠,在缴纳企业所得税和个人所得税前准予扣除;在政府扶持和优惠政策上与政府办养老机构同等对待;允许投资者提取合理收益等。

二是金融支持。鼓励和引导金融机构在风险可控和商业可持续前提下,创新金融产品和服务方式,改进和完善对社会养老服务产业的金融服务,增加对养老服务企业及其建设项目的信贷投入。积极探索拓展社会养老服务产业市场融资渠道。

三是资源整合。充分考虑老年人需求,大力支持街道、社区"老年人生活圈"配套设施建设,着力改善老年人的生活环境。通过政府购买服务等途径,推进社会资源整合,缓解老年生活基础设施不足的矛盾。一方面,要优化各项养老服务资源布局。充分发挥资源配置职能,优化学校、医院,各种活动设施等公共资源布局,营造为老服务环境。另一方面,要实现同城公共资源的共建共享。采取政府补贴等措施,引导相关部门把卫生、体育、文化等公共设施免费向老年人开放,形成覆盖广泛、分布合理、功能完备的养老服务网络。

四是就业资助。将发展社会养老服务与再就业工程结合起来,一方面,将养老服务人员培训纳入就业技能培训计划,与大专院校、卫生院校合作,利用就业技能培训资金对现有养老机构和社区养老服务人员进行培训,确保养老服务人员掌握基本保健、护理、康复知识和技能。另一方面,将社会办养老服务纳入公益性岗位,由政府按规定给予补贴,降低社会养老服务成本。

(四)构建监管机制,提升专项资金使用效益

完善的监管机制,确保财政资金安全有效,不断提高财政资使用效益。

一是建立绩效评价制度。一方面,要制定科学完善的绩效评估方案。科学制定评估方案,从实施内容绩效、功能效益绩效、项目管理绩效、资金管理绩效和公共效益绩效等方面进行科学评估。另一方面,要提高评估结果的公信度。委托有资质的评估机构或者组织,对政府投入社会养老服务资金使用效果,服务机构、服务内容、服务人员和服务质量等定期进行评估。

二是注重结果的运用。一方面,省以上财政部门将绩效评价结果转换为对考评对象的补助系数,并与以后年度资金分配直接挂钩,进一步调动各地强化资金管理,提高资金使用效益的积极性。另一方面,市县(区)财政部门要将绩效评估结果与社会养老服务招投标制度挂钩,促进政府购买服务的资金向优质服务资源流动。

课题组组长:吴天宏

课题组成员:朱艾勇　解亚平　汪小俊

预算绩效管理框架下财政绩效监督研究

2011年11月,安徽省人民政府出台了《关于全面推进预算绩效管理的意见》(皖政〔2011〕115号),2012年实行部门预算绩效目标编制批复制度,标志安徽预算绩效管理进入新的发展阶段。但财政监督在预算绩效管理实践中如何发挥应有的作用,如何创新财政监督方式方法,推动财政绩效监督工作的开展,这是财政监督面临的新课题。本课题组从理论上分析预算绩效管理框架下财政绩效监督的概念、主要特征,针对实践中财政绩效监督遇到的主要问题,结合安徽实际和课题调研情况,研究提出预算绩效管理框架下财政绩效监督工作的对策建议。

一、预算绩效管理框架下财政绩效监督发展现状

(一)预算绩效管理基本框架

预算绩效管理是进一步提高财政资金使用效益必然要求,是提高政府行政效能的重要措施,是现代管理的发展趋势。财政部高度重视预算绩效管理,并将其作为"十二五"时期财政重点工作推进。

2011年7月,财政部出台《关于加强预算绩效管理的意见》,在全国范围内部署推进预算绩效管理工作。近年来,全国各地财政部门对预算绩效管理工作进行了积极的探索,不断加强绩效目标管理、绩效

跟踪管理、绩效评价实施、评价结果运用,预算绩效管理框架已基本形成。

2012年7月,财政部谢旭人部长在全国财政厅(局)长座谈会上提出,要将绩效观念和绩效要求贯穿于财政管理的各个方面,逐步建立预算编制有目标、预算执行有监控、预算完成有评价、评价结果有反馈、反馈结果有应用的全过程预算绩效管理机制,切实增强财政资金使用的安全性、规范性和有效性。同时,要求加强财政绩效监督检查,健全制衡机制,强化对所有政府性资金和财政运行全过程的监督检查,不断提高绩效监督质量。谢部长的讲话进一步明确了预算绩效管理的运行机制,也对财政绩效监督工作提出了新的更高要求,必将有力推进预算绩效管理和财政绩效监督工作的深入发展。

(二)预算绩效管理框架下财政绩效监督的主要特征

财政绩效监督是推进预算绩效管理的重要手段,是完善财政管理和改革的重要内容,是财政监督工作的重要发展方向。研究预算绩效管理框架下财政绩效监督,应首先分析一些与绩效监督相关的概念区别,从而准确把握绩效监督的特征。

1.财政绩效监督的概念。1949年,美国胡佛委员会首次研究提出将绩效预算作为一种预算方法。"绩效预算是根据达到的可计量结果来进行资源分配的过程。也叫做以结果为基础的预算"。绩效预算与传统预算(投入导向预算)相对应,它强调结果导向,其基本理念是:政府和公共机构不仅应对资源的使用,更强调对资源使用产生的绩效负责。这种责任的落实,就必须依靠新的监督模式—绩效监督。绩效预算实际上为绩效监督提供了监督标准,绩效监督主要致力于促进绩效预算的科学合理以及执行的有效。因此,财政绩效监督是伴随绩效预算的产生而产生的,可以说,财政绩效监督与预算绩效管理是相互制约和相辅相成的关系,预算绩效管理是财政绩效监督的前提和基础,财政绩效监督则是预算绩效管理不可缺少的有机组成部分。

财政绩效监督的一般含义是指,财政部门以提高财政资金分配与使用绩效为目的,在有效开展财政资金合规性监督的基础上,按照财政绩效管理的要求,运用科学的监督标准和分析方法,对财政支出行为过程及其结果进行客观、公正的评价与监督活动。财政绩效监督包括行为监督和结果监督。行为监督体现了财政监督的监控职能,包括投入监督和管理过程监督。结果监督反映了财政绩效监督的最终目标,包括产出监督和影响监督。

2.财政绩效监督与合规性监督特征比较。财政绩效监督是以传统合规性监督为基础并加以拓展的,较之合规性监督,有着更高的监督目标、更广的监督内容、更丰富的检查方法。

从监督目标看,财政合规性监督主要审查、核查监督对象的会计资料是否真实,财务收支是否合法,其目的是查错纠弊,保障财政资金的真实性、合规性和安全性;而绩效监督则是通过审查各项预算资金使用经济性、效率性、效果性,并提出改进建议,并将监督成果将作为下一年度财政预算安排的重要参考,调整优化支出结构,提高财政管理效率和资金使用效果的目的。

从监督内容看,财政合规性监督主要是审查与财政财务管理会计资料及相关的经济活动情况;而财政绩效监督则在此基础上,重点对与财政资金效益性直接相关的各种经济资料、技术资料、管理活动等情况的监督检查,涉及业务活动实现的经济成果、社会贡献、环境改进、政治安全、社会满意度等诸多公共目标。

从监督方法看,合规性监督主要采用检查会计资料等方法和技术;绩效监督除此之外,还针对绩效管理的特点,以过程为基础,以结果为导向,利用关键绩效指标,运用比较法、因素分析法、成本收益法、问卷调查法等社会研究方法,对项目立项、资金投入、项目管理和支出成果进行综合分析和评价监督。

从监督经验上看。合规性监督开展的历史很长,而绩效监督则只有几十年的历程,在我国则刚刚起步,所以说绩效监督在很大程度上还处于不断摸索中。

3.财政绩效监督与绩效评价的特征比较。财政绩效监督与绩效评价都是绩效管理的重要内容。绩效评价更多是技术层面,而绩效监督更多的是管理层面。绩效评价体系的建立是财政绩效监督的基础。但两者相比较,又各自表现出不同的特点。

从地位作用看,绩效评价既可以服务于项目建设单位的项目验收、项目管理部门的项目管理,也可以服务于财政部门的财政管理工作,结果直接用于预算编制与执行工作的改进;而财政绩效监督则是财政部门开展的服务与财政管理的监督,结果在作用于预算编制与执行的同时,也对绩效评价机构及绩效评价结果有监督作用。

从实施主体看,绩效评价的组织实施主体既可以是财政部门,也可以是项目建设单位的主管部门或中介机构;而财政绩效监督的组织实施主体只能是财政部门。

从运用方法看,绩效评价是运用全部绩效评价指标对支出绩效进行评价;而财政绩效监督则是根据重要性和监督工作的成本效益原则,选择关键性指标进行核查。

从工作内容看,绩效评价注重支出结果的评价,即对部门和支出绩效目标的实现程度进行考核与评价;而财政绩效监督是对行为与结果的监督,既包括对目标实现程度和结果的监督,也包括对项目设计立项、资金投入以及项目与资金管理等情况的监督,其中绩效评价工作的组织和完成情况,也是财政绩效监督的内容之一。

(三)目前国内财政绩效监督的主要做法

目前,我国的财政绩效监督在理论和实践方面,都在不断地探索之中。财政部监督检查局将财政绩效监督纳入专项监督检查,通过财政部各专员办,加强对中央部门及其基层预算单位财政资金管理使用情况的绩效监督,促进中央部门加强和提高财政资金的绩效管理。同时,财政部根据各地经济发展水平和预算绩效管理情况,鼓励有条件的地方积极探索财政绩效监督的方式方法,四川、江苏等省份都先后探索开展了此项工作,安徽于2012年开展财政绩效监督试点工作。

1.四川省的主要做法。一是建立绩效监督与绩效评价“双轨运行”的工作机制。即在预算处设立绩效评价科,协调各处室开展绩效评价工作;在财政监督局设立绩效监督办,负责绩效监督日常工作。并专门成立“绩效评价(监督)工作领导小组”,统一领导绩效监督和绩效评价工作。二是采用绩效监督与绩效评价“合而不同”的操作模式。即绩效监督与绩效评价采用同一套项目支出绩效评价指标体系,在现场采取同步进场方式:绩效评价组开展项目资料审核、现场勘验及问卷调查等工作,完成绩效评价现场记录;绩效监督组抽取50%以上重要指标进行监督,独立编制绩效监督底稿。同时编制绩效监督督查工作记录表,对绩效评价工作的程序和质量进行考核。三是绩效监督与绩效评价成果统一利用。现场工作完成后,各处室具体实施绩效评价工作,出具各项目绩效评价分报告;监督检查局对所有绩效评价项目开展绩效监督,出具各项目绩效监督分报告,并汇总形成绩效监督总报告;最后,预算处根据绩效评价分报告、绩效监督分报告及总报告进行综合分析,形成绩效评价监督汇总报告,上报安徽省委省政府。

2.江苏省的主要做法。通过构建预算编制、预算执行、绩效评价、财政监督“四位一体”的财政管理机制,强调绩效评价与财政监督的相融相促。对绩效评价和财政监督中发现的问要及时协调互通。绩效评价中一旦发现资金使用管理的违规违纪行为,评价机构要将有关问题及时告知并移送监督机构,由监督机构进行进一步的检查核实。财政监督检查中发现资金效益方面的问题,监督机构要及时通知绩效管理机构,就相关资金项目有针对性地开展绩效评价。

3.安徽开展财政绩效监督试点工作。主要从绩效目标监控、绩效评价同步监督和绩效评价质量检查三个方面开展工作。一是跟踪绩效目标实现情况。通过省财政厅信息系统,定期或不定期查询项目支出进度,会同各预算部门,跟踪了解绩效目标实现情况。二是监督绩效评价实施过程。选择部分项目,抽取关键指标进行独立评价监督,核实项目完成及绩效情况。同时,从绩效评价质量是否得到保证及评价程序是否规范两个方面,对预算部门绩效评价开展工作情况实施过程监督。三是审查绩效自评报告。从绩效目标的实现程度、绩效评价工作的开展情况、绩效评价结果的客观性等方面,对预算部门的绩效自评报告进行审查,撰写绩效监督报告,并反馈预算处和相关处室,上报有关领导。

二、预算绩效管理框架下开展财政绩效监督存在的主要问题

财政绩效监督工作的深入开展,需要理论研究、实践经验、法规制度等多方面支持,预算绩效管理框架的确立,尤其是多年的绩效评价实践和近年开展绩效目标管理活动,为开展财政绩效监督工作提供了较好的基础和良好的机遇,但在实践过程中,还存在不少实际困难和问题,主要表现在以下几个方面。

(一)法律法规不够健全

我国目前还没有一部全面系统规范财政监督活动的法律法规,相关的一些规定散见于《预算法》、《会计法》、《国务院关于违反财政法规处罚暂行办法》等法律法规之中,缺乏整体性、系统性,大大削弱了财政监督的权威性和监督效果。财政绩效监督的法律规范更是明显空白,《中华人民共和国预算法》以及《国务院关于违反财政法规处罚的暂行规定》中,没有涉及绩效监督的条款,甚至没有提及“效益”一词。仅仅在《中华人民共和国预算法实施条例》第三十八条做了原则性要求。财政部最近出台的《财政部门监督办法》(财政部第 69 号令),虽然要求加强财政绩效监督,但并未明确绩效监督组织实施、工作程序、财政资金分配和使用效果的责任追究、跟踪问效等内容。到目前为止,财政绩效监督尚没有形成制度化和系统化的监督工作机制,绩效监督工作缺乏法律约束与制度保障。

(二)理论研究刚刚起步

我国开展绩效监督刚刚起步,有关财政绩效监督的基本理论认识不清晰并缺少基本共识,财政绩效监督与绩效预算、绩效评价、绩效审计等的关系还有待进一步理清。从管理角度讲,管理必含监督,但目前而言,财政绩效监督并没有完全纳入预算绩效管理的框架体系。有关绩效监督方面的理论研究很少,组织绩效监督检查工作缺乏实践资料和理论支持,理论界对绩效监督的标准、原则以及实施主体等问题缺乏深入研究,公开发表的关于绩效监督的文献十分有限。严格地讲,能够指导财政绩效监督的理论体系还没有建立起来。当前,随着预算绩效管理思想和框架机制建立,一些关于绩效监督工作的思考和实践,还在探索之中。

(三)绩效标准难以建立

绩效标准是管理部门或检查人员对实际效果进行衡量或评价的鉴定要点,绩效监督评价指标体系是衡量被监督单位或项目绩效高低的尺度。由于指标体系和评价标准的缺乏,制约了绩效监督工作的开展。实际工作中,建立科学合理的财政绩效评价监督标准并不容易。在公共财政要求下,很多项目具有多种公共目标,包括经济、政治、安全、环境、社会等目标要求,且其中多数目标都难以衡量。可以说,公共支出目标的多样性和难衡量,是其评价标准难以建立的根本原因。如何从科学角度,突破经济发展水平、技术手段、认知和主观决策限制,建立一套科学、系统和完整的绩效监督指标体系和评价标准,综合评价财政支出的经济效益、社会效益、环境效益以及政府绩效,是财政资金绩效监督的重要目标,也是当前开展绩效监督的难点问题之一。

(四)绩效预算仍在探索

虽然预算绩效管理在绩效评价等方面取得一定进展,但仍处在积累经验阶段,绩效目标管理、绩效跟踪管理、评价结果运用还没有有效实施,真正推行绩效预算管理还需要一个过程。部分部门和地区还存在“重分配、轻管理,重使用、轻监督,重投入、轻绩效”的思想认识问题,部门和单位只管要钱,不讲绩效的现象仍在一定程度上存在。有些项目预算缺乏科学的前期项目论证,中期记录也很少,甚至存在先确定资金、再论证项目的现象;财政管理上合规性合法性监督多,资金使用绩效关注相对较少,实施绩效评价的项目也是少数,没有广泛普及;这些问题不但使违规操作成为可能,严重影响了财政资金的使用绩效,也制约了财政绩效监督工作的深入开展。

(五)绩效监督取证困难

实施财政绩效监督和其他检查工作一样,必须收集能证实监督对象基本状况和主要问题的可靠资料,才具有说服力。这些资料包括财务资料;业务活动背景资料;职能职责等目标资料;监督对象实现目标的各种方法及目标实现程度的活动资料;采取的程序和控制措施等。除此之外,监督人员还必须收集有关财政财务管理中铺张浪费、效率低、效果差的证据。在绩效监督实践中,监督对象的资料往往不齐全,绩效问题往往界定不清。另外,会计信息失真、财务管理水平较低,项目支出核算不清晰,也使得证据难以准确、充分的收集。财政绩效监督的取证困难,使检查结论被质疑的可能性较大,检查的风险也增大,监督检查的成效也将降低。

(六)监督队伍有待加强

绩效监督工作涉及面广,具有较强的技术性,需要相关工作人员既熟悉财政支出方面法规,有较强的综合分析判断能力,又要非常深入地掌握一定的宏观经济决策、经济管理、法律法规、工程评估、社会心理以及与财政支出相关行业等方面的专业知识。而现有的财政监督人员的知识结构、专业素质、工作能力等方面与开展绩效监督的要求还有很大差距。不少财政监督机构,基本上除了会计专业或者向会计师方向发展的人员外,缺乏其他专业人员。这些直接影响到监督评价的效果和科学性,增加财政监督风险,影响绩效监督质量。

(七)监督经验明显不足

虽然我们有开展绩效评价工作的基础,但在组织开展绩效监督试点工作过程中,我们还是感到缺乏绩效监督经验的支持,由于各省的财政体制、机构设置等实际情况不同,可以学习借鉴的成果并不多,基本上是一种摸着石头过河的状况。诸多问题,如怎样做绩效监督的查前准备,如何收集证据,如何多角度有效分析,如何写简捷、清晰的绩效监督工作报告等都缺乏经验。要突破难点,必须进一步加强对外交往、同行交往、内部交往、跨专业交往等,进一步探索掌握财政绩效监督的具体实施方法程序。

三、预算绩效管理框架下加强财政绩效监督工作的对策建议

当前,预算绩效管理要求必须加强财政绩效监督,而财政绩效监督在理论和实践上仍存在很多困难和问题,对此,结合安徽实际和财政大监督机制的推进,提出几点意见建议。

(一)确立财政绩效监督工作机制

财政预算绩效管理是政府绩效管理的重要组成部分,为明确各相关主体的工作职责,保证财政绩效监督工作的顺利开展,需要形成以下几个方面的工作机制:

1.建立预算绩效管理的三方联动机制。三方是指人大、预算部门、财政部门,三方在财政绩效管理过程中担负着不同角色和任务,各有侧重。人大是权力机关,其对财政资金绩效拥有监督权,核心是行使绩效问责;预算部门是财政资金使用主体,对自身承担项目的效益有最完整的了解,重点是开展绩效评价;财政部门作为预算绩效管理的主体,应积极督促预算部门开展绩效评价,重心是全过程绩效监督。三方建立"部门绩效评价、财政绩效监督、人大绩效问责"的联动机制,即绩效目标由部门申报、财政审核、人大批复;绩效运行由部门实施、财政监控、人大督查;绩效结果由部门评价、财政检查、人大问责。

2.建立财政部门内部的分工协作机制。财政部门是预算绩效管理的牵头部门,同时也是财政绩效监督的实施部门,这就要求在财政部门内部要有明确的分工协作机制。预算机构负责绩效目标的批复,保证监督对象的客观性,同时积极应用绩效评价结果,保证监督结果的严肃性;业务机构对内参与绩效目标审核和配合绩效监督开展,对外加强与预算部门的沟通和协调,指导预算部门编制绩效目标和实施绩效评价工作;财政监督专职机构开展全过程绩效监督,参与绩效目标审核和绩效运行跟踪,开展绩效评价的同步监督和再评价,及时反馈监督检查结果。

3.建立财政监督专职机构的全程参与机制。财政监督专职机构要建立与预算部门的对口联系制度,在机构内确定专人分工对口各预算部门,在绩效运行过程中,建立与预算部门的定期沟通机制,将每个项目的跟踪职责落实到人,实现绩效监督的横向全覆盖。在预算绩效管理过程中,以"全程绩效管控"为灵魂,紧密联系预算,全程参与绩效目标审核、绩效运行跟踪、绩效评价审定、绩效结果反馈等各个环节。同时,结合"金财工程"建设,把财政管理绩效信息融入到"金财工程"体系当中,努力建设统一规范的绩效管理与监督信息系统,实施"信息流"管控,实现财政绩效监督的纵向全覆盖。

(二)完善财政绩效监督环境基础

1.加强财政绩效监督理论研究。财政绩效监督是财政部门加强预算绩效管理的一项重要举措。要加强预算绩效管理框架下财政绩效监督的理论研究,从监督方法研究与监督标准选择入手,着重探索适合工作实际的绩效监督途径。同时,要加大宣传力度,在政府部门乃至全社会逐步树立绩效预算观和绩效监督理念,普及绩效知识,宣传绩效文化,使提高政府行政效率和预算绩效管理成为全社会的共识,得到社会各界的普遍认同和支持,营造良好的运行环境和群众基础。

2.加强财政绩效监督法制建设。在《财政部门内部监督检查办法》(财政部58号令)、《财政部门监督办法》(财政部69号令)的基础上,以及根据安徽即将出台的《安徽省财政监督条例》有关条文,研究出台《财政部门财政绩效监督办法》,对财政绩效监督的内涵与原则、主体与客体、范围与内容、方法与程序、标准与指标、成果与运用等方面具体加以规范。同时,要不断加强制度建设,按照绩效管理的内在要求,逐步建立健全绩效预算编制、执行和决算各环节的相关监督制度和内部控制机制。

3.加快财政管理信息系统建设。结合"金财工程"建设,把财政管理绩效信息融入到"金财工程"体系当中,努力建设统一、规范的绩效管理与监督信息系统,加强绩效监督评价指标库、数据库、项目库和专家库建设,为财政绩效监督提供必要的技术支撑。

4.加强财政绩效监督队伍建设。财政绩效监督要求监督人员不仅要熟悉财政财务会计业务以及相关法律知识，而且要具备数学、统计学、运筹学、系统论、社会学等众多学科的知识。要加强财政监督人员的政策、业务培训，吸收具有法律、建筑工程、计算机等方面资格的专业人才，形成多元化的监督人员结构，同时，要充分利用外部专家和社会中介机构参与绩效监督工作。

5. 积极推进政府会计制度改革。有效实行预算绩效管理和财政绩效监督，必须改革政府会计制度。在现行的收付实现制会计框架下，通过引入权责发生制的部分要素来修正收付实现制会计方法的不足，并逐步向适合我国国情的并具有较强操作性的政府会计制度过渡，建立权责发生制政府会计制度。同时设计科学合理的政府会计报告模式和会计信息体系，切实完整反映政府经济资源、财政状况和运行成果，提高政府会计透明度。

（三）建立财政绩效监督标准体系

财政绩效监督标准是衡量和评价被监督活动的经济性、效率性和效果性的业绩标准，是衡量、考核和评价监督对象绩效高低、优劣的判断尺度，是提出监督意见、做出监督结论的依据，是财政绩效监督工作不可或缺的因素。由于绩效监督对象和内容的多样性，不可能使用完全相同的监督标准。在财政绩效监督中，可根据与具体监督项目相联系的“经济性、效率性、效果性”的特定内涵来确定该监督项目的绩效监督标准。

1. 财政绩效监督标准的特征。(1)可靠性。在相同环境和条件下，不同的监督人员应用同样的标准衡量对同一被监督事项可以得出同样的结论。(2)客观性。监督标准本身应当是客观的、现实的，不受任何单位或个人的偏见或分歧的影响。(3)可理解性。监督标准内容清晰，不存在重大歧义或容易导致误解的情况。(4)重要性。对绩效监督指标在整个监督工作中的地位和作用进行筛选，选择最具代表性、最能反映监督评价要求的指标，确定监督标准，将该标准与被监督事项相互比较。(5)可操作性。指在现有条件下，绩效监督标准对被监督事项具有一定针对性和可实现性，便于监督人员操作和使用。

2. 财政绩效监督标准的来源。目前，我国财政绩效监督尚处于初步发展阶段，还未形成较为成熟的财政绩效监督计量标准，可暂时考虑将以下标准作为财政绩效监督的既定计量标准：(1) 国家认可的绩效标准，包括相关法律法规、财会制度及一些相关的技术考核标准等。(2)行业绩效标准，指被监督部门或项目所处行业的平均绩效水平。(3) 被监督部门的管理制度，包括被监督项目的中长期规划、计划、预算建议书、可行性报告和初步设计，项目合同标准，或外部专家意见等。(4)国际上通用的绩效标准，这些标准在长期的绩效监督评价实践中形成的，具有一定的合理性。

（四）促进财政绩效监督成果利用

财政绩效监督成果是对财政支出效益的总体评价，也是政府和财政部门对社会资源配置能力和效率的集中体现。充分利用财政绩效监督成果，才能真正发挥绩效监督的效用，并确立财政绩效监督的权威性。

1. 通过结果反馈推动绩效提升。要将绩效监督结果作为财政管理信息库的组成部分，作为财政部门以后预算编制、优化财政支出结构和提高财政支出效率的信息支撑；要将绩效监督的结果反馈到预算部门及其具体执行单位，督促部门单位落实绩效监督建议，促进部门(单位)增强责任和效益观念，提高财政资金支出管理和决策水平，不断强化内部控制，提高财政资金使用效益；要将结果与预算编制有机结合，将绩效监督结果作为安排以后年度预算的重要依据，从资金分配源头上加以规范。对于资金使用效率高、效益好的部门和地区，在财政资金拨付上重点倾斜，优先考虑；对于资金使用效率低、效益差的部门和地区，可考虑在以后年度安排预算时扣减资金，甚至取消项目。借助财政绩效监督，不断优化财政支出结构和投向，合理配置资源，加强资金监控，提高财政资金总体绩效。

2. 通过绩效问责推动责任意识。借助监督检查的经验开展绩效问责，把资金“绩效”与“人”联系起来，提高各级预算部门及其责任人员的责任意识，绩效未达标要“问责”，行为有违法要“问刑”。依法对财政绩效监督中发现的各种违规违法问题进行处理，严肃财经纪律，以增强财政绩效监督工作的权威性。

3. 通过信息公开推动群众知情。建立面向公众披露的绩效报告制度，实行财政绩效监督结果披露，增强政府公共支出的透明度。将绩效监督结果尤其是社会关注度高、影响力大的民生项目和重点项目绩效向社会公开，接受社会监督，满足人民群众对公共资金使用的知情权,促进时政资金的有效合理使用。

课题组组长:刘　浩

课题组副组长:汪学越

课题组组员:李汪祥　聂孝林

支持安徽旅游业发展的财政政策研究

财政政策是构建支撑旅游业发展的政策支持体系的重要组成部分和关键环节，是实现旅游业又好又快发展的重要保障。近年来,各级财政部门围绕安徽省委、省政府加快服务业发展的总体要求,不断加大旅游投入,全省旅游业呈现竞相发展的良好势头。面对“十二五”旅游业发展新的形势,需要进一步放大财政政策效应，本课题在对省财政支持旅游业发展进行回顾梳理的基础上，对进一步发挥财政职能作用提出若干建议。

一、近年来安徽财政支持旅游业发展的基本情况

(一)安徽旅游业发展的基本情况

近年来,在安徽省委、省政府的高度重视下,在各方面共同努力下，安徽旅游业保持了快速发展势头。从旅游总收入来看，2011年,全省旅游总收入达到1891.6亿元,居全国第11位,中部第3位,旅游外汇收入11.79亿美元，居全国第12位，中部第1位，旅游总收入占GDP的比重12.5%，同比增长3.12%；从接待游客量来看,2011年，接待国内游客2.25亿人次,接待入境游客262.8万人次,接待游客总人次居中部第4位,增速居中部第2位;从景区建设来看,全省A级以上旅游景区(点)412家,居中部第1位,其中,5A级景区4家,居中部第4位。综合以上旅游主要指标可以看出，安徽旅游资源禀赋优势明显,但高端景点景区建设仍需加强;近年来旅游总收入、接待游客总量增长迅速,体现入境游带动效应的旅游外汇收入也保持中部领先，说明安徽在国内旅游市场拓展方面增长较快，旅游经济的活力和带动力在逐步增强,但旅游总收入、接待游客总量与河南、湖北等省相比仍有较大差距。安徽旅游业发展正处在由旅游资源大省向旅游经济强省跨越的关键时期。

(二)财政支持旅游业发展的基本情况

从资金规模看,2009—2011年，全省各级财政投入旅游发展资金总计252009.8万元，其中省本级36000万元,三年平均增幅83.5%,2011年增幅最大,达到163.3%,比2010年增加近10亿元。从各级财政投入增幅看,市本级财政投入增幅最快,平均增幅达到131.5%,其次是县本级,年均增幅接近70%。这充分说明,随着安徽经济快速发展,全省上下对旅游业发展的重视程度显著提升,在省本级旅游专项资金的引导下，各级政府对旅游业发展的支持力度不断加大,市、县在旅游发展中的主体地位进一步凸显。

从投入结构和方向来看，以省旅游发展专项资金为例,投入结构呈现以下特点:省旅游发展专项资金主要用于市县旅游项目补助及旅游航空市场培育。2009—2011年,省旅游发展专项资金共36000万元,其中:用于旅游主管部门工作经费3630万元,占10.1%;用于旅游宣传促销经费8940万元,占24.8%;用于市县旅游项目补助经费12425万元，占34.5%;用于旅游航空市场培育经费11005万元，占30.6%。从财政支持方式看,2009—2011年,省旅游发展专项资金用于贷款贴息和担保补助方面的资金共为500万元,其他全部为直接补助。

从专项资金支持项目的额度来看,2009—2011年省旅游专项资金共补助了332个项目,其中,补助金额在10万元以下的项目数占59.3%,10万—20万之间的项目数占18.1%,20万—50万之间的项目数占9.3%,50万—100万之间的项目数占4.5%,100万—200万之间的项目数占7.5%,200万—300万之间的项目数占0.9%,300万—400万之间的项目数占0.3%。补助金额在100万以下的项目数最多,占总项目数的90%以上，其中,20万元以下的项目又占到100万以下项目数的80%以上。100万以下项目补助金额占项目补助总额的40%以上。

从专项资金支持项目的区域分布来看,2009—2011年,省旅游专项资金支持的县、市共48个,覆盖率为62%。补助金额最高的为黄山市1521万元,占16.8%,其次为安庆市1337万元,占14.8%,再次为宣城市1267万元,占14%。三市补助资金总额占三年来省级补助资金总额的45.6%。

(三)财政支持旅游业发展的主要成效及突出问题

1. 主要成效。近年来,全省财政不断加大对旅游业的投入力度,为旅游业的快速发展发挥了十分重要的作用。特别是在旅游基础设施建设、旅游商品研发、旅游规划制定、旅游市场营销、旅游航空市场培育等方面取得了明显成效。主要表现在,一是促进了旅游经济快速发展。2011 年全省财政累计投入旅游业超过 15 亿元,实现全省旅游业总收入 1891.6 亿元,同比增长 65.8%,增幅排名全国第一。二是推动旅游航空市场蓬勃发展。2011 年全省航线培育资金投入达 1.6 亿元,其中:省本级投入 4000 万元,国内航线增加到 49 条,通航城市增加到 44 个,境外航班每周增加了 5 个,安徽机场吞吐量增幅居全国第七,领跑中部。三是支持旅游宣传,树立安徽旅游新形象。在财政资金支持下,安徽旅游宣传广告 2011 年首次亮相中央电视台综合频道"朝闻天下"、中央电视台二套"第一时间"、中央电视台四套"整点新闻"等栏目,在香港、北京等地交通窗口设置了安徽旅游宣传广告,特别是探索实践"上下联动、左右联合"的旅游宣传推广新方法,打造了"旅游—难忘安徽"整体形象。

2. 存在的突出问题。尽管安徽旅游业发展取得了很大成绩,但与安徽丰富的旅游资源禀赋和建设旅游强省的目标相比,与周边地区旅游业快速发展的势头相比,还有很大差距。一是旅游资源禀赋与发展不协调。安徽 A 级景区总数达到 412 家,占中部六省总数的 36.8%,位居中部第一,遥遥领先中部其他各省,说明安徽旅游资源丰富,是旅游资源大省。但在旅游经济发展水平上,安徽 2011 年旅游总收入 1891.6 亿元,在全国排名 11 位,在中部排名第 3 位,与排名第二的湖北省相差 100 亿元,与排名中部第一的河南省差距更大,相差近 1000 亿元,说明安徽在建设旅游强省的道路上任重道远。二是地方政府重视不足。部分地方对旅游业重视不够,每年对旅游业的投入只有几百万元,对安徽省委、省政府支持旅游业发展的财税优惠政策尚未落实到位,没有充分认识发展旅游业的重要意义,没有很好发挥旅游业在调整结构、扩大内需、可持续发展等方面的积极作用。三是旅游资金使用效益有待进一步提高。目前,省旅游专项资金对小项目支持仍然较多,对具有牵动性的旅游大项目支持仍显不足,高端景点景区和旅游新兴业态项目建设亟须加强。四是旅游资金使用形式较为单一。财政支持旅游项目建设主要采用直接补助方式,没有贷款贴息等其他形式,没有很好体现区别对待、分类支持的原则。五是支持区域旅游协调发展的力度有待进一步加强。近三年来,省级旅游专项资金支持的区域仍然集中在黄山、安庆、宣城等传统旅游资源相对丰富的皖南地区,皖中、皖北地区旅游发展仍然缺少大项目支撑,获得的财政支持也相对较少。

二、河南省财政政策支持旅游业发展的经验借鉴

近年来,河南省旅游业发展成效显著,无论是经济效益还是知名度都在持续攀升。2011 年河南全省旅游总收入 2802.06 亿元,全国排名第七,在中部六省中位居第一。目前河南省拥有 27 个"中国优秀旅游城市"、185 家 A 级景区,其中 5A 级景区 10 家,5A 级景区数量与江苏省并列全国第一。近年来,河南旅游业中涌现出在全国影响较大的"焦作现象"、"栾川模式"、"西峡经验"等典型。2010 年云台山景区获得了全国质量奖,是全国唯一获得最高质量奖的景区,实现财税贡献过亿元。

(一)河南加快旅游业发展的主要经验

河南推进旅游业发展,一是明确旅游业跨越发展路径,确立旅游业战略性地位。2009 年提出了"旅游立省"战略,出台了《中共河南安徽省委河南省人民政府关于实施旅游立省战略、加快旅游产业发展的意见》,明确把旅游产业放在更加优先的位置加快发展,作为经济社会发展的重要支柱进行培育,将河南打造成全国一流、世界知名的旅游目的地。二是集中财力进行大项目建设,加强旅游业示范带动作用。集中财力建设 10 大旅游产业集聚区、7 大精品景区,10 大休闲地和 15 个文化旅游区。三是注重整体推广营销策略,提升河南旅游业整体形象。利用大活动造势、大营销拉动是河南旅游营销推广的鲜明特色。整合 9 市宣传资源,以"老家河南"为主题,在央视《朝闻天下》栏目投放一分钟旅游宣传广告,实施捆绑营销。成立了"郑汴洛焦"四市旅游推广联盟,实行省市联合促销。承办了全球十大著名河流对话黄河等系列大型旅游推介活动。加强了对境内外主要游客来源地的旅游推介。四是启动旅游服务中心项目建设,提升河南旅游服务质量。包括全国最大的河南省旅游服务中心和小浪底、许昌等 6 个旅游集散地游客服务中心。五是积极探索旅游体制改革,激发

旅游业发展活力。选择一批发展基础较好的景区设立省旅游发展综合改革试验区,开展体制改革试点。六是积极培育新兴旅游业态，增强旅游业持续发展后劲。大力发展旅游演艺经济、康体养生经济等旅游新兴业态,不断丰富旅游产品体系和吸引力。

(二)河南省财政支持旅游业发展的主要措施

财政政策在河南旅游业快速发展中起着重要作用。河南省财政厅根据《中共河南安徽省委、河南省人民政府关于实施旅游立省战略加快旅游产业发展的意见》,制定了《河南省旅游业发展专项资金管理暂行办法》。旅游业发展专项资金主要用于旅游景区(点)建设、旅游宣传推介和旅游奖励;坚持突出重点、引导激励、择优扶强、专款专用的原则,通过省旅游业发展专项资金的导向性投入，引导各类社会资金投资旅游业发展;扶持方式采用直接补助、贷款贴息补助、奖励、宣传推介活动支出等;旅游业发展专项资金适用范围是旅游产业聚集区、旅游景区、旅游富民工程、旅游新业态等项目的基础设施和公共服务设施建设及旅游奖励、旅游宣传推介活动、旅游人才培训等支出。这里的旅游奖励指对旅游包机、专列、入境游贡献大的旅行社,获得国家级旅游相关奖励或称号的城市，省以上知名商标旅游产品的奖励等。宣传推介活动是指根据安徽省委、省政府和国家旅游局的有关要求及河南省旅游发展需要所开展的境内外推介活动、境内外宣传活动及境内外联系与交流活动。在省旅游业发展专项资金的分配原则上,直接补助或贷款贴息补助项目重点扶持市场发展潜力大、地方特色明显、有一定知名度、对当地经济发展有较好带动作用的旅游项目，补助金额按社会资金投入旅游项目的额度“分档次、按比例”确定,以此鼓励旅游企业吸引更多的社会资金向旅游业加大投入。旅游奖励项目和宣传推介活动支出项目根据国家和省政府有关要求及相关奖励标准核定。

河南省从 2009 年开始设立旅游业发展专项资金,当年设立 1 亿元,之后为每年 5000 万元。虽然资金总额在中部六省中排名不高，远少于安徽的旅游业发展专项资金规模，但从支持旅游业发展的成效来看,河南省旅游专项资金的使用效率比较高。从支持方向看,2011 年，省财政支持旅游聚集区建设 1000 万,支持乡村旅游 1500 万元,支持旅游集散地建设 600 万元，用于央视捆绑宣传广告 2000 万元(广告费总额 5000 万元,其中相关地市出资 3000 万元)。从中可以看出,河南省旅游专项资金使用的方向比较明确，重点比较突出，特别是在旅游营销方面,注意调动地方的积极性实行省市捆绑营销,较好地发挥了财政资金引导、激励作用。

(三)几点启示

借鉴河南省旅游业发展的经验和做法，主要有以下几点启示。一是重点支持大项目建设。目前,安徽旅游专项资金虽然总量不小，但由于支持方式量大面广,总体上偏向于“撒胡椒面”,且项目申报、验收、监管成本高,导致资金使用效率不高。建议旅游专项资金的使用应向旅游大项目倾斜，充分发挥大项目的示范带动作用。二是突出支持旅游营销。安徽的旅游营销策划工作薄弱，有重大影响力的推介活动开展得少。事实上,旅游业发展好的省市往往旅游策划营销工作很出色。除了河南外,山东、云南等省都策划了一系列的旅游营销推介活动。建议安徽从旅游发展专项资金中单列一块，专门用于旅游营销推介等活动,策划出一系列高品位、可持续、大影响的营销推广活动。三是启动旅游服务中心建设。旅游服务中心建设有利于改善旅游服务质量，展示安徽旅游形象,提升安徽旅游品牌。建议借鉴河南省的做法,在合肥、黄山、池州、芜湖等旅游集散地统一建设旅游服务中心,集中打造旅游形象展示中心、旅游指挥调度中心、旅游信息中心和旅游推介交流中心。旅游服务中心建设资金以中心所在的市自筹为主,省政府从旅游发展专项资金中予以补助。四是推进旅游投融资体制改革。在积极争取国家投资的基础上,保持省旅游发展专项资金的稳定化并建立增长机制,完善旅游规划、旅游基础设施、旅游宣传促销及旅游人才培养的经费保障。同时,努力拓宽企业和民间投资渠道。在发挥财政资金的引导作用下,逐步形成以政府投入为先导,企业自筹、金融贷款、社会融资、吸引民间和海外资金等多渠道、多层次、多元化的发展旅游产业的投入格局。要建立健全旅游、财政等部门会商、协作机制,共同推进安徽旅游业的健康发展。

三、安徽旅游业发展的财政支持方向和方式

(一)财政政策在促进旅游业发展政策体系中的定位

从全国其他地区旅游业发展实践看，健全完善

的政策体系是旅游业又好又快发展的重要保障。其中,财政政策又居于核心的地位。这是由财政政策在政府公共政策中的地位决定的。主要体现在,首先,财政政策对旅游市场主体发挥着重要的引导和激励作用。在市场经济条件下,政府支持产业发展最重要也是最直接的手段,就是运用财政(包括税收)等政策工具实现对市场主体行为的引导和激励。从这个意义上说,引导和激励也是财政政策对旅游业发展的最重要功能。政府通过税费减免、财政奖励等手段对旅游业发展的某些重点领域和环节进行支持,能够对相关市场主体的投资决策和经营行为起到很强的引导和激励作用。其次,财政政策对其他相关政策起着重要的支撑作用。财政政策与投资政策、金融政策、土地政策、价格政策等共同构成支持产业发展的政策体系。但所有这些政策只有与财政政策相结合,才能真正发挥激励作用。比如,鼓励金融机构为小微旅游企业提供贷款,就必须运用贷款风险补偿等手段。因此,必须进一步强化财政政策支持,优化财政政策支持方式,努力为旅游业又好又快发展营造良好的政策环境。

(二)国家及安徽对旅游业发展的相关要求和导向

当前,我国居民消费已整体进入由满足基本生活需求向追求更高生活质量、满足更高精神需求的新时期,正是在这样的历史背景下,国务院在2009年出台了《关于加快发展旅游业的意见》,第一次提出,把旅游业培育成为国民经济的战略性支柱产业和人民群众更加满意的现代服务业。并提出了深化旅游业改革开放、优化旅游消费环境、倡导文明健康的旅游方式、加快旅游基础设施建设、推动旅游产品多样化发展、培育新的旅游消费热点、提高旅游服务水平、丰富旅游文化内涵、推进节能环保、促进区域旅游协调发展等十大重点任务。可以看出,旅游产品开发、内涵提升、旅游消费环境改善和旅游业发展体制机制创新都是未来一个时期国家支持旅游业发展的重点领域。

为落实国家对旅游业发展的新要求,结合安徽实际,省政府在2011年出台了《关于进一步加快发展旅游业的实施意见》,并出台了全省旅游业发展“十二五”规划以及皖南国际旅游文化示范区、合肥经济圈旅游区、皖北旅游区、皖江城市带旅游区等“四大板块”发展规划,为今后一个时期安徽旅游业发展描绘了基本蓝图。从战略目标上看,提出要加快推进安徽由旅游资源大省向旅游经济强省跨越,建设全国一流旅游目的地,主要旅游指标要进入中部领先、全国前十。从主要任务上看,主要包括六个方面。一是促进区域旅游协调发展。在继续提升皖南国际文化旅游示范区品质的同时,加快皖北旅游发展,特别是要促进皖北深厚历史文化底蕴与现代旅游的结合,努力改变“南热北冷”的局面。二是丰富旅游产品体系。在继续发展观光游、山水游的同时,大力发展康体健身、休闲度假、文化体验等新兴旅游业态,加快旅游与三次产业的深度融合,加强具有地方特色的旅游商品开发,延长旅游产业链,把旅游业的综合效益充分发挥出来。三是注重旅游重大项目建设。通过建设一批旅游重大项目,加快培育安徽旅游新的增长点,带动全省旅游发展实现新的跨越。四是壮大旅游市场主体。通过转型、重组、引进等手段,着力培育一批大型旅游企业集团,提升安徽旅游企业资源开发、经营管理能力和水平。五是强化旅游营销。尤其要在打造安徽旅游整体形象上下更大功夫,打响安徽旅游品牌。六是完善旅游基础设施。营造更加畅通便捷的交通环境、温馨舒适的旅游消费环境,实现游客进出便利化、要素配套化和服务规范化。

(三)安徽财政政策支持旅游业发展的重点领域

国家及安徽关于今后一个时期旅游业发展任务的总体部署,为财政政策支持旅游业发展的重点指明了方向。但是具体到当前,应进一步突出重点,着力加强薄弱环节,努力使安徽旅游业发展年年都有新亮点,岁岁都有新变化。

一是聚焦旅游重大项目,努力在培育旅游增长点上实现新突破。河南、山东、云南等地旅游业发展之所以给人一种蒸蒸日上、蓬勃发展的态势,就在于不断地推出一批新兴的旅游项目和旅游线路,能够给游客持续新鲜的体验。目前安徽旅游业发展的一个突出问题就是具有牵动性、带动力的大项目比较少,特别是具有强大吸引力的新兴旅游项目和旅游线路缺乏。财政支持旅游重大项目建设,应重点突出三个环节。首先,要在重大旅游项目策划方面加大投入。项目策划既要做依托资源做资源转化的文章,更要善于做“无中生有”的文章。省旅游专项资金中每年应安排专项经费进行重大旅游项目策划,应注意避免“闭门造车”,充分激发和调动社会各方面的积极性、创造性,通过公开征集等方式,确定项目主题,并向社会公开招标项目策划书,确保项目策划的质量。其次,对进入省重点旅游项目库、投资额和预期综合效益达到一定规模以上的重大旅游项目,采取以奖代补或贷款贴息等方式给予重点支持。第三,是每年应确定一批当年支持的重点领域,特别是对传统旅游产品提升、新兴旅游业态开发等方面的项目分类给予支持。

二是加强薄弱环节,努力在提升旅游基础设施水平上实现新突破。可达性是旅游业发展的基本条件。从目前看,交通仍然是制约安徽旅游业发展的突出问题。主要表现在国际和境外航线少以及旅游景区连接交通干线的“断头路”多,前一个问题随着合肥新桥机场以及九华山机场的建成投入使用会有所改善,后一个问题仍需引起重视。财政支持旅游基础设施建设,应重点加强以下三个环节。首先,继续实施旅游航线专项补贴。加强对游客来源地市场和趋势分析,建立旅游航线培育动态机制,增强航线培育实效。其次,采取多种途径加大对省级红色旅游景区、3A级以上旅游景区等旅游重点项目与交通干线连接线建设的支持力度。第三,加强旅游接待服务设施建设。近年来,很多地方开始重视旅游信息服务平台、游客服务中心以及自驾游营地等旅游相关服务设施的建设,对提高旅游服务质量起到了明显作用,安徽在这方面还比较滞后,应支持在重点旅游景区建设一批游客服务中心、自驾车营地等服务设施。

三是强化资源整合,努力在提高旅游营销水平上实现新突破。近年来,安徽在塑造区域旅游形象、加强旅游营销方面做了很大努力,也取得了一定成效,“旅游—难忘安徽”区域旅游形象初步确立。但总体看,资源分散、各自为战,缺乏整体营销品牌仍然是安徽旅游营销中存在的突出问题。还没有提炼出类似“好客山东”、“老家河南”、“美好江苏”、“七彩云南”、“大美广西”等深入人心、富有震撼力的区域旅游标识。财政支持旅游营销,应重点突出两个方面。首先,是安排专项经费引入高水平策划团队开展安徽整体旅游形象策划、旅游宣传品制作和推广,着力打造“叫得响”的安徽区域旅游品牌。其次,是加强全省旅游营销整体联动。借鉴山东、河南等地经验,推进营销方式创新,发挥省旅游部门统筹作用,努力把各方面的营销资源集成起来,先从一些重点旅游地区开始,实现区域联动、部门联合、企业联手,打出安徽旅游营销的“整体战”、“组合拳”。

四是突出扶优扶强,努力在培育旅游市场主体上实现新突破。旅游企业数量少、规模小、实力弱,是安徽旅游业发展另一突出问题。财政支持旅游企业发展,首先,是全面落实国家和省支持旅游企业发展的税费优惠、政府采购、金融等政策。其次,对企业转型投资旅游业以及以旅游资源开发、旅游项目运营为目的的企业兼并重组要给予政策支持,尤其是应积极引导省属大企业调整产业结构投资旅游业。第三,对来安徽投资的境内外大型旅游企业,除了享受省及地方相关优惠政策以外,省旅游专项资金应对投资企业及项目所在地政府给予一定奖励。

(四)财政政策支持旅游业发展的主要方式

综合目前各地的做法,支持旅游业发展的财政政策主要包括税费减免、奖励补助、风险贷款补偿、贷款贴息、担保贴费、政府采购、基金引导等。其中,税费减免是最直接和持续性最强的政策手段。奖励补助和风险贷款补偿、贷款贴息、担保贴费等政策手段则需要在旅游专项资金中统筹安排。实践表明,奖励补助资金虽然额度不大,且多属于锦上添花,但对于增强企业荣誉感、激励发展信心具有重要作用。风险贷款补偿、贷款贴息、担保贴费等政策手段对于促进金融机构向旅游企业放贷、减轻企业利息负担发挥着非常重要的作用,由于它们能够同时激励旅游企业和有关金融机构的行为,因此,在实际中运用的越来越普遍。政府采购和基金引导则是近年来发展起来的政策支持手段。政府采购主要包括商品采购和购买专业服务等。比如,为支持本地旅游商品开发企业的发展,政府公务礼品可以通过公开招标等途径,面向旅游商品开发企业采购具有地方特色的旅游纪念品、手工艺品等,再比如,为支持酒店和旅行社的发展,政府可以在组织大型会议过程中,将相关会务服务外包给有关宾馆酒店完成,进行相关考察活动时,将相关行程安排外包给专业的旅行社来完成,等等。基金引导是指政府通过设立一定额度的专项引导基金,面向社会募集资金,共同构成旅游产业投资基金，基金按照政府确定的重点投资领域开展投资活动。比如海南省设立的旅游产业投资基金等。

四、若干建议

综合以上分析，现就进一步完善安徽支持旅游业发展的财政政策，提出以下建议：

(一)稳定并逐步扩大旅游专项资金规模，增强财政对旅游发展的保障能力

要实现旅游强省建设目标，加大政府投入力度、完善财政支持政策是必要条件。有条件的市、县应设立旅游专项资金，各级政府应随财力增加逐步扩大本级旅游专项资金规模。还应注意到，由于旅游业与文化、林业、水利、体育、地质、农业等部门或行业融合日益加深，相关专项资金也应本着“投入不减、渠道不变、程序不乱、各记其功”的原则加大对本领域旅游业发展的支持力度。应积极争取国家对安徽旅游业发展的资金和政策支持，形成涉旅各级各类资金有效衔接、综合集成，共同支持旅游业发展的强大合力。

(二)进一步突出重点领域，提高财政支持旅游业发展的针对性和实效性

旅游业涉及面广，产业要素分散，如果将有限的财政资金平均用力，或“照顾性分配”，最终必然抵消财政支持的激励作用。因此，某一个时期财政支持旅游的重点，必须坚持有所为有所不为，突出重点领域，集中力量聚焦突破。当前和今后一个时期，应着力围绕旅游重大项目建设、旅游企业培育发展、旅游基础设施建设、旅游营销等安徽旅游业发展亟须提升的关键环节，加大财政支持力度，切实体现政策向重大项目倾斜和优先领域、优先支持的原则，争取经过几年的努力，涌现一批有较强影响力的新的旅游项目，培育一批综合实力较强的旅游企业集团，旅游基础设施更加完善，区域旅游形象和旅游品牌基本确立。

(三)优化财政支持方式，强化财政激励和引导功能

财政支持旅游业发展，应针对不同类型主体的不同需求，综合运用奖励补助、贷款风险补偿、贴息、担保贴费等多种方式，使支持措施更有针对性。同时，还要注意财政政策与其他政策相衔接。具体财政支持方式的确定，应以更好地发挥政策的激励作用为基本出发点。比如，对旅游重大项目，既可根据投资额和预期效益，由专项资金给予一次性奖励，也可以给予一定期限的贴息支持；对重点旅游基础设施建设项目，可以给予一定的贷款贴息支持。还可以抓住国家支持股权投资基金发展的战略机遇，积极探索由财政资金引导组建旅游产业投资基金，吸引更多社会资本投入旅游业发展。

(四)积极开展旅游财政专项资金竞争性分配方式改革，强化激励约束机制

近年来，广东省对“省旅游扶贫项目”等财政专项资金探索采用竞争性分配方式，显著提升了专项资金预算的科学性、资金管理的规范性和资金使用的有效性。建议安徽积极借鉴广东的经验，结合实际，在旅游专项资金的分配中逐步推进竞争性分配方式改革。在起步阶段，可先在财政专项资金中支持旅游项目建设的部分，引入专家评审机制，通过制定项目评审办法、建立专家库、完善专家评审程序，在保证项目生态环保、健康安全的前提下，突出对旅游项目投资规模、预期经济社会效益等主要指标的评价，以此确定年度集中支持的若干重大项目。在此基础上，逐步探索对全部旅游专项资金，根据使用方向和分配对象等不同特点，分类采取专家评审和公开招投标等途径，形成以绩效为核心的资金分配方式。

(五)健全绩效评价机制，切实提高财政资金使用效益

应建立健全旅游专项资金使用绩效评价体系，突出财政资金对社会资金的带动作用、财政支持旅游项目的预期经济和社会效益等方面的评价。财政部门根据年度财政专项资金使用绩效评价结果，对下一年度专项资金预算安排提出意见，并适当调整和优化财政支出结构和政策，不断提高财政资金使用效益。

课题组组长:陈　军
课题组副组长:张　力　李　煜
课题组成员:宋葛民　唐二春　卓　帅

资源税与房产税改革及对地方财政的影响分析

——2012年全国财政协作课题总报告

2010年的资源税改革试点和2011年房产税改革试点,对社会经济发展和财政管理体制可能产生较大影响。当前,两项改革均处于试点阶段,取得一定成效的同时,也面临不少困难和问题,需要进行深入分析,以提出应对的政策措施。

一、资源税和房产税改革的背景

资源税、房产税改革试点,是在我国经济社会处在重要转型阶段开展的,力求解决我国特定阶段的突出矛盾,改革的背景深远、意义重大。

(一)资源税改革背景

1.资源环境问题。改革开放以来,随着经济的快速发展,资源开采和使用规模不断扩大,资源消耗程度不断加深,有些资源甚至面临枯竭。同时,资源使用效益不高,资源浪费的现象比较普遍,一定程度上加剧了对环境的压力,影响了经济社会的可持续发展及人民群众的身心健康。问题产生的原因可能很多,资源价格过低和价格扭曲是一个重要的影响因素。资源价格过低,鼓励了粗放型的资源消费模式,必然导致资源、能源利用效率低下;价格扭曲,价格机制失去了调节资源生产和消费能力,影响了市场配置资源的效率。因此,资源价格过低和价格扭曲,资源开采"挑肥弃瘦",资源使用效率低下,导致一系列资源环境问题的出现。推进资源税改革,通过提高资源使用成本,发挥价格调节生产和消费的作用,有利于促进资源节约和高效利用,进而缓解资源环境约束压力。

2. 转变经济发展方式问题。转变经济发展方式,是我国当前经济社会发展的内在要求,是我国经济领域的一场深刻变革,关系改革开放和社会主义现代化建设全局。资源的粗放生产和使用,正是我国落后经济发展方式的重要标志。为此,加快转变经济发展方式,客观上需要进一步理顺资源价格形成机制,尤其是发挥价格在资源生产和使用中的调节作用,让资源价格真正反映我国资源的稀缺性和环境保护的要求。推进资源税改革,力求从市场价格和使用成本上对资源配置方式进行优化,是国家加快转变经济发展方式战略实施的主要措施,对推进结构调整和经济社会的持续健康发展有着重要的现实意义。

3.地区间财力差距问题。我国东西部地区,受自然、历史等因素影响,经济发展水平差异较大,特别是地方财力差距越来越大,影响了地区和谐稳定和全国均衡发展。以2011年地方财政收入为例,最多的县江苏省江阴市(县级市)达136.99亿元,最少的县为贵州省雷山县仅为5544万元,前者是后者的247倍,即使人均水平,也相差近20倍。要从根本上解决这一问题,不仅要靠国家针对性的财力性转移支付倾斜政策,更要立足于当地禀赋,提高中西部地区自主发展力量。改革后,一方面,中西部落后地区资源丰富,资源税有可能成为发展这些地区的一个主体税种,显著增强地方财力自给,缓解地区财力差距问题,另一方面,作为生态功能区转移支付的补充,用于补偿中西部资源开发带来的环境问题,改善当地生态条件,实现可持续发展。

4. 收益分配问题。资源是经济发展的重要支撑,关系国计民生,资源的开采和生产多为国有大型企业。长期以来,由于资源税较低,资源开采和生产的收益多以所得税、营业税以及企业利润形式归为中央和企业所有,部分收益流入私人腰包,造成社会分配的不公,以资源税形式归为地方政府的很少。同时,资源开采和生产所带来的环境污染治理,又基本由地方政府来承担,资源收益权利与责任归属存在不对等现象。改革后,资源税税率和税额大幅提高,将原先归为中央和央企的资源收益让渡一部分给地方,有利于理顺资源收益的权责关系,促进资源环境问题的有效解决。

(二)房产税改革背景

1.房地产价格上涨问题。近年来,房价不断上涨,已成了社会关注的焦点问题。2008年,我国商品房平均价格3800元/米,2009年则达到4681元/米,一年增长了23.2%,2010年、2011年仍保持了快速增长的趋势。房价不断攀升,影响经济的持续发展和社会的和谐稳定,尽管国家采取了一系列调控手段,但效果不尽明显。在房地产市场调控方面,迫切需要在抑制投机、疏导投资、引导消费等方面发挥作用的长效措施。开征房产税,可以从增加消费成本和降低投资收益等方面,一定程度上起到抑制投机行为和引导合理消费的目的,促进房价合理回归。

2. 居民收入差距扩大问题。近年来，我国居民收入增长迅速，但呈现出居民收入差距快速扩大的趋势，已影响到经济社会的稳定和发展。以安徽省为例，城乡居民收入比由2000年的1∶2.74扩大到2010年的1∶2.99，城镇高低收入户比由2000年的5∶1扩大到2010的6.35∶1，高低行业收入比由2000的2.1倍上升的2010年的9.9倍。导致居民收入差距快速扩大的主要原因是产权制度设计不合理，但与房价的快速上涨也不无关系。房价快速上涨，居民投资房产所得的财产性收入成倍增长，又没有对财产性收入进行有效的税收调节，导致了“贫者越贫、富者愈富”的马太效应，加剧了居民收入差距扩大。开征房产税，加大对居民财产性收入的调节力度，可以缓解居民收入差距扩大的问题。

3. 地方税收体系不健全。分税制改革以来，我国各级政府财力总体呈现向上集中趋势，尽管2011年地方财政收入首次超过中央，但考虑到中央只有一级政府，而地方确有四级政府，地方税收体系不健全，地方缺乏稳定的、持续的主体税制，基层政府只得依靠上级转移支付维持运转，尤其是县级政府，财政支出大部分依靠上级转移支付，影响地方政府理财积极性。以安徽省为例，2011年，全省财政总收入为2632.8亿元，地方财政收入1463.4亿元，地方财政收入仅是财政总收入的一半左右。党的十八大报告提出“加快改革财税体制，构建地方税体系”，要求做好顶层设计，完善分税制财政体制，在中央和地方税权设置和划分上的根本性安排。目前，我国工业化和城镇化加速推进，市县两级房地产已拥有相当规模，从长远来看，开征房地产税，可以成为地方的一种稳定的财源，有利于加快形成地方税收体系。

二、我国资源税和房产税改革的状况及问题

（一）我国资源税改革的状况及问题

1. 改革的状况

资源税是以各种应税自然资源为课税对象、为了体现国有资源有偿使用而征收的一种税。对资源征税的历史，可以追溯到周朝的“山泽之赋”、战国的“盐课”、明朝的“坑冶之课”。1984年出台《资源税条例（草案）》，税目只有煤炭、石油和天然气，以销售收入为计税，其宗旨是调节开发自然资源因资源结构和开发条件的差异而形成的级差收入。

1993年，国务院修订颁布了《资源税暂行条例》，征收范围扩大到七种，实行“普遍征收、级差调节”的从量定额征收办法。此后，国家多次上调资源税税率，2003年调整煤、油、气税率标准，2006年恢复对有色金属全额征收资源税，2007年提高焦煤税率。2010年，为了加快新疆经济社会发展，变资源优势为经济优势，进行石油、天然气资源税改革试点，从量计征改为从价计征，税率5%。2010年12月1日起，推广到西部地区的12省。2011年9月30日，修改的《资源税暂行条例》正式发布，2011年11月1日起全国施行。

资源税改革以来，取得明显成效。一是促进了节能减排。资源税作为一种绿色生态税收，提高了资源开采利用效率，发挥了较好的环境效益。二是缓解了财政困难。2011年全国资源税收入598.87亿元，同比增长43.4%。以新疆为例，在未实施的2010年1—6月，油气资源税收入仅为3.71亿元，实施后的7—12月，达21.64亿元，同比增长452%；2010年，新疆共计征收油气资源税收入25.37亿元，同比增加17.71亿元，增长231%，有效增加了地方可用财力。三是改善了当地民生。改革地区财力增加的同时，普遍将新增财力用于保障和改善民生。如新疆制定了专门的新增税收管理办法，自治区和资源产地按照75%和25%的比例划分，资源税增量部分全部用于保障和改善民生，主要投向城市低保、农村低保、困难群体的补助以及下岗再就业等方面。

2. 改革中的主要问题

从资源税改革的情况分析，目前的资源税改革仍存在一些问题，需要进一步加以研究和解决。

一是征税范围过小。资源税改革，调整细化了资源税税目，在煤炭税目下单列了焦煤子税目，将其他非金属矿原矿分为普通非金属矿原矿与贵重非金属矿原矿，在有色金属矿原矿单列了稀土矿子税目。但是对应税资源的范围并没有做出调整，还是仅限于矿产资源和盐，而对于非矿藏类资源，目前资源税没有覆盖。征税范围较窄，没有体现对资源调控和环境保护统一性要求，也扭曲了负税资源和非税资源的相对价格比，不利于提高非矿藏类资源的利用效益。

二是计征方式不统一。资源税从量征收，计算简单，征管便利，但仅适用于资源富饶价格核算困难、生产成本少的自然资源，譬如土地、草原、森林、水资源等。此次资源税调整，仅对原油和天然气采取从价计征的方式，其他税目仍保留从量计征的方式，没有考虑资源的替代性,造成企业“挑肥拣瘦”,不利于公平竞争,影响资源综合利用率。

三是税收归属不清。按照通行规定,资源税属于财产税,因此,1994年税改时明确除海洋石油资源划归中央外,资源税属于地方税。这个规定至今没有调整,但从环境外部性治理看,资源税的这一归属会导致中央与地方政府均难以有效开展环境保护与治理事务。理论上,资源税是对资源输出地资源耗竭与环境破坏的一种必要补偿,地方政府应分享其税收收益。但是鉴于现在地方财政比较困难,以及地方追求政绩等因素,地方政府有可能产生短视行为,过度开发资源而忽略资源补偿与环境治理,违背了资源税保护资源的目的,中央失去了通过资源税调整经济结构和区域格局的能力,不利于资源的合理开采及可持续发展。

四是价格传导机制不健全。为物价稳定和提高人民生活水平,资源税改革的同时,资源价格仍然采取政府管制,改革的影响仅限于企业和政府,对局面和消费者的价格传导效应尚未发挥。但从长远来看,价格传导机制不建立,资源价格上不去,很难达到促进节能减排和资源节约的目的。

(二)我国房产税改革的状况及问题

1.改革的状况

房产税,又称房屋税,是国家以房产作为课税对象向产权所有人征收的一种财产税。我国的房产税历史悠久,最早可追溯至《周礼》中的“廛布”。新中国成立后,政务院先后发布《城市房地产税暂行条例》、《城市房产税暂行条例》等税法条例,用以规范房产市场。改革开放以后,作为“利改税”的重要内容,房产税几经调整和完善。

1986年9月15日,《房产税暂行条例》颁布,规定在城市、县城、建制镇和工矿区征收房产税,依照房产原值一次减除10%—30%后的余值缴纳。依照房产余值计算缴纳的税率为1.2%,依照房产租金收入计算缴纳的税率为12%。2009年1月1日,废止《城市房产税暂行条例》,外商投资企业、外国企业和组织以及外籍个人,依照《房产税暂行条例》缴纳房产税,建立了内外统一的房地产税体系。

2011年,在房价持续上涨的形势下,国务院要求发挥税收政策对住房消费和房地产收益的调节作用。重庆市、上海市分别颁布了《重庆市个人住房房产税征收管理实施细则》、《上海市开展对部分个人住房征收房产税试点的暂行办法》,1月28日起开展房产税试点,内容如下:

表2 上海重庆房产税细则对比

项目	重庆	上海
试点范围	重庆主城区(渝中区、江北区、沙坪坝区、九龙坡区、大渡口区、南岸区、北碚区、渝北区、巴南区)	上海市行政区域
税率	以两年主城区新房均价为基准,3倍以下的0.5%,3—4倍的1%,4倍以上的1.2%	暂定为0.6%应税住房每平方米市场交易价格低于本市上年度新建商品住房平均销售价格2倍(含2倍)的,税率暂减为0.4%
本地居民	1.个人拥有的独栋商品住宅 2.个人新购的高档住房。高档住房是指建筑面积交易单价达到上两年主城九区新建商品住房成交建筑面积均价2倍(含2倍)以上的住房	家庭第二套及以上住房(包括新购的二手存量住房和新建商品住房)
外地居民	在重庆市同时无户籍、无企业、无工作的个人新购的第二套(含第二套)以上的普通住房	非本市居民家庭在本市新购的住房
计税依据	应税住房的计税价值为房产交易价。条件成熟时,以房产评估值作为计税依据	参照应税住房的房地产市场价格确定的评估值,评估值按规定周期进行重估。试点初期,暂以应税住房的市场交易价格作为计税依据。房产税暂按应税住房市场交易价格的70%计算缴纳
免税面积	一个家庭可对一套应税住房扣除免税面积,存量独栋住宅为180平方米,新购高档住房为100平方米	上海市居民家庭人均60平方米

沪渝两地房产税改革试点,绕开了存量房产征税及其价值评估,带有明显的过渡性质,以“用较小的阻力和代价”得以顺利开展,起到了为房产税改革“探路”的作用。试点以来取得的成效主要表现在:一是增加了财政收入。2011年,重庆估计的房产税收入为1.5亿元,上海房产税收入达22.1亿元,虽然与其地方财政收入相比规模还很小,但试点效应已经显现。二是调节了收入分配。房产税属于二次分配,具有调节收入分配的重要作用。无论是重庆的高档住宅拥有者,还是上海的多套住房拥有者,都属于高收入阶层,对高收入阶层征收房产税,有利于缓解收入差距扩大的问题,并且两市都明确规定,房产税收入主要用于保障房和公共租赁住房的建设和

维护。三是调控了房产市场。试点以来,房产税政策对高档住房和炒房的约束效果逐步显现,对高档商品住房起到"价格约束"作用,增加了炒房行为的持有成本,遏制了房价的过快上涨。2011年,重庆主城高档商品住房成交建筑面积均价为每平方米13638元,较实施前下降7.1个百分点,上海商品住房价格涨幅较上年回落了3个百分点,房产税实施对抑制房价过快上涨起到了一定的作用。

2. 改革中的主要问题

当前,沪渝房产税改革试点效应不明显,两湖房产税试点一波三折,全面推进房产税改革,面临不少困难和问题。

一是税种性质不清。根据税种分类,房产税属于财产税范畴,是以存量房产为征收对象的税收。与流转税不同,财产税以征税对象的非流动性为特点,课自存量财产的价值,类似的还有车船税、土地使用税、土地增值税。沪渝房产税改革试点,都在商品房销售环节征收,以商品房销售价格为计税依据,具有典型的流转税属性,带有"高端住房特别消费税"的特征,不具备财产税性质。

二是征收范围过小。两地的改革试点,征收范围过于狭窄,仅限于二套以上新购房和高档别墅等增量房,不是对社会存量房产全部征收,不具有税收的普遍性要求,违背了房产税征收的宗旨,不能反映房产市场的真实情况,起不到调节分配的作用,也有失公平。应逐步适当扩大征税面,由增量房向存量房过渡,建立科学完整的房产税制度。

三是增收规模有效。目前,房产税仅在两个城市展开,试点范围小,且试点的房产税政策温和,地方财政增收效应有限。原因是,第一,征税范围过小。两个城市的征税范围仅是增量房产,只有重庆仅对存量独栋商品住宅征税,而重庆个人自住独栋商品住宅目前只有3000多栋。第二,税率较低。重庆是0.5%—1.2%,上海是0.6%,因而对地方财政增收效应不明显。重庆2011年的房产税为1.5亿元,而该地当年地方财政收入达2908.8亿元,不足0.05%。上海2011年房产税达22.1亿元,而当年地方税收入为3429.8亿元,不足0.06%,房产税收入对增加地方财政收入的作用有限。

四是立法程序缺失。税收的确立和开征,需要法律的规范。现在试点的办法,仅是当地政府的决定,缺乏权威性和科学性。两地对住宅保有环节征税和现行的房产税暂行条例中"非经营房产不征税"的规定相互冲头。房产税涉及千家万户,社会影响大,容易导致社会抵制情绪,可能形成税收高地效应,必须经过严密的立法程序,用法律进行规范和约束,同时,加强舆论引导,消除社会各界认识误区。

三、资源税和房产税改革的国际经验

(一)国外资源税设置或改革的状况

世界各国的矿产资源税费制度经历了长时期的发展和演化。目前,除一般性的增值税、企业所得税等税收和非税收入外,对矿产资源部门单独课征的税费主要包括地面租金、红利、权利金、资源租金税等。

1. 地面租金。矿业企业因从事矿产资源活动使用了土地而向国家支付的土地使用费,一般是按该活动使用的土地面积计算,每年缴纳,其单位数额则根据矿产资源活动所处阶段以及使用年限而不同。各国一般都对地面租金确定一个较低的单位数额,目的主要不在于取得收入,而是为了防止投资者占用土地而不进行勘查或开采活动。

2. 红利。在授让矿业权时,向矿业权受让人收取一笔费用,反映了矿产资源所有者的部分财产收益。对政府来说,征收红利有助于在项目的早期就获得部分收入,而且在征管上几乎没有什么障碍。红利的支付可以按照事先确定的标准,规定在授予矿业权时一次性缴纳,或者规定在项目勘查、开发和利用的不同阶段缴纳,也可以通过拍卖矿业权的方式决定其最终数额。

3. 权利金。直接对矿产资源开采行为所课征的费用。通常而言,权利金被赋予一个法理上的正当性,是国家对矿产资源的所有者经济权益的体现,也是各国从矿产资源开采中取得收入的最重要的工具之一。

4. 资源租金税。直接对矿产资源产生的经济租金所课征的税收,也被称为超额利润税、附加利润税等。资源租金税课征方法是,从一个矿产资源开采项目的累计收益中扣减掉累计成本,然后对一定的回报率之上的净现金流课征。

(二)国外房产税设置或改革的状况

世界各国房地产税制涉及的税种贯穿了房地产的生产开发、保有、使用和转移处置等各阶段。一般而言,房地产税主要分为两大类,即保有环节房地产税(房地产保有税)和流转环节房地产税。房地产保有税对拥有房地产所有权的所有人或占有人征收,一般依据房地产的存在形态如土地、房产或房地合一的不动产来设置,主要包括不动产税、财产税、定期不动产增值税等税种。

1. 不动产税。对土地或房屋所有或占有者征收的税,计税依据为不动产评估价值。不动产税又可分为三种类型:将土地、房屋、有关建筑物和其他固定资产综合在一起而课征的不动产税,如巴西、日本、芬兰、加拿大等;只对土地和房屋合并课征的房地产税,如墨西哥、波兰的房地产税、泰国的住房建筑税等;单独对土地或房屋课征的土地税或房屋税,如奥地利的土地价值税、韩国的综合土地税等。

2. 财产税。在不征收不动产税的国家里,一般征收财产税,如美国、英国、荷兰、瑞典等国,操作办法是将不动产与其他财产捆在一起,就纳税人某一时点的所有财产课征的一般财产税,计税依据是不动产评估价值。

3. 定期不动产增值税。主要是针对占有房地产超过一定年限的产权者征收,通过对房地产的重新评估,对其增值额征收,一般分为10年期和5年期增值税两种。德国、英国、日本曾实行过的土地增值税及意大利现行不动产增值税都是对未发生转移的土地自然增值征税。

(三)经验与启示

1. 国外资源税设置或改革的经验与启示

从各国资源税费实践来看,以下几点经验值得我们借鉴。

(1)矿产资源税费制度会对一国的矿业活动产生重大的影响,必须充分考虑矿产资源的稀缺性和可耗竭性,矿业活动高风险、高投入和长周期,设计一个较为合意的矿产资源税费制度,既要保证政府能够从矿产资源活动中分享到合理的租金份额,同时也要保护和激励投资者的积极性,促进矿产资源行业的持续、健康发展。

(2)经过长期的实践,世界各国逐渐形成了一套相对完备的矿产资源税费制度体系。目前各国实行的矿产资源税费制度虽然有所不同,但相差无几,通行的税费制度包括地面租金、红利、权利金、增值税、企业所得税、资源租金税等。这套税费制度使用了多种税费工具,覆盖了矿产资源勘查、开发和利用的全过程,确保了政府的目标得以实现。

(3)从制度设计的角度来说,并不存在一个完美无缺的工具。目前各国对矿产资源课征的专门税费中,处于核心地位的是红利、权利金和资源租金税。这三种手段各有优缺点,单一的手段对矿产资源活动进行有效调控,而必须搭配运用各种税费工具,以长补短。

(4)各国加之于矿业部门的税负高低与矿产资源的租金高低密切相关。在资源价格上涨之时,相应增加税赋,分享资源价格上涨所带来的租金收益,在资源价格疲乏之时,则通过调低税率等激励措施减轻企业税负,构建一个与市场密切相连、可以迅速进行动态调整的税费制度。

2. 国外房产税设置或改革的经验与启示

综合国外房产税设置情况,有以下几点经验与启示。

(1)房产税税制模式选择各异,需依据各国国情及政策目标选择。各国房产税模式的选择不完全相同,大致分为独立模式和合并模式两种。合并模式主要是将房屋和土地等财产综合,对房地产征收财产税,独立模式则是对房屋、土地分别征收,单独设立房屋税、土地税税种,前者在税收的征收和管理方面相对简单,后者的政策性相对较强。

(2)房产税作为地方税主体税种,是许多国家地方财政收入的主要来源。除瑞典、印度尼西亚、挪威等少数国家把房地产保有税作为中央税或中央与地方共享税之外,其他国家大部分都把房地产保有税作为地方税,并且房产税作为地方税主体税种,是许多国家地方财政收入的主要来源。

(3)房产税税制要素设计各具特色。由于国情和具体目标的差异,各国房产税税制要素设计各具特色。在纳税人的界定上,美国、英国等国家以房屋产权所有人为纳税人,荷兰以房屋消费者或使用者为纳税人;在征收范围上,爱尔兰、美国等大部分国家在城市和农村都征收房产税,英国、坦桑尼亚等仅在城市征收房产税;从税率形式上看,有比例税率、累进税率和定额税率三种形式,比例税率操作性较强,税收征管成本较低,为大多数国家所采用。

(4)不同国家由于政体、国体不同,经济发展水平的差异以及经济管理体制的不同,地方税管理权限划分也不一致。在房产税税权划分上,大多数给予地方政府一定自主权。

(5)为体现公平性,灵活设置房产税的减免税政策。大部分国家或地区在房产税设置时,都规定了一系列的减免税。一是对政府、军队以及教育、宗教、慈善等非营利组织实行免税；二是对低收入者和困难群体给予一定的减税或免税；三是对自用住房给予一定的减税或免税；四是对于老人、残疾人等一些特殊人群，给予一定减税或免税。

(6)建立较为完善的财产登记和信息管理体系，以及设置财产估价机构，是征收房产税的必备条件，也是世界各国的普遍做法。

四、资源税、房产税改革的目标和框架

(一)进一步推动资源税、房产税改革的目标

资源税、房产税改革，涉及国民收入再次分配的重大问题，需要在目标明确的前提下，系统地进行顶层设计和总体规划，完善各项政策措施，确保改革取得实效。

目标一：促进经济发展方式加快转变

资源税是典型的绿色生态税收，开征资源税的根本目的，就是节约资源、节能减排，促进资源环境的保护和治理，促进我国经济发展方式从简单粗放型向集约型的发展方式转变。房产税是国民收入再分配的重要调节手段，有利于调节居民收入差距，增加社会低收入群体的收入和保障水平，缓解社会分配不公问题，引导居民合理消费促进经济发展从外向型向内生性增长转变，为经济持续协调发展创造条件。资源税、房产税改革必须以加快转变经济发展方式为首要目标，在政策设计上，既要休现广泛意义上的公平无差性，如涵盖所有资源和房产，也要体现不同群体、不同程度的累进差别性，如针对资源和房产消费数量实行阶梯税率。

目标二：引导社会形成节约的消费模式

随着我国经济快速发展，资源少与人口多的矛盾会不断加剧，要实现我国可持续发展，必须加快建设资源节约型、环境友好型社会。资源税改革，提高资源使用成本，并通过价格传导，形成多消费多付费的机制，约束社会减少资源消费，促进资源节约，提高资源使用效率。房产税改革，通过完善差别化的房产税税率，一方面，确定一定的人均免税面积或人均减除额，对合理的住房需求进行保护，扩大基本住房消费能力，引导居民形成正确住房消费观和财产观；另一方面，按照不同面积、档次、套数，设计不同税率，形成多占多缴、成本递增的消费模式，对房产高消费进行限制，减少住房对有限土地资源的消耗。

目标三：增加地方政府可用财力

资源税改革，将为我国中西部资源丰富的地区提供重要的税收来源，甚至在一些地方可以成为支柱性财源。房产税的收入规模，与经济发展水平和城镇化进程密切相关，东部较发达地区可能成为重要的收入来源。这样，在不同发展层次的地区，都可以增加地方政府可用财力。

在收入规模方面，资源税改革的增收效应明显。以内蒙古为例，2010 年 12 月实行新税制，2011 年资源税收入为 56.8 亿元，较上年增长 54.3%，原油、天然气资源税分别达到增长 250.84%、485.85%，成为拉动全区资源税乃至地方财政收入的重要力量。以陕西为例，2011 年实现油气资源税收入 342710 万元，较上年增长 321.1%，占地方财政收入 3.07%，较上年提高 1.08 个百分点。以吉林为例，从 2011 年 11 月实行从价征收，到 2012 年 8 月，原油资源税增收 71506 万元，增长 8 倍多，天然气资源税增收 3469 万元，增长近 6 倍，为地方财政增收奠定了基础。房产税，目前只在上海和重庆试点，增收效应不明显，但随着试点的扩大和政策的完善，以及经济的发展和居民收入水平的提高，社会拥有的房产规模将会持续增大，尤其在房产价格上涨的过程中，房产税收入规模将会不断扩大，成为地方财政收入的重要增收来源。而且房产税以有形的不动产为课税对象，征税对象不能流动，税基和税源相对固定，税收收入比较稳定，组织征收比较有保障，是地方财政的一个稳定而持续的收入来源。

(二)资源税、房产税改革的框架

按照改革目标的要求，依据“简税制、宽税基、低税率、严征管”税制改革总体原则，初步设计了资源税、房产税改革的基本框架。

1. 资源税改革框架

(1)税基。为进一步发挥资源税促进资源节约和环境保护作用，维护资源税的统一性，解决部分资源间替代关系混乱和企业因使用不同资源的税负畸重畸轻问题，应将资源税改革范围扩大，将土地、水、山场、草场、海洋、所有矿产、地热、进口资源等纳入课征范围。

(2)税率。目前，油气资源实行 5%的基准税率，但实际上，每个油气田均可享受一定比例的减征额，剔除综合减征率后，实际税率低于 5%。从试点情况来看，5%的基准税率，处于油气企业的利润水平和负担范围之内。未来，要在 2%到 10%的税率区间内，根

据资源环境约束力进行适时调整,总体保持提高趋势,以缓解日益严重的资源环境问题。同时,为体现特定资源的地区差异性,不同地区的资源税税率在一定范围内,给予地方政府自行确定权,特别是针对一些资源枯竭地区,税率从高计征的基础上,给予特定企业较高的综合减征率,促进资源回采和节约利用。另外,可根据资源的稀缺程度和战略地位实行特殊税率,如稀土等。

(3)计征依据。从价与从量相结合,对价格波动大、核算复杂的仍然采取从量计征方法,其他尽量实行从价征收,特别应抓住资源价格较低的有利时机,尽快实现对煤炭资源税的从价征收,对稀土、岩金矿、磷矿等稀缺性、战略性资源等,均要逐步过渡到从价计征。同时,要理顺资源开采使用不同环节的价格关系,让价格真正反映市场供求,完善资源价格传导机制,促进资源节约和环境保护。

(4)税权划分。资源税按不同的资源品种划分,除海洋石油资源税作为中央收入外,其余全部作为地方财政收入。从长远来看,随着资源税规模的不断扩大,可考虑由省级统筹一部分,用以平衡各地区资源禀赋不同所带来的收入差距。同时,适度下放部分资源税的管理权限,由中央根据资源状况确定税率适用范围,由省级政府根据当地资源实际情况确定具体适用税率,对享受资源税减税免征优惠的废矿、尾矿的标准可由省级自行确定,改变现行资源税税政管理权限中央高度集中而造成的资源税政策调整滞后问题。

2.房产税改革框架

(1)税基。房产税的征收范围,应包括所有的商品住房。要实现房产税的收入调节、市场调控等目标,其税基不仅应包括新增住房,更要包括大量的存量住房,以增加房产持有环节税负成本,尽量保持税收在全社会和代际间的公平性。一是将城市、县城、建制镇、工矿区、行政村等全部地区的所有房产纳入征税范围,二是实现"见房征税、例外免税"的原则,商品房、经济适用房、单位房、房改房等全部纳入征收范围,以体现全国范围内的无差别的公平税负原则。三是对土地和房产一律同等征税。同时,针对不同时期不同需要,设置一定免税条件,如对农村和保障房给予免税。

(2)税率。按照宽税基、低税率的思路,改革初期,可以选择偏低的税率水平,逐步培育居民住户的纳税意识。长远规划,税率范围可考虑为1%—3%之间(目前上海和重庆的房产税最高税率分别为0.6%和1.2%,但仅对增量和部分存量征税)。同时,一要对不同地区不同性质的房地产实行不同的税率,以实现房地产税的多重政策效果;二要对中小城市房地产适用适当从低税率,大城市房地产适用适当从高税率,达到促进大城市房价合理回归和中小城市房地产健康发展的目的;三要对于高档住宅、别墅等从高适用税率,对于生产经营用房、普通住宅、经济适用房、农民住房等从低适用税率;四要根据变化的全国人均居住面积动态调整免税条件,引导住房合理消费,遏制投机投资需求;五要将固定比例税率调整为幅度比例税率,赋予地方适当税率确定权,以满足各地经济发展差异和社会经济发展目标不同的需要。

(3)征收依据。房产税征收,应统一规定为从价计征。由于房产原值建立在过去的经济状况和制度安排上,不可能与现实市场经济的约束条件相统一,且减除比例没有严格的标准,在新房产税改革中,应实行以房产现值为课税依据。具体而言,对于当年增量房产,要按照房产实际交易价格计征;对于存量房产,可以考虑按照评估价计征,评估价要综合考虑历史成本、面积、地段、朝向、楼层、影子价格、建筑价格、级差地租、折旧等多种因素,委托有一定资质的评估机构,结合经济周期3—5年进行一次系统评估。

(4)税权划分。房产税作为一种全国性税种,税制应由中央政府统一确定,同时,鉴于各地房地产价格和房地产交易规模以及市场发育水平差异非常大,各地财政收支状况不平衡,房产税的具体税收政策可由各省级政府自行确定,包括税率选择、房产评估周期、区域内优惠政策确定等,省级政府不参与市县政府房产税收入分配。长期来说,要通过"省直管县"、"乡财县管"改革,变五级财政为中央、省和市县(平级)三级财政,将房产税收入归所在市县所有,逐步作为市县政府的主体税收,由地税系统负责征管,促进地方政府优化本地环境,改善生活条件。

五、资源税、房产税改革对地方财政的影响

(一)资源税、房产税改革对地方财力的影响

资源税、房产税即使属于地方税收,但今后到底可以增加多少财力,能否成为地方的主体税种,仍需要进行分析。

1. 资源税改革对地方财力的影响

资源税改革之前,按照原煤 0.3—5 元/吨、原油 8—30 元/吨、天然气 2—15 元/千立方米的应税税率规定,取其上限,即 5 元/吨、30 元/吨、15 元/千立方米,即可得到资源税改革前的各省三大资源应税总额。资源税改革之后,按照从价征收的原则,原煤价格采用 2012 年 9 月 29 日秦皇岛港 5500 大卡市场动力煤平仓价 630 元/吨计算,原油价格采用国家发改委 2012 年 9 月 11 日公布的汽、柴油最新调价结果平均值 8830 元/吨,而天然气按 2010 年国产陆上天然气出厂基准价格 1155 元/千立方米计算,再分别按 5%和 10%税率上下限,即可得到资源税改革后,相应税率下的三大资源应税总额。以新疆为例,改革后按 5%的计价征收,原煤、原油、天然气将分别实现资源税 31.27 亿元、112.94 亿元、14.43 亿元,与改革前相比分别增收 26.3 亿元、105.3 亿元、10.7 亿元,累计增收 142.26 亿元,占当地一般预算收入的 28.4%,即使是按 7∶3 的分享税计算,增收效果也十分明显,对当地财政形成稳定的收入支撑。而以浙江为例,由于不生产原油和天然气,仅生产少量的原煤,资源税改革,即使按照 10%的计征标准,也只能增收 0.09 亿元,占一般预算收入 0.0015%,增收微乎其微,很难对地方财政形成有效支撑。

从全国整体看,按 5%的计价征收,原煤、原油、天然气将分别实现 1114.95 亿元、896.31 亿元、54.77 亿元,累计达到 2066 亿元,为 2010 年全国地方一般预算收入的 5.1%,具有一定的支撑作用。与改革前相比,三大资源税分别增收 938 亿元、835.4 亿元、40.5 亿元,累计增收 1813.92 亿元,占 2010 年全国地方一般预算收入 4.47%,增收效应较为明显。

分省份来看,5%税率对应的资源税增收,占当地一般预算收入比重排名前八位的省份依次是新疆、黑龙江、陕西、山西、内蒙古、青海、天津、宁夏,均在 10%以上,除天津外,全部分布在中西部,并以西部为主;排名后八位的省份依次是西藏、浙江、上海、北京、广西、江苏、海南、福建,均在 1%以内,除西藏和广西外,全部分布在东部沿海。

综上所述,资源税改革对地方财力的影响,整体增收效应较为显著,但在不同地区有着很大差别,对于中西部一些资源性省份,增收幅度较大,完全可以起到支撑地方财政收入的作用,而对于东部资源匮乏的省份,增收效应有限。

2. 房产税改革对地方财力的影响

房产税改革的增收规模,主要取决于税基和税率水平的变化。从目前沪、渝的税改方案看,税基较小,上海方案的税基主要是新购住房,重庆方案的税基主要包括部分新购住房及高档存量房。目前两市的试点方案,都未将大量的普通自住的存量房以及农村住房纳入进来,而且实行了多项免税措施,实际税基范围狭小。从税率上看,最高税率是 1.2%和 0.6%,低于国际通行税率。因此,两市一年多试点情况,对地方财政收入贡献很小。重庆仅 1.5 亿元,上海仅 22.1 亿元,相对两市地方财政收入,基本可以"忽略不计"。

按照课题设计的方案,对增量住房和存量住房按总的商品销售额进行测算。增量住房的房产税可以通过当年住房销售额来进行估算,存量房产的房产税收入可以通过城镇人均住房建筑面积、城镇人口以及历年商品房平均销售价格来进行估算,税率的选择,考虑重庆、上海的试点情况,以及部分发达国家的做法,选择 0.4%、0.6%、1.2%、2.0%和 3.0%五个档次进行估算,按销售价格 70%或 100%两个比例进行征收。估算结果是,全国房产税收入占地方财政收入的比重在 4.82%—51.63%之间,即按 0.4%税率,销售价格的 70%征税,全国房产税收入占地方财政收入的比重是 4.82%;按 3.0%税率,销售价格的 100%征税,全国房产税收入占地方财政收入的比重是 51.63%,总体增收效应非常明显。

再以具体省份为例,2011 年,山东省房产税收入 74.02 亿元,较上年增长 14.48%,占地方财政收入 2.94%。根据山东省 2010 年的相关数据,测算房产税改革对于山东地方财政收入的影响。假定房产税的课税对象为全体城镇居民所拥有的所有房产的实际价值,以城镇人均居住面积、城镇人口、平均房屋价格的乘积,代表全部房屋的实际价值。推导出房产税税额的计算公式:房产税 = 城镇人均居住面积×房价×城镇常住人口×税率×征收率。其中,城镇人均居住面积是指山东省 2010 年城镇人口平均占有的建筑面积,其中包含了住宅、商业、写字楼、工业等各种形式的房地产。房价是指当年山东省包括住宅、商业、写字楼、工业用房等在内的所有商品房的平均销售价格,以 2010 年住宅类房屋的销售额除以住宅类房屋销售面积,以此结果作为 2010 年房屋平均销售价格。因为房产税对居民自用住房开征属于新生事物,为减小阻力,可以在开征初期制订较低的税率。根据国际经验,0.5%、0.8%、1.2%三档税率相对其他国家属于较低税率,同时又能保证地方财政通过房产税获得足够财力。为便于计算,我们假定三档次税率,即0.5%、0.8%和1.2%,分别进行分析。因目前我国的房产税仍处于试点开征阶段,房价评估机制尚不完善,征管体系尚不成熟,因此在进行短期测算时,可以考虑采取70%的征收率水平。考虑到山东17市的不同情况,应对各市相关数据分别计算,然后加总,结果如下。

表6 2010年山东省房产税收入额及其比重测算表

税率	房产税收入额(亿元)	占财政收入比重
0.5%	121.97	5.55%
0.8%	195.15	8.88%
1.2%	292.72	13.31%

数据来源:山东省2010年统计年鉴

由此可见,即使采取最低一档的税率,山东省房产税收入占地方财政收入的比重也超过了5%,若采用其他税率,则比重更高,此外,若剔除土地出让金对地方财政收入的拉动作用,房产税收入占地方财政收入的比重将进一步提高。随着社会经济的发展,城镇化的加快,房产税制度的逐步完善,房产税收入将会成为拓宽地方政府财政收入的渠道,为其带来稳定而可观的税收来源,尤其是东部发达省份,房地产市场较为发达,收入规模相对较大,将大幅增加基层政府财力。

(二)资源税、房产税改革对财政管理体制的影响

资源税、房产税都具有地方税种的性质,随着资源税和房产税规模不断扩大,将会给财政管理体制产生重要影响。

一是影响国家税制结构。处于结构性减税的大背景下,资源税、房产税改革的全面推进,不能大幅增加居民和社会税负,配套性的税制改革显得十分必要。如资源税全面改革前,要正税清费,将价格调节基金、矿产资源补偿等收费予以取消,房产税改革全面推开前,要逐步改变目前房地产开发、流转、保有环节56项收费和12项税收并存的状况,将城建税、房产税、城镇土地使用税等合并或取消。同时,房产税、资源税都具有直接税性质,改革的推进将有效改变税制结构中直接税比重偏低的现状,形成有利于结构优化、社会公平间接税带有累退性质,所以越是低收入阶层税收痛苦程度越高,不利于社会公平和和谐稳定。的税收制度。

二是影响政府、企业、居民分配关系。表面上看,房产税、资源税改革实质上是对个人住房和资源消费行为的课税,但实质上,收入与支出紧密相连,资源税与环境保护支出是一体的,房产税与社区和市政建设是一体的,资源税、房产税收入最终会以提升生态环境和生活质量的支出作为补偿。同时,资源税、房产税改革不是孤立的,如资源税与价格体制改革、竞争机制建立、低收入群体保障紧密相连,房产税与土地出让金制度改革、社会保障的建立紧密相连,资源税、房产税改革要与这些配套改革协调推进,最终形成公共资源增值和收益在政府、企业、居民间的合理共享机制,达到强化政府责任、促进企业节约、引导居民消费的目标。

三是影响财政转移支付制度。随着资源税、房产税改革的推进,可以保证地方政府能够在未来一定时期内获得稳定而充裕的收入,地方对上级的依赖程度降低。由于资源税和房产税都具有一定的地域性,这就要求中央或省里进行部分集中,将集中的部分作为补助和补偿,以转移支付形式调剂地区财力,保证地方政府分享资源稀缺所带来的级差收益。同时,现行转移支付制度也要做出相应变革,一般性转移支付比例要继续增加,专项转移支付要更加具有针对性,增加地区资源和房产等因素,以体现各地区的差异性。

四是影响地方政府职能转变。郡县治,则天下治;郡县安,则天下安。县级财政"贡献大、责任重、财力少",收支矛盾突出。资源税、房产税改革后,应充分考虑县级财政的需要,新增收入尽量向县级财政倾斜。财力的增加,"跑省"、"跑部"的冲动就会变少,上下级政府间博弈成本也会相应降低,公共资源使用效率就会提高。同时,由于房产税计税依据是土地、房屋等不动产在不同时点上的市场价值,地方政府可以参与房产新增价值的再分配,有助于政府职能的转变,形成"税收收入越多,资源保护越好,基建投入越大,房屋价值越高,税源越大"的良性循环,有利于资源的合理利用和城市的可持续发展、服务型政府的建设。

(三)资源税、房产税改革对构建地方税体系的影响

地方税体系是相对于中央税体系而言的,包括

地方税制、税收规模、征收管理、司法保障以及地方税理论等要素。其实质是整个地方税的立法、执法和司法所组成的统一体。现行的财政收入体系中，地方收入主要来自三个方面：一是上级政府的转移性支付；二是独立的地方税收体系；三是包括各种预算外收入和制度外收入等非正式收入。

资源税、房产税改革后，可以根据资源税、房产税收入的变化情况，探索以城市维护建设税、资源税、房产税、所得税等财产行为类有关税收税作为地方税体系的重要内容，以共享税为补充，加快建立稳定、持续、健康的地方税体系，降低地方政府对转移性收入和非正式收入的需求，增强地方财力自给能力，将资源、市场优势转化为财政优势和经济优势。与此同时，在"存量不变、增量改革"基础上，随着地方财力将大幅提升，相对应的事权也会适当调整，需遵循受益范围、成本效率、基层优先等原则，明确划分中央与地方以及各级地方政府之间事权划分，特别是在城市建设与维护、公共产品供给、环境保护、住房保障等方面的支出责任，促进财力与事权相匹配，发挥中央和地方两个积极性。

当前，地方在税收征收范围、税率选择、扣除范围、减免政策等方面管理权限较小，在重新构建地方税体系的过程中，应放权于地方，在统一税政的前提下，赋予省级政府在具体的征收细则、征管办法、税收减免等方面的税政管理权限，可以由中央政府规定一个税率幅度范围，再由各地依据本地区情况调整，既能保证中央的宏观调控，又能照顾各地不同的实际情况。同时，要按照收益与责任的原则，加强城建设和民生投入，搞好环境保护和治理，提高基层社区的各项服务水平，构建主体更加明确、权责更加对等的管理体制。另外，在构建地方税体系的过程中，要进一步推进行政管理体制改革，减少政府层级，逐步建立中央、省、市县三级行政管理体制，节约行政管理成本，提高政府行政效率。

《资源税、房产税改革及对地方财政影响分析》课题组

课题指导：刘尚希　朱长才

课题牵头单位：安徽省财政厅科研所

课题协作单位：财政部科研所税收政策研究室

山东省财政厅科研所

内蒙古财政厅科研所

吉林省财政厅科研所

陕西省财政厅科研所

内蒙古乌海市财政局

课题执笔：程丹润

进一步深化非税收入管理改革研究

非税收入是政府依据管理职能参与国民收入分配的重要形式和手段，是财政收入的重要组成部分。加强非税收入管理，对于建立健全公共财政体制，理顺政府分配关系，增强政府宏观调控能力，从源头和制度上防治腐败，促进经济和社会持续平稳健康发展，都具有十分重要的意义。

一、安徽非税收入管理改革基本情况及成效

2004 年，《财政部关于加强政府非税收入管理的通知》下发后，安徽积极推进全省非税收入管理改革，不断加强和规范非税收入管理，取得了积极成效。

回顾近年来安徽非税收入管理改革过程，大致可分为两个阶段，即：稳步推进改革阶段(2005—2009 年)和巩固改革成果阶段(2010 年至今)。

(一)稳步推进全省非税收入管理改革

2005 年 10 月，省政府召开省直单位非税收入管理改革动员大会，正式启动全省非税收入管理改革。各级政府和财政部门按照"先省级、后市县，先试点、后推广"的改革原则和部署，有序推进非税管理改革工作。

一是构建制度体系。根据《安徽省政府非税收入管理暂行办法》(省政府令第 184 号)，制定出台《安徽省政府非税收入收缴管理暂行办法》、《安徽省政府非税收入票据管理暂行办法》、《安徽省政府非税收入汇缴结算户核算暂行办法》、《安徽省政府非税收入监督检查暂行办法》，构建面向全省的非税收入管理"1+4"制度框架。各级财政部门也结合本地实际，制订了一系列具体管理办法和政策措施，为全面推进非税收入管理改革提供了制度保障。

二是组建征管机构。各级财政部门通过新建或职能转型，成立非税收入征管机构，配备人员，明确职责，强化职能，为非税收入管理改革提供了组织保障和队伍支持。

三是建立代收网络。各级财政部门会同当地人行,采取招标评审方式,分期分批审核批准14家商业银行(全省约7580个网点)为非税收入代理银行,签订委托代理协议书,开展代收业务考评,保障非税收入代收业务顺利开展。

四是创建信息化平台。组织开发并不断完善非税收入管理信息系统,建立以各级财政为中心节点、连接同级非税代理银行和执收单位的非税收入管理信息化平台,为推进非税收入管理信息化改革、提高非税征管效率提供了技术支撑。

五是共建协作机制。各级财政部门与执收单位、代理银行等有关方面密切协作配合,全面清理和界定非税项目、征收范围,规范非税收入预算编制,加强非税收入账户设置、票据管理、监督检查和系统信息化建设,组织开展非税收入政策、业务和管理信息系统软件应用培训,合力推进改革。

经过全省各级、各有关方面的不懈努力,到2009年中,安徽非税收入管理改革的各项主要任务基本完成,全面实行了"单位开票、银行代收、财政统管、政府统筹"的非税收入征管新模式,初步建立了非税收入"国家所有、政府调控、财政管理"新体制,实现了从传统的预算外资金管理向全新的政府非税收入管理体制的转变。

(二)不断巩固非税收入管理改革成果

2009年,随着非税收入管理改革体制层面任务基本完成,安徽各级财政部门及时将工作重点转移到巩固和完善改革成果上来,着力规范非税收入征收管理,提升非税收入质量和管理绩效(仅在2012年上半年,省财政厅就连续下发《关于进一步加强非税收入收缴管理的通知》、《关于进一步加强非税收入管理的通知》等四份重要文件)。

一是加强预算管理。严格执行预算管理要求,规范非税收入预算管理秩序,除将教育收费、彩票发行机构和销售机构的业务费、事业单位国有资产出租出借收入和对外投资收益、基层医疗机构经常性收入等纳入专户管理外,其他所有非税收入按照预算管理方式分别列入公共财政预算、政府性基金预算和国有资本经营预算。同时,积极开展非税收入预算执行分析,不断提高预算执行约束力。

二是规范征管范围。对照国家、省有关非税收入管理政策,开展非税收入项目库清理整顿,充分利用非税收入管理信息系统,实行非税收入项目库动态管理,不断规范非税征管范围。同时,严格非税收入减免、退还审批程序,堵塞跑、冒、滴、漏行为,确保依法征收,应收尽收。

三是完善收缴管理。根据《财政部关于深化地方非税收入收缴管理改革的指导意见》,在全省范围内建立以非税收入征缴管理信息系统为主、以财税库银横向联网系统和就地缴库方式为补充的收缴管理体系。同时,积极探索应用网上收缴、POS刷卡等现代缴款方式,推行行政服务大厅集中收缴、财政直征以及"一费清"、"一表制"等收缴模式,更好地满足缴款人和执收单位需要,提升收缴效率。

四是强化票据管理。建立健全非税收入票据购领缴销制度,实行"分次限量、核旧领新"管理,建立票据年检制度,规范票据的发放、购领、核销及使用行为,充分发挥"以票管收、源头管控"作用。

五是健全监督检查机制。在财政监督大框架体系之内,不断优化非税收入监督检查流程,规范监督检查行为,加强与纪检、人行、物价等部门协作,建立健全以日常稽查为基础,专项检查为重点,多部门相互协作配合的非税收入监督检查机制。

经过7年来的改革实践,安徽非税收入管理改革成果逐步显现。增强了政府调控能力。非税收入管理改革有力地促进了非税收入的快速稳定增长,2011年,安徽非税收入2015.3亿元,为改革启动年2005年的7.3倍,年均增长39.4%。其中,纳入一般预算管理的非税收入355.3亿元,为2005年的3.8倍,年均增长25%。随着非税收入纳入预算内管理的比重不断提高,各级政府宏观调控能力显著增强。提升了财政管理水平。通过建立非税收入基础数据库动态管理机制,搭建财政与代理银行、执收单位之间的网络平台,实现了信息互通和资源共享;加强非税收入账户管理,取消执收单位收入过渡户,实现了非税收入直达财政,提升了非税收入征管绩效;实行非税收入预算编制和执行分析,规范非税收入预算管理,有效增强了预算执行力,促进了财政管理水平的提高。优化了经济发展环境。2005年以来,通过清理界定非税收入项目,全省共取消收入项目4308个,减轻企业和社会负担40多亿元;通过创新收缴方式,严格非税票据管理,加强对执收单位的监督检查,有效制止了自主收费、搭车收费、超标收费等乱收乱罚行为,从源头上控制腐败现象的发生,进一步优化安徽经济社会发展环境。

二、进一步深化政府非税收入管理改革的必要性

近年来,随着非税收入规模的日渐增大,以及非税收入纳入公共财政预算管理后占地方财政收入的比重不断提高,如何做有效提升非税收入征管质量,应是进一步深化政府非税收入管理改革的重点所在。从安徽管理改革实践看,下一步非税收入管理改革必须紧紧抓住加快立法进程这一条主线,促进安徽非税收入管理真正走上法制化、制度化、规范化和科学化的轨道。

一是坚持依法行政的本质要求。坚持依法行政、依法理财,是做好财政管理和非税征管的前提和保障。相对而言,我国税收立法层次高,基本形成了一整套统一、规范、系统的法律体系。而现行非税收入的立法层次普遍不高,没有形成一套完整的法律体系,甚至《预算法》等财政法律法规中也未有涉及非税收入管理方面的内容。目前,全国只有少数省份出台了非税收入管理条例,而安徽非税收入管理执行的主要依据仍然停留在2005年省政府颁布的184号令《安徽省政府非税收入管理暂行办法》的规章层面,执行约束力不强,时效性滞后。因此,必须加快非税收入征管立法进程,确保非税收入管理有法可依。

二是财政管理制度化的基本要求。安徽现行非税收入管理制度大多是在管理改革之初制定,随着国家对非税收入管理政策的调整和改革进一步深化,特别是《财政部关于将按预算外资金管理的收入纳入预算管理的通知》、《财政部关于进一步加强地方非税收入管理的通知》等文件下发后,亟待需要对现行相关制度、办法进行修订完善,加强包括探矿权采矿权在内的公共自然资源、城市户外广告空间资源、公共设施(场地)在内的城市公共资源等国有资源(资产)有偿使用收入,以及主管部门集中收入、捐赠收入、罚没物资管理等方面制度建设,以增强管理工作的指导和规范功能。

三是预算管理规范化的现实要求。长期以来,由于受传统观念以及非税收入采取委托征收方式影响,在非税收入管理中仍存在一定的认识误区。部分执收单位、代理银行、征管机构在执收和征管过程中,没有严格区分非税收入资金性质,应纳入预算管理和财政专户管理的没纳入预算管理和财政专户管理,应纳入政府性基金预算和国有资本经营预算管理的纳入公共财政预算管理,或将按制度规定应纳入财政专户管理的收入缴入国库,收入不在规定期限内及时足额划解入库,破坏了非税收入的真实性和完整性,影响了财政收入质量。

四是财政工作科学化精细化的迫切要求。非税收入纳入公共财政预算管理后,必须进一步强化预算约束,提高预算编制的科学性和执行力。但在具体执行过程中,部分地区和部门仍然存在着执收执罚单位支出与收入未能完全脱钩,自由裁量权过大,随意调节应入库资金,违规减免、缓征非税收入等诸多问题,需要进一步强化财政监督的约束手段。同时,由于非税收入信息化管理未能做到全覆盖,票据电子化管理未能进一步推广使用,征管体制机制未能进一步理顺,都迫切需要通过深化非税收入征管改革加以解决。

三、进一步深化非税收入管理改革对策建议

根据财政部有关政策要求,参照外省市的经验,结合安徽实际,下一步安徽非税收入管理改革工作应着重加强和深化以下五个方面管理。

(一)加强非税收入法制化管理

积极适应新形势下非税收入管理要求,学习借鉴浙江、湖南等省依法加强政府非税收入征管的先进做法,在充分调研和论证的基础上,起草《安徽省政府非税收入管理条例》(送审稿),明确非税收入性质、管理范围、管理原则、执收管理、资金管理、票据管理、预算编制、监督检查等内容,提请省政府报请省人大尽快颁布,将非税收入管理用法律形式予以确定。同时,进一步完善与之相配套的一系列管理制度,形成完备的法律制度体系,通过依法加强收缴征管、规范预算管理方式、强化执收监督检查、严肃追究违法行为等手段,保证非税收入依法合规征收,收入全部缴入国库或财政专户,真正实现非税收入与其他预算收入"收入一个笼子、预算一个盘子、支出一个口子"的综合预算管理。

(二)实现非税收入规范化管理

创新管理理念,加强分类非税收入管理,通过建立健全包括探矿权采矿权、城市户外空间资源、公共设施(场地)等在内的公共自然资源、国有资源(资产)有偿使用收入以及国有资本经营收入、捐赠收入、罚没物资收入、彩票公益金等专项管理办法,指导全省分类非税收入规范管理,促进依法征收,挖掘增收潜力。研究制定非税收入分成解缴、资金退付、成本核算等项管理办法,确保非税收入征管在各方面、各环节有章可循,不断提升非税收入征管制度化、规范化管理水平。

(三)推进非税收入科学化管理

一是进一步理顺非税收入管理体制。根据非税征管机构承担的行政职能，按照中共中央、国务院《关于分类推进事业单位改革的指导意见》精神,将全省各级非税征管机构转为行政机构，明确其征管主体责任,统一管理职能、管理范围、管理队伍,激发各级非税征管机构生机与活力，不断提高服务效率和管理水平。二是不断深化县(区)非税征管信息化管理改革。采取加强分类指导、分期推进的方式,加大工作指导力度，推进全省非税收入管理信息系统贯通运行,实现全省非税收入统一项目库、统一票据购销、统一自动分成、统一数据共享、统一系统升级。三是加快非税收入票据电子化管理改革步伐。积极探索非税收入电子票据的开发和运用，充分利用非税收入管理信息化平台，实现非税收入票据全程电子化管理。四是探索建立非税收入激励约束机制。通过加强非税收入征管绩效考评，考核部门收入计划执行情况，并将考核结果作为部门预算编制的重要内容,规范执收单位委托代征行为,确保非税收入来源有依据、资金不流失、增长有动力。

(四)深化非税收入精细化管理

一是坚持“收支脱钩”。以非税收入纳入预算管理为契机,通过科学编制部门收入预算,合理核定执收成本支出，做到执收执罚部门收缴行为与财政拨款支出脱钩、非税收入与经费奖励脱钩。二是完善征管机制。通过不断规范非税收入预算管理秩序、严格账户设置、创新征缴方式、规范收入划缴、加强监督检查等多种措施和手段，有效解决工作中存在的各种问题,确保各项管理政策落到实处。三是创新征管方式。加强非税收入征管与其他财政管理的有机结合,将非税收入征收管理与行政事业单位资产管理、国有资本经营预算管理有机结合起来，强化收入预算的编制和执行,夯实财政收入基础。推进非税收入收缴方式转变，积极探索网上银行等电子化缴款方式,扩大财政直接征收和自助设备缴款范围,不断提高非税收入收缴率。四是提升征管绩效。继续对行政事业性收费项目等非税收入进行清理,取消不合理、不合法收费,优化经济和社会发展环境。进一步清理财政专户,规范非税收入账户设置和会计核算,保证收入及时足额划解入库,确保财政资金安全。提升征管信息化系统应用水平,将非税收入项目管理、账户管理、票据管理、收缴管理、预算管理有机统一,实现代理银行、执收单位与财政部门信息及时传递和资源共享。

(五)促进非税收入社会化管理

非税收入来源于社会,用之于社会,也是社会方方面面长期关注的焦点之一,打造“阳光”非税,服务跨越发展,必须促进社会化管理。一是加大政策宣传力度。各级地方政府和财政部门要通过各种形式,进一步加强非税收入征管政策宣传。通过政策宣传,提高对加强非税收入法制化、规范化管理思想认识,澄清各种错误观念和思想误区，努力营造正确的舆论环境和良好的征收秩序。二是加大政务公开力度。按照主动接受社会监督,提高非税征管绩效的原则,非税征管机构要积极推行非税收缴“政务公开和办事公开”,向社会公开非税征管法律法规、行政规章、规范性文件和操作流程,公开办事便民服务指南,构建全方位公开体系,努力打造“阳光”非税。三是加大监督检查力度。充分发挥人大法律监督、政协民主监督、社会舆论监督作用,增强依法加强非税收入征管执行力和约束力。强化财政、监察、审计、物价等部门沟通和协作,形成合力,努力促进非税收入征管工作健康有序发展。

课题组组长:李友兰

课题组成员:张　黎　刘明刚　项东文　单　培

课题执笔:项东文　单　培

安徽财政信息化建设与应用研究

近年来，安徽按照财政部统一部署和金财工程建设规划,大力推进财政信息化建设,特别是依托财政部“金财工程应用支撑平台”开发的平台一体化信息管理系统,在省、市、县(区)全面推广应用,初步实现了财政内部、财政上下级之间、财政与同级预算单位间的信息共享。本文对近年来安徽财政信息化发展情况进行了回顾与思考，并就加快推进信息化建设与应用工作,提出相关建议。

一、安徽财政信息化建设与应用现状

随着我国财政改革发展的逐步深入，客观上对财政管理工作的要求也越来越高,同时,现代信息技术的迅猛发展，计算机网络技术广泛应用，特别是

"金财工程"的启动,助推安徽财政信息化建设驶入快速发展的轨道。

(一)信息化基础设施建设初具规模

1.财政应用网络系统纵横贯通。1994年,安徽开始建立财政信息网络,2000年,作为全国财政系统计算机广域网建设试点省份,安徽开始将市县(区)财政部门的网络进行联通建设。随着"金财工程"建设的启动,2010年,全省财政的局域网和广域网进行了升级改造,依托省电子政务专网建成了纵向覆盖省、市、县三级财政部门,横向到同级预算单位、国库、银行等互联互通网络结构,实现了上下贯通。为满足县级财政部门对乡镇财政支出管理需要,各县(区)财政部门将网络延伸到乡镇财政所。

2.市县(区)财政机房达标建设基本完成。2007年以来,针对市、县财政部门普遍存在的计算机机房面积小、标准低、隐患大等问题,省财政厅组织市、县(区)实施达标机房建设改造,要求市级机房不小于70平方米、县级不小于35平方米,并配备相关基础设施,确保市级机房达到国标A级标准,县级达到国标B级标准。经过几年的分批建设,除个别市县财政局因新办公楼还未建成,不符合改扩建要求以外,其余全部完成了机房达标改造工作。

(二)平台一体化管理信息系统推广应用取得显著成效

随着财政改革的不断深化,各级财政部门普遍应用了部门预算编制、国库集中支付、工资统发和非税征管等信息系统,但由于这些信息系统都是按照单项业务需要独立开发和分散建设的,造成各系统之间数据口径和编码都不一致,不能形成完整的业务数据库,存在信息无法共享,也无法互联互通等问题。为此,财政部启动了"金财工程应用支撑平台"建设,着力打造一个专用于财政管理的数据平台、业务平台和技术平台。2008年,安徽按照财政部的统一部署,启动了对原有信息系统的整合改造,开发形成了以业务规范统一、基础数据统一、技术平台统一的"安徽省财政平台一体化信息管理系统"(以下简称"一体化系统")。

1.全省一体化系统推广实施顺利完成。一体化系统的开发和全面推广应用是安徽"金财工程"建设的核心内容,省级一体化系统由全新开发的指标管理、集中支付管理、政府采购管理、公务卡报账管理、工资统发管理、账务管理、综合查询和用户管理等8个子系统,以及接入原有的基础信息管理、项目信息管理、预算编制管理、非税收入系统、集中支付动态监控系统、电子化政府采购应用系统和财税库银联网系统等7个子系统,共计有15个业务模块组成,于2010年1月1日正式上线运行。经过两年多的应用磨合,系统功能不断优化完善,一体化管理的优越性日益显现。在确保省级一体化系统顺利运行的同时,我们积极向市、县(区)推广实施。2011年,各市的平台系统按要求全部正式上线运行,61个县和15个县改区分成4批陆续上线运行,总体应用情况良好。

2.一体化系统应用成效初步显现。一体化系统覆盖了财政支出管理的核心业务,保证了相关联的业务功能顺畅衔接,达到了信息共享和规范透明目的,较好地解决了原来分散系统之间数据口径不一而导致的频繁对账、调账、数据重复录入等问题,有效减少了工作量和误差率。比如,工资统发实现了从数据报送到支付凭证的自动生成,提高了工作效率;公务卡管理、往来资金结算与集中支付、总账会计间的业务流程被大大简化;数据查询能及时准确反映动态财政收支变化;各类统计报表能够快速生成等等。此外,各地财政核心业务数据纳入一体化系统管理,形成了本地集中共享的数据库,为数据统计分析提供了完整准确的基础数据,也为动态采集财政预算执行信息奠定了工作基础。

(三)财政门户网站和综合办公系统广泛应用

1.门户网站在财政宣传和政务公开方面发挥了主渠道作用。按照省政府对政务公开的相关规定和"信息公开、在线办事、公众参与"的办网宗旨,2004年,省财政厅门户网站正式开通,主动公开财政信息、公布办事流程、宣传财政政策、发布法规和有关规章文件、开办厅长信箱、接收投诉建议以及解答公众咨询等。2010年,省财政厅门户网站进行了改版升级,进一步完善网站版面,更显人性化。进一步增强页面视觉效果,栏目图文并茂、内容丰富多彩。近几年来,门户网站年均访问量达210余万次。

2.财政综合办公系统在应用中加以完善。2007年省财政厅开始应用协同办公系统,机关公文处理和市县(区)财政信息报送实现了电子化,同时还应用了省政府办公厅、财政部电子公文的接收系统,实现了文书档案的电子化处理。2011年,通过实施厅机关办公局域网和协同办公系统的整合改造,开发了内网信息共享和电子公文办理一体化的综合办公系统,大大提高了办文办事效率。

(四)视频会议系统实现全省覆盖

2003年,省财政厅开始依托省电子政务城域网和省市专网主干线路,建设与17个市财政局相连接的财政视频会议系统。2005年,拓宽直管县财政局连接市财政局的数字专线,扩容已有财政视频会议系统,使财政视频会议系统应用覆盖了57个省直管县财政局,进而延伸到4个非直管县和15个县改区。2011年财政部的视频会议系统与安徽联通,至此,自财政部至县区财政局的视频会议系统全部贯通。从2007年到2012年上半年,安徽共召开各类视频会议达40余次,节省了大量时间和会议经费支出。

(五)信息安全保障能力相应提升

由于计算机网络技术的不断发展和众多人员使用等原因,财政信息化在给我们带来高效便捷的同时,也带来了各种安全隐患。考虑安全保障需要,从2007年开始我们对全省各市县(区)进行了机房达标改建,随后又进行财政应用网络改造。在一体化系统推广实施工作中,为各市、县配备了双机等安全防范系统设备,部署了网络防病毒软件系统和入侵检测、漏洞扫描等安全设备。此外,还在合肥四里河建成了全省财政数据备份中心,各级财政部门的重要业务数据将在该中心进行备份,确保在意外情况发生时,主要财政数据不会丢失,为系统恢复运行提供安全保障。

二、国外和我国部分省市财政信息化应用情况

(一)经济发达国家的信息化应用特点

经济发达国家的信息化建设相对比较早,在网络服务和电子政务成熟度方面,有一些好的做法和先进经验值得我们学习和借鉴。

1.依靠大型计算机网络技术为重要支撑。财政管理信息系统是目前世界上主要市场经济国家政府信息管理系统中的核心之一,比如美国财政部的联邦政府国库支付系统在运行时,通过专网与各相关政府部门连接,处理相关财政业务和提供相关服务,除国防支出以外,包括社会保障基金和退税在内的全部政府开支,都是由管理信息系统通过单一账户支付实现,其中70%是以电子方式支付的。美国财政管理信息化建设的特点:一是财政业务系统以大型计算机网络技术为支撑,从而实现财政部门与相关单位的数据在专网上快速交换;二是财政信息系统在应用中,财政性资金支付的规范性比较强,主要通过国库单一账户体系来实现的。

2.建立多功能的软件系统和强大的数据库。英国较早地应用了公共支出管理信息系统,是现行财政管理的主要系统,其功能包括预算管理、支出管理、现金管理和宏观经济预测等,通过财政局域网和外部互联网实现财政部与预算单位的预算、支付和账务管理,以及与银行三方统一运行,并为中央政府提供宏观经济统计和预测数据。在应用中最大的特点是依靠强大的数据库作为支撑,将9年的预算、支出数据(包括历史5年、当前年度和未来3年),以及不同统计口径表现的数据和每一个数据更改记录都储存在数据库中,预算单位在编制三年预算框架时,先登录公共支出管理信息系统,可提取历史预算数据和执行情况,进行综合统计分析,对未来3年财政资金支出情况做出预测,财政部门收到预测后按照国家政策、发展规划和区域均衡发展等要求,对单位的预算预测进行调整,经议会批准后由财政部门通知预算单位提取本部门的预算数,开始编制下一财政年度明细预算。

3.确立科学合理的运作机制。一是监督评估机制。如美国管理和预算办公室的"电子政务积分卡"每个季度对各联邦部门的电子政务建设进展情况进行评估。英国、加拿大等国家以年度报告的形式对每年的信息化及电子政务建设情况进行评估和总结。二是定期汇报机制。一种是下级对上级的汇报,另一种是某项相关法律颁布后,根据法律要求向立法机构进行汇报,如美国《电子政务法》要求管理与预算办公室每年3月1日之前向国会汇报当年该法规定任务的完成情况。三是咨询顾问机制。成立由专家、学者、官员和企业代表等组成的咨询机构,为决策、协调和实施机构提供咨询和建议。有些工作组或顾问小组是临时性的,任务完成后即宣告解散。如美国成立电子政务特别工作组确定优先开展的电子政务项目,工作时间仅为2个月。加拿大的政府在线战略顾问小组专门负责为加拿大《政府在线战略》提供政策建议和指导。四是项目管理机制。芬兰专门出台了信息社会计划,在计划实施过程中贯穿了项目管理的方法和思路,尤其是跨部门项目成立项目管理办公室,按项目管理体系和规范进行运作。

(二)我国部分省市财政平台一体化系统建设模式

我国各省市在按照财政部统一部署,在"金财工程应用支撑平台”上构建新的财政管理信息系统的过程中,主要采取“生长”为主和“接入”为主两种建设模式。

1.以生长为主,接入为辅的建设模式。“生长”模式,是指以平台为基础,重新开发和改造业务信息系统,各业务系统通过平台共用基础数据,实现信息流转和控制,在平台上集中存放数据,与平台紧密结合形成一体化系统。采用“生长”为主模式建设的一体化系统主要是因为:一是信息化建设起步早,核心业务系统比较陈旧,设计理念不能满足财政精细化管理要求,升级困难;二是大多数业务系统没有采用财政部提供的软件,以“短、平、快”的方式自行研发或采用其他软件公司的软件,系统缺乏整体规划,信息共享程度不高,很难满足一体化管理要求。在大部分系统不能通过“接入”进行有效整合的前提下,就需要以“生长为主、接入为辅”模式建设一体化系统。目前,全国采用该模式的省市主要有四川、安徽、宁夏等地。

2.以接入为主,生长为辅的建设模式。“接入”模式,是指基本保留大部分原有系统,只对少部分系统进行重新规划开发,并将原有系统数据处理部分接入平台进行标准化处理,通过平台接口实现基础数据对照接入,将业务数据写入平台。采用“接入”为主模式,软件改动工作量较小,对业务部门的用户几乎没有影响,保护了原有系统的开发投入,但要求现有系统的功能相对完善,并具有一定的灵活性和扩展性,在后续的业务软件升级中需要多家软件开发商配合,做大量的协调工作。采用该模式的省市主要有山西、河北、天津、重庆等地。

三、安徽财政信息化存在的一些问题

安徽财政信息化基础建设和一体化系统推广应用虽已取得阶段性成果,但在制度管理、系统应用、信息安全和运维管理等方面还存在一些问题,有待进一步改进和完善。

(一)信息化应用管理工作需要进一步加强

1.信息化建设中短期规划急需建立。虽然安徽信息化建设明确了总体发展目标,但是在具体建设中还存在临时性、被动性等问题。通过政府采购硬件设备或应用软件,要按照一定程序来办理,至少需要两个多月时间,比如2011年县(区)一体化需要的“双机”系统、2012年实施的机房设备监控系统等。同时,缺少信息化建设中短期规划,很难激励各地信息化创新动能,并由此带来一些负面影响。

2.信息化规章管理制度有待完善。财政信息化建设与应用工作涉及面广,应有一套比较完善的管理制度作保障。虽然安徽已经制定出台了一些管理制度,比如机房监控制度、网络与信息安全管理制度等,但在信息化建设的管理、信息系统应用、维护维修管理等方面,还需要建立完善相应的制度体系。

3.地方信息化机构建设有待健全。安徽在金财工程启动的时候,大多数市县的信息机构尚未建立,技术人才普遍匮乏。2007年省财政厅同省编办联合下文,要求各地根据实际情况组建信息中心,配备技术人员。截至目前,全省92个市县(区)有61个财政局成立了信息中心,其中,38个是专职机构,23个是设在局办公室。31个地方只确定了技术人员,但未成立信息中心机构。

4.信息化队伍建设需进一步加强。虽然安徽有200余名从事信息化工作的人员,但是技术水平参差不齐,特别是县(区)问题更加突出。多数地方人手紧张,除了做好信息化工作之外,还要兼做其他工作。由于信息化工作性质单一,承担的责任更多,加上一些地方对信息化工作支持不够,只是被动工作应付了事,严重影响他们工作积极性和主动性。

(二)一体化系统应用有待进一步深化

1.少数地方财政信息化重视程度不够。集中表现在一体化系统业务模块应用不够全面,纳入一体化管理的资金比例不够高等方面,这与少数地方缺乏大局意识,特别是对一体化系统的应用重视程度不够有关,未意识到一体化系统整体关联性,个别地方对财政信息化工作流于形式。

2.一体化系统软件功能需进一步改进。功能强大、使用便捷的一体化系统软件,会赢得更多人支持和主动使用。安徽的一体化系统自2010年开始陆续投入省、市、县上线运行以来,虽然系统不断进行优化升级,但还存在一些不足。比如在系统易用性、灵活性等方面需要改进和完善;对下面的转移支付资金和专项资金的使用情况,尚未做到及时监管;对县级服务的软件公司技术人员力量跟不上,业务水平有待提高等等,都直接影响到一体化系统软件的深入应用。

3.财政业务管理原因影响了平台应用。由于各市县财政改革进度和业务发展不均衡、不同步,一体化系统的模块在推广中改动较多,部分市县业务流程和数据口径不一致，影响了全省财政数据的归集和分析利用。少数地方还存在国库集中支付改革不到位的问题，预算单位还没有独立的财务管理，一体化系统的国库集中支付业务无法得到充分应用。

4.信息系统还存在“条条”建设现象。由于目前还有上级财政部门在推广独立于一体化系统之外的业务系统，这给当前财政信息化建设的一体化系统带来冲击，特别是跟财政核心业务密切相关的系统，如果再游离于一体化建设之外，将给财政信息化建设带来较大的负面影响。

(三)信息系统应用风险有待加强防范

1.存在管理不当风险。一些地方对财政业务系统应用中的安全问题没有引起足够重视，缺乏相应的管理制度约束，缺少专职技术人员对机房的路由器、交换机、防火墙等网络设备的管理，一旦出现故障不能快速判断和有效处理。据统计，2011年全省发生的设备和业务系统运行故障，90%以上是发生在县一级，主要原因是技术水平低和处置不当。

2.存在系统应用风险。财政管理信息系统受自身的体系结构、设计思路、运行机制等限制较大，又与系统的配套设施、外部接口等运行环境密切相关，系统所面临的技术风险是客观存在的。同时，因为工作人员没有按规定要求进行操作业务系统，使之无法使用。自去年全省一体化系统使用以来，各地多次发生网络或平台系统运行中断等情况。

3.存在数据安全风险。由于财政业务系统在运行时，数据不断更新和变化，一旦丢失将会引起严重后果，所以财政数据的存储和备份显得十分重要。虽然安徽目前一体化系统在运行时有“双机”互备运行模式作为技术保障，但是由于供电、硬件、软件等原因，如果管理人员没有按要求及时对数据有效备份，那么当出现系统软件崩溃或主机系统意外宕机时，系统中当天产生的财政数据将会丢失。

4.存在网络安全风险。目前，全省各地财政网络连接情况不尽相同，部分市县财政局的内网和外网没有实行物理隔离，只将财政一些重要的业务系统与互联网实行逻辑隔离，特别是县(区)大多数预算单位是通过互联网使用VPN连接方式访问财政业务平台系统，缺乏强制身份认证机制对用户进行安全认证管理，使财政业务系统暴露于互联网环境，如不采取相应补救措施，将可能导致业务数据丢失或被恶意攻击篡改的灾难性后果。

(四)运行维护管理体系不够健全

运行维护管理体系是设备运行、网络通畅、系统安全的基本保障，虽然安徽制定了机房管理守则、网络与安全管理暂行办法等，但是缺乏信息系统应用管理、应急管理、运维管理等配套制度体系。随着全省平台一体化系统广泛应用，与之配套的信息化基础设施也日趋复杂，面临的系统应用风险和运维难度日益加大。目前安徽运维管理还处于初级阶段，基本属于分散、人工、被动和低效的传统模式，难以满足财政信息化不断发展的要求和实际工作需要。

四、对策和举措

加快安徽财政信息化建设和应用，对于完善公共财政体系、健全预算管理、提高财政资金使用效益、增强财政决策的科学性和财政工作透明度、加强廉政建设及实现依法理财等都具有十分重要的意义。

(一)充分认识推广应用一体化信息系统的重要性

1. 是提高财政工作透明度的需要。2011年8月，中央办公厅和国务院办公厅联合印发了《关于深化政务公开加强政务服务的意见》，明确要求各级行政机关，要严格执行政府信息公开条例，主动、及时、准确公开财政预算决算、各级政府财政总预算和总决算、部门预算和决算、政府性基金和国有资本经营预决算，都要向社会公开，且内容要逐步细化全面，各部门的出国、接待、公务用车和会议开支也要逐步公开。这些信息的公开必然要借助信息技术和信息网络系统。因此，推广应用平台一体化信息系统，是各级财政部门信息公开的必然要求。尤其要发挥平台一体化信息系统的“数据中心”作用，为部门单位预决算信息公开提供口径一致的数据支撑。

2.是加强财政科学化精细化管理的需要。数据是财政工作的基础，财政收支数据采集、历史数据分析对比、全系统数据的统计汇总等财政工作的各个环节都要依赖数据，大量财政数据的分析利用也离不开信息网络系统。只有通过建立统一的信息平台、统一的业务规范，实现业务管理系统的有效融合和信息共享，实现各级财政内部、财政与本级预算单位、上下级财政信息资源的互联互通，财政管理的科学化、精细化才有坚实的技术和数据支撑。

3.是提高工作效能的需要。由于以往开发推广的系统缺乏顶层设计和统一标准，系统间的数据格式与接口标准不一致，信息不共享，导致数据统计分析工作费时费力，统计结果时效性差、误差大，制约了工作效能和科学决策水平的提高。为此，财政部按照规范信息系统建设要求，做出了推广金财工程应用支撑平台和构建财政一体化管理信息系统的部署，推动财政信息化建设由分散建设向一体化建设转变，由单项业务应用向业务全覆盖转变，由支撑日常业务处理向推动加强财政管理、促进财政科学决策转变，为提高财政工作效能和及时正确决策提供有效信息保障。

4.是规范财政权力运行、促进财政反腐倡廉建设的需要。由于一体化信息系统内置了相关的财政业务标准、数据规范和作业流程等控制机制，具有“程序严密、流程规范、客观公正、信息共享”等刚性，不但能有效分解和约束权力配置，缩小制度设计与执行间的差距，而且能详细记录每一笔财政资金收支的来龙去脉，促使工作人员只能按既定业务流程和岗位权限办事，最大限度地减少人为因素干扰。从机制和源头上推进财政反腐倡廉建设，促进财政资金高效和安全使用、财政权力规范运行。

5.是完成上级财政部门工作任务的需要。财政部最近部署了全面推行公务卡应用、建设全国预算指标监控系统、全国预算执行数据中心和预算执行动态监控系统等多项工作，着力通过动态获取和汇总分析省、市、县三级财政关于中央和地方转移支付资金安排、落实和到位情况，进一步加强财政预算支出和转移支付资金管理。认真做好平台一体化信息系统推广应用工作，是上述新项目建设的工作基础和前期准备，是完成财政新应用的必然要求。

(二)加快完善信息化各项制度建设

1.着力制定信息化建设规划。根据财政部对信息化工作部署和安徽各地实际情况，结合当前信息技术的发展，制定全省信息化发展建设中短期规划，下发市县财政局。一方面可以确保安徽信息化建设统一性和连续性，另一方面也可以避免下面重复投资和盲目建设，形成全省一盘棋，共同推进信息化发展。

2.着力完善信息化管理制度。随着安徽财政信息化建设的逐步深入，特别是财政核心业务已纳入一体化系统管理，这些业务的应用不仅涉及财政系统内部，还涉及预算单位、人民银行和商业银行等，因此，加强管理显得尤为重要。建议在原有制度的基础上不断完善网络信息安全管理制度，建立财政业务系统应用管理制度、运行维护管理制度等，构建一系列完备的信息化管理制度体系。

3.着力加强信息化机构建设。财政信息化建设需要稳定的队伍，现在安徽各级信息中心承担了大量信息化规划、组织、协调、管理等职能。省编办明确省财政信息中心主要职责之一是“负责全省财政信息系统、信息网络及预算数据库的规划建设和日常管理工作”，带有明显的行政管理职能。现在上海、天津、云南、陕西等省市进行了一些探索，有的地区将信息中心改为参公管理单位，有的地区直接改为机关内设处室，极大地调动了干部职工积极性。特别是市县，有一个稳定信息机构和队伍，是财政信息化建设长远发展的重要保证。因此，建议各级领导进一步重视信息机构和队伍建设，结合当前事业单位改革，研究信息中心的职能定位，建立与工作要求相适应的信息管理机构。

4.着力培养信息化复合型人才。随着信息化应用工作的深入，培养信息化复合型人才显得更加重要，为了适应形势发展需要，建议制定五年信息化人才培养规划，做到有计划、有步骤、分层次、多渠道地造就安徽高素质的信息化队伍。一是每年定期举办信息化专业技术人员培训班，采用理论和实践相结合的形式，重在培养学员的动手能力。二是选派技术骨干参加知名厂商技术认证培训，加强相关的设备熟练操作。三是要求厂家技术人员在为市县安装设备时，培训当地的工作人员，并关注培训意见反馈。四是充分利用安徽视频会议系统、财政信息QQ群等方式，促进各地信息技术人员互动，加强财政业务和信息化技术交流，相互启发，相互提高，努力打造成为既懂财政业务又懂信息技术的高素质优秀队伍。

(三)大力推进平台一体化系统深化应用

1.完善系统功能，扩大一体化系统应用范围。积极完善一体化系统在易用性等方面的共性需求，综合考虑各地管理上的个性差异，完善系统功能，扩大系统应用范围。一是在功能模块上提要求，尽可能实现一体化系统各类功能模块上线应用；二是在财政资金上提要求，将所有财政性资金和本级财政管理的其他资金纳入一体化管理；三是在系统覆盖单位上提要求，将所有财政资金支付的单位都纳入一体化管理。

2.驱动业务应用，推进信息系统归并整合。在一体化系统中的核心业务功能模块替代原来的独立业务系统后，只要模块真正在平台上运行使用，生成统一的基础数据和规范的一体化业务处理流程，就会形成“倒逼”态势，相应的模块也要在平台上运行。省、市、县(区)三级财政应充分利用“上下”贯通功能，实现上级指标下达、下级指标接收、上下级指标对账，以及财税库银报表数据分发等，达到整合归并核心业务信息系统目的。

3.搞好数据利用，建立财政收支分析预测。在一体化系统广泛应用的基础上，以省、市、县(区)三级数据为基础，以全面纳入一体化系统的财政收支资金为对象，建立完善的财政数据统计分析模型，实现财政收支统计分析，并不断优化完善分析模型，力争达到准确预测财政收支。结合财政管理改革目标要求的不断提升，以相对独立的分析主题，展现财政改革的成效，最终实现财政资金收支的绩效管理。

4.建立激励机制，实行平台应用跟踪问效。为进一步深化一体化系统在市县的应用，建议对平台一体化应用成效进行跟踪调查，逐步形成一套行之有效的激励机制，对工作完成出色的地方，给予表彰和嘉奖，确保跟踪问效工作落到实处。

5.加大督查力度，促进一体化系统深化应用。省财政厅需加大对市县信息化工作进展的督查力度，及时了解和掌握市县一体化系统应用情况，同时要为市县排忧解难，促进一体化系统加快深化应用。

(四)加强风险防范，完善信息安全保障

1.提高风险防范意识，强化基础建设。随着网络技术的发展和使用人员的增多，信息安全情况会越来越复杂，防范难度也会相应增加，所以我们对信息安全问题要始终警钟长鸣，增强风险防范意识，财政管理信息系统建设，要采用当今比较先进计算机技术进行立体防范，确保财政信息安全。在原信息安全建设的基础上，认真梳理信息安全存在的漏洞，进一步加强机房监控管理，积极做好财政业务系统的等级评测和防护，完善工作人员定岗定责等基础建设。

2.着重网络运行管理，确保数据安全。按照政府专网要与互联网物理隔离的要求，财政部门的所有业务信息系统都应在专网上运行。目前，全省还有部分地方没有做到，主要是当地的预算单位因租用线路成本过高、使用不方便、业务量过少等原因，没有用专线而是通过互联网接入财政部门服务器。考虑到当前财政平台一体化信息系统的推广和应用，建议从互联网接入的预算单位，可采用强制身份认证的方式登录一体化系统，以确保登录用户的真实性。同时，当地财政局还应使用先进的技术手段，定期对所管理的服务器进行漏洞扫描和入侵检测，防止黑客攻击和数据泄密。

3.建立应急预案机制，制定防控措施。为了提高突发信息安全事件的应急处置能力，按照“积极预防、严格控制、防控并重”的原则，全省各级财政部门应制定相应信息系统安全事故应急预案，组建信息化管理应急处理队伍，明确岗位、任务和责任，每年定期进行演练，发现不足之处及时加以整改，同时还要加强与部门之间相互协调，切实提高应急处置能力和水平。

(五)做好服务管理，建立运行维护保障体系

1.建设实时监控管理系统。为确保应用系统、网络和信息化基础设施等安全稳定运行，必须做好相应的运行维护工作，建立以技术为支撑，以流程管理为手段的集中监控管理平台，对其运行状态自动监控和管理，以便及时发现故障快速进行处理。维护人员每天通过巡检管理模块，查看监控信息和运行状态，保证其合理配置和高效运行，使运维技术人员从以前“救火式”工作中解脱出来，实现由事后被动处理到事前主动服务防范的转变，将故障隐患消除在萌芽之中，防患于未然，提高运行维护的效率和质量。比如对全省各级财政达标机房的UPS、空调、消防等设备安装实时集中监控系统，对网络、服务器等硬件设备，以及数据库、中间件、应用系统等软件进行实时监控管理等。

2.建立统一运维服务管理平台。参照IT服务管理理念、方法、标准和实践经验，结合安徽工作实际，建议在健全运维管理制度的基础上，建立统一运维服务管理平台，集中处理用户的服务请求，对受理的信息进行记录、分发，向服务组下达工作指令，对重大事件向责任单位汇报，跟踪、监督任务完成情况，实现对运维全过程的记录、回复、跟踪、报告等一站式的流程服务管理，保证问题处理的及时性、准确性和有效性，推进信息系统服务向科学化、精细化、规范化管理。

课题组组长：陈传文
课题组副组长：李森林
课题组成员：达小敏　姚先飞　李　翼
包世应　傅　依　吴沛然
王建良

关于当前经济形势与财政对策分析

受国际、国内多重因素的影响,自2011年以来,我国经济开始呈下行的趋势,尤其2012年一季度以来,经济下行压力突然增大,这既反映出我国宏观调控的主动效果,也对当前的财政工作产生了较大的影响,需要更为准确把握形势变化,未雨绸缪,采取积极的应对举措。

一、经济运行下行压力持续扩大及其直接因素分析

自2011年以来,我国经济呈现下行的趋势,国内生产总值增速从2011年一季度的9.7%下降到2012年一季度的8.1%,下降了1.6个百分点,尤其2012年一季度比2011年四季度下降了1.1个百分点。

随着经济运行的减速,直接反映经济状况的财政收入,也呈现了基本相同的增长速度持续下降的趋势。2011年以来,全国财政收入增速从36%下降到目前的12.5%,增速下降了一半以上。尤其是税收收入增速,从2011年年初的35.4%下降到目前的8.1%,增速下降了27个百分点。安徽财政收入与全国形势大致相同,财政收入增速逐步下降,2012年一季度增速仅达到17.6%,增速趋于平缓。

总体来看,2011年以来,我国经济整体呈现出下行的态势,这是国内外诸多因素合力形成的结果,通过投资、出口、消费、物价水平等方面数据分析,其中投资减缓、外需减弱、房地产大幅降温等,是最核心的影响因素。

(一)固定资产投资增长逐步减速

多年来,我国保持了固定资产投资的高速增长,全社会固定资产投资从2000年的3.3万亿元,迅速增长到2010年的27.8万亿元,十年增长了7.4倍,年均增长23.8%。长期的固定资产投资高速增长,已经影响了经济的平稳运行。自2011年以来,在国家宏观调控政策的作用下,全国固定资产投资增长速度开始持续下降,从2011年年初的25%左右,下降到2012年年初的20%左右,一年时间下降了近5个百分点。2011年以来,安徽固定资产投资增速与全国的情况基本一致,出现了增速持续下滑的态势。投资增速从2011年一季度的35%左右下降到2012年一季度的26%左右,一年下降了9个百分点。可见,全国和安徽的固定资产投资增长速度均呈现出持续下降的态势,对经济增长产生了一定的负面影响。

(二)对外贸易增速迅速下滑

近年来,世界主要经济体发展态势减速,尤其是受美国金融危机、欧洲主权债务震荡、日本经济低迷等多重影响,世界经济形势不确定性因素增多,国际消费需求减弱,一些国家出现了不同程度的贸易保护主义思潮,以及我国生产成本上升等影响,使我国对外贸易形势发生了很大变化。我国进出口增速从2011年1月的44%左右,一路下滑到2012年4月的3%左右,下降了41个百分点。安徽情况大致相同,进出口增速从2011年1月的50%左右,下降到2012年3月的14%左右。近年来,我国对外贸易快速发展,是经济较快增长的重要引擎,目前进出口总额增长速度持续快速下降,直接增加了我国经济下行的压力。

(三)房地产行业骤然降温

目前,随着国家房地产调控政策落实等因素的综合作用,2011年以来,房地产行业出现了突然降温的情况,对经济平稳增长产生了一定的负面影响。全国房地产开发企业土地购置面积增幅大幅下降,从2011年1—2月的57.1%下降到2012年1—4月的-19.3%,一年多时间下降了76.4个百分点。全国商品房销售额增速从2011年1—2月的27.4%下降到2012年1—4月的-11.8%,下降了39.2个百分点。跟随全国的房地产行业态势,安徽房地产行业也出现了迅速降温的情况。房地产开发企业购置土地面积增速从2011年1—4月的77.62%下降到2011年1—12月的-0.4%。商品房销售额从2011年1—2月的32.2%下降到2012年1—2月的-3.7%,下降了36个百分点。房地产行业的骤然降温,对钢铁、建材、建筑安装、家用电器等行业均会产生巨大冲击,并随着这些行业的经营困难,而逐步向其他下游行业延伸,对经济运行产生较大的下行压力。

(四)国内消费缓慢减速

在国内外经济大环境的背景下,社会消费需求也开始呈现出缓慢减速的态势。全国社会消费品零售总额增速从2011年最高时的17.1%,下降到2012年1—4月的14.7%,下降了2.4个百分点。安徽社会消费品零售总额增速,从2011年1—2月的

23.7%下降到2012年1—2月的22.1%，下降了1.6个百分点。

从拉动经济增长的三驾马车看，我国经济增长仍处于下行的通道，经济增长的下行压力仍较大。今年,我国对外贸易形势总体上不容乐观,投资也不太可能恢复到过去几年的高速增长状况,即使进一步加大投资力度,投资对经济增长的贡献还存在一个时滞问题,同时,国内消费又一时难以有大的提升。目前,物价水平仍然偏高,适度从紧的货币政策不会有大幅的调整,社会资金供求矛盾仍比较突出。因此,经济增长仍存在较大的下行压力。

二、当前经济形势对安徽财政的影响

一年多来,经济运行持续向下的态势,给目前财政工作带来了很大的压力和挑战,一方面财政收入增长减缓,可用财力增长幅度有限,另一方面保持经济平稳较快增长、推进改革创新、改善民生福祉、维护和谐稳定等方面,对财政支出的刚性需求不断扩张,财政收支矛盾比较突出。

(一)财政收入增长压力逐步增加

从2011年以来,受经济运行下行的影响,安徽省财政收入增长速度逐步下降，从2011年1月的50%左右下降到2012年4月的7.1%左右。税收收入快速下降，从2011年1月60%左右下降到2012年4月的3.8%左右。其中主体税种增长速度均快速下降,增值税、营业税、企业所得税、个人所得税等税种全面快速下滑,增值税增速从2011年1月的70%左右,迅速下降到2012年3月的10%,下降幅度最大。

从当前的经济形势分析,今后财政收入增长的压力仍较大。一是经济运行下行的状态还没有扭转,直接影响财政收入的较快增长。二是财政收入增长变化一般滞后于经济增长的变化。目前,经济仍处在下行的状态,经济对财政的影响还没有完全反映出来。三是经济较长时间的下行,必将影响经济运行的效益，进而影响所得税收入的较快增长。四是非税收入增长，受社会经济整体运行状态影响,随着经济增速的减缓,非税收入增长压力会逐步增加。2012年一季度，全省非税收入完成345.7亿元,同比下降6.8%,非税收入增长的压力开始显现。五是减税让利等政策的落实,形成一定的财政收入增长压力。六是物价水平的总体下降趋势,也影响了现价财政收入的增长。综合以上分析,目前财政收入增长存在不容忽视的压力。

(二)地方政府融资能力急剧下降

近年来，伴随国家扩张性的宏观调控政策的实施,各级地方政府采取多种方式筹集了大量的资金,有力地支持了地方工业化和城镇化的发展。在目前国家采取紧缩性货币政策和土地出让收入大幅减少的情况下,地方各级政府融资能力会迅速下降,进而影响到政府的可用财力,增加地方政府的调控难度。一些市土地出让收入大幅减少，甚至不及去年的一半,土地流拍现象严重,今后土地出让收入仍可能大幅减少,对地方政府财力影响较大。

(三)财政收支矛盾较为突出

2012年,支持经济结构调整,维护经济平稳较快增长,以及增加社保、教育、医疗、保障性住房、水利等有关民生支出刚性需求较大，全省财政收支矛盾比较突出。(1)33项民生工程需财政支出近540亿元。(2)六项重点支出需增支404亿元。一是加大社会保障体系建设支出，实现城乡居民养老保险全覆盖,提高企业退休人员基本养老金和城乡低保、五保供养标准,预计全年新增支出34亿元。二是加大教育投入力度，保证财政性教育经费支出占GDP的比重达到4%,预计全年地方新增支出150亿元。三是加大城乡居民医疗保障水平支出，新型农村合作医疗和城镇居民基本医疗保险人均补助标准由200元提高到240元，预计全年地方新增支出17.8亿元。四是加大保障性安居工程建设支出,加快公共租赁房和廉租房建设，各级财政兑现公租房和廉租房补贴资金需增支出70多亿元。五是加大对水利基础设施建设的支出,特别是小型病险水库除险加固、中小河流治理、小型农田水利建设等。预计全年地方用于大江大河治理在内的重大水利基建项目资金需60亿元。上述五项加上事业单位绩效工资改革,共需增支预计404亿元。(3)加大经济结构调整需要支持领域众多。其中,包括加大对欠发达地区的支持力度,支持科技创新、节能环保、战略性新兴产业和重大基础设施建设,支持企业技术改造等。(4)地方政府偿债高峰来临。2012年,安徽地方政府债务进入还本付息高峰期，全年应偿还地方政府债券本息84.1亿元。建立稳定的政府债务偿还机制,防范和化解债务风险,也对财政支出提出了新要求。

三、当前财政工作的对策分析

根据当前经济形势和财政收入增速放缓的态

势，财政工作需围绕"保收入、优支出、提效益、重引导"的思路，加强税收征管，实现财政收入稳定增长；调整支出结构，保持适度财政投资强度；发挥财政引导效应，促进经济平稳较快增长；建立防范机制，维护财政运行安全。从而，充分发挥财政功能作用，为应对经济形势的变化，提供有力的财力和政策支撑。

（一）加强税收收入征管

当前，要处理好减税和增收、税收收入和非税收入、收入总量和收入质量的关系，进一步规范管理，加大工作力度，保持财政收入稳定增长。完善涉税信息交换、共享和运用机制，加大税收稽查和清欠力度，做到应收尽收。加强对重点行业和骨干企业的税源监控，同时，加强小税种的管理，尤其要加强对服务行业的税收征管，实现以小补大。密切跟踪经济运行态势和政策影响效果，关注新增税源，提高税收征缴工作质量。

（二）保持适度财政投资强度

根据目前的经济形势，在财政收支平衡难度逐步加大的情况下，需要统筹安排资金，保障重点支出需要。积极争取中央项目资金投入，鼓励扩大地方政府与企业债券融资，多渠道筹集资金，调整支出结构，重点支持民生工程、水利、保障性住房、教育、节能减排和生态建设等重大工程项目建设，保持适度的财政投资强度，加快支出进度，促进经济平稳增长。

（三）提高财政资金使用效益

进一步严格预算管理，减少预算执行中的随意追加。进一步规范专项资金管理，建立专户管理长效机制。进一步完善财政资金绩效考评机制，重视对财政资金使用效果的跟踪、分析和评价。强化行政成本控制，严格控制"三公"经费，全面推行公务卡制度改革，不断健全财政管理机制和制度体系，以管理绩效提升，促资金使用效益提升。

（四）鼓励消费本省产品

目前，在经济下行压力下，许多地方采取了鼓励消费本地产品的保护政策。在不违反国家法律法规的前提下，可根据对安徽经济影响的程度，采取不同的财税政策，鼓励消费本省产品。如对一些购置、检验费用进行减免；对购买本省汽车、农机设备、重大装备和钢材等产品给予补贴；对企业在基础设施建设和技改项目建设中，使用省产工业设备的给予奖励；对大企业实行本地配套的采购，给予财税支持等，以增加本省产品销售。

（五）支持拓宽投融资渠道

支持企业利用资本市场直接融资，发行企业债、公司债、短期融资券和中期票据等融资工具，稳步发展中小企业集合债券。建立企业债券融资扶持资金，对债券融资企业和中介机构给予奖励。支持条件成熟的重大项目采取股权融资、发行债券、BOT 等多种形式筹措建设资金。采取必要的财税政策，促进农业、文化、旅游等产业投资基金发展，鼓励创业投资。

（六）提升财政引导金融能力

适应金融机构融资条件变化，构建政银、政保合作机制，签订战略合作协议，争取金融机构贷款向安徽倾斜，鼓励更多金融机构入驻安徽。安排财政引导资金，用于金融机构对安徽企业贷款的奖励和补助。建立专项贷款风险补偿基金，对金融机构为中小企业融资提供风险补偿，缓解中小企业融资难现状。

（七）完善地方债务防控机制

当前，不少地方融资平台已陆续进入偿债高峰期，受房地产政策调控以及银行信贷规模紧缩的影响，各地政府融资平台偿债压力逐渐加大，财政运行存在一定的偿债风险。地方政府要统筹考虑本地区综合财力，建立和完善偿债保障措施，并加强日常监测预警。同时，集中政府投融资潜能，按照融资结构均衡化要求，进一步调整融资结构。

安徽省财政厅科研所课题组
课题组成员：叶翠青　蔡功伙　刘　兴
解新为

当前房地产行业形势及对财政经济影响

2011 年以来，在国家主动调控的政策作用下，全国及安徽房地产行业逐步降温，对财政经济产生较大下行压力。为此，我们梳理了当前房地产调控政策体系，深入分析房地产行业现状及对财政经济的影响，并在预测房地产行业趋势的前提下，提出相关政策建议。

一、房地产行业现状

（一）当前房地产调控政策

2011 年以来，国家进一步严格房地产调控政策,调控基调从2010年抑制部分城市房价过快上涨调整到严厉打压房地产投资性泡沫,相应调控政策更为系统。

1.货币调控政策。2011年1—6月份,连续6次上调存款准备金率,存款准备金率达21.5%历史最高位,逐步收缩银行体系的宽裕流动性,直到去年12月,考虑市场流动性过紧及经济增速放缓等因素,开始下调存款准备金率,截至2012年5月,三次下调存款准备金率。在2012年1—7月期间,三次调高金融机构人民币存贷款基准利率,截至当前尚未调整。住房和城乡建设部发布《关于调整住房公积金存款利率的通知》,要求从2011年2月9日起,上调个人住房公积金贷款利率;五年期以上个人住房公积金贷款利率上调0.20个百分点;五年期以下(含五年)个人住房公积金贷款利率上调0.25个百分点。

2.财税调控政策。2011年年初,财政部公布《关于调整个人住房转让营业税政策的通知》,规定个人将购买不足5年的住房对外销售的,将全部征收营业税。2011年1月28日,上海和重庆正式实施房产税,深圳宣布成为第三个房产税试点城市。

3.相关调控政策。2011年年初,城乡住房建设部等部门联合出台《房地产经纪管理办法》,整顿房地产市场秩序,规范房地产经纪行为,保护房地产交易及经纪活动当事人的合法权益。国务院要求进一步调控房地产市场,出台了严厉的"新国八条",二套房房贷首付比例提高至60%,实行限购、限外和限贷等政策。同时要求各直辖市、计划单列市、省会城市和房价过高、上涨过快的城市,在一定时期内,要从严制定和执行住房限购措施。4月17日国务院出台《关于坚决遏制部分城市房价过快上涨的通知》(国发〔2010〕1号)。5月26日,国土部向各省国土部门下发了《关于严格落实异常交易地块上报制度有关问题的函》,国土资源部对土地市场的监控再度升格。7月15日,房租正式纳入调控监管体系。

(二)全国房地产行业基本情况

2011年以来,在中央及各地对房地产行业主动调控下,全国房地产行业如期逐步降温。房地产开发企业土地购置面积增幅大幅下降,从2011年年初的57.1%下降到2012年4月份的-19.3%,下降76.4个百分点。全国商品房销售额增速从2011年年初的27.4%下降到2012年4月份的-11.8%,下降39.2个百分点。

(三)安徽房地产行业情况

2011年年初安徽房地产开局增长势头活跃,进入下半年后,随着调控政策的深入和外部调控作用扩散的影响,房地产市场出现较大变化,各项指标增速均大幅下滑。一是房地产开发投资自2011年8月份增速达到38.4%的高峰后开始持续回落,2012年有所回升。二是房地产开发企业购置土地面积大幅下降,增速从2011年1—4月的77.62%下降到2011年1—12月的-0.4%,2012年2月回升后仍呈增幅下降趋势。三是市场销售明显转冷,2011年9月开始,房地产销售面积与销售额增幅均出现下滑趋势,特别是2012年以来,房地产市场急剧转冷,一季度商品房销售面积同比下降9%,增速回落26.1个百分点,商品房销售额从2011年一季度的42.2%下降到-9%,下降了51.2个百分点。四是开发资金链趋紧,资金压力显现。2010年1月至2011年11月期间,央行12次提高存款准备金率,各银行授信贷款额度不断降低,个人购房可贷额度变小,获得贷款速度变慢,直接影响到房地产开发投资的资金来源。

二、房地产行业对安徽财政影响分析

受房地产市场调控政策持续影响,房地产投资和销售增速双双下滑,房地产业成为短期内拖累安徽经济增长的因素。一季度,房地产业增加值占GDP的比重由上年同期的4.7%回落到4.3%,对经济增长的贡献率由2.9%回落到0.8%,拉动经济增长由0.4个百分点回落到0.1个百分点。此外,房地产业增速放缓直接传导到钢材、水泥、建材、家电等相关行业的生产和销售,对全省工业经济产生一定的负面影响。

从2011年以来,受经济运行下行特别是房地产行业形势的影响,直接反映经济状况的财政收入,呈现出增幅大幅下滑趋势,增长速度从2011年1月的52.7%逐步下降到2012年4月的7.1%。其中,对房地产相关税收及地方土地出让金收入影响最大。

(一)对税收收入的影响

2011年以来,全省税收收入增幅快速下降,从2011年1月60%左右下降到2012年4月的3.8%左右。其中,与房地产相关的税收(包括营业税、耕地占用税、土地增值税、城镇土地使用税、契税、印花税、房产税与城镇维护建设税、个人所得税等)受房地产行业影响明显。2012 年 1—4 月份,全省与房地产相关的税收同比增幅大幅下滑,仅增长 15%,较上年同期回落了 57.3 个百分点。

营业税。房地产行业营业税约占全省营业税的 30%左右。2011 年以来，主要受房地产行业走弱影响,全省营业税增幅大幅下滑，2012 年 2—4 月份，营业税收入仅有 10%左右的增长，房地产行业营业税占比逐步下降。

耕地占用税。2011 年,全省耕地占用税逐月增加的特征十分明显，但与上年同期相比，全年仅 2—4 月出现同比增长,其他 9 个月均为负增长。进入 2012 年,全省耕地占用税同比增幅骤然扩大,前 4 个月均达到 50%左右的同比增长。

城镇土地使用税。2011 年,全省城镇土地使用税逐月增加特征也很明显,但与上年同期相比,同比增幅呈先增后减趋势,步入 2012 年,一季度城镇土地使用税同比增幅逐步大幅扩大,4 月份同比增幅大幅收窄。

土地增值税。2011 年,全省土地增值税逐月增加特征也十分明显,但与上年同期相比,同比增长逐步放缓,2012 年 1 月、2 月出现了 10%左右的负增长,3 月、4 月增幅稍有回升,但较上年同期增幅回落均超过 100 个百分点。

契税。2011 年,全省契税也呈逐月增长特征,但同比增幅变化明显,4 月份达到增长最高峰后,同比增幅开始大幅下滑,特别是进入 2012 年以来,前 4 个月同比增幅下滑达 100 个百分点。

现行房产税。由于仅对经营性房屋征收,现行房产税受房地产影响不太明显,从 2011 年以来,逐月同比增幅均保持在 30%左右。

(二)对非税收入的影响

近几年，国有土地使用权出让金收入在全省非税收入的占比一直保持在 60%以上。随着国家调控政策的深度影响，全省房地产行业逐步降温,2011 年全省非税收入增量、增幅逐步回落。2012 年一季度,全省非税总收入首次呈现负增长的现象。在七大项非税收入中,政府性基金收入完成 185 亿元,减收 91 亿元,同比下降 33%,其中国有土地使用权出让金收入完成 151.4 亿元,减收 93.5 亿元,下降 38.2%。

三、当前房地产行业形势预测及建议

近期,国内外经济形势十分复杂。2012 年 5 月 23 日,温家宝总理在国务院常务会上分析经济形势时指出,当前经济下行压力进一步加大,同时强调,要稳定和严格实施当前房地产市场调控政策。

2012 年下半年,在目前的房地产调控政策作用下,全国乃至安徽房地产行业仍然面临冰期,房地产开发投资增速将进一步回落，商品房屋销售可能出现短暂回暖后继续下行，房地产企业资金压力仍然凸显,对财政经济的负面影响将逐步扩大,全省财政收入增长下行压力仍然较大。为此,需要主动应对,确保财政经济健康平稳发展。

一是实施完善房地产调控政策。随着经济增长下行压力的逐渐增大，国家将根据形势变化加大政策预调微调力度。要密切关注相关政策的调整变化,在不违背国家宏观调控原则和方向的前提下，适时出台配套政策措施,把握调控力度,鼓励自住性消费需求,积极引导全省房地产市场走势,促进全省房地产市场平稳健康发展。

二是加强房产相关收入征管。加强对房地产行业及密切相关企业的税源监控,加大税收征管力度,同时，加强土地增值税、耕地占用税等小税种的管理,实现应收尽收、以小补大。严格国有土地使用权出让收入的征收管理，健全土地出让收支预决算管理制度,强化土地出让支出管理与监督。

三是加大保障性住房建设投入力度。抓住中央大幅增加保障性住房建设投资的有利时机，加大经济适用房和廉租房建设，积极吸引房地产企业参与保障性住房建设，增强房地产开发投资增长的稳定性和持续性。

四是完善地方债务防控机制。2012 年,市县融资平台已陆续进入偿债高峰期，受房地产政策调控以及银行信贷规模紧缩的影响，各地政府融资平台偿债压力逐渐加大,财政运行存在一定的偿债风险。地方政府要统筹考虑本地区综合财力，建立和完善偿债保障措施,并加强日常监测预警。

安徽省财政厅科研所课题组
调研人员:叶翠青　蔡功伙
课题执笔:蔡功伙

2012 年以来安徽再生资源行业税收波动情况分析

2012 年以来,安徽再生资源行业税收波动较大,引起了有关方面的高度关注。为分析波动情况,根据厅领导指示,我们前往省国税局、省供销社安徽双赢再生资源集团和阜阳、马鞍山、宣城、铜陵四市财政局进行了调研。现分析如下,并提出若干建议。

一、1—4 月份全省再生资源行业税收波动情况

根据省国税局的监测统计,截至目前,安徽再生资源行业纳税登记户数为 1594 户,主要集中在马鞍山、芜湖、阜阳、宣城、合肥等地,入库的税收基本上是企业缴纳的增值税。1—4 月份,全省再生资源行业入库税收 12.50 亿元,仅为 2011 年同期的 29.71%,减收波动较大,对财政收入增长带来较大影响。主要体现在以下四个方面:

一是总量减收波动较大。1—4 月份,全省再生资源行业税收延续了 2011 年下半年以来持续下滑的走势,逐月入库 3.5 亿元、2.5 亿元、3.5 亿元、3.0 亿元,仅为 2011 年同期的 18.62%、33.33%、49.30%、32.97%。受此影响,前 4 个月,全省再生资源行业入库税收 12.50 亿元,比 2011 年同期的 42.07 亿元减收 29.57 亿元,下降 70.29%。

二是行业相比减收较大。再生资源行业属于商业行业大类下的细分。按此划分标准,1—4 月份,在全省国税收入 11 个超 10 亿元的重点行业中,金融、卷烟等 7 个行业国税稳步增长,但房地产、商业等 4 个行业国税出现不同程度的减收,其中再生资源行业国税减收直接造成商业行业国税减收 25.01 亿元,成为 4 个重点行业中减收幅度最大的行业。

三是四市减收波动较大。2011 年,宣城、马鞍山、铜陵、合肥四市是安徽再生资源行业税收大市,四市合计入库税收 64.44 亿元,占全省再生资源行业税收 89.90 亿元的 71.68%,其中宣城、铜陵和马鞍山三市占到本市国税收入的 40.8%、24.4%、23.6%。2012 年前 4 个月,除亳州、蚌埠、淮南、安庆四市略有增长外,其余 12 个市都出现负增长,其中宣城、马鞍山、铜陵和阜阳市减幅较大,分别减收 11.46 亿元、5.51 亿元、4.69 亿元、3.06 亿元,四市合计减收 24.73 亿元,占全省整个再生资源行业税款减收额的 83.62%。

四是影响财政收入较大。再生资源行业税收在安徽财政收入中占有一定比重。2011 年,全省再生资源行业入库税款 89.90 亿元,同比增收 15.1 亿元,增长 20.2%,占全省国内增值税 13.2%,占全省财政总收入 3.41%。但 2012 年前 4 个月,受再生资源行业税收贡献度大幅下降等的影响,国内增值税不增反降,成为安徽三大主体税收中唯一减收的税种,只完成 204.86 亿元,下降 12.24%,比 2011 年同期减收 28.57 亿元,并造成安徽财政收入增幅回落较大。1—4 月份,全省财政总收入逐月增幅分别回落 37.9、12.3、16.2 和 28.2 个百分点。宣城、马鞍山、铜陵、阜阳四市财政总收入增幅均低于全省 14.8%的平均水平,处在全省后列,分别为 12.86%、7.02%、8.30%、11.98%。

二、全省再生资源行业税款减收的主要原因

根据省国税局、安徽双赢集团和四市财政局的反映,2012 年以来,安徽再生资源行业遇到了前所未有的困难,甚至比 2008 年金融危机时还要困难,许多企业关门停产或半停产,整个行业进入“深冬”阶段,跌向低谷,生产经营处于停滞状态。究其原因,我们感到,既有自身因素,也有环境、政策、管理、服务等外部因素,可以说是多种因素共同叠加的结果。具体来说,主要有以下六个方面影响因素:

一是行业特殊性质因素。安徽再生资源行业起步较晚,产业化进程缓慢,目前仍处于较低发展水平。在全省 1594 户再生资源企业中,80%以上主要是小型经营回收企业,不到 20%大型再生资源利用企业则主要分布在合肥、阜阳、马鞍山、铜陵等地,且都是近几年投产经营。2011 年,安徽整个再生资源行业销售收入只有 180 多亿元,超过 10 亿元以上的企业不到 56 家,像安徽双赢集团年销售收入达到近百亿元(包括拓展的非再生资源经营收入)的企业独其一家。由此可见,安徽整个再生资源行业可以说是小规模、小场地、小设备、粗放回收、资源综合利用水平不高,这也造成整个行业存在着门槛低、投资少、掉头快、抗风险弱、波动大等特点。安徽再生资源行业的这种特殊性质往往成为“热钱”和“游资”尤其是外来资金投资的对象,形势好立即跟进,形势不好立马撤离,“打一枪换一个地方”,形成再生资源行业中的“吉卜赛”现象,有人把这种情况形象地形容为“卷走了钞票,留下了汗水和污染”。正因如此,2010 年，宣城共有 149 家再生资源回收企业,但到 2012 年 4 月底已锐减到 30 家以下。

二是外部市场偏紧因素。2012 年以来,整个经济下行趋势加剧，对安徽再生资源行业冲击很大,造成再生资源行业销售量价齐跌困局。宣城市 70%以上再生资源企业是以“一对一”方式成立的为当地铜材加工、耐磨等利废企业服务的商业企业,而受实体经济下滑、国家信贷紧缩和价格波动等的影响,大部分铜材加工企业停产,造成再生资源企业纷纷关闭。铜陵再生铜拆解加工企业受国外进口废物价格持续上涨、国内市场废杂铜价格持续下跌产生的倒挂影响,没有利润空间,经营基本处于半停滞状态。同时,2012 年全国钢铁产能过剩,全行业亏损,宝钢、马钢等大型钢厂纷纷停止采购废钢,国内废钢每吨价格由 2011 年的 4000 元左右降到目前不足 3000 元。受此影响，当涂县安徽鑫港炉料公司 1—4 月入库税收由 2011 年同期的 5.38 亿元锐降到 7339 万元,直接形成马鞍山整个再生资源行业税款减收额。以经营废钢为主的安徽双赢集团 1—4 月销售收入由 2011 年同期的 23 亿元降到 13 亿元,入库税收由去年同期的 6.8 亿元降到 2 亿元。

三是外省地方保护因素。目前,在安徽再生资源回收企业中,60%—70%经营废钢、10%经营废铜等有色金属,10%经营废纸和废塑料，但安徽与之关联的利废企业总体较少。马钢因高炉炼钢一年只能用到废钢 50 万吨,铜陵有色使用的是铁矿石,利用废纸主要是马鞍山山鹰纸业公司。相比之下,周边省份都是利废大省,江苏是冶金大省,苏南地区每个县都有钢厂，废钢需求一年要达到 700 万—800 万吨,而浙江和山东的废纸制造、温州的废塑料回收利用、江西的废铜回收等产业规模都很大,致使安徽每年 80%以上的再生资源销往外省，但是省外部分地区如苏南、无锡、河南等地,为保护当地税源,不允许外地企业带票异地销售,尤其是在 2012 年经济环境偏紧的情况下,安徽回收企业往外销售更为困难,也影响了税款的形成。

四是税收优惠到期因素。近年来,国家多次调整再生资源行业税收政策，特别是 2011 年国家取消退税优惠政策后，在倡导减轻企业税负的大环境下,安徽再生资源行业税负不减反重。各地都反映,由于一些小型的再生资源企业无法取得合法的扣税凭证,增值税基本上不按差价,而是按照销售全额的 17%来征税，造成整个行业税负高于其他行业。宣城市反映,2011 年由于对国家继续出台优惠政策存在预期,加之经济发展向好,企业继续维持生产,税收波动不大,但时至今日，国家一直没有出台相应的优惠政策,大部分中小企业难以支撑,只好关门停业,对税收造成巨大影响。阜阳市还反映,再生资源企业为挤上原税收优惠政策的末班车,2010 年底集中开票导致 2011 年 1 月份集中入库增值税 2.82 亿元,2011 年初入库 2010 年批缓增值税 2.65 亿元,打破了税收均衡入库的节奏,致使税收增速波动加剧,2011 年前 4 个月的基数不具有可比性。同时,阜阳 2012 年 1—4 月办理退税 1.73 亿元(含上年应退未退税收),而上年同期仅退税 6300 万元，进一步增加了前后税收的不可比性。一些地方还反映,有些企业为规避高额税负,采取销售不开票的办法违规经营。

五是节能减排限制因素。阜阳市反映,阜阳再生资源行业主要集聚在界首、太和两地。界首市已经形成再生铅、再生铝等再生资源为主体的“一园四区”循环利用格局，界首市也被国家发改委和财政部确定为“城市矿产”城市,成为全国首批 7 个“城市矿产”县市之一。太和县肖口镇也成为国家重要的再生铅生产基地之一,2006 年经批准成立了肖口有色金属循环经济示范园,但随着 2011 年税收优惠政策的取消,企业生产经营受到影响,加之上级部门对企业节能减排等方面的限制,自 2011 年 4 月份起,该行业生产经营基本处于停滞状态,出现生产、销售停滞的状况。2012 年依照省环保厅文件规定,园区涉铅 6 家企业因存在环境安全隐患,全面停止生产,给阜阳再生资源行业税收带来大幅减收。

六是行业税款外流因素。目前,安徽一些地方对再生资源行业认识不足,担心诱发环境污染,对此发展重视不够,导致一些企业站不住、留不下。相反,安徽周边省市如浙江、郑州、太仓、吴江等地,不仅对企业争取中央资金给予 50%—100%的配套,还在用地、地方税收返还、财政贴息担保等方面出台优惠政策,支持做大做强。这些政策吸引力很大,使得安徽一些再生资源企业对外转移或者在外设立分部，造成税款外流。同时,安徽合肥等地尽管产废企业较多,但回收企业难以与之对接，导致当地废旧物资被外地收购,本地回收企业却吃不饱;而铜陵等地利废企业需求很大,每年废杂铜需求高达几十万吨,但当地回收产业发展滞后，导致铜陵需要从外地购进，这都将导致税款转移。再者，现行多数小型回收企业不能开具增值税专用发票，也无法从当地税务机关领用发票，只能将其回收的再生物资通过本地或外地有资质的回收企业销售，也造成税款流失。此外，一些企业为了规避高额税负，其原始收购发票的真实性难以确认，而国税部门出于回避执法风险考虑，不断加大监管力度，使得企业生产经营受到很大影响，也导致部分企业到外地需求关联方交易，造成税款外流。

三、安徽再生资源行业税收增长趋势及其建议

从前面的分析可以看出，今后安徽再生资源行业何时走出深冬、步入充满朝气的春天，根本在于企业需要练好内功，关键则取决于外部市场环境和政策扶持力度两大要素。从目前来看，宏观经济继续下行、全国钢铁产能过剩以及7—9月份钢铁产业避高温让电减产等将继续对安徽再生资源行业带来负面影响，但是2012年铜陵安徽开源金属再生产业园建设运营、界首市落实新的再生资源税收优惠政策以及太和肖口循环工业园若能通过环保批准等，也将对安徽再生资源行业产生极大的利好。阜阳市预测，界首市再生资源行业全年将实现税收4亿元，太和县肖口若下半年通过环保并投产将实现税收3亿元；铜陵市预测，如果全由本地回收企业回收再生铜并销售给铜陵有色且由本地回收企业开票，将直接增加铜陵增值税近7亿元。据此，我们感到，今后几个月安徽再生资源行业税收降幅将逐步减弱，到第四季度后有望进入恢复增长期，若要达到更好水平，还需进一步加大扶持和培育力度。现提出以下建议。

一是要建立政府统一协调服务机制。再生资源行业是发展循环经济的重要抓手，也是安徽的短腿产业。要进一步提高认识，成立由政府领导牵头，发改、财政、国地税、人行、商务、环保等部门参加的政府领导小组，制定安徽再生资源行业发展规划和相关政策措施，搭建各类洽谈对接交流平台，研究解决再生资源行业在发展中遇到的困难和问题，让企业站得住、留得下、做得大。相关部门也要改进服务方式，主动帮扶企业尽快搞好节能减排、环保评估和项目申报等工作，努力为再生资源企业提供一个优质的服务环境。

二是要尽快出台综合扶持政策措施。要加强对上汇报联系，积极争取国家2008年原税收优惠政策继续延期，扩大新的税收优惠政策实施范围，并争取和落实国家对安徽再生资源行业的其他各项优惠扶持政策。要借鉴外省一些好的经验和做法，由省里统一制定完善包括设立专项资金(基金)、税费减免、税收返还、贴息贷款、加速折旧、企业补贴、融资信贷、用工用地等在内的一揽子意见和具体政策措施，促进行业在公平竞争中享受到更多的倾斜政策。各地要进一步细化政策落实举措，完善配套举措，加强政策执行监督检查，确保各项扶持政策真正落在实处。

三是要做大做强再生资源产业集群。要“抓大放小、扶优扶强”，加大综合扶持力度，重点扶持行业龙头企业尤其是特大型综合性利用企业，提升管理水平，延伸产业链条，形成产业集群，提升综合效益，增强企业核心竞争力。要继续紧抓财政部、商务部关于支持部分城市开展城市再生资源回收利用体系建设和支持区域性大型再生资源回收利用基地建设的机遇，立足安徽现有行业分布，重点支持合肥、铜陵、阜阳、马鞍山、宣城等市申报区域性大型再生资源回收利用基地建设，加大各类园区建设步伐，推进企业集中、产业集聚，发挥集群规模优势，实行环保集中整治，降低交通物流成本，着力打造安徽再生资源行业发展的增长极。

四是要加快产回利废企业本地一体化。再生资源企业技术层次相对较低，投入产出效益较高，对税收贡献相对较大。一方面要由政府出面，大力推进产废企业、回收利用企业和利废企业三者联姻，实施战略协作，加快三者本地一体化进程，提高本地产业整体实力和对税收的贡献率。另一方面，要在继续招商的同时，更要审慎选商，防止过多引进“两头在外”再生资源企业，造成税款流失。同时，要改进税收管理，降低领票门槛，优化纳税服务，跟踪指导企业及时做好涉税审批和纳税申报，防范税收风险，提高纳税征管效率。

五是要改进退税财政收入统计方法。要将再生资源增值税退税收入纳入财政总收入统计口径，以反映再生资源行业税收入库全貌，并真实反映地方财政收入总量、结构和增减变动情况。要将税务部门即征即退变为财政部门分级负担，分别按对企业给予应享受的即征即退数给予补助（即变退为补），以体现出财政对再生资源企业发展的扶持力度。

安徽省财政厅科研所课题组
调研人员：鲍文前　程丹润

安徽省教育投入与管理问题研究

百年大计，教育为本，教育是民族振兴和社会进步的基石。党中央、国务院历来高度重视教育事业发展，坚持把教育放在公共财政的突出位置予以重点保障，特别是《国家中长期教育改革和发展规划纲要（2010—2020年）》(以下简称《教育规划纲要》)明确提出，2012年要实现国家财政性教育经费支出占国内生产总值比例达到4%的目标，表明了党和政府对于落实教育优先发展战略和深化教育改革的决心。近年来，安徽坚持优先发展教育，各级财政对教育投入持续增加，面对新形势、新要求，财政教育投入保障作用显得更为重要，同时，优化教育支出结构，创新教育投入机制，提升财政教育资金管理水平也具有重要现实意义。

一、近年来安徽财政教育投入与管理基本情况

(一)财政教育投入情况

1.全省财政教育投入持续快速增长。近年来，安徽省委、省政府始终坚持优先发展教育，全省教育经费保持较高增幅。2007—2010年，全省教育经费从367.1亿元增加到627.5亿元，年均增长达19.6%，历年增幅均超过全国平均水平。其中，财政性教育投入(主要包括公共财政预算教育经费，各级政府征收用于教育的税费，企业办学中的企业拨款，校办产业和社会服务收入用于教育的经费等)持续大幅增长，从2007年的260.4亿元增加到2010年的469.7亿元，年均增幅21.7%，超出教育经费增速2.1个百分点，财政性教育经费占教育经费比重从70.9%增加到74.9%，3年增加了4个百分点。

全省财政突出支持教育发展，预算内教育经费支出逐年大幅增加，一般预算教育支出保持高速增长，且增速呈加快趋势。2007—2010年，全省预算内教育经费支出从244.9亿元增加到达436.1亿元，占全省教育经费比重从66.7%扩大到69.5%。2007—2011年，全省一般预算教育支出从213.0亿元增加到564.7亿元，年均增幅达27.6%。特别是2011年国家及安徽省政府出台进一步加大财政教育投入意见后，全省一般预算教育支出增速呈明显加快趋势，2011年增幅达到46.2%，较上年增幅增加了37个百分点。

2.国家法定教育投入增长要求全面落实。一是财政教育经费支出占全省国民生产总值的比重逐步提高，从2007年的3.54%逐年上升，2008为3.72%、2009年为3.74%，2010年达到3.80%。

二是预算内教育拨款支出高于财政经常性收入增幅，近年来，全省财政经济实现大跨越，财政经常性收入高速增长，2007—2011年间实现25.8%的年均增长。与此同时，全省财政统筹财力，大力支持教育发展，一般预算教育支出年均增幅达27.6%，高出财政经常性收入增幅1.8个百分点。

三是各级教育生均公共财政预算教育事业费支出快速增长。2007—2010年，全省义务教育阶段生均预算内事业费增长最快，其中，普通初中生均事业费从2007年的1793.39元增长到2010年的3963.55元，三年增加了一倍多，年均增长达30.3%；小学生均事业费从1644.73元增长到3192.12元，年均增长24.7%；普通高中与中等职业学校生均预算内事业费较快增长，年均增长均在20%左右；普通高等教育生均事业费经2008年高增长后，呈现平稳增长态势。

四是教育生均公共财政预算公用经费支出高速增长。2007—2010年，全省各级教育生均预算公用经费实现50%左右的高速增长，其中，中等职业学校生均财政预算公用经费支出增长最快，年均增速达55.5%，3年基本实现翻两番；普通高中、普通高等学校生均预算公用经费支出年均增幅也分别达到54.8%、54.2%；普通初中和普通小学相对稍慢，但也分别实现49.6%、45.9%的高增长。

3.财政教育支出结构不断优化。从各类经费支出增速来看，2007—2010年，财政性教育经费支出结构呈现以下几个特点。一是中等职业教育经费、其他类经费支出高速增长，年均增速分别达30.1%、28.3%，分别超出财政性教育经费支出年均增速8.4、6.6个百分点。二是中小学教育保持平稳较快增长，中学教育经费支出年均增速23.3%，小学教育经费支出年均增速19.6%；三是高等教育、学前教育经费支出加速增长，高等教育经费支出逐年增速分别为6.8%、26.4%、30.8%，学前教育经费支出逐年增速分别为10.3%、14.4%、37.2%，增速逐年大幅增加。

从各类经费支出占比来看，在财政性教育经费支出中，小学教育、中学教育、高等教育等经费支出

为主体,2007—2010 年,财政性教育经费支出结构稍有变化。其中,中小学教育经费支出变化最为明显,中学教育经费支出占比从 34.2%上升到 35.6%,上升了 1.4 个百分点,而中等职业教育也从 5.4%上升到 6.6,%,上升 1.2 个百分点;其余各类教育经费支出占比均出现很小幅度的变化。

(二)安徽财政教育投入与管理的经验做法

1.全面落实教育投入政策。全省财政部门切实采取有效措施,全面落实教育投入政策。一是及时制定安徽加大财政教育投入实施意见。严格按照国务院和省政府要求,积极会同有关部门,认真贯彻国务院文件和会议精神,制定了安徽关于加大教育投入的实施意见,并于 2011 年 10 月中旬以省政府的名义正式下发。二是积极建立财政教育投入分析评价指标体系,加强对各市、县(区)落实政策情况的监测分析和监督检查,并将分析评价结果作为省级财政安排转移支付的重要依据之一。三是分解核定各级教育投入任务,按照财政部等部委核定的安徽 2011、2012 年财政教育支出占财政支出的比重标准,在前期分析测算工作的基础上,根据财政部核定全省教育投入目标,采取因素法对全省目标任务进行分解,核定各市、县(区)的教育投入任务,落实市、县(区)投入责任,确保全省教育投入达到法定增长要求,确保预算执行超收部分,优先安排教育拨款,切实提高财政教育支出占公共财政支出比重。

2.积极拓宽经费来源渠道。严格执行统一内外资企业和个人教育费附加制度,并统一按增值税、消费税、营业税实际缴纳税额的 2%征收地方教育附加。积极会同国土资源部门,依据国家相关规定,从当年以招标、拍卖、挂牌或者协议方式出让国家土地使用权取得的土地出让收入中,按照扣除征地和拆迁补偿、土地开发等支出后余额 10%的比例,计提教育资金。年终清算时对扣除的相关收支项目进行严格核定,根据核定结果计算全年应计提数,若全年应计提数小于土地出让收入 2%,则按土地出让收入计提到 2%。同时,督促各级财政积极会同有关部门,按规定全部用于支持教育事业发展,并不得减少其他应由公共财政预算安排的教育经费。

3.倾力保障教育民生工程实施。严格按照国家和省《教育规划纲要》的要求,突出重点、优化结构,保障和改善教育民生,促进教育公平。坚持以人为本,重点解决人民群众关切的教育问题,使人民群众能够共享教育投入大幅增加和教育改革深入推进的成果,保障公民依法享有受教育的权利。大力支持乡镇公办中心幼儿园建设、农村义务教育薄弱学校改造计划、城乡义务教育经费保障机制改革、农村留守儿童之家建设、农村儿童安全保障、中小学校舍安全工程、普通高校和中职学校家庭经济困难学生资助、农村教师周转宿舍建设等民生工程建设。

二、当前安徽教育投入与管理存在的问题

近年来,安徽始终坚持教育优先发展,持续加大教育投入,不断完善教育经费保障机制,为安徽教育事业的发展提供了强劲的动力。但受经济基础、历史以及政策等因素影响,在教育投入力度上、结构上、项目上以及经费来源上、使用管理上与当前大力支持教育事业发展的新形势、新要求还存在一些问题和不足。

(一)投入总量相对不足

安徽尚属经济欠发达省份,由于经济基础以及人口因素等原因,目前,安徽教育投入的总体水平不高。从国际对比的角度来看,发达国家的教育公共投入占 GDP 的比重平均为 5.1%,欠发达国家教育公共投入占 GDP 的比重平均为 3.84%,2010 年安徽财政教育经费支出占比仅为 3.8%,低于欠发达国家的平均水平和世界平均水平。从国内看,安徽省教育支出水平严重落后于全国,从生均教育经费指标分析,在 2011 年安徽政府出台的《关于进一步加大财政教育投入的实施意见 》中提出,要求确保到 2020 年安徽各级各类教育生均经费达到或超过全国平均水平,可见安徽与全国之间的差距,总体上看,安徽预算内教育经费的支出近年来虽大幅增加,但投入总量仍相对不足。

(二)投入结构有待优化

教育经费投入既需考虑公平,也需实现资源的优化配置,当前,安徽教育投入结构在层级之间、区域之间、城乡之间等方面都还存在一些不平衡和需要优化的地方。

1.层级结构上,学前教育投入比例低。目前,《教育法》、《义务教育法》、《民办教育促进法》中都未对学前教育的社会属性予以明确,造成了政府在学前教育事业方面的责任在法律层面不明确,相应的政府投入机制、财政投入方向、资金投入比例等方面存在政策缺失,2011 年安徽省一般预算支出中学前教育支出 42532 万元,占普通教育支出比例不到 1%,

仅为0.92%,特别是对于农村学前教育,地方政府投入更少,在很多地方几乎为零。随着目前社会经济的发展和人民群众对适龄幼儿入园接受优质教育需求的提高,其投入已经不能适应社会对学前教育发展的要求。

2. 类别结构上,职业教育投入比例低。职业教育是一种需要高投入保障的教育类型,根据国际上的普遍经验和做法,在发达国家,职业高中的生均成本是一般为普通高中的3倍左右;在发展中国家,以马来西亚为例,职业学校学生的单位成本是普通学校学生的4倍。而安徽中等职业学校生均教育事业费与普通高中生均教育事业费大致相当,2010年数据显示,支出对比仅为1.05∶1。从国内看,安徽各级各类生均教育投入中,中等职业教育生均投入与全国平均水平相差最为悬殊,2010年中等职业教育生均教育事业费仅为全国平均水平的61.4%,生均教育公用事业费为全国平均水平的55%。

3. 区域结构上,各地区差异明显。受经济发展状况等因素影响,安徽各区域之间的教育投入水平差异仍旧较为明显,如安徽皖江地区的马鞍山市2010年财政性教育经费年投入总量为22亿元,基础教育生均教育投入6200元(2011年为10652元),皖中的滁州市当年基础教育生均投入约为4160元,而皖北的阜阳市基础教育生均经费支出仅为2813元,不到马鞍山市水平的一半,教育投入的差异,必然引起教育资源配置的不均衡,最终将不利于整体教育事业的协调发展。

4. 城乡结构上,教育资源配置失衡。由于历史和政策等多方面原因,农村教育投入历史欠账较多,城乡之间教育资源配置失衡,导致教育设施、教育管理,特别是教育质量和师资队伍建设等方面城乡差距明显,是我国的一个普遍现象。安徽农村教育基础也较为薄弱,同时,城乡之间教育投入的结构性矛盾较为突出,如2011年安徽皖北某县生均预算内教育事业费支出仅为1414元,为该县所属市级平均生均预算内教育事业费支出的60%左右,与省内投入水平较高的马鞍山市相差有7倍。教育经费的不足以及配置的失衡,造成农村教育设施、教育条件与城市之间差距越来越大,为此,安徽提出加大教育投入重点要向农村地区、贫困地区和革命老区倾斜。

(三)投入项目存在不平衡的情况

教育投入的项目结构直接关系到投入的使用效果,随着教育经费投入的快速增加,各种需求、各个项目都要求加大投入,没有完善的、制度化的设计,就无法保证使用结构的科学合理和使用效益的不断提高。比如,哪些是需要持续投入的,哪些是阶段性投入;哪些用于学生,哪些用于教师;哪些用于解决“硬件”问题,哪些用于解决“软件”问题等等,目前,安徽在教育经费的使用结构上,尚缺乏统筹规划,各项投入的使用存在不合理的情况。如人员经费支出大于公用项目支出,安徽马鞍山市“十五”末基础教育经费支出中,人员支出和公用支出分别占70.16%和29.84%,“十一五”末分别占60.95%和39.05%,2011年分别占61.78%和38.22%,支出结构虽在逐步优化,但仍未改变人员支出超过一半的格局,投入比例存在不平衡。

(四)投入来源较为单一

随着我国社会经济的快速发展,人们对教育的需求日益膨胀,相对有限的政府财力不可避免出现教育经费短缺的局面。从目前情况看,安徽教育经费的主要来源是各级政府本级财政预算安排(含教育费附加和地方附加)和上级财政的转移支付,资金来源渠道不多,且不够稳定。一些民间资本虽有投入教育的意愿,但是由于投入教育项目门槛较高,程序复杂,同时,现行税制中对社会资本投入教育而规定的税收优惠措施,在形式与种类上比较单一,适用与受益范围比较窄,激励效果并不明显,民间投入教育空间有限。2010年,安徽教育经费投入总额中,国家财政性教育经费、民办学校中举办者投入、社会捐赠、事业收入和其他收入分别占74.85%、1%、3.66%、21.63%和2.13%,政府投入占绝对主导地位,形成了较为单一的政府投入格局。

(五)投入管理仍需完善

“十一五”期间,安徽在教育经费管理上探索出了很多成功经验,但在某些环节上仍存在一些问题,制约了财政教育资金作用的发挥。一是受财政资金偏好和财力水平的影响,一些地方政府对教育经费投入的重视程度仍不够,教育经费的增长靠的是上级任务核定,是被动式的,教育经费投入稳定增长机制不完善。二是财政教育资金投入决策与分配机制不完善。由于对基层和教育基础数据的收集、分析和信息化管理工作仍不完善,对资金投入的决策和分配造成影响,甚至出现偏差,难以集中财力优先安排最急需、受益面最广的项目和最有针对性和最核心的领域,出现就项目论项目,就投入论投入的现象。三是财务管理水平有待进一步提高。目前,基层学校尤其是农村义务教育学校,多数财务人员是教师兼职,非财务专业人员,在实际工作中存在对预算编制认识不足,预算编制质量和水平不高、实际执行能力不强等问题,致使财务管理不规范,会计基础薄弱,对教育资金的使用效益难以保障。四是教育支出绩效评价制度不完善。财政专项绩效管理工作虽然日益得到重视,但由于缺乏有效的绩效审计、绩效沟通和反馈制度,"绩效优先"理念未完全得到贯彻。在教育支出绩效评价中,一方面缺乏绩效评价的定量指标和评价数据收集和分析的信息系统,另一方面教育支出本身又具有项目周期长、综合效益持续时间长等特点而难以量化评价,使得教育支出绩效评价工作的财政监督和管理效益不能得到充分发挥。

三、其他省市教育投入管理的经验做法

(一)广东省教育投入的经验做法

广东省经济体制和教育体制改革起步较早,并取得了成功,为教育经费的筹集开辟了广阔的空间。在教育投入方面,主要有以下几个方面的经验。

1.以教育管理体制改革作为教育经费筹集的制度保证。1985年《中共中央关于教育体制改革的决定》颁布后,广东省在珠江三角洲前期试点"以发动群众办学为手段,以寻求经费出路为目的的教育管理体制改革"的基础上,加快了教育体制改革的步伐。一个中、小学分别由县、镇、村三级管理,高等教育分别由国家、省、市三级办学的新体制迅速建立起来。教育管理体制的改革,为教育经费的筹集提供了制度的保证,逐步确立起以政府财政拨款为主,多渠道筹集教育经费的教育投资体制,使大幅度增加教育经费成为了可能。

2.以完善资金筹措体系作为教育经费筹集的重要保障。广东省通过财政教育投入为保障,强化教育社会筹资功能,形成了多元教育资金投入机制。一是财政拨款。广东各级政府根据自身经济发展实力的提升,确定每年按第二、第三产业国民收入1%的额度筹集专项教育投入资金。此外,广东对教育经费国家拨款部分,向镇区基层倾斜,投入比重逐步增大。二是社会集资。广东的社会集资形式多样,有群众性集资,也有个人捐资、工厂企业和社会团体捐资以及教育募捐等多种形式;社会集资方法也很灵活,如对捐资者给予各种荣誉性回报,等等。目前,广东社会集资已基本形成多少不遗、公私兼收、内外结合的格局。三是设立教育基金会。广东省采取多种形式筹集教育基金,并通过运筹,使所得资金增值,用于奖教奖学或资助各类教育活动等。四是发展校办产业和社会服务。广东各级财政在大幅度增加教育投入的同时,通过给予划拨土地、担保借贷、指导生产、协助销售等优惠政策,引导教育部门和学校开展勤工俭学,支持学校获得经济收入,用于改善办学条件和师生福利。

(二)浙江省宁波市财政助推教育事业发展经验做法

浙江宁波市认真贯彻落实教育事业优先发展的战略,不断加大财政教育投入,调整优化支出结构,大力支持教育事业发展。主要有以下五个方面的举措。

1.完善"以县为主"基础教育经费管理体制。宁波市建立了中央、市、县(市、区)分项目、按比例分担的农村义务教育经费保障机制和区分各县(市、区)财力状况的教育投入机制。中央、宁波市本级财政重点支持财力较弱的县区,适当兼顾其他地区;市本级与财力较强的地区为"以县为主"的义务教育保障机制。

2.巩固基础教育经费保障机制。宁波市持续加大学前教育经费投入力度,2007年起,明确要求各地把学前教育经费列入同级教育事业费财政预算,市本级每年安排学前教育专项经费。深化义务教育保障政策改革,城乡同步实施免杂费、课本费、作业本费的义务教育。建立了对财力较弱县区的专项转移支付机制,改善农村义务教育办学条件。

3.增强职业教育经费保障能力。为推进职业教育与"块状经济"相结合,设立了宁波市级引导性资金,鼓励创建具有示范性特色专业和骨干专业的学校。设立了民办教育发展专项资金,对符合条件的社会力量举办的职业学校,按生均经费给予适当补助,鼓励社会力量依法举办职业教育,健全职业教育社会办学补助机制。

4.深化高等教育财政管理改革。宁波市安排专项经费用于建设服务型教育体系,推动高校树立教育为地方经济服务理念。为支持高校稳定规模和提升内涵,市财政对市属公办高校日常运作经费、高校内涵提升发展专项经费、基本建设和债务平衡消化经费实行生均定额拨款与基数加增长相结合的分类预算。同时，建立了政府与高校双向防范财务风险的责任机制,从部门预算入手,落实债务总体消化方案,建立对高校新增债务审查制度。

5. 建立健全帮困助学体系。宁波注重帮困助学体系建设,进一步拓展帮困对象,加大助学力度。对欠发达乡(镇)的低收入农户子女就读高中、高校进行补助,调整提高高校学生奖助学金制度,对中等职业学校贫困学生发放定额国家助学金,实施中等职业学校符合条件的学生免费教育政策,建立了宁波市普通高中家庭经济困难学生资助制度。

四、加强安徽财政教育投入与管理的建议

针对安徽财政教育投入与管理的现状,在新形势、新要求下,教育投入规模扩大与投入结构优化应相适应,同步提升投入水平与管理水平,促进教育经费投入、财务管理、资金监管、绩效评价相衔接,保障教育经费投入的使用效益,进一步推动安徽教育事业发展。

(一)提高教育投入保障水平

一是继续加大投入总量。当前人民群众对提高教育质量、促进教育公平等方面的需求日益增长,教育投入必须保持相应的增长,要落实法定增长要求,切实提高财政教育支出占公共支出比重,充分发挥政府财政投入的主渠道作用,缩小与全国和经济发达省份教育投入的差距。二是落实教育投入责任。明确中央、省、市、县各级政府的责任,明确教育发展事权与经费保障的关系,明确各级政府投入教育经费的重点,中央财政应主要承担基础设施的投入,省级财政主要负责教育机构办学条件的改善,县级财政主要负责保障教育机构的正常运转的刚性支出,最终形成分层次分级别的教育经费保障体系。三是建立财政性教育经费投入保障长效机制。在预算安排时,保证教育预算支出增长幅度明显高于财政经常性收入增长幅度,对预算执行中超收部分,按照优先原则安排教育拨款,新增财力着力向教育倾斜,优先保障教育支出。足额征收并适当提高地方教育费附加，严格执行城市维护建设税中提取 10%用于中小学校舍修缮,从土地出让金中提取教育资金等现有政策,拓宽教育投入来源渠道。

(二)引导社会多方投资教育事业发展

一是充分发挥财政的引导、杠杆和补偿作用,吸引社会多方投资教育。积极探索政府购买教育服务的方法。鼓励社会资本投资兴办学前教育、基础教育、职业教育、高等教育以及建设培训、实训基地设施,特别是到贫困地区和教育资源短缺地区办学。对社会资本捐资助学或办学的，政府可以按照捐赠额的一定比例拨付配套资金予以扶持；对社会资本一次性投资规模较大的，政府可给予所办学校一定的资金奖励，并可为其选派一定比例的在编教师予以支持。二是探索建立完整的教育税收优惠政策体系，对社会办学实行税收优惠与鼓励。在依法享受与公办学校同等的税收及其他优惠政策的同时，建立和完善捐赠教育激励机制，落实个人教育公益性捐赠支出所得税税前扣除的规定等，鼓励和引导社会力量通过多种形式捐资助学。

(三)全面优化教育投入结构

一是合理配置教育资源。统筹城乡、区域之间教育协调发展,重点向农村地区、贫困地区、皖北地区、大别山革命老区倾斜,加快缩小教育差距,促进教育基本公共服务均等化。积极调整优化各教育阶段的经费投入结构，在落实国家关于义务教育和高等教育重大投入政策的同时，教育经费进一步向职业教育、普通高中教育、学前教育倾斜,实现各类教育协调发展。二是突出国家和省重大教育项目。坚持顶层设计、总体规划、政策先行、机制创新的基本原则,在优先保障教育民生工程实施的同时，重点保障高等教育质量提升工程、义务教育学校标准化建设工程、中小学教师国家级培训计划、职业教育基础能力建设工程等重大项目,统筹落实经费,统筹推进项目实施。三是发展学前教育。参照义务教育阶段经费保障机制，研究制定公办幼儿园生均经费标准和生均财政拨款标准。制定优惠政策,鼓励社会力量办园和捐资办园,鼓励企业、事业单位投资办园,建立社会投入、家庭合理负担的投入机制。

(四)切实加强教育经费管理

积极创新体制机制,坚持依法理财、科学理财,切实加强教育经费管理，全面推进教育经费科学化精细化管理。一是明确经费管理责任。推动各级各有关部门,按照教育事权划分,采取有效措施,加强经费使用管理。同时,明确各级教育行政部门和各级各类学校在教育经费使用管理中负有主体责任，确保管理主体清晰、责任主体明确。二是建立健全内控机制。进一步完善财务监督制度,严格依照国家规定,健全财务管理规章,完善各项经费使用制度,规范学校经费行为,防范学校财务风险。建立健全科学、合理、公开、透明的经费分配标准和办法，杜绝分配的随意性。加强经费内部稽查和审计监督，确保经费分配和使用规范、安全、有效。加强学校国有资产管理，防止国有资产流失，提高使用效益。切实加强管理基础工作和基层建设。充分发挥基层相关管理部门的职能作用，做好教育基础数据的收集、分析和信息化管理工作。三是建立重大项目全过程监督机制。完善重大项目建设、重大资金使用的科学论证、集体决策机制，逐步制定重大项目资金管理办法，严格项目资金使用管理，形成全过程、全方位、常态化监督机制。四是加强经费使用管理监督检查。各级财政部门积极会同审计部门，定期开展经费使用和管理情况的专项审计，并根据有关法律法规严肃处罚、处理教育经费违法违规行为。

（五）建立绩效评价机制提高资金使用效益

一是健全教育财政支出评价指标体系，对财政性教育投入从投入到支出的各个环节进行绩效考核评价。按照“系统性、相关性、层次性、可行性、重要性”原则，选择全面、综合、科学、有效的教育经费指标考核体系，采取定量分析与定性分析相结合的方式，进行权衡比较和综合判断。二是将绩效评价结构应用落实到实处，提高预算资金分配管理水平。建立绩效评价结果和实施项目的预算安排挂钩制度，及时整理、归纳、分析、反馈绩效评价结果，并将其作为改进教育预算管理和安排以后年度预算的重要依据，调整专项资金的安排额度，或者设立财政支出项目绩效奖励资金。三是公开绩效评价结果，提高财政支出绩效评价工作的影响力。财政支出绩效评价结果经报请本级政府同意后，应通过一定方式向社会公众公布，以加强对部门财政资金运用和部门（项目单位）行为的监督，体现和增加公共支出评价的公正性和透明度。

安徽财政厅科研所课题组
调研人员：朱克俊　蔡功伙　刘　兴　余卫民
课题执笔：刘　兴　蔡功伙

财经统计篇

全省财经统计资料

安徽省2012年国民经济和社会发展统计公报

安徽省统计局 国家统计局安徽调查总队
(2013年2月26日)

2012年,在省委、省政府的坚强领导下,各地各部门深入贯彻落实党的十七大、十八大及省第九次党代会精神,围绕科学发展主题和全面转型、加速崛起、兴皖富民主线,牢牢把握稳中求进的工作总基调,全面推进经济强省、文化强省和生态强省建设,圆满完成年初确定的主要目标任务。

一、综合

初步核算,全年生产总值(GDP)17212.1亿元,按可比价格计算,比上年增长12.1%。分产业看,第一产业增加值 2178.7亿元,增长5.5%;第二产业增加值9404 亿元,增长14.4%;第三产业增加值5629.4亿元,增长11%。三次产业结构由上年的13.2:54.3:32.5调整为12.7:54.6:32.7,其中工业增加值占GDP的比重为46.6%,比上年提高0.4个百分点。全社会劳动生产率41336元/人,比上年增加3884元。人均GDP28792元(折合4561美元),比上年增加3133元。

居民消费价格上涨2.3%,涨幅比上年低3.3个百分点。商品零售价格上涨2.1%,工业生产者出厂价格下降1.7%,工业生产者购进价格下降1.8%。固定资产投资价格上涨1%,农业生产资料价格上涨5.3%。

年末全省从业人员4206.8万人,比上年增加85.9万人。其中,第一产业1531.2万人,减少67.7万人;第二产业1107.3万人,增加68.8万人;第三产业1568.3万人,增加84.8万人。城乡私营企业从业人员和个体劳动者648.3万人,增加49.8万人。全年城镇实名制新增就业65.8万人,失业人员再就业25万人。年末城镇登记失业率3.68%,比上年下降0.04个百分点。

二、农业

全年粮食作物种植面积6622千公顷,与上年基本持平,其中优质专用小麦面积2079.7千公顷,扩大94.7千公顷。油料种植面积843.6千公顷,减少34.6千公顷。棉花种植面积304.9千公顷,减少45.5千公顷。蔬菜种植面积827.1千公顷,扩大38.1千公顷。

全年粮食产量3289.1万吨,比上年增加153.6万吨,增长4.9%,实现“七连增、九连丰”。油料产量227.7万吨,增长6.5%。棉花产量29.4万吨,下降22.2%。

年末全省生猪存栏1555.2万头,比上年增长6%;全年生猪出栏2927.6万头,增长7.6%。肉类总产量397.7万吨,增长5.9%,其中猪牛羊肉产量282.4万吨,增长6.5%。禽蛋产量122.6万吨,增长2.5%。牛奶产量24.1万吨,增长7%。水产品产量207.5万吨,增长4%。

年末全省农业机械总动力5902.8万千瓦,比上年增长4.3%。农用拖拉机249.2万台,下降1.3%;农用运输车67.6万辆,增长1.7%。全年化肥施用量(折纯)333.5万吨,增长1.2%。农村用电量128.8亿千瓦小时,增长9.8%。有效灌溉面积3596.2千公顷,新增48.6千公顷;新增节水灌溉面积38.6千公顷。

三、工业和建筑业

年末全省规模以上工业企业达12970户，比上年净增2105户。全年规模以上工业增加值7550.5亿元,比上年增长16.2%,其中轻、重工业分别增长17.5%和15.6%，轻重工业增加值比例由上年的30.8:69.2变化为31.4:68.6。股份制、中小型企业生产较快增长。

全省九成以上工业行业增加值保持增长,其中：计算机、通信和其他电子设备制造业增长42.8%,通用设备制造业增长31.5%，农副食品加工业增长23.7%,非金属矿物制品业增长19.2%,化学原料和化学制品制造业增长16.3%，电气机械及器材制造业增长15.7%，有色金属冶炼和压延加工业增长11.7%,黑色金属冶炼及压延加工业增长9%,电力、热力的生产和供应业增长12.4%，煤炭开采和洗选业增长4.4%。六大工业主导产业增加值增长17.2%,装备制造业增长18.2%，高新技术产业增长16.5%；战略性新兴产业产值增长33.1%。

主要工业产品产量中,原煤、发电量、粗钢、钢材分别增长8.3%、9.4%、3.4%、2%，水泥增长16.3%,彩色电视机增长14.1%,房间空调器增长8.8%,家用洗衣机下降7.4%，家用电冰箱下降12%，汽车下降7.5%。

全省规模以上工业企业主营业务收入27911.2亿元,增长18.1%;利税2543亿元,增长11.8%,其中利润1470.2亿元,增长11.3%。电气机械和器材制造业、非金属矿物制品业、农副食品加工业、煤炭开采和洗选业、汽车制造业等17个行业利润均超30亿元,累计实现利润1218.6亿元,占全部规模以上工业的82.9%。

全年全社会建筑业增加值1378.2亿元,比上年增长9.1%。资质内建筑企业利税总额270.6亿元,增长13.3%。房屋建筑施工面积33678.9万平方米,增加5206.1万平方米;房屋竣工面积12743.3万平方米,增加845.5万平方米。

四、固定资产投资

全年固定资产投资15055亿元，比上年增长24.2%。工业及信息化产业技术改造投资3836.4亿元,增长26.3%。民间投资9016.2亿元,增长19%。

分产业看,第一产业投资增长71.9%,第二产业增长14.7%,第三产业增长32.5%。分行业看,工业投资增长19.2%,其中制造业增长19.8%,制造业中的装备制造业增长22.1%。六大高耗能行业投资增长18.2%。三产中的信息传输、软件和信息技术服务业投资增长36.3%，租赁和商务服务业增长70.8%,科学研究和技术服务业增长2倍,文化、体育和娱乐业增长50.2%。

全年房地产开发投资3151.6亿元,比上年增长20.7%；商品房销售面积4828.8万平方米，增长4.8%;商品房销售额2329.9亿元,增长5.9%。全年开工建设城镇保障性安居工程住房43.8万套,基本建成34.4万套。

全年共安排“861”行动计划项目4897个,当年完成投资6698.5亿元。开工建设合肥江汽纳威司达发动机、中科大先进技术研究院、芜湖东旭平板显示玻璃基板、奇瑞重型机械、宿州智慧云计算、宣城大型数控龙门铣床、马鞍山亚重高端装备、亳州修正药业、淮南田集电厂二期、蚌埠大明文化产业园、青弋江分洪道、北沿江高速滁马段、合肥轨道交通1号线和郑徐客专安徽段等项目;建成合肥神剑科技二期、池州科创电子园、亳州现代中药产业创业基地、安庆华茂高档色织面料、庐江罗河铁矿、芜湖新亚特特种电缆、淮南谢桥煤矿安全改建、六安金领欢乐世界、中国(宣城)文房四宝交易中心、泗许高速淮北段和合蚌高铁等项目。

全年新增煤炭产能900万吨，电力装机容量353万千瓦。

五、国内贸易

全年社会消费品零售总额5685.6亿元,比上年增长16%。按经营单位所在地分,城镇消费品零售额4670.7亿元,增长16%;乡村消费品零售额1014.8亿元,增长16.3%。按消费形态分,商品零售5005.5亿元,增长16%;餐饮收入680亿元,增长16.2%。按单位规模分，限额以上企业零售额2720.6亿元,增长19.2%;限额以下企业零售额2964.9亿元,增长5.6%。

在限额以上企业商品零售额中,吃、穿、用商品零售额比上年分别增长26.3%、18%、21.7%，粮油类增长36.2%，肉禽蛋类增长25.4%，服装类增长19.4%,化妆品类增长23%,金银珠宝类增长21.9%,日用品类增长21.4%,中西药品类增长23%,文化办公用品类增长29.3%,通讯器材类增长23.3%,家用电器和音像器材类增长11.6%，建筑及装潢材料类增长35.7%,家具类增长28.2%,汽车类增长19.6%,石油及制品类增长26.3%。

六、对外经济和旅游

全年进出口总额393.3亿美元,比上年增长25.6%。其中,出口267.5亿美元,增长56.6%;进口125.8亿美元,下降11.6%。从出口经营主体看,生产型、贸易型企业出口分别增长55%和63.2%。从出口商品看,机电产品、高新技术产品出口分别增长51.6%和9.5%。

全年新批外商投资企业194家,比上年下降26.2%;合同利用外资25.3亿美元,下降26.4%;实际利用外商直接投资86.4亿美元,增长30.3%。到2012年底,来皖投资的境外世界500强企业增加到63家。

全年对外经济技术合作新签合同金额24.4亿美元,比上年增长21.4%;完成营业额30亿美元,增长19.4%;当年外派劳务人员13370人,下降1.5%。全年新批境外企业(机构)56个,实际对外投资5.5亿美元。

全年入境旅游人数331.5万人次,比上年增长26.1%;国内游客2.92亿人次,增长30.2%。旅游总收入2617.8亿元,增长38.6%。其中,旅游外汇收入15.6亿美元,增长32.5%;国内旅游收入2519.1亿元,增长38.8%。年末全省共有A级及以上旅游景点(区)438处。

七、交通和邮电

全年交通运输、仓储和邮政业增加值650.2亿元,比上年增长8.2%。

全年旅客运输量21.3亿人,货物运输量31.2亿吨,比上年分别增长14.6%和16.1%;旅客运输周转量1817.2亿人公里,货物运输周转量9792.7亿吨公里,分别增长11.7%和15.9%。全年港口货物吞吐量3.6亿吨,下降3.8%,其中外贸货物吞吐量272万吨,下降1.8%。全省民航机场旅客吞吐量603.9万人次,比上年增长18.1%,其中合肥机场旅客吞吐量519.4万人次,增长18.1%。

年末全省民用汽车拥有量330.2万辆,比上年增长14.1%,其中私人汽车246.7万辆,增长20.2%。民用轿车拥有量149.3万辆,增长28.8%,其中私人轿车128.2万辆,增长33.1%。

全年邮电业务总量417.5亿元,比上年增长12.5%。其中,电信业务总量371.6亿元,增长11.2%;邮政业务总量45.9亿元,增长24.5%。年末本地固定电话交换机总容量1203.8万门,比上年减少239.8万门。本地固定电话用户1091.4万户,减少152.5万户;移动电话用户3609.8万户,增加350.4万户。每百人拥有电话(含移动)78.5部,增加3部。年末基础电信运营企业计算机互联网宽带接入用户507万户,增加49.6万户。

八、财政、金融、证券和保险业

全年财政收入3026亿元,比上年增长14.9%,其中地方财政收入1792.7亿元,增长22.5%。在全部财政收入中,增值税下降4%,营业税增长19.1%,企业所得税增长19.4%。财政支出3936.7亿元,增长19.2%。其中,社会保障与就业支出增长15.6%,医疗卫生支出增长13.5%,城乡社区事务支出增长21.8%,教育支出增长25.7%,科学技术支出增长25.5%。全年33项民生工程累计投入565.2亿元,惠及6000多万城乡居民。

年末全省金融机构各项存款余额(人民币口径,下同)22977.3亿元,比上年末增加3573.6亿元,增长18.4%;城乡居民储蓄存款余额11178.6亿元,增长21.1%。金融机构各项贷款余额16294.3亿元,比上年末增加2565.2亿元,增长18.7%。其中,短期贷款余额6038.5亿元,增长20.9%;中长期贷款余额9431.8亿元,增长14%,中长期贷款中个人贷款余额3389.7亿元,增长16.3%。

全年上市公司通过境内市场累计筹资141.1亿元,其中首次公开发行A股1只,筹资8.5亿元;A股再筹资(包括配股、公开增发、非公开增发、认股权证)33.1亿元;上市公司通过发行可转债、可分离债、公司债筹资99.5亿元。到2012年末,全省有上市公司78家,上市公司市价总值4843.5亿元,比上年增长6.1%。

全年发行非上市企业(公司)债券255.9亿元。企业发行短期融资券197.8亿元。

全年我省境内证券经营机构证券交易量10955亿元,期货经营机构代理交易量82306.7亿元。

全年保险业保费收入453.6亿元,比上年增长4.9%。其中,财产险业务保费收入169.1亿元,增长18.4%;人身险业务保费收入284.6亿元,下降1.7%。赔款和给付152.7亿元,增长21.7%.其中,财产险业务赔款支出91.5亿元,增长28.7%;人身险业务赔款和给付支出61.2亿元,增长12.6%。

九、教育和科学技术

年末全省共有研究生培养单位21个,在学研究生44351人。普通高校107所,普通本专科在校生102.3万人,高等教育毛入学率30.6%,比上年上升4.2个百分点。各类中等职业教育(不含技工学校)在校生100.2万人。普通高中716所,在校生129.3万人,高中阶段毛入学率86%,比上年上升2.5个百分点。初中2920所,在校生213万人,初中阶段适龄人口入学率为99.6%。小学12547所,在校生404.7万人,小学学龄儿童入学率为99.9%。各级各类成人学校毕业生42.9万人。

年末全省共有各类专业技术人员182.8万人,比上年增长9.7%。科研机构2091个,其中大中型工业企业办机构671个。从事研发活动人员14.5万人。全年用于研究与试验发展(R&D)经费支出275亿元,增长28.1%,相当于全省生产总值的1.6%。全省有国家大科学工程5个;有国家实验室2个,国家重点(工程)实验室15个,省级(含重点)实验室105个,部属(含院属)实验室35个;有省级以上工程(技术)研究中心397家,其中国家级20家。有高新技术产业开发区12个,其中国家级4个。

全年共取得省部级以上科技成果878项。主要科技成果有宽温区制冷系统关键技术研究与应用、车载多普勒测风激光雷达等。

全年受理专利申请74888件,授权专利43321件,比上年分别增长54.2%和32.6%。共签订各类技术合同6806项;成交金额86.2亿元,比上年增长32.6%。

年末全省共有县以上产品质量检验机构785个,其中系统内110个,国家检测中心17个;有产品质量、体系认证机构2个,累计完成强制性产品认证的企业1755个;法定计量技术机构79个,全年强制检定计量器具131.8万台(件);累计制定国际标准3项、国家标准374项,制定、修订地方标准1684项;有中国名牌产品37个、国家地理标志产品32个、安徽名牌产品1096个。

全年省测绘资料档案馆为社会各界提供各种比例尺地形图1.2万幅,测绘基准成果4763点(次),航空航天遥感数据7.4万平方千米,数据量506GB;完成国家基本比例尺地形图生产与更新3.2万幅、地理国情动态监测1.6万平方千米、“天地图·安徽”地图网站数据更新30.5GB。

十、文化、卫生和体育

年末全省共有文化馆121个,公共图书馆102个,博物馆141个(含民营博物馆),乡镇街道综合文化站1432个。全国重点文物保护单位56处、合并国保项目2处,省级重点文物保护单位708处。国家级非物质文化遗产名录60项,省级名录273项。广播电台15座,中波发射台和转播台23座,广播综合人口覆盖率97.85%。电视台15座,有线电视用户518.8万户,电视综合人口覆盖率98.1%。全年出版报纸98种,总印数12.7亿份;期刊(杂志)180种,总印数0.6亿册;图书9692种,总印数2.6亿册;电子、音像出版物98种,出版数量40.6万盒(张)。有各级国家档案馆142个,馆藏档案资料1747.2万卷(件、册),库馆总建筑面积23.8万平方米。

年末全省共有医疗卫生机构23277个,其中医院930个、基层医疗卫生机构21812个、专业公共卫生机构449个,其他卫生机构86个。基层医疗卫生机构中,卫生院1385个,社区卫生服务中心(站)1948个,村卫生室15306个;专业公共卫生机构中,疾病预防控制中心121个,专科疾病防治院(所、站)52个,妇幼保健院(所、站)118个,卫生监督所(中心)119个。全省卫生技术人员23.63万人,其中执业(助理)医师9.22万人,注册护士9.50万人。乡村医生和卫生员5.38万人。医疗卫生机构床位22.23万张,其中医院、卫生院床位20.61万张。全年医疗卫生机构共诊疗2.44亿人次。参加新型农村合作医疗的农业人口5043.75万人,参合率为99.5%。

全年在国际和国内的重大比赛中,我省运动健儿共获得34枚金牌、26枚银牌和30枚铜牌。其中,世界冠军6个、亚洲冠军6个。在第30届伦敦夏季奥运会上,我省取得了1个冠军、2个第四名、1个第五名、2个第六名和1个第七名的历史最好成绩。“全民健身、健康安徽”系列主题活动蓬勃开展,全年共举办百人以上的群众体育健身活动1860次,其中现代体育项目活动1537次,民间传统体育活动323次。

十一、人口、人民生活和社会保障

全年人口出生率为13‰,比上年上升0.77个千分点;死亡率6.14‰,上升0.23个千分点;自然增长率为6.86‰,上升0.54个千分点。年末户籍人口6902万人,比上年增加26.1万人;常住人口5988

万人,比上年增加20万人。城镇化率46.5%,比上年提高1.7个百分点。

全年城镇居民人均可支配收入21024元，比上年增长13%,扣除价格因素,实际增长10.6%。人均消费性支出15012元,增长13.9%。其中,食品支出增长10.8%,衣着支出增长12.4%,医疗保健支出增长25.9%,交通和通信支出增长32.6%,教育文化娱乐服务支出增长18.5%。城镇居民家庭恩格尔系数为38.7%,比上年降低1.1个百分点。城镇居民人均住房建筑面积32.4平方米,比上年增加0.3平方米。

全年农村居民人均纯收入7161元,比上年增长14.9%,扣除价格因素,实际增长12.2%。人均生活消费支出5556元,增长12.1%。其中,食品支出增长6.1%,衣着支出增长11.8%,居住支出增长28.8%,医疗保健支出增长15.8%。农村居民家庭恩格尔系数为39.3%,比上年降低2.2个百分点。农村居民人均住房面积35.9平方米,比上年增加0.9平方米。

年末全省参加城镇基本养老、医疗保险人数分别为783.7万人和1659.8万人。参加失业保险人数为402.2万人,全年为11.7万名失业人员发放了不同期限失业保险金。全省参加工伤、生育保险人数分别为455万人和430.2万人。被征地农民养老保险制度全面推进,年末参保人数211.1万人。城乡居民养老保险参保人数3350.6万人,其中新型农村养老保险试点参保人数3165.6万人。

年末81.9万城市居民得到政府最低生活保障,215.1万农村居民得到政府最低生活保障,45.1万农村居民得到政府五保救济。全年救助城市医疗困难群众43万人次,救助农村医疗困难群众260.6万人次。

年末全省有各类提供住宿的社会服务机构2438个,床位25.3万张,收养各类人员19.1万人。其中,农村养老服务机构1992个,床位22万张,收养各类人员16万人。各类社区服务设施5040个,其中社区服务中心1051个,社区服务站2020个。全年销售社会福利彩票43.7亿元，筹集社会福利资金12.9亿元。

十二、资源、环境和安全生产

全省已发现的矿种为158种(含亚矿种)。查明资源储量的矿种126种（含普通建筑用石料矿种),其中能源矿种6种,金属矿种20种,非金属矿种98种,水气矿种2种。全年地质勘查部门开展各类地质(科研)项目(省级)59项,新增查明资源储量的大中型矿产地7处。

年末全省共有省、市、县级环境监测站87个。监测的16个省辖市均开展了空气环境质量监测,有15个城市空气质量达到二级标准。已建成自然保护区38个,其中国家级7个、省级29个、市级2个。当年人工造林面积96千公顷。年末森林面积3804.2千公顷,活立木总蓄积量21710.1万立方米,森林蓄积量18074.9万立方米。

淮河干流安徽段水质以III类为主,总体水质优。长江干流安徽段以II类水质为主,总体水质优;主要支流总体水质良好。巢湖湖区水质轻度污染,9条主要环湖支流整体水质中度污染。新安江干、支流水质优。全省城市集中式饮用水水源地水质达标率为98.4%。

全年亿元GDP生产安全事故死亡人数为0.19人,比上年下降13.6%;工矿商贸从业人员十万人生产安全事故死亡人数为1.25人,下降17.8%;道路交通万车事故死亡人数为2.61人,下降6.5%。全年发生道路交通事故18075起，发生火灾事故5477起。

2012年度安徽省公共财政收支总表

单位:万元

预算科目	决算数	预算科目	决算数
一、税收收入	13050933	一、一般公共服务	4259607
增值税	1753345	二、外交	
营业税	4514185	三、国防	60087
企业所得税	1844973	四、公共安全	1491476
企业所得税退税		五、教育	7179357
个人所得税	359124	六、科学技术	959996
资源税	179243	七、文件体育与传媒	714343
固定资产投产方向调节税		八、社会保险和就业	4591897
城市维护建设税	797056	九、医疗卫生	3193939
房产税	298479	十、节能环保	955189
印花税	157772	十一、城乡社区事务	3480292
城镇土地使用税	667523	十二、农林水事务	4304717
土地增值税	700633	十三、交通运输	2371742
车船税	91360	十四、资源勘探电力信息等事务	1314556
耕地占用税	506106	十五、商业服务业等事务	715308
契税	1170917	十六、金融监管等事务支出	40372
烟叶税	10217	十七、地震灾后恢复重建支出	
其他税收收入		十八、国土资源气象等事务	27385
二、非税收入	4876259	十九、住房保险支出	453950
专项收入	874834	二十、粮油物资管理事务	2485770
行政事业性收费收入	1586178	二十一、储备事务支出	329756
罚没收入	435699	二十二、国债还本付息支出	159712
国有资本经营收入	455807	二十三、其他支出	520629
国有资源(资产)有偿使用收入	1254425		
其他收入	269316		
本年合计	17927192	本年支出合计	39610080

2012 年全省国税系统组织收入分税种统计表

数据来源:省国税局　　单位:万元

项目	税额
国税系统组织收入总计	11878533
一、税收收入合计	13347202
国内增值税	6872982
国内消费税	2222042
企业所得税	2769435
个人所得税	1623
车辆购置税	634067
海关代征增值税	845410
海关代征消费税	1643
二、出口退税	-1483322
三、非税收入合计	14653

2012 年全省地税系统组织收入分税种统计表

数据来源:省地税局　　单位:万元

项目	税额
地税部门组织收入总计	18154660
一、税收收入(含两税)	12155709
税收收入(不含两税)	10478546
营业税	4514187
个人所得税	896206
土地增值税	700638
城市维护建设税	821133
车船使用税	91356
房产税	298474
资源税	179245
土地使用税	667526
印花税	157772
企业所得税	1748263
烟叶税	10217
契税	1170967
耕地占用税	506196
教育费附加	393529
二、基金费收入合计	5997418
三、税务部门其他罚没收入	1533

注:“两税”指耕地占用税、契税

各市县(区)财经统计资料

2012年度合肥市公共财政收支总表

单位:万元

预算科目	决算数	预算科目	决算数
一、税收收入	3114332	一、一般公共服务	690801
增值税	392768	二、外交	
营业税	1328381	三、国防	7102
企业所得税	344309	四、公共安全	192847
企业所得税退税		五、教育	999168
个人所得税	75720	六、科学技术	226720
资源税	8915	七、文件体育与传媒	32434
固定资产投产方向调节税		八、社会保险和就业	440370
城市维护建设税	209876	九、医疗卫生	350233
房产税	100298	十、节能环保	195147
印花税	48354	十一、城乡社区事务	1100876
城镇土地使用税	74036	十二、农林水事务	404709
土地增值税	203600	十三、交通运输	151848
车船税	22325	十四、资源勘探电力信息等事务	388231
耕地占用税	37871	十五、商业服务业等事务	95732
契税	267879	十六、金融监管等事务支出	6505
烟叶税		十七、地震灾后恢复重建支出	
其他税收收入		十八、国土资源气象等事务	
二、非税收入	780659	十九、住房保险支出	35713
专项收入	129814	二十、粮油物资管理事务	291963
行政事业性收费收入	217077	二十一、储备事务支出	18919
罚没收入	43512	二十二、国债还本付息支出	2511
国有资本经营收入	137214	二十三、其他支出	91070
国有资源(资产)有偿使用收入	115979		
其他收入	137063		
本年合计	3894991	本年支出合计	5722899

2012年度淮北市公共财政收支总表

单位:万元

预算科目	决算数	预算科目	决算数
一、税收收入	426393	一、一般公共服务	113909
增值税	84636	二、外交	
营业税	113310	三、国防	1711
企业所得税	61913	四、公共安全	53263
企业所得税退税		五、教育	174951
个人所得税	5973	六、科学技术	14748
资源税	10503	七、文件体育与传媒	11347
固定资产投产方向调节税		八、社会保险和就业	111088
城市维护建设税	33868	九、医疗卫生	93029
房产税	9206	十、节能环保	9790
印花税	5858	十一、城乡社区事务	201165
城镇土地使用税	32838	十二、农林水事务	104260
土地增值税	12188	十三、交通运输	29846
车船税	3262	十四、资源勘探电力信息等事务	29703
耕地占用税	12499	十五、商业服务业等事务	20774
契税	40339	十六、金融监管等事务支出	481
烟叶税		十七、地震灾后恢复重建支出	
其他税收收入		十八、国土资源气象等事务	
二、非税收入	92146	十九、住房保险支出	23362
专项收入	23560	二十、粮油物资管理事务	83635
行政事业性收费收入	31347	二十一、储备事务支出	4652
罚没收入	10394	二十二、国债还本付息支出	1035
国有资本经营收入	6444	二十三、其他支出	2593
国有资源(资产)有偿使用收入	18750		
其他收入	1651		
本年合计	518539	本年支出合计	1085342

2012年度亳州市公共财政收支总表

单位:万元

预算科目	决算数	预算科目	决算数
一、税收收入	354059	一、一般公共服务	187909
增值税	61423	二、外交	
营业税	143135	三、国防	837
企业所得税	19993	四、公共安全	59506
企业所得税退税		五、教育	407931
个人所得税	5469	六、科学技术	9383
资源税	5101	七、文件体育与传媒	11259
固定资产投产方向调节税		八、社会保险和就业	234719
城市维护建设税	24629	九、医疗卫生	231045
房产税	5080	十、节能环保	25088
印花税	3682	十一、城乡社区事务	34347
城镇土地使用税	10073	十二、农林水事务	226652
土地增值税	15600	十三、交通运输	107761
车船税	5472	十四、资源勘探电力信息等事务	23576
耕地占用税	15152	十五、商业服务业等事务	28410
契税	37520	十六、金融监管等事务支出	705
烟叶税	1730	十七、地震灾后恢复重建支出	
其他税收收入		十八、国土资源气象等事务	
二、非税收入	122819	十九、住房保险支出	7052
专项收入	18596	二十、粮油物资管理事务	130822
行政事业性收费收入	56285	二十一、储备事务支出	16851
罚没收入	18329	二十二、国债还本付息支出	1550
国有资本经营收入	5500	二十三、其他支出	27242
国有资源(资产)有偿使用收入	23856		
其他收入	253		
本年合计	476878	本年支出合计	1772645

2012年度宿州市公共财政收支总表

单位:万元

预算科目	决算数	预算科目	决算数
一、税收收入	373827	一、一般公共服务	209470
增值税	60210	二、外交	
营业税	141176	三、国防	844
企业所得税	21880	四、公共安全	83907
企业所得税退税		五、教育	438373
个人所得税	5045	六、科学技术	11604
资源税	10396	七、文件体育与传媒	49200
固定资产投产方向调节税		八、社会保险和就业	157809
城市维护建设税	22237	九、医疗卫生	214238
房产税	6793	十、节能环保	24891
印花税	3915	十一、城乡社区事务	75283
城镇土地使用税	18831	十二、农林水事务	315017
土地增值税	23322	十三、交通运输	80800
车船税	4414	十四、资源勘探电力信息等事务	54017
耕地占用税	17921	十五、商业服务业等事务	44220
契税	37687	十六.金融监管等事务支出	2339
烟叶税		十七、地震灾后恢复重建支出	
其他税收收入		十八、国土资源气象等事务	
二、非税收入	159131	十九、住房保险支出	13074
专项收入	21472	二十、粮油物资管理事务	131374
行政事业性收费收入	73558	二十一、储备事务支出	17655
罚没收入	40932	二十二、国债还本付息支出	6496
国有资本经营收入		二十三、其他支出	7377
国有资源(资产)有偿使用收入	15496		
其他收入	7673		
本年合计	532958	本年支出合计	1937988

2012年度蚌埠市公共财政收支总表

单位:万元

预算科目	决算数	预算科目	决算数
一、税收收入	568093	一、一般公共服务	150637
增值税	94663	二、外交	
营业税	188274	三、国防	1993
企业所得税	37766	四、公共安全	70491
企业所得税退税		五、教育	293160
个人所得税	6293	六、科学技术	56770
资源税	158	七、文件体育与传媒	19469
固定资产投产方向调节税		八、社会保险和就业	183441
城市维护建设税	61287	九、医疗卫生	156560
房产税	10978	十、节能环保	75518
印花税	6387	十一、城乡社区事务	188851
城镇土地使用税	28100	十二、农林水事务	193095
土地增值税	37103	十三、交通运输	64264
车船税	4373	十四、资源勘探电力信息等事务	4078
耕地占用税	26731	十五、商业服务业等事务	28409
契税	65980	十六、金融监管等事务支出	1713
烟叶税		十七、地震灾后恢复重建支出	
其他税收收入		十八、国土资源气象等事务	
二、非税收入	216064	十九、住房保险支出	12304
专项收入	35630	二十、粮油物资管理事务	139757
行政事业性收费收入	76984	二十一、储备事务支出	8700
罚没收入	22617	二十二、国债还本付息支出	764
国有资本经营收入	25733	二十三、其他支出	1700
国有资源(资产)有偿使用收入	44606		
其他收入	10494		
本年合计	784157	本年支出合计	1651.674

2012年度阜阳市公共财政收支总表

单位:万元

预算科目	决算数	预算科目	决算数
一、税收收入	520.016	一、一般公共服务	239149
增值税	101974	二、外交	
营业税	186881	三、国防	8036
企业所得税	41394	四、公共安全	100157
企业所得税退税		五、教育	650750
个人所得税	8078	六、科学技术	18823
资源税	5327	七、文件体育与传媒	16228
固定资产投产方向调节税		八、社会保险和就业	405180
城市维护建设税	46810	九、医疗卫生	317149
房产税	5826	十、节能环保	30542
印花税	15793	十一、城乡社区事务	107246
城镇土地使用税	32285	十二、农林水事务	340380
土地增值税	9116	十三、交通运输	158824
车船税	9237	十四、资源勘探电力信息等事务	54074
耕地占用税	49294	十五、商业服务业等事务	69234
契税		十六、金融监管等事务支出	3895
烟叶税		十七、地震灾后恢复重建支出	
其他税收收入	173109	十八、国土资源气象等事务	
二、非税收入	27256	十九、住房保险支出	36311
专项收入	99456	二十、粮油物资管理事务	124698
行政事业性收费收入	25829	二十一、储备事务支出	16005
罚没收入	4400	二十二、国债还本付息支出	8139
国有资本经营收入	14045	二十三、其他支出	
国有资源(资产)有偿使用收入	2123		
其他收入			
本年合计	693125	本年支出合计	2722879

2012年度淮南市公共财政收支总表

单位:万元

预算科目	决算数	预算科目	决算数
一、税收收入	694952	一、一般公共服务	162386
增值税	150844	二、外交	
营业税	205899	三、国防	4217
企业所得税	53720	四、公共安全	71913
企业所得税退税		五、教育	231851
个人所得税	15615	六、科学技术	29331
资源税	12760	七、文件体育与传媒	14035
固定资产投产方向调节税		八、社会保险和就业	150109
城市维护建设税	49048	九、医疗卫生	120699
房产税	15037	十、节能环保	22395
印花税	7390	十一、城乡社区事务	259906
城镇土地使用税	40364	十二、农林水事务	120013
土地增值税	66257	十三、交通运输	51130
车船税	3539	十四、资源勘探电力信息等事务	61640
耕地占用税	41032	十五、商业服务业等事务	25513
契税	33447	十六、金融监管等事务支出	1288
烟叶税		十七、地震灾后恢复重建支出	
其他税收收入		十八、国土资源气象等事务	
二、非税收入	291144	十九、住房保险支出	29753
专项收入	31019	二十、粮油物资管理事务	107359
行政事业性收费收入	69017	二十一、储备事务支出	7665
罚没收入	19045	二十二、国债还本付息支出	11057
国有资本经营收入	100487	二十三、其他支出	7223
国有资源(资产)有偿使用收入	66903		
其他收入	4673		
本年合计	986096	本年支出合计	1489483

2012年度滁州市公共财政收支总表

单位:万元

预算科目	决算数	预算科目	决算数
一、税收收入	705493	一、一般公共服务	244483
增值税	82354	二、外交	
营业税	282978	三、国防	4320
企业所得税	48323	四、公共安全	93016
企业所得税退税		五、教育	381557
个人所得税	9663	六、科学技术	31688
资源税	11997	七、文件体育与传媒	21609
固定资产投产方向调节税		八、社会保险和就业	231769
城市维护建设税	46277	九、医疗卫生	264347
房产税	15529	十、节能环保	55699
印花税	7779	十一、城乡社区事务	148729
城镇土地使用税	41106	十二、农林水事务	393994
土地增值税	55566	十三、交通运输	94501
车船税	4768	十四、资源勘探电力信息等事务	56251
耕地占用税	16916	十五、商业服务业等事务	37068
契税	82237	十六、金融监管等事务支出	3111
烟叶税		十七、地震灾后恢复重建支出	
其他税收收入		十八、国土资源气象等事务	
二、非税收入	263926	十九、住房保险支出	20219
专项收入	31673	二十、粮油物资管理事务	196116
行政事业性收费收入	65675	二十一、储备事务支出	22190
罚没收入	28883	二十二、国债还本付息支出	2650
国有资本经营收入	1522	二十三、其他支出	6967
国有资源(资产)有偿使用收入	127463		
其他收入	8710		
本年合计	969419	本年支出合计	2310284

2012年度六安市公共财政收支总表

单位:万元

预算科目	决算数	预算科目	决算数
一、税收收入	503093	一、一般公共服务	271371
增值税	60785	二、外交	
营业税	209190	三、国防	1701
企业所得税	38776	四、公共安全	107189
企业所得税退税		五、教育	578868
个人所得税	8740	六、科学技术	24385
资源税	19152	七、文件体育与传媒	31254
固定资产投产方向调节税		八、社会保险和就业	232925
城市维护建设税	27258	九、医疗卫生	263166
房产税	10674	十、节能环保	50175
印花税	5597	十一、城乡社区事务	87050
城镇土地使用税	18446	十二、农林水事务	422572
土地增值税	25402	十三、交通运输	120917
车船税	6394	十四、资源勘探电力信息等事务	36491
耕地占用税	18066	十五、商业服务业等事务	47833
契税	54613	十六、金融监管等事务支出	3245
烟叶税		十七、地震灾后恢复重建支出	
其他税收收入		十八、国土资源气象等事务	
二、非税收入	189585	十九、住房保险支出	48615
专项收入	53395	二十、粮油物资管理事务	13647
行政事业性收费收入	95892	二十一、储备事务支出	20788
罚没收入	20064	二十二、国债还本付息支出	17426
国有资本经营收入	227	二十三、其他支出	8202
国有资源(资产)有偿使用收入	17278		
其他收入	2729		
本年合计	692678	本年支出合计	2510920

2012 年度马鞍山市公共财政收支总表

单位:万元

预算科目	决算数	预算科目	决算数
一、税收收入	732590	一、一般公共服务	210831
增值税	132835	二、外交	
营业税	240770	三、国防	432
企业所得税	49361	四、公共安全	66091
企业所得税退税		五、教育	297574
个人所得税	13611	六、科学技术	53405
资源税	24465	七、文件体育与传媒	28115
固定资产投产方向调节税		八、社会保险和就业	156169
城市维护建设税	49252	九、医疗卫生	128071
房产税	32155	十、节能环保	43221
印花税	14492	十一、城乡社区事务	302872
城镇土地使用税	53215	十二、农林水事务	148842
土地增值税	31874	十三、交通运输	75905
车船税	4638	十四、资源勘探电力信息等事务	72160
耕地占用税	24389	十五、商业服务业等事务	29484
契税	61533	十六、金融监管等事务支出	2674
烟叶税		十七、地震灾后恢复重建支出	
其他税收收入		十八、国土资源气象等事务	
二、非税收入	545567	十九、住房保险支出	38668
专项收入	46868	二十、粮油物资管理事务	218434
行政事业性收费收入	159124	二十一、储备事务支出	8689
罚没收入	18965	二十二、国债还本付息支出	14538
国有资本经营收入	33485	二十三、其他支出	7497
国有资源(资产)有偿使用收入	285857		
其他收入	1268		
本年合计	1278157	本年支出合计	1903672

2012年度芜湖市公共财政收支总表

单位:万元

预算科目	决算数	预算科目	决算数
一、税收收入	1443375	一、一般公共服务	190777
增值税	221916	二、外交	
营业税	512881	三、国防	3418
企业所得税	148009	四、公共安全	85237
企业所得税退税		五、教育	491731
个人所得税	24028	六、科学技术	204557
资源税	17301	七、文件体育与传媒	42448
固定资产投产方向调节税		八、社会保险和就业	266462
城市维护建设税	103525	九、医疗卫生	198490
房产税	35996	十、节能环保	86719
印花税	20113	十一、城乡社区事务	356441
城镇土地使用税	120016	十二、农林水事务	220639
土地增值税	53887	十三、交通运输	141955
车船税	7333	十四、资源勘探电力信息等事务	153786
耕地占用税	40628	十五、商业服务业等事务	35396
契税	135677	十六、金融监管等事务支出	3696
烟叶税	2065	十七、地震灾后恢复重建支出	
其他税收收入		十八、国土资源气象等事务	
二、非税收入	345778	十九、住房保险支出	11002
专项收入	68376	二十、粮油物资管理事务	378634
行政事业性收费收入	85516	二十一、储备事务支出	8269
罚没收入	47430	二十二、国债还本付息支出	29075
国有资本经营收入	40124	二十三、其他支出	113358
国有资源(资产)有偿使用收入	81534		
其他收入	22789		
本年合计	1789153	本年支出合计	3022090

2012年度宣城市公共财政收支总表

单位:万元

预算科目	决算数	预算科目	决算数
一、税收收入	660604	一、一般公共服务	236807
增值税	111240	二、外交	
营业税	202017	三、国防	1887
企业所得税	39011	四、公共安全	61957
企业所得税退税		五、教育	260827
个人所得税	11872	六、科学技术	54472
资源税	15816	七、文件体育与传媒	21707
固定资产投产方向调节税		八、社会保险和就业	158748
城市维护建设税	34966	九、医疗卫生	187251
房产税	10040	十、节能环保	48047
印花税	6528	十一、城乡社区事务	194815
城镇土地使用税	87651	十二、农林水事务	240836
土地增值税	37546	十三、交通运输	134356
车船税	4155	十四、资源勘探电力信息等事务	29552
耕地占用税	11008	十五、商业服务业等事务	34560
契税	83667	十六、金融监管等事务支出	1797
烟叶税	5087	十七、地震灾后恢复重建支出	
其他税收收入		十八、国土资源气象等事务	
二、非税收入	208756	十九、住房保险支出	9369
专项收入	26362	二十、粮油物资管理事务	95228
行政事业性收费收入	42351	二十一、储备事务支出	8125
罚没收入	40501	二十二、国债还本付息支出	2370
国有资本经营收入	19458	二十三、其他支出	4067
国有资源(资产)有偿使用收入	74663		
其他收入	5421		
本年合计	869360	本年支出合计	1786775

2012年度铜陵市公共财政收支总表

单位:万元

预算科目	决算数	预算科目	决算数
一、税收收入	401816	一、一般公共服务	98754
增值税	66463	二、外交	
营业税	131653	三、国防	251
企业所得税	37756	四、公共安全	41314
企业所得税退税		五、教育	140833
个人所得税	5688	六、科学技术	43811
资源税	13624	七、文件体育与传媒	14940
固定资产投产方向调节税		八、社会保险和就业	82095
城市维护建设税	21762	九、医疗卫生	67372
房产税	8033	十、节能环保	33237
印花税	7202	十一、城乡社区事务	127587
城镇土地使用税	45229	十二、农林水事务	44664
土地增值税	22194	十三、交通运输	52507
车船税	2056	十四、资源勘探电力信息等事务	46497
耕地占用税	3486	十五、商业服务业等事务	71460
契税	36670	十六、金融监管等事务支出	1673
烟叶税		十七、地震灾后恢复重建支出	
其他税收收入		十八、国土资源气象等事务	
二、非税收入	234167	十九、住房保险支出	18566
专项收入	14093	二十、粮油物资管理事务	64438
行政事业性收费收入	83265	二十一、储备事务支出	3404
罚没收入	6961	二十二、国债还本付息支出	746
国有资本经营收入		二十三、其他支出	9800
国有资源(资产)有偿使用收入	118124		
其他收入	11724		
本年合计	635983	本年支出合计	963949

2012年度池州市公共财政收支总表

单位:万元

预算科目	决算数	预算科目	决算数
一、税收收入	369246	一、一般公共服务	200091
增值税	30889	二、外交	
营业税	138938	三、国防	3575
企业所得税	21256	四、公共安全	36807
企业所得税退税		五、教育	185861
个人所得税	6528	六、科学技术	14314
资源税	8958	七、文件体育与传媒	11628
固定资产投产方向调节税		八、社会保险和就业	100187
城市维护建设税	13892	九、医疗卫生	101083
房产税	4782	十、节能环保	23665
印花税	3218	十一、城乡社区事务	104980
城镇土地使用税	45809	十二、农林水事务	128305
土地增值税	20293	十三、交通运输	56574
车船税	1692	十四、资源勘探电力信息等事务	38545
耕地占用税	18059	十五、商业服务业等事务	14380
契税	53912	十六、金融监管等事务支出	814
烟叶税	1020	十七、地震灾后恢复重建支出	
其他税收收入		十八、国土资源气象等事务	
二、非税收入	154500	十九、住房保险支出	7999
专项收入	14507	二十、粮油物资管理事务	86522
行政事业性收费收入	74755	二十一、储备事务支出	4182
罚没收入	7657	二十二、国债还本付息支出	1508
国有资本经营收入		二十三、其他支出	6204
国有资源(资产)有偿使用收入	57466		
其他收入	115		
本年合计	523746	本年支出合计	1127224

2012年度安庆市公共财政收支总表

单位:万元

预算科目	决算数	预算科目	决算数
一、税收收入	574326	一、一般公共服务	336823
增值税	67415	二、外交	
营业税	215051	三、国防	1579
企业所得税	46860	四、公共安全	106940
企业所得税退税		五、教育	537706
个人所得税	10813	六、科学技术	45079
资源税	11053	七、文件体育与传媒	47438
固定资产投产方向调节税		八、社会保险和就业	275572
城市维护建设税	29654	九、医疗卫生	273314
房产税	13418	十、节能环保	47854
印花税	7756	十一、城乡社区事务	114103
城镇土地使用税	20221	十二、农林水事务	339202
土地增值税	29557	十三、交通运输	81047
车船税	5663	十四、资源勘探电力信息等事务	19146
耕地占用税	29442	十五、商业服务业等事务	45569
契税	87423	十六、金融监管等事务支出	3227
烟叶税		十七、地震灾后恢复重建支出	
其他税收收入		十八、国土资源气象等事务	
二、非税收入	281876	十九、住房保险支出	19899
专项收入	30132	二十、粮油物资管理事务	139498
行政事业性收费收入	100637	二十一、储备事务支出	14978
罚没收入	28451	二十二、国债还本付息支出	3951
国有资本经营收入	45506	二十三、其他支出	3870
国有资源(资产)有偿使用收入	71050		
其他收入	6100		
本年合计	856202	本年支出合计	2456795

2012年度黄山市公共财政收支总表

单位:万元

预算科目	决算数	预算科目	决算数
一、税收收入	361068	一、一般公共服务	175065
增值税	32623	二、外交	
营业税	149718	三、国防	3752
企业所得税	26888	四、公共安全	59728
企业所得税退税		五、教育	129427
个人所得税	6837	六、科学技术	28881
资源税	3717	七、文件体育与传媒	41349
固定资产投产方向调节税		八、社会保险和就业	137634
城市维护建设税	14394	九、医疗卫生	96424
房产税	11919	十、节能环保	87447
印花税	3435	十一、城乡社区事务	71183
城镇土地使用税	15087	十二、农林水事务	145258
土地增值税	33959	十三、交通运输	83207
车船税	2160	十四、资源勘探电力信息等事务	24474
耕地占用税	16977	十五、商业服务业等事务	41363
契税	43039	十六、金融监管等事务支出	2079
烟叶税	315	十七、地震灾后恢复重建支出	
其他税收收入		十八、国土资源气象等事务	
二、非税收入	202136	十九、住房保险支出	13183
专项收入	10557	二十、粮油物资管理事务	85176
行政事业性收费收入	34090	二十一、储备事务支出	3826
罚没收入	11417	二十二、国债还本付息支出	4884
国有资本经营收入	29575	二十三、其他支出	25388
国有资源(资产)有偿使用收入	79732		
其他收入	36765		
本年合计	563204	本年支出合计	1259728

2012年度各市县(区)公共财政收支表

单位:万元

地区	收入合计	收入											非税收入						
		小计	增值税	营业税	企业所得税	个人所得税	资源税	城市维护建设税	耕地占用税	契税	烟叶税	其他各项税收收入	小计	专项收入	行政事业性收费收入	罚没收入	国有资本经营收入	国有资产(资源)有偿使用收入	其他收入
安徽省地市合计	16064646	11803283	1753038	4390252	1037215	219973	179243	788735	339414	1170917	10217	1914279	4261363	583310	1365029	390987	449675	1212811	25955
宣城市	869360	660604	111240	202017	39011	11872	15816	34966	11008	83667	5087	145920	208756	26362	42351	40501	19458	74663	5421
宣城市本级	138168	108848	6379	38449	4116	2105	1928	5970	898	20071		28932	29320	4677	12068	5124		7451	
宣城市区县合计	731192	551756	104861	163568	34895	9767	13888	28996	10110	63596	5087	116988	179436	21685	30283	35377	19458	67212	5421
宣州区	165445	126804	25535	33100	4880	1106	1945	7429	3514	22846	3917	22532	38641	6637	2489	821	6520	21684	490
郎溪县	91693	77331	17283	24854	2911	671	1029	4161	1335	13376	463	11348	14362	2810	2282	8884		386	
广德县	132877	106892	21419	28781	9130	1859	6789	4182	578	6327	72	28055	25985	4556	7511	6784		7134	
宁国市	178634	137889	23672	43589	13001	4654	2309	8452	715	7939	125	33433	40745	4257	9035	7594	11928	7931	
泾县	65616	46617	8449	16034	2107	714	1097	2403	1340	5978	227	8268	18999	1580	6143	7461	839	2976	
旌德县	36412	26711	4151	9224	1043	411	459	1111	951	4756	2240	4365	9701	1045	1707	1359	171	4386	1033
绩溪县	60515	29512	4352	8386	1823	352	260	1258	1677	2374	43	8987	31003	800	1116	2474		22715	3898
宿州市	532958	373827	60210	141176	21880	5045	10396	22237	17921	37687		57275	159131	21472	73558	40932		15496	7673
宿州市本级	190138	133686	18962	38286	11883	1419	1615	9566	7922	18497		25536	56452	10701	22936	12558		4700	5557
宿州市区县合计	342820	240141	41248	102890	9997	3626	8781	12671	9999	19190		31739	102679	10771	50622	28374		10796	2116
埇桥区	135142	108743	25851	46489	3629	2502	4195	8210	3935	900		13032	26399	4320	10276	10255		674	874
砀山县	45736	31025	4155	12446	948	267	73	1122	1998	4083		5933	14711	1198	8709	2793		1894	117
萧县	69978	44163	5655	17293	3506	310	1956	1453	1553	7000		5437	25815	2477	15063	6279		1858	138
灵璧县	44170	27659	2046	12153	921	288	2310	860	916	4732		3433	16511	1821	4915	5607		3181	987
泗县	47794	28551	3541	14509	993	259	247	1026	1597	2475		3904	19243	955	11659	3440		3189	
滁州市	969419	705493	82354	282978	48323	9663	11977	46277	16916	82237		124748	263926	31673	65675	28883	1522	127463	8710
滁州市本级	219462	171389	21994	53235	14251	2771	193	19113	6780	30607		22545	48064	10135	20724	7265	1522	3629	4789
滁州市区县合计	749957	534095	60360	229743	34072	6892	11804	27164	10136	51630		102294	215862	21538	44951	21618		123834	3921
琅琊区	58153	45802	4660	25600	2989	591	6	2821		1046		8089	12351	1163	834	1561		8780	13
南谯区	75129	53114	4781	28247	4039	804	477	2582	107	3323		8754	22015	1141	5982	1559		12904	429
天长市	175095	120314	23226	36721	6230	1116	1745	8013	964	19752		22547	54781	8315	10544	5421		30501	
来安县	92086	70294	7046	31333	4055	989	463	3331	4326	8306		10445	21792	2424	1732	3525		12793	1318
全椒县	92498	66489	5471	30446	5427	857	1949	2513	208	7271		12347	26009	2052	2844	1279		19505	329
定远县	79563	59819	3784	30957	3765	590	2253	2199	232	6195		9844	19744	1707	7362	2674		8001	
凤阳县	112070	70187	7442	26101	5363	1088	4204	2919	1884	2940		18246	41883	3084	7285	3945		26032	1537
明光市	65363	48076	3950	20338	2204	857	707	2786	2415	2797		12022	17287	1652	8368	1654		5318	295
池州市	523746	369246	30889	138938	21256	6528	8958	13892	18059	53912	1020	75794	154500	14507	74755	7657		57466	115
池州市本级	209199	143902	8638	49162	11062	2216	4817	6568	6950	34462		20027	65297	8370	50563	2077		4243	44
池州市区县合计	314547	225344	22251	89776	10194	4312	4141	7324	11109	19450	1020	55767	89203	6137	24192	5580		53223	71
贵池区	138114	96775	10628	43422	5113	1885	1580	3367	4303	3330	42	23105	41339	2995	16406	712		21222	4
石台县	12907	8814	966	3762	516	224	131	282	421	711	33	1768	4093	247	768	428		2583	67
青阳县	83809	59950	5928	22901	2308	1332	1995	2019	1002	6894	120	15451	23859	1615	3167	1377		17700	
东至县	79717	59805	4729	19691	2257	871	435	1656	5383	8151	825	15443	19912	1280	3851	3063		11718	
阜阳市	693125	520016	101974	186881	41394	8078	5327	46810	9237	49294		71021	173109	27256	99456	25829	4400	14045	2122
阜阳市本级	215789	145178	17146	54170	5893	3511	279	20811	4600	20450		18318	70611	10355	39740	12309	4400	3785	22
阜阳市区县合计	477336	374838	84828	132711	35501	4567	5048	25999	4637	28844		52703	102498	16901	59716	13520		10260	2101
颍州区	53641	50050	9353	21725	5800	247	6	2002	13	2900		8004	3591	876	2339	119		257	
颍泉区	52297	48129	6261	20434	3459	179		2018	48	5856		9874	4168	888	2294	515		471	
颍东区	27542	21963	3376	13195	1056	229	160	1092	100	400		2355	5579	537	3397	821		804	20
临泉县	44801	36426	4928	14897	1573	1134	5	1947	2131	4900		4911	8375	1613	3066	1699		1997	
太和县	69222	46416	6508	18983	1478	423	6	2932	372	8295		7419	22806	1843	15442	3227		2294	

2012年度各市县(区)公共财政收支表

单位:万元

支出																				
支出合计	一般公共服务	国防	公共安全	教育	科学技术	文化体育与传媒	社会保障和就业	医疗卫生	节能环保	城乡社区事务	农林水事务	交通运输	资源勘探电力信息等事务	商业服务业等事务	金融监管等事务支出	国土资源气象等事务	住房保障支出	粮油物资储备事务	国债还本付息支出	其他支出
33724347	3719263	45652	1290363	6200568	867971	414460	3324277	3062471	859435	3475434	3788438	1485442	1092221	669405	39242	345089	2410401	184898	118620	330697
786775	236807	1884	61957	260827	54472	21707	158748	187251	48047	194815	240836	134356	29552	34560	1797	9369	95228	8125	2370	4067
347036	35070	1402	16156	14036	6970	2863	18420	7745	10890	69615	31107	91349	8628	12047	139	2777	15582	657	1402	181
439739	201737	482	45801	246791	47502	18844	140328	179506	37157	125200	209729	43007	20924	22513	1658	6592	79646	7468	968	3886
304983	33521	215	3954	75713	7921	1456	36370	30873	1955	30009	56023	9352	2648	303		921	12044	1569		172
187392	18675		3011	28033	12239	2090	14060	27861	8558	18327	27645	5640	403	7245	185	1027	10997	1301		95
266017	47154	61	10243	43271	10663	3903	18754	35520	9633	14075	37451	11684	2798	4543	100	1441	10995	2410	268	1050
280875	44785	184	10028	44751	7863	2121	29657	32545	2974	31084	33328	7234	6625	4280	562	969	18621	697	170	2397
76088	28142	17	6589	25495	2980	3595	19790	26413	3289	12783	22755	4453	4490	1741	320	395	11927	594	320	
6123	11483		4968	9945	2893	2289	12972	9631	3257	7531	14653	2077	2826	1533	142	1078	8242	378	113	112
28261	17977	5	7008	19583	2943	3390	8725	16699	7491	11391	17874	2567	1134	2868	349	761	6820	519	97	60
937988	209470	844	83907	438373	11604	49200	157809	214238	24891	75283	315017	80800	54017	44220	2339	13074	131374	17655	6496	7377
82711	33619	226	31193	28362	3885	35675	10894	12250	6371	31590	60421	25869	38993	15105	354	2640	40139	1307	3115	703
555277	175851	618	52714	410011	7719	13525	146915	201988	18520	43693	254596	54931	15024	29115	1985	10434	91235	16348	3381	6674
07302	54519		7361	114404	2530	2275	43909	56259	1982	16174	72493	7901	1728	915		2506	13043	4155	319	4829
43560	27859	120	8963	64068	905	2147	19931	33605	4578	1555	36012	7814	2728	5378	205	1024	23707	1404	144	1413
51213	34596	471	11763	93540	1726	2327	33916	41638	3694	13551	44042	23519	4432	12650	1495	1420	23202	2843	264	124
95698	28041		11613	76482	864	2304	27815	40803	3523	4379	52181	7793	2799	5172	25	4517	19378	5322	2527	160
57504	30836	27	13014	61517	1694	4472	21344	29683	4743	8034	49868	7904	3337	5000	260	967	11905	2624	127	148
310284	244483	4320	93016	381557	31688	21609	231769	264347	55699	148729	393994	94501	56251	37068	3111	20219	196116	22190	2650	6967
10049	56261	2099	32411	28300	8983	6043	27736	23720	19595	40509	42051	31132	32532	1946	550	1473	50105	854	1285	2464
900235	188222	2221	60605	353257	22705	15566	204033	240627	36104	108220	351943	63369	23719	35122	2561	18746	146011	21336	1365	4503
8710	9204		2357	28861	1350	485	11915	10357	575	3244	5365	27	4922	3160	75	2	6406	305	65	35
35123	11951		3325	26727	1742	703	14676	10684	255	14326	35146	2580	743	3046	62	376	6734	1722	76	246
73638	28519	195	11914	52782	7351	4155	28815	60052	6879	36671	62150	24557	5740	6867	225	808	30085	4509	185	1179
21328	22254	75	7327	33361	2455	1926	22878	20474	3590	23094	37558	6954	2972	3748	207	7079	22082	3108	169	17
34230	26054	984	8375	45131	3955	1644	22474	27188	11388	4756	39549	7321	1395	4073	362	2703	24061	2535	178	104
07559	26588	112	7834	69896	3146	1690	39544	40520	4254	9720	68994	5372	214	5317	578	2323	16202	3552	387	1316
06671	38414	184	11294	61028	1801	3701	35116	40940	4482	6994	57315	12255	2559	5035	550	3533	18597	2540	188	145
32976	25235	671	8179	35471	905	1262	28615	30412	4681	9415	45866	4303	5174	3876	502	1922	21844	3065	117	1461
27224	200091	3575	36807	185861	14314	11628	100187	101083	23665	104980	128305	56574	38545	14380	814	7999	86522	4182	1508	6204
58707	67377	3508	17169	17686	5044	5152	19081	12524	11201	83519	27836	3707	37097	7400	372	3797	17480	717	777	591
58517	132714	67	19638	168175	9270	6476	81106	88559	12464	21461	100469	19477	8166	6980	442	4202	69042	3655	731	5613
79372	48782	57	3023	68789	2794	1423	29041	35377	1280	13924	29787	6286	2064	477		1150	28740	981	265	5135
5396	13355		3861	11478	789	1171	8491	5887	2875	1981	12169	3417	1121	2414	98	758	5814	471	146	100
52217	28654	10	4907	35095	3282	2181	17078	21089	3160	3151	20353	5447	3922	1975	226	1083	9775	573	141	115
0532	41923		7847	52816	2405	1701	26496	26206	5149	2405	38160	4327	1059	2114	118	1211	24713	1440	179	263
722879	239149	8036	100157	650750	18823	16228	405180	317149	30542	107246	340380	158824	54074	69234	3895	36311	124698	16005	18059	8139
25222	52859	6487	36505	41790	3882	4368	42786	19078	3667	36940	29555	97041	16799	3284	1230	2726	7956	1651	9910	6708
97657	186290	1549	63652	608960	14941	11860	362394	298071	26875	70306	310825	61783	37275	65950	2665	33585	116742	14354	8149	1431
7013	22754	106	5288	46596	1693	618	28405	21356	314	3828	19633	3408	388	6959	14	1909	11361	807	1379	197
3056	15041	80	3021	47047	2152	632	34370	21721	1709	1949	30532	4985	1194	16882	176	63	10178	883	278	163
8991	13476	153	3153	40327	754	849	27584	22431	388	1822	1994	1158	2768	2610	1327	242	8507	1210	162	122
3857	34211	350	10513	128080	3641	1724	63264	52371	5210	8449	54299	7812	2595	14259	170	18526	13309	4225	654	195
3747	24164	105	11008	98693	1549	1610	56766	50152	5145	14558	51064	14426	8242	9114	155	1706	22192	2523	242	333

2012年度各市县(区)公共财政收支表

单位:万元

地区	收入合计	收入											非税收入						
		小计	增值税	营业税	企业所得税	个人所得税	资源税	城市维护建设税	耕地占用税	契税	烟叶税	其他各项税收收入	小计	专项收入	行政事业性收费收入	罚没收入	国有资本经营收入	国有资产(资源)有偿使用收入	其他收入
颍上县	129839	107040	37328	21753	18617	1325	4851	9234		2003		11929	22799	6273	9930	3440		3156	
阜南县	34571	23868	3235	12454	835	437	20	1185	1054	1681		2967	10703	1473	7787	1266		127	50
界首市	65423	40946	13839	9270	2683	593		5589	919	2809		5244	24477	3398	15461	2433		1154	2031
六安市	692678	503093	60785	209190	38776	8740	19152	27258	18066	54613		66513	189585	53395	95892	20064	227	17278	2729
六安市本级	213036	158284	12189	70579	6907	2304	32	9247	7513	24947		24566	54752	8109	31328	9349	97	4705	1164
六安市区县合计	479642	344809	48596	138611	31869	6436	19120	18011	10553	29666		41947	134833	45286	64564	10715	130	12573	1565
金安区	59800	44664	3323	22210	4134	844	433	1923	743	2889		8165	15136	1314	9704	369		3617	132
裕安区	62593	47963	3712	22241	4487	1130	628	1740	3944	4825		5256	14630	1104	8625	2178		2096	627
寿县	45918	35730	2888	18558	1829	847	161	1347	1181	5391		3528	10188	899	6544	2412		319	14
霍邱县	132269	87074	15680	25883	8006	1204	17531	4194	1054	6768		6754	45195	36374	6762	855		1163	41
舒城县	63368	49337	4896	21978	5079	843	36	2088	895	5001		8521	14031	1259	9388	2041		675	668
金寨县	38196	24933	4001	11611	1985	864	70	1121	1021	1567		2693	13263	889	6749	1211		4389	25
霍山县	77498	55108	14096	16130	6349	704	261	5598	1715	3225		7030	22390	3447	16792	1649	130	314	58
合肥市	3894991	3114332	392768	1328381	344309	75720	8915	209876	37871	267879		448613	780659	129814	217077	43512	137214	115979	13706
合肥市本级	2409611	1878570	249192	849121	234616	49301	643	145887	26545	197056		126209	531041	103038	102927	19951	137214	89932	77979
合肥市区县合计	1485380	1235762	143576	479260	109693	26419	8272	63989	11326	70823		322404	249618	26776	114150	23561		26047	59084
瑶海区	98614	76164	5846	30639	5315	886	3	3712				29763	22450		4938	1717		2825	12970
庐阳区	134216	119855	8325	35836	21205	5376		4972				44138	14361		3652	772		8334	1603
蜀山区	162573	152365	6059	55667	13698	3112		6648				67181	10208		1494	1970		1274	5470
包河区	200133	183437	19738	54662	11836	4265	2	9087				83847	16696	16	3529	1298		2418	9435
肥东县	196668	145144	20817	81586	6949	758	47	7478	2891	10602		14016	51524	5274	26080	4057		2448	13665
长丰县	176931	138583	20443	62091	10015	1768	18	6009	3168	16934		18137	38348	4146	13936	3907		1295	15064
肥西县	242873	197797	33084	74457	18633	4313	5	14682	1657	16200		34766	45076	7771	29151	3219		4747	188
庐江县	124313	94415	12611	37530	10190	3331	2917	3786	1627	8911		13512	29898	4184	21827	3236		651	
巢湖市	149059	128002	16650	46792	11852	2610	5280	7615	1983	18176		17044	21057	5385	9543	3385		2055	689
蚌埠市	784157	568093	94663	188274	37766	6293	158	61287	26731	65980		86941	216064	35630	76984	22617	25733	44606	10494
蚌埠市本级	323853	237545	43666	56445	16150	2872		41096	4906	49431		22979	86308	23553	24091	10594	25733	1983	354
蚌埠市区县合计	460304	330548	50997	131829	21616	3421	158	20191	21825	16549		43962	129756	12077	52893	12023		42623	10140
龙子湖区	45098	39107	5538	19035	2314	675		2925	556			8064	5991	1251	4438	293		9	
蚌山区	60500	57120	3677	25627	6095	434		2740	1511			17036	3380	1182	1091	1094		13	
禹会区	55180	46970	14146	14151	3543	831		5078	1185			8036	8210	2173	1870	4162		4	
淮上区	39426	34456	2087	19511	2974	111		1848	1418			6507	4970	849	4003	118		42643	5742
怀远县	113086	70392	15074	23076	3869	741	105	3989	2604	8568		12366	42694	3514	16127	2601		12949	7503
固镇县	66811	32882	4449	9863	994	233	27	1175	8608	2734		4799	33929	1237	18116	2303		11481	792
五河县	80203	49621	6026	20566	1827	396	26	2436	5943	5247		7154	30582	1871	7248	1569		18049	1845
淮南市	986096	694952	150844	205899	53720	15615	12760	49048	41032	33447		132587	291144	31019	69017	19045	100487	66903	4673
淮南市本级	536662	320176	37286	74229	34371	9724	8342	17906	33980	20232		84106	216486	18526	36992	10711	96621	53545	91
淮南市区县合计	449434	374776	113558	131670	19349	5891	4418	31142	7052	13215		48481	74658	12493	32025	8334	3866	13358	4582
田家庵区	88161	84709	7977	48806	7324	1656	4	5263				13679	3452		1137	1102		13	1200
大通区	20814	19781	8260	6813	558	148	30	2021				1951	1033		446	565		22	
谢家集区	72726	67906	6538	32539	4831	235	269	3537		9914		10043	4820		3327	1404		89	
八公山区	14340	12125	4170	4249	1588	170	236	997				715	2215		233	167		1815	
潘集区	42449	34378	10787	9819	2333	465	124	4577				6273	8071	1677	2384	540		1070	2400
凤台县	210944	155877	75826	29444	2715	3217	3755	14747	7052	3301		15820	55067	10816	24498	4556	3866	10349	982
铜陵市	635983	401816	66463	131653	37756	3688	13624	21762	3486	36670		84714	234167	14093	83265	6961		118124	1172

2012年度各市县(区)公共财政收支表

单位:万元

支出																				
支出合计	一般公共服务	国防	公共安全	教育	科学技术	文化体育与传媒	社会保障和就业	医疗卫生	节能环保	城乡社区事务	农林水事务	交通运输	资源勘探电力信息等事务	商业服务业等事务	金融监管等事务支出	国土资源气象等事务	住房保障支出	粮油物资储备事务	国债还本付息支出	其他支出
409174	32434	561	10077	112816	1751	2498	54964	58050	5067	22987	52263	13554	7116	5419	235	6514	19507	394	2876	91
350972	23068	157	9551	98058	551	2484	55602	47318	2644	8030	53986	11931	3783	5383	267	1597	20933	3013	2381	235
220847	21142	37	11041	37343	2850	1445	41439	24672	6398	8683	29100	4509	11189	5324	321	3028	10755	1299	177	95
2510920	271371	1701	107189	578868	24385	31254	232925	263166	50175	87050	422572	120917	36491	47833	3245	48615	136747	20788	17426	8202
404305	41581	525	45071	46491	6362	6791	16701	17007	12732	46978	41132	44416	19239	5325	395	5442	29120	1254	14200	3543
2106615	229790	1176	62118	532377	18023	24463	216224	246159	37443	40072	381440	76501	17252	42508	2850	43173	107627	19534	3226	4659
242372	33033	198	3736	63394	1711	2488	27132	32106	4429	3302	40075	8531	1489	5564	19	1330	9894	3398	199	344
280012	30394	202	4635	77500	3465	2688	32386	36122	2805	3580	41323	16681	1811	5272	259	682	17085	2480	203	439
365293	33809	151	11439	88765	4075	4171	38709	45387	10353	3505	83313	8245	2114	4815	360	1220	19637	4776	278	171
471098	48412	131	13371	121466	2945	4393	42797	51291	4138	7653	82699	12992	6253	11026	1439	35292	19763	4650		387
274163	28858	192	10125	66528	1543	3786	31087	34374	5690	4962	50729	10652	2737	4757	372	838	13450	2005	222	1256
271539	31933	108	10600	72889	2002	3831	26043	27617	4491	4052	46864	12097	1282	5897	248	1690	16647	1048	2200	
202138	23351	194	8212	41835	2282	3106	18070	19262	5537	13018	36437	7030	1566	5177	153	2121	11151	1177	124	2062
5722899	690801	7102	192847	999168	226720	32434	440370	350233	195147	1100876	404709	151848	388231	95732	6505	35713	291963	18919	2511	91070
3236040	267105	5383	107855	417159	174323	10737	191903	106808	139755	924250	105445	102827	339831	52007	1483	18682	200747	3521	1736	64483
2486859	423696	1719	84992	582009	52397	21697	248467	243425	55392	176626	299264	49021	48400	43725	5022	17031	91216	15398	775	26587
119391	18719	111	3036	46807	347	1204	11710	7356	124	18288	3334	93	3573	1856			891			1942
155097	30170	116	7260	49333	1447	495	10746	10171	3396	23923	4361	482	3670	4160			1767			3600
188333	40696	104	5618	44997	2294	1971	18430	6059	120	52091	7897	4	72	2818		3	1126			4033
201784	42524	148	6154	63700	3121	2466	11811	10301	3052	21322	11928	1914	1224	2335		14	8331			11439
402248	73824		11329	84115	17145	4053	43373	45857	8643	9163	63079	6285	5533	7187	847	1635	16872	2667		641
336370	42299	265	9633	73913	3012	2723	28728	40128	7088	25500	62952	6192	17691	4629	1698	8244	15016	2896	292	3471
417966	95433	254	15553	83660	18990	4502	31008	49947	14669	2081	59115	10491	2487	6916	1119	808	18197	2736		
364488	41856	315	10614	76233	2653	2075	46246	43564	8967	13251	71823	11348	8961	6322	558	3389	11950	3853	350	160
301182	38175	406	15795	59251	3388	2208	46415	30042	9333	11007	34775	12212	5189	7502	800	2938	17066	3246	133	1301
1651674	150637	1993	70491	293160	56770	19469	183441	156560	75518	188851	193095	64264	4078	28409	1713	12304	139757	8700	764	1700
636058	38327	948	38024	58776	36334	10287	68529	44076	51298	116307	31017	40440	559	9592	451	4214	84476	1990		413
1015616	112310	1045	32467	234384	20436	9182	114912	112484	24220	72544	162078	23824	3519	18817	1262	8090	55281	6710	764	1287
38773	8847	53	1831	8363	432	281	5722	2491	1645	815	1309	500	360	903			5186			35
52528	6202	96	1415	13041	819	672	3365	2353	7280	6262	2326		28	8140	7		487			35
43018	4977	45	1265	11204	1106	1164	5592	2457	3074	4928	4670	1088	36	11		2	1303		71	35
42643	5742		1361	10907	649	178	5003	2034	387	7902	4939	1748	159			7	1552			75
371229	34905	426	13162	90324	13640	3023	45234	54215	4316	14380	63225	8407	965	3307	372	3667	13718	3221	249	473
215348	25331	289	5258	46914	606	1843	22606	22243	3280	28868	29429	5507	355	3129	530	3924	12966	1628	163	479
252077	26306	136	8175	53631	3184	2021	27390	26691	4238	9389	56180	6574	1626	3327	353	490	20069	1861	281	155
1489483	162386	4217	71913	231851	29331	14035	150109	120699	22395	259906	120013	51130	61640	25513	1288	29753	107359	7665	11057	7223
765417	83145	2634	49894	65500	21488	8230	73823	51416	13194	170424	37021	35506	37740	6065	875	22555	66033	4949	10759	4166
724066	79241	1583	22019	166351	7843	5805	76286	69283	9201	89482	82992	15624	23900	19448	413	7198	41326	2716	298	3057
98486	15189	156	2892	29104	1182	518	10750	3984	111	8417	4643	210	15631	3135			2457	42		65
37556	5007		2676	7343	500	240	4949	2462		1808	5475		1610	708			4652	19		107
96657	8193	1003	1464	24779	539	257	4792	2608	46	28787	3492	3	1130	2556		5618	11365			25
24381	3188	88	1112	6447	317	589	5499	1584	107	1860	821		668	573		13	1468	7		40
111442	13120	129	3012	32542	698	742	12427	14392	3758	4155	11987	7470	328	1260			5098			324
355544	34544	207	10863	66136	4607	3459	37869	44253	5179	44455	56574	7941	4533	11216	413	1567	16286	2648	298	2496
963949	98754	251	41314	140833	43811	14940	82095	67372	33237	127587	44664	52507	46497	71460	1673	18566	64438	3404	746	9800

2012年度各市县(区)公共财政收支表

单位:万元

地区	收入合计	收入											非税收入						
		小计	增值税	营业税	企业所得税	个人所得税	资源税	城市维护建设税	耕地占用税	契税	烟叶税	其他各项税收收入	小计	专项收入	行政事业性收费收入	罚没收入	国有资本经营收入	国有资产(资源)有偿使用收入	其他收入
铜陵市本级	389142	209155	26258	46320	20306	2157	8800	10054	931	29605		64724	179987	11199	67297	4714		87012	9765
铜陵市区县合计	246841	192661	40205	85333	17450	3531	4824	11708	2555	7065		19990	54180	2894	15968	2247		31112	1959
铜官山区	53891	45575	6156	27665	4409	1243		2793				3309	8316		700	447		7169	
狮子山区	29453	27081	3323	17176	2903	779		1573				1327	2372		175	146		2048	3
郊区	48812	35093	12386	14781	2084	532		3631				1679	13719		209	517		11037	1956
铜陵县	114685	84912	18340	25711	8054	977	4824	3711	2555	7065		13675	29773	2894	14884	1137		10858	
马鞍山市	1278157	732590	132835	240770	49361	13611	24465	49252	24389	61533		136374	545567	46868	159124	18965	33485	28587	1268
马鞍山市本级	425298	262212	45787	66095	13515	5703	5995	20997	13659	33802		56659	163086	27369	79712	6708	27211	21801	285
马鞍山市区县合计	852859	470378	87048	174675	35846	7908	18470	28255	10730	27731		79715	382481	19499	79412	12257	6274	264056	983
花山区	270570	108780	17770	52147	10349	2544	312	7814				17844	161790	3349	22056	447		135382	556
雨山区	112580	69845	16911	27896	6935	1006	1816	5916				9365	42735	2533	18666	474		21062	
当涂县	267126	147887	29285	44667	7993	1644	6430	7767	8523	9361		32217	119239	7527	19457	3545	3274	85417	19
含山县	75346	52050	6811	20287	2988	789	3255	2366	456	8667		6431	23296	2228	8303	4534	3000	4888	343
和县	78440	62877	6861	22558	6434	1482	4715	2361	614	9617		8235	15563	2110	9623	2762		1003	65
博望区	48797	28939	9410	7120	1147	443	1942	2031	1137	86		5623	19858	1752	1307	495		16304	
淮北市	518539	426393	84636	113310	61913	5973	10503	33868	12499	40339		63352	92146	23560	31347	10394	6444	18750	1651
淮北市本级	302538	243168	55298	42195	48656	3731	7039	25663	4975	31275		24336	59370	17316	21256	7714	6357	6081	646
淮北市区县合计	216001	183225	29338	71115	13257	2242	3464	8205	7524	9064		39016	32776	6244	10091	2680	87	12669	1005
相山区	47000	33503	3994	13627	1367	425	178	944				12968	13497	630	2975	1022		8641	229
杜集区	25544	22406	3837	8659	787	383	1225	686				6829	3138	361	1648	379		729	21
烈山区	25001	19698	2330	11123	1456	287	816	512				3174	5303	400	689	983		2859	372
濉溪县	118456	107618	19177	37706	9647	1147	1245	6063	7524	9064		16045	10838	4853	4779	296	87	440	383
芜湖市	1789153	1443375	221916	512881	148009	24028	17301	103525	40628	135677	2065	237345	345778	68376	85516	47430	40124	81543	22789
芜湖市本级	587912	407277	92343	92011	62890	7398	2	54266	8150	29922		60295	180635	40966	52599	26969	39424	9436	11241
芜湖市区县合计	1201241	1036098	129573	420870	85119	16630	17299	49259	32478	105755		177050	165143	27410	32917	20461	700	72107	11548
镜湖区	241275	224836	18451	111540	16534	5506		11963	437	23938		36467	16439	5105	2979	1042		7313	
弋江区	166807	136930	8787	54442	13206	3369	6	5962	3346	23572		24240	29877	2557	1197	812		24911	400
鸠江区	135490	132153	16503	52835	10120	1333	8	7596	2276	16273		25209	3337	3272		55		10	
三山区	48114	45950	3251	17197	2395	596	320	2095	4183	5084		10829	2164	898	273	159	700	131	3
繁昌县	184485	155861	25150	35164	17966	1225	14493	5810	15867	8115		32071	28624	4949	3157	2571		17370	577
南陵县	115705	85769	9800	47054	6028	838	504	3560	548	6370	834	9973	29936	2389	8690	3520		9344	5993
芜湖县	168285	145208	20059	67931	11364	1189	1151	5982	806	14043	11961	21587	23077	3480	3359	9595		5061	1582
无为县	141080	109391	27572	34807	7246	2574	817	6291	5015	8360	35	16674	31689	4760	13262	2707		7967	2993
安庆市	856202	574326	67415	215051	46860	10813	11053	29654	29442	87423		76615	281876	30132	100637	28451	45506	71050	6100
安庆市本级	252179	162461	17208	36299	10645	3585	61	11358	17327	49775		16203	89718	11195	21262	9020	45192	2859	190
安庆市区县合计	604023	411865	50207	178752	36215	7228	10992	18296	12115	37648		60412	192158	18937	79375	19431	314	68191	5910
迎江区	48101	40006	3090	28297	3303	724	6	2502				8144	2035	1073	281	404		143	134
大观区	29802	28426	3165	17161	2636	713	19	1985				2747	1376	884	236	199		57	
宜秀区	28668	24172	2929	11426	2654	296	201	1369				5297	4496	590	1594	460		1638	214
怀宁县	114421	63044	8625	18817	6622	1195	3071	2127	6354	4598		11635	51377	5104	25451	3718		17039	65
枞阳县	79047	50562	8880	14974	6615	404	5597	1590	436	7522		4544	28485	1715	12742	3545		9375	1108
桐城市	126284	76410	9216	31154	8167	1468	575	3756	700	8484		12890	49874	1818	18087	2486		26973	510
潜山县	48043	31422	4426	15334	2015	366	507	1528	203	2976		4067	16621	1022	2575	1731		9952	1341
太湖县	28416	20293	1866	8716	1162	604	171	837	841	3760		2336	8123	1212	2597	2807		591	916
宿松县	44644	26726	3093	12703	1206	815	319	897	839	3684		3170	17918	3527	9137	2506		1183	1565

2012年度各市县(区)公共财政收支表

单位:万元

支出																				
支出合计	一般公共服务	国防	公共安全	教育	科学技术	文化体育与传媒	社会保障和就业	医疗卫生	节能环保	城乡社区事务	农林水事务	交通运输	资源勘探电力信息等事务	商业服务业等事务	金融监管等事务支出	国土资源气象等事务	住房保障支出	粮油物资储备事务	国债还本付息支出	其他支出
617014	57844		24504	62934	37266	11742	52673	44314	30327	90806	16275	44469	43220	24007	1023	12176	53753	2890	609	6182
346935	40910	251	16810	77899	6545	3198	29422	23058	2910	36781	28389	8038	3277	47453	650	6390	10685	514	137	3618
61754	8430		4996	17645	680	344	8686	2477	158	8248	17	2227	182	4375		14	3125			150
29955	5687		2410	5192	432	182	2305	1045	174	2604	782	13	102	6887		169	1146	2		823
53275	5779		1772	6904	418	532	3354	1736	1312	11434	2452	47	649	14429	45	539	1534	2		337
201951	21014	251	7632	48158	5015	2140	15077	17800	1266	14495	25138	5751	2344	21762	605	5668	4880	510	137	2308
1903672	210831	432	66091	297574	53405	28115	156169	128071	43221	302872	148842	75905	72160	29484	2674	38668	218434	8689	14538	7497
684340	74691	90	29816	69002	32508	15111	47834	35944	11343	150192	22605	53920	51967	11409	672	14156	51043	1945	4336	5756
1219332	136140	342	36275	228572	20897	13004	108335	92127	31878	152680	126237	21985	20193	18075	2002	24512	167391	6744	10202	1741
246273	24631		6764	44297	5253	432	14499	3807	8330	13717	3422		993	3949		1657	104998		9607	463
99533	9680		3639	23499	1188	440	8561	3486	5704	29900	2513	13	251	525		7905	2101			128
410316	48298		10795	61221	7090	5323	39803	34906	8818	82678	42739	8206	9568	6308	970	11233	29129	2308	275	648
187282	18924	294	7502	40902	2424	3340	17387	19439	4614	13589	32761	6262	2633	2111	423	1937	10156	2033	189	362
215852	29841	48	6539	46029	3878	3345	23666	27190	3595	4325	42208	7320	1108	4346	609	1078	8073	2403	131	120
60076	4766		1036	12624	1064	124	4419	3299	817	9017	2594	184	5640	836		702	12934			20
1085342	113909	1711	53263	174951	14748	11347	111088	93029	9790	201165	104260	29846	29703	20774	481	23362	83635	4652	1035	2593
517937	40803	1711	34077	57357	7304	5958	38895	32510	3453	143202	37316	19688	21750	5075	279	14032	50680	1903	574	1370
567405	73106		19186	117594	7444	5389	72193	60519	6337	57963	66944	10158	7953	15699	202	9330	32955	2749	461	1223
77618	21175		2957	14080	1118	135	14645	3850	1884	5497	4257	104	228	270		50	7006		75	287
63906	10096		2141	16112	1172	267	14087	5107	283	4008	6046	972	395	3			2842		75	300
68797	9364		2861	14510	864	1108	10606	4428	349	2693	10865	182	3904	117		60	6639		75	172
357084	32471		11227	72892	4290	3879	32855	47134	3821	45765	45776	8900	3426	15309	202	9220	16468	2749	236	464
3022090	190777	3418	85237	491731	204557	42448	266462	198490	86719	356441	220639	141955	153786	35396	3696	11002	378634	8269	29075	113358
1328443	40756	1792	37983	125055	175344	24920	75451	52696	66970	160557	70245	100774	57674	18693	1008	5507	225318	2022	27574	58104
1693647	150021	1626	47254	366676	29213	17528	191011	145794	19749	195884	150394	41181	96112	16703	2688	5495	153316	6247	1501	55254
186789	12843	280	4577	43607	1826	5561	17392	5803	49	36798	4360	947	12058	1200		20	24156	3		15309
135137	11190	107	2481	29229	2718	806	11565	5643	290	18495	3033	1444	275	302		104	11008	3	244	36200
131278	11072	190	3034	32421	2787	1380	11807	4738	40	36418	4518	1722	15489	280			5371	8		3
64101	8578	149	2255	19624	3015	263	4752	2919	1784	6792	4016	1215	1131	577		176	6459	4	228	73
272806	32126	208	7275	29651	4138	6975	29060	29949	4596	24819	25122	5069	34258	2142	702	2179	33476	1100	422	2839
227139	21558	211	9176	48320	3185	1507	30177	23455	3628	10491	34988	16319	5618	3011	673	1062	11691	1249	362	458
273500	21698	230	7588	34605	7197	1443	27080	24119	2891	51798	31083	7531	23388	1978	116	146	29743	689		177
402988	30956	251	10868	129219	4347	2893	59178	49168	6471	10273	43274	6934	3895	7213	1197	1808	31412	3191	245	195
2456795	336823	1579	106940	537706	45079	47438	275572	273314	47854	114103	339202	81047	19146	45569	3227	19899	139498	14978	3951	3870
429270	36556	826	37144	52397	8187	18140	58469	37045	13341	40145	30438	38976	6151	10484	273	2085	32961	2442	2791	419
2027525	300267	753	69796	485309	36892	29298	217103	236269	34513	73958	308764	42071	12995	35085	2954	17814	106537	12536	1160	3451
52317	19014		2952	11308	510	414	2733	3462	2	8536	1893	117	173	1167		5				31
43440	6914		1736	12106	748	336	2891	4429	230	4596	3624	731		3985		420	437	237		20
50862	7926		2009	11630	940	708	1651	7320	366	2425	7220	239	76	1570		20	6481	187		94
252338	37767	374	9281	60810	4020	5493	24425	30863	5001	6085	33790	5667	1574	2930	241	5312	15825	2590		290
273372	42005	309	7217	61105	4652	3326	39092	43540	2941	2073	40612	5037	1029	3831	189	2396	12338	1525		155
287500	39212		8519	68325	8070	4450	26694	26611	4034	30295	37975	5515	3194	4681	698	3079	13029	1845	247	1027
227027	25717	60	7845	52322	3880	2987	26029	23874	6472	7096	35918	4747	706	4394	635	1457	11060	1578	182	68
204953	27346		7922	51352	3481	2554	22892	21881	5283	1815	37654	4649	703	3316	175	597	12127	580	176	180
256800	37818	10	9779	70318	3658	3444	22388	30133	3701	4637	39978	7221	2012	4320	565	3287	11673	1809	49	

2012年度各市县(区)公共财政收支表

单位:万元

地区	收入合计	收入											非税收入						
		小计	增值税	营业税	企业所得税	个人所得税	资源税	城市维护建设税	耕地占用税	契税	烟叶税	其他各项税收收入	小计	专项收入	行政事业性收费收入	罚没收入	国有资本经营收入	国有资产(资源)有偿使用收入	其他收入
望江县	32343	25973	2640	12017	1089	308	309	971	1178	4335		3126	6370	1043	3347	756	314	853	57
岳西县	24254	18771	2277	8153	746	335	217	734	1564	2289		2456	5483	949	3328	819		387	
黄山市	563204	361068	32623	149718	26888	6837	3717	14394	16977	43039	315	66560	202136	10557	34090	11417	29575	79732	36765
黄山市本级	189003	101836	6013	43668	6752	2299		4588	3549	13474		21493	87167	3515	18504	2934	100	53790	8324
黄山市区县合计	374201	259232	26610	106050	20136	4538	3717	9806	13428	29565	315	45067	114969	7042	15586	8483	29475	25942	28441
屯溪区	63972	43370	3703	22880	3540	860	4	2057				10326	20602	837	2146	643		7755	9221
黄山区	67276	43956	2416	17673	3376	807	619	1169	1500	6921		9475	23320	1050	1633	1470	12028	4251	2888
徽州区	51456	40810	5879	14932	2419	1125	432	1959	4943	3570	59	5492	10646	1299	1960	836	3981	1543	1027
祁门县	39419	25008	2299	9081	1170	303	1069	695	2164	3534		4693	14411	562	1999	1246	5766	1859	2979
黟县	22301	15278	1540	6748	1094	197	248	574	1456	908	5	2508	7023	439	1763	915		777	3129
休宁县	51273	36645	4586	13369	4602	597	604	1432	889	6048	81	4437	14628	1102	2588	1456	7700	543	1239
歙县	78504	54165	6187	21367	3935	649	741	1920	2476	8584	170	8136	24339	1753	3497	1917		9214	7958
亳州市	476878	354059	61423	143135	19993	5469	5101	24629	15152	37520	1730	39907	122819	18596	56285	18329	5500	23856	253
亳州市本级	120227	94400	19126	28597	6737	1739		9658	8228	11791		8524	25827	6620	12680	6028		499	
亳州市区县合计	356651	259659	42297	114538	13256	3730	5101	14971	6924	25729	1730	31383	96992	11976	43605	12301	5500	23357	253
谯城区	102259	82030	14976	37152	4596	729	131	5276	2041	7249	1730	8150	20229	2642	8723	1283		7581	
涡阳县	92668	63290	14038	21814	2713	2055	4153	4363	1722	4607		7825	29378	3515	13567	4626	5500	1924	246
蒙城县	95196	64835	9729	30358	3211	599	792	3517	1235	7316		8078	30361	3690	11806	2772		12086	7
利辛县	66528	49504	3554	25214	2736	347	25	1815	1926	6557		7330	17024	2129	9509	3620		1766	

2012 年度各市县(区)公共财政收支表

单位:万元

支出																				
支出合计	一般公共服务	国防	公共安全	教育	科学技术	文化体育与传媒	社会保障和就业	医疗卫生	节能环保	城乡社区事务	农林水事务	交通运输	资源勘探电力信息等事务	商业服务业等事务	金融监管等事务支出	国土资源气象等事务	住房保障支出	粮油物资储备事务	国债还本付息支出	其他支出
193825	26373		6277	45760	3557	2106	24613	23527	1853	2053	36418	4232	2009	2638	309	479	9943	1314	188	176
185091	20175		6259	40273	3376	3480	23695	20629	4630	4347	33682	3916	1519	2253	142	762	13624	601	318	1410
1259728	175065	3752	59728	129427	28881	41349	137634	96424	87447	71183	145258	83207	24474	41363	2079	13183	85176	3826	4884	25388
357030	45268	3286	19929	23532	7102	16055	21208	12462	61416	21809	9785	49331	8169	24829	64	3532	13452	842	421	14538
902698	129797	466	39799	105895	21779	25294	116426	83962	26031	49374	135473	33876	16305	16534	2015	9651	71724	2984	4463	10850
112700	22700		3716	8744	1993	1610	14522	6924	1830	9411	10443	2358	2061	2321	22	50	14223	295	1592	7885
145252	27130	313	5799	16478	2720	2431	14576	10382	9883	6869	25183	3928	4781	2123	337	1240	8890	714	111	1364
91915	13351		4697	8987	1622	2478	7984	5809	762	5611	13396	4718	2683	2365	101	458	14060	289	2235	309
113656	13945	31	5725	14068	3523	2625	14455	11880	1902	11158	17169	4579	1707	1482	32	1723	7067	376	120	89
78944	10573	122	4210	7036	1478	5375	10084	6682	3334	5455	12254	2017	564	2234		711	6096	399	108	212
148946	21188		6943	18306	2876	4028	19888	14909	3224	5104	25994	7190	1822	3143	532	2497	10024	419	97	759
21288	20910		8709	32279	7567	6747	34917	27376	5096	5766	31034	9086	2687	2866	991	2972	11364	492	200	232
1772645	187909	837	59506	407931	9383	11259	234719	231045	25088	34347	226652	107761	23579	28410	705	7052	130822	16851	1550	27242
242876	25978	580	22252	23639	1039	1980	9244	6064	5004	17724	16069	64027	2642	4949	80	2014	13730	171	445	25245
1529769	161931	257	37254	384292	8344	9279	225475	224981	20084	16623	210583	43734	20934	23461	625	5038	117092	16680	1105	1997
400223	32185		3803	88524	3283	1603	59038	57564	2410	7466	54566	20802	9452	8185		358	46926	3514	279	262
370417	32275	79	11173	91481	1001	2845	54286	57667	4678	3527	55526	7987	1099	4836	379	1883	35196	2814	305	1380
351166	50119		7808	93534	3941	2508	47363	54364	3679	1931	48224	7765	2344	5500	108	1716	17299	2581	242	140
407963	47352	178	14470	110753	119	2323	64788	55383	9317	3699	52267	7180	8039	4940	138	1081	17671	7771	279	215

财政机构人员篇

省财政厅机构人员

省财政厅机关及厅属单位处级以上干部名单

（2012年12月31日）

财政厅机关

厅领导

厅长、党组书记:罗建国
副厅长、党组成员:张广寿　左　俊　吴天宏
纪检组长、党组成员:刘　浩
副厅长、党组成员:陈　军　朱长才
副巡视员:李友兰　陈传文

办公室

主　任:徐光耀
副主任:左自智　姚先飞

综合处

处　长:王　玲
副处长:李运孝　金嘉岳
副调研员:姚　伟

税政条法处

处　长:周名桨
副处长:方旭华
副调研员:杨玉林　高　峰

预算处(省直预算编制办公室)

处　长:孟照红
副处长(副主任):段焕松　尹祥领　方山恩
调研员:邵　军
副调研员:谢文革

国库处

处　长:解立卫
副处长:廖晓虹　张　玲
副调研员:王永力　田　丰

行政处

处　长:张　力
副处长:左磊明　宋葛民
副调研员:宋　频　陈　蕙

政法处

处　长:汪代启
副处长:徐玉明
调研员:刘建平

教科文处

处　长:方习利
副处长:孙春荣　吴祎明
副调研员:洪　军

经济建设处

处　长:丁华伟
副处长:张恒景　朱玉琴　陈维光
调研员:侯宇翔
副调研员:吴建辉

农业处

处　长:孔少林
副处长:王茂胜　李　霞
副调研员:储　敏　魏祥瑾

社会保障处

处　长:朱艾勇
副处长:林晓明　解亚平　韩剑辉
副调研员:汪小俊

企业处

处　长:王召远
副处长:杨前炉　刘志毅
调研员:殷路滨　周晓丽　田　野
副调研员:何　义　汪跃建

金融处

处　长:黎学东

副处长:王　坤
副调研员:张先虹　张克敬

国际债务管理处

处　长:刘　华
副处长:余　禹
副调研员:刘　翔

农村财政管理局

局　长:鲍习生
副局长:连发玉　张忠文
副调研员:杨　刚　周腾云

会计处

处　长:杨　春
副处长:郭安明
调研员:忻信华

行政事业单位资产管理处(国有资本经营预算处)

处　长:虞明哲
副处长:焦玲仪　周　远

监督检查局

局　长:汪学越(副厅级)
副局长:丁　俊(正处级)杨延彬 陈文权
张克和
处长(副处级):高维国　徐　明　胡继龙
调研员:徐中洋

政府采购处

处　长:宋宝泉
副处长:孙友三
调研员:何沁沅
副调研员:陈东川

农村综合改革处

处　长:胡德林
副处长:徐向前　汪公发
副调研员:胥慰庆

民生办:

主　任:朱士昂
副主任:潘　琦　宋先贵

人事教育处

处　长:孙学鹏
副处长:彭高俊

机关党委

专职副书记:江永泓
副调研员:李　云

纪检监察室

副厅级纪检员、监察专员、主 任:李朝友
副调研员:苏照存　黄建和

离退休处

处　长:缪　青

厅属单位

省信用担保集团

总经理、党委副书记:钱　正
党委书记、副总经理:迟本能
副总经理、党委委员:邓寿安　范　强
杨新潮　叶　斌

省社会保障资金管理中心

省农业综合开发局

局　长:王建培(副厅级)
副局长(正处级):吴行一
副局长(副处级):王定友　陈　军

省非税收入征收管理局

局　长:李友兰(兼)
副局长:张　黎(正处级)　刘明刚　王　冶

省财政厅国库支付中心

主　任:许先才
副主任:陈　欢　朱正余

省财政投资评审中心

主　任:朱旭初
副主任:张　进　袁　圆　徐延俊

省政府采购中心

主　任:姜　毅
副主任:张文超　邓建成　方虹慧

省财政信息中心

主　任:李森林
副主任:达小敏　傅　依

省财政科学研究所

所　长:叶翠青
副所长:鲍文前　朱克俊

省注册会计师管理处(省注册会计师协会)

处　长(秘书长):季必英
党委专职副书记:叶德刚
副处长:张行宇　张顺建　胡正中

省财政干部教育中心

主 任:董照军
副主任:李　军　马再兴

行政事业单位资产管中心

主　任:管立新
副主任:韩宪平　周　涛　董永权

(厅人事教育处供稿)

各市财政系统机构人员

(2012年12月31日)

合肥市财政系统领导名单

合肥市财政局

局　长:吴利林

副局长:陈　伟　黄永强

市投融资管理委员会办公室副主任:陈　刚　吴晓东

庐阳区财政局

局长、国资办主任:沈项林

副局长:周　莹

国资办副主任:张士明

瑶海区财政局

局　长:程　曾

副局长:王　峰　赵　宁　许　辉　高　捷

蜀山区财政局

党组书记:陈　丽

局长:董士权

国资办主任:梁　波

副局长:王祖胜　葛本开　吕贤武

国资办副主任:赵浙兰

包河区财政局

局长、党组书记、国资办主任:岳　华

副局长:陈爱群　周明洁　汪　云　霍锦秀

区纪检组长:吴卫国

采购中心主任:罗艳丽

区会计核算中心主任:蔡善俊

经济技术开发区财政局

局　长:刘　岸

副局长:石　华

国资办副主任:郭华荣

财务中心副主任:费红英

高新技术开发区财政局

局　长:李命山

副局长:路广军　王　强

国库支付中心主任:王安东

新站综合开发试验区财政局

副局长(主持工作):唐风玲

副局长:孟祥瑞　徐　强

巢湖市财政局

局长、党组书记:张年明

副局长、党组副书记:邓本宝

副局长:倪　青　毕早来　朱立平

肥东县财政局

局长、党组副书记:何长卫

党组书记:王志东

副局长、党组副书记:张东兵

副局长、党组成员:王　磊

党组副书记:王　远

副局长、党组成员:吴晓东　孙维荣

国资办副主任:曹邵花

党组成员、总会计师:许先翠

肥西县财政局

局长:徐治国

党组书记、副局长:余宏山

金融办主任:徐建生

国资办主任、副书记:颜德树

副局长:夏智新　吴善彬

纪检组长:袁家民

总会计师:何友才

财政监督局局长:陈先锋

长丰县财政局

党组书记、局长:童有柱

党组副书记、副局长:叶良传

党组成员、副局长、县金融办主任:荣 之

党组成员、副局长:杨华峰

党组成员、国库支付中心主任:许忠农

党组成员:余长龙

庐江县财政局

党组书记、局长:陈永久

党组成员、总会计师:王丙生

党组成员、副局长:袁建民 陶学顺 钱 俊 王文宏 鲍广梅(挂职)

党组成员、纪检组长:殷礼生

巢湖经济开发区财政局

局 长:袁世武

副局长:黄丽虹

庐阳区

三十岗乡财政所 所 长:李春林

大杨镇财政所 所 长:钱志军

杏花村街道财政所所 长:刘爱民

庐阳工业区财政所所 长:(空缺)

瑶海区

龙岗开发区财政分局 局 长:韦礼红

大兴镇财政所 所 长:费文杰

城东街道财政所 所 长:凌 丽

蜀山区

井岗镇财政所 所 长:邓晓华

南岗镇财政所 所 长:陶应忠

经济开发区财政所 所 长:许义文

包河区

常青街道财政所 所 长:彭大金

望湖街道财政所 所 长:沈业泉

大圩镇财政所 所 长:陆在林

义城街道财政所 所 长:吴志力

包公街道财政所 所 长:陈 阵

芜湖路街道财政所所 长:孙家财

烟墩街道财政所 所 长:许爱武

淝河镇财政所 所 长:郑善祥

包河工业区财政所所 长:黄建树

肥东县

肥东经济开发区财政分局 局 长:薛荣国

合肥循环经济示范园财政分局局长:刘振华

新市镇财政办事处 主 任:梁英江

店埠镇财政分局 局 长:黄 磊

撮镇镇财政分局 局 长:姚卫东

陈集乡财政所 所 长:杨 奎

古城镇财政分局 局 长:万兴平

马湖乡财政所 副所长(主持工作):陈正邦

响导乡财政所 所 长:陈兆金

八斗镇财政分局 局 长:胡长明

杨店乡财政所 所 长:席玉龙

白龙镇财政分局 局 长:陈长胜

元疃镇财政所 所 长:宋海涛

张集乡财政分局 局 长:王 川

梁园镇财政分局 局 长:韩永立

包公镇财政所 副所长(主持工作):周康应

石塘镇财政分局 局 长:丁腾渊

众兴乡财政所 所 长:何长亚

桥头集镇财政分局 局 长:杨盛林

牌坊乡财政所 所 长:张贤文

长临河镇财政分局 局 长:胡玉萍

肥西县

桃花工业园财政分局 局 长:王恒传

紫蓬山管委会财政分局局 长:张永安

新型示范工业园财政分局局长:汪 平

上派镇财政分局 局 长:李 祥

三河镇财政分局 局 长:余 刚

桃花镇财政所 所 长:王 超

紫蓬镇财政所 所 长:汤 杰

丰乐镇财政所 所 长:蔡丹元

严店乡财政所 所 长:张 波

花岗镇财政所 所 长:魏宏文

山南镇财政所 所 长:董光武

柿树岗乡财政所 所 长:郭少奇

官亭镇财政所 所 长:潘学军

铭传乡财政所 所 长:邵正年

小庙镇财政所 所 长:杨伟民

高店乡财政所 所 长:吴 兵

高刘镇财政所 所 长:李诚然

长丰县

水湖镇财政所 所 长:刘 胡

罗塘乡财政所 所 长:孟凡富

朱巷镇财政所 所 长:陆士贵

左店乡财政所　所　长:孔凡国
造甲乡财政所　所　长:杨良基
杜集乡财政所　所　长:许金忠
下塘镇财政所　所　长:徐　军
陶楼乡财政所　所　长:韩　毕
双墩镇财政所　所　长:李咏梅
岗集镇财政所　所　长:杨德丰
杨庙镇财政所　所　长:董　梅
吴山镇财政所　所　长:祝泽选
义井乡财政所　所　长:邵红霞
庄墓镇财政所　所　长:闫媛媛
双凤开发区财政所所长:陈　斌

庐江县

开发区财政局　局　长:周美海
庐城镇财政所　所　长:卢华东
冶父山镇财政所　所　长:龙力保
汤池镇财政所　所　长:苏建醒
万山镇财政所　所　长:钱明华
金牛镇财政所　所　长:韩　松
郭河镇财政所　所　长:束晓明
石头镇财政所　所　长:王言胜
同大镇财政所　所　长:张立华
白山镇财政所　所　长:张安稳
盛桥镇财政所　所　长:伍明能
白湖镇财政所　所　长:钱金龙
龙桥镇财政所　所　长:刘胜利
矾山镇财政所　所　长:刘保才
泥河镇财政所　所　长:张和平
罗河镇财政所　所　长:万玉柱
乐桥镇财政所　所　长:王宏国
柯坦镇财政所　所　长:吴启超

巢湖市

柘皋镇财政所　所　长:魏守稳
槐林镇财政所　所　长:钱泽民
□炀镇财政所　所　长:朱永胜
黄麓镇财政所　所　长:花业金
苏湾镇财政所　所　长:许瑞宏
栏杆集镇财政所　所　长:王诗松
庙岗乡财政所　所　长:方泽芒
夏阁镇财政所　所　长:周光斌
中庙街道财政所　所　长:张更生
半汤街道财政所　所　长:刁杰富
中□镇财政所　所　长:孙荣海
坝镇镇财政所　所　长:孙时中
散兵镇财政所　所　长:方先春
银屏镇财政所　所　长:高树宏
亚父街道财政所　所　长:张正亚
天河街道财政所　所　长:周仲香
凤凰山街道财政所　所　长:李异年
卧牛山街道财政所　所　长:童新生

淮北市财政系统领导名单

淮北市财政局

党组书记、局长:李晓光
副局长:赵拥军　任士新　仲　杰　项　珺
总会计师:叶卫平
纪检组长:龙保民

濉溪县财政局

党组书记、局长:关春燕
副局长:蔡晓春　尤　毅
纪检组长:张　坤
总会计师:汪炳臣

相山区财政局

局　长:林晓海
副局长:王斌仁

杜集区财政局

局　长:杨登俊
副局长:王吉聪　张俊影

烈山区财政局

党组书记、局长:王祥顶
党组成员、副局长、农发办主任:史庆超
党组成员、副局长:朱　梅
党组成员、纪检组组长:孟新丽

开发区财政局

副局长:项　珺

濉溪县

濉溪开发区财政局　局　长:营劲松
濉溪镇财政所　所　长:蔡　奇
刘桥镇财政所　所　长:张少华
百善镇财政所　所　长:李怀红
韩村镇财政所　所　长:杨学森

铁佛镇财政所　　所　长:刘广夫
临涣镇财政所　　所　长:谢士忠
南坪镇财政所　　所　长:刘洪彬
五沟镇财政所　　所　长:郭清海
孙疃镇财政所　　所　长:毕跃华
四铺乡财政所　　所　长:马洪源
双堆集镇财政所　所　长:李从祥

杜集区

高岳街道办事处财政所　所　长:许　生
矿山集街道办事处财政所所　长:丁　敏
朔里镇财政所　　所　长:马振宇
石台镇财政所　　所　长:徐　杰
段园镇财政所　　所　长:冯　岩

相山区

渠沟镇财政所　　所　长:邢　浩
任圩街道办事处财政所所　长:张　丽

烈山区

烈山镇财政所　　所　长:刘　庆
古饶镇财政所　　所　长:费佳音
宋疃镇财政所　　所　长:张士民
杨庄街道办事处财政所所长:高　峰
园区管委会财税办　主　任:张　伟

亳州市财政系统领导名单

亳州市财政局

局长、党组书记:蔡怀乾
副局长、党组成员:张传宾　王　锴
副局长:陈昭敏
副局长、党组成员:张忠文
总会计师、党组成员:周金钟

谯城区财政局

局　长:方平红
副局长:李　建　陈胜志

涡阳县财政局

局长、党组书记:王　瑞
副局长、党组成员:李书颂　侯信武　孙　杰
农发办主任、党组成员:孟　杰
支付中心主任、党组成员:江　云
国资办主任、党组成员:胡德武

蒙城县财政局

局　长:王旭东
副局长:熊景夏　陈保英　席汉斌　杨晓保
党组成员:吕桂芹

利辛县财政局

局长、党组书记:张贺武
党组副书记:江洪章
副局长、党组成员:刘富修　都蔚来　张晓风
财监局局长、党组成员:刘寒松
农发办主任、党组成员:张国启
工会主席、党组成员:王玉杰

开发区财税局

局　长:吕　锋

谯城区

十八里镇财政所　所　长:支效林
十河镇财政所　　所　长:韩朝民
赵桥乡财政所　　所　长:李　贺
双沟镇财政所　　所　长:李先林
淝河镇财政所　　所　长:南子富
古城镇财政所　　所　长:刘　芳
立德乡财政所　　所　长:王如玲
龙杨镇财政所　　所　长:李　刚
大杨镇财政所　　所　长:张　冲
古井镇财政所　　所　长:王玉泉
谯东镇财政所　　所　长:孙　琦
花戏楼街道财政所所　长:周　丽
汤陵街道财政所　所　长:慕朝新
薛阁街道财政所　所　长:杜丽娟
观堂镇财政所　　所　长:张玉兰
沙土镇财政所　　所　长:马德龙
五马镇财政所　　所　长:张玉琦
张店乡财政所　　所　长:张　峰
颜集镇财政所　　所　长:车振涛
芦庙镇财政所　　所　长:刘景林
华佗镇财政所　　所　长:黄　涛
魏岗镇财政所　　所　长:怀济田
城父镇财政所　　所　长:刘继周
十九里镇财政所　所　长:陈广志
牛集镇财政所　　所　长:王自强

涡阳县

城关街道财政所　所　长:李　伟
城西街道财政所　所　长:罗　涛
闸北街道财政所　所　长:袁　辉
城东街道财政所　所　长:李继芳

西阳镇财政所　　所　长:郭维勤
双庙镇财政所　　所　长:郑　超
楚店镇财政所　　所　长:刘　彬
高公镇财政所　　所　长:吕文坤
义门镇财政所　所　长:赵良德
新兴镇财政所　所　长:李景田
龙山镇财政所　所　长:木成坤
青町镇财政所　所　长:陆　良
石弓镇财政所　所　长:张本云
曹市镇财政所　所　长:徐　超
高炉镇财政所　所　长:葛显平
公吉寺镇财政所所　长:王全成
店集镇财政所　所　长:王贵云
临湖镇财政所　所　长:宋兴明
标里镇财政所　所　长:张　涛
花沟镇财政所　所　长:葛友峰
陈大镇财政所　所　长:张　伟
牌坊镇财政所　所　长:李名华
马店集镇财政所所　长:周廷知
丹城镇财政所　所　长:董　超
单集林场财政所所　长:柴继云

利辛县

城关镇财政所　所　长:李　涛
望疃镇财政所　所　长:戴　利
中疃镇财政所　所　长:李　鹏
江集镇财政所　所　长:江雪峰
旧城镇财政所　所　长:聂　奎
西潘楼镇财政所所　长:董炳银
刘家集乡财政所所　长:关　军
孙集镇财政所　所　长:秦　伟
纪王场乡财政所所　长:孙东风
张村镇财政所　所　长:何鹏飞
汝集镇财政所　所　长:高　翔
王人镇财政所　所　长:韩　敏
巩店镇财政所　所　长:王继中
孙庙乡财政所　所　长:刘晓强
马店孜镇财政所所　长:李继强
永兴镇财政所　所　长:宫　琦
胡集镇财政所　所　长:解　茜
大李集镇财政所所　长:姜之安
展沟镇财政所　所　长:张　林
新张集乡财政所所　长:王　建
阚疃镇财政所　所　长:姜　勇
程家集乡财政所所　长:王　辉

蒙城县

城关镇财政所　　所　长:徐恒华
庄周办事处财政所所　长:张叶琴
漆园办事处财政所所　长:刘　芳
小辛集乡财政所　所　长:杨海涛
乐土镇财政所　　所　长:杨　峰
三义镇财政所　　所　长:耿云灵
楚村镇财政所　　所　长:李　凯
力巴镇财政所　　所　长:郑　武
王集乡财政所　　所　长:杨　鹏
白杨林场财政所　所　长:刘西连
板桥集镇财政所　所　长:赵廷法
范集工业园区财政所所长:唐殿军
立仓镇财政所　　所　长:王丙良
马集镇财政所　　所　长:于　刚
双涧镇财政所　　所　长:潘海鹏
坛城镇财政所　　所　长:葛铁军
小涧镇财政所　　所　长:王　娟
许町镇财政所　　所　长:丁新社
岳坊镇财政所　　所　长:韩灯宾

宿州市财政系统领导名单

宿州市财政局

党组书记、局长:王超英
党组成员、调研员:王　辉 刘文英
党组成员、副局长:欧亚东 张建新
党组成员、纪检组长:张　民
党组成员、总会计师:潘相明
副局长:谢　安

埇桥区财政局

党组书记、局长:夏令海
党组成员、副局长:苏　航　黄庆健　吴　韶
何传莉　李景民
党组成员、总会计师:王　军
党组成员、财监局局长:张亚东
党组成员、政府采购中心主任:李东坡

灵璧县财政局

局长、党组书记:王　咏

党组成员、副局长、农发局局长:王兆春
党组成员、副局长:姜岭泉　陶双洁
党组成员、纪检组长:程跃武
党组成员、总会计师:张　梅
党组成员、工会主席:冷亚飞
党组成员:赵　卡

泗县财政局

党组书记、局长:窦贤君
党组副书记、副局长:刘立春
党组成员、副局长、农发办主任:张松陵
党组成员、副局长:刘　奎　蔡晨光
党组成员、纪检组长:朱亚东
党组成员、泗城镇财政分局局长:余红良

萧县财政局

党组书记、局长:刘善安
党组副书记、农发局局长:郝　新
党组成员、副局长、财政监督监察局局长:刘春晓
党组成员、主任科员:李天真
党组成员、副局长:李　冰
党组成员、纪检组长:徐卫东

砀山县财政局

党组书记、局长:杨文祥
党组成员、副局长:周咸东
党组成员、副局长、非税收入管理局局长:曹海峰
党组成员、副局长(挂)、农发局局长:张胜利
党组成员、副局长:黄乔平　王行干
党组成员、纪检组长:马　强
党组成员:崔吉芳

经济技术开发区财政局

局　长:张　奇
副局长:文高冉

埇桥区

时村镇财政分局　局　长:周步敬
符离镇财政分局　局　长:付向阳
朱仙庄镇财政分局局　长:丁家龙
芦岭镇财政分局　局　长:陈　超
北杨寨乡财政分局局　长:王建军
祁县镇财政分局　局　长:纵少鹏
夹沟镇财政所　　所　长:蒋守志
大店镇财政所　　所　长:张　建
城东街道财政所　所　长:耿　勇
三八街道财政所　所　长:任启峰
二铺乡财政所　　所　长:金正宇
三里街道财政所　所　长:魏　强
北关街道财政所　所　长:刘　勇
道东街道财政所　所　长:王成宏
东关街道财政所　所　长:马跃武
南关街道财政所　所　长:丁效亭
西关街道财政所　所　长:靳怀启
埇桥街道财政所　所　长:王申球
沱河街道财政所　所　长:郭晓龙
汴河街道财政所　所　长:腾团结
褚兰镇财政所　　所　长:林广森
杨庄乡财政所　　所　长:郭　锐
曹村镇财政所　　所　长:马　亮
支河乡财政所　　所　长:潘启超
栏杆镇财政所　　所　长:潘　超
解集乡财政所　　所　长:周步敬
桃沟乡财政所　　所　长:李　琳
永安镇财政所　　所　长:万　彬
灰古镇财政所　　所　长:孙礼会
顺河乡财政所　　所　长:李　勇
蒿沟乡财政所　　所　长:尹　松
苗安乡财政所　　所　长:尹传杰
西寺坡镇财政所　所　长:李　侠
桃园镇财政所　　所　长:孙　勇
大营镇财政所　　所　长:陈　亮
永镇乡财政所　　所　长:程　效
东城工作管理委员会财政办公室主任:李如山

灵璧县

韦集镇财政所　所　长:许　岩
向阳乡财政所　所　长:李　冰
黄湾镇财政所　所　长:侯　君
娄庄镇财政所　所　长:赵运书
杨疃镇财政所　所　长:闫兴跃
尹集镇财政所　所　长:付振明
浍沟镇财政所　所　长:王现理
朱集乡财政所　所　长:付廷宽
尤集镇财政所　所　长:王从山
下楼镇财政所　所　长:王会理
朝阳镇财政所　所　长:陈益尚
渔沟镇财政所　所　长:程仲超
大路乡财政所　所　长:张持凤
高楼镇财政所　所　长:李玉白

大庙乡财政所　所　长:朱　杰
冯庙镇财政所　所　长:张　超
禅堂乡财政所　所　长:高存玖
虞姬乡财政所　所　长:陈　浮
灵城镇财政所　所　长:张　曦
开发区财政所　所　长:王宗迎

泗　县

泗城镇财政分局　局　长:余红良
大路口乡财政所　所　长:张万里
墩集镇财政所　所　长:高　磊
草庙镇财政所　所　长:于庆标
瓦坊乡财政所　所　长:许正华
黑塔镇财政所　所　长:沈广忠
刘圩镇财政所　所　长:尤墩跃
山头镇财政所　所　长:周昌习
黄圩镇财政所　所　长:李庆春
大庄镇财政所　所　长:刘道胜
屏山镇财政所　所　长:周长波
大杨乡财政所　所　长:韩修余
长沟镇财政所　所　长:陈　捷
草沟镇财政所　所　长:赵明科
丁湖镇财政所　所　长:郝　猛
开发区财政所　所　长:刘传贤

萧　县

龙城镇财政所　所　长:吴信瑞
黄口镇财政所　所　长:高全军
杨楼镇财政所　副所长:王信权
新庄镇财政所　副所长:何　静
赵庄镇财政所　所　长:杨兴民
张庄寨镇财政所副所长:马　健
大屯镇财政所　所　长:梁　杰
青龙镇财政所　所　长:蒋　杰
石林乡财政所副所长(主持工作):纵兆学
孙圩孜乡财政所　所　长:朱孝民
王寨镇财政所　所　长:颛孙毅
祖楼镇财政所　所　长:邵长彬
酒店乡财政所　所　长(主持工作):郝振超
丁里镇财政所　所　长:许　磊
马井镇财政所　所　长:郝允峰
闫集镇财政所　所　长:萧春雷
圣泉乡财政所　所　长:张颂荣
刘套镇财政所　所　长:王忠民

白土镇财政所　所　长:安孝民
庄里乡财政所副　所长(主持工作):袁龙连
官桥镇财政所　所　长:扈祥绪
永固镇财政所　所　长:韩　华
杜楼镇财政所　所　长:黄继明
开发区财政所　所　长:盛　凯

砀山县

砀城镇财政所　所　长:刘　瑾
玄庙镇财政所　所　长:薛继秋
唐寨镇财政所　所　长:刘火箭
周寨镇财政所　所　长:唐怀堂
赵屯镇财政所　所　长:付　浩
葛集镇财政所　所　长:张春立
朱楼镇财政所　所　长:卞　卡
官庄镇财政所　所　长:张玉阁
良梨镇财政所　所　长:周衍波
曹庄镇财政所　所　长:陈晓宇
程庄镇财政所　所　长:邵延强
李庄镇财政所　所　长:郭进良
经济开发区财政所所　长:王安鲁
薛楼板材加工园区财政所所　长:邵　丽
高铁新区财政所　所　长:汪　鹏

蚌埠市财政系统领导名单

蚌埠市财政局(国资委)

党组书记、局长(国资委主任):王莉敏
党组成员、纪检组长:翁美君
党组成员、副局长:叶　斌　林国立
党组成员、副局长、国资委副主任:马　飙
党组成员、副局长、支付中心主任:唐忠利
党组成员、总会计师:沈明仕
调研员、机关党委书记:王爱林

龙子湖区财政局

局　长:陈传奇
副局长:李忠东　张利军

蚌山区财政局

局　长:卢佩彬
党组书记、副局长:孙　平
副局长:冯双全

禹会区财政局
局　长:周传奇
副局长:谢红雨　沈如强　沈明德
淮上区财政局
局　长:徐　杰
副局长:王守仁　刘闽莉
经济开发区财政局
局　长:朱大光
副局长:竺　琪
高新区财政局
局　长:张广际
副局长:王联邦　刘富国
怀远县财政局
局长、党组书记:王守本
副局长:石富勤　张　明　史桂芳
党组副书记、纪检组长:陈家礼
五河县财政局
党组副书记、局　长:李贵兵
党组书记:张耀武
副局长:乔启昌　郭泽慧　陈尚标
党组成员、监察局局长:凌德宏
党组成员、总会计师:王尊昌
固镇县财政局
党组书记、局　长:左金培
党组成员、副局长:崔怀贵　郁　青　党献文
党组成员、开发区财政分局局长:徐其军
党组成员、农村财政管理局局长:仲　谋
党组成员、城关财政分局局长:陈福柱
党组成员、县国资办副主任:陶廷春
党组成员、农发办主任:陈　敏
总会计师:张店全
龙子湖区
长淮镇财政所　所　长:郭风江
李楼乡财政所　所　长:王至全
蚌山区
雪华乡(宏业村街道)财政所所　长:高　婷
燕山乡财政所　所　长:方同英
天桥街道财税服务所　所　长:路冬梅
青年街道财税服务所　所　长:韩道荣
纬二街道财税服务所　所　长:牛丽娟
黄庄街道财税服务所　所　长:赵　莉

禹会区
长青乡财政所　所　长:王秀珠
秦集镇财政所　所　长:顾正修
淮上区
小蚌埠镇财政所　所　长:徐素固
吴小街镇财政所　所　长:高乃全
曹老集镇财政所　所　长:王明珠
梅桥乡财政所　所　长:唐士鸿
怀远县
城关镇财政所　所　长:宋士乐
包集镇财政所　所　长:崔云峰
龙亢镇财政所　所　长:韩利清
河溜镇财政所　所　长:姚　昊
常坟镇财政所　所　长:魏守航
马城镇财政分局　局　长:李同新
双桥集镇财政所　所　长:年福启
魏庄镇财政所　所　长:张立柱
万福镇财政所　所　长:邹德国
唐集镇财政所　所　长:张根祥
淝河乡财政所　所　长:赵　勇
褚集乡财政所　所　长:荣克轩
陈集乡财政所　所　长:张绍兴
古城乡财政所　所　长:赵　彬
徐圩乡财政所　所　长:姚玉春
淝南乡财政所　所　长:葛鸿斌
兰桥乡财政所　所　长:王　琼
荆芡乡财政所　所　长:赵秀峰
找郢乡财政所　所　长:常　飞
涡北新区财政所　所　长:孙敦忠
工业园区财政所　所　长:陆　恒
荆涂风景区财政所　所　长:胡守陆
五河县
城关镇财政分局　局　长:陈全意
开发区财政分局　局　长:付保成
朱顶镇财政所　所　长:朱全松
小溪镇财政所　所　长:张　军
头铺镇财政所　所　长:吴明海
新集镇财政所　所　长:黄保举
大新镇财政所　所　长:朱怀杰
临北回族乡财政所所　长:邓　超
沫河口财政所　所　长:张茂绪
浍南镇财政所　所　长:彭思洋

东刘集财政所　所　长:蒋光胜
申集镇财政所　所　长:孙立群
小圩镇财政所　所　长:张贤明
沱湖乡财政所　所　长:陈先桥
武桥镇财政所　所　长:庄思跃
双忠庙镇财政所　所　长:蒋友虎

固镇县

仲兴乡财政所　所　长:徐　亮
任桥镇财政所　所　长:王道永
湖沟镇财政所　所　长:谢　进
杨庙乡财政所　所　长:李晓清
连城镇财政所　所　长:欧阳瑞
新马桥镇财政所所　长:崔怀军
王庄镇财政所　所　长:孙玉胜
石湖乡财政所　所　长:王跃飞
濠城镇财政所　所　长:孔祥云
刘集镇财政所　所　长:王业鹏
县全民创业园财政分局副局长:任广庭

阜阳市财政系统领导名单

阜阳市财政局

党组书记、局长:虞建斌
党组成员、纪检组长:史万美
党组成员、副局长:杨海涛　侯永贵　杨汇汇　周　远
副调研员:杨世新　夏　河

颍东区财政局

党组书记:陈艳丽
党组副书记、局长:虢　磊
党组成员、副局长:邵爱华　仇　伟
党组成员、纪检组长:王继刚
党组成员、主任科员:蒋祥翠

颍泉区财政局

党组书记、局长:李程杰
党组成员、副局长:刘金明　张　炜
纪检组长:孙　全

颍州区财政局

党组书记、局长:刘建斌
党组成员、农发局局长:许　勇
副局长:郭道光　王献斌　刘小东　应　坤
纪检组长:高　英

界首市财政局

党组书记、局长:马建华
党组副书记、农发局局长:田学军
党组成员、副局长:张立宪　曹　丽　卢　萍
党组成员、纪检组长:吕海东
党组成员、农村财政管理局局长:独文杰
党组成员、政府采购中心主任:杨振发
党组成员、国库支付中心主任:于华兰

阜南县财政局

党组书记、局长:刘贺体
党组成员、副局长:冷大海　倪洪林　熊东田
党组成员、纪检组长:崔　林
党组成员、主任科员:张开雷
党组成员、国库支付中心主任:孙存龙
党组成员、财政监督检查局局长:于　伟

太和县财政局

党组书记:尚卫东
局　长:刘翔飞
党组副书记、副局长、主任科员:王　进
副局长:于　海　邢　峻
纪检组长:张　科
党组成员:于　翔　李　岩　于　冰

颍上县财政局

党组书记、局长:陈德刚
副局长:王　跃　邓　颖　唐瑞坤
党组成员、纪检组长:江禄保
党组成员:张振亚
主任科员:赵国强

临泉县财政局

党组书记、局　长:尚虎林
党组成员、副局长:高　飞　孟　俊
党组成员、纪检组长:张冠军
党组成员:马　鹏

开发区财政局

局　长:肖吟峰
副局长:李存志　王应康

颍东区

向阳办财政所　所　长:闫俊启
河东办财政所　所　长:董强龙
新华办财政所　所　长:王全杰
老庙镇财政所　所　长:张　涛

冉庙乡财政所 所 长:徐月林
插花镇财政所 所 长:高 伟
枣庄镇财政所 所 长:陈庆文
正午镇财政所 所 长:高兰义
口孜镇财政所 所 长:闫 磊
袁寨镇财政所 所 长:武学成
新乌江镇财政所所 长:白怀玉
杨楼孜镇财政所所 长:宋振东

颍泉区

中市办事处财政所 所 长:汪 涛
周棚办事处财政所 所 长:白 勇
宁老庄镇财政所 所 长:齐 伟
行流镇财政所 所 长:曹 军
闻集镇财政所 所 长:谭 震
伍明镇财政所 所 长:唐 伟
统筹试验区管委会财政负责人:宁光启
循环经济园区管委会财政负责人:李 涛

颍州区

文峰办财政所 所 长:胡向明
鼓楼办财政所 所 长:何 涛
清河办财政所 所 长:付 涛
颍西办财政所 所 长:郭艳芳
王店镇财政所 所 长:郝秀彬
西湖镇财政所 所 长:刘庆宇
程集镇财政所 所 长:卢 峰
九龙镇财政所 所 长:龚九鹏
马寨乡财政所 负责人:刘 伟
袁集镇财政所 所 长:刘海彬
三合镇财政所 负责人:刘立国
西湖景区办财政所所 长:张志民
三十里铺镇财政所所 长:方 亮

界首市

西城街道财政所 所 长:刘颂阳
东城街道财政所 所 长:马新社
颍南街道财政所 所 长:胡光宇
光武镇财政所 所 长:夏永丽
靳寨乡财政所 所 长:岳 雷
芦村镇财政所 所 长:程 伟
邴集乡财政所 所 长:李 斌
大黄镇财政所 负责人:张 强
新马集镇财政所 所 长:张克勤
田营镇财政所 所 长:彭新华

陶庙镇财政所 所 长:朱爱敏
王集镇财政所 所 长:彭庆华
泉阳镇财政所 所 长:齐 影
代桥镇财政所 所 长:王传士
砖集镇财政所 所 长:陈志华
舒庄镇财政所 所 长:任 磊
顾集镇财政所 所 长:程德启
任寨乡财政所 所 长:陈俊荣

阜南县

园区财政分局 局 长:代洪德
鹿城镇财政所 所 长:翟 韧
田集镇财政所 所 长:李淑君
公桥乡财政所 所 长:李华焰
方集镇财政所 所 长:乔恩成
段郢乡财政所 所 长:王灼庆
王堰镇财政所 所 长:王广新
洪河桥镇财政所 所 长:李 芸
地城镇财政所 所 长:王玉林
于集乡财政所 所 长:乔印腾
龙王乡财政所 所 长:王同金
王化镇财政所 所 长:卢 峰
王家坝镇财政所 所 长:郎士元
老观乡财政所 所 长:徐 刚
曹集镇财政所 所 长:杨大国
郜台乡财政所 所 长:刘维建
中岗镇财政所 所 长:张子芳
苗集镇财政所 所 长:赵复林
柳沟乡财政所 所 长:王贺新
黄岗镇财政所 所 长:马永群
张寨镇财政所 所 长:朱桂明
焦陂镇财政所 所 长:王道侠
朱寨镇财政所 所 长:王丽敏
三塔镇财政所 所 长:孙玉昌
许堂乡财政所 所 长:韩坤峰
柴集镇财政所 所 长:张西庆
新村镇财政所 所 长:戎泽峰
王店孜乡财政所 所 长:王 辉
赵集镇财政所 所 长:耿朝程
会龙乡财政所 所 长:李 刚

太和县

城关镇财政所 所 长:方 黎
旧县镇财政所 所 长:徐之坤

大新镇财政所　所　长:李新聚
肖口镇财政所　所　长:刘树军
胡总乡财政所　所　长:王丙玺
赵集乡财政所　所　长:余鸿鸣
关集镇财政所　所　长:刘书强
三塔镇财政所　所　长:韩纯东
郭庙乡财政所　所　长:李效宗
原墙镇财政所　所　长:张　鹏
三堂镇财政所　所　长:李　旭
苗集镇财政所　所　长:张　冲
宫集镇财政所　所　长:刘业任
二郎乡财政所　所　长:杨继华
阮桥镇财政所　所　长:刘朝锋
坟台镇财政所　所　长:陶克敏
双浮镇财政所　所　长:付金生
马集乡财政所　所　长:桑传法
五星镇财政所　所　长:李俊峰
倪邱镇财政所　所　长:刘维洗
洪山镇财政所　所　长:康　伟
桑营镇财政所　所　长:刘　磊
赵庙镇财政所　所　长:范兴建
李兴镇财政所　所　长:李　琳
清浅镇财政所　所　长:韩宝玉
双庙镇财政所　所　长:王　伟
税镇镇财政所　副所长:吴　标
皮条孙镇财政所　所　长:范兆生
大庙镇财政所　所　长:池　鹏
蔡庙镇财政所　所　长:石凤杰
高庙镇财政所　所　长:张秉如

颍上县

慎城镇财政所　所　长:朱　奎
十八里铺乡财政所所　长:姜之友
西三十铺镇财政所所　长:王　峰
新集镇财政所　所　长:吴天贵
建颍乡财政所　所　长:韩　俊
六十铺镇财政所　所　长:李少义
五十铺乡财政所　所　长:刘树俭
红星镇财政所　所　长:杨　明
耿棚镇财政所　所　长:吴立森
盛堂乡财政所　所　长:强国清
润河镇财政所　所　长:程继亮
南照镇财政所　所　长:高　勇
关屯乡财政所　所　长:许传胜
半岗镇财政所　所　长:兰洪波
八里河镇财政所　所　长:汪喜春
垂岗乡财政所　所　长:杜学成
王岗镇财政所　所　长:李树刚
赛涧乡财政所　所　长:唐　坤
刘集乡财政所　所　长:余　琴
杨湖镇财政所　所　长:刘保方
鲁口镇财政所　所　长:尚立川
黄坝乡财政所　所　长:董凤军
江店镇财政所　所　长:蒋家骥
夏桥镇财政所　所　长:王佩刚
谢桥镇财政所　所　长:侯学成
迪沟镇财政所　所　长:毕兰富
陈桥镇财政所　所　长:官喜良
江口镇财政所　所　长:夏广良
古城乡财政所　所　长:张传军
黄桥镇财政所　所　长:刘　习

临泉县

城关镇财政所　副所长:陈　锐
工业园区财政所　副所长:张　雷
牛庄乡财政所　所　长:陈　玲
杨桥镇财政所　副所长:王　健
谭棚镇财政所　负责人:曹建民
高塘乡财政所　所　长:吴春堂
范兴集乡财政所　所　长:姚　勇
老集镇财政所　所　长:梁有生
滑集镇财政所　所　长:高　峰
土陂乡财政所　所　长:姜永明
吕寨镇财政所　所　长:王世洲
谢集乡财政所　所　长:陈宜荣
单桥镇财政所　所　长:曾　健
长官镇财政所　所　长:刘　伟
杨小街乡财政所　所　长:任　亮
宋集镇财政所　所　长:刘成年
张新镇财政所　所　长:闫成章
陈集镇财政所　所　长:陶维红
艾亭镇财政所　所　长:李仰德
陶老乡财政所　所　长:陶守恒
田桥乡财政所　所　长:王建军
韦寨镇财政所　所　长:常登科
迎仙镇财政所　所　长:魏　峰

瓦店镇财政所　所　长:洪庆中
庙岔镇财政所　所　长:范绍栋
姜寨镇财政所　所　长:张大飞
张营乡财政所　所　长:吴广森
黄岭镇财政所　所　长:王俊平
□城镇财政所　所　长:周建军
白庙镇财政所　所　长:赵　磊
庞营乡财政所　所　长:谷俊宝
关庙镇财政所　所　长:刘相春

淮南市财政系统领导名单

淮南市财政局

党组书记、局长:陈永多
副局长:管迎新　曹　宏
纪检组长:宋建军
副局长:张琳娜
总会计师:陈彦臣
副调研员:芮长海

凤台县财政局

党组书记、局长:陈贵刚
党组副书记:黄学进
副局长:姬玉扬　周淦芳　田　辉
总会计师:张志凯
党组成员:蒋亚鹏

大通区财政局

局　长:王本明
副局长:贾爱云　蒋振辉

田家庵区财政局

局　长:李勇强
副局长:胡滕昌　秦祥全

谢家集区财政局

局　长:于良珍
副局长:赵道平

八公山区财政局

局　长:管迎悦
书　记:吴　青
副局长:张　敢

潘集区财政局

局　长:计庆丰
书　记:段德昌
副局长:赵允龙　李传平

毛集实验区财政局

局　长:贾时洋
副局长:许士传　陈　鸿

经济经济开发区财政局

局　长:李　萍
副局长:柏　云

山南新区财政局

局　长:翟　明

淮南高新区财政局

局　长:彭树文

煤化工产业园区财政局

局　长:陈宏伟

凤台县

城关镇财政分局　局　长:郑克辉
开发区财政所　所　长:陈佩辉
凤凰镇财政所　所　长:康殿成
丁集乡财政所　所　长:吴永谱
尚塘乡财政所　所　长:刘子厚
杨村乡财政所　所　长:宋道淑
钱庙乡财政所　所　长:孟献全
古店乡财政所　所　长:张　琴
顾桥镇财政所　所　长:王俊宣
桂集镇财政所　所　长:胡宗荣
刘集乡财政所　所　长:谢家亮
新集镇财政所　所　长:吕文林
大兴集乡财政所　所　长:邱金阔
朱马店镇财政所　所　长:高勤贵
岳张集镇财政所　所　长:胡　云
李冲回族乡财政所所　长:陈　良
关店乡财政所　所　长:樊春良

大通区

九龙岗镇财政所　所　长:马凤琳
洛河镇财政所　所　长:梅　振
上窑镇财政所　所　长:宗升贵
孔店乡财政所　所　长:芮长芬

田家庵区

舜耕镇财政所　所　长:连西坦
安成镇财政所　所　长:王国庆
三和乡财政所　所　长:徐　勇
史院乡财政所　所　长:杨济生
曹庵镇财政所　所　长:吴庆周

谢家集区

望峰岗镇财政所　所　长:邱文士
唐山镇财政所　所　长:应　娟
李郢孜镇财政所　所　长:周　伟
杨公镇财政所　所　长:王晓梅
孤堆乡财政所　所　长:王　震
孙庙乡财政所　所　长:杨修旭

八公山区

八公山镇财政所　所　长:哈方礼
山王镇财政所　所　长:孔德野

潘集区

田集街道财政所　所　长:李丙军
芦集镇财政所　所　长:赵云四
贺疃乡财政所　所　长:任印清
潘集镇财政所　所　长:胡开国
泥河镇财政所　所　长:陈传厚
古沟回族乡财政所所　长:刘　斌
平圩镇财政所　所　长:曹多军
架河乡财政所　所　长:许瑞昌
高皇镇财政所　所　长:陈道喜
夹沟乡财政所　所　长:许瑞武
祁集乡财政所　所　长:吕永红

毛集实验区

毛集镇财政所　所　长:徐家秀
焦岗湖镇财政所　所　长:詹云萍
夏集镇财政所　所　长:刘福开

滁州市财政系统领导名单

滁州市财政局

局　长:张志华
副局长:杜永珍　马有山　凌文东
调研员:张贵龙
党组成员、非税局局长:李德标
党组成员、纪检组长:李正刚

琅琊区财政局

局　长:聂　丽
副局长:谢永国　杨文浩

南谯区财政局

局　长:赵永宾
党组书记:尹兆祥
副局长:孙宁生　徐友林　陈　芳
党组副书记:李家瑞
党组成员:谢秀生　王怀瑞　孙宝林

来安县财政局

局　长:秦　陶
副局长:詹晓平　彭保泰
党组成员、监督局局长:易志友
党组成员、非税局局长:陶　宏

全椒县财政局

局　长:姜志山
副局长:张　雷　赵和平　袁长海
党组成员、纪检组长:郭再传

天长市财政局

局　长:查建勋
党组副书记:黄　奎
副局长:王晓春　赵建中　欣金石
党组成员:潘桂来　吴晓东　赵红旗

定远县财政局

局　长:杨　燕
副局长:毛传斌
党组成员:袁　斌　葛　明

凤阳县财政局

局　长:王胜勤
副局长:徐传保　李锦柱

明光市财政局

局　长:朱　岚
副局长:王根友　阚　斌　孟兆洋
党组成员:熊正义　赵英会　孙传芳

琅琊区

清流街道财政所　所　长:汤立志
扬子街道财政所　副所长:李　壮
琅琊街道财政所　所　长:陈　召
东门街道财政所　所　长:贡　伟
南门街道财政所　副所长:蒋秋文
西门街道财政所　副所长:杨宏林
北门街道财政所　所　长:余　乐
西涧街道财政所　副所长:孙雪梅

南谯区

乌衣镇财政所　所　长:张天梅
沙河镇财政所　所　长:许　涵
章广镇财政所　所　长:钟阳阳
大王办财政所　所　长:祝怀贵

龙蟠办财政所　　所　长:江厚英
黄泥岗镇财政所　所　长:鄢　毅
珠龙镇财政所　　所　长:王　军
施集镇财政所　　所　长:宋　然
大柳镇财政所　　所　长:张　伟
腰铺镇财政所　　所　长:翟光明

来安县

县经济开发区财政分局局长:王德武
汊河经济开发区财政分局局长:赵宝林
新安镇财政所　　所　长:章宏斌
舜山镇财政所　　所　长:朱　贵
三城乡财政所　　副所长:朱和武
汊河镇财政所　　所　长:许玉伟
独山乡财政所　　所　长:湛承兵
施官镇财政所　　所　长:时永前
半塔镇财政所　　所　长:王金良
张山乡财政所　　所　长:衡思勇
雷官镇财政所　　所　长:罗龙海
杨郢乡财政所　　副所长:章道勇
水口镇财政所　　所　长:罗章铭
大英镇财政所　　所　长:王玉春

全椒县

襄河镇财政所　　所　长:杨义明
古河镇财政所　　所　长:高　健
马厂镇财政所　　所　长:郑华平
二郎口镇财政所　所　长:刘树来
六镇镇财政所　　所　长:李义龙
石沛镇财政所　　所　长:许　敏
武岗镇财政所　　所　长:蔡兴明
十字镇财政所　　所　长:蔡传先
西王镇财政所　　所　长:徐本春
大墅镇财政所　　所　长:黄开维
开发区财政分局　负责人:李广玉

定远县

藕塘镇财政所　　所　长:雍广生
界牌镇财政所　　所　长:范铭和
仓镇财政所　　　所　长:谢从辉
大桥乡财政所　　所　长:曹士跃
池河镇财政所　　所　长:范祥平
桑涧镇财政所　　所　长:赵顶升
拂晓乡财政所　　所　长:黄开美
三河镇财政所　　所　长:杨　刚
定城镇财政所　　副所长:倪　刚
西卅店镇财政所　所　长:许茂玉
严桥乡财政所　　所　长:潘　超
范岗乡财政所　　所　长:桑文如
永康镇财政所　　所　长:张本群
炉桥镇财政所　　所　长:陆凤海
能仁乡财政所　　所　长:陈学六
七里塘乡财政所　所　长:汪玉聪
张桥镇财政所　　所　长:李如秀
连江镇财政所　　所　长:唐开刚
二龙乡财政所　　副所长:高恒龙
吴圩镇财政所　　所　长:周恒民
蒋集乡财政所　　所　长:王　震
朱湾镇财政所　　所　长:杨　诚

凤阳县

武店镇财政所　　所　长:代芝兰
官塘镇财政所　　所　长:王　琨
西泉镇财政所　　所　长:王保勤
殷涧镇财政所　　所　长:程夕勇
红心镇财政所　　所　长:詹绍军
板桥镇财政所　　所　长:孙天雷
枣巷镇财政所　　所　长:吴在建
大溪河镇财政所　所　长:叶　俊
府城镇财政所　　所　长:刘　璋
临淮镇财政所　　所　长:赵传胜
刘府镇财政所　　所　长:刘文乐
大庙镇财政所　　所　长:孙世礼
总铺镇财政所　　所　长:代　伟
黄湾乡财政所　　所　长:鲁善飞
小溪河镇财政所　所　长:徐　军
工业园区财政分局局　长:朱道哲

明光市

柳巷镇财政所　　所　长:詹绍亮
明西街办财政所　所　长:申维西
泊岗乡财政所　　所　长:张　智
桥头镇财政所　　所　长:王耀新
三界镇财政所　　所　长:蒋道勇
明南街办财政所　所　长:吴　超
苏巷镇财政所　　所　长:吴兆林
古沛镇财政所　　所　长:魏形岭
涧溪镇财政所　　所　长:赵光友
女山湖镇财政所　所　长:何善明

管店镇财政所　　所　长:阚绪照
张八岭镇财政所　所　长:李长金
明东街办财政所　所　长:赵祥贤
石坝镇财政所　　所　长:周继学
明光街办财政所　所　长:田　猛
自来桥镇财政所　所　长:戴乔汝
潘村镇财政所　　所　长:石泽卫

天长市

天长办财政所　　所　长:王学田
城东新区财政所　所　长:武士勇
永丰镇财政所　　所　长:姚宪平
杨村镇财政所　　所　长:谭万平
冶山镇财政所　　所　长:焦有升
郑集镇财政所　　所　长:沈学官
铜城镇财政所　　所　长:李华庭
大通镇财政所　　所　长:陈云海
秦栏镇财政所　　所　长:李　晔
仁和镇财政所　　所　长:张殿卿
万寿镇财政所　　所　长:胡明余
金集镇财政所　　所　长:金有武
汊涧镇财政所　　所　长:周春和
石梁镇财政所　　所　长:唐传月
新街镇财政所　　所　长:王德华
张铺镇财政所　　所　长:王国林

六安市财政系统领导名单

六安市财政局

党组书记、局　长:王　琢
党组成员、副局长、支付中心主任:涂成富
党组成员、副局长:汪英来
党组成员、市综改办专职副主任:杨庆法
党组成员、副局长:汪　斌
市国资委副主任:刘玉飞
调研员:徐维武

金安区财政局

党组书记、局　长:汪国庆
党组副书记、副局长:朱建萍
副局长:丁　剑　余永生
纪检组长、监察室主任:刘学军
工会主任:刘春桃
总会计师:陈　章

裕安区财政局

局　长:王化峰
党组书记、副局长:张义军
党组副书记、副局长:刘　俊
党组成员、副局长:余道乔　杜成发　王利超
党组成员、工会主任:潘明础

叶集区财政局

局　长:戚世宏
副局长:杨文忠　赵先林　刘昌盛　孟凡银
纪检组长:台德炜
国库支付中心主任:陶国庆

开发区财政局

副局长(主持工作):李　欣
副局长:翁良文　郝宗刚　王秀奇
财会管理中心主任:曹开芳

霍山县财政局

党组书记、局长:郑为鹏
党组副书记、副局长:朱昌才
党组成员、副局长:刘朝东
副局长:魏德明
党组成员、副局长:刘传保
党组成员:高宗敏
党组成员、农村局局长:谢家富
党组成员、总会计师:蒋　超
党组成员、纪检组长:郑子峰
党组成员:戚如乔
工会主席:魏明友

霍邱县财政局

局　长:李　春
党委书记:李　峰
党委副书记:常道友
党委委员、国资局局长、财政局副局长:王树平
党委委员、副局长:张家俊　王　惠　陈遵坤
党委委员、农村财政管理局局长:许道连
党委委员、工会主席:刘维成

寿县财政局

局　长:张国祥
党组书记:魏青云
副局长、国资委主任:江　洪
副局长:赵成凤
党组成员、总会计师:孙　宏

党组成员、农村局局长:张世超
党组成员:裴久成

金寨县财政局

党组书记、局长:胡　浩
党组成员、国资委副主任:桂　新
党组成员、副局长:李　隆　漆学坤　李述庆
党组成员、农村局局长:陈　勇
总会计师:吴功安

舒城县财政局

党组书记、局长:陶　才
党组副书记、副局长:钟玉红
党组副书记:黄　萍
党组成员、副局长:姚燕平　韦　征　张俊柱　王大方
党组成员、纪检组长:谢远森
党组成员:杨　成
党组成员、总会计师:张　旺
党组成员、农发办主任:汪守稳

金安区

东市街道财政所　所　长:彭能传
中市街道财政所　所　长:蔡　磊
三里桥街道财政所所　长:李俊玲
清水河街道财政所所　长:史　彬
望城岗街道财政所所　长:孙　超
城北乡财政所　所　长:夏立峻
椿树镇财政所　所　长:李学秀
东河口镇财政所　所　长:谢　应
东桥镇财政所　所　长:何宏应
横塘岗乡财政所　所　长:梁德圣
马头镇财政所　所　长:朱殿文
毛坦厂镇财政所　所　长:刘　炯
木厂镇财政所　所　长:张修勤
淠东乡财政所　所　长:周　山
施桥镇财政所　所　长:金宗林
双河镇财政所　所　长:陈新和
孙岗镇财政所　所　长:钟志满
翁墩乡财政所　所　长:唐兆刚
先生店乡财政所　所　长:赵庭保
张店镇财政所　所　长:张涛元
中店乡财政所　所　长:姚　健
三十铺镇财政所　所　长:杨瑞鹏

裕安区

小华山街道财政所所　长:李敦品
鼓楼街道财政所　所　长:熊祖虎
西市街道财政所　所　长:程克平
石板冲乡财政所　所　长:朱家忠
平桥乡财政所　所　长:吴　辉
青山乡财政所　所　长:管应发
城南镇财政所　所　长:邬宗敏
韩摆渡镇财政所　所　长:张之权
丁集镇财政所　所　长:许友收
新安镇财政所　所　长:赵以见
顺河镇财政所　所　长:田兴胜
单王乡财政所　所　长:张　晖
苏埠镇财政局　局　长:林元华
西河口乡财政所　所　长:廖玉娟
石婆店镇财政所　所　长:程业明
狮子岗乡财政所　所　长:李茂州
独山镇财政所　所　长:赵本雨
分路口镇财政所　所　长:马如邵
江家店镇财政所　所　长:郎道才
徐集镇财政所　所　长:金家吾
罗集乡财政所　所　长:刘家刚
固镇镇财政所　所　长:魏启凤

叶集区

三元乡财政所　所　长:郑道杰
孙岗乡财政所　所　长:黄成军
平岗办事处财政所所　长:朱　洪
镇区办事处财政所所　长:沈业菊

霍山县

衡山镇财政分局　局　长:唐家胜
但家庙镇财政所　所　长:张建中
下符桥镇财政所　所　长:彭　钧
与儿街镇财政分局　局　长:余良军
黑石渡镇财政所　所　长:谢福文
佛子岭镇财政所　所　长:余大权
落儿岭镇财政分局　局　长:查　勇
诸佛庵镇财政分局　局　长:蔡永银
大化坪镇财政所　所　长:刘作贞
漫水河镇财政所　所　长:汪辉群
上土市镇财政所　所　长:刘　虎
太阳乡财政所　所　长:张　军
太平畈乡财政所　所　长:何祥田

磨子潭镇财政所 所 长:金先明
东西溪乡财政所 所 长:罗来成
单龙寺乡财政所 所 长:陈家林
经济开发区财政分局局 长:杜兴如

霍邱县

城关镇财政分局 局 长:牛金合
姚李镇财政分局 局 长:窦德山
河口镇财政所 所 长:李祖堂
长集镇财政分局 局 长:李炳广
户胡镇财政所 所 长:张玉和
石店镇财政所 所 长:王贤贵
马店镇财政所 所 长:唐兰英
周集镇财政所 所 长:李绍明
临水镇财政所 所 长:张习芝
孟集镇财政所 所 长:卜春华
新店镇财政所 所 长:吴成贵
洪集镇财政所 所 长:孙 莹
花园镇财政所 所 长:宗克诚
乌龙镇财政所 所 长:沈明乐
高塘镇财政所 所 长:曾凡诚
岔路镇财政所 所 长:胡建友
龙潭镇财政所 所 长:李传炎
曹庙镇财政所 所 长:黄应旭
众兴镇财政所 所 长:冯浩然
夏店镇财政所 所 长:李传斌
白莲乡财政所 所 长:程学云
邵岗乡财政所 所 长:郭凤云
冯井镇财政分局 局 长:李友军
范桥镇财政分局 局 长:付 祥
王截流乡财政所 所 长:李立成
城西湖乡财政分局局 长:董西保
临淮岗乡财政分局局 长:田开军
宋店乡财政所 所 长:任 宏
三流乡财政所 所 长:王 宏
潘集镇财政所 所 长:赵本勇
冯瓴乡财政所 所 长:刘本玲
彭塔乡财政所 所 长:雷家杰

寿 县

寿春镇财政分局 局 长:吴承明
八公山乡财政所 所 长:涂 敏
双桥镇财政所 所 长:祝 斌
丰庄镇财政所 所 长:吴宝山
涧沟镇财政所 所 长:赵 奎
正阳关镇财政分局 局 长:李福成
迎河镇财政分局 所 长:史秀宝
张李乡财政所 所 长:孙应时
板桥镇财政分局 所 长:田国洲
安丰镇财政分局 局 长:宋中考
隐贤镇财政所副所长(主持工作):孙 杰
众兴镇财政所 所 长:许光开
保义镇财政所 所 长:张永祥
茶庵镇财政所 所 长:刘庆友
三觉镇财政所 所 长:李正明
堰口财政分局 局 长:王守前
窑口乡财政所 所 长:袁绪江
安丰塘财政所 所 长:丁传格
陶店乡财政所 所 长:杨秀根
炎刘镇财政所 所 长:宋 瑾
刘岗镇财政所 所 长:王运辉
双庙集镇财政所 所 长:时英元
大顺镇财政所 所 长:马道龙
瓦埠镇财政所 所 长:张子好
小甸镇财政分局 所 长:洪 申
新桥国际产业园财政局所长:王业树

金寨县

梅山镇财政分局 副局长:李贤悦
双河镇财政所 所 长:张经奎
桃岭乡财政所 所 长:祝学俊
铁冲乡财政所 所 长:胡少友
全军乡财政所 所 长:程鹏飞
南溪镇财政分局 局 长:余正良
汤家汇镇财政所 所 长:张经喜
斑竹园镇财政所 所 长:漆仲甫
吴家店镇财政所 所 长:姜新云
果子园乡财政所 所 长:田家理
沙河乡财政所 所 长:田 耿
关庙乡财政所 所 长:詹必福
古碑镇财政所 所 长:闻业新
花石乡财政所 所 长:袁文刚
槐树湾乡财政所 所 长:张经楼
燕子河镇财政所 所 长:刘从彬
天堂寨镇财政所 所 长:陶兴华
长岭乡财政所 所 长:江涛声
青山镇财政所 所 长:余玉林

油坊店乡财政所　所　长:侯守勇
张冲乡财政所　所　长:吴德清
白塔畈乡财政分局局　长:吴为中
麻埠镇财政所　所　长:陈勇军

舒城县

城关镇财政分局　负责人:夏纪政
开发区财政所　所　长:华兴圣
桃溪镇财政分局　局　长:丁阳圣
南港镇财政所　所　长:张功稳
舒茶镇财政所　所　长:黄玉宝
春秋乡财政所　所　长:程从越
千人桥镇财政分局负责人:毛德琼
杭埠镇财政分局　局　长:孔令贵
百神庙镇财政所　所　长:孔令其
干汊河镇财政分局负责人:许礼荣
柏林乡财政所　所　长:周　敏
张母桥镇财政所　所　长:谈儒文
棠树乡财政分局　负责人:盛吉富
万佛湖镇财政所　所　长:刘万奇
五显镇财政所　所　长:傅世昀
阙店乡财政所　所　长:葛贵余
晓天镇财政所　所　长:储德元
山七镇财政所　所　长:胡显月
高峰乡财政所　所　长:胡竞成
河棚镇财政所　所　长:谭永红
汤池镇财政所　所　长:常维爱
庐镇乡财政所　所　长:陈少俊

马鞍山市财政系统领导名单

马鞍山市财政局

局长:丁济民
党组副书记、副局长:徐道才
党组成员、副局长:刘宇辉　李超先　吴　斌　董清华
纪检组长:曾祥宝
副调研员:何桂芳　吴厂明　曹明云

花山区财政局

局　长:钱德俭
副局长:赵　珍

雨山区财政局

局　长:孟家新
副局长:王美华

博望区财政局

局　长:徐业标

经济技术开发区财政局

局　长:杨庆新

慈湖高新区财政局

副局长:汤翠芳

示范园区财政局

局　长:万晓文
副局长:唐晓娣

郑蒲港新区财政局

局　长:秦传明

含山县财政局

局长、党组书记:刁明山
副局长、:党组成员:裴小勇　杨永州　乔能彬
纪检组长、党组成员:宫尚峰
总会计师、党组成员:马　伟

和县财政局

局　长:李家洲
党组书记、副局长:李　莉
副局长:朱文宏　仮兴卫　范长淮
总会计师:王传标
工委主任:童文胜

当涂县财政局

局　长:钱　镜
党组书记:谢儒云
党组成员、副局长:江　华　程立浦　苏　琴
党组成员、工会主席:王德宝
党组成员、纪检组长:王华国
国资办副主任:高自跃

花山区

霍里镇财政所　所　长:王　飞
慈湖乡财政所　所　长:王良平

雨山区

银塘镇财政所　所　长:陶明华
向山镇财政所　所　长:李晓斌
佳山乡财政所　所　长:王金枝

博望区

博望镇财政分局　局　长:陶生蓬
丹阳镇财政所　所　长:刘明忠

新市镇财政所　所　长:成之华

示范园区

年陡镇财政所　所　长:黄玉宝

郑蒲港新区

白桥镇财政所　所　长:陈开义

姥桥镇财政所　所　长:许晓明

含山县

开发区财政分局　副局长(主持工作):贺　明

环峰镇财政所　所　长:贾斯文

林头镇财政所　所　长:郭佩献

运漕镇财政所　所　长:奚德兰

仙踪镇财政所　所　长:李　娟

陶厂镇财政所　所　长:童如成

铜闸镇财政所　所　长:马　胜

昭关镇财政所　所　长:李伏森

清溪镇财政所　所　长:黄荣宗

和　县

历阳镇财政分局　局　长:陶昌华

香泉镇财政分局　局　长:吴祚明

乌江镇财政分局　局　长:沈守彪

石杨镇财政分局　局　长:戴进财

西埠镇财政所　所　长:张孟金

功桥镇财政所　所　长:何龙俊

善厚镇财政所　所　长:黄义龙

当涂县

姑孰镇财政分局　局　长:钟燕华

太白镇财政分局　局　长:吴开义

黄池镇财政分局　局　长:汤小芳

石桥镇财政分局　局　长:朱　翔

护河镇财政所　副所长:徐为红

乌溪镇财政所　所　长:诸金刚

塘南镇财政所　所　长:汤复金

大陇乡财政所　所　长:姜跃进

江心乡财政所　所　长:江家文

湖阳乡财政所　所　长:魏元刚

芜湖市财政系统领导名单

芜湖市财政局

党组书记:徐茂环

局长、国资委主任:胡锡萍

党组成员、调研员:蒋庆贵

党组成员、副局长:周庆华　童宗新

党组成员、纪检组长:朱　武

党组成员、国资委副主任:邢　晖

党组成员、副局长:韩永强(挂职)

镜湖区财政局

局　长:戴　鸣

副局长:严兆清　宋兰兰

鸠江区财政局

局　长:焦朝凤

副局长(兼沈港财政分局局长):邓立明

副局长:邢庭勇

弋江区财政局

局　长:张　娟

副局长:孙　辉　张　良

三山区财政局

局　长:俞　翔

副局长:郭炳生　黄蔚文　洪桂滢

经济技术开发区财政局

局　长:陈效水

副局长:李翠萍　丁慧群　王兴根

长江大桥开发区财政局

局　长:吴祖满

江北产业集中区财金部

部　长:黄先龙

副部长:周维汉

芜湖县财政局

党组书记、局长:顾玉才

党组成员、副局长:范家仁　宋　文　邵　伟

纪检组长:徐修宏

繁昌县财政局

局　长:胡宗波

纪检组长:程四清

副局长:汤　斌　殷曙霞

南陵县财政局

局　长:朱　华

副局长:李立新

纪检组长:徐　文

副局长:张幼平

无为县财政局

党组书记、局长:李作果

党组副书记:胡春生

副局长:陈先荣(农发办主任) 胡卫星
丁如海 杨金玉
纪检组长:潘潭渊
总会计师:罗前英

镜湖区
方村街道财政所 所 长:王次武

鸠江区
沈巷街道财政分局 局 长:邓立明
官陡街道财政所 所 长:何 华
四褐山街道财政所 所 长:石相鹏
湾里街道财政所 所 长:许月芳
清水街道财政所 所 长:潘有春
裕溪口街道财政所 所 长:孔尚龙

三山区
峨桥镇财政所 所 长:夏治平

经济技术开发区
龙山办事处财政所 所 长:何纪生
万春办事处财政所 所 长:刘 蓉

芜湖县
湾□镇财政所 所 长:陈其宣
六郎镇财政所 所 长:苏德敏
陶辛镇财政所 所 长:周□三
红杨镇财政所 所 长:董思标
花桥镇财政所 所 长:王万田

繁昌县
繁阳镇财政分局 局 长:韩承良
荻港镇财政分局 局 长:仇 波
孙村镇财政分局 局 长:尚显龙
新港镇财政分局 局 长:万邦斌
开发区财政分局 副局长:水从贵
平铺镇财政所 所 长:张建华
峨山镇财政所 所 长:陈益胜

南陵县
籍山镇财政所 所 长:杨洁楷
弋江镇财政所 所 长:聂和根
许镇镇财政所 所 长:秦贤科
三里镇财政所 所 长:朱银水
河湾镇财政所 所 长:孙中华
工山镇财政所 所 长:吴海民
家发镇财政所 所 长:王祖文
烟墩镇财政所 所 长:廖必学

无为县
经济开发区财政局局 长:李海权
二坝镇财政分局 局 长:张礼庆
石涧镇财政分局 副局长(主持工作):周根发
襄安镇财政分局 副局长(主持工作):汪红兵
高沟镇财政分局 副局长(临时主持工作):潘建华
白茆镇财政分局 副局长(主持工作):张春耕
无城镇财政所 所 长:丁 军
汤沟镇财政所 所 长:王荣平
陡沟镇财政所 所 长:叶正亮
福渡镇财政所 所 长:夏绿松
红庙镇财政所 所 长:刘先跃
严桥镇财政所 所 长:张良岩
开城镇财政所 所 长:刘启志
赫店镇财政所 所 长:李继松
泉塘镇财政所 所 长:焦 衡
蜀山镇财政所 所 长:何尧舜
鹤毛乡财政所 所 长:徐源明
牛埠镇财政所 所 长:张志生
昆山乡财政所 所 长:杨宣华
洪巷乡财政所 所 长:李登宏
刘渡镇财政所 所 长:夏业俊
十里墩乡财政所 所 长:肖俊生
姚沟镇财政所 所 长:倪受平
泥汊镇财政所 所 长:伍纪年

宣城市财政系统领导名单

宣城市财政局
党组书记、局长:陈先平
党组副书记、副局长:曾庆友
党组成员、副局长:刘富贵 罗少彬
党组成员、纪检组长:江 艳
党组成员、副局长:张 庆
党组成员、市综改办专职副主任:肖 锋
党组成员、副调研员:胡铁群
总会计师:刘先峰

宣州区财政局
党组书记、局长:钟祖胜
党组成员、总会计师:程小清

党组成员、副局长:翟德平
党组成员、纪检组长:花国平
党组成员、副局长:潘红旗
工会主席:章小红

开发区财政局

局　长:凌　俊
副局长:张玉河　王继明

郎溪县财政局

党组书记、局长:周道平
党组副书记:谢爱民
副局长:党委委员:孙宝昌
副局长:夏玉芳
副局长、党委委员:罗新满
党组委员、纪委书记:陈玉斌
党组委员、总会计师:杨茂喜
县政府采购中心主任、党委委员:刘德梅

宁国市财政局

党组书记、局长:余　平
党组副书记、纪检组长:谢洪文
党组成员、副局长:程嘉斌　洪观全　汪　廷
　　吕　波
党组成员、总会计师:李三六
党组成员:徐东晖
党组成员、系统工会主席:周文敏

泾县财政局

党组书记、局长:王　勇
党组副书记、副局长:刘　辉
党组成员、副局长:翟永清　王富明
党组成员、纪检组长:张先俊
党组成员、非税局局长:许爱民

绩溪县财政局

党组书记、局长:夏庆玖
党组成员、副局长:洪华春　周振翼　方拥军
　　姚成云
党组成员、纪检组长:舒志明
党组成员、胡德永
总会计师:胡　中

旌德县财政局

局　长:倪彩文
党组书记:陈俊龙
党组副书记、副局长:程建华
党组成员、副局长:程建元　周小健
党组成员、总会计师:汪锦生
党组成员、纪检组长:夏为政

宣州区

水阳财政分局　局　长:王兴良
狸桥财政分局　局　长:张小松
孙埠财政分局　局　长:汪　超
水东财政分局　局　长:杨庆民
鳌峰办事处财政所所　长:杨贵清
沈村镇财政所　所　长:李孙林
敬亭山办事处财政所所长:吴　严
古泉镇财政所　所　长:张胜贵
西林办事处财政所所　长:贡海军
杨柳镇财政所　副所长:赵玉明
双桥办事处财政所所　长:胡青松
新田镇财政所　所　长:孙木松
周王镇财政所　所　长:郑敏毅
溪口镇财政所　所　长:胡怀金
五星乡财政所　所　长:王海平
洪林镇财政所　所　长:方　虎
文昌镇财政所　所　长:高文喜
寒亭镇财政所　所　长:孙应富
向阳镇财政所　所　长:杨建东
朱桥乡财政所　所　长:唐　勇
养贤乡财政所　所　长:胡先根
黄渡乡财政所　所　长:王乾忠
济川办事处财政所所　长:张建农
澄江办事处财政所所　长:任晓辉

郎溪县

梅渚镇财政分局　局　长:张宏书
凌笪乡财政分局　局　长:潘学斌
涛城镇财政分局　局　长:赵　婷
十字镇财政分局　局　长:李官林
姚村乡财政分局　局　长:黄大勇
毕桥镇财政分局　局　长:任玲芝
飞鲤镇财政分局　局　长:岑国庆
新发镇财政分局　局　长:陈　萍
建平镇财政分局　局　长:赵慧兰
经济开发区财政分局局长:任志勇
十字镇经济开发区财政分局局长:王海兵

宁国市

港口镇财政分局　局　长:汪　辉
西津街道办事处农村财政管理所所长:朱成元

南山街道办事处农村财政管理所所长:何　平
河沥街道办事处农村财政管理所所长:刘国华
汪溪街道办事处农村财政管理所所长:程　林
竹峰街道办事处农村财政管理所所长:洪天润
云梯乡农村财政管理所　所　长:胡汉全
仙霞镇农村财政管理所　所　长:汪　虹
宁墩镇农村财政管理所　所　长:王　跃
南极乡农村财政管理所　所　长:周保全
万家乡农村财政管理所　所　长:余国斌
中溪镇农村财政管理所　所　长:刘以宁
梅林镇农村财政管理所　所　长:欧阳美文
霞西镇农村财政管理所　所　长:王荣林
甲路镇财政所　所　长:冯银海
胡乐镇农村财政管理所　所　长:吕　钊
青龙乡农村财政管理所　所　长:陈　闽
方塘乡农村财政管理所　所　长:鲍金水

泾　县

泾川镇财政所　所　长:卫三荣
榔桥镇财政所　所　长:江荣福
茂林镇财政所　所　长:董先敏
桃花潭镇财政所　所　长:翟宏伟
云岭镇财政分局　局　长:徐志林
黄村镇财政所　所　长:赵承翀
丁家桥镇财政所　所　长:曹新成
昌桥乡财政所　所　长:汤正虎
琴溪镇财政所　所　长:冯阳生
蔡村镇财政所　所　长:汪　晋
汀溪乡财政所　所　长:胡道胜

绩溪县

华阳镇财政分局　局　长:曹向明
临溪镇财政分局　局　长:陈卫国
瀛洲镇财政所　所　长:程新光
长安镇财政所　所　长:黄梦利
上庄镇财政所　所　长:胡建兵
扬溪镇财政所　所　长:汪满鹏
板桥头乡财政所　所　长:汪国庆
金沙镇财政所　所　长:胡国军
伏岭镇财政所　所　长:叶正光
家朋乡财政所　所　长:张孝辉
荆州乡财政所　所　长:胡　斌

旌德县

旌阳镇财政分局　局　长:吕有水
版书乡财政所　所　长:方家喜
俞村镇财政分局　局　长:吴国清
蔡家桥镇财政分局　局　长:陶太宏
云乐乡财政所　所　长:董根发
三溪镇财政分局　局　长:冯铜友
兴隆乡财政所　所　长:王家学
孙村乡财政所　所　长:潘　煜
庙首镇财政分局　局　长:赵　福
白地镇财政分局　局　长:陶如宝

铜陵市财政系统领导名单

铜陵市财政局

党组书记、局长:孔　健
常务副局长:黄宝林
副局长:凌　勇
纪检组长:姚从斌
副局长:金　芬　单　培
机关党委书记、副调研员:李桂珍
副调研员:钟　瑛

铜官山区财政局

局　长:王基宏
副局长:何振武　程小爱

狮子山区财政局

局　长:沈　斌
副局长:洪　云　张诚斌

郊区财政局

局　长:黄　海
副局长:夏付兵

开发区财金局

局　长:程　啸
副局长:丁建明

铜陵县财政局

局长、国资委主任:梅柏林
常务副局长:何跃进
副局长:洪步胜　陈志双　刘朝晖　徐振亚
国资委副主任:郑宏辉
纪检组长:姜　建
总会计师:侯东升

郊　区

桥南办财政所　所　长:郎　君

灰河乡财政所　　所　长:查金霍
铜山镇财政所　　所　长:陈良兵
安铜办财政所　　所　长:黄陆润
大通镇财政所　　所　长:周固元

狮子山区

西湖镇财政分局　负责人:朱立贵
东郊镇财政分局　负责人:陆承辉

铜陵县

五松镇财政分局　负责人:朱　萍
天门镇财政分局　负责人:戴恒友
顺安镇财政分局　负责人:陈正富
钟鸣镇财政分局　负责人:阮成俊
东联乡财政分局　负责人:曹利斌
西联乡财政分局　负责人:唐新卫
胥坝乡财政分局　负责人:曹　强
老洲乡财政分局　负责人:李玉娥

池州市财政系统领导名单

池州市财政局

党组书记、局长:李建华
党组成员、金融办主任:何宏炳
党组成员、副局长:吴庆华　莫助国　杨庆安
党组成员、总会计师兼国库支付中心主任:尹加旺
党组成员、金融办副主任:罗以强
党组成员、副调研员:唐曙明
党组成员、农发办主任:唐海洋
党组成员、民生办主任:程保东
党组成员、国资委副主任:金绪友
副调研员:章丹心

贵池区财政局

党组书记、局长:刘贵阳
党组书记、副局长:钟茅丰
副局长:刘福来　许孝怀　何　杰
纪检组长:王新友
副局长:李国强
工会主席:张　雯

东至县财政局

局　长:周运开
副局长:汪正长　张增玲　王炳华
党组成员:饶风洲　周胜良　汪　洋　朱开明
陈坤芳

石台县财政局

党组书记、局长:邬开政
党组成员、副局长:黄学真　王诗祥　汪庆五
党组成员、纪检组长:彭代强
党组成员、国资办主任:吴绿林

青阳县财政局

党组书记、局长:张益平
党组成员、副局长:汪来发　刘来胜　光　明
丁军辉
党组成员、纪检组长:陈　镘
党组成员、国库集中支付中心主任:丁军辉

九华山风景区财政局

局　长:赵良贵
副局长:鲍玉生　刘卫胜
党组成员:余旭光

开发区财政局

局　长:盛文台
副局长:王　彬　汪赛琪　吴佩银

站前区财政局

副局长:刘航波

贵池区

池阳街道财政分局　　局　长:钱跃文
秋浦街道财政分局　　局　长:汪　利
杏花村街道财政分局　局　长:周桃四
清风街道财政分局　　局　长:包启友
清溪街道财政分局　　局　长:刘冬青
江口街道财政分局　　局　长:胡孔璋
里山街道财政分局　　局　长:方　涛
涓桥镇财政分局　　　局　长:汪曙华
秋江街道财政分局　　局　长:喻　松
乌沙镇财政分局　　　局　长:陈　敏
殷汇镇财政分局　　　局　长:卢志刚
牛头山镇财政分局　　局　长:杨颜国
唐田镇财政分局　　　局　长:周　盾
牌楼镇财政分局　　　局　长:王来宝
梅街镇财政分局　　　局　长:胡秀清
棠溪镇财政分局　　　局　长:邱　毅
梅村镇财政分局　　　局　长:何腾飞
马衙街道财政分局　　局　长:杨韶红
墩上街道财政分局　　局　长:周迎义
梅龙街道财政分局　　局　长:方继安

东至县

龙泉镇财政所　　所　长:刘仁贵
昭潭镇财政所　　所　长:左根水
青山乡财政所　　所　长:徐国进
泥溪镇财政所　　所　长:许成顺
官港镇财政所　　所　长:钱　勇
木塔乡财政所　　所　长:孔双乐
花园乡财政所　　所　长:毕志宏
尧渡镇财政分局　局　长:王长福
香隅镇财政所　　所　长:方胜昔
香隅化工园区财政局局长:王洪权
东流镇财政分局　局　长:朱国平
葛公镇财政所　　所　长:王亦斌
洋湖镇财政所　　所　长:吴维军
张溪镇财政所　　所　长:刘国清
胜利镇财政所　　所　长:檀曙明
大渡口镇财政分局局　长:夏校生

石台县

仁里镇财政所　　所　长:徐华海
七都镇财政所　　所　长:李贵高
矶滩乡财政所　　所　长:查朝平
横渡镇财政所　　所　长:彭先果
大演乡财政所　　所　长:严纲文
仙寓镇财政所　　所　长:陈发根
小河镇财政所　　所　长:徐华久
丁香镇财政所　　所　长:张圣德

青阳县

蓉城镇财政分局　所　长:郭江宁
杨田镇财政所　　所　长:王　频
朱备镇财政所　　所　长:胡满璋
新河镇财政分局　所　长:施国华
木镇镇财政分局　所　长:杨大宏
丁桥镇财政分局　所　长:方　勇
乔木乡财政分局　所　长:邓继涛
酉华乡财政分局　所　长:吴玉才
庙前镇财政所　　所　长:陈相银
杜村乡财政所　　所　长:李强富
陵阳镇财政分局　所　长:熊晔宏

九华山风景区

九华乡财政所　　所　长:孙华峰
九华镇财政所　　负责人:陈　云

安庆市财政系统领导名单

安庆市财政局

局　长:王赵春
副局长:张志国　王思丰
纪检组长:邵显桥
总会计师:丁卫星
党组成员:杨利民

迎江区财政局

局　长:丁爱华
副局长:吴　军　杨晓克
国库支付中心主任:石　剑
农发办主任:凌先龙

大观区财政局

局　长:刘晓丽
纪检组长:杨远明

宜秀区财政局

党组书记、局长:吴昌维
副局长:吴育华　方　鉴
纪检组长:严旭日

开发区财政局

局　长:毕圣国
副局长:程皖生　龙其平　马　加

枞阳县财政局

局　长:马满华
副局长:郭　峰　陈旭升　何嗣进
党组成员、纪检组长:胡四新
党组成员、国库支付中心主任:汤卫东
党组成员、财监局局长:左敏生

怀宁县财政局

党组副书记、局长:陈业南
党组书记:丁丽华
副局长:柴绍来　杜可诚　郝金龙
总会计师:余世红
纪检组长:丁士敏

潜山县财政局

党组书记:聂玉兰
党组副书记、局长:汪为民
国资办主任、副局长:朱徐林
副局长:王生海　郑茯苓

纪检组长:汪　萍

工委主任:洪丽萍

太湖县财政局

党组书记:董笑苏

党组成员、局长:程林森

党组成员、开发区分局局长:吴立新

党组成员、副局长:朱和平

党组成员、工会主席:詹李生

党组成员、副局长:潘建华

党组成员、纪检组长:吴先桃

望江县财政局

局长、县经济开发区常务副主任:王　进

党组书记:张松林

党组成员、民生办主任:徐苑生

党组成员、副局长:郑邦波　吴学明

党组成员、纪检组长:徐俊欣

党组成员、副局长、总会计师:蒋五毛

桐城市财政局

局长、国资中心主任:赵　斌

副局长:王忠生

国资中心副主任:井自顺

副局长:都宜建　张　伟　吴曙红

纪检组长:余宜庆

总会计师:张仲平

党组成员:严　平

岳西县财政局

局　长:李爱群

副局长:朱读文　储福枝

纪检组长、办公室主任:徐爱民

党组成员、农发办主任:孟宪忠

党组成员、总会计师:吴卫国

迎江区

龙狮桥乡财政所　所　长:齐永明

长风乡财政所　所　长:王铁汉

新洲乡财政所　所　长:鲍成联

大观区

十里铺乡财政分局　局　长:方真胜

海口镇财政分局　局　长:丁高云

山口乡财政所　所　长:谢江娅

宜秀区

大桥开发区财政分局　局　长:鲁　燕

杨桥镇财政所　所　长:阮宜庆

白泽湖乡财政所　所　长:方铁宏

大龙山镇财政所　所　长:刘华阳

罗岭镇财政所　所　长:张　军

五横乡财政所　所　长:周张杰

开发区

老峰镇财政所　所　长:方　亚

菱北办事处财政所　所　长:许春香

枞阳县

开发区财政局　局　长:陈旭升

枞阳镇财政分局　副局长:汪晓华

汤沟镇财政分局　局　长:唐义长

横埠镇财政分局　局　长:姚信华

㐂山镇财政分局　局　长:许德红

老洲镇财政分局　局　长:汪桂林

陈瑶湖镇财政分局局　长:周雄飞

钱桥镇财政分局　局　长:吴其龙

义津镇财政分局　局　长:姚大中

周潭镇财政所　所　长:王　平

其林镇财政所　所　长:吴福胜

白湖乡财政所　所　长:周柯云

浮山镇财政所　所　长:姚佐平

项铺镇财政所　所　长:胡江春

白梅乡财政所　所　长:慈龙宝

会宫乡财政所　所　长:董松美

雨坛乡财政所　所　长:胡正春

官埠桥镇财政所　所　长:吴亚松

金社乡财政所　所　长:刘东苟

钱铺乡财政所　所　长:周志学

铁铜乡财政所　所　长:周笑天

长沙乡财政所　所　长:方习中

凤仪乡财政所　所　长:王况生

怀宁县

石牌镇财政分局　局　长:何宏亮

黄墩镇财政分局　局　长:王黄送

高河镇财政分局　副局长:夏明和

马庙镇财政所　所　长:陈　进

茶岭镇财政所　所　长:吴建民

月山镇财政分局　副局长:雍红卫

石境乡财政所　所　长:杨爱平

腊树镇财政所　所　长:潘结和

雷埠乡财政所　所　长:丁士彬

黄龙镇财政所　所　长:张宏斌

平山乡财政所 所 长:郭 梅
清河乡财政所 所 长:陈夏节
小市镇财政所 所 长:李志阳
三桥镇财政所 所 长:何 侃
秀山镇财政所 所 长:崔 奎
公岭镇财政所 所 长:丁旭东
金拱镇财政所 所 长:洪 志
凉亭乡财政所 副所长:朱 云
江镇镇财政所 所 长:余庆华
洪铺镇财政所 所 长:徐 瑛

潜山县

王河镇财政所 所 长:金旺庚
黄泥镇财政所 所 长:姚万东
黄铺镇财政所 所 长:彭阳生
痘姆乡财政所 所 长:贾华旭
梅城镇财政所 所 长:徐合平
油坝乡财政所 所 长:凌江来
余井镇财政所 所 长:李飞跃
龙潭乡财政所 所 长:涂轶群
塔畈乡财政所 所 长:余本江
官庄镇财政所 所 长:施玉来
槎水镇财政所 所 长:肖骈臻
黄柏镇财政所 所 长:潘晓应
水吼镇财政所 所 长:黄德清
五庙乡财政所 所 长:葛彭旺
天柱山镇财政所 所 长:李有中
源潭镇财政所 所 长:储焰根
开发区财政分局 局 长:汪 平

太湖县

开发区财政局分局 局 长:吴立新
晋熙镇财政分局 局 长:孙珍年
徐桥镇财政分局 局 长:何小平
大石乡财政所 所 长:胡龙江
城西乡财政所 所 长:王治宇
江塘乡财政所 所 长:周三应
新仓镇财政所 所 长:张华庚
小池镇财政所 所 长:马章德
寺前镇财政所 所 长:吴武林
天华镇财政所 所 长:陈韶华
牛镇镇财政所 所 长:潘继伟
汤泉乡财政所 所 长:祝 勤
刘畈乡财政所 所 长:潘礼革

弥陀镇财政所 所 长:潘先祺
北中镇财政所 所 长:王新华
百里镇财政所 所 长:查德红

望江县

开发区财政分局 局 长:耿成华
华阳镇财政分局 局 长:赵红霞
高士镇财政分局 局 长:徐先秉
鸦滩镇财政分局 局 长:汪 庆
长岭镇财政分局 局 长:龙 彬
杨湾镇财政分局 局 长:赵家武
漳湖镇财政分局 局 长:王学明
太慈镇财政分局 局 长:周龙贵
雷池乡财政分局 局 长:程卫芳
凉泉乡财政分局 局 长:王胜中
赛口镇财政分局 局 长:游 勋

桐城市

新渡财政分局 局 长:张国刚
青草镇财政分局 局 长:江元苗
孔城镇财政分局 局 长:胡家旺
文昌街道财政分局局 长:许建国
龙眠街道财政分局局 长:倪晋流
大关镇财政分局 局 长:倪胜旺
金神镇财政分局 局 长:张卫东
吕亭镇财政分局 局 长:陈五九
范岗镇财政分局 局 长:钟普查
双港镇财政分局 局 长:吕张根
唐湾镇财政所 所 长:钱 诚
黄甲镇财政所 所 长:李红星
嬉子湖镇财政所 所 长:张小四
鲟鱼镇财政所 所 长:张国才

岳西县

开发区财政分局 局 长:储文胜
天堂镇财政分局 局 长:谢宏岳
温泉镇财政分局 局 长:王 平
响肠镇财政所 所 长:陈增益
莲云乡财政所 所 长:刘建华
来榜镇财政所 所 长:胡发达
青天乡财政所 所 长:黄德国
和平乡财政所 所 长:闻声学
包家乡财政所 所 长:王国庆
白帽镇财政所 所 长:徐声文
河图镇财政所 所 长:徐自安

古坊乡财政所　　所　长:刘和炳
店前镇财政所　　所　长:刘文高
冶溪镇财政所　　所　长:李敬东
五河镇财政所　　所　长:徐声林
中关乡财政所　　所　长:蒋东贵
菖蒲镇财政所　　所　长:朱诗咏
田头乡财政所　　所　长:陈诗义
石关乡财政所　　所　长:秦启明
头陀镇财政所　　所　长:徐建华
主簿镇财政所　　所　长:胡瑞阳
黄尾乡财政所　　所　长:宛敏春
姚河乡财政所　　所　长:汪新林
巍岭乡财政所　　所　长:储德先
毛尖山乡财政所　所　长:朱灿东

黄山市财政系统领导名单

黄山市财政局

党组书记、局长:汪德宝
党组成员、国资办主任、副局长:方文辉
党组成员、副局长:洪绍球　汪健明　冯家成
党组成员、新安江流域生态建设保护局局长:聂伟平
党组成员、总会计师:吴振东
调研员:许善秋
副调研员:郭志立

屯溪区财政局

党组成员、局长:高木火
党组成员、副局长:韩玲明　周　艳
党组成员:程敏行

黄山区财政局

党组书记、局长:陈佑隆
党组副书记:张明珠
纪检组长:袁俊杰
副局长:夏拥军　林安宁　徐　祥
党组成员:陈鸿新　刘　鲲　俞四清

徽州区财政局

局　长:彭文苹
党组书记:汪明平
副局长:龙秋缨　周国兵
纪检组长:吴丽红
担保公司总经理:洪　钟
国投公司总经理:金强军

歙县财政局

局　长:胡寅辉
党组书记、副局长:潘世华
主任科员、副局长:汪义元
副局长:王德跃
纪检组长:汪　峰
党组成员、办公室主任:方　亮
党组成员:黄利华

休宁县财政局

局　长:汪　川
党组书记:吴清德
副局长:汪钧宝　余　平　孙新万

黟县财政局

局　长:李旭明
党组书记:汪松九
副局长:汪继祖　常爱珍　余国富　汪建锋
纪检组长:胡　林
党组成员、农发办主任:田先贵

祁门县财政局

党组副书记、局长:李超群
党组成员、副局长:郑　忠
副局长:江红娟
党组成员、纪检组长:汪文济
党组成员、工会主席:林鹏飞
党组成员、国资办主任:汪跃武
党组成员:黄群飞　陈建奎

屯溪区

屯光镇财政分局　局　长:胡建民
黎阳镇财政分局　局　长:胡娟兰
阳湖镇财政分局　局　长:江丽红
新潭镇财政分局　局　长:张小勤
奕棋镇财政分局　局　长:余海跃

黄山区

甘棠镇财政分局　　局　长:黄文德
耿城镇财政分局　　局　长:徐　冬
太平湖镇财政分局　局　长:王　斌
汤口镇财政分局　　局　长:陈启龙
园区财政分局　　　副局长:程继安
谭家桥镇财政所　　所　长:陈　罡

三口镇财政所 所 长:章震强
仙源镇财政所 所 长:金丽琴
新明乡财政所 所 长:胡 颖
龙门乡财政所 所 长:汪 剑
焦村镇财政所 所 长:王士哲
乌石乡财政所 所 长:严鹤民
新华乡财政所 所 长:李伟民
新丰乡财政所 所 长:宁三九
永丰乡财政所 所 长:黄君辉

徽州区

岩寺镇财政分局 局 长:汪少娟
西溪南镇财政分局 负责人:王晓宁
潜口镇财政分局 局 长:唐淑英
呈坎镇财政分局 局 长:蒋龙波
富溪乡财政所 所 长:戴四清
杨村乡财政所 所 长:曹海波
洽舍乡财政所 所 长:郑 婕

歙 县

徽城镇财政分局 局 长:吴光玉
桂林镇财政所 所 长:叶尚忠
郑村镇财政所 所 长:郑毅华
北岸镇财政分局 局 长:吴正忠
富□镇财政所 所 长:程 虎
深渡镇财政分局 局 长:凌 晨
杞梓里镇财政所 所 长:方润日
王村镇财政所 所 长:姚兰芬
三阳乡财政所 所 长:洪绍发
霞坑镇财政所 所 长:吴红蓉
溪头镇财政所 副所长:徐有辉
武阳乡财政所 所 长:严建军
岔口镇财政所 所 长:方锡金
许村镇财政所 所 长:梅广良
坑口乡财政所 所 长:汪惠来
小川乡财政所 所 长:潘利群
昌溪乡财政所 所 长:郑 春
雄村乡财政所 所 长:张伟正
上丰乡财政所 所 长:潘四清
街口镇财政所 所 长:余永忠
璜田乡财政所 所 长:江岳年
森村乡财政所 所 长:汪晓军
长陔乡财政所 所 长:毕灶寿
新溪口乡财政所 所 长:汪鹤年

绍濂乡财政所 所 长:毕正利
金川乡财政所 所 长:潘政兆
石门乡财政所 所 长:项厚海
狮石乡财政所 所 长:鲍永忠

休宁县

海阳镇财政所 所 长:汪克盛
齐云山镇财政所 所 长:查显才
五城镇财政所 所 长:洪艳中
东临溪镇财政所 所 长:卢建国
蓝田镇财政所 所 长:胡秋生
溪口镇财政所 所 长:吴新宝
流口镇财政所 所 长:汪爱萍
汪村镇财政所 所 长:方林平
商山镇财政所 所 长:王玉明
岭南乡财政所 所 长:金拾斤
龙田乡财政所 所 长:程年生
璜尖乡财政所 所 长:项振声
白际乡财政所 所 长:汪社文
榆村乡财政所 所 长:范新端
板桥乡财政所 所 长:张荣贵
山斗乡财政所 所 长:詹光辉
鹤城乡财政所 所 长:方金根
源芳乡财政所 所 长:杨有华

黟 县

碧阳镇财政所 所 长:程春辉
渔亭镇财政所 所 长:柯光明
西递镇财政所 所 长:柯峙峰
宏村镇财政所 所 长:谢中平
洪星乡财政所 所 长:胡小青
美溪乡财政所 所 长:李永胜
宏潭乡财政所 所 长:胡建平
柯村乡财政所 所 长:查新华

祁门县

祁山镇财政所 所 长:曹和平
金字牌镇财政所 所 长:陈松开
小路口镇财政所 所 长:李祁安
凫峰镇财政所 所 长:胡国胜
平里镇财政所 所 长:胡伯进
历口镇财政所 所 长:汪新锋
闪里镇财政所 所 长:汪敏政
安凌镇财政所 所 长:陈秋富
大坦乡财政所 所 长:张接军

柏溪乡财政所　　所　长:刘志平
溶口乡财政所　　所　长:苏智敏
芦溪乡财政所　　所　长:康明辉
祁红乡财政所　　所　长:谢飞腾
塔坊乡财政所　　所　长:林征红
渚口乡财政所　　所　长:倪浩均
古溪乡财政所　　所　长:谢民兴
新安乡财政所　　所　长:倪国振
箬坑乡财政所　　所　长:许跃飞

广德县财政系统领导名单

广德县财政局

党组书记、局长:吴宗萍
党组副书记、副局长:陆广文
党组成员、副局长:李忠宝　田宝奎
党组成员、纪检组长、监察室主任:陈绍国
副局长:周燕燕
党组成员、总会计师:朱　赟

广德县

经济技术开发区财政分局局长:张益明
桃州镇财政分局　　局　长:王庆福
邱村镇财政分局　　局　长:郑　兴
誓节镇财政分局　　局　长:欧阳忠禄
柏垫镇财政分局　　局　长:石传宏
新杭镇财政分局　　局　长:李光义
东亭乡财政所　　所　长:蒋　伟
卢村乡财政所　　所　长:陈　林
四合乡财政所　　所　长:甘恢立
杨滩乡财政所　　所　长:吴万清

宿松县财政系统领导名单

宿松县财政局

局　长:李金星
党组副书记:张火南
副局长:李朝阳　桂松寿
党组成员:高福荣　杨学文　余长才

宿松县

复兴镇财政分局　局　长:朱来春
孚玉镇财政所　　所　长:许　钊
洲头乡财政所　　所　长:黎承林
汇口镇财政所　　所　长:张晚元
千岭乡财政所　　所　长:齐长贵
九姑乡财政所　　所　长:吴松柏
许岭镇财政所　　所　长:赵金牛
下仓镇财政所　　所　长:石先武
五里乡财政所　　所　长:贺行槐
长铺镇财政所　　所　长:周国政
高岭乡财政所　　所　长:黎德新
程岭乡财政所　　所　长:徐文胜
佐坝乡财政所　　所　长:徐文明
破凉镇财政所　　所　长:胡颂保
凉亭镇财政所　　所　长:梅兴祥
河塌乡财政所　　所　长:段益民
二郎镇财政所　　所　长:邓志海
隘口乡财政所　　所　长:杨庆丰
北浴乡财政所　　所　长:张青松
陈汉乡财政所　　所　长:尹　睿
柳坪乡财政所　　所　长:虞旺国
趾凤乡财政所　　所　长:郭东亮

全省财政系统职工统计

2012年全省财政系统职工统计表

编制单位:厅人事教育处　　　　单位:人

项目		总计	性别		民族		政治面貌				学历				
			男	女	汉	其他	中共党员	共青团员	民主党派	其他	研究生	大学本科	大学专科	中专	高中及以下
总计	合计	18714	12735	5979	18552	162	14029	528	124	4033	421	8065	7988	1593	647
	厅(局)级	15	13	2	15		15				3	10	2		
	地市局(处)级	375	299	76	369	6	354		10	11	80	237	55	1	
	县局(科)级	2663	1981	682	2637	26	2280	2	61	320	188	1671	735	56	13
	一般干部	14595	9651	4944	14478	117	10770	508	50	3267	147	5990	6753	1312	393
	工勤人员	1066	791	275	1053	13	610	18	3	435	3	155	443	224	241
省(区、市)厅局	合计	594	437	157	587	7	476	1	15	102	146	355	71	6	16
	厅(局)级及以上	15	13	2	15		15				3	10	2		
	处(局)级	154	116	38	153	1	142		5	7	50	79	25		
	科级	212	155	57	209	3	182		8	22	51	153	8		
	一般干部	175	127	48	172	3	116	1	2	56	42	105	23	3	2
	工勤人员	38	26	12	38		21			17		8	13	3	14
市(地、州)局	合计	2053	1281	772	2023	30	1362	49	53	589	110	1337	456	82	68
	局(处)级及以上	221	186	38	216	5	212		5	4	30	160	30	1	
	科级	1020	654	366	1009	11	765		35	220	59	715	221	24	1
	一般干部	639	316	323	628	11	296	49	12	282	21	430	141	34	13
	工勤人员	173	128	45	170	3	890		1	83		32	64	23	54
县(市、区)局	合计	6934	4454	2480	6863	71	5150	219	47	1518	139	3481	2724	382	208
	局(科)级及以上	1431	1172	259	1419	12	1333	2	18	78	78	803	506	32	12
	科级	1521	184	437	1503	18	1279	12	10	220	12	801	619	56	33
	一般干部	3540	1871	1669	3506	34	2291	195	18	1036	49	1800	1423	211	57
	工勤人员	442	327	115	435	7	247	10	1	184		77	176	83	106
乡(镇)所	合计	9133	6563	2570	9079	54	7041	259	9	1824	26	2892	4737	1123	355
	所(股)级及以上	284	2003	281	2277	7	2113	9	4	158	8	771	1248	194	63
	一般干部	6436	4250	2186	6392	44	4675	242	4	1515	15	2083	3299	814	225
	工勤人员	413	310	103	410	3	253	8	1	151	3	38	190	115	67